法律学の森

会社法論

泉田栄一

著

はしがき

　本書は法科大学院生のための参考書として執筆した．新会社法は読めば読むほど分からなくなってくるといわれているので（浜辺陽一郎『会社法はこれでいいのか』67頁〔平凡社・2007年〕），院生の負担を少しでも軽減しようとするものである．
　本書の特色として以下の諸点を挙げることができると考えている．
　第1に，上場会社の法規制を論じていることである．
　会社法を理解するには，上場会社の法規制が必要不可欠になってきており，会社法と金融商品取引法を分けて講義する時代は過ぎ去ったと考えるが，本書の目的より，金融商品取引法には僅かなスペースしか割くことができなかった．それでも，金融商品取引法の規制を論じたことに意義があると考える．最近，森田章教授が『上場会社法入門』（有斐閣・2008年）を出版されているが，私と問題意識を共有するものであると考え，意を強くする次第である．
　第2に，企業会計法にかなりのスペースを割いていることである．
　法学部生あるいは法科大学院生のほとんどは会社法を勉強する段になって初めて貸借対照表等の用語に触れる．しかし伝統的方法は，計算書類の基礎になる簿記の説明をあまりすることなく計算書類を説明するので，企業会計法嫌いを生起しているように思われてならない．周りくどくなるが，経営学部や会計学部が採用している簿記から計算書類へという方法を採用すべきであると考え，実践してみた．法学生のために簿記を省いて会計を説明したテキストが昔出版されたことがあったが，これなどは，理解すべき本質的部分を自ら捨てた本というべきであり，本書と対極をなすものである．
　第3に，本書は企業倒産法にも論を進めている．特別清算は，実質的には破産等と並ぶ倒産処理方法の一種であり，倒産法制の解説書で取り扱われる事項ではあるが，法科大学院生の全部が倒産法を受講するわけではないので，特別清算はもちろんのこと，民事再生法，会社更生法および破産法の規制も解説している．本書を読んで興味をもたれたら，もっと詳しい解説書を読んでいただきたい．
　第4に，不十分であることは十分に意識しているが，比較法も考慮に入れて執筆したことである．経済のグローバル化は，資本市場法だけでなく，各国の会社法にも影響を及ぼしている．外国資本が集まらなければその国は衰退するわけで，会社法の規制とはいえ，アメリカおよびヨーロッパと競争しているのである．2005年の会社法改正は，アメリカ法に倣うことを鮮明にした（もっとも日本の会社法は大陸法系にも英米法系にも分類することができない）が，これでよかったか常に検討する必要がある．法科大学院生は当面早く試験に合格することが目的であるから，比較

法に興味を示さないので，比較法部分の記述はしばしばカットしたが，規制の多様性を知ることは，思考を豊かにすると考え，若干の比較法的考察と法律用語を残した．

　信山社の袖山貴さんから「法律学の森」のシリーズに書いてみないかとの誘いを受けてから，おそらく10年近くを経過している．法の改正で原稿がゲラの段階で没になることが何回かあった．ひとえに袖山さんの激励がなかったなら，おそらく本書は完成しなかったであろう．心より感謝申し上げる．明治大学法学部の根本伸一准教授・芳賀雅顯准教授，明治大学大学院会計専門職研究科教育補助講師の青木隆さんおよび元明治大学法科大学院生の肱岡徹君に各々得意とする分野の原稿を点検してもらったほか，一々名前を挙げることができないほど多くの法科大学院生等の手助けを受けている．また，編集部の稲葉文子さんには困難な編集作業をしていただいた．皆さんに衷心よりお礼を申し上げたい．家族の皆にも感謝する．

　本書が読者の会社法の理解に少しでも寄与できることを祈念しつつ．

　2009年6月

泉　田　栄　一

目　次

はしがき
凡　例
主要文献

第Ⅰ編　会社法総説

第1章　会社の概念と企業形態 ──3

第1節　会社の概念 …………3
1　総　説 *(3)*　2　営　利 *(4)*　3　社　団 *(4)*　(1) 総　説 *(4)*
(2) 外国法 *(5)*　(3) 一人会社の特殊性 *(5)*　4　法　人 *(6)*

第2節　会社法の法源と構造 …………6
1　会社法の法源 *(6)*　2　会社法の構造 *(7)*

第3節　企業形態と会社 …………7
1　総　説 *(7)*　2　機能資本家相互の共同企業形態 *(10)*　(1) 民法上の組合 *(10)*　(2) 合名会社 *(11)*　(3) 合同会社 *(13)*　(4) 有限責任事業組合 *(14)*
3　機能資本家と持分資本家の企業形態 *(14)*　(1) 匿名組合 *(14)*
(2) 合資会社 *(15)*　(3) 船舶共有 *(16)*　4　持分資本家の共同企業形態 *(16)*
(1) 株式会社 *(16)*　(2) 特例有限会社 *(20)*

第4節　会社法総則 …………22
1　総　説 *(22)*　2　商人性 *(23)*　3　会社の商号 *(23)*　(1) 商号選定の制限 *(23)*　(2) 会社主体を誤認させる商号使用の禁止 *(23)*　(3) 名板貸し *(24)*
(4) 商号の登記 *(24)*　4　会社の使用人 *(24)*　(1) 総　説 *(24)*　(2) 支配人 *(24)*
(3) ある種類または特定の事項の委任を受けた使用人 *(25)*　(4) 物品販売等を目的とする店舗の使用人 *(26)*　5　会社の代理商 *(26)*　6　事業譲渡 *(26)*　(1) 総　説 *(26)*　(2) 事業の意味 *(27)*　(3) 譲渡会社に対する効果 *(28)*　(4) 譲受会社等に対する効果 *(28)*　7　登　記 *(29)*　(1) 総　説 *(29)*　(2) 登記の効力（公示力）*(29)*
(3) 不実の登記 *(30)*

第5節　会社の権利能力 …………30
1　権利能力の制限 *(30)*　2　会社の行為能力と不法行為能力 *(33)*
3　法人格否認の法理 *(34)*　(1) 総　説 *(34)*　(2) 法理の実定法的根拠 *(35)*
(3) 法理の適用要件 *(35)*　(4) 法理を主張できる者 *(36)*　(5) 法理の効果 *(37)*
(6) 法理と既判力および執行力の拡張 *(37)*

第6節　会社の種類 …………38

1　総　　説 (38)　2　公開会社・非公開会社 (39)　3　大会社 (41)
4　会社参与設置会社・取締役会設置会社・監査役会設置会社・監査役会設置会社・会計監査人設置会社・委員会設置会社 (41)　5　親会社・子会社 (42)
6　関連会社・関係会社 (43)　7　株券発行会社・株券不発行会社 (43)
8　一般法上の会社・特別法上の会社 (44)　9　持株会社 (44)　10　内国会社・外国会社 (44)　11　人的会社・資本会社 (44)　12　個人主義的会社・団体主義的会社 (42)　13　同族会社・非同族会社 (45)

第2章　会社法の目的 —— 47

第1節　実質的意義の会社法 …… 47
第2節　会社法の目的 …… 47
1　利害関係者の利益の調整 (47)　(1) 社員の保護 (47)　(2) 会社債権者の保護 (47)　(3) 従業員 (50)　(4) 消費者・地域住民 (51)　2　経営の効率化・コスト削減 (52)　3　開示による情報の提供 (54)　(1) 間接開示 (54)　(2) 直接開示 (57)
4　取引の安全 (59)　5　その他 (59)
第3節　規 制 手 段 …… 60
1　効力の否認 (60)　2　民事責任 (60)　3　会社訴訟 (60)　(1) 総　　説 (60)
4　仮処分 (68)　5　登記行政 (68)　6　司法行政 (68)
7　刑事制裁 (70)
第4節　会社法の沿革および法源 …… 70
第5節　各国の会社法 …… 78
1　イギリス (78)　2　アメリカ (78)　3　EU (79)　4　ドイツ (80)
5　フランス (80)　6　イタリア (80)　7　スペイン (80)
第6節　金融商品取引法 …… 80
1　総　　説 (80)　2　情報開示 (81)　(1) 発行市場での開示 (81)　(2) 流通市場での開示 (85)　3　相場操縦 (88)　4　監査証明等 (88)　5　内部者取引の規制 (89)　(1) 短期売買報告書提出義務 (89)　(2) 短期売買利益提供制度 (89)
(3) 会社関係者等の行為の禁止 (89)　(4) 公開買付者等関係者の行為の禁止 (90)
6　公開買付け (90)　(1) 発行会社以外の者が行う公開買付け (90)　(2) 発行者が行う公開買付け (94)　7　委任状勧誘内閣府令 (94)

第Ⅱ編　株 式 会 社

第1章　株式会社の設立 —— 95

第1節　総　　説 …… 95

第 2 節　株式会社の設立手続 ································· 96
　　1　総　説 (96)　2　発起人 (98)
第 3 節　株式会社の定款の作成 ····························· 99
　　1　定　款 (99)　(1) 総　説 (99)　(2) 公証人による認証 (100)　(3) 株式会社成立前の定款の変更 (100)　(4) 定款の備置き・閲覧等 (101)　2　定款の記載（記録）事項 (102)　(1) 絶対的記載事項 (102)　(2) 相対的記載事項 (103)　(3) 任意的記載事項 (108)　3　設立変態事項に関する検査役による調査とその例外 (108)　(1) 原　則 (108)　(2) 例　外 (109)
第 4 節　社員の確定 ·· 111
　　1　総　説 (111)　2　設立時発行株式等の決定 (111)　3　株式の募集 (111)　(1) 総　説 (111)　(2) 通　知 (112)　(3) 引受けの申込み (113)　(4) 割当て (113)　4　出資の履行 (114)　(1) 金銭出資の場合 (114)　(2) 現物出資の場合 (118)
第 5 節　会社の機関の具備 ······································ 118
　　1　設立時役員等の欠格事由 (118)　2　設立時役員等の選任および解任 (119)　(1) 発起設立 (119)　(2) 募集設立の場合 (121)　3　設立時代表取締役等の選定および解職 (122)　(1) 委員会設置会社以外の会社の場合 (122)　(2) 委員会設置会社の場合 (122)　4　設立時取締役等による調査 (122)　(1) 発起設立の場合 (122)　(2) 募集設立の場合 (122)
第 6 節　創　立　総　会 ··· 123
　　(1) 総　説 (123)　(2) 招　集 (123)　(3) 権　限 (125)　(4) 発起人の説明義務 (126)　(5) 議長の権限 (126)　(6) 議決権の数 (126)　(7) 議決権の不統一行使 (127)　(8) 決議方法 (127)　(9) 議決権の代理行使 (127)　(10) 書面決議 (128)　(11) 書面投票 (128)　(12) 電子投票 (129)　(13) 議事録 (129)
第 7 節　種類創立総会 ·· 130
　　(1) 総　説 (130)　(2) 招　集 (130)　(3) 決　議 (130)
第 8 節　発起人組合と設立中の会社 ······················· 131
　第 1 款　発起人組合 (131)
　第 2 款　設立中の会社 (132)
　　1　総　説 (132)　2　設立中の会社の性質と創立の時期 (133)　3　発起人の地位と権限 (133)　4　設立費用の帰属 (136)
第 9 節　設　立　登　記 ··· 136
　　1　設立登記手続 (136)　(1) 総　説 (136)　(2) 登記事項 (136)　2　設立登記の効力 (138)
第 10 節　設立関与者の民事責任 ····························· 139
　　1　総　説 (139)　2　発起人・設立時取締役・設立時監査役の責任 (139)　(1) 会社が成立した場合の責任 (139)　(2) 会社が不成立の場合の責任 (141)

3 払込取扱銀行等の保管証明と責任(142)　4　証明・鑑定評価に関する弁護士等の責任(142)　5　擬似発起人の責任(143)

第11節　設立の無効・不存在 …………………………………………… 143

1　設立の無効(143)　(1)設立無効原因(143)　(2)設立無効の訴え(144)

2　設立の不存在(146)

第2章　社員たる地位 ―――――――――――――――――――147

第1節　株　　式 ……………………………………………………… 147

第1款　社　員　権(147)

1　持分単一主義・複数主義と持分不均一主義・均一主義(147)　2　株式の本質に関する学説(147)　3　株式の不可分性と共有(148)　4　額面株式と無額面株式(149)　5　社員の権利と義務(150)　(1)財産権と管理権(150)　(2)単独株主権と少数株主権(154)　(3)固有権と非固有権(156)　(4)株主の権利と義務(156)　(5)親会社社員の権利(157)　6　株主平等の原則(157)　7　株式の内容についての特別の定め(159)　(1)総　説(159)　(2)譲渡制限株式(160)　(3)取得請求権付株式(162)　(4)取得条項付株式(165)　8　異なる種類の株式(168)　(1)総　説(168)　(2)剰余金の配当・残余財産の分配についての種類株式(171)　(3)議決権制限種類株式(173)　(4)全部取得条項付種類株式(175)　(5)拒否権付種類株式(177)　(6)取締役・監査役選任権付種類株式(177)　9　株式の評価(179)

第2款　社員権の取得と喪失(180)

1　社員権の取得(180)　(1)原始取得(180)　(2)承継取得(180)

2　社員権の喪失(181)　(1)総　説(181)　(2)株式の消却(181)

第3款　株式の併合(181)

1　総　説(181)　2　株式併合の手続(182)　(1)株主総会の特別決議(182)　(2)公告・通知と株券の提出(182)　(3)異議催告手続(183)　(4)端数株の取扱い(184)　(5)振替株式の場合(184)　(6)株式併合の変更登記等(184)

第4款　株式の分割(184)

1　総　説(184)　2　株式分割の手続(186)　(1)取締役会等の決議(186)　(2)株式分割の方法(187)　(3)振替株式の場合(187)　3　登記等(187)

第5款　株式の無償割当て(188)

1　総　説(188)　2　株式無償割当てに関する事項の決定(189)

3　効　力(189)　4　変更登記(190)

第6款　1株未満の端数処理(190)

第7款　単　元　株(191)

1　総　説(191)　2　1単元の株式の数(192)　(1)上　限(192)　(2)単元株制度の導入・廃止等(193)　3　単元未満株主の権利(193)　4　単元未満株主の

買取請求(194) (1) 総　説(194) (2) 単元未満株式の価格の決定(195)
　　　5　単元未満株式の売渡請求制度(196)
第2節　自己株式の取得・親会社株式の取得の規制と株式の相互保有………196
　第1款　自己株式の取得(196)
　　　1　総　説(196)　2　株主との合意による自己株式の有償取得手続(200)
　　　(1) 総　説(200) (2) 原　則(200) (3) 取締役会決議に基づく取得(202)　3　自
　　　己株式取得の財源規制(203)　4　違法取得の効果(205) (1) 私法上の効力
　　　(205) (2) 当事者の責任(208) (3) 違法取得による会社の損害(210) (4) 期末に欠
　　　損が生じた場合の責任(210)　5　自己株式の法的地位(211)　6　自己株式の
　　　計算・開示等(212)　7　自己株式の処分(213) (1) 総　説(213) (2) 株券の交
　　　付・名義書換え(206)　8　自己株式の消却(214)
　第2款　子会社による親会社株式の取得(214)
　　　1　総　説(214)　2　取得が許容される場合(215)　3　違法な取得の効力
　　　(216)　4　議決権(216)　5　処　分(216)　6　子会社が保有する親会社株
　　　式の取扱い(216)
　第3款　株式の相互保有(217)
第3節　株式の譲渡………………………………………………………………217
　　　1　総　説(217)　2　特別法による株式の譲渡制限(218) (1) 独占禁止法に
　　　よる株式の取得・所有の制限(218) (2) 銀行等の株式等の保有制限(219) (3) 日刊
　　　新聞社に関する株式の譲渡制限の許容(219) (4) 外為法(219) (5) 特殊会社(219)
　　　(6) 金融商品取引法(220) (7) 証券会社・銀行・保険会社の相互参入(220)　3　会
　　　社法による株式の譲渡制限(220) (1) 権利株の譲渡制限(220) (2) 株券発行前の
　　　譲渡制限(221)　4　定款による株式の譲渡制限(222) (1) 総　説(222) (2) 譲
　　　渡承認手続(223) (3) 譲渡制限違反の株式譲渡の効力(227)　5　株券不所持制
　　　度利用による制限(228)　6　契約による株式の譲渡制限(228)
第4節　株式の担保化および信託の設定………………………………………229
　　　1　総　説(229)　2　担保化の方法(229) (1) 株式の質入れ(229) (2) 株式の
　　　譲渡担保(231)　3　株式の質入れ・譲渡担保の効力(232) (1) 総　説(232)
　　　(2) 物上代位権(232) (3) 優先弁済権(234) (4) 議決権(234)　4　信託の設定
　　　(234)
第5節　株券と株主名簿…………………………………………………………235
　第1款　株　券(235)
　　　1　総　説(235)　2　株券の種類(236)　3　株券の記載事項(237)
　　　4　株券の発行(237) (1) 発行時期(237) (2) 株券の効力発生時期(238)
　　　5　株券の資格授与的効力(238) (1) 総　説(231) (2) 善意取得(239)
　　　6　株券の提出等(239) (1) 総　説(239) (2) 簡易異議催告手続(240)

viii　目　次

　　　　7　株券不発行会社への移行手続(241)　8　株券失効制度(241)　(1)　総　説
　　　(241)　(2)　株券喪失登録の申請(241)　(3)　株券喪失登録簿(243)　(4)　権利行使者へ
　　　の通知(244)　(5)　登録抹消の申請(244)　(6)　喪失株券の失効(244)　(7)　株式併合等
　　　の場合の簡易異議催告手続との調整(245)　(8)　株券喪失登録の効力(245)　(9)　株券
　　　失効制度と善意取得(246)　9　株券不所持制度(246)　(1)　総　説(246)
　　　(2)　不所持の申出(246)　(3)　株券の発行の請求(247)　10　株式の振替(247)
　　　(1)　総　説(247)　(2)　株式振替制度(248)
　　第2款　株　主　名　簿(253)
　　　　1　意　義(253)　2　備置き・閲覧等(253)　(1)　備置き(253)　(2)　閲覧等
　　　(254)　3　株主名簿の効用(254)　(1)　株式譲渡の対抗要件・資格授与的効力・免責
　　　的効力(254)　(2)　信託財産に属する株式の対抗要件(255)　(3)　登録質(255)　(4)　通
　　　知・催告に関する免責(255)　(5)　配当財産の交付(255)　(6)　株券不所持(256)
　　　　4　株主名簿の名義書換え(256)　(1)　総　説(256)　(2)　名義書換えの請求方法
　　　(257)　(3)　会社の側からの権利行使の許容(258)　(4)　会社の名義書換えの不当拒絶
　　　または遅滞(259)　(5)　失念株の処理(259)　5　基準日(262)　6　所在不明株
　　　主の株式売却制度(263)　(1)　総　説(263)　(2)　所在不明株主等の範囲(264)
　　　(3)　売却手続(264)　(4)　異議申立手続(264)　(5)　株券の失効・再発行(265)
　　　(6)　売却代金の支払(265)

第3章　募集株式の発行等と新株予約権 ─────────────266

第1節　総　　説 ……………………………………………266
第2節　募集株式の発行等 …………………………………266
　　第1款　募集株式の発行(266)
　　　　1　総　説(266)　2　募集事項の決定(268)　3　募集事項の決定機関
　　　(270)　(1)　総　説(270)　(2)　株主割当ての場合(272)　(3)　株主割当て以外の場合
　　　(275)　(4)　現物出資財産の調査(280)
　　第2款　募集株式の割当て(282)
　　　　1　原　則(282)　(1)　通　知(282)　(2)　申込み(283)　(3)　割当て(283)
　　　　2　総数引受契約がある場合(283)
　　第3款　出資の履行(284)
　　　　1　金銭出資の場合(284)　2　現物出資の場合(285)　3　資本金等増加限
　　　度額(285)　4　引受けの無効等(285)　5　変更の登記(285)
　　第4款　不公正な募集株式の発行等に対する措置(286)
　　　　1　新株発行・自己株式処分の差止請求権(286)　2　新株発行無効の訴え・自
　　　己株式処分無効の訴え(287)　(1)　総　説(287)　(2)　無効原因(289)　(3)　発行済株
　　　式総数の変更登記(292)　3　新株発行・自己株式処分不存在確認の訴え(292)

目　次 **ix**

　　　4　関係者の民事責任*(292)*　(1) 募集株式引受人の責任*(292)*　(2) 取締役の責任*(294)*　(3) 現物出資財産の価額の相当性を証明した者の責任*(294)*

第3節　新株予約権の発行 …………………………………………… *295*
　　　1　意　義*(295)*　2　新株予約権の内容*(297)*　3　新株予約権の発行手続*(301)*　(1) 募集事項の決定*(301)*　(2) 募集事項の決定機関*(304)*　(3) 株主に新株予約権の割当てを受ける権利を与える場合*(304)*　(4) 株主割当て以外の決定機関と決定事項*(306)*　(5) 募集新株予約権の割当て*(309)*　(6) 払込み*(311)*　(7) 新株予約権の振替*(311)*　4　新株予約権に係る証券*(311)*　(1) 新株予約権証券*(311)*　(2) 新株予約権証券等の提出*(312)*　5　新株予約権原簿*(313)*　(1) 総　説*(313)*　(2) 書面の交付請求等*(315)*　(3) 備置きおよび閲覧等*(315)*　(4) 新株予約権者に対する通知等*(316)*　6　新株予約権の譲渡等*(316)*　(1) 総　説*(316)*　(2) 新株予約権の譲渡制限*(317)*　7　新株予約権の質入れ*(318)*　(1) 総　説*(318)*　(2) 質入れの効果*(319)*　8　信託財産に属する新株予約権*(320)*　9　自己新株予約権の取得*(320)*　(1) 総　説*(320)*　(2) 取得条項による取得*(320)*　(3) 新株予約権の買取請求による取得*(322)*　10　新株予約権の消却および消滅*(325)*　11　新株予約権の行使*(325)*　(1) 総　説*(325)*　(2) 新株予約権証券または新株予約権付社債券の提出・提示*(326)*　(3) 払込み等*(326)*　(4) 1株に満たない端数の処理*(328)*　12　新株予約権の無償割当て*(328)*　13　登　記*(329)*　14　新株予約権の発行の差止め等*(329)*　(1) 発行の差止め*(329)*　(2) 新株予約権（新株予約権付社債）発行無効の訴え*(333)*　(3) 新株予約権発行不存在確認の訴え*(333)*　(4) 関係者の民事責任*(333)*

第4章　機　　関 ―――――――――――――――――――――*335*

第1節　総　説 ……………………………………………………… *335*
　　　1　わが国の概要*(335)*　2　外国法*(337)*

第2節　株主総会 …………………………………………………… *340*
　　　1　意　義*(340)*　2　権　限*(342)*　3　総会の招集*(343)*　(1) 招集権者*(343)*　(2) 招集の決定*(346)*　(3) 提案権*(350)*　(4) 招集通知*(352)*　(5) 株主総会参考書類と議決権行使書面*(353)*　(6) 招集手続・総会決議の省略*(362)*　(7) 招集の撤回*(363)*　(8) 総会検査役選任請求権*(364)*　4　議決権*(365)*　(1) 1株1議決権の原則と例外*(365)*　(2) 議決権の行使方法*(366)*　5　総会の議事と決議*(371)*　(1) 議　長*(371)*　(2) 議事の方法*(371)*　(3) 利益供与の禁止*(372)*　(4) 審　議*(373)*　(5) 取締役等の説明義務*(374)*　(6) 動　議*(375)*　(7) 決議と決議方法*(376)*　(8) 閉　会*(378)*　(9) 議事録の作成*(378)*　6　決議の瑕疵*(380)*　(1) 総　説*(380)*　(2) 決議取消しの訴え*(380)*　(3) 決議無効確認の訴え*(386)*　(4) 決議不存在確認の訴え*(386)*　(5) 決議取消しの訴えと新株発行無効の訴え等の関係*(388)*

　　　　7　種類株主総会 (389)　(1) 総　説 (389)　(2) 法定種類株主総会 (389)　(3) 定款の定めに基づく種類株主総会 (390)　(4) 種類株主総会の決議の種類 (390)　(5) 種類株式買取請求権 (393)　(6) 種類株主総会の決議の瑕疵 (393)

第 3 節　役員および会計監査人の選任と解任等･････････････････････････ 393
　　1　役員等と会社との関係 (393)　2　資格等 (393)　(1) 取締役 (393)　(2) 会計参与 (395)　(3) 監査役 (396)　(4) 会計監査人 (398)　3　人　数 (400)　(1) 取締役 (400)　(2) 会計参与 (400)　(3) 監査役 (400)　(4) 会計監査人 (401)　4　任　期 (401)　(1) 取締役 (401)　(2) 会計参与 (402)　(3) 監査役 (403)　(4) 会計監査人 (403)　5　選　任 (404)　(1) 選任機関 (404)　(2) 取締役選任の場合の特例――累積投票請求権 (405)　(3) 選任議案の提出 (406)　(4) 選任の効果 (407)　6　補欠役員の選任 (407)　7　終　任 (407)　(1) 総　説 (407)　(2) 辞　任 (408)　(3) 解　任 (409)　(4) 解任の訴え (412)　8　欠員の場合の措置 (414)　(1) 役　員 (414)　(2) 会計監査人 (414)　9　登　記 (415)　10　職務執行停止・職務代行者 (415)　(1) 意　義 (415)　(2) 仮処分の効力 (416)　(3) 職務代行者の権限 (416)　11　報酬等 (416)　(1) 取締役の報酬等 (416)　(2) 会計参与 (424)　(3) 監査役の報酬等 (424)　(4) 会計監査人の報酬等 (434)

第 4 節　取 締 役･･ 425
　　1　総　説 (425)　2　取締役の義務 (428)　(1) 善管注意義務と忠実義務 (428)　(2) 競業避止義務 (431)　(3) 利益相反取引 (434)

第 5 節　取締役会･･ 438
　　1　意　義 (438)　2　権　限 (439)　(1) 業務執行の決定 (439)　(2) 監　督 (442)　(3) 代表取締役の選定および解職 (442)　3　取締役会の招集 (442)　(1) 招集権者 (442)　(2) 招集手続 (443)　4　取締役会の運営と取締役会への報告の省略 (444)　(1) 原　則 (444)　(2) みなし決議 (444)　(3) 取締役会への報告の省略 (444)　5　取締役会の決議 (444)　(1) 決議要件 (444)　(2) 特別取締役による取締役会の決議 (446)　(3) 議事録 (447)　6　決議の瑕疵 (448)　(1) 総　説 (448)　(2) 取締役会の決議を欠いた行為の効力 (449)

第 6 節　代表取締役･･･ 450
　　1　総　説 (450)　2　選　定 (451)　3　終　任 (452)　(1) 総　説 (452)　(2) 解　職 (452)　(3) 辞　任 (452)　(4) 終任の登記 (452)　(5) 欠員の場合の措置 (453)　4　権　限 (453)　(1) 代表権 (453)　(2) 業務執行権 (456)　5　表見代表取締役 (457)　(1) 総　説 (457)　(2) 適用の要件 (458)　(3) 具体的適用例 (459)

第 7 節　会 計 参 与･･ 460
　　1　総　説 (460)　2　職務権限 (460)　(1) 計算書類等の作成 (460)　(2) 計算書類等の備置き等 (462)　(3) 調査権限 (463)　(4) 意見陳述権等 (463)　(5) 株主等への報告義務 (464)　(6) 費用請求権 (464)

目　次　xi

第8節　監 査 役··464
　　　1　総　説(464)　2　職務権限(465)　(1)通常の監査役の職務権限(466)
　　　(2)監査役の職務権限の限定(471)　(3)会社と取締役間との間の訴えにおける会社の代表(473)　(4)株主の権限(473)

第9節　監 査 役 会··474
　　　1　総　説(474)　2　監査役会の権限(475)　(1)監査役会は，次の権限を有している(475)　(2)監査役全員の同意が必要な事項(477)　3　監査役会の招集・運営(477)　(1)招　集(477)　(2)運　営(477)　(3)議事録等(478)　4　監査役会決議の瑕疵(478)

第10節　会 計 監 査 人··479
　　　1　総　説(479)　2　職務権限(481)　(1)計算書類等の監査(481)　(2)会計帳簿閲覧・報告請求権(481)　(3)子会社調査権(481)　(4)定時総会への出席意見陳述権(481)　3　会計監査人の義務(482)　(1)会計監査報告作成義務(482)　(2)定時総会出席・意見陳述義務(482)　(3)監査役等への報告義務(482)　(4)監査役等に対する説明義務(483)　4　会計監査人の監査を欠いた総会の決議の効力(483)

第11節　委員会設置会社··483
　第1款　総　説(483)
　第2款　取締役および取締役会(484)
　　　1　取締役等の特則(484)　(1)資　格(484)　(2)社外取締役の存在(484)
　　　(3)取締役(会計参与)の選任・解任(485)　(4)任　期(485)　(5)取締役の権限(485)　(6)報酬等(485)　2　取締役会の特則(485)　(1)権　限(485)
　　　(2)招　集(488)　(3)運　営(488)
　第3款　各種委員会制度(489)
　　　1　総　説(489)　2　委員会の運営(489)　(1)招　集(489)　(2)決議等(490)
　　　(3)委員会の活動費用(490)　(4)議事録の閲覧等(491)　3　指名委員会(491)
　　　4　監査委員会(491)　(1)権　限(491)　(2)執行役等の監査(491)　5　報酬委員会(493)
　第4款　執行役(494)
　　　1　総　説(494)　2　選任・終任(494)　(1)資　格(494)　(2)員数・任期(494)
　　　(3)選任・解任等(495)　(4)職務執行停止・職務代行者(495)　3　権　限(495)
　　　4　義　務(496)　(1)総　説(496)　(2)取締役会に対する報告義務(496)　(3)監査委員に対する報告義務(496)　5　報　酬(496)　6　代表執行役(496)

第12節　役員等の損害賠償責任···497
　　　1　会社に対する責任(497)　2　役員等の責任免除・軽減および時効(502)
　　　(1)責任免除(502)　(2)責任の軽減(一部免除)(503)　(3)責任の消滅時効(507)
　　　3　役員等の第三者に対する責任(507)　(1)総　説(507)　(2)429条1項の責任

xii 目　次

　　　　　(508)　(3) 不実の情報開示による責任 (513)
　第13節　代表訴訟と違法行為差止請求································514
　　　1　代表訴訟 (514)　(1) 総　説 (514)　(2) 責任の範囲 (516)　(3) 提訴権者・手続 (516)　(4) 管轄，訴額，担保提供 (519)　(5) 訴訟参加 (520)　(6) 訴えの取下げ，和解，請求の放棄 (521)　(7) 株主の権利と責任 (522)　(8) 再審の訴え (523)
　　　2　取締役・執行役の違法行為差止請求権 (523)
　第14節　検　査　役···525
　　　1　職務権限 (525)　2　資格と員数 (525)　3　選　任 (526)

第5章　会社の財務──────────────────── 528

　第1節　企業会計法··528
　　第1款　総　説 (528)
　　第2款　会計帳簿 (535)
　　　　1　総　説 (535)　2　借方と貸方 (536)　(1) 取得原価主義 (536)　(2) 債務額 (536)　3　利益の計算方法 (537)　4　取　引 (538)　5　元　帳 (539)　6　仕訳帳 (539)　7　決　算 (540)　(1) 試算表の作成 (541)　(2) 棚卸表の作成と決算整理 (541)　(3) 仕訳帳と元帳の締切 (541)　(4) 誘導法と棚卸法 (542)　(5) 精算表 (543)　8　連結会計 (543)　(1) 総　説 (543)　(2) 連結主体論 (543)　(3) 3カ月ルール (545)　(4) 連結計算書類の作成手順 (545)
　　第3款　帳簿閲覧・謄写権 (547)
　第2節　計算書類··550
　　第1款　総　説 (550)
　　第2款　損益計算書等 (553)
　　　　1　総　説 (553)　2　損益計算書の内容 (554)　3　経過勘定 (558)　4　税効果会計 (559)
　　第3款　貸借対照表 (561)
　　　　1　総　説 (561)　2　資　産 (562)　(1) 区　分 (562)　(2) 資産の評価 (571)　3　負　債 (581)　(1) 表示区分 (581)　(2) 債務の評価 (583)　4　純資産の部 (583)　(1) 株主資本 (584)　(2) 評価・換算差額等 (591)　(3) 新株予約権 (593)
　　第4款　株主資本等変動計算書等 (595)
　　第5款　注記表 (598)
　　　　1　総　説 (598)　2　注記項目 (600)　(1) 継続企業の前提に関する注記 (600)　(2) 重要な会計方針に関する注記 (600)　(3) 連結計算書類の作成のための基本となる重要な事項に関する注記 (601)　(4) 貸借対照表等に関する注記 (602)　(5) 損益計算書に関する注記 (602)　(6) 株主資本等変動計算書に関する注記 (603)　(7) 連結株主

資本等変動計算書に関する注記(603) (8) 税効果会計に関する注記(604) (9) リースにより使用する固定資産に関する注記(604) (10) 金融商品に関する注記(604) (11) 賃貸等不動産に関する注記(605) (12) 持分法損益等に関する注記(605) (13) 関連当事者との取引に関する注記(605) (14) １株当たり情報に関する注記(607) (15) 重要な後発事象に関する注記(607) (16) 連結配当規制適用会社に関する注記(608) (17) その他の注記(608)

第６款　事業報告(608)

1　総説(608)　2　公開会社の特則(610)　(1) 株式会社の現況に関する事項(610)　(2) 株式会社の会社役員に関する事項(610)　(3) 社外役員の特則(611)　(4) 株式会社の株式に関する事項(613)　(5) 株式会社の新株予約権等に関する事項(613)　3　会計参与設置会社の特則(614)　4　会計監査人設置会社の特則(614)

第７款　附属明細書(615)

1　計算書類に係る附属明細書(615)　2　事業報告の附属明細書(617)

第８款　臨時計算書類(618)

第３節　資本金・準備金・剰余金の額の変動 …………………………619

1　資本金・準備金・剰余金の額の減少(619)　(1) 総説(619)　(2) 資本金・準備金の額の減少(619)　(3) その他資本剰余金の減少(625)　(4) その他利益剰余金の減少(625)　(5) 剰余金の処分(626)　2　資本金・準備金・剰余金の額の増加(626)　(1) 資本金の額の増加(626)　(2) 準備金の額の増加(626)　(3) その他資本剰余金の増加(627)　(4) その他利益剰余金の増加(627)

第４節　剰余金の配当 ……………………………………………627

第１款　計算関係書類・事業報告の作成手続と監査(627)

(1) 総説(627)　(2) 監査報告(629)　(3) 株主への提供(638)　(4) WEB開示制度(641)　(5) 計算書類等の備置き(642)　(6) 計算書類等の定時総会への提出(提供)・承認・報告等(642)　(7) 公告(643)　(8) 臨時計算書類(645)　(9) 特例有限会社(646)

第２款　剰余金の配当(647)

1　総説(647)　(1) 剰余金配当請求権と株主平等の原則(647)　(2) 日割配当(647)　(3) 抽象的権利と具体的権利(648)　(4) 金銭配当と現物配当(648)　(5) 統一的な財源規制(648)　(6) 剰余金の配当の時期・回数(649)　(7) 準備金の積立て(650)　(8) 配当財産の交付の履行場所(650)　2　剰余金の概念と分配可能額の制限(651)　(1) 剰余金(651)　(2) 分配可能額(653)　3　剰余金の分配を決定する機関(657)　(1) 原則(657)　(2) 現物配当の場合(657)　(3) 例外――取締役会の決議(658)　4　違法配当(660)　(1) 違法な剰余金配当の責任(660)　(2) 欠損てん補責任(661)　(3) 会社財産を危うくする罪(662)

第Ⅲ編　持分会社

第1章　総　説 ——663

第2章　持分会社の設立手続 ——663
　　1　総　説 (663)　2　定　款 (663)　3　会社の成立 (664)　4　持分会社の登記事項 (665)　5　設立の無効・取消 (665)　(1) 設立の無効 (665)　(2) 設立取消し (665)

第3章　持分会社の社員の権利・義務・責任 ——666
　　1　権　利 (666)　2　義　務 (667)　3　誤認行為による責任 (667)　4　自称社員（疑似社員）の責任 (667)

第4章　持分の変動 ——668
　　1　譲　渡 (668)　2　入　社 (668)　3　退　社 (668)　(1) 任意退社 (669)　(2) 法定退社 (669)　(3) 退社の効果 (670)

第5章　管　理 ——672
　　1　業務執行 (672)　2　代　表 (673)　3　会社との関係 (673)　4　責　任 (674)　(1) 会社に対する責任 (674)　(2) 第三者に対する責任 (674)　5　職務代行者 (674)

第6章　計　算 ——674
　　1　総　説 (674)　2　計算書類の閲覧等 (675)　3　提出命令 (675)　4　保　存 (675)　5　資本金の額等 (675)　(1) 資本金の額 (675)　(2) 資本剰余金の額 (677)　(3) 利益剰余金の額 (677)　(4) 利益配当 (677)

第Ⅳ編　社　債

第1章　社債の意義と性質 ——681

第2章　社債の発行 ——685
　　1　社債発行の制限 (685)　2　社債の発行形態 (686)　(1) 単独発行・合同発行 (686)　(2) 募集・総額引受け・売出発行 (686)　(3) 組織再編行為の際の対価 (687)

3　募集社債の募集 (687)　(1) 募集社債事項の決定 (687)　(2) 募集社債の発行方法 (689)　(3) 違法な社債発行 (691)

第3章　社債の管理 ─── 691

1　社債管理の必要性と方法 (691)　2　社債管理者 (691)　(1) 設置の強制とその例外 (691)　(2) 権　限 (693)　(3) 義務と責任 (695)　(4) 辞任・解任・事務承継者 (696)　3　社債権者集会 (698)　(1) 意　義 (698)　(2) 招　集 (698)　(3) 権　限 (701)　(4) 議決権 (701)　(5) 議事・決議 (701)　(6) 議事録 (702)　(7) 決議の効力 (703)　(8) 代表社債権者 (703)　(9) 決議の執行 (704)

第4章　社債の流通 ─── 704

1　社債の譲渡および質入れ (704)　2　社債原簿 (707)　(1) 総　説 (707)　(2) 備置き・閲覧等 (709)

第5章　社債の償還と利払い ─── 709

1　償還および利息の支払の時期とその方法等 (709)　2　利払い (710)　3　支払いの懈怠 (710)

第6章　特殊な社債 ─── 711

1　担保付社債 (711)　(1) 意　義 (711)　(2) 内　容 (712)　2　振替社債 (713)　(1) 意　義 (713)　(2) 短期社債の特則 (714)　(3) 振替社債の新規記録手続 (714)　(4) 振替手続 (715)　(5) 振替の効果・善意取得 (715)　(6) 抹消手続 (715)　(7) 振替機関等の消却義務 (716)　(8) 振替社債の社債権者の権利行使の際の証明書の提示 (716)　3　新株予約権付社債 (716)　(1) 総　説 (716)　(2) 新株予約権付社債の発行 (717)　(3) 新株予約権付社債の申込みおよび割当て (718)　(4) 新株予約権原簿における記載 (718)　(5) 新株予約権付社債券 (718)　(6) 新株予約権付社債の譲渡等 (718)　(7) 新株予約権の行使 (719)　(8) 社債の償還 (719)　(9) 新株予約権の買取請求 (719)　(10) 新株予約権付社債の無償割当て (720)　(11) 組織再編と新株予約権付社債の承継 (720)　(12) 新株予約権付社債の発行の無効の訴え (720)　(13) 振替新株予約権付社債 (720)

第Ⅴ編　会社の基礎の変更

第1章　総　説 ─── 721

第2章　定款変更 ——————————————————— 721

　　1　総　説 (721)　(1) 概　念 (721)　(2) 株式会社の定款変更 (722)　(3) 持分会社の定款変更 (722)　(4) 持分会社の種類の変更 (722)　2　株式会社の特則 (722)　(1) 定款の定めを廃止したとみなされる場合 (723)　(2) 株主総会の決議を要しない場合 (723)　(3) 株主総会の特別決議と種類株主総会の決議を要する場合 (723)　(4) 株主総会の特別決議と総種類株主の同意を要する場合 (724)　(5) 株主総会の特殊決議を要する場合 (724)　(6) 総株主の同意を要する場合 (725)　(7) その他 (725)

第3章　会社の組織変更 ——————————————————— 726

　　1　総　説 (726)　2　株式会社の持分会社への組織変更 (727)　(1) 組織変更計画 (727)　(2) 事前開示 (728)　(3) 組織変更計画の承認等 (729)　(4) 新株予約権買取請求 (729)　(5) 債権者保護手続 (729)　(6) 株券等の提出 (730)　(7) 組織変更の効力 (730)　(8) 組織変更後持分会社の社員資本 (730)　3　持分会社の株式会社への組織変更 (731)　(1) 組織変更計画 (731)　(2) 組織変更計画の承認 (731)　(3) 債権者保護手続 (732)　(4) 組織変更の効力 (732)　(5) 組織変更後株式会社の株主資本 (737)　4　違法な組織変更 (733)　5　持分会社の種類の変更 (734)　(1) 合名会社 (734)　(2) 合資会社 (734)　(3) 合同会社 (734)　(4) 登　記 (735)　(5) 社員の責任 (735)

第4章　組織再編等 ——————————————————— 735

　　1　総　説 (735)　2　事業譲渡等 (736)　(1) 総　説 (736)　(2) 簡易手続 (739)　(3) 略式手続 (740)　(4) 事業譲渡の計算 (741)　(5) 事業譲受会社の計算 (742)　3　組織再編行為 (742)　(1) 合　併 (742)　(2) 会社分割 (745)　(3) 株式交換・株式移転 (747)　(4) 外国会社との組織再編 (749)　4　組織再編等に対する制約 (750)　(1) 業　法 (750)　(2) 独占禁止法による制限 (750)　(3) 金融商品取引法による制限 (750)　(4) 企業担保法による制限 (751)　(5) 債務超過会社と組織再編の可否 (751)　(6) その他 (752)　5　組織再編手続 (753)　(1) 持分会社が当事会社である場合の手続 (753)　(2) 株式会社が当事会社である場合の手続 (753)　(3) 契約（計画）事項 (757)　(4) 事前開示 (767)　(5) 株主総会（種類株主総会）の承認決議・総社主・総社員による承認 (770)　(6) 簡易組織再編 (774)　(7) 略式組織再編 (776)　(8) 登録株式質権者・登録新株予約権者に対する通知または公告 (777)　(9) 新株予約権買取請求 (777)　(10) 債権者保護手続——異議申立権 (779)　(11) 株券等提出手続 (782)　(12) 事後開示 (782)　(13) 組織再編に関する登記 (784)　6　組織再編行為の瑕疵 (786)　(1) 差止め (786)　(2) 無効の訴え (786)　(3) 組織再編の不存在 (789)　7　企業結合会計・事業分離会計 (790)　(1) 総　説 (790)　(2) のれん

目　次 **xvii**

　　　(793)　(3) 吸収合併の会計処理 *(795)*　(4) 新設合併の会計処理 *(797)*　(5) 会社分割の会計処理 *(800)*　(6) 株式交換の会計処理 *(803)*　(7) 株式移転の会計処理 *(804)*

第Ⅵ編　企業の終了

第1章　休眠会社・解散・継続 —————————————— 807
　　　1　会社の解散 *(807)*　(1) 解散原因 *(807)*　(2) 解散命令 *(807)*　(3) 解散判決 *(808)*　2　休眠会社とみなし解散 *(809)*　3　継　続 *(810)*

第2章　企業倒産法 ————————————————————— 810
第1節　総　説 …………………………………………………… 810
　　　1　倒産処理形態 *(810)*　2　債権の種類 *(812)*
第2節　清算型手続 ……………………………………………… 816
　　　1　総　説 *(816)*　2　持分会社の清算 *(817)*　(1) 総　説 *(817)*　(2) 任意清算 *(817)*　(3) 法定清算 *(818)*　3　株式会社の清算 *(821)*　(1) 総　説 *(821)*　(2) 目　的 *(821)*　(3) 清算株式会社の機関 *(821)*　(4) 清算人 *(823)*　(5) 監査役 *(828)*　(6) 清算事務 *(829)*　(7) 清算事務の終了 *(833)*　(8) 財産目録等の提出命令 *(834)*　(9) 帳簿資料の保存 *(834)*　4　特別清算 *(834)*　(1) 総　説 *(834)*　(2) 特別清算開始の申立て *(834)*　(3) 特別清算開始命令 *(837)*　(4) 清算人 *(843)*　(5) 監督委員 *(843)*　(6) 調査委員 *(844)*　(7) 債権者集会 *(845)*　(8) 協　定 *(848)*　(9) 特別清算の終了 *(849)*　5　破産手続 *(850)*　(1) 破産手続の開始 *(850)*　(2) 破産手続開始の決定 *(850)*　(3) 破産手続 *(850)*
第3節　再建型手続 ……………………………………………… 851
　　　1　再生手続 *(851)*　(1) 総　説 *(851)*　(2) 再生手続開始の申立て *(851)*　(3) 再生手続開始の決定 *(853)*　(4) 再生債権の届出・調査・確定 *(854)*　(5) 再生債務者の財産の調査・確保 *(855)*　(6) 再生計画 *(855)*　2　更生手続 *(857)*　(1) 目　的 *(857)*　(2) 会社更生手続開始の申立て *(857)*　(3) 会社更生手続開始の決定 *(859)*　(4) 債権の届出とその確定 *(860)*　(5) 更生計画 *(861)*

第Ⅶ編　外国会社

　　　1　総　説 *(863)*　2　日本で継続取引を行う外国会社 *(864)*　(1) 代表者 *(864)*　(2) 登　記 *(865)*　(3) 貸借対照表に相当するものの公告 *(866)*　(4) 全代表者の退任 *(866)*　(5) 取引継続禁止または営業所閉鎖命令と管理命令等 *(866)*　(6) 清算開始命令 *(867)*　3　擬似外国会社の規制 *(868)*

事項索引 (869)
判例索引 (879)
条文索引 (895)

凡　例
(法令略語)

一般法人	一般社団法人及び一般財団法人に関する法律	自治	地方自治法
会計原則	企業会計原則	純資産の部表示基準	貸借対照表の純資産の部の表示に関する会計基準
会計原則注	企業会計原則注解		
会計士	公認会計士法	商施規	商法施行規則
会更	会社更生法	整備法	会社法の施行に伴う関係法律の整備等に関する法律
会更規	会社更生規則		
会	会社法	措置法	租税特別措置法
会施規	会社法施行規則	商	商法
会社非訟規則	会社非訟事件手続規則	商事	商事法務
会令	会社法施行令	商登	商業登記法
買付府令	発行者以外の者による株券等の公開買付けの開示に関する内閣府令	商登則	商業登記規則
		資産流動化	資産の流動化に関する法律
企業開示府令	企業内容等の開示に関する内閣府令	証取	証券取引法
		証取令	証券取引法施行令
企業結合会計基準	企業結合に係る会計基準	資産流動化	資産の流動化に関する法律
		信託業	信託業法
企業結合会計基準等適用指針	企業結合会計基準及び事業分離等会計基準に関する適用指針	税徴	国税徴収法
		税理士	税理士法
		大量保有府令	株券等の大量保有の状況の開示に関する内閣府令
旧有	旧有限会社法		
旧和	旧和議法	担信	担保付社債信託法
旧商施規	旧商法施行規則	棚卸資産会計基準	棚卸資産の評価に関する会計基準
金融商品会計基準	金融商品に関する会計基準		
		地税	地方税法
金商	金融商品取引法	中間財務規	中間財務諸表等の用語, 様式及び作成方法に関する規則
金商施	金融商品取引法施行令		
銀行	銀行業法	中間連結財務規	中間連結財務諸表の用語, 様式及び作成方法に関する規則
計規	会社計算規則		
財務規	財務諸表規則		
財務規ガイライン	財務諸表等規則ガイドライン	中協	中小企業等協同組合法
		手	手形法
財務監査府令	財務諸表等の監査証明に関する内閣府令	定義府令	金融商品取引法第2条に規定する定義に関する内閣府令
事業分離等会計基準	事業分離等に関する会計基準		
		電公規	電子公告規則
自己株式会計基準	自己株式及び準備金の額の減少等に関する会計基準	電子文書法	民間事業者等が行う書面の保存等における情報通信の技術の利用に関する法律

適正確保府令	財務計算に関する書類その他の情報の適正性を確保するための体制に関する内閣府令	保管振替	株券等の保管及び振替に関する法律
		法税	法人税法
		法税令	法人税施行令
電電	日本電信電話株式会社等に関する法律	保険業	保険業法
		民	民法
投信	投資信託及び投資法人に関する法律	民再	民事再生法
		民再規	民事再生規則
独禁	私的独占の禁止及び公正取引の確保に関する法律	民執	民事執行法
		民訴	民事訴訟法
独商	ドイツ商法典	民訴費	民事訴訟費用等に関する法律
西商	スペイン商法典		
破	破産法	民保	民事保全法
非訟	非訟事件手続法	保険業	保険業法
振替法	社債, 株式等の振替に関する法律	有価証券規制府令	有価証券の取引等の規制に関する内閣府令
法人整備法	一般社団法人及び一般財団法人に関する法律及び公益社団法人及び公益社団法人の認定等に関する法律の施行に伴う関係法律の整備等に関する法律	有限組合	有限責任事業組合に関する法律
		リース会計基準	リース取引に関する会計基準
		連結原則	連結財務諸表原則
		RMBCA	改正模範事業会社法

主 要 文 献
（太字部分は引用略語）

- 「会社法制の現代化に関する要綱試案」「会社法制の現代化に関する要綱試案補足説明」 商事法務1678号（2003年）
- 『会社法の現代化——要綱試案と補足説明』（信山社・2004年）
- 「会社法制の現代化に関する要綱案（平成16年12月8日法制審議会会社法（現代化関係）部会決定）」（月刊監査役 No.495別冊）
- 江頭憲治郎「会社法制の現代化に関する要綱案」の解説〔Ⅰ〕～〔Ⅷ・完〕」商事法務1721号4頁，1722号4頁，1723号4頁，1724号4頁，1725号4頁，1726号21頁，1728号10頁，1729号4頁（2005年）
- 相澤 哲編著『**一問一答新・会社法**』（商事法務・2005年，**一問一答**として引用）
- 相澤 哲編著『立案担当者による新・会社法の**解説**』別冊商事法務295号（商事法務・2006年，**解説**として引用）
- 相澤 哲編『立法担当者による新会社法関係法務**省令の解説**』別冊商事法務300号（2006年，**省令の解説**として引用）
- 相澤 哲・小川秀樹編著『通達準拠会社法と商業登記』（金融財政事情研究会・2008年）
- 相澤 哲＝葉玉匡美＝郡谷大輔『**論点**解説 新・会社法』（商事法務・2006年，**論点**として引用）
- **青竹正一**『**新会社法（第2版）**』（信山社・2008年）
- 秋坂朝則『設例と仕訳でわかる会社計算規則』（税務研究会出版局・2007年）
- **石山卓磨**『**現代会社法講義（第2版）**』（成文堂・2009年）
- 『今中利昭先生古稀記念最新倒産法・会社法をめぐる実務上の**諸問題**』（民事法研究会・2005年，**諸問題**として引用）
- 稲葉威雄・尾崎安央『改正史から読み解く会社法の論点』（中央経済社・2008年）
- **江頭憲治郎**『**株式会社法（第2版）**』（有斐閣・2008年，**江頭**として引用）
- 『江頭憲治郎先生還暦記念 **企業法の理論** 上巻・下巻』（商事法務・2006年，**企業法の理論**として引用）
- 江頭憲治郎・門口正人編『会社法**大系**1～4』（青林書院・2008年，**大系**として引用）
- 江頭憲治郎・森本滋編『会社法コンメンタール〔全22巻〕』（商事法務・2008年～）
- 大隅健一郎＝今井宏＝小林量『新会社法概説』（有斐閣・2009年）
- 加美和照『新訂会社法（第9版）』（勁草書房・2007年）
- **神田秀樹**『**会社法（第11版）**』（弘文堂・2009年）
- **神田秀樹**監修・著『株券電子化その実務と移行のすべて』（金融財政事情研究会・2008年）
- 岸田雅雄『ゼミナール会社法入門（第6版）』（日本経済新聞社・2006年）
- 淺木愼一ほか編『**検証会社法**』（信山社・2007年，**検証**として引用）
- 郡谷大輔編著『中小会社・有限会社の新・会社法』（商事法務・2006年）
- 郡谷大輔＝松本真＝豊田祐子＝石井裕介『会社法施行前後の法律問題』（商事法務・2006年）
- 郡谷大輔＝和久友子＝細川充＝石井裕介『会社法の**計算詳解**——株式会社の計算書類から組織再編行為まで（第2版）』（中央経済社・2008年，**計算詳解**として引用）
- 郡谷大輔＝和久友子＝小松岳志『会社計算規則**逐条解説**』（税務研究会出版局・2007年，**逐条解説**として引用）
- 後藤紀一『新会社法』（晃洋書房・2008年）
- **近藤光男**『**最新株式会社法（第5版）**』（中央経済社・2009年）
- 近藤光男＝志谷匡史『改正株式会社法Ⅰ～Ⅲ』（弘文堂・2002年・2002年・2006年）

主要文献

- 近藤光男＝志谷匡史『新版改正株式会社法Ⅳ』（弘文堂・2006年）
- 三枝一雄＝南保勝美『新基本会社法ⅠⅡ』（中央経済社・2006年）
- 酒巻俊雄＝龍田節編『逐条解説会社法〔全9巻＋補巻〕』（中央経済社・2008年〜）
- 関俊彦『（全訂版）会社法概論』（商事法務・2007年）
- 全国株懇連合会『新訂版全株懇モデル』（商事法務・2007年，**モデル**として引用）
- 高橋康文＝尾崎輝宏『逐条解説新社債，株式等振替法』（金融財政事情研究会・2006年）
- 田邊光政『新版会社法要説』（税務経理協会・2006年）
- 田邊光政『会社法読本』（中央経済社・2008年）
- 龍田節『会社法大要』（有斐閣・2007年）
- 葉玉匡美『新・会社法100問（第2版）』（ダイヤモンド社・2006年）
- 前田庸『会社法入門（第11版）』（有斐閣・2006年）
- 長島・大野・常松法律事務所編『アドバンス新会社法（第2版）』（商事法務・2006年）
- 宮島司『新会社法エッセンス（第3版）』（弘文堂・2008年）
- 新山雄三『会社法の仕組みと働き（第4版）』（日本評論社・2006年）
- 森淳二郎＝上村達男『会社法における主要論点の評価』（中央経済社・2006年，**評価**として引用）
- 弥永真生『リーガルマインド会社法（第11版）』（有斐閣・2007年）
- 弥永真生『演習会社法』（有斐閣・2006年）
- 弥永真生『コンメンタール会社計算規則・改正商法施行規則』（商事法務・2006年）（**コンメンタール**として引用）
- 弥永真生『コンメンタール会社法施行規則・電子公告規則』（商事法務・2007年）
- 弥永真生＝郡谷大輔＝和久友子編『会社決算ハンドブック（第2版）』（商事法務・2008年，**ハンドブック**として引用）
- 山本爲三郎編『新会社法の基本問題』（慶應義塾大学出版会・2006年，**基本問題**として引用）

【改正前商法に関するもの】
- 石井照久『会社法上巻・下巻』（勁草書房・1967年）
- 上柳克郎＝鴻常夫＝竹内昭夫編『新版注釈会社法〔全15巻＋補巻4巻〕』（1985〜2000年）
- 大隅健一郎＝今井宏『会社法論　上巻・中巻（第3版）』（有斐閣・1991年）
- 河本一郎『現代会社法（新訂第9版）』（商事法務研究会・2004年）
- 神崎克郎『商法Ⅱ（会社法）（第3版）』（青林書院・1991年）
- 北沢正啓『会社法（第6版）』（青林書院・2001年）
- 鈴木竹雄＝竹内昭夫『会社法（第3版）』（有斐閣・1994年）
- 竹内昭夫（弥永真生補正）『株式会社法講義』（有斐閣・2001年）
- 田中誠二『三全訂会社法詳論〈上巻〉・〈下巻〉』（勁草書房・1993年・1994年）
- 永井和之『会社法（第3版）』（有斐閣・2001年）
- 森本滋『会社法（第2版）』（有信堂・1995年）

【証券取引法・金融商品取引法に関するもの】
- 神崎克郎＝志谷匡史＝川口恭弘『証券取引法』（青林書院・2006年）
- 河本一郎＝関要監修『三訂版逐条解決証券取引法』（商事法務・2008年）
- 河本一郎＝大武泰南『証券取引法読本（第7版）』（有斐閣・2006年）
- 河本一郎＝大武泰南『金融商品取引法読本』（有斐閣・2008年）
- 川村正幸編『金融商品取引法』（中央経済社・2008年）
- 日野正晴『詳解金融商品取引法』（中央経済社・2008年）
- 近藤光男＝吉原和志＝黒沼悦郎『金融商品取引法入門』（商事法務・2009年）

【企業倒産法】
・伊藤 眞『破産法・民事再生法（第2版）』（有斐閣・2009年）

【その他】
・江頭憲治郎ほか編『会社法判例百選』（有斐閣・2006年，**会社法百選**として引用）
　『**会社判例百選**第1版〜第6版』（有斐閣・1964年〜2006年（**会社百選〇版**として引用）
・江頭憲治郎ほか編『商法（**総則**・商行為）判例**百選**（第5版）』（有斐閣・2008年，**総則百選**として引用）

　金融商品取引法関係の法規を調べるには，証券関係法令研究会編『**証券六法**』（新日本法規）が便利であり，企業会計法関係の法規を調べるには日本公認会計士協会編『**会計監査六法**』（日本公認会計士協会出版局）が便利である．

会社法論

第Ⅰ編　会社法総説

第1章　会社の概念と企業形態

第1節　会社の概念

1　総説

1-1-1-1　平成17(2005)年改正前商法の下では，会社とは営利社団法人であった（改正前商52・54Ⅰ）．会社法では，**会社は株式会社，合名会社，合資会社または合同会社をいう**と会社の種類を列挙するに過ぎないので（会2①．なお合名会社，合資会社および合同会社を持分会社という．会575Ⅰ），会社とは何か，会社の概念が問題となる[1]（会社の概念

1-1-1-2　（1）**特定目的会社・投資法人**　「資産の流動化に関する法律」により認められる特定目的会社〔SPC. special purpose company〕は，商人（商4）であるが（資産流動化14Ⅰ），会社ではない（なお会施規4，計規102Ⅰ①ホ参照）．特定目的会社は，特定資産を流動化するための導管体であるために，株式会社法を範に採りながら，その組織を大幅に簡略化した企業形態である（図1参照）．「投資信託及び投資法人に関する法律」（昭和26法198）が定める投資法人も，資産を主として特定資産に対する投資として運用することを目的とした社団法人であるが，会社ではない．

図1　特定目的会社のイメージ

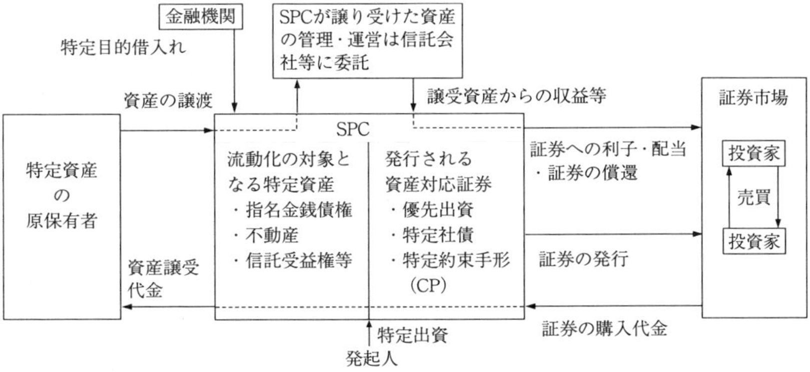

2　営　利

I-1-1-3　営利には2つの意味がある．第1の意味は，**対外的な営利活動によって利益を得る**という意味である（宮島7頁は，会社の営利性を第1の意義に限定している）．第2の意味は，**その得た利益を社員**（＝出資者．従業員と異なる．株式会社のみは社員を株主という）**に配分することである**（なお一般法人法11Ⅱ，平成18年改正前民34，改正前商52Ⅱ参照）．**会社法の営利は，第1の意味と第2の意味を満たすことである**（通説）．

第1の意義は，資本的な計算方法の下に少なくとも収支相償うことが予定されていれば足り，事業（会5）と同義である．

株式会社の株主は，① 剰余金の配当を受ける権利および，② 残余財産の分配を受ける権利を有し（会105Ⅰ），株主に①および②の権利の全部を与えない旨の定款の定めは，無効とされている（会105Ⅱ）．これは，株式会社の第2の意義の営利性を裏から規定したものであり，①②のいずれかの権利が付与されれば営利性を満たす（その事業経営を他人に一任し，しかも利益分配を残余財産分配の方法のみによることも許される．大判昭和元・12・27民集5巻12号906頁）．持分会社の社員も利益の配当を会社に請求することができ（会621Ⅰ），残余財産の分配も行われるので（会666），持分会社も第2の意義を満たしている．

3　社　団

I-1-1-4　**(1) 総　説**　社団なる文字は，明治30(1897)年初頭には単に人的結合の意味に用いられ，それが平成17(2005)年改正前商法52条1項に採用されたことから，通説は社団を人的結合ないし広く団体と解してきた．一般財団法人との対比において，会社には社員（なお一般法人10Ⅰ参照）が存在するという意味においては会社は社団である[2]．

持分会社においては**社員たる地位**〔社員権．英米 membership：独 Mitgliedschaftsrecht：仏 droit de l'associé：西 condición de socio〕を**持分**〔独 Geschäftsantail：仏 parts sociales：伊 quota：西 interés o parte social〔有限会社の場合は participación social〕〕といい

I-1-1-5　(2)　**会社の性質論**　一時期，会社の法的性質が活発に議論された時期がある．全ての会社は組合であると解する説（会社組合説　喜多川篤典『株式会社の法理』17頁［中央経済社1970年］等），合名会社・合資会社は組合であるのに対し，株式会社・有限会社は社団であるとする説（人的会社組合説．松田二郎『株式会社の基礎理論』［岩波書店1942年］67頁以下等），形式と実質で区別し，合名会社・合資会社は形式的には社団であるが，実質は組合であり，株式会社は形式・実質ともに社団であり，有限会社は形式は社団であるが，実質は社団と組合の性質を両有するとする説（会社社団説　鈴木竹雄『商法研究Ⅱ』1頁以下［有斐閣1971年］）が唱えられた．

(会585Ⅰ等参照)，株式会社においては**株式**〔株主権．英 share（細分化された単位），stock（単位の束）：独 Aktien：仏 action：伊 azione：西 acción：ポ ação〕というが，会社法のもとでは，株式・持分の譲渡により社員が複数になる可能性があるので社団性は維持されていると説明する（潜在的社団論）のが普通である[3]（神田7頁，弥永8頁，新山23頁）．会社は出資者である社員を構成員とする組織体であるとする見解（宮島6頁）はフランスの制度論に近い．

I-1-1-7 **(2) 外国法** 団体の研究はフランスとドイツでは基準を異にし，フランスでは，フランス革命の影響を受け，当該団体の内部構造より当該団体が営利目的を有しているか否かに研究の力点を置き，営利目的の団体を会社〔仏 société：西 sociedad〕，そうでない団体を社団〔仏 association：西 asociación〕と呼び区別してきたが，EU指令が一人会社を認めたので，国内法も一人有限会社が認めるに及んで，会社を立法者によって定められた制度〔institution〕であると解されるようになった．

これに対しドイツでは，団体が営利目的を有しているか否かというよりも，当該団体がどのような内部構造を有しているかという観点から人的団体の分類を行う．社員間が契約で結合しているような団体を組合〔Gesellschaft〕と呼び，団体と社員の関係から構成されている団体を社団〔Körperschaft〕と呼び区別する．組合には法人格を否定し（合名会社・合資会社はこれに属する），社団には法人格を肯定する（株式会社・有限会社はこれに属する）．わが国の法学は当初ドイツ法の影響下にあったことから，団体の内部構造の分析を重視した．これに対し，英米法は会社組合観に立脚している．

I-1-1-8 **(3) 一人会社の特殊性** 一人会社においては，社員が一人のため会社の内部関係に限り，複数の社員を前提とする規定の適用はなくなる．すなわち，① 一人の

I-1-1-6 **[3] 一人会社** 会社を人の集まりと理解すると，社員が一人である会社，すなわち，**一人会社**〔英 single member company：独 Einpersonen-gesellschaft：仏 société unipersonnelle：伊 società unipersonale：西 sociedad unipersonal〕は社団と矛盾することになる．平成2年の改正前には合名・合資・有限会社では社員が1名となることは会社の解散原因とされ（平成2年改正前商94Ⅳ・147，旧有69Ⅰ⑤），株式会社にはこのような規定がなかったことから（改正前商404①），異論はあったが設立後の一人会社は認められると解するのが判例（最一小判昭和46・6・24民集25巻4号596頁＝百選3版25事件）・通説であった．設立後の一人会社が認められるのであれば，最初から一人会社を認めてよいはずである（泉田栄一「各国の一人会社の法規制」『進展する企業法・経済法』吉永先生古稀記念193頁〔中央経済社1981年〕）．平成2年（1990年）改正法は，発起人の最小数を削除し（商165），また社員が一人となったことを解散事由としていた有限会社法69条1項5号を削除し，**最初から一人株式・有限会社を認めた**．その際に利用されたのが潜在的社団論であった（大谷34頁．もっとも株式の複数をもって社団性が満たされていると説く見解も存在した．菅原菊志『企業法発展論（商法研究Ⅱ）』264頁〔信山社1993年〕，平出・新注会⑬10頁）．会社法は，一歩進めて，持分会社においてさえ，社員が1人となったことを解散原因（改正前商94④）としないで，社員が欠けたことを解散原因としているので（会641④），**一人会社を認めている**（なお〔Ⅵ-1-1-1〕・会639ⅠⅡ参照）．この場合も社員を新たに加入させる（会604）ことによって社団に復帰することは可能である．

株主が株主総会に出席すれば常に全員出席総会（最二小判昭和60・12・20民集39巻8号1869頁［東和交通事件］＝会社法百選39事件）となるから，招集手続きがなくても，株主総会は成立する（最一小判昭和46・6・24民集25巻4号596頁［猪名川礦油事件］＝会社百選4版27事件．なお会300参照）．さらに一歩進め，② 事業譲渡に関する株主総会の特別決議（会467Ⅰ・309Ⅱ⑪参照）は，単独株主の「意思決定をもつてこれに代置しうる」（大阪地判昭和44・3・18判時562号71頁［大東物産事件］）．従って，③ 株式を100％所有する代表取締役が締結した経営委任契約は「株主の保護につき危惧される点はないので」会社法所定の手続（会467Ⅰ④参照）を経由していなくても有効であり（京都地判昭和61・5・7判タ617号149頁［西京タクシー事件］），同様の理由で，④ 実質上一人会社の代表取締役の当該会社に対する土地の譲渡行為は，利益相反取引の手続（会356）を履践しなくても，有効である（京都地判昭和62・8・27判タ662号209頁［伏見桃山ゴルフクラブ事件］）．また⑤「正規の株主総会の手続が取られなくても，唯一の株主の意思によって取締役の報酬が決定されたときには，これによつて取締役報酬を取得した者もこれを不当に利得したことにはならない」（東京地判平成3・12・26判時1435号134頁［セイシン・ドライビングスクール事件］）．⑥ 株式の譲渡制限がある場合にも，一人会社の株主がその保有する株式を他に譲渡する場合には，取締役会の承認がなくても（会139参照），その譲渡は，会社に対する関係において有効と解される（最三小判平成5・3・30民集47巻4号3439頁［エルム事件］＝会社法百選17事件）．

4 法 人

I-1-1-9　わが国の会社は，英米法およびドイツ法（合名・合資会社は法人格を有しない）と異なり，フランス法・スペイン法と同様に，全て法人〔英米 legal person：独 Juristische Person：仏 la personne morale：伊 persone giuridiche：西 la persona juridica〕である（会3．なお民33Ⅰ参照）．団体が法人格を有すると，**その団体の名前で権利を有し，義務を負う**ことになるので，権利・義務の帰属が簡単に処理されることになる．法人はこのような法技術上の便宜から認められた概念である．

第2節　会社法の法源と構造

1 会社法の法源

I-1-2-1　会社法の法源の主なものは「会社法」（平成17年7月26日法86号）であるが，そのほか特別法，政令，省令，商慣習，民法，個々の会社の定款等が含まれる．
　まず（特別法・会社法の強制規定に抵触しない範囲で）**自治法規である会社の定款が適用される．次いで特別法があれば，会社法より優先適用される**（会1）．特別法には特定の事業を行う会社に適用される法（銀行法等）と一般的な特別法である「社債，株

式等の振替に関する法律」（平成13年6月27日法75号），「担保付社債信託法」（明治38年3月13日法52号），「金融商品取引法」（昭和23年4月13日法25号），「商業登記法」（昭和38年7月9日法125号），「会社更生法」（平成14年12月13日法154号）等がある．政令には「会社法施行令」（平成17年政364号）が，省令には，① 「会社法施行規則」（平成18年法務第12号），② 「会社計算規則」（平成18年法務第13号）および，③ 「電子公告規則」（平成18年法務令第14号）がある（会施規116・159は計算規定を②に委譲し，会施規221は電子公告の規制を③に委譲している）．**定款，特別法，会社法に規定がなければ，商慣習を適用し，それがなければ民法を適用**する（商1Ⅱ）．

　「会社法施行規則」は238カ条，「会社計算規則」は166カ条から構成されている．

2　会社法の構造

1-1-2-2　会社法は，第1編　総則（1条～24条），第2編　株式会社（25条～574条），第3編　持分会社（575条～675条），第4編　社債（676条～742条），第5編　組織変更，合併，会社分割，株式交換および株式移転（743条～816条），第6編　外国会社（817条～823条），第7編　雑則（824条～959条），第8編　罰則（960条～979条）から構成されている．第1編と第4編以下は，株式会社と持分会社の両方に適用される．第2編および第3編は，会社の成立から消滅に至る順序（設立－存立中－解散・清算）で定められている．
① 第1編には，商法第1編と内容的に重複する規定が多く存在している．
② 用語の定義が会社法2条でなされているが，**定義はすべて2条で定められているわけではないので，注意する必要がある**[4]．③ 会社法は，まず株式会社を規定し，その後に持分会社を定めており，旧法の規制と順序が逆になっている（平成17年改正前商は，総則の後に，合名会社，合資会社，株式会社を定めていた）．④ 準用を極力少なくするという編集方針がとられた結果，同じ内容の条文が散らばって規定され，「会社の法律重複だらけ」（龍田はしがきⅱ）になっている．

第3節　企業形態と会社

1　総説

1-1-3-1　会社は企業形態の1つである．本節では，経営学の1部門である企業形態論と関係させて会社の位置づけを行う．
　企業は**私企業**〔英 private enterprise〕と**公企業**〔英 public enterprise：伊 impresa

---

1-1-2-3　（4）「**以下同じ**」**という表現**　定義に該当する用語には「以下同じ」という文章が付く（例えば会25Ⅰ①等）．その用語の適用範囲がその章限りであれば「以下この章において……いう」という文章（会21Ⅰ等），その節限りであれば，「以下この節において……いう」という文章（会16等），その条の限りであれば「以下この条において……いう」（会46Ⅰ等）という文章が付く．

pubblica：西 empresa pública〕に分類される．私企業の設立と運営は当事者に委ねられるのに対し，公企業は，国または公共団体等の行政主体が，法律に基づいて出資をなし，直接または間接に経営する非権力的事業の総称である．近代社会は，私有財産制（憲29）を採用し，職業選択の自由（憲22Ⅰ）を認めるから，私企業が企業活動の中心である[5]．

私企業は，個人企業（家）〔英 single trader：独 Einzelunternehmer：仏 entreprise individuelle：伊 imprenditore individuale：西 empresario individual〕と**共同企業**に分類される．個人企業（家）は，出資[6]（資本の拠出）＝経営（経営活動の指揮）＝支配（経営者を任免できる事実上の権限）を合一にするが，事業に失敗すると自分の全財産で責任を負

I-1-3-2 （5） **国有化と民営化** 私企業を国営にすることを国有化という．これに対し，国営企業を私企業にすることを民営化という．

I-1-3-3 （6） **出資の種類** 出資には，① 労務出資，② 信用出資，③ 金銭出資および ④ 現物出資の4つの種類があり，金銭出資と現物出資を合わせて**財産出資**という（なお会151参照．金銭等＝金銭その他の財産）．**労務出資**とは，出資者が労務を提供することによってなす出資であり（民667Ⅱ参照），**信用出資**とは，保証人になったり，振り出された手形に裏書，手形保証をしたり，物的担保を提供したりして自己の信用を利用させることによる出資であり，単に出資者となることも信用の出資と評価できる．金銭出資は現金を出資することであり（民669参照），**現物出資**は，債権（会207Ⅸ⑤），不動産，事業（出資を受けて商号を続用すると会社法22条1項の責任を負う．最一小判昭和47・3・2民集26巻2号183頁［鉄玉運輸事件］＝総則百選22事件），特許権など，金銭以外の財産をもってする出資である（会28①・199Ⅰ③・576Ⅰ⑥等）．無限責任を負う者は，出資の種類に制限がなく，労務であれ，信用であれ，財産出資であれ，すべて許される．これに対し，有限責任しか負わない者（会104・580Ⅱ，有限組合15参照）は，表1から分かるように，財産出資しか許されない（会576Ⅰ⑥括弧書，有限組合11．論点564頁・566頁は，合同会社につき，価額の評価が可能な財産を出資の目的とする要請があるものの，労務出資や信用出資は禁じられていないとする．その説を認めるとしても，労務出資とは会社の成立までに給付されたものに限られよう）．このような区別がなされる理由は，労務出資と信用出資の評価が難しいからである．なお元本が保証されるものとして出資金を受け入れることは，犯罪となる（出資法1・8Ⅲ）．

表1　出資の種類と許容される出資

	個人企業家	民法上の組合の組合員	匿名組合の匿名組合員	有限責任事業組合の組合員	合名会社の社員	合資会社 無限責任社員	合資会社 有限責任社員	合同会社の社員	株式会社の株主
労務出資	○	○	×	×	○	○	×	×	×
信用出資	○	○	×	×	○	○	×	×	×
金銭出資	○	○	○	○	○	○	○	○	○
現物出資	○	○	○	○	○	○	○	○	例外的に許容される
根拠条文		民667Ⅱ	商536Ⅱ	有限責任事業組合法11	会576Ⅰ⑥	会576Ⅰ⑥	会576Ⅰ⑥	会578	会34Ⅰ・208・246・281・284等

う（無限責任）[7]．企業を拡大するには，稼いだ利益を事業にまわすか（資本の集積），他人から借金するしか方法はない．事業が大きくなれば一人で切り盛りすることは困難となる．経営者が死亡すれば，企業の存続も難しい．そこで**リスクの分散，資本の集中，労働力の補充および企業の維持**という長所を有する共同企業形態が出現することになる．

共同企業は，営利企業，非営利企業および中間企業に分類できる．① 非営利企業の代表は公益認定事業を行う法人[8]（「公益社団法人及び公益財団法人の認定等に関する法律」参照）と各種のNPO（「特定非営利活動促進法」参照）である．② 中間企業は一般社団法人・一般財団法人（なお一般法人11Ⅱ参照），各種の協同組合（中小企業等共同組合法，信用金庫法など参照），相互会社[9]（保険業18以下）などその種類は多い．資本主義は営利活動を行う者に自由競争させることが最適な社会システムであるとの前提に立つ

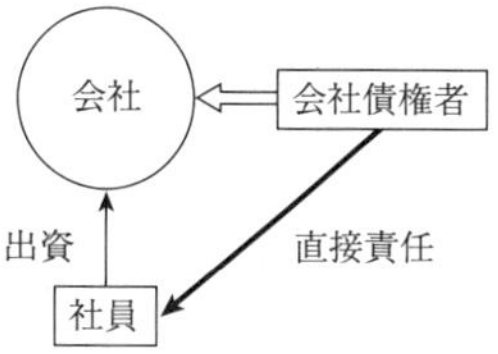

I-1-3-4　（7）**責任の意味**　責任の語は私法上種々の意味で使用されるが，ここでは**企業が債務を履行できないときに，出資者の個人財産をもってその債務を履行する義務**を意味する．個人企業のように，企業債務の全額につき履行しなければならない場合を**無限責任**といい，特定限度額までは責任を負うが，それ以上は責任を負わない場合を**有限責任**という．有限責任の場合の責任の限度は，出資の履行により減少する（会580Ⅱ）．個人企業に有限責任を認めないのが普通であるが，有限責任を認める国もないではない（例えば1976年9月1日のペルー有限責任個人企業法．拙稿「有限責任個人企業の立法論比較法的考察（フランス，ベルギー，イタリア，ペルーを中心として）」富山大学日本海経済研究所研究年報Ⅵ，145頁以下（1981年）参照）．責任は，さらに，直接責任と間接責任に分けられる．**直接責任**とは，会社債権者に直接に責任を負うことである．**間接責任**は，会社債権者に何の責任も負わない，即ち，無責任を意味する．それにもかかわらずこれを間接責任と言うのは，会社に出資された財産が結局は会社債権者の担保になると考えられているからである．責任はさらに人的責任と物的責任に分けられる．債務者が全財産をもって履行にあたるのが**人的責任**であり，特定の財産をもって履行にあたるのが，**物的責任**である．無限責任は人的責任である．

図2　責　任

（会社 ← 会社債権者　出資↑　直接責任　社員）

I-1-3-5　（8）**公益法人制度改革**　2006年公益法人制度改革により関連3法が成立し，中間法人法が廃止され，民法の法人の規定が大幅に削除された．3法は，「一般社団法人及び一般財団法人に関する法律」（平成18年法48号），「公益社団法人及び公益財団法人の認定等に関する法律」（平成18年法49号）および「一般社団法人及び一般財団法人に関する法律及び公益社団法人及び公益財団法人の認定等に関する法律の施行に伴う関係法律の整備等に関する法律」（平成18年法50号）の3つである．現行の公益法人は特例民法法人として，施行日から5年以内に新制度に移行する．公益性の要件を備えた場合（23の事業）は，公益社団法人・公益財団法人に移行し，公益性の要件を満たさない場合には，一般社団法人・一般財団法人に移行する．中間法人法は廃止し（法人整備法1），中間法人は一般の非営利法人へ移行する．一般社団法人・一般財団法人には準則主義が採用されている．

I-1-3-6　（9）**相互会社**　相互会社は，保険契約者をその社員とする社団法人であり（保険業2Ⅴ・18），余剰金の配分も行うが（保険業23Ⅰ⑦・55の2），保険契約者のために保険を行うのであって，営利保険（商502⑨）ではないので，営利性を欠く．したがって相互会社〔伊 società mutualistiche：西 compañías mutuas de seguros〕はその名称にかかわらず会社でない．平澤宗夫「相互会社」金判986号21頁参照．

ので，営利企業が重要である．③ **営利企業**としては民法上の組合，匿名組合，船舶共有，有限責任事業組合，合名会社，合資会社，合同会社および株式会社を挙げることができる．

有限責任事業組合を除く民法上の組合から合資会社までの企業は既に中世において認められた形態であるが，株式会社は1602年に成立したオランダ東インド会社（正確には合同東インド会社）に起源を有する企業形態である(10)．これに対し有限責任事業組合および合同会社は，わが国では平成17（2005）年改正になって初めて認められた企業形態である．

これらの企業を機能資本家（企業を所有するだけでなく，企業の経営に積極的に参加する資本家．企業経営に積極的でないものを持分資本家という）という視点から分類すると，以下のようになる．

2　機能資本家相互の共同企業形態

機能資本家相互の共同企業形態として，① 民法上の組合，② 合名会社，③ 有限責任事業組合および，④ 合同会社がある．

I-1-3-8　**(1) 民法上の組合**　民法上の組合〔独 Gesellschaft des bürgerlichen Rechts：仏 société civil：伊 società semplice：西 sociedad civil〕は，複数人が出資をなし共同の事業（営利事業には限らない）を営むために結合した団体である（民667Ⅰ）．組合は法人格を有せず，**契約によってできた団体**であるから，組合員が営業の主体であって，組合財産も組合のものではなくて，組合員の**合有**(11)である（民668対比．組合が所有す

I-1-3-7　(10) **株式会社発生史**　詳細は大塚久雄『株式会社発生史』（岩波書店1969年）および大隅健一郎『株式会社法変遷論』（有斐閣1953年）を参照されたい．最古の株式会社と株式会社の起源は何であるかについては多様な見解が唱えられている．

第1説は，1407年に設立されたジェノバのサン・ジョルジオ銀行を最古の株式会社とする見解である．この説は，株式会社の起源を株式合資会社に求める説とコンペラ・モンス（イタリアの国債所有者団体）に求める説に分けられる．

第2説は，オランダ東インド会社を最古の株式会社とする説である（通説）．同社は，先駆会社（フォール・コンパニーエン）が合併してできた会社であるので，先駆会社の法的性質が問題となる．同社は無限責任を負う取締役（機能資本家）の出資により形成されていたが，その背後に多数の出資者（無機能資本家）が存在し，その関係は取締役と出資者との内部関係にとどまっていた．オランダ東インド会社が成立すると，取締役の責任は有限責任となり，取締役は会社機関に転化し，出資者と会社の関係は直接的関係に代わった．それ故，① 取締役の団体という面を重視すると合名会社起源説（家族共同体→合名会社→株式会社説），② 出資者の面を強調するとコンメンダ起源説（当座共同企業→合名会社・コンメンダ→株式会社），③ 両者を併用すると合名会社＋コンメンダ起源説あるいは④ 合資会社起源説（個人企業→合名会社→合資会社→株式会社説．大塚・前提144頁，石井・上10頁）が成り立ちうるが，⑤ 船舶共有組合起源説は根拠がないことになる．英国の株式会社法の歴史はそれ自体独自の歴史を有しており，大陸法の歴史とパラレルに考えることはできない（星川長七『英国会社法序説』（勁草書房1960年）．アメリカ株式会社法の歴史については，小山賢一『アメリカ株式会社法形成史』（商事法務研究会1981年）参照．

る不動産は共有の登記をする．最三小判昭和33・7・22民集12巻12号1805頁［岡山県高取建築学校設立組合事件］）．組合の存続中は組合財産を分割することはできない（民676Ⅱ）．組合員は組合の常務を専行でき（民670Ⅲ），業務執行は，特定の組合員に委任しない限り，過半数で決める（民670ⅠⅡ）．対外的取引は，全組合員の名を示してするのが本則である（代理の顕名主義．民99．それでは不便であるので，組合代表者名義による行為でも全組合員に効果が生じることが認められる．最二小判昭和36・7・31民集15巻7号1982頁［三陸定置漁業組合事件］）．組合員が第三者に対し権利を有し，義務を負う．すなわち，**組合財産が組合債権者の債権の引き当てとなるが，それと① 並列的に，② 各組合員も個人財産で責任を負う**（人的責任）．並列的である点（組合債権者が直ちに組合員の個人財産に執行しても，組合員は異議を述べることができない）と債権者が損失分担の割合（民674．契約により負担ゼロの組合員も認められる）を知らないときには，社員の責任は分割債務である点（民675）で合名会社と異なる．組合員は，分割された数額において直接無限責任を負う．経営を巡って意見が衝突した場合には，他の組合員全員に対する意思表示による脱退〔独 Ausscheiden．民678〕が認められ，この場合には持分の払戻（民681）が行われる．組合員は無限責任を負うから，その人となりが重視され，その死亡・破産・後見開始の審判は，脱退原因である[12]（民679①〜③）．組合員の地位を譲渡しうるかについては民法に規定がないが，組合契約でこれを許容するときには可能である（我妻栄『債権各論中巻2』841頁［岩波書店1965年］．なお民676Ⅰ）．他方，社員は何時でも，事務処理の状況を聞くことができ（民671＝645），業務執行権を有しない組合員であっても業務および組合財産の状況を検査することができる（民673）．民法上の組合は，小規模向けの企業形態であり，それはローマのsocietasに由来する[13][14]．

I-1-3-13 **(2) 合名会社** **直接無限責任社員のみによって構成される会社**である（会576Ⅱ参照．offene Handelsgesellschaft〔OHG〕（独．offenとは開かれたという意味の形容詞である），

I-1-3-9 (11) **組合財産の法的性質** 共有では，共有権者は持分を自由に処分することができ，何時でも共同所有を終止して単独所有に移行する権限を有しているが（民256Ⅰ），民法上の組合では，持分の処分が制限され（民676Ⅰ），且つ分割請求が禁止されているので（民676Ⅱ），その法的性質は合有である（通説）．

I-1-3-10 (12) **脱退** わが国の民法は，組合員の一身上の事由よりも，組合の存続を重視し，解散を認めない立場を採用している．このことは合名会社にも当てはまる．

I-1-3-11 (13) **投資事業有限責任組合** 中小ベンチャー企業への投資を目的とし，業務執行をする無限責任組合員と業務執行をしない有限責任組合員からなる法人格なき組合を認める経済産業省所管の「中小企業等投資事業有限責任組合契約に関する法律」（平成10年法90．中小ベンチャーファンド法）は，平成16年（2004年）に「投資事業有限責任組合契約に関する法律」（平成16年4月14日．ファンド法）に衣替えし，組合（日本版LPS）の事業範囲を，大企業や公開企業にまで拡大している．

I-1-3-12 (14) **企業組合** 企業組合は，個人等が組合員の資格で（中協8Ⅵ），商業等の事業を行う（中協9の10），法人（中協4Ⅰ）である．総組合員の3分の1以上は企業組合の行う事業に従事しなければならない（中協9の11Ⅱ）．

société en nom collectif(仏), società in nome collectivo(伊), Compañias coletivas(西))．元来は社員の名前が商号(会6Ⅰ・576Ⅰ②参照)に用いられることを念頭に置いた企業形態である[15](会613参照)．合名会社の社員は，**会社財産をもって債務を完済できないか**(債務超過の事実があれば足りる．大判大正13・3・22民集3巻185頁)，**または会社財産に対する強制執行が効を奏しないときに，会社債権者に対して直接無限責任を負う**(会580Ⅰ．なお破16Ⅱ参照)．社員は，会社が債権者に有する抗弁権を会社債権者に主張できる（従属性．会581Ⅰ．会社がその債権者に対し相殺権，取消権または解除権を有するときは，社員はその債務の履行を拒むこともできる．会581Ⅱ）が，**この責任は，会社に弁済の資力がなくて且つ執行が容易でない場合に負う2次的責任であり**(会580Ⅰ②括弧書)，且つ民法上の組合の組合員の責任と異なり**連帯責任**である（会580Ⅰ．弁済した社員は，会社に対し第三者弁済による求償権を取得し［民500］，他の社員に対し負担部分についての求償権を取得する［民442］．なお社員の責任の消滅時効については会673参照）．

各社員は，定款に別段の定めがなければ，業務執行権を有し（会590Ⅰ），業務執行権を有する社員は会社を代表する（会599Ⅰ）．業務執行権がない社員には会社の業務・財産状況調査権（会592）が認められている．対象業務執行社員以外の社員の過半数の決議に基づく**業務執行社員の業務執行権または代表権の消滅の訴え**（会860）および対象社員以外の社員の過半数の決議に基づく**除名の訴え**（会859）が認められる．

民法上の組合と同様に社員の死亡・後見開始の審判は退社原因である[16]（会607③⑦）．また持分の譲渡には全員の承諾が必要である（会585Ⅰ）．無限責任社員で構成されているため，計算に関する特別の規定も定められていない．

合名会社は小規模向けの企業形態である[17]．

表2　組織別・資本金階級別法人数

区　分	1,000万円未満	1,000万円以上1億円未満	1億円以上10億円未満	10億円以上	合　計	構成比
（組織別）	社	社	社	社	社	%
株式会社	4,940	998,551	29,866	7,022	1,040,379	40.4
有限会社	1,346,087	85,852	896	48	1,432,883	55.7
合名会社	6,590	1,168	16	1	7,775	0.3
合資会社	40,678	2,813	12	1	43,504	1.7
その他	19,862	26,533	969	183	47,547	1.8
合計（構成比）	1,418,157　55.1	1,114,917　43.3	31,759　1.2	7,255　0.3	2,572,088　100.0	100.0　―

出典：国税庁ホームページ「平成16年度分税務統計から見た法人企業の実態」

I-1-3-14　(15)　**合名会社の由来**　わが国の合名会社なる名称はフランス法に由来する．
I-1-3-15　(16)　**退　社**　持分会社には退社の制度があるが，株式会社には，企業維持の方を重視し退社の制度はない．株式会社の場合，これに代わるものとして，反対株主の株式買取請求権が認めら

I-1-3-17 **(3) 合同会社** 合同会社（日本版LLC＝Limited Liability Company）は，「間接」有限責任社員のみから構成される会社であるが（会576Ⅳ参照），**会社の内部関係については組合的規律が適用される会社である**[18]。社員の責任は有限責任であるから，① 出資の目的は，財産出資に限られ（表１参照），会社が成立する前に全額が払い込まれる必要がある（会578．なお会604Ⅲ・640参照．株式会社と異なり現物出資に関する検査役選任義務がない）．② 他の持分会社の債権者と異なり，会社債権者には計算書類の閲覧・謄写請求権が認められる（会625．株式会社と異なり決算公告義務はない）．さらに③ 会社の計算に関する規定および剰余金の分配に係る財源規制は，株式会社と同じ規制が行われる（会626〜631．会計監査人の設置に関する規定はない）．④ 社員への持分の払戻しは，定款を変更して出資の価額を減少する場合を除き，請求することができず（会632Ⅰ），退社に伴う持分の払戻しは会社債権者保護手続を経て行われなければならない（会635・636）．⑤ 任意清算は認められず（会668Ⅰ），法定清算によって清算される．

表３　組織別・資本金階級別法人数

区　分	1,000万円未満	1,000万円以上 1億円未満	1億円以上 10億円未満	10億円以上	合　計	構成比
（組織別）	社	社	社	社	社	％
株式会社	1,392,178	1,066,320	31,418	6,916	2,496,832	96.3
合名会社	5,247	523	12	0	5,782	0.2
合資会社	28,813	3,364	22	1	32,200	1.2
合同会社	594	11	0	0	605	0.1
その他	23,173	31,781	1,203	338	56,495	2.2
合　計（構成比）	1,450,005 55.9	1,101,999 42.5	32,655 1.3	7,255 0.3	2,591,914 100.0	100.0 —

出典：国税庁ホームページ「平成18年度分税務統計から見た法人企業の実態」

れている．

I-1-3-16 **(17) 合名会社の起源** 合名会社は，家族共同体に起源を有するか否かについては争いがある．家族共同体起源説中マックス・ウェーバーによれば，労務共同体としての家族共同体に他人が入り込むことにより，家族共同体より分離した企業形態が合名会社であり，ジルバーシュミットによれば，コンパニア的（家族共同他的）団体が，コンメンダ的結合関係に影響されて，これを受け入れ転化したものが合名会社である．反対説は，合名会社を家族共同体の一変形と考えずに，商業の必要から発生した新しい原理に導かれた企業形態であると主張する（ゴールドシュミット，大塚・前掲書96頁，121頁）．

I-1-3-18 **(18) 沿　革** 合同会社はアメリカのLLCをモデルとする．経済産業省は，2003年11月「人的資産を活用する新しい組織形態に関する提案―日本版LLC制度の創設に向けて―」と題する報告書を公表し，有限責任制の人的会社制度の創設を提案した．それに基づき会社法で新しい会社形態と認められた．アメリカでは法人課税を受けるか，出資者である構成員を納税者（構成員課税）とするかの選択を許すパススルー課税を採用しているが，わが国では認められていない（パススルー課税の問題点については山下眞弘「合同会社創設の意義と問題点―商法・税法の接点」『（今中先生古稀記念）最新倒産法・会社法をめぐる実務上の諸問題』919頁以下（民

14　第Ⅰ編　会社法総説

I-1-3-19　**(4) 有限責任事業組合**　有限責任事業組合（日本版 LLP = Limited Liability Partnership）とは，経済産業省所管の「有限責任事業組合契約に関する法律」（平成17年法40号）により認められた企業形態である．合同会社に構成員課税が認められないこととなったため，構成員課税を受ける組織形態として創設されたのが有限責任事業組合である（島田志帆「合同会社制度の創設と持分会社規制」基本問題358頁注6参照）．

出資に係る払込みまたは給付の全部の履行が，組合契約の効力発生要件であり（有限組合3），登記は第三者対抗要件である（有限組合8Ⅰ）．出資は金銭および現物に限られる（有限組合11）．

各組合員は，業務執行を分担し（有限組合13Ⅰ），組合の業務執行の決定は原則として総組合員の同意による（有限組合12）．

組合員の損益分配の割合は，原則として出資比率によるが，総組合員の同意により，経済産業省で定めるところにより別段の定めをすることができる（有限組合33）．

組合員が1人になると組合の解散事由となる（有限組合37②）．

3　機能資本家と持分資本家の企業形態

このような企業形態としては① 匿名組合，② 合資会社および③ 船舶共有がある．

I-1-3-20　**(1) 匿 名 組 合**　わが国では匿名組合を企業形態というよりも，企業活動を補充する制度と考えたため，商行為法で規定している（商535以下）[19]．これに対し大陸法の諸国では沿革を重視し，商法中に会社と並べて規定されている[20]（独商230，伊民2549，西商239）．匿名組合は1人の匿名組合員と1人の営業者間の契約であって，匿名組合員が出資した財産は営業者に帰属し（商536Ⅰ），営業の主体は営業者である（商536Ⅲ．営業者の出資の概念がないが，利益の計算の際には出資概念が用いられる）．従って匿名組合員は営業者の債権者と法律的関係に立たない（商536Ⅳ）．損失が生じれ

事法研究2005年）参照）．

I-1-3-21　(19)　**匿名組合の規定例**　最近では民法上の組合と共に匿名組合の利用を法律で定める場合が多くなってきている．不動産特定共同事業法（2Ⅲ②）および商品投資に係る事業の規制に関する法律（商品ファンド法）（2Ⅴ①）がそうである．

I-1-3-22　(20)　**沿　革**　匿名組合は，12世紀以来の遠距離商業の発展に伴う当座的性質の海上企業であるコンメンダ（commenda．委託する〔commendare〕という意味を持つ）に由来する．これは資本家（commendator）が企業家（tractator）に出資する代わりに利益の配当を受ける形態であった．コンメンダは，時代が経つにつれ2つの企業形態に分かれた．1つは，貴族や僧侶など身分的制約から出資を隠匿する出資者のための契約型であって，participatio とか compania secreta と呼ばれた．これが匿名組合の元祖である．そのため外国では匿名組合は stille Gesellschaft（独．still は秘密のという形容詞），associazione in participazione（伊），cuentas en participación（西））と呼ばれる．もう1つは，資本家の名前が対外的に出てくる形態であって，accomandita と呼ばれた．これが合資会社である．平成17（2005）年改正前商法542条が匿名組合につき合資会社の規定を準用していたのは上述した沿革によるものであるが，会社法ではこのような痕跡がなくなっている．

ば匿名組合員の計算上の数値は減少するが (商538・542)，匿名組合員は特約のない限り追加出資義務を負わず，有限責任を負う．匿名組合員の責任は有限責任であるから，出資は財産出資に限られる (商536Ⅱ)．匿名組合員は経営権＝支配権を有しないが，その代わり監視権が認められる (商539)．

匿名組合員はやむを得ない事由があると何時でも契約を解除できるから (商540Ⅱ)，事業の継続もおぼつかない．匿名組合を使用して資本の増強を図るには，多数の匿名組合員を背後に有する営業者が組合契約を締結することである．しかしこの方法では，匿名組合員は，組合の枠外に留まるし，その持分を他人に譲渡することができない．かくして合資会社の利用が考えられることになる．

I-1-3-23　(2) **合資会社**　合資会社〔独 Kommanditgesellschaft〔KG〕：仏 société en commandite simple：伊 società in accomandita semplice：西 Compañias en comandita〕は**直接無限責任社員**〔独 Komplementäre：仏 commandités：伊 accomandatario：西 socio colectivo〕と**直接有限責任社員**〔独 Kommanditsten：仏 commanditaires：伊 accomandanti：西 comanditario〕**から構成されている会社**である (会576Ⅲ)．

平成17(2005)年改正前商法の下では，無限責任社員は業務執行 (改正前商151)・代表権 (改正前商147＝76) を有するのに対し，有限責任社員は業務執行・代表権を有せず (改正前商156)，その代わりに監視権 (改正前商153) が認められていたので，所有と経営の分離が制度化されていた．無限責任社員は匿名組合の営業者に相当し，有限責任社員は匿名組合員に相当したが，無限責任社員と有限責任社員は各々1人以上で，上限には制限がない点で，匿名組合と異なっていた．

しかし，会社法は，間接有限責任を負う社員が，会社代表権を有する合同会社を認めるので (会590)，会社代表行為は無限責任社員の誤認を生じさせる行為 (無限責任社員と誤認させる行為があったときは，無限責任社員と同一の責任を負う．会588参照) といえなくなったため，**責任の無限・有限と業務執行・代表権の有無との関係を切断し**，直接有限責任社員であっても，会社の業務執行・代表を行うことを認め (会590Ⅰ・599Ⅰ)，これを持分会社のルールとした．その結果，

① **業務を執行しない有限責任社員の持分の譲渡は，業務執行社員の全員の承諾を要する**に改められた (会585Ⅱ)．それ以前には，無限責任社員の持分の譲渡の場合，社員全員の承諾が必要であるが (平成17年改正前商147＝73)，有限責任社員の持分の譲渡は，無限責任社員全員の承諾は必要であるが，有限責任社員の承諾は不要という規制であった (改正前商154)．

② **有限責任の有無にかかわらず，死亡および後見開始の審判を受けたことは退社原因となるが** (会607Ⅰ③⑦)，定款で退社原因とならないと定めることができる (会607Ⅱ・608Ⅰ) ように改められた．平成17年改正前商法では，有限責任社員が死亡しても，退社とはならず (平成17年改正前商85③参照)，相続人が代わりに社員となり (改正前商161)，また，有限責任社員が後見開始の審判を受けても，退社原因とならな

ない（平成17年改正前商161Ⅲ．改正前商85⑤対比）とされていた．
合資会社も小企業向けの形態である[21]．

I-1-3-25 **(3) 船舶共有** 商法693条以下で規定されている．数人の者が共同して航海業を営むため船舶を共有する制度〔独 Rederei〕である．船舶管理人の選任が強制され（商699），船舶管理人が船舶共有者の代理人として活動する（商700）．船舶共有者は第三者に責任を負う（商696）．

4 持分資本家の共同企業形態

このような企業形態として株式会社がある．

I-1-3-26 **(1) 株式会社** 株式会社は，間接有限責任社員のみから構成されている会社である点では合同会社と同じであるが，理念的には大規模企業向け企業形態である点で合同会社とは異なっている[22]．銀行業（銀行4の2），信託業（信託業5Ⅱ①），証券金融会社（金商156の23）等を営むには，株式会社であることが要求されるのはこのためである．

封建的絶対制国家の重商主義的経済政策遂行手段として発生した独占国策会社である株式会社を，産業革命に対応した大規模企業向けの企業形態に修正するには，様々の法律問題を解決しなければならなかった．ポイントは，① **法人性**，② **株主の間接有限責任**，③ **資本多数決**，④ **株式の自由譲渡性**および⑤ **計算規定の制定**である．

I-1-3-24 (21) **株式合資会社** 有限責任社員に株式を発行すると，無限責任社員と有限責任を負う株主からなる**株式合資会社**〔独 Kommanditgesellschaft auf Aktien〔KGaA〕：仏 société en commandite par actions：伊 società in accomandita per azioni：西 sociedad en comandita por acciones〕なる企業形態が発生する．株式会社の設立に免許が必要であったのに対し，株式合資会社はその必要がなかったため，かつては利用されたが，現代ではあまり利用されておらず，わが国では，昭和25（1950）年の商法改正で，この会社形態を廃止している（昭和25年改正前商457ないし478）．

I-1-3-27 (22) **株式会社と株主の匿名性** 株式会社にはドイツが採用する「株式会社」方式とフランスが採用する「匿名の会社」方式がある．わが国ではドイツ方式を採用したため，株主の匿名性は，顧慮されることはなかった．外国では株式会社〔Aktiengesellschaft〔AG〕（独），società per azioni〔SpA〕（伊），public company limited by shares（英），corporation（米），société anonyme〔SA〕（仏），sociedad anónima〔SA〕（西）〕は，株主の名前が商号に出てこない，すなわち，株主の匿名性が保障されているという意味合いを有していた（anonyme・anónima は匿名という意味の形容詞である）．株主総会が開催されるまでは，会社にも，株主が誰か分からない制度であった．したがって株券は**無記名株券**〔独 Inhaberaktien：仏 titres au porteur：伊 azioni al portatore：西 acciones al portador〕が原則であった．わが国では，会社が株主を把握しておく必要上株主の名前が株券に記載されない無記名株券は利用されず，そのため無記名株券は，平成2年（1990年）の改正で廃止された（平成2年改正前商旧227Ⅰ参照）．会社法は，株券上に株主の氏名が記載される記名株券〔独 Namenaktien：仏 titres nominatifs：伊 azioni nominative：西 acciones nominativas〕を廃止し，株券を発行するときには，株主の名前が株券に記載されない無記名株券としているが（会216），株主名簿で株主の名前（名称）・住所を把握しているので，外国とは異なる制度となっている．

第1に，鉄道・電力会社のような大規模の事業を行うため，資金を多数の者から少しずつ集めるためには(表4参照)，組合のような法技術は適さない．会社が権利・義務の主体となって，拠出された資金は会社に属するとしなければならなかった．これが株式会社に法人格が認められた理由である．

　第2に，事業が失敗した場合，出資者は直接無限責任を負うというのでは資金が集まらないので，出資額を会社に出資するとそれ以上は責任を負わないとする必要があった(会104. **間接有限責任**)．間接有限責任は，私法の一般原則に対する特別な特権と考えられた．そこで株式会社の利用を巨大企業に限定するため会社財産を特定額は確保しなければなら

表4　株主数ランキング

(単位人，％，増減率は1年前との比較，▲は減)

順位	会社名	2000年度末単位株主数	増減率
1	NTT	1,580,967	14.5
2	東京電力	662,051	▲5.4
3	ソニー	570,039	95.3
4	新日本製鉄	454,089	3.3
5	関西電力	402,709	▲2.6
6	東芝	379,889	18.0
7	東日本旅客鉄道	352,177	▲19.2
8	日立製作所	306,926	9.9
9	中部電力	306,207	▲5.3
10	三菱重工業	288,712	▲9.5

(日本経済新聞2001年7月4日付)

ないとする最低資本金制度を採用している国が多く(表5参照)，わが国でも当時のEC会社法第2指令等をモデルとしてようやく平成2(1990)年の商法改正で最低資本金を1,000万円とした(平成17年改正前商168ノ4)．

　それまではこのような規定がなかったので，第2次大戦後は「個人企業の法人成り」現象が顕著であった．そのため営業を廃止しても，解散の登記をしない会社が多いので，**休眠会社の解散制度**(平成17年改正前商406ノ3)が昭和49(1974)年の改正で定められた(Ⅵ-1-1-6参照)．

　しかし創業の支援の必要性から特別法[23]で規制が緩和されていることから，会

I-1-3-28　(23)　**中小企業挑戦支援法**　廃業率が開業率を上回るため，経済の活力を呼び覚ますべく「中小企業の新たな事業活動の促進に関する法律」(平成17年法律第30号)は，中小企業経営革新支援法を一部改正し(同法は後に述べる新事業創出促進法[平成10年法律第152号]を廃止している．附則4②)，また中小企業挑戦支援法(「中小企業等が行う新たな事業活動の促進のための中小企業等協同組合法等の一部を改正する法律」[平成14年法律第110号])は，新事業創出促進法を改正し，創業者が，その確認の日から2ヵ月以内に，株式会社または有限会社を設立するときには，その会社に株式会社または有限会社の資本最低限の規定の適用を5年間猶予した．当該確認会社の定款には，設立から5年を経過しても資本金を1000万円(株式会社の場合)または300万円(有限会社の場合)以上にすることができず，人的会社または有限会社(株式会社の場合)に組織変更しないときには，解散する旨が記載(記録)され，登記されるものとされていた．会社法の制定に伴い，確認会社の定款の廃止は，取締役会設置会社にあっては取締役会の決議，取締役会非設置会社にあっては取締役の過半数の決定によりすることができることになった(整備法448・457)．

　　なお，立案担当者は，欧州における会社法制の現代化に係る検討グループの報告書が述べた「現行の最低資本がその他のいかなる有用な機能を果たしているという確信を得られないが，他方，それが企業活動の障害となっているとの証拠もない」という結論から，一般的に有限責

社法は,「実際に会社制度にかかわる者の要望を優先する形で」, 政策的に, 最低資本金の規制を放棄した (なお小柿徳武「最低資本金制度の改正」諸問題1017頁以下参照). このようにして, 株式会社は中小企業にも解放され, 有限責任を特権とする考えは放棄された.

表5 最低資本金制度

	株式会社	有限会社
アメリカ	若干の州に最低資本金を定める例があるが, 名目的な金額に過ぎない	
イギリス	(公開会社) 5万ポンドかこれに相当するユーロ (英会763Ⅰ)	なし
フランス	(公募会社) 22万5000ユーロ (非公募会社) 3万7000ユーロ (仏商224-2Ⅰ)	7500ユーロ (仏商223-2Ⅰ)
ドイツ	5万ユーロ (独株7)	2万5000ユーロ (独有5Ⅰ)
イタリア	12万ユーロ (伊民2327)	1万ユーロ (伊民2463Ⅰ④)

　第3に, 出資者が多くなるのでその意見をどのように統一するかという問題を解決しなければならなかった. **三権分立の政治思想**の影響を受けて, 意思決定機関, 執行機関および監督機関の分立という方法が株式会社に導入された. 意思決定機関としての株主総会において株主は執行機関を選任し, その執行機関に経営を委託するという新しい方法は, 所有と経営の分離を可能にした. これに, 株主総会では出資額に応じて議決権を有するというテクニックが結び付けられた (**持分複数主義**＝一株一議決権の原則の採用. 会308Ⅰ). これにより**資本多数決**による会社支配が法により認められた.

　株式が分散所有されると, 株主総会が経営者を実質的に選任するというよりも, 経営者が後の経営者を指名するという (**所有と支配の分離**. 独 Trenung von Eigentum und Herrschaft：英 separation of owenership and control または経営者支配〔Management control〕) 現象が出現する[24]ことになる. わが国では株式を会社が保有する比率が高いので, かつてはわが国の資本主義を**法人資本主義**と呼ぶ経営学者も[25]いた (表

　　　任会社の設立を困難にする政策目標は, ヨーロッパ諸国でも採用されていないという結論を導き出し, それを会社法の改正の根拠としている (郡谷大輔＝岩崎友彦「会社法における債権者保護〔上〕」商事1746号48・40頁).

I-1-3-29　(24)　**所有と支配の分離**　米国でこのような現象を最初に指摘したのは Adolf A. Berle & Gardiner C. Means, The Modern Corporation and Private Property, 1932 (北島訳『近代株式会社と私有財産』〔文雅堂銀行研究社1966年〕) である. この研究は経営学とか会社法学に影響を与え, その後多数の分析が公表されている. 例えば西山忠範『現代企業の支配構造』(有斐閣1975年).

第1章 会社の概念と企業形態 第3節 企業形態と会社　**19**

6・図3参照).

執行機関に経営を委任するのであれば，出資された財産がどのように使われているのかモニタリングするシステムを強化する必要がある．そのため，少数株主に帳簿閲覧権（会433）や取締役会議事録閲覧権（会371）を認め，会社の業務および財産の状況を調査してもらうため，裁判所に対する検査役の選任請求権を認めている（会358）．このほか個々の株主に取締役の違法行為差止請求権（会360）や，新株等の発行差止請求権等（会210・247）が認められる．

しかし，個々の株主の監視は自ずと限界がある．そこで，会社法は，業務執行機関の業務の適正性を確保するために制度的に監査機関を組織の中に埋め込むことになる．これがどのような形態であるのが最適かという議論がいわゆる**コーポレート・ガバナンス**（corporate governance．企業統治）の議論である（I-2-2-19参照）．この関係で，**機関投資家**（生命保険会社や年金基金等一般大衆から保険料や掛け金等の形で集めた資金を，将来の保険料や年金等の支払いに備えて，安全有利に運用して増やしておかなければならない組織等）の存在が注目されるようになって来ている．

なお，従来，株式会社法の規定は，外部関係だけでなく，一般株主の保護のために，内部関係においても一般に強行法規であると解されてきた．しかし，最近では，内部関係では自治的管理運営に任せた方がよいとの考えが支持されるようになった（前田雅弘

表6　日米の株式保有構造

日　本

	個人	外国人	法人	機関投資家
1975	32.1%	3.6%	43.6%	2.2%
1980	27.9%	5.8%	44.5%	1.9%
1985	22.3%	7.0%	47.6%	2.4%
1990	20.4%	4.7%	63.2%	4.7%
1995	19.5%	10.5%	58.1%	4.0%
2000	18.0%	18.6%	48.9%	7.2%

米　国

	個人	外国人	法人	機関投資家
1975	59.0%	3.9%	5.5%	31.2%
1980	58.6%	5.0%	5.5%	30.7%
1985	46.6%	6.0%	6.0%	40.7%
1990	50.7%	6.9%	4.9%	37.2%
1995	48.0%	6.2%	5.5%	39.5%
2000	41.4%	8.3%	6.4%	42.9%

出典：井上（英）「解消が加速する株式持合いの状況」商事1575号20頁

図3　投資部門別株式保有比率

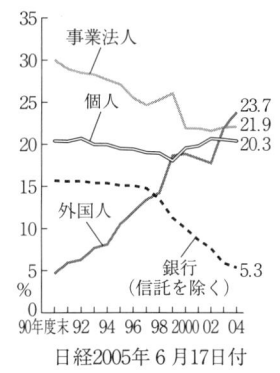

（グラフ：事業法人 23.7、個人 21.9、外国人 20.3、銀行（信託を除く）5.3、90年度末～04年）

日経2005年6月17日付

「会社の管理運営と株主の自治――会社法の強行法規性に関する一考察」『川又良也先生還暦記念・商法・経済法の諸問題』163頁［商事法務研究会1994年］等．なお松本烝治「株式会社に於ける定款自

I-1-3-30　**(25)　株式の相互保有**　わが国の組織構造の特色として株式の相互保有（株式の持合い）を挙げることができた（市川兼三『大企業の所有と支配』［成文堂1994年］，中島修三『株式の持合と企業法』［商事法務研究会1990年］）．しかしバブルの崩壊後，コーポレート・ガバナンスの高まり，金融資産に対する時価主義の導入，退職給与会計の導入などのため，解消の動きが進行する一方，外国人投資家の持株比率が上昇してきている．もっとも最近では敵対的公開買付け対策として株式の相互保有が再び利用され始めている．

由の原則と例外」『商法解釈の諸問題』211頁以下［有斐閣1955年］参照）．会社法は，このような思想に基づいて機関の柔軟化を行っている．

第4に，金銭を集めても退社を認めると，企業の維持がおぼつかなくなるので，拠出された出資を株主に返還することを阻止する方法を考え出さなければならなかった．そのために，退社を認めない代わりに，出資額は有価証券（株券）に表章され，社員であることが嫌になった者は株券を他人に**譲渡**することにより投下資本を回収するという方法が採用された（平成17年改正前商204Ⅰ本文）．これにより拠出された資金は永続的に会社に拘束されることが可能になった．もっとも，① 平成13(2001)年の商法改正により，会社は，自己株式の取得により，出資金の払戻しを行うことができるようになった．また，② 平成16(2004)年改正商法により，定款に定めることにより株券を発行しないことができるように変わり，会社法は，定款に定めがある場合に限り，株券を発行すると定めている（会117Ⅵ・214）．

なお，会社法制定以前には，有限会社は社債を発行できないが（旧有59Ⅳ），株式会社は社債を発行することができたので（平成17年改正前商296．会676対比），資金を集めるのにもっとも適した企業形態が株式会社であった．

株券とか社債券が自由に譲渡できるためには，金融商品市場（金商2ⅩⅣ）の存在が不可欠である．会社法はそのため会社法と金融商品取引法の規制の重複を回避するための規定を置いている（会201Ⅴ・203Ⅳ・242Ⅳ・440Ⅳ・677Ⅳ）．

そして**第5に**，**株主および会社債権者の利害を調整するため**，**剰余金の分配を規制する必要があり**，**計算規定を強行的に定めなければならなかった**（会431以下）．

I-1-3-31　**(2) 特例有限会社**　株式会社なる企業形態は産業革命にマッチし，著しい成功をおさめたが，大会社と小規模会社の中間に中規模向けの企業形態がないことがドイツの立法者によって意識され，株式会社と合名・合資会社の規制を折衷した企業形態が19世紀に創造された．これが有限会社である．それは瞬く間に大陸法系諸国で採用され，わが国は有限会社法を昭和13年(1938年)に制定した[26]．

会社法が制定される前には，株式会社数より多い190万社に及ぶ数の有限会社が存在していたが，「会社法の施行に伴う関係法律の整備等に関する法律」（整備法）**は有限会社法を廃止し**（整備法1③），**会社法に一本化**すると共に，旧有限会社は会社法施行後は，会社法上の「株式会社」として存続するとした（整備法2Ⅰ．したがっ

I-1-3-32　[26]　**旧有限会社の規制**　社員の責任は原則として間接有限責任であり（旧有17），設立方法は発起設立に相当するものしか認められていなかった．最低資本金は300万円で（旧有9），社員数は原則として50名を超えることができなかった（旧有8Ⅰ・19Ⅷ）．資本の総額は定款の記載事項とされ（旧有6Ⅰ③），持分の譲渡は制限的で（旧有19Ⅱ），持分の有価証券化は禁止され（旧有21），社員の公募も禁止されていた（旧有52Ⅲ）．社員総会は，強行法に反しない限り，いかなる事項についても決議することができた．取締役は1人でよく（旧有25），取締役には任期の制限がなかった．監査役は任意機関であり（旧有33Ⅰ），社債の発行は禁止されていた（旧有59Ⅳ等）．公示主義が緩和され，貸借対照表の公告は不要であった．

表7 特例有限会社と株式会社の比較

	特例有限会社	株式会社
商号	有限会社	株式会社
株主間の株式譲渡に会社の承認が必要か	不要（整備法9Ⅰ）	譲渡制限株式については要（会136・137）
少数株主権	→［Ⅱ-2-1-21］表2を参照	
機関設計（通常の場合）	定款で監査役を置くことができる（整備法17Ⅰ）．大会社であっても会計監査人を置くことを要しない（整備法17Ⅱ）	定款で，取締役会，会計参与，監査役，監査役会，会計監査人，委員会を置くことができる（会326Ⅱ）
機関設計（清算会社の場合）	定款で監査役のみを置くことができる（整備法33Ⅰ）	定款で，清算人会，監査役または監査役会を置くことができる（会477Ⅱ）
取締役・監査役の任期	なし（整備法18）	取締役原則2年（会332Ⅰ） 監査役原則4年（会336Ⅰ）
取締役の他の取締役への委任の制限	なし（整備法21）	あり（会348Ⅲ）
大会社における内部統制システムに関する事項の決定義務	なし（整備法21）	あり（会348Ⅳ）
取締役の報告義務	なし（整備法21）	あり（会357）
監査役の選任に関する監査役の関与	なし（整備法18）	あり（会343）
監査役の権限	会計監査（整備法24）	業務監査が原則（会381Ⅰ）
計算書類の公告	なし（整備法28）	原則としてあり（会440ⅠⅣ）
支店における計算書類の備置き義務	なし（整備法28）	あり（会442Ⅱ）
特別清算	なし（整備法35）	あり（会第2編第9章第2節）
合併・分割の制限	吸収合併存続会社・吸収分割承継会社になれない（整備法37）	制限なし
株式交換・株式移転	認められない（整備法38）	認められる

て社員は株主，持分は株式，出資一口は1株，社員総会は株主総会，社員名簿は株主名簿とみなされる．整備法2Ⅱ・44）．このような会社は，**その商号中に有限会社という文字を用いなければならず**（整備法3Ⅰ），**特例有限会社**といわれる（整備法3Ⅱ）．特例有限会社に旧有限会社法が適用され続けるのでは一本化の意味がないし，旧有限会社法は改正前商法第2編の規定を多く準用していたが，これが廃止されるため，特例有限会社に適用される規定を明確にする必要上，旧有限会社法の規律の実質が維持された特則が整備法で定められる（山本憲光「有限会社法の廃止に伴う経過措置」解説229頁）一方，特例有限会社に負担を課すことができないので，みなし登記の規定が置かれている

(整備法42)．特例有限会社は，**存続期限の制限がないので**，未来永劫，存続し続けることが可能で，株式会社へ移行するインセンティブがないので，会社法は事実上5種の会社を認めている（大賀祥「「特例有限会社」考」基本問題334頁）．他方，① **特例有限会社が通常の株式会社に移行するには，定款を変更してその商号を株式会社という文字を用いた商号に変更して**（整備法45Ⅰ），**当該有限会社については解散の登記を，商号変更後の株式会社について設立の登記をしなければならない**（整備法45Ⅱ・46）．また，② 特例有限会社は，会社法上の株式会社であるので，株式会社が行う組織変更に関する規定（会5編1章1節，5章1節1款）に従って，**持分会社へ組織変更を行うことができる**．

有限会社法の廃止とそれの会社法への統合は，corporation と close corporation を同じ法律で規制するアメリカ法的規制方法の選択を意味し，アメリカ法への接近と評価することができる．その結果，明らかに異なる大規模公開型の企業と小規模閉鎖型の企業が1つの法律で規制されることになり，原則と例外が逆転し，小規模閉鎖型の企業を原則とする規制が行われるようになっている．

第4節　会社法総則

1　総　説

I-1-4-1　会社の設立，組織，運営および管理については，特別法がある場合を除いて，会社法が適用される（会1）．外国法には定義を最初に定めるものがあり（RMBCA§1.40等），会社法2条は，これと同じく，34の用語につき定義を定めている．各用語の説明は，本書の関係箇所で述べる．

会社は法人であるので（会3），会社も住所（民22）を有している．会社の住所は，その**本店の所在地**（会27Ⅰ③・49・576Ⅰ③・579参照）にあるものとされている（会4）．

本店の所在地とは本店所在地の最小独立行政区画（市・町・村．東京都の23区については区）を意味し，設立登記の場合における所在の場所（×町×番地）（会911Ⅲ③・912③・913③・914③）とは異なる．本店の所在地はさまざまな訴えの専属管轄地となるので（会835Ⅰ・848・856・862・867），わが国において設立される会社の本店を外国に置くことはできない[27]．

I-1-4-2　(27)　**営業所**　営業活動の中心たる場所（事実上の本店）が定款や登記簿上の本店（形式上の本店）と異なる場合，裁判所の管轄（民訴4Ⅰ，会835Ⅰなど，会更6，破5Ⅰ，民再5Ⅰなど）は，形式上の本店を基準にして決められるが，債務の履行は事実上の本店で行えば足りる．

2　商人性

I-1-4-3　会社法は，外国会社を含めて，会社が事業としてする行為およびその事業のためにする行為を**商行為**とすると定めている（会5）．会社法は，商行為（商501・502）をなすを業とする商事会社（狭義の会社〔独 Handelsgesellschaft：仏 sociétés commerciales：西 sociedad mercantil〕）と商行為をしなくても商人とみなされる民事会社（製塩業，養鶏業，水産業などを営む会社．平成17年改正前民35参照）との区別を廃止している．それ以前にも，民事会社は商人（平成17年改正前商4Ⅱ）・会社であり（平成17年改正前商52Ⅱ），その行為には商行為に関する規定が準用されたので（改正前商523），区別の意味がなかったからである．会社の行為は商行為と推定され，これを争う者において当該行為は当該会社の事業と無関係であることの主張・立証責任を負う（最二小判平成20・2・22判時2003号144頁＝総則百選36事件）．会社に商人に関する規定の適用があるか問題となるが，沿革からしても，これを認めるべきである（商15等）．会社は設立の登記（会49・579）により**商人資格**（商4）を取得し，清算の結了と共に商人たる資格を失う（会476・645）．

3　会社の商号

I-1-4-4　**(1) 商号選定の制限**　すべての会社は定款で，**会社の名称**である**商号**〔独 Firma〕（会6Ⅰ）を定める（会27②・576Ⅰ②）．商号は，会社の種類に応じて，株式会社，合名会社，合資会社または合同会社という文字を用いなければならない（会6Ⅱ．特例有限会社にあっては有限会社という名称を商号中に用いなければならない．整備3Ⅰ）．会社の種類に従って，社員の責任や機関構造等が異なるからである．会社法は，その意味で，商号自由主義（商11Ⅰ）を制限している．数字だけの商号（例えば「777株式会社」），ローマ字と日本文字を組み合わせた商号でも登記は許される（商登則50．法務省民事局「商号にローマ字を使用することについて」参照）．銀行の商号には銀行なる文字を入れなければならないなど，一定の業種の会社には特別法上の要請がある（銀行6Ⅰ，保険業7Ⅰ，信託業14Ⅰなど）．会社の商号の登記は，会社の登記簿にする（商登34Ⅰ）．

　会社は，その商号中に，他の種類の会社であると誤認されるおそれのある文字を用いてはならない（会6Ⅲ．なお会978①参照）．会社でない者は，その名称または商号中に，会社であると誤認されるおそれのある文字（例えば合名商会）を用いてはならない（会7．なお会978②）．

I-1-4-5　**(2) 会社主体を誤認させる商号使用の禁止**　何人も，不正の目的をもって，他の会社（外国会社を含む）であると誤認されるおそれがある名称または商号を使用してはならない（会8Ⅰ・978③．なお商12Ⅰ・13対比）．これに違反する名称または商号の使用によって営業上の利益を侵害され，または侵害されるおそれがある会社は，その営業上の利益を侵害する者または侵害するおそれがある者に対し，その**侵害の停止**

または予防を請求することができる（会8Ⅱ．なお商12Ⅱ，不正競争防止法3〜5参照）．

I-1-4-6 **(3) 名板貸し** 自己の商号を使用して事業または営業（特段の事情のないかぎり，許諾を受けた者の営業が許諾者の営業と同種の営業であることを要する．最一小判昭和43・6・13民集22巻6号1171頁＝総則百選16事件）を行うことを他人（名板借人）に許諾した会社（名板貸人）は，当該会社が当該事業を行うものと誤認（その誤認が重大な過失によるときは，保護されない〔最一小判昭和41・1・27民集20巻1号111頁〕＝総則百選15事件）して当該他人と取引をした者に対し，当該他人と連帯して，当該取引（不法行為に起因する損害賠償請求および示談契約は取引に該当しない．最二小昭和52・12・23民集31巻7号1570頁［大生商事事件]）によって生じた債務を弁済する責任を負う（名板貸し．会9．なお商14参照）．金融商品取引業者等・金融商品仲介業者（金商36の3・66の9．なお198③参照），保険会社（保険業7の2）等には，名板貸しが禁止されている．使用人以外の者に対し専務取締役と称することを許諾した会社に名板貸し責任が肯定される事例がある（浦和地判平成11・8・6判時1696号155頁）．

I-1-4-7 **(4) 商号の登記** 会社の商号の登記は，会社の登記簿にする（商登34Ⅰ）．商号の仮登記制度（平成17年改正前商登35から41．本店の移転，会社の商号の変更・目的の変更，株式会社・有限会社の設立には，商号の仮登記が認められ，商号の登記と同一の保護を受けることができた）は廃止されている．

　商号の登記は，その商号が他人の既に**登記した商号**と同一であり，かつ，会社の本店の所在場所が当該他人の商号の登記に係る**営業所の所在場所と同一**であるときは，することができない（商登27．なお商登33Ⅱ参照．会社法制定前に存在した商号専用権制度［平成17年改正前商19．他人が同一または類似の商号を不正に使用するのを排斥する権利］は廃止されている）．読みが同じであっても，異なる文字が用いられていれば，同一ということはできない．したがって「ABC」「abc」および「エイビーシー」には同一性が認められない．類似商号は不正競争防止法で規制される．

4　会社の使用人

I-1-4-8 **(1) 総説** 使用人は，会社と**雇用関係**（民623）にあって（もっとも雇用関係がなくても差し支えない．神田16頁），**会社の事業活動を補助する**者である．会社法は，商法と同じく（商20〜26），代理権の範囲を基準に，① 支配人〔独 Prokurist〕，② ある種類または特定の事項の委任を受けた使用人および③ 物品販売等を目的とする店舗の使用人を定めている．重複して規定しなければならないニーズは何であったのか不明である．

I-1-4-9 **(2) 支配人 (ア) 総説** 会社（外国会社を含む）は，支配人を選任し，その本店または支店において，その事業を行わせることができる（会10）．

　株式会社のうち① 取締役会非設置会社では，取締役または取締役の過半数の決定で支配人を選任または解任し（会348Ⅰ・Ⅱ・Ⅲ①），② 取締役会設置会社では取締役

会の決定で選任または解任する (会362Ⅳ③). ③ 委員会設置会社では執行役に決定を委任することができる (会416Ⅳ). ④ 持分会社では社員の過半数で選任・解任を決定する. ただし，定款で別段の定めをすることができる (会591Ⅱ). 会社が支配人を選任し，またはその代理権が消滅したときは，その本店の所在地において，その登記をしなければならない (会918. なお商登44・45, 会976①参照).

I-1-4-10 **(イ) 支 配 権**　支配人は，**会社に代わってその事業に関する一切の裁判上または裁判外の行為をする権限 (支配権〔独 Prokura〕という) を有する** (会11Ⅰ. 会社から本店または支店の事業の主任者として選任された者が支配人であるとする説もある. 大隅健一郎『商法総則〔新版〕』143頁. なお独禁2Ⅲ参照). このような広い権限を有するため，支配人については独禁法上の制約がある (独禁13). 支配人は，他の使用人を選任し，または解任することができる (会11Ⅱ). 支配人の代理権に加えた制限は，善意の第三者に対抗することができない (会11Ⅲ).

I-1-4-11 **(ウ) 支配人の義務**　支配人は，会社の許可を受けなければ，① 自ら営業を行うこと，② 自己または第三者のために会社の事業の部類に属する取引をすること，③ 他の会社または商人 (会社を除く) の使用人となること，④ 他の会社の取締役，執行役または業務執行社員となることができない (会12Ⅰ). ①③④は株式会社の取締役・執行役にも課されない特別の義務である. これは，支配人は会社のため全精力を傾注すべきものとされていることによる. ②は取締役・執行役・業務執行社員の競業避止義務 (会356Ⅰ①・365Ⅰ・419Ⅱ・594Ⅰ①) と同趣旨の義務である. 支配人が会社の許可を受けないで競業取引をしたときは，その行為によって支配人または第三者が得た利益の額は，会社に生じた損害の額と推定される (会12Ⅱ. 会423Ⅱ・486Ⅱ参照). これは，損害額の立証が難しいことから定められた規定である.

I-1-4-12 **(エ) 表見支配人**　会社の本店または支店 (営業所の実質を備えていることが必要. 最三小判昭37・5・1民集16巻5号1031頁＝総則百選27事件) の事業の主任者であることを示す名称を付した使用人 (表見支配人. 例えば「取締役店長」(山口地下関支判昭和63・3・15判時1292号146頁.「支店長代理」は主任者に該当しない. 名古屋地判昭和46・2・20判タ264号378頁) は，支配権が与えられていなくても，その本店または支店の事業に関し，一切の裁判外の行為をする権限を有するものとみなされる. ただし，相手方 (直接の相手方に限られ，手形行為の場合には，手形上の記載により形式的に判断されるべきではなく，実質的な取引の相手方をいう. 最一小判昭和59・3・29判時1135号125頁＝総則百選28事件) が悪意であったときは，この限りでない (会13). 重過失は保護されないと解すべきである.

I-1-4-13 **(3) ある種類または特定の事項の委任を受けた使用人**　事業に関するある種類または特定の事項の委任を受けた使用人は，その事項に関する一切の裁判外の行為をなす権限を有し (会14Ⅰ. なお会960Ⅰ⑦参照), 使用人の代理権に加えた制限は，善意の第三者に対抗することができない (会14Ⅱ). この場合相手方の過失を問わない. 当該使用人が会社からその事業に関するある種類・特定事項の処理を委任された者

であることおよび当該行為が客観的にみてその事項の範囲内にあることを主張・立証すればよく，その事項につき代理権を授与されたことまで主張・立証する必要はない（最三小判平成 2・2・22 裁判集民 159 号 169 頁 = 総則百選 30 事件．金融商品取引業者等の外務員はこの使用人に相当する．金商 64 の 3 I II 参照）．

I-1-4-14　**(4) 物品販売等を目的とする店舗の使用人**　物品販売等（販売，賃貸その他これらに類する行為をいう）を目的とする店舗の使用人〔伊 commessi preposti alla vendita〕は，その店舗にある物品の販売等の権限を有するものと考えるのが普通であるので，相手方保護のため，そのような権限があるとみなされる．ただし相手方が悪意であるときは，この限りでない（会 15）．

5　会社の代理商

I-1-4-15　会社のためにその平常の事業の部類に属する取引の代理または媒介をする者で，その会社の使用人でないもの（＝商人）を会社の代理商〔独 Handelsvertreter〕という．取引の代理をする代理商を**締約代理商**，媒介をする者を**媒介代理商**と呼ぶ．

　(ア)　**通知義務**　代理商が，取引の代理または媒介をしたときは，遅滞なく，会社に対して，その旨の通知を発しなければならない（会 16．商 27 参照）．

　(イ)　**競業避止義務**　代理商は，会社の許可を受けた場合を除いて，① 自己または第三者のために会社の事業の部類に属する取引をすること，② 会社の事業と同種の事業を行う他の会社の取締役，執行役または業務執行社員となることができない（会 17 I．商 28 I 参照）．①に違反して競業をしたときには，その行為によって代理商または第三者が得た利益の額は，会社に生じた損害額と推定される（会 17 II．商 28 II 参照）．

　(ウ)　**通知を受ける権限**　物品の販売またはその媒介の委託を受けた代理商は，商法 526 条 2 項の通知その他の売買に関する通知を受ける権限を有する（会 18．なお商 29 参照）．

　(エ)　**代理商契約の解除**　会社および代理商は，契約の期間を定めなかったときは，2 か月前までに予告し，その契約を解除することができる（会 19 I．商 30 I 参照）．また，やむを得ない事由があるときは，会社および代理商は，いつでもその契約を解除することができる（会 19 II．なお，商 30 II 参照）．

　(オ)　**代理商の留置権**　代理商は，取引の代理または媒介をしたことによって生じた債権の弁済期が到来しているときは，その弁済を受けるまでは，会社のためにその代理商が占有する物または有価証券を留置することができる．ただし，当事者が別段の意思表示をしたときは，その限りでない（会 20．なお，商 31 参照）．

6　事業譲渡

I-1-4-16　**(1) 総説**　事業譲渡は，会社が取引行為として事業を他に譲渡する行為である．

商法で「営業譲渡」とされているものが，会社法では「事業の譲渡」[28]とされ，取引法上の効果をそれぞれ**分けて規定したため**（個人商人については商16から18，会社については会21から24），会社が会社以外の商人に対してその事業を譲渡した場合には，当該会社を商法16条1項の譲渡人とみなし，商法17条および18条を適用し（会24Ⅰ），会社が商人の「営業」を譲り受けた場合には，当該商人を譲渡会社とみなし，会社法22条および23条を適用するとする規定（会24Ⅱ）が置かれている．事業譲渡の組織法的側面（株式会社に限られている）については，会社法の中で別に規定されている（会309Ⅱ⑪・362Ⅳ①・373・416Ⅳ⑮・467～470［V-1-4-2］）．

I-1-4-18　**(2) 事業の意味**　「事業」の意味については，「営業」の意味と同様の争いがある．

第1説は，判例（最高裁の多数意見）はかつての通説の立場であって，改正前商法総則の営業（事業）譲渡（平成17年改正前商16以下．会21以下参照）と同義であり，「**一定の営業目的のために組織化され，有機的一体として機能する財産**（得意先関係等の経済的価値のある事実関係を含む）の全部または重要な一部を**譲渡し**，これによって，譲渡会社がその財産によって営んでいた**営業的活動の全部または重要な一部を譲受人に受け継がせ**，譲渡会社がその譲渡の限度に応じ法律上当然に商法16条に定める**競業避止義務を負う結果を伴うものをいう**」（最大判昭和40・9・22民集19巻6号1600頁［富士林産工業事件］＝会社法百選92事件．なお最大判昭和41・2・23民集20巻2号302頁，最二小判昭和46・4・9判時635号149頁も同旨）とする．その根拠は，① 機関権限の配分から考えて会社構造の変更に相当するものを対象としていると考えられること，② このように解することが法律関係の明確性と取引の安全に寄与することなどである．

第2説は，最高裁の少数意見であって，事業活動の承継を要件とせず，重要な個別的事業用財産（重要工場の重要機械など）の譲渡も事業譲渡に当たるとする．取引の安全より株主の静的安全を考慮すべきことを根拠とする．

第3説は，事業譲渡というためには有機的一体として機能する財産の譲渡でなくてはならないが，株主総会の特別決議（会309Ⅱ⑪）が必要なのは株主の利害に大きな影響を与えるからで，このような観点からは，事業の承継という要素は不要であるとする（江頭859頁注1，青竹429頁等近時の多数説．なお東京地判昭和62・7・31判時1264号123頁参照）．

譲受人が事業を承継すると譲渡会社は総会決議を要するが，承継しないと決議は不要という結論は譲渡会社の株主にとって不合理である．競業避止義務は特約によって排除することができるし（会21Ⅱ），個別的財産の譲渡は事業の譲渡といえな

I-1-4-17　(28)　**事業の譲渡**　平成17年改正前商法（245等）は，「営業」譲渡としていたが，会社法は「事業」譲渡と用語を改めている．これは，① 他の法人法制との整合性を図り，また，② 個人商人が複数の営業を営む場合に各営業につきそれぞれ個別の商号を有することができる（商登43Ⅰ③）のに対し，会社は全体として1個の商号しか有することができないことから，個々の営業と区別するためであり（解説139頁），実質な変更はない．

いので第3説を支持する．

I-1-4-19　(3) **譲渡会社に対する効果**　譲渡会社は，譲渡契約に基づき，譲受会社に対し，事業を構成する各種の財産を移転する義務を負う．このほか，**競業避止義務**を負う．

① 事業を譲渡した会社（譲渡会社）は，当事者の別段の意思表示がないかぎり，**同一市町村**（東京都と指定都市[29]では区）の区域内およびこれに隣接する市町村の区域内においては，その事業を譲渡した日から**20年間**は，同一の事業を行うことができない（会21Ⅰ．なお，商16Ⅰ対照）．

② 譲渡会社が同一の事業を行わない旨の**特約**をした場合には，その特約は，その事業を譲渡した日から**30年の期間内**に限り，その効力を有する（会21Ⅱ．なお商16Ⅱ対照．改正前商25Ⅱは，都道府県および隣接府県に限定していたが，合理性が乏しいので削除している．相澤＝郡谷・商事1747号6頁）．

③ ①②にかかわらず，譲渡会社は，**不正の競争の目的をもって同一事業を行ってはならない**（会21Ⅲ．なお商16Ⅲ対照）．

④ 事業譲渡により使用人の地位が譲受会社に引き継がれるか否かについては見解が分かれている（大阪高判昭和38・3・26判時341号37頁＝総則百選19事件参照）．

I-1-4-21　(4) **譲受会社等に対する効果**　(ア) **譲渡会社の商号を続用した場合**　事業を譲り受けた会社（譲受会社）が譲渡会社の商号を続用する場合には，その譲受会社も，**譲渡会社の事業によって生じた債務を弁済する責任を負う**（会22Ⅰ．なお商17Ⅰ参照．「有限会社米安商店」から事業を譲り受けた者が「合資会社新米安商店」という商号を使用する場合は，商号の続用にあたらない．最二小判昭38・3・1民集17巻2号280頁＝総則百選20事件．営業の賃貸借に22条1項が類推適用された事例として東京高判平成13・10・1判時1772号139頁等．**V-1-4-5**参照．ゴルフクラブの名称を継続して使用している場合，特別の事情がない限り，会社法22条1項の類推適用があり，譲受会社は預託金の返還義務を負う（最二小判平成16・2・20民集58巻2号367頁＝総則百選21事件）．会社分割[**V-1-4-27**]によるゴルフ場の営業承継の場合も同様である（最三小判平成20・6・10判時2014号150頁））．

ただし，① 事業を譲り受けて後，遅滞なく，譲受会社がその本店の所在地において譲渡会社の債務を弁済する**責任を負わない旨を登記**した場合には（商登31ⅠⅡ参照），責任を負わず，また② 事業を譲り受けて後，遅滞なく，譲受会社および譲渡会社から**第三者に対しその旨を通知**した場合には，その通知を受けた第三者について，同様である（会22Ⅱ．なお商17Ⅱ）．

譲受会社が弁済責任を負う場合には，譲渡会社の責任は，事業を譲渡した日の後**2年以内に請求または請求の予告をしない債権者**に対しては，**2年間経過時に消滅**する（会22Ⅲ．なお商17Ⅲ参照）．

I-1-4-20　(29) **指定都市**　政令で指定する人口50万人以上の市を指定都市という（地方自治法252の19Ⅰ）．平成19（2007）年4月現在北は札幌市から南は福岡市まで17の市が指定されている．

なお，譲渡会社の事業によって生じた債権につき，譲受会社にした弁済は，弁済者が善意でかつ重過失がない場合には，有効となる（会22Ⅳ．なお商17Ⅳ参照）．

I-1-4-22　**(イ)　譲渡会社の商号を続用しない場合**　① 譲受会社が譲渡会社の商号を続用しない場合であっても，譲渡会社の事業によって生じた**債務を引き受ける旨の広告を**したときは，譲渡会社の債権者は，その譲受会社に対して弁済の請求をすることができる（会23Ⅰ．なお商18Ⅰ参照．広告とされなかった事例として最二小判昭和36・10・13民集15巻9号2320頁＝総則百選26事件）．

② 譲渡会社が，①により譲渡会社の債務を弁済する責任を負う場合には，譲渡会社の責任は，①の広告があった**日後2年以内に請求または請求の予告をしない債権者**に対しては，2年間経過時に**消滅**する（会23Ⅱ．なお商18Ⅱ参照）．

7　登　記

I-1-4-23　**(1)　総　説**　会社法の規定により会社が登記すべき事項（会911～936．会938Ⅲの保全処分の登記事項を除く）は，**当事者の申請**（商登14参照），**裁判所書記官の嘱託**（会937・938）または登記官の職権（商登72）により，商業登記法の定めに従い，商業登記簿に登記〔米 filing：英 registration：独 Eintragung：仏 immatriculation：伊 iscrizione：西 inscripción〕する（会907．なお会976①，商8参照）．わが国では商業登記所が会社の登記事務を担当している（商登1の3）．会社の商業登記簿には，**合名会社登記簿，合資会社登記簿，合同会社登録簿，株式会社登記簿および外国会社登記簿**がある（商登6⑤～⑨）．

会社が登記すべき事項は，その本店の所在地において，原則として2週間以内に登記する．さらに支店の所在地でも，原則として，会社法が定める期間内に，① 会社の商号，② 本店の所在地，および③ 登記を行う法務局の管轄区域内の支店の所在場所を登記しなければならない（会930Ⅰ～932）．

登記した事項に変更が生じたり，消滅したりした場合には，当事者は，遅滞なく，変更の登記または消滅の登記をしなければならない（会909．なお商10参照．なお商915・916・919～927参照）．

登記すべき事項のうち官庁の許可（特許・認可を含む）を要するものの登記の期間については，その許可書の到達した日から起算する（会910．なお商登17Ⅱ⑤・19）．

商業登記のコンピュータ化が進められており，オンライン登記申請・インターネットを通じた登記情報の取得も可能である．

I-1-4-24　**(2)　登記の効力（公示力）**　**(ア)　登記前**　会社法の規定により会社が登記すべき事項は，登記するまでの間は，善意の第三者に対抗することができない（会908Ⅰ前段．なお商9Ⅰ前段参照）．これを**登記の消極的公示力**という．第三者の方から登記当事者に向かって主張することはできる．第三者相互間にも（最二小判昭和29・10・15民集8巻10号1898頁＝総則百選4版6事件），民事訴訟にも（最二小判昭和43・11・1民集22巻12号2402頁

=同7事件)908条の適用はない.

I-1-4-25 **(イ) 登記後** 登記後は，善意の第三者に対しても登記事項を対抗することができる (会908Ⅰ前段．なお商9Ⅰ前段参照)．ただし，第三者が正当の事由 (交通途絶等の客観的障害．通説・最三小判昭和52・12・23判時880号78頁＝総則百選9事件) によってその登記があることを知らなかったときは，登記事項を対抗することができない (会908Ⅰ後段．なお商9Ⅰ後段参照)．これを**登記の積極的公示力**という．

I-1-4-26 **(3) 不実の登記** 故意または過失によって不実の事項を登記した者 (および不実の登記の出現に加功したもの．最一小判昭和47・6・15民集26巻5号984頁＝総則百選9事件) は，その事項が不実であることを善意の第三者に対抗することができない (会908Ⅱ．なお商9Ⅱ参照).

第5節　会社の権利能力

1　権利能力の制限

　会社の権利能力には，性質による制限，法令による制限，目的による制限がある．

I-1-5-1 **(a) 性質**による制限　会社は自然人を前提とする身体・生命に関する権利や，親族法上の権利・義務の主体となることはできない．使用人 (会10等) は肉体的労務を前提とするから，会社は使用人になることはできない．

I-1-5-2 **(b) 法令**による制限　① 平成17 (2005) 年改正前商法では，会社は他の会社の無限責任社員となることができなかった (商55)．諸外国に見られない合理性の乏しい規制でもあった (泉田栄一「GmbH & Co. とわが商法上の問題点」富大経済論集21巻2号41頁参照) ので，会社法は，この規定を廃止している．

　会社は取締役になれない (会331Ⅰ①) のに対し，**会社は，持分会社の業務執行社員となることができる** (なお会527Ⅱ，破74Ⅱ，民再54Ⅲ，会更67Ⅱ参照)．この場合会社は，業務執行社員の職務を行うべき者を選任し，その者の氏名および住所を他の社員に通知しなければならず (会598)，その者の氏名および住所は登記事項である (会912⑦・913⑨・914⑧)．職務執行者は，競業避止義務，利益相反取引の制限，会社および第三者に対する責任において業務執行社員と同様に扱われる (会598Ⅱ＝593〜597).

　② 事業支配力の過度の集中を防止するため (独禁1参照)，「事業支配力が過度に集中することとなる持株会社」の設立とそのような会社になることは禁止されている (独禁9・17).

　③ 解散後の会社および破産宣告を受けた**会社は，清算の目的のために存在しているから，清算の範囲内に限り権利能力を有する** (会476・645，破35．最二小判昭和42・12・15判時505号61頁).

　④ 特別法により制限される場合もある (農地法2Ⅶなど).

I-1-5-3 **(c) 目的による制限** 会社の**目的**は，不法な目的でないこと（会824Ⅰ①）が必要である．特別法により兼業が禁止されている場合がある（銀行12，保険業100，信託業21等）．事業に官庁の許可・免許等が必要であっても，事前の内許可等は要しない（昭和26・8・21民事甲第1717号民事局長通達）．目的は定款に記載され，登記される（会27①・576Ⅰ①・911Ⅲ①・912①・913①・914①）．これにより，社員は会社の目的の範囲を知り，会社の取引の相手方は，その取引が会社の範囲内であるか否かを知ることができる（なお会963Ⅴ③参照）．しかし，取引の相手方は，通常，商業登記所に行って登記簿を閲覧したり，謄抄本を交付してもらうこと（商登10・11）をしないし，もししたとしても，わが国の会社の定款は目的を詳細に記載していないものが多いので，個別具体的な判断の際にあまり役に立たないため，会社を保護すべきか取引の相手方を保護すべきか問題となる[30]．

わが国では，この問題は，会社法にイギリス法の**権利能力外原則**〔ultra vires doctrine．もっとも英会社法は同原則を放棄し，アメリカでも同原則は過去の遺産といわれている〕の影響を受けた平成18（2006）年改正前民法43条の規定があるため，同条が会社法にも適用ないし類推適用されるかという形で論じられてきた[31]．

判例（最二小判昭和27・2・15民集6巻2号77頁［塩見社団事件］＝会社法百選1事件）およびかつての通説（神田5頁，宮島12頁，弥永11頁等）は，社員は目的を見て出資するから社員の利益保護上目的による制限を肯定すべきこと，民法の規定は法人一般に関する通則であることなどを理由に，民法の規定の適用ないし類推適用説を採用する．この説によると，目的の範囲外の行為は無効となり，会社の代表者は民法117条の責任を負うことになる[32]．

I-1-5-4 (30) **目的の記載の程度** 平成17年改正前商法にあった類似商号規制（平成17年改正前商19・20・22）が廃止されたことから，必ずしも具体的な事業を掲げる必要はないと解する説（論点11頁）と正確に確定できる程度に明確・具体的でなければならないとする説（近藤25頁）とが対立している．

I-1-5-5 (31) **権利能力外原則の民法への継受の原因** 権利能力外原則が民法に継受されたのは英国に留学した穂積陳重によって起草されたという偶然な事情に由来する．英米でこの理論が生まれた背景には，有限責任の特権を持つ不死の株式会社の出現に対する警戒感があった．この原則のため，英米の定款の記載は，わが国の定款と異なり，詳細である．

I-1-5-6 (32) **通説の立場** ① 判例は初め定款所定の目的を厳格に解釈していたが，その後この解釈を改め，今では「目的を遂行するうえに直接または間接に必要な行為」であれば目的の範囲内に含まれるとし，必要か否かは，「行為の客観的性質に即し，抽象的に判断」する立場を採用しており（前掲最判昭和27・2・15，最大判昭和45・6・24民集24巻6号625頁），現在ではもはや，いかなる契約をしても，それが目的の範囲外だという抗弁は認められなくなっていると言って，過言ではない．そこで通説の立場からさえ権利能力外原則を制限する立法論が提案されている．② 通説の立場に立った場合，会社がその定款所定の目的の範囲内にない事業を目的とする子会社の設立に当たりその発起人となることは差し支えないが，会社が定款所定の目的の範囲内にない事業を，ある程度長期間継続的に営む意図のもとに新たに子会社を設立したり，他の会社の多数株式を取得して子会社とする場合には，事前に会社の定款変更（当該目的事業の追加）をすることが必要であると解されている．

32 第Ⅰ編　会社法総説

これに対し，目的による制限を認めれば会社に口実を与え，取引の安全を害することなどを根拠に，民法の規定は営利を目的としない法人に特有の規定と解し，その類推適用を否定する説 (田中(誠)・上81頁, 関32頁等) も唱えられている (判例と否定説の中間的見解として，会社に共通の目的である「営利目的」の範囲で権利能力を認めると共に，会社が社会の構成単位として社会的に活動をしている限りで応分の範囲で権利能力が認められるとする説も存在している)．否定説によると，目的の範囲外の行為も有効である．否定説中では，目的を代表機関の代表権の内部的制限 (会349Ⅴ・420Ⅲ〔= 349Ⅴ〕・599Ⅴ) にあたるとする説 (代表権制限説　龍田54頁．相手方が悪意・重過失のときは無効を主張できる) と会社機関の義務としての意味を有するとする説 (義務説．加美和照「会社の能力と定款の目的」『現代商法学の諸問題』(田中誠二先生古稀記念) 141頁〔千倉書房昭和42年〕, 青竹16頁等．相手方が悪意の場合には権利の濫用 (民1) に該当し保護されない) とが対立していた．代表権制限説はEUが採用している立場と同一である．しかるに平成18年民法改正は, すべての法人につき定款に定められた目的による権利能力の制限を明定した (民34. 江頭30頁が主張するように，はなはだ遺憾な改正と考える)．

Ⅰ-1-5-7 **(d) 会社の政治献金**　会社は政治献金をすることが出来るか否か問題となった事件として「八幡製鉄政治献金事件」(最大判昭和45・6・24民集24巻6号625頁＝会社法百選2事件)[33]がある．これは，自民党に政治献金をした代表取締役2名を被告として，1株主が代表訴訟を提起した事件である[34] (強制加入の公益法人である税理士会が政治団体に金員を寄付することは税理士会の目的の範囲外の行為であるとしたものに最三小判平成8・3・19民集50巻3号955頁がある)．

論点は，① 政治献金は参政権を侵害し，**公序良俗** (民90) **に反するか**．② 政治

Ⅰ-1-5-8 **(33) 企業の社会的責任とメセナ**　わが国では，昭和50年代に，企業の社会的責任 (CSR) との関連で，会社法の中に「株式会社は社会的責任を負う」とか「取締役は，その職務を行うにつき，株主，債権者，従業員，消費者，地域住民の利益を考慮することを要する」といった一般的規定を設けるべきか否かが論じられが，設けないことで，解決をみた (なお2006年英会172参照)．

慈善団体等への寄附は「相当の範囲」という枠があるが，わが国でも適法である．会社は，これを前提として，メセナ (mecenat：芸術文化支援という意味の仏語) などの活動も行っている．

Ⅰ-1-5-9 **(34) 政治資金規正法・公職選挙法**　① **政治資金規正法**は，会社の行う寄附の総額は，会社の資本金により表8に定める上限を超えることができないとしている (21の3Ⅰ②)．まだ国から補助金等を受けている会社は，1年間寄附をしてはならないとしている (22の3．なお附則9・10も参照のこと)．

公職選挙法によると，衆議院議員および参議院議員の選挙に関しては国または日本郵政公社と，地方公共団体の議会の議員および長の選挙に関しては当該地方公共団体と，請負その他特別の利益を伴う契約の当事者である者は，当該選挙に関し，寄付をしてはならない (公選199Ⅰ)．

表8　会社のする寄附の上限

会社の資本金	寄附の総額
10億円未満	750万円
10億円以上 50億円未満	1500万円
50億円以上	3000万円

献金は会社の権利能力の範囲内の行為か．③ 政治献金は取締役の善管注意義務（会330＝民644［Ⅱ-4-4-5］）または忠実義務（会355［Ⅱ-4-4-9］）に反するか，である．

①につき，株主全員の同意に基づかない限り憲法違反となるから民法90条違反として無効であるとする説（富山康吉『現代商事法学の課題』［成文堂1975年］67-169頁，河本72頁，中村一彦『企業の社会的責任—法学的考察』148頁［同文舘1977年］）もあるが，会社が政党に政治資金を寄付すれば，その結果政治の動向に影響を与えることがあっても，それ自体は選挙権の自由なる行使を直接に侵害するものではないから憲法違反の問題にならないとするのが多数説・判例（前掲最判45年）である．

①につき違憲説を採用すると，政治献金は，目的による権利能力の制限の問題以前の，法人企業の権利能力の本来的いわば性質上の制限として能力外と解することになるが（末永敏和『会社法—基礎と展開（第3版）』13頁［中央経済社2002年］），権利能力範囲内説（通説・判例）は，②の問題につき，政治献金は企業体としての円滑な発展をはかるうえに相当の価値と効果を認め得るから，間接ではあっても目的遂行上必要なものといえる，と説いている．前掲最判昭和45年は，政治献金が社会の一「構成単位たる社会的実在」としての「会社に対し期待ないし要請され」ている以上，「会社は当然なしうる」としている（なお松田・大隅両判事の少数意見は，営利性と相入れない寄付の場合には，通常の取引と異なり取引の安全を強調する必要はないから，会社の権利能力の範囲に属するか否かは個別・具体的に判断に判断すべきであり，応分の限度内なら無効でないと説く．また第1審（東京地判昭和38・4・5下民集14巻4号657頁）は，取引行為と非取引行為を区別し，後者の場合には営業の目的に反するから，目的の範囲外の行為であると説いている）．目的による制限を認めない説（少数説）に立てば政治献金は会社の権利能力の範囲外に属するということはあり得ないことになる．

③について，第1審は，非取引行為を社会的義務行為とそうでない行為とに分け，社会的義務行為の場合には，総株主の同意が期待される行為であるから，例外的に取締役の責任発生原因とはならないが，後者の場合にはそうでないとして，政治献金は後者に属するとする．通説・判例は，忠実義務と善管義務は同一である（同質説）としつつ，「会社の規模・経営実情その他社会的経済的地位および寄付の相手方など諸般の事情を考慮して合理的範囲内」なら取締役に責任はないとしている（福井地判平成15・2・12判時1814号151頁［熊谷組事件］は，寄付の可否・範囲・数額・時期等につき厳格な審査を行わなかった点に義務違反を肯定したが，名古屋高小松支判平成18・1・11資料版商事262号293頁はこれを否定している）．これに対し，政治献金は，会社の権利能力の範囲内の行為であっても，会社の目的の範囲外の行為であるから，金額の如何を問わず常に忠実義務違反となるとする説（服部栄三・商法の判例〈第3版〉9頁）も存在している．

2　会社の行為能力と不法行為能力

I-1-5-10　その意思決定または行為が会社の意思決定または行為とみなされる会社組織上の

地位を**機関**〔独 Organ：仏 organe：伊 organo：西 órgano〕といい，機関の有する力を**権限**という．会社の代表機関の行為は会社の行為として会社を拘束する（この法律関係は，代理ではないが，それと類似している．したがって代理に関する法律上の規定は，会社機関の代表行為に準用される）．それ故，**法人実在説**をとる学説は，会社の行為能力を肯定する．しかし法人にあっては，事業着手の制限（担信7）がある場合を除き，**権利能力と行為能力を区別する実益は認められず，権利能力のみを論じれば足りる**．また行為能力を肯定する学説は，会社の不法行為能力も肯定し，会社の代表機関がその職務を行うにつき他人に加えた損害を賠償する責に任ずるという規定（会350・600．その適用例，札幌地判昭和58・4・27判タ502号145頁［ロック演奏中の事故］，札幌高判平成3・10・21判タ783号223頁［虚偽による契約勧誘］，千葉地判平成10・3・26判時1658号160頁［従業員に対するセクシャル・ハラスメント］）は，単なる注意規定であるとする．しかしその理で行けば，理論的には機関構成員の不法行為責任が問題とならないはずである．法人本質論は，法人の社会的実在が広く肯定されたことにより，その社会的使命を終えたと考える．したがって機関構成員は自らの不法行為により責任を負い，法人は不法行為能力はないが，損害賠償責任を負わせられると解すれば足りる．その意味で民法715条の使用者責任と同一である．会社と代表機関個人とは不真正連帯債務を負う（最一小判昭和49・2・28判時735号97頁［川上電材事件］）．

3 法人格否認の法理

I-1-5-11 **(1) 総 説** 会社には社員と異なる法人格〔英米 legal entity：仏 personnalité morale：伊 personalità giuridica：西 personalidad jurídica〕が認められている．しかし，**この法人格が認められた目的を逸脱し，不正の目的のため利用され，正義・衡平に反する結果になる場合には，法人格を絶対的・全面的に否認するのではなくて，当該特定の事案の当事者の法律関係に限って，一時的に法人格の機能**（会社と社員の分離原則）**を否認して，社員と会社を同一視することが認められる**．これを法人格否認の法理〔米 disregard the corporate entity：英 lifting the veil：独 Durchgriffstheorie od. Haftungsdurchgriffstheorie：仏 l'extension de la faillite sociale：伊 il superamento della personalità giuridica〕という．この法理は，戦後個人企業が節税等の理由から株式会社や有限会社になるといういわゆる法人成り現象が発生し，これらの会社が会社法の規定を守らない場合が多いことや，また親会社が子会社を利用して責任を逃れようとする場合があること等から，最高裁（最一小判昭和44・2・27民集23巻2号511頁［山世志商会事件］＝会社法百選3事件．ただし本件は，商504の適用により同じ結論に達することができた）が，この法理を認めて以来多くの判例が集積するようになっている．同法理は，会社の背後にいる者に対する責任追及を可能にすることから，会社法429条（役員等の第三者に対する責任）と共に，会社債権者にとって重要な法理である（江頭憲治郎『会社法人格否認の法理』［東京大学出版会1980年］，森本滋「いわゆる法人格否認の法理の再検

I-1-5-12　**(2) 法理の実定法的根拠**　第1説（多数説）は，権利濫用禁止に関する民法1条3項の類推適用に求める（田中〔誠〕・上巻102頁，大隅＝今井・上53頁）．第2説は，信義則に根拠を求める（最二小判昭48・10・26判タ302号145頁［日本築土開発事件］）．第3説は，会社の法人性を規定した会社法3条の解釈問題とする（龍田節「法人格否認法理の最近の展開」商事534号12頁）．第4説は，民法1条3項を始めとする何らかの規範という以上には特定できないとして柔軟に考える（江頭・前掲書417頁）．第1説は，実定法上与えられた法人格が特定な場合においてであれ否認されるわけであるから明白な法的根拠が認められる場合に限定される必要があることを根拠とするのに対し，第4説は，法人格否認の法理を，利益法学派（Müller-Freienfelsなど）のようにすべて規範衡量の問題と考えないまでも，一般私法法理の発展・継続的形成によって解消する問題であって，それが未発達であるが故に，法人格否認という法律構成の下，法人の或る属性が否認されるのと同じ法律効果が与えられているに過ぎないから，法人法ではなくて，私法の全体構造との関連から法人格否認の法理を体系化する必要があることを根拠とする（江頭・前掲142頁以下）．会社法3条は，分離原則を示したに過ぎず，これを根拠とすることは，問いに問いを持って答える感がある．

I-1-5-13　**(3) 法理の適用要件**　第1説は，法人格の濫用の場合に限る（田中〔誠〕・上巻95頁）．第2説は，多数説（奥山恒朗「いわゆる法人格否認の法理と実際」『実務民事訴訟法講座5巻』189頁［日本評論社1969年］など）であって，法人の濫用の場合と法人格が形骸化している場合に限定する．最高裁は，適用要件として，「法人格が全く形骸にすぎない場合」と「法律の適用を回避するために濫用されるが如き場合」の2つを上げているが（前掲最判昭和44），この場合に限る趣旨であるか否かは不明である．第3説は，法人格否認の法理の適用例とされていたものは，法人格を否認しなくとも同じ解釈に至るものが多いから，個別的規範の合理的解釈によって解決しうる部分が相当にあるとする説であって，一番適用範囲が狭い見解である（江頭・森本）．規範の解釈で合理的結論が出せる場合にはこれを同法理の適用事例と説明するか否かは講学上の便宜であって，これを真の意味の適用事例とする必要はない．解釈で救済できない場合に初めて同法理の適用を問題とすべきであって（同法理の補充性），その意味で第3説を支持する．

I-1-5-14　**(ｱ) 法人格濫用のケース**　法人格濫用のケースとして，① 法人格の利用による法の潜脱・契約上の義務の回避および② 法人格の利用による債権者詐害が上げられる場合が多い．

　　(a) 法人格の利用による法の潜脱・契約上の義務の回避　① 個人が会社を設立し，その会社を被保険者とする保険を締結し，保険事故を招致した場合（保険業80），② 契約上のあるいは法定の競業避止義務を負う者（会12Ⅰ・21・356など）が，それを免れる目的で自己が支配する会社を設立して，当該会社をして競業行為をなさしめ

る場合 (大村簡判昭和47・9・25判時694号109頁, 名古屋高判昭和47・2・10高民集25巻1号48頁), ③ 会社が労働組合の活動家を追放するため, 偽装解散 (労組7) し, 別会社を設立して, 従前の営業を継続したり (札幌地判昭和50・10・11判時800号105頁), 親会社が子会社を偽装解散し, 子会社の従業員を親会社が雇用しない場合 (徳島地判昭和50・7・23労民集26巻4号580頁 [船井電機事件], 大阪地岸和田支判平成15・9・10労働判例861号11頁, 大阪地判昭和57・7・30判時129号 [中本商事事件]).

(b) **法人格の利用による債権者詐害** ① 会社が債権者の強制執行を免れるために, 新会社に財産を移転して, 旧会社と同一の営業を継続する場合 (前掲最判昭和48・10・26, 福岡地判平成16・3・25金判1192号25頁など), ② 会社の設立の際に会社の規模に比べて極めて少ない資本の額を定めておいて, 残りを担保を取ってあるいは取らないで会社に貸付けている場合などである.

なお, 法人格の濫用論で問題となる点は, 背後者が法人を支配しているほかに, 濫用に主観的意図を必要と解すべきか (**主観的濫用論**. 江頭40頁, 加美11頁など多数説), それとも客観的に社会通念上認容できないことが認められれば足りると解するべきか (**客観的濫用論**. 田中〔誠〕・上巻104頁) ということである. ドイツでも同様の意見の対立がある. 濫用論は必ずしも客観化に向かっていないと解されるので, 主観的濫用説を支持する.

I-1-5-15 **(イ) 形骸化のケース** 最高裁は,「会社の実質が全く個人企業と認められる場合」を上げている. 形骸化の認定基準については**形式的形骸化論**と**実質的支配論**の対立がある. 前者は, 単に単独株主等が会社を完全に支配しているという事実だけでは足りず, 会社と社員の間の財産の混同, 業務活動混同の反復・継続, 明確な帳簿記載・会計区分の欠如, 株主総会・取締役会の不開催など会社として必要な手続の無視等が積み重ねられて初めて形骸化の要件が充たされたとする (奥山・前掲187頁. 判例として大阪地判昭和44・5・14判時598頁など. アメリカの instrumentality rule の影響を受けた考えである). これに対し実質的支配論は, 形骸化の認定の際に挙げられた諸徴表は, 社員による強度の支配こそは社員の責任を生み出す実質的ファクターであることを暗黙の前提とした議論であり, 支配を立証できれば, 上記徴表は, 形骸化を認定するために不可欠の前提ではないとする (仙台地決昭和45・3・26判時588号38頁 [川岸工業事件] [受動的債権者たる従業員の未払賃金債権請求を肯定], 松山地宇和島支判昭和47・3・7判タ278号207頁など).

I-1-5-16 **(4) 法理を主張できる者** 法人格否認の法理は相手方を保護する法理であって, 法人側を保護する法理ではないことを理由に, 会社＝社員側では同法理を主張できないとするのが通説・多数判例 (名古屋地判昭和46・11・9金判308号16頁 [熊野油脂事件] など) であるが, 事案の衡平な解決を図るための最後の手段としてこれに反対する見解もある (江頭・新注会 (1) 91頁, 大阪高判昭和43・12・25金判158号14頁).

法人格否認の法理は取引の相手方の保護のためであることを理由に取引行為にの

み限定する説もあるが，同法理を認める理由が，法人格の濫用を防止することにあれば，取引行為に限定する必要はない（田中〔誠〕上巻109頁）．

I-1-5-17　**(5) 法理の効果**　法人格が否認されるのはその特定の事案のみについてであって，会社の解散命令（会824），会社の設立無効の訴え（会828Ⅰ①），設立取消の訴え（会832）のような形成判決ではないし，判決に対世効もない．なお，法人格否認の主張をし債務の履行を求めながら，他方で詐害行為取消権を行使することは許されないとした判例がある（大阪高判平成12・7・28金判1113号35頁）．

　第三者異議の訴え（民執38）は，債務名義の執行力が原告に及ばないことを異議事由として強制執行の排除を求めるものではなく，執行債務者に対して適法に開始された強制執行の目的物について原告が所有権その他目的物の譲渡または引渡しを妨げる権利を有するなど強制執行による侵害を受忍すべき地位にないことを異議事由として強制執行の排除を求めるものであるから，法人格否認の法理の適用を排除すべき理由はなく，法人格が執行債務者に対する強制執行を回避するために濫用されている場合には，執行債務者と別個の法人格であることを主張して強制執行の不許を求めることは許さない（最二小判平成17・7・15民集59巻6号1742頁，鹿児島地判昭和46・6・17判時652号80頁）．

I-1-5-18　**(6) 法理と既判力および執行力の拡張**　会社と会社の背後にいる社員，または旧会社と新会社が実体法上一体として取り扱われる場合でも，訴訟手続ないし強制執行手続においては，前者に対する既判力（民訴115）および執行力（民執23）の範囲を後者にまで拡張する（民執33Ⅰ参照）ことができるか否かについては争いがある．

　第1説は，既判力拡張・執行力拡張の双方を濫用事例・形骸化事例の両方に否定する説であって，判決効の拡張を受ける者の手続保障，民事訴訟法115条の明文の存在，あるいは訴訟手続・執行手続の明確性・安定性などを根拠とする（最二小判平成17・7・15民集59巻6号1742頁，最一小判昭和53・9・14判時906号88頁［上田養豚事件］，江頭憲治郎・前掲書432頁以下［但し株式会社法44頁参照］，加美和照・判批・金判575号57頁［1979年］など）．

　第2説は，既判力拡張・執行力拡張の双方を濫用事例・形骸化事例の両方に肯定する説であって，最近の多数説である[35]．

I-1-5-19　(35)　**肯定説の根拠**　① 法人格が否認されると新旧両会社は訴訟過程においてすでに融合した単一体と評価され，形式的当事者たる一方に対する判決は同時に他方に対する判決であるとする単一体説（新堂幸司『新民事訴訟法』118頁注1［弘文堂1998年］），② 法人格否認の効果として，一方が第三者に対し給付義務を負うときは，他方もまた同一の給付義務を負うことになるから，法人格否認の要件が存在する限り，一定の権利義務との関係では，一方の法的地位は他方のそれによって決定され，その意味で一方の地位が他方のそれに実体法上依存しているということができ，それ故，実体法上の依存関係による既判力拡張の原則により，一方に対する判決の効力は他方にも及ぶという依存関係説（竹下守夫・判批・判評160号136頁），③ 法人格濫用または形骸化の責任を負う者は，信義則によって既判力，執行力の拡張化を争えないという信義則説（伊藤眞・民訴判例百選Ⅱ［新法対応補正版］347頁［1998年］）などが説かれている．

第3説は，形骸化の事案についてのみ既判力の拡張を認める説で，一人会社を代表例とする形骸化事例では，法人格が否認されると，当事者となった者（たとえば個人）の訴訟追行により他方（会社）の手続権保障の要求は充足されたとみるべきことを根拠とする（実質的当事者説．上田徹一郎・判批・判評245号173頁［1979年］）．

　　第4説は，法人格を否認し，一方の受けた判決の効力を他方に拡張する根拠として，実質的利益欠缺型（新旧会社が実質的に同一で，かつ，新会社に対するだけの債権者や旧会社とは無関係の独立した社員が全く存在しないという場合で，形骸である場合はこれに属する），訴訟代行型（訴訟担当の場合），濫用型など種々の根拠が考えられ，事案の違いに応じてその根拠と否認要件の存在時期は異なる．実質的利益欠缺型には，執行力の拡張を認めるべきであるが，代行型には，既判力の拡張が認められるが，執行力は拡張されない．濫用型では，その濫用の程度・内容に応じて，既判力のみを拡張すべきか，執行力まで拡張すべきか決めるべきで，類型化はできない，とする説である（多元説．福永有利「法人格否認の法理に関する訴訟法上の諸問題」関西大学法学論集25巻4・5・6合併号541頁以下）［1975年］）．

第6節　会社の種類

1　総　説

I-1-6-1　わが国の会社の種類は，**合名会社，合資会社，合同会社および株式会社の4種に限られる**（会2①）．会社の種類は，第3節で述べたように，社員の責任の態様に基づくものである．会社の種類が限定されているのは，相手方に社員の責任を周知させ，取引の安全に備えるためである．

　　会社は，このほか，種々の基準に基づいて分類することができる．

表10　国内の上場会社数

（2009年6月1日現在）

	東証 国内	東証 外国	大証 国内	大証 外国	名証	札証	福証	JASDAQ
1部	1,704	13	607	0	233	71	127	898
2部	455	0	232	0	110			
新興	190	2	159	1	29	10	10	5
その他	1	0	0	0	0	0	0	1
	信金中央金庫（東証），日本銀行（JASDAQ）							
小計	2,365		999		372	81	137	904

（出典）http://homepage2.nifty.com/com-l/colisting.htm

2　公開会社・非公開会社

I-1-6-2　公開会社という用語は多義的に使われている.

　第1は，会社法の定義に基づく分類である．会社法は，「その発行する全部又は一部の株式の内容として譲渡による当該株式の取得について株式会社の承認を要する旨の定款の定めを設けていない株式会社」を**公開会社**と定義している（会2⑤）．すなわちその発行する株式の種類の全部または一部が，譲渡自由である場合には公開会社である．逆に，**定款上，すべての株式またはすべての種類の株式について譲渡制限がついている株式会社**のみが「**公開会社でない株式会社**」（非公開会社）である．定款上一部の種類の株式でも譲渡制限株式でなければ，実際にその株式が発行されなくても公開会社である[36]．

　第2に，定款による株式の譲渡制限（会136）を設けている会社を**閉鎖会社**，それ以外の株式会社を公開会社という場合もある．

　第3に，会社の有価証券が金融商品取引所が開設する取引所金融商品市場に上場

I-1-6-3　[36]　非公開会社・公開会社の効果　以下の通りである．

表9　非公開会社と公開会社

	非公開会社	公開会社
1　機関		
総会の招集通知の期限（68Ⅰ・299Ⅰ）	原則　1週間前	原則　2週間前
取締役会の設置（327Ⅰ①）	任意	強制
監査役の設置の必要性（327Ⅰ①・Ⅱ）	取締役会設置会社でも会計参与を置けば監査役の設置を免除	必要（委員会設置会社を除く）
監査役の権限（389Ⅰ）	会計監査権限に限定できる	会計監査権限に限定できない
取締役の任期（委員会設置会社を除く）（332）	10年まで伸長可	最長2年
会計参与の任期（334Ⅰ）	10年まで伸長可	最長2年
監査役の任期（336ⅠⅡ）	10年まで伸長可	最長4年
大会社（委員会設置会社以外）の監査役（328Ⅰ）	監査役のみで足り，監査役会は不要	監査役会は必置
取締役・監査役・執行役を株主に限定できるか（331Ⅱ・335Ⅰ・402Ⅴ）	可	不可
2　株式関係		
授権株式数（37Ⅲ・113Ⅲ）	4倍制限なし	制限あり
単独株主権（360ⅠⅡ・422など）・少数株主権（297ⅠⅡ・303ⅡⅢ・305ⅠⅡ・306Ⅱ・854ⅠⅡ・ⅢⅣなど）の行使に保有期間の制限があるか	なし	6カ月以上の保有が必要

されている会社（**上場会社**〔英 quoted company：独 börsennotierte Gesellschaft：仏 société cotée：伊 società quotate〕．金商121～125）または認可金融商品取引協会が開設する店頭売買有価証券市場（金商2Ⅷ⑩ハ・67Ⅱ．現在のところ不存在）で売買されている会社を公開会社（米 publicly held corporation）という場合がある（ストック・オプション等に関する会計基準2項14号参照）．有価証券を扱う金融商品取引所には，東京，大阪，名古屋，ジャスダック（JASDAQ）（上記4つの取引所は株式会社方式を採用），札幌，福岡（上記2つの取引所は会員制法人）の各証券取引所がある．

取締役等選任権付種類株式（108Ⅰ⑨）	発行可能（委員会設置会社を除く）	発行不可能
剰余金の配当を受ける権利，残余財産の分配を受ける権利及び議決権について株主ごとに異なる取扱いを行う旨の定款の定めができるか（109Ⅱ）	可	不可
議決権制限株式の発行枠（115）	なし	発行済株式の総数の2分の1以下
株券の発行時期（215Ⅳ）	請求時まで不発行可能	発行後遅滞なく
会社が一般承継人から株式を取得する場合には，株主は自己の有する株式の買取も議案にするよう会社に請求できるか（162）	不可	可
募集株式の割当てを受ける権利を株主に与えることを決定する機関（202Ⅲ）	取締役であったり，株主総会であったり，取締役会であったり．	取締役会
株式募集の発行事項（有利発行を除く）の決定（199Ⅱ・201）	株主総会の決議	取締役会の決議
3 その他		
新株発行無効の訴え，自己株式処分無効の訴え及び新株予約権発行無効の訴えの提訴期間（828Ⅰ②③④）	1年以内	6カ月以内
株主への通知の公告による代替（158Ⅱ・469Ⅳ等）	原則不可	原則可能
代表訴訟提起のための株式保有期間（847ⅠⅡ）	制限なし	6カ月以上保有
代表訴訟提起の通知・公告（会849Ⅴ）	通知のみ	公告または通知
新株予約権の割当てを受ける権利を株主に与える場合の決定機関（241Ⅲ）	取締役であったり，株主総会であったり，取締役会であったり	取締役会
新株予約権の発行事項（有利発行を除く）の決定（238ⅡⅢ・240Ⅰ）	株主総会の決議	取締役会の決議

3　大会社

I-1-6-4　大会社とは，最終事業年度に係る貸借対照表に資本金として計上した額が5億円以上または最終事業年度に係る貸借対照表の負債の部に計上した額の合計額が200億円以上のいずれかに該当する株式会社である(37)（会2⑥）.

① 大会社は**会計監査人の設置義務**を負う（会328ⅠⅡ）．大会社が**清算会社**であるときには，**監査役の設置義務**を負う（会477Ⅳ）．大会社はその規模が大きく，計算関係が複雑となる上，利害関係人も多数にわたることが多いからである．また② 大会社が**公開会社である場合**には，株主が多数となることが多く，かつ，株主が頻繁に変動することから，株主による経営者への監督が及びにくいので，**監査役会（委員会設置会社を除く）または委員会の設置義務**を負う（会328Ⅰ．会2⑫参照）．③ 大会社は**内部統制システムの整備**についての決定義務を負うとともに（会348Ⅳ・362Ⅴ・416Ⅱ），④ 貸借対照表のほか，**損益計算書**についても公告する義務を負い（会440Ⅰ），⑤ **有価証券報告書提出会社**［*I-2-6-5*］である大会社は，**連結計算書類を作成する義務**を負う（会444Ⅲ）．今日では株式会社は単独の企業として存在することは稀であり，多くの会社，特に大会社にあっては，株式の所有を通してコンツェルン（会社グループ）を形成していることが多い．このような場合，会社グループ全体としての財務状況を知るには，個別の計算書類では不十分であるから，⑤が定められている．

4　会社参与設置会社・取締役会設置会社・監査役設置会社・監査役会設置会社・会計監査人設置会社・委員会設置会社

I-1-6-6　株式会社には，① 会計参与を置く会計参与設置会社（会2⑧），② 取締役会を任意に置いているかまたは置くことが強制されている取締役会設置会社（会2⑦），③ 監査役を任意に置いているかまたは置くことが強制されている監査役設置会社（会2⑨），④ 監査役会を任意に置いているかまたは置くことが強制されている監査役会設置会社（会2⑩），⑤ 会計監査人を任意に置いているかまたは置くことが強制されている会計監査人設置会社（会2⑪），および⑥ 指名委員会，監査委員会および報酬委員会の3つを置く委員会設置会社（会2⑫）がある．

I-1-6-5　(37)　**沿　革**　昭和49（1974）年および56（1981）年の商法改正により，株式会社は，規模別に大中小の3つに分けられるようになり，平成14（2002）年商法改正により，みなし大会社（資本金1億円超の株式会社で，大会社並の監査体制を任意で定款に定めた会社．旧商特2Ⅱ）および委員会等設置会社が追加された．会社法は，大会社とそれ以外の会社の区別のみを認め，中会社（大会社・小会社以外の株式会社）・小会社（資本金1億円以下でかつ負債総額が200億円未満の株式会社．旧商特1の2Ⅱ）・みなし大会社の区別を廃止した．大会社の基準それ自体に変更はないが，大会社の判断時期を「最終事業年度に係る貸借対照表」を基準としたため，期中に資本金の額が増減した場合の経過措置（旧商特20・21）は不要となり，削除されている．

5 親会社・子会社

I-1-6-7 **親会社**〔英 holding company：米 parent corporation：独 herrschende Gesellschaft od. Muttergesellschaft：仏 société mère：伊 società controllante：西 sociedad dominante〕とは，「**株式会社を子会社とする会社その他の当該株式会社の経営を支配している法人として法務省令で定めるもの**（会施規3Ⅱによると，会社等が，株式会社の財務および事業の方針の決定を支配している場合における当該会社等）」をいい（会2④），**子会社**〔英 subsidiary company：米 subsidiary：独 abhängige Gesellschaf od. Tochtergesellschaft：仏 société contrôlée ou filial：伊 società controllate：西 sociedad filiale〕とは，「**会社がその総株主の議決権の過半数を有する株式会社その他の当該会社がその経営を支配している法人としてその他の当該会社がその経営を支配している法人として法務省令で定めるもの**（会施規3Ⅰによると，会社が他の会社等の財務および事業の方針の決定を支配している場合における当該他の会社等）」をいう（会2③）．法務省令で定める「**会社等**」とは，「会社（外国会社を含む．），組合（外国における組合に相当するものを含む．）その他これらに準ずる事業体」である（会施規2Ⅲ②）．「財務および事業の方針の決定を支配している場合」に関しても詳細な基準が定められている（会施規3Ⅲ）．平成17年改正前商法は議決権基準しか採用していなかったが（旧商211ノ2Ⅰ Ⅲ，旧商施規2Ⅰ㉑．なお独禁2Ⅹ参照），**会社法は支配力基準を併用しており**，その定義は財務諸表等規則8条の親・子会社の定義と実質的に同じ内容である（なお親子会社の概念に近い概念として，① 株式交換または株式移転の場合の「完全親会社」「完全子会社」（会施規2Ⅱ㉓～㉘，計2Ⅲ⑫～⑮），② 事業の譲渡等および組織再編の場合の「特別支配会社」（会468Ⅰ・784）がある）．

表11 親子会社

親会社	会社（会施規3Ⅰ）	会社等（会施規3Ⅱ）
	↓実質的支配関係	↓実質的支配関係
子会社	会社等	株式会社

親子会社には以下の規制が存在している．

① **親会社社員**（親会社の株主その他の社員）には，裁判所の許可を得て，定款（会31Ⅲ）・株主名簿（会125Ⅳ）・新株予約権原簿（会252Ⅳ）・株主総会議事録等（会318Ⅴ・319Ⅳ）・取締役会（清算人会）議事録等（会371Ⅴ・490Ⅴ＝371Ⅳ）・会計参与報告（会378Ⅲ），監査役会議事録（会394Ⅲ）・各種委員会議事録（会413Ⅳ）・会計帳簿（会433Ⅲ）・計算書類等（会442Ⅳ）・清算会社の貸借対照表（会496Ⅲ）および社債原簿（会684Ⅳ）の閲覧・謄写をする権利が認められる．

② 親会社の社外取締役の要件として子会社の業務執行取締役等でないことが要求される（会2⑮・⑯）．

③ 親会社の社外監査役（会2⑯）・監査役（会335Ⅱ）・監査委員（会400Ⅳ）・会計参与（会333Ⅲ①）は，子会社の取締役等でないことが要求される．会計監査人は子会社か

ら公認会計士・監査法人の業務上以外の業務により継続的な報酬を受けることができない（会337Ⅲ②）．

④　親会社の会計参与（会374Ⅲ）・監査役（会381Ⅲ・389Ⅴ）・会計監査人（会396Ⅲ）・監査委員会が選定した監査委員（会405Ⅱ）は，子会社に対し，会計報告請求権・業務財産調査権を有する．

⑤　相互保有株式の議決権制限（会308Ⅰ）の要件において，親会社と子会社の有する株式を合わせて議決権の総数の4分の1の議決権を有するかどうかが判断される（会施規67）．

⑥　親会社の内部統制システムに係る決定（会348Ⅲ④・362Ⅳ）には，「企業集団における業務の適正を確保するための体制」の決定が含まれる（会施規98Ⅰ⑤・100Ⅰ⑤）．

⑦　親会社の連結計算書類の作成の際に一定の子会社は連結の対象となる（会444Ⅰ）．連結の範囲に含められる子会社を「**連結子会社**」といい（計規2Ⅲ⑲［Ⅱ-5-1-33］），そうでない子会社を「**非連結子会社**」という（計規2Ⅲ⑳）．

他方，①　子会社は，原則として親会社株式を取得することはできない（会135Ⅰ（逆は可．なお会163参照））が，三角合併等を実行する場合には，親会社株式を取得することができる（会800）．

②　子会社の計算で親会社の株主に利益供与をすることはできない（会社120Ⅰ・970）．

なお，議決権基準で親子会社関係にある場合には一体的倒産手続の処理を可能にするため，一方の手続が行われている裁判所で他方の手続を行うことを認めている（民再5Ⅲ，会更5Ⅲ，破5Ⅲ参照）．

6　関連会社・関係会社

I-1-6-8　①　**関連会社**とは，「会社が他の会社等の財務及び事業の方針の決定に対して重要な影響を与えることができる場合における当該他の会社等（子会社を除く）」をいう（計規2Ⅲ⑱，会施規2Ⅲ㉑．なお財務規8Ⅴ・［Ⅱ-5-1-34］参照）．また，②　当該株式会社の親会社，子会社および関連会社ならびに当該株式会社が他の会社等（計規2Ⅲ⑯）の関連会社である場合における当該他の会社等を**関係会社**という（計規2Ⅲ㉒．なお財務規8Ⅷ・［Ⅱ-5-1-36］参照）．いずれも会社の計算という特殊な領域で問題となる概念である．

7　株券発行会社・株券不発行会社

I-1-6-9　**株券発行会社**とは，その株式（種類株式発行会社にあっては，全部の種類の株式）に係る**株券を発行する旨の定款の定めがある株式会社**という（会117Ⅵ・214．［Ⅱ-2-5-1］参照）．このような定款の定めがなければ株券を発行する必要がない．株券発行会社であるか株券不発行会社であるかは，**株式の譲渡方法**（会128Ⅰ），株主名簿の記載事項を

8 一般法上の会社・特別法上の会社

I-1-6-10 　一般法である会社法のほかに特別法が適用される会社を**特別法上の会社**といい，そうでないものを**一般法上の会社**という（特別法上の会社は，特定の種類の事業を目的とする会社のために一般的な特別法（銀行法等）の適用を受ける会社と，特定の会社だけのために特別の法律が存在する会社（**特殊会社**という）とがある）．

9 持株会社

I-1-6-11 　戦前のわが国の株式所有構造は，合名会社または合資会社を財閥本社とするピラミッド的所有構造であった．敗戦の結果財閥が解体され，独禁法で純粋持株会社は禁止された（平成9年改正前独禁9）．経済の国際化・自由化が進展するにつれてこれは過剰規制であることが指摘され，平成9（1997）年の独禁法改正で「事業支配力が過度に集中」する持株会社〔仏 société holding〕のみが禁止された（平成9年改正独禁9Ⅰ・Ⅱ．公取委平成9・12・8「事業支配力が過度に集中することとなる持株会社の考え方」参照）．持株会社化を容易にするため平成11（1999）年改正で株式交換と株式移転の制度が新設されている．その後，平成14（2002）年の改正で，持株会社ではないが，他の会社の株式を所有することにより強大な企業集団や企業系列を形成するのに歯止めをかけることを目的として，昭和52（1977）年の改正により導入された，資本の額が350億円以上または純資産額が1400億円以上である大規模会社（持株会社や金融会社でない会社）が，自己の資本額または純資産額をいずれか多い額を超えて他の会社の株式を取得・保有することを禁止していた9条の2が削除され，9条の整備が図られている．ちなみに独禁法上，「持株会社」とは，子会社の株式の取得価額（最終の貸借対照表において別に付した価額があるときは，その価額）の合計額の当該会社の総資産の額に対する割合が100分の50を超える会社である（独禁9Ⅴ①）．

10 内国会社・外国会社

I-1-6-12 　外国会社とは，**外国の法令に準拠して設立された法人その他の外国の団体であって，会社と同種のものまたは会社に類似するものをいう**（会2②．Ⅶ-1-1-1参照）．そうでない会社は内国会社である．外国会社には特別の規制がなされている（会817～823・903・933～936）．とくに**明文が置かれていない限り**（外国会社を含めるときは，「会社（外国会社を含む．）」という表現を使用している．会5・10・135Ⅱ①・155⑩・467Ⅰ③・978③），**会社法上の会社には外国会社は含まれない**．

11 人的会社・資本会社

I-1-6-13 　人的会社と資本会社は大陸法の学説にならった分類である．わが国の学説は，社

員と会社との関係が密接であるか否かでこれを区別し，密接なものを人的会社〔独 Personengesellschaft：仏 société de personnes ou d'intérêt：伊 società di persone：西 sociedad de personas〕，疎なものを**物的会社**〔独 Kapitalgesellschaft：仏 société de capitaux：伊 società di capitales：西 sociedad de capitales〕とするものが多いが(物的会社は**資本会社**と呼ぶべきである)，社員の人的条件を重視するか，会社の資本金を重視するかによる．人的会社の典型は合名会社であるが，合資会社も人的会社としての色彩が強い．資本会社は株式会社である．合同会社を「人的資本会社」と呼ぶ者(宮島18頁)もいる．

12 個人主義的会社・団体主義的会社

I-1-6-14　Wielandが提唱した分類であって，会社の企業経営と企業所有とが同一人の手に存するか否かを基準とする．同一の手に存する，すなわち**自己機関**〔独 Selbstorganschaft：西 autorganicismo〕を有する会社が個人主義的会社〔独 individualistische Gesellschaft：西 sociedades indviduralistas〕であり，同一の手に存しない，すなわち**第三者機関**〔独 Dirittorganschaft：西 organicismo de terceros〕を有する会社が団体主義的会社〔独 Kollektivistische Gesellschaft：西 sociedades colectivistas〕である．持分会社は，個人主義的会社に属する(会590～592)．株式会社は，個人主義的会社から団体主義的会社まで存在する．

13 同族会社・非同族会社

I-1-6-15　同族会社とは，株主等(その会社が自己の株式又は出資を有する場合のその会社を除く)の3人以下並びにこれらと政令で定める特殊の関係にある個人・法人(これを同族判定株主および同族関係者という)が有する株式の総数または出資の金額の合計額が，その会社の発行済株式の総数または出資金額の100分の50以上に相当する会社をいい(法税2⑩)，税法上の概念である[38]．同族会社でない会社は，非同族会社である．わが国では同族会社が圧倒的多数を占めている．

なお法人全体からみると欠損法人の割合は，減少傾向にあるが，高いことに注意

I-1-6-16　[38]　**同族会社の法律効果**　① 同族会社においては，利益を内部に留保して，経営者の所得税を回避する傾向があるので，同族会社が，一定限度を超えて所得を留保する場合には，通常の法人税のほか，その一定限度をこえる留保金額に対して**特別の税率**による課税が行われる(法税67)．また，② 同族会社では，当該会社またはその関係者の税負担を不当に減少させるような行為や計算が行われやすいので，税務署長は，このような行為や計算が行われた場合には，これを**否認**して，正常な行為や計算に引き直して更正または決定を行うことができる(法税132，所税157，相続64，地税72の43)．そして③ 同族判定株主の所有する同族会社の株式(社員の場合は出資)が市場性を欠いているため，その株式または出資から租税を徴収することが困難であるときには，その株式の価額の限度において，当該同族会社が，同族判定株主の滞納に係る租税について**第二次納税義務**を負う(税徴35，地税11の4)．

すべきである（平成16年統計によると欠損法人の法人に占める比率は67％（連結法人の場合74.5％）である．出典：平成16年度税務統計から見た法人企業の実態）．

第2章　会社法の目的

第1節　実質的意義の会社法

I-2-1-1 　「会社法」の名称を有する法律 (平成17年法律86号) を**形式的意義の会社法**といい，理論上の意味の会社法を**実質的意義の会社法**と呼ぶ．両者の内容は必ずしも一致しない．実質的意義の会社法は，私法法規のみを対象とする場合を狭義の実質的意義の会社法といい，刑罰規定等の公法法規をも含める場合を広義の実質的意義の会社法という場合がある．

第2節　会社法の目的

1　利害関係者の利益の調整

I-2-2-1 　(1) **社員の保護**　会社法は，**会社関係者**〔米 stakeholder〕の私益，典型的には**社員および会社債権者の利益を公平に調整**することを目的としている．社員は，リスクを負って，資金を会社に投資している．したがって，その投資は守られる必要がある．そうでなければ誰も会社に出資しなくなる．

持分会社の場合には，原則として社員自身が業務を執行するので，社員間の平等等を維持しておけば，その保護は達せられる．

これに対し，株式会社の場合には，その運用を経営者に委託している．そこで，経営者は，株主の利益の最大化のために経営を決定すべき義務を負う一方 (**株主利益最大化原則**)，株主にはさまざまな権利が認められている．株式会社では資本多数決が原則であるので，株式会社に固有な問題として**少数株主の保護**がある．

I-2-2-2 　(2) **会社債権者の保護**　会社債権者の利益も保護する必要がある．そうでなければ誰も会社債権者にはならないであろう．会社債権者の保護の態様は会社によって異なっている．

(ア) **持分会社の場合**　合同会社を除く持分会社では，直接無限責任社員の存在が会社債権者の担保となるため (会580ⅠⅡ．なお583Ⅰ～Ⅳ参照)，会社債権者には，**計算書類の閲覧・謄写権は認められず，計算書類の公告の制度もないが**，① **詐害設立取消しの訴えの提訴権** (会832② [Ⅲ-1-2-6])，② **任意清算に対する異議申立権** (会670 [Ⅵ-1-2-17]．合名会社・合資会社に限られている) および，③ **財産処分取消しの訴えの提訴権** (会863 [Ⅵ-1-2-17]) が認められている．

これに対し，**合同会社**は，間接有限責任社員で構成されるため，① 全額払込規制がとられ（会578・604Ⅲ・640），② 会社財産の流出を防ぐため，利益の配当（会628）および出資の払戻し（会632ⅠⅡ）には制限が置かれ，会社債権者は，違法配当または違法な出資の払戻しを受けた社員に対し，配当額または出資払戻額に相当する額を支払わせることができる（会630Ⅱ・634Ⅱ）．また，③ 合同会社の債権者は，資本金の額の減少および剰余金を超える持分の払戻しに対し異議申立権を有している（会627・635）．④ 会社債権者に計算書類の閲覧・謄写権が認められるものの（会625），閉鎖的な会社であることから，計算書類の公告の制度はない．⑤ 任意清算は認められないので（会668Ⅰ括弧書），それを前提とする財産処分取消しの訴えの提訴権は会社債権者に認められない（会863Ⅰ括弧書）．

他方，持分会社の債権者は会社の基礎の変更には利害を有するので，株式会社の債権者と同様に，① 合併・会社分割（会793Ⅱ［＝789］・802Ⅱ［＝799］・813Ⅱ［＝810］）・組織変更（会781Ⅱ）に対する異議申立権，② 承認をしなかった債権者には合併無効の訴え等の提訴権（会828Ⅱ⑥～⑩）は認められている．

なお社員の債権者は，持分を差押え，社員を退社させることができる（会609・610・611Ⅶ）．

1-2-2-3 **(イ) 株式会社の場合** 株式会社においては，株主は間接有限責任しか負わないので，会社債権者は，会社役員等の第三者に対する責任（会53Ⅱ・429・487）または法人格否認の法理の適用により保護される．情報収集が重要となるため，計算書類等の閲覧・謄写権（会442Ⅲ・496Ⅰ参照．債権者には会計帳簿閲覧権は認められていない．会433対比），会計参与設置会社の場合には会計参与報告等の閲覧・謄写権が認められる（会378Ⅱ）．役員等の責任を追及するために必要であるときには，**裁判所の許可を得て，取締役会・監査役会・委員会・清算人会の議事録を閲覧・謄写することができる**（会371Ⅳ・394Ⅲ・413Ⅳ・490Ⅴ［＝371Ⅳ］）．株式会社は，**貸借対照表**（大会社にあっては貸借対照表および損益計算書）**またはその要旨を公告する義務を負っている**（会440）

会社法は，出資の払戻しと同等の効果を有する剰余金の配当や自己株式の取得に対しては財源規制を課し（会461），これに違反した業務執行者および違法配当を受領した株主には，当該財産に相当する金銭を会社に支払う義務を負わせている（会462）．債権者は，自己の債権額の範囲で支払義務を負う株主に対し金銭の支払いを求めることができる（会463Ⅱ）．債権者は，資本金または準備金の額の減少に対して異議を申し立てることができる（会449）．

株式会社の会社債権者も，会社の基礎の変更には，利害関係があるので，持分会社の債権者と同じく，① 合併・会社分割・株式交換・株式移転（会789・799・810）・組織変更に対する異議申立権（会779），② 承認をしなかった債権者には合併無効の訴え等の提訴権が認められている（会828Ⅱ⑥～⑫）．

なお社債権者の保護のため，社債管理者［*Ⅳ-1-3-3*］が法定されている[1]．

I-2-2-5　**(ウ) 資本の3原則**　株主の有限責任に見合う財産が会社債権者の担保のために用意されていなければ,「賭金なしで賭博を認めるようなもの」である. そのため, 平成17 (2005) 年改正前商法では資本の3原則が強調された[(2)].

I-2-2-7　**(a) 資本充実の原則**　資本充実の原則とは「資本金の額」(会911Ⅲ⑤) に相当する財産を現実に株式会社に拠出させなければならないという原則である (前田庸21頁, 江頭34頁注1, 青竹44頁, 宮島40頁). 金銭出資の場合, 全額払い込ませること (会34・63・208Ⅰ・246Ⅰ・281), 募集設立の際には払込金の保管証明を要求すること (会64 [Ⅱ-1-10-9] 商登47Ⅱ⑤), 現物出資等の厳格な調査 (会33・207・284), 不公正な払込金額・現物出資された財産の価額の不足額てん補責任 (会52・212・213・285・286), 株主からの相殺禁止 (会208Ⅲ), 預合いの罪 (会965 [Ⅱ-1-4-18]) 等は, この現れであると説明されている. 現実に払い込まれた額によって資本金額が形成されるという意味では, 資本充実の原則は実現されている (会445ⅠⅡ).

しかし, 平成17 (2005) 年改正前商法は, 会社の設立に際して発行する株式の総数を定款の記載事項とし (改正前商166Ⅰ⑥), その引受けのないものおよび払込み・給付のないものについては発起人および設立時取締役に無過失責任を課していたので (改正前商192ⅠⅡ), これを資本充実の原則と理解すれば, 会社法では, **払込み・給付がなければ失権するので** (会36Ⅲ・63Ⅲ・208Ⅴ. なお改正前商280ノ9Ⅱ), **資本充実の原則は放棄されたと解する説も存在している** (解説283頁, 神田262頁, 弥永23頁).

I-2-2-8　**(b) 資本維持の原則**　資本維持の原則とは, **資本金の額に相当する財産が現実に株式会社に保有されなければならないという原則である. 会社財産が資本金の額を下回るような剰余金の配当はできないことは** (会461Ⅰ⑧), この現れである (前田庸22頁, 江頭34頁, 青竹44頁). 資本の額に満たなくなった場合の資本金てん補義務が課されているわけではないので, 立案担当者は, これを, **資本維持の原則という誤解を招く用語をもって説明する必要はないと主張している** (解説281頁. なお神田255頁. アメリカ会社法は資本維持の原則を知らない. もっとも葉玉64頁は,「資本維持の原則を,「資本金の額に相当する財産が現実に会社に保有されていない場合には, 剰余金の配当等をすることができない原則」と定義すれば, 同原則は, 会社法において実現されている, としており, この見解の方が正当である).

I-2-2-4　(1)　**小口債権**　会社法は, 債権者が小口か大口か, 中小企業か大企業かで区別していないが, 倒産関係法の領域では, 連鎖倒産を回避するために, 小口・中小企業の債権を保護する場合がある (民再85・会更47 [Ⅵ-1-2-117]).

I-2-2-6　(2)　**ドイツ法**　ドイツでは資本が定款に記載され (株式法23Ⅱ③), それが株式に分けられる (株式法1Ⅱ) 関係にあるので, 発起人には引受・払込担保責任 (株式法46) が課され, 資本充実の原則〔Prinzip der Kapitalaufbringung〕が認められるとともに, 利益を超えた配当の禁止 (57Ⅲ) 等で資本維持の原則〔Prinzip der Kapitalerhaltung〕が認められている. 損失が資本の半分に達したときには取締役会は総会を招集しなければならないとされている (株式法92Ⅰ).

50　第Ⅰ編　会社法総説

I-2-2-9 　(c)　**資本不変の原則**〔西 principio de la estabilidad〕　会社は自由に資本金の額を減少することができない(関51頁)，**減少するには会社債権者保護手続を経ることを要する**(江頭34頁)という原則である(会447・449)．資本に会社財産維持の機能がないとすれば，立法担当者が説くように，この用語をあえて使用する必要はなく，配当規制の一環として講じられていると説明すれば足りる(解説286頁．株主総会の普通決議や取締役会の決議で資本金額の減少が認められる場合もあることに注意)ことになるが，会社法は原則としてこの原則を採用している(弥永24頁)．

I-2-2-10 　**(3)　従　業　員**　従業員の労働条件の面からの保護は労働法の対象である．会社法は，わずかに，会社法総則(会10～15)および取締役・執行役と使用人の兼務に関する規定で(会331Ⅲ・404Ⅲ)，従業員に関する規定を定めているに過ぎない[3](なお従業員は，会社債権者として雇用契約上の債権につき会社の総財産に対し先取特権を有している．民306②・308)．

　　しかし，会社法の領域では，① 事業譲渡・会社分割に伴う労働契約の承継，② 上場会社では従業員持株会(民法上の組合)を有するのが普通であるので，これに関わる問題[4]，③ 従業員の未払賃金債権確保(仙台地判昭和45・3・26判時588号38頁[川岸工業事件])のためや，偽装解散による不当労働行為(労組7)阻止(徳島地判昭和50・7・23労民集26巻4号580頁[船井電機事件])のための法人格否認の法理の適用の有無などで従業員は問題となる．再生手続または更生手続では，労働組合や使用人の協力

I-2-2-11 　　(3)　**経営参加**　経営参加は，広義では株主総会への参加と利益参加までも含むが，狭義では，労使協議制と労働者重役制を意味する．わが国では労使協議制は労働協約に盛り込まれ普通であるが，労働者重役制については，従業員が会社経営者になるのが普通行われていることから，その必要性につき消極的である．これに対しEU諸国では労働者重役制を採用している国(ドイツ．共同決定[Mitbestimmung]という)もある．

I-2-2-12 　　(4)　**従業員持株制度**　従業員持株制度は，従業員にとっては，その財産形成に寄与し，また経営参加意識の向上にも役立つ等の効用があり，会社にとっても，安定株主の形成等の効用があることから，今日では上場会社の95％超で採用されており，非上場会社でもこれを採用するところが多い．それに伴って，会社法上次のような問題が生じている．

　　① 従業員持株制度では会員に対し会社が金員を供与するのが普通である．このような金員の供与は，**株主の平等原則**に違反しないか(会109[Ⅱ-2-1-27])，**取締役の忠実義務**に違反(谷川・商事255号3頁)しないか問題となるが，いずれにも違反しないと解する．

　　② 従業員持株会への奨励金の付与は，利益供与禁止規定(会120[Ⅱ-4-2-71])に違反するか否かについては，争いがある．一方では，持株会会員への奨励金の供与は，会社法120条2項の推定を受けるから，奨励金支出が利益供与禁止規定に違反するか否かは，当該従業員持株制度の仕組みと運用の如何にかかわっている．理事長は理事会において，理事は会員総会において選出され，理事長は会員の議決権を行使するが，会員はその登録分配株数に応じて理事長に対して株主総会ごとに特別の指示をなすことができるとの規約(後述する熊谷組の持株会の規約がそうである)は，大抵理事長に会社の人事部長または総務部長(熊谷組事件では人事次長兼厚生課長)が就任するから，取締役の意向に反した議決権行使ができず，また個々の従業員も理事長に対し特別の指示をなすことはできないのが実際であることに鑑み，奨励金支出は推定を覆すことができないかそのおそれがあるとする説がある．これに対し否定説は，その根拠を巡り次のような見解に分かれている．

第2章 会社法の目的　第2節 会社法の目的　51

を得ることが不可欠であるため，これらの手続への関与が広く認められている（会更22Ⅰ・46Ⅲ③・85Ⅲ Ⅳ・115Ⅲ・188・199Ⅴ Ⅶ等［Ⅵ-1-2-122］）．

1-2-2-13　**(4) 消費者・地域住民**　会社の活動は消費者・地域住民に影響を与えるが，これらの保護は消費者保護法や環境法などの目的であって，会社法の直接的目的ではない（法令のコンプライアンスの関係では間接的影響を受ける．会348Ⅲ④・362Ⅳ⑥・416Ⅰ①ホ，会施規111Ⅱ・118②）．

　(a)説　従業員持株制度における補助は，株主の権利行使に影響を与える趣旨を含んでいないから，会社法120条の禁止の対象にならない．
　(b)説　持株会会員への奨励金の供与は，会社法120条2項が規定する株主権の行使と関係があるとの推定を受けない．
　(c)説　持株会会員への奨励金の供与は，会社法120条2項の推定を受ける．しかし，供与の目的が従業員の財産形成にあることを立証すると推定は覆される．そして，持株会規約が，議決権行使につき，理事長一任あるいは理事会の決定に基づくものとしながらも，理事長，理事を会員が選出するものとし，さらに，会員が予め自らの持分株式の議決権行使について特別の指示を与えることができると定めている場合には，会社に対する議決権行使の独立性が確保される仕組みとなっているから，推定は覆される（福井地判昭和60・3・29金判720号40頁［熊谷組従業員持株会事件］）．
　③ 持株会と，従業員株主が退職した場合には，持株会の指名する在職従業員に所有株を**譲渡する旨の契約**を締結しているのが普通である．持株会と従業員間の契約である場合には有効性に問題はない．**会社と従業員の契約**という形式を取った場合には，原則として無効とするのが学説の多数説であるが，会社法107条1項1号・108条1項4号は会社が株主との間で個々的に締結する債権契約の効力を否定するものではないから，有効と解するのが判例（神戸地尼崎支部判昭和57・2・19判時1052頁．京都地判平成元・2・3判時1325号140頁，神戸地判平成3・1・28判時1385号125頁，最三小判平成7・4・25集民175号91頁）の立場である．
　④ これらの契約には，**退職時に取得価額と同一価額で株式を売り渡す旨の条項**か，このような効果を有する類似の条項が置かれている場合が多い．このような条項の効力については，直ちに会員の投下資本の回収を著しく制限する不合理なものとは断じることができないとしてこれを有効とする説（東京地判昭和49・9・19判時771号79頁，東京地判昭和48・2・23判時697号87頁，前掲神戸地尼崎支判昭和57・2・19，東京高判昭和62・12・10金法1199号30頁，前掲京都地判平成元・2・3，配当還元方式によって算定した価額での買い受け規約を有効とするものとして東京高判平成5・6・29判時1465号146頁［ユニオンソース事件］）と配当性向が低い場合には，株式を売却することにより得られる株式の持分価値の増大分が奪われ不合理であるし，約定は附合約款的なものであって，従業員は経済的弱者であるから，公序良俗に反し無効であるとする説（東京地判平成4・4・17判時1451号157頁［ユニオンソース事件］）とが対立している．原則として有効であるが，事例によっては無効と判断される場合（ユニオンソース事件では事業集約化に参加した各ソース製造業者が経営実績等をもとに株式の割当を受け，会社に資本参加をしており通常の従業員持株会と異なるだけでなく，原告は，社長に次ぐ大株主であるという特殊事情がある）もあると考える．
　⑤ 管理（議決権）は受託者である共済会理事が行使するとの内容の株式信託契約を締結しなければ株式を取得することができず，また契約の解除も認められないような株式信託契約は無効である（大阪高決昭和58・10・27高民集36巻3号250頁［比叡山観光タクシー事件］＝会社法百選42事件，大阪高決昭和60・4・16判タ561号159頁）．

2 経営の効率化・コスト削減

I-2-2-14 　**(ア) 経営の効率化**　経営者が経営を効率的に行うことができれば，企業の収益性・競争力の向上にも繋がり，それは結局株価にも反映するので株主・債権者にとって利益になる．したがって会社法は経営の効率化を目指す．コスト削減も会社法の目的である．

　　経営者の行為は，適法であるだけでなく，効率的であることが望ましい（会施規98Ⅰ③・100Ⅰ③参照）．取締役の全員が議案に賛成しているときに，わざわざ取締役会を開催することは無駄である（会370Ⅰ）．このことは株主総会の場合も当てはまる（会319Ⅰ）．メンバーの全員が同意したときには，招集手続を経ることなく会議を開催できるし（会300 [Ⅱ-4-2-51]・368Ⅱ・392Ⅱ・411Ⅱ），全員が報告を受けていれば，改めて会議で報告をする必要はない（会320 [Ⅱ-4-2-75]・372・395・414）．定款変更に該当する場合でも，それが株主の利益になるときには，株主総会の決議は不要という規制や（会184Ⅱ・191），請求があるまでは，株券（会129Ⅱ・215Ⅳ．ただし非公開会社に限る）や新株予約権証券を発行しなくてもよいという規定（会256Ⅱ・288Ⅱ），相手方が特別支配会社であるときには，株主総会を開催しても決議が成立するのは明らかであるので株主総会は不要という規定（会468Ⅰ [V-1-4-15]・784Ⅰ・796Ⅰ [V-1-4-114]）は経営の効率化に寄与する．

　　(イ) 情報技術の利用　新しい情報技術 [IT = Information Technology] の利用も経営の効率化に役立つ．

I-2-2-15 　① 会社は，**書類を紙でなく，電磁的記録**[5]**により作成することができる**（会26Ⅱ・121・435Ⅲ・617Ⅲ等）．作成者が書面に署名または記名押印する必要がある場合には（会26Ⅱ・122Ⅲ・149Ⅲ等），それに代わる措置として電子署名を行えばよい（会施規225ⅠⅡ）．

　　② 発起人は設立時株主の承諾を得て，取締役は株主の承諾を得て，社債権者集会の招集者は通知を受けるべき者の承諾を得て，それぞれ創立総会（種類創立総会を含む），株主総会，社債権者集会の**招集通知を電磁的方法**[6]（会2㉞）**により発する**

I-2-2-16 　[5] **電磁的記録**　電磁的記録とは，電子的方式（ICカード・ICメモリー等），磁気的方式（磁気テープ，フロッピー・ディスク等）その他人の知覚によっては認識することができない方式（CD-ROM，DVD-ROMのような光学的方法など）により作られる記録であって，**電子計算機による情報処理の用に供されるものとして，法務省で定めるものをいう**が（会26Ⅱ，電子公告2⑤，計規2Ⅱ④），会社法施行規則は，定款が比較的長期間保存されるものであること等を考慮し，「磁気ディスクその他これに準ずる方法により一定の情報を確実に記録しておくことができる物をもって調製するファイルに情報を記録したもの」としている（会施規224）．

I-2-2-17 　[6] **電磁的方法**　電磁的方法とは，**電子情報処理組織を使用する方法その他の情報通信の技術を利用する方法であって法務省令で定めるものをいう**（会2㉞，計規2Ⅱ②）．法務省令によると，電磁的方法は，①　電子情報処理組織を使用する方法のうち，送信者の使用する電子計

ことができる（会68Ⅲ・299Ⅲ・549Ⅱ・720Ⅱ）．

③ 設立時募集株式の申込者は発起人の承諾を得て，また，募集株式，募集新株予約権または募集社債の申込者は会社の承諾を得て，**引受けの申込み**を，書面によらないで，**電磁的方法**により提供することができる（会59Ⅳ・203Ⅲ・242Ⅱ・677Ⅲ）．

④ 取締役会設置会社は，定時総会の招集通知に添付すべき提供事業報告・提供計算書類（会437，会施規133Ⅱ，計規133Ⅱ②）および連結計算書類（会444Ⅵ，計規134Ⅰ②・Ⅱ）を電磁的方法で提供することができる．

⑤ 定款に定めがあるときには，定時株主総会に係る招集通知を発出する時から定時株主総会の日より3カ月が経過する日までの間，株主総会参考書類（会施規94）・事業報告（会施規133）・個別注記表（計規133Ⅳ）・連結計算書類（連結計算書類に係る会計監査報告または監査報告を含む．計規134Ⅳ Ｖ）の全部または一部（開示対象事項は書類によって異なる）を継続して電磁的方法により株主が提供を受けることができる状態に置く措置（インターネットのホームページに掲載し，そのアドレス等を株主に通知する）をとることにより，株主に対しそれらを提供したものとみなされる（いわゆるWEB開示）．WEB開示は，株主の個別的承諾なしに許容されている（承諾を要しないことの問題点については，黒沼悦郎「企業内容の公示・開示」検証550頁参照）．

⑥ 設立時株主，株主，社債権者は，それぞれ，発起人，会社，社債権者集会の招集者の承諾を得て，**電磁的方法により議決権を行使**することができる（電子投票制度．会76Ⅰ・312Ⅰ・557Ⅰ・727Ⅰ）．決議の省略の意思表示も電磁的記録により行うことができる（会319Ⅰ・370）．

⑦ 株主による会社に対する**責任追及等の訴えの請求**および会社による責任追及等の訴えを**提起しない理由の通知**は，書面の提出のほか電磁的方法による提供によることもできる（会847ⅠⅣ，会施規217・218）．

I-2-2-18　**(ウ)　コスト削減**　コスト削減を狙った代表的制度は，単元株制度（会188）および無議決権株式である．単元未満株式および無議決権株式には株主総会の招集通知を発する必要がないので，会社にとって通信費の節約になる．

I-2-2-19　**(エ)　コーポレート・ガバナンスと内部統制システムの整備**　経営を効率的に行うことができるように経営者の自由裁量の範囲を拡大するときは，その権限の濫用の危険を伴うので，コーポレート・ガバナンスのあり方が問題となる．コーポレート・ガバナンスとは，株主から任された受託責任を負っている会社役員がその受託責任

算機と受信者が使用する電子計算機とを接続する電気通信回路を通じて送信され，受信者の使用する電子計算機のファイルにその情報が記録される方法（**Eメールで送信する方法**）か，② 送信者の使用に係る電子計算機に備えられたファイルに記録された情報の内容を電気通信回路を通じて情報の提供を受ける者の閲覧に供し，受信者の使用する電子計算機のファイルにその情報が記録される方法（**ウェブサイトに情報を掲示**し，これを**ダウン・ロードする方法**）または③ 情報を記録したファイルを交付する方法である（会施規222Ⅰ）．

を全うすることを確保するための仕組みである(日本コーポレート・ガバナンス・フォーラム「新コーポレート・ガバナンス原則」-1.1. 商事1790号42頁).

　会社法は，各株式会社が自己の会社経営に適合した機関設計ができるよう，構成の柔軟化を図り，定款に定めることによって，取締役会，会計参与，監査役，監査役会，会計監査人または委員会を置くことを認めている(会326Ⅱ[Ⅱ-4-1-1]). また，内部統制システム〔米 internal control〕の整備に注意を払い，経営者は，職務執行の効率化だけでなく，自らの職務執行に係る情報の保存・管理に関する体制・損失リスクの管理体制・使用人のコンプライアンス体制・企業集団の業務の適正確保のための体制を整備する必要があるとしている(348Ⅲ④・362Ⅳ⑥[Ⅱ-4-4-8]・416Ⅰ①ホ[Ⅱ-4-11-14]. 会施規98・100・112・118②).

3　開示による情報の提供

I-2-2-20　取引の相手方は会社の内容を知った上で契約を締結するであろうし，会社債権者は，債権の回収可能性に常に注意を払うであろう．株主は，計算書類を見て業績が芳しくなければ，株式を譲渡して投下資本を回収するであろうし，投資家は株式の購入を控えるであろう．したがって，会社の取引の相手方，株主，投資家および会社債権者は，会社の実態を知ることに利益がある．さらに，会社または経営者に対する罰則を強化しても，不正行為を阻止する効果には限界がある．「太陽は最も有効な消毒剤であり」(L. Brandeis)，利害関係者の利益を保護する有効な手段は，利害関係者に対する**情報の開示**〔英米 disclosure：独 Publizität：仏 publicité〕[7]である．情報の開示は，重複調査のムダも省く．開示は，関係者に情報を直接提供するか否かで，**直接開示と間接開示**とに分けることができる．

I-2-2-22　(1)　**間接開示**　間接開示では，情報が一定の場所に保管され，利害関係人がそれにアクセスする方法が採られる．間接開示には，①　**登記**と②　**書類**またはそれに代わる**電磁的記録**(会26Ⅱ，会施規224)の**備置き**がある．①は既に述べたので(1-1-67)，ここでは②について説明する．

I-2-2-23　(a)　**書類または電磁的記録の備置き**　株式会社では様々な種類の書面または電磁的記録の備置きが規定されている(表1参照)．株主・債権者は「営業時間内は，いつでも」(会31Ⅱ等)，親会社の社員は「その権利を行使するため必要があるときは，裁判所の許可を得て」(会31Ⅲ等)，書面の場合には，①　その閲覧または②　書面の謄本・抄本の交付の請求をし，電磁的記録の場合には，③　電磁的記録に記録された事項を紙面または映像面に表示したものの閲覧請求(会施規226)または④　電磁的記

I-2-2-21　(7)　**公示と開示**　商法は取引上重要な事項を一般に周知させるための特別の手続を定めており，公示主義と呼ばれる．他方，金融商品取引法では，企業と投資家の間の情報ギャップを埋めるため一定の情報を強制的に公表しており，開示と呼ばれる．公示と開示は重なりあう部分もあるので，区別は有意義とは言えない(黒沼悦郎「企業内容の公示・開示」検証516頁参照).

表1 閲　覧

対象	備置場所	備置期間	閲覧権者	根拠規定
定款	会社成立前は発起人が定めた場所．成立後は本店および支店（支店からインターネットでファイルにアクセスできるときは本店のみ）	なし	発起人・株主・債権者・親会社社員	会31，電子文書5Ⅰ，会施規227①・234①②
株主名簿	本店（株主名簿管理人がある場合には，その営業所）	なし	株主・債権者・親会社社員	会125
新株予約権原簿				会252
株券喪失登録原簿	本店（株主名簿管理人がある場合にはその営業所）	なし	誰でもよい	会231
創立総会の委任状等・議決権行使書面等	会社成立前は発起人が定めた場所（委任状は，成立後は本店）	創立総会の日より3カ月間	設立時株主・株主（委任状の場合）	会74～76，電子文書法3Ⅰ，会施規232①②
株主総会の委任状等・議決権行使書面等	本店	株主総会の日より3カ月間	株主（決議事項全部無議決権株主を除く）	会310～312，電子文書法3Ⅰ，会施規232⑤⑥
創立総会議事録・設立時株主全員同意書面等・種類創立総会議事録等	発起人が定めた場所（会社成立後は本店）	創立総会の日（又はそれがあったとみなされた日）から10年間	設立時株主（成立後は株主・債権者・親会社社員）	会81・82・86〔＝81・82〕，電子文書法3Ⅰ，会施規232③④
株主総会議事録・株主全員同意書面等・種類株主総会議事録・種類株主全員同意	本店（株主総会の写しは支店．インターネットで本店のファイルにアクセスできるときは支店不要）	株主総会の日（又はそれがあったとみなされた日）から10年間（写しは5年間）	株主・債権者（株主全員同意書面等の場合を除く）	会318・319・325〔＝81・82〕，電子文書法3Ⅰ，会施規227②，232⑦～⑨
取締役会議事録・取締役全員の同意書面等	本店	取締役会の日（又はそれがあったとみなされた日）から10年間	株主・債権者・親会社社員	会371，電子文書法3Ⅰ，会施規232⑩
監査役会議事録	本店	監査役会の日から10年間	株主・債権者・親会社社員	会394，電子文書3Ⅰ・5Ⅰ，会施規232⑬
各種委員会議事録	本店	委員会の日から10年間	取締役・株主・債権者・親会社社員	会413，電子文書3Ⅰ・5Ⅰ，会施規232⑭
社債権者集会議事録	社債発行会社の本店	集会の日から10年間	社債管理者・社債権者	会731，電子文書法3Ⅰ・5Ⅰ，会施規232㉖
社債原簿	本店（社債原簿管理人である場合には，その営業	なし	社債権者その他の社債発行会社	会684，電子文書法5Ⅰ，会施

				の債権者 ・株主・社員 ・親会社社員	規167
計算書類等	本店・支店（インターネットで本店のファイルにアクセスできるときは支店不要）	計算書類等：定時総会の日の1週前の日（取締役会設置会社にあっては2週間）から5年（支店は3年）間 臨時計算書類：それを作成した日から5年（支店は3年）間	株主・債権者・親会社社員	会435・442，電子文書法3Ⅰ・5Ⅰ，会施規232⑰⑱
清算株式会社の貸借対照表等	本店	定時総会の日の1週前の日（提案があった日）から清算結了の登記の時までの間	株主・債権者・親会社社員	会496，電子文書法3Ⅰ・5Ⅰ，会施規232㉑
会計参与報告等	会計参与が定めた場所	会計参与報告等：定時総会の日の1週前（取締役会設置会社にあっては2週間）の日から5年間 臨時計算書類等：作成した日から5年間	会計参与設置会社の株主・債権者・親会社社員	会378，電子文書法3Ⅰ・5Ⅰ，会施規232⑪⑫
組織変更計画	本店	組織変更計画備置開始日から効力発生日までの間	株主・債権者	会775，電子文書法5Ⅰ
組織再編事前開示書類	本店	吸収（新設）合併等備置開始日から効力発生日（会社成立）後6カ月を経過する日までの間	株主・債権者・（株式交換完全子会社・株式移転完全子会社の）新株予約権者	会782・794・803，電子文書法5Ⅰ
組織再編事後開示書類	本店	効力発生日（会社成立）後6カ月間	株主・債権者・（株式交換完全子会社・株式移転完全子会社の）新株予約権者	会791・801・811・815，電子文書法3Ⅰ・5Ⅰ，会施規232㉗〜㉚
持分会社の計算書類等		少なくても事業年度の終了時まで	持分会社の社員・合同会社の債権者	会618・625，電子文書法3Ⅰ・5Ⅰ

録に記録された事項を電磁的方法によって提供することの請求またはその事項を記載した書面の交付の請求をすることができるのが原則である（なお電子文書法5Ⅰ，会施規234）．①③は無料であるが，②④の場合には，会社は，費用を徴収できる（会31Ⅱ等）．株式会社の会計帳簿も制限的ではあるが閲覧・謄写の対象である（会433，会施規226⑳）．濫用防止のため，株主名簿・新株予約権原簿においては，会社は特定の場合閲覧・謄写を拒否することができる（会125Ⅲ・252Ⅲ）．

I-2-2-24　(2)　**直接開示**　(ｱ)　**総　説**　直接開示は主に株式会社の場合に問題となる．直接開示には**公告**と**送付**（通知または催告）とがある．

公告方法（会2㉝）には，①　**官報**，②　**時事に関する事項を掲載する日刊新聞**または③　**電子公告による方法**がある（会939Ⅰ）．定款で②または③を選択しなければ，**公告方法は①となる**（会939Ⅳ．なお整備法5Ⅱ～Ⅳ参照）．官報の購読者は少ないし，日刊新聞紙の公告の場合には見落としの可能性がある．電子公告はインターネットを利用した公告であり，公告の方法としては有効であるとともに，会社にとっても費用削減となる．

公告には(i) ①②③のどれでもよいものと，(ii) 「官報」に限定されているものとがある．前者は，**内部関係者**（**株主**）**に対する連絡用**として使用されるが，後者は，合併・分割・株式交換・株式移転（会789Ⅱ・799Ⅱ・810Ⅱ），資本金または準備金の額の減少（会449Ⅱ），組織変更（会779Ⅱ），清算（会499）または外国会社の全代表者の退任の際の会社債権者に対する開示（会820Ⅰ）のように**対会社債権者用**に利用される．

直接開示は，その組み合わせにより，(i) 公告と送付を併用するもの（会219Ⅰ・449Ⅱ・789Ⅱ・799Ⅱ・810Ⅱ等），(ii) どちらか一方の選択を認めるもの（会168Ⅲ・169Ⅳ・170Ⅳ・201ⅢⅣ・240ⅡⅢ・426Ⅲ・797ⅢⅣ・849Ⅳ等），(iii) 公告のみのもの（会124Ⅲ・440等）および(iv) 通知のみのもの（会202Ⅳ・241Ⅳ・299等）の4つに分けられる．債権者保護手続は(i)が原則とするが，各別の催告には，膨大な費用と手間がかかることおよび組織再編において催告を要求する先進国がないことから，平成16（2004）年改正により，①　**合併・会社分割・株式交換・株式移転**（会789Ⅲ・799Ⅲ・810Ⅲ），②　**資本金および準備金の減少**（会449Ⅲ）の場合には，会社がその公告を「官報」のほか「定款に定めた時事に関する日刊新聞」または「電子公告」により行うときは，個別催告を要しないとされている．ただし会社分割の場合には，分割会社の不法行為債権者に対する**個別催告は免除の対象にならない**（会789Ⅲ括弧書・810Ⅲ括弧書・793Ⅱ［＝789Ⅲ括弧書］）．その理由は，不法行為債権者に分割会社の公告のチェック等を要求することは困難なばかりでなく，会社分割は，資本金・準備金の額の減少または合併より分割会社の債権者の危険が大きい（会社分割の場合には，積極財産を一方の会社に集中させる一方で，債務を他方の会社に集中させるという濫用のおそれがある）ことから，その保護を強化する必要があるためである．

I-2-2-25　(ｲ)　**電子公告**　(a)　**定　義**　電子公告とは，「公告方法のうち，**電磁的方法に**

より，不特定多数の者が公告すべき内容である情報の提供を受けることができる状態に置く措置であって法務省令で定めるものをとる方法」(インターネットに接続された自動公衆送信装置を使用する方法．会施規223)である(会2㉞，会施規2Ⅰ)．すなわち，会社が，公告ホームページ用サーバーに，情報を蓄積し，インターネットを経由した送信要求に随時応じる方策を講ずることである．

会社が電子公告を公告方法と定める場合には，「電子公告を公告方法とする」旨を定款で定めれば足り，公告ホームページのURLまで規定する必要はない(会939Ⅲ)．事故その他やむを得ない事由によって電子公告による公告を行えない場合の予備的公告方法として，官報または日刊新聞紙に掲載する方法を定款で定めておくことができる(会939Ⅲ)．

(b) **電子公告期間** 株式会社または持分会社が電子公告により会社法の規定による公告をする場合には，公告の区分に応じ，会社法が定める日までの間，継続して電子公告による公告をしなければならない(会940．表2)．

(c) **短期的公告の中断があった場合の取扱い** 公告期間中に公告の中断(不特定多数の者が提供を受けることができる状態に置かれた情報がその状態に置かれないこととなったことまたはその情報がその状態に置かれた後改変されたことをいう)があった場合においても，次に掲げる条件の全てが満たされるときは，公告の中断は公告の効力に影響を及ぼさない(会940Ⅲ)．

① 公告の中断が生ずることにつき**会社が善意**でかつ**重過失**がないことまた会社に**正当に事由**があること(サーバーの定期点検のための掲載の中断など)．

② 公告の中断が生じた時間の合計が，**公告期間の10分の1を超えないこと**．

③ 会社が，公告の中断が生じたことを知った後速やかに，その旨，公告の中断が生じた時間および公告の中断の内容を当該公告に付して**公告**したこと．

表2 何時まで公告する必要があるか

公告の区分	何時まで公告するか	例
会社法の規定により特定の日(基準日・効力発生日・割当日・払込期日・社債権者集会の日等)の一定の期間前に公告しなければならない場合における公告	当該特定の日	会116Ⅳ・118Ⅳ・124Ⅲ・168Ⅲ・181Ⅱ・201Ⅳ・218ⅠⅣ・219Ⅰ・240Ⅲ・273Ⅲ・469Ⅳ・720Ⅳ・776Ⅲ・777Ⅳ・780Ⅱ・783Ⅵ・785Ⅳ・787Ⅳ・790Ⅱ・797Ⅳ 等
株式会社の計算書類の公告	定時株主総会の終決の日後5年を経過する日	会440Ⅰ
公告に定める期間内に異議を述べることができる旨の公告	当該期間を経過する日	会198Ⅰ・220Ⅰ・426Ⅲ・449Ⅲ・779Ⅲ・789Ⅲ・799Ⅲ・810Ⅱ 等
上記以外の公告	当該公告の開始後1箇月を経過する	会158Ⅱ・169Ⅳ・170Ⅳ・195Ⅲ・274Ⅳ・275Ⅴ・706Ⅲ・714Ⅳ・735・804Ⅴ・806Ⅳ・808Ⅳ・849Ⅳ等

(d) 電子公告調査　① 公告が適法に行われた否か後で検証することは極めて困難であるので，電子公告を行う株式会社は，電子公告を行うべき期間中，当該公告の内容である情報が(a)の状態に置かれているかどうかについて，**法務大臣の登録を受けた調査機関の調査**を受けなければならない（会941・976⑤，電公規3）．② 登録は，調査機関の申請による（会942Ⅰ，電公規4）．欠格事由の定めがある（会943）．要件の全てに適合するときに**登録**が行われる（会944）．登録は更新をしなければならない（会945）．③ 調査機関は，電子公告調査（会946Ⅱ，会施規221③，電公規5）の後遅滞なく，調査委託者に対して，法務省令で定めるところにより，当該電子公告調査の**結果を通知**しなければならない（会946Ⅳ，会施規221③，電公規7）．④ 調査機関は，電子公告調査を行う場合には，法務省令で定めるところにより，調査委託者の商号その他の法務省令で定める事項を**法務大臣に報告**しなければならない（会946Ⅲ，電公規6）．法務省は，電子公告が実際に掲載されているホームページにリンクする「法務省電子公告システム」（http://e-koukoku.moj.go.jp/）を開設している．

4　取引の安全

I-2-2-26　取引の安全を図ることも会社法の目的である．代表権に加えた制限は善意の第三者に対抗できないとか（会349Ⅴ・420Ⅲ・599Ⅴ），代表取締役の職務代行者が裁判所の許可を得ないで常務に属さない行為をしても，善意の第三者に無効を対抗できないとか（会352Ⅱ），外観を信頼した者を保護する規定（名板貸［会9］，表見支配人［会13］，表見代表取締役［会354］，表見代表執行役［会421］，擬似発起人［会103Ⅱ］，社員でない者が社員と誤認させる行為をしたときは社員としての責任を負うとか［会589ⅠⅡ］，有限責任社員が自己を無限責任社員と誤認させる行為をしたときには，無限責任社員と同一の責任を負うこと［会588Ⅰ］など）はその現れである．

5　その他

I-2-2-27　① 会社法は，**資金調達**を低コストで容易に行うための手段の提供を目的としている．この目的のため，すべての会社に社債を認め（会676），株式会社には種類株式を認めている（会108）．また，② 企業の解体は社会的な損失でもあるので，会社法はできるだけ，**企業の維持**を図ろうとする．会社の継続（会473・845），組織変更（会743）などはその現れである．③ それでも企業を解体しなければならない場合には，**解体**が適正に行われるように**手続**を**法定**することによって，利害関係人の利益の調整を図ろうとする．このような規定として清算（会475～509・644～675）および特別清算（会510～574）の規定がある．

巨大な会社は，経済力を有し，社会に及ぼす影響は大きいが，競争の維持は会社法の直接の目的ではない[8]．

第3節　規制手段

1　効力の否認

I-2-3-1　規定が強行法であるときには、その規定に反すると無効である。したがっていかなる規定が強行法かということが問題となる。無効であっても、無効の主張は特定の者に制限されることもあるし、取引の安全のため善意の第三者に対しては無効を主張できない(相対的無効)という場合もある。

2　民事責任

I-2-3-2　発起人から清算人まで様々な人が民事責任を負っている。これらの民事責任は様々の観点から分類可能である(表3参照)。
　第1に、会社に対する責任であるか、第三者に対する責任であるかで区別される。第2に、会社に対する責任は、さらに、過失責任と無過失責任とに分けることができる。

3　会社訴訟

I-2-3-3　**(1) 総説**　会社訴訟には、**無効の訴え**(会828 I ①〜⑫。① 設立無効の訴え、② 新株発行の無効の訴え、③ 自己株式処分の無効の訴え、④ 新株予約権(新株予約権付社債)発行の無効の訴え、⑤ 株式会社における資本金の額の減少の無効の訴え、⑥ 組織変更の無効の訴え、⑦ 吸収合併無効の訴え、⑧ 新設合併無効の訴え、⑨ 吸収分割無効の訴え、⑩ 新設分割無効の訴え、⑪ 株式会社の株式交換の無効の訴えおよび⑫ 株式会社の株式移転無効の訴え)、**確認の訴え**(会829①〜③・830 I・II。① 株式会社の新株発行不存在確認の訴え、② 自己株式処分不存在確認の訴え、③ 新株予約権(新株予約権付社債)発行不存在確認の訴え、④ 株主総会等(株主総会若しくは種類株主総会又は創立総会若しくは種類創立総会)決議不存在または決議無効確認の訴え)、**取消しの訴え**(① 株主総会等の決議取消しの訴え(会831)、② 持分会社の設立取消しの訴え(会832))、**解散の訴え**(会833 I・II。① 株式会社解散の訴えおよび② 持分会社解散の訴え)がある。法律は、これらの訴訟を「**会社の組織に関する訴え**」と総称している(会834)。

I-2-2-28　**(8) 株式会社と競争政策・経済政策**　株式会社は絶大な経済力を有しうるので、株式会社を自由競争実現のための手段と構成しようとする考えがある。独占禁止法がないか不十分な時代には、会社法の中にそのための手段を組み込むことによって対処するしか方法がなかったが、自由競争の基本法である独占禁止法が存在する現在では、株式会社制度それ自体は競争政策的に中立であると考えてよい。しかし、会社法は経済政策的中立性を意味しない。その良い例は、株式会社の最低資本金制度の放棄である。

第2章 会社法の目的 第3節 規制手段 *61*

表3 民事責任の主体と根拠規定

会社に対する責任		
株式会社	発起人・擬似発起人	財産価格てん補責任（52ⅠⅡ・103ⅠⅡ）
		任務懈怠責任（53Ⅰ・103ⅠⅡ）
		会社不成立の場合の費用負担（56・103ⅠⅡ）
	設立時取締役	財産価格てん補責任（52ⅠⅡ・103ⅠⅡ）
		任務懈怠責任（53Ⅰ・103ⅠⅡ）
	設立時監査役	任務懈怠責任（53Ⅰ・103ⅠⅡ）
	証明者・鑑定人	財産価格てん補責任（52Ⅲ・213Ⅲ・286Ⅲ）
	払込取扱銀行	証明責任（64Ⅱ）
	取締役	任務懈怠責任（423Ⅰ）・利益相反取引に関する責任（428）・利益供与（120Ⅳ）・買取請求に応じて株式を取得した場合の責任（464）・欠損が生じた場合の責任（465）・分配可能額を超えた剰余金の配当等に関する責任（462）・財産価格てん補責任（213Ⅰ・286）
	会計参与	任務懈怠責任（423Ⅰ）
	監査役	任務懈怠責任（423Ⅰ）
	執行役	任務懈怠責任（423Ⅰ）・利益相反取引に関する責任（428）・利益供与（120Ⅳ）・買取請求に応じて株式を取得した場合の責任（464）・欠損が生じた場合の責任（465）・分配可能額を超えた剰余金の配当等に関する責任（462）・財産価格てん補責任（213Ⅰ・286）
	清算人	任務懈怠責任（486Ⅰ） 利益相反取引に関する責任（652）
	監督委員・調査委員	任務懈怠責任（531Ⅱ・534）
持分会社	非社員	社員と誤認させる行為による責任（589ⅠⅡ）
	有限責任社員	無限責任社員であると誤認させる行為による責任（588ⅠⅡ）
	成立後加入社員	加入前に生じた債務に対する責任（605）
	業務執行社員	任務懈怠責任（596）
	合同会社の業務執行社員	剰余金を超えた持分の払戻し責任（636）
	清算人	任務懈怠責任（652）
第三者に対する責任		
株式会社		発起人（53Ⅱ）・設立時取締役（53Ⅱ）・会計参与（429Ⅰ・Ⅱ②）・設立時監査役（53Ⅱ）・取締役（429Ⅰ①・Ⅱ①）・監査役（429Ⅰ・Ⅱ③）・執行役（429Ⅰ・Ⅱ①）・会計監査人（429Ⅰ・Ⅱ④）・監査委員（429Ⅱ③）・清算人（487・653）
持分会社		業務執行社員（597） 清算人（653）

会社法が定める訴訟には，このほか，① 株式会社における責任追及等の訴え (会847)，② 株式会社の役員解任の訴え (会854)，③ 役員等の責任の免除の取消しの訴え (会544Ⅱ)，④ 役員等責任査定決定に対する異議の訴え (会858. 民再106・145〜147, 会更102)・否認の請求を認容する決定に対する異議の訴え (民再137, 会更96)，⑤ 持分会社の社員の除名の訴え (会859)，⑥ 持分会社の業務執行社員の業務執行権または代表権の消滅の訴え (会860)，⑦ 清算持分会社の財産処分の取消しの訴え (会863) および⑧ 社債発行会社の弁済等の取消しの訴え (会865) がある(9)(10)．

I-2-3-6 **(a) 管　轄**　会社訴訟は，会社の組織に関する訴えとそれ以外の訴えとに分けることができるが，いずれの訴えにおいても，同一の原因に基づいて複数の者から提起される可能性があるので，判断が区々にならないよう形式的・画一的に処理しなければならないので，被告となる**会社の本店** (形式的意味の本店. 東京高決平成11・3・24判タ1047号289頁 [オフィスビーアンドエイチ事件] 参照) **所在地の地方裁判所の専属管轄**である(11) (会835・848・856・862・867. 清算持分会社の財産処分取消しの訴え [会863] および社債発行会社の弁済等の取消しの訴え [会865Ⅰ] は，会社が被告でないので，この限りでない)．ただし，① **会社の吸収分割無効の訴え**，② **新設分割無効の訴え**，③ **株式会社の株式交換無効の訴え**および④ **株式移転の無効の訴え**は，複数の会社が被告となるため (会834⑨〜⑫参照)，2以上の地方裁判所が管轄権を有するときは，**先に訴えの提起があった地方裁判所が管轄する** (会835Ⅱ. なお平成17年改正前旧商363Ⅲ・372Ⅱ対比)．また，当該訴えに係る訴訟がその管轄に属する場合においても，裁判所は，著しい損害または遅滞を避けるため必要があると認めるときは，申立てによりまたは職権で，訴訟を他の管轄裁判所に移送することができる (会835Ⅲ)．

I-2-3-8 **(b) 訴えをもってのみ主張できる瑕疵と訴えをもって主張することができる瑕疵**
① 株式会社の成立後における株式発行不存在 (会829①)，② 自己株式の処分不存在 (会829②)，③ 新株予約権発行不存在 (会829③)，および④ 株主総会等の決議不存在または無効 (会830ⅠⅡ) は，一般原則に従い，誰でも，何時でも，どんな方法でも瑕疵を主張できる (反対説あり)．したがって，訴えをもって主張することもできる．これに対し，① 設立無効，② 株式会社の成立後における株式の発行の無効，③ 自己株式の処分の無効，④ 新株予約権 (新株予約権付社債) の発行の無効，⑤ 株式会社における資本金の額の減少の無効，⑥ 会社の組織変更の無効，⑦ 会社の吸収合併の無効，⑧ 会社の新設合併の無効，⑨ 会社の吸収分割の無効，

I-2-3-4　(9)　**会社と取締役間の訴え**　会社と取締役間の訴えでは，利害の調整のため，会社の代表者につき特段の規定が置かれている (会353・364・386Ⅰ・408・482Ⅳ)．

I-2-3-5　(10)　**株式会社の取締役会設置会社の取締役会の決議の瑕疵**　この瑕疵については別段の規定がないので解釈による．

I-2-3-7　(11)　**特別清算に関する訴えの管轄**　役員等の責任の免除の取消しの訴え (会544Ⅱ [Ⅵ-1-2-85]) および役員等責任査定決定に対する異議の訴え (会858Ⅰ [Ⅵ-1-2-82]) は，特別清算裁判所 (会880Ⅰ) の専属管轄である (会857・858Ⅲ)．

⑩ 会社の新設分割の無効，⑪ 株式会社の株式交換の無効，⑫ 株式会社の株式移転の無効は，法律関係を早く安定させるため，法律は，訴え以外の主張を認めず，提訴権者および提訴期間を制限している（会828Ⅰ．**表4**参照）．このような訴えを**形成訴訟**という．出訴期間経過後の取消事由または無効事由の追加については［Ⅱ-4-2-90］参照．

I-2-3-9 （c）**弁論の併合**　同一の請求を目的とする「会社の組織に関する訴え」に係る訴訟が数個同時に係属するときは，その**弁論および裁判は，併合してしなければならない**（会837．これは訓示規定である）．数個の訴えにつき矛盾する判決がなされることを防止するためである．平成16（2004）年改正前は株主に訴訟係属を周知させるため会社は遅滞なくその旨を公告すべきことになっていたが（平成16年改正前商105Ⅳ等），ドイツのように訴訟の内容につき詳細な公告がなされるのであれば格別，わが国の場合，そのような実務の取扱いではないので，手間と費用をかけて公告を行わせる意義に乏しいという理由で，同年改正で撤廃されている．平成17（2005）年改正前商法と異なり，新法では，訴訟の迅速な処理のため，**口頭弁論は直ぐ開始される**（平成17年改正前商105Ⅱ等対比）．

I-2-3-10 （d）**担保の提供**　濫用の危険を避けるため，①「会社の組織に関する訴え」を株主または設立時株主が提起したときには，被告は，原告の訴えの提起が**悪意**（東京高決昭和51・8・2判時833号108頁等参照）によるものであることを**疎明し**（会836Ⅲ），訴えを提起した株主または設立時株主に相当の**担保**を立てさせるよう裁判所に請求することができる．平成17（2005）年改正前商法と異なり，他の訴訟との均衡から，設立無効の訴えおよび設立取消しの訴えの場合も，担保の提供を裁判所に請求することが認められている．ただし，当該株主が取締役，監査役，執行役もしくは清算人であるとき，または当該設立時株主が設立時取締役もしくは設立時監査役であるときは，この限りでない（会836Ⅰ．なお民訴81参照）．債権者が提起することができる訴えの場合も担保の提供を請求できる（会836Ⅱ）．② 責任追及等の訴えの場合にも担保提供命令が定められている（会847ⅦⅧ）．

株主総会等の決議取消しの訴え（会831）の場合の悪意とは，会社を困惑させる意図，すなわち嫌がらせの目的をもって訴えを提起することをいうが（東京地決昭和62・11・27判時1268号137頁［三越事件］，東京地決平成5・3・24判時1473号135頁［東京瓦斯事件］），責任追及等の訴えの場合の悪意とは，請求に理由がなくそのことを知って訴えを提起した場合または代表訴訟の制度の趣旨を逸脱し，不当な目的を持って訴えを提起した場合をいう（東京地決平成6・7・22判時1504号132頁［蛇の目ミシン事件］など）．

I-2-3-11 （e）**対世効**　「会社の組織に関する訴え」につき**原告が勝訴し，判決が確定した場合には**，その判決は，一般原則により訴訟当事者に対して効力を有するだけでなく（民訴115Ⅰ），**第三者に対してもその効力を有し**（会838．対世的効力），何人もこれを争うことができなくなる．これは，会社を中心とする多数の法律関係を画一的

表4 会社訴訟

	訴えの種類	提訴期間	提訴権者	被告	管轄
会社の組織に関する	会社設立無効の訴え（会828Ⅰ①Ⅱ）	会社成立から2年以内	設立する株式会社の株主等①（会828Ⅱ①） 設立する持分会社の社員等（会828Ⅱ①）	設立する会社（会834①）	本店所在地の地方裁判所（会835Ⅰ）
	持分会社の設立の取消しの訴え（会832）	成立の日から2年以内	社員（意思表示の取消し） 債権者（債権者詐害）	持分会社 持分会社及び社員（会834⑱⑲）	同上
	新株発行の無効の訴え（会828Ⅰ②）	・効力が生じた日から6カ月以内 ・非公開会社にあっては効力が生じた日から1年以内	当該株式会社の株主等①（会828Ⅱ②③）	株式の発行をした株式会社（会834②）	同上
	自己株式処分無効の訴え（会828Ⅰ③）			自己株式の処分をした株式会社（会834③）	
	新株予約権発行無効の訴え（会828Ⅰ④）		当該株式会社の株主等①・新株予約権者（会828Ⅱ④）	新株予約権の発行をした株式会社（会834④）	同上
	株式会社資本金額減少無効の訴え（会828Ⅰ⑤）	効力が生じた日から6カ月以内	当該株式会社の株主等①・破産管財人・不承認の債権者（会828Ⅱ⑤）	当該株式会社（会834⑤）	同上
	組織変更無効の訴え（会828Ⅰ⑥）		組織変更前後の株主等①・社員等，破産管財人・不承認の債権者（会828Ⅱ⑥～⑪） （以下これに準ずるが，合併・共同新設分割・吸収分割の独禁法違反については公正取引委員会．独禁18Ⅰ Ⅱ）	組織変更後の会社（会834⑥）	同上
	会社の吸収合併無効の訴え（会828Ⅰ⑦）			吸収合併後存続会社（会834⑦）	同上
	新設合併無効の訴え（会828Ⅰ⑧）			新設合併により設立する会社（会834⑧）	同上
	吸収分割無効の訴え（会828Ⅰ⑨）			吸収分割契約をした会社（会834⑨）	同上（ただし835ⅡⅢ）
	会社の新設分割無効の訴え（会828Ⅰ⑩）			新設分割をする会社及び新設分割により設立する会社（会834⑩）	同上（ただし835ⅡⅢ）
	株式交換無効の訴え（会828Ⅰ⑪）			株式交換契約をした会社（会834⑪）	同上（ただし835ⅡⅢ）
	株式会社の株式移転無効の訴え（会828Ⅰ⑫）		効力が生じた日において株式移転をする株式会社の株主等であった者又は株式移転により設立する株式会社の株主等①（会828Ⅱ⑫）	株式移転をする株式会社及び株式移転により設立する会社（会834⑫）	同上（ただし835ⅡⅢ）
	株式会社の成立後における株式発行不存在確認の訴え（会829①）	なし	制限なし	株式の発行をした株式会社（会834⑬）	同上

第2章 会社法の目的　第3節 規制手段　65

訴え	自己株式処分不存在確認の訴え（会829②）	なし	制限なし	自己株式の処分をした株式会社（会834⑭）	同上
	新株予約権発行不存在確認の訴え（会829③）	なし	制限なし	新株予約権の発行をした株式会社	同上
	株主総会等決議不存在又は決議無効確認の訴え（会830）	なし	制限なし	当該株式会社	同上
	株主総会等の決議の取消しの訴え（会831）	株主総会等の決議の日から3カ月以内	株主等②，当該決議の取消しにより取締役，監査役又は清算人となる者	当該株式会社	同上
	株式会社の解散の訴え		少数株主③（会833Ⅰ）	当該株式会社（会834⑳）	同上
	持分会社の解散の訴え		社員（会833Ⅱ）	当該持分会社（会834㉑）	同上
	責任追及等の訴え（会847）	・請求の日から60日以内 ・上記期い間の経過により会社に回復することができない損害が生ずるおそれがある場合には提訴期間なし	・6カ月（これを下回る期間を定款で定めた場合にはその期間）前から引き続き株式を有する株主（会847Ⅰ） ・非公開株式会社の場合には単なる株主（会847Ⅱ）	・発起人，設立時取締役，設立時監査役，取締役，会計参与，監査役，執行役，会計監査人，清算人 ・利益供与を受けた者 ・不公正な払込金額で株式を引き受けた者等 ・不公正な払込金額で新株予約権を引き受けた者等	同上（会848）
	役員解任の訴え（会854）	総会の日から30日以内	6カ月前より少数株主（非公開会社の場合は 単なる株主）（会854Ⅰ①）	株式会社及び役員（会855）	同上（会856）
	役員等の責任の免除の取消しの訴え（会857）		清算株式会社（会544Ⅱ）		特別清算裁判所（会857）
	役員等責任査定決定に対する異議の訴え（会858）	送達を受けた日から1カ月内	役員等責任査定決定不服者（会858Ⅰ） ・役員等（提訴者が清算株式会社のとき）（会858Ⅱ）	・清算株式会社（提訴者が役員のとき）	特別清算裁判所（会858Ⅲ）
	社員の除名の訴え		持分会社（会859，他の社員の過半数の決議に基づく）	対象社員（会861①）	本店所在地の地方裁判所（会862）
	業務執行権又は代表権の消滅の訴え		持分会社（会860，他の社員の過半数の決議に基づく）	対象業務執行社員（会861②）	同上

66　第Ⅰ編　会社法総説

| 財産処分の取消しの訴え（会863） | | 清算持分会社の債権者清算持分会社の社員の持分を差し押さえた債権者 | 行為の相手方又は転得者（会864） | 民訴4ⅠⅣ |
| 社債発行会社の弁済等の取消しの訴え（会865Ⅰ） | ・取消しの原因となる事実を知った時から6カ月経過前
・行為の時から1年以内 | ・社債管理者（会865Ⅰ）
・代表社債権者又は決議執行者（社債権者集会の決議があるとき）（会865Ⅲ） | 行為の相手方又は転得者（会864） | 民訴4ⅠⅣ |

注(1)　株主等①とは，株主，取締役，監査役，執行役又は清算人をいい，社員等とは，社員又は清算人をいう（会828Ⅱ①）．

注(2)　株主等②とは，株主総会等が創立総会又は種類創立総会である場合にあっては，株主等①，設立時株主，設立時取締役又は設立時監査役をいう（会831Ⅰ）．

注(3)　少数株主③とは，総株主（株主総会において決議をすることができる事項の全部につき議決権を行使することができない株主を除く．）の議決権の10分の1（これを下回る割合を定款で定めた場合にあっては，その割合）以上の議決権を有する株主又は発行済株式（自己株式を除く．）の10分の1（これを下回る割合を定款で定めた場合にあっては，その割合）以上の数を有する株主を指す（会833Ⅰ）．

注(4)　株式移転の場合，破産管理人もしくは株式移転について承認をしなかった債権者は株式移転の無効の訴えの提訴権が定められていない（会828⑪）．しかし完全子会社の新株予約権者でも，株式移転計画新株予約権（会773Ⅰ⑨イ）が付された新株予約権付社債の社債権者は（会810Ⅰ③），訴えを提起する利益があるので，会社法828条2項12号を類推適用すべきである（江頭856頁）．

に確定するためである．**原告が敗訴**した場合には，判決の効力は，一般原則によって，**訴訟当事者**に生じるにすぎない．しかし提訴期限が経過しているのが通常であるから，他人が訴えを提起する余地はない．

Ⅰ-2-3-12　(f)　**不遡及**　無効な行為でも，その行為を前提として法律関係が展開されていくので，その判決は既往の法律関係に影響を及ぼさないとして遡及効を否定する必要がある．そこで，「会社の組織に関する訴え」（① 設立無効の訴え，② 株式会社の成立後における株式の発行の無効の訴え，③ 自己株式の処分の無効の訴え，④ 新株予約権（新株予約権付社債）の発行の無効の訴え，⑤ 株式会社における資本金の額の減少の無効の訴え，⑥ 会社の組織変更の無効の訴え，⑦ 会社の吸収合併の無効の訴え，⑧ 会社の新設合併の無効の訴え，⑨ 会社の吸収分割の無効の訴え，⑩ 会社の新設分割無効の訴え，⑪ 株式会社の株式交換の無効の訴え，⑫ 株式会社の株式移転の無効の訴え，⑬ 持分会社の設立取消しの訴えに限る）に係る請求を認容する判決が確定したときは，当該判決において無効とされ，または取り消された行為（当該行為によって会社が設立された場合にあっては当該設立を含み，当該行為に際して株式又は新株予約権が交付された場合にあっては当該株式又は新株予約権を含む）は，**将来に向かってその効力を失う**とされている（会839）．資本金減少額無効の訴えにも遡及効が否定されている点で平成17（2005）年改正前商法と異なる（改正前商380Ⅲ・289対照）．

設立の無効・取消しの場合は解散に準じて清算手続をとり（会644②），組織再編行為が無効な場合には無効前の状態に戻す措置が取られる．

I-2-3-13　(8)　**登　記**　請求を認容する判決が確定すると，裁判所書記官は，職権で，遅滞なく，① 設立無効の訴え，② 新株発行無効の訴え，③ 新株予約権（新株予約権付社債）の発行の無効の訴え，④ 株式会社における資本金の額の減少の無効の訴え，⑤ 新株発行不存在確認の訴え，⑥ 新株予約権（新株予約権付社債）発行不存在確認の訴え，⑦ 株主総会等（株主総会若しくは種類株主総会又は創立総会若しくは種類創立総会）決議不存在または決議無効確認の訴え，⑧ 株主総会等の決議取消しの訴え，⑨ 持分会社の設立取消しの訴え，⑩ 会社の解散の訴え，⑪ 株式会社の役員解任の訴え，⑫ 持分会社の社員の除名の訴え，⑬ 持分会社の業務執行社員の業務執行権または代表権の消滅の訴えについては，会社の本店（株主総会等の決議に基づいて支店で登記されているときには本店及び支店）の所在地を管轄する**登記所にその登記を嘱託し**（会937Ⅰ），表5の訴えについては各会社の本店の所在地を管轄する登記所にその登記を嘱託しなければならない（会937Ⅲ）．

表5　各会社の登記所に嘱託する登記事項

1　会社の組織変更の無効の訴え	組織変更後会社の解散登記 組織変更をする会社の回復登記
2　会社の吸収合併の無効の訴え	存続会社の変更登記 消滅会社の回復登記
3　会社の新設合併の無効の訴え	新設会社の解散登記 消滅会社の回復登記
4　会社の吸収分割の無効の訴え	分割会社の変更登記 承継会社の変更登記
5　会社の新設分割の無効の訴え	分割会社の変更登記 設立会社の解散登記
6　株式会社の株式交換の無効の訴え	完全子会社の変更登記（完全親会社の新株予約権を交付するという定めがある場合に限る） 完全親会社の変更登記
7　株式会社の株式移転の無効の訴え	株式移転会社の変更登記（完全親会社の新株予約権を交付するという定めがある場合に限る） 設立会社の解散登記

I-2-3-14　(h)　**原告敗訴の場合の損害賠償責任**　「会社の組織に関する訴え」を提起した原告が敗訴した場合において，原告に「悪意又は重大な過失」があったときは，原告は，被告に対し，連帯して**損害を賠償する責任を負う**（会846）．これに対し責任追及等の訴えを提起した株主が敗訴した場合には，「**悪意**」があるときに限り，株式会社に対し損害を賠償する責任を負う（会852Ⅱ）．

4 仮処分

I-2-3-15　会社法上の争いを本案訴訟として，仮の地位を定める仮処分（民保23Ⅱ・24）が申し立てられる場合が多い（なお会917・928Ⅳ参照）．その多くは本案の権利関係を仮処分によって実現する**満足的仮処分**である．債務者は，仮処分について直接の利害関係を有する者であれば足り，本案訴訟の被告または被告たるべき者に限る必要はない（新谷勝『会社仮処分』8頁［中央経済社1992年］参照）．保全命令に対して，債務者は，その命令を発した裁判所に**保全異議**を申し立てることができる（民保26）．

5 登記行政

I-2-3-16　登記所（法務局等．商登1の3）に会社に関する**商業登記簿**が備えられている（商登6）．登記官は申請書等が法に形式的に合致しているか否かだけを審査する（**形式的審査主義**．商登24）．法務省民事局が出す通達により会社法上の解釈が統一されている．裁判所書記官は判決が確定すると登記を登記所に嘱託する（会937）．特別清算に関する裁判も登記所に嘱託する（会938）．

6 司法行政

I-2-3-17　裁判所は，以下の面で後見的な役割を果たしている．
　① 一定の事項は**裁判所の許可・認可**により初めて有効になる（表6）．

表6　裁判所の許可・認可事項

(a) 許可事項
　① 少数株主による株主総会の招集（会297Ⅳ）
　② 通知等が継続的に到達しない株式または1株に満たない端数の競売以外の方法による売却（会197Ⅱ・234Ⅱ）
　③ 取締役会等議事録（会371ⅢⅣ）・監査役会議事録（会394ⅡⅢ）・委員会議事録（会413ⅢⅥ）・清算人会議事録（会490Ⅴ［＝371ⅢⅣ］）の閲覧等（なお会870①参照）
　④ 親会社社員による子会社の定款（会31Ⅲ）・株主名簿（会125Ⅳ・振替32Ⅷ）・計算書類等（会442Ⅳ）・会計帳簿（会433Ⅲ）・貸借対照表等（会496Ⅲ）・会計参与備置き計算書類等（会378Ⅲ）・社債発行会社の社債原簿（会684Ⅳ）の閲覧等（なお会868Ⅱ・870①参照）
　⑤ 業務代行者の会社の常務に属しない行為の実施（会352・420Ⅲ［＝352］・483Ⅵ［＝352］・603・655Ⅵ［＝603］）
　⑥ 社債権者集会の招集（会547Ⅲ・718Ⅲ．なお868Ⅲ参照）
　⑦ 社債管理者により社債発行会社の業務財産調査（会705Ⅳ・706Ⅴ．なお868Ⅲ参照）
　⑧ 社債管理者のやむを得ない事由による辞任（会711Ⅲ．なお868Ⅲ参照）
　⑨ 債権申出期間内の弁済（会500Ⅱ・661Ⅱ・822Ⅲ）
　⑩ 社債権者集会の同意に代わる許可（会714ⅠⅢ．なお868Ⅲ参照）
　⑪ 社債発行会社の負担とする管理者の報酬（会741．なお868Ⅲ・870⑫参照）
(b) 認可事項
　① 社債権者集会の決議（会732・734Ⅰ．なお868Ⅲ・870⑩参照）
　② 協定（会568・572）

② 裁判所は，検査役(会33・207Ⅱ・358)，清算人(会478Ⅱ～Ⅳ・647Ⅱ～Ⅳ)，代表清算人(会483Ⅴ・655Ⅴ)，仮代表取締役(会351Ⅱ)，仮取締役・仮会計参与・仮監査役(会346Ⅱ)，仮清算人(会479Ⅳ＝346Ⅱ)，仮代表清算人(会483Ⅵ＝351Ⅱ)，委員会設置会社の仮委員(会401Ⅲ)，仮執行役(会403Ⅲ)，仮代表執行役(会420Ⅱ＝401Ⅲ)，特別代理人(会707・868Ⅲ)，管理人(会825Ⅱ・827Ⅱ[＝824Ⅱ])，監督委員(会527)，調査委員(会533)，清算帳簿資料保存者(会508Ⅱ)を**選任**し，**その報酬を決定**する(会33Ⅲ・207Ⅲ・346Ⅲ・358Ⅲ・485・657・825Ⅳ・827Ⅱ＝825Ⅳ．なお，会870②参照)．また，清算人(会524)または社債管理者を解任する(会713．なお868Ⅲ・870③参照)．

③ 検査役の報告を聞いて，**総会の招集・調査結果の通知**(会307・359)や**不当な現物出資財産の価額等の変更を命じる**(会33Ⅶ・207Ⅶ・284Ⅶ)(会870⑤⑦)．

④ 当事者間で**協議が調わない株式**(譲渡不承認の譲渡制限株式(会144Ⅱ Ⅶ)，会社が売渡請求をした株式(会177Ⅱ)，買取請求権に応じて会社が買い取った株式(会117Ⅱ・172Ⅰ・470Ⅱ・786Ⅱ・798Ⅱ・807Ⅱ)，単元未満株式(会193Ⅱ・194Ⅳ))・**新株予約権**(会119Ⅱ・778Ⅱ・788Ⅱ・809Ⅱ)の**価格の決定をする**(会870④⑥参照)．

⑤ 会社の申立てにより，**金銭分配請求権を行使した株主または基準未満株式を有する株主に支払うべき市場価額のない配当財産**(残余財産)**の価額を定める**(会455Ⅱ②・505Ⅲ②・456・506・870⑧⑨)．

⑥ 利害関係人の申立てで**社債権者異議申立期間を伸長**する(会740Ⅰ．なお会868Ⅲ・870⑪参照)．

⑦ 裁判所は，申立てによりまたは職権で，訴訟の当事者に対し，**会計帳簿**(会434・616)または**財産目録等**(＝財産目録・貸借対照表)(会493・659)の全部または一部の**提出**を命ずることができ，また，株式会社においては，「計算書類およびその附属明細書」の全部または一部の提出(会443)，持分会社においては，「計算書類」の全部または一部の提出を命ずることができる(会619)．

⑧ **新株発行の無効判決が確定したとき**，払込まれた金銭を払戻さなければならないが，判決が確定した時における**会社財産に状況に照らして著しく不相当である場合**には，会社または株主の申立てにより**金額の増減を命ずる**(会840Ⅱ)．

⑨ 合併または**会社分割の無効判決が確定したとき**に，**各会社の債務の負担部分・共有持分の協議が調わないときには，裁判所がこれを定める**(会843Ⅳ．なお会868Ⅴ・870⑮)．

⑩ **特別清算**は裁判所の監督の下に行われる(会519Ⅰ)．

⑪ 会社の存立ないし行動が公益を害するときには，利害関係人の請求に基づき**解散**(外国会社の場合には取引継続禁止・営業所閉鎖命令・清算開始命令．会822・827・870⑭参照)を命ずる(会824．なお会825・826・870⑬参照)．

7 刑 事 制 裁

I-2-3-18　会社法第8編は罰則を定めている．会社に特有な犯罪として，役員等の特別背任罪とその未遂罪 (会960〜962・972．刑247対比)，会社財産を危うくする罪 (会963・972)，虚偽文書行使等の罪 (会964・972)，預合いの罪 (会965・972)，株式超過発行罪 (会966)，取締役等の贈収賄罪 (会967・969・972)，株主等の権利行使に関する贈収賄罪 (会968・969) および利益供与罪 (会970) を定めている．業務停止命令違反罪 (会973) および虚偽届出等の罪 (会974) は，電子公告調査機関に関する業法的規定であるが，会社法上初の**両罰規定**である (会975)．会社法は，経済の国際化に対応するために特別背任等に関する国外犯の規定を新設している (会971)．また，株式引受人が払込期日までに払込をしなければ，当然失権する (会63Ⅲ) ので，仮設人・他人名義により株式を引き受けた者の責任規定 (平成17年改正前商201) の削除と平仄を合わせ，株式引受人による株式払込責任免脱罪 (旧商496) を削除している．

　会社法976条から978条は，過料を定めているが，**過料は秩序罰であって** (非訟161〜164参照)，**刑罰ではない**．

第4節　会社法の沿革および法源

　会社法，とりわけ株式会社に関する規定はしばしば改正されてきた．

I-2-4-1　(1) ドイツ人ヘルマン・レスラーによって起草された旧商法 (明治23年法律32号) 第1編第6章 (明治26年7月施行) は，**明治32(1899)年より新商法** (法律48号) にとって代えられた．**明治44(1911)年**には，日露戦争後の泡沫企業の倒産と企業集中過程での会社法の欠陥の露呈から，設立から合併・組織変更・清算・社債の発行まで多岐にわたる改正が行われた．改正は，会社法にとどまらず，商法総則から海商法まで及んでいる．

I-2-4-2　(2) **昭和13(1938)年**には，第一次大戦後の経済状況へ適合するため，① 会社法 (株式会社のみならず合名・合資会社を含む) と② 商法総則の大改正 (昭和13年改正商3Ⅱ・11Ⅱ・14・21ないし24Ⅰ・26ないし29・43Ⅱの追加，擬制商人の新設，小商人概念の変更，表見支配人の新設など) が行われるとともに，③ 有限会社法 (法律第74号) が制定された (田中耕太郎『改正商法及有限会社法』[有斐閣1939年]．なお明治32年から昭和13年までの分析については淺木愼一『日本会社法成立史』[信山社2003年] 参照)．

I-2-4-3　(3) **昭和23(1948)年**には，株金分割払込制が廃止され，代わって全額払込制が採用された．

I-2-4-4　(4) **昭和25(1950)年**には，敗戦に伴いアメリカ法の影響を受けて，① 株主の地位の強化 (累積投票・代表訴訟・取締役の違法行為差止請求権・反対株主の株式買取請求権など)，② 資本調達の機動力の強化 (授権資本制度と無額面株式の導入等)，③ 会社運営機構の

第2章 会社法の目的　第4節 会社法の沿革および法源　71

再編成（株主総会の権限縮小・取締役会制度の導入・監査役の権限縮小），④ 株式合資会社の廃止が行われた（鈴木竹雄＝石井照久『改正株式会社法解説』［日本評論社1950年］，大隅健一郎＝大森忠夫『逐条改正会社法解説』［有斐閣1951年］）．

I-2-4-5 　(5) 昭和30(1955)年には，昭和25年法が採用した新株引受権に関する事項を定款の絶対的記載事項とする規定との関係で実務に混乱が生じたことから，実務界の要望を入れて，絶対的記載事項からはずす改正が行われた（阪埜光男『新株引受権の法理』76頁以下参照）．

I-2-4-6 　(6) 昭和37(1962)年には，株式会社の資産の評価を時価以下主義から原価主義に改め（商285〜285ノ7），新たに3つの繰延資産を認め（商286ノ2・286ノ3・286ノ5・290），引当金（商287ノ2）の計上も認め，利益準備金の積立基準（商288）を改める等の改正が行われた．なお昭和38(1963)年には「株式会社の貸借対照表，損益計算書，営業報告書及び附属明細書に関する規則」（昭和38年法務省令第31号．計算書類規則）が制定され，従来の非訟事件手続法第5章「商業登記」に代わって商業登記法（法律第125号）が制定された．

I-2-4-7 　(7) 昭和41(1966)年には，資本自由化対策として，① 株式譲渡制限が導入され，実際上の必要性に基づく経済界の要望に応えて，② 株式制度の合理化が図られた（額面株式と無額面株式の相互転換，株式の裏書制度の廃止，株券不所持制度［3-213］・議決権不統一行使の新設，第三者割当の簡易化，株主の新株引受権の譲渡の承認と譲渡方法の明定など）（味村治『改正株式会社法』［商事法務研究会1967年］），並木俊守『改正商法の解説』［東洋経済新報社1968年］）．

I-2-4-8 　(8) 昭和49(1974)年には，山陽特殊製鋼などの粉飾決算による大型倒産とオイルショック時の買占め・売惜しみに対する企業の社会的責任の声の高まりを背景に，① 監査制度の改善（監査役の権限強化・会計監査人の設置・小会社の特例）と② その他の改正（商業帳簿・従属会社株式の評価・中間配当・抱合わせ増資の新設・累積投票制度の改正・転換社債発行手続の改正・休眠会社の整理）が行われた（並木俊守『新商法の逐条解説』［中央経済社］，酒巻俊雄『改正商法の理論と実務』［ぎょうせい］）．なお，「商法第四百六条ノ三第一項の届出に関する規則」（昭和49年法務省令第26号．届出規則）が公布されている．

I-2-4-9 　(9) 昭和56(1981)年には，ロッキード・グラマン事件など会社の不正経理に対する会社の自主的監視機能の強化を図るため，① 監査体制の強化（監査役の報酬・監査費用の整備，大会社における複数監査役・常勤監査役制度の導入，会計監査人の選任の改正など），② 株主総会の活性化と株主の監督是正権の強化（株主提案権・役員の説明義務・利益供与の禁止・議長の権限・書面投票制度など），③ 出資単位の引き上げ（単位株制度・端株制度の導入），④ その他（計算・公開の改善，新株引受権附社債の新設など）が行われた（稲葉威雄『改正会社法』［金融財政事情研究会］，元木伸『改正商法逐条解説〔改訂増補版〕』［商事法務研究会］，竹内昭夫『改正会社法解説』［有斐閣］）．昭和57(1982)年には「大会社の監査報告書に関する規則」（昭和57年法務省令第26号．監査報告書規則），「大会社の株主総会の招集通知

に添付すべき参考書類等に関する規則」(昭和57年法務省令第27号．参考書類規則) および「株式会社の貸借対照表，損益計算書，営業報告書及び附属明細書に関する規則の特例に関する省令」(昭和57年法務省令第42号．計算書類規則の特例に関する省令) が公布された．

I-2-4-10 (10) 平成元(1989)年には，民事保全法 (法律第91号) の制定により (民保附則26参照)，業務執行停止等の登記 (商67ノ2) が新設された．

I-2-4-11 (11) 平成2(1990)年には，中小会社の法制度の整備をめざし，① 最低資本金制度の導入，② 会社設立手続の合理化 (一人会社の承認・変態設立事項の改正など)，③ 譲渡制限株式の改善 (承認手続の改善・新株引受権等の付与)，④ 資金調達方法の改善 (株式配当・株式分割・株式併合の改正，優先株・端株の整備，株券の記載事項の合理化，無記名株券の廃止など)，⑤ 会社役員の職務執行停止等の仮処分の整備 (商70ノ2など)，⑥ 組織変更の手続の改善が図られた (大谷禎男『改正会社法』[商事法務研究会1991年])．

I-2-4-12 (12) 平成5(1993)年には，日米構造協議の影響と平成3年以来の証券・金融不祥事を契機として，① 代表訴訟の容易化，② 株主の会計帳簿閲覧請求権の強化，③ 監査役制度の改善 (監査役の任期の延長，大会社の監査役の員数増加・社外監査役の導入・監査役会の新設)，④ 社債制度の改正 (社債発行限度枠の撤廃・社債管理会社制度の新設など) が行われた (法務省民事局参事官室編『一問一答平成五年改正商法』[商事法務研究会]，吉戒『平成五年・六年改正商法』[商事法務研究会])．

I-2-4-13 (13) 平成6(1994)年には経済界の要望を受けて自己株式取得規制の緩和が図られた (法務省民事局参事官室編『一問一答平成六年改正商法』[商事法務研究会]，吉戒・前掲書)．

I-2-4-14 (14) 平成9(1997)年には議員立法によりストック・オプション制度と取締役会決議に基づく株式の消却「株式の消却の手続に関する商法の特例に関する法律」(平成9年法律第55号) が認められるとともに合併制度の整備 (① 報告総会・創立総会・設立委員の廃止，② 事前開示の充実，③ 債権者保護手続の簡素合理化，④ 簡易合併制度の創設など) が図られた (法務省民事局参事官室『一問一答平成9年改正商法』[商事法務研究会])．

I-2-4-15 (15) 平成10(1998)年には議員立法により資本準備金による株式の消却が認められた (「株式の消却の手続に関する商法の特例に関する法律の一部を改正する法律」法律第11号)．

I-2-4-16 (16) 平成11(1999)年には純粋持株会社の解禁に伴い，① 株式交換 (商352〜362)・株式移転 (商364〜372) の制度を新設し，② 子会社の業務内容等の開示の充実を図る (商244Ⅳ＝263Ⅳ・263Ⅳ・260の4Ⅳ・281ノ3Ⅱ⑪・282Ⅲ・293ノ8・294Ⅱ・420Ⅳ＝282Ⅲ，商特7Ⅲ・13Ⅱ＝281ノ3Ⅱ⑪・30Ⅱ，有28ノ2・43ノ2Ⅱ＝商282Ⅲ・45Ⅱ) と共に，③ 金融商品に係る会計基準にならい，市場価格がある金銭債権・債券・株式等に時価評価制度 (商285ノ4Ⅲ・285ノ5Ⅱ・285ノ6Ⅱ Ⅲ) を導入した (原田・関・范・市原『一問一答株式交換・時価評価』[商事法務研究会])．

I-2-4-17 (17) 平成12(2000)年には，企業の組織再編成のための法整備の一環として，① 会社分割制度 (商373〜374ノ31) と② 簡易営業譲受手続 (商245ノ5) を新設し，③ 経済

第2章　会社法の目的　第4節　会社法の沿革および法源　73

界の要望を入れて，これまで禁止していた自己株式譲渡方式のストック・オプションと新株引受権付付与方式のストック・オプションの併用を認め（商210ノ2Ⅳ・280ノ19Ⅲ），④ 子会社の計算による利益供与を禁止（商294ノ2）した（原田「会社分割法制の創設について」商事1563号4頁，1565号4頁，1566号4頁）．

(18) 平成13(2001)年には3回の改正が行われた．

I-2-4-18 (イ) **第1次改正**（平成13年法律第79号）は，議員立法によるもので，証券市場の活性化を図る観点から，株式制度に関する規制が見直され，① 自己株式の取得・保有に関する規制を緩和し，② 株式の大きさに関する規制を廃止し，③ 額面株式の制度も廃止した．④ 単位株制度は廃止され，代わって単元株制度が創設された（商221）．⑤ 端株制度の整備，⑥ 法定準備金の減少手続の導入（商289Ⅱ・Ⅲ），利益準備金の積立額の見直し（商288），法定準備金の取崩の順序の廃止（旧商289Ⅱ）等が行われた（原田・泰田・郡谷「自己株式の取得規制等の見直しに係る改正商法の解説（上）(中)(下)」商事1607号4頁，1608号89頁，1609号4頁）．

I-2-4-19 (ロ) **第2次改正**（平成13年法律第128号）は，大きく，(i) 株式制度の見直しに関する事項と，(ii) 会社関係書類の電子化等に関する事項に分けられる．(i)は，① 新株発行規制の緩和，② 種類株式制度の弾力化，③ 株式の転換制度に関する見直し（強制転換条項株式の新設と転換株式の転換予約権付株式への変更）および④ 新株予約権制度の創設からなる．(ii)は，高度情報化社会の到来に対応するための改正であるが，① 会社関係書類の電子化，② 招集通知等の電子化（商232Ⅱ），③ 書面投票制度（商239ノ2）と議決権行使の電子化（商239ノ3），④ 計算書類等の電磁的方法による開示（商244Ⅴ・283Ⅲ）から構成されている（原田晃治・江原健志・太田洋・濱克彦・郡谷大輔「改正商法の解説—株式制度の改善・会社関係書類の電子化等—」JICPAジャーナル561号11頁）．(ii)を実施するため「商法及び有限会社法の関係規定に基づく電磁的方法による情報の提供等に関する承諾の手続等を定める政令」（平成14年政令第20号．略して承諾手続令）が制定されている．

I-2-4-20 (ハ) **第3次改正**（平成13年法律第149号）は，株式会社のコーポレート・ガバナンスの実効性を確保するために，議員立法として行われたもので，① 監査役の機能の強化（(i) 監査役の取締役会への出席・意見陳述義務の明記［商260ノ3Ⅰ］，(ii) 監査役の任期の延長［商273Ⅰ］，(iii) 監査役の辞任に関する意見陳述権等［商275ノ3ノ2］，(iv) 監査役会の監査役選任に関する議題・議案提出権等［商特18Ⅲ＝3ⅡⅢ］，(v) 社外監査役の資格要件の厳格化［商特18Ⅰ］と監査役の半数以上が社外監査役である必要性［商特18Ⅰ]），② 法令・定款違反行為に関する取締役等の責任軽減制度の新設（(i) 株主総会の特別決議による責任の軽減［商266Ⅶ］，(ii) 取締役会決議による責任の軽減［商266XII］，(iii) 社外取締役の事前免責契約［商266XIX］，(iv) 監査役の責任軽減［商280］），および③ 代表訴訟制度の合理化（(i) 監査役の考慮期間の延長［商267Ⅲ］，(ii) 代表訴訟の公告または株主に対する通知規定の新設［商268Ⅳ］，(iii) 訴訟上の和解における取締役の責任免除［商268ⅤⅥⅦ］，(iv) 会社の補助参加［商268Ⅷ，商特18の3・19・25］

をその内容としている (中川 (博)「コーポレートガバナンス関連の商法および商法特例法改正法の概要」金法1632号6頁).

このほか「短期社債等の振替に関する法律」(法律第75号) が制定され、また証券決済制度をより安全で効率性の高いものにしていく観点から「株券等の保管及び振替に関する法律」が一部改正されている (法律第69号) (高橋康文編『逐条解説短期社債等振替法』(金融財政事情研究会2002年)).

I-2-4-21　(19) **平成14(2002)年**には,「株式会社等の経営手段の多様化および経営の合理化を図るため」, (i) 株式関係では, ① 種類株主の取締役等の選解任権の創設 (商222Ⅰ・Ⅶ・Ⅷ・Ⅺ・257ノ2〜257ノ6), ② 所在不明株主の株式売却制度等の創設 (商224ノ4・224ノ5), ③ 株券失効制度の創設と株券への公示催告・除権判決の不適用 (商230Ⅰ〜230ノ9ノ2), ④ 端株・単元未満株式の買増制度の新設 (商220ノ7・221ノ2), (ii) 機関関係では, ① 株主提案権の行使期限および少数株主の総会招集権の行使期限の繰り上げ (商232ノ2・237Ⅲ), ② 株主総会の特別決議の定足数の緩和 (商343), ③ 株主総会招集手続の簡素化 (商232Ⅰただし書・236・253), ④ 取締役の報酬規制の整備 (商269), ⑤ みなし大会社の創設 (商特2Ⅱ), ⑥ 重要財産委員会制度の新設 (商特1の3〜1の5), ⑦ 委員会等設置会社に関する特例の新設 (商特1の2Ⅲ・21の5〜21の39), (iii) 計算関係では, ① 計算関係規定の省令委任 (商285・281Ⅴ・290Ⅰ・293ノ5Ⅲ④) とそれに伴う評価規定の削除 (旧285ノ2〜287ノ2の削除), ② 大会社への連結計算書類の導入 (商特19の2・19の3), (iv) その他の分野では, ① 現物出資・財産引受および事後設立の目的たる財産の価格の証明制度の新設 (商173Ⅱ③Ⅲ・173ノ2Ⅰ・181Ⅲ・197・246Ⅲ・280ノ8Ⅱ・280ノ13ノ3), ② 資本減少手続および法定準備金減少手続の合理化 (商289Ⅱ〜Ⅳ・375・376), ③ 社債権者集会の定足数の緩和 (商324), ④ 外国会社の規制の改正 (商479・480・483ノ2〜485) が行われている (平成14年法律第44号) (始関正光「平成14年改正商法の解説Ⅰ−Ⅶ」商事1636号6頁, 1638号24頁, 1639号13頁, 1640号4頁, 1641号16頁, 1642号19頁, 1643号18頁参照).

また,「短期社債等の振替に関する法律」が大幅改正された (平成14年法律第65号). 法律の名称は「社債等の振替に関する法律」に変更され, 振替の対象が一般の社債・国債等に拡大され, 振替制度につき振替機関と口座管理機関からなる多層構造が導入されている (高橋康文・長崎幸太郎・馬渡直央『逐条解説社債等振替法』[金融財政事情研究会2003年]).

なお, 平成14年3月には商法, 商法中改正法律施行法, 有限会社法, 商法特例法および承諾手続令の委任に基づく事項を定めた商法施行規則 (平成14年3月29日法務省令第22号) が公布されている. 商法施行規則は, 実質的には参考書類規則, 計算書類規則, 計算書類の特例に関する省令, 監査報告書規則および届出規則を1つの省令に統合しており, それに伴いこれらの規則は廃止された.

I-2-4-22　(20) **平成15(2003)年**には, 2月に早くも商法施行規則が改正された (平成15年2月28

日法務省令第7号).① 参考書類は株主総会だけでなく,種類総会・創立総会等・社員総会の参考書類に細分化され(商施規11),② 省令に委ねられた財産の評価規定(商施規27〜33),純資産額から控除すべき金額(商施規124〜126)および監査委員会の職務の遂行のために必要な事項(商施規193)が明らかにされ,③ 委員会等設置会社における監査等に関する規定(商施規135〜141),④ 連結計算書類の記載方法等(商施規142〜179)と連結計算書類の監査等に関する規定(商施規180〜192)等が追加されたので条文数が2倍近く増えている.

7月には議員立法により,① 定款授権に基づく取締役会決議による自己株式の買受けを許容するとともに(改正商211ノ3Ⅰ②・Ⅳ,商特21の7Ⅲ⑨),② 中間配当限度額の算定にあたり,期中に資本減少等により生じた剰余金を中間配当限度額に加算する等(改正商293ノ5Ⅲ)の商法改正(平成15年法律第132号)が行われた(塩崎恭久=太田誠一=保岡興治=石井啓一=金子善治郎「自己株式取得方法の見直し等に関する商法等の改正の経緯と概要」商事1672号4頁[2003年]).この改正に伴い商法施行規則も一部改正されている(平成15年法務省令第68号.群谷大輔「自己株式の取得方法の見直し等に関する商法等の改正に伴う改正商法施行規則の解説」商事1675号31頁[2003年],同「平成15年商法改正に伴う「商法施行規則」の改正についての解説」JICPAジャーナル580号20頁[2003年]).

そのほか,アメリカのエンロン事件(高柳一男『エンロン事件とアメリカ企業法務―その実態と教訓』[中央大学出版部2005],石田眞得『サーベンス・オクスレー法概説』[商事法務2006]参照)を契機に公認会計士法が改正されたことに伴い,会計監査人の欠格事由が強化されたほか(平成15年法律67号による商特4Ⅱ①の改正),「司法制度改革のための裁判所法等の一部を改正する法律」(法律第128号)により「民事訴訟費用等に関する法律」が改正された結果,代表訴訟の提起時の手数料額が13,000円に改められると共に,株式会社の使用人の先取特権の規定が削除されている(平成15年法律第134号による旧商295の削除).

10月には「会社法制の現代化に関する要綱試案」が公表された(「会社法の現代化―要綱試案と補足説明―」[信山社2004年]).これは16年12月に「会社法制の現代化に関する要綱案」となった(江頭憲治郎「「会社法制の現代化に関する要綱案」の解説Ⅰ〜Ⅷ[完]」商事1721号4頁,1722号4頁,1723号4頁,1724号4頁,1725号4頁,1726号21頁,1728号10頁,1729号4頁).

1-2-4-23　(21) 平成16(2004)年には2度改正が行われている.その1は,電子公告制度導入のための法改正である(平成16年法律第87号).これにより① 電子公告が許容され,② 貸借対照表の公開方法の見直し,③ 株式会社および有限会社の債権者保護手続の簡素化,④ 法律効果を伴わない一部の公告につき公告義務の撤廃が行われている.その2は,「株式等の取引に係る決済の合理化を図るための社債等の振替に関する法律等の一部を改正する法律」(株式等決済合理化法,平成16年法律第88号)である.同法により,① 株式等振替と社債等振替が一元化され,「社債等の振替に関

する法律」は「社債，株式等の振替に関する法律」に変更されるとともに，② 株券廃止会社の許容・株券廃止会社による新株予約権証券の発行の禁止，③ 株式譲渡制限会社の株主による発行請求がない場合の株券の不発行の許容，④ 株券不所持制度における株券の寄託の廃止，⑤ 株主名簿の閉鎖の廃止，⑥ DVP決済を可能にするため，株券や新株予約権付債券は払込期日「以後」発行すべきものとされている (始関正光『Q&A 平成16年改正会社法電子公告・株券不発行制度の導入』[商事法務研究会2005年])。その3は，「民事関係手続の改善のための民事訴訟法等の一部を改正する法律」(平成16年法律第152号) であり，公示催告・除権判決制度が改正された (「公示催告手続ニ関スル法律」が廃止され，非訟事件手続法第3編として整備)。

また商法施行規則は3月30日 (法務省令第23号．郡谷大輔「商法施行規則の一部を改正する省令について」JICPAジャーナル Vol. 16, No.7 (2004年参照) と9月8日 (平成16年法務省令第62号) に部分改正を受けている。

I-2-4-24 ㉒ 平成17(2005)年1月には「電子公告に関する規則」(平成17年法務省令第3号) と商法施行規則の一部を改正する省令 (平成17年法務省令第4号) が公布された (葉山匡美・山本憲光「電子公告に関する規則及び商法施行規則の一部を改正する省令の要点」JICPAジャーナル597号39頁[2005年])。6月29日には，「会社法」(法律第86号) が「会社法の施行に伴う関係法律の整備等に関する法律」(法律第87号) とともに成立し，7月26日に公布された (国会の審議の過程において，要綱は3カ所修正を受けた。① 利益供与をした取締役等の責任の無過失責任化[会120Ⅳ括弧書の追加]，② 自己株式の市場売却規定[法律案179]の削除，③ 代表訴訟に関する規定[法律案847Ⅰ②]の削除)。会社法は，13年以降の改正の集大成であるが (淺木愼一「会社法制定の検証のための視座」検証7頁)，アメリカ会社法への移行を鮮明にしている (牧野二郎『新会社法の核心—日本型「内部統制」問題』[岩波書店2006年] は，内部統制につきアメリカ法に追従したことを批判する)。会社法に対しては「きわめて分かりにくい上，戦略的思考や原理 (プリンシプル) というものの重要性の認識に欠けた，実体的にも問題がある欠陥が極めて多い立法」(稲葉威雄『会社法の基本を問う』1頁[中央経済社2006年]) とか，「少なくとも，行きすぎた規制緩和，経営の自由度の偏重のみが目立つ」(新山・ⅲ) とか，「株式会社に沈殿した常識を迷信として徹底破壊し」，「論理操作最優先の無機質なルールを規範」としている (龍田・はしがきⅱ) 等の批判がなされている。

I-2-4-25 ㉓ 平成17年11月29日には「会社法施行規則案」，「株主総会等に関する法務省令案」，「株式会社の業務の適性を確保する体制に関する法務省令案」，「株式会社の監査に関する法務省令案」，「株式会社の計算に関する法務省令案」，「株式会社の特別清算に関する法務省令案」，「持分会社に関する法務省令案」，「組織再編行為に関する法務省令案」，「電子公告に関する法務省令案」の9つがパブリック・コメントとして公表されたが (『新会社法施行規則案のすべて』[税務経理協会2006年])，これらは3つの省令に整理され，① **平成18(2006)年2月7日に「会社法施行規則」**(平成18年法務

第2章 会社法の目的 第4節 会社法の沿革および法源 77

省令第12号),「会社計算規則」(平成18年法務省令第13号) および「電子公告規則」(平成18年法務省令第14号) として公布された. しかし② 3月29日には「非訟事件手続法による財産管理の報告及び計算に関する書類並びに財産目録の謄本又は株主表の抄本の交付に関する手数料の件の廃止等をする省令」(法務省令第28号) により会社法施行規則および会社法計算規則の主として用語の修正等を行う一部改正が行われた. ③ 3月10日には「会社法施行規則及び会社計算規則の一部を改正する省令案」が公表され (「『会社法施行規則及び会社計算規則の一部を改正する省令案』のパブリック・コメント」商事1761号4頁), 4月14日に「会社法施行規則等の一部を改正する省令」(法務省令第49号. 商事1765号45頁) が公布されている. これにより, 単元未満株主の権利, 相互保有株主の判断時点, 事業報告における監査役等の監査役会等への出席の状況の開示, 社外取締役等に該当するかどうかの判断基準, 単元未満株式の買取り等の際の株式等の市場価額の算定方法, 新株予約権以外のストック・オプション等の取扱い, 会計監査人の意見の取扱い等に関し改正が加えられた. ④ 12月15日には,「信託法の施行に伴う関係法律の整備等に関する法律」(平成18年法律第109号) により会社法の一部改正 (会154条の2・272の2・695の2の追加等) が行われたことを受けて,「会社法施行規則及び会社計算規則の一部を改正する省令」(法務省令第84号) が公布され, 引用条文の準用関係の整理および合同会社の退社に伴う持分の払戻し場合の資本金の額の減少に関する規律が新設された. ⑤ 10月4日にも「会社法施行規則及び会社計算規則の一部を改正する省令案」が公表され (商事1779号6頁. 細川充=小松岳志=和久友子「組織再編行為の計算規定に係る改正案」商事1779号8頁参照), 12月22日に公布されている (法務省令第87号. 細川充・小松岳志・和久友子「会社法施行規則及び会社計算規則の一部を改正する省令の解説—平成18年法務省令第87号—」商事1788号93頁). これは, 会社法施行後の会計基準等への対応を目的とし, 合併等の組織再編行為に係る会計処理, 新株発行時における会計処理等について会社計算規則に改正を加えたほか, 会社法施行後に寄せられた実務的な指摘・要望を踏まえて, 会社法施行規則および会社計算規則につき技術的な改正を加えている.

1-2-4-26 **(24) 平成19(2007)年**には, ① 外資による敵対的買収の増加を危惧し, 合併等対価の柔軟化に関する規定の施行を政治的判断で1年遅らせ, その間会社施行規則185条および186条の見直しの要否を検討するとされていたが (会施規附則9), 同規定の2007年5月1日の施行に伴い, 会社法施行規則が改正され (法務省令第30号. 商事1799号28頁), 合併等対価の相当性, 換価方法などについて開示の充実が図られている (相澤哲=松本真=清水毅=細川充=小松岳志「合併等対価の柔軟化の施行に伴う「会社法施行規則の一部を改正する省令」商事1800号4頁). 要件の加重は国際的評価を下げる可能性があることから, 採用されなかった (商事1799号6頁 [相澤哲発言]). ② 7月4日には, 信託法の施行との関連で会社法施行規則および電子公告規則が改正され, また「信託計算規則」が公布されている (法務省令第42号. 林史高・神吉康二「信託計算規則の概要」会

計・監査ジャーナル627号77頁)．また③ 証券取引法が金融商品取引法と名称変更されたこととの関連で会社法施行規則および会社計算規則が改正されている(法務省令第38号・第39号．商事1805号27頁)．④ 12月14日には，「社債等の振替に関する法律施行令」(政令第370号)および「社債等の振替に関する命令」(内閣府令，法務省令第11号)の一部の改正が行われている(仁科秀隆「株券電子化関係政省令の解説(上)」商事1830号4頁).

I-2-4-27 ⑳ 平成20(2008)年3月19日には会社法施行規則と会社計算規則が一部改正された(平成20年法務省令第12号．松本真・小松岳志「会社法施行規則及び会社計算規則の一部を改正する省令の解説」商事1828号4頁)．会社法施行規則では，① 金融商品取引法における四半期報告書の導入(金商24の4の7，25Ⅰ⑦等)に伴う整備，② 事業報告における会社役員・社外役員の報酬等に関する開示等の合理化が行われ，会社計算規則では，① 「企業結合会計基準及び事業分離等会計基準に関する適用指針」の改正に対応した改正，② 「リース取引に関する会計基準」の公表に伴う整備，③ 「関連当事者の開示に関する会計基準」の公表に伴う整備等が行われている(松本真・小松岳志「『会社法施行規則及び会社計算規則の一部を改正する省令』の解説—平成20年法務省令第12号—」金法1832号17頁).

I-2-4-28 ㉖ 平成21(2009)年1月26日には「電子公告規則の一部を改正する省令」が公布され，即日施行され，「電子公告調査機関の登録及び登録の更新に係る基準」がさだめられた(吉野太人・塚田佳代「電子公告規則の一部を改正する省令等の解説」商事1858号14頁．新旧対照条文については「電子公告規則の一部を改正する省令新旧対照条文」商事1856号49頁参照)．3月23日には「社債，株式等の振替に関する法律施行令の一部を改正する政令」が公布され，即日施行されている(大野晃宏・小松岳志「社債，株式等の振替に関する法律施行令の一部を改正する政令の解説」商事1861号14頁)．3月27日には国際的な会計基準とのコンバージェンスの必要等から「会社法施行規則，会社計算規則等の一部を改正する省令」が公布され，4月1日から施行されている(大野晃宏＝小松岳志＝澁谷亮＝黒田裕＝和久友子「会社法施行規則，会社計算規則等の一部を改正する省令の解説」商事1862号4頁).

第5節　各国の会社法

1　イギリス

I-2-5-1　1989年会社法により修正された1985年会社法は，**2006年会社法**(Company Law)に代えられている．

2　アメリカ

I-2-5-2　各州が独自の会社法を有しいる．しかし州ごとに規定が相違していると不便であ

るので，大部分は，National Conference of Commissioners on Uniform State Laws(NCCUSL)により作成されたモデル法に基づいて法典化されている．① partnershipについては，1914年Uniform Partnership Actがあるが，1994年に改正されている．② limited partnershipについては，1916年Uniform Limited Partnership Actがあるが，76年，83年および85年に改正されている．これに対し，③ corporationについては，NCCUSLは1928年にUniform Business Corporation Actを公表した．43年にはこのActの名称はModel Business Corporation Actと変更されたが，同法は58年に撤回されている．他方，アメリカ法曹協会・会社法委員会〔Committee on Corporate Laws of the American Bar Association〕は1946年に同名のActを公表した．これは50年と69年に修正されている．数州は，69年のModel Business Corporation Actを使用している．69年の完全修正版が84年改正模範事業会社法（北沢正啓＝平出慶道『アメリカ模範会社法』〔商事法務研究会1988年〕参照）であり，これは，25以上の州で利用されている．最も影響力がある州会社法はDelaware General Corporation Law（北沢正啓＝浜田道代『デラウェア会社法』〔商事法務研究会1988年〕参照）であるが（ニューヨーク証券取引所に上場されている会社の半分近くがデラウェア州会社である），ただ僅かな州でモデルとして使用されているだけである．ニューヨーク州（長浜洋一訳『ニューヨーク事業会社法』〔商事法務研究会1990年〕参照），カリフォルニア州（北沢正啓＝戸川成弘『カリフォルニア会社法』〔商事法務研究会1990年〕参照）のような比較的大きな州は，デラウェア州法，84年改正模範事業会社法および州内法源からなる会社法を使用している（ロバート・W・ハミルトン，山本光太郎訳『アメリカ会社法』〔木鐸社1999年〕参照）．

3 EU

I-2-5-3 (a) 1968年第1指令（公示，会社の行為の効力および会社の設立無効），76年第2指令（株式会社の設立・資本維持・増加・減少等．2006年に改正されている），78年第3指令（株式会社の合併），78年第4指令（会社の計算・監査・公開）（山口幸五郎『EC会社法指令』〔同文舘1984年〕参照），82年第6指令（株式会社の分割），83年第7指令（連結決算書の作成・監査・公開），84年第8指令（会計監査人制度），85年第10指令案（国際合併），89年第11指令（外国会社の支店の開示制度），89年第12指令（一人有限会社規制），90年11月8日付けの2つの指令，2001年の公正価値指令，2003年5月の基準値指令，2003月6月の現代化指令，2004年4月の第13指令（公開買付）等が公表されている．

(b) 欧州理事会は，同じ2001年10月に「欧州会社（Societas Europaea, SE）法規則」と「従業員の共同決定に関する欧州会社法指令」を可決している．規則は，加盟国に直接適用されるので，ようやく欧州会社法は実施の段階に入っている．

4 ドイツ

I-2-5-4　合名会社・合資会社・匿名組合は商法典で規制され (105条～236条), 有限会社は1892年有限会社法, 株式会社は1965年株式法 (慶應義塾大学商法研究会『西独株式法』[1969年] 参照) で規制されているが, 1969年特定企業およびコンツェルン会計法, 1994年組織変更法 (UmwG), 1998年証券取引法 (WpHG) などにより補足されている. 株式法は最近頻繁に改正されている (2001年1月の NaStraG, 2001年12月の WpÜG, 2002年7月の TransPuG, 2005年の UMAG 等).

5 フランス

I-2-5-5　商法典第2編 (210-1条～252-13条) および1967年3月23日デクレ67-236号が現行法である.

6 イタリア

I-2-5-6　会社はすべて1942年の民法典 (Codice civile) 第4編第5章2247条以下で規制されている. この規制は, 2003年1月17日の委任立法で大改正を受けている (泉田栄一「イタリア会社法法の大改正—民法典の部分訳 (試訳)」『暁の鐘ふたたび』[2005年]).

7 スペイン

I-2-5-7　1985年商法典第2編第1章で合名会社, 合資会社および株式合資会社を定めている. 株式会社は, 1989年株式会社法により (黒田清彦『新スペイン株式会社法の研究』[中央経済社1997年]), 有限会社は1995年の有限会社法で規制されている.

第6節　金融商品取引法

1 総説

I-2-6-1　証券取引法は金融商品取引法に名称を変え, ますます複雑化・多様化してきていることから, 金融商品取引法を会社法の特別法と捉えることは, 金融商品取引法の一部を捉えての見方にすぎないが (河本一郎＝大武泰南『証券取引法読本第7版』25頁 [有斐閣2005年]), 同法は部分的に会社法の特別法であることは紛れのない事実である. 同法は「企業内容等の開示の制度を整備するとともに, **金融商品取引業**[12]を行う

I-2-6-2　(12) **金融商品取引業等**　金融商品取引業は, ① 金融商品 (有価証券等, 金商2 XXIV) に関する販売・勧誘業, ② 投資助言・代理業 (金商28Ⅲ), ③ 投資運用業 (金商28Ⅳ) の総称である (金商2Ⅷ). ①は, 行為の種類により, 第1種金融商品取引業 (金商28Ⅰ) と第2種金融商品取引業 (金商28Ⅱ) とに分けられる. 銀行, 協同組織金融機関その他政令で定める金融機関は,

者に関し必要な事項を定め，**金融商品取引所**⁽¹³⁾の適切な運営を確保すること等により，有価証券の発行及び金融商品等の取引等を公正にし，有価証券の流通を円滑にするほか，資本市場の機能の十全な発揮による金融商品等の公正な価格形成等を図り，もって国民経済の健全な発展及び投資者の保護に資することを目的」（金商1）としている．同法は，従来の縦割り型規制には欠陥があったので，横断型投資者保護規制に改組することを狙いとして（なお平成17年12月22日金融審議会金融文科会第1部会報告「投資サービス法（仮称）に向けて」参照），「証券取引法」，「外国証券業者に関する法律」，「有価証券に係る投資顧問業の規制等に関する法律」，「抵当証券業の規制等に関する法律」および「金融先物取引法」を統合した法律である．同法の対象範囲を図示すると図1のようになる．

本節では，金融商品取引法のごく基本的事項を，会社法の理解に必要な限度で，簡単に紹介する．

2 情報開示

金融商品取引法は，有価証券の**発行市場**〔米 primary market：仏 marche primaire：伊 mercato primario：西 mercado primario〕と**流通市場**〔米 secondary market：仏 marché secondaire：伊 mercato secondario：西 mercados secundarios〕における情報の開示を要求している．

1-2-6-4 (1) **発行市場での開示** (ア)「**有価証券の募集**」，「**有価証券の売出し**」または「**適格機関投資家取得有価証券一般勧誘**」は，発行者（会社）が**有価証券届出書**（米 registration statement）**を内閣総理大臣**（金融庁長官）**に届出をしている**ものでなければすることができない（金商4Ⅱ・5Ⅰ）．ただし，① ストック・オプションの場合（金商4Ⅰ①，金商施2の12 [*Ⅱ-3-3-1*]），② その有価証券に関し開示が行われている場合（金商4Ⅰ③），③ 有価証券発行勧誘等による売出しの相手方が適格機関投資家のみを相手方とする場合（金商4Ⅰ④），④ 発行価額または売出価額の総額が**1億円未満**の

有価証券関連業（金商28Ⅷ）または投資運用業を行うことができない（金商33Ⅰ）．また，金融商品仲介業とは，第1種金融商品取引業者もしくは投資運用業者または登録金融機関の委託を受けて，有価証券の売買の媒介など一定の行為を当該委託者のために行う業務をいう（金商2ⅩⅠ）．銀行，協同組織金融機関その他政令で定める金融機関以外の者は，登録を受けて金融商品仲介業を行うことができる（金商66〜66の26）．

1-2-6-3 (13) **金融商品取引所** 金融商品取引所とは，内閣総理大臣の**免許**を受けて金融商品市場を開設する金融商品会員制法人または株式会社をいう（金商2 ⅩⅥ・80Ⅰ）．株式会社方式には金融商品取引所を子会社とする持株会社方式（東証はこれを選択）も認められている．この場合には内閣総理大臣の認可が必要である（金商2 ⅩⅧ・106の10Ⅰ）．**金融商品市場とは，有価証券の売買または市場デリバティブ取引を行う市場である**（金商2 ⅩⅣ）．そのうち金融商品取引所の開設する金融商品市場を**取引所金融商品市場**といい（金商2 ⅩⅥ），そうでない市場を店頭市場という．店頭市場は，認可金融商品取引業協会が開設する**店頭売買有価証券市場**（金商67Ⅱ）と非組織の店頭市場に分けられる．

図1　金融商品取引法の対象範囲

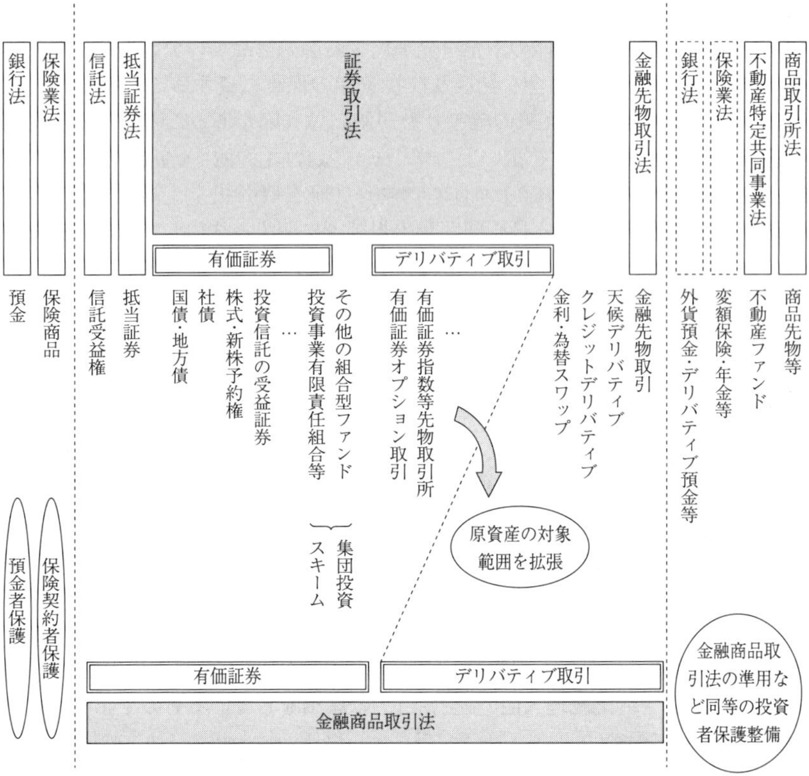

法律	対象
銀行法	預金
保険業法	保険商品
信託法	信託受益権
抵当証券法	抵当証券
証券取引法（有価証券）	株式・新株予約権、国債・地方債、社債、投資信託の受益証券、投資事業有限責任組合等、その他の組合型ファンド…
証券取引法（デリバティブ取引）	有価証券オプション取引、有価証券指数等先物取引所…
金融先物取引法	金融先物取引、天候デリバティブ、クレジットデリバティブ、金利・為替スワップ
銀行法	外貨預金・デリバティブ預金等
保険業法	変額保険・年金等
不動産特定共同事業法	不動産ファンド
商品取引所法	商品先物等

（原資産の対象範囲を拡張）

集団投資スキーム

→ 金融商品取引法（有価証券／デリバティブ取引）

預金者保護／保険契約者保護／金融商品取引法の準用など同等の投資者保護整備

（出典：大崎貞和『解説金融商品取引法』32頁［弘文堂2006年］）

有価証券の募集・売出しで内閣府令で定めるもの（金商4Ⅰ⑤，企業開示府令2Ⅲ）の場合には，届出は不要である．(a)「**有価証券の募集**」は，新たに発行される有価証券の申込みの勧誘であるが，**第1項有価証券**（株券，新株予約権，社債券等，および証券発行が可能であるが，証券が発行されていないもの［有価証券表示権利］）に係るものに関しては，① **50人以上の者を相手方として勧誘を行う場合**（金商施1の5），② 適格機関投資家（定義府令10・11，金商施1の4参照）のみを相手方として行う場合であって，(i) 適格機関投資家向け勧誘，(ii) 少人数向け勧誘（金商施1の6・1の7）のいずれにも該当しないものである（金商2Ⅲ）．

なお第1項有価証券に係る「**有価証券の私募**」とは，取得勧誘であって有価証券の募集に該当しないものをいい（金商2Ⅲ），① 適格機関投資家向け勧誘および② 少人数向け勧誘がある．私募に該当する場合には，原則として，① 当該有価証券について届出が行われていないこと，② 転売の制限が付されていること等を

図2　金融商品取引業の範囲

業務内容			〈既存の業の種別〉
金融商品取引業	第一種金融商品取引業	・有価証券の売買，その媒介・取次ぎ・代理（みなし有価証券を除く），有価証券関連の市場デリバティブ取引，その媒介・取次ぎ・代理等	証券業
		・店頭デリバティブ取引，その媒介・取次ぎ・代理	金融先物取引業
		・有価証券の元引受け等	
		・PTSもしくはMTFの運営業務	
		・有価証券等管理業務	
	第二種金融商品取引業	・委託者指図型投資信託・集団投資スキーム持分等の募集・私募	組合型ファンド
		・みなし有価証券の売買，その媒介・取次ぎ・代理，売出し，募集等	
		・市場デリバティブ取引，その媒介・取次ぎ・代理（有価証券関連を除く）	
	投資助言・代理業	・投資顧問契約に基づく投資判断に関する助言	投資顧問業
		・投資顧問契約・投資一任契約の締結の代理，媒介	
	投資運用業	・投資一任契約・資産運用委託契約に基づく財産の運用	投資一任業
		・投資信託受益証券等の保有者から拠出された財産の運用	
		・信託受益権・集団投資スキーム持分の保有者から拠出された財産の運用	投資信託委託業
金融商品仲介業		・有価証券の売買の媒介	証券仲介業
		・有価証券の募集等	
		・取引所金融商品市場等における有価証券の売買，市場デリバティブ取引等の媒介	
		・投資顧問契約・投資一任契約の締結の媒介	

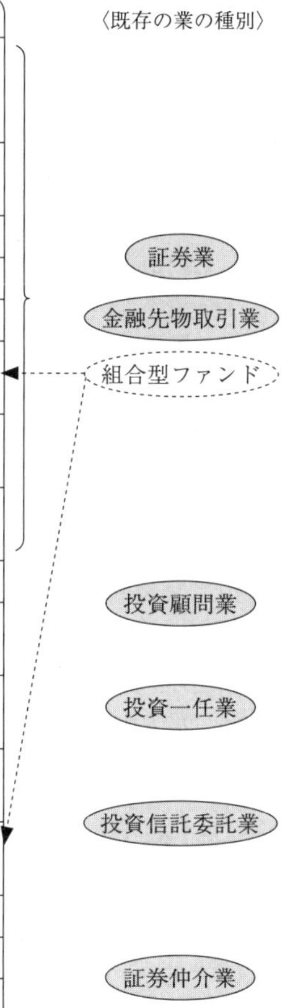

（出典：大崎貞和『前掲書』34頁）

記載した告知書面をあらかじめまたは同時に，当該有価証券取得者に対して交付しなければならない（金商23の13，企業開示府令14の14・14の15，特定有価証券開示府令19・20）。

第2項有価証券（信託の受益権，合名会社・合資会社・合同会社の社員権，集団投資スキームなど，証券に表示されるべき権利以外の権利であって有価証券とみなされるもの。金商2Ⅲ）に係る場合には，その取得勧誘に係る**有価証券を500名以上の者が所有する**こととなる**取得勧誘**を行う場合が，「有価証券の募集」に当たる（金商2Ⅲ③，金商施1の7の2）。第2項有価証券に係る「私募」は，取得勧誘の対象者が499名以下の場合であ

る.

(b)「**有価証券の売出し**」とは，既に発行された有価証券の売付けの申込みまたは買付けの申込みの勧誘であるが，① 第1項有価証券の場合には，均一の条件で，50名以上の者を相手方として行う場合が売出しにあたり（金商2Ⅳ①，金商施1の8），② 第2項有価証券の場合には，その売付け勧誘等に応じることにより，当該売付け勧誘等に係る有価証券を500名以上の者が所有することとなる場合は売出しにあたる（金商2Ⅳ②，金商施1の8の2）．

(c)「**適格機関投資家取得有価証券一般勧誘**」とは，一定の有価証券の交付勧誘等で，適格機関投資家が適格機関投資家以外の者に対して行うものである（金商4Ⅱ）．

(イ) **有価証券届出書**には証券情報と企業情報が記載される（金商5Ⅰ，企業開示府令8．発行者が内国会社の場合には第2号様式である）．① 5億円未満の募集・売出しの場合には，有価証券届出書の記載内容を簡略化できる（**少額募集**．金商5Ⅱ．企業開示府令8Ⅰ②，第2号の5様式）．② 1年以上継続して有価証券報告書を提出する発行者（上場会社）は，有価証券報告書等をとじ込む等によって記載に代えることができる（**組込方式**．金商5Ⅲ．企業開示府令9の3参照）．③ 要件②を満たし，かつ株式の年間売買金額および時価総額が一定の額を上回る者は，有価証券報告書等の参照すべき旨を有価証券届出書に記載することによって企業情報の記載に代えることができる（**参照方式**．金商5Ⅳ．企業開示府令9の4参照）．④ 要件③を満たす発行者は，有価証券の発行価額・売出価額が1億円以上の場合，**発行登録書**を内閣総理大臣に提出し**発行登録**をしておけば（金商23の3．企業開示府令14の3参照），**発行者登録追補書類を提出**するだけで，即日募集または売出しを行うことができる（金商23の8Ⅰ．企業開示府令14の8参照．**発行登録制度**）．

(ウ) 有価証券届出書の届出または発行登録書が効力を生じるまでは（原則として，**受理日から15日が経過すると効力発生**．金商8Ⅰ・23の5），発行者，有価証券の売出しをする者，引受人，金融商品取引業者，登録金融機関または金融商品仲介業者は，募集，売出しにより取得させ，または売り付けてはならない（金商15Ⅰ）．有価証券の募集・売出しが一定の日における株主名簿に記載・記録されている株主に対して行われる場合には，株主に投資判断を行うための時間的余裕を与えるため，当該募集・売出しに関する届出は，その日の**25日前**までにしなければならない（金商4Ⅲ，企業開示府令3）．

(エ) 募集・売出しに際しては発行者は目論見書（金商2Ⅹ．〔独 Verkaufsprospekt：仏 prospectus〕）を作成し（金商13ⅠⅡ．なお企業開示府令11の2参照），発行者等は，原則として，**交付目録見書**をあらかじめまたは同時に交付しなければならない（金商15Ⅱ・13Ⅱ①．企業開示府令12～14参照）．届出書の写しは，上場有価証券であれば当該金融商品取引所に，流通状況がそれに準ずるものとして政令で定める有価証券であれば，政令で定める認可金融商品取引業協会に，遅滞なく，提出されることが必要で

ある (金商 6. なお金商施 3 参照). 内閣総理大臣・発行者・金融商品取引所・認可金融商品取引業協会は有価証券届出書等を公衆の縦覧に供する (金商25).

　(オ) **特定募集等**とは, ① 開示が行われている売出し, ② 少額免除が認められている募集または売出し, ③ 当該有価証券に関して開示が行われている場合等の理由で届出が免除されている適格機関投資家取得有価証券一般勧誘のうち, i 有価証券の売出しに該当するもの, またはii 有価証券の売出しに該当せず, かつ, 開示が行われている場合に該当しないものである (金商 4 V). 特定募集等が行われる場合には, 有価証券届出書の提出の必要がないが, **有価証券通知書** (内国会社の場合は第1号様式) を内閣総理大臣に提出しなければならない (金商 4 Ⅵ, 企業開示府令 4 Ⅰ). ただし, ① 開示が行われている場合における 4 条 4 項に規定する有価証券の売出しでその売出価額の総額が 1 億円未満のものおよび② 4 条 1 項 5 号に掲げる有価証券の募集または売出しでその発行価額または売出価額の総額が1,000万円以下のもの (企業開府令 4 Ⅳ) については, この限りでない (金商 4 Ⅵ但書). 有価証券通知書は, 公衆に縦覧されない (金商25 Ⅰ).

I-2-6-5　(2) **流通市場での開示**　(a) ① **上場会社**, ② **店頭売買有価証券発行会社** (金商施 3), ③ 過去の募集・売出しに**有価証券届出書または発行登録追補書類を提出した会社**, または④ **株主の数が500人以上の会社** (金商施 3 の 6 Ⅱ・Ⅲ) は, 事業年度終了後 3 カ月以内に**有価証券報告書** (これには (連結) 財務諸表が組み込まれる. 内国会社にあっては第3号様式. 企業開示府令15) を (金商24 Ⅰ), (β) 有価証券報告書を提出しなければならない会社のうち, 上場会社その他の政令で定めるものは (金商施 4 の 2 の 7 Ⅰ), 有価証券報告書と併せて, 当該会社の属する企業集団および当該会社に係る財務計算に関する書類その他の情報の適正性を確保するために必要なものとして内閣府令で定める体制について評価した**内部統制報告書** (米 internal control report) を[14] (金商24の 4 の 4 Ⅰ), (γ) 有価証券報告書提出会社のうち, 上場会社等は, 事業年度が 3 カ月を超える場合には, 四半期経過後45日以内に, **四半期報告書** (米 guarterly financial report) (内閣府令で定める事業を行う会社は, 60日以内の政令で定める期間内に, 四半期報告書記載事項のほかに内閣府令で定める事項を記載した報告書) を (金商24の 4 の 7 Ⅰ [Ⅱ-5-4-59]. 金商施 4 の 2 の10参照), (δ) 四半期報告書提出会社を除く, 有価証券報告書提出会社は, 事業年度が 6 カ月を超える場合には, 事業年度の半年が経過した後 3 カ月以内に, **半期報告書** (これには中間 (連結) 財務諸表が組み込まれる [Ⅱ-5-4-92]) を

I-2-6-6　　[14] **内部統制報告書**　内部統制報告書制度は, 確認書制度と同様, サーベンス＝オクスリー法 (Sarbanes-Oxley Act) 302条(a)を範とした制度である. 平成17年12月に企業会計審議会から「財務報告に係る内部統制の評価及び監査の基準のあり方について」が公表されている (八田進二『これだけは知っておきたい内部統制の考え方と実務』[日本経済新聞社2006年] 参照).「財務計算に関する書類その他の情報の適正性を確保するための体制に関する内閣府令」(平19・8・10内閣令62) が, 内部統制報告書の用語, 様式および作成方法を定めている.

(金商24の5Ⅰ．企業開示府令18参照．内国会社にあっては第5号様式)，(ε) **有価証券報告書**会社は，その有価証券を外国で募集または売出しを行うとき，その他内閣府令で定める場合に該当することとなったときには，**臨時報告書**を(金商24の5Ⅳ．企業開示府令19参照．内国会社にあっては第5号の3様式)，(ζ) 上場株券等の発行者である会社は，自己株式の取得に関する株主総会(会156Ⅰ)または取締役会(会165Ⅲ)の決議があった場合には，内閣府令で定めるところにより，当該決議があった株主総会等の終結した日の属する月から株式を取得することができる期間(会156Ⅰ③[*Ⅱ-2-2-7*])の満了する日の属する月までの各月(報告月)ごとに，各報告月の翌月15日までに，**自己株券買付状況報告書**を(金商24の6Ⅰ．企業開示府令19の3参照)，それぞれ，内閣総理大臣(本店所在地の財務局長)に提出し，また，その写しを，遅滞なく，当該有価有価証券が上場されているときには金融商品取引所に，流通状況が上場有価証券に準ずるものとして政令で定めるものであるときは，認可金融商品取引業協会に提出しなければならない(金商24Ⅶ・24の2Ⅲ・24の4の4Ⅴ・24の4の7Ⅴ・24の5Ⅵ・24の5の6Ⅲ・24の6Ⅲ)．

有価証券報告書を提出しなければならない外国会社は，公益または投資者保護に欠けることがない場合には，有価証券報告書等に代えて，補足書類を添付して，英語で記載された外国会社報告書を提出することができる(金商24Ⅷ～ⅩⅢ・24の5Ⅶ～Ⅻ．平成17年改正で導入された)．これは，外国会社のコストを軽減することにより，わが国証券市場の国際競争力の向上を図ろうとするものである(谷口義幸「証券取引法の一部改正の概要」商事1739号62頁)．

なお平成18(2006)年改正で，上場会社等は，有価証券報告書，4半期報告書および半期報告書について，その記載内容が金融商品取引法令に基づき適正であることを確認した旨を記載した**確認書の提出**を義務付けられている(金商24の4の2・24の4の8・24の5の2．なお金商施4の2の5・4の2の11・4の2の13参照)．

このほか，① **株式所有を通じて直接または間接に上場会社**(提出子会社)**の議決権の過半数を所有している会社であって，有価証券報告書提出会社でないもの**(親会社等)は，内閣府令で定めるところにより，事業年度経過後3カ月以内に**親会社等状況報告書**を(金商24の7Ⅰ．提出すべき会社が内国親会社等である場合は第5号の4様式．企業開示府令19の5Ⅱ①)，② 株券，新株予約権付社債券その他の政令で定める有価証券(株券関連有価証券．金商施14の5の2参照)で，金融商品取引所に上場されているものまたは流通状況がこれに準ずるものとして政令で定める株券関連有価証券の発行者である会社が発行する対象有価証券を**発行済株式の5％を超えて保有する者**(大量保有者)は，大量保有者となった日から5日以内に，**大量保有報告書**(金商27の23Ⅰ．その後株券保有割合が100分の1以上増加または減少した場合には5日以内に変更報告書．金商27の25Ⅰ)を，それぞれ，内閣総理大臣に提出し(②は5％ルールと呼ばれる)，その写しを，遅滞なく，①の場合には提出子会社，②の場合には当該株券等の発行者に提出

すると共に，上場されているか否かに応じて，金融商品取引所または認可金融商品取引業協会に提出しなければならない（金商24の7Ⅳ・27の23Ⅰ）。発行者の事業活動に重要な変更を加え，または重大な影響を及ぼす行為を行う（重要提案行為等．金商施14の8の2）目的を有することなく金融商品取引業者，銀行等が保有する株券（特例対象株券等．保有割合が10％を超えない．大量保有府令12）の場合には，一般の報告を軽減する特例報告制度が定められている（金商27の26）。

提出は2001年6月に金融庁の**開示用電子情報処理組織**〔EDINET = Electronic Disclosure for Investor' Network〕がスタートしたことから，EDINETを使用して行わなければならない**「電子開示手続」**（金商27の30の3Ⅰ）とEDINETを使用して行うことができる[15]**「任意電子開示手続」**（金商27の30の3Ⅱ）の2種がある（金商27の30の2以下）。

有価証券届出書，有価証券報告書，有価証券報告書の記載内容に係る確認書，内部統制報告書，親会社等状況報告書および大量保有報告書は5年間，四半期報告書，半期報告書および四半期報告書の確認書は3年間，発行登録書は発行登録が効力を失うまでの期間（2年を超えない内閣府令で定める期間．金商23の6），臨時報告書および自己株券買付状況報告書は1年間，内閣総理大臣（関東財務局および書類提出会社の本店所在地を管轄する財務局），書類を提出した会社の本店および主要な支店および金融商品取引所または認可金融商品取引業協会の事務所に備え置かれ，公衆の縦覧に供される（金商25ⅠⅡⅢ・27の28ⅠⅡ）。

発行者が，重要な事項につき虚偽の記載がある発行開示書類，有価証券報告書等，四半期・半期・臨時報告書等を提出するときは，課徴金の納付を命じられる（金商172～172の2．継続的開示書類〔有価証券報告書等，四半期・半期・臨時報告書等をいう〕の虚偽記載に係る課徴金制度は平成17年改正で導入された）。課徴金の額は，得られた利益の数倍というような民事制裁の性格を有しておらず，利益の一部吐き出し命令にとどまっている。

なお有価証券報告書を提出しなければならない外国会社（報告書提出外国会社）は，公益または投資者保護に欠けることがない場合には，有価証券報告書に代えて，補

1-2-6-7　（15）　**電子開示**　EDINETは，内閣府の使用に係る電子計算機と有価証券報告書等の開示書類の提出手続を行う者が使用する入出力装置ならびに金融商品取引所および政令で定める認可金融商品取引業協会の使用に係る出入力装置とを電気通信回路で接続したコンピュータ・システムである。「電子開示手続」には，有価証券届出書，発行登録書，有価証券報告書，有価証券報告書の記載内容に係る確認書，内部統制報告書，四半期報告書，半期報告書，臨時報告書，自己株券買付状況報告書，親会社等状況報告書，公開買付届出書，公開買付対象者による意見表明報告書，対質問回答報告書，公開買付撤回届出書，公開買付報告書，大量保有報告書の提出手続が含まれる（金商27の30の2）。平成20年4月から新システムは稼働している（武田敦「新EDINETの導入に伴う内閣府令等の一部改正の概要」会計・監査ジャーナルVol.20, No.5, 5頁（2008）参照）。

足書類を添付して，英語で記載された外国会社報告書等を提出することができる（金商24Ⅷ～ⅩⅢ・24の5Ⅶ～Ⅻ）．これは，外国会社のコストを軽減することにより，わが国証券市場の国際競争力の向上を図ろうとするものである．

3 相場操縦

I-2-6-8 何人も，有価証券の売買，市場デリバティブ取引または店頭デリバティブ取引のうちいずれかの取引が繁盛に行われていると他人に誤解させる等これらの取引の状況に関し他人に誤解を生じさせる目的（出来高に関し他人に誤解を生じさせる目的も本目的にあたる．最一小決平成19・7・12刑集61巻5号456頁）をもって，① 仮装取引（金商159Ⅰ①～③⑨），② 馴合い取引（金商159Ⅰ④～⑨），③ 変動操作（金商159Ⅱ①・平成18年改正により見せ玉［売買が盛んなように見せかけるため，架空の注文を出し，約定が成立しそうになると取り消す行為］を含む），④ 表示による相場操縦（金商159Ⅱ②③），または⑤ 安定操作（金商159Ⅲ）行為をしてはならない．ただし，有価証券の募集・売出の際には，一度に大量の有価証券が市場に流出するので，有価証券の市場価額が実額以下に下落し，募集・売出しを困難にするので，政令に定める要件（金商施20～26）を遵守することにより，**安定操作**を行うことができる（金商159Ⅲ．実施状況については商事1564号24頁参照）．違反は，損害賠償責任（金商160）・刑事罰（金商197Ⅰ⑤・Ⅱ・207Ⅰ①）の対象となるだけでなく，変動操作は**課徴金**の対象となる（金商174・174の2・174の3）．安定操作届出書・安定操作報告書は公衆縦覧に供される（金商施26）．

4 監査証明等

I-2-6-9 金融商品取引法により提出される貸借対照表，損益計算書その他の財務計算に関する書類は，内閣総理大臣が一般に公正妥当であると認めるところに従って内閣府令で定める用語，様式および作成方法により，作成しなければならない（金商193）．この規定は，「企業会計原則」，財務諸表規則等の根拠規定である．

金融商品取引所に上場されている有価証券の発行会社その他の者で政令で定めるもの（金商施35）が提出する**財務書類**[16]および**内部統制報告書**は，特別の利害関係のない公認会計士または監査法人の監査証明を受けなければならない（金商193の2Ⅰ・Ⅱ）．監査を実施した公認会計士または監査法人は，監査報告書，中間監査報告書または四半期レビュー報告書（財務監査府令3・4）および内部統制監査報告書（適正性確保府令1Ⅱ）を作成する．

I-2-6-10 (16) **財務書類** 財務書類は① 有価証券届出書に含まれる財務諸表，四半期財務諸表，中間財務諸表，連結財務諸表，四半期連結財務諸表，中間連結財務諸表，② 有価証券報告書に含まれる財務諸表，連結財務諸表，四半期財務諸表，中間財務諸表，四半期連結財務諸表，中間連結財務諸表，等である（財務監査府令1）．

第2章 会社法の目的 第6節 金融商品取引法 89

5 内部者取引の規制

会社内部の情報を利用して，その会社の株式等を売買し，利益を上げまたは損失を免れることは，有価証券市場の公平性と健全性を損なうことになるので，内部者取引〔英 Insider dealing：米 Insider trading：独 Insiderhandel〕に対しては次のような規制が行われている。

I-2-6-11　**(1) 短期売買報告書提出義務**　上場会社等の役員および主要株主(自己または他人名義で総株主等の議決権の10％以上の議決権を保有している株主)は，その会社の内部情報を知る可能性が大きいので，自己の計算において当該会社の特定有価証券等の買付け等または売付け等をした場合においては，内閣府令で定めるところにより，売買報告書を売買等があった日の属する月の翌月15日までに，買付け等または売付け等を金融商品取引業者等または取引所取引許可業者に委託等をして行った場合には，これらを経由して，内閣総理大臣に提出しなければならない(金商163Ⅰ・Ⅱ. 有価証券規制府令28〜30参照)。

I-2-6-12　**(2) 短期売買利益提供制度**　上場会社等の役員または主要株主が当該上場会社等の特定有価証券について，6月以内に売買をして利益を得た場合においては，「当該取引においてその者が秘密を不当に利用したか否か，その取引によって一般投資家の利益が現実に損なわれたか否かを問うことなく」(最大判平成14・2・13金判1141号3頁[技研興業事件])，当該会社は，その利益を会社に提供すべきことを請求することができ，**会社が60日以内にその請求をしないときは**，その株主は上場会社等に代位して，その請求をなすことができる(金商164Ⅰ・Ⅱ)。内閣総理大臣は，短期売買報告書から役員または主要株主が利益を得ていると認める場合には，利益関係書類を当該役員または主要株主に送付し，売買を行っていない旨の申立てを求め，申立てがないときは，これを会社に送付するとともに，公衆の縦覧に供すべきものとする(金商164Ⅳ〜Ⅸなお有価証券規制府令31〜34参照)。

I-2-6-13　**(3) 会社関係者等の行為の禁止**　上場会社等の**業務等に関する重要事実**[17](金商166Ⅱ)を，① 当該上場会社の役員等がその職務に関して知ったとき(最三小判平成15・12・3判時1353号10頁参照)，② 帳簿閲覧請求権(会433Ⅰ[Ⅱ-5-1-45])を有する株主等が当該権利の行使に関して知ったとき，③ 当該会社に対して法令に基づく権限を有する者がその権限の行使に関して知ったとき，④ 当該会社と契約を締結して

I-2-6-14　(17) **重要事実**　重要事実は，① 業務執行機関の特定の事項の決定(募集株式の決定，新株予約権の募集，資本金の額の減少，自己株式の取得等．業務執行機関の決定の意味については最一小判平成11・6・10刑集53巻5号415頁参照)，② 発生事実(災害に起因する損失，主要株主の異動等)，③ 決算変動(売上高等の予想値の変動)，④ 包括条項(会社の運営，業務または財産に関する重要な事実であって投資者の投資判断に著しい影響を及ぼすもの)，⑤ 子会社の重要事実に分けられる(金商166Ⅱ)。

いるまたはその交渉をしている者で，当該会社の役員等以外のものが当該契約の締結または履行に関して知ったとき，⑤ 上記②④の者が法人である場合のその法人の役員等がその職務に関して知ったときは，これらの**会社関係者**(その地位を去って1年以内のものを含む)は，当該業務が一定の方法で**公表された**(金商166Ⅳ)後でなければ，当該会社の上場株券等の売買その他の有償の譲渡または譲受けまたはデリバティブ取引をしてはならない(金商166Ⅰ)．上述の会社関係者から，その者が上述のようにして知った重要事実の伝達を受けた者(**情報受領者**)も，同様である(金商166Ⅲ．最三小判平成11・2・16刑集53巻2号1頁参照)．違反は刑事罰(金商197の2⑬・207Ⅰ②．取引によって得た財産は没収の対象となる．金商198の2)，民事責任(なお東京地判平成3・10・29金法1321号23頁・資料版商事135号93頁参照)のほか，**課徴金**(金商175)が課される．

I-2-6-15 **(4) 公開買付者等関係者の行為の禁止** 上場株券等の公開買付者などの関係者(内部者・準内部者)および関係者からの情報受領者は，当該公開買付け等の実施に関する事実またはその中止に関する事実の公表がなされた後でなければ，実施に関する事実に係る場合にあっては関連株券等に係る買付け等をしてはならず，公開買付けの中止に関する事実に係る場合にあっては売付け等をしてはならない(金商167)．

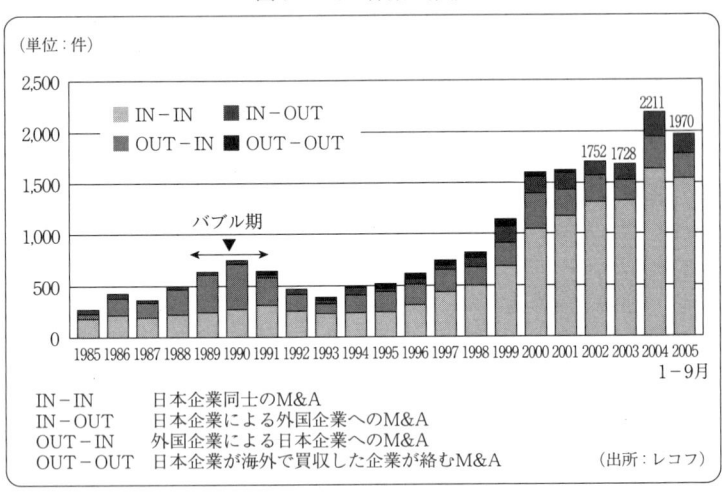

図3 M&A 件数の推移

(単位：件)

年	件数
2004	2211
2005 1-9月	1970
2003	1728
2002	1752

IN-IN　日本企業同士のM&A
IN-OUT　日本企業による外国企業へのM&A
OUT-IN　外国企業による日本企業へのM&A
OUT-OUT　日本企業が海外で買収した企業が絡むM&A

(出所：レコフ)

出典：岡俊子「M&A 時代の幕開け」JICPA ジャーナル606号55頁〔2006年〕

6 公開買付け

I-2-6-16 **(1) 発行会社以外の者が行う公開買付け** **(ア) 総 説** 公開買付けとは，**不特定かつ多数の者に対し，公告により株券等**(株券，新株予約権付社債券その他の有価証券で政令で定めるもの．金商施6，買付府令2)**の買付け等の申込みまたは売付け等の申込み**

第2章 会社法の目的 第6節 金融商品取引法 **91**

の勧誘を行い，取引所金融市場外で株券等の買付け等を行うことである（金商27の2Ⅵ，計規2Ⅲ㉙，会施規2Ⅲ⑮）．その株券等について有価証券報告書の提出義務がある発行者またはプロ向けの取引所市場（金商2㉝）のみに上場されている有価証券（特定上場有価証券．金商2㉝）の発行者の株券等に関する，その発行者以外の者による取引所金融商品市場外で行う買付けであって，次のいずれに該当するものは，公開買付け〔英 takeover：米 tender offer：独 ein öffentliches Kaufangebot：仏 l'offre publique d'achat ou d'échange. OPA ou OPE：伊 l'offerta pubblica di acquisto o di scambio〕によらなければならない[18]（金商27の2Ⅰ）．

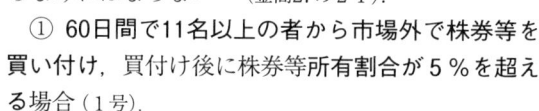

TOBの推移（レコフ調べ）

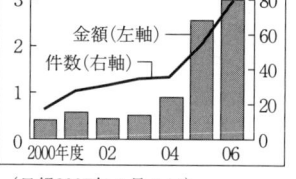

（日経2007年4月1日）

① 60日間で11名以上の者から市場外で株券等を買い付け，買付け後に株券等所有割合が5％を超える場合（1号）．

② 60日間で10名以内の者（金商施6の2Ⅲ）から市場外で株券等を買い付け，買付け後に株券等所有割合が3分の1を超える場合（2号．3分の1ルール）．

なお裁判所は，東京証券取引所のToSTNeT-1〔立会外取引〕による株券等所有割合が3分の1を超える買付けを，公開買付け規制違反にならないと判示したことから（東京高決平成17・3・23商事1728号41頁〔ライブドア事件〕参照），同取引にも3分の1ルールが及ぶことが明らかにされている（金商27の2Ⅰ③）．

MOBの件数と金額
（レコフ調べ）

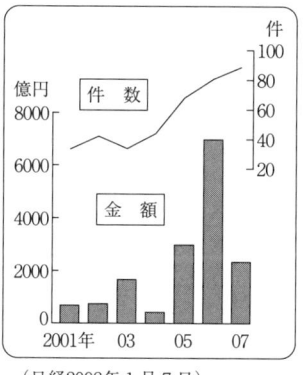

（日経2008年1月7日）

③ 6カ月を超えない政令で定める期間（3カ月．金商施7Ⅲ）内に，市場内外の取引を組み合わせた買付けを行い所有割合が3分の1

1-2-6-17　(18) **企業買収**　企業支配の変動を伴う企業買収（英米 M&A = mergers & acquisitions）の典型は公開買付けであり，買収先の会社の収益力を担保に金融機関等から資金を借り入れ，当該会社を買収することを**レヴァレジド・バイアウト**（LBO = leveraged buyout）という．売却会社の事業の一部（または子会社株式）をその会社の経営者が買収して経営する場合を**マネージメント・バイアウト**（MBO = management buyout），従業員が行う場合をEBOという．経営陣が投資ファンドと組んでMBOを行い，会社を上場廃止にする例が最近では増えている．（なお，アビームM&Aコンサルティング編『M&Aにおけるプライシングの実務』（中央経済社2008年）235頁以下参照）わが国では敵対的企業買収に消極的であったが，2005年頃より敵対的買収が行われるようになった．敵対的買収は，一見荒っぽいが，市場を通じて極めて低コストで効果的に企業効率を改善する優れた制度ということができる．株式会社が買収防衛策を定めた場合には事業報告の記載事項となる（会施規127②ロ・③．〔Ⅱ-5-2-150〕）．MBOについては経済産業省から2007年9月に「企業価値の向上及び公正な手続確保のための経営者による企業買収（MBO）に関する指針」が公表されている．MBOの場合には利益相反が問題となる．

92 第Ⅰ編 会社法総説

を超える場合（4号）．これは，②の脱法を防ごうとするものである．
　④ ある者の公開買付期間中に3分の1超を所有している別な者が6月を超えない範囲内において政令で定める期間内（金商施7Ⅴ）に政令で定める割合（金商施7Ⅵ）を超える買付けを行う場合（5号）
　⑤ その他政令で定める場合（6号．金商施7Ⅶ）．
　(イ)　**公開買付け手続**　公開買付け手続は次の通りである．

I-2-6-18　(a) 公開買付けを行おうとする者（公開買付者）は，**公開買付開始公告**を行い（金商施9の3，買付府令9～10），同時に**公開買付届出書**を内閣総理大臣に提出する（買付府令10～11）．その写しを，直ちに，発行会社のほか，上場株券の場合は当該金融商品取引所，流通状況がそれに準ずる場合には認可金融商品取引業協会に送付する（金商27の3）．**公開買付期間**は，**20営業日以上60営業日以内の範囲で買付者が定める**（金商27の2Ⅱ．なお，27の10Ⅱ②Ⅲ参照）．

I-2-6-19　(b) 公開買付者は，作成した**公開買付説明書**を売付者に対し交付し（金商27の9，買付府令24），いつでも買付契約を締結することができる．

I-2-6-20　(c) **発行会社**（対象者）は，公開買付開始公告が行われた日から10日以内に（金商施13の2Ⅰ），**意見表明報告書**（買付府令25）を内閣総理大臣に提出し，その写しを直ちに公開買付者のほか，場合により金融商品取引所または認可金融商品取引業協会に送付しなければならない．意見表明報告書に，公開買付者に対する質問が記載されている場合には，**買付者は当該送付を受けた日から5日以内に**（金商施13の2Ⅱ）**対質問回答報告書**（買付府令25ⅢⅣ）を内閣総理大臣に提出しなければならない．直ちに，その写しは対象者に送付されるとともに，場合により金融商品取引所または認可金融商品取引業協会に送付される（金商27の10）．

I-2-6-21　(d) 応募株主は，公開買付期間中，いつでも，当該公開買付けに係る**契約の解除**をすることができ，契約を解除しても公開買付者に対し損害賠償や違約金を支払う必要はない（金商27の12）．これに対し，公開買付者は対象会社の倒産等公開買付けの目的の達成に重大な支障となる事情（政令で定めるものに限る）が生じたときは公開買付けの撤回等をすることがある旨の条件を付した場合等でなければ，申込みの撤回や契約の解除を行うことができない．撤回するときには公告をしなければならず（金商施9の3・14，買付府令27），公告を行った日に**公開買付撤回届出書**（買付府令28）を内閣総理大臣に提出しなければならない．公開買付者は，また公開買付撤回届出書を直ちに発行者に送付するとともに，場合により金融商品取引所または認可金融商品取引業協会に送付する（金商27の11）．

I-2-6-22　(e) 公開買付者は，公開買付期間の末日の翌日に，応募株券等の数を公告または公表しなければならず（金商施9の3・9の4，買付府令30・30の2），その日に，**公開買付報告書**（買付府令31）を内閣総理大臣に提出しなければならない．公開買付者は，その写しを直ちに発行者に送付するとともに，場合により金融商品取引所または認

可金融商品取引業協会に送付する(金商27の13).

I-2-6-23 (f) 公開買付者は,特定の場合を除き,応募株券等の全部について,公開買付開始公告および公開買付届出書に記載した買付条件等により,買付け等に係る受渡しその他の決済を行わなければならない(金商27の13Ⅳ).公開買付届出書等は公開買付期間の末日の翌日以後5年を経過する日までの間公衆の縦覧に供される(金商27の14).

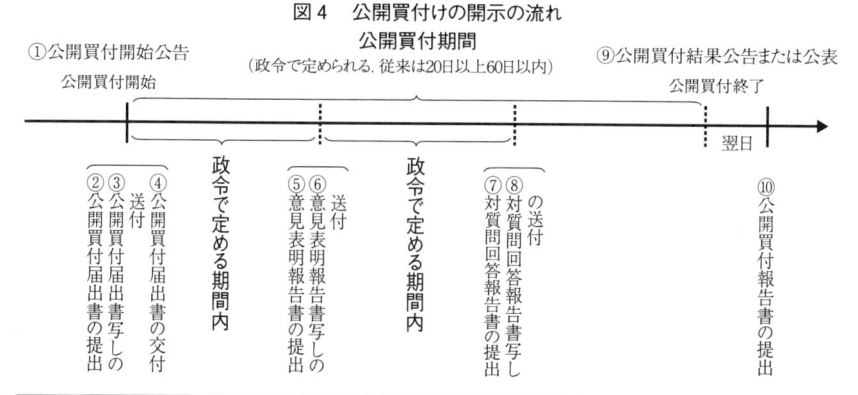

図4　公開買付けの開示の流れ

①公開買付開始公告 公開買付開始
②公開買付届出書の提出
③公開買付届出書写しの送付
④公開買付届出書の交付
（政令で定める期間内）
⑤意見表明報告書の提出
⑥意見表明報告書写しの送付
（政令で定める期間内）
⑦対質問回答報告書の提出
⑧対質問回答報告書写しの送付
公開買付期間（政令で定められる．従来は20日以上60日以内）
⑨公開買付結果公告または公表 公開買付終了 翌日
⑩公開買付報告書の提出

	手続内容	実施者	相手先	実施時期
①	公開買付開始公告	公開買付者	日刊新聞紙または電子公告	―
②	公開買付届出書の提出	公開買付者	内閣総理大臣	公開買付開始公告日
③	公開買付届出書写しの送付（公衆縦覧用）	公開買付者	対象者,証券取引所等	内閣総理大臣へ提出後ただちに
④	公開買付説明書の交付	公開買付者	売付者	買付開始日まで
⑤	【新設】意見表明報告書の提出	対象者	内閣総理大臣	公開買付開始公告日から政令で定める期間内
⑥	【新設】意見表明報告書写しの送付	対象者	公開買付者,証券取引所等	内閣総理大臣へ提出後ただちに
⑦	【新設】対質問回答報告書の提出	公開買付者	内閣総理大臣	意見表明報告書写しの送付を受けた日から政令で定める期間内
⑧	【新設】対質問回答報告書写しの送付	公開買付者	対象者,証券取引所等	内閣総理大臣へ提出後ただちに
⑨	公開買付結果公告または公表	公開買付者	公告：日刊新聞紙または電子公告 公表：新聞社,通信社,放送社	公開買付期間末日の翌日
⑩	公開買付報告書の提出	公開買付者	内閣総理大臣	公開買付期間末日の翌日

出典：伊澤賢司『図解でわかる金融商品取引法』127頁,日本実業出版社2006年

I-2-6-24 **(2) 発行者が行う公開買付け**　発行者が行う公開買付け（会156Ⅰ・165Ⅰ参照）は、発行会社以外の者が行う公開買付けと基本的には同じであるが、① 対象会社の支配権の取得を目的としないので、意見表明報告書・対質問回答報告書の提出に関する規定（金商27の10Ⅰ）が準用されていない（金商27の22の2Ⅱ）、また、② 自分のことを一番知っているのは会社であり、自己株式の取得は重要な内部情報であるから、内部者規制（金商166）に準じ、取得予定日など会社の重要事実で未公表のものがあるときには、公開買付届出書を掲出する前に、公表し（金商27の22の3Ⅰ）、公開買付期間の末日までに生じた重要事実は、直ちに公表し、かつ、売付けの申込者等に通知しなければならないとされている点（金商27の22の3Ⅱ。公表等の不実施または虚偽の公表等の損害賠償責任については27の22の4参照）で異なっている（なお「発行者による上場株券等の公開買付けの開示に関する内閣府令」参照）。

7　委任状勧誘内閣府令

I-2-6-25　上場会社の株主に議決権の代理行使の勧誘をしようとする場合には、「上場株式の議決権の代理行使の勧誘に関する内閣府令」に従わなければならない（金商194）。もっとも、当該株式の発行会社またはその役員のいずれでもない者がなす勧誘であって、かつ、被勧誘者が10人未満である場合等には、適用されない（金商施36の6）。

第Ⅱ編　株式会社

第1章　株式会社の設立

第1節　総　説

Ⅱ-1-1-1　会社の設立〔米 incorporation：英 formation：独 Gründung：仏 constitution：伊 costituzione：西 fundación〕とは，会社を成立させることである．そのためには，いずれの会社であれ，定款を作成し（会26・575），社員を確定し，会社の機関を具備しなければならないが，株式会社の場合には，これに出資の履行が加わる[1]．このようにして会社の実体が形成したのち，本店の所在地において設立の登記（会911〜914）を行う．本店所在地の登記により会社は成立し（準則主義[2]．会49・579．なお一般法人22・163参照），その時から営業を開始することができる[3]（会979Ⅰ参照）．

Ⅱ-1-1-2　（1）**株式会社の設立と持分会社の設立との違い**　① 株式会社の定款は発起人により作成され，発起人のみが署名・記名押印または電子署名をするが（会26ⅠⅡ），持分会社では全社員が作成・署名等を行う（会575ⅠⅡ［Ⅲ-1-2-1］）．② 株式会社では定款の公証人による認証が必要であるが（会30Ⅰ），持分会社では不要である．③ 持分会社では社員は定款で確定するが，株式会社では，出資の履行により確定する（会36Ⅲ・63Ⅲ）．合同会社を除き持分会社では設立前の出資の履行を要しないが（会578［Ⅲ-1-2-3］），株式会社では設立前に出資が完了していなければならない（会34Ⅰ・63Ⅰ）等の相違がある．

Ⅱ-1-1-3　（2）**準則主義**　準則主義〔独 Normativsystem〕とは，**法律の要件に適合する会社は登記により当然に法人格を取得する**という主義である．現在ではすべての会社に準則主義が採用されている．しかし，株式会社の設立は当初自由設立主義がとられた．自由設立主義は，泡沫会社の出現をもたらし，1720年にイギリスにおいて泡沫会社法〔Bubble Act〕が制定された．1825年のその廃止と不死の巨大な経済力の出現に対する恐怖は**特許主義**〔独 Octroisystem．君主の命令または特別法による設立主義〕をもたらした．しかし産業革命の進展は，**免許主義**（独 Konzessionssystem．行政庁の許可による設立主義．明治23年旧商法156）に移行させ，さらにその進展は，免許を取得するのに長時間の審査を必要とする免許主義を放棄させ，準則主義（明治32年の現行商法）に移行させた．審査の順位を上げるための贈収賄の弊害が移行の決定的理由ではない．準則主義の弊害を是正するためにすべての会社につき**解散命令**（会824Ⅰ［Ⅵ-1-1-3］）が用意されている．

なお，免許主義における免許と事業を行うのに必要な**営業免許**とは混同してはならない．現在特許主義がとられている会社（特殊会社）には，「日本電信電話株式会社法等に関する法律」による日本電信電話株式会社などがある．また，業務停止命令は行政処分であって，会社法の対象外である．

Ⅱ-1-1-4　（3）**公正取引委員会への届出**　新たに設立された会社は，設立時において ① 持株会社の場合

このほか，新設合併（会2㉘），新設分割（会2㉚）および株式移転（会2㉜）によっても新しい会社が成立するが（組織変更［会2㉖］は，既に設立されている会社がその組織を変更するのみであるから，設立には該当しない．会920参照），会社設立手続に関する規定はほとんど適用されないので（会814Ⅰ・816Ⅰは矛盾の回避を目的としている），これらは該当箇所で別に述べることにする（なお会更225参照）．

第2節　株式会社の設立手続

1　総　説

図1　株式会社の発起設立の手続

① 定款の作成（会26）
② 公証人による定款の認証（会30Ⅰ）
③ （設立時発行株式に関する事項の決定）（会32）
④ 発起人による設立時発行株式全部の引受（会25Ⅰ①）
⑤ 出資の履行（会34Ⅰ）　→　不履行の場合（督促の通知後失権　会36）
　　　　　　　　　　　　　残高証明で足りる（払込保管証明制度なし）（商登47Ⅱ⑤）
⑥ 設立時取締役・設立時会計参与・設立時監査役・設立時会計監査人の選任
　　（会38Ⅰ～Ⅲ）
⑦ （登記までに発行可能株式総数を決定する［定款で定めていない場合．会37]）

《定款に設立変態事項がない場合》　《定款に設立変態事項がある場合》

・調査免除に該当　・調査免除該当しない
── 会33Ⅹ ──

⑦-1 検査役の選任（会33ⅠⅡ）
⑦-2 検査役の報告（会33Ⅳ）→ 不当と判定 → 定款変更
　　　　　　　　　　　　　　不当でないと判定（会33Ⅶ）

⑧ 設立時取締役（および設立時監査役）による設立手続の調査（会46Ⅰ①～④）

会社＼通知	通知の相手方	不当の事実なし	不当の事実あり
委員会設置会社以外	発起人	通知不要	通知要（会46Ⅱ）
委員会設置会社	設立時代表執行役	終了通知要（会46Ⅲ）	通知要（会46Ⅱ）

⑨ 設立登記
　（会911・49）

には当該会社およびその子会社の総資産の額で国内の会社に係るものが6千億円，② 銀行業，保険業または証券業を営む会社（持株会社を除く）の場合には8兆円，③ ①②以外の会社の場合には2兆円を該当する場合には，公正取引委員会規則で定めるところにより，その設立の日から30日以内に，その旨を公正取引委員会に届け出なければならない（独禁9Ⅴ・Ⅵ．なお91の2③参照）．

II-1-2-1　株式会社の設立手続は，持分会社と比べて，会社債権者保護のため，複雑かつ厳格である．株式会社の設立手続には**発起設立**（同時設立ともいう）と**募集設立**（漸次設立・複雑設立ともいう）の2種がある．① **発起設立**〔独 Einheits-od. Simultangründung：仏 constitution instantanée ou simultanée：伊 costituzione simultanea：西 fundación simultánea o por convenio〕は，発起人が**設立時発行株式**（株式会社の設立に際して発行する株式）の全部を引き受け，最初の株主（会50Ⅰ．原始株主という）になることによって会社を設立する方法である（会25Ⅰ①）．これには26条から56条が適用される．② **募集設立**〔独 Stufen-od.Sukzessivgründung：仏 constitution avec appel public à l'épargne：伊 costituzióne

図2　募集設立の手続

① 定款の作成（会26）
② 公証人による定款の認証（会30Ⅰ）
③ （設立時発行株式に関する事項の決定）（会32）
　　＝発起設立と同じ
　　（定款に設立変態事項あり）
④ 募集の選択，発起人による株式の一部引受（会57・25Ⅱ）
⑤ 設立時募集株式に関する事項の決定（会58）　・調査免除に該当
⑥ 申込予定者への通知（会59Ⅰ）　・調査免除に該当しない
⑦ 設立時募集株式の申込（会59Ⅲ）　検査役の選任（会33ⅠⅡ）
⑧ 株式の割当（会60）　検査役の報告（会33Ⅳ）
⑨ 出資の履行（会63）── 銀行等の保管証明（会64）
　　発起人の出資の不履行による失権（会36・25Ⅰ②）＝発起設立と同じ
⑩ 創立総会（会65）
　　招集 ┌ 招集の決定（会67）
　　　　├ 招集の通知（会68）
　　　　├ 創立総会参考書類及び議決権行使書面の交付（会70・71）
　　　　└ 招集手続の省略（会69）

⑩-1 発起人による創立事項の報告（会87）── 報告の省略（会83）
⑩-2 （発行可能株式総数の決定．定款で定めていない場合．会98）
⑩-3 設立取締役・設立時会計参与・設立時監査役・設立時会計監査人の選任（会88）
　　・解任（会91・92）
　　・累積投票による設立時取締役の選任（会89）
　　・種類創立総会の決議による設立取締役等の選任（会90）
⑩-4 証明の内容の提出・提供（会87Ⅱ②）
⑩-4 検査役の報告の提出・提供（会87Ⅱ①）
⑩-5 設立時取締役（および設立時監査役）の設立手続の調査・報告（会93）
　　・設立時取締役等が発起人である場合の調査者の選任（会94）
　　・設立変態事項に関する定款の変更と反対株主による設立時発行株式の引受けの取消し（会97）
⑩-6 創立総会終結，定款変更または設立廃止（会66・96）の決議（会73）
　　・決議の省略（会82）
　　・種類株式を発行している場合の特則（会99〜101）
⑩-7 議事録（会81）

⑪ 種類創立総会の招集（会84・90ⅠⅡ・92ⅠⅢ・100Ⅰ・101Ⅰ）および決議（会84〜86））
⑫ 設立の登記（会911・49）

mediante pubblica sottoscrizione：西 fundacion sucesiva〕は，発起人が，設立時発行株式を引き受けるほか，残部については設立時発行株式を引き受ける者を募集し，発起人と募集に応じた者が最初の株主になる（会102Ⅱ）ことによって会社を設立する方法である（会25Ⅰ②）．これには26条から37条・39条・47条から103条が適用される[(4)]．

発起設立（図1）および募集設立（図2）のタイムチャートを図示すると前頁のようになる．大規模な会社の設立には募集設立の方が適しているが，株主の募集や創立総会を開催しなければならない点および株式引受人の保護を問題としなければならない点で，発起設立より複雑である．小規模の会社や大企業の子会社等の場合には株式会社を一人で設立するが（単独設立），合弁会社〔joint venture〕の場合には複数人（多くの場合2社）により設立（共同設立）が行われる．

会社法では，**発起設立の場合には払込保管証明**（会64参照）**が不要となり，また発起人の現物出資財産等に係る不足額てん補責任は無過失責任から過失責任に緩和された**ので（52Ⅱ②．103Ⅰ対比），今後発起設立に利用が集中すると予想される．

設立手続に要する期間は，発起設立であれば1日で終わる場合もあるが，募集設立では最短で4・5日，通常で2週間程度かかるといわれている（江頭57頁）．

2 発　起　人

Ⅱ-1-2-3　発起人〔独 Gründer：英 subscriber to the memorandum of association：米 incorporater：仏 fondateur de droit：伊 promotori o soci fondtori：西 fundador（同時設立），promotor（募集設立）〕とは事実上会社の設立に参画したか否かを問わず（なお［Ⅱ-1-10-13］参照），**定款に発起人として署名**（記名押印）**または電子署名**（定款が電磁的記録をもって作成されている場合．会施規225Ⅰ①）**をした者**である（通説．大判明41・1・29民録14輯22頁，大判昭和7・6・29民集11巻1257頁．定款に名義貸与者の名が記されていたが，出捐者の署名と認めた例として東京高判平成16・9・29判タ1176号268頁）．このように形式的に判断される理由は，発起人の範囲を明確にする必要があるからである．発起人は株式会社においてのみ存在し，その数は1名で足りる（平成2年改正前は7人以上であった．7人としたのはフランス法に倣ったものである）．**各発起人は1株以上を引き受けなければならない**（会25Ⅱ）．株

Ⅱ-1-2-2　(4)　**沿　革**　平成2（1990）年商法以前には，発起設立の場合には金銭出資であっても常に検査役の検査が必要であったため，株主の少ない会社の設立の場合にも，わざわざ募集設立の方法が利用されていた．同年改正法は，発起設立の場合にも株金の払込みは払込取扱機関にしなければならないとし（平成17年改正前商170Ⅱ），変態設立事項がない限り検査役の調査を不要としたので，発起設立と募集設立（そして事後設立）との間で本質的な差異はなくなった．平成15（2003）年の「要綱試案」は募集設立に対するニーズが少ないとしてこれを廃止しようとしたが（第4部・第2・3），発起人にはなりたくないが，新会社の株主にはなりたいというニーズがあること，外国人ないし外国法人を出資者とする場合には，発起設立では必要書類を揃えるのに時間がかかり，発起人となることが困難であることなどから，会社法は募集設立を維持している．

式の引受けの方式は法定されていない（設立時募集株式の引受けを申し込む者には，引受けの方式が法定されている．会59ⅢⅣ対比）[5]．定款作成前の株式の引受けも発起人の株式引受けとして有効と解すべきである（通説．反対大判昭和3・8・31民集7巻714頁［北国燃料事件］）．発起人は定款に署名することにより，定款作成前の株式の引受けを追認したと解されるからである．出資義務が第三者によって履行されてもその第三者が発起人になるわけではない（高松高判平成8・5・30判時1587号142頁）．発起人の資格については別段の制限がなく，制限能力者（民5・8・11・15）でも，法人（会27⑤は，名称としていることに注意）でも，外国人・外国法人（外国法人が発起人であるときには［民35Ⅱ参照］．公証人に対し定款認証の嘱託をする際，当該外国法人の本店の所在する国の公証権限ある官公署の作成した法人資格証明書，代表者の代表権限証明書，署名証明書の添付が必要である．昭和36・1・30民事甲第233号民事局長通達）でもよい．しかし制限能力者である場合には，民法の定める要件（民5ⅠⅢ・6Ⅰ・13Ⅰ・17Ⅰ・824・859Ⅰ・864）を満たして行為する必要がある．法人が発起人となるためには，定款の目的の範囲に設立行為をなすことが包含されていることを要するというのが通説（大判大正2・2・5民録19輯27頁，江頭61頁．現在の定款認証の実務も親会社の事業目的は子会社の事業目的を包含しなければならないという考えに基づいている．昭和35・6・9民事甲第1422号法務省民事局解答）である．

　会社が更生計画に従って新会社を設立する場合には，管財人が発起人の職務を行う（会更225Ⅰ）．

第3節　株式会社の定款の作成

1　定　　款

Ⅱ-1-3-1　(1)　総　説　定款には2つの意味がある．① **実質的意義の定款**は，会社の組織・活動の根本規則（法的には会社の自治規則）を意味し，② **形式的意義の定款**は，このような規則を記載した書面または電磁的記録を意味する（会26ⅠⅡ．なお575ⅠⅡ参照）．**会社の設立時の定款**（原始定款．前田庸166頁，近藤24頁，龍田431頁）の作成とは，根本規則を定め，かつそれを書面または電磁的記録に記載または記録すること，つまり両方の意義の定款を作成することである（なお大判昭和5・9・20新聞3191号10頁参照）．定款の細則として，取締役会規則や株式取扱規程（『モデル』78頁以下参照）等の内規が

Ⅱ-1-2-4　(5)　**株式引受け**　改正前商法の下では，これは発起人の義務なのか，資格要件なのか争いがあったが，会社法の下では，定款署名者には株式の引受けの有無にかかわらず（なお会36Ⅲ参照），発起人としての責任を負わせるべきであるので，義務にすぎないと解するべきである（田邊23頁）．ただし1株も引き受けないと設立の無効原因となる．第三者による出資の履行は，第三者の弁済（民474）にすぎず，その第三者が株主となるわけではない（高松高判平成8・5・30金判1587号142頁）．

定められる．

　定款を書面で作成するときは，発起人全員が定款に署名もしくは記名押印をし，定款を電磁的記録をもって作成するときには，法務省令で定める署名または記名押印に代わる措置（電子署名．会施規225Ⅰ①）をとらなければならない（会26ⅠⅡ．なお会575ⅠⅡ・814Ⅱ・816Ⅱ参照）．定款の作成は代理人によってもなすことができる

表1　各国の定款の種類

英	company の場合	・memorandum of association ・articles of association
米	corporation の場合	・articles of incorporation ・bylaws
独	合名・合資・有限会社	・Gesellschaftsvertrag
	株式会社	・Satzung
仏	会社の全種類	・statuts
伊	合名・合資会社	・atto costitutivo
	株式・有限会社	・atto costitutivo ・statuto

（大判昭和7・6・29民集11巻1257頁）．書面で作成した定款の内容を電磁的記録に記録し，これを保存することも，記録媒体の選択の問題に過ぎないので，可能である．

Ⅱ-1-3-2　**(2) 公証人による認証**　株式会社の場合に限り，定款は公証人〔独 Notar：仏 notaire：伊 notaio：西 notario〕による認証を要し，認証を受けなければ定款の効力を生じない（会30Ⅰ．なお公証1③，会59Ⅰ①，整備法75参照）．公証人による認証制度は，定款の内容を明確にして，紛争および不正行為を防止するためものである．定款の認証には認証手数料として5万円（公証人手数令35），定款を紙で作成した場合にはさらに公証人が保存する定款原本につき印紙税4万円（印紙別表第一［六］）が必要である(6)．認証後に定款を変更する場合には認証は不要である．なお変更に係る事項を明らかにし，発起人が署名または記名した書面に公証人の認証を再度受けたときは，新たな定款が作成されたものとして，設立登記の申請は受理される．

Ⅱ-1-3-4　**(3) 株式会社成立前の定款の変更**　(a) 発起設立の場合には，株式会社の成立前は，① 検査役の設立変態事項の調査を受けて設立変態事項が不当であるとして裁判所が職権で変更決定をした場合（会33Ⅶ），② 裁判所により変更決定された定款の定めを，発起人全員の同意で，変更決定の確定後1週間以内に，廃止する場合（会33Ⅸ），③ 発起人全員の同意で，定款を変更して原始定款で定めていない発行可能株式総数を設けるか（会37Ⅰ），または原始定款で定められていた発行可能株式総数の定めを変更する場合にのみ（会37Ⅱ），公証人の認証を受けた定款を変更することができる（会30Ⅱ）．

Ⅱ-1-3-5　(a) **募集設立の場合**においても，(a) ①・②・③（なお，会98参照）の場合には，定款を変更することができるが（会25Ⅰ②・33Ⅶ・33Ⅸ・37），設立時募集株式と引換えにする金銭の払込期日または払込期間の初日のうち最も早い日以後は，定款を変更する

Ⅱ-1-3-3　(6) **電子公証制度**　電子公証サービスは，法務大臣が指定した公証人（指定公証人）が扱う（公証7ノ2Ⅰ）．

ことができない(会95)．しかし，発起設立と異なり，創立総会の決議により定款を変更することもできる[(7)](会96)．定款を変更して発行する全部の株式の内容として株式の譲渡につき取締役会の承認を要する旨の定めを設けることも可能である(会73Ⅱ)．

設立変態事項の変更に反対した設立時株主は，決議後2週間以内に限り，その設立時発行株式の引受けに係る意思表示を取り消すことができる(会97)．

Ⅱ-1-3-7 **(4) 定款の備置き・閲覧等** **(ア) 備置き** 発起人(会社の成立後は会社)は，定款を発起人が定める場所(会社の成立後は本店および支店)に備え置かなければならない(会31Ⅰ．なお会976⑧参照)．

もっとも定款が電磁的記録をもって作成されている場合であって，支店において電磁的記録に記録された事項を法務省令で定める方法により表示したものの閲覧請求等(会31Ⅱ③④)に応じることを可能にする法務省令(会施規227①)で定める措置をとっている会社においては本店に備え置くだけで足りる(会31Ⅳ)．

Ⅱ-1-3-8 **(イ) 閲 覧 等** (a) 発起人(**株式会社の成立後は株主および債権者**)および**設立時募集株式の引受人**は，発起人が定めた時間(会社の成立後は営業時間)内は，いつでも，① 定款が書面で作成されているときはその書面の閲覧請求，② ①の書面の謄本または抄本の交付請求，③ 定款が電磁的記録をもって作成されているときは，電磁的記録に記録された事項の法務省令で定める方法により表示したものの閲覧(会施規226①)，④ ③の電磁的記録に記録された事項を電磁的方法であって発起人(発起人の多数決[民670Ⅰ]．会社の成立後は会社)の定めたものにより提供することの請求またはその事項を記載した書面の交付の請求をすることができる(なお会976④．整備

Ⅱ-1-3-6　[(7) **創立総会での変態設立事項の変更**　改正前商法の下では，発起人の濫用を阻止するため，創立総会において決議することができる変態設立事項の変更は，縮小または削減だけで，追加・拡大はできないと解されていた(最小三判昭和41・12・23民集20巻10号2217頁＝会社百選5版10事件)．会社法のもとでも，同様に解する説(江頭97頁注4，宮島74頁)がある．創立総会に欠席した設立時株主の利益を考慮する必要があるし，募集設立の場合にも裁判所の変更決定(会33Ⅶ)の適用が排除されていないこと(会25Ⅰ②)，および発起設立とのバランス(会30Ⅱ)を根拠とする．

しかし 会社法97条は，変態設立事項の追加・拡大に反対の設立時株主には引受けの撤回を認めており，創立総会に欠席した設立時株主にも，引受けの撤回が認められると考えられると(会97の類推適用)，その利益は保護されること，裁判所の変更決定を創立総会は遵守する必要があるが，新しい公正な価額の変態設立事項の追加は必ずしも会社に不利と言えず(調査等は他の場合と同様に行われるべきである)，これが認められると会社は新しい経済状況に弾力的に対処することが可能となること，発起設立と募集設立とでは構造が異なるので，発起設立と同じである必要がないことにより，追加・拡張は許されるとする説(神田50頁)に賛成したい(折衷説として弥永278頁)(その限りで判例は変更されている)．ただし，36条1項・59条2項は，発起人が募集事項を通知するには，現物出資に関する未履行部分がないことを要求しているので，創立総会で現物出資を増加する方向での定款変更を行うことはその趣旨に反すると解されるので，**創立総会で追加することができる変態設立事項は，28条2号から4号までに掲げる事項に限られる**(論点20頁)．

法6参照). ただし，②または④の請求をするには，発起人（発起人の多数決［民670Ⅰ］．会社の成立後は会社）の定めた費用を支払わなければならない（会31Ⅱ・102Ⅰ）．

Ⅱ-1-3-9 **(b)** **株式会社の成立後**において，**当該会社の親会社社員**（親会社の株主その他の社員をいう）がその**権利を行使するため必要があるときは，裁判所の許可を得て，子会社の定款の閲覧等を請求することができる**（なお会976④参照）．ただし上記(a)②または④の請求をするには，当該子会社の定めた費用を支払わなければならない（会31Ⅲ）．

2 定款の記載（記録）事項

Ⅱ-1-3-10　定款の記載（電磁的記録で作成されている場合には記録．以下同じ）事項には絶対的（または必要的）記載事項，相対的記載事項および任意的記載事項がある[8]．① **絶対的記載事項**とは，定款に必ず記載しなければならない事項であって，1つでも記載されないか，無効である場合には定款全部が無効となる事項である．② **相対的記載事項**とは，その記載を欠いても定款全体の効力を害さないが，定款に記載しなければその効力が認められない事項である（会29．なお会577参照）．③ **任意的記載事項**は，①②以外の事項である（会29．なお会577参照）．定款に記載せず，株主総会決議，取締役会の制定する規則等により定めても効力が生ずるが，ことを明確にする等の目的で定款に規定される事項である．会社の本質・強行法規（会105Ⅱ・331Ⅱ・335・402Ⅴ等）・公序良俗に反しなければ，いかなる事項でも定款に記載することができる（なお会976⑦参照）．強行法規に違反するため，または定款の性質にそぐわないため，会社法上の効力を生じない事項を**無益的記載事項**という．

　　全国株懇連合会から定款モデルが公表されている（全株懇連合会編『モデル』22頁以下）．

Ⅱ-1-3-12 **(1) 絶対的記載事項**　持分会社と同じく，① 目的，② 商号（株式会社），③ 本店の所在地は，定款の絶対的記載事項である（会27①～③．会576Ⅰ①～③対比）．株式会社に特有な絶対的記載事項は，④ **設立に際して出資される財産**（金銭出資または現物出資）**の価額またはその最低額**[9]，⑤ **発起人の氏名**（名称）**・住所**（定款の本文に氏名・

Ⅱ-1-3-11　[8] **経過措置**　会社法の制定に伴う経過措置として，定款に記載・記録がなくても，定款に定めがあるものとみなされる事項がある（整備法9Ⅰ・24・76Ⅱ～Ⅳ・80Ⅰ・86Ⅱ）．この場合株主等の閲覧請求に応じる場合には，定款に記載・記録がないものであっても，定款に定めがあるものとみなされる事項を示さなければならない（整備法6・77）．

Ⅱ-1-3-13　[9] **最低資本金規制の廃止**　平成2年改正で導入された設立時の最低資本金制度（株式会社1000万円［改正前商168ノ4］，有限会社300万円［旧有9］）は，平成2年改正後の経済情勢の変化，他国における立法動向，近時における起業促進の必要性の増大などにかんがみ（相澤哲＝岩崎友彦・解説15．なお中小企業挑戦支援法10以下参照），会社法により廃止されている．したがって，設立時の資本金はゼロ円でもよい．資本金の額は，設立に際して株主となる者が株式会社に対して払込みまたは給付をした財産の額であるが（会445Ⅰ），それは，払込額と給付された額から設立費用等を差し引いて定めることとされ（計規74Ⅰ．但し計規74Ⅰ②は当分

住所の記載が欠けていても，署名およびこれに付記した住所をもって本文に記載すべき氏名・住所を兼ねさせることができる．大判昭和8・5・9民集12巻1091頁．）(会27④⑤）および⑥ **発行可能株式総数**（株式会社が発行することができる株式の総数．会37Ⅰ．なお整備法2Ⅲ参照）がある．

④の最低額については制限がない[10]．⑤の住所は必ずしも日本にある必要はない．③の発行可能株式総数は，設立過程における株式の引受状況や失権状況を見極めながら，**会社の成立の時までに発起人の全員の同意等により定めれば足り**（会37ⅠⅡ・98．なお会911Ⅲ⑥参照．改正前商166Ⅰ③対照），この記載がなくても公証人の認証を受けることができる（会30Ⅰ参照）．会社の成立後は定款を変更して④⑤の記載を削除してもよい．

平成17年改正前商法と異なり，設立時発行株式総数[11]（平成17年改正前商166Ⅰ⑥対照）・公告の方法（同166Ⅰ⑨対照）は定款の絶対的記載事項ではない．設立時発行株式総数は，**公開会社にあっては発行可能株式総数の4分の1を下ることができないが，非公開会社**については授権枠を定款で自由に定めることができる（会37Ⅲ．なお会113Ⅲ [V-1-2-14] 参照）．非公開会社では，株主割当による場合（会202Ⅴ）を除き，新株発行に株主総会の特別決議が要求され（会199Ⅱ・309Ⅱ⑤），その手続によって株主の保護が図られているため，4倍以内という制限を及ぼす必要性がないし，ベンチャー企業は成長が著しいので授権枠が実務の障害にならないよう配慮したものである．

Ⅱ-1-3-16　**(2)　相対的記載事項**　会社法は，定款による私的自治を従来に比べて大幅に認めるので，株式会社の相対的記載事項は数多く存在している[12]（「定款に記載し，又は記録しなければ」，「定款をもって」，「定款に定める場合」等の表現が用いられていると相対的記載事

の間不適用とされている．計規附則11），マイナス表示は許されないが，ゼロ円とすることは許されている．マイナスで会社を始める場合には，「その他利益剰余金」をマイナスとする（計規74Ⅳ）．

Ⅱ-1-3-14　(10)　**資本確定の原則と授権資本**　資本確定の原則（独 Prinzip des festen Grundkapitals）は，会社の設立にあたり「資本ノ総額」（昭和25年改正前商166Ⅰ③）が定款で定められ，その総額につき引受けがあって出資者が確定することを要するとともに，増資の場合にも発行すべき株式の総数につき引受けがあることを要求する原則であるが（同350Ⅰ），昭和25年改正法は，定款に「会社ガ発行スル株式ノ総数」と「会社ノ設立ニ際シテ発行スル株式ノ総数」を記載させ（平成17年改正前商166③⑥Ⅱ），後者の部分については設立にあたりその全株式につき株式の引受け（払込み）を要するが（同177Ⅱ），会社成立後は定款記載の株式総数の範囲内で取締役会は適宜新株を発行しうるとし（同280ノ2・280ノ9），取締役会に権限を授権をした（なお同347参照．アメリカでは発行しうる株式数につき州の認許を要し，授権資本（米 authorized capital）として課税した）．これを授権資本制度という．会社法は，設立の場合にも資本確定の原則を放棄している．

Ⅱ-1-3-15　(11)　**改正点**　出資される財産の総額のいかんにかかわらず，設立に際して発行する株式数のみが先に定まるべきこととする改正前商法の規定のあり方については，設立手続を硬直化させるおそれがあること（相澤哲＝岩崎友彦・解説16頁），および出資と直接関係のない株式の数より，出資の額の方が適当であるということから（「補足説明」商事1678号47頁），会社法は，会社の設立に際して出資される財産の価額またはその最低額のみを定款の絶対的記載事項としている．

Ⅱ-1-3-17　(12)　**設立変態事項以外の相対的記載事項**　(a) 法律が定める事項として以下のものがある．

株式	・株式の内容についての特段の定め（107Ⅱ） ・株式の譲渡等の承認（139Ⅰ）・指定買取人（140Ⅴ）に関する別段の定め ・特定の株主からの取得に関する定款の定め（164Ⅰ） ・株主名簿管理人の設置（123） ・譲渡制限株式・取得請求権付株式・取得条項付株式（107Ⅱ） ・種類株式の内容（108Ⅱ・45Ⅰ） ・発行可能種類株式総数（108Ⅱ），ある種類の株式の内容として種類株主総会の決議を要しない旨の定め（322Ⅱ） ・取締役会決議による自己株式の取得の定め（165Ⅱ） ・自己株式の相続人等に対する売渡しの請求に関する定め（174） ・株式無償割当てに関する定め（186Ⅲ） ・単元株式数（188Ⅰ）・単元未満株式の権利の制限（189Ⅱ），単元未満株式に係る株券の不発行（189Ⅲ）・単元未満株主の売渡請求（194Ⅰ） ・株主に割当てを受ける権利を与える募集株式（202Ⅲ ①②）・募集新株予約権（241Ⅲ ①②）の募集事項等，譲渡制限株式である募集株式（204Ⅱ）・目的が譲渡制限株式・譲渡制限新株予約権である募集新株予約権（243Ⅱ）の割当てに関する別段の定め ・株券の発行（214） ・株主権の行使要件の緩和（297Ⅰ・303Ⅱ・305Ⅰ・306Ⅰ等）
機関	・設立時取締役，設立時会計参与，設立時監査役または設立時会計監査人の定め（38Ⅲ） ・取締役会，会計参与，監査役，監査役会，会計監査人または委員会の設置（326Ⅱ） ・清算人会，監査役または監査役会の設置（477ⅡⅢ）
株主総会等	・創立総会・株主総会の招集期間短縮（68Ⅰ・299Ⅰ） ・議題提案権・議案提案権の要件の緩和（303Ⅱ・304Ⅰ・305ⅠⅣ） ・株主総会等の決議事項（84・295Ⅱ・321・322Ⅱ・323・325） ・株主総会・種類株主総会の決議要件（309ⅠⅡ・324Ⅰ・341・325） ・特別決議を要する事業譲渡等の基準の設定（467Ⅰ②⑤） ・WEB開示（会施規94Ⅰ・133Ⅲ・計規133Ⅳ・134Ⅳ）
役員の選任等	・非公開会社の取締役等の株主限定（331Ⅱ但書・402Ⅴ） ・役員の任期の短縮・伸長（332Ⅰ但書・Ⅱ・336ⅠⅢ），執行役の任期の短縮（402Ⅶ但書） ・41条1項または種類創立総会・種類株主総会の決議で選任された取締役の株主総会の決議による解任（44Ⅱ・92Ⅱ） ・役員の選解任の定足数の割合（3分の1以上）の設定と決議要件の加重（341） ・役員等の員数（329Ⅱ・346ⅠⅣ） ・累積投票の排除（89Ⅰ・342Ⅰ） ・取締役等の業務執行権・代表権の制限（348ⅠⅡ・349ⅠⅢⅣ） ・取締役等の責任免除の定め（426Ⅰ），責任限定契約の締結に関する定め（427Ⅰ） ・取締役等の報酬等（361Ⅰ・379Ⅰ・387Ⅰ） ・役員解任の訴えの要件（854Ⅰ ①②） ・代表訴訟のための持株保有期間の短縮（847Ⅰ） ・監査役の権限の限定（389Ⅰ）・補欠として選任された監査役の任期（336Ⅲ）
取締役会等	・株主総会・取締役以外の機関の設置（326Ⅱ） ・取締役会の書面決議（370） ・招集権者（366Ⅰ）・招集通知期間の短縮（368Ⅰ・376Ⅱ） ・取締役会決議用件の要件（369） ・監査役会の招集通知期間の短縮（392Ⅰ）

第1章 株式会社の設立　第3節 株式会社の定款の作成　**105**

項になる)．以下では，変態設立事項と公告の方法を説明する．

Ⅱ-1-3-18　(ｱ) **変態設立事項**　(a) **総　説**　会社法28条が定める相対的記載事項を特に変態設立事項という．これは，普通の**単純設立**に対し，これらの事項が定款に記載されると，特別の手続が付加され，それを変態設立〔独 die qualifizierte Gründung：西 fundación cualificada〕ということに由来する．変態設立事項は，いずれも濫用の危険が極めて高く，社員を害するおそれがあるため（会社債権者保護機能も認められるか否かについては争いがある．肯定説として神田43頁．これに対し立案担当者によれば，変態設立事項は，株主間の価値移転防止のための予防規制ということになる。解説282頁），特別の手続が付加されている．**危険な約束**とも呼ばれる．株式会社の変態設立事項は，① 現物出資（なお志村治美『現物出資の研究』〔有斐閣1975年〕参照），② 財産引受け，③ 発起人の受けるべき報酬・発起人の受けるべき特別利益，および ④ 会社の負担に帰すべき設立費用の4つである（会28．なお商登47Ⅱ③参照）．

Ⅱ-1-3-19　(b) **内　容**　(α) **現物出資**　現物出資は，過大評価の危険がありで，**現物出資者以外の出資者との公平を確保するため**，規制されている[13]．設立の際に現物出資〔独 Sacheinlage：仏 apports en nature：伊 conferimenti in natura〕を行うときには，現物出資で株式の申込みを行う者（氏名または名称）が，① 幾らと評価される（価額．確定額であることを要し，算式をもって規定することができない．論点22頁），② いかなる財産を出資し，③ それに対しどのくらいの設立時発行株式（会社が種類株式発行会社である場合には，その種類および種類ごとの数）が割り当てられるかが，定款に記載される（会28①）．募集設立の場合には，①ないし③は，設立時募集株式の申込者に通知される（会59Ⅰ②）．

剰余金	・剰余金の配当に関する種類株式の配当額算定の基準の要綱（108Ⅲ） ・剰余金の配当等を取締役会が決定する旨の定め（459Ⅰ・460） ・剰余金の処分に関する定め（計規153Ⅱ①）・中間配当（454Ⅴ）
その他	・公告の方法（939Ⅰ） ・剰余金の配当等の決議機関の特則と株主総会決議事項としない旨の定め（459・460） ・中間配当（454Ⅴ） ・会社の存続期間・解散事由（471①②） ・清算中の会社の機関の設置（477Ⅱ），清算人の決定（478Ⅰ②）・業務執行（482Ⅱ）

　(b) その他，利益配当・中間配当請求権の除斥期間（大判昭和2・8・3民集6巻484頁〔日魯漁業事件〕）のように，株主の利益に直接関係のある事項は，法にその旨の定めがないが，定款に記載しなければ，その効力を生じないし，議決権行使の代理人の資格を株主に限ることや（最判昭和43・11・1民集22巻12号2402頁〔関口本店事件〕），役員を日本人に限ることなども，定款に定めがなければその効力を生じない．

Ⅱ-1-3-20　[13] **現物出資**　募集株式（会199Ⅰ③）の発行（〔Ⅱ-3-2-33〕参照）・募集新株予約権（会236Ⅰ③）の行使（〔Ⅱ-3-3-82〕参照）の場合にも，現物出資の価額の調査（会207・284）・履行（会208Ⅱ・209②・281Ⅱ）・責任（212Ⅰ②・213，285Ⅰ③・286）が，設立の場合と同じように，問題となる．
　事業の現物出資を受けて設立された会社が出資者の商号を続用するときには，会社法22条1項の類推適用により，その会社は，出資者の営業によって生じた債務につき，出資者と並んで弁済責任を負う（最一小判昭和47・3・2民集26巻2号183頁＝総則百選25事件）．

わが国では現物出資者は，株式会社の設立の場合，**発起人に限られている**（会34Ⅰ・59Ⅰ③参照．反対　龍田420頁注45）．現物出資者は，発起人として定款に署名するので（会26），責任を負わせることができるからである（会52・103Ⅰ）．

現物出資も詐害行為取消の対象となる（東京地判平成15・10・10金判1178号2頁．宇都宮地判昭和33・7・25下民集9巻7号1433頁は，現物出資行為を取り消しても株式会社の設立の無効を来たさない場合を除き詐害行為として取消しを求め得ないとするが，疑問に思う）．会社の設立行為は財産の出捐を要する行為である以上，民法424条の要件を満たせば現物出資行為の取消しを認めるべきであるからである．

現物出資に危険負担・追奪担保・瑕疵担保に関する規定の類推適用があるか否かについては見解が分かれている（適用否定説として宮島55頁）．

Ⅱ-1-3-21　**(β) 財産引受け**　財産引受け〔独 Sachübernahme〕は，**発起人が会社のために，会社成立を停止条件として，財産提供者から特定の財産を譲り受けることを約する契約**である（会28②）．財産引受けをしようとするときには，約束した財産の内容，その価格ならびに譲渡人の氏名または名称を記載する．会社の成立を条件とする積極・消極両財産を含む事業財産の一括譲受（最三小判昭和38・12・24民集17巻12号1744頁［新光貿易事件］，最一小判昭和61・9・11判時1215号125頁［三条機械製作所事件］），土地の売買の予約・賃貸借契約（東京高判昭和37・1・27下民集13巻1号86頁［吉田劇場事件］）も財産引受けに当たる．現物出資が団体法上の行為であるのに対し，財産引受けは**純然たる個人法上の双務・有償契約**（売買・交換など）であるので，危険負担・追奪担保・瑕疵担保に関する民法の一般原則の適用がある．**現物出資規制の脱法方法として利用される可能性があるので，株式会社においては，設立に限り**（募集株式・募集新株予約権の発行の場合には，特別の規制はない），**現物出資と同一の規制**[14]**を受ける**（ただし財産提供者は発

Ⅱ-1-3-22　(14)　**事後設立**　事後設立〔独 Nachgründung〕とは，会社の成立後2年以内におけるその成立前から**存在する財産**（会社成立時においては生成中の財産も含む．神戸地決平成4・5・14判時1439号150頁［神戸北野ホテル事件］）であって**事業のために継続して使用するものの取得契約**である．

平成17（2005）年改正前商法は，現物出資・財産引受け規制の潜脱を防止するために，設立の際の現物出資・財産引受けと同様に，資本の20分の1以上に当たる対価をもってする事後設立は，原則として検査役の調査を受け，調査後株主総会の特別決議による承認を受けることを要するとしていた（改正前商246Ⅰ～Ⅵ）．

しかし，会社成立後の財産の取得は，設立年数とは関係なく常に生じるものであるから，規制に合理性が乏しく，この規制があるために実務では規制回避のための種々の非合理的努力がなされているといわれた．

そこで会社法は，① 平成2（1990）年改正で導入した事後設立の**検査役の調査の制度を廃止**するとともに，② 株主総会の特別決議（会309Ⅱ⑪）を不要とする要件を，簡易組織編成の要件（［Ⅴ-1-4-110］参照）に合わせ，取得する財産の対価として交付する財産の帳簿価額の合計額の当該会社の純資産（会施規135）に対する割合を**5分の1**（定款で基準の引下げ可）以下とする場合まで引き上げ（会467Ⅰ⑤但書），また，③ 新設合併，新設分割または株式移転により設立される会社には事後設立規制が課せられないことを明確にしている（会467Ⅰ⑤括弧

起人に限定されていない）．同一の物件の一部を現物出資の目的とし，残りを財産引受けの対象とすることができるか否かについては争いがある（上柳・新注会 (2) 111頁参照）．

II-1-3-23 **(γ) 会社の負担に帰すべき設立費用** 〔独 Gründungsaufwand〕 これは，設立事務所の賃借，設立事務員の給与，設立時募集株式の申込人への通知費用，弁護士の証明費用，不動産鑑定上の鑑定費用，株式払込取扱銀行に対する報酬，広告費（大判昭和2・7・4民集6巻428頁＝会社法百選7事件），切手印紙代，諸印刷費（大判昭和8・3・27法学2巻11号1356頁）などのように会社の設立に必要な取引行為から生ずる費用であり，開業準備行為から生じる費用は含まない（大判昭和10・4・19民集14巻1134頁）．本来は成立後の会社が負担すべきものであるが，無制限な負担になると会社の財産的基礎が害されるので記載事項となっている．

しかし従来から解釈で認められた定款の認証の手数料その他株式会社に損害を与えるおそれがないものとして法務省令で定めたものは[15]，当然支出すべき設立費用でありその額について裁量の余地がないので，変態設立事項とはならず，当然に会社が負担するものとされている（会28④）．

II-1-3-25 **(δ) 発起人の受けるべき特別利益・報酬** ① 発起人の受けるべき特別利益は〔独 Sondervorteile：仏 avantages particuliers：西 ventajas particulares de los fundadores〕，会社設立企画者として功労に報いるために個々の発起人に与えられる剰余金の配当に関する優先権や会社の施設利用権等の特別の財産上の利益のほか，帳簿閲覧権（会433）や株主総会における提案権（会303）等（江頭71頁）である．

② 発起人の受けるべき報酬〔独 Gründerlohn〕は，発起人の労務に対する対価であり，成立後の会社よりいっぺんに支払われる．お手盛りを避けるため記載が要求される．定款で，発起人の受けるべき報酬の最高限度を定めればよく，その範囲内における額の決定を取締役会に一任することは差し支えない（大判昭和11・7・4法学5巻1656頁）．報酬は，①と区別して記載されるべきである．

なお発起人の報酬，設立費用は，創立費として繰延べが認められる（計規74Ⅲ⑤）［II-5-2-49］．財務規36，財務諸表等規則ガイドライン36Ⅰ参照）．

II-1-3-26 **(イ) 公告の方法** 平成17年改正前商法（166Ⅰ⑨・166ノ2）と異なり，公告の方法は，絶対的記載事項ではなく，相対的記載事項である（江頭67頁．前田庸43頁・近藤41頁・青竹61頁は任意的記載事項に分類している）．

会社または外国会社は，公告の方法として，① 官報に掲載する方法，② 時事に関する事項を掲載する日刊新聞紙に掲載する方法，③ 電子公告［I-2-2-25］のいずれかを定款で定めることができる（会939Ⅰ）．定款の定めがなければ，①の方法

書）．なお会更99Ⅰ①参照．

II-1-3-24 (15) **設立費用** 法務省令は，① 定款に係る印紙税，② 払込取扱機関に支払うべき手数料および報酬，③ 検査役の報酬，④ 設立登録免許税を設立費用としている（会施規5）．

となる(会939Ⅳ). 会社または外国会社が電子公告を公告方法とする旨を定める場合には，会社の定款に「電子公告を公告方法とする」旨を定めれば足りるが(URLは登記事項). この場合において，定款をもって，事故その他のやむを得ない事由によって電子公告による公告をすることができない場合の公告方法として，官報または時事に関する事項を掲載する日刊新聞紙に掲載する方法のいずれかを定めることができる(会939Ⅲ. なお会911Ⅲ㉙, 会施規220Ⅰ②参照).

Ⅱ-1-3-27 **(3) 任意的記載事項** 定款で定める必要は必ずしもないが，定款で定めると(例えば，設立時発行株式に関する事項[会32Ⅰ]，基準日の指定[会124Ⅲ]，取締役・監査役の報酬の額[会361・387ⅠⅡ]，株式の名義書換手続，事業年度等)，その変更には定款変更手続(会466・309Ⅱ⑪)が必要となる. 定款の任意的記載事項の瑕疵は，当該条項が無効となるだけで，定款自体を無効とするものではない(なお公証26参照).

株主総会の決議の効力を会社以外の第三者の同意ないし承認にかからしめる旨の定款の規定の効力については[Ⅱ-4-2-2]参照.

取締役の選任・解任には株主全員の同意を要するとの定款の定めの効力については[Ⅱ-4-3-29]参照.

3 設立変態事項に関する検査役による調査とその例外

Ⅱ-1-3-28 **(1) 原 則** 設立変態事項については検査役[独 Gründungsprüfer：仏 commissaires aux apports]による調査を受けるのが原則である. その点で合同会社と異なる. 定款に財産引受けの内容を記載しておけば，検査役による調査を受けていない場合であっても，その契約自体は有効である.

発起設立であれ(会25Ⅰ①)，募集設立であれ(会25Ⅰ②)，発起人は公証人の認証の後遅滞なく，設立変態事項を調査させるため，裁判所(本店所在地の地方裁判所. 会868Ⅰ)に対し，**検査役の選任の申立てをしなければならない**(会33Ⅰ. 平成17年改正前商法では取締役が選任申立て義務を負っていたが[改正前商173Ⅰ]，設立手続推進の主体は発起人であるので，発起人に改められている). 申立てがあった場合には，裁判所は，これを不適法として却下する場合を除き，検査役を選任しなければならない(会33Ⅱ). 検査役には弁護士が選任される例が多い(検査の実態については針原遵「東京地裁商事部における現物出資等検査役選任事件の現状」商事1590号4頁[2001年]). 裁判所は，検査役を選任した場合には，成立後の会社が検査役に支払う報酬を定めることができる(会33Ⅲ). 検査役は，必要な調査を行い，当該調査の結果を記載し，または記録した書面または電磁的記録(商登規36条1項各号のいずれかに該当する構造の磁気ディスクおよび裁判所が定める電磁的記録. 会施規228①)を裁判所に提供して報告をしなければならない(会33Ⅳ. なお会963Ⅲ，商登47Ⅱ③イ参照). 裁判所は，報告の内容を明瞭にし，またはその根拠を確認するために必要があると認めるときは，検査役に更に報告を求めることができる(会33Ⅴ). 検査役は，裁判所に報告をしたときは，発起人に報告の書面の写し

を交付し，または電磁的記録に記録された事項を裁判所が定めた方法(会施規229)により提供しなければならない(会33Ⅵ)．**裁判所は，検査役の報告を聴き，変態設立事項**(検査役の調査を経ていないものを除く)**を不当と認めるときは，これを変更する決定をしなければならない**(会33Ⅶ．なお商登47Ⅱ④参照．決定は当該事項につき定款条項を変更する効力を有する．会30Ⅱ)．裁判所は，この場合，設立時取締役，現物出資者および財産引受けの際の譲渡人の陳述を聴かなければならない(会870⑤)．**変更に不服な発起人は**，① **即時抗告によって決定自体を争うか**(非訟20Ⅰ)，② **当該決定の確定後1週間以内に限り，その設立時発行株式の引受けに係る意思表示を取り消す**(撤回する)**ことができる**(会33Ⅷ．各発起人は，意思表示の全部または一部を取り消すことができる．なお会207Ⅷ[*Ⅱ-3-2-33*]参照)．この場合には，未引受けとなった株式を他の発起人が引き受けるか，発起人の全員の同意によって，決定の確定後1週間以内に限り，当該決定により変更された事項についての定めを廃止する定款変更をすることができる(会33Ⅸ・30Ⅱ)．

これに対して，財産引受けの場合には，その相手方は発起人に限られないので，この変更には相手方(譲渡人)の承諾が必要と解される．この変更を承諾しない相手方は契約を解除することができる．

なお，募集設立の場合には，変態設立事項に関する検査役の報告および弁護士等の証明・鑑定評価を記載・記録した資料は，創立総会に提出または提供される(会87Ⅱ①②[*Ⅱ-1-6-8*])．変態設立事項が不当であれば，創立総会の決議で変更されることになる(会96．なお97参照)．変更されなければ，その事項の有効性が確定し，発起人等の責任の問題のみが残る．

　(2)　**例　外**　(ア)　**調査の免除**　次の場合には検査役の調査を要しない．

Ⅱ-1-3-29　(a)　**少　額　免　除**　平成17年改正前商法では，現物出資および財産引受けの財産(現物出資財産等)の価額が「資本の5分の1を超えず且つ500万円を超えない」場合には，検査役の調査を要しないとされていたが(改正前商173Ⅱ①)，会社法では，**定款に記載**(記録)**された価額の総額が500万円を超えない場合に一本化されている**(会33Ⅹ①．なお会207Ⅸ②参照)．少額特例の趣旨は，瑕疵があっても事後的なてん補責任で賄える程度のものであれば検査役の調査を要するまでもないこととするというものであるところ，資本が小さい会社の取締役等であるといって，てん補責任で賄える限度が変化すると考えるべき必然性はないからである(「補足説明」商事1678号49頁)．

複数の現物出資財産等があった場合には，その合計が上記基準を超えないことが必要である．

Ⅱ-1-3-30　(b)　**市場価格のある有価証券に関する免除**　現物出資・財産引受けの対象財産が市場価格のある有価証券(金融商品取引法2条2項の規定により有価証券とみなされる権利を含む)である場合に，**定款に定めた価格がその市場価額として法務省令**[16]**で定める方法により算定されたもの**(会施規6)**を超えないときである**(会33Ⅹ②．なお会207Ⅸ

③，商登47Ⅱ③ロ参照)．平成17 (2005) 年改正前商法は取引所の相場のある有価証券に限定していたが (改正前商173Ⅱ②)，市場価格ある有価証券に拡大されている．店頭登録株式 (外国の店頭登録がされているものを含む．ジャスダックが証券取引所化されたため，現在は店頭登録株式に該当する銘柄はない)，証券会社が売り気配・買い気配の提示等をして売買を行う銘柄であるグリーンシート銘柄など (日証協「グリーンシート銘柄及びフェニックス銘柄に関する規則」(平13・1・17) 参照) が含まれる．

Ⅱ-1-3-32　**(c) 相当性の証明等がある場合の免除**　現物出資・財産引受け (対象となる財産は不動産に限られない) の**相当性について弁護士，弁護士法人，公認会計士** (外国公認会計士を含む)，**監査法人，税理士または税理士法人の証明を受けたか**[17]，**現物出資財産等が不動産** (不動産の鑑定評価に関する法律2条1項の定める「土地若しくは建物又はこれらに関する所有権以外の権利」を意味し，地上権，地役権，採石権，賃借権等の権利を含むが，立木法による立木，工場財団等は含まない) **であるときにはその証明および不動産鑑定士の鑑定評価を受けたとき** (会33Ⅹ③．なお会207Ⅸ④，商登47Ⅱ③ハ参照)．これは平成14年改正法で追加された免除である[18]．検査役制度には，多額の費用と時間がかかるし，調査に要する時間を予め予測できないなどの問題があることから，検査役の調査と専門家の証明との**選択制**にしている (始関正光『Ｑ＆Ａ平成14年改正商法』280頁［商事法務2003年］)．現物出資財産等が**不動産の場合**には，**弁護士等による証明**に「**加えて**」不動産鑑定士による鑑定評価が必要である．これは，不動産鑑定士以外に不動産の適正な価格判定をする資格を有する者がいないからである．現物出資財産等が複数の財産であっても，証明に当たって，その構成財産の価格を個別に算定することは，必ずしも必要ではなく，当該総体としての評価額が相当であることさえ証明すれば足りる (始関289頁)．

Ⅱ-1-3-35　**(イ) 設立時取締役等による調査**　(a) 発起設立の場合における① 少額免除または市場価値のある有価証券であることによる免除に該当する現物出資等の定款記載

Ⅱ-1-3-31　[16] **法務省令で定める方法により算定した額**　認証の日における市場における最終の価格 (会施規6①) であるが，その有価証券が公開買付け［I-2-6-16］の対象であるときは，公開買付け価格が市場における最終の価格より高ければその価格である (会施規6②)．

Ⅱ-1-3-33　[17] **税理士・税理士法人を含めた理由**　税理士は，地方自治法252条ノ28第2項により，普通地方公共団体が外部監査契約を締結できる者として弁護士および公認会計士とともにあげられており，その職務内容から的確に証明を行う能力を有していると考えられること，および弁護士または公認会計士等が少ない地域において税理士から証明を受けられるようにすることが特に中小企業等にとって必要であること等である (始関正光『Ｑ＆Ａ平成14年改正商法』283頁［商事法務2003年］)．

Ⅱ-1-3-34　[18] **証明者等の欠格事由**　証明の公正性を保障するため，① 発起人，② 財産引受けの財産の譲渡人，③ 設立時取締役または設立時監査役，④ 業務の停止の処分を受け，その停止の期間を経過しない者，⑤ 弁護士法人，監査法人または税理士法人であって，その社員の半数以上が①から③に掲げる者のいずれかに該当するものは，証明をなすことができない (会33ⅩⅠ．なお会社207Ⅹ参照)．

価額（会33X①②）の相当性および② 弁護士等の証明（会33X③）の相当性の調査については[II-1-5-19]を参照されたい（会46 I）．(b) 募集設立の場合のこれらの調査については[II-1-5-20]を参照されたい（会93）．

第4節　社員の確定

1　総　説

II-1-4-1　社員たる地位を最初に取得することを**社員権の原始取得**という．株主が株式を原始取得するには，普通，① 株式の申込み，② 株式の割当て，③ 株式の引受け（なお商登56・57参照）そして④ 株式の払込み（現物出資の場合には会社に対する対象財産の「給付」）を経る必要があり，募集設立の場合はまさにそうである．これに対し，発起設立の場合には，①②は不要である．株式の引受けとは，出資を約束することである．

表2　発起設立・募集設立等の比較（数字は会社法の条文数）

種　類	発起設立	募集設立	募集株式・募集新株予約権の発行
株式の申込み	—	59	203　　　242
株式の割当て	—	60	204　　　243
株式の引受け	25	62	206　　　244
株式の払込み（給付）	34	63	208　　　246

2　設立時発行株式等の決定

II-1-4-2　発起設立であれ，募集設立であれ，定款で定めていない場合には，① 発起人が割当てを受ける「設立時発行株式」の数，② 設立時発行株式と引換えに払い込む金銭の額（払込金額は均等である必要はない．会58Ⅲ対比）．および③ 成立後の株式会社の資本金（会445 I）および資本準備金の額（会445ⅢI）に関する事項を**発起人全員の同意で決める**（会32 I・25 I②．なお商登47Ⅲ・振替150 I参照）．④ 会社が種類株式発行会社（会2⑬）であって，剰余金の配当額算定の基準の要綱等（会施規20 I）のみを定め（会108Ⅲ），内容は発行するまでに決めるという定款の定めがあるとき（会32Ⅱ・25 I）および設立時から振替株式を利用する場合（振替128Ⅱ）も同様である．これらの事項は重要であるからである．全員の同意を欠くと定款は無効である．

　　これら以外の事項は，**発起人の過半数で決定する**（民670 I）．

3　株式の募集

II-1-4-3　(1) 総　説　発起設立では全発起人が全設立時発行株式の引受けを行うので（会

25Ⅰ①Ⅱ），募集は問題とならないが，募集設立では，発起人が引き受けなかった残りの株式につき株主の募集をする必要がある．**募集設立の決定は発起人全員の同意を得る必要がある**（会57Ⅱ）．募集の回数には特に制限はない．募集設立を選択すると，募集の都度，発起人の全員の同意を得て（会58Ⅱ），① 「**設立時募集株式**」（募集に応じて設立時発行株式の引受けの申込みをした者に対して割り当てる設立時発行株式をいう）の数（設立しようとする株式会社が種類株式発行会社の場合には，その種類および種類ごとの数），② 設立時募集株式の払込金額（設立時募集株式1株と引き換えに払い込む金銭の額をいう），③ 金銭の払込期日または払込期間，④ 一定の日までに設立の登記がされない場合において，設立時募集株式の引受けの取消しをすることができることとするときは，その旨およびその一定の日を定めなければならない（会58Ⅰ）．募集は公募でも縁故募集でもよい[19]．**募集の条件**は，当該募集（設立しようとする株式会社が種類株式発行会社である場合にあっては，種類および当該募集）ごとに，**均等**に定めなければならない（会58Ⅲ）．これは引受人の保護を目的とする．

Ⅱ-1-4-5 **(2) 通知** 発起人は，募集に応じて設立時募集株式の引受けの申込みをしようとする者に対し，① 定款の認証の年月日およびその認証をした公証人の氏名，② 定款の絶対的記載事項（会27）・変態設立事項（会28）・設立時発行株式に関する事項（会32Ⅰ）・設立時募集株式に関する事項（会58Ⅰ），③ 現物出資の価額，④ 払込取扱場所（会63Ⅰ）および⑤ 法務省で定める事項[20]（会施規8）を通知しなければならない[21]（会59Ⅰ）．さらに振替株式を発行するときには振替法の適用がある旨も通知する（振替150Ⅱ）．通知は，発起人による出資がなされていることを前提としているので，出資を履行しない発起人がいるときは，発起人が当該不履行をしている発起人に対し，期日の2週間前までに履行すべき旨を通知し（会36ⅠⅡ），その期日が過ぎた後でなければ，上記通知をすることができない（会59Ⅱ）．発起人は，通知した事項に変更があったときは，直ちに，その旨および変更事項を申込者に通知しなければならない（会59Ⅴ．なお会203Ⅴ参照）．

Ⅱ-1-4-4 [19] **金融商品取引法の規制** 募集が金融商品取引法の「有価証券の募集」に該当し，かつ発行価額の総額が1億円以上のときには，有価証券届出書を内閣総理大臣に対して提出し（金商4・8Ⅰ・15Ⅰ），目論見書を使用しなければならない（金商13・15Ⅱ・Ⅲ．[Ⅰ-2-6-4]参照）が，違反は，会社法の規制目的と異なるので，設立無効原因とはならない（なお金商16・197の2①③）．1億円未満でも内閣府令に定める額を超える場合には，内閣総理大臣に有価証券通知書を提出してからでないと募集ができない（金商4Ⅵ）．

Ⅱ-1-4-6 [20] **法務省が定める通知すべき事項** これは，① 発起人が割当てを受けた設立時発行株式および引き受けた設立時募集株式の数，② 会社法32条2項による決定の内容，③ 株主名簿管理人の氏名・名称および住所・営業所，④ 定款に定めた事項であって，発起人に対して引受けの申込みをしようとする者が当該者に対して通知することを請求した事項である（会施規8）．

Ⅱ-1-4-7 [21] **株式申込証主義** 平成17（2005）年改正前商法は，設立時募集株式の申込人を保護するために，発起人は株式申込証の用紙を作成すべきものとしていたが（改正前商175），会社法は株式申込証主義を廃止している．

設立時募集株式を引き受けようとする者(複数人いてもよい)が，その**総数を引き受ける契約を締結する場合には，通知，申込みおよび割当ては不要**である(会61．なお会205・244・679参照)．

II-1-4-8　**(3) 引受けの申込み**　募集に応じて設立時募集株式の引受けの申込み(入社契約の申込み)をする者は，①申込みをする者の氏名または名称および住所および②引き受けようとする設立時募集株式の数を記載した書面(振替株式の場合には自己口座の記載も必要と解する．振替法150Ⅳ類推適用)を発起人に交付するか(会59Ⅲ)，政令(会令1,会施規230)で定めるところにより，発起人の承諾を得て，書面に記載すべき事項を電磁的方法により提供しなければならない(会59Ⅳ．なお会61，商登47Ⅱ②参照)．書面(または電磁的記録)によらない申込みは無効である．これは，多数の者を相手にするため，画一的に処理する必要があるからである．

発起人が申込者に対してする通知または催告は，①の住所(申込者が別に通知または催告を受ける場所または連絡先を発起人に通知した場合にあっては，その場所または連絡先)にあてて発すれば足りる(会59Ⅵ)．通知または催告は，通常到達すべきであった時に，到達したものとみなされる(会59Ⅶ)．

設立時発行株式の引受けに係る意思表示には心裡留保に関する民法93条但書および虚偽表示に関する民法94条1項は適用されず(会51Ⅰ・102Ⅲ)，また，会社成立後は，錯誤(民95)を理由として引受けの無効を主張し，詐欺や強迫(民96)を理由としてもしくは消費者契約法4条に基づき引受けの取消しをすることができない(会51Ⅱ・102Ⅳ，消費者契約法7Ⅱ)．ただし，株式引受けについて意思無能力を理由とする無効，制限能力者であることを理由とする取消し(民5・9・13)および詐害行為取消し(民424)を主張することは制限されていない．

II-1-4-9　**(4) 割当て**　発起人は，申込者の中から設立時募集株式の割当てを受ける者を定め，かつ，その者に割り当てる設立時募集株式の数を定めなければならない．この場合において，発起人は，割り当てる数を引き受けようとした数よりも減少することができる(**割当自由の原則**．会60．なお会61参照．また会204Ⅰ対比)．割当てにより引受契約が成立し，株式申込者は**設立時募集株式の引受人となる**[22](会62①．なお会

II-1-4-10　(22) **株式引受けの法的性質**　① 通説は，同一性説を前提として，発起人の株式引受けは団体を創設する行為であり，募集設立の場合の株式の引受けは，株式申込人と設立中の会社の機関たる発起人との間の契約で，株式の申込みは設立中の会社への入社契約の申込み，割当てはそれに対する承諾であると解している(入社契約説．大隅＝今井・上巻231頁)．他には② 株式申込みは発起人の割当てという単独行為を法定条件としてなされる意思表示であって，それは会社設立を目的とし，これと発起人の会社設立を目的とする意思表示と平行して存在し，共同的単独行為をなすとする説(田中(誠)・上巻213頁)や，③ 株式の申込みは会社設立を目的とする一方的意思表示と，発起人に対する株式引受けを目的とする契約の申込みとが併合した行為であり，発起人の割当てによって後者の効力が生じた場合に，前者の効力も生じるとする両性説(大判昭和2・6・20民集6巻354頁)なども存在している．

206対比)．発起人が設立時募集株式の引受けを行い，割当てを受けることも可能である．

発起人は，払込期日(払込期間を定めた場合にあっては，その期間の初日)の前日までに，申込者に対し，当該申込者に割り当てる設立時募集株式の数を通知しなければならない(会60Ⅱ．なお会204Ⅲ対比)．

仮設人の名義または承諾なく他人名義を用いて申込みをした場合には，名義借用者が設立時募集株式の引受人(株主)となる．他人の承諾を得て名義を借用した場合には，名義借用者が引受人(株主)となるのか(実質説．最二小判昭和42・11・17民集21巻9号2448頁＝会社法百選8事件)それとも名義貸与者が引受人(株主)となるのか議論のあったところである(平成17年改正前商201ⅠⅡは会社法で削除されている)．私法一般の法律行為の解釈との整合性より，名義借用者が引受人(株主)になると解すべきである．ただし，会社は名義貸与者を引受人(株主)として取り扱えば足りる．

4 出資の履行

Ⅱ-1-4-11　**(1) 金銭出資の場合**
(ア) 発起設立の場合　発起人は，設立時発行株式の引受け後遅滞なく，その引き受けた設立時発行株式の全額の払込みをしなければならない(**全額払込主義**．会34Ⅰ)．払込みは，発起人が定めた銀行等(銀行法2条1項に規定する銀行，信託業法2条2項に規定する信託会社その他これに準ずるものとして法務省令[会施規7]で定めるものをいう(23))の払込みの取扱場所においてし

(別紙)

| 使用区分(○印) | 会社法人用・登記用 |

払込金受入証明書

払込金額	
法人名	
証明書発行の目的	□株式会社　(発起設立　募集株式) □新株予約権　(募集　　行使) □合同会社　(設立　社員の加入) □投資法人　(募集投資口) □有限責任事業組合(設立　社員の加入) □その他(　　　　　　　　　　)
摘要	

当行は，払込取扱場所として，その払込事務を取扱い，上記のとおり払込金を受け入れたことを証明します．
　　　　平成　年　月　日
　　　　所在地
　　　　証明者　　　　　　　　　　印
　　　　銀行名・店名
注　1．この証明書は，払込期日・期限以後(当日を含む)の日をもって2週(会社法人用・登記用)作成し，当該会社・法人に交付する．
　　2．払込金額はチェックライター等により記入する．
　　3．目的欄の該当にレ点を付すとともに，設立等の該当個所に○を付す．
　　なお，目的欄に該当しない払込金を受け入れる場合には，「その他」に目的を記載する．

(B5判)

Ⅱ-1-4-12　(23) **銀行等**　会社法施行規則は，① 商工組合中央金庫，② 農業協同組合・農業協同組合連合会，③ 漁業協同組合・漁業協同組合連合会，水産加工業協同組合・水産加工業協同組合連合会，④ 信用協同組合・信用協同組合連合会，⑤ 信用金庫・信用金庫連合会，⑥ 労働金庫・労働金

なければならない（会34Ⅱ）。
銀行等へ金銭の払込みが
あったことの証明は，払込
金保管証明（会64）を要求す
ると金融機関の審査等の関
係からある程度の時間がか
かること，およびそもそも
払込みが一定の時期に行わ
れたことが証明されればよ
いことから（「補足説明」商事
1678号46頁），**「払込みが
あったことを証する書面」**
で足りる（商登47Ⅱ⑤。「平成
18年3月31日付法務省民商第
782号民事局長通達」によると
「払込金受入証明書」等で足りる。
商事1764号60頁）。発起設立
の場合には，払込金保管証
明制度がないので，会社の
成立前に，**払込金を引き出
して設立費用に用いること
は可能である**（論点30頁）。

なお，立案担当者による
と，払込保管証明制度は，
募集設立の場合には，発起設立の場合とは異なり，払込金の保管等に携わらない者
が設立時募集株式引受人となっており，かつ，法人格が形成される前の払込みで
あって事後的な責任追及が困難であることも想定されることから，会社が成立し法
人格が形成されるまで，出資金が保管されることを確保することとしたものであり，
資本充実とは無関係な制度である（郡谷＝岩崎・解説283頁）。発起設立の場合払込保管
証明制度が採用されていないのは，発起設立手続を簡素化することができること，
および発起人だけで株主となるので，成立後に払込金を使用できないのは，自己責
任で保護に値しないからである（葉玉99頁）。

II-1-4-13 **（イ）募集設立の場合** 設立時募集株式の引受人は，金銭の払込期日または払込期
間（会58Ⅰ③）内に，発起人が定めた銀行等の払込取扱場所において，それぞれの設

（別紙）

払込金受入証明書

| 使用区分（○印） | 会社法人用・登記用 |

保 管 金 額	
払込期間・払込期日	払込期間　平成　年　月　日～平成　年　月　日 払込期日　平成　年　月　日
株式の発行会社名	
払 込 株 数	
1株の払込金額	円
摘　　要	

当行は，株式払込取扱場所として株式の払込事務を取扱い，上記のとおり，
その払込金を保管していることを証明します。
　　　　　平成　年　月　日
　　　　　所　在　地
　　　　　証　明　者　　　　　　　　　　　　印
　　　　　　銀行名・店名

注　1．この証明書は，払込期間または払込期間末日以後（当日を含む）の日
をもって2通（会社用・登記用）作成し，発行会社に交付する。
　　2．保管金額はチェック・ライター等により記入する。
　　3．「募集設立」の旨摘要欄に記載する。

（B 5 判）

庫連合会および⑦農林中央金庫を銀行等としている（会施規7）。

立時募集株式の払込金額の全額の払込みを行わなければならない (会63Ⅰ. 全額払込主義. なお会208Ⅰ対比).

　発起人は, 募集設立の場合には, 払込取扱機関等に対し[24], 株式払込金の保管証明書の交付を請求することができる (会64Ⅰ), これは設立登記申請書に添付され (商登47Ⅱ⑤), これにより登記官は払込みを確認することになる.

　実際には, 申込みと同時に発行価額全額が**申込証拠金**として払込取扱銀行に提出され, 先着順に割当てを行い, 申込みが募集株式総数に達すると募集を打ち切り, 割当てがあったものについては申込証拠金を払込期日にそのまま払込金に充当し, 割当てがなされないと無利息で全額返還する方法がとられている (最一小判昭和45・11・12民集24巻12号1901頁 [東京海上火災保険会社事件]. 慣行に従った払込みを条件とすることは適法). かつては払込みに対し株式申込証拠金領収書 (払込領収書) が交付され, これが有価証券か否か議論されたので, 申込受付証が交付されている. 小切手による払込みは, 実際の小切手の支払があったときに払込みがなされたものと解されている (大判大正8・12・24民録5輯2360頁). 払込みを行うと, 設立の登記の時から株主となる (会102Ⅱ).

Ⅱ-1-4-15 　(ウ) **失　権**　平成17(2005)年改正前商法では, 設立に際して発行する株式総数は定款の絶対的記載事項であったため (改正前商166Ⅰ⑥), 発起人には不履行による失権を認めず, 募集設立の株式引受人にのみ失権を定め (同179), 未引受け・払込み・給付については発起人および会社成立当時の取締役にいわゆる引受・払込担保責任 (無過失責任) を定めていた (同192ⅠⅡ). しかし, 設立に際して出資される財産の価額または最低額が満たされる限り, 失権を抑制する必要がない (解説17頁) ので, 会社法は, 払込みがなされた分で会社は設立される (会50Ⅰ参照) とし, いわゆる引受・払込担保責任を廃止している.

Ⅱ-1-4-16 　(a) 発起設立および募集設立の場合に, 出資を履行しない発起人がいるときは, 発起人 (発起人総代) が当該不履行をしている発起人に対し, 期日を定め, その期日の2週間前までに履行すべき旨を通知 (会36ⅠⅡ) し, **通知を受けた発起人が期日までに出資の履行をしないときは**, 払込未了と扱われ, 設立時発行株式の株主となる**権利を失う** (会36Ⅲ. なお59Ⅱ対比. 失権によらず直接強制 [民414Ⅰ] をすることも可能. 江頭80頁注5). 失権した分について, 別の発起人が引き受けて払込みを行うなら, 設立時の発行株式数の出資を確保することが可能である. ただし, この場合には発起人が割当てを受ける株式数の変更に当たり, 発起人全員の同意が必要となる (会32Ⅰ①). また, 既に履行された額だけで設立時の出資最低額 (会27④) が充たされていれば, あえて別の発起人が引き受けるという措置をとらないこともできるが, 1株

Ⅱ-1-4-14 　(24) **払込取扱銀行の変更**　平成17年改正前商法では募集設立の場合, 払込取扱銀行の変更をするには裁判所の許可が必要であったが (平成17年改正前商178), 会社法では**許可は不要**である.

第1章 株式会社の設立 第4節 社員の確定 **117**

も引受けをしない発起人は認められないため,失権により,結果的に発起人が1株も権利を取得しなかった場合には,設立無効事由となる.

Ⅱ-1-4-17 (b) **募集設立の場合において**,**設立時募集株式の引受人が**,払込期日または払込期間内に払込みをしないときには**当然に**,設立時募集株式の株主となる**権利を失う**(会63Ⅲ.なお会208Ⅴ対比).再募集は不要である.

Ⅱ-1-4-18 (エ) **払込みの仮装** 中小株式会社では払込みが仮装されることが多い.
これには預合い,見せ金および両者の中間形態がある.① 預合いとは,発起人等が払込取扱銀行等からの借入金を払込金として同銀行等への預金に振替え,かつ借入金を返済するまでは上記預金を引き出さない旨を約することである.② 見せ金とは,発起人等が払込銀行以外の第三者からの借入金を払込金として払込取扱銀行に保管させ,会社設立後(または新株発行の効力発生後)間もなく同銀行から引き出して借入先に返済することである.③ 両者の中間形態は,最二小判昭和38年12月6日(民集17巻12号1633頁[中部罐詰事件]=会社百選6版8事件)にみられるように発起人が払込取扱銀行からの借入金を払込金として同銀行に保管させ,会社成立後(または新株発行の効力発生後)間もなく同銀行から引き出し,これを取締役(または発起人)に貸付け,これを先の弁済にあてる行為である(図3参照).預合いについては民事上の防止規定(会64)と刑事上の処罰規定(会965・971Ⅰ.最三小決昭和35・6・21刑集14巻8号981頁,最一小判昭和42・12・14刑集21巻10号1369頁[日和山観光事件]=会社法百選98事件)があるため,これらの脱法的手段として現れたのが見せ金および中間形態である.

平成17年改正前商法の下では,**預合いによる株式の払込みは無効である**ことに異論はなかったが,会社法の下では,**無効説**(神田49頁,青竹65頁,弥永309頁,宮島44頁,大系183頁)と**有効説**に見解が分かれている.立案担当者は,預合いによって計上された資本金や資産の額を公示すると,会社債権者が資本金に対して有する信頼を害することになるので,預合いを抑制する必要があるが,そのためには,預合いを有効と解する必要があるとする.無効とすると,払込取扱銀行等に対する払込金の返還請求権の代位行使をする余地がなくなること(会社法では発起人・取締役の払込担保責任が廃止されているので,会社の払込取扱銀行に対する返還請求権の確保が債権者保護のために必要不可欠),および払込取扱銀行等が払込金保管証明責任により支払った金銭は,株主資本に組み入れられず,剰余金の配当として株主に分配することができることとなることを根拠とする(論点29頁,葉玉113頁).しかし,払込取扱銀行等の保管証明責任は,有効説を前提としなければ発生しないのか疑問であるとともに([Ⅱ-1-10-10]参照),有効説をとらなければ払込取扱銀行等により支払われた金銭は株主資本に組み入れられないことになるか疑問であるので,無効説を支持する.

見せ金による払込の有効性については,判例(最

図3 中部罐詰事件

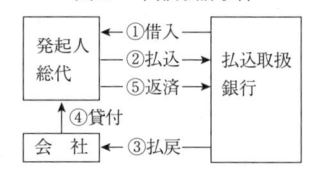

発起人総代 ①借入→ 払込取扱銀行
発起人総代 ②払込→ 払込取扱銀行
発起人総代 ⑤返済→ 払込取扱銀行
↑④貸付
会 社 ③払戻→

二小判昭和38・12・6民集17巻12号1633頁＝会社百選6版8事件。見せ金か否かの判断基準として① 借入金を返済するまでの期間の長短，② 払込金が会社資金として運用された事実の有無，③ 借入金の返済が会社の資金関係に及ぼす影響の有無を挙げている）・多数説は無効説を採用していたが，払込金は他からの借入金であってもよいはずであるから有効であり，代表取締役が発起人の個人的借入金のために会社財産を費消してしまう（業務上横領罪［刑253］・特別背任罪［会960］が成立する）ところに違法性があるとする有効説（鴻常夫「株式払込をめぐるからくりと法の規制」『会社法の諸問題Ⅰ』132頁［有斐閣1988年］）も存在していた。会社法の下でも見解が対立しているが，無効説によるべきである（無効説として江頭79頁注4，神田49頁，前田庸65頁，青竹66頁，弥永310頁。有効説として宮島45頁・吉本38頁）。立案担当者は，① 見せ金は預合いと異なり，既に会社が払込取扱機関から払込金を受けているから，会社債権者の保護とは無関係であり，株式引受人間の平等が図られるかどうかが重要であること，② 見せ金を無効とすれば，設立手続を進めた発起人の任務懈怠を基礎づける根拠となりえること，③ 見せ金を有効とする見解を採ると，見せ金を誘発するおそれがあることを理由に無効説を採用している（葉玉117頁）。払込みが仮装であるのに，払込みがなされたものとして登記がなされると，公正証書原本不実記載罪（刑157）が成立する（最三小決平成3・2・28刑集45巻2号77頁［アイデン事件］＝会社法百選99事件・最一小判平成17・12・13刑集59巻10号1938頁。有効説にたつ場合には，横領罪（刑252以下），背任罪（刑247）・特別背任罪（会960Ⅰ）が成立）。

　なお発起人が引き受けた設立時発行株式につき預合い・見せ金がある場合において，失権手続（会36）を経ない限り，払込みを懈怠している発起人の出資履行義務は残存する（江頭79頁注4）。設立時募集株式に仮装払込みがある場合には，当然失権するので（会63Ⅲ），資金不足等により会社に損害が生じる場合には発起人の任務懈怠が問題となりうる（会53ⅠⅡ）。

Ⅱ-1-4-19　**(オ)　払込みの調査**　発起設立の場合には［Ⅱ-1-5-19］を，募集設立の場合には［Ⅱ-1-5-20］を参照されたい。

Ⅱ-1-4-20　**(2)　現物出資の場合**　現物出資者は，払込期日までに，出資の目的たる財産の全部を会社に給付（移転）する義務を負う。ただし，手続の重複の回避と費用の節約のため（東京地判昭和38・10・31下民集14巻10号2172頁），発起人全員の同意があるときは，登記・登録等（民177，商687，著作権法77①，会130など）の第三者対抗要件は会社成立後にすることができる（会34Ⅰ但書。なお会578但書対比）。

第5節　会社の機関の具備

1　設立時役員等の欠格事由

Ⅱ-1-5-1　設立時取締役（株式会社の設立に際して取締役となる者をいう。会38Ⅰ），設立時会計参

与（株式会社の設立に際して会計参与となる者をいう．会38Ⅱ①），設立時監査役（会社の設立に際して監査役となる者をいう．これには監査役の権限が会計監査に限定されている会社の監査役を含む．会38Ⅱ②）および設立時会計監査人（会社の設立に際して会計監査人となる者をいう．会38Ⅱ③）をまとめて**設立時役員等**という（会39Ⅲ[(25)]．なお会329Ⅰ対比）．「取締役」等の職務は会社成立前と後では大きく異なるため，会社法は，会社成立前の取締役等を「設立時取締役」等と呼び[(26)]，成立後の「取締役」等と区別しているが，設立時役員等の欠格事由は，取締役（会331Ⅰ[*II-4-3-5*]），監査役（会335Ⅰ＝331Ⅰ[*II-4-3-10*]），会計参与（会333Ⅲ[*II-4-3-8*]）または会計監査人（会337ⅠⅢ[*II-4-3-12*]）の欠格事由と同一である（会39Ⅲ）．

2 設立時役員等の選任および解任

II-1-5-4 (1) **発起設立** (ア) **総　説**　どんな株式会社であれ設立時取締役を選任することを要するが（会326Ⅰ参照），設立時会計参与等を選任することを要するか否かは会社に依って異なる（会2⑧[(27)]～⑫・326Ⅱ参照）．

　定款で，設立時取締役（取締役会設置会社の場合には3人以上でなければならない．会39Ⅰ．なお会331Ⅳ参照），設立時会計参与，設立時監査役（監査役会設置会社の場合には3人以上でなければならない．会39Ⅱ．なお会335Ⅲ参照）または設立時会計監査人を**定めていない場合には**，発起人は，**出資の履行が完了した後，遅滞なく**，設立時取締役，会計参与設置会社である場合には設立時会計参与，監査役設置会社（監査役の監査の範囲を会計に関するものに限定する旨の定款の定めがある株式会社を含む）である場合には設立時監査

II-1-5-2　(25)　**設立時役員等の任期**　平成17 (2005) 年改正前商法は，設立の際の取締役・監査役は，その適否がわからないまま選任されることが多いという理由で，任期は取締役の場合，会社の成立の時から1年を超えることができず（平成17年改正前商256Ⅱ），監査役の場合には，就任後1年以内の最終の決算期に関する定時総会の終結の時までとされていたが（同273Ⅱ），会社法はこれらの規定を削除している．したがって設立時役員等の任期は会社成立後の役員等の任期と異ならない（会332・334・336・338．[*II-4-3-22*]～[*II-4-3-25*] 参照）．

II-1-5-3　(26)　**設立取締役等の職務**　① 設立時取締役の職務は，設立手続の調査（会46・93），設立時代表取締役，設立時委員または設立時代表執行役の選定・解職，設立時執行役の選任・解任（会47・48）等に限られる．**会社の住所の地番の決定および株主名簿管理人の決定は発起人の権限である**（解説20頁）．② 設立時監査役は，設立しようとする会社が監査役設置会社（会2⑨）である場合には設立手続の調査を負う（会46Ⅰ・93Ⅰ）．③ 設立時会計参与・設立時会計監査人・監査役設置会社以外の監査役は，会社の成立前には何の権限もない．

II-1-5-5　(27)　**選任・選定，解任・解職の使い分け**　① 選任・解任は，設立時取締役・設立時会計参与・設立時監査役・設立時執行役（会社成立後は取締役，会計参与，監査役，会計監査人，執行役）などに用いられ，会社法上の一定の地位を有しない者にこれを付与し，または地位を有する者からその地位を剥奪する場合に用いる．

　② 選定・解職は，設立時代表取締役・設立時代表執行役・設立時委員（会社成立後は代表取締役・代表執行役・委員）など（会333Ⅱ・337Ⅱ・362Ⅱ③・400Ⅱ・401Ⅰ・405ⅠⅡ参照）に用いられ，会社法上の一定の地位を有する者について，さらに一定の地位を付与し，またはこれを剥奪する場合に用いられる．

役，会計監査人設置会社である場合には設立時会計監査人を選任しなければならない（会38Ⅰ．なお商登47Ⅱ⑩⑪参照）．

定款で設立時役員等を定めている場合には，出資の履行が完了した時に，**選任されたものとみなされる**（会38Ⅲ）．

Ⅱ-1-5-6 **(イ) 選・解任の方法 (a) 選 任** ① 設立時役員等の選任は，定款によらない場合には，発起人は，出資の履行をした設立時発行株式1株（単元株式制度が採用されている場合には，1単元）につき1個の議決権を有し（設立時役員等の選任に関する議決権制限種類株式（会108Ⅰ③）が発行されているときは，その種類株式を有する発起人は議決権を行使することができない），その**議決権の過半数で決定するのが原則である**（会40Ⅰ～Ⅳ）．

Ⅱ-1-5-7 ② **拒否権付種類株式**（会108Ⅰ⑧[Ⅱ-2-1-69]）**を発行する場合**において，その種類株式の内容として種類株式の決議を必要とする旨の定款の定めがあるときには，設立時役員等の選任につき，発起人の決定（会40Ⅰ）のほか，その株式を引き受けた発起人の議決権（当該種類の設立時発行株式についての議決権に限る）の過半数をもって決定するのでなければ，選任の効力を生じない（会45Ⅰ）．この場合，発起人は，出資の履行をした種類の設立時発行株式1株につき1個の議決権を有するが，単元株式制度が採用されている場合には，1単元の設立時発行株式につき1個の議決権を有する（会45Ⅱ）．

Ⅱ-1-5-8 ③ **取締役・監査役選任権付種類株式**（会108Ⅰ⑨[Ⅱ-2-1-71]）が発行されている場合には，当該種類の設立時発行株式を引き受けた発起人の当該種類株式の議決権の過半数をもって決定する（会41Ⅰ～Ⅲ）．

Ⅱ-1-5-9 **(b) 解 任** 発起人は，会社の成立の時までの間，設立時役員等が**定款によって**選任されたか否かにかかわらず，**解任することができる**（会42）．

Ⅱ-1-5-10 ① 発起人は，出資の履行をした設立時発行株式1株（単元株式制度が採用されている場合には，1単元）につき1個の議決権を有し（設立時役員等の選任に関する議決権制限種類株式（会108Ⅰ③）が発行されているときは，その種類株式を有する発起人は，議決権を行使することができない），設立時監査役の解任（発起人の議決権の3分の2以上に当たる多数をもって決定する．会44Ⅴ．なお会43Ⅰ括弧書参照）を除き，その**議決権の過半数をもって決定するのが原則である**（会43Ⅰ～Ⅳ）．

Ⅱ-1-5-11 ② **取締役・監査役選任権付種類株式**（会108Ⅰ⑨．なお[Ⅱ-2-1-71]参照）**を発行する場合**

当該種類の設立時発行株式を引き受けた発起人の当該種類株式の議決権の過半数をもって**選任された設立時取締役・設立時監査役の解任**は，その選任に係る発起人の議決権の過半数をもって決定するのが原則であるが（会44Ⅰ），41条1項の規定によりまたは種類株主総会において選任された取締役を株主総会の決議によって解任することができる旨の定款の定めがある場合には，**設立時取締役は発起人の議決権の過半数で解任し**（会44Ⅱ），**設立時監査役は発起人の議決権の3分の2以上に当た**

第1章　株式会社の設立　第5節　会社の機関の具備　**121**

る多数をもって解任する（会44Ⅴ）．

Ⅱ-1-5-12　③　**設立時役員等の選・解任につき拒否権付種類株式**（会108Ⅰ⑧．なお［Ⅱ-2-1-69］参照）**を発行する場合**
　　当該種類株式の内容としてその種類株式の決議を必要とする旨の定款の定めがあるときには，設立時役員等の解任につき，発起人の決定（会40Ⅰ）のほか，その株式を引き受けた発起人の議決権（当該種類の設立時発行株式についての議決権に限る）の過半数をもってする決定がなければ，解任の効力を生じない（会45Ⅰ）．

Ⅱ-1-5-13　**(2) 募集設立の場合**　(ア)　**原則**　設立時取締役，設立時会計参与，設立時監査役または設立時会計監査人の選任および解任は，**創立総会の決議**（会73Ⅰ）により行う（会88・91）．定款で定めても，その定款は無効である．

Ⅱ-1-5-14　(イ)　**累積投票**　議題が2人以上の設立時取締役の選任である場合には，設立時株主（設立時取締役の選任について議決権を行使することができる設立時株主に限る）は，定款に別段の定めがあるときを除き，発起人に対し，累積投票を請求することができる（会89Ⅰ）．この請求は創立総会の日の5日前までにしなければならない（会89Ⅱ）．累積投票の場合には，設立時株主は，その引き受けた設立時発行株式1株（単元株式数を定款で定めている場合にあっては，1単元の設立時発行株式）につき，当該創立総会において選任する設立時取締役の数と同数の議決権を有する．この場合においては，設立時株主は，1人のみに投票し，または2人以上に投票して，その議決権を行使することができる（会89Ⅲ）．投票の最多数を得た者から順次設立時取締役に選任される（会89Ⅳ）．そのほか必要な事項は法務省令（会施規18．なお会施規97参照）で定める（会89Ⅴ）．
　　これは，取締役の累積投票制度（会342［Ⅱ-4-3-30］）と同趣旨の規定である．設立時少数株主に，その持株数に応じて自己の代表者を設立時取締役に選任できるようにしたものである．

Ⅱ-1-5-15　(ウ)　**設立時役員等の選・解任につき拒否権付種類株式**（会108Ⅰ⑧．なお［Ⅱ-2-1-69］参照）**を発行する場合**　創立総会の決議のほか，当該種類の設立時種類株主を構成員とする種類創立総会の決議がなければ，設立役員等の選任または解任の効力は生じない．ただし，当該種類創立総会において議決権を行使することができる設立時種類株主が存しない場合は，この限りでない（会84）．種類創立総会の決議は，当該種類創立総会において議決権を行使することができる設立時種類株主の議決権の過半数であって，出席した当該設立時種類株主の議決権の3分の2以上に当たる多数をもって行う（会85Ⅱ）．

Ⅱ-1-5-16　(エ)　**取締役・監査役選任権付種類株式**（会108Ⅰ⑨．なお［Ⅱ-2-1-71］参照）**を発行する場合**　定款の定めに従い，当該種類創立総会の決議（会85Ⅱ）によって設立時取締役または設立時監査役を選任する（会90ⅠⅡ．なお商登47Ⅱ⑨参照）．
　　このようにして選任された設立時取締役または設立時監査役は，種類創立総会の

決議または，種類創立総会もしくは種類株主総会において選任された取締役または監査役を株主総会の決議によって解任することができる旨の定款の定めがある場合には，創立総会の決議（会73Ⅰ）により解任することができる（会92ⅡⅢ）．

3 設立時代表取締役等の選定および解職

Ⅱ-1-5-17　**(1) 委員会設置会社以外の会社の場合**　設立しようとする会社が取締役会設置会社である場合には，設立時取締役は設立時取締役の中から設立に際して代表取締役（**設立時代表取締役**）を**選定**しなければならない（会47Ⅰ．なお商登47Ⅱ⑦参照）．設立時取締役は，成立の時までの間，設立時代表取締役を**解職**することができる（会47Ⅱ）．選定・解職は，設立時取締役の過半数をもって決定する（会47Ⅲ）．設立時代表取締役は，選定されても，会社の成立前には，登記の権限を除きいかなる権限もない（商登47Ⅰ）．

Ⅱ-1-5-18　**(2) 委員会設置会社の場合**　設立しようとする会社が委員会設置会社（会2⑫）である場合には，設立時取締役は，① 設立時取締役の中から設立時の指名委員会の委員，監査委員会の委員および報酬委員会の委員となる者（**設立時委員**）を**選定**し，② 設立時執行役となる者（**設立時執行役**）を**選任**し，かつ，③ 設立時執行役の中から代表執行役（**設立時代表執行役**）を**選定**しなければならない（会48Ⅰ．設立時執行役が1人であるときは，その者が設立時代表執行役に選定されたものとする．なお商登47Ⅱ⑧⑩参照）．設立時取締役は，会社の成立の時までの間，その過半数をもって，設立時委員もしくは設立時代表執行役を**解職**し，または設立時執行役を**解任**することができる（会48ⅡⅢ）．設立時代表執行役に選任されても，会社の成立前には，登記の権限を除きいかなる権限もない（商登47Ⅰ）．

4 設立時取締役等による調査

Ⅱ-1-5-19　**(1) 発起設立の場合**　設立時取締役（監査役設置会社［会2⑨］であるときは設立時取締役および設立時監査役．以下同じ）は，その選任後遅滞なく，① 少額免除［Ⅱ-1-3-29］または市場価格ある有価証券に関する免除［Ⅱ-1-3-30］に該当するものとされた財産の定款で定めた価額の相当性（会33Ⅹ①②），② 相当性の証明等による免除に該当するものとされた証明（会33Ⅹ③）［Ⅱ-1-3-32］の相当性，③ 出資の履行の完了の有無，および④ 設立手続の法令・定款違反の有無を調査し（会46Ⅰ），**法令・定款違反または不当な事項があると認めるときは，発起人にその旨を通知しなければならない**（会46Ⅱ）．

設立しようとする会社が委員会設置会社の場合には，① 設立時取締役は，調査が終了したときはその旨を，② 会社法46条2項の通知をしたときは，その旨およびその内容を設立時代表執行役（48Ⅰ③）に通知しなければならない（会46Ⅲ）．

Ⅱ-1-5-20　**(2) 募集設立の場合**　設立時取締役（監査役設置会社であるときは設立時取締役および設立時監査役．以下同じ）は，その選任後遅滞なく，① 少額免除［Ⅱ-1-3-29］または市場

価格ある有価証券に関する免除 [II-1-3-30] に該当するものとされた財産の定款で定めた価額の相当性 (会33Ⅹ①②), ② 相当性の証明等による免除に該当するものとされた証明 [II-1-3-32] の相当性 (会33Ⅹ③), ③ 発起人による出資の履行および設立時募集株式引受人による払込み (会63Ⅰ) の完了, および④ 設立手続の法令・定款違反の有無を調査し (会93Ⅰ), **調査の結果を創立総会に報告しなければならない** (会93Ⅱ. なお会963Ⅰ・976⑥参照). 同一の創立総会で設立取締役が選任されて, その設立取締役が調査を行っても, 事前の準備が周到に行われた上での結果であれば, 適法である. 設立時取締役は, 創立総会において, 設立時株主から調査に関する事項について説明を求められた場合には, 必要な説明をしなければならない (会93Ⅲ).

　設立時取締役の全部または一部が発起人である場合には, 創立総会において, その決議によって, 発起人に代わって調査をする者を選任することができる (会94ⅠⅡ. なお, 会963Ⅳ参照). 調査者は, 裁判所が非訟事件手続により選任する検査役とは異なる.

　創立総会は変態設立事項を不当と考えるときは, 定款を変更することができ, この変更に不服な設立時株主は, 当該決議後2週間以内に限り, 株式の引受けを取り消すことができる (会97. 変態設立事項に直接関係した設立時株主に限らない).

第6節　創 立 総 会

II-1-6-1 　(1) **総　説**　募集設立の場合には, 発起人は, 金銭の払込期日または払込期間 (会58Ⅰ③) の末日のうち最も遅い日以後, 遅滞なく, 設立時株主の総会〔創立総会. 仏 assemblée générale constitutive：伊 assemblea dei sottoscrittori：西 junta constituyente〕を招集しなければならない (会65ⅠⅡ). 発起人は, 必要があると認めるときは, いつでも, 創立総会 (臨時創立総会) を招集することができる (会65Ⅱ). 創立総会は, 設立時募集株式の引受人をもって構成される設立中の会社の最高意思決定機関であり, 会社の成立後の株主総会に相当する. 従って株主総会と類似の定めが多く規定されている.

II-1-6-2 　(2) **招　集**　㋐ **招集の決定**　発起人は, 創立総会を招集するには, ① 創立総会の日時および場所, ② 議題, ③ 書面投票を認めるときは, その旨, ④ 電子投票を認めるときは, その旨, および⑤ 法務省令で定める事項[28] (会施規9) を定め

II-1-6-3 　(28) **法務省令で定める事項**　法務省令で定める事項は, ① 書面投票または電子投票を定めたときは, a 創立総会参考書類に記載すべき事項 (会施規10Ⅰ参照), b 書面投票または電磁的方法による議決権行使の期限 (創立総会の日時以前の時であって, 招集通知を発した日から2週間を経過した時以後の時に限る), c 賛否の記載がない場合の取扱いを定めるときは, その取扱いの内容 (会施規11Ⅰ②参照), ② 書面投票および電子投票を定めたときは, a 電磁的方法による通知の発出の承諾をした設立時株主に対してはその設立時株主の請求があった時に議決権行使書面の交付 (その交付に代えて行う電磁的方法による提供を含む) をすることと

なければならない（会67Ⅰ．なお会298参照）．発起人は，設立時株主（創立総会において決議をすることができる事項の全部につき議決権を行使することができない設立時株主を除く）の数が**1,000人以上である場合には，書面投票を定めなければならない**（会67Ⅱ．なお会298Ⅱ参照）．

Ⅱ-1-6-4　**(イ) 招集の通知**　創立総会を招集するには，発起人は，創立総会の日の**2週間前**（書面投票または電子投票を定めたときを除き，設立しようとする会社が非公開会社の場合には**1週間**（会社が取締役会設置会社以外の会社である場合において，これを下回る期間を定款で定めた場合には，その期間）前までに，設立時株主に対してその通知を発しなければならない（会68Ⅰ．なお会976②参照）．① 書面投票[29]または電子投票[30]を定めた場合および ② 設立しようとする株式会社が取締役会設置会社である場合には，通知は書するときは，その旨，b １の設立時株主が書面および電磁的方法により議決権を行使したときにおけるその設立時株主の議決権の行使の取扱いに関する事項を定めたときは，その事項，③ ①の場合以外の場合において，設立時役員等（設立時取締役，設立時会計参与，設立時監査役および設立時会計監査人）の選任または定款の変更が創立総会の議題であるときは，その事項に係る議案の概要である（会施規9①～③）．

Ⅱ-1-6-5　**[29] 書面投票の場合**　① 発起人が，書面投票を定めた場合には，創立総会の招集の通知に際し，法務省令で定めるところにより，設立時株主に対し，議決権の行使について参考となるべき事項を記載した書類（**創立総会参考書類**．会施規10Ⅰ）および設立時株主が議決権を行使するための書面（**議決権行使書面**．会施規11）を交付しなければならない（会70Ⅰ）．また，② 書面の発出に代えて電磁的方法による通知を承諾した設立時株主には，創立総会参考書類および議決権行使書面に記載すべき事項を電磁的方法により提供することができる．ただし，設立時株主の請求があったときは，これらの書類を当該設立時株主に交付しなければならない（会70Ⅱ）．これらの規定は創立総会に出席しなくても設立時株主の意見を創立総会の決議に反映させようとするもので，設立後の書面投票（会301）と同趣旨の規定である．

　　創立総会参考書類には，① 議案および提案理由，② 議案が設立時取締役，設立時会計参与，設立時監査役または設立時会計監査人の選任に関する議案であるときは，各々の選任に関する事項，③ 議案が設立時役員等の解任に関する議案であるときは，解任の理由，④ 設立時株主の議決権の行使について参考となると認める事項を記載する（会施規10Ⅰ）．

　　議決権行使書面には，① 議案ごとに賛否を記載する欄を設けなければならないが，棄権の欄を設けることもできる．設立時役員等の選任または解任に関する議案において2以上の提案がされているときは，欄は，株主が各候補者または各役員等ごとに記載をすることができるものでなければならない．② 何も記載もなされない議決権行使書面が会社に提出されたときには，各議案について賛成，反対または棄権のいずれかの意思表示があったものとして取り扱う旨の内容，③ 同一議案につき書面投票と電子投票がなされ，行使の内容が異なる場合の取扱いに関する事項を定めたときはその事項，④ 議決権行使期限，⑤ 議決権を行使すべき設立時株主の氏名または名称および行使することができる議決権の数を記載しなければならない（会施規11Ⅰ）．

Ⅱ-1-6-6　**[30] 電子投票の場合**　① 発起人が電子投票を定めた場合には，創立総会の招集の通知に際し，法務省令（会施規10Ⅰ）で定めるところにより，設立時株主に対し，創立総会参考書類を交付しなければならない（会71Ⅰ）．② 書面の発出に代えて電磁的方法による通知を承諾した設立時株主には，創立総会参考書類に記載すべき事項を電磁的方法により提供することができる．ただし，設立時株主の請求があったときは，創立総会参考書類を当該設立時株主に交付しなければならない（会71Ⅱ）．当該設立時株主には，法務省令で定めるところにより，議決権行使

面でしなければならないが（会68Ⅱ①②．なお会299Ⅱ参照），政令（会令2Ⅰ①）で定めるところにより，設立時株主の承諾を得て，電磁的方法により通知を発することができる．この場合には書面による通知を発したものとみなす（会68Ⅲ．なお会299Ⅲ参照）．通知には会社法67条1項各号に掲げる事項を記載し，または記録しなければならない（会68Ⅳ．なお会299Ⅳ参照）．

　通知または催告は，発起人または申込みをする者の住所（会27⑤・59Ⅲ①）（当該設立時株主が別に通知または催告を受ける場所または連絡先を発起人に通知した場合にあっては，その場所または連絡先）にあてて発すれば足りる（会68Ⅴ）．通知または催告は，通常到達すべきであった時に，到達したもの（書面投票または電子投票の場合には，当該書面の交付または当該事項の電磁的方法による提供があったもの）とみなされる（会68ⅥⅦ）．

　創立総会において延期または続行の決議があった場合には，改めて招集通知を発する必要はない（会80．なお会317参照）．**延期とは，議事に入らないで総会を後日に延期することをいい，続行とは議事に入ったが審議が終わらないで総会を後日に継続することをいう．**

Ⅱ-1-6-7　(ウ)　**招集手続の省略**　創立総会は，設立時株主の全員の同意があるときは，招集の手続を経ることなく開催することができる．ただし，書面投票または電子投票を定めた場合には，この限りでない（会69．なお会300・商登46Ⅰ参照）．

Ⅱ-1-6-8　**(3)　権　限**　(ア)　**設立に関する事項の報告**　発起人は，会社の設立に関する事項を創立総会に報告しなければならない（会87Ⅰ）．発起人は，① 定款に設立変態事項の定めがある場合（調査の免除に該当する場合を除く）には，検査役の報告の内容および ② 証明に基づく調査の免除に該当する場合には証明の内容を記載または記録した書面または電磁的記録を創立総会に提出し，または提供しなければならない（会87Ⅱ）．ただし，設立時株主の全員に対し創立総会に報告すべき事項を通知した場合において，当該事項を創立総会に報告することを要しないことについて設立時株主の全員が書面または電磁的記録により同意の意思表示をしたときは，創立総会への報告があったものとみなされる（会83．なお会320参照）．

　(イ)　**設立時役員等の選・解任**　これについては既に述べた（[Ⅱ-1-5-13]〜[Ⅱ-1-5-16]）．

Ⅱ-1-6-9　(ウ)　**調査結果の報告**　創立総会で選任された設立時取締役（監査役設置会社の場合には設立時取締役および設立時監査役）は，選任後遅滞なく，① 検査役の調査不要の場合の現物出資等の定款記載価額の相当性，② 弁護士等の証明の相当性，③ 発起人

書面に記載すべき事項を電磁的方法により提供しなければならない（会71Ⅲ）．③ 電磁的方法による通知を承諾していない設立時株主から創立総会の日の1週間前までに議決権行使書面に記載すべき事項の電磁的方法による提供の請求があったときは，法務省令で定めるところにより，直ちに，当該設立時株主に対し，当該事項を電磁的方法により提供しなければならない（会71Ⅳ）．

の出資の履行および設立時募集株式の引受人による払込みの完了，④ 設立手続の法令・定款違反の有無を調査し（会93Ⅰ），その結果を創立総会に報告しなければならない（会93Ⅱ［Ⅱ-1-5-20］．なお会963Ⅰ参照）．設立手続に不当な点があるか否かを問わない（会46Ⅱ対比）．

Ⅱ-1-6-10　(エ) **決　議**　創立総会は，**会社法**（第2編第1章第9節）**に規定する事項および株式会社の設立の廃止，創立総会の終結その他株式会社の設立に関する事項に限り**（［Ⅱ-1-3-6］参照），**決議することができる**（会66．大判大4・12・22民録21輯2151頁［桑名屋製油所事件］）．決議をすることができる事項は，原則として議題に限られるが，**定款変更および設立の廃止は招集の通知に記載がなくとも行うことができる**（会73Ⅳ）．設立廃止の決議があれば，会社は不成立となる．

Ⅱ-1-6-11　(4) **発起人の説明義務**　発起人は，創立総会において，設立時株主から特定の事項について説明を求められた場合には，当該事項について必要な説明をしなければならない．ただし，① 当該事項が創立総会の議題と無関係なとき，② その説明をすることによって設立時株主の共同の利益を著しく害する場合（営業の秘密に関わる事項等），③ その他正当な理由がある場合として法務省令で定める場合は[31]，この限りでない（会78）．

これは，創立総会における報告事項についての合理的な理解または決議事項についての議決権行使の合理的な判断の資料の入手のために認められたものであり，取締役等の株主総会における説明義務（会314［Ⅱ-4-2-76］）と同趣旨の規定である．

Ⅱ-1-6-13　(5) **議長の権限**　創立総会の議長は，当該創立総会の秩序を維持し，議事を整理する（会79Ⅰ）．また，その命令に従わない者その他当該創立総会の秩序を乱す者を退場させることができる（会79Ⅱ）．これは，株主総会の議長と同一の権限である（会315ⅠⅡ［Ⅱ-4-2-69］）．

Ⅱ-1-6-14　(6) **議決権の数**　(a) 設立時株主（成立後の株式会社がその総株主の議決権の4分の1以上を有することその他の事由を通じて成立後の株式会社がその経営を実質的に支配することが可能となる関係にあるものとして法務省令［会施規12］で定める設立時株主を除く）は，創立総会において，その引き受けた設立時発行株式1株につき1個の議決権を有する．ただし，単元株式数を定款で定めている場合には，1単元の設立時発行株式につき1個の議決権を有する（会72Ⅰ）．これは，資本多数決の原則を定めたもので，会社法308条

Ⅱ-1-6-12　(31) **法務省令で定める場合**　法務省令は，① その設立時株主が創立総会の日より相当の期間前に当該事項を発起人に対して通知した場合およびその事項について説明をするために必要な調査が著しく容易である場合を除き，説明をするために調査をすることが必要である場合，② 設立時株主が説明を求めた事項について説明をすることにより成立後の株式会社その他の者（当該設立時株主を除く）の権利を侵害することとなる場合，③ 設立時株主がその創立総会において実質的に同一の事項について繰り返して説明を求める場合，④ そのほか設立時株主が説明を求めた事項について説明をしないことにつき正当な事由がある場合としている（会施規15）．これは会施規71と全く同一である．

1項（[*II-4-2-58*]）と同趣旨の規定である．

II-1-6-15　(b) 株主総会において議決権を行使することができない事項のある種類株式を発行する会社の場合には，創立総会において，当該種類の設立時発行株式を有する設立時株主は，その事項に相当する事項については議決権を行使することができない（会72Ⅱ）．このような設立時株主であっても，会社の設立の廃止については，議決権を行使することができる（会72Ⅲ）．

II-1-6-16　(7) **議決権の不統一行使**　設立時株主は，その有する議決権を統一しないで行使することができる．この場合には，創立総会の日の3日前までに，発起人に対してその旨およびその理由を通知しなければならない（会77Ⅰ）．発起人は，当該設立時株主が他人のために設立時発行株式を引き受けた者でないときは，その者が有する議決権を不統一行使することを拒むことができる（会77Ⅱ）．

　これは，形式上は設立時株主であるが，その背後に実質上の設立時株主が多数いるときに，実質上の設立時株主の意見を創立総会の決議に反映させようとするものであり，株主総会における議決権の不統一行使（会313[*II-4-2-67*]）とパラレルな規定である．

II-1-6-17　(8) **決 議 方 法**　① 創立総会の決議は，当該創立総会において議決権を行使することができる設立時株主の**議決権の過半数**であって，**出席した当該設立時株主の議決権の3分の2以上に当たる多数**をもって行われなければならない（会73Ⅰ）．株主総会の特別決議の要件（会309Ⅱ）よりも厳重である．

　② 定款を変更して全部の株式の内容として**譲渡制限の定めを設ける場合**（設立しようとしている会社が種類株式発行会社である場合を除く）には，創立総会において議決権を行使することができる**設立時株主の半数以上**であって，**当該設立時株主の議決権の3分の2以上に当たる多数**をもって行われなければならない（会73Ⅱ）．

　ただし，定款を変更して全部の株式の内容として取得条項付株式の定め（会107Ⅰ③）を設け，または当該事項についての定款の変更（当該事項についての定款の定めを廃止するものを除く）をしようとする場合（設立しようとしている会社が種類株式発行会社である場合を除く）には，**設立時株主全員の同意**を得なければならない（会73Ⅲ）．

　現物出資または特別利益の承認に関する決議であっても，**現物出資者または特別利益を得る発起人は議決権を行使することができる**（会831Ⅰ③参照）．

　決議の取消しの訴え（会831），決議の不存在・無効確認の訴え（会830ⅠⅡ）は，株主総会の場合と同様である．

II-1-6-18　(9) **議決権の代理行使**　創立総会に出席できない設立時株主に議決権行使の機会を保障するために，その代理人によって議決権を行使することが認められている．その株主または代理人はその代理権を証する書面（委任状）を発起人に提出することが必要である（会74Ⅰ）．政令で定めるところにより（会令1Ⅰ②，会施規230），会社の承諾を得て，委任状の提出に代えて委任状に記載すべき情報を電子的方法により提

供することもできる（会74Ⅲ）．電磁的方法による通知の発出を承諾した株主には，会社は，正当な理由がなければ，承諾を拒んではならない（会74Ⅳ）．代理権の授与は総会毎になされることが必要である（会74Ⅱ．株主総会の場合には（会310Ⅱ），長期間にわたる代理権の授与による濫用の危険の防止の観点より説明する説もあるが，両規定は，代理権はその度ごとに与えるべきであるという原則を表明していると解すべきであろう）．創立総会の運営が混乱させられるのを防止するため，会社は，創立総会に出席することができる代理人の数を制限することができる（会74Ⅴ）．

代理権の授与・行使が適正になされたことを確保するため，発起人（会社の成立後は会社）は，創立総会の日より3カ月間，創立総会に提出された委任状（電磁的記録）を発起人が定めた場所（会社の成立後にあっては，本店）に備えを置くことを要し（会74Ⅵ），設立時株主（会社の成立後にあってはその株主）は，発起人が定めた時間（会社の成立後にあっては，その営業時間）内は，いつでも，これらの閲覧・謄写の請求をなすことができる（会74Ⅶ）．

これらは，いずれも株主総会の場合とパラレルな規定である（会310Ⅰ～Ⅶ［Ⅱ-4-2-63］）．

Ⅱ-1-6-19　(10)　**書面決議**　(ア)　**総　説**　発起人が創立総会の議題について提案をした場合において，当該提案につき設立時株主（当該事項について議決権を行使することができるものに限る）の全員が議決権行使書面または電磁的記録により同意の意思表示をしたときは，創立総会を開催することは時間と費用の浪費であるので，当該提案を可決する旨の創立総会の決議があったものとみなされ（会82Ⅰ．なお商登47Ⅳ参照），創立総会を実際に開催する必要はない．株主総会の書面決議（会319［Ⅱ-4-2-52］）と同趣旨の制度である．

(イ)　**備置き**　発起人は，創立総会の決議があったものとみなされた日から10年間，議決権行使書面または電磁的記録を発起人が定めた場所に備え置かなければならない（会82Ⅱ．会319Ⅱ［Ⅱ-4-2-54］対比）．

(ウ)　**閲覧・謄写請求**　(a)　設立時株主は，発起人が定めた時間内は，いつでも，① 議決権行使書面の閲覧または謄写の請求，② 電磁的記録に記録された事項を法務省令で定める方法により表示したものの閲覧または謄写の請求をすることができる（会82Ⅲ．会319Ⅲとパラレルな規定ではあるが，**会社債権者**が除かれている点とまだ営業をしていないので「発起人が定めた時間内」とされている点が異なる）．

(b)　**会社成立後**において，親会社社員は，その権利を行使するために必要があるときは，裁判所の許可を得て，子会社の議決権行使書面または電磁的記録の閲覧または謄写を求めることができる（会82Ⅳ．会319Ⅳとパラレルな規定である）．

Ⅱ-1-6-20　(11)　**書面投票**　書面による議決権行使の場合には，議決権行使書面に必要な事項を記載し，法務省令で定める時（書面による議決権行使期限．会施規13）までに当該議決権行使書面を発起人に提出して行う（会75Ⅰ）．書面によって行使された議決権の

第1章 株式会社の設立 第6節 創立総会 **129**

数は，出席した設立時株主の議決権の数に算入する（会75Ⅱ）．発起人は，創立総会の日から3カ月間，提出された議決権行使書面を発起人が定めた場所に備え置かなければならない（会75Ⅲ）．設立時株主は，発起人が定めた時間内は，いつでも，提出された議決権行使書面の閲覧又は謄写の請求をすることができる（会75Ⅳ）．これらは，会社法311条［Ⅱ-4-2-12］とパラレルな規定である．

I-1-6-21　(12)　**電子投票**　電磁的方法による議決権の行使は，政令で定めるところにより，発起人の承諾を得て，法務省令で定める時（電磁的方法による議決権行使期限．会施規14）までに議決権行使書面に記載すべき事項を，電磁的方法により当該発起人に提供して行う（会76Ⅰ）．設立時株主が，書面に代わる電磁的方法による通知の発出を承諾した者である場合には，発起人は，正当な理由がなければ，承諾を拒むことができない（会76Ⅱ）．電磁的方法によって行使した議決権の数は，出席した設立時株主の議決権の数に算入する（会75Ⅲ）．発起人は，創立総会の日から3カ月間，提供された電磁的記録を発起人が定めた場所に備え置かなければならない（会76Ⅳ）．設立時株主は，発起人が定めた時間内は，いつでも，提供された電磁的記録に記録された事項を法務省令で定める方法により（会施規226⑤．紙面または映像面に）表示したものの閲覧または謄写の請求をすることができる（会75Ⅳ）．これらは，会社法312条［Ⅱ-4-2-13］とパラレルな規定である．

I-1-6-22　(13)　**議事録**　創立総会の議事については，法務省令で定めるところによって(32)，議事録を作成しなければならない（会81Ⅰ．なお商登47Ⅱ⑨参照）．発起人（会社の成立後にあっては会社）は，創立総会の日から10年間議事録を発起人が定めた場所（会社の成立後にあっては，その本店）に備え置かなければならない（会81Ⅱ．なお会318Ⅱ参照）．設立時株主（会社の成立後にあっては，その株主および債権者）は，発起人が定めた時間（会社成立後にあっては，その営業時間）内は，いつでも，議事録が書面をもって作成されているときは，当該書面の閲覧または謄写，議事録が電磁的記録をもって作成されているときは，当該電磁的記録に記録された事項を法務省令で定める方法により（会施規226④．紙面または映像面に）表示したものの閲覧または謄写の請求をす

I-1-6-23　(32)　**議事録**　議事録は，書面または電磁的記録をもって作成しなければならない（会施規16Ⅱ）．議事録は，①創立総会が開催された日時および場所，②議事の経過の要領およびその結果，③総会に出席した発起人，設立時取締役，設立時執行役，設立時会計参与，設立時監査役または設立時会計監査人の氏名または名称，④創立総会の議長が存するときは，議長の氏名，⑤議事録の作成に係る職務を行った発起人の氏名または名称を内容とするものでなければならないが（会施規16Ⅲ），⑤創立総会の決議の省略の場合（会82Ⅰ）には，a 創立総会の決議があったものとみなされた事項の内容，b a の事項の提案をした者の氏名または名称，c 創立総会の決議があったものとみなされた日，d 議事録の作成に係る職務を行った発起人の氏名または名称（会施規16Ⅳ①），⑥創立総会への報告の省略の場合（会83）には，a 創立総会への報告があったものとみなされた事項の内容，b 創立総会への報告があったものとみなされた日，c 議事録の作成に係る職務を行った発起人の氏名または名称を内容とするものでなければならない（会施規16Ⅳ②）．

ることができる(会81Ⅲ. なお会318Ⅳ参照). また会社成立後には, 親会社社員は, その権利を行使するために必要があるときは, 裁判所の許可を得て, 子会社の議事録の閲覧または謄写を求めることができる(会81Ⅳ. なお会318Ⅴ参照).

第7節 種類創立総会

Ⅱ-1-7-1　**(1) 総　説**　設立しようとする株式会社が種類株式発行会社である場合において, ある種類株式の内容として, 株主総会決議のほか, 当該種類株式の種類株主総会の決議があることを必要とする旨の定めがあるときは, 当該事項は, その定款の例に従い, 創立総会の決議のほか, 当該種類の設立時発行株式の設立時種類株主(ある種類の設立時発行株式の設立時株主をいう)を構成員とする**種類創立総会**(ある種類の設立時発行株式の設立時種類株主の総会をいう)の決議がなければ, その効力を生じない(なお商登47Ⅱ⑨参照). ただし, 当該種類創立総会において議決権を行使することができる設立時種類株主が存しない場合は, この限りでない(会84).

　　種類株主総会には会社法67条から71条まで, 72条1項および74条から82条までの規定が準用されている(会86. 会施規17). 累積投票制度は, 種類創立総会の場合には不可能である(会86は89を準用していない).

Ⅱ-1-7-2　**(2) 招　集**　① 株主総会決議のほか種類株主総会決議が必要な旨の定款の定めがある場合(会84), ② 設立に際してある種類の株式の種類株主総会において取締役または監査役を選任する定めがある場合に設立時取締役または設立時監査役を選任(会90ⅠⅢ)するか解任(会92ⅠⅢ)するとき, ③ ある種類株式を譲渡制限株式(会108Ⅰ④)または全部取得条項付株式(会108Ⅰ⑦)にする定款変更をするとき[33](会100Ⅰ), ④ 株式の種類の追加, 株式の内容の変更, 発行可能株式総数または発行可能種類株式総数の増加の定款変更することによってある種類の設立時発行株式の設立時種類株主に損害を及ぼすおそれがあるときは(会101Ⅰ. ただしⅡ参照), 発起人は, 種類創立総会を招集しなければならない(会85Ⅰ).

Ⅱ-1-7-4　**(3) 決　議**　(a) 種類創立総会の決議は, 当該種類創立総会において議決権を行使することができる設立時種類株主の「議決権の過半数」であって, 出席した当該設立時種類株主の議決権の3分の2以上に当たる多数をもって行う(会85Ⅱ. なお会324Ⅰ対比).

　　(b) **譲渡制限種類株式または全部取得条項付種類株式を新設する定款変更決議**(会100Ⅰ)は, 設立時種類株主にとって重大であるので, 当該種類創立総会において議決権を行使することができる「設立時種類株主の半数以上」であって, 当該設立時

Ⅱ-1-7-3　[33] **反対株主の引受けの取消**　100条の種類創立総会において定款変更に反対した設立時種類株主は, 当該種類創立総会の**決議後2週間以内に限り**, その設立時発行株式の引受けに係る意思表示を取り消すことができる(会100Ⅱ).

種類株主の議決権の3分の2以上に当たる多数をもって行わなければならない（会85Ⅲ．なお会324Ⅱ①Ⅲ①対比）．

(c) 設立しようとする会社が種類株式発行会社の場合において，① ある種類の株式の内容として**取得条項付株式**についての定款の定め（会108Ⅰ⑥）を設け，または当該事項についての定款の変更（当該事項についての定款の定めを廃止するものを除く）をしようとするとき，② ある種類の株式の内容として，**種類株主総会の決議を要しない旨の定款の定め**を設けようとするとき（会322Ⅱ）には，当該設立時種類株主にとって重大な利害関係があるので，「当該種類の設立時発行株式の設立時種類株主全員の同意」を得なければならない（会99②．なお会111Ⅰ・322Ⅳ対比）．

これらの規定は，種類株主総会の決議とパラレルな規定である．

決議の取消しの訴え（会831），決議の不存在・無効確認の訴え（会830ⅠⅡ）は，株主総会の場合と同様である．

第8節　発起人組合と設立中の会社

第1款　発起人組合

Ⅱ-1-8-1　株式会社の設立手続は定款の作成に始まるが，設立手続に入る前に，設立企画者が複数いるときには，それらの者の間において会社の設立を目的とする契約が締結されるのが通常であり，これに基づく関係を発起人組合〔独 Vorgründungsgesellschaft〕という（最二小判昭和35・12・9民集14巻13号2994頁〔中外石炭事件〕＝会社百選6版4事件）．発起人組合の法的性質は，民法上の組合（大判大7・7・10民録24輯148頁）である．定款の作成その他会社の設立に必要な行為は，この組合契約の履行として行われる．発起人組合は，設立中の会社〔独 Vorgesellschaft：仏 société en formation：伊 società in formazione：西 sociedad en formacion〕とは別個のものであり，設立中の会社と併存し，会社が成立すると，目的たる事業の成功により解散する（民682）と解するのが通説である（なお東京地判平成4・4・21判時1434号54頁参照）．定款が作成されると，定款に発起人として署名しなかった者は組合から脱退し，設立に参画しなくても定款に発起人として署名したものは当然に組合員となるので，設立中の会社の成立後における発起人組合の組合員と設立中の会社の構成員であり執行機関である発起人とは，その人的範囲を同じくする（石井＝鴻97頁．反対平出慶道「株式会社不成立の場合における発起人の責任」北大論集12巻3号374頁，森本滋「会社設立中に会社のためになされた行為の法的取扱い」論叢92巻4・5・6号277頁）．発起人組合への加入は，申込みをしようとする者に対する通知（会59Ⅰ）前に限られる（なお大判昭和13・5・17民集17巻996頁〔日本織布事件〕参照）．株式引受人との関係が生じた後の脱退は，他の発起人全員の同意を得ても，株式引受人全員の同意を得ることが必要であると解する（石井＝鴻98頁）．発起人の加入・脱

132　第Ⅱ編　株式会社

退があっても，発起人組合の変更を生じない．発起人組合の運営には民法の組合の規定 (民667以下) が適用されるので，① 各発起人はすべて業務執行の権利と義務を有し，その業務執行は，原則として発起人の過半数によって決定される (民670Ⅰ)．しかし，発起人組合は，営業行為をなすことを目的とするものではないので，営業行為を行うには，発起人全員の同意を要すると解される (弥永282頁)．

　② 発起人組合と第三者との取引は，一部の組合員が他の組合員を代理して行う．業務執行社員を定めている場合には，単独で組合を代理する権限も与えられていると解される (最一小判昭和43・6・27判時525号52頁 [渡島蔬菜農業協同組合事件])．業務執行社員を定めていない場合には，内部的業務執行と対外的組合代理とを区別して，内部的決定に関しては民法670条が適用されるが，対外的組合代理には同条は適用されず，各組合員が組合を代理できると解すべきである (我妻栄『債権各論中巻二 (民法講義Ⅴ3)』788頁 [岩波書店1965年]．もっとも最二小判昭和35・12・9民集14巻13号2994頁＝会社百選6版4事件は7人で構成されている組合で，4人が共同して，組合の名でした売買契約 (常務以上の取引) が組合員全員を拘束する旨を判示するに当たり，業務執行組合員が定められていない場合には，「対外的には組合員の過半数において組合を代理する権限を有するものと解するのが相当である」とする)．実務では，発起人総代という肩書が用いられる場合が多いが，それは，発起人が多数のときに発起人の中から業務執行者として選任された者であり，設立中の会社の代表権限と発起人組合の代理権限を有するから，設立中の会社のための行為か，発起人組合のための行為か不明瞭な場合な生じうる．この場合は当事者の意思解釈の問題となる．

第2款　設立中の会社

1　総　説

Ⅱ-1-8-2　株式会社は，設立の登記によって成立するが，会社の実体は，設立の登記によって突然出現するものではない．定款の作成に始まる一連の行為により会社の実体が次第に形成され，そのような団体に登記によって法人格が与えられるのである．通説・判例 (最三小判昭和42・9・26民集21巻7号1870頁 [大和交通事件]) は，成立前の団体の機関によって行われた行為の効果は，当然に会社に帰属する (承継ではない) と解し (同一性説 [独 Identitätstheorie od. Einheitstheorie])，そのような会社成立前の団体を設立中の会社と呼ぶ (古くは，事務管理説，譲渡説，第三者のためにする契約説 (大判明治36・3・10民録9輯299頁)，当然承継説など個人法的説明が試みられたが (野津務『株式会社設立論』103頁以下 [中央大学出版部1966年] 参照)，現在では支持者はいない)．しかし同一性説に批判的見解がないではない (西本辰之助『株式会社発起人論』[厳松堂書店昭和9年]，大賀祥充『株式会社設立の法理』73頁以下 [慶應通信1975年]，宮島47・48頁)．

2 設立中の会社の性質と創立の時期

II-1-8-3 (ア) **設立中の会社の法的性質** 通説は，**権利能力のない社団**と解している（限定的権利能力を認める説，組合性を認める説，権利能力なき財団とする説，生成途上の法人で半権利能力なき社団であるとする説などもある）．設立時発行株式の申込人の株式引受けは，設立中の会社への入社契約であり，発起人は，設立中の会社における構成員であると同時に，未完成な会社を完成させるために必要な事務を執行すべき設立中の会社の執行機関であり，創立総会は意思決定機関である．設立時取締役・設立時監査役は監督機関で，その選任後も依然として発起人が設立中の会社の執行機関である（東京高判平成元・5・23金法1252号24頁）である．

II-1-8-4 (イ) **設立中の会社の成立時期** 発起人が定款を作成し，各発起人が1株以上を引き受けた時に設立中の会社の成立〔独 Errichtung der Gesellschaft〕を認めるのが多数説である（大隅『会社法の諸問題（増補版）』46頁，北沢・前掲8頁，加美89頁，弥永284頁など．定款作成時とする説，定款認証の時とする説（高松地判昭和40・3・27行集16巻3号548頁［城南タクシー事件］），定款が作成されかつ会社の設立に際して発行する株式の総数の引受けがあった時〔独株29参照〕とする説もある）．

3 発起人の地位と権限

II-1-8-5 発起人がその権限の範囲に属する行為をなすことによって生じる権利義務は設立中の会社に帰属する．設立中の会社の権利義務の帰属主体となりうる範囲を**実質的権利能力**の範囲と呼ぶことがある．

どのような権限が発起人に属するのかについては，学説上，次の4説が対立している．これらの見解は，開業準備行為（たとえば工場敷地の借入，機械の購入，原材料の仕入れ，製品の販売ルートを確立する行為など成立後の事業の準備行為）の一種であるが発起人の権限とされている財産引受け〔II-1-3-21〕をどのように説明するか，定款に記載されなかった財産引受けや，発起人の権限外とされた行為を発起人が行ったときに，成立後の会社がこれを追認して有効なものとすることができるか否かという問題にも反映していく．

第1説は，発起人の権限は会社の設立それ自体を直接の目的とする行為（定款の作成，株式の引受け，払込に関する行為，創立総会の招集等）のみに限られるから，開業準備行為は当然これに属さない．しかしそれでは成立した会社の活動が困難ないし不可能であるから，例外的に財産引受けは発起人の権限である．したがって定款に記載のない財産引受けは無効であるだけでなく，無権代理（民117参照）の場合に準じて追認することもできないと解する（石井・鴻100頁以下，田中（誠）・上167頁，加美92頁，江頭70頁注12，菱田123頁）．設立中の会社の概念は，発起人がなした会社の設立それ自体を組成する行為が成立後の会社に当然に帰属するという法理を基礎づけるため

のものであること，財産引受けの権限の制限は，単に発起人の権限の制限ではなく，設立中の会社が法律上意味あるものとして承認される存在の限界に関するものであること等を根拠とする．これに対し財産引受けの相手方(売主)は，内容通りの履行があれば十分である一方，追認を否定すると，その財産が高騰した場合，新たな契約をし直さなければならず，相手方を利するだけであるので，追認を認め，相手方に催告権(民114)を認めるべきであるとする説もある(前田庸37・38頁．この説に対しては，事後設立は，検査役の調査がないという点で，財産引受けより手続が緩やかであるので，追認を許せば，それを予定して法定の手続を無視した財産引受けを誘発することになるので，28条2号の趣旨に反するとの批判が加えられている．葉玉125頁)．

第2説は，発起人の権限は会社の成立にとって法律上・経済上必要な行為(たとえば会社の設立事務所の賃借，株主募集の広告，設立事務員の雇入)を含む．そして会社法は開業準備行為のうち財産引受けのみに厳重な規定をおいているから例外的に財産引受けは発起人の権限に属すると解する(大隅『会社法の諸問題(増補版)』56頁，北沢107頁，田邊24頁)．設立中の会社の機関として設立手続を遂行する地位を発起人に認める以上，その権限を第1説のように解することは，理由に乏しく，狭すぎるからである．しかし開業準備行為を追認できるか否かについては見解が分かれ，法定の条件をみたさない財産引受けを含めて開業準備行為の追認を認めると財産引受けを厳格な取締に服させる法の趣旨が没却されるから追認を否定する説(大隅『会社法の諸問題(増補版)』57頁など多数説．最一小判昭和28・12・3民集7巻12号1299頁＝会社百選5版7事件，前掲最一小判昭61・9・11)と，財産引受けはその他の開業準備行為と異なり非常に危険性が高いので，開業準備行為のうち財産引受けについてのみ追認を否定する説(実方・商法演習I7頁)と，法定の条件をみたさない財産引受けを含むその他の開業準備行為は，発起人の無権代理行為であるから，成立後の会社はこれを追認できるとする説(北沢・109頁，川又・会社百選5版19頁，青竹59頁)，財産引受けは会社の資本充実を図ろうとするものであるから，相手方の無効の主張を認める必要はないとする説(神田44頁，青竹59頁．前掲最一小判昭61・9・11は，契約後約9年経て，初めて無効を主張するのは，信義則に反し許されないとする)あるいは悪意・重過失のある譲受人は無効を主張することができないとする説(山下眞弘・会社法百選17頁)が対立している．

第3説は，開業準備行為も発起人の権限に属するが，設立中の会社はまだ組織が完成されず，発起人の活動を十分に監督することができないから，濫用防止のために財産引受けの制限がある．しかし財産引受けとその他の開業準備行為とを区別すべき合理的理由がないから，財産引受けの規定は開業準備行為一般に類推され，したがって発起人が財産引受けの法定条件をみたすことなしに開業準備行為をなすときは，それは当然無効ではなく，無権代理行為にほかならないから追認することができると説く[34](平出慶道『株式会社の設立』109頁，鈴木＝竹内58頁，大隅＝今井・上203頁，弥永286頁・297頁．神田44頁は相手方に無効の主張を認める必要はないとする)．設立中の会社

は，単に会社の設立のみを目的とするものではなく，会社として成立して営業を行なうことを目的とするものであるから，発起人の権限は開業準備行為に及ぶが，設立中の会社は，会社として成立すべき過渡的な存在であるから，営業行為を行うことができないと解すべきこと等を根拠とする．

　第4説は，あらゆる種類の行為が発起人の権限に属するとする(服部栄三『株式の本質と会社の能力』189頁 [有斐閣1964年])．設立中の会社が広く営業的活動を行うことを禁ずることができない以上(なお会979Ⅰ参照)，それを発起人の権限外の行為とすることは債権者にとって不都合であるとともに，追認を認めたとしても追認をなすかなさないかは会社の自由であり，その上追認をなしうるのは成立した会社だけであるから，債権者保護としては不十分である，ことを根拠とする．

　判例は，定款に記載のない財産引受けは無効であり，会社側だけでなく，譲渡人も主張することができる(最一小判昭和28・12・3民集7巻12号1299頁 [和光製造工業事件] ＝会社百選5版7事件)，最一小判昭和61・9・11判時1215号125頁 [三条機械製作所事件] ＝会社法百選6事件)．会社成立後に新に特別決議を踏んで財産取得の契約を有効に結ぶことは可能であるが，定款に記載のない財産引受けは追認しても有効とならず，「財産引受は，設立中の会社の名において締結されるものであり，会社の成立を条件として契約上の権利義務が直接会社に帰属することを内容とする契約である」から，「当事者間に特約の存する場合，民法117条の類推適用により発起人が履行の責に任ずる場合等の特別の事情の認められないかぎり，原始定款の記載等の法定の要件を充たさないため成立後の会社に対し効力を有しない財産引受に基づき，発起人，あるいは，発起人組合が，当然に，財産引受の契約上の権利を取得し，義務を負うにいたることはない」(最三小判昭和42・9・26民集21巻7号1870頁 [大和交通事件])とする一方，設立の登記がなされていない会社の代表取締役として行った財産引受け以外の開業準備行為(成立予定会社の宣伝目的のための野球試合の実施契約の締結)は，会社の設立に関する行為といえないから，その効果は，設立後の会社に当然帰属せず，民法の無権代理の規定が類推適用されるとする(最二小判昭和33・10・24民集12巻14号3228頁 [大映スターズ事件] ＝会社法百選5事件)．

　判例は第1説を採用しているのか，第2説を採用しているのか不明である．会社

Ⅱ-1-8-6　(34)　**追認の区別と追認の方法**　① 追認を肯定する説は，発起設立か募集設立かで区別しないのが通説であるが，発起設立の場合には，公的監督制度が設けられていることより，成立後の会社の株主総会という内部的意思決定で追認をすることができないが，募集設立の場合には，調査の結果の不当性の判断を創立総会に委ねているので，創立総会に匹敵する成立後の会社の株主総会で追認することができるとして，発起設立と募集設立とで区別をする説(永井88頁)も存在している．② 追認肯定説では，追認の方法は，会社が新たにその行為をなす場合に要求されるのと同じ要件を具備しなければならず，その財産の取得が事後設立にあたる場合(会467Ⅰ⑤)には株主総会の特別決議を経なければならない(会309Ⅱ⑪)と解するのが通説である(北沢106頁以下，弥永296頁)．

の利害関係人が問題としないで契約後約9年経過してから無効を主張することは，信義則に反し許されないとしたものがある(前掲最判昭和61・9・11).

4 設立費用の帰属

Ⅱ-1-8-7　発起人が会社の設立に必要な行為によって負担した債務をまだ履行していない場合において，成立した会社がその債務を引き継ぐことになるか否かについては争いがある．

第1説(**限度内会社責任説**)は，定款に記載され，かつ裁判所の検査や創立総会の承認を受けた限度内において，会社は第三者に対して設立費用を負担し，その限りで発起人は第三者に対して支払債務を免れるが，その限度外のものは発起人が債務者として残るとする(大判昭和2・7・4民集6巻428頁[東洋紙器事件]＝会社法百選7事件，大判昭和8・3・27法学2巻11号1356頁．葉玉124頁)．設立費用の総額が定款で定めた額を超える場合には，契約締結の順序によるから，どの部分が会社に帰属するか不明になることはないとする．

第2説(**会社・発起人重畳的責任説**)は，設立中の会社の債務はそのまま成立した会社に引き継がれるが，そのことは発起人の免責を許すものではなく，両者が重畳的責任を負うと解する(鈴木＝竹内・60頁，平出・前掲109頁)．この説を前提とした上で，発起人は手続を通った額について，相手方から請求を受けたときは，まず会社に請求するよう求めることができるとする説(神田45頁，弥永301頁)もある．

第3説(**全額会社責任説**)は，設立費用はすべて会社に帰属し，会社が右の債務を履行したときには，会社は，法定の要件を満たした設立費用の額を超える部分について発起人に求償できるとする(大隅＝今井・上206頁，龍田417頁，青竹61頁，田邊28頁)．

第4説(**全額発起人責任説**)は，設立費用は会社が設立されても発起人に帰属し，発起人は，法定の要件を満たした限度で会社に求償できるとする(石井＝鴻・103頁，田中(誠)・上192頁注11，前田庸42頁，河本96頁，江頭72頁，近藤30頁，宮島59頁など)．

第9節　設立登記

1　設立登記手続

Ⅱ-1-9-1　(1)　**総　説**　会社の設立手続の最後は登記[英 registration：米 filing：独 Eintragung：仏 immatriculation：伊 iscrizione：西 inscripción]である(会49[35])．なお会579参照．持分

Ⅱ-1-9-2　[35]　**設立登記の申請**　設立登記は，**会社を代表すべき者**(取締役会設置会社でない株式会社では取締役[会349Ⅰ]，取締役会設置会社では代表取締役[会363Ⅰ①]，委員会設置会社では代表執行役[会420])の**申請**によって行われる(商登47Ⅰ)．登記申請書(商登則35)には，一定の書類(定款等が電磁的記録で作られているときは，電磁的記録)を添付することを要し(商登

会社について，設立手続終了後何時までに登記すべきか規定がないのと異なり，株式会社の場合には，① **発起設立のときには**，設立時取締役（監査役設置会社の場合には設立時取締役および設立時監査役）による調査が終了した日（委員会設置会社の場合には設立時代表執行役が設立時取締役より調査終了の通知を受けた日）または発起人が定めた日のいずれか遅い日から2週間以内にしなければならない（会911Ⅰ）．② **募集設立のときは**，(i) 創立総会終結の日，(ii) 会社が種類株式発行会社であって，種類創立総会の決議を要するときは（会84・101Ⅰ），当該決議の日，(iii) 創立総会が設立変態事項に関する定款変更決議をしたとき（会97）または種類創立総会が当該種類株式を譲渡制限株式にするもしくは全部取得条項付株式にする定款変更決議をしたときは（会101Ⅰ），当該決議の日のいずれか遅い日から2週間以内に登記しなければならない（会911Ⅱ．なお商登47Ⅱ参照）．

　会社の設立に際して支店を設ける場合には，本店の所在地における設立の登記から2週間以内に，支店の所在地において登記をしなければならない（会930Ⅰ①．なお商登48参照）．違反には過料の制裁（会976①）があるが，期間経過後の登記も有効である．

Ⅱ-1-9-3　**(2) 登記事項**　登記事項は，定款の記載事項と同じではない（発起人の氏名・住所，発起人の特別利益等は登記されない）．登記は取引の相手方等に対する一般的開示を目的としているからである．

　登記事項は，① 目的，② 商号，③ 本店および支店の所在場所，④ 会社の存続期間または解散事由，⑤ 資本金の額 [Ⅱ-5-2-91]，⑥ 発行可能株式総数，⑦ 発行する株式の内容（種類株式発行会社にあっては，発行可能種類株式総数および発行する各種類の株式の内容），⑧ 単元株式数，⑨ 発行済株式総数ならびにその種類および種類ごとの数，⑩ 株券発行会社である旨，⑪ 株主名簿管理人に関する事項，⑫ 新株予約権に関する事項，⑬ 取締役の氏名，⑭ 代表取締役の氏名および**住所**（なお吉川信將「取締役等に係る登記」基本問題164頁参照），⑮ 取締役会設置会社であるときはその旨，⑯ 会計参与設置会社であるときは，会計参与の氏名（名称）・計算書類等の備置場所，⑰ 監査役設置会社（監査役の監査の範囲を会計に関するものに限定する旨の定款の定めがある会社を含む）であるときはその旨および監査役の氏名，⑱ 監査役会設置会社であるときは，その旨および監査役のうち社外監査役であるものにつきその旨，⑲ 会計監査人設置会社であるときは，その旨および会計監査人の氏名（名称），⑳ 仮会計監査人 [Ⅱ-4-3-54] を置いたときはその氏名（名称），㉑ 特別取締役による議決の定め（会373Ⅰ [Ⅱ-4-5-17]）があるときは，その旨，特別取締役の氏名・社外取締役であるものにつきその旨，㉒ 委員会設置会社であるときは，その旨，社外取締役であるものにつきその旨，各委員会の委員・執行役の氏名および代表執行役の

　47Ⅱ・19の2．商登則61），登録税を納めなければならない（登税9・別表第1第24号㈠イロハ）．

氏名・住所，㉓ 取締役等の責任免除に関する定款の定め，㉔～㉖ 責任限定契約に関する定款の定め（これが社外取締役・社外監査役に関するものであるときには，その旨），㉗ 貸借対照表の電磁的方法による公告をとるときにはそれに関する事項（会施規220Ⅰ①），㉘ 会社の公告方法につき定款の定めがあるときは，その定め，㉙ 会社の公告方法につき電子公告をとるときには（会施規220Ⅰ②），ホームページのアドレスおよび事故の場合の予備的公告に関する定款の定めがあるときは，その定め，㉚ 会社の公告方法についての定款の定めがないときには，官報への掲載を公告方法とする旨である（会911Ⅲ）。

　社外取締役は平成17（2005）年改正前商法では登記事項であったが（改正前商188Ⅱ7ノ2），一律に登記事項とする必要性は乏しいという理由で，原則として登記事項から削除されている（会911Ⅲ㉑ハ・㉒イ・㉕）。

　支店の登記事項は，平成17（2005）年改正前商法では本店とほぼ同様であったが（平成17年改正前商64Ⅱ・147・149・188Ⅳ），商業登記のコンピュータ化の現状を踏まえ，会社の支店の所在地から本店所在地における登記簿に係る情報にアクセスすることを可能とするための情報という観点から簡素化し（「補足説明」商事1678号38頁），会社法では，① 会社の商号，② 本店の所在場所および③ 支店の所在場所のみを登記事項としている（会930Ⅱ。なお商登48参照）。支配人の登記は，会社法において，本店の登記事項とされたため（会918），支店における登記の効力の規定（平成17年改正前商13）は削除されている。

　会社の成立後に登記事項となるものもある（会911Ⅲ⑳・917・920-927など）。

2　設立登記の効力

II-1-9-4　会社の場合，登記により会社は成立する(36)（登記の創設的効力〔独 die konstitutive Wirkung〕。会49・579）。① 株式会社の場合，発起人・設立時募集株式の引受人は株主となり（会50Ⅰ・102Ⅱ），② 発起人に形式上帰属していた権利・義務は当然株式会社に帰属する。③ 発起人は任務を終了し，設立時取締役（設立時執行役）は取締役（執行役），設立時監査役は監査役，設立時会計参与は会計参与，設立時会計監査人は会計監査人となる。④ 権利株（会社成立前の株式引受人の地位）は株式となるので，権利株の譲渡制限が消滅し（会35・50Ⅱ・63Ⅱ），株券発行会社の場合には，株券発行前の株式譲渡の制限に関する規定が適用されることになる（会128Ⅱ）。⑤ 株券発行会社は，遅滞なく株券を発行しなければならなくなり（会215Ⅰ。もっとも非公開会社では株主から請求があるまで，株券を発行しなくてもよい。会215Ⅳ），⑥ 錯誤を理由として株式引受けの無効を主張し，または詐欺・強迫を理由として株式の引受けを取消すこと

II-1-9-5　(36)　**会社法49（579）条と908条の関係**　公告がなければ会社の成立を善意の第三者に対抗できないとすると会社の法律関係の画一性を害することになるので，会社の成立自体に関しては会社法908条の適用がない（通説。反対大隅健一郎『商法総則（新版）』276頁〔有斐閣1978年〕）。

は制限され[37]（会51・102Ⅳ），⑦ 会社は会計帳簿および貸借対照表を作成しなければならなくなる（会432・435Ⅰ・615Ⅰ・617Ⅰ，計規58）．これらの効力を登記の付随的効力という．

第10節　設立関与者の民事責任

1　総説

Ⅱ-1-10-1　設立関与者の責任について，株式会社の場合，詳細な規定が置かれている．株式会社の場合の設立関与者の責任は，民事責任，刑事責任（会960Ⅰ①②・962・963ⅠⅢⅣ・964Ⅰ①④・965・966①②・967ⅠⅡ・968Ⅰ①）および過料（会976①②⑤⑥⑦⑧⑨・979Ⅰ）とに分けられる．以下民事責任についてのみを述べる．

民事責任は，責任の主体により，① 発起人，② 設立時取締役・設立時監査役・設立時執行役，③ 払込取扱銀行等，④ 証明・鑑定評価をなした者および⑤ 擬似発起人の責任に分けられる．これらの民事責任の消滅時効期間は一般原則に従い10年である（民167Ⅰ）．

2　発起人・設立時取締役・設立時監査役の責任

Ⅱ-1-10-2　(1)　会社が成立した場合の責任　㋐　会社に対する責任　(a)　財産価額てん補責任　現物出資財産等（現物出資または財産引受けの財産．会33Ｘ①参照）の会社成立当時における価額が，定款に記載（記録）された価額（定款の変更があった場合にあっては，変更後の価額）に著しく不足するときは（定款作成時に過大評価があった場合だけでなく，会社成立時までに価額が下落した結果である場合を含む），① 発起設立の場合には，現物出資者および財産引受けの場合の譲渡人は，株式会社に対し，連帯して，その不足額を支払う義務を負う（無過失責任．会52ⅠⅡ括弧書．なお212Ⅰ②［Ⅱ-3-2-66］・285Ⅰ③［Ⅱ-3-3-96］参照）．それ以外の発起人および設立時取締役は，現物出資財産等について検査役の調査を経た場合，またはその職務を行うについて注意を怠らなかったことを証明した場合には，てん補責任を負わない（会52Ⅱ①②．過失責任）．これに対し，② 募集設立の場合には，全ての発起人・設立時取締役が無過失責任を負う（会103Ⅰは52Ⅱ②を除外している）．会社法は，現物出資等の価額てん補責任を全て無過失責任

Ⅱ-1-9-6　(37)　会社成立後の引受行為の取消し　会社成立後に制限能力者であることを理由に株式の引受け・出資の履行が取り消された場合には，その株式は無効となり，会社の発行済株式総数は減少する．しかし資本金と株式との関係が切断されているので，資本金・資本準備金の額は減少しないで（計規25Ⅱ④），引受け・出資の履行を取り消した株主であった者に支払った財産がある場合には，自己株式の取得および消却に準じて，その他資本剰余金が減少することとなる（計規24Ⅲ）．

であるとしていた平成17 (2005) 年改正前商法の規制 (改正前商192ノ2Ⅰ．なお改正前商280ノ13ノ2Ⅰ参照) を変更している[38]．会社法が，発起設立の場合に，**現物出資者および財産引受けの場合の譲渡人を除き，発起人・設立時取締役の責任を過失責任にした理由は**，金銭を対価として財産を取得する場合には，対価が不当であるとその分だけ会社財産が減少するが，取締役は一般の任務懈怠の責任を負うにすぎないのに対し，株式を対価として財産を取得する場合 (現物出資の場合) には，出資財産に過大評価があっても会社財産の社外への流出はないにもかかわらず，無過失責任を負うというのは，均衡を欠いており，厳格な責任を課さなければならない必然的理由がないし (「補足説明」商事1678号50頁)，また発起人に調査をする機会が与えられた上で，財産を一定の価額で評価することについて発起人間に合意が成立していることを考慮したためである (論点24頁)．これに対し，**募集設立の場合**には，定款作成行為等の設立手続を遂行しない株式引受人も出資を行うことから (相澤哲＝岩崎友彦・解説18頁)，従来通り，株式引受人の保護を図ったものである．

立案担当者によると，この責任の法的性質は，現物出資が行われた場合には，会社の責任財産が増加することとなり，過大に評価したとしても，配当拘束のかかる計数の増加が実財産の増加よりも大きいという意味では二重に債権者にとって有利な状況であるから，資本充実責任ではなく，現物出資に対して交付される株式の内容について，金銭出資をして株式の交付を受ける者の株式の内容との間に不均衡が生じることによって発生する**株主間の価値移転を防止するための予防的な規制**である (郡谷大輔＝岩崎友彦・解説282頁，葉玉101頁)．一種の瑕疵担保責任 (江頭105頁注1) で，追加出資義務である (弥永355頁) であると解するが，資本充実を確実に財産を拠出させる意味と解した上で，株主間の価値移転の回復と資本充実の両方を図ったとする説 (根本伸一「資本充実から見た差額支払義務」法律論叢80巻2・3号306頁 (会212Ⅰ②に関して) もある．財産価額てん補責任は**総株主の同意があれば免除される** (会55．なお850

Ⅱ-1-10-3　(38)　**引受け・払込み・給付担保責任**　平成17 (2005) 年改正前商法は，①　株式会社の設立に際して発行する株式のうち，会社の成立後に引受未済のものがあるとき，または株式の申込みが取り消されたときは，発起人および設立当時の取締役は共同してこれを引き受けたものと擬制し (**引受担保責任**．改正前商192Ⅰ．なお同280ノ13Ⅰ，旧55Ⅰ参照)，②　株式会社の成立後も発行価額の払込みまたは現物出資の給付がなされていない株式があるときは，発起人および会社成立当時の取締役は，連帯して払込みをなし，または現物出資の価格の支払いをなす義務を負うとしていた (**払込・給付担保責任**．改正前商192Ⅱ．なお旧15・55Ⅱ参照)．これは，昭和25 (1950) 年改正前に，資本の額は株式数に額面を乗じた額とされ，株式の全部の引受け・払込みがないときは定款違反として設立が無効となるので，担保責任を課すことによりそれを回避しようとしたことに由来する．しかし，現在では，株式の数と資本との関連性はなく，設立に際して発行する株式の数は定款の記載事項でなく (会27．平成17年改正前商166Ⅰ⑥対比)，出資の履行をしない株式は失権するので (会36・63Ⅲ)，担保責任を問題にする必要がなくなったので，担保責任に関する規定は削除されている．債権者の保護は，貸借対照表の虚偽記載 (財産の過大評価) による役員等の第三者に対する責任 (会53Ⅱ) という形で図られることになる．

第1章　株式会社の設立　第10節　設立関与者の民事責任　**141**

Ⅳ参照），責任の追及のため株主の**代表訴訟**が認められる（会847Ⅰ）．発起人が財産価額てん補責任を履行した場合には，その法的性質は追加出資で，払込資本と取り扱うべきであるから，履行した義務に相当する額の相手勘定はその他資本剰余金である（計規21①）（計算詳解295頁）．出資者以外の義務者が履行した財産価額てん補責任の法的性質は，損害賠償責任であるので，履行した義務に相当する額の相手勘定は特別利益等当期の収益として扱われる（論点25頁）．

Ⅰ-1-10-4　(b)　**任務懈怠責任**　発起人は，設立中の会社の執行機関として，善良なる管理者の注意をもって会社の設立に関する任務を行うべきである．また，設立時取締役（監査役設置会社の場合には設立時取締役および設立時監査役）は，会社の設立中は監督機関として，一定の事項の調査を行う任務を有している（発起設立に関し会46，募集設立に関し会93）．それゆえ，「**発起人，設立時取締役または設立時監査役**」が会社の設立についてその**任務**を怠ったときには（設立事務の一切を他に委せ切り，不正行為を見過ごした場合等．大判昭和16・6・7判決全集8輯21号9頁参照），当然にその責任は成立後の会社に引き継がれ，**会社に対して損害賠償の責任を負う**ことになる（過失責任．会53Ⅰ）．他の発起人等も会社に対して責任を負うときには，これらの者は連帯債務者となる（会54．同一性説に消極的な見解［宮島78頁］は，発起人と会社の間には契約関係がないので，その責任は，債務不履行責任（発起人と設立中の会社間には契約関係がない）でも，不法行為責任でもない，法が特に定めた損害賠償責任であると理解する）．

　その責任は，**総株主の同意があれば免除**される（会55）．その責任の追及についても**株主の代表訴訟**が認められる（会847Ⅰ）．

Ⅰ-1-10-5　(イ)　**第三者に対する責任**　発起人，設立時取締役または設立時監査役はその**職務**を行うについて**悪意または重過失があったとき**には（例えば大判昭和8・5・22民集12巻1230頁，大判昭和8・12・28民集12巻2978頁），第三者に対して損害賠償の責任を負う（会53Ⅱ．第三者に過失があるときは過失相殺が認められる．大判昭和15・3・30民集19巻639頁）．この規定は会社法429条1項［Ⅱ-4-12-25］と同様の規定である．他の発起人等も責任を負うときには，これらの者は連帯債務者となる（会54）．

Ⅰ-1-10-6　(2)　**会社が不成立の場合の責任**　会社が成立しなかった場合，発起人は，「会社の成立に関してなした行為」について連帯して責任[39]を負い，この場合には，定款の認証手数料等，会社の設立に関して支出した費用は発起人の負担となる[40]（会

Ⅰ-1-10-7　(39)　**会社の成立に関してなした行為**　判例は，「会社の成立に関してなした行為」には，会社設立行為自体に属するもの，および設立に必要な行為は含まれるが，設立費用に当てるための「借入行為」は入らないとしている（大判昭和14・4・19民集18巻472頁）．

Ⅰ-1-10-8　(40)　**会社法56条の意味**　これについては争いがある．**第1説**は，会社不成立の場合には設立中の会社は初めに遡って消滅するから，発起人は実質的にも権利・義務の主体となることを要するのであって，当然の規定であると説く（**当然説**）．**第2説**は，会社不成立の場合には目的の達成不能によって解散・清算されるので，設立時募集株式の引受人も会社の構成員として団体の債務を弁済した残額についてのみ払込金の返還を請求しうるはずであるが，株式引受人を

56).この責任は**無過失責任**である．会社の不成立とは，創立総会で設立廃止が決議なされた場合(会66・73Ⅳ)等設立の登記に至らなかったことである．

会社が設立登記をして一応成立したが，設立無効の判決が確定した場合には，遡及効が否定されている(会839)ので，発起人の責任には会社法53条が適用される(大判昭和8・5・22民集12巻1230頁，大判昭和16・6・7大審院判決全集8輯21号9頁)．

3　払込取扱銀行等の保管証明と責任

Ⅱ-1-10-9　募集設立の際に株式払込金の保管証明を行った払込取扱銀行等は，証明書の記載が事実と異なること(見せ金につき悪意・重過失でも責任は肯定される．なお東京高判昭和48・1・17高民集26巻1号1頁[三菱銀行事件]参照)または払い込まれた金銭の返還に制限があることを成立後の会社に対し対抗することができない(会64Ⅱ)[41]．銀行等の保管証明責任は，商行為によって生じた債務として，5年の時効にかかる(商522．最三小判昭和39・5・26民集18巻4号635頁[佐賀銀行事件])．

保管証明書は設立の申請書の添付書類であること(商登47Ⅱ⑤)および会社成立までの保管証明と解するのが自然であること，設立時取締役は引き出し権限がないことより，払込取扱銀行等は，会社の成立の時まで株式払込金を保管する義務を負い，それ以前に発起人または取締役に返還しても，会社に対抗できないと解される(最二小判昭和37・3・2民集16巻3号423頁[神戸銀行事件]＝会社百選5版11事件参照)．

4　証明・鑑定評価に関する弁護士等の責任

Ⅱ-1-10-11　現物出資財産等について定款に記載され，または記録された価額が相当であると証明を行った弁護士，弁護士法人，公認会計士(外国公認会計士を含む)，監査法人，税理士または税理士法人または鑑定を行った不動産鑑定士[Ⅱ-1-3-32]は，現物出資・財産引受けの財産の会社成立当時の実価が定款に定めた価格に著しく不足するときは，**当該証明をするについて注意を怠らなかったことを証明することができな**

保護するために政策的に発起人に全責任を負わせたと説く(**政策説．多数説**．近藤44頁，田邊52頁，弥永317頁など)．第3説は，株式引受契約は，不成立を遡及的解除条件とするので，株式引受人も設立中の会社の取引上の債権者と同順位に立つ．従ってこの両者を保護するために，発起人に連帯責任を課したと説く(**株式引受人・債権者保護説**)．第4説は，会社不成立の場合設立中の会社は解散してその財産を清算すべきであるが，債権者および株式引受人は，発起人全員の個人財産に対し同順位で設立中の会社の債務の連帯保証責任を追及しうる．しかし株式引受人は，債権者の関係では，共同企業としての危険を負担しなければならないので，劣後すると説く(平出『株式会社の設立』310頁以下[有斐閣1967年])．

Ⅱ-1-10-10　(41)　**64条2項の責任の法的性質**　第1説は，一種の禁反言の責任であるとする(最判昭和41・12・1民集20巻10号2036頁)．第2説は，払戻請求する会社の善意・悪意を問題としていないので，禁反言以上の強い責任を認めた(前掲最判昭和39・5・26)とか，会社設立時における資本充実の原則を全うするために法によって認められた特別の法定責任である(前田庸66頁)とする．

い限り，財産価格てん補責任を負う者と連帯して，**会社に対して連帯して不足額を支払う義務**を負う[42]（会52Ⅲ．なお会213Ⅲ参照）．

5 擬似発起人の責任

-1-10-13　株式会社の募集設立の場合に，発起人ではないが，設立時発行株式の募集の広告その他当該募集に関する書面・電磁的記録に自己の氏名・名称および株式会社の設立を賛助する旨の記載・記録をすることを承諾（黙示で足りる）した者（このような者を**擬似発起人**という）は，発起人とみなされ，会社法第2編第1章第8節及び103条1項の規定を適用する（会103Ⅱ）．その結果，**現物出資・財産引受けの目的物不足額てん補責任**（会52），**任務懈怠に基づく会社に対する責任**[43]（会53Ⅰ）・**第三者に対する責任**（会53Ⅱ）および**会社不成立の場合の責任**（会56）**を負う**．この責任は，設立賛助者の発起人らしい外観を信頼した者を保護するためのものであり（悪意者には責任を負わない），その基礎は，禁反言（英 estoppel）ないし外観理論（独 Rechtsscheinstheorie）である．擬似発起人として責任を追及されている者が責任を免れるためには，承諾した事実がないことを証明する責任がある．

第11節　設立の無効・不存在

1　設立の無効

-1-11-1　登記官は，設立登記申請が形式的に整っていれば（形式審査主義），設立登記を行う（商登24参照）．しかし設立手続に何らかの瑕疵がある場合には，これをそのまま放置するわけにはゆかないため，会社法は，すべての会社に**設立の無効の訴え**（会828Ⅰ①）を用意している．当該訴えの法的性質は形成訴訟である（会828Ⅰ①）．

なお新設合併，新設分割および株式移転には，各々そのための無効の訴えを用意しているので，会社の設立無効の訴えによって，組織再編行為の無効を主張することはできないと解される．

-1-11-2　(1)　**設立無効原因**　会社法は設立無効原因を定めていない．株式会社の場合には，株主の個性は重視されないので，設立の無効原因には**客観的無効原因**のみが存し，主観的無効原因は認められないと解される（通説）．

-1-10-12　[42]　**第三者に対する責任**　平成17（2005）年改正前商法では，証明・鑑定評価者が虚偽の証明等をなし，第三者に損害を生じさせたときの第三者に対する責任が定められていたが（改正前商197 [=193Ⅱ]・280ノ13ノ3 [=193Ⅱ]），会社法にはこれに相当する規定がない．民法709条の適用で解決されよう．

-1-10-14　[43]　**任務懈怠責任**　擬似発起人は，発起人としての任務をもたないので，任務懈怠責任を負わないとする説があるが（前田庸83頁），外観の信頼が立法趣旨であるから，責任の除外理由とはならない（青竹73頁）．会社法は，文言上，責任を負う旨を明確にしている（江頭108頁注1）．

会社法は，設立時発行株式の引受けに係る意思表示等には心裡留保（民93但書）または虚偽表示（民94Ⅰ）の適用を排除し（会51Ⅰ・102Ⅲ），株式会社の成立後または創立総会もしくは種類創立総会においてその議決権を行使した後は，錯誤（民95）および詐欺・強迫（民96）を理由とする設立時発行株式の引受けの無効・取消しの主張を制限している（会51Ⅰ・102Ⅳ．なお会211参照）．

客観的無効原因は，設立手続が複雑なため，多様である．① 定款の絶対的記載事項の記載の欠如または記載内容の違法，② 定款の公証人による認証の欠如，③ 設立時発行株式または設立時募集株式に関する一定の事項の決定について発起人全員の同意がないこと（会32Ⅱ・58Ⅱ．反対田邊53頁），④ 設立に際して出資される財産の価額またはその最低額に相当する財産の出資の履行がなされていないこと（会27Ⅰ④．ただし発起人等が不足額を拠出したような場合には，瑕疵が治癒され，無効原因が消滅する．江頭111頁，神田57頁注1），⑤ ある発起人が1株も設立時株式を取得しなかった場合（会25Ⅱ），⑥ 創立総会の不招集・その決議内容の違法，⑦ 種類株式発行会社で種類創立総会の決議が必要なときに，当該決議がないこと（会84・100Ⅰ・101Ⅰ参照），⑧ 設立の登記が無効であることなどがある[44]．

Ⅱ-1-11-4　(2) **設立無効の訴え**　一般原則によれば無効はどのような方法によっても，誰でも，何時でも主張することができるはずである．しかし，会社が一旦登記されると，その上に様々な法律関係が形成されて行くので，設立の無効を一般原則で処理することは妥当でない．そのため会社法は一般原則の適用を排除し，設立無効の訴えという制度を用意している．

Ⅱ-1-11-5　(ア) **管 轄 等**　会社の設立の無効は，会社を被告として訴えを提起する方法によってのみ主張することができる（会828Ⅰ①・834①）．管轄は本店所在地の地方裁判所である（会835Ⅰ）．数人の者により個別に訴訟が提起された場合には，その弁論および裁判は併合して行われなければならない（会837）．

表3　入社行為の無効・取消と設立無効・取消の関係

	民　法	持分会社	株式会社	
意思無能力	無効	設立無効原因	会51Ⅰ・102Ⅲ	設立の無効
心裡留保	無効（民93）		会51Ⅰ・102Ⅲ	
虚偽表示	無効（民94）		会51Ⅱ・102Ⅳ	
要素の錯誤	無効（民95）			設立無効原因
詐欺	取消（民96）	設立取消原因	会51Ⅱ・102Ⅳ	ではない
強迫	取消（民96）	（会832①）	会51Ⅱ・102Ⅳ	
制限行為能力				

Ⅱ-1-11-3　[44] **創立総会の決議の瑕疵**　創立総会または種類創立総会の決議の瑕疵には，決議の取消しの訴え（会831），無効確認の訴え（会830Ⅱ）および決議不存在確認の訴え（会830Ⅰ）が用意されている．総会決議の取消事由の場合，決議より3カ月以内に訴えを提起しないと，瑕疵は治癒される（会831Ⅰ）．判決で決議が取り消され，しかもその決議が会社の設立手続にとって不可欠であるときに，設立は無効となる．

第1章　株式会社の設立　第11節　設立の無効・不存在　**145**

取消（民5Ⅱ・9・13Ⅳ・17Ⅳ）

Ⅱ-1-11-6　**(イ)　提訴権者**　提訴権者は制限され，株主，取締役，執行役，監査役，清算人である（会828Ⅱ①）．

　清算中の会社であっても設立無効の訴えが認められる（大判昭和13・12・24民集17巻2713頁［湯田温泉株式会社事件］）ことから，提訴権者に清算人が追加され（平成17年改正前商428Ⅱ対比），監査役の設置が選択的となったことから，監査役は監査役設置会社に限って提訴権者とされている．

　平成17年改正前商法と異なり，設立時取締役・設立時監査役でない設立時株主が設立無効の訴えを提起するときには，被告は原告の訴えの提起が悪意によるものであることを疎明して，相当の担保を提供するよう申し立てることができる（会836Ⅰ Ⅲ）．これは，設立無効の訴えに敗訴した原告に損害賠償責任を課しながら（会846），担保提供命令を課さないこととする理由はなく，濫訴防止や他の会社の組織に関する訴えとの均衡の観点からも，担保提供命令を認めることが妥当であるからである．

Ⅱ-1-11-7　**(ウ)　提訴期間**　設立無効の訴えは，**会社成立の日（会49）から2年以内**に提訴することが必要である[45]（会828Ⅰ①）．設立無効原因が，会社成立後，ある程度の期間を経過して判明することが多いことを考慮したためである．2年を経過すると訴えの提起ができなくなるのは，会社の運営を継続することができる財産的基礎があると認められるし，会社成立後の時間が経過すればするほど，会社の成立を前提として多くの法律関係が形成されていくからである．

Ⅱ-1-11-9　**(エ)　設立無効の訴えの効果**　**(a)　画一的決定**　① 原告が勝訴し，判決が確定した場合には，第三者に対しても効力を有し（対世効．会838），② その旨の登記が嘱託される（会937Ⅰ①イ）．③ 原告が敗訴した場合には，判決は当事者間に効力があるだけであるから（民訴115Ⅰ），他の提訴権者は設立無効の訴えを提起しうる．悪意・重過失ある原告は，会社に対して連帯して損害賠償の責任を負う（会社846）．

Ⅱ-1-11-10　**(b)　遡及効の否定**　① 法律関係の安定と取引の安全を確保するため，無効な会社の外観上の存在を尊重し，設立無効の判決は，設立した会社，その社員および第三者の間に生じた権利・義務に影響を及ぼさないものとされている（会839）．
　しかし瑕疵があるので，会社は解散に準じて清算を行う（会475②．なお会644②参照．準清算という）．裁判所は，利害関係人の申立てにより，清算人を選任する（会478Ⅳ．

Ⅱ-1-11-8　(45)　**裁判所の裁量棄却権**　昭和25（1950）年改正前には，設立無効の訴えが提起された場合でも，設立無効原因である瑕疵が補完されたとき，または会社の現況その他一切の事情を斟酌して，設立を無効とすることを不適当と認めるときは，裁判所は請求を棄却しうる明文の定めがあったが（昭和25年改正前商428・136・107），その後の法律では，この規定が削除されている．
　しかし，通説は，削除後も，裁量棄却権を認め，設立無効原因たる瑕疵が軽微であるか，または瑕疵が補完されて原告が訴えを提起する正当な利益を有しない場合，原告の訴えの提起が権利濫用と認められる場合（名古屋地判昭和53・12・19判時921号121頁［サンコー事件］）には，裁判所はその請求を棄却しうるとしている（なお会831Ⅱ参照）．

なお会647Ⅳ対比)．その報酬額を定め（会485．なお会657対比），清算人の中から代表清算人を定めることができる（会483Ⅴ．なお会655Ⅴ対比）．したがって設立無効の判決は，単なる無効を確認する判決ではなく，準清算関係を創設する一種の形成判決である．会社に対する破産宣告後その設立無効の判決が確定しても，従前の破産手続は当然に存続する（大判昭和5・6・12民集9巻543頁）．

2 設立の不存在

Ⅱ-1-11-11　設立登記をしないで会社として活動している場合および設立登記だけはなされているが，たとえば発起人による定款の作成や払込もなく，創立総会の開催，設立時取締役などの選任もなく，会社設立の手続をまったく欠くとみられる場合（東京高判昭和36・11・29下民12巻11号2848頁［丸新株式会社事件］参照）は，会社は不存在である．この場合には何人も，また何時でもその無効を主張することができ，必要があれば会社不存在確認の訴え（一般の確認訴訟）を提起することができる．

第2章　社員たる地位

第1節　株　　式

第1款　社 員 権

1　持分単一主義・複数主義と持分不均一主義・均一主義

II-2-1-1　民主主義社会では多数決原理が適当である．それは本来1人1議決権に基づく頭数による多数決を意味する．持分会社ではこのような意味での多数決原理が行われており（会590Ⅱ・591ⅠⅡⅤ・594Ⅰ・595Ⅰ・601），持分は各社員につき1個であり（**持分単一主義**），ただその大きさは各社員の出資額に応じて異なる（**持分不均一主義**）．

しかし出資者の数が多くなれば経営に対する意見をその都度求めることは不可能であるし，出資の多寡にかかわらず各々1議決権を有するとすることも資本の糾合には適さない．株式会社においては，持分は細分化された均一な割合的単位の形式をとり（**持分均一主義**），各株主は，その有する株式数に応じた株式を有する（**持分複数主義**．通説．反対，宮島86頁．なお会40Ⅱ・308Ⅰ本文など参照）．株式がこのような扱いを受けるのは，**権利行使の容易化と株式譲渡の容易化のためである**．特例有限会社の持分（出資1口）は株式（1株）とみなされる（整備法2Ⅱ）．

2　株式の本質に関する学説

II-2-1-2　株式の本質については19世紀後半のドイツにおいて論争が行われた．株式会社の社団法人としての構造的特質が認識されるに至って社員権説が通説となった（この説の確立者はルノーである）．わが国においても当初は株式を債権視する学説（大判明34・5・22民録7輯106頁）もあったが，ほどなくドイツの社員権説の影響を受け，**社員権説**が現われ，この説が現在に至るまで通説的地位を占めている（わが国の社員権説の確立者は松本烝治）．現在の通説（資格説．最大判昭和45・7・15民集24巻804頁［丹後織物石川有限会社事件］＝会社法百選11事件）は，株主権とは，株主の権利義務を生ずべき法律上の地位または資格を指し，株主の権利義務はその結果であって，株主権の内容自体を構成するものではなく，この地位から**管理権**（**共益権**）と**財産権**（**自益権**）が生ずるが，管理権（共益権）も財産権（自益権）の価値の実現を保障するために株主に与えられたものであるから，それ自体株主自身の利益のために行使することができると解されている．

巨大会社にあっては，株主が債権者化する現象を認めなければならないが，これによって株式それ自体が債権となるものでもないから，通説を正当と考えるが，これまでさまざまな見解が唱えられた[1]。

3 株式の不可分性と共有

II-2-1-4　株式は，均等に細分化された割合的単位であるから，任意に株式を単位未満に細分化することは許されない。これを**株式の不可分性**〔独 Unteilbarkeit der Aktien：仏 indivisibilité de l'action：伊 indivisibilità delle azioni：西 indivisibilidad de la acción〕という。したがって１個の株式を細分して数人の者が部分的な株式を有することはできない（民427対照）。もっとも１個または数個の株式を数人で共有〔英 co-ownership：独 Rechtsgemeinschaft：仏 copropriéte：伊 comproprietà：西 copopiedad．**準共有**．民264〕することはできる（会106）[2]。

株式が数人の共有に属するときは，① 共有者は株主の**権利**を行使すべき者１人を定め[3]，会社に対し，その者の氏名または名称を**通知**しなければ，当該株式に

II-2-1-3　(1)　**わが国の見解**　① 田中耕太郎により社員権否認論（共益権権限説）（「我が国に於ける社員権理論」『商法研究第２巻』[1935年] 265頁），② 松田二郎により株式債権説（『株式会社の基礎理論』[1942年] 19頁），③ 八木弘らにより株式会社営利財団論に立つ株式純債権説（『株式会社財団論』[有斐閣1963年] 53頁以下，中村一彦「株式会社財団説をめぐって」富大経済論集10巻４号１頁以下 [1965年]），そして④ 服部栄三により，株式会社第三種法人説（株式会社は社団でも，財団でもない第三種の法人であるとする）に立ち，株式を出資契約に基づく出資回収請求権と利益配当請求権の両者を意味するとする説（『株式の本質と会社の能力』[1964年] 51頁）が主張された。

II-2-1-5　(2)　**準共有説**　株式につき共同相続が開始した場合には，その株式は，相続分に応じて当然に分割されるわけではない（判例・通説．反対，出口正義「株式の共同相続と商法203条２項の適用に関する一考察」筑波法政12号74頁）。

II-2-1-6　(3)　**権利行使者**　共同相続人が株主総会の決議不存在確認の訴え（会830）や合併無効の訴えを提起する場合（会828 I ⑦⑧）にも権利行使者を選任して，会社に通知することを要するのが原則であるが（最一小判昭和45・1・22民集24巻１号１頁 [関口本店事件]），① 会社の発行済株式の全部が共同相続され，株主総会決議がされたとして共同相続人のうちの１人を取締役に選任する旨の登記がなされた場合（最三小判平成2・12・4民集44巻９号1165頁 [大和館事件] ＝会社法百選９事件）や，② 共同相続人の準共有に係る株式が双方または一方の会社の発行済株式総数の過半数を占めているのに合併契約書の承認決議がされたことを前提として合併の登記がされた場合（最三小判平成3・2・19判時1389号143頁 [乙山館事件]）のような「特段の事情」が存する場合には，会社は本来，株主総会の決議の成立を立証すべき立場にあるにもかかわらず，原告適格を争うことは，自己の立場を否定するものであり，規定の趣旨を同一訴訟手続内で恣意的に使い分けるものとして，防御権を濫用し，著しく信義則に反する結果となるので，選任・通知を欠く共同相続人にも原告適格が認められるとするのが判例・多数説である。③ 遺産分割協議未了である法定相続分４分の３を有する者による会計帳簿閲覧の仮処分請求は，自らを権利として定め，本件仮処分を求めたものと理解することができ，会計帳簿によって会社の経営状態等を正確に把握したという目的には合理性があるとした判例がある（東京高決平成13・9・3金判1136号22頁 [ポーラベニベニ事件]）。
④ 権利行使者の選任・解任方法は，相続財産の管理行為に当たるので，多数決によるとする説

ついての権利を行使することができない．ただし，株式会社が当該権利を行使することに同意した場合は，この限りでない（会106但書．これは最三小判平成11・12・14判時1699号156頁を改めたものである）．106条と同様の規定は，相続による持分の承継（会608V），新株予約権（会237）および社債（会686）にも置かれている．また，② 共有者は，会社が株主に対してする**通知または催告を受領する者1人**を定め，会社に対し，その者の氏名または名称を**通知**しなければならない（会126Ⅲ）．この通知がないときは，会社は共有者の1人に対して通知または催告をすれば足りる（会126Ⅳ・V）．これと同様の規定は，新株予約権（会253Ⅲ・Ⅳ）および社債（会685Ⅲ〜V）にも置かれている．なお，**所在不明株主の株式を競売または売却するには**，権利行使者として指定されていない共有者にも**各別に通知**することが必要である（会198Ⅲ）．株式が処分されるから共有者は利害関係を有しているためである．

4　額面株式と無額面株式

Ⅱ-2-1-7　額面株式〔英米 par value share：独 Nennbetragsaktien：仏 action avec valeur nominale〕とは額面のある株式，すなわち定款に1株の金額（額面金額・券面額・株券額）の記載があり，かつ株券に額面額が表示される株式である．**無額面株式**〔英米 non par value share：独 Stückaktien：仏 actions sans valeur nominale：伊 azioni senza valore nominale〕とは，額面のない株式，すなわち**株券に額面額の記載がなく単にその表章する株式数のみが記載される株式**である．

　額面株式と無額面株式は，株式としてはまったく対等であり，権利の内容，権利の行使方法にも差異はない．株式会社の初期の頃は額面株式だけであった．額面株式では額面の合計が資本となる関係にあるので，額面株式の発行価額は，額面を下ってはならないという制約があることになるが，無額面株式の発行価額については，このような制限がないため，株価が額面を割っているときに無額面株式を利用すれば会社は資金調達を行うことができるし，額面株式なら，株式を分割する際に，額面を変更しなければならないが，無額面株式ならその必要がないので便利である

が多数説（拙稿「株式・持分の相続と権利行使者の通知」『会社法の論点研究』60頁［信山社2005年］）・判例（最三小判平成9・1・28判時1599号139頁＝会社法百選10事件，最三小判平成11・12・14金判1087号15頁［林建設事件］．民252参照）で正当と考えるが，共有者全員の同意を要するとする説（江頭117頁注3）なども存在している．
　権利行使者には包括的代理権を授与されると解する説もあるが，内部的拘束があるのが原則である．株式が未成年の子とその親権者を含む数人の共有に属する場合において，親権者が株主の権利を行使すべき者を指定する行為は民法826条にいう利益相反行為に当たらない（最三小判昭和52・11・8民集31巻6号847頁）．
⑤ 権利行使者を会社に届け出たときには，共有者間で総会における個々の決議事項について逐一合意を要するとの取決めが行われ，ある事項について共有者の間に意見の相違があっても，被選定者は，自己の判断に基づき議決権を行使しうる（最二小判昭和53・4・14民集32巻3号601頁［玉置増一商店事件］＝会社百選5版98事件）．

ことから，昭和25年改正商法はアメリカの制度にならって無額面株式を認めた．額面株式制度[4]を廃止したのは，平成13(2001)年改正法である．

5 社員の権利と義務

II-2-1-9 **(1) 財産権と管理権** 社員権は財産権（自益権）と管理権（共益権）に分けられる．財産権は，社員が会社から経済的利益を受けることを目的とする権利であり，管理権は会社の管理運営に参加することを目的とする権利である．わが国では依然として自益権〔独 selbstnütiges Recht〕と共益権〔独 gemeinnütziges Recht〕の用語が使用されているが，時代遅れである．自益権は財産権〔独 Vermögensrecht：仏 droit financier：伊 diritti patrimoniali：西 derecho economico〕，共益権は管理権〔独 Verwaltungsrecht：仏 droit politique：伊 diritti di amministrazione：西 derecho politico〕というべきである．管理権も財産権の価値を実現するために存在しているから，株主自身の利益のために行使できる（最大昭和45・7・15民集24巻7号804頁〔丹後織物石川有限会社事件〕）．なお，募集株式の発行等差止請求権（会210），募集新株予約権発行差止請求権（会247），略式組織再編行為差止請求権（会784II・796II）は，直接不利益を受ける株主のみが行使できるので，直接不利益を受けなくとも行使できる他の管理権（共益権）と区別して財産権的管理権（自益権的共益権）と呼ぶこともできる[5]．

II-2-1-8 **(4) 額面の変遷** 明治23年商法は，額面は20円（資本10万円以上のときは50円）を下ることを得ず（175）としていたが，明治32(1899)年商法は分割払込の場合は50円，全額払込の場合には20円とした（145II）．昭和13(1938)年改正商法は，これを踏襲したが（202II．片木晴彦『新しい企業会計法の考え方』54頁（中央経済社2003年）によると，1940年頃の1人当たりの国民所得は450円であるから，当時の50円または20円は，平均的国民の1カ月の収入と見合っていた），昭和23(1948)年の改正で分割払込制が廃止された結果，20円となり，その後昭和25(1950)年改正で500円と改められた．昭和56(1981)年改正法は，① 上場会社の大多数が額面50円で，取引所の売買単位が1,000株であるから，額面を5万円に引き上げ，② 株式分割を容易にするため，額面の制約は成立後にも及ぶとする制度を廃止した．また③ 株式の発行価格中，資本に組み入れない額は，旧法では額面株式では券面額，無額面株式では少なくても発行価額の4分の3以上とされていたが，額面・無額面にかかわらず，2分の1以上とし，額面株式と無額面株式の接近を図った．しかしわが国では予想に反し無額面株式は余り利用されず，三菱倉庫がわが国としては初めて昭和27(1952)年に発行した無額面株式は，期を追うごとに額面株式に転換され，無額面株式の数は減少していった（商事1564号37頁参照）．

額面は，株式が発行された時に少なくともその額は払い込まれたという歴史的事実を表すに過ぎず，株価は需要と供給により決まるので，額面と無関係である．したがって無額面株式制度を採用した以上，額面株式を廃止するのが筋である（米国では，無額面株式に課される連邦印紙税はその発行価額をもとに算定されるので，額面株式より不利であることから，無額面株式が支配的にならなかった．それでも米国では25州が額面株式制度を廃止している）．しかしこれまで額面株式に慣れ親しんできたことから，会社は，一方のみを発行することも，双方を発行することもでき（平成13年改正前商199），会社は設立の際にどちらをどれだけ発行するかを定款で定める（平成13年改正前商166I⑥）という折衷的方法が長い間採用された．

II-2-1-10 **(5) 株主権の分類** 株主権を会社に参与する権利，財産的権利および救済的および附随的権利の3つに分類する説もある（田中（誠）・上136頁）．

1-2-1-11　(ア) **財産権（自益権）に属する権利**には，① 剰余金の配当を受ける権利（会105Ⅰ①），② 残余財産分配請求権（会105Ⅰ②・504〜506），③ 株式買取請求権（会116・469・785・797・806），④ 譲渡不承認の場合の譲渡制限株式の買取請求権（会140Ⅰ），⑤ 単元未満株式の買取請求権（会192），⑥ 単元未満株主の単元未満株式売渡請求権（会194），⑦ 売主追加請求権（会160Ⅲ），⑧ 株券発行請求権（会215・230Ⅲ），⑨ 株主名簿の名義書換請求権（会133），⑩ 株主名簿記載書面等交付請求権（会122），⑪ 株券喪失登録請求権（会223），⑫ 株式無償割当て・募集株式の割当てがあった場合の割当てを受ける権利（会187Ⅰ・202Ⅱ），⑬ 新株予約権の無償割当て・新株予約権の割当てがあった場合の割当てを受ける権利（会241Ⅱ），⑭ 取得請求権付株式の取得請求権（会166Ⅰ），⑮ 株式無償割当て所在不明株主の株式売却代金支払請求権（会197Ⅰ）および⑯ 株券分割請求権（1000株券1枚を1株券1000枚に分割する請求は，権利の濫用に当たる．東京地判昭和58・12・15商事997号50頁［第一勧銀事件］）がある．

　　剰余金の配当を受ける権利は株主としての地位に基づく抽象的権利〔**株主的権利**．伊 diritto astratto〕の1つであるが，株主総会または取締役会の決議によって確定した**剰余金の配当を受ける権利**は具体化した権利〔**債権者的権利**．伊 diritto concreto〕であり，株式に包含されず，通常の債権である．

1-2-1-12　(a) **株式買取請求権**　資本多数決原理の代償として，わが国会社法は，昭和25（1950）年改正で，アメリカから反対株主の株式買取請求権〔米 appraisal right または dissenters' rights to obtain payment for their share〕を継受した．株式買取請求権は，① **反対株主（種類株主）の株式買取請求権**とそれ以外の株式買取請求権とに分類することができ，後者は，さらに，② **譲渡不承認の場合の譲渡制限株式の買取請求権**（会140Ⅰ）および③ **単元未満株式の買取請求権**（会192）に分類することができる．反対株主の株式買取請求権は，米国の制度にならったものであり，多数派の行為を認めつつ，反対の少数株主を救済するものであり，強行法である．買取請求権は，決議に反対しても，株式を譲渡して会社から離脱することが困難な閉鎖会社において，その存在意義が大きく，多数派による決議内容の当・不当，適法・違法に関わりなく救済が受けられる点および会社財産の社外流出が生ずるため多数派を慎重にさせる効果がある点が，他の救済手段に比べての長所といえる．

1-2-1-13　(a) 反対株主の株式買取請求権は，表1の行為を株式会社が行おうとする場合に，それに反対の株主は，自己の有する株式を「**公正な価格**」〔米 fair value〕**で買い取るようその会社に請求することができる権利**である（会116・469Ⅰ・785Ⅰ・797Ⅰ・806Ⅰ．なお金商166Ⅵ③参照）．「決議ナカリセバ其ノ有スベカリシ公正ナル価格」（平成17年改正前商245ノ2Ⅰ）とされていないのは，株式買取価格は，シナジー（相乗効果）の分配をも考慮したものであるべきことを示すものである．従来の，合併等による企業価値の下落からの保護の制度から，合併等をした場合を基準に，公正な合併対価を請求できる制度に性格が大きく変わっている（山本真知子「新会社法における株主の株式買取請

152 第Ⅱ編 株式会社

表1 株式買取請求権の対象となる株式会社の行為

(a) 株主総会（種類株主総会を含む）決議を要する場合
全株式を譲渡制限株式とする**定款変更**をする場合（会116Ⅰ①）
ある種類株式を譲渡制限株式または全部取得条項付種類株式とするための**定款変更**をする場合（会116Ⅰ②・111Ⅱ①）
取得請求権付種類株式または取得条項付種類株式の取得対価である株式につき，譲渡制限または全部取得条項の定めを設ける**定款変更**（会116Ⅰ②・111Ⅱ②③）
事業譲渡等（解散決議が同時に行われた場合を除く．会469Ⅰ）
吸収合併・吸収分割・株式交換をする場合（会785・797［V-1-4-109］．ただし，種類株式発行会社でない吸収合併消滅株式会社または株式交換完全子会社の株主に対して交付する対価等が持分である場合［会783Ⅱ］および簡易吸収分割［会784Ⅲ］である場合を除く［会785Ⅰ①②］．前者は総株主の同意が必要であるから，反対株主は問題とならない．後者の場合に株式買取請求権が認められない理由については［V-1-4-112］参照）
新設合併・新設分割・株式移転をする場合（会806Ⅰ［V-1-4-109］．ただし新設合併設立会社が持分会社である場合［会804Ⅱ］および簡易新設分割［会805］の場合を除く［会806Ⅰ①②］．前者は総株主の同意が必要であるから，反対株主は問題とならない）
(b) 簡易な組織再編行為の場合
簡易な事業譲渡等・簡易合併・簡易株式交換を行う場合（会467Ⅰ②括弧書［V-1-4-11］・468Ⅱ［V-1-4-12］469Ⅱ②・796Ⅲ本文・797Ⅱ②［V-1-4-110］）
(c) 略式組織再編行為の場合
特別支配関係のある会社（会468Ⅰ）間で，吸収合併，吸収分割もしくは株式交換（会784Ⅰ本文・796Ⅰ本文），または事業譲渡等（会468Ⅰ）を行う場合（会469Ⅱ②・785Ⅱ②・797Ⅱ②）．
(d) 種類株主総会の決議不要の定款の定めがある場合
株式の分割・併合，株式・新株予約権の無償割当て，単元株式数の定款変更，株主割当てによる募集株式・募集新株予約権の募集がある種類株式を有する株主に損害を及ぼすおそれがあるが，種類株主総会の決議を要しない旨の定款の定めがあるとき（会116Ⅰ③）

求権」『基本問題』77頁，藤田友敬「新会社法における株式買取請求権」『企業法の理論上巻』264頁）．会社が行為を中止したときは，株式を買い取る必要はなくなるので，株式買取請求は失効する（会116Ⅶ・469Ⅶ・785Ⅶ・797Ⅶ・806Ⅶ）．

表1の(a)の場合には，①株主総会（種類株主総会を含む．以下同じ）に先立って反対の旨を通知し[6]，かつ，株主総会で反対した株主，または②総会で議決権を行使することができない株主に買取請求権が認められる（会116Ⅱ①・469Ⅱ①・785Ⅱ①・797Ⅱ

Ⅱ-2-1-14　（6）**反対の意思の通告方式**　平成17年改正前商法（245ノ2Ⅱ）と異なり意思表示に書面が要求されていない．書面投票の場合には議決権行使書面の所定欄に反対の印をして返送すれば，それで書面により事前通告をしたことになる．
　　　　　上場会社の委任状勧誘に応じ，委任状の所定欄に反対の印をして返送したときにも，同じように解する説（竹内昭夫「会社の合併と分割」『会社法の理論Ⅲ』337頁）があるが，その反対の表示は議決権行使の代理人に対する指示に過ぎないから，会社に対し反対の意思を通知したことにはならないと解する（上柳克郎「合併」『会社法・手形法論集』224頁，江頭755頁注2）．

第2章 社員たる地位 第1節 株 式 **153**

①・806Ⅱ). (b)(c)(d)の場合には，株主総会(種類株主総会)がないので，株主(種類株主)であれば買取請求が認められる(会116Ⅱ②・469Ⅱ②・785Ⅱ②・797Ⅱ②).

なお新株予約権の新株予約権者にも新株予約権の買取請求が認められる場合がある．新株予約権の買取請求に係る公平な価格には**シナジーの分配の問題**がない点で，株式の買取請求とは異なる．

1-2-1-15 (β) 株式会社は，表1の行為が**効力を生ずる日の20日前**までに(新設型再編の場合には，効力発生日が定められていないので，**株主総会決議の日から2週間以内**．会806Ⅲ)株主に対し，その行為をする旨を**通知または公告**する(会116Ⅲ Ⅳ・469Ⅲ Ⅳ・785Ⅲ Ⅳ・797Ⅲ Ⅳ)．反対株主は，**効力発生日**(新設型再編の場合には公告日．会806Ⅴ)の**20日前からその前日**までに，買い取ってもらう**株式数**(種類株式の場合には株式の種類と種類ごとの数)を明らかに[7]して，会社に対し，**買取請求**する(会116Ⅴ・469Ⅴ・785Ⅴ・797Ⅴ)．買取請求をした株主は，買取請求権の濫用的行使を防止するため，会社の承諾を得た場合に限り，その買取請求を撤回することができる[8]．会社が行為を中止したときは，買取請求は，失効する(会116Ⅴ～Ⅶ・469Ⅴ～Ⅶ・785Ⅴ～Ⅶ・797Ⅴ～Ⅶ)．

振替株式につき買取請求をする場合には，会社は，当該株主に対し，当該振替株式の代金の支払いをするのと引換えに当該振替株式について会社の口座を振替先口座とする振替を当該株主の直近上位機関に対して申請することを請求することができる(振替法155)．

株式の買受けは自己株式の取得となる．買取請求権と財源規制の関係については[Ⅱ-2-2-19]参照．

1-2-1-18 (γ) ① 吸収合併消滅会社・株式交換完全子会社の場合には効力発生日，新設合併・株式移転の場合には設立会社の成立の日，③ 吸収合併存続会社・株式交換完全親株式会社・吸収分割・新設分割の場合は株式代金支払いの時に株式買取りの効力が生じる(会786Ⅴ・798Ⅴ・807Ⅴ)．それ以外の場合には，効力発生日に買取請求の対象である株式の内容が変化する．

株式の価格につき，① 株主と会社との間で協議が調ったときは，会社は効力発生日(新設合併の場合には設立会社の成立の日．以下同じ)から**60日以内**にその支払をし

1-2-1-16 (7) **決議後または通知後に取得された株式の買取請求** この場合の買取請求は認められない(通説)．計画公表後に初めて株主となった者には，買取請求権の濫用の一場合にあたると考えて，否定する説があるが(石井・上197頁，北沢333頁)，濫用意図がない場合もありうるので，この場合には肯定する説が多数説である．

1-2-1-17 (8) **買取請求と決議取消・無効確認の訴え** 買取請求権の行使には期間的な制限があるので，株主は，買取請求権を行使しながら，同時に決議の取消または無効確認の訴えを提起することができる(多数説．反対大隅＝今井・上504頁)．買取請求による代金の支払を受けると，訴えは却下される．したがって訴訟を続けたい株主は，代金の受領を拒絶する必要がある．

買取価格決定の裁判は，決議の有効性を前提とすることを理由に，決議取消または無効確認の判決まで中止すべきであるとする説もあるが，法文上このような制限はないので，疑問である．

(会117Ⅰ・470Ⅰ・786Ⅰ・798Ⅰ・807Ⅰ），② **協議が調わないとき**は，株主だけでなく会社も，**効力発生日から30日以内に**，裁判所に対し，**価格の決定の申立てをすることができる**（会117Ⅱ・470Ⅱ・786Ⅱ・798Ⅱ・807Ⅱ）。裁判所は価格決定の申立てをすることができる者の陳述を聴いて決定する（会870④）。この場合には，会社は，裁判所の決定した価格に対する60日の期間の満了の日後の年6分の利率により算定した利息をも支払わなければならない（会117ⅡⅣ・470ⅡⅣ・786ⅡⅣ・798ⅡⅣ・807ⅡⅣ）。株券発行会社で株券が発行されている株式については，代金の支払は株券と引換えである（会117Ⅵ・470Ⅵ・786Ⅵ・798Ⅵ・807Ⅵ）。振替株式の場合には，株式買取請求に係る代金を発行者（会社）が支払うのと引換えに，発行者は振替株式を発行者に振り替える申請をすることを請求することができる（振替法155）。③ 効力発生日から60日以内に価格決定の申立がないときは，この期間の満了後は，株主は，いつでも，株式買取請求を撤回することができる（会117Ⅲ・470Ⅲ・786Ⅲ・798Ⅲ・807Ⅲ）。

Ⅱ-2-1-19　（イ）**管理権**（**共益権**）**に属する権利**には，① 株主総会招集権（会297・325・491），② 総会出席・説明請求権（会78・314・325・491），③ 提案権（会303～305・325・491），④ 総会検査役選任請求権（会306・307），⑤ 議決権（会308Ⅰ・325），⑥ 累積投票請求権（会342），⑦ 決議の不存在・無効確認の訴え（会830），⑧ 決議取消の訴え（会831）のように**株主総会に関連する権利**，⑨ 定款（会31Ⅱ）・株主名簿（会125Ⅱ）・新株予約権原簿（会252Ⅱ）・代理権を証する書面（会74Ⅶ・86・310Ⅶ）・議決権行使書面等（会75Ⅳ・76Ⅴ・86・311Ⅳ・312Ⅴ）・株券喪失登録簿（会231Ⅱ）の**閲覧・謄写請求権**，⑩ 株主総会（創立総会）議事録（会81Ⅲ・82Ⅲ・318Ⅳ・319Ⅲ・325）・総会決議省略書面等（会82Ⅲ・319Ⅲ・325）・取締役会議事録（会371Ⅱ）・監査役会議事録（会394Ⅱ）および指名・監査・報酬の各委員会議事録（会413Ⅲ）の閲覧・謄写請求権，⑪ 組織再編行為に関する事前開示書類および事後開示書類の閲覧・謄写請求権（会782Ⅲ・794Ⅲ・803Ⅲ・791Ⅲ・801Ⅳ・811Ⅲ・815ⅣⅤ），⑫ 会計帳簿閲覧権（会433Ⅰ），⑬ 計算書類等の閲覧・謄写請求権（会442Ⅲ）のように**各種の閲覧・謄写権**，⑭ 業務・財産検査役選任請求権（会358），⑮ 取締役会招集請求権（会367Ⅰ。監査役設置会社および委員会設置会社を除く），⑯ 取締役・執行役等の違法行為差止請求権（会360・422），⑰ 募集株式・新株予約権の発行差止請求権（会210・247），⑱ 略式組織再編行為差止請求権（会784Ⅱ・796Ⅱ），⑲ 簡易組織再編等に対する異議申立権（会468Ⅲ・796Ⅳ），⑳ 役員解任訴権（会854），㉑ 代表訴訟提起権（会847），㉒ 清算人解任請求権（会479Ⅱ），㉓ 会社の組織に関する行為の無効の訴え提訴権（会828Ⅱ）のように**違法行為を防止したり事後的回復のための権利**，㉔ 解散判決請求権（会833），㉕ 解散命令申立権（会824），㉖ 特別清算申立権（会511Ⅰ），㉗ 会社更生手続開始申立権（会更17Ⅱ②）のように**倒産に関係する権利**等がある。⑨から⑬は自益権的性格も有する（江頭122頁）。

Ⅱ-2-1-20　（2）**単独株主権と少数株主権**　（a）**単独株主権**　① 財産権（自益権）はすべて単独株主権〔独　Einzelrecht〕である。管理権（共益権）は，議決権，違法行為差止請求権

などのように単独株主権であるもの(単元株制度を採用会社では，単元未満株式は株式でないので議決権は認められない．会308Ⅰ・342Ⅲ)と少数株主権であるものとに区別される．単独株主権である管理権は，さらに，公開会社には6カ月の株式の継続的保有要件があるものと(違法行為差止請求権〔会360ⅠⅡ・422〕・代表訴訟提起権〔会847Ⅰ〕．非公開会社においては保有要件がない)，このような要件がないものとに区別される．

② 議決権行使書面・代理権を証する書面等の閲覧・謄写請求権等の株主総会に関連する単独株主権は，決議事項の全部につき議決権を行使することができない株主はその行使をすることができない(会310Ⅶ・311Ⅳ・312Ⅴ)．

③ 業務監査権限を有する監査役が設置されない株式会社(委員会設置会社を除く)においては株主の単独株主権は強化されている〔Ⅱ-4-8-33〕．

(b) **少数株主権** 少数株主権〔独 Minderheitsrecht〕とは，総株主の議決権の一定割合もしくは一定数の株式または一定の割合の株式を有する株主(1人でも共同でもよい)のみが行使しうる権利である(表2参照)．少数株主権としているのは，権利の濫用を防止するためである．少数株主権のうち，① 解散判決請求権(会833)，② 帳簿閲覧請求権(会433Ⅰ)，③ 業務財産調査のための検査役選任請求権(会358)，④ 役員・清算人の解任請求権(会854Ⅰ・479Ⅱ)および⑤ 特別清算の際の調査命令申立権(会522)は，議決権の有無にかかわらず株主すべてに認められるべきものであるから，議決権総数に占める議決権数が一定割合以上の株主だけでなく，一定割合以上の株式数を有する株主にも認められている．これら以外の少数株主権は，総株主の議決権の一定割合以上の株主だけに認められる．ただし提案権は特例であり，**取締役会非設置会社では単独株主権**であるが(会303Ⅰ・305Ⅰ)，**取締役会設置会社で**

表2 少数株主権

種類		要件			
		持株数		保有継続期間	
		取締役会非設置会社	取締役会設置会社	公開会社(6箇月)	非公開会社
議決権+発行済株式基準	解散判決請求権(会833)	・総株主の議決権の10分の1以上または ・発行済株式の10分の1以上		—	—
	帳簿閲覧請求権(会433Ⅰ)	・総株主の議決権(完全無議決権を除く)の100分の3以上又は ・発行済株式(自己株式を除く)の100分の3以上		—	—
	業務執行検査役選任請求権(会358)			—	—
	役員・清算人の解任請求権(会854ⅠⅡ・479ⅡⅢ)(種類株主により選任された取締役解任請求権を含む〔会854Ⅲ〕)			○	—
	調査命令申立権(会522Ⅰ)			○	—
	簡易手続反対権(会施規138・197)	特定株式の総数の6分の1超等		—	—

議決権基準	取締役等責任免除決議に対する異議申立権（会426Ｖ）	総株主の議決権の100分の３以上		—	—
	総会招集権（会297）			○	—
	提案権（会303・305）	単独株主権	総株主の議決権の100分の１以上又は300個以上の議決権	○	—
	総会検査役選任請求権（会306）	総株主の議決権の100分の１以上		○	
		計算から完全無議決権株式を除く	計算から議題につき議決権のない株式を除く		
	会社更生申立権（会更17Ⅱ②）	総株主の議決権の10分の１以上		—	
特例有限会社	帳簿閲覧請求権・業務執行検査役選任請求権・役員の解任請求権（整備法23・26Ⅰ・39）	総株主の議決権の10分の１以上を有する株主			
	総会招集権（整備法14Ⅰ）				—
	清算人解任請求権（整備法33Ⅱ）	単独株主権			

注１）発行済株式総数は自己株式を除く．
　２）少数株主権の議決権数・発行済株式数・保有継続期間は，定款で緩和可（＝単独株主権にすることもできる）．

は少数株主権となる．しかもその要件は議決権の一定割合に加えて**300個以上の議決権の保有**でもよい．これは，議決権の多い大会社では，100分の１という要件を満たすことも困難であると考えられたことによる．公開会社には，濫用防止のため，６カ月の株式の保有継続要件が課される場合が多いが，非公開会社には，この要件はない．

　定款をもって，少数株主権とされている権利の全部について，その行使要件を引き下げ，または単独株主権とすることは可能である．また，株主総会に関連する少数株主権（株主提案権，総会招集権および総会検査役選任請求権）は，株主が議決権を行使することができる事項に限り行使が認められる（会297Ⅰ括弧書・303Ⅰ括弧書・306Ⅰ）．
　振替株式についての少数株主権の行使については［Ⅱ-2-5-56］参照．

Ⅱ-2-1-22　**(3) 固有権と非固有権**　**固有権**〔独 Sonderrechte：仏 droits propres〕とは，その株主の同意を得ないでは定款または株主総会の決議をもって**奪うことのできない権利**をいい，非固有権とはそうでない権利をいう．
　固有権の観念は，株主平等の原則とともに，株主総会における多数決の濫用を防止する機能を有していたが，今日においては，いかなる権利が固有権であるか否か詮索する実益に乏しい．剰余金配当請求権などは固有権である．

Ⅱ-2-1-23　**(4) 株主の権利と義務**　**(a) 権　利**　株主は，その有する株式につき，①剰余金配当請求権（会454Ⅲ），②残余財産分配請求権（会504Ⅲ），および③議決権（会308

I）その他会社法の規定により認められた権利を有する（会105Ⅰ①〜③）。株主に①および②の権利の全部を与えない旨の定款の定めは，その効力を有しない（会105Ⅱ）。これに対し非公開会社は，① 剰余金の配当を受ける権利，② 残余財産の分配を受ける権利および③ 株主総会における議決権に関わる事項について，「株主ごとに」異なる取扱いを行う旨を定款で定めることができる（会109Ⅱ［Ⅱ-2-1-27］）。

　株主の権利も濫用に当たる場合にはその行使が認められない（会125Ⅲ・252Ⅲ・433Ⅱ等参照）。

Ⅱ-2-1-24　(b) **義務**　株主は社員たる地位を取得する前に引受価額を限度とする出資義務を負うが（会104・578），社員となってからはいかなる義務も負わない(9)（無責任．会104条と212Ⅰの責任の関係については［Ⅱ-3-2-65］［Ⅱ-3-2-66］参照）。募集株式の引受人側から，払込みまたは現物出資給付義務と会社に対する債権との相殺を主張することはできない（会208Ⅲ）。

Ⅱ-2-1-26　**(5) 親会社社員の権利**　親会社社員（親会社の株主その他の社員）は，その**権利を行使するため必要あるときは，裁判所の許可**（会868Ⅱ・869参照）を得て子会社に対し，子会社の① 定款（会31Ⅲ），② 株主名簿（会125Ⅳ），③ 新株予約権原簿（会252Ⅳ），④ 創立総会議事録（会81Ⅳ），⑤ 株主総会議事録（会318Ⅴ），⑥ みなし株主総会の書面等（会319Ⅳ），⑦ 種類創立総会議事録（会86＝81），⑧ 種類株主総会議事録（会325＝318Ⅴ），⑨ みなし種類株主総会の書面等（会325＝319Ⅳ），⑩ 取締役会議事録（会371Ⅴ），⑪ 監査役会議事録（会394Ⅲ），⑫ 会計帳簿（会433Ⅲ）および⑬ 計算書類・事業報告・これらの附属明細書（会442Ⅳ）の閲覧・謄写を請求することができる．

　①および⑬の謄写には費用を支払うことを要する（会31Ⅲ但書・442Ⅳ但書）。

　②③⑫の閲覧・謄写には，株主の場合と同様の拒否事由が定められている（会125Ⅴ・252Ⅴ・433Ⅱ）。

　⑩⑪の閲覧・謄写については，裁判所は，会社・親会社・子会社に著しい損害を及ぼすおそれがあると認めるときには，許可してはならない（会371Ⅵ・394Ⅳ）。

6　株主平等の原則

Ⅱ-2-1-27　平成17年改正前商法には明文規定はなかったが，通説は株主平等の原則〔独 Grundsatz der gleichmässigen Behandlung der Aktionäre：仏 principe d'égalité des actionnaires：伊 il principio di eguaglianza tra soci：西 principio del trato igualitario alos accionistas：英 equality of the shareholders〕を認めていた．しかし，会社法は有限会社を株

Ⅱ-2-1-25　(9)　**誠実義務**　ドイツの学説の影響を受けて，わが国でも，支配株主は会社および他の株主に対し誠実義務（独 Treuepflicht）を負うとする説（別府三郎『大株主権力の抑制措置の研究』［嵯峨野書院，1992年］，出口正義『株主の誠実義務』『株主権法理の展開』［文眞堂1991年］，藩阿憲『会社持分支配権濫用の法理』［信山社2000年］）が存在しているが，性格が一般条項的なもので要件が不明確である等の理由で，わが国では判例学説の承認を得るに至っていない．

式会社に統合したため，有限会社法(旧有39Ⅰ・44・73参照)が許容していた属人的な定款規定を会社法において許容する必要が生じ，会社法は，**非公開会社では，①剰余金の配当を受ける権利，②残余財産の分配を受ける権利および③株主総会における議決権について，株主ごとに異なる取扱いを行う旨を定款で定めることができる**とした(会109Ⅱ．なお会309Ⅳ[V-1-2-12]参照．非公開会社では株主の異動が乏しく，株主相互の関係が緊密であることが通常であることから，「株主」に着目して異なる取扱いを認めるニーズがあるとともに，これを認めても特段の不都合がないからである．この取扱いは株式に着目したものでないため，種類株式に該当しないが，実質においては種類株式と異なるところがないため，このような定款の定めがある場合には，当該株式は内容の異なる種類株式と「みなされ」，第2編および第5編の規定を適用するが(会109Ⅲ．このような株式を**属人的種類株式**と言う)，第7編の関係では種類株式とみなされないので，種類株式として登記されることはない．会911Ⅲ⑦)．この関係で，「**株式会社は，株主を，その有する株式の内容及び数に応じて，平等に取り扱われなければならない**」という規定が新設されている(会109Ⅰ．なお独株53a参照．持分会社には社員平等の原則はない．会590Ⅱ・591・622・666等)．

　株主平等の原則は，株式という財産権の保護を目的としており，大株主等による専横から少数株主を保護することだけを政策目的としているわけではない(大杉謙一「新会社法における株主平等の原則」会社法と商事法務7頁，森本滋「会社法の下における株主平等の原則」商事1825号6頁．南保勝美「新会社法における株主平等原則の意義と機能」法律論叢79巻2・3合併号349頁は，109条1項を株式平等の一般規定というより，種類株式を発行する会社について内容・数に応じた取扱いを会社に義務付けた規定であるとする．しかし同教授によると，株主平等原則は不文の法原則として存在するから，109条1項を設けた意味はないことになる)．109条1項は，必ずしも比例的取扱いを義務づけるものではなく，株式の数に着目する限り，合理的な区別を否定するものではない(論点107頁．なお森本・前掲7頁参照)．そうであれば，株主権には，持株数と関係のない権利もあるので，**平等原則に違反するか否かは，差別的取扱いを行うことの目的の正当性と，当該行為の手段としての相当性によって判断すべきである**(大杉・前掲10頁)．自己株式の取得条件(会157Ⅲ)，株式・新株予約権無償割当て(会186Ⅱ・278Ⅱ)，募集株式の割当てを受ける株主の権利(会202Ⅱ)，募集新株予約権の割当てを受ける株主の権利(会241Ⅱ)，議決権(会308Ⅰ)，剰余金の配当(会454Ⅲ)，残余財産分配請求権(会504Ⅲ)，組織再編行為(会749Ⅲ・753Ⅲ・768Ⅲ・773Ⅲ等)の場合には，株式の数に応じた厳格な運用が求められる．会社法は，定款の自治を重視するので，株主平等の原則は「後退ぎみ」(志谷匡史「新会社法と株主平等の原則」企業会計57巻6号86頁)の印象を与えるが，株主平等の原則は一般原則としてその有効性が依然として維持されており，種類株式内では同原則の適用がある．

　①わが国では一定数以上の株主を有する株主に優待入場券，優待乗車券などを交付する慣行がある．これは株主平等の原則に違反せず有効とするのがかつての通

説であるが，優待制度は，株主平等の原則と剰余金分配の財源規制の両面から問題となり，極端な場合には違反となりうる(大杉・前掲15・16頁，松井秀樹「会社法下における株主優待制度」会社法と商事法務29頁参照)．議決権行使に賛成・反対を問わずに少額の金券を与える行為は原則違反の可能性が小さい．

② 従業員持株制度のための奨励金の支給は，従業員としての地位に対してなされるものであるから，平等原則に違反しない(反対，菱田「従業員の株式保有(1)」関西大学法学論集20巻1号3・4頁)．

③ 書面投票制度に基づいて各取締役候補者に賛否の意見表明の方法をとる一方，出席株主には株主提案および会社提案の各取締役候補者につき一括して賛否を表明する方法をとったとしても，株主平等原則の違反にはならない(名古屋高判平成12・1・19金判1087号18頁[メイテック事件])．

④ 株式の払込価額が発行の都度異なるのは株主平等の原則に反するものではない．払込価額が異なるのは，株式自体の価値がその時々の会社の財産状態などに応じて異なるからである．

⑤ 無償割当新株予約権にも原則の適用があるが，会社の企業価値が毀損され，株主の共同の利益が害されるような場合には，無償割当新株予約権の差別的取扱いも株主平等原則に違反しない(最二小決平成19・8・7商事1809号16頁[ブルドックソース事件])．なお吉本健一「ポイズン・ピルと株主平等原則」阪大法学55巻3・4合併号717頁参照)．

株主平等の原則に違反する定款の規定，株主総会決議，取締役会決議，代表取締役・代表執行役の執行行為などは，**無効**である(最三小判昭和45・11・24民集24巻12号1963頁[大運事件]＝会社法百選12事件．本件は会461・454の解釈で処理できた)．会社の善意・悪意を問わない．しかし，会社の個々の行為によって損害を受ける株主がそれを承諾すれば，不平等な扱いも無効ではない．

7　株式の内容についての特別の定め

1-2-1-28　**(1) 総　説**　株式会社は，「その発行する**全部の株式の内容**」として，定款により(会107Ⅱ)，① **譲渡制限株式**，② **取得請求権付株式**または③ **取得条項付株式**を定めることができる(会107Ⅰ①～③．表3参照)．このような定めのない株式を普通株式という(なお神田70頁参照)．①から③までの株式は，全部の株式の内容が均一であるため，株式の種類を構成しない．①から③までの株式は，その株式の内容は，重要な情報であるので，登記事項である(会911Ⅲ⑦)．譲渡制限のみは株券に記載される(会216③．なお会976⑮参照)．また，設立時募集株式(会59Ⅰ⑤，会施規8④)，募集株式(会203Ⅰ④，会施規41②)または募集新株予約権(会242Ⅰ④，会施規54②)の募集の際には，通知されなければならない．

他方，種類株式には　譲渡制限種類株式，取得請求権付種類株式および取得条項付種類株式があるので(表3参照)，ここでまとめて説明する．

表3　株式の内容についての特別の定めと種類株式の関係

全部の株式の内容についての特例の定め	種類株式
譲渡制限株式（会107Ⅰ①・Ⅱ①） 取得請求権付株式（会107Ⅰ②・Ⅱ②） 　　会166・167 取得条項付株式（会107Ⅰ③） 　　会168〜170	①剰余金の配当につき内容の異なる種類株式 ②残余財産の分配につき内容の異なる種類株式 ③議決権制限種類株式 ④譲渡制限種類株式 ⑤取得請求権付種類株式 ⑥取得条項付種類株式 ⑦全部取得条項付種類株式（会171〜173） ⑧拒否権付種類株式 ⑨取締役・監査役選・解任種類株式

　会社法がこれらの様式を認めるのは，**株式による資金調達の多様化と支配関係の多様化の機会**を株式会社に提供するためである．

Ⅱ-2-1-29　**(2) 譲渡制限株式　(ア) 総説**　譲渡制限株式〔独 vinkulierte Namensaktien〕とは，株式会社がその発行する全部の株式（会107Ⅰ①・Ⅱ①）または一部の株式（種類株式．会108Ⅰ④・Ⅱ④）の内容として譲渡（相続・合併のような一般承継による株式の移転は含まない）によるその株式の取得については会社の承認を要する旨の定めを設けている場合における当該株式をいう（会2⑰．〔Ⅱ-2-3-17〕参照）．一般に大規模の会社では株主の個性は問題とならないが，同族会社のような会社では株主の個性が問題となるので，このような需要に応えようとする株式である．平成17（2005）年改正前商法では，譲渡制限をするときには，すべての株式に付けることが前提とされていたが，会社法は，これに加えて，**株式の種類ごとに譲渡制限を付けることを認めている**（会108Ⅰ④）．

　(a)　**全部**の株式の内容として譲渡制限をするには，定款で，① この株式を譲渡するには会社の承認を要する旨，② 一定の場合においては会社が承認（会136・137Ⅰ）を不要とする（承認をしたものとみなされる）ときは，その旨および当該一定の場合（全株に共通していることが必要である。共通していなければ(b)に該当する）を定めなければならない（会107Ⅱ①イロ）．

　(b)　**一部の種類株式**に譲渡承認を設ける場合には，定款で，上記①②とその**発行可能種類株式総数**を定めなければならない（会108Ⅱ④）．②の一定の場合は，異なる内容でなければならない．

　実務では，しばしば，株主間契約等の形で，① 他の当事者の承諾なしに株式を譲渡できない契約（同意条項〔仏 les clauses d'agréement〕），② 一定の事由が発生すると他の株主に株式を売り渡す義務が発生する約定（売渡強制条項）等，法定の制度より強力な効果を有する措置が行われている．

Ⅱ-2-1-30　**(イ) 個別的規制**　個別的規制は，以下の規定で定められている．① 譲渡制限株式の譲渡承認手続等については会138から145，② 会社成立後の定款変更による株

式の譲渡制限の設定については会309Ⅲ①［V-1-2-11］・116Ⅰ①②｛Ⅱ-2-1-13］・118Ⅰ①②・219Ⅰ①・220・111Ⅱ・324Ⅲ①・108Ⅰ④［V-1-2-8］，③ 募集株式が譲渡制限種類株式である場合の規制については会199Ⅳ・200Ⅳ・204Ⅱ・309Ⅱ⑤，④ 募集新株予約権の目的である株式の種類の全部または一部が譲渡制限株式であるときの規制については会238Ⅳ・239・243Ⅱ・324Ⅱ③，⑥ 組織再編の場合に対価が譲渡制限株式である場合の規制については会309Ⅱ⑫・783Ⅲ・784Ⅰ・795Ⅳ・804Ⅲ，⑦ 株式の譲渡制限を廃止した場合の取締役・監査役の任期の特則については会332Ⅳ③・336Ⅳ④．

Ⅳ-2-1-31　(ウ) **相続人等に対する売渡請求**　株式会社は，**相続・合併その他の一般承継により**「**譲渡制限株式**」**を取得した者に対し，その株式を会社に売り渡すことを請求する**ことができる旨を**定款で定めることができる** (会174)．相続等による株式の移転であっても，会社にとって好ましくない者が株主になるおそれがあるのは，株式の譲渡と変わりがないからである (補足説明・商事1678号52頁)．

　定款の定めを設けることができる時期については，特に限定がないので，相続後の定款変更に基づき相続人に対し当該株式の売渡しを請求することも可能である (論点162頁)．この制度は，会社法162条の合意による自己株式の取得の特例と同趣旨のものであるが，① 相続人等の一般承継人の合意がなくても会社が売渡請求ができること，② 定款の定めが必要であること，③ 合意がない場合でも買い受けられるために売買価格決定の申立ての制度 (会175) がある点で，**162条による取得の場合の手続と異なっている**．

　このような定めがあるときは，会社は，その都度，**株主総会** (特別決議．会309Ⅱ③) において，① 売渡請求をする株式の数 (種類株式発行会社にあっては，株式の種類及び種類ごとの数) および② その株式を有する者 (対象者) の氏名または名称を定めなければならない (会175Ⅰ．なお会155⑥)．対象者は，強度の特別利害関係を有することになるので，対象者以外の株主の全部が当該株主総会において議決権を行使することができない場合を除き，その総会において**議決権を行使することができない** (会175Ⅱ．会831Ⅰ③対照)．決議は代表機関に対する授権を意味する．売渡請求ができるのは，相続その他の一般承継があったことを**知った日** (字義どおり，被相続人の死亡を会社が知った日．東京高決平成19・8・16資料版商事285号148頁) から**1年内に限られる** (会176Ⅰ)．売渡請求は，その請求に係る株式の数 (種類株式発行会社にあっては，株式の種類および種類ごとの数) を明らかにしなければならない (会176Ⅱ)．株主に交付する金銭等の帳簿価額の総額は，当該行為がその効力を生ずる日における**分配可能額** (会461Ⅱ) **を超えてはならない** (会461Ⅰ⑤．なお会462・465Ⅰ⑦参照)．会社は売渡請求をいつでも (ただし，売渡しの効果が生じる前に限る) 撤回することができる (会176Ⅲ)．

　売渡請求があった場合，当該株式の売買価格は，会社と対象者との協議によって定める (会177Ⅰ)．会社または対象者は，売渡請求があった日から20日以内に，本

店所在地の地方裁判所（会868Ⅰ）に対し，売買価格の決定の申立てをすることができる（会177Ⅱ．純資産相当額の供託不要．会141Ⅱ対照）．裁判所は，申立人を除く売買価格の決定の申立てをすることができる者の陳述を聴き（会870⑥），理由を付して決定する（会871）．裁判所は，決定をするには，売渡請求時における株式会社の資産状態その他一切の事情を考慮しなければならない（会177Ⅲ）．売買価格の決定の申立てがあったときには，裁判所が定めた額が株式の売買価格となる（会177Ⅳ）．当該期間内に売買価格の決定の申立てがないとき（当該期間内に売買価格の協議が調った場合を除く）は，売渡請求は，その効力を失う（会177Ⅴ）．

Ⅱ-2-1-32　(3)　**取得請求権付株式**　(ｱ)　**総　説**　取得請求権付株式とは，株式会社がその発行する全部の株式（会107Ⅰ②）または一部の種類株式（会108Ⅰ⑤．取得請求権付種類株式）の内容として，**株主が当該株式会社に対してその株式の取得を請求することができる旨の定めを設けている場合における当該株式**をいう（会2⑱）．

取得請求権付株式を定めるときには，① 株主が会社に対してその株式を**取得することを請求することができる旨**，② その取得の**対価の内容**および③ 株主が会社に対しその株式の買取を**請求することができる期間**を定款で定めなければならない（会107Ⅱ②・108Ⅱ⑤）．

②の取得の対価の内容と定款で定めなければならない事項は**表4**の通りであり（会107Ⅱ②ロ～ホ・108Ⅱ⑤イロ），株式の内容の設計が柔軟化されている．異なる取得対価の組合せも可能である．取得請求権の行使に一定の金額の払込みのような条件を定めて置くことも可能である（論点73頁）．

全部の株式の取得請求権付株式と取得請求権付種類株式との相違点は，後者の場合，① 取得の**対価に株式も認められる**こと（会108Ⅱ⑤ロ．交付される株式は新株でも自己株式でもよい．なお商登58，計規13Ⅱ②参照），② その**発行可能種類株式総数を定めなければならないこと**（会108Ⅱ），および③ **法務省令で定める事項**（取得請求権付株式であることおよび株主に交付する財産の種類．会施規20Ⅰ④）以外の事項については予め定款

表4　取得の対価の内容と定款で定める事項

取得の種類	取得の対価の内容	定款で定める事項
全部の株式および一部の株式	会社の社債	当該社債の種類および種類ごとの各社債の金額の合計額またはその算定方法
	会社の新株予約権	当該新株予約権の内容および数またはその算定方法
	会社の新株予約権付社債	当該新株予約権付社債についての社債の種類および種類ごとの各社債の金額の合計額またはその算定方法，並びに当該新株予約権付社債に付せられた新株予約権についての内容および数またはその算定方法
	会社のその他の財産	当該財産の内容および数もしくは額またはこれらの算定方法
一部の株式	会社の他の種類株式	当該他の株式の種類および種類ごとの数またはその算定方法

で定めておく必要はなく，発行する時までに**株主総会**（取締役会設置会社にあっては株主総会または取締役会［委員会設置会社では執行役への委任可．会416Ⅳ，清算人設置会社にあっては株主総会または清算人会]）**の決議によって定める**旨を定款で定めることができる点である（会108Ⅲ・107Ⅱ対照）．

　①から③の相違がある理由は，全部の株式の取得請求権付株式（取得条項付株式も同じ）は，当該株式会社の株式の内容が均一であることを前提としているため，取得の対価として交付される財産には会社の株式が含まれないが，種類株式の場合には会社の内容の異なる種類の株式を発行することを前提としているので，取得の対価として交付される財産に異なる種類の株式が含まれるからである（解説23頁）．取得の対価が現金であれば，改正前商法の義務償還株式（平成17年改正前商222Ⅰ④．なお整備法87Ⅰ①・113Ⅴ参照）に相当し（会社が一定期間後，配当負担を免れようとするときに利用される．自己株式の取得に該当する），取得の対価が株式会社の他の種類の株式の場合には転換予約権付株式[10]（平成17年改正前商222ノ2Ⅰ．なお整備法87Ⅲ・113Ⅴ参照）に相当する．会社法の取得請求権付株式は，これらを整理し，さらに社債（会社の規模を縮小しようとするときに利用される）やその他の財産（会社が所有する親会社株式，子会社株式，他の会社の株式，会社の製品など）を対価とすることを認めたものである．他の種類株式を対価とするときは，株主による取得請求によって**発行する**株式の数は，取得請求期間が完了するまでには，**確保しておくことが必要である**[11][12]（会114Ⅱ①）．

　なお，すべての株式を取得請求権付株式とするための定款変更は，株主の利益に

Ⅰ-2-1-33　(10)　**転換予約権付株式**〔米 convertible shares〕　数種の株式が発行された場合において，ある種類の株式から他の種類の株式へ転換しうる権利（転換権）が株主に付与されている株式である（平成17年改正前商222ノ2Ⅰ・222ノ3）．転換権の付与によって資金調達の便宜を図ろうとするものであるが（例えば，非参加的優先株式に普通株式の転換権を付与しておくと，投資の安全と投機の妙味の双方を享受でき，ひいては募集が容易になる），わが国ではほとんど利用されなかった．平成13（2002）年11月改正以前には**転換株式**と呼ばれていたが，同改正で強制転換条項付株式（平成17年改正前商222ノ9）が新設されたため，これと区別する必要上，**転換予約権付株式**に改められている．転換予約権付株式と強制転換条項付株式を併せて転換株式と呼ばれた．会社法は，株式の消滅を，会社が自己株式を取得した後消却した場合に限るものと整理したため，転換予約権付株式は，取得請求権付株式のうち取得の対価が株式であるものと構成され，強制転換条項付株式は，取得条項付株式のうち取得の対価が金銭で，会社が別に定める日が到来することをもって取得事由と定められているものと構成される．

Ⅰ-2-1-34　(11)　**発行可能株式総数を超える株式の発行**　株式発行無効の訴え（会828Ⅰ②）の対象となる．発行可能株式総数を超える部分に無効事由がある．超える部分を特定することができないときには，株主が交付を受けた株式の数に応じて割合的に無効事由があることになる（論点74頁）．取得条項付株式の取得により発行可能株式総数を超える株式が発行された場合も，同様である．

Ⅰ-2-1-35　(12)　**ある種類株式の発行済株式総数と可能種類株式総数の関係**　会社法114条2項より次のような式に表される．便宜上ある種類株式をA種類株式とする．

　　A種類株式の発行可能種類株式総数－（発行済のA種類株式－自己株式であるA種類株式）
　　≧請求可能な取得請求権付株式の対価であるA種類株式の数＋取得条項付株式の対価であるA種類株式の数＋行使可能な新株予約権の行使により取得するA種類株式の数

なるので，取得条項付株式とするための場合と異なり，通常の定款変更手続（特別決議）で足りる（会466・309Ⅱ⑪）．

Ⅱ-2-1-36　**(イ)　取得の請求**　株主が自己の有する取得請求権付株式の取得を請求できるのは，**対価（自己株式を除く）の帳簿価額**が，**当該請求の日における分配可能額**（会461Ⅱ）を**超えていない場合**に限られる（会166Ⅰ但書．対価から自己株式が除外されているのは，自己株式の場合実際上の財産の出捐がないからである）．これに違反した取得行為は無効となるが，**剰余金の配当等に関する責任**（会462）の**適用はなく**，株主と株式会社との間は，不当利得法理により処理される．期末の欠損てん補責任の適用はある（会465Ⅰ④）．

請求は，請求に係る取得請求権付株式の数（種類株式発行会社にあっては，取得請求権付株式の種類および種類ごとの数）を明らかにし（会166Ⅱ），取得請求権付株式に係る株券が発行されている場合には，当該取得請求権付株式に係る株券を会社に提出して行う．株券不発行会社では株券の提出は不要である（会166Ⅲ）．

取得請求権付株式が振替株式［Ⅱ-2-5-46］である場合，請求をする株主（加入者）は，会社の口座への振替の申請をしなければならない（振替法156Ⅰ）．会社は，会社の口座に増加の記載（記録）が行われた時に当該振替株式を取得する（振替法156Ⅱ）．また，請求をした株主が対価として他の銘柄の振替株式の交付を受ける場合，会社が新規記録手続または振替手続を行うには，株主の振替口座を知る必要があるので，当該株主は口座を会社に示さなければならない（振替法156Ⅲ）．

Ⅱ-2-1-37　**(ウ)　効力の発生**　会社は，取得請求権付株式の**株主が取得請求した日**に，その請求に係る取得請求権付株式を**取得する**（会167Ⅰ）．したがって取得請求権は形成権である．請求した株主は，その請求日に，定款の定め（会107Ⅱ②・108Ⅱ⑤）に従い，会社の社債権者および新株予約権の新株予約権者（なお商登66参照）あるいは他の株式の株主（なお商登58参照）となる（会167Ⅱ①～④．旧株式は会社の自己株式となる．他の株式の場合会社の意思決定機関は，請求が基準日後であった場合，実例は乏しいが（江頭145頁注23），議決権の取扱いの関係で，基準日に請求があったとみなすと決定することはできる．会124Ⅳ参照）．

会社の社債，新株予約権または他の株式の数に1個あるいは1株に満たない**端数**があるときは，これを**切り捨てる**．この場合において，会社は，定款に別段の定めがある場合を除き，① 他の株式，社債，または新株予約権が市場価格のある株式，社債または新株予約権である場合には，その株式1株，社債または新株予約権1個の市場価格として法務省令で定める方法[13]により算定された額に，② ①の場合以

Ⅱ-2-1-38　(13)　**市場価格のある株式・社債等に端数が生じた場合**　(a) 株式の場合には，市場価格ある株式の市場価格は，① 請求日における当該株式を取引する市場における最終の価格（請求日に売買取引がない場合または請求日が市場の休業日に当たる場合にはその後最初になされた売買取引の成立価格），② 請求日に公開買付けが行われており，その買付価格が①の価格より高い場合には，買付価格である（会施規31．なお改正会施規附則3Ⅱ参照．②は当分の間不適用）．
(b) 社債の市場価格は，請求日における当該社債を取引する市場における最終の価格（請求日に売買取引がない場合または請求日が市場の休業日に当たる場合にはその後最初になされた売

外の場合には，株式のときは1株当たりの純資産額，社債あるいは新株予約権のときは法務省令で定める額[14]に，それぞれ，その端数を乗じて得た額に相当する**金銭を請求した株主に交付しなければならない**(会167ⅢⅣ).

取得により株式数が増減する．**変更の登記は毎月末日現在により，その末日から2週間以内**にすればよい(会915Ⅲ②．なお商登66，商登規61Ⅵ参照).

取得請求権付株式の取得に伴い株式を発行しても，出資を伴わないので，**資本金の額は増加しない**(計規15Ⅰ)．株式の取得に伴い自己株式を処分する場合には，当該自己株式の帳簿価額が自己株式の対価額となる(計規15Ⅱ)．結果として，自己株式の額は変わりはなく，その他の剰余金等も変動しない．

Ⅱ-2-1-40　**(4) 取得条項付株式**　(ア) **総　説**　取得条項付株式とは，株式会社がその発行する**全部の株式**(会107Ⅰ③)または**一部の株式**(会108Ⅱ⑥．取得条項付種類株式)の内容として当該株式会社が一定の事由が生じたことを条件としてその株式を取得することができる旨の定めを設けている場合における当該株式をいう[15](会2⑲).

当該株式を発行するには，定款で，① 「**一定の事由」が生じた日に会社がその株式を取得する旨およびその事由**(会107Ⅱ③イ・108Ⅱ⑥イ)，② 株主総会もしくは取締役会の決議によって**別に定める「日」の到来をもってその取得事由とするときはその旨**(会107Ⅱ③ロ・108Ⅱ⑥イ・168Ⅰ)，③ **株式の一部を取得することとするときはその旨および取得株式の決定方法**(会107Ⅱ③ハ・108Ⅱ⑥イ．定款で具体的決定方法を定めておくか，または定款を変更して定めれば(なお[Ⅱ-2-1-41・Ⅱ-2-1-42]参照)，非按分的な取得も可．解説42頁．なお全部取得条項種類株式と対比) および ④ **取得対価の内容および算定方法**(会107Ⅱ③ニ～ト・108Ⅱ⑥イ)を定めなければならない．

取得の対価が現金であれば，平成17(2005)年改正前商法の随意償還株式(強制償

買取引の成立価格)である．(c) 新株予約権(新株予約権付社債を含む)の市場価格は，請求日における当該新株予約権を取引する市場における最終の価格(請求日に売買取引がない場合または請求日が市場の休業日に当たる場合にはその後最初になされた売買取引の成立価格)であるが，② 請求日に公開買付けが行われており，その買付価格が①の価格より高い場合には，買付価格である(会施規32．なお改正会施規附則3Ⅱ参照．②は当分の間不適用).

Ⅱ-2-1-39　(14) **市場価格のない社債等に端数が生じた場合**　① 社債については端数がある場合には当該社債の金額，② 新株予約権について端数がある場合には当該新株予約権につき会計帳簿に付すべき価額(当該価額を算定することができないときは，当該新株予約権の目的である各株式についての1株当たり純資産額の合計額から当該新株予約権の行使に際して出資される財産の価額を減じて得た額(零未満の場合は零))とする(会施規33).

Ⅱ-2-1-41　(15) **会社法以前の状態**　平成13(2001)年商法改正で，自己株式の買受けが解禁されたことから，あらかじめ定款に定めることにより，発行の当初から株式の買受けが予定されている株式を発行することが許容された(平成17年改正前商222Ⅰ③)．買受けた後利益による強制消却を予定していれば，償還株式となる．定款の定めにより，利益による消却が発行の当初から予定されている株式を償還株式(英米 redeemable shares, 仏 actiones rachetables, 伊 aziones reicattabili, 西 acciones rescatables)というが(改正前商222Ⅰ④)，償還株式は会社に一時的資金調達を可能にするので，昭和25(1950)年改正により採用されていた．

還型(16)なお整備法87Ⅰ②・113Ⅴ参照)に相当し，取得の対価が会社の他の種類の株式であれば，強制転換(17)条項付株式(改正前商222ノ8～220ノ10，整備法87Ⅳ・113Ⅴ)に相当するが，会社法はこれらを整理し，さらに社債やその他の財産を対価とすることも認めている．取得の対価の内容は，取得請求権付株式のそれ(**表4**)と同一である(なお会114Ⅱ②参照)．対価が株式で，端数があるときの取扱いについては会234Ⅰ①[Ⅱ-2-1-105]参照．なお，取得条項付株式は，平成17年改正前商法の定款の規定に基づき株主に配当すべき利益をもってする株式の消却にも対応する(平成17年改正前商213Ⅰ参照)．

　取得条項付株式と取得条項付種類株式との**相違点は**，取得請求権付株式と同様に，取得条項付種類株式の場合には，① 取得の**対価**に株式も認められる(会108Ⅱ⑥ロ．計規13Ⅱ③参照)，② 発行可能種類株式総数を定めなければならない(会108Ⅱ)，③ 法務省令で定める事項(会施規20Ⅰ⑤)以外の事項については必ずしも予め定款で定めておく必要はないこと(18)である(会108Ⅲ)．

Ⅱ-2-1-45　(α) **種類株式発行会社**でない**会社**が，**定款を変更してその発行する全部の株式を取得条項付株式とする旨の定款の定めを設け，またはそれについての定款の変更**(その定款の定めを廃止するものを除く)**をしようとする場合には**，株主に重大な利害関係があるので，**株主全員の同意を得なければならない**(会110[Ⅴ-1-2-13])．

Ⅱ-2-1-46　(β) **種類株式発行会社**がある種類株式の発行後に定款を変更して取得条項付種類株式とする旨の定款の定めを設け，またはそれについての定款の変更(その定款の定

Ⅱ-2-1-42　(16) **償還株式**　会社が不振の場合に利益配当優先株式を発行しておき，会社の状況が好転したときこれを償還して将来の重い配当負担を免れるのに適しているので，普通株式にも認められるが，優先株式に用いるのが普通である．わが国ではほとんど利用されなかった．償還の方法には，償還の選択権を会社が有する方法(わが国では随意償還株式と呼ばれる)と，株主が有する方法(わが国では義務償還株式と呼ばれる)があった．会社が株主から契約により買い受けるタイプは「任意(買入)償還型」と呼ばれていたが，会社法の下では，このタイプは，会社が特定の株主から自己株式を取得する場合であっても，他の株主に対し取得請求権を与えない旨を定款上定める(会164Ⅰ)等すれば足りることから，種類株式としては掲げられていない(江頭147頁注24)．

Ⅱ-2-1-43　(17) **強制転換条項付株式**　数種の株式が発行された場合において，定款をもって，定款の定める事由が発生したときは，会社がその発行したある種類の株式を他の種類の株式に転換することができる旨が定められている株式である(平成17年改正前商222ノ8)．平成13(2001)年11月改正で新設された制度であるが，これは実務の取扱を法律上の制度としたものであった．

Ⅱ-2-1-44　(18) **法務省令で定める事項**　① 一定の事由が生じた日に取得する旨，② 会社が別に定めた日が①の一定の事由になるときはその旨，③ 一部の株式を取得することとするときはその旨と取得株式の決定方法(当該種類の株式の株主の有する当該種類株式数に応じて定めるものを除く)，④ 取得と引換えに交付する財産の種類，⑤ 全部取得条項付株式の場合には取得対価の価額の決定方法，⑥ 株主総会(取締役会設置会社にあっては株主総会または取締役会，清算人設置会社にあっては株主総会または清算人会)において決議すべき事項のうち，当該決議のほか，種類株主総会の決議を必要とするときは，その決議を必要とする事項である(会施規20⑤～⑦)．

めを廃止するものを除く）をしようとするときは，種類株主に重大な利害関係があるので，その種類株式を有する**株主全員の同意**を得なければならない（会111Ⅰ［Ⅴ-1-2-10]）．全部取得条項付種類株式の場合（会111Ⅱ・324Ⅱ①）と異なり，当該定款変更に株主全員の同意を要する理由は，全部取得条項付種類株式については，取得の際に株主総会決議（会171Ⅰ・309Ⅱ③）を要し，かつ定款変更時および取得時に株式買取請求権がある（会116Ⅰ②・172）のに対し，この場合にはそれがないからである（江頭149頁注30）．

-2-1-47　**（イ）取得条項付株式の取得日または取得する株式の決定方法**　(a) 会社が「別に定める日」が到来することをもって株式取得事由とする旨の定款の定めがある場合には，会社は，その日を，**取締役会非設置会社においては株主総会の普通決議**（会309Ⅰ）によって決定し，**取締役会設置会社においては，取締役会の決議**によって定めなければならない（会168Ⅰ．定款に別段の定め可）．会社は，取得条項付株式の**株主**（取得条項付株式の一部を取得する旨の定めがある場合には，決定された取得条項付株式の株主）およびその**登録株式質権者**に対し，「その日の２週間前までに」，その日を**通知**または**公告**しなければならない（会168ⅡⅢ）．

-2-1-48　(β) 会社が，取得条項付株式の**一部**を**取得する**こととしているときには，取締役会非設置会社においては株主総会の普通決議（会309Ⅰ）によって決定し，取締役会設置会社においては，取締役会の決議によって決定しなければならない（会169ⅠⅡ．定款に別段の定め可）．決定の方法が定款で具体的に定められていない場合には，株主を平等に取り扱う方法によらなければならない（会109Ⅰ）．取得条項付株式の設計によっては，一部の取得をした後に残りの株式についてさらに取得をすることもできる．

取得する株式を決定した場合には，「**直ちに**」，当該株式を取得する旨を**通知**または**公告**しなければならない（会169ⅢⅣ）．**株券発行会社の場合**には，効力が生ずる日までに会社に当該取得条項付株式に係る**株券を提出する**よう「その日の１カ月前まで」に，**公告し，かつ**，その株式の株主およびその登録株式質権者に各別に**通知**しなければならない（会219Ⅰ④．なお商登59・68参照）．

-2-1-49　**（ウ）効力の発生**　(a) 会社は，取得事由が生じた日に取得条項付株式（取得条項付株式の一部を取得する旨の定めがある場合には，決定された取得条項付株式）を取得し（会155①・170Ⅰ），株主（会社を除く）は，定款の定めに従い，会社の社債権者，新株予約権者または新株予約権付社債の社債権者およびその社債に付された新株予約権の新株予約権者（取得条項種類株式の場合には場合により他の株式の株主．商登59Ⅰ参照）となる（会170Ⅱ．なお商登67Ⅰ参照．対象株式は自己株式となる）のが原則であるが，取得条項付株式の**一部**を**取得**する場合には，取得の対象となる取得条項付株式を通知または公告して株主に周知せしめる必要上，**取得事由発生日**と**当該通知または公告後２週間経過した日のいずれか遅い日には効力が発生する**（会170Ⅰ②）．取得事由が生じたか

否かは株主にとって必ずしも明らかでないため，会社は，遅滞なく，取得条項付株式の株主およびその登録株式質権者に対し，当該事由が生じた旨を通知または公告しなければならない (会170ⅢⅣ). ただし，会社が別に定めた日を取得事由としており，その日を定めて通知または公告をした場合には，これによりすでに株主等に対する情報開示が行われているので，この通知または公告は不要である (会170Ⅲ但書). 交付される株式等の数に1株に満たない端数が生ずる場合には，会社は，その端数の合計数に相当する数の株式等を競売し (競売に代わる売却方法も認められる [会234Ⅱ・Ⅳ])，その端数に応じてその競売 (売却) により得られた代金を権利者に交付しなければならない (会234Ⅰ①・Ⅵ).

Ⅱ-2-1-50　(β) 会社が，① **振替株式**である一部の取得条項株式を取得する場合には，会社が，取得事由が生じた日以後遅滞なく，対象となる株式の株主 (加入者) の直近上位機関に対し，会社の口座を振替先口座とする**振替の申請**を行う (振替法157Ⅰ). 振替株式の増加記載 (記録) を受けた時に，その振替株式を取得する (振替法157Ⅱ). ② 振替株式である取得条項株式全部を取得する場合には，**全部抹消の通知**をしなければならない (振替法157Ⅲ). 抹消された時，発行会社は当該振替株式を取得する (振替法157Ⅳ).

Ⅱ-2-1-51　(γ) 取得条項付株式の取得により交付すべき対価の帳簿価額が，取得事由が生じた日の**分配可能額** (会461Ⅱ) を超えているときは，**取得の効力は生じない** (会170Ⅴ. なお会465Ⅰ⑤参照). 取得条項付株式の取得による対価の交付は株主に対する払戻しであるので，分配可能額を超えて対価を交付することは不適当だからである.

Ⅱ-2-1-52　(δ) 取得条項付株式および全部取得条項付株式の取得に伴い株式を発行する場合には，新たな払込みはないので，**資本金等増加限度額はゼロ**である (計規15Ⅰ②③ [Ⅱ-5-2-96]). 株式の取得に伴い自己株式を処分する場合には，当該自己株式の帳簿価額が新たに取得する自己株式の対価額となる (計規15Ⅱ).

8　異なる種類の株式

Ⅱ-2-1-53　(1)　**総　説**　株式会社は，① **剰余金の配当**，② **残余財産の分配** (会504Ⅱ参照)，③ **株主総会において議決権を行使することができる事項**，④ **譲渡制限** (譲渡制限種類株式)，⑤ **株主からの株式の取得請求権** (取得請求権付種類株式)，⑥ **会社による強制取得** (取得条項付種類株式)，⑦ **株主総会決議に基づく全部強制取得** (全部取得条項付種類株式)，⑧ **株主総会** (取締役会設置会社にあっては株主総会または取締役会，清算人設置会社にあっては株主総会または清算人会) において決議すべき事項のうち，当該**決議のほか**，その種類株主総会の決議があることを必要とするもの (拒否権付種類株式)，および ⑨ **種類株主総会において取締役または監査役を選・解任する**ことの定めをした内容の異なる2種以上の種類株式を発行することができる (限定列挙である). ただし，**委員会設置会社および公開会社**は，⑨の事項についての定めがある種類の株式を発

行することができない(会108Ⅰ). 委員会設置会社では，監査役がいないし(会327Ⅳ)，指名委員会が株主総会に提出する取締役の選解任に関する議案の内容を決定する権限を有している(会404Ⅰ)からであり，また，非公開会社以外の会社にこれを認めると，特別の合理的根拠もなしに一部の株主で取締役または監査役を選任するような濫用のおそれが大きいからである. このような権利の内容による株式の分類を**株式の種類**〔英米 classes of shares：独 Aktiengattung：仏 espèces d'actions：伊 categorie di azioni：西 clases y series de acciones〕という. 出資者のニーズにあった株式の発行を可能にすることによって，資金調達の多様化と支配関係の多様化の機会を株式会社に与えようとするものである. このように会社法108条1項各号に掲げる事項について内容の異なる**2以上の種類の株式を発行する会社を種類株式発行会社**というが(会2⑬)，これは，現に2以上の種類が発行されていることを意味するものではない(現に発行しているときには別な表現が使用されている. 会184Ⅱ括弧書). 2種類以上とするのは全部の内容として譲渡制限株式等を発行している会社と区別するためである.

　数種の株式を発行するには，その株式の**内容**(表5参照)および**発行可能種類株式総数を定款**[19]で全部定めるのが原則であるが(会108Ⅱ，会施規19)，**法務省令で定める事項に限り**[20]，種類株式の内容の**要綱を定款に定め**，その種類株式を**初めて発行する時までに，株主総会**(取締役会設置会社にあっては株主総会または取締役会，清算人設置会社にあっては株主総会または清算人会)**の決議**によって，その全部または一部を**定める旨を定款に定めることができる**(会108Ⅲ. なお会施規20Ⅱ参照). 会社法107条については，会社が発行する株式の内容は均一であることが前提とされているので，108条3項のような規定はないが，**種類株式の場合**にはそうでなく，実際に当該株式を発行するまでには長期にわたることもありうることから，発行する時における市場等の状況に適した株式の内容とすることに迅速に対応するために，かかる取扱いが認められている(解説26頁).

　発行可能種類株式総数[21]および発行する各種類の株式の内容は，登記事項である(会911Ⅲ⑦). 株式の種類(なお振替法129Ⅲ②参照)および種類ごとの数は株主名簿

---

*-2-1-54　(19)　**発行可能種類株式総数と発行可能株式総数**　両者が一致する必要はない. 各種類の株式の発行可能種類株式総数の合計額が，当該会社の発行可能株式総数を超えることも可能であるし，当該合計数が発行可能株式総数を下回ることも差し支えない.
　　　　定款を変更してある種類の株式の発行可能種類株式総数を減少するときは，変更後の当該種類の株式の発行可能種類株式総数は，当該定款の変更が効力を生じた時における当該種類の発行済株式の総数を下回ることができない(会114Ⅰ).

*-2-1-55　(20)　**種類株式の内容**　法務省令は，種類株式ごとに，定款で必ず定めなければならない事項(必須事項)を定めている(会施規20). それ以外の事項は，定款で要綱を定めれば足りる.

*-2-1-56　(21)　**発行可能種類株式総数**　これの留保との関係で，新株予約権のほか，取得請求権付種類株式および取得条項付種類株式の取得の対価として交付される株式の数の留保が必要である(会114Ⅱ).

表5　種類株式の定款で定める事項と定款で必ず定めないといけない事項

種類株式	定款で定める事項	必須事項
①剰余金の配当に関する種類株式	種類株主に交付する配当財産の価額の決定の方法，剰余金の配当をする条件その他剰余金に関する取扱いの内容	配当財産の種類
②残余財産の分配に関する種類株式	種類株主に交付する残余財産の価額の決定の方法，その残余財産の種類その他残余財産の分配に関する取扱いの内容	残余財産の種類
③議決権制限株式	①株主総会において議決権を行使することができる事項 ②議決権行使に条件を定めたときは，その条件	①の事項
④譲渡制限種類株式	①譲渡には会社の承認を要する旨 ②一定の場合においては会社の承認を不要とするときは，その旨および当該一定の場合	①の事項
⑤取得請求権付種類株式	①株主は種類株式の買取請求権を有していること ②対価が社債のときは，当該社債の種類及び種類ごとの各社債の金額の合計額又はその算定方法 ③対価が新株予約権のときは，当該新株予約権の内容及び数又はその算定方法 ④対価が新株予約権付社債のときは，当該社債の種類及種類ごとの各社債の金額の合計額又はその算定方法，並びに新株予約権付の内容及び数又はその算定方法 ⑤対価がその他の財産のときは，当該財産の内容及び数若しくは額又はこれらの算定方法 ⑥買取請求期間 ⑦対価が会社の他の株式のときは，当該他の株式の種類及び種類ごとの数又はその算定の方法	取得請求権があること及び対価の種類
⑥取得条項付種類株式	①一定の事由が生じた日に会社はその種類株式を取得する旨及びその事由 ②会社が別に定める日の到来をもって①の事由とするときは，その旨 ③①の事由が生じた日に株式の一部を取得することとするときは，その旨及び取得する株式の一部の決定方法 ④対価金額の合計額又はその算定方法 ⑤対価が新株予約権のときは，当該新株予約権の内容及び数又はその算定方法⑥対価が新株予約権付社債のときは，社債の種類及び種類ごとの各社債の金額の合計額又はその算定方法，並びに新株予約権の内容及び数又はその算定方法 ⑦対価が会社のその他の財産のときは，当該財産の内容及び数若しくは額又はこれらの算定方法 ⑧対価が会社の他の株式のときは，当該他の株式の種類及び種類ごとの数又はその算定の方法	・一定の事由が生じた日に会社がその株式を取得する旨 ・会社が別に定める日が到来することを一定の事由とする場合のその事由 ・一部の株式を取得する場合のその決定方法（当該種類の株式の株主の有する当該種類の株式の数に応じて定めるものを除く） ・対価の種類
⑦全部取得条項付種類株式	①取得対価の価額の決定方法 ②株主総会の決議の条件を定めるときは，その条件	①の事項
⑧拒否権付種類株式	①種類株主総会の決議があることを必要とする事項	①の事項

第2章 社員たる地位 第1節 株 式 **171**

	②種類株主総会の決議を必要とする条件を定めたときは，その条件	
⑨種類株主総会で取締役又は監査役を選・解任できる種類株式	①種類株主総会で取締役又は監査役を選任すること及びその数 ②取締役又は監査役の選任を他の種類株主と共同して行うこととするときは，当該株式の種類及び共同して選任する取締役又は監査役の数 ③①②を変更する条件があるときは，その条件および条件成就後の①②の事項 ④社外取締役を選任するとした場合には，その旨及び選任しなければならない社外取締役の数 ⑤社外取締役を他の種類株主と共同して選任するとした場合には，当該株式の種類及び共同して選任する社外取締役の数 ⑥④⑤をを変更する条件があるときは，その条件および条件成就後の④⑤の事項 ⑦社外監査役を選任するとした場合には，④から⑥に相当する事項	①②の事項

の記載（記録）事項である（会121②）．当該株券に係る株式の種類およびその内容は株券に記載される（会216④．なお976⑮参照）．また，種類株式の内容は，設立時募集株式（会59Ⅰ⑤，会施規8④），募集株式（会203Ⅰ④，会施規41③），または募集新株予約権（会242Ⅰ④，会施規54③）の募集の際に通知されなければならない．

なお，東京証券取引所は，普通株，無議決権株および議決権の少ない株式のみを上場対象としている（有価証券上場規程205⑨の3・302の2Ⅰ等．宇都宮純子「議決権種類株式の上場制度の整備」会計・監査ジャーナル No.638（2008）86頁参照）．

-2-1-57 **（2）剰余金の配当・残余財産の分配についての種類株式** **(ア) 意 義** これは，剰余金の配当または残余財産の分配の観点から，内容の異なる株式である（会108Ⅰ①②）．これらのいずれかの点で優先的取扱いを受ける株式を**優先株式**〔英 preference shares：米 preferred stock or shares：独 Vorzugsaktien：仏 actions de priorité ou actions privilégiées：伊 azioni privilegiate：西 acciones privilegiadas．例えば優先株主に対しては，普通株主に先立ち，1株につき××円の剰余配当金を支払う等〕，劣後的取扱いを受ける株式を**劣後株式**（後配株・後取株）〔英 deferred shares：米 deferred stock or shares．例えば普通株に×円配当できるまでは無配など〕，標準となる株式を**普通株式**〔英 ordinary shares：米 common stock or shares：伊 azioni ordinarie：西 acciones ordinarias o comunes〕という．ある点では優先的取扱いを

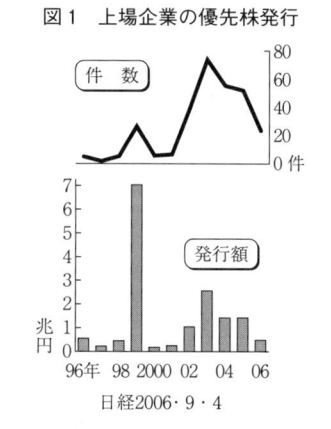

図1 上場企業の優先株発行

件 数

発行額

96年 98 2000 02 04 06

日経2006・9・4

受けるが，他の点では劣後的取扱いを受ける株式は**混合株式**である．少し前には金融機関の自己資本強化のためや公的資金の注入を受ける目的で銀行により優先株式が多く利用された．劣後株式は，企業に資金を援助するベンチャーキャピタルや親会社が，普通株の募集を容易にするために引き受ける（実例は丹羽「転換型後配株式活用の1事例」商事1026号11頁参照）．

① **剰余金の配当の場合**には，当該種類の株主に交付する配当財産の価額の決定の方法，剰余金の配当をする条件その他剰余金の配当に関する取扱いの内容および発行可能種類株式総数を（会108Ⅱ①），② **残余財産の分配の場合**には，残余財産の価額の決定の方法，当該残余財産の種類その他残余財産の分配に関する取扱いの内容および発行可能種類株式総数を，**定款で定めなければならない**（会108Ⅱ②．なお川見裕之「利益配当，残余財産分配に関する優先株式の定款の定め方〔上〕〔下〕」商事1435号2頁，1437号33頁〔1996年〕参照）．ただし，定款で，その内容の要綱を定めたときは，剰余金の配当について内容の異なる種類の種類株主が配当を受けることができる額その他法務省令で定める事項（配当優先株の場合は配当財産の種類以外．残余財産優先株の場合は残余財産の種類以外．会施規20Ⅰ①②）の全部または一部については，その種類の株式を初めて発行する時までに，株主総会（取締役会設置会社では株主総会または取締役会，清算人会設置会社にあっては株主総会または清算人会）でこれを決定することができる旨を定めることができる（会108Ⅲ）．これにより，株式の市場等の動向に連動した，機動的発行の可能性が増加している（なお，会454Ⅱ・504Ⅱ〔Ⅵ-1-2-53〕参照）．

Ⅱ-2-1-58 **(イ) 配当優先株の種類** 剰余金の配当に関する優先株は，残余の利益の取扱いの態様によって，**参加的**〔英米 participating：独 partizipierend〕と**非参加的**〔英米 non-participating〕に，不足分の次年度以降の補填の態様によって**累積的**〔米 cumulative：仏 cumulatif〕と**非累積的**〔英米 on-cumulative〕[22]に分けることができる．それぞれ別の種類の株式である．

① **参加的優先株とは**，一事業年度につき一定額または一定率の優先的配当を受

Ⅱ-2-1-59 (22) **トラッキング・ストック**〔米 tracking stock：仏 les tracking stocks〕これは，**利益配当が子会社や特定の事業部門の業績に連動するよう設計された種類株式**であり，子会社連動株式，子会社業績連動配当株式，事業部門連動株式などといわれる．この株式では，当該子会社や特定の事業部門の業績が芳しくないが，発行会社全体としての業績はよかったという場合，トラッキング・ストックへの利益配当はなされないが，普通株への利益配当はなされる．わが国ではメリルリンチ証券が米国のトラッキング・ストックを参考にしながら，日本向けに開発した数種の株式が最初である．これは，① 配当を子会社普通株式の配当金に連動させ（子会社連動株式1株に対する配当金は子会社普通株式1株に対する配当金に基準比率を乗じた金額），② 残余財産分配請求権にも（子会社普通株式の価値または子会社連動株式の時価相当額に関し）優先権が与えられた，③ 解除条件（親子会社関係の終了等）もしくは期限付きの親会社の累積・非参加的優先株である．④ 子会社連動株式の終了時には，子会社連動株式の消却と引換に，その時点の株価に相当する親会社の普通株式（もしくは子会社の普通株式）または金銭が交付される（ソニー株式会社の新株式（子会社連動株式）発行に関する取締役会決議公告〔日経2000年6月1日付〕参照）．

けた後，残余の利益があれば普通株とともにその分配を受け得るものをいい，**非参加的優先株**とは，所定の利益配当を受けた後は，残余の利益がいくら大きくてもその分配を受けることができないものをいう．

② **累積的優先株**とは，ある年度における配当が優先の額または率に達しない場合に，その不足分を次年度以降の利益から補塡されるものをいい (平成14年改正前商242Ⅱ参照)，**非累積的優先株**とは，不足分を補塡されないものという．

非参加的累積的優先株は，社債に近い．

-2-1-60　(3) **議決権制限種類株式** (ア) 総　説　株式は株主総会の決議事項のすべてにつき議決権を行使することができるのが原則であるが (会308Ⅰ)，会社は，① 特定の決議事項については議決権があるが，それ以外には議決権のない株式 (1部議決権制限種類株式) および② いかなる事項についても議決権を有しない株式 (完全無議決権種類株式) を発行できる[23][24] (会108Ⅰ③)．これらの株式を総括して**議決権制限種類株式** (会115) という．無議決権株式〔仏 actions sans droit de vote：伊 azioni senza diritto di voto：西 acciones sin derecho de voto〕は，総会招集通知が不必要になるので，費用の節約になるし，また，従来の支配関係に変動を与えないで，エクイティ・ファイナンスを行うことを可能にするメリットがある．創立総会における決議事項についても議決権制限種類株式を発行することはできるが，**種類株主総会における決議事項については議決権制限株式を発行することはできない**と解されている (原田晃治「平成13年改正商法 (11月改正) の解説〔Ⅵ〕」商事1642号28頁以下)．

公開会社においては，議決権制限株式の数が発行済株式の総数の2分の1を超えて発行できない[25]．公開会社にあっては少額の出資で会社を支配できるのは好ま

-2-1-61　(23) **多数議決権株式**　複数の議決権を有する多数議決権株式〔米 super voting stock：独 Mehrstimmrechtsaktien：仏 actions à vote plural：伊 azioni a vota plurimo：西 acciones de voto plural〕はわが国では認められていないが，株式の種類ごとに異なる単元株式数を定めることで事実上達成できる．

-2-1-62　(24) 沿　革　昭和13 (1938) 年改正商法は，「会社が数種の株式を発行する場合においては定款をもってそのある種類の株式につき株主に議決権なきものとすることを得」とし，すべての事項につき議決権のなき株式 (無議決権株式) のみをわが国に導入したが (昭25改正前商242Ⅰ前段)，昭和25 (1950) 年改正法は，無議決権株式を利益配当 (昭和49年以後は中間配当を含む) 優先株に限定し (平成13年改正前商242Ⅰ)，かつ優先配当がなされないと，議決権は復活するとした (平成13年改正前商242Ⅱ)．平成13 (2001) 年改正法は，規制緩和の一環として，実務界の要望に応えて，全ての事項に議決権のない株式を普通株式に認めるだけでなく，一部の事項には議決権が行使できない株式を認めると共に，優先配当金の支払いがない場合の議決権の復活を強制しなかった．会社法は，この規制を引き継いでいる．

-2-1-63　(25) 沿　革　一握りの議決権株式を有する株主による会社支配を防止するため，無議決権株の発行枠は当初発行済株式総数の4分の1を超えることができないとされたが (昭和13年法242Ⅱ)，平成2 (1990) 年改正で3分の1まで緩和された．産業活力再生特別措置法 (平成11法131) は一定の要件を満たす会社の無議決権株の発行枠を2分の1に拡大し (同法13．同法施行規則24)，平成13 (2001) 年改正法は，実務界の要請を入れて，これを一般化し，発行済み株式総数の2分の1まで規制を緩和した (平成17年改正前商222Ⅴ)．

しくないと考えられるが，非公開会社では，少数者による会社支配の弊害に対する配慮の必要性は低く，社員間で自由に決めることを認めることが合理的であるからである（「補足説明」商事1678号63頁参照）．**公開会社が制限を超えて発行した場合には，ただちに，その割合を2分の1以下とする措置をとらなければならない**（会115）．違反の株式を無効とすると，利害関係人に無用な混乱と不利益を与えるおそれがあるので，有効とした上で，2分の1以下とする措置（議決権制限株式の発行数を減少させるか，他の種類の株式の発行数を増加させる措置）をとるべきとしている（会社が正当な事由がないのに必要な措置をとらない場合には，議決権制限株式の議決権制限は無効になると解されている．江頭141頁注15）．

議決権制限種類株式を発行する場合には，定款で，① **議決権を行使することができる事項**（会施規20Ⅰ③），② **議決権行使の条件を定めたときはその条件**[26]，および③ **発行可能種類株式総数を定めなければならない**（会108Ⅱ③）．

Ⅱ-2-1-65　**(イ) 議決権復活条項等**　① どのような場合に議決権が復活するのか定款で定めておけば，その効力は認められる（会108Ⅱ③ロ．例えば一定額以上の剰余金の配当がなされない等）．

② 議決権制限株式の株主は，議決権行使が認められた事項以外は議決権を有しない．したがって，この場合には，議決権を前提とする権利（総会の招集通知を受ける権利［会298Ⅱ括弧書］，総会招集権［会297Ⅰ］，提案権［会303Ⅰ・305Ⅰ］，総会検査役選任請求権［会306Ⅰ］，代理権を証明する書面の閲覧・謄写権［会310Ⅶ］，累積投票請求権［会342Ⅰ］等）は有せず（株式譲渡制限の定款変更の場合には議決権がある），総会の定足数には算入されない（会309Ⅰ）．

総会出席権・質問権（会314）については見解が分かれているが，無議決権株主について会社法は総会に出席するための配慮を全くしていないので，否定すべきである（前田庸100頁）．総会決議取消権（会831Ⅰ）も認めないのが多数説であるが，取消権は議決権の付属物でなく，社員権の1内容であるから，決議内容の瑕疵については認めるべきである．代表訴訟提起権（会847），違法行為差止請求権（会360），募集株式の発行等差止請求権（会210など）等は議決権と関係しないので，有する．帳簿閲覧

Ⅱ-2-1-64　(26)　**議決権行使の条件**　議決権制限株式につき，株主が有する株式の数が発行済株式総数の一定割合（たとえば20％）未満であることを当該株主が議決権を行使し得る条件と定めることは，会社法109条1項に違反せず（「株式の内容」をどのように定めるかという点については同項の適用はないため），一定割合以上の株式を保有する株主がいない限り，**議決権制限株式に該当しない**（会社法は「議決権を行使することができる事項」と「議決権の行使の条件」を区別しているから（会108Ⅱ③），前者に制限がなければ，後者に制限があっても，**議決権制限株式に該当しないため**）．会社法115条との関係でも問題は生じないとする説（葉玉匡美「議決権制限株式を利用した買収防衛策」商事1742号28頁）と，同一種類の株式につき持株割合により権利内容を違える定款は，一般的には法が認めないものであり，何らかの強い必要性・合理性がある場合にのみ有効性が認められると解する説（江頭126頁注7）とが対立している．議決権復活条項と同じように考えることが可能であるので，前者の説を支持する．

第2章 社員たる地位 第1節 株式 **175**

権(会433Ⅰ括弧書)，総会検査役・業務検査役の選任請求権(会306Ⅰ括弧書)，解散判決請求権(会833Ⅰ括弧書)の関係では，完全無議決権株式は，議決権割合に基づく算定からは排除されるものの，発行済株式の一定割合以上を有していれば当該少数株主権の行使が認められる．

Ⅰ-2-1-66 **(4) 全部取得条項付種類株式** **(ア) 意 義** 全部取得条項付種類株式とは，2種類以上の種類株式を発行する株式会社が，そのうちの特定の種類株式の全部を株主総会の特別決議(会309Ⅱ③)により取得することができる旨の定款の定めがある種類株式である[27](会108Ⅰ⑦・171Ⅰ)．これは，経済界の要望を受け入れ，**100％減資**を，再生手続(民再154Ⅲ・161・166・183)または更生手続(会更214)外で，多数決で行うようにしたものであるが(江頭憲治郎「「会社法制の現代化に関する要綱案」の解説〔Ⅵ〕」商事1724号8頁)，試案にあった「債務超過」の要件(第四部第三6(2)②)は削除され，「有償取得」も認められるので，適用範囲は広くなっており，株式取得後による企業買収後に残存する少数株主の締め出しとしても利用可能である(江頭151頁)．100％の減資は，資本金の計数を0円とするに過ぎず(なお会447Ⅲ参照)，株式や株主が存しなくなるわけではないので(解説294頁)，旧株主の退出に総株主の同意(稲葉威雄「新株発行の決議と一体をなす100パーセント減資の可否」商業登記先例百選158頁)を不要とした点に意義がある(小林量・法学教室316号119頁)．全部取得条項付種類株式では，取得条項付株式と異なり，あらかじめ取得事由を定めておくことは要せず，取得の対価についても，取得の決議を行う当該株主総会において定めることができる．全部取得条項付種類株式を発行するには，定款で，① **発行可能種類株式総数**，② **取得対価**(会171Ⅰ①)**の価額の決定の方法**(会施規20Ⅰ⑦参照．定款で具体的に規定してもよいが，「当該決議時の会社の財務状況を踏まえて定める」というものでも差し支えない(一問一答54頁)．取得対価は無償でもよい．対価が取得条項付株式や譲渡制限株式でも特別決議で足りる〔計算詳解222頁〕)および③ **当該株主総会の決議をすることができるか否かについての条件を定**

Ⅰ-2-1-67 **(27) 全部取得条項付種類株式と取得条項付株式との共通点と相違点** 取得時の株主の意向にかかわらず株式会社が株式を取得する点では共通しているが，以下のような相違がある．① **取得条項付株式では一部の取得を予定することも認められ**(会2⑲)**，しかも非按分的な取得も認められる**(会171Ⅱ対比)．② 既発行株式を取得条項付株式にするには株主(種類株主)全員の同意が必要であるが(会110・111Ⅰ)，既発行株式を全部取得条項付種類株式にするには，定款変更のための株主総会の特別決議に加えて，当該種類株式，当該種類株式を取得対価とする取得請求権株式・取得条項付株式の各種類株主総会の特別決議が必要で，反対株主には株式買取請求権が与えられる〔**V-1-2-8**〕．③ **取得条項付株式の取得のタイミングは，一定の客観的事由の発生か**，株主総会普通決議または取締役会決議で決まるのに対し，**全部取得条項付種類株式は株主総会(特別決議)で決まる**．④ 取得条項付株式では**取得対価は定款で予め明確に定**められるが，全部取得条項付種類株式では，定款に定めてある「取得対価の価額の決定の方法」に従い株主総会特別決議で定める．反対株主には株式買取請求権が認められる．

規制の相違から解釈論を展開しようとする試みとして笠原武朗「全部取得条項付種類株式制度の利用の限界」『企業法の理論』233頁参照．

めるときはその**条件**(株式をポイズン・ビルに切り替える場合は，例えば発行済株式総数の一定割合を保有する株主の出現)を定めることが必要である(会108Ⅱ⑦イロ)．

今まで全部取得条項付種類株式を発行していない会社が当該株式を利用して100％減資をしようとするときには，① ２以上の株式を発行する旨の定款の定めを設ける旨の定款変更，② 既発行の種類株式を全部取得条項付種類株式にする定款変更(通常の定款変更決議［会466・309Ⅱ⑪］のほか，当該種類株式，当該種類株式を交付される可能性のある取得請求権付株式・取得条項付株式の種類株主総会の特別決議が必要である［会111Ⅱ・324Ⅱ①］．反対株主等には株式買取請求権が与えられる［会116Ⅰ②・118Ⅰ②］，その種類株式を目的とする新株予約権の権利者には，その買取請求権が与えられる(会118Ⅰ②) および，③ ②により成立した全部取得条項付種類株式を会社が取得する旨の総会決議(会171Ⅰ・309Ⅱ③)の３つの**特別決議を同じ株主総会で行えばよい**．

Ⅱ-2-1-68　(イ) **取得の決定方法**　総会では，取締役が全部取得条項付種類株式を取得することを**必要とする理由を説明し**(会171Ⅲ)，① 取得**対価の内容**(株式，社債，新株予約権，新株予約権付社債またはそれ以外の財産．なお計規13Ⅱ④参照)またはその算定方法，② 取得対価の**割当て**に関する事項および③ 取得日を定めなければならない(会171Ⅰ．なお商登60参照．決議は特別決議．会309Ⅱ③)．②に関する事項は，株主の有する**株式の数に応じて取得対価を割り当てる**ことを内容とするものでなければならない(会171Ⅱ．取得条項付株式と異なる)．取得対価に不満の**株主**は，**裁判所に対し価格決定の申立てを行うことができる**(会172・868Ⅰ・870④)．裁判所が価格を定めるに当たっては，取得日における当該株式の客観的な時価に加えて，強制的取得により失われる今後の株価上昇に対する期待権をも考慮することが相当である(東京地決平成19・12・19金判1283号22頁［レックス株式価格決定事件］)．**株券発行会社の場合**には，効力が生ずる日までに，会社に全部取得条項付種類株式に係る株券を提出するよう**１カ月前までに**，**公告し**，**かつ**，その株式の株主およびその登録株式質権者に**各別に通知しなければならない**(会219Ⅰ③)．会社は，取得日(会171Ⅰ③)に，全部取得条項付種類株式の全部を取得する(会173Ⅰ．振替株式の場合については，取得条項付株式を全部取得する場合と同じ手続がとられる．振替法157Ⅲ Ⅳ)．全部取得条項付株式の取得対価の支払は，会社から株主への払戻しであるため，分配可能額を超えてはならないという**財源規制がある**(会461Ⅰ④．なお465Ⅰ⑥参照)．全部取得条項付種類株式の株主(会社を除く)は，取得日に，決議による定めに従い，他の株式の株主，社債権者，新株予約権者または新株予約権付社債の社債権者およびその社債に付された新株予約権の新株予約権者となる(会155⑤・173Ⅱ)．その結果，本来の趣旨とは異なるが，既発行の普通株式を全部取得条項付種類株式として，株式以外の財産を交付することにより，**敵対的企業買収に対する防衛策**としても利用することができる．

なお全部取得条項付種類株式の特定募集(計規158⑤)の場合には，自己株式の対価額(会461Ⅱ④)は分配可能額に組み入れられるので(計規158⑩)，結果的には分配可

第2章 社員たる地位 第1節 株 式 **177**

能額は変動しない．また，取得対価である株式等の数に1株に満たない端数が生じた場合の取扱いは，取得条項付株式の場合と同じである（会234 I ②．*II-2-1-105*参照）．

2-1-69 **(5) 拒否権付種類株式** (ア) **意 義** これは，株主総会，取締役会，清算人会において決議すべき事項のうち，**その決議のほか，当該種類の株式の種類株主総会（任意種類株主総会）の決議**（普通決議．会324 I）があることを**必要**とする種類株式である（会108 I ⑧・II ⑧・323）．平成13（2001）年改正で新設された制度である（平成17年改正前商175 II ④ノ4・222 IX，整備法113 V 参照）．合弁会社またはベンチャー企業において行われている特定の種類の株主に**拒否権**を認める株主間契約の法的位置づけを明確にしようとするものである．このような種類株式は一般に**拒否権付種類株式**または敵対的買収の防衛策との関係で**黄金株**と呼ばれる（龍田288頁はウイルス株と呼ぶ）．会社の創業者などが少数の持株比率により会社の重要事項に係る意思決定に関与することを通じて会社支配を維持すること，あるいは，敵対的買収に対する防衛策に利用することが考えられる．このような場合には，取締役等が会社の財務および事業の方針の決定を支配する者の在り方に関する基本方針を定め，その基本方針に照らして不適切な者によって決定が支配されることを防止するための取組み等が事業報告の内容となる（会施規118③）．

　この株式を発行する場合には，① 当該種類株主総会の**決議があることを必要とする事項**，② 当該種類株主総会の決議を必要とする**条件**を定めたときは，その条件，および③ **発行可能種類株式総数**を定款で定める（会108 II ⑧．なお会施規20 I ⑧参照）．

　東京証券取引所は黄金株を条件付きで許容している．

2-1-70 (イ) **定款の定めに基づく種類株主総会** 種類株式発行会社において，ある種類の株式の内容として，株主総会（取締役会設置会社にあっては株主総会または取締役会，清算人会設置会社にあっては株主総会または清算人会）において決議すべき事項のうち，その決議のほかに，その種類株主総会の決議を要する旨の定めがあるときは，当該事項は，その定款の定めに従い，株主総会，取締役会または清算人会の決議のほか，当該種類株主総会の決議（普通決議．会324 I）がなければ，その効力を生じない．ただし，当該種類株主総会において議決権を行使することができる種類株主が存しない場合は，この限りでない（会323）．定款で，決議要件を加重したり，その種類株主総会に条件を付けたり（例えば，種類株主総会が必要な期間を一定期間に限定すること），反対株主に株式買取請求権を認めることは可能である．定款の定めに基づく種類株主総会は，複数の種類の株式を束ねたものでもよく，種類株主に損害が発生しない場合に，法定種類株主総会における決議事項と重なりを有する事項を当該種類株主総会の決議事項とすることもできる．

2-1-71 **(6) 取締役・監査役選任権付種類株式** (ア) **意 義** これは，ベンチャー・キャピタルが取締役または監査役を送り込み，また合弁企業において各出資企業が出資割

合や事業への関与の度合いに応じて取締役または監査役を選任できるようにする株主間契約を制度的に保障するため，アメリカ法の制度〔class voting for a classified board of directors〕にならって，平成14（2002）年改正で導入された種類株式である（平成17年改正前商222Ⅰ但書・⑥参照）。上述のように当該株式を発行することができる会社は，**非公開会社に限られる**．委員会設置会社および公開会社にはこの種の株式は認められない（会108Ⅰ但書）。委員会設置会社とは指名委員会が取締役の選任議案を決定する点で相容れないし（会404Ⅰ），公開会社にこれを認めると経営者支配の強化のため濫用される危険があるためである．このようにして選任された取締役，監査役は，他の取締役，監査役と同一の義務を会社に対して負う．

Ⅱ-2-1-72　（イ）**定款で定める事項**　取締役または監査役の選・解任について内容の異なる種類株式を発行するには，定款で，① 当該種類株主総会において**取締役または監査役を選任することおよびその数**（例えばＡ，ＢおよびＣの種類株式があった場合，Ａ種類株式は2名の取締役，Ｂ種類株式は1名の取締役を選任できるが，Ｃ種類株式は取締役を選任できないことを定める），② 他の種類の株主と共同して取締役または監査役の全部または一部を選任できるときには，その**株式の種類および共同して選任する**取締役または監査役の**数**（例えば，Ａ種類株式とＢ種類株式が共同で3人の取締役全員を選任するとか，3人中2人は共同で選任する等を定める），③ ①または②に掲げる事項を**変更**する条件があるときは，その**条件およびその条件が成就した場合の変更後の①または②に掲げる事項**（例えばＢ種類株式はＡ種類株式に転換することを請求できる転換予約株式であり，転換権が行使されると，Ａ種類株主総会において取締役全員を選任する等を定める），④ 当該種類株主総会において**社外取締役**（会2⑮）または**社外監査役**（会2⑯）を選任しなければならないとするときは，その旨・数，共同して選任するときは，その株式の種類と選任される者の数，変更する条件があるときは，その条件および条件成就後の事項および⑤ **発行可能種類株式総数**を定める必要がある（会108Ⅱ⑨イ～ニ，会施規19）．当該種類株式を発行した場合の効果については会社法347条に規定がある．

種類株主総会単位で選任された取締役・監査役の解任については［Ⅱ-4-3-46］参照．

Ⅱ-2-1-73　（ウ）**発行限度**　平成17（2005）年改正前商法は取締役または監査役を選任することができない種類株式の総数は，発行済株式の総数の2分の1（単元株採用会社においては，取締役または監査役を選任することができない種類株式について存する単元の数は，発行済株式の全部について存する単元の数の2分の1）を超えることができないとされていたが（改正前商222Ⅷ＝222Ⅴ），**会社法はこの規制を撤廃している**．

Ⅱ-2-1-74　（エ）**定款の定めの廃止の特則**　取締役・監査役の選・解任に関する種類株式の定款の定めは，この法律または定款で定めた取締役または監査役の**員数を欠いた場合**において，そのために当該員数に足りる数の取締役または監査役を選任すべき種類株主がいないときは，**廃止されたものとみなされる**（会112ⅠⅡ）．

9　株式の評価

1-2-1-75　株式の価値は，会社の収益力や財務状態など，様々な要因で決まる．公開会社の場合には，これらの要因に対する市場の評価で株価が形成されるが（したがって公開会社では株式の評価として市場価格方式が正当性を持つ），非公開会社ではこのような市場がないので，その評価は難しい（関俊彦『株式評価論』[1983年]，江頭憲治郎「取引相場のない株式の評価」法学協会百周年記念論文集3巻[1983年] 445頁以下，浜田道代「株式の評価―閉鎖会社の株主が一般的株式買取請求権を行使する場合について―」『（北沢正啓先生還暦記念）現代株式会社法の課題』[有斐閣1986年] 429頁以下，宍戸善一「紛争解決局面における非公開株式の評価」『（竹内昭夫先生還暦記念）現代企業法の展開』[有斐閣1990年] 397頁以下，宍戸善一「非公開株式評価再論」『現代企業と法』[名古屋大学出版会1991年] 37頁以下，関俊彦「株式評価をめぐる論争点」法学54巻2号1頁[1990年] 参照）．支配株の交換価値は少数株の交換価値よりも高い（この差額を**支配権プレミアム**という）のが普通である．当事者の価格に関する協議が不調のため，価格の決定を申請してきたときには，裁判所は，(1) 譲渡制限のある株式（単元未満株を含む）の売買価格（会144Ⅳ・193Ⅱ）と(2) 株式の買取価格（① 事業譲渡等の場合[会470Ⅱ]，② 定款変更による譲渡制限の新設等の場合[会117Ⅱ]，③ 組織再編[会786Ⅱ・798Ⅱ・807Ⅱ]の場合）について株式の価格を決定しなければならない．株式の評価方法には種々の方法があり，法人税基本通達（9-1-13～9-1-15の2）と財産評価基本通達（169～189-7）は税法上の立場から株式の評価方法を定めている（なお，中小企業庁「経営承継法における非上場株式等評価ガイドライン」[平成21年2月] 参照）．裁判所は，専門家の鑑定（売主側と買主側の鑑定意見には大差のある場合が多い）を参考にしながら，個々のケースごとに最も適した特定の方法を単独または併用して価格を決定しているが，譲渡制限株式の売買価格の決定の場合と株式買取価格の決定の場合とで，評価方法に関する差異は認められない[28]．

1-2-1-76　(28)　**株式の評価方法**　非公開会社の株式の評価方法を大別すると次表（表6）の様になる．

表6　株式の評価方法

純資産方式	株式の価値を純資産に求める考え方	簿価純資産方式 再調達価額〔時価〕方式 清算〔解散〕価格方式
収益方式	株式の価値を収益力に求める考え方	収益還元方式 DCF〔Discounted Cash Flow〕方式
配当方式	株式の価値を配当に求める考え方	配当還元法 ゴードンモデル方式
比準方式	株式の価値を株価に求める考え方	類似会社比準方式 類似業種比準法 取引先例方式

第2款　社員権の取得と喪失

1　社員権の取得

社員権の取得には，原始取得と承継取得とがある．

Ⅱ-2-1-77　(1) **原始取得**　社員は会社の設立時（会50・102Ⅱ）に社員権を原始取得をする．設立後は，① 持分会社においては加入（入社）時（会604．合同会社の場合には払込・給付を完了した時，それ以外の持分会社では定款の変更の効力が生じた時）に，② 株式会社においては募集株式の金銭の払込み・財産給付の期日または出資の履行日（会209．新株予約権の行使の場合には，この権利を行使した日．会282）に，社員権を原始取得する．株式会社の場合，平成16（2004）年改正前商法は払込期日の翌日に株主資格を取得するものとしていた（改正前商280ノ9Ⅰ）が，DVP〔Delivery Vesus Payment〕決済を実現するため，**払込期日に株主資格を取得する**と改められている．善意取得の場合には，既存の社員資格の取得であっても，法の規定による原始取得である．

Ⅱ-2-1-78　(2) **承継取得**　既存の社員権を他人から取得することを承継取得という．承継取得には，特定承継と包括承継とがある．① **特定承継**には，社員権の売買など，譲渡による取得のほか，競売，公売などの特殊な事由による取得がある．② **包括承継**は，相続・合併，会社の分割など，一括して承継される財産の中に社員権が含まれていることにより取得する場合であり，移転による取得とも呼ばれる．包括承継の場合には，特定承継と異なり，株券発行会社であっても，株券の交付が効力発生要件とはならない．

　財産評価基本通達は，非上場会社株式の評価に関しては，① 同族関係者以外の者の有する株式については配当還元方式（なお配当還元方式の欠点については柴田和史「配当還元法に関する一考察」企業法の理論上巻197頁以下参照），② それ以外のものについては，大会社，中会社または小会社に区分し，大会社の発行する株式については類似業種比準方式，中会社のそれは，類似業種比準方式と純資産方式の併用方式，小会社のそれは，純資産方式と，類似業種比準方式・純資産方式の併用方式との選択主義を採用している．
　① 東京高決昭和59・6・14金判703号3頁は簿価純資産方式を，② 東京高決昭和51・12・24判時846号105頁は，時価方式と収益還元方式を1：1で併用し，③ 千葉地決平成3・9・26判時1412号140頁は時価方式と配当還元方式を1：1で併用し，④ 東京高決2・6・15金判853号30頁は同方式を3：7で併用し，⑤ 東京高決昭和63・12・12金判820号32頁は清算価格方式と収益還元方式の併用方式（7：3）を，⑥ 東京高決昭和46・1・9判時618号77頁は類似会社比較による収益還元方式を，⑦ 名古屋高決昭和54・10・4判時949号121頁は配当還元方式と取引先例価格方式の併用方式（1：1）を，⑧ 大阪高決平成元・3・28判時1324号140頁（会社百選6版14事件）はゴードンモデル法を採用し，⑨ 東京高決平成元・5・23判タ731号220頁は，配当還元方式，簿価純資産方式，収益還元方式の併用方式（6：2：2の割合），⑩ 大阪高判昭和60・6・18判時1176号132頁は，収益還元方式，配当還元方式，清算価格方式の併用方式（3：3：4の割合）を採用し，⑪ 札幌高決平成17・4・26判タ1216号272頁は，配当還元方式，再調達成時価方式，DCF方式（0.25：0.25：0.5）を併用している．

2　社員権の喪失

Ⅰ-2-1-79 　(1)　**総　説**　社員権の喪失には絶対的喪失と相対的喪失とがある．① **絶対的喪失**には**株式の消却**(会178)，**振替株式についての権利の全部の放棄**(振替法145Ⅲ・Ⅳ・146Ⅰ・Ⅲ)，**除名**(会607Ⅰ⑧)および**退社**(会606・607・609)がある．② 社員権の譲渡である特定承継または相続・合併という包括承継により社員権が移転すると，社員権を取得する者が出る反面それを失う者が出現する．後者が**相対的喪失**である．相対的喪失には所在不明株主の株式売却制度による株式の売却(会197)などがある．

Ⅰ-2-1-80 　(2)　**株式の消却**　株式の消却〔独 Einziehung von Aktien/Einziehung(Amorisation)von Geschäftsanteilen：仏 annulation des actions：伊 annullamento di azioni：西 amortización de las acciones〕とは**特定の発行済株式を消滅させる会社の行為**である．株式の消却は，発行済株式総数が減少する点で株式の併合と同じ結果になるが，特定の株式しか消滅しない点で株式の併合と異なる．会社法は，改正前商法(213)が採用していた強制消却を廃止⁽²⁹⁾し，株式の消却を自己株式の消却という制度のみに整理し，自己株式以外の株式を消却するには，会社が自己株式を取得した上で消却するものとした([Ⅱ-2-2-36]参照)．

第3款　株式の併合

1　総　説

Ⅰ-2-1-82 　株式の併合〔英 consolidation of shares：米 reverse stock split：独 Zusammenlegung der Aktien：西 agrupación de acciones〕とは，例えば10株を1株，7株を2株とするように，**株主の有する「同じ種類の株式」数を併合割合に応じて一律に減少させること**である．1株券10枚を10株券1枚にするような**株券の併合**とは異なる．平成13(2001)年改正以前には，株式併合により，株主は以前には可能であった株式を小分けして譲渡する可能性を失い(例えば，10株を有する株主は9株を譲渡することができたが，

Ⅰ-2-1-81 　(29)　**強制消却**　平成17(2005)年改正前商法においては，① すでに取得した自己株式を取締役会の決議によって消却する場合(改正前商212Ⅰ)と，② 株主が有する株式を，会社による取得を経ずに直接消却する場合の2つの消却概念を認めて，②の消却は，(ⅰ)資本の減少の場合および(ⅱ)定款の規定に従い配当すべき利益をもってする場合に限り認めていた(改正前商213Ⅰ)．そのうち②は，株主の合意なしに行われるので，**強制消却**といわれた．会社法は，同等の法律効果を有する制度を複数存続させることは適切でないとの観点から(解説24頁．もっとも江頭・商事1724号7頁は，会社法の条文数を減らすことを立法理由に挙げている)，これらを株式の取得という制度に統一した．(ⅱ)は，遠からず鉱脈がつきる鉱山会社などのように一定期間の後企業の経済的価値が消滅するような会社において，利益をもって漸次株式を有償消却してゆき，会社の清算手続を簡易化しようとするものであったが，実際上利用されていなかった．会社法でこれに対応するのは取得条項付株式である．

10株を1株に併合すると，譲渡できなくなる），併合に適しない端数は金銭処理される不利益を受けるので，株式併合を特定の場合にのみ許容していた[30]．しかし，平成13年6月改正法は，出資単位に関する会社の自治の尊重という観点から，これを改め，**一定の手続を踏めば事由の如何を問わず株式の併合をできる**こととした．会社法はこの規制を踏襲している（会180Ⅰ）．株式の併合は，**株価が低い場合にそれを引き上げたり，株主管理コストを節約するためや，非公開会社化，株式交換・株式移転・新設分割・合併の際に株式の割当比率を対等にするためあるいは減資の際に利用される**．株式併合には株式発行差止の仮処分の申立て（会210，民保23）は可能である（大系199頁）．

2 株式併合の手続

Ⅱ-2-1-84 **(1) 株主総会の特別決議** 株式の分割の場合と異なり，株式の併合は株主に不利益を与える可能性があるため，**株主総会の特別決議が必要**である（会309Ⅱ④．なお民再154Ⅲ参照）．会社は，株式併合の都度，① **併合の割合**，② **株式の併合の効力発生日**（平成17年改正前商215ⅠⅡ対照．株券不発行が原則であるので，効力発生日を株券提出期間満了時としていた改正前商法の立場を変更している），③ **種類株式発行会社**（会2⑬）である場合には，併合する株式の種類を定めなければならない（会180Ⅱ）．

取締役は，総会において，株式併合をすることを必要とする**理由を説明**しなければならない（会180Ⅲ）．少数株主の締出しを目的とした極端に大きな併合の比率の設定は，多数決の濫用として，その決議の効力が否定される場合もありうる（会830Ⅱ．大系199頁注11は，会188Ⅱ・会施規34の趣旨より，1000株を超える株式を1株とする株式併合を許されないとする）．

株式の併合がある種類の株式の種類株主に損害を及ぼすおそれがあるときは，定款に特段の定めがない限り，当該種類の**種類株主総会の決議が必要**である（会322Ⅰ②Ⅱ・324Ⅱ④）．

Ⅱ-2-1-85 **(2) 公告・通知と株券の提出** (a) 株券が発行されていなくても，株式の併合は効力発生日に効力が生じる．株主は，その日の前日に有する株式（種類株式発行株式にあっては種類株式）の数に併合の割合を乗じて得た数の株主となる（会182）．そこで，**効力発生日の2週間前までに，株主**（種類株式発行会社である場合には，併合する株式の種

Ⅱ-2-1-83 [30] **平成13年改正前の株式併合の許容事由** 商法は，① 1株当たりの純資産額を5万円以上とする場合（平成13改正前商214Ⅰ），② 会社分割（同374ノ15Ⅱ・374ノ31Ⅱ），③ 資本減少（同377），④ 株式交換（同362Ⅰ＝217），⑤ 株式移転（同371Ⅰ＝217・368Ⅱ）および⑥ 合併（同416Ⅲ）に限って認めて，①の場合の手続を定め（同214-217），それを，②ないし⑥の手続に準用していた．また，併合に適しない端数が生じないときには，これらの場合以外でも株主総会の特別決議によって株式の併合を行うことができるが，端数が生じるときには，その不利益を受ける株主全員の同意が必要であると解されていた．

類の株主）およびその**登録株式質権者**に対し，① 併合の割合，② 株式の併合の効力発生日，③ 種類株式発行会社である場合には，併合する株式の種類を**通知または公告をしなければならない**（会181 I II）．株式の併合により，会社の有する自己株式の数も減少することになる．この通知・公告の瑕疵は，株主に何らの行為を促すものでもないので，株式の併合の効力に影響を及ぼさない（江頭264頁注3）．

-2-1-86　(b)　**株券発行会社の場合**には，株式の併合が効力を生ずる日までに併合前の**株券を回収**し，効力が生じた後は，併合後の株券が流通するように準備する必要がある．そこで，株式の併合の効力発生日までに，会社に対し全部の株式（種類株式発行会社にあっては，併合する種類株式）に係る**株券を提出しなければならない**旨を**当該日の1カ月前までに，公告**し，かつ当該株式の**株主**およびその**登録株式質権者**には，**各別にこれを通知しなければならない**[31]．ただし，その株式の全部について株券を発行していない場合（例えば非公開会社で，誰も株券の発行を請求していない場合．会社215Ⅳ）は，この限りでない（会219 I ②．なお商登61・59 I ②参照）．会社は，その日までに株券を会社に提出しない者があるときは，当該**株券の提出があるまでの間**，株式の併合によってその株券に係る株式の株主が受けることのできる新株券または**金銭等の交付を拒むことができる**（会219Ⅱ）．**提出されない株券は，株式併合の効力発生日に無効**となる（会219Ⅲ）．会社は，株式の併合が効力を生ずる日以後遅滞なく，併合した株式に係る新株券を旧株券を提出した株主に発行しなければならない（会215Ⅱ）．ただし，非公開会社は，株主の請求がある時まで，株券を発行しないことができる（会215Ⅳ）．

　この通知・公告の瑕疵は，株主の権利を確定する上で重要であるので，(a)の手続と異なり，**無効事由**となる（江頭264頁注4）．

-2-1-88　(3)　**異議催告手続**　株券発行会社の株式の併合の場合において，旧株券を提出することができない者があるときは，会社は，**その者の請求と費用により**，利害関係人に対し異議があれば**3ヵ月を下らない一定期間**（異議申立期間）内にこれを述べるべき旨を公告し，その期間内に異議を述べる者がいないときには，その期間経過後に，金銭等を交付することができる（会220 I～Ⅲ）．異議催告の請求は，株主名簿の名義書換未了の株主もすることができ，旧株券が所在不明となった理由を疎明すれば足りる（最三小判昭和52・11・8民集31巻6号847頁）．

　併合の効力が生じると，旧株券は，新株券・端数売得金の交付請求権を表章する有価証券となる．

-2-1-87　[31]　**株券の読替規定の廃止**　平成17（2005）年改正前商法は，株券の交換のための費用等の節約および株券の流通阻害の除去を理由として，特別決議で，株券の読替を定めれば，旧株券を会社に提出する必要がないとされていた（改正前商214Ⅲ・215ⅢⅣ）．しかし証券取引所は，株式数の読み違えの危険から上場会社に読替制度を認めなかったことから，会社法は読替規定を廃止している．

Ⅱ-2-1-89 **(4) 端数株の取扱い** 株式併合により1株に満たない端数が生ずる(たとえば10株を1株に併合する場合には，5株は0.5株の端数となる)ときには，会社は，その端数の合計数に相当する数を競売し(競売に代わる売却方法も認められる)，かつ，その端数に応じ売得金を株主に交付しなければならない．その合計数に1に満たない端数が生ずる場合にあっては，これを**切り捨てる**(会235Ⅰ)．競売・売却の手続(会235Ⅱ＝234Ⅱ〜Ⅴ)は，第6款でまとめて説明する[*Ⅱ-2-1-105*]．

Ⅱ-2-1-90 **(5) 振替株式の場合** ① 会社(発行者)は株式併合の効力発生日の2週間前までに，振替機関に対し，併合の対象となる銘柄，減少比率[32]，株式併合の効力発生日，および発行者の口座を通知する(振替法136Ⅰ)．② ①の通知を受けた振替機関は直近下位機関に対して同じことを通知する(振替法136Ⅱ)．③ 併合の効力発生日に，振替機関は，保有欄等に記載(記録)がされている振替株式の数に減少比率を乗じた数についての減少の記録を行う(振替法136Ⅲ．なお151Ⅰ②参照)．④ ②の通知を受けた口座管理機関も②・③と同様の通知・記録を行う(以降これが繰り返される．振替法136Ⅳ)．⑤ 端数が生じた場合には，振替機関等は政令で定める記載(記録)を行い，その下位機関に対し，必要な指示をする．当該下位機関は，その指示に従った措置を執る(振替法136Ⅴ)．

Ⅱ-2-1-92 **(6) 株式併合の変更登記等** 株式併合の効力が生じると，会社の発行済株式の総数が減少し(自己株式の数も減少する)，場合により種類別の数に変更が生じるので，会社は，変更の登記をしなければならない(会915．なお商登61・59Ⅰ②参照)．株式数と資本の額は論理的関係にないため，株式併合は資本金の額に影響を及ぼさない．発行可能株式総数(会911Ⅲ⑥)も当然には変動しない(平成18・3・31法務省民商第782号法務省民事局通達[商事1764号70頁])．発行可能株式数が発行済み株式総数の4倍を超えることとなっても適法である(なお会113Ⅲ参照)．株式併合により未発行株式数が増加した分については，会社は，新株を発行することができないと解する見解(吉本121頁)もあるが疑問に思う．会社は併合した株式を株主名簿に記載・記録し(会132Ⅱ)，上述のように株券発行会社は，株式の併合をしたときは，効力発生日以後遅滞なく，併合した株式に係る株券を発行しなければならない(会215Ⅱ)．

第4款 株式の分割

1 総説

Ⅱ-2-1-93 株式の分割〔英 subdivision of shares：米 stock split-up, share division：仏 fractionnement des actions〕は株式の併合と逆の制度であり，1株を1.3株や10株とするように，

Ⅱ-2-1-91 (32) **減少比率** 減少比率は，右の式で表される．　$1 - \dfrac{\text{併合後の当該振替株式の発行総数}}{\text{併合前の当該振替株式の発行総数}}$

株主の有する「同じ種類の株式」を分割割合に応じて一律に増加することである[33]．株式分割が行われても，会社財産には何らの変更も生じない．株式の分割は，高騰した株価を引き下げ，株式の市場性を回復させたり，利益配当額を目立たせなくするためや，通常の新株発行を時価発行で行った後にそのプレミアムを株主に還元する場合，合併の準備工作，いわゆる株式配当を行う場合などに利用される[34]．100株券を10株券10枚とするような**株券の分割**とは異なる．違法な株式の分割には，新株発行無効の訴え（会828Ⅰ②）が類推適用されるが，発行差止請求の規定（会210）も類推適用されるか否かについては争いがある（肯定説として鳥山恭一・法セ611号120頁，大系204頁．否定説として江頭269頁注6，矢崎淳司『敵対的買収防衛策をめぐる法規制』250頁〔多賀出版2007年〕．否定説は，株式分割は，株式の地位に実質的変動を及ぼさないことを理由に否定する（東京地判平成17・7・29判時1909号87頁〔日本技術開発事件〕参照）．肯定説は，上記東京地裁決定を，株主の利益を害さない本件株式分割には株式発行差止請求権の規定は類推できないと言っているにすぎないと評価する）．

図21 株式分割をした企業数と分割により増加した株式総数

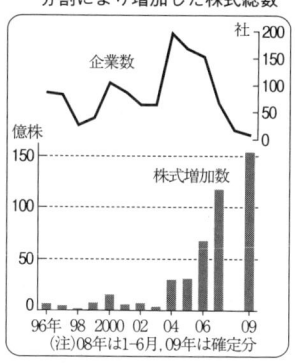

出典：平成20年8月27日付日経新聞

-2-1-94 （33） **沿革** (a) 平成2（1990）年の商法改正前には，① 株式配当（平成2年改正前商293ノ2），② 準備金の資本組入による新株の発行（同293ノ3Ⅱ），③ 額面超過部分の資本組入額による新株の発行（同293ノ3ノ2）〔②と③を併せて新株の無償交付と呼ばれた〕，株式併合（同293ノ3ノ3-293ノ3ノ6）および④ 株式分割（同293ノ4）の順序で「会社ノ計算」の節で規定されていた．そして，これらを縦割り的に理解し，株式配当は新株をもってする利益配当であると説く配当説（久保欣哉『株式配当論』3頁〔千倉書房1960年〕）とすべて株式分割であると説く分割説（竹内昭夫『剰余金の資本組入れ』7頁〔東京大学出版会1962年〕）とが対立していた．平成2年改正法は，従来の①②③に関する規定のうち株式分割に関する部分を削除し，これを株式分割に関する規定に統合し，「株式」の節に移し（平成2年改正商218-220），分割説を採用することを明らかにした．

(b) 平成13（2001）年改正以前には，① 額面株式制度が採られていたため，券面額に分割後の発行済額面株式の総数を乗じた額が資本の額を超えることができないという制限（平成13年改正前商218Ⅱ本文）と，② 株式の単位をある程度以上に維持するため，分割後の1株当たりの純資産は5万円を下ることができないという制限（同218Ⅱ後段，昭56商改附則21．なお平成13年改正前商413）が定められていた．平成13年改正法は，額面株式制度を廃止し，また出資単位の決定を会社の自治に委ねたため，上記2つの制限を廃止している．その結果，額面引き下げの方法による株式分割はなくなったため，額面引き下げ株券の読替規定（平成13年改正前商218Ⅲ・219Ⅳ）や券面額の訂正のための株券・端株券の提出規定（同220・215Ⅰ）は改正法で削除されている．

-2-1-95 （34） **実務** 分割後の株券供給に時間がかかることを利用して，100倍の株式分割を繰り返す等によって株価を上げる策が使われたため，東京証券取引所は，平成17年3月に，上場会社に対して，5倍を超える株式分割の自粛を求めている．

2 株式分割の手続

(1) 取締役会等の決議 株式分割は，株式が増えるだけで，株主の持分比率に影響しないし，会社債権者の利益にも関係しないので，取締役会設置会社にあっては**取締役会の決議**によって行うことができるが，**取締役会設置会社以外の会社では株主総会の決議**（普通決議．会309Ⅰ）が必要である（会183ⅠⅡ．なお金商166Ⅱ①ホ参照）．委員会設置会社では，取締役会の決議で株式の分割の決定を執行役に委任することができる（会416Ⅳ）．決議（決定）では，① 株式の分割により増加する株式の総数の株式の分割前の発行済株式（種類株式発行会社にあっては，分割する株式の種類の発行済株式）の総数に対する割合（**分割比率**）および当該株式の分割に係る**基準日**，② 株式の分割の**効力発生日**（**分割期日**）および③ 株式会社が種類株式発行会社である場合には，**分割する株式の種類**を定めなければならない（会183Ⅱ①～③）（なお平成21年2月6日全国株懇連合会理事会決定「株式の分割に関する基準日設定公告（全株懇ひな型）の制定について」商事1857号60頁参照）．基準日と分割期日は同じ日でもよい．種類株式の場合，ある種類の株式のみを分割すること，種類ごとに分割比率を違えること等も可能である．

① 会社が現に2以上の種類の株式を発行しておらず（種類株式発行会社であって，現に発行している株式が1種類のみであれば，この要件を満たす），② **株式分割の効力発生日における発行可能株式総数をその日の前日の発行可能株式総数に分割割合を乗じて得た数の範囲内で増加する場合**（例えば授権株式数5万株，発行済株式総数2万株の会社が1株を2株に分割するときには，分割後の授権株式数を5万株から10万株の間とする場合）には，**株主総会の決議によらないで，定款の変更をすることができる**とされている（会184Ⅱ）．なぜなら，大幅な株式分割を行おうとする場合，分割後の発行済株式総数が発行可能株式総数（会911Ⅲ⑥）を超過するため，株主総会の特別決議を経て定款変更（会社466・309Ⅱ⑪）しない限りそれを行えないということでは適宜に株式分割を行うことが困難であること，および株式の分割を行う場合に上記のような条件で発行可能株式総数を増加させても，発行済株式総数の発行可能株式総数に対する割合が減少することはないからである（論点190頁）．ただし，「現に」2以上の種類の株式を「発行している」会社については，**授権株式数の変更は既存株主の利害に関わるので，株主総会の決議**（特別決議．会309Ⅱ⑪）**によって定款を変更する必要がある**[35]（会184Ⅱ括弧書）．

---

(35) **株式分割と株主の権利関係の変動** 数種の株式が存在する場合には，株式分割の前後で各株主の権利関係が変動する場合がありうる．例えば普通株式と優先株式を発行する会社が一律に株式分割をすると，優先株式の配当に関する定めの内容によっては普通株主の利益が害されるときもある．これらの利害調整は，定款の定めまたは種類株主総会の決議（会322Ⅰ②）で行われるべきものである．

株式の分割と同時にする単元株式数の増加に係る定款の変更については[Ⅱ-2-1-114]参照．

-2-1-98　(2)　**株式分割の方法**　会社は，定款に定めがある場合を除き，基準日を定め，**基準日の2週間前までに，基準日および株式の分割の内容を公告する**（会124Ⅲ．平成21年2月6日全国株懇連合会決定「株式の分割に関する基準日設定公告（全株懇ひな型）の制定について」商事1857号60頁参照）．株式分割は株主の投資判断等に影響があるし，株主名簿の名義書換未了株主に名義書換えを促す必要があるからである．基準日において株主名簿に記載・記録されている株主（種類株式発行会社にあっては，基準日において株主名簿に記載・記録されている分割する株式の種類の種類株主）は，**株式の分割の効力発生日**に，基準日に有する株式（種類株式発行会社にあっては，分割する株式の種類の株式）の数に分割の割合を乗じて得た数の**株式を取得する**（会184Ⅰ）．会社は，分割により増加した株式を株主名簿に記載（記録）しなければならない（会132①）．株券発行会社の場合，株式の併合のような株券の回収は問題とならず，株式の分割をしたときは，効力発生日以後遅滞なく，**株券を株主に追加発行**しなければならない（会215Ⅲ）．例えば1株を1.3株に分割するのであれば，持株10株ごとに3株の割合で株券を交付する．ただし，株券発行会社が非公開会社の場合には，株主から請求がある時まで株券を発行しなくてもよい（会215Ⅳ）．株式分割により1株に満たない端数が生じた場合の処理は，株式併合の場合と同様である（会235・234Ⅱ～Ⅴ）．第6款でまとめて説明する[Ⅱ-2-1-105]．株式分割の効果が自己株式に及ぶか否かについては[Ⅱ-2-2-31]参照．

-2-1-99　(3)　**振替株式の場合**　振替株式を分割する場合には，振替株式の併合と同様の手続がとられる（振替法137Ⅰ～Ⅴ）．株式分割では株式併合と異なり**増加比率**が用いられる．例えば1株を3株に分割する場合の増加比率は，「株式の分割により株主が受ける当該振替株式の総数」が2に，「株式の分割前の当該振替株式の発行総数」が1になることから，2である（振替法137Ⅰ②）．したがって，例えば，株式数が100と記録されている口座では，100×2＝200について増額の記録がなされ，結果として記録が300となる．

3　登記等

-2-1-100　株式分割の効力が生じると，**会社の発行済株式の総数と種類別の数に変更が生じる**ので，会社は，**変更登記**をしなければならない（会911Ⅲ⑨・915Ⅰ．なお会976①参照）．株式の分割により，**発行可能株式総数および資本金の額は変動しない**．会社は分割した株式を株主名簿に記載・記録する（会132Ⅲ）．

第5款　株式の無償割当て

1　総説

Ⅱ-2-1-101　株式会社は，**株主**(種類株式発行会社にあっては，ある種類の種類株主)に対して新たに払込みをさせないで追加的に会社の株式を割当てる(株式の発行または自己株式を交付する)ことができる(会185)．これを株式の無償割当てという．

　平成2(1990)年改正前，株主に対する株式の「無償交付」(改正前商293ノ3Ⅱ・293ノ3ノ2Ⅰ)という概念が存在していた当時は，例えば優先株主に対し普通株式を無償交付することができることは，当然であったが，同年改正により，無償交付は株式分割の一態様に過ぎないので，株式分割と重ねて規定を置く必要はないとして，規定は削除された．しかし，異なる種類の株式の交付が認められることを疑う見解が出て来たので，会社法は同一種類の株式に限らないこと(会186Ⅱ参照)を確認する意図で「株式無償割当て」という制度を新設している．

　株式の無償割当ては，経済的実質において株式分割と同一であるが，**株式分割とは次のような違いがある**．① 株式分割では同一種類の株式の数のみが増加するのに対し，無償割当てでは，同一種類の株式が増加する場合もあれば，異なる種類の株式が増加する場合もある．② 株式無償割当ての場合には，株式分割の場合と異なり，株主総会の決議によらずに，株式の授権枠を増加することができるという例外的な取扱いが認められていない(会184Ⅱ対照)．③ 株式分割では自己株式の交付はできないのに対し，株式無償割当てでは自己株式を交付することができる．④ 株式の分割は必ず基準日を設定しなければならないが(会183Ⅱ)，株式無償割当ては必ずしも基準日を設定する必要はない．

　なお，⑤ 株式の分割は「株式の発行」とは観念されないのに対し，株式無償割当ては一種の「株式の発行」であるとする説(江頭268注5)を採用するとこれも相違点となる(神田131頁は，株式分割は株式の発行ではないと整理されているが，経済的実質にかんがみると学問的には特殊の新株発行の一場合と考えるのが有益であるとする．なお[Ⅱ-2-3-5]参照)．⑤からは，違法な株式の無償割当てに募集株式の発行等の差止めの規定(会210)が類推適用されること(弥永真生「株式の無償割当て・新株予約権の無償割当て・株式分割と差止め」商事1751号4頁)は明らかである(最二小決平成19・8・7金判1273号2頁参照)．⑥ 自己株式に無償割当てはできないことは明らかであるが(会186Ⅱ)，自己株式が株式分割の対象となるか否かについては見解が分かれている[Ⅱ-2-2-31]．⑦ 株式の無償割当ての決定権限は，定款に定めれば，株主総会(取締役会設置会社では，取締役会)から他の機関に移譲することができるが(会186Ⅲ)，株式分割にはこれに相当する規定がない．

2 株式無償割当てに関する事項の決定

2-1-102 会社は，株式無償割当ての割当てをしようとするときには，定款で別段の定めをしない限り，取締役会設置会社にあっては**取締役会の決議**，それ以外の会社では**株主総会の決議**(普通決議．会309Ⅰ)により(会186Ⅲ)，その都度，① 株主に**割り当てる株式の数**(種類株式発行会社にあっては，株式の種類および種類ごとの数)またはその数の**算定方法**，② 当該株式無償割当ての**効力発生日**，および③ 会社が種類株式発行会社である場合には，当該株式無償割当てを受ける株主の有する**株式の種類**を定めなければならない(会186Ⅰ．金商166Ⅱ①ホ参照)．①の事項についての定めは，会社以外の株主(種類株主)の有する株式(種類株式)の数に応じて割り当てることを内容とするものでなければならない(会186Ⅱ)．株式無償割当てにより割り当てられる株式は，株主の有する株式の種類と**異なる種類の株式**でもよく，複数の種類の株式を割り当てることもできる．株式無償割当てを受ける種類株主は，1の種類の株主に限られているので，複数の種類の株式の種類株主に対して株式無償割当てを行う場合には，複数の株式無償割当ての手続を同時に行うことになる．株式無償割当てがある種類の株式の種類株主に**損害を及ぼすおそれがある**ときは，ある種類の株式の内容として，種類株主総会の決議を要しない旨が定款で定めている場合を除き(会322Ⅱ Ⅲ)，その**種類株主総会の決議**(特別決議)が必要である(会322Ⅰ③・324Ⅱ④)．

3 効　力

2-1-103 株式無償割当てを受けた株主は，株式無償割当ての**効力発生日**に割り当てられた**株式の株主**となる(会187Ⅰ)．株式無償割当てには払込みまたは給付がないので，資本金の額は増加せず(計規13Ⅱ⑤・16Ⅰ[Ⅱ-2-5-96]．なお自己株式及び準備金の額の減少等に関する会計基準の適用指針37項参照)，株式無償割当ての際に自己株式を処分した場合には，当該自己株式の帳簿価額がその他資本剰余金の額から減額される(計規16Ⅱ．なお自己株式及び準備金の額の減少等に関する会計基準の適用指針10項参照)．無償であるから，自己株式の対価額もゼロである(計規16Ⅲ)．株式の無償割当てより，発行可能株式総数は変動しない．

　会社は，**効力発生日後遅滞なく**，**株主**(種類株式発行会社にあっては当該株式無償割当てを受ける株主の有する株式の種類の種類株主)および**その登録質権者**に対し，当該株主が割当てを受けた株式の数(種類株式発行会社にあっては株式の種類及び種類ごとの数)を**通知しなければならない**(会187Ⅱ)．

　株式の無償割当てにより端数が生じた場合の端数の処理は株式分割と同じである(会234Ⅰ③・Ⅱ～Ⅴ)．第6款でまとめて説明する．

190　第Ⅱ編　株式会社

4　変更登記

Ⅱ-2-1-104　発行済株式総数ならびにその種類および種類ごとの数ならびに変更年月日の変更登記を行う（会911Ⅲ⑨・915Ⅰ．なお商登46）．

第6款　1株未満の端数処理

Ⅱ-2-1-105　(ア)　① 株式会社が取得条項付株式を取得する場合（会170Ⅰ），② 株式会社が全部取得条項付種類株式の全部の取得をする場合（会173Ⅰ），③ 株式会社が株式の無償割当てをする場合（会185），④ 株式会社が取得条項付新株予約権を取得する場合（会275Ⅰ），⑤ 吸収合併の際に消滅会社の株主または社員に存続会社の株式を交付する場合（会749Ⅰ②イ参照），⑥ 新設合併の際に消滅会社の株主または社員に新設合併設立会社の株式を交付する場合（会753Ⅰ⑥参照），⑦ 株式交換により完全子会社の株主に完全親会社の株式を交付する場合（会768Ⅰ②イ），および⑧ 株式移転により完全子会社の株主に完全親会社の株式を交付する場合（会773Ⅰ⑤参照）に株主，新株予約権者または社員に交付すべき株式の数に**1株に満たない端数**（端株〔米 fractional share〕）があるときは，その**端数の合計額**（その端数の合計額に1に満たない端数がある場合にあっては，これを切り捨てるものとする）に相当する株の株式を競売し，かつ，その端数に応じてその競売により得られた**代金**を当該者に交付しなければならない（会234Ⅰ）．株式会社は，競売に代えて，**市場価格のある**株式については市場価格として法務省令（会施規52）で定める方法により算定される額をもって[36]，**市場価格のない**株式については**裁判所の許可**を得て**競売以外の方法**により，これを売却することができる．この場合において，当該許可の申立ては，取締役が2人以上あるときは，その全員の同意によってしなければならない（会234Ⅱ・Ⅲ）．株式会社は，売却する株式の全部または一部を**買い取る**ことができる．この場合においては，① 買い取る株式の数（種類株式発行会社にあっては，株式の種類及び種類ごとの数），② 株式の買取りをするのと引換えに交付する金銭の総額を定めなければならない（会234Ⅳ・155⑨）．取締役設置会社においては，この決定は，取締役会の決議によらなければならない（会234Ⅴ）．株式の買取りには財源規制の適用がある（会461Ⅰ⑦・465Ⅰ⑨）．

会社が株主または社員に会社の**社債または新株予約権**を交付するときにも，第5項を除き，これらの規定は準用される（会234Ⅵ＝Ⅰ～Ⅳ．会施規51）．

Ⅱ-2-1-107　(イ)　株式会社が，**株式の分割または株式の併合**をすることにより株式の数に1に

Ⅱ-2-1-106　[36]　**1株未満の端数を処理する場合における市場価格**　1株未満の端数を処理する場合における市場価格は，① その株式を市場取引によって売却する場合には，売却価格，② 売却日に売買取引がない場合または当該売却日が当該市場の休業日に当たる場合には，その後最初になされた売買取引の成立価格，③ 売却日に公開買付けが行われており，その買付価格が取引価格より高い場合には，買付価格である（会施規50）．

満たない端数が生ずるときも(ア)と同様である（会235Ⅰ・Ⅱ［＝234Ⅱ～Ⅴ］, 461Ⅰ⑦・465Ⅰ⑨ロ. 会施規52).

なお取得請求権付株式の取得請求の場合における端数処理については会社法167条3項・4項（会施規31～33），新株予約権の行使の場合における端数処理については283条に規定が置かれている．

第7款　単元株

1　総説

2-1-108　単元株制度とは，株主管理コスト節約のため，株式会社の定款で一定の数の株式を1単元の株式と定め，**1単元の株式には株主総会または種類株主総会において1個の議決権**を行使することができるが，単元株式数（会2⑳）に満たない数の株式（「**単元未満株式**」という）は**議決権を行使することができない**とし[37]，権利を縮小する制度である[38]（会188Ⅰ・189Ⅰ・308Ⅰ但書・325．なお会40Ⅱ但書・43Ⅱ但書，整備法86，会更

2-1-109　[37]　**単元株制度と発行済株式総数との関係**　平成13（2001）年6月の単元株制度創設に伴い，従来は発行済株式総数を基準としていた親会社・子会社の定義，株主総会の定足数，少数株主権の持株要件等は，発行済株式総数ではなく，議決権数（＝単元数）を基準とするように改められたが，会社法は，この基準の見直しを行っている．

2-1-110　[38]　**単位株制度と端株制度**　(a) 昭和56（1981）年改正商法は，出資単位を1株5万円に引き上げたが，その必要性は，昭和56年改正商法施行時にすでに存在していた会社についても認められた．しかし，単位引き上げのために株式の併合を強制すると，コストがかかり，市場も混乱するので，既存の会社の単位引き上げのための「**暫定的制度**」として**単位株制度**が新設された（昭56年改商附15～21）．単位株には完全な株主権が認められるが，単位未満株式には，株主管理コストを節約するため，財産権（自益権）しか認められなかった．上場会社には単位株制度の採用が強制される一方，非上場会社は採用が任意とされた．そして将来別に法律で定める日に，1単位株式を1株に併合する旨の総会決議があったものとみなすとされた．しかし20年を経過しても，株式併合が円滑に行えるほど上場会社の単位未満株式数は減少しなかったため，**平成13（2001）年6月改正法**は，単位株制度の将来の株式併合の準備という目的を廃止し，これに若干の改正を施した上，「**恒久的な制度**」として**単元株制度**を新設した（昭56年改商附15～21は削除されている．なお平成13年6月改正附則19Ⅱ参照）．

(b) 平成17（2005）年改正前には，端株制度が存在していた．端株とは，株式の発行，株式の併合または株式の分割によって生じた1株に満たない端数で，1株の100分の1または定款で定めた別の割合（例えば10分の1）の整数倍に当たるものをいう（平成17年改正前商220Ⅰ但書・220ノ2Ⅰ・Ⅲ）．**昭和56年商法改正**により，出資単位が引き上げられた結果，端数の経済的価値も相当に大きいものになるので（50円額面の株式999株も端株），端株主の利益を保護しようとし，額面が5万円以上の会社および1株当たりの純資産が5万円以上の会社に対しては，端株主に制限的な権利を認め，端株の合計が1株になったときには株式になるとする端株制度が新設・強制された（平成13年改正前商230ノ2～230ノ9，昭和56商改附6Ⅰ Ⅲ. 実際界では売買単位未満の株式を端株〔odd lot share〕という場合がある）．平成2（1990）年には定款に定めれば端株券を発行しなくてもよいことにされた．改正**平成13（2001）年6月改正法**は，出資単位を法で一律に強制することを廃止したため，① 端株制度を採用するか否かを会社の自由に任せる（定款で端株制度を排除することができる．排除されない限り端株制度が適用され

166 I 但書参照).

2　1単元の株式の数

II-2-1-111　(1)　**上　限**　株式会社は，定款で，一定の数の株式を1単元の株式とする旨を定めることによって，単元株制度を採用することができる．そのような定めをする会社について制限はない（なお昭和56改商附15 I 対照）．ただし**1単元の株式数の上限は1000**（会施規34）**および発行済株式の総数の200分1に当たる数である**[39]（会188 II，会施規34）．あまり大きな単位を認めると，株主の議決権を奪い，大株主等の濫用を認めることになるためである．**下限については制限がない**（なお昭和56改商附16対照）．

1単元の株式の数は登記事項である（会911 III ⑧）．このほか，募集株式申込みの通知（会203 I ④，会施規41④），募集新株予約権申込みの通知（会242 I ④，会施規54④）の内容となる．

種類株式発行会社においては，**単元株式数は，株式の種類ごとに定めなければならない**（会188 III）．これは，株式の種類が異なるときには，その株式の価値に差異があるので，これら別々の種類の株式に一律に1単元の株式の数を定めると，むしろ株主間に実質的に不平等が生じるおそれがあるからである．もちろん，数種の株式につき1単元の株式の数を同じくすることはできるが，数種の株式間で合わせて1単元とすることは許されず，普通株式にのみ単元株制度を採用し，数種の株式にこれを採用しない場合には，「他の種類株式についての1単位の株式の数は1とす

る）と共に，② 採用する場合にも定款で端数の割合を自由に定めることとした（平成17年改正前商220ノ2 III）．端株制度と単元株制度の併用を認めると，端株の単位が小さくなりすぎるため，単元株制度採用会社は，端株制度を採用しないものとされたが（平成17年改正前商221 IV），両制度の併存は規定を複雑にし，会社法制の現代化の方針に反するので，**会社法は，端株制度を廃止し，単元株制度に一本化した**．ただし，単元未満株主の権利内容につき定款をもって定める余地を拡大し，旧法の端株と実質的に同じ取扱いをすることも可能にしている．経過措置については整備法86参照．

II-2-1-112　[39]　**1単元の株式数**　平成17（2005）年改正前商法では単元株の株式の数は，1,000および発行済株式総数の200分の1に当たる数を超えることができないとされていた（改平成17年改正前商221 I）．1,000という数は，単位株制度採用会社の大部分が1,000株［＝5万÷50（額面）］以下を1単位としていたので，このような会社が円滑に単元株制度に移行しうるように配慮した数である．発行済株式総数の200分の1（0.5）という数は，最低資本金である1,000万円を改正前商法下の最小の株式の大きさである5万円で除した数であり，小さい会社で不当に少ない株式数により，会社の支配をしてしまうことを防止しようとしたものであった．会社法施行規則は合理性に乏しいので発行済株式総数の200分の1（0.5）という数を廃止した（相澤哲＝郡谷大輔「株式・新株予約権・社債」商事1760号10頁）．しかし平成21（2009）年改正会社法施行規則は，「単元株式数についての規律の趣旨である少数株主の保護をより十分なものとするためには，発行済株式総数しかない現行の規律に，発行済株式総数に連動する規律を加える必要がある」という理由で，平成17年改正前の規制を復活している（大野＝小松＝澁谷＝黒田＝和久・商事1862号18頁）．発行済株式総数が1,000未満の会社が，単元株式数を1,000と定めること自体は，直ちに禁止されるものではない（論点117頁）．

る」と定めることが必要である．

2-1-113　(2)　**単元株制度の導入・廃止等**　(ア)　**導入等**　会社の成立後，定款を変更して**単元株制度を採用**する場合には，**定款変更を目的とする株主総会決議**(特別決議．会309Ⅱ⑪)が必要であるが，取締役は，その変更を必要とする理由を説明しなければならない(会190)．**単元株数を増加**する場合も定款変更決議が必要である(会466・309Ⅱ⑪)．

2-1-114　(イ)　**株式分割の場合**　株式の分割と同時に，単元株式数(種類株式発行会社にあっては，各種類の株式の単元株式数)を増加し，または1単元の株式数を設定する場合において，分割後に各株主がそれぞれ有する株式数を分割後の1単元の株式の数で除して得た数が，分割前に各株主がそれぞれ有していた株式数(単元株式数を定めている場合にあっては，当該株式数を単元株式数で除して得た数)を下回らないこととなるときは，当該1単元の株式の数の増加または単元株に設定に係る**定款変更は，株主総会の決議によらないで行うことができる**(会191)．このような定款変更によって株主は不利益を受けないし，株主総会招集のコストを節約できるからである．これは，端株制度を採用する会社が，端株主の権利に実質的変更を加えずに単元株制度に移行する最も簡単な方法(従来の端株の最小単位を1株とする株式分割を行い，同時に，従来の1株を1単元とする定款変更を行う方法)を，株主総会の決議によらず，行うことを認めようとするものである(江頭・商事1725号10頁)．

2-1-115　(ウ)　**単元株式数の減少等**　単元株制度を採用した会社が，その後1単元の株式数を減少し，または**単元株制度を廃止**する場合は，これらは実質的には株式の分割であり，株主に利益をもたらすので，**取締役の決定**(取締役会設置会社にあっては取締役会の決議[委員会設置会社では執行役への委任可(会416Ⅳ)])だけで**定款変更ができる**(会195Ⅰ)．定款の変更をした場合には，会社は，定款変更の効力が生じた日以後遅滞なく，その**株主**(種類株式発行会社にあっては，単元株式数を変更した種類の種類株主)に対し，定款の変更をした旨を**通知**(会195Ⅱ)または**公告**しなければならない(会195Ⅲ)．また，ある種類の株式について1単元の数を少なくするような場合，その種類の株式の議決権が増加するので，他の種類の株主総会の決議が必要になる(会322Ⅰロ)．もっとも定款で種類株主総会の決議を不要とすることができ(会322Ⅲ[Ⅱ-4-2-109])，損害を受けるおそれのある種類株主には株式買取請求権が認められる(会116Ⅰ③ハ)．

3　単元未満株主の権利

2-1-116　1単元の株式には**1個の議決権**が認められるが(会188Ⅰ・308Ⅰ但書)，単元未満株式には議決権が認められない(会189Ⅰ)．したがって総会出席権・質問権を含め，一切の総会参与権は認められない(会297Ⅲ・303Ⅳ・305Ⅲ・325参照)．議決権数を基準とする少数株主権は認められないが，**議決権に関わりのない管理権**(共益権)，例えば違法行為差止請求権等は認められる．

単元株制度では，**株券発行会社は，単元未満株式に係る株券を発行しないことが**

できる旨を定款で定めることができる(会189Ⅲ. なお平成13年附則9Ⅳ参照). このような定めがなければ, 株主は株券の発行請求権を有し, 単元未満株式は, 株券を交付することにより譲渡することができる[40](会128Ⅰ本文).

他方, 単元未満株主には①　全部取得条項付種類株式の取得対価を受ける権利(会171Ⅰ①参照), ②　取得条項付株式の取得対価を受ける権利, ③　株式無償割当てを受ける権利(会185), ④　単元未満株式買取請求権(会192Ⅰ), ⑤　残余財産分配請求権(会504), および⑥　法務省令で定める権利[41]を制限することはできないが, それ以外の権利の全部または一部を定款で制限することができる(会189Ⅱ). これは従来の端株主の権利に合わせたものである.

4　単元未満株主の買取請求

Ⅱ-2-1-119　**(1)　総説**　株券発行の有無に関わらず, 単元未満株主は, 会社に対し, 自己の有する単元未満株式を買い取ることを請求することができる(会192Ⅰ・155⑦・189Ⅱ④. なお平成20年12月5日全株懇理事会決定「単元未満株式の買取制度事務取扱指針」(振替法適用会社用) 商事1854号121頁参照). 株券が発行されていても, 単元未満株式の譲渡には, 議決権がないため制約があると考えられるからである. 買取請求権はいつでも行使す

Ⅱ-2-1-117　(40)　**単位未満株式との比較**　(a)　単元未満株式には議決権と関わりのない管理権(共益権)が認められる点で, 管理権が一切認められなかった単位未満株主の権利より(平成56年改商附則18Ⅰ対照), 単元未満株主の権利は広い. これは, 管理権中議決権を排除すると株主管理コストの削減という目的が達せられること, および単元株には単元未満株式を単元にまとめるという政策目的がないことによる. しかし改正前に単位未満株主に当然認められていた**代表訴訟提起権を認めるか否かは, 会社の定款の自治に委ねられている**(会847Ⅰ括弧書).

(b)　単位株制度は, 株式の併合を目的としたため, 単位未満株式に対する株券の発行を禁止していた(昭和56改商附18Ⅰ対照). これに対し, 単元株制度では**単元未満株式に係る株券を発行するか否かは会社の定款の自治に委ねられている**. これは, 会社に, 零細な数の株式に関する株券の発行コストの節約を認めようとするものである. このような定款の定めがなければ会社は株券を発行しなければならない.

Ⅱ-2-1-118　(41)　**法務省令が定める制限できない権利**　法務省令が定める制限できない権利は, ①　定款の閲覧等請求権(会31Ⅱ), ②　株主名簿記載事項を記載した書面交付請求権等(会122Ⅰ), ③　株主名簿の閲覧等請求権(会125Ⅱ), ④　株主名簿の名義書換請求権(会133Ⅰ. ただし, イ　相続その他の一般承継, ロ　吸収分割・新設分割による他の会社がその事業に関して有する権利義務の承継, ハ　株式交換・株式移転による他の株式会社の発行済株式の全部の取得, ニ　所在不明株主の株式の売却(会197Ⅱ), ホ　1株に満たない端数の売却(会234Ⅱ・235Ⅱ), ヘ　競売により取得した場合における請求に限る), ⑤　譲渡制限株式を取得した場合の取得承認請求権(会137Ⅰ. ただし, ④イからヘまでに掲げる事由により取得した場合における請求に限る), ⑥　株式の併合・分割, 新株予約権無償割当て, 剰余金の配当または組織変更により金銭等の交付を受ける権利, ⑦　会社が行う吸収合併, 新設合併, 株式交換および株式移転による対価の交付を受ける権利である(会施規35Ⅰ). 会社が, 株券発行会社である場合には, (イ)①③⑥および⑦の権利, (ロ)　株主名簿の名義書換請求権(会133Ⅰ), (ハ)　譲渡制限株式を取得した場合の取得承認請求権(会137Ⅰ), (ニ)　株券発行請求権(単元未満株式に係る株券を発行しないことができる旨の定款がない場合), および(ホ)　株券不所持申出権(単元未満株式に係

ることができ(形成権)，反対株主の株式買取請求権のような**行使期間の限定**(会116Ⅴ等参照)はない．これは，反対株主の株式買取請求権が少数派の保護を目的とするのに対し，単元未満株式買取請求権は単元未満株主に**投下資本の回収を確保すること**を目的としているからである．買取請求につき財源規制はない(会461対照)．単元未満株式買取請求権は定款で奪うことができない．

買取請求は，その請求に係る単元未満株式の数(種類株式発行会社にあっては，単元未満株式の種類および種類ごとの数)を明らかにしてしなければならない(会192Ⅱ)．単元未満株主は，**会社の承諾を得た場合に限り，当該請求を撤回することができる**(会192Ⅲ．これは，会社の承諾がなくても請求を撤回することができるものとすると，市場価格のある株式について請求をしておき，市場価格で取得または売却をした場合よりも有利となる場合にはその請求を維持し，そうでない場合には請求を撤回するというようなことが行われる可能性があるからである)．

例えば1000株を1単元と定めた会社において，株主名簿上1500株を有する株主が800株分の株券を呈示して買取請求をしても，会社は，原則として請求を拒むことができない．株主が700株を他に譲渡している可能性があるからである(江頭278頁注5)．

2-1-120 **(2) 単元未満株式の価格の決定** 単元未満株式の買取請求があったときの単元未満株式の価格は，① 当該単元未満株式が**市場価格**のある**株式である場合**には，その市場価格として法務省令で定める方法により算定される額[42]，② ①以外の場合には，会社と買取り請求をした単元未満株主との**協議**によって定める額である(会193Ⅰ①②)．②の場合には，単元未満株主または会社は，当該買取り請求をした日から20日以内に，**裁判所**に対し，価格の決定の申立てをすることができる(会193Ⅱ)．裁判所は，価格の決定をするには，買取請求の時における会社の資産状態その他一切の事情を考慮しなければならない(会193Ⅲ)．20日内に価格の決定の申立てがないときは，1株当たり純資産額に請求に係る単元未満株式数を乗じて得た額が単元未満株式の価格である(会193Ⅴ)．20日内に，価格決定の申立てがあったときは，裁判所が定めた額が単元未満株式の価格である(会193Ⅳ)．

買取りは，株式の代金の支払いの時に効力を生ずる(会193Ⅵ)．株券発行会社の場合には，株券と引換えに，その請求に係る株式の代金を支払わなければならない(会193Ⅶ)．取得につき財源規制はない(会461対照)．

2-1-121 る株券を発行しないことができる旨の定款がない場合)である(会施規35Ⅱ)．

[42] **市場価格のある単元未満株式の買取り価格** ① 請求日における当該株式を取引する市場における最終の価格(市場が複数ある場合において最終取引価格は，それらの市場における最終取引価格のうち最も高い額．論点121頁)であるが，② 請求日に公開買付け等の対象となっていて，当該公開買付け等に係る契約における価格が高いときは②の価格である(会施規36．なお附則3Ⅱ．②を当分の間適用しない)．

5 単元未満株式の売渡請求制度

Ⅱ-2-1-122 　会社は，**単元未満株主**が，その有する単元未満株式の数と併せて単元株式数となる数の株式を売り渡すことを**会社に対して請求**することができる旨を定款で定めることができる（会194Ⅰ）。平成14（2002）年改正で導入された制度である。定款で定めるべきこととされたのは，募集株式の発行等の手続（会199）によらないで，自己株式を処分することを認めるという点で例外的な制度であるからである。単元未満株式売渡請求は，当該単元未満株主に売り渡す単元未満株式の数（種類株式発行会社にあっては，単元未満株式の種類及び種類ごとの数）を明らかにしてしなければならない（会194Ⅱ）。会社は，当該単元未満株式売渡請求を受けた時に**単元未満株式の数に相当する数の株式を有しない場合を除き，自己株式を単位未満株主に売り渡さなければならない**（会194Ⅲ。平成20年12月5日全株懇理事会決定「単元未満株式の買増制度取扱指針（振替法適用会社用）」商事1854号122頁参照）。単元未満株式の売渡請求をした単元未満株主は，会社の承諾を得た場合に限り，当該請求を撤回することができる（会194Ⅳ＝192Ⅲ）。

　売渡請求をした単元未満株式の価格の決定は，買取り請求の場合と同じである[43]（会194Ⅳ＝193Ⅰ～Ⅵ）。

　単元未満株式売渡請求を受けた場合，自己株式が処分され，株式の発行はないため，**資本金等増加限度額**（計規13Ⅰ参照）はゼロである（計規19Ⅰ [Ⅱ-5-2-101] なお [Ⅱ-5-3-24] 参照）。

第2節　自己株式の取得・親会社株式の取得の規制と株式の相互保有

第1款　自己株式の取得

1　総　説

Ⅱ-2-2-1 　**自己株式**とは，**株式会社が有する自己の株式**をいう（会113Ⅳ）。平成13（2001）年改正前商法は，会社が自己の株式を「取得」することを一般予防的・政策的に原則として禁止し[44]，例外的に法律が認めた場合および解釈上類型的に弊害が生じない

Ⅱ-2-1-123 　[43] 市場価格のある単元未満株式の売渡し価格は，会施規36条と同一である（会施規37．改正附則3Ⅱ）。

Ⅱ-2-2-2 　[44] **自己株式の取得・保有の弊害とその長所**　(a) 自己株式の取得・保有の弊害として，①　資本・資本準備金を財源とする場合には出資の払戻となること，②　相場操縦（金商159・160参照）や内部者取引（金商163・164・166・167参照）に利用され，投機の弊を助長するおそれがあること，③　経営者の地位の保全のために利用されるおそれがあること（会308Ⅱ参照．なお東京高判平成8・2・26判時1575号131頁 [国際航業事件] 参照），および④　取得代金または売却代金

ことが明らかな場合(自己株式の無償取得,問屋たる会社の取次行為としての取得)に限り,自己株式の取得〔英 purchase by a company of its own shares：米 acquisition of own shares by corporation：独 Erwerb eigener Aktien：仏 achat par une sociétés de ses propre actions：伊 acquisto delle proprie azioni：西 adquisición de acciones propias〕を認めていたが,このようにして取得された自己株式については,原則として相当の時期に処分すべきものとしていた(45)(平成13年改正前商210・211,欧州型)。しかし,産業界では,特に公開会社の財務戦略上の観点等から,自己株式の買受規制の緩和を主張する意見が強かったため,**平成13年第1次改正法**は,アメリカ法の規制にならい,自己株式の取得と保有を認める規制に転換した(会社は自己株式を期間制限なくその金庫に入れておくことから,**金庫株**〔英米 treasury stock：独 Verwaltungsaktie〕の解禁とも呼ばれた)。すなわち,取得の目的規制・数量規制・保有期間を廃止し,① **取得の手続**,② **取得の方法および**③ **取得の財源のみを規制**し,保有する自己株式を処分する場合は,原則として新株発行の手続に準ずることとした。

　会社法は,交換などその対価が現金でない場合をも含むことを明らかにするため,平成17(2005)年改正前商法が使用した自己株式の「買受け」(改正前商210)という用語に代え,自己株式の「取得」(会155)という用語を使用すると共に,① 取得条項付株式の取得事由(会107Ⅱ③イ)が生じた場合,② 譲渡制限株式の譲渡の不承認に対し買取等の請求があった場合(会138①ハ・138②ハ),③ 株主との「合意」により自己株式を有償取得する場合(会156〜165),④ 取得請求権付株式の株主からの取得請求があった場合(会166Ⅰ),⑤ 全部取得条項付種類株式の取得に関する株主総会決議があった場合(会171Ⅰ),⑥ 定款の規定に基づき株式の相続人等一般承継人に対

によっては株主平等の原則に反するおそれがあることを挙げることができる(通説)。しかし,(β)自己株式の取得・保有を認めると,① 余剰資金があるときにそれを株主に返却することができること,② 株式交換,会社分割,合併等の企業の組織再編成の際に,新株の発行に代えて会社が保有する自己株式を割り当てることが可能になり,新株発行に伴う配当負担の増加や既存株主の持株比率の低下を防ぎながら,機動的な組織再編ができるだけでなく,③ 新株予約権の行使に際し新株の発行に代えて会社が保有する自己株式を移転することが可能になるし,④ 株式の相互保有の解消のために放出された自己株式を取得することにより株式市場の需給関係の安定化や株価下落の阻止を図ることができ,また,⑤ 提携先等が放出した自己株式を敵対的買収者が取得することを阻止することができる(なお吉原和志「自己株式取得規制の緩和に関する論点(1)(2完)」民商107巻3号325頁[1992],108巻3号337頁[1993]参照)。このようなメリットがある。(γ)また,上記弊害は,取得・保有を禁止しなければ防止できないものではない。それ故,平成13(2001)年改正法は(α)で述べた弊害に対する対策を講じた上で自己株式の取得・保有を解禁した(以下の条文は現行法に合わせている)。①の弊害に対しては,取得財源規制を設け,②に対しては証券取引法(金融商品取引法)を整備(金商162の2・166Ⅱ①ニⅢ・24の6参照)し,③の弊害については,自己株式の議決権を制限すると共に(会308Ⅱ・325),保有する自己株式を特定の者に譲渡することによりその者の支配力を強めることを防止するため,自己株式の処分に際し,新株発行の場合と同様の手続によるべきこととしている(会199)。④の弊害については,自己株式の取得方法を限定すること等(会160ⅠⅢ・165)により株主平等の原則に配慮をしている。

198　第Ⅱ編　株式会社

して売渡請求をした場合（会176Ⅰ），⑦　単元未満株式の買取請求があった場合（会192Ⅰ），⑧　所在不明株主の株式の売却の際に買い取る場合（会197Ⅲ），⑨　株式の端数の処理として売却される株式を買い取る場合（会234Ⅳ・235Ⅱ），⑩　他の会社（外国会社を含む）の事業の全部を譲り受ける場合においてその他の会社が有する株式を取得する場合（会467Ⅰ③），⑪　合併後消滅する会社から存続会社の株式を存続会社が承継取得する場合（なお会795Ⅲ参照），⑫　吸収分割する会社から自己株式を承継する場合（会758③・795Ⅲ参照），⑬　そのほか法務省令で定める場合（会施規27）に限り（**限定列挙**），自己株式[46]の取得が認められることを明らかにしている（会155・509Ⅱ，会施規151［Ⅵ-1-2-29］参照）．

Ⅱ-2-2-3　(45)　**自己株式規制の沿革**　(a) 昭和25（1950）年法は，自己株式の取得を① 株式の消却のためにするとき，② 合併・他の会社の営業全部の譲受けによるとき，③ 会社の権利の実行に当たりその目的を達するため必要なとき（強制執行などをなすにあたり，債務者に会社の株式以外の財産がないとき），④ 株主の株式買取請求権に応じて株式を買取るときの4つの場合に限り例外的に許容していた（平成6年改正前商210）．(β) 平成6（1994）年改正法は，許容範囲を，① 譲渡制限会社における売渡請求に基づく取得（平成9年改正前商210⑤），②（発行済株式数の3％までの）使用人に譲渡するための取得（同210ノ2），③ 譲渡制限会社の相続人からの取得（同210ノ3）および④ 利益消却のための取得（同212ノ2）に拡大した．(γ) 平成7（1995）年改正「特定新規事業実施円滑化臨時措置法」はストック・オプションを初めて導入したが，平成9（1997）年商法改正（議員立法）は，これを株式会社一般に拡大し（発行済株式数の10％までに拡大），⑤ 自己株式方法のストック・オプションのほかに⑥ 新株引受権方式のストック・オプションを認めた（⑤と⑥の併用を認めない）．(δ) 平成12（2000）年改正法は，⑤と⑥の併用を認めた（平成13年改正前商210ノ2Ⅳ・280ノ19Ⅲ）．(ε) 平成13（2001）年改正商法は，これら全部の規定を削除している．他方，平成9年には，「株式の消却の手続に関する商法の特例に関する法律」（消却特例法）が，取締役会決議による株式消却のための取得を認めたが，翌年には，資本準備金による株式消却のための取得も認めた（同法3の2．この規定は，当初平成12年3月31日までの時限立法であったが，平成14年3月31日に延長された．附則5Ⅰ）．(ζ) 「土地の再評価に関する法律」は，平成14（2002）年3月31日までの間に限り，定款に定めることにより，上場会社・店頭登録会社は，取締役会の決議で土地再評価差額金を原資として自己株式を買受け，消却することをできることを認めていたが（8の2），時限の満了で廃止された．(η) 平成15（2003）年商法改正（議員立法）は，廃止された消却特例法において認められていた制度を実質的に復活させた（平成15年改正商211ノ3ⅠⅢⅣ）．この規定は，会社法165条に引き継がれている．

Ⅱ-2-2-4　(46)　**法務省令で定める場合**　(a) **無償取得**（会施規27①），(β) 会社が有する株式等について自己株式の割当てを受けるような場合（**割当取得**）．具体的には，① 会社が有する他の法人等の株式につき剰余金の配当または残余財産の分配（これらに相当する行為を含む）により自己株式の交付を受ける場合（会施規27②），② 会社が有する他の法人等の株式について，組織変更，合併，株式交換，取得条項付株式，全部取得条項付種類株式の取得の対価として自己株式の交付を受ける場合（会施規27③），③ 会社が有する他の法人等の新株予約権等を当該他の法人等が取得することの対価として自己株式を受ける場合（会施規27④），(γ) 会社が**株式買取請求**に応じて自己株式を取得する場合（会施規27⑤），(δ) 会社が① 合併消滅法人等（会社を除く）から自己株式を承継する場合（会施規27⑥），② 他の法人等（会社および外国会社を除く）の事業全部の譲り受けの際に自己株式を譲り受ける場合（会施規27⑦），③その権利の実行に当たり目的を達成するために自己株式を取得することが必要かつ不可欠である場合である（**承継取得**）．

第2章 社員たる地位 第2節 自己株式の取得・親会社株式の取得の規制と株式の相互保有 **199**

図3 合意による自己株式の取得手続

授権機関	原則：株主総会・普通決議(156 I)		
	例外 I：取締役 取締役の任期を選任後最初の決算期に関する定時総会の終決の日までとする監査役会および会計監査人設置会社で定款の定めがある会社(459 I)	例外 II：取締役会 子会社からの取得(163)	例外 III：取締役会 取締役会の決議で市場取引・公開買付けにより取得することを定めることができる旨の定款がある会社(165)

業務執行者による取得の決定・取得

特定の者から取得する場合：+特定の者に対してのみの通知を行う旨の株主総会＝特別決議(160・309 II ②) 原則：他の株主は自己を加えるよう請求できる(160 II III) 例外：他の株主が自己を加えるよう請求できない場合 　①市場価格ある株式の市場価格を超えない取得(161) 　②非公開会社の総会で議決権を行使したことがない相続人等からの取得(162) 　③他の株主は自己追加権がないとの定款の定めがある場合(164)	株主全員から譲渡しの申込みを受ける場合

取締役の決定または取締役会の決議	(157)

特定の株主に対する通知(160 V)	全株主に対する通知・公告(＝公開会社)	(158)

株主の譲渡しの申込み	(159 I)

会社による申込みのみなし承諾	(159 II)

注：相澤哲ほか「株式（株式会社による自己の株式の取得）」別冊商事法務 No.295参照．

　もっとも，会社名義による取得であっても，問屋（金融商品取引業者）が委託の実行として自己株式を有償取得する場合のように，他人の計算で行う場合には弊害がないので，ここにいう自己株式の取得に当たらず，逆に，自己の計算で他人名義で自己株式を取得する場合は該当する[47]（会963Ｖ①．大判大正11・9・27刑集１巻502頁，松山地判昭和42・7・10判時501号95頁参照）．なお，平成13（2001）年改正前商法では，会社の権利の実行に当たり目的を達するために必要な場合には取得が許容されていたが（平成13年改正前商210③），会社法ではこれに相当する規定がない一方，子会社による親会社株式の取得には相当の規定があるので（会施規23⑬），旧法と同様に考えることができないと考える（同旨・解説37頁注２．反対アドバンス175頁，弥永・演習44頁）．

　清算中の会社は，原則として自己株式を取得することができない（会509 I ①・II）．

---

(47) **市場において行う取引による自己株式の売却の不許容**　政府提出の原案には，一定の限度で自己株式を市場において行う取引により売却する旨を定款で定めうることが規定されていたが（法案179），インサイダー取引等に悪用される危険を理由に削除されている．

なお上場会社等が行う自己株式の売買またはその委託等は，相場操縦行為を防止するため，有価証券規制府令に従って行う必要がある（金商162の2．有価証券規制府令16～20参照）．

2 株主との合意による自己株式の有償取得手続

II-2-2-6 **(1) 総　説**　会社法156条から165条は，株主との「合意」による自己株式の「有償取得」を規律している（なお，会156Ⅱ参照）．ここで合意とは，具体的な取得の場合において会社と株主との間で行われる合意を意味している．

II-2-2-7 **(2) 原　則　(a) 株主総会の普通決議**　(ア) 会社が自己株式を取得しようとするときは，**株主総会の普通決議**（会309Ⅰ）により，① 取得する**株式の数**（種類株式発行会社にあっては，株式の種類および種類ごとの数），② 株式を取得するのと引換えに交付する**金銭等**（金銭その他の財産．会151括弧書．当該株式会社の株式等［株式，社債および新株予約権］を除く．会107Ⅱ②ホ括弧書）**の内容およびその総額**ならびに③ 株式を取得することができる**期間**（1年以内で自由に定めることができる）**を定める**（会156Ⅰ．なお金商166Ⅱ①ニ参照）．会社法は，金銭以外の財産を配当財源とする剰余金の配当を認めたので（会454Ⅰ①），取得対価は金銭以外でもよい．また定時株主総会以外の株主総会において剰余金の配当を決議できるので（会453・454），総会を定時総会に限定していた平成17（2005）年改正前商法（改正前商210Ⅰ）と異なり，定時総会に限定されない．総会の決議が必要なのは，自己株式の有償取得は剰余金の配当の行為であるからである．授権期間は，改正前商法では，一律に決議後最初の決算期に関する定時総会の終結の時までとされていたが（改正前商210Ⅱ①），会社法では授権決議は定時株主総会によらなくてもよいことから，総会の決議により1年以内の範囲で定めることとされている（会156Ⅰ③）．

II-2-2-8 (イ) 株主総会における**授権決議に基づいて自己株式を取得しようとするときは，取締役**（会348Ⅰ．取締役会設置会社においては**取締役会**．会157Ⅱ）**は，その都度**（株式の取得の条件は，決定ごとに均等に定めなければならない．会157Ⅲ），① 取得する株式の数（種類株式発行会社にあっては，株式の種類および種類ごとの数），② 株式1株を取得するのと引換えに交付する金銭等の内容および数もしくは額またはそれらの算定方法，③ 株式を取得するのと引換えに交付する金銭等の総額および④ 株式の「譲渡し」の**申込期日を**定め（会157Ⅰ），「**株主全員**」（取得する株式が種類株式である場合には，その種類の株式の株主全員）**に対して通知**しなければならない（会158Ⅰ．なお会976②参照）．株主を平等に取り扱うためである．公開会社では，**公告**でもよい（会158Ⅱ．なお会976②参照）．

通知を受けた**株主**は，申込期日（会157Ⅰ④）までに，会社に対し，その申込みに係る株式の数（種類株式発行会社にあっては，株式の種類および数）を会社に通知し，**株式の譲渡の申込みをする**（会159Ⅰ）．会社は申込期日に株主が申込みをした株式の譲

受けを承諾したものとみなされる．ただし，株主が申込みをした株式の総数（申込総数）が取得総数を超えるときは，取得総数を申込総数で除して得た数に株主の申込みをした株式の数を乗じて得た数（その数に1に満たない端数がある場合にあっては，これを切り捨てる）の株式の譲受けを承諾したものとみなされる（会159Ⅱ．**按分取得**）．株主相互間の平等を図るためである．

Ⅳ-2-2-9　(b)　**特定の株主からの取得**　(a) 株主総会において，(ア)の決定と併せて，**特別決議により**（会309Ⅱ②），「**特定の株主**」にのみ通知を行う旨を決議することができる（会160Ⅰ．なお銀行等の株式等の保有の制限等に関する法律40参照）．特別決議としたのは，相対取引が株主平等の原則に違反するおそれがあることを考慮したためである．

　この場合には，① 取得する株式が**市場価格のある株式**である場合であって，その株式1株を取得するのと引換えに交付する金銭等の額が当該株式1株の市場価格として法務省令で定める方法により算定されるもの[48]を超えない場合（会161），② 非公開会社の株主総会または種類株主総会で議決権を行使したことがない相続人等からの取得の場合（会162），③ 特定の株主からの株式（種類株式発行会社にあっては，ある種類の株式）の取得であっても，**他の株主が自己を特定の株主に追加する旨の請求はできない旨の定款の定めがあるとき**（会164Ⅰ．このような規定に定款を変更するには株主全員の同意が必要である．会164Ⅱ［Ⅴ-1-2-10］・［Ⅴ-1-2-13］）を除き，株主に平等の売却の機会を与えるため，法務省令で定める時までに，**株主**（種類株式発行会社にあっては，取得する株式の種類の種類株主）**に対し，特定の株主に自己をも加えたものを株主総会の議案とするよう請求することができること**（売主追加請求権〔米 tag along right〕）を通知しなければならない[49]（会160Ⅱ）．

　①の場合に追加請求を認めないのは，取得価額が適当である限り，市場でその株式を売却することができる他の株主の保護に欠けることはないと考えられるからである．②は，非公開会社において，相続等により会社にとって好ましくない者が株主となった場合において，その株主が株式を手放すことに異議がないときは，他の株主の追加請求を排除することにより，その実現を支援しようとするものである．公開会社を除外しているのは，これを含めると，財源規制のため（会461Ⅰ②），当該相続人から株式を取得することができなくなる可能性があるからである（論点161頁）．

Ⅳ-2-2-10　[48]　**市場価格を超えない額の対価による自己株式の取得**　株主総会の決議の日の前日における当該株式を取引する市場における最終の価額と株主総会の決議の日の前日において当該株式が公開買付け等の対象であるときは，当該日における当該公開買付け等に係る契約における当該株式の価格のうちいずれか高い額である（会施規30）．

Ⅳ-2-2-11　[49]　**特定の株主から自己株式を取得する際の通知時期**　原則として株主総会の日の2週間前までであるが，株主総会招集通知の通知を発すべき時が2週間前から1週間前までの間である場合には，当該通知を発すべき時までとし，さらに，当該時が総会の日の1週間を下回る期間前である場合または株主全員の同意により招集手続なく総会を開催する場合（会300）には，総会の日の1週間前までである（会施規28）．

また議決権を行使した場合には，当該相続人は株主となることを選択したとみなされるためである．③の場合に追加請求を認めないのは，株主全員の同意する定款に基づくのであれば，特定の株主のみから取得することを認めても，他の株主に不測の損害を与えるおそれは少ないと考えられたことによる．

　これらの場合以外は，株主は，特定の株主に自己をも加えたものを株主総会の議案とするよう，**株主総会の日の5日**（定款で期間を短縮可）**前**（会施規29．ただし公開会社でない株式会社においては，3日（定款で期間を短縮可）前とする）までに，**請求することができる**（会160Ⅲ）．この請求は，株主総会における株主の議案提案権（会304）の特例と位置付けることができる．特定の株主以外の株主の全部がその株主総会において議決権を行使することができない場合を除き，この総会においては，その**特定の株主**（売主追加請求権を行使した株主を含むと解する）**は議決権を行使することができない**（会160Ⅳ）．会社は特定の株主から相対で自己株式を取得することになるので，特定の株主は強度の特別利害関係人となるからである．

　特定の株主が総会で決まった場合には，**特定の株主に対して自己株式取得に関する事項の通知を行う**（会160Ⅴ・158Ⅰ）．

Ⅱ-2-2-12　**(3) 取締役会決議に基づく取得**　(α) 取締役の任期を選任後最初の決算期に関する定時総会の終結の日以前までと定めている監査役会・会計監査人設置会社および委員会設置会社（なお会327Ⅴ参照）では，株主との合意による自己株式の取得（特定の株主からのみ取得する場合を除く）に関する事項（会156Ⅰ）を取締役会が定めることができる旨を定款で定めることができる[50]（会459Ⅰ①）．この定めがある場合には，株主総会または取締役会で自己株式の取得を定めることになるが，**定款で，株主総会の権限を奪うことができる**（会460Ⅰ．この定款の定めは，最終事業年度に係る計算書類が法令および定款に従い会社の財産および損益の状況を正しく表示しているものとして法務省令で定める要件に該当する場合に限り，その効力を有する．会460Ⅱ）．

　この場合には，取締役会の決議によって，① 取得する株式の数（種類株式発行会社にあっては，株式の種類及び種類ごとの数），② 株式を取得するのと引換えに交付する金銭等（金銭その他の財産．会151）（当該株式会社の株式等［株式，社債および新株予約権］を除く．会107Ⅱ②ホ）の内容およびその総額，ならびに③ 株式を取得することができる期間（1年以内で自由に定めることができる）を定めなければならない（会459Ⅰ①）．取締役会の**決議は代表取締役に対する授権**を意味する．その授権は包括的であってもよい．委員会設置会社の場合においては，**決定を執行役に委任することはできない**（会416Ⅳ②）．

Ⅱ-2-2-14　**(β)** 会社は，**子会社が有する親会社株式を株主総会**（普通決議．取締役会設置会社に

Ⅱ-2-2-13　[50] **平成17年改正前商法の規制**　平成17（2005）年改正前商法では，定款授権により取締役会決議で自己株式を買い受けた場合には，買入れ後最初の定時総会で事後報告をしなければならなかったが（改正前商211ノ3Ⅳ），会社法はこの規定を削除している．

第2章　社員たる地位　第2節　自己株式の取得・親会社株式の取得の規制と株式の相互保有　**203**

あっては，取締役会）の決議をもって取得することができる（会163）。これは，子会社による親会社株式の保有の早期解消を促進することを目的としている（なお会135参照）。この場合には，会社法157条から160条までの規定は適用がない。そのため，具体的な取得について取締役会の決議等が一律に必要とされることはなく，自己株式の取得についての業務を執行する者が，適宜の方法により子会社から自己株式を取得することになる。

2-2-15　(γ) 会社は，市場(51)において行う取引（外国の市場における取引を含む）または公開買付けの方法（金商27の2Ⅵ）（「市場取引等」）により自己株式を取得することを取締役会の決議によって定めることが定款で定めることができる(52)(53)（会165Ⅱ。なお会459Ⅰ①参照）。このような定款の定めがある場合には，自己株式の取得（会156Ⅰ）を株主総会または取締役会で決めることができる（会165Ⅲ）。取締役会で定めるときには，会社法157条から160条までの規定の適用がない（会165Ⅰ。156Ⅰの適用はある。165Ⅲ）。

2-2-16　(51) **市場において行う取引**　① 金融商品取引所が開設する取引所金融商品市場（金商2⑰）および② 認可金融商品取引業協会（日本証券業協会）が開設する店頭売買有価証券市場（金商67⑦）が本条にいう市場である。「有価証券の取引等の規制に関する内閣府令」第5章「上場等株券の発行会社が行う買付け等」の規定を遵守する必要がある（なお平成20・1・10「東証市場を利用した自己株式取得に関するQA集」参照）。市場は「立会市場」と「立会市場以外の市場」（ToSTNeT (Tokyo Stock Exchange Trading Network System)）に分けられるが（東証「ToSTNeT市場に関する業務規程及び受託契約準則の特例」1条），前者では① オークション市場における自己株式の単純買付けと② 事前公表型のオークション市場における買付けが行われる（有価証券の取引等の規制に関する内閣府令16から20参照）。後者では，③ 事前公表型のToSTNeT (Tokyo Stock Exchange Trading Network System) -2（終値取引）による買付けおよび④ 自己株式立会外買取引（ToSTNeT-3）が行われる（同内閣府令23参照）。④は，平成20年1月15日から認められた取引であって，買付注文を株式発行会社に限定した自己株式取得専用の取引である（「ToSTNeT市場に関する業務規程及び受託契約準則の特例」4Ⅱ・12～15）。④では買付けを行おうとする日の前営業日に，買付注文を発注する証券会社は東証に届出を行う必要があり，売付注文数量が買付注文数量を超えた場合には，按分方式により対当させる。④では信用取引は禁止されている。

2-2-17　(52) **自己株券買付状況報告書**　上場会社および店頭登録されている会社は，株主総会または取締役会の決議があった場合には，その日の属する月から株式を取得することができる期間の満了する日の属する月までの各月（報告月）ごとに行った自己株券の買付けの状況に関する自己株券買付状況報告書（その様式については企業内容等の開示に関する内閣府令19の3参照）を各報告月の翌月15日までに，内閣総理大臣に提出しなければならない（金商24の6Ⅰ）。「上場等株券の発行者である会社が行う上場等株券の売買等に関する内閣府令」は，会社が発注できる証券会社の数，1日に買付けできる株式数などを制限している（同付令2～7）。また，公開会社の業務執行決定機関が自己株式の取得を決定したときには，重要事実にあたる（金商166Ⅱ①ニ）。

2-2-18　(53) **発行者による上場株券等の公開買付け**　会社法156条1項（165条3項）の規定による自己株式の公開買付けは金商2章の2第2節による公開買付けによらなければならない（金商27の22の2Ⅰ①）。自己株式の取得の公開買付けも公開買付けに相違はないので，発行者以外の者による公開買付けの規定が準用されるが（金商27の22の2ⅡないしⅫⅡ），公開買付者と買付対象者が同一であるため，対象者に要求されている意見表明報告書の提出は不要（金商27の10は準用されない）などの相違がある。

3 自己株式取得の財源規制

Ⅱ-2-2-19 　自己株式の取得は，株主に対する会社財産の払戻しに他ならない．会社法は，株主に対する会社財産の払戻しを「剰余金の分配」として整理しているので，**法律の規定に基づいて義務的に自己株式を有償取得する場合**（① 単元未満株主の買取請求に応じて買い受ける場合［会155⑦］，② 反対株主の買取請求に応じて買い受ける場合[(54)]［会施規27⑤］，

表7　自己株式取得の財源規制およびてん補責任

	自己株式の取得の方法	財源規制	違反の場合	てん補責任
155条	取得請求権付株式の取得請求（166Ⅰ）	166Ⅰ但書	無効	465Ⅰ④
	取得条項付株式の取得事由の発生（107Ⅱ③イ）	170Ⅴ	無効	465Ⅰ⑤
	譲渡不承認の場合の譲渡制限株式の買取（138①ハ・138②ハ）	461Ⅰ①	462Ⅰ柱書	465Ⅰ①
	156条1項による決定に基づく取得（株主総会決議・取締役会決議による有償取得〔156Ⅰ・163・165ⅡⅢ〕）	461Ⅰ②（163・165Ⅰに限る）	462Ⅰ①	465Ⅰ②
	157条1項による決定に基づく取得	461Ⅰ③	462Ⅰ②	465Ⅰ③
	全部取得条項付種類株式の取得決議（171Ⅰ）	461Ⅰ④	462Ⅰ③	465Ⅰ⑥
	一般承継人からの譲渡制限株式の買取り決議（176Ⅰ）	461Ⅰ⑤	462Ⅰ本文	465Ⅰ⑦
	所在不明株主の株式の売却の際の買取り決議（197Ⅲ）	461Ⅰ⑥	462Ⅰ④	465Ⅰ⑧
	株式の端数処理として売却される株式買取り（234Ⅳ）	461Ⅰ⑦	462Ⅰ⑤	465Ⅰ⑨
155条	単元未満株式の買取請求（192Ⅰ）	─		
	他の会社の事業全部の譲受け（467Ⅰ③）	─		
	合併後消滅会社からの自己株式の承継取得（750Ⅰ・754Ⅰ）	─		
	吸収分割する会社からの自己株式の承継（759Ⅰ）	─		
	法務省令の定め / 合併，会社分割，株式交換，株式移転，事業譲渡等の際の反対株主の買取請求に応じて買い受ける場合（785・806・469）			
	法務省令の定め / 一定の定款変更の際の反対株主の買取請求に応じて買い受ける場合，および，種類株主総会の決議を要しない旨の定款の定めがある場合において，ある種類株主に損害を及ぼすおそれのある一定の行為の際の反対株主の買取請求に応じて買い受ける場合（会116）			464

Ⅱ-2-2-20　(54) **反対株主の株式買取請求権の財源規定**　反対株主の株式買取請求権のうち，会社の組織再編行為以外の場合における反対株主の株式買取請求（会116）については，会社法461条の事前規制にかからないものの，会社法464条1項により，払い戻した額が分配可能額を超える場合には，その株式の取得に関連する職務を行った業務執行者は，会社に対して連帯してその超過額を支払う義務を負う．ただしこの責任は**過失責任**（総株主の同意により免除することができ

および③ 事業全部の譲受け［会155⑩］，合併［会155⑪］または会社分割［会155⑫］により相手方の有する自己の株式を取得する場合）を除き，自己株式の取得に対し，会社法461条にまとめて**財源規制**をかけている（表7参照）．すなわち，① 譲渡制限株式の譲渡不承認の際に買取り請求に応じて自己株式を買取る場合（会138①ハ・②ハ），② 総会または取締役会決議に基づいて自己株式を取得する場合（子会社の有する自己株式の取得〔会163〕または市場取引等による自己株式の取得［会165Ⅰ］に限る），③ 会社法157条1項の規定による決定に基づき自己株式を取得した場合，④ 会社が全部取得条項付種類株式を取得する場合（会173Ⅰ），⑤ 定款の規定に基づく相続人等に対する売渡し請求により自己株式を買い取る場合（会176Ⅰ），⑥ 所在不明株主の自己株式を買い取る場合（会197Ⅲ），⑦ 株式の端数の合計数に相当する自己株式の買取り場合（会234Ⅳ）には，自己株式取得により株主に対して交付する金銭等（その会社の自己株式を除く）の帳簿価額の総額は，その行為の効力発生日における分配可能額を超えてはならない（会461Ⅰ．なお会465Ⅰ①〜⑨参照）．

これに対し，**取得請求権付株式や取得条項付株式の取得はその株式の条件にしたがって行われるので**，このような規律は相応しくないため，会社法461条とは**別な形で財源規制に係る規定が置かれている**（会166Ⅰ但書・170Ⅴ）．しかし取得した日に属する事業年度末に欠損が生じた場合のてん補責任は共通である[55]（会465Ⅰ）．

4 違法取得の効果

（1） **私法上の効力** 違反の場合の私法上の効果については見解の対立がある．

-2-2-22 （ア） **手続違反** 手続に違反して自己株式を取得した場合の効力については無効説，心裡留保説，相対的無効説および有効説が対立している．

① **無効説**は，財源規制に抵触しない違法取得は，会社債権者保護原則には反しないが，特定の株主から有償で自己株式を取得することは，特定の株主に会社財産

る．会464Ⅱ）であって，業務執行者がその職務を行うにつき注意を怠らなかったことを証明した場合には，責任を免れる．これは，株式買取請求権の原因となる行為を行う際に，財源について慎重な配慮を求めるために課された責任である．これ対し，**組織再編行為**［合併・会社分割・株式交換・株式移転・事業譲渡等］**の株式買取請求権の場合**には［会469Ⅰ・785Ⅰ・797Ⅰ・806Ⅰ］，会社の基礎的変更であり，株主の多数が賛成しているのに，取締役等に責任を負わせるのは妥当でないので，**取締役等に会社法464条に規定する責任は課せられていない**．

-2-2-21 [55] **財源規制違反の取得請求権付株式・取得条項付株式の取得の場合の会社法462条の責任の不発生と465条の責任の発生の関係** 会社法は，財源規制違反の取得請求権付株式・取得条項付株式の取得を無効としながら，465条のてん補責任を肯定する一方，462条の責任は生じないとしている．① 462条の責任は，事前の業務執行者の責任を問題とするのに対し，465条の責任は事後の責任を問題とするから，次元が異なるし，② 462条の責任は，株主に加えて業務執行者に責任を課すかという問題であるのに対し，465条の責任は，業務執行者の責任のみを問題とし，株主の責任を問題としない点で必ずしも不均衡ではない，とされている（計算詳解358・359頁）．

を払い戻すことになるので，この面で株主平等の原則 (会109 I) に反することになるし，利益供与の禁止 (会120) 違反は無効であるから，それとの平仄からいっても，無効と解すべきであると主張する (なお杉田貴洋「自己株式の取得」基本問題63頁)．しかし善意の相手方を保護する必要がある．

② **心裡留保説**は，会社が株式市場で買い付けた場合など，売主は会社が買主であることを知らない場合もあるので，これを一律に無効と解すべきではなく，また，無効説によると，売主に返還しようにも売主が不明で会社が所有者不明の株式を保有し続けなければならないことになりかねないので妥当でなく，株主総会の決議等適法な手続を経ていないという意思の欠缺があり，それを代表者が知って取得の意思表示をした点で，心裡留保に類似するから，民法93条を類推適用し，原則として有効であるが，相手方が悪意または有過失であるときは無効とするのが相当であると主張する (葉玉260頁等)．しかし譲渡人が有過失であれば保護されないので善意者保護としては不十分である．

③ **相対的無効説**は，(a説) 株主の保護と取引の安全との調和を図るため，手続違反の事実を譲渡人が知っている場合には取引は無効であるが，知らない場合には，会社は譲渡人に対し無効を主張できないと主張する (江頭243頁)．このバリエイションとして，(b説) 取引は無効であるが，「会社が他人名義で取得する場合には」，相手方が悪意でない限り会社は無効を主張できないとする説 (青竹134頁) と (c説) 手続違反が重大か否か，および規制の趣旨を損なう程度により，効果を分けて考え，軽微な違反は取締役の責任だけで対処するが，総会・取締役会の決議を欠くのは重大な違反であり，譲渡人追加請求の無視とか，許されない相対取引などは株主平等原則に触れるので取得は無効である．以上のすべてにおいて善意の相手方保護を考えなければならないので，会社以外の名義による買付けの場合には有効であるが，相対取引の場合には売主に，重要な手続が守られているか否かについて調査義務を課しても酷でなく，重過失は悪意と同視できるので，重過失があるときは取引の無効を対抗されるとする説がある (龍田270頁)．

④ **有効説**は，自己株式の取得が原則自由化されたので，取得自体はなんら法的に非難すべき行為ではないので，必要な決議を欠く場合，決議が無効・取消しの場合，あるいは授権限度を超えた取得の場合のような，手続規制違反は有効と考えてよいとする (吉本健一「金庫株の解禁」改正商法の法律問題・金判1160号77頁 [2003年])．

自己株式の取得が自由化されたとはいっても，手続が適法に履践されてのことであるから，有効説は適当でない．他方，違反の効力とは別に，取引の安全のため，相手方の保護も考える必要がある．心裡留保説は，善意の相手方を保護しようとするものであるが，手続違反には様々な行為があるので，全てを心裡留保類似行為と言えるか疑問であると共に，譲渡人が軽過失のときには保護されないという結論は妥当でない．私は，利益衡量の妥当性より，③説中c説を支持する．

第2章　社員たる地位　第2節　自己株式の取得・親会社株式の取得の規制と株式の相互保有　**207**

2-2-23　**(イ)　財源規制違反**　会社法461条違反の場合の私法上の効果についても見解が対立している(56)。

① **有効説**は，(i) 財源規制違反の場合，無効とすると，株主と会社間の不当利得返還請求権が同時履行の関係に立つため（民法533条類推適用），会社が株式の返還に協力しない場合に，債権者が株主に対して流出した財産の返還を求めること（会社法463条2号）ができなくなるおそれがあるのみならず，株式の時価が高騰しているにもかかわらず，株式を株主に返還することができないときは，高騰した株価相当額の金銭の返還をしなければならず，かえって会社財産の流出をもたらすおそれがある．そこで，461条1項は，財源規制違反の自己株式の取得行為も効力が生じずるもの（会社法463条）として不当利得関係が生じないようにした上で，株主に受け取った対価相当額の金銭を支払うべき旨の法定の無過失責任を負わせ（会社法462条），確実に会社財産が回復するようにしたのである．このように株主に対して不利益な取扱いをすることは，株主が会社債権者に劣後すべき存在である以上やむをえないし，株主が会社に金銭支払義務を履行した場合には，民法422条の類推適用により，株主は株式またはその代替物を代位により取得することができるので不公平は生じないとか，(ii) 会社法463条1項は「効力を生じた日」と表現を用いており有効であることを前提としている，と説く（葉玉181・259頁等．なお計規43参照）．

② **無効説**は，法定の財源枠または株主総会・取締役会が定めた取得数や取得価額を超過する取得は，譲渡人の善意・悪意・過失の有無を問わず，超過・違法部分だけでなく，全部が無効であるとする（神田265頁，龍田270頁，弥永66頁等）．(i) 無効説を採用しても，同時履行の抗弁の排除を462条1項は定めていると解されるので，有効説の主張する同時履行の抗弁の排除という理由付けは決め手にならないし，(ii) 分配可能額60円，現物の簿価100円，時価140円の場合には，100円の弁済よりも，違法配当の効力を否定して現物の返還請求を認めた方が会社債権者の保護に秀でていること，(iii) 会社法461条1項柱書は「株主に対して交付する金銭等……の帳簿価額の総額は，当該行為がその効力を生ずる日における分配可能額を超えてはならない」と定めており，分配可能額を超える場合にはその行為は強行法規違反とし

2-2-24　(56)　**財源規制に違反した取得請求権付株式や取得条項付株式の取得（会166 I 但書・170 V）の効力**　この場合は無効であることについて争いがないが，理由付けについては見解が分かれている．立法担当者は，この場合には，一方的に対価のみを返還しなければならないという461条と同様のルールを採用すると，投資家が，潜在的リスクを恐れて，これらの株式を購入しなくなるので，その取得は無効であり，両者の不当利得返還請求権は同時履行の関係に立つとする（葉玉259頁）．
　　　461条違反につき無効説を採る論者は，取得請求権付株式・取得条項付株式の取得対価（自己株式を除く）の帳簿価額が分配可能額を超えるときは「取得することを請求することができる」旨あるいは「取得する」旨の規定の適用がないので，無効であると解するのが自然であるとする（弥永67頁）．

て無効であると解するのが自然であるし，違法な株主総会や取締役会の決議は無効であると解するのが私法の一般原則であり，明示的に有効であると定められていない以上は無効であると解するのが穏当であること，(iv) 有効説に立つと，自己株式は「法律上の原因なくして」利得したといえないし，自己株式には財産的価値がないので，利得の要件が欠くので，会社法462条1項の義務を履行した者に対する株式の返還の理由付けを不当利得に求めることは困難であるのに対し（計規43Ⅰが「当該株主から取得した株式に相当する株式を交付すべき」であるとする根拠が何か必ずしも明らかではない），無効説では，原状回復という自然な説明が可能であること，(v) 財源規制違反の取得請求権付株式・取得条項付株式の取得は無効と解されていることからすれば，461条1項違反の自己株式の取得も無効と解することがすわりがよいこと等を根拠とする．

　私は無効説を支持する．無効説に立ちつつ，善意の譲渡人に対しては，株式取引の安全の立場から会社は無効を主張することができないとする説（前田庸155頁等）が有力である．私はこの説を支持したい．

Ⅱ-2-2-25　**(ウ)　無効の主張者**　手続違反であれ，財源規制違反であれ，違反を無効と解した場合，問題となるのは，無効を譲渡人（売主）が主張することができるかということである．多数説は，株主相互間の平等を図る法の趣旨から，譲渡人以外の一般株主などからの無効主張は認めるが，譲渡人からの無効の主張を否定している（無効主張の主体に関する相対的無効説）．平成13年改正前の判例（最一小判平成5・7・15判時1519号116頁［弘成興産事件．有限会社に関する］）もこの立場を採用していた．この説は，譲渡人は譲渡によってその目的を達していること，無効の主張を認めると株価下落による損失を無効の主張によって回復することが可能になることを主な理由とする．しかし，私は，譲渡人からの無効主張を認める少数説（藤枝さとみ「自己株式取得規制に違反する取得の効力―無効主張主体に関する相対的無効説批判の立場から―」民商104巻3号97頁（1991年），龍田270頁「違法な自己株式取得の効果」法教136号4・5・6号34頁以下，江頭・244頁注9等）を支持すべきであると考える．① 自己株式の違法取得は，会社法356条1項2号・3号・365条違反と異なり，会社の追認によって有効となるようなものではないこと，② 譲渡人からの無効主張を否定することによって守られる会社の利益は，自己株式を不法に取得した結果得られたもので保護に値しないこと，③ 違法取得した会社（取締役）が無効を主張することは多くの場合期待できないこと（株価値下り時にのみ無効が主張されるであろうから，会社が相手方のリスクで投機を行う機会主義的行為を許容することになる），特にインサイダー取引の被害者にされた場合などには株主の救済が重要であることによる．他には，譲渡人は無効を主張できないのが原則であるが，内部者取引や相場操縦の場合には無効を主張できるとする折衷説（弥永66頁）もあるが，違法行為は2つには分ける性質のものではないので，疑問である．

Ⅱ-2-2-26　**(2)　当事者の責任**　(a) 461条の規定に違反して会社が自己株式取得行為をした

第2章　社員たる地位　第2節　自己株式の取得・親会社株式の取得の規制と株式の相互保有　**209**

場合には，(a) **金銭等の交付を受けた者**ならびに(b) **当該行為に関する職務を行った業務執行者**（業務執行取締役〔委員会設置会社にあっては，執行役〕その他当該業務執行取締役の行う業務の執行に職務上関与した者として法務省令で定めるものをいう），すなわち，① 一般承継人からの譲渡制限株式の買取りの場合には（会176Ⅰ），総会議案提出取締役（会462Ⅰ本文．計規159⑤イ～ハ），② 譲渡制限株式の譲渡不承認の際の買取りによる金銭等の交付に関する職務を行った取締役・執行役，③ ②の買取りにつき株主総会で説明した取締役・執行役および④ 監査役（監査委員会）または会計監査人の請求に応じて報告をした取締役・執行役（計規187①イ～ハ）ならびに(c) **以下の者は**，その職務を行うについて**注意を怠らなかったことを証明できなければ**（会462Ⅱ），**会社**に対し，連帯して，当該金銭等の交付を受けた者が交付を受けた金銭等の帳簿価額に相当する**金銭を支払う義務**を負う（会462Ⅰ．なお［Ⅱ-5-2-102］参照）．自己株式の取得は，剰余金の分配と同視できるので，この責任は，違法配当の責任と同一である．

　① 自己株式の取得の決定に係る株主総会または取締役会に基づく自己株式の取得の場合には，総会議案提案取締役または取締役会議案提案取締役（会156Ⅰ・462Ⅰ①イ・ロ．買取りに関する職務を行った取締役および執行役，総会で買取りを説明した取締役および執行役，ならびに監査役（監査委員会）・会計監査人の請求に応じ分配可能額の計算に関する報告をした取締役および執行役．計規159①イ～ハ）

　② 自己株式のその取得価格等の決定に係る株主総会または取締役会に基づく自己株式の取得の場合には，総会議案提案取締役または取締役会議案提案取締役（会157Ⅰ・462Ⅰ②イ・ロ．買取りに関する職務を行った取締役および執行役，総会で買取りを説明した取締役および執行役，取締役会において賛成した取締役会，ならびに監査役（監査委員会）・会計監査人の請求に応じ分配可能額の計算に関する報告をした取締役および執行役．計規159②③）

　③ 会社による全部取得条項付種類株式の取得の場合（会173Ⅰ・461Ⅰ④）には，総会議案提出取締役（会462Ⅰ③．内容は①と同じ．計規159④イ～ハ）

　④ 所在不明株主の自己株式の買取りの場合には（会197Ⅲ後段），株主総会議案提出取締役または取締役会議案提案取締役（会462Ⅰ④イロ．内容は②と同じ．計規159⑥イ～ニ）

　⑤ 1に満たない端数の自己株式の買取りの場合には，総会議案提案取締役または取締役会議案提案取締役（会234Ⅳ後段・235Ⅱ・462Ⅰ⑤イ・ロ．内容は④と同じ．計規159⑦イ～ニ）

　業務執行者及び上記の者の負う義務は，**総株主の同意**がある場合には，行為の時における分配可能額を限度として当該義務を免除することができる（会462Ⅲ）．

　分配可能額を超えることにつき**善意の株主**は，交付を受けた金銭等について，金銭を支払った業務執行者及び上記の者からの**求償の請求に応じる義務を負わない**（会463Ⅰ）．

株式会社の債権者は，株主に対し，その交付を受けた金銭等の帳簿価額（当該額が当該債権者の株式会社に対して有する債権額を超える場合にあっては，当該債権額）に相当する金銭を自分に支払わせることができる（会463Ⅱ）．

会社法464条の責任については [Ⅱ-2-2-20] 参照．

Ⅱ-2-2-27 **(3) 違法取得による会社の損害** 自己株式の違法取得の結果，会社が損害を被った場合には，取締役等は会社に任務懈怠に基づく責任を負うことになる[57]（会423Ⅰ．462は損害賠償責任ではないので注意）．

Ⅱ-2-2-29 **(4) 期末に欠損が生じた場合の責任** 会社が自己株式の取得行為をした場合において，当該行為をした日の属する事業年度（その事業年度の直前の事業年度が最終事業年度でないときは，その事業年度の直前の事業年度）に係る計算書類につき定時総会における承認（会計監査人設置会社において取締役会の承認）（会438Ⅱ・436Ⅲ）を受けた時における

Ⅱ-2-2-28　[57] **損害額**　損害額については以下のような見解が唱えられている．

① **売買差額説**は，違法取得後短期のうちに売却がなされているような場合には，取得価額と売却価額の差額（売却損）および取得のための借入金利息等の付随費用を損害と考える（最一小判平成 5・9・9 民集47巻 7 号4814頁［三井鉱山事件］，東京高判平成 6・8・29金判954号14頁［片倉工業事件］，江頭243頁）．また，違法に取得した自己株式をそのまま保有し続けた場合には，取得価額と損害算定時の時価との差額（帳簿に表れない評価損を含む）を損害とする（江頭243頁等）．取得が違法である以上，保有期間中に生じた価値低下による損害も賠償責任の対象となるからである．私はこの説を支持する．

② **時価差額説**は，取得時の時価と取得価額との差額および売却時の時価と売却価額との差額の和が損害であるとする（関俊彦「子会社による親会社株式の取得・売却から生じた損害と親会社の取締役に対する代表訴訟──三井鉱山事件判決（東京地裁昭和61・5・29）が示唆する新たな論点」ジュリ869号90頁等）．この説の論者は，売買差額説について，高値で購入し低額で売却しても，その中には取締役の責任に帰することができない原因で下落している部分もあるし，取得後時価が上昇して，売却価額が取得価額を上回っていれば損害がないことになり，それでいいのかという疑問であるとする．しかし，売買差額説からは，株式は変動リスクを伴う金融商品であるから，取締役に責任がない下落部分も相当因果関係の中に含まれるし，売却価額が取得価額を上回れば損害がないという結論は当然のことであると考える．例えば800円の時価ある株式を1000円で購入し，半年後，売却時700円の時価ある株式を800円で売却した場合を考えてみると，売買差額説では損害は 1000－800＝200円 となるが，時価差額説では損害は (800－1000)＋(800－700)＝100円 となる．会社は1000円を出して800円を回収しているのであるから，この場合売買差額説の方が実体にマッチしていないであろうか．

③ **取得時時価差額説**は，取得価額から取得時点の時価を控除すべきとする（大阪地判平成15・3・5 判タ1152号247頁［大日本除蟲菊事件］，中村康江・判批・商事法務1779号89頁）．この説は，自己株式の取得と売却は一応別個の行為であると考える．そのように考える実質上の理由は，自己株式取得以降に生じた株式の価額の変動には取締役の責任に帰さない事由もあることである．しかし，取得行為と売却行為を切り離して考えるべきでないことは既に述べた通りである．

④ **取得価額説**は，自己株式の取得自体が禁止されているのであるから，損害額は付随費用を含め取得に必要とされた価額自体であるとした上で，その後の株式売却代金の取得は損益相殺の問題であるとする（大塚龍児・判批・判評404号56頁等）．しかし，この説によると自己株式の取得は無効なのであるから，どのような根拠で株式売却代金をもって損益相殺ができるのか不明である．

第2章　社員たる地位　第2節　自己株式の取得・親会社株式の取得の規制と株式の相互保有　**211**

分配可能額がマイナスとなる事態が生じたときは，当該取得行為を行った業務執行者等は，**無過失を立証しない限り**，会社に対し，連帯して，当該マイナスの額と払戻しをした額とのいずれか小さい額を**支払う義務を負う**（会465 I．なお［II-4-12-9］）．この責任は，総株主の同意により免除することができる（会465 II）．

5　自己株式の法的地位

*-2-2-30　平成13年改正前（平成13年改正前商211）と異なり，会社は，適法に取得した自己株式を① 保有し続けることも，② 取締役会の決議で任意に消却することも（会178），③ 他に売却することもできる（会199以下）．会社が保有する状態にある自己株式の法的地位は以下の通りである．

　（ア）議決権を有しない（会308 II・325）のはもとより**共益権は停止**する．会社が自己株式に共益権を行使するのは背理であるからである．会社の計算で会社以外の者の名義で取得した場合には，会社も名義人も議決権等は有しない．

　（イ）剰余金配当請求権（会453括弧書・454 III括弧書），残余財産分配請求権（会504 III括弧書），全部取得条項付株式の取得に際しての会社自身に対する取得対価の割当て（会171 II括弧書），募集株式・新株予約権の株主割当て（会202 II括弧書・241 II括弧書）および株式・新株予約権の無償割当て（会186 II・278 II）は**否定**される．また，吸収合併の際の対価の割当てから吸収合併消滅株式会社および吸収合併存続会社は除かれる[58]（会749 I ③）．これに対し，株式分割・株式併合の効果は，明文の除外規定が定められていないことから，自己株式にも及ぶものと解される．同じように，株式交換の場合に完全子会社の自己株式には交換新株の割当ては認められると解される（会768

---

*-2-2-31　[58] **株式分割・株式併合の効果**　株式分割・株式併合の効果が，自己株式に及ぶか否かについては，立法過程において，見解が対立し，結論を得るに至らなかったため，明文規定はなく，解釈に委ねられている．その結果，① 効果が及ばないと自己株式の換価価値が減少するので，自己株式にも及ぶとする説（前田庸157頁等多数説）② 自己株式を対象に含めるか否かには会社の自治が認められるとする説（江頭251頁注3），③ 株式分割は会社の自治に委ねることができるが，株式併合は委ねることができないとする説（藤田友敬「自己株式の法的地位」『落合誠一先生・還暦記念商事法への提言』103頁（商事法務2004年）），④ 平成13年の改正で評価損の問題がなくなったので，株式の分割・併合の効果は自己株式に及ばなくなったとする説（近藤光男＝志谷匡史『改正株式会社法I』18頁（弘文堂・2002年））とが対立している．

　思うに，株式分割・株式併合の際には，自己株式を分割・併合するか否かに関わらず，分割・併合後の自己株式以外の株式数は同一であるから，会社に経済的な損害が生じるとは言えないので，①説は誤っている．効果が及ぶと解しても，分割により会社が保有する自己株式の「数」のみが増加し，併合によりその「数」のみが減少するに過ぎず，会社の財産的価値が増えるわけではないので，自己株式を対象に含めるか否かは会社の自由であると解する．③説は，新株発行の場合には，配当拘束がかかるのに，自己株式の処分の場合には，配当拘束がかからない差異があることをその理由に挙げている．しかしこの差異から③説のような結論が導き出される理由付けが今一つ明らかでないように思われる．株式の分割・併合が自己株式にも及ぶとしたら自己株式の数がどのようになるのか記録しておきたい会社もあると思われるので，これを否定する④説は，逆の意味で行き過ぎであると考える．

I③参照)．また，持分会社への組織変更の際には，持分の交付を受けることができない（会744Ⅰ⑤⑥)．

6 自己株式の計算・開示等

Ⅱ-2-2-32　会社が自己株式（計規2Ⅱ⑤）を取得すると，その取得価額が，増加する自己株式の額となる（計規24Ⅰ．なお計規96Ⅲ①ホ・②ホ)．自己株式の取得価額は，その時の取引の態様に応じて，時価を付す方法と相手方の適正な帳簿価額を引き継ぐ方法などがある．取得した自己株式は，**取得原価をもって純資産の部の株主資本から控除し**（企業会計基準第1号「自己株式及び準備金の額の減少等に関する会計基準」7項)，**期末に保有する自己株式は，株主資本の末尾に自己株式として一括して控除**する形式で表示する（同8項，計規76Ⅱ．なお計規141Ⅱ⑤)．

自己株式を募集株式の発行等で処分した場合に生ずる自己株式処分差益（処分価額が取得価額を上回る差額）は，「その他資本剰余金」に計上し，自己株式処分差損は，その他資本剰余金から減額する（同9・37項，計規14Ⅱ①等)．減額しきれない場合には，その他利益剰余金（繰越利益剰余金）から減額する（同10・40・41項参照，計規27Ⅲ・29Ⅲ)．

自己株式を消却した場合には，消却手続が完了したときに，消却の対象となった自己株式の帳簿価額をその他資本剰余金から減額する[59]（計規24ⅡⅢ)．

取締役会等による会社の意思決定によって自己株式を消却する場合に，決議後消却手続を完了していない自己株式が貸借対照表日にあり，当該自己株式の帳簿価額または株式数に重要性があるときは，その自己株式の帳簿価額等を連結貸借対照表および個別貸借対照表に注記する（「自己株式及び準備金の額の減少等に関する会計基準」22項)．

自己株式の取得，処分および消却に関する付随費用は，損益計算書の営業外費用に計上する（同14項)．

なお自己株式は，分配可能額を減額させる（会461Ⅱ③)．連結配当規制適用会社（計規2Ⅲ㊶）が子会社から自己株式を取得した場合には，会社計算規則158条4号ロ

Ⅱ-2-2-33　[59]　**自己株式の消却**　自己株式の会計基準では，従来，自己株式の消却をした場合における減少する自己株式の帳簿価額の相手勘定となる科目は，会社の意思決定に従い，その他資本剰余金またはその他利益剰余金のいずれでもよいとしていた．会社計算規則は，自己株式の消却に際して減少する自己株式の帳簿価額と，自己株式の処分に際して減少する自己株式の帳簿価額との性質には差異がないことに着目し，自己株式の消却は，会社財産の払戻等に関連する行為ではなく，単に発行済株式総数およびすでに取得した自己株式の帳簿価額を減少させる行為に過ぎないので，このような行為の性質を，会計処理における利益または資本の取扱いを関連付けて考える法的合理性がないことを理由に，双方とも，**その他資本剰余金の額から減らす**（計規24Ⅲなお計規27Ⅲ・29Ⅲ)．そのため会計基準は，会社計算規則に合わせ，改正されている（「自己株式及び準備金の額の減少等に関する会計基準」12項・45項)．自己株式の消却により**分配可能額は変動しない**（[Ⅱ-2-2-36]参照)．自己株式の消却に関して付随費用が生じた場合，その費用は営業外費用として処理する（同基準14項)．

の規定が適用される．

金融商品取引法上は，自己株券買付状況報告書の記載事項とされ（金商24の6），公衆の縦覧に供される（金商25Ⅰ⑦・ⅡⅢ）．

7 自己株式の処分

(1) 総 説　会社法は，自己株式の処分を新株の発行と併せて，「募集株式の発行等」という統一的な概念の下に同一に規制している（会199以下）．これ以外には，① 取得請求権付種類株式・取得条項付種類株式・全部取得条項付種類株式・取得条項付新株予約権の対価として自己株式を交付する場合（会108Ⅱ⑤ロ・Ⅱ⑥ロ・167Ⅱ④・170Ⅱ④・171Ⅰ①イ・173Ⅰ①・236Ⅰ⑦ニ・275Ⅲ①），② 単元未満株式の買増制度を採用している会社が単元未満株主の売渡請求に応ずる場合（会194Ⅲ），③ 新株予約権（会2㉑）の行使に際して新株発行に代えて自己株式を交付する場合（会236Ⅰ⑦ニ），④ 吸収分割に際して分割会社の株式を承継会社に承継させる場合（会758③），⑤ 吸収合併の存続会社，吸収分割の承継会社，株式交換により完全親会社となる会社が新株の発行に代えて自己株式を交付する場合（会749Ⅰ②イ・758④イ・768Ⅰ②イ），および⑥ 振替株式の発行者が口座管理機関に株式を取得させるため自己株式を処分する場合（振替法146Ⅵ）にのみ自己株式の処分が許される．自己株式を市場で売却することはできない．これに関する明文規定はないが，市場売却を認めていた会社法案179条が国会の審議で削除されたことにより明らかである [Ⅱ-2-2-5]．

図4　自己株式の処分状況
（2004年度, 金額ベース）

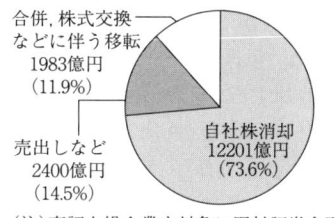

合併, 株式交換などに伴う移転　1983億円（11.9%）
売出しなど　2400億円（14.5%）
自社株消却　12201億円（73.6%）

（注）東証上場企業を対象に野村證券金融経済研究所が集計

（日経2005年）

これらに違反すると，**自己株式処分無効の訴え**（会828Ⅰ③）の原因となる．その認容判決は，法律関係の安定を図るため将来効とされている（会839）．

自己株式の処分が法令・定款に反する場合または著しく不公正な方法によって行われたときには，**自己株式処分の差止請求**の対象となる（会210）．

(2) 株券の交付・名義書換え　自己株式の処分による株式の譲渡については，株券の交付がなくても譲渡の効力が生ずる（会128Ⅰ但書）．もっとも株券発行会社は，自己株式を処分した日以後遅滞なく，その自己株式を取得した者に対し，株券を交付しなければならない（会129Ⅰ）．ただし，株券の発行に関する規律（会215Ⅳ）と同様，**公開会社でない株券発行会社**は，自己株式の取得者から請求がある時までは，その株式に係る株券を交付しないことができる（会129Ⅱ）．また，自己株式を処分した場合には，**株主の請求がなくとも**，その自己株式の取得者に係る**株主名簿記載事項**を株主名簿に記載・記録しなければならない（会132Ⅰ③）．

8 自己株式の消却

II-2-2-36　株式会社は，その保有する自己株式を消却することができる (II-2-1-80参照)．この場合においては，消却する自己株式の数 (種類株式発行会社にあっては，自己株式の種類および種類ごとの数) を定めなければならない (会178 I)．

　取締役会設置会社においては，この決定は，取締役会の決議によらなければならない (会178 II．なお会976⑪参照)．それ以外の会社においては，取締役が決定する (会348 I II) が (青竹137頁・田邊108頁)，株主総会の決議 (会309 I) を要するとの説 (江頭254頁注3) もある．

　消却する自己株式が振替株式である場合には，会社は抹消の申請をしなければならない (振替法158 I)．この場合の消却は，発行会社の口座の保有欄の減少記載 (記録．振替法134IV①) がなされた日にその効力を生ずる (振替法158 II)．

　自己株式の消却により，**資本金額および発行可能株式総数** (会113)・**発行可能種類株式総数** (会114) **は減少しない** (改正前の登記事務と異なる) が，**自己株式の数および発行済株式総数は減少する**．したがって，変更の登記が必要である (会911 III ⑨・915)．会社法では，自己株式の取得と処分を繰り返すことは可能である．したがって，自己株式の消却により，新たに発行することができる株式数が増えることになると解すべきである (吉本116頁)．株主名簿の修正および株券が発行されているときにはその廃棄をしなければならない．

　自己株式を消却した場合の会計処理については [II-2-2-33]・[II-5-4-76] 参照のこと．

第2款　子会社による親会社株式の取得

1　総　説

II-2-2-37　平成13 (2001) 年改正前には，親会社が子会社を利用して自己株式を取得することは，自己株式取得禁止の脱法にあたるので，**禁止していた** (東京高等判平成元・7・3金判826号3頁，最判平成5・9・15商事1332号44頁参照)．平成13年改正法は，一定の手続・財源規制の下で，自己株式の買受けを一般的に認めたので，子会社による親会社株式の取得の解禁も検討されたが，その際の規制の困難性より，**従来どおりの規制を維持**し，会社法はこれを踏襲している (会135 I．なお会976⑩，会施規3 IV参照)．ただし，親会社 (会2④)・子会社 (会2③) の概念に支配概念が導入されたことに伴い，禁止の適用範囲が拡大される一方 (会施規3)，例外的に許容される事由も拡大されている．なお親会社が株主総会または取締役会の決議で子会社から自己株式を取得できることは既に述べた ([II-2-2-14])．

2 取得が許容される場合

-2-2-38　① 他の会社（外国会社を含む）・他の法人等（会社および外国会社を除く）の**事業の全部を譲り受ける**場合において，その会社・法人等の有する親会社株式を**譲り受ける**場合（会135Ⅱ①⑤，会施規23⑨）．

② **合併**後消滅する会社・法人等（会社を除く）から親会社株式を**承継**する場合（会135Ⅱ②⑤，会施規23⑩）．

③ **吸収分割**または**吸収分割に相当する行為**により他の会社または他の法人等（会社を除く）から**親会社株式**を**承継**する場合（会135Ⅱ③⑤，会施規23⑪）．

④ **新設分割**または**新設分割に相当する行為**により他の会社または他の法人等（会社を除く）から**親会社株式**を**承継する場合**（会135Ⅱ④⑤，会施規23⑪）．

⑤ **吸収分割**（会社法以外の法令（外国法令を含む．以下同じ）に基づく吸収分割に相当する行為を含む）に際して**親会社株式の割当てを受ける場合**（会135Ⅱ⑤，会施規23①）．

⑥ **株式交換**（会社法以外の法令に基づく株式交換に相当する行為を含む）の**際に完全子会社となる会社が**，その所有する自己の株式（持分その他これに準ずるものを含む．⑥において同じ）と引換えに親会社株式の割当てを受ける場合（会135Ⅱ⑤，会施規23②）．

⑦ **株式移転**（会社法以外の法令に基づく株式移転に相当する行為を含む）の**際に完全子会社となる会社が**，その所有する自己の株式と引換えに親会社株式の割当てを受ける場合（会135Ⅱ⑤，会施規23③）．

⑧ **子会社**が**親会社株式**を**無償**で**取得**する場合（会135Ⅱ⑤，会施規23④．子会社を通じて親会社の株主に財産の払戻が行われないので，許容される）．

⑨ **剰余金の配当または残余財産の分配**（これらに相当する行為を含む）として親会社株式の交付を受ける場合（会135Ⅱ⑤，会施規23⑤）．

⑩ その有する他の法人等の株式につき，当該他の法人等が行う組織変更，合併，株式交換，株式移転，取得条項付株式の取得，全部取得条項付種類株式の取得に際して，当該株式と引換えに当該親会社株式の交付を受ける場合（会135Ⅱ⑤，会施規23⑥．株式交換および株式移転の場合には，会社法以外の法令に基づく株式交換・株式移転に相当する行為を含み，取得条項付株式・全部取得条項付種類株式にはそれに相当する株式を含む）．

⑪ 保有している他の法人等の**新株予約権等**（会施規2Ⅲ⑭参照）が親会社株式と**交換**される場合（会135Ⅱ⑤，会施規23⑦）．

⑫ 子会社である者（会社を除く）が，組織変更，合併，吸収分割類似行為による権利義務の承継，株式交換類似行為により株式全部の取得の際に，**対価として親会社株式**を**交付するのに備え**て，その対価として交付する当該親会社株式の総数を超えない範囲で，当該親会社株式を取得する場合（会135Ⅱ⑤・800Ⅰ，会施規23⑧．これは三角合併等の実現に必要であるからである）．

⑬ 当該親会社の**子会社**は，**他の子会社が保有する親会社株式を取得する場合**（会

⑭ **その権利の実行に当たり目的を達成するために親会社株式を取得することが必要かつ不可欠である場合**（会135Ⅱ⑤，会施規23⑬．子会社の債権者が親会社株式以外に財産を有しないときに，それを代物弁済として受領する場合等）．

3 違法な取得の効力

Ⅱ-2-2-39　子会社の親会社株式取得禁止違反の私法上の効力は，無効であるが，子会社は譲渡人の悪意を立証しない限り，無効を主張しえないと解する（弥永70頁）．原則として有効であるが，譲渡人である親会社株主が悪意・有過失の場合には，民法93条但書類推適用により，無効と解する説（論点解説174頁）も存在している．罰則については会社法976条10号参照．

4 議決権

Ⅱ-2-2-40　子会社はその有する親会社株式につき議決権を有しない（会308Ⅰ括弧書・325）．それ以外の株主権の行使については規定がないが，総会招集権，株主提案権など議決権の行使が前提となっている権利を除き，制限されないと解される．剰余金配当などは，子会社債権者・少数株主の利益のため，認められる．

5 処分

Ⅱ-2-2-41　子会社が親会社株式を取得した場合，**子会社は，相当の時期にそれを処分しなければならない**（会135Ⅲ．なお976⑩参照．処分をビジネス・プランニングの観点から分析する論文として武井一浩「子会社が保有する親会社株式の処分と会社分割―ビジネス・プランニングにおける会社法・会計・税法の交錯の一例として―」企業法の理論上巻659頁以下がある）．株式取得後に子会社になった場合，親会社となった会社の株式を保有していた場合にも，同様である．組織再編の対価として交付するために取得した親会社株式（[Ⅱ-2-2-38]のなかの⑫参照）は，その合併等の効力発生日までの間は保有することができるが，合併等を中止したときは処分しなければならない（会800Ⅱ [V-1-4-79]・802Ⅱ）．
　親会社は子会社の保有する親会社株式を取得することができる（会163）．

6 子会社が保有する親会社株式の取扱い

Ⅱ-2-2-42　貸借対照表の流動資産の項目に記載しなければならない（計規74Ⅲ①ヘ．なお金融商品会計に関するQ＆A．Q16参照）．親会社株式の各表示区分別の金額は貸借対照表の注記事項として注記表に表示される（計規103⑨）．

連結子会社が保有する親会社株式は、親会社が保有している自己株式と合わせ、純資産の部の株主資本に対する控除項目として表示する．株主資本から控除する金額は、親会社株式の親会社持分相当額とし、少数株主持分から控除する金額は少数株主持分相当額とする（自己株式及び準備金の額の減少等に関する会計基準15項）．

第3款　株式の相互保有

1-2-2-43　株式会社が株式を互いに所有しあうと、両社の資産は少しも増えないし（資本空洞化の意味については拙著「株式の相互保有による資本の空洞化の意味」『会社法の論点』107頁［信山社2005］参照）、保有比率を高めれば互いの株主総会（種類株主総会）において賛成票を投じることによって、経営者支配を確立することもできる．会社法は後者の弊害に着目して、Ａ株式会社（その子会社を含む）が、Ｂ社の議決権の総数の4分の1以上を有することその他の事由を通じてＢ社の経営を「実質的に支配することが可能な関係にある場合」には（会施規67・95⑤）、Ｂ社はＡ社の議決権を有しないとしている（会308Ⅰ括弧書・325）[60]．ただし、議決権があるものとみなされる場合があるので注意する必要がある（会879Ⅲ、破5Ⅲ、民再5Ⅲ、会更5Ⅲ）．

第3節　株式の譲渡

1　総説

1-2-3-1　株式の譲渡〔英米 transfer of shares：独 Übertragung der Aktien：仏 la cession d'actions：伊 il trasferimento delle azioni：西 transmision de las acciones〕とは、法律行為により株式を移転することをいう．株主は、投下資本の回収のため、その有する株式を自由に譲渡することができるのが原則である[61]（会127）．株式は、会社が解散した後においても清算が終了するまで譲渡することができる．

振替株式の譲渡は、振替の申請により、譲受人がその口座における保有欄に当該譲渡に係る数の**増加の記載**（記録）**により効力が生ずる**（振替法140）．株主名簿の記載

1-2-2-44　**(60)　相互保有の判断時期**　① 相互保有の該当の有無は本来は、株主総会の当日における会社と株主の関係で判断すべきであるが（会施規67Ⅱ）、② 基準日を設定した場合には、基準日で判断し、③ 基準日後に、(ｱ) 会社または子会社が株式交換、株式移転その他の行為により相互保有対象議決権の全部を取得した場合には、当該行為の効力が生じた日、(ｲ) 対象議決権数の増加または減少が生じることを株主総会の招集事項の全部を決定する日までの間に会社が知ったときには、その日の議決権数で判断する（会施規67Ⅲ）．また(ｳ) 株主総会の招集事項の全部を決定した日から株主総会当日までの間に生じた事項があるときには、それを勘案して算定することができる（会施規67Ⅳ）．

1-2-3-2　**(61)　貸株・借株**　株式の所有者が第三者と株券消費貸借契約を締結して、賃貸料を取って、株式を貸すことがある．株式を大量に保有する機関投資家が株価の値下がりを見込んで空売りしようとする投資家に貸し出す例がほとんどである．

(記録) は,「会社との関係」における対抗要件である (振替法161 I Ⅲ).

株式の自由譲渡性には例外がある．特別法上の制限，会社法上の制限，および契約上の制限に分けられる．

2 特別法による株式の譲渡制限

II-2-3-3 (1) **独占禁止法による株式の取得・所有の制限** (ア) **株式の所有による事業支配力の過度の集中の禁止** 他の国内の会社の株式 (社員の持分を含む) を所有することにより「事業支配力が過度に集中することとなる会社」を設立することは禁止され (独禁9 I)，会社 (外国会社を含む) が，他の国内の会社の株式を取得し，または所有することにより上記の会社に転化することが禁止されている (独禁9 Ⅱ).

II-2-3-4 (イ) **会社の株式保有制限** (a) **総　説** 会社は,「他の会社」の株式を取得し，または所有することにより，① 「一定の取引分野における**競争を実質的に制限**することとなる場合」には，当該株式を取得し，または所有してはならず，および，② **不公正な取引方法**により他の会社の株式を取得し，または所有してはならない (独禁10 I．なお独禁91①参照).

II-2-3-5 (b) **株式保有の届出義務** 会社であって，その国内売上高と当該会社が属する企業結合集団に属する当該会社以外の会社等の国内売上高を公正取引委員会規則で定める方法により合計した額 (「国内売上高合計額」) が200億円を下回らない範囲内において政令で定める金額を超えるもの (「株式取得会社」) は，他の会社であって，その国内売上高と当該他の会社の子会社の国内売上高を公正取引委員会規則で定める方法により合計した額が50億円を下回らない範囲内において政令で定める金額を超えるもの (「株式発行会社」) の株式の取得をしようとする場合において，当該株式取得会社が当該取得の後において所有することとなる当該株式発行会社の株式に係る議決権の数と，当該株式取得会社の属する企業結合集団に属する当該株式取得会社以外の会社等が所有する当該株式発行会社の株式に係る議決権の数とを合計した議決権の数の当該株式発行会社の総株主の議決権の数に占める割合が100の20を下回らない範囲内において政令で定める数値を超えることとなるときは，公正取引委員会規則で定めるところにより，**あらかじめ当該株式の取得に関する計画を公正取引委員会に届け出なければならない**．ただし，あらかじめ届出を行うことが困難である場合として公正取引委員会規則で定める場合は，この限りでない (独禁10 Ⅱ)．届出を行った会社は，届出受理の日から30日を経過するまでは，当該届出に係る株式の取得をしてはならない．ただし，公正取引委員会は，その必要あると認める場合には，当該期間を短縮することができる (独禁10 Ⅷ)．公正取引委員会は，当該届出に係る株式の取得に関し必要な措置を命じようとする場合には，30日または短縮された期間内に，株式取得会社に対し，通知 (独禁49 Ⅴ) をしなければならない (独禁10 Ⅸ).

1-2-3-6　**(ウ)　銀行・保険会社の株式保有制限**　資金力において優位な地位にある銀行・保険会社が，その資金で産業界に無制限に進出することを防止するため，① **銀行**は，他の国内の会社の議決権をその**総株主の議決権の５％を超えて**，② **保険会社**にあっては，同じく**10％を超えて**，取得し，または保有してはならない．ただし，公正取引委員会規則で定めるところによりあらかじめ公正取引委員会の認可を受けた場合，独占禁止法11条１項１号から６号に規定されている特定の場合（１号から３号および６号の場合において１年を超えて上記５％(10％)を上回る議決権を保有しようとするときは，あらかじめ公正取引委員会の認可を受けなければならない．独禁法11Ⅱ．91②参照）は，この限りでない（独禁11Ⅰ．なお独禁91②参照）．

1-2-3-7　**(2)　銀行等の株式等の保有制限**　「銀行等の株式等の保有の制限等に関する法律」（平成13法131）は，第１に，銀行等の保有する**株式の価格変動リスク**を銀行等のリスク管理能力の範囲内に留めるようにするために，銀行等およびその子会社等は，当分の間，株式その他これに準ずるものについては，合算して，その自己資本に相当する額を超える額を保有することを禁止している（同法３Ⅰ）．第２に，株式保有制限の導入に伴い，銀行等は短期的に相当程度の株式を放出する結果，株式市場の需給と価格形成に影響を及ぼすので，市場売却を補完するセーフティネットとして**銀行等保有株式取得機構**を設立し（同法５），銀行等の株式処分を円滑に進めようとしている．

1-2-3-8　**(3)　日刊新聞社に関する株式の譲渡制限の許容**　一定の題号を用い時事に関する事項を掲載する日刊新聞紙の発行を目的とする株式会社にあっては，定款をもって，株式の譲受人を，その株式会社の事業に関係のある者に限ることができる（「日刊新聞紙の発行を目的とする株式会社及び有限会社の株式及び持分の譲渡の制限等に関する法律」（昭和26法212号）１第１文）．この場合には，株主が株式会社の事業に関係のない者であることとなったときは，その株式を株式会社の事業に関係のある者に譲渡しなければならない旨をあわせて定めることができる（同第２文）．なお，日刊新聞社の場合，株式の価格を１律１株100円とする株式譲渡ルールは合理性があるとした判例がある（最三小判平成21・2・17金判1312号33頁）．

1-2-3-9　**(4)　外為法**　外国為替及び外国貿易法は，外資が１社で国内企業株の10％以上を取得する場合には，財務大臣及び事業所管大臣に対する事前届け出を義務付けている．外資の影響を受けることで「国の安全を損なう」等のおそれがあると見なされる業種が対象で，電力，武器，航空機，原子力，通信などである．関税・外国為替等審議会（外為審）の意見を参考に，政府が問題があると判断した場合には投資計画の変更や中止を勧告し応諾しない場合には変更・中止を命令できる（外為法27）．

1-2-3-10　**(5)　特殊会社**　例えば，政府は，常時，会社の発行済株式総数の３分の１以上に当たる株式を保有しなければならないとか（電電４Ⅰ．電源開発15Ⅱは会社の発行済株式総数の２分の１以上と定めている），外国人等議決権割合が３分の１以上となるときは，

株主名簿の名義書換をしてはならない（電電6Ⅰ）というような制限がある．

(6) 金融商品取引法 内部者取引規制，公開買付けに関する開示規制，相場操作規制がある．そのほか，① 株式会社が金融商品取引所の5％を超える議決権の保有者となった者は，**対象議決権保有届出書を内閣総理大臣に提出しなければならず**（金商103の3），金融商品取引所の公平性や中立性を確保するため，**20％以上**（一定の場合には15％）の議決権の取得・保有は禁止される（金商103の2Ⅰ本文）．ただし，認可金融商品取引業協会，金融商品取引所または金融商品取引所持株会社は，20％以上（一定の場合には15％）の議決権を取得・保有することができる（金商103の2Ⅰ但書）．地方公共団体等は，内閣総理大臣の認可を受けて，20％以上50％以下の議決権を取得し保有することができる（金商106の3）．

② 金融商品取引業者の主要株主となった者は，**対象議決権保有届出書を内閣総理大臣に提出しなければならない**（金商32Ⅰ）．その際，登録拒否事由に該当しないことを誓約する書面を添付しなければならない（金商32Ⅱ）．届出後に主要株主が登録拒否事由に該当することとなった場合には，内閣総理大臣は，主要株主でなくなるための措置その他必要な措置をとるよう命ずることができる（金商32の2）．

(7) 証券会社・銀行・保険会社の相互参入 平成4(1992)年の金融制度改革に伴い，銀行・証券会社・保険会社は子会社方式による相互参入が解禁されている．

銀行は，内閣総理大臣の認可を受けて，証券専門会社，証券仲介専門会社，保険会社または信託専門会社を子会社とすることができる（銀行16の2Ⅰ③〜⑥Ⅳ）．

保険会社は，内閣総理大臣の認可を受けて，銀行，証券専門会社，証券仲介専門会社または信託専門会社を子会社とすることができる（保険業2Ⅻ・106Ⅱ③⑤⑥⑦Ⅳ）．

3 会社法による株式の譲渡制限

(1) 権利株の譲渡制限 株式の引受けがなされたが，会社が成立しないか，新株発行の効力が発生しない間の株式引受人の地位を権利株（「株主となる権利」）という．この権利の譲渡は，会社に対して対抗することができない（会35・50Ⅱ・63Ⅱ・208Ⅳ）．

昭和13(1938)年改正前においては，投機の濫用を防ぎ，会社の基礎を危うくしないためを理由に，権利株の譲渡は絶対的に無効であると解されていた（大判明43・9・26民録16輯568頁）．会社法は，会社との関係で権利の譲渡の効力を認めると，設立手続が煩雑になるおそれがあることを理由に（江頭77頁注1），当事者間では有効であるが，会社との関係では「対抗できない(62)」と改正している．この改正の結果，

---

(62) **権利株の譲渡制限の意味** 権利株の譲渡制限（会50Ⅱ・63Ⅱ）を，① 株式発行前の株式引受人の交代による**事務処理の煩雑と渋滞のおそれの防止のため**と解すると（なお最判昭和31・12・11裁判民集24号337頁），会社の側から権利株の譲渡を認めてもよいことになる．これに対し，② 権利株の譲渡制限には，①の他に，設立段階における投機の抑制も入ると考えると，たとえ会社が承認しても効力が生じないという結論になる．沿革的には②説が正当であるが

会社から譲渡を認めることは可能である（龍田231頁．宮島76頁は，文言に反するが，会社が承認しても効力は生じないとする）．

(2) 株券発行前の譲渡制限 株券発行会社において，**株券発行前になされた株式の譲渡は**，当事者間では有効であるが，**会社に対する関係では無効**である（会128Ⅱ）．最高裁は，その理由を「株券の発行前の譲渡方法に一定されたものがないことによる法律関係の不安定を除去しようとする考慮によるもの」と説明したが（最二小判昭和33・10・24民集12巻14号3194頁［房総天然瓦斯工業事件］＝会社百選１版25事件．厳格説），その後変更して，株券発行事務の円滑化をはかり，その渋滞を防止するという技術的理由に求めている（最大判昭和47・11・8民集26巻9号1489頁［和島興業事件］＝会社法百選14事件）．会社が遅滞なく株券を発行しないときには，株主に対して損害賠償の責任を負う．ただし罰則はない．そこで，非公開会社で，株主から株券発行請求がない場合を除き（会215Ⅳ），株券発行会社は，**株式を発行した日以後遅滞なく，その株式に係る株券を発行すべき**ものとされている（会215Ⅰ）．会社が通常必要な合理的期間（かつては長くて２～３カ月とされていた．龍田232頁は，会社法のもとではせいぜい１週間くらいとする）内に株券を発行することを要し，その時期経過後は株式譲渡は会社に対して有効と解する合理的時期説が多数説（前田庸180頁，弥永52頁）である[63]．信義則に照らして株式譲渡の効力を否定するのを相当としない状況に至ったときは，株券発行前でも株主は会社に対する関係において有効に株式を譲渡することができると解する説もある（江頭219頁注３，東京地判昭和55・6・26判時975号112頁）．しかし信義則説のみを根拠とすると，会社・譲渡人以外の者が無効を主張することを封ずることができないので，合理的時期説と信義則説の併用が適当である．

合理的期間が経過した場合，株券発行前であっても意思表示によって株式を譲渡することができる．その際の第三者ないし会社に対する対抗要件については，民法467条に従い通知または承諾を要するとする説と実質的な権利帰属の立証によるとする説（なお秋田地判昭48・3・9判時703号91頁参照）とに分かれている．株式譲渡と債権譲渡とは異質であるので，後者の説に賛成する．

4 定款による株式の譲渡制限

(1) 総　説 株式は自由に譲渡することができるのが原則である[64]が，会社に

（平成17年改正前商190は，改正前商206条と異なり「効力ヲ生ゼズ」としていた），会社法は，権利株の譲渡制限を効力要件から対抗要件に改めているので，①説を採用している．平成17（2005）年改正前商法は，発起人が泡沫会社を設立し，権利株を売り逃げするのを防止するため過料規定（平成17年改正前商498Ⅱ）を置いていたが，会社法はこれも削除している．

[63] **株券発行が遅滞している場合の差押えの方法** 株券交付請求権の差押えによるべきとする説と株式自体の差押えによるべきとする説（江頭219頁，東京地決平成4・6・26金法1355号36頁．差し押さえた株式を換価する方法には，株券を執行官に交付させ，これを売却するか［民執167Ⅰ・155Ⅰ・163Ⅰ］，株式の譲渡命令を発する方法［民執167・161］がある）とが対立している．

とって好ましくない者が株主とならないよう，**定款で**，その発行する株式の全部（会107Ⅰ①・Ⅱ①）または一部（種類株式．会108Ⅰ④・Ⅱ④）に**譲渡制限を定める**ことを認めている．このような株式を**譲渡制限株式**［Ⅱ-2-1-29］という（会2⑰．特例有限会社は定款で全部の株式に譲渡制限をしているものとみなされ，これと異なる定款変更はできない．整備法9Ⅰ②）．株式の**譲渡承認機関**は，取締役会非設置会社では**株主総会**（普通決議．会309Ⅰ），取締役会設置会社では**取締役会**（この場合でも，取締役会であらかじめ一定の取扱基準を定めておき，その基準に基づいて代表取締役に委任することは許されると解する）であるが，定款で，別段の定めをなすこともできる（会139Ⅰ．特例有限会社においては，旧有19Ⅰと同様に「株主間」の株式譲渡には，会社の承認は不要である．整備法9Ⅰ②）．したがって，承認機関を取締役や代表取締役とすることはできるが（取締役会設置会社において承認機関を株主総会とすることは，決定・通知の関係で（会145①），株主総会招集通知に2週間を要しない非公開会社（会299）に限られる），委員会設置会社の場合には，譲渡の承認の決定および指定買取人の指定を執行役に委任することはできない（会416Ⅳ①）．

定款で会社の承認を要する場合を「限定しておくこと」(65)（会107Ⅱ①ロ・108Ⅱ④＝107Ⅱ①ロ），および，定款で譲渡を承認しない場合の指定買取人を「あらかじめ指定しておくこと」も，可能である（会140Ⅴ但書．単元未満株式の譲渡にも，定款で，とくにそれらを譲渡制限の対象から除外しない限り，譲渡制限の適用があると解する．適用がないとすると株式の分割によって会社にとって好ましくない者が単元株主となることを阻止できないからである（前田庸170頁）．譲渡担保の設定には譲渡制限の定めの適用はなく（北沢252頁，江頭229注14頁，神田90頁注6等多数説），相続にも適用されない．最二小判昭和48・6・15民集27巻6号700頁（住友商事事件）は，譲渡制限株式を略式譲渡担保に供するときにも会社の承認を要すると解しているが，会社に

Ⅱ-2-3-18　(64)　**株式の自由譲渡性**　わが国では，昭和24（1949）年以前には会社が定款で株式の譲渡を禁止または制限することを認めていたが（商204Ⅰ），昭和25（1950）年改正法は株式の自由譲渡性を強行法的に定めた（商204Ⅰ）．昭和41（1966）年改正法はこの立場を改め，株式の譲渡制限を認めた（商204Ⅰ但書）．

Ⅱ-2-3-19　(65)　**譲渡制限の定款規定**　① 譲渡の相手方（例えば株主以外の者または従業員以外の者等）を一定の範囲に限定することは，譲渡制限の立法趣旨から問題ない．特段の条項を置かない限り，株主間の譲渡にも会社の承認を要することになる（会107Ⅱ①イ）．このような規制は，閉鎖的会社では株主間の持分比率の変動にも利害があることによって正当化される．

改正前商法時代には，② 譲渡株主の属性（例えば外国人，従業員）により譲渡承認を要するとする定款の定めは，適法とする説と差別的取扱いとして無効であるとする説とに分かれていた．③ 譲渡株式の種類（たとえば「完全無議決権株式の譲渡には承認を要しない」）についても有効説と無効説に分かれて，④ 譲渡株式数（たとえば一定数未満の譲渡に限り承認を要する」「一定数以上の株式譲渡に限り承認を要する」）を基準にする定めについても，株主平等原則違反を理由に無効と解する説と，株式の譲渡制限は，譲渡を承認するか否かに関する裁量の余地が広いため窮極のところ株主平等を貫き得ない制度であることを理由に，有効と解する説とが対立していた．

取締役会の裁量権は広いので①ないし④の定款の定めはいずれも有効と解する．

とって好ましくない者を排除するには，譲渡担保の実行後に譲渡承認を求めることを要するとすることで足りる．

　株式の譲渡制限は，一人会社の株主が全保有株式を譲渡する場合(最三小判平成5・3・30民集47巻4号3439頁[エルム事件]＝会社法百選17事件)や，譲渡につき株主全員の承認がある場合(東京高判平成2・11・29判時1374号112頁[甲野交通事件])には及ばない．譲渡制限(会107Ⅰ①・108Ⅰ④)は，株券発行会社では株券の記載事項としていることに鑑み(会216③．なお会976⑮参照)，登記のほか(会911Ⅲ⑦．商登62参照)，株券等に記載していなければ，善意の第三者に対抗できないと解する(神田89頁，前田庸167頁)．定款による株式の譲渡制限は営業を前提とするので，会社の清算手続中には必要がないことから，停止されると解するのが判例(最一小判昭和36・12・14民集15巻11号2813頁[日本農工殖産事件]．昭和25年改正前商204Ⅰ但書に関する)であるが，清算中でも，株主の個性が問題でありうるから，会社法の立案担当者はこの立場を採用していない(解説151頁)．

　金融商品取引所は，譲渡制限のある株式の上場を認めないので(制限をすると上場廃止．有価証券上場規程205⑩・206Ⅰ③・212⑦・213Ⅱ③・601⑭・602Ⅰ③・603Ⅰ⑥・604Ⅱ②，有価証券上場規程施行規則212Ⅹ・213ⅠⅡ)，譲渡制限の利用は事実上非上場の会社に限られる．

　定款変更による譲渡制限の新設については[V-1-2-8][V-1-2-11]参照．

-2-3-20　(2)　譲渡承認手続　(ア)　譲渡等承認請求　株式を譲渡しようとする**株主または会社の譲渡承認を得ることなく株式を取得した者**(譲渡制限株式の譲渡担保権の実行による取得者，善意取得者，特定遺贈の受遺者等)は，**会社に対して**，①　譲り渡そうとするまたは取得した譲渡制限株式の数(種類株式発行会社にあっては，譲渡制限株式の種類及び種類ごとの数)および②　譲受人の氏名(名称)または株式取得者の氏名(名称)を示し，③　譲渡または取得を承認するか否かの決定をすること，④　会社が承認をしない旨の決定をする場合には，会社が自らその株式を買い取ること，または⑤　会社が自ら買い取らないときには，会社が指定する指定買取人がその株式を買い取ることを請求すること(譲渡等承認請求)ができる(会136・137Ⅰ・138)．取得者による請求は，利害関係人の利益を害するおそれがないものとして法務省令で定める場合(会施規24．内容は会施規22Ⅰと22Ⅰ③④を除けば[Ⅱ-2-5-72]同一である)を除き，その取得した株式の株主として株主名簿に記載され，もしくは記録された者またはその相続人その他の一般承継人と共同してしなければならない(会137Ⅱ)．もっとも，株券発行会社において，株券所持人が株券を提示して請求する場合には，権利者の推定が働くので(会131Ⅰ)，共同で請求する必要はない(会施規24Ⅱ①)．

-2-3-21　(イ)　**決定と通知**　会社の譲渡承認機関は，譲渡または取得を承認するか否かを決定する．決定の内容は，**請求の日から2週間**(定款で短縮可)**以内に，請求者に通知しなければならない**(会139Ⅱ)．決定の内容が，譲渡制限株式の譲渡または取得の

承認であり，承認請求に（会136・137Ⅰ），譲渡承認が得られることを停止条件とする株主名簿の名義書換請求が含まれているときは，会社は，承認後，株主名簿の名義書換えを行う（会134①②・133）。名義書換前であっても株券不発行会社において共同で承認請求が行われた場合には，譲渡人の債権者に譲渡を対抗できると考える（弥永・演習71頁）。会社が2週間内に通知をしないときは，会社と請求者との合意により別段の定めをしなければ，承認決議があったものとみなされる（会145①）。

Ⅱ-2-3-22　**(ウ)　買取手続**　会社が決定をしたときには，その内容を通知しなければならない（会139Ⅱ）。承認請求者が対象株式の買い取りを求めているときに，会社が譲渡不承認の決定をしたときには，取締役会設置会社であろうとなかろうと，買い取る会社に買取りのための財源がある限り（会461Ⅰ①），対象株式を買い取る旨（なお会155②参照），買い取る株式数（種類株式発行会社にあっては，対象株式の種類及び種類ごとの数）を**株主総会の決議**（特別決議．会309Ⅱ①）で定め（会140ⅠⅡ），会社は**(イ)**の通知の日から**40日**（定款で短縮可）**以内**（初日不算入．民140）に承認請求者にこれらの事項を**通知**する（会141Ⅰ・145②）。株主総会の特別決議が必要なのは，会社の買取りは特定の株主からの自己株式の取得の一例であるからである（会155③・160Ⅰ・309Ⅱ②）。承認請求者は，その承認請求者以外の株主の全部がその株主総会において議決権を行使することができない場合を除き，その総会において議決権を行使することができない（会140Ⅲ）。会社が40日[66]以内に通知をしないと会社と承認請求者との合意により別段の定めをしなければ，承認したものとみなされる（会145②）。承認請求者に通知しようとするときは，1株当たり純資産額[67]に対象株式の数を乗じて得た額を

Ⅱ-2-3-23　[66]　**40日の意味**　株主総会の開催が必要であるので，基準日を公告し（基準日の2週間前の公告．会124Ⅲ），株主総会の招集通知を発送する（総会の日の2週間前，非公開会社は1週間前，取締役会非設置会社では定款で短縮可）（会299Ⅰ）ための日時を要するからである。

Ⅱ-2-3-24　[67]　**1株当たりの純資産額**　1株当たりの純資産額の計算方法は，基準純資産額÷基準株式数×株式係数とする（会施規25Ⅰ）。基準純資産額とは，①　資本金の額，②　資本準備金の額，③　利益準備金の額，④　剰余金の額，⑤　最終事業年度（臨時決算をした場合には，臨時決算日）の末日における評価・換算差額等に係る額，⑥　新株予約権の帳簿価額の合計額から⑦　自己株式および自己新株予約権の帳簿価額の合計額を減じて得た額である（会施規25Ⅲ）。基準株式数とは，種類株式発行会社でない場合には，発行済株式（自己株式を除く）の総数，種類株式発行会社である場合には，会社が発行している各種類の株式（自己株式を除く）の数に当該種類の株式に係る株式係数を乗じて得た数の合計数をいう（会施規25Ⅳ）。株式係数とは種類株式発行会社において，1株当たり純資産額を計算するに当たり，ある種類の株式1株の価値を算定する際に，他の種類の株式の大きさとはその取扱いを異ならせる場合に設定するもので，定款である種類の株式について1以上の数を定めた場合にあっては，当該数，特別の定めがない場合には1である（会施規25Ⅴ）。算定基準日とは，1株当たり純資産額を計算すべき場合ごとに設定される。具体的には，①　譲渡等承認請求に係る株式の買取価額の算定の場合には，会社法141条1項または142条1項の規定による通知の日（会施規25Ⅵ①～④），②　取得請求権付株式の請求時の株式の端数処理の場合には，取得請求の日（会施規25Ⅵ⑤⑩），③　単元未満株式の買取り・売渡しの価額の場合には，それぞれの請求の日（会施規25Ⅵ⑥⑦），④　新株予約権行使時の端数処理の場合には行使の日（会施規25Ⅵ⑧），⑤　簡易組織再編行為

第2章　社員たる地位　第3節　株式の譲渡　225

図5　譲渡等承認請求の流れ

(1) 譲渡制限株式の株主または株式取得者からの譲渡等承認請求(136～138)

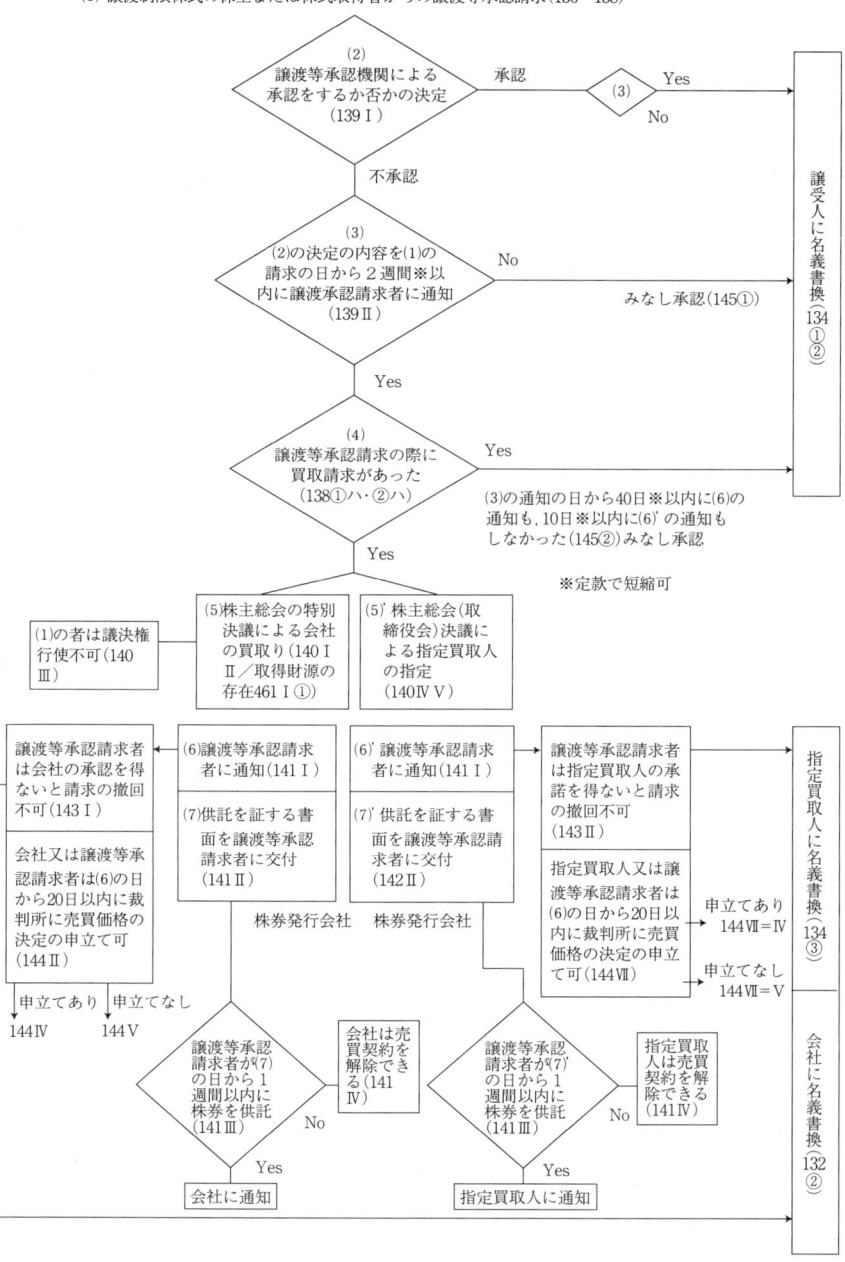

```
                    (2)
            譲渡等承認機関による
            承認をするか否かの決定 ──承認── (3) ──Yes──→ 譲
                 (139 I)                  ◇              受
                    │                     No             人
                   不承認                    │             に
                    ↓                      │             名
                    (3)                    │             義
            (2)の決定の内容を(1)の ──No──────┤             書
            請求の日から2週間※以               │             換
            内に譲渡承認請求者に通知        みなし承認(145①)    (134
                 (139 II)                                   ①
                    │                                       ②)
                   Yes
                    ↓
                    (4)
            譲渡等承認請求の際に ──Yes──→ (3)の通知の日から40日※以内に(6)の
            買取請求があった              通知も、10日※以内に(6)'の通知も
            (138①ハ・②ハ)              しなかった(145②)みなし承認
                    │
                   Yes                    ※定款で短縮可
                    ↓
    ┌──────┐    ┌─────────┐  ┌─────────┐
    │(1)の者は議決権│  │(5)株主総会の特別│  │(5)'株主総会(取 │
    │行使不可(140 │  │決議による会社 │  │締役会)決議に │
    │III)      │  │の買取り(140 I │  │よる指定買取人 │
    │         │  │II/取得財源の │  │の指定      │
    │         │  │存在461 I①) │  │(140 IV V)  │
    └──────┘    └─────────┘  └─────────┘
```

| 譲渡等承認請求者は会社の承認を得ないと請求の撤回不可(143 I) | (6)譲渡等承認請求者に通知(141 I) | (6)'譲渡等承認請求者に通知(141 I) | 譲渡等承認請求者は指定買取人の承諾を得ないと請求の撤回不可(143 II) |
| 会社又は譲渡等承認請求者は(6)の日から20日以内に裁判所に売買価格の決定の申立て可(144 II) | (7)供託を証する書面を譲渡等承認請求者に交付(141 II) | (7)'供託を証する書面を譲渡等承認請求者に交付(142 II) | 指定買取人又は譲渡等承認請求者は(6)'の日から20日以内に裁判所に売買価格の決定の申立て可(144 VII) |

申立てあり　申立てなし　　　　　　　　　　　　　申立てあり 144 VII = IV
144 IV　　144 V　　株券発行会社　株券発行会社　　申立てなし 144 VII = V

指定買取人に名義書換(134 ③)

```
         譲渡等承認      会社は売買    譲渡等承認       指定買取
         請求者が(7)    契約を解除    請求者が(7)'     人は売買
         の日から1     できる(141    の日から1       契約を解除
         週間以内に    IV)         週間以内に       できる(141 IV)
         株券を供託                株券を供託
         (141 III) No             (141 III) No
            │                       │
           Yes                     Yes
            ↓                       ↓
         会社に通知                指定買取人に通知
```

会社に名義書換(132 ②)

その本店の所在地の供託所に供託し，かつ，その供託を証する書面を承認請求者に交付しなければならない（会141Ⅱ・142Ⅱ）。40日以内に承認請求者に対し買取りの通知をしたが，当該期間内に承認請求者に対して供託を証する書面を交付しなかったときは，会社と承認請求者との合意により別段の定めをしなければ，承認したものとみなされる（会145③，会施規26①）。

承認請求者は会社から通知を受けた後は，会社の承諾を得ない限り，その請求を**撤回**することが**できない**（会143Ⅰ）。会社は，買取りのための資金の準備等を行うからである。

対象株式に株券が発行されているときには，承認請求者は供託書面の交付を受けた日から**1週間以内に**，その株券を会社の本店所在地の供託所に**供託**し，会社に対し，遅滞なく，供託した旨を通知しなければならない（会141Ⅲ）。承認請求者が1週間以内に供託をしなかったときは，会社は対象株式の売買契約を解除することができる（会141Ⅳ）。

会社が株式を取得したときには，会社が株主名簿の名義書換えを行う（会132②）。

Ⅱ-2-3-25　(エ)　**指定買取人の指定**　会社は，対象株式の全部または一部を買い受ける指定買取人を，株主総会（特別決議．会309Ⅱ①．取締役会設置会社にあっては，取締役会）の決議によって，指定することもできる（会140Ⅴ．会社に買取財源がない場合等に利用されるであろう）。この場合には，自己株式の取得に該当しないので，定款に別段の定めを置くことが可能である（会140Ⅴ但書）。複数の指定買取人を指定することは，請求株主に手数をかけさせることになるので，定款に別段の定めがなければ，請求者の同意がない限り認められない。**指定買受人は，上記通知の日より10日**（定款で期間を短縮したときはその期間）以内に，指定買取人として指定を受けた旨および買い取る対象株式の数（種類株式発行会社にあっては，対象株式の種類及び種類ごとの数）を**請求者に通知**しなければならない（会142Ⅰ）。この通知により**株式の売買契約は成立**する。承認請求者は，通知を受けた後は，指定買取人の承諾を得るのでなければ，その請求を「撤回」することができない（会143Ⅱ．なお最一小決平成15・2・27民集57巻2号202頁参照）。請求を撤回することを許容すると，会社等の準備がすべて無駄になるからである。指定買取人は，通知をしようとするときは，譲渡者保護のために，**1株当たりの純資産額に対象株式の数を乗じて得た額を会社の本店の所在地の供託所に供託し**（供託規則18参照．供託額が法定額に不足する割合が僅少なため供託を有効とした例として大阪地判昭和53・11・22下民集29巻9＝12号319頁参照），かつ，その供託を証する書面を承認請求者に交付すること（交付がないと，売渡請求の効力がない）が必要である（会142Ⅱ）。会社と承認請求者との合意により別段の定めをしなければ，10日（定款で短縮可）以内に指

の判定の場合には，契約締結日（契約で異なる日を定めたときは，その日）（会施規25Ⅵ⑨）である。

定買取人が通知をしなければ，株式の譲渡の承認があったものとみなされ（会145②），また，指定買取人が会社による非承認の通知から10日以内に買取りの通知をしたが，当該期間内に供託を証する書面を交付しなかったときも，承認したものとみなされる（会145③，会施規26②）．対象株式が株券の場合には，承認請求者は，書面の交付を受けた日から1週間以内に上記供託所に株券を供託し，指定買取人に対し遅滞なく供託の通知をしなければならない（会142Ⅲ）．供託が1週間以内になされないときには，指定買取人は履行の催告（民541参照）をするまでもなく，売買を解除することができる（会142Ⅳ．株主の請求にかかわらず株券を発行しない会社で，株券の供託がないことを理由とする売買の解除が権利濫用に当たるとされた事例として，名古屋高決平成10・8・21判時1673号149頁［あるく日本事件］参照）．指定買取人は，会社に対し，株主名簿の名義書換請求を行う（会134③・133）．

▼-2-3-26 　（オ）**売買価格**　売買価格について**協議が調わないとき**は，会社または承認請求者は買取**通知があった日より20日以内に裁判所に対し売買価格の決定を請求**することができる（会144ⅠⅡⅦ）．20日以内に売買価格の決定[68]の申立てがないとき（当該期間内に協議が調った場合を除く）は，1株当たり純資産額に対象株式の数を乗じて得た額が対象株式の売買価格となる（会144Ⅴ）．決定請求があったときは，裁判所が定めた額が対象株式の売買価格となる（会144Ⅳ）．裁判所は，決定をするには，承認請求の時における会社の資産状態その他一切の事情を考慮することが必要である（会144Ⅲ）．株式の売買価格が供託した額を超えないときには，売買価格が確定した時に代金の支払いがあったものとみなされる．売買価格が供託した額を超えるときは，代金中供託した額に相当する部分につき代金の支払い（一部支払い）があったものとみなされる（会144Ⅵ）．

▼-2-3-28 　**(3) 譲渡制限違反の株式譲渡の効力**　会社の承認を受けない譲渡の効力については，かつては当事者間のみならず，会社との関係でも無効とする説（**絶対説**．小橋一郎『会社法（改訂版）』110頁［成文堂1991年］）があったが，会社との関係においては効力を生じないとする説（**相対説**．最二小判昭和48・6・15民集27巻700頁［住友商事事件］＝会社法百選18事件）に代わった．また，譲渡承認請求は譲渡人のみがなし得るとする説があったが，平成2（1990）年の改正後は，譲受人もなし得ると解されるようになった（改正前商204ノ5）．会社法は，譲渡制限株式の承認を受けた譲受人は名義書換えの請求をなしうると整理し（会134），従来の立場を維持している．会社の承認を得ていないときには，会社は，譲渡人を株主として取り扱う義務があり，その反面として，譲渡人は，会社に対してはなお株主としての地位を有するものというべきであ

▼-2-3-27 　　[68] **売買価格の決定**　この場合の管轄裁判所は，会社の本店所在地の地方裁判所である（会868Ⅰ）．裁判所は審判期日を指定し（非訟10），売買価格の決定の申立てをすることができる者の陳述を聴き（会870⑥），職権により探知をなして（非訟11），理由を付した決定で売買価格を決める（会871）．

る⁽⁶⁹⁾(最三小判昭和63・3・15判時1273号124頁［明星自動車事件］＝会社法百選20事件，最三小判平成9・9・9判時1618号138頁［明星自動車事件］)．

5 株券不所持制度利用による制限

II-2-3-30 　株券不所持制度を利用している会社の場合には，株券の発行を受けてからそれを交付することが必要である(会217Ⅵ・128)．

6 契約による株式の譲渡制限

II-2-3-31 　定款で株式の譲渡制限をしないで，① 株主間 (例えば合弁会社 [joint venture]を設立する者の間で) または第三者の間の契約で，譲渡制限をする場合がある．契約自由の原則によりこれらの契約は有効である．これに対し，② 会社と株主の間の契約は，投下資本の回収を不当に妨げない合理的な内容のものは別にして原則として無効であるとするのが従来の多数説であるが，127条の狙う株主の投下資本の回収を不当に妨げるなど公序良俗 (民90) に反すると評価される場合を除き，②の契約も有効とする説も有力である (最三小判平成7・4・25集民175号91頁＝会社法百選21事件，神田「特別講義商法Ⅰ」7-8頁，弥永78頁)．この場合にも，契約には債権的効力しかなく，契約に違反する株式譲渡自体は有効である (前田(雅)「契約による株式の譲渡制限」法学論叢121巻1号18頁以下．従業員持株制度との関連で詳細な分析をするものとして青竹正一「株主の契約」『現代企業法の理論 (菅原先生古稀)』3頁ないし13頁参照)．

II-2-3-29 　(69) **学説** 　これに対し，無効説を前提とする限り，譲受人に譲渡承認請求を求めるのは背理であるから，譲渡制限株式の譲渡は，当事者だけでなく，対会社の関係でも有効であり，株式譲受人は譲渡制限のない株式と同じように名義書換請求をなし得るが，株式の譲渡制限という定款の規定のため，会社は名義書換えを拒否できるのであって，承認請求は拒否権の放棄請求であり，株主総会または取締役会による譲渡の承認は，上記拒否権の放棄であるとする説 (有効説) (山本爲三郎「定款による株式譲渡制限制度の法的構造」『現代企業法の諸相』(中村眞澄・金澤理先生還暦記念)145頁 [1990年]，安井威興「定款による株式譲渡制限の基本構造と取締役会の承認のない譲渡株式の譲渡の効力」法学研究66巻1号241頁以下 [1993年]，吉本健一「取締役会の承認なき譲渡制限株式の譲渡の効力と譲受人の法的地位」『社団と証券の法理』(加藤・柿崎両先生古稀記念)199頁 [1999年])や，譲渡人が名義人であるというだけで，譲受人に議決権行使の指示を認めることは不当であるので，譲渡人からは会社に対して株主たる地位を主張できず (京都地判昭和61・1・31判時1198号147頁 [明星自動車事件の1審判決] 参照)，会社は譲渡人を株主として取り扱う義務はないが，株主として取り扱うことは差し支えないとする説 (戸川成弘「取締役会の承認のない譲渡制限株式の譲渡の効力について」富大経済論集40巻1号95頁以下 [1994年])も唱えられた．戸川説では，名義人の株主性を否定しながら，同時に譲受人も名義書換えをしていないとして，その株主性を否定することによる株主の不存在の状態が出現することが考えられる．これを避けるには，名義人の株主性を否定した以上は，譲受人を株主として扱う義務を会社が負うとすべきことになるが，譲受人に株主として名義書換えをする意思がないのに，会社が株主として扱かうというのも不合理である．

第4節　株式の担保化および信託の設定

1　総説

Ⅱ-2-4-1　株式は財産的価値があるので担保化は原則として自由である．会社法は，株式の担保化の方法として**株式の質入れ**〔西 prenda de acciones〕しか規定していない[70]が（会146Ⅰ），慣習法上認められた**株式の譲渡担保**の方法（最判昭和48・6・15民集27巻6号700頁参照）を利用する方法もある．これは担保の目的をもっていったん株式を譲渡し，被担保債権の満足が得られた場合には株式を返還し，満足が得られない場合には担保権を実行するというものである．

2　担保化の方法

Ⅱ-2-4-3　(1)　**株式の質入れ**　株式の質入れには略式質と登録質がある．**略式質**は，株式に設定された質権者の氏名等が株主名簿に記載（記録）されないが，**登録質**は記載（記録）される．登録質の利用は極めて稀である．略式質は，株券発行会社の株式および株券不発行会社の場合には振替株式にのみ認められる．振替株式以外の場合略式質が認められないのは，第三者対抗要件が備えられないので，質権を設定する意味がないからである．登録質は，株券発行会社であるか否かにかかわらず認められ，株券不発行会社の場合には振替株式であるか否かを問わない．

Ⅱ-2-4-4　(a)　**略式質**　①　**株券発行会社の株式**にあっては，当事者間の質権設定の合意と株券の交付によって成立し（会146Ⅱ），**株券の継続的占有が株券発行会社その他の第三者に対する対抗要件**である（会147ⅡⅢ）．

②　**振替株式**の質入れの場合，意思表示によって質権設定の効力が生じるとすると（民176），流通が阻害される．そこで，振替株式の場合には，**質権者**（加入者）の**口座**（口座管理機関の口座にあっては自己口座）の中に**質権欄**が設けられる（なお振替法129Ⅲ④参照）ので，**質権設定者の振替申請**（振替法132ⅡⅢ②③⑤⑥）により，**質権者がその口座の質権欄に当該質入れに係る数の増加の記載**（記録）**を受けることが質権設定の**

Ⅱ-2-4-2　[70]　**自己株式の質受け**　昭和56（1981）年改正前商法は，自己株式取得禁止の脱法行為を阻止するため政策的に，会社による自己株式の質受けを原則として禁止していたが（昭和56年改正前商210，旧有24．最判昭和43・9・5民集22巻9号1846頁参照），昭和56年改正法は禁止を緩和して，発行済株式総数の20分の1までこれを許容した．平成13（2001）年改正法は，自己株式の買受けを認めたので，上記制限を設ける意味がなくなり，制限を廃止した．これに対し大陸法系会社法では依然として自己株式の質受けを制限ないし禁止している．なお，多数説によれば，自己株式への譲渡担保の設定は，自己株式取得の手続を経る必要はないが，担保権の実行により会社に帰属するとき（帰属型の場合）には有償取得に当たるので自己株式取得の手続を経る必要はある．清算型の場合には手続をとる必要はない（論点153頁）．

効力発生要件である (振替法141). そして総株主通知の際に, 質権者の申出により (振替法151Ⅲ), 質権者が株式会社に対して通知されない. これは, 略式質に当たる[71] (振替法151Ⅱ②Ⅲ. なお[Ⅱ-2-5-49] 参照).

Ⅱ-2-4-6　**(b) 登録質**　① **株券発行会社**においては, 当事者間の質権設定の合意と株券の交付に加えて, 株主名簿上の株主である質権設定者の請求により会社 (または株主名簿管理人. 会123) が株主名簿に質権者 (その質権者を登録株式質権者という. 会149Ⅰ括弧書) の氏名 (名称)・住所を記載 (記録) することが必要である (会147Ⅰ・148. なお振替法161Ⅰ参照). 株券が発行されているときは, 株券の継続占有が, 株券発行会社その他の第三者に対する対抗要件である (会147Ⅱ. なお平成17年改正前商207Ⅱ対比). 指名債権質の対抗要件に関する民法364条の規定は, 株式については, 適用しない (会147Ⅲ). なお平成17 (2005) 年改正前商法と異なり, 株券に質権者の氏名を記載する必要はない (改正前商209Ⅰ対比).

Ⅱ-2-4-7　② **株券不発行会社**においては, 当事者間の質権設定の合意と株主名簿の記載 (記録) が必要である (会148). 株主名簿の記載 (記録) が会社その他の第三者に対する対抗要件となる (会147Ⅰ). 振替株式の場合には, 総株主通知の際に, 質権者 (口座の加入者) の申出 (申出はその直近上位機関を経由しなければならない. 振替法151Ⅳ) があったときは, 振替機関は, 総株主通知において質権者の氏名 (名称)・住所, 質権の目的である振替株式の銘柄およびその銘柄ごとの数, その数のうち株主ごとの数ならびにその株主の氏名 (名称)・住所その他主務省令で定める事項を株式会社に通知する (振替法151ⅢⅣ). 株式会社がその通知にしたがって株主名簿に質権者を記載する (振替法152Ⅰ). これは登録質に当たる.

Ⅱ-2-4-8　③ **登録株式質権者**は, 会社に対し, 株主名簿記載事項証明書の交付またはそれを記録した電磁的記録の提供を請求することができる (会149Ⅰ). この書面には, 会社の代表取締役 (委員会設置会社にあっては代表執行役) が署名し, または記名押印をしなければならない (会149Ⅱ). 電磁的記録の場合には, 会社の代表取締役 (委員会設置会社にあっては代表執行役) が法務省令で定める署名または記名押印に代わる措置 (電子署名. 会施規225) をとらなければならない (会149Ⅲ). 株券不発行の場合には, 証明の手段がないからで, 会社法122条1項から4項[Ⅱ-2-5-71] と同趣旨の規定である. 株券発行会社には, 株券という証明の手段があるので, 会社法149条1項か

Ⅱ-2-4-5　(71) **特例登録質権者**　株券発行会社がその株式 (種類株式発行会社にあっては, 全部の種類の株式) に係る株券を発行する旨の定款の定めを廃止する定款の変更をしようとするときは, 株式の略式質権者は, 定款変更の効力発生日の前日までに, 会社に対し, その氏名 (名称)・住所および質権の目的である株式を株主名簿に記載または記録するよう請求することができる (会218Ⅴ). これは, 株券が無効となると第三者対抗要件を失ってしまう略式質権者を保護するための規定であり, この質権者を**特例登録質権者**という. 株主名簿に記載されても, 質権設定者の請求に基づくものではないので (会148参照), 略質質権者としての権利しか有しない (なお, 振替法附則10参照).

第2章　社員たる地位　第4節　株の担保化および信託の設定　231

ら3項までの規定の適用はない（会149Ⅳ）．

④　会社が登録株式質権者に対してする通知または催告は，株主名簿に記載し，または記録した登録株式質権者の住所（登録株式質権者が別に通知または催告を受ける場所または連絡先を会社に通知した場合にあっては，その場所または連絡先）にあてて発すれば足りる（会150Ⅰ．なお会198Ⅱ・457Ⅰ等参照）．この通知または催告は，その通知または催告が通常到達すべきであった時に，到達したものとみなされる（会150Ⅱ）．これに対し，略式質権者は会社から通知・催告を受けることはない．会社は略式質権者を知らないからである．

(2)　**株式の譲渡担保**　株式の譲渡担保には略式譲渡担保と登録譲渡担保がある．
①　**略式譲渡担保**は，株券発行会社においては，担保権設定者が株券を担保権者に交付し（会128Ⅰ），担保権者が株券を継続して占有することによって行われる．したがって**株券不発行会社の株式の場合には，振替株式に限って略式譲渡担保は認められるに過ぎない**．振替株式の場合には，譲渡担保権者（加入者）は，総株主通知の際に他の加入者（譲渡担保設定者）を株主（特別株主という）として通知するよう申請することができる（振替法151Ⅱ①）．この場合には，株主名簿に譲渡担保設定者が記載されることになるので（振替法152Ⅰ），略式譲渡担保に相当する．
②　**登録譲渡担保**は，通常の譲渡と同様に，株主名簿上，担保権者が株主として名義が書き換えられることによって行われる（会130．登録質の場合に質権者として記載されるのと異なる）．登録譲渡担保による担保権者の登録は，当事者が担保権設定の公表を好まず，手続も煩わしいので通常行われない．振替株式の場合には，総株主通知の際に他の加入者を株主として通知するよう振替機関に求める旨の申出をしないことである（振替法151Ⅱ①）．申出がなければ，株式会社は担保権者を株主として名義書換えを行う（振替法152Ⅱ・161Ⅰ＝会130）．

略式質，略式譲渡担保および通常の譲渡のいずれかであるかは，当事者の意思によって決まるが，略式質なのか，略式譲渡担保なのか**当事者の意思が明確でないときは，担保権者に有利な譲渡担保と推定する**のが通説（竹内昭夫「株式担保法の立法論的考察」『会社法の理論Ⅰ』237頁［有斐閣1984年］．反対，弥永81頁）である．なお有価証券の信用取引において顧客から金融商品取引業者に保証金の代用として有価証券を預託する行為は，根担保質権の設定である（最三小判昭和41・9・6刑集20巻7号759頁）．

会社は，略式譲渡担保権者を株主と処遇するほかなく，議決権行使等に関し担保権設定者・担保権者間で取決めがなされても，それは当事者間の内部関係を定めるものに過ぎない（なお静岡地決平成8・2・29判タ912号231頁［有限会社に関する］参照）．

譲渡制限株式を譲渡担保に供する場合には株主総会（取締役会設置会社の場合には取締役会）の承認（会139Ⅰ）は不要と解すべきであることは既に述べた［Ⅱ-2-3-17］．

3 株式の質入れ・譲渡担保の効力

II-2-4-11 **(1) 総説** 株式の質権者は，被担保債権の弁済をうけるまで株券を**留置する権利**（民362Ⅱ・347．株券廃止会社の場合を除く），**物上代位権**（会151・840Ⅳ，民362Ⅱ・350・304．なお会更205Ⅳ・会839参照），**転質権**（民362Ⅱ・348）および**優先弁済受領権**（会154Ⅰ・民362Ⅱ・342）を有する．株式の譲渡担保権者にも株式の質権者とほぼ同様の権利が認められる．

II-2-4-12 **(2) 物上代位権** (a) 会社が，① 取得請求権付株式の取得（会167Ⅰ），② 取得条項付株式の取得（会170Ⅰ），③ 全部取得条項付種類株式の取得（会173Ⅰ），④ 株式の併合，⑤ 株式の分割，⑥ 株式の無償割当て（会185），⑦ 新株予約権の無償割当て（会277），⑧ 剰余金の配当[72]，⑨ 残余財産の分配，⑩ 組織変更，⑪ 合併（合併によりその会社が消滅する場合に限る），⑫ 株式交換，⑬ 株式移転および⑭ その他の株式の取得をした場合（表8）には，株式を目的とする質権は，当該行為によってその株式の株主が受けることができる金銭等（金銭その他の財産をいう）について存在する（会151）．

表8 物上代位が問題となる会社の行為

株式の質入れの効果（会151Ⅰ）	新株予約権の質入れの効果（会272Ⅰ）
① 取得請求権付株式の取得	① 新株予約権の取得
② 取得条項付株式の取得	—
③ 全部取得条項付種類株式の取得	—
④ 株式の併合	—
⑤ 株式の分割	—
⑥ 株式の無償割当て	—
⑦ 新株予約権の無償割当て	—
⑧ 剰余金の配当	② 組織変更
⑨ 残余残滓の分配	③ 合併（合併によりその会社が消滅する場合に限る）
⑩ 組織変更	④ 吸収分割
⑪ 合併（合併によりその会社が消滅する場合に限る）	⑤ 新設分割
⑫ 株式交換	⑥ 株式交換
⑬ 株式移転	⑦ 株式移転
⑭ 株式の取得（①から③の行為を除く）	—

II-2-4-13 **(72) 剰余金の配当** 平成17年改正前商法においては，略式質の場合に担保権の効力が剰余金の配当にも及ぶか否かについては議論があった（東京高判昭和56・3・30高民34巻1号11頁〔殖産住宅相互事件〕＝会社法判例百選23事件は多数説と同じく否定説を採用）．会社法は，自己株式取得の対価，残余財産の分配その他の質権の対象となっている株式について会社から交付される財産に効力が及ぶにもかかわらず，その一態様であり，経済的に実質に変わるところのない「剰余金の配当」に及ばないとすることは論理的でないとして（解説33頁），151条8号で**肯定説**を採用している．

2-4-14 (α)「**株券発行会社の株式の登録質**」の場合には，会社は，株主が①，②，③または⑥により受け取ることができる株券(会153 I)，④に係る株券(会153 II)，または⑤によって新たに発行する株券(会153 III)を登録株式質権者(特例登録質の場合を除く)に引き渡さなければならない[73]。これに対し，(β)「**株券不発行会社の株式の登録質**」の場合には，これらの株式につき登録株式質権者(特例登録質の場合を除く)の氏名・名称および住所を株主名簿に記載・記録しなければならない(会152 I〜III。なお振替法161 I 参照)。(γ)「**株券発行会社の株式の略式質**」の場合には，物上代位権を行使するには原則として，株主に対して代位物の**目的物の払渡し**(金銭の場合)または**引渡し**(株券の場合)**がなされる前に差押えをすることを要する**(民362 II・304 I 但書。大判昭和4・10・24新聞3079号15頁。なお民執193，民保20参照)が，払渡しまたは引渡しが，株券と引換えになされる場合には(会166 III・219 II 等)，物上代位権の行使に差押えを要しない(前田庸206頁)。(δ) **略式株式質権**が設定されている振替株式につき併合・分割・合併による株式の発行等があった場合には当然振替口座簿の質権欄に株式数の減少・増加の記載がなされるので(振替法136 III IV・137 III IV・138 III IV)，質権者は，**差押えの手続をとる必要はない**。ただし，**振替株式が金銭に代わる場合には，払渡前に差押えが必要である**。

なお「登録株式質」の場合であっても，合併等の組織再編の対価として交付される金銭等については，質権の効力が及ぶものの，特別の規定は設けられていないため，その実行等には，差押え等の手続が必要である。

2-4-16 (b) **物上代位権は**(a)**に限定されない**。(α) **新株発行無効の訴え**(会828 II ②)に係る請求を認容する判決が確定したときは，質権は，会社から返還される金銭について存在する(会840 IV)。登録株式質権者は，会社から金銭を受領し，他の債権者に先立って自己の債権の弁済に充てることができる(会840 V)。自己の債権の弁済期が到来していないときは，登録株式質権者は，会社にその金銭に相当する金額を供託させることができる。この場合においては，質権は，その供託金について存在する(会840 VI)。

(β) 自己株式の処分の無効の訴えに係る請求を認容する判決が確定した場合も同様である(会841 II)。

(γ) 株式交換・株式移転の無効の訴えに係る請求を認容する判決が確定したときは，旧完全親会社株式を目的とする質権は，旧完全子会社株式について存在する(会844 II)。旧親会社は，旧子会社に対し，その登録株式質権者についての事項(会148に定める事項)を通知しなければならず(会844 III)，通知を受けた旧子会社は，株

2-4-15 [73] **引渡前の株主および登録株式質権者へ通知等**　これらの株券の引渡の前に，①，③または④に係る株券については，会社に提出するようにとの公告および株主・登録株式質権者に対する各別の通知が**1カ月前**に行われる(会219 I ②〜④)。登録株式質権者が株券を会社に提出しなければ，会社は引渡しを拒むことになる(会219 II)。

主名簿に登録株式質権者についての事項を記載し，または記録しなければならない（会844Ⅳ）．旧完全子会社が株券発行会社であるときは，旧完全親会社は，登録株式質権者に対し，旧完全子会社株式に係る株券を引き渡さなければならない．ただし，株主が旧完全子会社株式の交付を受けるために旧完全親会社株式に係る旧株券を提出しなければならない場合においては，旧株券の提出があるまでの間は，この限りでない（会844Ⅴ）．

　そのほか，**設立無効**により払い渡される金銭や解散の場合の残余財産の分配にも物上代位は及ぶ．

Ⅱ-2-4-17 　(3) **優先弁済権** 　登録株式質権者は，金銭（剰余金・残余財産等）を受領し，**他の債権者に先立って自己の債権の弁済に充てることができる**[74]（会154Ⅰ）．自己の債権の弁済期が到来していないときは，登録株式質権者は，会社にその金銭に相当する金額を**供託させる**ことができ，この場合においては，質権は，その供託金について存在する（会154Ⅱ）．

　これに対し，略式質権者については154条に相当する規定がない．そこで，民法の一般原則（民362Ⅱ・350・304Ⅰ但書）によって，株主に支払いまたは引渡しがなされる前に差押えを要すると解される（大判昭和4・10・24新聞3079号15頁）．略式譲渡担保権者も同様である．

Ⅱ-2-4-19 　(4) **議決権** 　株式の担保権者は，本来，議決権その他の共益権を行使することができず，これを行使しうる者は，質権設定者または譲渡担保権設定者たる株主である．登録譲渡担保の場合には，会社に対する関係では，議決権その他の共益権も担保権者に帰属するが，当事者間の関係では，別段の合意のない限り，担保権者は担保設定者に委任状を交付して議決権を代理行使させる等，担保権設定者の意思に従う義務を負うと解すべきである（前田庸208頁）．

4　信託の設定

Ⅱ-2-4-20 　株式に信託（信託2Ⅰ）を設定する方法には，① 信託契約を締結する方法（信託3①），② 遺言をする方法（信託3②），③ 公正証書等に記載・記録したものによって

Ⅱ-2-4-18 　(74) **優先弁済を受ける方法** 　質権では，株券発行会社の株式の場合，競売が原則で（民執190・122），正当な理由のある場合に限り，鑑定人の評価に従い株券をもって直ちに弁済に充当することを裁判所に請求することができる（民362Ⅱ・354，非訟83ノ2）．流質契約は，① 質屋営業者の質権（質屋1・19），② 被担保債権が商行為により生じた場合（商515），③ 被担保債権の弁済期到来後に締結される場合（民349）に限って認められる．振替株式につき優先弁済を受ける方法は，「その他の財産権」についての担保権の実行手続である（民執193，民執規180ノ3）．株券不発行会社の振替株式でない株式の質権の実行も「その他の財産権」についての担保権の実行手続に当たので，譲渡命令等により換価される．

　これに対し，譲渡担保では，任意売却（処分清算）と所有権取得（帰属清算）が認められ，制約が少ない．

する方法（信託3③）とがある．信託契約を締結する方法による場合には，委託者と受託者との間の信託契約の締結によって信託の効力が生ずる（信託4Ⅰ）．

　株式発行会社の場合には，株式の譲渡等のために委託者から受託者へ株券を交付することが必要である（会128・146Ⅱ）．株式発行会社の場合には特別の要件を必要とせずに信託を第三者に対抗することができるが（会154の2Ⅳ），そのためには，当該株式が信託財産であることを立証することが必要である．受託者は，信託財産をその固有財産および他の信託財産と分別して管理する義務を負っているので（信託34Ⅰ②イ），その立証は容易であろう．

　株式不発行会社の場合には［Ⅱ-2-5-64］（会154の2Ⅰ），振替株式利用会社の場合には［Ⅱ-2-5-46］（振替法129Ⅲ⑤・142ⅠⅡ）参照のこと．

第5節　株券と株主名簿

第1款　株　券

1　総　説

-2-5-1　株式会社は，定款で株券を発行する旨の定めがある場合に限り，株券〔英米 share certificate：独 Aktie または Aktienurkunde：仏 action：伊 azione または titolo azionario：西 título de la acción〕を発行することができる[75]（会214．なお整備法76Ⅳ・株式等決済合理化法附則7・8参照）．株券の発行・不発行は，会社のすべての種類の株式に同一の選択をしなければならない（会214括弧書）．この点で社債券とは異なる．株券不発行制度の導入の1つの理由である経費節約の要請からは，株式の種類ごとの発行・不発行を認めるニーズは乏しいし，種類ごとの発行・不発行を認めると，制度がいたずらに複雑になるからである．

　① 株券発行会社の株主から株券の不所持の申出があると，会社は株券を提出させ，それを無効とする（会217Ⅴ）．② 株券発行会社は，単元未満株式に係る株券を発行しないことができる旨を定款で定めることができる（会189Ⅲ）．また，③ 非公

-2-5-2　（75）　**株券の不発行**　平成16（2004）年改正法以前は株券の発行が原則であったが，16年改正で株券の不発行が認められ（改正前商175Ⅱ4ノ2ノ2・227），会社法は有限会社法（旧有21参照）と一体化したため，定款で株券の発行を定めた場合に限り，株券を発行できるという方式に変わった．株券不発行は，① 大会社で事務処理の便宜から振替制度を利用する場合と ② 中小会社で株券の発行の必要性がない会社の需要に応えようとするものである．なお，株券発行会社が株券を発行する旨の定めを廃止する定款変更したが（会218），定款変更前にAはBに株式を譲渡していた．しかしBは名義書換えを怠っていた．Aは自己が名義株主であることを奇貨としてCに株式を譲渡し，ACの共同請求により，Cに名義書換えをした場合，会社法130条1項（対抗要件主義）の趣旨より，Cが株主である（論点140頁）．

開会社で，株主から請求がないときには株券を発行しないことが許容されている(会215Ⅳ)．したがって，株券発行会社であるのにもかかわらず，全株券が発行されていないということがありうる(前田庸127頁はこのような会社を**準株券不発行会社**という)．

有価証券の定義[76]につき如何なる見解を取るにしても，わが国では株券は株主の地位(株主権)を表章する有価証券である．その法的性質は，① **社員権的有価証券**，② **有因証券**(株式が設立無効の訴え［会828Ⅰ①］または新株無効の訴え［会828Ⅰ②］により無効であれば，株券も無効である)，③ **非設権証券**(予備株券が流通に置かれ善意の第三者によって取得されても株主権は発生しない)，④ **要式証券**(ただし厳格な要式証券ではない)，⑤ **非文言証券**(ただし譲渡制限の場合を除く)である．平成2(1990)年の改正以前には，株主の氏名が株券に記載される記名株券〔独 Namensaktie：仏 titres nominatifs：伊 azioni nominative：西 acciones nominativas〕のほかに，定款に定めがあれば，株主の氏名が株券に記載されない無記名株券〔独 Inhaberaktien：仏 titres au porteur：伊 azioni al portatore：西 acciones al portador〕を発行することが認められていたが(平成2年改正前商227Ⅰ・228)，後者は利用されないため，同年改正で廃止された(旧商225Ⅰ柱書参照)．しかし会社法は，これを再び逆転させ，**無記名株券のみを認める**ように変わっている[77](会216)．

2 株券の種類

Ⅱ-2-5-5　1枚の株券は，数個の株式を表章すること(**併合株券**)もできる(10株券，100株券など)．このような株券の種類は，定款の任意的記載事項として有効である．定款の

Ⅱ-2-5-3　[76] **有価証券の定義**　今日わが国では，有価証券の定義につき，私法上の財産権(または資格)を表章する証券であって，① 権利の移転に証券の引渡しを要するものとする説，② 権利の移転および行使のいずれにも証券を要するとする説および③ 権利の移転(処分)または行使(利用)に証券を要するとする説の3つが対立している．①説は流通性を重視し，②説は，行使に証券が必要なので，移転にも証券を要する関係にあることを根拠する．③説は，株券の場合，株主名簿に記載されると権利行使に証券の呈示が不要にであることを根拠とする．①説は記名証券を有価証券に含めない点で妥当でない．株券の場合，1回の権利行使で株主権は消滅しないという特殊性があるため，株主名簿制度が採用されているにすぎないと考えるので，私は②説を支持する．

　なお，① 遺失物法の規定により株券の所有権を取得した遺失株券の拾得者は株主たる地位を取得するとともに(反対，東京簡判昭和34・1・29下民集10巻1号192頁)，② 刑事判決において株券の没収が言い渡された場合に，判決確定と同時に当該株券に表章された株主たる地位が国庫に帰属する(最二小判昭和37・4・20民集16巻4号860頁)と解される．

Ⅱ-2-5-4　[77] **無記名株券の不便**　会社法以前には，株主が株券に記載されるか否かは，その者が株主名簿に記載されるか否かとリンクしていた．そのため，無記名株券の場合，株主名簿に株主名が記載されないため，① 権利の行使のつど，株券を会社に供託することを要し(平成2年改正前商228・239Ⅱ)，しかもその間は譲渡できないこと，② 総会の招集通知に代わる公告があるが(平成2年改正前商232Ⅲ)，公告は見逃されやすいこと，③ 会社にとっては，誰が株主か把握しにくいなどの不便があった．会社法は，無記名株券が発行されても，株主名は株主名簿に記載される(記名株式)ため，このような不便は解消している．

規定に基づき「株式取扱規程」(全国株懇連合会から株式取扱規程モデルが公表されている．全国株懇連合会・モデル77頁)で株券の種類を定めることも可能であり，そのような例は少なくない．もっとも1株の譲渡は認められなければならないので，1株券を発行しないという定款は無効である．

3 株券の記載事項

1-2-5-6 株券には，① 株券発行会社の**商号**，② 当該株券に係る**株式の数**，③ **株式譲渡制限**の定めがあるときはその旨，④ 種類株式発行会社にあっては，当該株券に係る**株式の種類**およびその内容，⑤ **株券の番号**を記載し，⑥ **代表取締役**(委員会等設置会社にあっては，代表執行役)が署名または記名捺印することを要する[78](会216．会976⑮)．また，印紙税法により印紙を貼用しなければならない(印紙2・7，別表第1の4)．会社の成立の年月日・株券の発行年月日および株主の氏

株券に貼る印紙の額

500万円以下	200円
500万円を超え1,000万円以下	1,000円
1,000万円を超え5,000万円以下	2,000円
5,000万円を超え1億円以下のもの	10,000円
1億円を超えるもの	20,000円

名は平成17(2005)年改正前商法と異なり(平成17年改正前商225対照)，絶対的記載事項ではない．会社の成立の年月日等は法的効果と結び付かない情報であるし，株主名の記載の廃止は，名義書換えをしなくても株券の交付で移転するので，株主と株券に記載されている氏名が異なる場合が多く，株券に株主名を記載させる必要に乏しいことおよび株主名の記載が株券発行事務の遅滞の一因となっていることを考慮したことによる(論点220頁)．株券が偽造された場合には，偽造株券は無効である．善意の第三者がこれを取得しても株主たる地位を取得しない(なお平成16年8月23日日証協「偽造株券等の未然防止及び早期発見への対応について「偽造株券等対応検討ワーキンググループ」報告書」参照)．会社の被用者が偽造した場合には，使用者責任(民715)を問われる可能性が高い．株券が汚損・き損したときには，株主の請求により新株券が発行される．

4 株券の発行

1-2-5-8 **(1) 発行時期** 株券発行会社は，**株式を発行した日以後遅滞なく**，その株式に係る株券を発行することが必要である[79](会215Ⅰ．なお会976⑭参照)．また，株券発行会社は，**株式の併合または株式の分割**をしたときは，**その効力発生日以後遅滞な**

1-2-5-7 (78) **記載の欠缺** ①⑥は絶対必要である．会社の同一性を害さない程度の商号の誤記は株券を無効としない(東京控判昭和12・12・4新聞4242号11頁)．

1-2-5-9 (79) **株式の発行日** 会社成立のときは会社の成立時(会50Ⅰ・102Ⅱ)，通常の新株発行のときは，払込期日(払込期間が定められたときは出資の履行をした日)である(会209)．それ以前には株券の効力はない．

く，併合または分割した株式に係る株券を発行しなければならない（会215Ⅱ・215Ⅲ）．ただし公開会社でない株券発行会社は，株主から請求がある時までは，株券を発行しないことができる（会215Ⅳ）．

Ⅱ-2-5-10 **(2) 株券の効力発生時期** 株券の効力発生時期については学説上争いがある．株券は会社が作成しただけでは未だ有効な株券とは言えず，株主に交付された時に初めて効力が生ずる（民526参照）と説く**交付時説**（江頭168頁，宮島113頁）と，会社がその意思に基づいて株券を他人（運送人など）の占有に移した時から効力が生ずると説く**発行時説**（田中（誠）・上12頁）と，株券に株主名が記入され交付先が決まった時から効力が生ずると説く**作成時説**（前田庸181頁・龍田218頁）が対立している．最高裁は手形理論の契約説にあたる交付時説を採用している（最三小判昭和40・11・16民集19巻8号1970頁［根室東映劇場事件］＝会社法判例百選34事件）．

表9　各説に従った場合の手続の相違

	株券を株主に交付する前の強制執行の方法	交付時前の善意取得の可能性
作成時説	動産に対する強制執行（民執122・123Ⅰ） 会社が任意に提出しない場合は株券引渡請求権の差押（民執145・163）	あり
発行時説	交付時説と同じ	運送前はなし 運送以後はあり
交付時説	○株券交付請求権の差押えによるとする説（民執143・163Ⅰ）（札幌高判昭39・9・14民集19巻8号1985頁原審として登載） ○株式自体の差押えによるとする説（民執167）（東京地決平4・6・26判タ794号255頁，杉原麗・民事執行法判例百選136事件）	なし

これらの見解で，結果が異なる点は，① 作成されたがまだ株主に交付される前の株券に対する強制執行の方法と，② 交付前の株券喪失の場合の株券の善意取得の可否である．作成時説は，株券に損害責任保険をかける実務に適合するが，帰責事由のなき株主が権利を失い，金銭賠償を受けるにとどまるというのは，株式に支配権が結びつくだけに問題があると思われる．交付時説に賛成したい．

5　株券の資格授与的効力

Ⅱ-2-5-11 **(1) 総説** 株券の流通を図るため，株券の占有者は適法な所持人と推定される（会131Ⅰ．**資格授与的効力**）．会社は**善意・無重過失**で名義書換えを行えば，たとえ請求者が無権利者であっても，会社は免責される（**免責的効力**．会社に悪意があり免責が認められないとされた例として，東京地判昭和32・5・27下民集8巻5号1002頁［東北亜鉛鉱業事件］）．会社法には手形法40条3項のような規定がないが，131条1項は，この免責的効力を同時に含んでいると解される[80]．

Ⅱ-2-5-13 **(2) 善意取得** 資格授与的効力の結果，無権利者より株券を悪意または重過失

なく取得したときには，有効に株券(場合により株券に対する譲渡担保権または質権)を取得する(会131Ⅱ)．振替制度においても振替の申請によりその口座において振替株式の増額の記載または記録を受けた株主には善意取得が認められる(振替法144)．悪意・重過失は，株券の取得の時点を基準に判断される．悪意・重過失の挙証責任は，株券の返還を請求する者にある．

　従来の通説はこのように善意取得を無権利者から取得した場合に限るが，「事由の何たるを問わず」という表現を広く解して，代理権の欠缺，譲渡人の無能力・意思表示の瑕疵の場合にも善意取得を認める見解が最近では有力である(前田庸203頁．しかし制限能力者の保護を現行法は優先している[龍田240頁])．譲渡制限のある株式も要件を満たせば善意取得される(なお東京高判平成5・11・16金判949号21頁参照．反対，弥永91頁注74)．株券の善意取得は，株式の譲渡によって株券が取得された場合にのみ認められ，相続・会社の合併のような包括承継による株券の取得の場合には認められない．株券の受寄者(運送人)が窃取された場合において，所持人に悪意または重過失があるときには，受寄者は，所持人に対し，民法193条により，その返還を求めることができる(最二小判昭和59・4・20判時1122号113頁[日本国有鉄道事件])．金融商品取引業者が株券所持人から株券の売却の取次の委託を受ける場合においても，委託者が権利者であることにつき疑問を抱かせる特段の事情がある場合以外は，委託者が適法の所持人であるとの前提に立って対応すれば足りる(大阪地判平成5・7・7判タ829号193頁[和光証券事件]，東京地判平成11・2・12判タ1077号243頁[太平洋証券事件])．

6　株券の提出等

-2-5-14　(1)　総　説　株券発行会社は，①　定款を変更して株式の全部またはある種類株式を譲渡制限株式とする場合，②　株式の併合をする場合，③　全部取得条項付種類株式を取得する場合，④　取得条項付株式を取得する場合，⑤　組織変更，⑥　合併(合併によりその会社が消滅する場合に限る)，⑦　株式交換または⑧　株式移転をする場合には，該当する全株式の株券を回収する必要があるので，効力発生日までに会社に対し株券を提出するよう効力発生日の1カ月前までに，公告し，かつ，その株

-2-5-12　(80)　**譲渡以外による株式の取得と免責的効力**　相続あるいは合併のような譲渡以外の方法で株式が取得した場合，免責的効力はどうなるか問題となる．次のような説が考えられる．第1説は，会社法131条1項は譲渡の場合に限って適用されるので，株券の占有者が相続により株式を取得したことを特に主張し名義書換えを請求した場合には，同項の推定はなく，会社としては，相続の事実を審査する必要がある，とする(石井・下201頁参照)．第2説は，相続による取得者であることが明らかにされた以上，会社は調査権を有し，その者が権利者であることの証明を要求することができるが，会社には調査義務がないから，調査をしないでその者の請求に応じても免責されるとする(鈴木＝竹内162頁参照)．第3説は，会社法131条1項は相続の場合にも適用があるので，そのものがその主張する通りの権利者であることを疑うべき特別の事情がある場合でない限り直ちに名義書換えをしても免責される，とする(上柳克郎「株式の相続と名義書換」会社法・手形法論集154頁[有斐閣1980年])．

式の株主およびその登録株式質権者には，各別にこれを**通知**しなければならない（会219Ⅰ）．ただし，当該株式の全部について株券を発行していない場合には，公告および通知を強制する意味がないので，かかる公告・通知を行う必要はない（会219Ⅰ但書．株券発行会社が株券を不当に遅滞しているような場合にも適用される）．効力発生日までに会社に株券を提出しない者があるときは，株券が提出されるまで，上記行為によってその株券に係る株式の株主が受けることのできる**金銭等の交付を拒むことができる**（会219Ⅱ）．この**株券**は，**効力発生日に無効**となる（会219Ⅲ）．譲渡制限の定款変更がなされる前に株主となった者は，旧株券が無効となった後であっても，株券提出期間経過前に旧株券の交付を受けて株式を譲り受けたことを証明して，名義書換えを請求することができるが（最一小判昭和60・3・7民集39巻2号107頁［鉄原事件］＝会社法百選36事件），それには，会社法219条2項により旧株券の呈示が必要と解される．

Ⅱ-2-5-15　(2)　**簡易異議催告手続**　株券発行会社が(1)に掲げる行為をした場合において，**株券を提出することができない者**があるときは，会社は，その者の**請求と費用**により，利害関係人に対し**異議があれば3カ月を下らない一定期間**（異議申立期間）**内に異議**を述べることができる旨を公告し，その期間内に異議を述べる者がいないときには，**その期間経過後**[81]に，当該行為によってその株券に係る株式の株主が受けることのできる**金銭等を交付することができる**（会220Ⅰ～Ⅲ）．

簡易異議催告は，株券を失効させるものではないから，同手続が取られている場合にも，株券の喪失の登録の申請をなすことができる（会221Ⅰ①）．無効となった旧株券が株券喪失登録の対象となるのは，旧株券は新株券交付請求権を表章する有価証券と解されるからである．会社が異議催告申立人に新株券を交付すると，旧株券は有価証券の性質を失い，単なる証拠証券になると解される．

異議催告の請求は，株主名簿の名義書換未了の株主もすることができ，旧株券が所在不明となった理由を疎明すれば足りる（最三小判昭和52・11・8民集31巻6号847頁［東洋畜産事件］＝会社法百選35事件）．簡易異議催告手続を経て会社がその請求者に対し金銭等を交付すれば，会社は旧株券の善意取得者等実質的権利を有する者との関係では免責される．

7　株券不発行会社への移行手続

Ⅱ-2-5-17　株券発行会社は，その株式（種類株式発行会社では，全部の種類の株式）に係る株券を発行する旨の定款の定めを廃止する定款変更をしようとするときは，その**定款の変更の効力発生日の2週間前**までに，①　その旨，②　定款変更の効力発生日，およ

Ⅱ-2-5-16　(81)　**株券提出期間経過前の異議催告手続の請求**　株券提出期間経過前でも簡易異議催告手続を開始することができるか否かにつき改正前商法では積極説と消極説とが対立していた（神崎『新注会補巻平成2年改正』120頁参照）．積極説に賛成する．

び③定款変更の効力発生日に会社の株券が無効となる旨を**公告**し，かつ，④**株主および登録株式質権者には，各別にこれを通知**しなければならない(会218 I)．株券は効力発生日に無効となる(会218 I②・II)．この際，**会社は株券を回収する必要はない**(会219 I 参照)．

　株式の全部について株券を発行していない会社がその株式(種類株式発行会社にあっては，全部の種類の株式)に係る株券を発行する旨の定款の定めを廃止する場合は，①および②を株主および登録株式質権者に通知するか，公告すれば足りる(会218 III IV)．公告が必須でないのは，このような会社では，株主名簿上の株主および登録株式質権者が利害関係人の全てであることが通常であるからである．また，③が不要なのは，無効となる株券が発行されていない以上当然であるからである．

8　株券失効制度

2-5-18　**(1) 総　説**　平成14(2002)年改正前には，株券の喪失者は，公示催告手続〔独 Aufgebotsverfahren〕をして，株券を無効とする除権判決を得ることにより，会社に対して株券の再発行を請求することができた(平成14年改正前商230・230ノ3 V＝230, 廃止前公催仲裁777～785．公催仲裁は平成16年12月3日法(152号)で廃止され，公示催告・除権決定は非訟142以下で規制されている)．しかしこの制度は，公示催告のされた株券についての善意取得を阻止することができず，費用をかけて手続をとった株券喪失者に不満が残ること，公示催告手続と名義書換請求の間に関連性がなく，名義書換請求がされて株券の存在が明らかになっても，除権判決がなされること等の問題があった．平成14(2002)年改正法は，株券に公示催告・除権判決(非訟148 I により**除権決定**に改められている)の制度を**適用**しないとする一方(会233)，株券失効制度を新設した．除権判決制度そのものが廃止されたわけではないので，新株予約権証券(会291 I II [II-3-3-45])や債券(会699 I II [IV-1-4-6])を喪失した場合には，除権決定の対象となる．これらの証券の場合には，株主名簿に相当する名簿が作成されず，名義書換えに相当する行為も行われないため，株券失効制度に相当する制度を設けることが不可能であるからである．株券不発行会社(したがって振替制度)には，当然，株券失効制度の適用がない．**株券発行会社および株券発行の定款の定めを廃止する定款変更**[V-1-2-15]をした日の翌日から起算して1年を経過していない会社には株券失効制度が適用される(会221柱書括弧書)．後者の場合，この期間は喪失登録の効力が継続している可能性があるからである．もっとも，株券喪失登録の請求(会223)，株式所持人が株券喪失登録の抹消を請求して提出した株券についての株券喪失登録(227後の括弧書)および株券の無効による株券の再発行(会228 II)は適用されない．

2-5-19　**(2) 株券喪失登録の申請**　株券を喪失した者は，法務省令(会施規47)で定めるところにより，株券発行会社(株主名簿管理人が置かれているときは，株主名簿管理人．会

242 第Ⅱ編 株式会社

図6 株券失効制度のスキーム

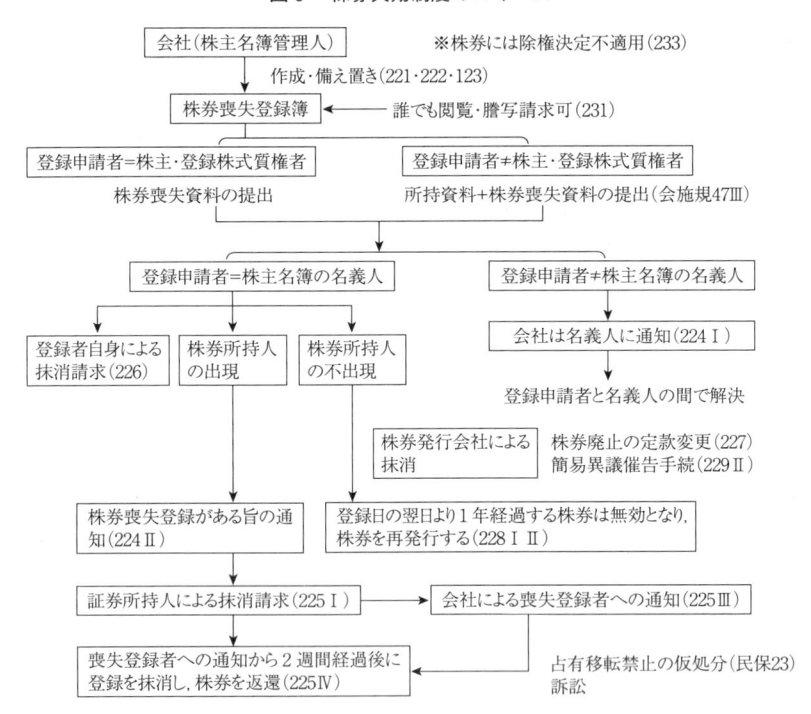

```
会社(株主名簿管理人)              ※株券には除権決定不適用(233)
   │ 作成・備え置き(221・222・123)
   ▼
株券喪失登録簿 ◄── 誰でも閲覧・謄写請求可(231)

登録申請者＝株主・登録株式質権者     登録申請者≠株主・登録株式質権者
  株券喪失資料の提出                所持資料＋株券喪失資料の提出(会施規47Ⅲ)

登録申請者＝株主名簿の名義人        登録申請者≠株主名簿の名義人

登録者自身による  株券所持人  株券所持人     会社は名義人に通知(224Ⅰ)
抹消請求(226)    の出現      の不出現
                                          登録申請者と名義人の間で解決
                 株券発行会社による          株券廃止の定款変更(227)
                 抹消                      簡易異議催告手続(229Ⅱ)

                 登録日の翌日より1年経過する株券は無効となり，
                 株券を再発行する(228ⅠⅡ)

証券所持人による抹消請求(225Ⅰ) ──► 会社による喪失登録者への通知(225Ⅲ)

喪失登録者への通知から2週間経過後に      占有移転禁止の仮処分(民保23)
登録を抹消し，株券を返還(225Ⅳ)         訴訟
```

123・222）に対し，当該株券についての株券喪失登録簿記載事項を株券喪失登録簿に記載し，または記録すること（以下「**株券喪失登録**」という）を請求することができる[82][83]（会223）．

Ⅱ-2-5-20　[82]　**株券喪失登録請求**　株券喪失登録請求者の氏名または名称および住所（印鑑証明書，パスポート，運転免許証，健康保険証等が利用されよう）ならびに喪失した株券の番号を明らかにしてしなければならない（会施規47Ⅱ）．株券喪失登録請求者が株券喪失登録請求をしようとするときは，① 株券喪失登録請求者が当該株券に係る株式の株主または登録株式質権者として株主名簿に記載または記録がされている者である場合には株券の喪失の事実を証する資料，② それ以外の場合には，株券喪失登録請求者が株券喪失登録請求に係る株券を株主が株式を取得した日として株式名簿に記載または記録がされている日以後に所持していたことを証する資料（例えば金融商品取引業者の売渡証明書等）および株券の喪失の事実を証する資料を株式会社に提供しなければならない（会施規47Ⅲ）．

Ⅱ-2-5-21　[83]　**請求権者**　① 質受けした株券を喪失した場合，請求できるのは，質権者に限ると考えられるが（江頭173頁注5），質権設定者に限る（鈴木竹雄「除権判決」『商法研究Ⅰ』411頁（有斐閣1981年）参照）とか，質権者も質権設定者も請求できるとする説もありうる（最高裁［最三小判昭和43・5・28民集22巻5号1125頁＝会社百選5版25事件］参照）．

② 証券の受寄者は，実質的権利を有していないので，否定すべきであるが（江頭173頁注5），占有に固有の利益があることを理由に肯定する説（大阪地判平成2・9・18判タ805号194

第2章　社員たる地位　第5節　株券と株主名簿　**243**

-2-5-22　(3)　**株券喪失登録簿**　(ア)　**総説**　株券発行会社は，株券喪失登録簿を作成し，株券喪失登録の適法な請求があったときには，当該登録簿に，次に掲げる事項(株券喪失登録簿記載事項)，すなわち，① 請求に係る株券(会社法218条2項または219条3項の規定により無効となった株券および株式の発行または自己株式の処分の無効の訴えに係る請求を認容する判決が確定した場合における当該株式に係る株券を含む)の番号，② ①の株券を喪失した者の氏名・名称および住所，③ ①の株券に係る株式の株主または登録株式質権者として株主名簿に記載され，または記録されている者(名義人)の氏名・名称および住所，④ 株券喪失登録簿記載事項を記載し，または記録した日(株券喪失登録日)を記載し，または記録しなければならない(会221①～④．なお会976⑦参照)．

　株券喪失登録簿に株券喪失者として記載または記録されている者(株券喪失登録者)が，その株券に係る株式の**名義人でないときには，会社は遅滞なく，その名義人に対して**，その株券につき株券喪失登録をした旨および①，②および④の登録簿記載事項を**通知しなければならない**(会224Ⅰ．なお会976②参照)．これは，名義人に株券喪失登録の抹消の申請(会225Ⅰ)の機会を与えるためのものであり，名義人の知らないうちに株券が失効させられることを防止するものである．

-2-5-23　(イ)　**株券喪失登録者に対する通知・催告**　会社が**株券喪失登録者に対してする通知または催告**は，株券喪失登録簿に記載し，または記録した当該株券喪失登録者の住所にあてて発し，株券喪失登録者が別に通知または催告を受ける場所または連絡先を会社に通知した場合には，その場所または連絡先にあてて発すれば足りる(会232Ⅰ)．通知または催告は，通常到達すべきであった時に，到達したものとみなす(会232Ⅱ)．

-2-5-24　(ウ)　**備置き・閲覧・謄写請求**　株券喪失登録簿は，株券発行会社の**本店**(株主名簿管理人がある場合にあっては，その営業所)に備え置かれ(会231Ⅰ．なお会976⑧参照)，誰でも，営業時間内は，いつでも，**利害関係がある部分について**，株券喪失登録簿が書面をもって作成されている場合には閲覧または謄写を，電磁的記録をもって作成されている場合にはその情報の内容を法務省令で定める方法(会施規226⑦．紙面または映像面に表示する方法)によって表示したものの閲覧または謄写を請求することができる(会231Ⅱ①②．なお会976④参照)．この場合には，その請求の理由を明らかにしてしなければならない(会231Ⅱ後段)．閲覧・謄写が，利害関係がある部分に限定されているのは，プライバシーに対する配慮に基づく．

-2-5-25　(4)　**権利行使者への通知**　株券喪失登録がされた株券が，その株券に係る株式についての権利の行使のために会社に提出されたときは，**会社は，遅滞なく，その株**

　　頁)も考えられる．
　　③　証券を目的とする運送保険において保険金を支払った保険者は，保険代位(商661)により被保険者の地位を承継するので請求者と考えるが，否定説もあり得よう(大阪地決昭和38・2・19下民集14巻2号219頁[＝江頭憲治郎・損害保険判例百選〈2版〉75事件参照])．

券の提出者に対し，当該株券に株券喪失登録がされている旨を通知しなければならない（会224Ⅱ）．株券の所持人に，株券喪失登録の抹消を申請して自己の権利を確保する機会を保障するためである．

(5) **登録抹消の申請** 株券喪失登録の抹消は，株券所持人の申請によるもの，株券喪失登録者の申請によるものおよび株券発行会社によるものの3つがある．

Ⅱ-2-5-26　**(α) 株券所持人による抹消申請** 株券喪失登録のなされた株券を所持する者（その株券についての株券喪失登録者を除く）は，適法な所持人と推定されるため（会131Ⅰ），株券を提示し，氏名または名称および住所を明らかにして（会施規48），会社に対し，株券喪失登録日の翌日から起算して1年を経過する（この時点で株券は失効する．会228Ⅰ）まで，当該株券喪失登録の抹消を申請することができる（会225ⅠⅡ）．これにより，所持人は株券の失効を防止するとともに株主権の行使を確保することができる．

抹消申請を受けた会社は，遅滞なく，株券喪失登録者に対し，登録抹消申請者の氏名・名称および住所ならびに提出された株券の番号を通知しなければならない（会225Ⅲ）．会社は，この通知の日から2週間を経過した日に，**株券喪失登録を抹消して，提出された株券を登録抹消申請者に返還する**（会225Ⅳ．なお会976⑯参照）．このような手順を踏むこととしたのは，通知を受けた喪失登録者が，抹消申請者が善意取得者ではないと考える場合に，当該期間内に，当該株券について占有移転禁止の仮処分（民保23Ⅰ）を取得した上で，訴訟を提起して，株券の返還を求めることができるようにするためである．

Ⅱ-2-5-27　**(β) 喪失登録者による抹消申請** 株券喪失登録者は，氏名または名称および住所ならびに株券の番号を明らかにして（会施規49），株券喪失登録の抹消の申請をすることができる[84]（会226Ⅰ）．喪失したと思っていた株券が発見された場合等があることを考慮したものである．(α)のような配慮は不要であるので，会社は，抹消申請を受けた日に，その申請に係る株券喪失登録を抹消しなければならない（会226Ⅱ．なお会社976⑯参照）．

Ⅱ-2-5-29　**(γ) 株券発行会社による抹消** ① その株式（種類株式発行会社にあっては，全部の種類の株式）に係る株券を発行する旨の定款の定めを廃止する定款の変更をする場合には，会社は，定款の変更の効力が生ずる日に，株券喪失登録（名義人が株券喪失登録者であるものに限る．）を抹消しなければならない（会227．なお会976⑯参照．株券所持人が株券喪失登録の抹消を請求して提出した株券についてのものを除く）．また，② **会社が異議催告手続としての公告をした場合**（会220Ⅰ［Ⅱ-2-5-15］）は，その公告をした日に，その公告にかかる株券についての株券喪失登録を抹消しなければならない（会229Ⅱ）．

Ⅱ-2-5-30　(6) **喪失株券の失効** 株券喪失登録がされた株券は，登録が抹消されたものを除

Ⅱ-2-5-28　[84] **例外** 会社がその株式（種類株式発行会社では，全部の種類の株式）に係る株券を発行する旨の定款の定めを廃止する定款の変更をした場合には，株券所持人が株券喪失登録の抹消を請求して提出した株券についての株券喪失登録の抹消の申請はできない（会226Ⅰ括弧書）．

き，その**株券喪失登録日の翌日より起算して1年を経過した日に無効となる**[85]（会228Ⅰ）．その日が法定の休日であってもそうである．もっとも，その間に株券喪失登録が株券所持人の登録抹消の申請［Ⅱ-2-5-26］，株券喪失登録者による抹消申請［Ⅱ-2-5-27］または株式併合手続等における簡易異議催告手続による公告［Ⅱ-2-5-32］等によって抹消されてしまった場合はその株券は失効しない（会228Ⅰ括弧書）．

　会社は，株券喪失登録者に対し，**株券を再発行しなければならない**（会228Ⅱ）．会社は，非公開会社の場合には，株主の請求があるまで株券を発行しないことができると考える（会215Ⅳ類推適用）．

　株券喪失登録者が名義人でないときには，株券の再交付を受けた上で名義書換えを行う（改正前商230ノ6Ⅱ対照）．喪失登録をした株式が譲渡制限株式である場合には，名義書換えをしようとするときは，譲渡承認請求をする必要がある．なお株券喪失登録が虚偽の申請に基づき行われても，その翌日から1年を経過すると，法律関係の安定性の確保の観点から株券は無効となると解すべきである（江頭177頁注14）．

　もっとも，株券喪失登録制度が閉鎖会社の支配権争いに悪用される危険が大きいので，会社が名義人・権利行使者に対する通知（会224）を懈怠したため登録異議申請がなされなかった場合，適法な株券喪失登録の抹消申請があったのに会社が登録抹消を怠り法定の期間を経過した場合等では，信義則（民1）上，株券は無効とならず，たとえ会社が株券喪失登録者の請求により株券の再発行を行っても，再発行された株券は無効と解すべきである（江頭177頁注14）．

Ⅱ-2-5-32　**(7) 株式併合等の場合の簡易異議催告手続との調整**　株券喪失登録者がその株券喪失登録のなされた株券につき，株式併合等の法定の手続において簡易異議催告手続（会220Ⅰ）を請求したときには，**異議申述期間が最低3箇月とされているので**（会220Ⅰ但書），1年間の喪失登録期間より短い．そこで，異議催告手続の請求を認めるとともに，当該異議催告手続における異議申立期間の満了日が，株券喪失登録に基づく喪失株券の失効日より前に到来する場合に限り，会社は異議催告手続の公告を行うことができるとともに（会229Ⅰ），当該公告をしたときには，その**公告をした日に株券喪失登録を抹消することを義務づけられる**（会229Ⅱ．なお会976⑯参照）ことによって，喪失登録者の利益がより保護される形で，株券失効手続と簡易異議催告手続との調整が図られている[86]．

Ⅱ-2-5-34　**(8) 株券喪失登録の効力**　**(ｱ) 名義書換えの禁止**　株券喪失登録のなされた株券

Ⅱ-2-5-31　(85)　**株券喪失登録期間**　1年に1回定時総会が開催されるのが普通であり，議決権行使・配当利益の受領のため，名義書換えが行われることを配慮して，株券喪失登録期間は1年とされている．

Ⅱ-2-5-33　(86)　**株券喪失登録手続と簡易異議催告手続との調整**　異議催告期間の末日よりも先に，株券喪失登録日の翌日から起算して1年を経過する日（株券が無効になる日）が到来するときは，異議催告の公告はできない（会229Ⅰ）．**異議催告の公告をした日に**，その公告に係る株券についての**株券喪失登録を抹消しなければならない**（会229Ⅱ）．

については，会社は，株券喪失登録が抹消される日と株券喪失登録日の翌日から起算して1年を経過した日のいずれか早い日(登録抹消日)までの間は，株券喪失登録がされた株券に係る株式を取得した者の氏名・名称および住所を**株主名簿に記載し，または記録することができない**(会230Ⅰ．なお会976⑰参照)．それまでは，株券喪失登録者と株券取得者とのいずれが権利者か確定しない状態にあるからである．振替株式となる前に株券喪失登録がされた株券に係る株式については，登録抹消日後に，その日における名義人を加入者として新規記録手続をとる(振替法159ⅠⅢ)．名義人等の口座を会社が知らない場合には，特別口座の開設が行われる(振替法159Ⅱ)．

Ⅱ-2-5-35 **(イ) 株券の再発行の禁止** 会社は，登録抹消日後でなければ，株券喪失登録がされた株券を再発行することができない(会230Ⅱ)．

Ⅱ-2-5-36 **(ウ) 議決権の停止等** 株券喪失登録者が名義人でない場合には，その株式の株主は，登録抹消日までの間は，株主総会または種類株主総会において議決権を行使することができない(会230Ⅲ)．行使を認めると，事後的に登録者が株主でないことが判明した場合，決議取消原因となるおそれがあるため，これを回避しようとするものである(論点解説221頁)．株券喪失登録者が名義人である場合には，株券喪失登録の申請によって議決権行使ができなくなるのは不当であるので，議決権行使は認められる．株券喪失登録期間中に剰余金の配当(会453)や株式の無償割当て(会185)が行われた場合には，会社は名義人を株主と扱えば足りる．名義人が真実の株主でない場合であっても，会社は善意・無重過失である限り，免責される(手40Ⅲ類推適用．平成17年改正前商230ノ8Ⅳ対照)．株券喪失登録者は名義人に対し不当利得返還請求をすることになる．

Ⅱ-2-5-37 **(エ) 株式の競売の禁止** 5年以上継続して会社からの通知・催告が到達しない株式の競売・売却(会197ⅠⅡ)はできない(会230Ⅳ)．

Ⅱ-2-5-38 **(9) 株券失効制度と善意取得** 株券失効制度においても株券喪失登録株券が失効するまでの間に善意取得が成立することは阻止できない．見ず知らずの者から株券喪失登録簿を見ないで株券を取得した場合には，重過失と判断されることもありうる．なお，保管振替機関は，株券喪失登録がなされている株券の預託を受け入れることができないとされており(株券保管振替14Ⅳ)，株主名簿管理人間と「**株券喪失登録情報等照会システム**」を構築している(「株券喪失登録情報等照会システムの情報提供及び利用に関する規則参照」)．

9 株券不所持制度

Ⅱ-2-5-39 **(1) 総 説** 株券発行会社の株主は，会社に対し，自己の有する株式に係る株券の所持を希望しない旨を申し出ることができる(会217Ⅰ)．会社法の下では定款で不所持制度を廃止できないと解される[87](平成17年改正前商226の2Ⅰ対照)．

Ⅱ-2-5-41 **(2) 不所持の申出** 申出に係る株式の数(種類株式発行会社にあっては，株式の種類及

び種類ごとの数)を明らかにして，株券不所持の申出を行う．この場合において，その株式に係る株券が発行されているときは，**申出者はその株券を会社に提出しなければならない**(会217Ⅱ)．申出を受けた会社は，遅滞なく，その株式に係る株券を発行しない旨を株主名簿に記載し，または記録しなければならない(会217Ⅲ．なお会976⑦参照)．記載または記録をした時に，**提出された株券は無効**となる(会217Ⅴ)．会社は，そのときから，当該株式に係る株券を発行することができなくなる[88](会217Ⅳ)．

2-5-43 **(3) 株券の発行の請求** 株券不所持の申出をした株主は，いつでも会社に対し，**株券の発行を請求することができる**．この場合において，会社に提出された株券があるときは株券の再発行が必要であるので，その株券に係る発行に要する**費用を株主が負担**する(会217Ⅵ)．株券が発行されていない時に株券不所持の申出がされた株式については，その後株主が株券発行請求をした場合の株券発行費用は，会社が負担する．

　株券不所持の申出のあった株式に相続・合併・会社分割が生じた場合，相続人，存続会社・新設会社または承継会社は，実質的権利を証明できれば，株券の呈示なしに名義書換えを行うことができる(一般承継は会128Ⅰの譲渡に含まれないからである)．

10 株式の振替

2-5-44 **(1) 総　説** 証券決済リスクの削減のために法制度を整備しようとすると有価証券をペーパーレス化して帳簿で管理する制度の創設が必要となる．そのため，株券等については「株券等の保管及び振替に関する法律」(昭和59)が制定されているが，**株券等保管振替制度**の下では，いったん株券等が発行される上，株主は株券を預託しないこともできる(保管振替14ⅠⅡ)．これに対し，「短期社債等の振替に関する法律」(平成13年)はCP[Ⅱ-3-1-2]につき最初から証券を発行しない振替制度を採用した．この法律はその後「社債等の振替に関する法律」(平成14年)に改められ，その適用範囲を社債・国債に拡大している．

2-5-40 (87) **沿　革** かつては記名株式の譲渡に裏書または裏書証書の添付が必要であった．しかし捺印だけで記名のない裏書が慣行化したことから，昭和41(1966)年商法改正法は，記名株式も株券の交付のみで譲渡できることとすると同時に(平成17年改正前商205Ⅰ参照)，善意取得の危険が大きくなったことから株式の**静的安全保護**のため株券不所持制度を新設した．比較法上外国の法制に類例がなく，従来あまり利用されなかった(もっとも株券保管振替29Ⅱ参照)．平成16(2004)年改正以前には，提出された株券を銀行もしくは信託会社に寄託する方法も認めていたが(平成16年改正前商226ノ2Ⅱ)，同法改正で寄託制度は廃止されている．

2-5-42 (88) **株主の債権者の強制執行の方法** ①「その他の財産権」(民執167)として株式を差し押さえるか(東京地判平成4・6・26判タ794号255頁)，② 株主の有する会社に対する株券返還請求権を差し押さえ，株券を債権者の委任した執行官に引き渡すべきことを命じ(民執167Ⅰ・163)，執行官がその引渡しを受けた株券を動産執行の売却手続により売却すべきことになる(民執134・135)．

しかし振替が株式か社債であるかで法律が異なり、規制が相違することは合理的とはいえない。金融庁は、**株券等保管振替と社債等振替の規制の一元化**を意図して、「株式等の取引に係る決済の合理化を図るための社債等の振替に関する法律等の一部を改正する法律」(株式等決済合理化法)(平成16年法律第88号)を制定し、「社債等の振替に関する法律」を「社債、株式等の振替に関する法律」(振替法)に改め、**国債や地方債の振替**だけでなく、**社債、株式、新株予約権および新株予約権付社債の振替も振替法で規制する**と共に[89]、株式等決済合理化法の施行日(平成21年1月5日)に「株券等の保管及び振替に関する法律」を廃止し(振替附則2)、振替に一斉移行することにしている(一斉移行の方法については尾崎輝宏・吉田修「社債、株式等の振替に関する法律の概要〔Ⅳ・完〕」商事1704号20頁以下［2004］参照)。振替制度は上場有価証券のための制度である。

Ⅱ-2-5-46 **(2) 株式振替制度 (ア) 総説** **株券不発行会社の譲渡制限株式でない振替機関が取り扱う株式を振替株式という**(振替法128Ⅰ)。譲渡制限株式が振替から除かれるのは、振替の都度、発行会社の承認が必要とされるのでは、迅速な決済の妨げになるからである(高橋＝尾崎307頁)。**振替株式の権利の帰属は、振替口座簿の記載または記録によって定まる**[90]。信託の場合には、政令で定めるところにより、信託の受託者がその口座に信託である等の記載・記録を受けなければ、第三者に対抗できない(振替法129Ⅲ⑤・142ⅠⅡ)。

① 株式振替制度の関係者は、発行者、**振替機関**(振替法2Ⅱ．主務大臣の指定を受けた振替業を営む株式会社)、**口座管理機関**(振替法2Ⅳ・44ⅠⅡ．第1種金融商品取引業者等であって、振替機関等から口座の開設を受け、加入者のために口座を開設する者、または他の振替機関等から口座の開設を受けた振替機関)および**加入者**(振替法2Ⅲ．振替機関または口座管理機関に口座を開設した者)である。株券等保管振替制度が2層構造しか認めないのと異なり、株式振替制度は多層構造をとり、口座管理機関の階層数には制限がない(図

Ⅱ-2-5-45 **(89) 振替法が対象とする有価証券に表示されるべき権利** 振替法の対象となる「社債等」は、① 社債(新株予約権付社債を除く)、② 国債、③ 地方債、④ 投資法人債、⑤ 相互会社の社債、⑥ 資産流動化法の特定社債、⑦ 特別法人債、⑧ 投資信託の受益権、⑨ 貸付信託の受益権、⑩ 特定目的信託の受益権、⑪ 外債、⑫ 株式、⑬ 新株予約権、⑭ 新株予約権付社債、⑮ 投資法人の投資口、⑯ 優先出資法の優先出資、⑰ 資産流動化法の優先出資、⑱ 資産流動化法の新優先出資の引受権、⑲ 資産流動化法の転換特定社債、⑳ 資産流動化法の新優先出資引受権付特定社債および㉑金商2条1項21号に掲げる政令で指定した権利中政令で定めるものである(振替法2Ⅰ)。

Ⅱ-2-5-47 **(90) 振替口座簿の種類** 振替口座簿は、**権利の種類**(株式、社債など)ごとに設けられ、加入者の口座ごとに区分される(振替法68Ⅰ［社債］・129Ⅰ［株式］・165Ⅰ［新株予約権］・194Ⅰ［新株予約権付社債］)。また、**口座管理機関の口座は、自己口座と顧客口座に区分される**(68Ⅱ①②［社債］・129Ⅱ①②［株式］・165Ⅱ①②［新株予約権］・194Ⅱ①②［新株予約権付社債］)。振替機関の振替口座簿には**機関口座を開設する場合がある**(振替法68Ⅴ)。これは、振替機関が過超記載をした場合に負う消却義務を果たすために開設される(振替法12Ⅱ・145Ⅰ・Ⅲ・146)。機関口座には、銘柄、銘柄ごとの数および政令で定める事項が記載(記録)される(振替法129Ⅴ)。

第2章 社員たる地位 第5節 株券と株主名簿　**249**

図7　振替口座簿の構造

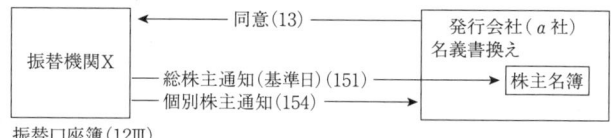

```
                                    ┌─同意(13)─────────→┌─────────────┐
                    ┌──────────┐                        │発行会社(a社)  │
                    │振替機関X  │←─総株主通知(基準日)(151)│名義書換え    │──→┌──────┐
                    └──────────┘  ─個別株主通知(154)──→│             │    │株主名簿│
                                                         └─────────────┘    └──────┘
                    振替口座簿(12Ⅲ)
```

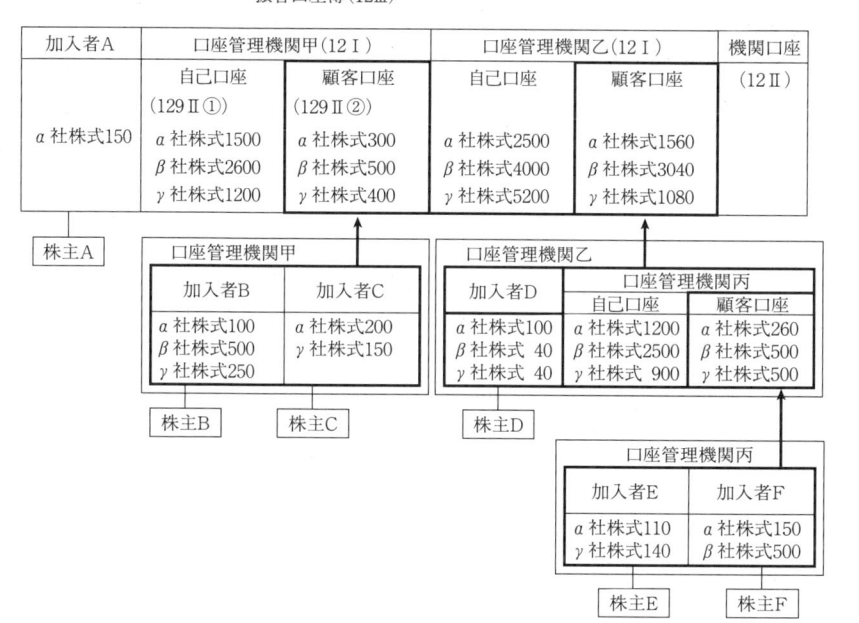

加入者A	口座管理機関甲(12Ⅰ)		口座管理機関乙(12Ⅰ)		機関口座
	自己口座 (129Ⅱ①)	顧客口座 (129Ⅱ②)	自己口座	顧客口座	(12Ⅱ)
a社株式150	a社株式1500 β社株式2600 γ社株式1200	a社株式300 β社株式500 γ社株式400	a社株式2500 β社株式4000 γ社株式5200	a社株式1560 β社株式3040 γ社株式1080	

株主A

口座管理機関甲	
加入者B	加入者C
a社株式100 β社株式500 γ社株式250	a社株式200 γ社株式150

株主B　株主C

口座管理機関乙	口座管理機関丙	
加入者D	自己口座	顧客口座
a社株式100 β社株式40 γ社株式40	a社株式1200 β社株式2500 γ社株式900	a社株式260 β社株式500 γ社株式500

株主D

口座管理機関丙	
加入者E	加入者F
a社株式110 γ社株式140	a社株式150 β社株式500

株主E　株主F

7参照).「直近上位機関」とは加入者にとってその口座が開設されている振替機関または口座管理機関であり(振替法2Ⅵ),「共通直近上位機関」とは, 複数の加入者に共通する上位機関であって, その下位機関のうち当該各加入者に共通する上位機関がないものである(振替法2Ⅹ). 例えば図7の例では, 加入者DおよびEの共通直近上位機関は振替機関である. 振替機関および口座管理機関(両者を併せて「振替機関等」という. 振替法2Ⅴ)は, **振替口座簿**(電磁的記録での作成可. 振替法68Ⅵ)を備えなければならない(振替法12Ⅲ・45Ⅱ). 口座管理機関は, 振替機関の業務規程に基づいて振替業を行うので(振替45Ⅰ), 加入者は, 振替機関の業務規程に従うことになる.

② 株券等保管振替制度では, 株券が保管振替機関に混蔵保管されており(株券保管振替23), いったん預託しても参加者・顧客は株券交付請求権を有しているが(株券保管振替28), 振替制度では, 株券が廃止されているので, 参加者・顧客による株券交付請求はあり得ない(振替附則5).

③ 株券等保管振替制度では, 過大記帳に基づき善意取得が生じた場合, 保管振替機関および参加者が連帯して補てん義務を負うが(廃止前保管振替25), 振替制度で

は，**過大記載をした振替機関または口座管理機関のみが消却義務を負う**[91]．株券等保管振替制度のように，制度を構築するすべての機関が責任を負う制度は，国際的に異例であるといわれている（江頭憲治郎「株券不発行制度・電子公告制度の導入に関する要綱の解説」商事1675号21頁）．

④ 株券保管振替振制度は，会社が株主名簿・実質株主名簿（廃止前保管振替32）という2つの名簿により株主を管理する仕組みをとっているのに対し，株式振替制度では，**実質株主名簿に当たる制度がない**[92]．これは，保管振替制度では，参加者（口座管理機関）・顧客（加入者）は，預託株券の共有持分を有するに過ぎないので（廃止前保管振替24），同人を実質株主と法律構成する必要があり，かつ，保管振替制度を利用しない株主もいることから2つの名簿が必要であったが，振替制度では株券がないし，振替口座簿外に株主はいないからである．

II-2-5-50　（イ）　同　意　振替株式になるためには，当該振替機関があらかじめ**発行会社から同意を得ていることが必要である**（振替法13 I）．振替法が適用されると，発行者は同法上の適用を受けことになるからである．会社は，一旦なした同意を撤回することができない（振替法13Ⅲ）．証券市場が混乱するからである．発行会社が同意を与えるには，発起人全員の同意または取締役会（委員会設置会社では執行役への委任可．会416Ⅳ）の決議によることが必要である（振替法128Ⅱ）．**会社が複数の種類の株式を発行している場合には，ある種類の株式についてのみ振替制度を利用し，他の種類の株式には利用しないものとすることはできる**．発行者が，特定の種類の社債等について一の振替機関に同意をしたときは，当該社債等について他の振替機関に同意をすることができない（振替法13Ⅱ）．これは，決済のファイナリティを確保するため

II-2-5-48　(91) **善意取得・超過記録がある場合の振替機関等の義務**　加入者は，その口座における記載または記録がされた振替株式についての権利を**適法に有するものと推定される**ので（振替法143），加入者に悪意または重過失がなければ，当該銘柄の振替株式についての当該**増加の記録に係る権利を善意取得する**（振替法144）．特定の銘柄の振替株式について，振替機関等の誤記録を起因とした善意取得による振替株式の取得により各加入者が有する振替株式の総額が発行済株式数を超過した場合には，誤記録を生じさせた振替機関（145 I ～V），口座管理機関（146 I ～V）は，当該超過分を取得して，発行者に対して当該振替株式についての権利の全部を放棄する旨の意思表示をし，直ちに当該振替株式について振替口座簿の抹消または自己口座における数の減少もしくは顧客口座における数の増加記載を行わなければならない．この場合，当該銘柄の振替株式の発行者は，振替機関に対し当該振替株式の取得をさせるため，迅速性の観点から会社法第2編第2章第8節の手続（自己株式の処分の手続）を経ることなく，自己株式を公平な価額で売却することができる（145Ⅵ・146Ⅵ）．

II-2-5-49　(92) **総株主通知と株主名簿の名義書換え**　① 発行者が議決権等を行使しうる株主を確定できるよう，発行者が基準日等一定の日を定めたときには，**振替機関**は，振替口座簿に記載（記録）のある株主の情報を発行者に通知しなければならない（**総株主通知**　振替法151）．通知を受けた発行者は，株主名簿にその内容を記載（記録）する．この場合には，**基準日等に名義書換えが行われたものとみなされる**（振替法152 I Ⅱ）．② 正当な理由があるときは，①に該当しない場合であっても，発行者は，振替機関に費用を支払って，総株主の情報を通知するよう請求することができる（振替法151Ⅷ）．

である（高橋＝尾崎68頁）．

-2-5-51　(ウ)　**株式の発行**　(α) 会社が設立に際して発行する株式について**振替機関に同意を与える場合**には，発起人は，設立時発行株式に関する事項を定める際に (会32Ⅰ)，自己のために開設された口座 (特別口座を除く) を示さなければならない (振替法150Ⅰ)．募集設立の場合 (会59Ⅰ) または募集株式の発行の場合 (会203Ⅰ) には，振替株式についての株式申込みをしようとする者に対する通知において，当該振替株式には振替法の適用がある旨を示さなければならない (振替法150Ⅱ)．

　　振替株式の引受けの申込者は，**自己の口座を**，申込みの書面 (会203Ⅱ) に記載し，または総数引受契約を締結する際には (会205)，**発行者に示さなければならない** (振替法150Ⅳ)．口座を示さない申込みは無効である (通説)．

-2-5-52　(β) 特定銘柄の振替株式の発行者は，① 当該振替株式を発行した日以後，② 会社「成立後」に振替機関に「同意」を与えたとき (成立後同意) には，同意後，遅滞なく，同意を与えた振替機関に対し，**加入者の口座・株式数等を通知する**．振替機関は，加入者のためにの口座を自ら開設していれば株式数の増加等を記載・記録し，自ら開設していなければ直近下位機関である口座管理機関に通知し，加入者の株式数の増加等が記載・記録されるまでこれが繰り返される (振替法130Ⅰ～Ⅲ)．

-2-5-53　(γ) **会社が株式を上場する** (振替株式にする) 場合や新設合併の際に，**株主・登録株式質権者の口座を知らないときには，株主等に口座を通知するよう各別に通知する**．株主等が口座を通知してきたときには，振替機関に知らせる (平成20年12月5日全国株懇連合会理事会決定「「振替制度における口座通知取次請求のための呈示書面」の制定について」商事1854号111頁参照)．**株主等が口座を通知して来なかった場合には**，会社は，振替機関に対し，特別口座 (当該株主または登録株式質権者のために振替株式の振替を行う口座) の開設の申出をする (振替法131Ⅰ～Ⅴ)．特別口座に記載・記録された振替株式については，その加入者は，まず自己が開設した口座への振替をした後でなければ，譲渡等 (振替の申請) を行うことができない (振替法133Ⅰ．**発行者の口座には振替申請できる**．なお平成20年12月5日全国株懇連合会理事会決定「「特別口座から一般口座への振替えに係る事務指針」の制定について」商事1854号112頁参照)．

-2-5-54　(エ)　**振　替**　振替の申請は，振替によりその口座 (顧客口座を除く) において減少の記載または記録がされる**加入者がその直近上場機関に対して行う** (振替法132Ⅱ)．振替機関等は，申請人の口座につき減少の記録をする．当該振替機関等が，当該振替に係る共通直近上位機関であり，かつ，振替先口座を開設したものである場合には，当該振替先口座に増加の記録を行い振替が完了する．そうでない場合には，直近上位機関に通知を行う．通知を受けた振替機関等が当該振替に係る共通直近上位機関であり，かつ，振替先口座を開設したものである場合には，増加の記録を行い振替が完了する．そうでない場合には，振替が完了するまで通知が繰り返される (振替法132Ⅳ～Ⅷ)．振替株式の譲渡は，譲受人の口座の保有欄の増加の記載・記録に

より，振替株式の質入れは，質権者の口座における質入欄の増加の記載・記録によりその効力が生じる（振替法140・141）．

Ⅱ-2-5-55 （オ）**通知に代わる公告** 振替株式発行会社は，株主・登録株式（新株予約権）質権者に対する通知を要する場合に（会社の特定行為の実施［会116Ⅲ］・自己株式の取得価額等の決定［会158Ⅰ］・取得条項付株式の取得事由の決定等［会168Ⅱ・169Ⅲ・170Ⅲ］・株式の併合［会181Ⅰ］・単元株式数の変更［会195Ⅱ］・公開会社における募集株式・募集新株予約権の募集［会201Ⅲ・240Ⅱ］・事業譲渡等［会469Ⅲ］・組織変更［会776Ⅱ］・吸収合併等［会783Ⅴ・785Ⅲ・797Ⅲ］・新設合併等［会804Ⅳ・806Ⅲ］の場合），**通知に代えて公告を強制されることがある**（振替法161Ⅱ）．これは，振替株式を利用する会社は上場会社であるので，株主以外に関心を有する投資家等が多いことに加えて，会社は特定の日の株主しか把握できないからである（振替法151・152）．

Ⅱ-2-5-56 （カ）**少数株主権の行使** 振替株式では，株主名簿の名義書換えが行われるのは，総株主通知による場合だけであり（振替法151Ⅰ・152Ⅰ），それ以外は株主名簿に振替口座簿の記録の内容は反映されない．そこで，「**少数株主権等**」（振替法147Ⅳ）の**行使要件**は，株主名簿（会121）ではなく，**振替口座簿で判定される**（振替法154Ⅰ）．少数株主権を行使しようとする加入者（保有欄に記録された振替株式の株主，他の加入者の口座における特別株主，または他の加入者の質権欄に株主として記載された質権設定者）は，**直近上位機関**を経由して，振替機関に対して自己の株式保有に係る情報を発行者に通知するよう**請求**する（振替法154Ⅳ（平成20年12月5日全株懇理事会決定「「少数株主権等行使対応指針」の制定について」商事1854号119頁参照））．振替機関は，遅滞なく，発行者に対し，当該加入者の氏名・名称および住所，保有分，増加または減少された日等主務省令で定める事項を通知しなければならない（**個別株主通知制度**．振替法154Ⅲ）．発行者は通知を見て継続保有要件等が満たされるか確認することになる（平成20年12月5日全株懇理事会決定「「株主本人確認指針」の制定について」商事1854号116頁参照）．加入者は，通知された後政令で定める期間が経過する日までの間でなければ少数株主権を行使することができない（振替法154Ⅱ）．これは，あまり長い間行使を認めると，保有株式数等の権利関係が変動するおそれが大きいことを顧慮したものである．

Ⅱ-2-5-57 （キ）**振替口座簿に記載された情報等の提供請求権** 加入者は，その直近上位機関に対し，当該直近上位機関が定めた費用を支払って，当該直近上位機関が備える振替口座簿の自己の口座に記載（記録）されている事項を証明した書面の交付（または電磁的方法による提供）を請求することができる．当該口座につき利害関係を有する者として政令で定めるものについても，正当な理由があるときは，同様である（振替法277）．

第2款　株主名簿

1　意義

-2-5-58　株主名簿〔米 record of shareholders；share ledger：英 register of shareholders：独 Aktienbuch：伊 libro dei soci：西 libro registro de acciones nominativas〕とは，**株主およびその有する株式と株券（株券発行会社の場合）に関する事項を明らかにするために会社法の規定により作成される帳簿**である[93]（会121．なお会976⑦．特例有限会社にあっては社員名簿が株主名簿とみなされる．整備法8Ⅰ）．これは，単純な発行株券の元帳たる**株券台帳**とも異なる．株主名簿は，書面または電磁的記録をもって作成される（会125Ⅱ参照）．

　株主名簿には，①**株主の氏名（名称）**（共有の場合には，権利行使者〔会106〕も記載する．なお会126Ⅲ・198Ⅲ参照）・**住所**（私書箱でもよい），②**各株主の有する株式の数**（種類株式発行会社にあっては，株式の種類および種類ごとの数），③**株主が株式を取得した日**（会社の設立，新株の発行等により株主となった日および名義書換をした日），および④**株券発行会社が株券を発行している場合にはその株券の番号**（株券不所持の申出があった場合には株券不発行の記載〔会217Ⅲ〕）を記載し，または記録しなければならない（会121．なお整備法8Ⅱ参照）．このほか，⑤**登録株式質の質権者の氏名（名称）・住所**（会147Ⅰ），⑥**信託財産に属する旨の表示**（会154の2ⅠⅡ），⑦**振替株式である場合にはその株式に振替法の適用がある旨**（振替法150Ⅲ），⑧**特例登録質権者の氏名（名称）・住所，質権の目的である株式**（会218Ⅴ〔Ⅱ-2-4-5〕）などが，法の規定によりまたは会社の便宜のために記載される（なお会976⑦参照）．

2　備置き・閲覧等

-2-5-60　(1)　**備置き**　会社は，株主名簿をその**本店**（株主名簿管理人がある場合にあってはその営業所）**に備え置かなければならない**（会125Ⅰ．なお976⑧参照）．**株主名簿管理人**とは，**定款に基づいて，株式会社に代わって株主名簿，株券喪失登録簿および新株予約権原簿の作成・備置きその他の株主名簿，株券喪失登録簿および新株予約権原簿に関する事務を行う者**である[94]（会123・222・251）．株主名簿管理人は，実際には，そ

-2-5-59　[93]　**登録機関**　会社の発行株券の番号を登録し，株券の超過発行または二重発行を防止して，株券の信用を確保するため，米国の登録機関（registrar）にならって，昭和25（1950）年改正法は登録機関制度を採用した（平成17年改正前商206Ⅲ・175Ⅱ⑫・188Ⅱ③・280ノ6Ⅰ⑤・280ノ6ノ2Ⅱ②参照）．しかしわが国では，株券発行事務を証券代行機関に委託する場合が多いので，登録機関が設置された例がないことなどのため，会社法はこれを廃止している．

-2-5-61　[94]　**株主名簿管理人**　株主名簿管理人の前身は昭和25（1950）年改正で導入された名義書換代理人〔米 transfer agent〕である．証券取引所の上場審査基準（東京証券取引所・有価証券上場規程205⑧，有価証券上場規程施行規則212Ⅷ）により，上場会社は，証券取引所が認める株式

の他の株式事務 (招集通知の発送, 株券発行会社の場合の株券の発行等) をも代行している. 会社が株主名簿管理人を置いたときは, その氏名 (名称) および住所ならび営業所 (会125Ⅰ・231Ⅰ・252Ⅰ) を登記することが必要である (会911Ⅲ⑪).

Ⅱ-2-5-62 **(2) 閲覧等** 株主および債権者は, 会社の営業時間内は, いつでも, 株主名簿の閲覧・謄写を請求することができる. この場合においては, 「**請求の理由を明らかにし**」なければならない (会125Ⅱ, 会施規226⑥. 会442Ⅲ対照. なお会976④参照).

株主名簿の閲覧・謄写請求があったときには, 会社は, 次のいずれかに該当する場合に限り, これを**拒否**することができる (会125Ⅲ. なお会252Ⅲ・433Ⅱ対照).

① 請求者がその権利の確保または行使に関する調査以外の目的で請求を行ったとき (例えば政治目的 〔東京高決平成元・7・19判時1321号156頁〔リクルートコスモス事件〕〕など (最三小判平成2・4・17判時1380号136頁〔愛知銀行事件〕)).

② 請求者が会社の業務の遂行を妨げ, または株主の共同の利益を害する目的で請求を行ったとき.

③ 請求者が会社の業務と実質的に競争関係にある事実を営み, またはこれに従事するものであるとき (東京高決平成20・6・12金判1295号12頁〔日本ハウヅィング事件〕参照).

④ 請求者が閲覧・謄写によって知り得た事実を利益を得て第三者に通報するため請求を行ったとき.

⑤ 請求者が, 過去2年以内において, 閲覧・謄写によって知り得た事実を利益を得て第三者に通報したことがあるものであるとき (東京地判昭和62・7・14判時1242号118頁〔古川電気工業事件〕. なおその控訴審判決東京高判昭和62・11・30判時1262号127頁参照).

株式会社の親会社社員は, その権利を行使するため必要あるときは, 裁判所の許可を得て, 子会社の株主名簿の閲覧・謄写等を行うことができる (会125Ⅳ. なお会868Ⅱ参照). 親会社社員は, 子会社の株主でないので, 裁判所の許可を得ることが必要とされている. 前述の拒否事由のいずれかに規定する事由があるときには, 裁判所は, 閲覧の許可をすることができない (会125Ⅴ).

これらの規制内容は新株予約権原簿 (会252Ⅲ〔Ⅱ-3-3-54〕), 会計帳簿 (会433Ⅱ) および社債原簿 (会684Ⅲ) の場合と同じである. 同一に解すべきかが問題となる.

3 株主名簿の効用

Ⅱ-2-5-63 **(1) 株式譲渡の対抗要件・資格授与的効力・免責的効力** ① 株券不発行会社の場合には, 株式の譲渡により株式を取得した者は, その氏名 (名称) および住所を株主名簿に記載・記録する (名義書換え) のでなければ, 「**会社その他の第三者**」に対して対抗することができず, ② 株券発行会社の場合には「**株式会社**」に対抗すること

事務代行機関を置くことが義務付けられている. 同機関は信託銀行および証券事務代行会社 (だいこう証券ビジネス, 東京証券代行および日本証券代行) である.

ができない (会130ⅠⅡ.会社の設立または新株の発行に伴い株式を原始取得した者は，株主名簿上の記載がなくても株式の取得を会社に対して対抗することができる. 東京高判平成4・11・16金法1386号76頁[坂口商会事件]).株券発行会社の場合には，②より，会社以外の第三者に対しては，株券の所持により株主であることを対抗することができると解される.名義書換えをした株主は，会社から株主と認められ，以後株券を呈示することなく会社に対し権利行使をすることができる(**資格授与的効力**).会社は，株主名簿上の株主を株主として扱えば，その者が株主でなかった場合でも，それにつき悪意・重過失がない限り免責される(**免責力**).株主名簿に記載されている者(名義人)は，株券を取得したことが明らかであるから，株券喪失登録の申請の際，株券の「取得の事実」を証する資料を添付することを要しない(会223,会施規47Ⅲ①).

なお，振替株式の場合においても，株主名簿は会社との関係で意義あることに注意する必要がある(振替法152Ⅰ).

Ⅱ-2-5-64　(2)　**信託財産に属する株式の対抗要件**　株券不発行会社において，株式が信託財産に属するときには，**当該株式が信託財産に属する旨を株主名簿に記載・記録しなければ会社その他の第三者に対抗できない**(会154の2Ⅳ).株主は，その有する株式が信託財産に属するときは，会社に対し，その旨を株主名簿に記載・記録することを請求することができる(会154の2Ⅱ).株主は，株式が信託財産に属する旨を記載・記録した書面の交付または電磁的記録の提供を請求することができる(会154の2Ⅲ).

Ⅱ-2-5-65　(3)　**登録質**　株主名簿に質権者の氏名(名称)・住所が記載・記録されると，登録質としての特別の効力が生ずる.

Ⅱ-2-5-66　(4)　**通知・催告に関する免責**　会社の株主または登録株式質権者に対する通知・催告は，株主名簿に記載・記録したその株主または登録株式質権者の住所(またはその者が別に通知・催告を受ける場所または連絡先[電子メールのアドレス等]を会社に通知した場合にあっては，その場所または連絡先)にあてて発すれば足りる(会126Ⅰ・150Ⅰ).通知・催告は通常到達すべきであった時に，到達したものとみなされる(会126Ⅱ・150Ⅱ).通知には株主総会(種類株主総会)の招集通知を含む(会126Ⅴ・325[Ⅱ-4-2-25・Ⅱ-4-2-108]).

通知・催告が，5年間継続して到達しないときには，会社は通知・催告をしなくてもよくなり，会社の義務の履行場所は会社の住所地となる(会196ⅠⅡ).

以上のことは，登録株式質権者についても同様である(会196Ⅲ).

株式が数人の準共有に属するときには，**株式の競売の催告は共有者全員に行わなければならないが**(会198Ⅲ)，それ以外は会社の事務処理上の便宜から，共有者は株主の権利行使者1人を定めて会社に通知をすることを要し(会106)，この通知がない場合には，共有者に対してする通知・催告は，そのうちの1人に対してすれば足りる(会126Ⅳ).

Ⅱ-2-5-67　(5)　**配当財産の交付**　会社が日本に住所等を有する株主には，配当財産(会455

(6) 株券不所持 株券不所持の申出があり，会社が株券を発行しない旨を株主名簿に記載したときは，会社は株券を発行することができず，提出された株券は，会社が株券を発行しない旨を株主名簿に記載した時に無効となる（会217Ⅲ～Ⅴ）．

4 株主名簿の名義書換え

(1) 総説 名義書換え〔英 registration：独 Eintragung〕とは，**株主名簿上の株主名義を自己の名義に書き換えてもらうことである**．会社以外の者から株式を取得した者（株式取得者）は，会社に対し，その株式に係る株主名簿記載事項を株主名簿に記載し，または記録することを請求することができる（会133Ⅰ）．ただし，① 譲渡制限株式の取得者は，**会社が譲渡を承認しない場合には**，株式の名義書換えを請求できず（会134①②），② **株券喪失登録のなされた株券**については，株券喪失登録が抹消されるか，その株券が無効となるまでは名義書換えの請求ができない（会230Ⅰ）．また，③ 裁判所は，**特別清算開始の申立てがあった時からその申立てについての決定があるまでの間に**，必要があると認めるときは，債権者，清算人，監査役もしくは株主の申立てによりまたは職権で，株主名簿の**名義書換えを禁止する**ことができる．特別清算開始の申立てを却下する決定に対して**即時抗告**がなされたとき（会890Ⅴ）も，同様である（会541Ⅱ）．**特別清算開始の命令があった場合において**，清算の監督上必要であると認めるときは，債権者，清算人，監査役もしくは株主の申立てによりまたは職権で株主名簿の名義書換えを禁止することができる[95]（会541Ⅰ）．

133条1項は強行法規であるので，定款で，一定期間株主名簿の名義書換えを中止するという規定を定めてもその規定は無効である．

株式の取得者が名義書換えをするか否かは自由であるが，名義書換えをしないと会社から株主として取り扱われない（株式の譲渡制限がある会社で，競落人が株式の取得につき取締役会の承認を請求しない場合には，競売前の株主がなお会社に対する関係で株主である．最三小判昭和63・3・15判時1273号124頁［明星自動車事件］．ただし，判例には，特別の事情のもとに，株式の会社からの取得者であるか承継取得者であるかを問わず株主名簿上の記載がなくても株主であることを会社に対抗しうるとした事例がある［東京高判平成4・11・16金法1386号76頁］）．

会社は，① **株式を発行した場合**（発行済株式総数が増加する場合にはすべてこれに含まれる），② **自己株式を取得した場合**（単元未満株式の買取請求または反対株主の株式買取請

---

[95] **特別法による制限** 放送法52条の8によると，上場株式またはそれに準ずる株式を発行している会社である一般放送事業者は，外国人等から株主名簿への記載を要求された場合に，特定の場合には，名義書換えを拒むことができる．

第2章 社員たる地位 第5節 株券と株主名簿　257

求に応じて株式を取得した場合など），③ **自己株式を処分した場合**，または④ **株式を併合・分割した場合**には，自らの行為により株主名簿の内容に変更が生じているので，株主の請求によらず，自ら，株主名簿記載事項を株主名簿に記載・記録しなければならない（会132Ⅰ〜Ⅲ）。

　振替株式の場合には，逐一株主名簿の書換えを行うことは困難であるため，会社（発行者）が定めた基準日等に，振替機関は，会社に対して，総株主の氏名等主務省令で定める事項を速やかに通知する（振替法151Ⅰ）。通知を受けた会社は，株主名簿に通知事項を記載・記録する。したがって名義書換えが行われるのは基準日等から数日後であるが，基準日等に名義書換えがなされたものとみなされる（振替法152Ⅰ）。会社が振替機関から個別株主通知（振替法154）を受けても，株主名簿の名義書換えは行われない。

2-5-71　**(2)　名義書換えの請求方法**　① 株式取得者は，利害関係人の利益を害するおそれがないものとして法務省令（会施規22）で定めている場合[96]には，株式取得者は名義書換えを**単独**で請求することができる（会133Ⅰ）が，② そうでない場合には，その取得した株式の株主として株主名簿に記載・記録された者（名義人）またはその相続人その他の一般承継人と共同して，名義書換えの請求を行わなければならない（会133Ⅱ。なお振替法161Ⅰ参照）。株券不発行会社の株主は，株券のように株主の地位を証明するものがないことから，会社に対し，その株主についての株主名簿に記載・記録された株主名簿記載事項を記録した書面の交付または株主名簿記載事項を記録した電磁的記録の提供を請求することができる（会122ⅠⅢⅣ。なお振替法161Ⅰ参

2-5-72　(96)　**単独請求が可能な場合**　(a) **株券が発行されている場合**には，① 株式取得者が株券を呈示して請求をする（会施規22Ⅱ①）のが普通であるが，② 株式交換（組織変更株式交換〔会施規2Ⅲ㉒，保険業96の5Ⅰ〕を含む）・株式移転（組織変更株式移転〔会施規2Ⅲ㉓，保険業96の8Ⅰ〕を含む）によって全株を取得した株式会社（会施規22Ⅱ②③），③ 所在不明株主の株式につき競売または売却代金を支払って株式を取得したことを証する書面等の提供者は，株券を提示しなくても，単独で名義書換えを請求することができる（会施規22Ⅱ④），④ 1株に満たない端株の売却で株式を取得した者は競売または代金の支払を証する書面等を提供したときも同様である（会施規22Ⅱ⑤）。
　(b) **株券が発行されない**株式につき単独請求が認められるのは，以下の場合である。① 名簿書換請求をすべしとの確定判決を得た取得者が確定判決の内容を証する書面を提供して請求したとき（会施規22Ⅰ①），② 株式取得者が確定判決と同一の効力を有するものの内容を証する書面（和解調書）等を提供して請求したとき（会施規22Ⅰ②），③ 指定買取人である株式取得者が売買代金の支払を証する書面等を提供して請求したとき（会施規22Ⅰ③），④ 所在不明株主の株式の売却代金を支払って株式を取得した者がそれを証する書面等を提供して請求したとき（会施規22Ⅰ⑧），⑤ 株券喪失登録者である取得者が登録の翌日から1年を経過してから請求したとき（株券喪失登録がその前に抹消された場合を除く）（会施規22Ⅰ⑨），⑥ 株式交換・株式移転によって全株を取得した株式会社の請求の場合（会施規22Ⅰ⑥⑦），⑦ 一般承継による取得者がそれを証する書面等を提供したとき（会施規22Ⅰ④），⑧ 競売による取得者がそれを証する書面等を提供したとき（会施規22Ⅰ⑤），⑨ 1株に満たない端数を売却で取得した者が代金の支払を証する書面を提供して請求したとき（会施規22Ⅰ⑩）である。

照). この書面には会社の代表取締役 (委員会設置会社にあっては, 代表執行役) が署名または記名押印をし, 電磁的記録の場合にはその署名または記名押印に代わる措置 (電子署名. 会施規225Ⅰ) をとらなければならない (会122Ⅲ. なお振替法161Ⅰ参照). 株主名簿管理人の認印は証明力が弱く, 特則もないので, 株主名簿管理人の認印をもって代表取締役等の署名に代えることはできない (論点147頁).

株券発行会社の場合には, 株券を占有する譲受人は適法の所持人と推定されるので (株券の資格授与的効力. 会131Ⅰ), 単独で, 株券を会社または株主名簿管理人に呈示し名義書換えを請求すれば足り, 自己が真実の株主であることを証明する必要はない. 名義書換えの実務では, 請求者は, 株券に名義書換請求書と株主票 (印鑑票) を添えて会社に提出するが, さらに, 譲渡以外の事由により株式を取得した場合には, 会社の請求によりこれを証する書面を提出する. 会社は, 実質的調査義務を負担しておらず, 名義書換えの請求者が真実の権利者でないことを立証した場合に限り, 名義書換えを拒否することができる[97][98] (手40Ⅲの類推適用).

Ⅱ-2-5-75　**(3) 会社の側からの権利行使の許容**　会社の側から名義書換未了の株式取得者を株主と認め, その者に株主としての権利行使を許容しうるか否かについては争いがある.

従来の多数説 (前田庸266頁, 龍田242頁, 近藤75頁) および判例 (最一小判昭和30・10・20民集9巻11号1657頁 [郡山合同証券事件] = 会社百選1版30事件) は肯定説をとり, 取得者の氏名および住所を株主名簿に記載しなければ株式の移転を会社に対抗できないが, 会社からは右移転があったことを主張することは妨げないと解している (論点解説133頁は, 対抗要件の欠缺を主張するかどうかは, 会社の裁量であるので, 失念株主による議決権行使を拒みつつ, 剰余金の配当を認めることは可能であるとする). これに対し, 名義書換制度の立法目的は株主関係を画一的に処理することにあり, 譲渡人と譲受人とのいずれを株主として取り扱うかを会社が勝手に定める結果となるのは不当であることなど

Ⅱ-2-5-73　[97]　**会社の調査権**　株券の占有に資格授与的効力がある以上, 会社が請求者の実質的権利に疑問があるとして調査した場合であっても, 請求者が無権利者でなければ, 不当な遅延についての責任を免れないと解する. 通常の有価証券の法律関係がその有価証券の1回かぎりの関係であるのと異なって, 株券の法律関係は, 団体と構成員との間の法律関係であるから, 会社は, その構成員の利益のために相当の配慮をなすのでは当然であって, 請求者の権利について疑うに足る相当の理由があるかぎり, 会社はその調査をするのに必要な期間は名義書換えを拒否するとする説や, 指図債権の債務者は, その証券の所持人およびその署名捺印の真偽を調査する権利を有するとする民法470条を株式の名義書換えにも類推適用する説もある.

Ⅱ-2-5-74　[98]　**仮名による名義書換え**　株主・債権者に閲覧・謄写権が認められた株主名簿の趣旨等に鑑みると, 戸籍上の氏名または通称以外の仮名を用いて名義書換えした者は株主であることを会社に対抗できないとした裁判例がある (東京地判昭和63・1・28判時1269号144頁, 東京高判昭和63・6・28金法1206号32頁 [株式会社丸井事件]) が, 当人が名義書換えをしたことを立証できる限り, 戸籍上の氏名または通称以外の仮名を用いて名義書換えした者の会社に対する権利行使を否定することはできないと考える.

を理由としてこれを否定する説も存在している．

-2-5-76　**(4) 会社の名義書換えの不当拒絶または遅滞**　会社が名義書換えを不当に拒絶しまたは遅滞した場合には，会社は損害賠償の責任を負い，また制裁を受け (会976⑦)，株式取得者は，必要があれば，仮の株主の地位を定める仮処分命令 (民保23Ⅱ) を求めることができる (福岡地判昭和37・5・17下民集13巻5号1010頁 [徳島水産事件])．しかし，会社が不当に名義書換えを拒絶しまたは遅滞した場合に，株式取得者が名義書換えなくして会社に対して株主の権利を行使しうるか否かについては争いがある．

　不当拒絶の場合には，名義書換えがなくても，実質上の株主はその権利を行使できるとするのが多数説 (前田庸264頁)・判例 (大判昭和3・7・6民集7巻8号546頁 [今宮黒鉛工業事件]) であり，正当である．その理由として，① 会社が名義書換えを不当に拒絶しておきながら，その不利益を株式取得者に負担させるのは信義則に反すること (より具体的な規定として民法130条または不動産登記法5条の類推適用を主張する説もある)，② 名義書換えの不当拒絶により，株主名簿の免責力を認めるべき実質的理由が失われるから，会社は実質上の株主を株主として取り扱わなければならないことなどがあげられている．肯定説をとるものは，会社の過失による名義書換えの未了の場合にも肯定説をとる (最一小判昭和41・7・28民集20巻6号1251頁 [本田技研工業事件]．なお最一小判昭和42・9・28民集21巻7号1970頁 [国際交通事件] 参照)．ただし法律構成は分かれ，第1説は，会社の過失による書換懈怠を不当拒絶と同一視する．第2説は，会社が書換えをするつもりで株券を受け取った以上，法律的には書換えは効力を生じたと解して差し支えないとする (竹内昭夫『会社法の理論Ⅰ』198頁)．

　これに対して，不当拒絶であっても名義書換えのない限り実質上の株主は会社に対して株主であることを主張できないとする**否定説**がある．その理由として，① 多数の株主関係を画一的に処理せんとする名義書換制度の趣旨と，② 拒否が正当であるか否かは客観的には決定困難であることをあげる．否定説のなかには，会社の名義書換えの拒絶が会社の権利濫用と認められる場合には，民法1条3項により，会社は株主たることを否認しえないと解する立場もある (会社の過失による名義書換えの未了の場合には，否定説内で見解が分かれ，名義書換えがなされないことが権利濫用にあたらない以上，実質上の株主は会社に対して株主であることを主張できないとするものと会社は株主名簿上の株主を株主として取り扱っても免責を受けないから，実質上の株主を株主として取り扱わなければならないとする説や拒否が明らかに不当な場合に限定して，実質上の株主の権利行使を認める説 (折衷説) もある．拒否が明らかに不当な場合にまで否定説をとることはゆきすぎであることを根拠とする．この見解は，会社の過失による名義書換えの未了は，明白な不当拒絶に準じて考える)．

-2-5-77　**(5) 失念株の処理**　株主名簿の名義書換えをしなければ，会社に対して株主の権利を行使することができないので (会130)，基準日までに名義書換えを失念した場

合には、会社に対して剰余金の配当を請求し、株式・新株予約権の無償割当て（会185・277）や株主に割当てを受ける権利を与えてなす募集株式（会202）または募集新株予約権の割当て（会241）等も受けることができない。このような場合に、剰余金の配当金等は譲渡人（名義株主）と譲受人（失念株主）のどちらに帰属するのか問題となる。

判例は、① **剰余金の配当**（東京地判昭和56・6・25判時1028号106頁）、株式の分割等、**名義株主が出捐なしに得たものについては**（最一小判平成19・3・8民集61巻2号479頁は、株式分割で得た株式を売却した場合、その返還すべき利益を事実審口頭弁論終結時における同種・同等・同量の物の価格相当額であると解すると、その株式が売却後に下落したり、無価値になったときには、受益者は取得した売却代金の全部または一部の利益返還を免れることになるし、逆に同種・同等・同量の物の価格が売却後に高騰したときには、受益者は現に保持する利益を超える返還義務を負担することになるので、原則として、売却代金相当額の金員の不当利得返還義務を負うと解するのが相当である、とする）不当利得として譲受人に対し**返還請求できる**とするが（最二小判昭和37・4・20民集16巻4号860頁）、② 名義株主が株主割当てによる株式の発行（会202）を受けた場合のように**出捐を伴うものについては、不当利得返還請求権を認めない**。

その理由として、株主に割当てを受ける権利を与えるのは会社であるから、会社はどちらを株主にするかを任意に決めることができること（最一小判昭和35・9・15民集14巻11号2146頁［大和銀行事件］＝会社法百選16事件）、譲受人を実質上の株主と認めると、譲渡人は株価が上昇しているときには緘黙しておいて、下落した場合に譲受人に引取を求める結果を認めなければならず信義則に悖ることが挙げられている（東京地判昭和37・4・12下民集13巻4号728頁［日本鍍研資材事件］）。

しかし、株主名簿は会社の免責のための制度であるから、株主を決定しないし、名義株主に権利を認めることは、増資含みの高値で株式を譲渡しておきながら、株式のプレミアムも利得することを認めることになるので、**通説**（江頭201頁注14、青竹105頁）は、②の場合にも、**譲受人に株式等の引渡請求権を肯定する**。その場合の根拠は不当利得であると考えるが[99]（東京地判平成16・7・15金判1225号59頁・千葉地判平成15・5・28金判1215号52頁）、準事務管理に求める説もある[100][101]。

II-2-5-78　[99]　**不当利得説**　不当利得（民703）制度の目的からみて、譲渡人が利益を保有することは、法律上の原因なくして譲受人に帰属すべき財産により利益を受けたものというべきで、利得と損失の間には因果関係がある（払込期日前に割当てを受ける権利の譲渡を求めたにもかかわらず、自己名義で引受払込をして、新株取得後、売却したケースとして山口地判昭和42・12・7下級民集18巻11・12号1153頁［森本証券事件］。もっとも東京地判昭和37・4・12は申込期日に払込をしないと失権するから因果関係がないとする）。譲受人は失権するおそれがあったのであるから（関俊彦「株式譲渡後の名義株主による新株・配当の不当利得」『服部栄三先生古稀記念商法学における論争と省察』［1990商事法務研究会］542頁）、あるいは譲受人は故意に名義書換えをせず、自己の権利を放棄したと譲渡人は考えることができるので、譲渡人（受益者）は善

第2章　社員たる地位　第5節　株券と株主名簿　**261**

意（民704参照）と解することができる（江頭201頁注14，弥永108頁）．そして，譲渡人は，新株の引受けによって得た利益の存する限度（募集株式の発行直後の株式の時価と払込金との差額を上限とし，株式の時価が下がったときは，下がったときの時価と払込金額との差額）で返還すれば足りると解する（竹内・判例商法Ⅰ85頁，前田庸265頁，近藤76頁，関・前掲550頁）．

-2-5-79　**(100)　準事務管理説**　この説は，①名義株主は通常自己のためにする意思で募集株式の引受・払込をするから「他人のためにする意思」という主観的要件を欠くため事務管理（民697）の成立は認められないが，この要件を欠いても準事務管理の概念を認め，事務管理の規定をこれに類推適用すべきであるとする説（高鳥正夫・民商44巻4号670頁等）と②譲渡人を実質的悪意侵害者として捉えて株式または売却代金の返還という特殊な不法行為的制裁を課し，払込金や有益費用の償還については事務管理（民702）に準じて規制する説（中島史雄「失念株再論」金沢29巻1＝2号337頁）とに分かれる．準事務管理なる概念が認められるか疑問であるだけでなく，いずれも実定法上の根拠を欠いている．

-2-5-80　**(101)　統一慣行規則**　日本証券業協会は，協会員（証券会社）が自己名義の株式を他の協会員に譲渡した後，譲渡人が利益の配当，新株の割当などを受けた場合に，その取得した配当金，割り当てられた新株などを当該株式の名義書換えを失念した譲受人に返還するための処理を円滑にすることを目的として「株式の名義書換失念の場合における権利の処理に関する規則」を定めている．この規則は，会員が自己名義の株式を他の会員に譲渡する場合に関するが，判例には当該会員を介してなされた非会員間取引で生じた失念株も当該取決めにより処理する商慣習があるとしたもの（大阪高判昭和51・7・7判タ344号249頁）とないとしたものがある（東京地判昭和56・6・25判時1028号106頁）．

株式の名義書換失念の場合における権利の処理に関する規則
— （昭和50.6.20） —

（目的）
第1条　この規則は，会員が自己名義の株式を他の会員に譲渡したのち，当該株式に対する剰余金の配当，交付金若しくは清算金等の交付又は新株式若しくはその他の株式の割当て（以下「権利」という．）を受けた場合において，その取得した剰余金の配当，交付金若しくは清算金等（以下「配当金等」という．）又は割当てられた新株式若しくはその他の株式（以下「新株式等」という．）を当該株式の名義書換えを失念した譲受人である会員（以下「譲受会員」という．）に返還するための処理を円滑にすることを目的とする．

（配当金，新株式等の返還）
第2条　会員は，自己名義の株式を譲渡したのち，当該株式に対する配当金等の交付又は新株式等の割当てを受けた場合において，当該株式の譲受会員から当該配当金等又は新株式等の返還の請求を受けたときは，当該譲受会員に対し，その請求の日又は当該配当金等若しくは新株式等の取得の日から7日以内（休業日を除く．）に，この則の定めるところにより返還するものとする．
2　譲受会員は，前項の規定による返還請求を行う場合には，当該株式の譲渡人である会員（以下「譲渡会員」という．）に対し，返還請求書，当該権利の確定日に当該株式を所有していたことを証する書面及び返還を受けることに対して責任を負う旨を明示した書面を提出するものとする．
3　譲渡会員は，第1項により配当金等を返還する場合には，譲受会員から別表による金銭の支払いを受けるものとする．
4　譲渡会員は，第1項により新株式等を返還する場合には，譲受会員から当該新株式等に対する払込金額その必要経費及び別表による金銭の支払いを受けて当該新株式等を返還するものとする．ただし，返還の請求を受けた新株式等が単元未満株式，取引単位未満等の場合には，当該新株式等の時価を基準として金銭でこれを返還することができる．
5　前項ただし書の新株式等の時価は，返還日前日の取引所金融商品市場における最終値段又は店頭売買の値段若しくは気配とする．ただし，その値段又は気配がない場合は，譲渡会員と譲受会員との協議によりこれを決定する．

5 基準日

II-2-5-81　株式会社は，一定の日を定め，当該日において株主名簿に記載され，または記録されている株主（基準日株主）または質権者（登録株式質権者）を，ある権利との関係で権利者とすることができる[102]（会124 I・V．法文は権利の「行使」という用語を使用しているが，厳密な意味での「行使」でなくてもよい）．この一定の日を**基準日**（米 record day）という（なお会更194 I 参照）．基準日の設定を会社法は強制しておらず，決算期を基準

6　譲渡会員は，第1項により譲受会員から新株式等の返還の請求を受けたとき，当該新株式等を処分していた場合には，その処分値段を基準として第4項に準じて金銭でこれを返還することができる．（返還請求の期限）
第3条　譲受会員が前条により返還の請求のできる期限は，当該権利を確定するための名義書換取扱最終日の日から起算して6か月とする．
（有償払込新株式等の返還の特例）
第4条　有償払込の新株式等について，当該新株式等に対する払込みを行った譲渡会員は，払込後返還の請求が行われるまでの間に，当該新株式等の取引所金融商品市場における最低値段又は店頭売買の値段若しくは気配が払込金額を下ることのあったものについては，当該新株式等の返還の請求が行われた場合においても，第2条の規定にかかわらず，その返還に応じないことができる．ただし，当該新株式等の申込最終日までに払込金額に第2条第2項に定める書類を添付して返還の請求が行われた場合には，この限りでない．
（別表）

区　分		譲渡会員が受ける金額
剰余金の配	配当金	当該配当金額から源泉徴収所得税額（注1）を控除した金額の50パーセント以下に相当する金額
新株式等の割当	有償増資新株式等	当該株式の時価から払込金額を控除した金額の40パーセント以下に相当する金額
	株式分割新株式等	当該株式の時価の20パーセント以下に相当する金額
	払込失権等のために分配される金額	当該金額の20パーセント以下に相当する金額
交付金，清算金等の交付	解散，合併等のために支払われる交付金又は清算金等	当該金額（注2）の20パーセント以下に相当する金額

（注）1　税法上配当収入とみなされる金額に対する所得税として当該配当金額から源泉徴収された金額がある場合には，当該源泉徴収所得税額を含む．
　　　2　当該金額に対する所得税として源泉徴収された金額がある場合には，当該源泉徴収所得税額を控除した金額．
　　　3　別表中，新株式等の割当ての場合における譲渡会員の受ける金額の表示は，1株当りの金額を示す．
　　　4　別表における株式の時価の基準は，返還日前日の取引所金融商品市場における最終値段又は店頭売買の値段若しくは気配による．ただし，その値段又は気配がない場合は，譲渡会員と譲受会員の協議により，これを決定する．

II-2-5-82　[102]　**株主名簿の閉鎖**　平成16（2004）年改正前には，一定期間株主名簿の記載または記録の変更をしない株主名簿の閉鎖（名義書換えの停止）の制度も認めていたが，基準日を設定すれば，理論的には株主名簿の閉鎖をしなくてよいので，株主名簿の閉鎖を廃止し，基準日に一本化している．

日とする必然性はない（田中亘「定時株主総会はなぜ六月開催なのか」企業法の理論上巻470頁）．基準日を定める場合には，株式会社は，基準日株主または登録株式質権者が行使することができる権利の内容を定めなければならない（会124Ⅱ）．基準日は，**権利行使の前3カ月以内の日**でなければならない（会124Ⅱ括弧書．ただし保険業11．違反した場合，基準日の指定の効力がないという見解（無効説）と指定の効力は失わないが損害賠償の問題が生じるという説（有効説）とが対立している）．権利行使の日からあまり前に基準日を定めるのは妥当でないからである．

定款で基準日および基準日株主または登録株式質権者が行使することができる権利を定めることができるが，このような定めがない限り，株式会社は，基準日を定めたときは，**基準日の2週間前までに**，当該基準日及び基準日株主が行使することができる権利を**公告**することが必要である（会124Ⅲ Ⅴ．なお会976②参照．公告がないかまたは公告の日数が不足のときになされた基準日の設定は，無効と解するが（無効説），効力に関係なく，損害賠償を生じるのみとする説もある）．

基準日株主が行使することができる権利が株主総会または種類株主総会における議決権である場合には，株式会社（非取締役会設置会社にあっては取締役，取締役会設置会社にあっては取締役会）は，**当該基準日後に株式を取得した者の全部または一部を当該権利を行使することができる者と定めることができる**．ただし，当該株式の基準日株主の権利を害することができない（会124Ⅳ）．この規定は，組織再編行為による新株主のように当該基準日後に生じた株主に対しても取締役の選任などにおいて議決権を行使することができるようにすべきであるという実務上の要請を受け入れたものである（「補足説明」商事1678号71頁）．基準日後に新たに募集株式の募集により新株を発行した場合には，当該発行した株式についての基準日株主は存在しないので，124条4項を適用することができる．この場合，基準日株主の議決権割合が減少することになるが，そのこと自体は，124条4項の規定が予定することなので，基準日株主を害する場合にはあたらない（論点132・133頁）．基準日後に筆頭株主の議決権の議決権割合を著しく低下させる第三者割当増資を行い，その者に議決権行使を認めることは，著しく不公正にあたり（会210②），違法である（江頭・商事1725号7頁）．

6 所在不明株主の株式売却制度

2-5-83 **(1) 総　説**　株主の所在不明が5年間継続すると会社の義務の履行場所は本店になるという規定（改正前商224ノ2）は，会社による当該株式の管理を省くものではないので，平成14（2002）年改正法は，所在不明株主の株式を会社が売却して金銭に換え，これを当該株主に支払う制度を新設し（改正前商224ノ4～224ノ6），株式事務の合理化を図った．会社法は，この制度を維持している（会197）．会社がこの制度を利用するか否かは会社の自由である（平成20年12月5日全国株懇連合会理事会決定「「所在不明株主の株式売却制度事務取扱指針」の改正について」商事1852号41頁参照）．会社のため

のものであるから、これに要する**費用は会社の負担**である（会220Ⅲ対比）。株式の売却には、所在不明株主が所有している旧株券を失効させた上で、新株券を再発行しなければならないので、この制度は、株券失効と株券再発行のための手続という意味も有している．

Ⅱ-2-5-84　**(2) 所在不明株主等の範囲**　所在不明株主の株式売却制度は、会社が、株主の意思にかかわらず、その保有株式を売却して、株主の地位を失わせるものであるから一定の要件が要求されている．すなわち、① その株式に係る通知「及び」催告が継続して5年間株主に到達しないか（会196Ⅰ）または取得条項付新株予約権を取得する対価として株式を交付する新株予約権に係る無記名式新株予約権証券が発行されているときに、効力発生日までに無記名式新株予約証券が提出されなかった場合（会294Ⅱ）（会197Ⅰ①）[103]、かつ、② **その株式の株主が継続して5年間剰余金の配当を受領しなかったこと**（会197Ⅰ②．無配を含む）が必要である．また、この株式について登録株式質権者がいる場合には、この質権者の保護のため、登録株式質権者についても、① その株式に係る通知または催告が継続して5年間到達しないため通知「及び」催告が不要で（会196Ⅲ＝196Ⅰ）、かつ、② **継続して5年間、154条1項の規定により受領することができる剰余金の配当を受領しなかった者であることが必要である**（会197Ⅴ）．なお、株券喪失登録のなされた株券に係る株式は、上記要件を満たす場合であっても、喪失登録者が株主としての権利を行使しようとしているため、会社は当該株式を売却することはできない（会230Ⅳ）．

Ⅱ-2-5-86　**(3) 売 却 手 続**　株式の売却方法は、① **競売**（民執195）が原則であるが、② **市場価格ある株式の場合**には、市場価格として法務省令で定める方法により算定される額（会施規38）で売却し、③ **市場価格のない**株式の場合には、**裁判所の許可**（会868Ⅰ・874④）を得て競売以外の方法により売却することもできる．この場合において許可の申立ては、取締役が2人以上あるときは、その全員の同意によってしなければならない（会197Ⅱ）．会社は、売却する株式の全部または一部を買い取ることもできる（会197Ⅲ．代金を分別保管した時に株式の移転の効力が生じる）．その場合、取締役は、買い取る株式の数（種類株式発行会社にあっては、株式の種類及び種類ごとの数）および取得価額の総額を決めること必要であるが（会197Ⅲ）、取締役会設置会社においては、これらの事項の決定は取締役会（委員会設置会社では執行役への委任可［会416Ⅳ］）の決議によらなければならない（会197Ⅳ）．取得価額の総額は、分配可能額の範囲内でなければならない（会461Ⅰ⑥．なお会462Ⅰ④・465Ⅰ⑧参照）．

Ⅱ-2-5-87　**(4) 異議申立手続**　会社が株式の競売または売却をするには、① 当該株式（競売

Ⅱ-2-5-85　[103]　**剰余金の不受領の要件の追加**　通知・催告は到達しないが、利益・利息を受領し続けている株主が相当数存在しているため、このような株式を売却するのは相当でないことから、②の要件が追加されている．始関正光「平成14年改正商法の解説Ⅲ」商事1639号15頁注32［2002年］．

対象株式）の競売または売却をする旨，② その株式の株主として株主名簿に記載または記録がされた者の氏名または名称および住所，③ その株式の数（種類株式発行会社にあっては，競売対象株式の種類および種類ごとの数），④ その株式につき株券を発行したときはその株券番号，および⑤ 利害関係人に対し異議があれば一定期間（3カ月を下ることができない）内に述べるべき旨を公告し，かつ，株主および登録株式質権者に，各別に催告しなければならない（会198Ⅰ・Ⅳ，会施規39）。この催告は，株主名簿に記載・記録した株主および登録株式質権者の住所（その株主または登録株式質権者が別に通知または催告を受ける場所または連絡先をその会社に通知した場合にあっては，その場所または連絡先を含む）にあてて発しなければならない（会198Ⅱ）。その株式が共有である場合には，催告は，共有者全員に対し，株主名簿に記載・記録した住所（共有者が別に通知または催告を受ける場所または連絡先をその会社に通知した場合にあっては，その場所または連絡先を含む）にあてて発しなければならない（会198Ⅲ）。このように厳重な公告と個別催告を要求するのは，この制度が，株主の意向にかかわらず，その保有株式を売却するので，株主等に売却を拒絶する最後の機会を与えるためである。

-2-5-88　(5) **株券の失効・再発行**　上記異議申述期間内に利害関係人より異議が述べられないときには，当該期間満了の時にその株式に係る**株券は無効**となる（会198Ⅴ）。その結果所在不明株主は，株主たる地位を失う。株券が無効となった場合において，その株式を「競売」するときは，会社は，株券を再発行した上で，競売の申立の際に当該新株券を裁判所に提出して，動産競売の手続によって，競売を行うことが必要である（民執195・190）。

-2-5-89　(6) **売却代金の支払**　会社は株式を売却等した場合には，その**代金を従前の株主**（所在不明株主）**に支払**わなければならない（会197Ⅰ柱書）。この債務の履行場所は，会社の住所地であり（会196Ⅱ），当該株主が支払請求に現れるまで履行遅滞にはならない（ただし支払請求に現れたなら直ちにその請求に応じられるよう準備しておく必要がある）。なお，会社が，過失なくして債権者を確知することができない場合には，供託をしてその債務を免れることもできる（民494）。代金支払債権の消滅時効期間は10年である（民167Ⅰ）。

第3章　募集株式の発行等と新株予約権

第1節　総　　説

II-3-1-1　会社の**内部資金**には，利益の社内留保による蓄積（準備金の積立てなど）および減価償却［II-5-2-56］があるが，設備投資など大きな資金が必要なときには，外部から資金を調達することになる．**外部資金**には，金融機関からの借入金，支払手形，コマーシャル・ペーパー〔CP=commercial paper〕[(1)]，ファイナンス・リース，募集株式，募集新株予約権および社債がある．金融機関からの借入れを**間接金融**，CP・社債・募集株式等の発行市場からの調達を**直接金融**という．日本では戦後から高度成長期(1970年代)までは，間接金融が優位であって，メイン・バンク制が構築されたが，安定成長期(80年代)に入ってからは主として大企業において直接金融が行われるようになった．直接金融の方が安上がりである上，巨額な資金を調達することができるからである．株式と社債のいずれの発行が有利か議論されている．

第2節　募集株式の発行等

第1款　募集株式の発行

1　総　　説

II-3-2-1　昭和25(1950)年改正以前には，株式会社においても資本確定の原則（［II-1-3-14］昭和25年改正前商166 I ③．なお旧有 6 I ③参照）が採用されていたので，資金を調達すると

II-3-1-2　(1)　CP　CPは① 約束手形方式のものと② 短期社債方式のものとがある．①の市場は1987年11月に創設された後，CP発行適格企業が無担保で資金を調達する手段として利用されてきた（金商2 I ⑮．金融商品取引法第2条に規定する定義に関する内閣府令2，企業開示1①チ・⑥の4・9の5．流転流動化2 X参照）．
②は，ペーパレスCPとか電子CPと呼ばれる．「短期社債等の振替に関する法律」（平成13法75．同法はその後「社債等の振替に関する法律」（平成14法65）を経て「社債，株式等の振替に関する法律」に改められている）に基づき創設されている．**短期社債**とは，① 各社債の金額が1億円以上で，② 元本の償還について，社債の総額の払込みのあった日から1年未満の日とする確定期限の定めがあり，かつ，分割払の定めがなく，③ 利払期と償還期が同じ日とする定めがあり，④ 会社法上の無担保社債である社債をいう（振替法66①．資産流動化2 Ⅷ参照）．短期社債は，発行登録書が効力を生じていれば募集（売出し）ができるとされ，発行登録追補書類を提出することは不要とされている（金商23の8 Ⅱ．金商施3の2の2参照）．

きには，定款を変更して，資本を増加した上で，新株を発行していた(昭和25年改正前商348)．しかしこの方法によると株主総会の決議を要するので，迅速な資金調達ができないため，昭和25(1950)年改正法は，アメリカ法にならって定款に，資本の総額の代わりに，会社が将来発行を予定する株式の総数(発行可能株式総数)を記載させ，その数から発行済株式総数を差し引いた残部については，定款の変更を要せずして，原則として取締役会の決議により随時新株を発行し(平成17年改正前商166Ⅳ・280ノ2Ⅰ・347)，資本金を増やすことができるようにした(授権資本制度)．この場合には，取締役会(非取締役会設置会社の場合では，取締役)の決定による**新株の発行**〔米 issuance of shares：英 issue of new shares：独 Ausgabe neuer Aktien：仏 emission d'actions nouvelles：伊 emissione di nuove azioni：西 emision de nuevas acciones〕により資金を調達することができる．「新株の発行」とは，**株式会社**がその**成立後**に，発行可能株式総数のうち未発行部分の全部または一部につき新しい株式を発行することであった．会社法は「新株発行」(会829条の見出し・840Ⅰ)の意味で「成立後における株式の発行」(会828Ⅰ②・829①・834②)という表現を使用している(これに自己株式の処分を含めるときは「募集株式の発行等」という用語を使用している)．

新株発行の法的性質は，会社と申込人との間の入社契約である．新株の発行(広義の新株の発行)は，資金調達を直接の目的とするか否かで，資金調達を直接の目的とする**通常の新株発行**(狭義の新株発行)[2]と，それ以外の**特殊な新株発行**[3]とに区別することができる(青竹306頁)．区別の基準を株主となる者に出資をさせるか否かに置く説もあるが(前田庸278頁，神田129頁)，この説によると，新株予約権の行使による新株発行も通常の新株発行となるので，妥当でないと考える．本節で問題とするのは「通常の」新株発行である．

他方，会社が所有する自己株式を処分することは，通常の新株発行と同じ側面を有する(① 通常の新株発行では資本金の額が増加するが〔会445Ⅰ～Ⅲ〕，自己株式の処分では資本金の額は増加しないし，② 自己株式の処分益は分配可能額に含まれるが，通常の新株発行ではそのようなことがない点は異なる)．そこで，会社法第2編第2章第8節は，**会社がそ

-3-2-2　(2)　**中小企業投資育成株式会社法**　同法に基づき，東京・名古屋・大阪の各中小企業投資育成株式会社は，資本の額が3億円以下の株式会社の自己資本の充実を図るため，新株等の引受け・保有等の事業を行っている．

-3-2-3　(3)　**特殊な新株発行**　特殊な新株発行には，① 取得請求権付種類株式・取得条項付株式等の取得に際し対価として新株を交付する場合，② 株式分割，株式の無償割当て，③ 新株予約権の行使，④ 株式交換，吸収分割および吸収合併による新株発行がある．特殊な新株発行では資本金の額が増える場合と増えない場合とがある．このほか，会社更生法は更生計画において，払込みなどを伴わない新株の発行に関し特例を定めている(会更175・215)．特殊な新株発行の説明は，それぞれの該当箇所に譲る．

なお，新株予約権および新株予約権付社債の新株予約権の行使による「株式の発行」(新株の発行または自己株式の処分)も，新株予約権に出資させることもあるが，ここで扱わず，別に取り扱う．

の発行する新株を引き受ける者の募集をする手続と，その処分する自己株式を引き受ける者の募集をする手続とを，同じ手続として整理し，「募集に応じてこれらの株式の引受けの申込みをした者に対して割り当てる株式」を募集株式と定義し（会199 I），その募集株式の募集事項の決定（第1款），割当て（第2款），出資とその履行（第3款・第4款），募集株式の発行の差止請求（第5款）および募集に係る責任（第6款）を規制している．募集株式の発行等は，会社の一部成立に相当するが，① 既に会社が成立している点（その結果払込取扱銀行による保管証明が要求されていない），② 株主が存在している点（その結果有利発行規制および募集株式の発行等の差止制度がある）および③ 資金調達の便宜が重視される点（その結果株式発行事項の決定要件が緩和され，失権手続および創立総会が規定されていない）において設立手続とは異なっている．

2 募集事項の決定

II-3-2-4　株式会社は，通常の新株発行をしようとする場合または自己株式を処分しようとする場合，それらの株式を引き受ける者を「募集」する[4]（なお振替法145 VI，民再154 IV・166の2参照）．「募集」は，募集・割当ての方法により，①「株式の割当てを受ける権利」を株主にその持株数に応じて与える「**株主割当て**」（または株主に対する割当発行）（会202．株主に割り当てる場合でもその持株数に比例しないときは②に該当する），②「株式の割当てを受ける権利」を株主に与えない形でなされ，募集・割当てを従業員，取引先等特定の者に限る「**第三者割当て**」（引受人が1人だけの場合であっても募集株式である）および③ 募集・割当ての相手方を限定しない「**公募ないし一般募集**」の場合に分けられる[5]．したがってここでいう募集は，金融商品取引法上の募集（金商2 III．［I-2-6-4］参照）とは異なる概念である．「**募集株式の割当てを受ける権利**」（吉本257頁は，この権利を募集株式引受権と呼んでいる）とは，申込みにより，会社が発行する新株

第三者割当増資の実施件数と実施額
（対象は全国上場企業，日本証券業協会調べ）

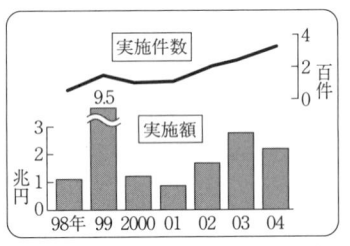

（日経新聞2006年5月10日）

II-3-2-5　(4) **募集の方法**　募集株式の募集の手続を進める者が発行会社自体である場合を直接募集（自己募集）といい，発行会社から委託を受けた金融取引業者（証券会社）である場合を間接募集（委託募集）という．上場会社では，間接募集が普通であるが，これは，さらに買取引受けと「募集の取扱および残株引受け」に分けられる．**買取引受け**とは，金融取引業者が，発行会社の募集株式を一括引受けした上で，これを払込期日までに引受価額と同じ価額で一般第三者に売り出し，売残りの株式があればこれを背負い込み，募集会社から引受手数料を取得する方法である（金商2 VI．なお会205参照）．上場会社が公募を行う場合に最もよく利用する方法である．この場合募集会社が転売先を指定する慣行を親引けという．**募集の取扱および残株引受け**は，金融取引業者が株式の募集の取扱いを受託するとともに，募集期日までに申込みのなかった株式を引き受ける方法であり，証券会社は発行会社から募集取扱手数料を取得する．

II-3-2-6　(5) **インサイダー取引規制**　募集株式の発行は重要事実に該当する（金商166 II ① イ）．

第3章 募集株式の発行等と新株予約権 第2節 募集株式の発行等 **269**

または処分する自己株式の割当てを受ける権利である．
　会社は，募集の都度，次に掲げる事項（募集事項）を定めることが必要である（会199Ⅰ．なお民再162参照）．

I-3-2-7 **(a) 募集株式の数**（1号）　1つの募集決議における募集株式は1種類に限られるため（「種類株式発行会社にあっては，募集株式の種類および数」とされており，「種類ごとの数」とはされていない），複数の種類の株式を発行する場合には，複数の募集の手続を同時に行うこととなる（株主総会または取締役会の決議は1回ですむ）．発行する株式または種類株式の数は，発行可能株式総数（会37）または発行可能種類株式総数（会108Ⅱ）の範囲内でなければならない（なお会966）．種類株式発行会社において，**募集株式の種類が譲渡制限株式であるときは，その種類株式に関する募集事項の決定は，その種類株主総会の決議を要しない旨の定款の定めがある場合を除き，その種類株主総会の決議がなければ，その効力を生じない．**ただし，その種類株主総会において議決権を行使することができない種類株主が存しない場合は，この限りでない（会199Ⅳ・324Ⅱ②）．

I-3-2-8 **(b) 募集株式の払込金額またはその算定方法**（2号）　払込金額とは，募集株式1株と引換えに払い込む金銭または給付する金銭以外の財産の額をいう．平成17(2005)年改正前商法では発行価額（旧商280ノ2Ⅰ②など）という用語が使用されていたが，端的に払い込むべき金額を表す用語が適当であると考えられたため，払込金額に代えられた．用語の変更に過ぎず，実質的な改正ではない．
　実際に払い込まれた金額が募集事項として定められた払込金額を上回ることは許され，資本金算定の基準となる（会445Ⅰ参照．逆の場合は払込みがない部分につき引受人は失権する．会208Ⅴ）．なお公開会社が取締役会決議で市場価格ある株式を募集する場合には，「募集株式の払込金額またはその算定方法」の代わりに「公正な価格による払込みを実現するために適当な払込金額の決定の方法」を定めてもよい（会201Ⅱ．[Ⅱ-3-3-22]参照）．

I-3-2-9 **(c) 現物出資をするときは，その旨ならびにその財産の内容および価額**（3号）
　募集事項として決定される現物出資の価額と当該財産の帳簿価額とは異なる場合がありうる（計規14Ⅴ参照．なお計規17Ⅵも参照のこと）．立案担当者はこのような場合として，デット・エクイティ・スワップの際に募集時に券面額説を採用しておきながら，評価額をもって会計処理をした場合（なお[Ⅱ-3-2-34(e)]参照）を挙げている（省令の解説71頁）．この場合には，会計処理上の差異にすぎないので，会社法212条1項2号に掲げる場合（[Ⅱ-3-2-66]）には該当しない．

I-3-2-10 **(d) 払込期日または払込期間**（4号）　これは，募集株式引受人が引き受けた株式の払込みまたは現物出資の給付をなすべき日または期間を定めたときにはその期間である．引受人が出資を履行すると，払込期日の場合にはその日に，払込期間の場合には，出資の履行をした日に株主となる（会209①②）．平成17年改正前商法は払込

期日しか定めていなかったが(改正前商280ノ2Ⅰ②),「公開会社においては,株金払込みと株式取得の時点を極力接近させたいという実務上のニーズがある」(江頭・商事1724号9頁)ことから,会社法は,払込期間も認めている.

Ⅱ-3-2-11　(e)　**新株を発行するときは,増加する資本金および資本準備金に関する事項**(5号)　払込または給付された財産の全額を増加する資本金の額とするのが原則であるが(会445Ⅰ[Ⅱ-5-2-89]),その2分の1を資本準備金に積み立てることもできる(6)(会445ⅡⅢ.計規14).自己株式の処分の場合はこの事項を決める必要がない.

なお,株主割当ての場合にはさらに一定の事項を定めなければならない(会202Ⅰ①②.[Ⅱ-3-2-16]).

募集事項は,募集ごとに,均等に定めなければならない(会199Ⅴ).

3　募集事項の決定機関

Ⅱ-3-2-13　(1)　**総　説**　株主割当ての場合には,株主がそれに応じるためには,新たな出資義務を負うことになるが,これを別にすると,持株比率に変更は生じないし,その払込金額が高いか低いかも問題とならない(7).これに対し**既存株主以外の者に株式が発行されると,既存株主の持株比率が下がる**(これを希釈化という)(8)と共に,株

Ⅱ-3-2-12　(6)　**資本金等増加限度額**　募集株式の発行等における資本金等増加限度額は以下の式で求めることができる(計規14Ⅰ).

```
資本金等増加限度額 = (① + ② - ③) × 株式発行割合 - 自己株式処分差損額
　　　(注)計算結果がマイナスのときにはゼロとする.
①:金銭の払込金額
②:現物出資財産の価額
③:株式交付費用の額(当分の間ゼロ)
株式発行割合 = ④ / (④ + ⑤)
④:募集に際して発行する株式の数
⑤:処分する自己株式の数
自己株式処分差損額 = ⑥ - (① + ② - ③) × 自己株式処分割合
⑥:募集に際して処分する自己株式の帳簿価額
自己株式処分割合 = 1 - 株式発行割合
```

Ⅱ-3-2-14　(7)　**株主割当ての場合の払込金額**　平成17年改正前商法の下では,株主に新株引受権を与えてなす新株発行は株主割当といわれた.この場合,既存株主との利益の調整を考える必要はないので,昭和40年代半ばまでは,額面を発行価額とする方法(額面発行)が利用され,その後,時価と額面の中間の価額を発行価額とする方法(中間発行増資)が利用された.その後は,公募が多くなり,**時価発行が普通**となっている.

Ⅱ-3-2-15　(8)　**持株比率の下落と株価の下落**　発行済株式総数100万株,資本金5000万円,負債0,市場価額は1株1000円の株式会社が,1株の払込価額500円の募集株式の発行で1億円を調達することにした.そうすると新たに発行すべき株式数は20万株(1億円÷500円=20万株)で,新株発行後の1株の株価は917円となる({(100万株×1000円) + 1億円}÷120万株=917円).従来の1株の株主の管理権(共益権)の価値は100万分の1から120万分の1に薄められると共に,従来1000円で売れたものが917円でしか売れなくなる(神田122頁).**公募・第三者割当ての**

第3章 募集株式の発行等と新株予約権　第2節 募集株式の発行等　271

表1　募集事項の決定手続

		株主に株式の割当てを受ける権利を与えない場合		株主に株式の割当てを受ける権利を与える場合
		通常の発行	有利発行	
非公開会社	原則	株主総会の特別決議（199Ⅱ・309Ⅱ⑤） ＋ 譲渡制限株式を募集する場合には種類株主総会の決議（特別決議）（199Ⅳ・324Ⅱ②）（定款の定めで排除可）	同左（ただし，株主総会において有利な払込金額で募集することの理由の説明が必要・199Ⅲ）	株主総会の特別決議（199Ⅰ・202Ⅰ・Ⅲ・309Ⅱ⑤）（定款の定めにより取締役の決定または取締役会の決議とすることが可能） ＋ 募集株式の種類の種類株主に損害を与えるときは，種類株主総会の決議（特別決議）（322Ⅰ④・324Ⅱ④）（定款の定めで排除可．322Ⅱ）
	委任	株主総会の特別決議（200Ⅰ・309Ⅱ⑤）による委任 ＋ 委任に基づく取締役の決定または取締役会の決議（200Ⅰ） ＋ 譲渡制限株式が募集する場合には委任につき種類株主総会の決議（特別決議）（200Ⅳ・324Ⅱ②）（定款の定めで排除可） （委任は払込期日・払込期間から1年以内の募集に限り有効．200Ⅲ）	同左（ただし，株主総会において有利な払込金額で募集することの理由の説明が必要・200Ⅱ）	
公開会社		取締役会決議（199Ⅰ・201Ⅰ） ＋ 譲渡制限株式を募集する場合には，種類株主総会の決議（特別決議）（199Ⅳ・324Ⅱ②）（定款の定めで排除可）	原則：株主総会の特別決議（199Ⅱ・309Ⅱ⑤）（有利な払込金額で募集することの理由の説明が必要） ＋ 譲渡制限株式を募集する場合には種類株主総会の決議（特別決議）（199Ⅳ・324Ⅱ②）（定款の定めで排除可） 委任：株主総会の特別決議（200Ⅰ・309Ⅱ⑤）による委任（有利な払込金額で募集することの理由の説明が必要） ＋ 委任に基づく取締役会の決議（200Ⅰ） ＋ 譲渡制限株式を募集する場合には，委任につき種類株主総会の決議（特別決議）（200Ⅳ・324Ⅱ②）（定款の定めで排除可）	取締役会決議（199Ⅰ・201Ⅰ・Ⅲ・202Ⅲ③） ＋ 募集株式の種類の種類株主に損害を与えるときは，種類株主総会の決議（特別決議）（322Ⅰ④・324Ⅱ④）（定款の定めで排除可．322Ⅱ）

出典：省令の解説52頁参照

価も下落する．自己株式を処分する場合も事態は同様である．そこで会社法は，**株主割当ての場合**（会202Ⅰ）とそうでない場合とを区別している．**株主割当て以外では，募集が公開会社によるかそれ以外の会社によって行われるかで規制は異なっている**（表1参照）．

Ⅱ-3-2-16 **(2) 株主割当ての場合** (ア) **決定事項** 定款にその旨の規定がある場合を除き，株主は募集株式の割当てを受ける権利を当然には有していない．会社は，個々の募集の際に株主にこの権利を与えるか否かを決める．株主に募集株式の割当てを受ける権利を**与えるとき**には，募集事項に加えて，① 株主に，申込みをすることにより募集株式（種類株式発行会社にあっては，当該株主の有する種類の株式と同一の種類のもの）の割当てを受ける**権利を与える旨**および② 当該募集株式の引受けの**申込期日**（申込期日を払込期日［199Ⅰ④］と同一日とすることも可能．江頭675頁注1）を定めなければならない（会202Ⅰ①②）．

なお金融商品取引法に基づく発行開示が要求される会社は，基準日の25日前までに，内閣総理大臣に対し有価証券届出書を提出しなければならない（金商4Ⅲ，企業内容等開示ガイドライン4-17）．

申込みをすることによって募集株式の割当てを受ける権利は，募集ごとに，**均等**に定めなければならない（会199Ｖ・202Ｖ）．ただし，当該株主が割当てを受ける募集株式の数に1株に満たない**端数**があるときは，**切り捨てられる**．また，会社は募集株式の割当てを受ける権利を有しない（会202Ⅱ）．

株主に株式の割当てを受ける権利を与える募集〔米 rights offering〕が，募集株式の種類の種類株主に損害を与えるときは，種類株主総会の決議は必要であるが（会322Ⅰ④），定款の定めでこれを排除することができる（会322Ⅱ）．

募集株式の割当てを受ける権利は，株主に対してのみ与えられる権利であるので，**譲渡することはできない**（論点204頁．株式の割当てを受ける権利に譲渡性を付与しようとする場合には，新株予約権の無償割当て（会277）という方式を採ることになる．江頭672頁）．

Ⅱ-3-2-17 (イ) **決定機関等** 募集事項等は，① **公開会社**である場合には，**取締役会の決議**（執行役に委任可．会416Ⅳ）により定める（会202Ⅲ③）．公開会社が種類株式発行会社であって，募集株式の種類が譲渡制限株式である場合もそうである（会202Ｖによる199Ⅳの不適用）．② **公開会社以外の会社**においては，引受けに応じられない場合に既存株主に不利益が及ぶ可能性があるので，**株主総会の決議**（特別決議．会309Ⅱ⑤）により定めるのが原則である（会202Ⅲ④）．ただし，**定款により，当該事項を取締役の決定**（取締役会がない場合）**または取締役会の決議**（取締役会がある場合）**によって定める旨を定めることもできる**（会202Ⅲ①②．なお民再183の2）．新たに株主となる者がおら

場合には，既存の株主は持株比率の下落を避けることができないが，払込金額を時価とすれば，経済的損失を被らない．

ず，取締役会等に決定を委ねても弊害が少ないからである．

会社法は，基準日（会社124Ⅰ）を定めることを義務づけてはいないが，株主が多数いる会社では実際上基準日を設定することになろう．

募集事項等を決定した後，会社は，株主に申込みをするか否かを判断するための情報を提供するために，**募集株式の引受けの申込期日の2週間前**[9]までに，**株主名簿上の株主**（会社を除く）に，① **募集事項**，② **その株主が割当てを受ける募集株式の数**および③ **その募集株式の引受けの申込期日を通知**（到達主義．民97）しなければならない（会202Ⅳ）．**公告をもってこの通知に代えることはできない**（会201Ⅳのような規定がない）．株主割当ての場合には，有利発行規制や募集事項の公示に関する規制は，適用されない（会202Ⅴ）．

株主は，株式の割当てを受ける権利を与えられても，**会社法203条の適用はある**ので，会社は，申込みをしようとする株主に対し203条1項の通知を行い（会202Ⅳの通知と203Ⅰの通知を1通の通知で行うことは可能である．論点204頁），株主は，会社に対し書面の交付または会社の承諾を得て電磁的方法による提供により募集株式の引受けの申込みをしなければならない（会203ⅡⅢ）．株主が募集株式の引受けの申込期日までに**申込みをしないときは，当該株主は募集株式の割当てを受ける権利を失う**（会204Ⅳ）．しかし，募集株式の割当てを受ける権利を行使すると，当然に株式の引受人としての地位を取得するので，会社法204条1項から3項までの割当手続は不要である（図1参照）．

図1　募集株式の発行（株主割当て）

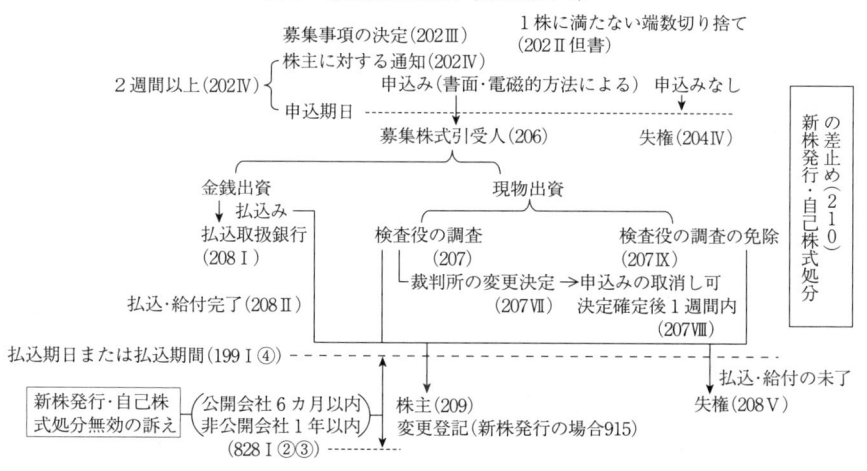

3-2-18　(9)　**通知期間の短縮**　株主全員の同意があれば通知期間を短縮できる（江頭670頁注3）．短縮した場合には，募集株式の発行による変更登記申請書の添付書類として，株主全員の同意書が必要となる（商登46Ⅰ）．

平成17(2005)年改正前商法では，株主が失権した場合，株主への通知または公告を行うことなく**再募集**を行うことができた(平成17年改正前商280ノ3ノ3)．しかし再募集において株主総会の特別決議を経ずに特に有利な発行価額で発行するなど適法性を疑わせる慣行があったことから(解説56頁)，会社法は，この方法を**禁止**している．

II-3-2-19 **(ウ) 有利発行との関係** 株主に株式の割当てを受ける権利を与える場合には，払込金額が特に有利な金額であるか否かで手続は異なることはない．募集株式が譲渡制限株式であっても会社法199条4項の種類株主総会は不要である(会202V)．ただし，定款で異なる定めがある場合を除き(会322II)，ある種類の株式を募集する場合において，その種類の株式の種類株主に損害を及ぼすおそれがあるときは，種類株主総会の決議(特別決議)が必要である(会322I④・324II④)．

II-3-2-20 **(エ) 新株引受権** 平成17(2005)年改正前商法は，会社が新株を発行する際にその新株を優先的に引き受けることができる権利を[10]**新株引受権**〔米 preemptive right：英 pre-emption right：独 Bezugsrecht：仏 droit préférentiel de souscription de nouvelles actions：西 derecho de suscripción preferente〕と呼び，株式譲渡制限会社の場合を除き，株主は法律上当然には新株引受権を有しないが(改正前商280ノ5 I)，会社は新株発行の際に株主に新株引受権を与えることができるとしていた(改正前商280ノ2 I⑤)．新株引受権は譲渡することができ(改正前商280ノ2 I⑥)，そのため新株引受権証書(改正前商280ノ2 I⑦・280ノ6ノ2～280ノ6ノ4)の制度を定めていた．しかし新株引受権制度は新株予約権制度とその性質が類似しており，2つの制度を存続させておく意義に乏しく，新株引受権は，新株発行手続の一環として付与される

II-3-2-21 (10) **新株引受権** 昭和25(1950)年改正前には，株主に新株引受権を与えるか否かを株主総会が決めていたが(昭和25年改正前商348④・349)，同年改正で，株主の新株引受権の有無は定款の絶対的記載事項に改められた(昭和30年改正前商166I⑤・347II)．ところが実務界で広く行われていた「当会社の株主は新株引受権を有する．ただし，取締役会の決議により新株の一部を公募し，または役員および従業員に新株引受権を与えることができる」というような定款の定めを無効とする下級審判例が生じたことから(東京地判昭30・2・28下民集6巻2号361頁)，昭和30(1960)年改正法は，原則として株主の新株引受権を否定し，例外として定款に定めがないときには新株発行決議で定めるものとした(昭和30年改正前商166I⑤・347II削除，280ノ2 I⑤追加)．そこで，買取引受にも株主総会の特別決議が必要か問題となり(横浜地判昭和37・12・17下民集13巻12号2473頁，東京地八王子支判昭和38・8・30判時350号35頁)，これを肯定する判例が現れたため，昭和41(1966)年改正法は，株主以外の第三者に対して特に有利な発行価額をもって新株を発行する場合に限り，株主総会の特別決議を必要とすることに改めた(280条ノ2第2項)．その後平成2(1990)年改正商法は，株式の譲渡制限のある会社の株主は原則として新株引受権を有するとした(商280ノ5ノ2追加)．なお，新株引受権の譲渡を認めないと，手元に払込資金のない株主は，株式の時価(新株式権利落ち後の時価)と発行価額の差額(プレミアム)を失うことになるが，会社の便宜も考慮し，昭和41年改正法は，株主の新株引受権の譲渡を認めるか否かを会社の裁量に委ねた(改正前商280ノ2 I⑥)．中間発行増資の場合には，株主の利益保護のために，新株引受権の譲渡を認め，新株引受権証書を発行するのが実務上の慣行であった．

ものであり，その流通についてのニーズも少ないことから，**会社法は，新株引受権制度を廃止した**．

新株引受権のうち，株主に対して株式を割り当てる機能については，株主に株式を割り当てる権利として規定する一方，譲渡に関しては，新株予約権証券に関する制度（会255）に吸収する形で整理したため，株主に株式を割り当てる権利の譲渡を認めていない．**新株予約権**（会2㉑）は**形成権**であるが（会282），**株主に付与される募集株式の割当てを受ける権利は一種の債権的権利であり**（江頭672頁注7），会社が割当てをしなければ，当然に株主となるわけではない．

-3-2-22　**(3) 株主割当て以外の場合**　(ア)　**公開会社の場合**　(a)　**通常の場合**　公開会社においては，募集株式の払込金額が募集株式を引き受ける者に「特に有利な金額」でない場合には，**取締役会が募集事項を決定する**（会201Ⅰ．委員会設置会社では執行役に委任可．会416Ⅳ．定款で株主総会の権限とすることもできる．会295Ⅱ）．この場合において，募集株式が市場価格のある株式であるときは，払込価額を市場の実勢を踏まえて弾力的に決定するために，「募集株式の払込金額又はその算定方法」に代えて，「公正な価格による払込みを実現するために適当な払込金額の決定の方法」を定めることができる（会201Ⅱ）．これは，募集株式の仮条件を投資家に提示し，需要を募った後に，払込価額を決定する**ブック・ビルディング方式**（需要積上げ方式）[11]を想定した

-3-2-23　(11)　**ブック・ビルディング方式**　新規公開する企業の株式の公募価格の決定方式は，当初，類似会社比準価格方式であったが，昭和63（1988）年に発覚したリクルート事件をきっかけとして，入札方式が89年4月から導入された．しかしこの制度のもとでは，一般投資家による入札の結果等に基づき公開価格が決定されることから，概ね公開価格が高くなり，公開後の円滑な流通に支障を来す場合が少なくないなどの批判があった．そこで平成9（1997）年8月に東京証券取引所は「上場前の公募又は売出し等の規制に関する規則」等の一部を改正し，日本証券業協会は「店頭売買有価証券の登録及び価格の公表等に関する規則」等の一部改正を行った結果，新規上場申請会社および登録申請会社は，新規公開についてブック・ビルディング方式か入札方式のいずれかを選択することができるように変わり，1998年以降はブック・ビルディング方式のみが行われている．この方式では，主幹事証券会社は，発行企業の財務内容などをもとに発行価格の上限と下限（仮条件）を定める．投資家は，証券会社の店頭で仮目論見書を受け取り，ブック・ビルディング期間（どれぐらい投資家から注文が入るか取扱証券会社がヒアリングする期間）中に，仮条件を基に需要申告を行う．ブック・ビルディングが締め切られると，発行会社は，その結果，マーケット環境等を総合的に勘案して，主幹事証券会社の協議の上発行価額を決定する．決定された価格以上でブック・ビルディングに参加していた投資家を対象として，抽選が行われ，株式の割当てが決定される．抽選の結果，当選または補欠となった場合には，当選した株数の範囲内で，購入の申込みを行うことが可能となる．ブック・ビルディングに参加するには，募集を取り扱う証券会社に取引口座を保有し，予め取引口座に，需要申告相当額以上の前受金を入金しておくことが必要である．需要の申告と約定とは異なるので，申告の変更・撤回は可能である．

　公募の際のブック・ビルディング方式は平成5（1993）年に日証協から提案され，公募増資の再開後はこの方式が採られた．平成13（2001）年改正商法（法79号　議員立法）は，ブック・ビルディング方式を法認している（平成17年改正前商280ノ2Ⅴ．なお同280ノ3ノ2括弧書参照）．

規定である．

　公開会社が取締役会の決議により募集事項を定めた場合には，株主に，募集を知らせ，差止めの機会 (会210) を保障するために，**払込期日** (払込期間を定めた場合にあっては，その期間の初日) の２週間前までに，募集事項 (会社法201条２項の適当な払込金額の決定方法を含む) を**通知または公告**しなければならない (会201ⅢⅣ．なお会976②参照．株主全員の同意があれば不要である．昭和41年10月５日民事甲2875号民事局長通達)．もっとも，募集事項について通知または公告をすべき日の２週間前までに有価証券届出書の届出 (金商４ⅠⅡ) をしている場合その他の株主の保護に欠けるおそれがないものとして**法務省令で定める場合** (会施規40．有価証券届出書・発行登録書・発行登録追補書類 (訂正発行登録書を含む)・有価証券報告書 (訂正報告書を含む)，四半期報告書 (訂正報告書を含む)・半期報告書 (訂正報告書を含む)・臨時報告書 (訂正報告書を含む) の届出・提出．[I-2-6-4][I-2-6-5] 参照) には，**通知または公告は不要である** (会201Ⅴ)．この場合には，内容が公衆の縦覧やEDINETにより開示されているので，会社法上の通知または公告を重ねて行わせる必要がないからである．

　なお，会社が種類株式発行会社であって，募集株式の種類 (会199Ⅰ①) が**譲渡制限株式**であるときは，その種類の株式に関する募集事項の決定は，当該種類株式の種類株主総会の決議を要しない旨の定款の定めがある場合を除き，**当該種類株主総会の特別決議** (会324Ⅱ②) がなければ，その効力を生ぜず (会199Ⅳ)，また，この種類の株式に関する募集事項の決定の取締役 (取締役会設置会社にあっては取締役会) への委任は，当該種類株式の種類株主総会の決議を要しない旨の定款の定めがある場合を除き，当該種類株主総会の特別決議がなければ，その効力を生じない．ただし，いずれの場合も，当該種類株主総会において議決権を行使することができる種類株主が存しない場合は，この限りでない (会199Ⅳ但書・200Ⅳ)．これらの規制は，譲渡制限の定めがある種類株式の株主間においては，その株主にどのような者がなるかということおよびその種類株式の保有割合の変動について利害関係を有することの２点を考慮したためである．

第三者割当増資への規制例

<米 国>
ニューヨーク証券取引所が，議決権の20％超に相当する新株発行について，株主総会決議を義務付け

<英 国>
会社法により，原則として第三者に新株を割り当てる場合には既存株主にも引受権を割り当て

<ドイツ>
株主総会が事前に認めていれば，監査役会の承認のもと議決権の10％以下の新株発行は可能

<日 本>
東証が，議決権の20％超の新株発行の際に株主総会の決議を求める規制を提起．経済界の反対で撤回

出典：日本経済新聞 2008年12月7日

参考：日本証券業協会「有価証券の引受け等に関する規則」
(ブックビルディングによる価格の決定)
第22条　引受会員は，株券等の引受けを行うに当たり，ブックビルディングにより募集又は売出しに係る株券等の価格等の条件を決定する場合，当該ブックビルディングにより把握した投資家の需要状況に基づき，払込日までの期間に係る相場の変動リスク等を総合的に勘案して発行者又は売出人と協議するものとする．
２　前項に規定するブックビルディングの手続きについては，細則をもって定める．

なお取締役会の決定だけで行うことができる「第三者割当て」は「経営者が株主を選べる」という世界的に見ても特異な制度である．法制審議会は，少数株主保護のため，2011年の通常国会での改正を予定して，新株発行の際に株主総会の決議を義務付ける方向での検討に入っている．

3-2-24 **(b) 有利発行の場合** 公開会社の募集株式の払込金額が，募集株式を引き受ける者に「特に有利な金額」[12]であるときには，**株主総会の決議** (特別決議．会309Ⅱ⑤=199ⅡⅢ・201Ⅰ) によることが必要である[13]．総会で有利な払込金額で募集することの理由を説明しなければならない[14] (会201Ⅰ=199Ⅲ．なお会施規63⑦ハ参照)．**決議の**

3-2-25 [12] **「特に」の意味** 単に「有利な金額」とすると，ある価額が総会の決議を要すべき場合に該当するか否か判定が困難であることから，払込金額と公正な価額との差が軽微な場合を除外する意味で「特に」とされていると解するが (前田庸288頁，加美389頁)，旧法上「特に」の意味について第三者に有利発行自体が「特ニ」に当たるとする少数説があった．この説は，新法でも同様の主張をすると思われる．

3-2-26 [13] **取締役が株主総会の特別決議を経ることなく，第三者に対して特に有利な払込金額で募集株式の発行を行った場合の取締役の責任** ① 株主は会社に損害が発生したことにより間接に損害を被るので，代表訴訟により取締役の任務懈怠責任を追及であるとする説 (間接損害説．青竹正一「新株の不公正発行と取締役の損害賠償責任 (下)」判タ998号80頁 [1999年] 等多数説)，② 有利発行により会社に損害は発生せず，株主は，既存株主に希釈化による直接損害を受けたから，会社法429条1項により，取締役に対し損害賠償を請求することができるとする説 (直接損害説．杉田貴洋「新株の有利発行と既存株主の経済的利益の保護」法律学研究26号52頁～54頁 [1995年]，吉本健一『新株発行のメカニズムと法規制』344頁，山本爲三郎・判批・法学研究69巻11号159頁・160頁 [1996年]，坂本延夫「違法な新株発行と取締役の責任」『現代企業法の新展開』221頁 [信山社2001年]，藤田友敬「株式会社の企業金融(2)」法教265号79頁・80頁 [2002年] な)，③ 違法な有利発行が同時に取締役の支配権維持・確保を主要な目的とするなど不公正な発行である場合には，取締役の「なすべき行為」は，当該募集株式の発行をしないことであったので，株主の被った損害は直接損害であるが，違法な有利発行が不公正発行を伴わない場合には，取締役の「なすべき行為」は，(a) 現実に発行された株式と同数の株式を公正な払込金額で発行することなのか，(b) 現実に調達した資金額と同額の資金を，実際の発行数より少ない株式の発行により調達することなのか，特定できなので，代表訴訟で責任を追及することも，会社法429条1項により直接請求をすることも認められるとする説 (田中亘「募集株式の有利発行と取締役の責任」『会社法と商事法務』173頁以下 [2008年]) が対立している．

3-2-27 [14] **理由の開示等** 株主が議決権行使の合理的な判断をなすために必要かつ十分と認められる程度のものでなければならない．開示される理由が客観的にも合理的なものでなければならず，そうでない場合には決議取消事由を構成するとする説 (厳格説．関161頁) もあるが，多数説は，説明された理由が客観的に合理的かどうかは必ずしも一概に決することができないので，本条は株主に判断の資料を開示すべきことを要求するにとどまり，総会がそれに基づいて，合理性がありとして有利発行を決定するばそれで足り，その合理性の有無の判断を裁判所に委ねることは妥当でないことを理由に，有利発行それ自体は客観的に合理性ないし妥当性を有する必要はないと解している (寛大説．前田庸287頁，江頭666頁注6，弥永350頁)．寛大説によれば，総会が特別決議で特に有利な払込金額で発行する必要を認めた以上は，差止めの対象とならないことになるが，厳格説によれば，客観的合理的理由がない有利発行の場合には法令違反として差止めの対象となる．なお，株主総会決議を経ないで第三者への有利発行がなされた場合に実際の発行価額と公正な発行価額との差額を会社の損害として，取締役の対会社責任 (会

有効期間については特に制限はない(論点199頁)．株主総会の特別決議で有利発行の決定を委任することができるが(会200Ⅰ)，この授権決議は，募集株式の払込期日または期間の末日が，当該決議の日から1年以内の日である募集についてのみ，その効力を有する(会200Ⅲ)．

「特に有利な金額」との関係で公正な価額とは何か問題となる．市場価格がある場合[15]，会社の資金調達の必要性をみたすという要請と既存株主の利益保護とを均衡させるという観点より，一般的には，「新株の発行により企画される資金調達の目的が達せられる限度で旧株主にとり最も有利な価格」(東京高判昭和46・1・28高裁民集24巻1号1頁〔東急不動産事件〕)であるが，新株消化の可能性を含めて考えるか否かについては改正前商法上争いがあった．少数説は，新株主は旧株主と同等の資本的寄与をなすべきであるから，公正な発行価額は時価そのものであり，新株消化の可能性と新株発行数等の新株発行についての取締役会の決定が株価に影響を与える要因は除外して考えるべきであるとするが(阪埜光男・判批・金判543号48頁等)，通説(宮島269頁)および判例(最三小判昭和50・4・8民集29巻4号350頁〔横川電気事件〕=会社法百選27事件)は，「公正発行価額は，発行価額決定前の当該会社の株式価格，右株価の騰落習性，売買出来高の実績，会社の資産状態，収益状態，配当状況，発行ずみ株式数，新たに発行される株式数，株式市況の動向，これらから予測される新株の消化可能性等の諸事情を総合し，旧株主の利益と会社が有利な資本調達を実現するという利益との調和の中に求められるべきものである」とし，新株の消化可能性も考慮に入れる．市場価格があるものは，これが一応基準となるが，発行する新株のほとんど全部の消化を目的とする関係上(完全消化のために株主の利益を不当に害することは許されない)，時価より多少低い設定は認められる[16]．

時価が一時的に高騰している場合には，一定期間の平均値などの株価を基準として判断する[17]．

423Ⅰ)を認めた判例があるが(東京地判平成12・7・27判タ1056号246頁)，会社に損害が生じたといえるか議論の余地があるので，429条1項に基づく責任が生ずるとする方が理論的である(神田132頁注7)．

Ⅱ-3-2-28　[15]　**市場価格のない株式の公正な価額**　類似業種比準価額方式を採用したものに東京地決昭和52・8・30金判533号22頁，配当還元方式(ゴードンモデル方式)を適切と判示した判例として東京地決平成6・3・28判時1496号123頁〔ニッポン放送事件〕がある．

Ⅱ-3-2-29　[16]　**割引率**　かつては時価の1割か1割5分程度下回る程度であれば，公正な価額と推定された．しかし海外の機関投資家から強い批判を受け，昭和58(1983)年には，確定金額に代えて算式表示方式(発行価額を払込期日直前の証券取引所における株式の終値に，例えば0.9を乗じた金額と定め，最低発行価額も併記して公告する)が導入された結果，新株発行の期間が短縮されたこともあり，割引率は3.5%以内に圧縮された．なお日本証券業協会の自主ルール(発行価額を，取締役会決議の直前日の価額，または当該決議の6カ月前の日以降の任意の日から当該決議の直前日までの間の価額に0.9を乗じた額以上の価額としている)を一応合理性があるとした判例が存在している(東京地決平成16・6・1金判1201号15頁=会社法百選30事件，札幌地判平成20・11・11金判1307号44頁参照)．

3-2-31　**(イ)　非公開会社の場合**　平成17年改正前商法では譲渡制限会社の新株引受権を株主から奪う第三者割当て[18](改正前商280ノ5ノ2Ⅰ但書参照)と有利発行手続(改正前

3-2-30　(17)　**時　価**　① アイワ事件では，企業提携の噂により株価が高騰している場合には，「その影響を受けない時期における市場価額が企業の客観的価値を反映している」とし，取締役会決議(44年1月10日)より約半年前の43年6月から遡る1年間の毎取引日の平均終値を発行価額としたのは有利発行に当たらない，と判示した(取締役会決議前日の終値145円，発行価額70円．東京地判昭和47・4・27判時679号70頁，東京高判昭和48・7・27判時715号100頁＝会社法百選29事件)．② タクマ事件では，「申請人の大量買占めを受けない時期における市場価額が企業の客観的価値を反映している」とし，第三者割当増資を決定した日(昭和62年11月9日)より7カ月以上前の日(3月20日)以前の6カ月間の各取引の終値の平均値(584円48銭)を求め，それを前提とし，買占めによる影響を受けなかったとすれば，市場価額直前には，市場価格がいかなる水準に達したかを推計し(714円64銭)，ディスカウント率を5％として678円90銭であったので発行価額を680円としたのは，有利な発行に当たらない，と判示している(取締役会直前の11月7日の終値は1,520円であった．新株発行の結果申請人の持株比率は32.36％から29.93％に低下．大阪地判昭和62・11・18判時1290号144頁，大阪高決昭和62・11・24民商100巻1号30頁)．③ 宮入バルブ事件では，証券業界の自主ルールにしたがい，取締役会決議(平成元年8月21日)の6カ月前の日(2月20日)から当該決議の直前日(8月18日)までの間の終値平均に0.9を乗じて算出した価格である発行価額は特に有利とは言えない判示している(取締役会の直前日の終値1,480円，発行価額851円．東京地決平成元・9・5判時1323号48頁)．④ 忠実屋・いなげや事件(東京地決平成元・7・25判時1317号28頁)では，株式が投機の対象とされて株価が高騰した場合でもなお，株価の高騰が一時的でないものの場合には，市場価額が公正価額算定の基礎とされるべきである(東証における株価の推移が3,000円以上の状態が1年5カ月間，4,000円以上の状態が1年と続いているとき，1,120円は有利な発行価格に該当する)，と判示している．⑤ ゼネラル株式会社事件では株価が1800円以上の状態が7カ月間も維持され，その間のほとんどは2,000円を超えており，取締役会決議の前日の終値2,360円はその7カ月間における株価の推移の中では平均的な価額であるとき，1,300円は特に有利な発行価額であると判示されている(大阪地決平成2・6・22判時1364号104頁)．

3-2-32　(18)　**第三者割当て**　第三者割当ては，特定の企業と資本提携をしたり，株式買占や公開買付による乗取り予防のために縁故先に割り当てたり，従業員持株制度との関係で従業員に割り当てる場合などに利用される．第三者割当てでは，引受けを容易にするため，払込金額を時価より低くすることが少なくないし，非上場会社ではそもそも時価がないので，第三者割当てと有利発行を一体化する理由がある．昭和13(1938)年改正法は，株主総会の特別決議により株主以外の第三者に新株引受権を与えることができると定めていたが(商349)，昭和25(1950)年改正法は，第三者に新株引受権を与える旨を定款の相対的記載事項とした(商166Ⅰ⑤・347)．昭和30(1955)年改正法は，これを止めて，具体的な新株の発行ごとに株主総会の特別決議による授権に改めた(商280ノ2Ⅱ)．ところが証券会社がいわゆる買取引受けとして新株を一括引受することは，第三者に新株を与えることとなるので株主総会の特別決議を要する，との判例が下されたことから(横浜地判昭和37・12・17下民集13巻12号2473頁[東京芝浦電気事件]など)，昭和41(1966)年法は第三者に新株引受権を与えることと有利発行を切り放し，後者の場合に特別決議を要すると定めた．平成2年改正商法は，譲渡制限会社以外の会社には規制を踏襲するも，譲渡制限会社の株主は新株引受権を有するが，総会の特別決議により第三者割当てを行うことができるとした(平成13年改正前商280ノ5ノ2Ⅰ但書)．

　会社法の規則については，会社法の非公開会社の規則は，既存株主の利益の保護を重視する点で妥当であるが，公開会社の規則は，「著しく不公正な方法による新株発行」が行われやすいので，昭和30年改正法タイプの規制に改正すべきとの立法論が唱えられている(平川成弘「新株発行」検証306頁以下)．

商280ノ2Ⅱ）は，共に株主総会の特別決議が必要であったが，別個の概念であった．しかし，譲渡制限会社の株式の価値の把握は困難で，有利発行かどうかの判断は難しいこと，第三者割当て〔米 private placement〕の手続と有利発行の手続とがいずれも総会の特別決議を要するものなので，両者を一体化してもさほど手続上の負担になることはなく，第三者割当ての決議の際に価格に関する事項もあわせて決議することとした方が，株主の保護に厚いことから，会社法は，非公開会社の場合の第三者割当てと有利発行手続を一体化して，第三者の払込金額が特に有利な金額でない場合であっても，募集事項を**株主総会の決議**（特別決議．会309Ⅱ⑤）で決めることを原則としている（会199Ⅱ Ⅲ）．

もっとも，資金調達の機動性を確保するため，**株主総会の特別決議**（会309Ⅱ⑤）によって，**募集事項の決定を取締役**（取締役会設置会社にあっては，取締役会）**に委任することができる**．この場合においては，その委任に基づいて募集事項の決定をすることができる「募集株式の数の上限」および「払込金額の下限」を定めなければならない（会200Ⅰ）．株主の利益を保護するために授権の範囲を制限したものである．「払込金額の下限」が募集株式を引き受ける者に「特に有利な金額」であるときには，取締役は，当該株主総会において，当該払込金額でその者の募集をすることを必要とする理由を説明しなければならない（会200Ⅱ．なお会施規63⑦ハ参照）．この委任の決議は，払込期日（払込期間を定めた場合には，その期間の末日）が当該決議の日から1年以内の日である募集についてのみ効力を有する（会200Ⅲ）．なお，募集株式が譲渡制限株式である場合の種類株主総会については，公開会社における場合と同様である（会199Ⅳ・200Ⅳ・324Ⅱ②）．

募集事項の決定も募集事項の決定の委任も総会で決議するので，公開会社と異なり，通知・公告は不要である（会201Ⅲ対比）．

Ⅱ-3-2-33 **(4) 現物出資財産の調査** **(ア) 検査役の調査** 募集事項において現物出資を定めたときは（会199Ⅰ③），その決定の後遅滞なく，現物出資財産の価額を調査させるため，裁判所に対し，検査役の選任の申立てをするのが原則である（会207Ⅰ・868Ⅰ・870②）．設立の場合と異なり，現物出資者の資格については制限がない．申立てがあった場合には，裁判所は，これを不適法として却下する場合を除き，検査役を選任しなければならない（会207Ⅱ）．裁判所は，検査役を選任した場合には，会社が検査役に対して支払う報酬の額を定めることができる（会207Ⅲ）．

検査役は，必要な調査を行い，当該調査の結果を記載しまたは記録した書面また

第三者割当ては，他の会社（取引先・金融機関など）との結合を強化するために利用されるなどポジティブな面がある一方，閉鎖的会社の支配権を巡る争い，少数派株主の締出し〔米 squeeze out, freeze out〕，または公開買付け等に対する対抗措置として利用される場合があり，これらの場合には不公正な方法の該当が問題となる．第三者割当増資をした直後に倒産した例や，株式公開直前の第三者割当株が贈賄に利用された例も見受けられる．

は電磁的記録（会施規228②）を裁判所に提供して報告をしなければならない（会207Ⅳ．なお商登56③イ参照）．裁判所は，この報告について，その内容を明瞭にし，またはその根拠を確認するために必要があると認めるときは，検査役に対し，さらに，報告を求めることができる（会207Ⅴ）．検査役は，裁判所に報告をしたときには，会社に対して，報告書の書面の写しを交付し，または電磁的記録に記録された事項を裁判所が定めた方法（会施規229）により提供しなければならない（会207Ⅵ）．**裁判所は，報告を受けた場合において，現物出資財産について定められた価額**（会199Ⅰ③）**を不当と認めたときは，これを変更する決定をしなければならない**（会207Ⅶ・870⑦．なお商登56④参照）．決定に不服な現物出資者は即時抗告により裁判所の決定を争うことができる（会872④）．現物出資財産を給付する募集株式の引受人は，裁判所の決定により現物出資財産の価額の全部または一部が変更された場合には，**当該決定の確定後1週間以内に限り**，その募集株式の引受けの申込みまたは総数引受契約（会205）に係る**意思表示を取り消すことができる**（会207Ⅷ．なお33Ⅷ［Ⅱ-1-3-28］参照）．

3-2-34　（イ）**調査の免除**　次の場合には検査役の調査を要しない（会207Ⅸ）．(a)(e)を除けば，設立の場合と同じである（会33Ⅹ［Ⅱ-1-3-29］～［Ⅱ-1-3-32］）．

　（a）募集株式の引受人に割り当てる株式の総数がその発行済株式総数の10分の1を超えない場合（会207Ⅸ①）　これは，割当株式数が少数であれば，他の株主の株式の価値に与える影響が小さいことによる．

　（b）**少額免除**　現物出資の対象となる財産の価額の総額が500万円を超えないとき（会207Ⅸ②．33Ⅹ①参照）．

　（c）**市場価格のある有価証券に関する免除**　現物出資の対象となる市場価格のある有価証券（上場株式・社債等のほか，東京証券取引所のグリーンシート銘柄等）について定められた価額がその有価証券の市場価格として法務省令（会施規43）で定める方法により算定されるものを超えない場合である（会207Ⅸ③．なお商登56③ロ・33Ⅹ②参照）．

　（d）**相当性の証明等がある場合の免除**　現物出資財産の価額の相当性について弁護士，弁護士法人，公認会計士，監査法人，税理士または税理士法人の証明を受けたか，現物出資が不動産であるときにはその証明および不動産鑑定士の鑑定評価を受けたときである[19]（会207Ⅸ④．なお商登56③ハ・33Ⅹ③参照）．

　（e）**金銭債権の免除**　現物出資財産が会社に対する「弁済期が到来している」金銭債権であって，その価額が当該金銭債権に係る負債の帳簿価額を超えない場合（会207Ⅸ⑤）には，既存株主を害するものではないと定型的に考えられるので（藤田

3-2-35　[19]　**証明者等の欠格事由**　証明等の公正性を保障するため，① 取締役，会計参与，監査役もしくは執行役，② 募集株式の引受人，③ 業務の停止の処分を受け，その停止の期間を経過しない者，④ 弁護士法人，監査法人または税理士法人であって，その社員の半数以上が①または②に掲げる者のいずれかに該当するものは，証明をなすことができない（会社207Ⅹ．なお会33Ⅺ参照）．欠格事由のある者のした証明は，効力を有しないと解される．

友敬「新会社法におけるデット・エクイティ・スワップ」会社法と商事法務133頁）検査役の検査は免除されている（なお商登56③ニ参照．債権の実際の価値（評価額説）ではなく，その名目額（券面額）をもって増加資本金額とすることを認める（券面額説）のが，東京地裁および大阪地裁の検査役調査の実務である．原田裕彦「デット・エクイティ・スワップにおける対象債権の評価」諸問題627頁．なお［*II-5-2-94*］参照）．弁済期の到来の要件については，債務者である会社において，期限の利益を放棄することにより，当然これを満たすことができる．これにより，いわゆる**債務の株式化**〔Debt Equity Swap. DES〕をより簡単な手続で行うことが可能になったが，金銭債権の実在性の担保の保証がなく，現物出資規制回避の温床にならないか危惧される（稲葉威雄『会社法の基本を問う』101頁）．債権者であった者に発行する新株の数は，債権の実際の価額を基準として決定されるべきで，新株の数しだいでは有利発行になると解すべきか見解が分かれている（肯定説として神田133頁）．

なお，財産引受けについては設立の場合と異なり制限はなく，一般の業務執行の問題である．

第2款　募集株式の割当て

1　原則

II-3-2-36　申込みおよび割当てによって引受人を定める方法が原則である．

(1) **通知**　会社は，募集に応じて引受けの申込みをしようとする者に対して，① 会社の商号，② 募集事項，③ 金銭の払込みをすべきときは，払込みの取扱場所，④ 法務省令（会施規41）で定める事項および⑤ 振替株式の場合には振替法の適用がある旨（振替法150Ⅱ）を**通知**しなければならない（会203Ⅰ．なお会976②参照）．会社法は，株式申込証の用紙を強制した平成17年改正前商法（改正前商280ノ6Ⅰ）と異なり，通知の方法について規定していない．これは，投資家に対する情報開示は，株式申込証等の用紙によらねばできないわけではないし，株式申込証等の用紙は，場合によっては極めて大部なものになることを考慮したものである．通知した事項に変更があったときは，会社は，直ちに，その旨および変更があった事項を申込者に通知しなければならない（会203Ⅴ．なお会976②）．もっとも，上記事項を記載した**目論見書**（金商2Ⅹ・13Ⅰ．なお［*I-2-6-4*］参照）を申込みをしようとする者に対して**交付している場合**その他募集株式の引受けの申込みをしようとする者の保護に欠けるおそれがないものとして法務省令で定める場合（会施規42．① 金融商品取引法の規定に基づき目論見書に記載すべき事項を電磁的方法により得ている場合，② 外国の法令に基づき目論見書に相当する資料を提供している場合）および**総数引受け**（神田136頁は総株引受け，前田庸294頁・龍田290頁注62は総額引受け，新山178頁・吉本263頁は総数引受けという用語を使用している．会245Ⅰ②との関係からも本書では総数引受けという用語を使用することにする）**の場合**

(会205)には，**通知は不要**である(会203Ⅳ)．

3-2-37　(2)　**申込み**　引受けの申込みは，① 申込者の氏名・名称および住所(なお会203Ⅵ参照)，② 引き受けようとする募集株式の数および③ 振替株式の場合には自己の口座(振替法150Ⅳ)を記載した書面または電磁的方法(政令[会令1Ⅰ④]で定めるところにより，会社の承諾を得ることを要する)によることが必要である(会203ⅡⅢ)．申込みは，払込金額と同額の申込証拠金を添えて行い([Ⅱ-5-2-103] [Ⅱ-5-2-111]参照)，割当てが受けられないときには，利息をつけないで申込証拠金が返還されるというのが通常である(最一小判昭和45・11・12民集24巻12号1901頁[東京海上火災保険株式会社事件]参照)．

　上場会社の募集株式の公募では，募集・売出しに係る株券等について予定数量を超える需要があったときには，主幹証券会社は対象会社の大株主等から一時的に株券等を借り，予定数量の15％を限度として，同一条件で追加的に売出しを行っている．これをオーバーアロットメントという(日本証券業協会「有価証券の引受け等に関する規則」2⑰・26)．

3-2-38　(3)　**割 当 て**　会社は申込者の中から募集株式の割当てを受ける者を定め，かつ，その者に割り当てる募集株式の数を定めなければならない．この場合において，誰にどの位の数の募集株式の数を割り当てるかは会社の自由であり，申込者に割り当てる募集株式の数を申込者が引き受けようとする募集株式の数より減少することもできる(**割当自由の原則**．会204Ⅰ)が，募集株式が譲渡制限株式である場合には，割当ては，定款に別段の定めがある場合を除き，取締役会設置会社にあっては，取締役会の決議，取締役会非設置会社にあっては株主総会の決議(特別決議．会309Ⅱ⑤)によらなければならない(会204Ⅱ)．会社は，払込期日の前日(払込期間を定めた場合にあっては，その期間の初日)までに，申込者に対して割り当てる募集株式の数を通知しなければならない(会204Ⅲ)．通知は，申込者の住所(申込者が別に通知を受ける場所または連絡先を会社に通知した場合にあっては，その場所または連絡先)にあてて発すれば足りる(会203Ⅵ)．通知は，その通知が通常到達すべきであった時に，到達したものとみなす(会203Ⅶ)．

　引受けの申込者は，会社の割当てにより，割り当てられた募集株式の数の**株式引受人**となり(会206①)，払込みをなす義務を負うことになる．出資の履行をすることにより募集株式の株主となる権利(**権利株**)の譲渡は，株式会社に対抗することができない(会208Ⅳ．なお会35参照)．

2　総数引受契約がある場合

3-2-39　1の原則は(会203・204)，募集株式を引き受けようとする者が，その総数の引受けを行う契約を締結する場合には，適用されない(会205．なお商登56①・振替法150Ⅳ参照)．すなわち，通知および割当て手続は不要である．したがって割当先の決定については必ずしも取締役会の決議を要するものではなく，取締役会は代表取締役に割当先

の決定を委任することもできる．総数引受契約の場合，契約書が1通であることや募集株式を引き受けようとする者が1人であることまでは要求されていない．総数引受者が募集株式の引受人となる（会206②）．実務では金融商品取引業者が引受人となることが多く，金融商品取引業者はこれを順次売却する．

第3款　出資の履行

II-3-2-40　募集株式の引受人は，出資をしなければならないが，その方法は，**金銭出資か，現物出資か**で異なる．募集株式の引受人は，出資の履行をしないと，当然に**失権**する（会208Ⅴ）．

　平成17（2005）年改正前商法にも相殺禁止規定（平成17年改正前商200Ⅱ）があったが，会社から相殺を主張できるか争いがあった．会社法は，会社が金銭の払込みまたは現物出資の給付を定めたときに，**募集株式の引受人が，その有する会社に対する債権を自動債権として出資の履行をする債務と相殺することを禁止する**ことにあることを明確にしている（会208Ⅲ）．立案担当者によると，この規定は，株主間の公平を目的とする規定であって，会社債権者を保護することを目的とする規定ではない（解説282頁）．

1　金銭出資の場合

II-3-2-41　金銭出資の場合には，募集株式の引受人は，払込期日または払込期間内に，会社が定めた銀行等の払込取扱場所において，それぞれの募集株式の払込金額の全額の払込みをしなければならない（会208Ⅰ．商登56②参照）．上述のように，実務では，申込期日までに払込金額と同額の**申込証拠金**を添えて株式を申し込ませるのが普通である（申込みと同時に株式申込証拠金の払込みを要求することは適法である．最一小判昭和45・11・12民集24巻12号1901頁［東京海上火災保険事件］）．会社設立の場合と同様に，払込みの仮装行為が行われることがある．会社資金をもって（引受人に貸付け）払込みがなされることがあるが，これは資本充実を害する行為として，無効である（東京高判昭和48・1・17高民26巻1号1頁参照）．**金銭の払込みの証明**は，払込金保管証明制度は存在しないので（会64対比），**残高証明等の方法**による（商登56②参照）．

　出資の履行により払込期日または出資を履行した日に募集株式の株主となる[20]（会209）．したがって，発行予定新株のすべてについて払込みがなくても，払込みがあった分だけで新株発行は成立する．

II-3-2-42　(20)　**株主となる時期**　平成16（2004）年改正前は，払込期日の翌日とされていた（改正前商280ノ９Ⅰ）が，平成16年改正で**払込期日**に改正された．これは，決済リスク削減のためのDVP（delivery versus payment）（払込資金の支払と新株の交付の同時履行）を可能にするためにである．

2 現物出資の場合

3-2-43　現物出資の場合には，払込期日または払込期間内に，それぞれの募集株式の払込金額の全額に相当する現物出資財産を給付しなければならない（会208Ⅱ．なお商登56③）．

3 資本金等増加限度額

3-2-44　募集株式を引き受ける者の募集を行う場合の資本金等増加限度額（計規36ⅠⅡ①・37）については［Ⅱ-3-2-12］［Ⅱ-5-2-93］を参照されたい．

4 引受けの無効等

3-2-45　設立時と同様，募集株式の引受けの申込みおよび割当てならびに総数引受契約に係る意思表示（会205）には**心裡留保**（民93但書）・**虚偽表示**（民94Ⅰ）の**適用はない**（会211Ⅰ．なお，会102Ⅲ［Ⅱ-1-4-8］参照）．募集株式の引受人は，株主となった日から１年（旧商280ノ12と異なり変更登記後１年ではない）を経過した後またはその株式について権利を行使した後は，**錯誤**を理由として募集株式の引受けの無効を主張し，または**詐欺**もしくは**強迫**を理由として募集株式の引受けの取消しをすることができなくなる（会211Ⅱ・消費者契約法7Ⅱ．なお，会51Ⅱ・102Ⅳ［Ⅱ-1-4-8］対照）．株券発行前の株式の譲渡は会社に対してその効力を生じないので（会128Ⅱ），株券発行会社は，遅滞なく株券を発行することが必要である（会215Ⅰ．なお会976⑬⑭参照）．株券発行会社が自己株式を処分した場合には，その日後遅滞なく，当該自己株式を取得した者に対し，株券を交付しなければならない（会129Ⅰ．なお会128Ⅰ但書・132Ⅰ①③参照）．非公開会社の場合には，取得者から請求がある時までは，株券を交付しないことができる（会129Ⅱ）．

5 変更の登記

3-2-46　新株発行の効力が生じると，会社の発行済株式総数等に変更が生じるともに，資本金の額が増加することもある．これらは登記事項（会911Ⅲ⑤⑨）の変更となるから，変更の登記をしなければならない（会915Ⅰ．なお商登56，会976①参照）．株式の発行による変更登記は，払込期日または払込期間（会199Ⅰ④）**の末日から２週間以内**にまとめてする（会915Ⅱ）．この登記は，設立登記や合併登記と異なり，効力発生要件ではない．資本金の額の増加を公示する特殊な登記であって，一般の場合のように登記を対抗要件と解すべきではなく，したがって会社法908条1項の適用はないと解する．

第4款　不公正な募集株式の発行等に対する措置

1　新株発行・自己株式処分の差止請求権

II-3-2-47　① 募集株式の発行または自己株式の処分が法令・定款に違反する場合または著しく不公正な方法により行われる場合で[21]あって，② これにより株主が不利益を

II-3-2-48　[21] **著しく不公正な方法**　(a) 不公正な方法は著しいときに限り，差止めの対象となる．会社に資金調達の必要がある以上は，その合理性を疑わしめる特段の事情が認められない限り，特定取引先に割り当てられて反対派の持株比率が下がっても不公正な発行方法には当たらない（新潟地判昭42・2・23判時493号53頁［小林百貨店事件］，東京地決昭63・12・2判時1302号146頁［宮入バルブ事件］等）と解されていたが，最近では，資金調達目的が支配権維持目的に優越するか否かで判断する見解（**主要目的ルール**．米 primary purpose rule）が有力である（大阪地決昭48・1・31金判355号10頁［第一紡績事件］，大阪地堺支判昭48・11・29判時731号85頁［恵美寿織物事件］，東京地決昭52・8・30金判533号22頁［弥栄工業事件］，大阪地決昭62・11・18判時1290号144頁［タクマ事件］，神戸地判平成5・2・24判時1462号151頁，東京地判平成10・6・11資料版商事173号192頁［ネミック・ラムダ事件］，東京高決平成16・8・4金判1201号4頁［ベルシステム24事件］，大阪地決平成16・9・27金判1204号6頁［ダイソー事件］，大阪地決平成18・12・13判時1967号139頁［名村造船所事件］，さいたま地判平成19・6・22金判1270号55頁［日本精密事件］．支配目的が主要目的であることの証明ないし疎明責任は株主が負担する．これに対し，東京地判平1・7・25判時1317号28頁［忠実屋・いなげや事件］＝会社法百選31事件は，新株発行の主要な目的が経営者の支配権の維持のところにあるとはいえない場合であっても，「特定の株主の持株比率が著しく低下されることを認識しつつ新株発行がされた場合は，その新株発行を正当化させるだけの合理的理由がない限り」不公正発行にあたるとし，会社側がその合理性を証明しなければならないとする点で，従来のルールから相違している．

しかし主要目的ルールには限界があることから，同ルールを修正する見解も唱えられている．例えば州崎教授は，① 株主間の支配関係上の争いがある場合に敢えて反対派株主を避けて，特定の第三者に支配権変動を及ぼすような大量の株式を割り当てる場合には，② 単なる資金調達目的に加えて，当該第三者割当てを必要とする会社の事業目的（例えば資本提携）が存しなければならない．訴訟追行上は，株主は①の事実を主張・証明したならば，取締役の支配目的が事実上推定され，会社側がその推定を覆すためには，②につき，十分に合理性をもつ説明およびそれを根拠づける資料の提出をすることにより，反証を行わなければならないとする（州崎博史「不公正な新株発行とその規制（二・完）」民商94巻6号23頁以下［1989］）．

(b) これに対し，会社の権限分配上，取締役は会社支配の所在に関し決定権限を有しない（**機関権限分配秩序説**）から，支配の帰属をめぐる争いのある時期に第三者割当てによる新株発行を行うことは，原則として著しく不公正な方法に当たるとする説（川浜昇「株式会社の支配争奪と取締役の行動の規制（三・完）民商95巻4号496頁［1987］，森本滋「第三者割当増資と支配権の変更」商事1191号13頁以下［1986］など．なお京都地判平成4・8・5判時1440号29頁［明星自動車事件第1審判決］参照）や(c) 現経営者の支配権を維持するが会社の利益となる場合もあるから，会社の経営者は，支配権争奪のある場合でも経営判断によって支配権維持のために第三者割当増資をなしうるとする説（**経営判断原則説**．森田章「第三者割当増資と経営判断」商事1198号2頁など））もある．

なお，非公開会社の場合には，株式市場がなく，多数派はその支配を失えば致命的損失を受ける特殊性があることから，資金調達の必要性を特に問題とする必要はないと解されている（青竹321頁，吉本健一『新株発行のメカニズムと法規制』173頁［中央経済社2007年］，矢崎淳司『敵対的買収防衛策をめぐる法規制』220頁［多賀出版2007年］）．

受ける(議決権比率の低下，株価の値下がり，配当金の減少等)おそれがあるときは，株主は会社に対し，株式の発行または自己株式の処分をやめることを請求することができる(会210．なお会968Ⅰ②・Ⅱ・247，会更215Ⅵ参照)．この権利は，昭和25年改正で，アメリカ法上認められている「株主自身の権利にもとづく個人的訴権」をとり入れたものである．**差止めの機会を与えるために，公開会社には募集株式の発行等の事項の通知または公告が要求されている**(会201ⅢⅣ)．発行差止請求権は，取締役・執行役の違法行為差止請求権(会360・385・407・422)と異なり，**株主自身の利益のために認められたものである**(会社に損害を生ずるおそれは要件でない)．株式保有期間の要件はない．請求することができる株主は，議決権を有するかどうかを問わない．請求の相手方は，違法行為差止請求権と異なり，**会社**である．差止めの方法には制限がなく，裁判外で請求をすることもできる．しかし会社はこれに応じることは稀であろうから，会社を被告として新株発行差止めの訴え等(管轄裁判所は，本店所在地の地方裁判所である．民訴4ⅠⅣ)を提起し，差止判決を得るまでに募集株式が発行されないよう，発行差止めの訴え等を本案とする募集株式の発行等の**差止めの仮処分**(民保23Ⅱ)を求めるのが普通である(差止めが肯定された事例，東京地決平成16・6・1金判1201号15頁等)．この仮処分は，仮の地位を定める仮処分(民保23Ⅱ)の1つであり，仮処分債権者には本案訴訟において勝訴したときと同じ地位が与えられるので，いわゆる満足的仮処分である．新株発行の一部差止めも可能である(名古屋地半田支決平成12・1・19判時1715号90頁)．新株発行差止めの仮処分が却下されたことは，有利発行による取締役の第三者(株主)に対する責任の成立を妨げない(最三小判平成9・9・9判時1618号138頁[明星自動車事件])．

差止請求権は，その性質上，募集株式の発行等の効力発生(払込期日または払込期間の初日)前まで発行を差し止めなければならず，会社がこれを無視して発行すれば，差止請求訴訟は訴えの利益を欠き，却下される(福岡高判昭和47・5・22判時674号99頁等)．

なお，会社が発行する株式の総数を超えて新株を発行しようとする場合，超過部分のみが差止めの対象になるのか，それとも，新株全体が差止めの対象になる(福岡地決平成12・7・14判夕1063号183頁)のか争いがある．

2 新株発行無効の訴え・自己株式処分無効の訴え

3-2-49 **(1) 総　説**　募集株式の発行等の瑕疵は，株式会社の成立後における株式の発行の無効の訴えと自己株式の処分の無効の訴えとに整理される．

3-2-50 **(ア) 提訴期間**　公開会社にあっては効力発生日(払込期間を定めたときには，出資履行日が効力発生日で，複数の日になりうるので，期間の末日から起算すべきである．龍田303頁注125)から**6カ月以内**，非公開会社にあっては，**1年以内**に限り無効の訴えを起すことができる(会828Ⅰ②③)．平成17(2005)年改正前商法は提訴期間を一律6カ月以内としていたが，会社法は，非公開会社の提訴期間を延長している．これは，会社

法が非公開会社の募集株式の発行等における第三者割当てと有利発行手続とを一体化したため（会199Ⅲ・200Ⅱ・309Ⅱ⑤），非公開会社における発行等においては，株主割当ての場合（202Ⅴ）および第三者割当ての場合とも，発行事項の通知・公告は省略されることとなることから（会201Ⅲ Ⅳ対比），株主が発行等があったことを知る機会は，事実上株主総会開催時に限られるため，新株発行等の後，提訴期間である6カ月の間に株主総会が開かれない場合には，株主が新株発行等の事実を知らないまま提訴期間を徒過してしまう事態が生じうる一方，非公開会社では株主の移動が頻繁でないことが多いので，提訴期間を延長しても，弊害が大きくないことによる。

　株主総会決議取消しの訴えの場合と同様，**提訴期間経過後の無効事由の追加は許されないが**（最二小判平成6・7・18集民172号967頁），「新株発行差止請求の訴え」の係属中に新株発行禁止の仮処分に違反して新株が発行されたため，その出訴期間経過後に「新株発行無効の訴え」に変更したときには，新株発行による持株比率の減少等の不利益を受ける株主によって新株発行を阻止する目的の下に提起されたものであるので，請求の基礎に同一性があるから，変更後の新請求に係る訴えを当初の訴えの提起時に提起されたものと同視することができる特段の事情があるというべきである（最一小判平成5・12・16民集47巻10号5423頁［明星自動車事件］の多数意見。少数意見は，新株発行差止請求の訴えと新株発行無効の訴えは，訴えの性質，原告適格，請求原因，判決の効力等を異にするため，訴えを却下すべきとする）。

Ⅱ-3-2-51　（イ）**被告適格と原告適格**　被告は会社である（会834②③）。提訴権者（原告適格）は，株主，取締役，執行役，監査役（権限の範囲を制限された監査役を除く）または清算人である（会828Ⅱ②③）。

Ⅱ-3-2-52　（ウ）**訴えの性質**　新株発行または自己株式の処分の無効の訴えは**形成の訴え**である。株券が発行されていない株式，特に振替株式について，新株発行無効の訴えを提訴するためには，募集事項を決定した決議を特定するだけでは足りず，無効請求の対象となる株式の現在の保有者とその株式数を示さない限り，訴訟物の特定しない訴訟として，訴えは却下される（論点216頁）。

Ⅱ-3-2-53　（エ）**手　続**　平成17改正前商法（改正前商280ノ16＝105Ⅱ）と異なり，提訴期間中でも口頭弁論を開始することができる。原告の訴えにつき口頭弁論が開始され，原告が敗訴してもその効果は他の原告適格者に及ばないし，改正前商法の規定は裁判による迅速な解決を阻害し適当でないからである。専属管轄・担保提供・弁論の併合等は，他の「**会社組織に関する訴え**」と共通である（会835～837・846）。

Ⅱ-3-2-54　（オ）**判　決**　無効判決には**対世効があり**（会838），**遡及効がない**（会839。株式は将来的に無効となる）。請求を認容する判決が確定したときは，会社は，判決の確定時における株主に対し，払込みを受けた金額または給付を受けた財産の給付の時における価額に相当する**金銭を返還**しなければならない。この場合において，会社が株券発行会社であるときは，株主に対し，金銭の支払と引換えに，旧株券（効力を失っ

た株式に係る株券）の返還を請求することができる（会840Ⅰ・841Ⅰ）．その金額が判決が確定した時における**会社財産の状況に照らして著しく不相当であるときは**，裁判所は，会社または株主の申立てにより，**金額の増減を命ずることができる**（会840Ⅱ・841Ⅱ）．この申立ては，**判決が確定した日から6カ月以内にしなければならない**（会840Ⅲ・841Ⅱ）．無効判決により，発行済株式総数は減少し，未発行株式数は元へ戻るが，資本金・資本準備金は当然には減少しない（計規25Ⅱ①②・26Ⅱ）．当該株式（または自己株式）を目的とする質権は，支払われる金銭に存在する（会840Ⅳ・841Ⅱ）．登録株式質権者は，会社から金銭を受領し，他の債権者に先立って自己の債権の弁済に充てることができる（会840Ⅴ・841Ⅱ）．債権の弁済期が到来していないときは，登録株式質権者は，会社に支払われる金銭に相当する金額を供託させることができる．この場合において，質権は，その供託金について存在する（会840Ⅵ・841Ⅱ）．

3-2-55　(2) **無 効 原 因**　新株発行の無効原因は，解釈によるが，取引の安全の要請等から，限定的に解されている．

　(a) 発行可能株式総数（会911Ⅲ⑥．種類株式の場合には当該発行可能種類株式総数〔会911Ⅲ⑦〕）**を超える新株発行**（東京地判昭和31・6・13下民集7巻6号1550頁〔東京毎夕新聞社事件〕など．なお会966参照）は無効である．

　(b) 会社法上認められているが（認められていない場合は絶対的に当然無効である）．**定款に定めのない種類の株式**（会108）**の発行も無効**であることに異論はない．

　(a)(b)を「新株の存在に関する瑕疵」，(c)以下を「狭義の新株発行に関する瑕疵」と呼び，区別する場合もある．

3-2-56　(c) **必要な決議を欠く発行**　（ⅰ）公開会社において取締役会決議（取締役会設置会社の場合）を経ない（決議に瑕疵がある場合を含む）で代表取締役が新株を発行した場合には，**有効であるとするのが判例**（最二小判昭和36・3・31民集15巻3号645頁〔ズノー光学工業事件〕，最一小判平成6・7・14判時1512号178頁〔マンリー藤井事件〕＝会社法百選33事件．もっとも発行手続が代表取締役の名義を冒用した平取締役によりなされた場合には，新株発行の無効事由となる〔東京高判昭和47・4・18高民集25巻2号182頁〕＝会社百選4版224頁〔日本ビル管理事件〕）・**多数説**（前田庸303頁，青竹324頁，龍田303頁，河本301頁）であるが，無効説（加美401頁，田邊光政・諸問題736頁）および折衷説（関180頁．釧路地判昭和38・2・26商事273号10頁，大阪高判平成3・9・20判タ767号224頁）も存在している．

　① **有効説**は，募集株式の発行等は，資金調達の一手段であり，公開会社では，業務執行に準ずるものと位置付けられていることおよび取締役会の決議は会社の内部の意思決定であり，引受申込人は決議の存否を容易に知り得ないことを根拠とする．② **無効説**は，募集株式の発行等は会社の人的・物的基礎を拡大する組織法上の行為であり，取引行為とは同視できないことから，無効原因に当たり，取引の安全は新株発行の無効の訴え等の提起期間が6カ月に限定される（公開会社の場合）ことにより図られるとする．③ **折衷説**は，発行された新株等が流通した後に無効に

されては混乱を生じるというのが有効説の主たる理由であるから，当初の引受人または悪意の譲受人の下にとどまっている募集株式は無効として差し支えないとする．

Ⅱ-3-2-57　(ⅱ)　**公開会社**において**株主総会**の**特別決議**を経ないでなされた（決議が無効であったり，取り消された場合も同じ）**特に有利な金額・条件での募集株式の発行**につき，① 判例（最判昭和40・10・8民集19巻7号1745頁，最二小判昭和46・7・16判時641号97頁［東急不動産事件］＝会社法百選26事件，東京地判平成4・9・22判時1464号148頁［ダイワ事件]）・多数説（吉本健一『新株発行のメカニズムと法規制』78頁）は，募集株式の発行等は会社の業務執行に準ずるものであり，株主総会の特別決議は取締役会（または執行役）の権限行使の内部的要件であるから，取引の安全を重視し，有効であると解している（有効説．したがって決議取消の訴えを提起しても，新株の発行が行われてしまった場合には，訴えの利益を欠くものとして却下される．最二小判昭和37・1・19民集16巻1号76頁［東亜石油事件]）．これに対し，② 有効説は，募集株式が流通した後に無効にされては混乱を生じるというのが根拠であるから，募集株式が当初の引受人またはその者からの悪意の譲受人のもとにとどまっているときには，無効として差し支えないとする折衷説（鈴木＝竹内428頁）や③ 手続違反が実質的な不公正をもたらす場合まで取引安全を配慮する必要はない（龍田304頁注133）とか，募集株式発行を一種の法律行為と考えればそこに不可欠な意思表示は募集株式発行決議のほかにはない（宮島278頁）ので，株主総会の決議がない募集株式の発行は無効であるとする説が存在している．

Ⅱ-3-2-58　(ⅲ)　**非公開会社**において**特別決議**を経ないでなされた**新株発行**は，持分比率が既存株主にとって重要であるから，**無効原因**となると解するのが通説である（江頭697頁注4，神田134頁，青竹325頁，田中亘「募集株式の有利発行と取締役の責任」会社法と商事法務146頁等）．公開会社の譲渡制限種類株主総会の決議（会199Ⅳ・200Ⅳ・322Ⅰ④）のないことも無効原因である．

Ⅱ-3-2-59　(d)　**募集事項の通知・公告**（会201ⅢⅣ）**を欠く発行**　有効説（河本301頁．東京高判平成7・10・25金判1004号11頁），無効説（加美400頁，関178頁，東京高判昭和47・4・18高民集25巻2号182頁［日本ビル管理事件］＝会社百選4版224頁など）および折衷説とが対立している．① 有効説には，取引の安全を根拠とする説（河本301頁）のほかに，新株発行の効力は，公告・通知の有無からではなく，より実質的な無効原因の有無によって決すべきであるとする説（近藤弘文・新注会(7)356頁）や，既存株主の利益を直接侵害しない手続的瑕疵は無効原因とはならないとする説（吉本健一『新株発行のメカニズムと法規制』77頁，草間秀樹「新株発行の無効原因」法律論叢80巻2・3合併号89頁等）がある．② 無効説は，通知・公告の欠缺は，株主の新株発行・自己株式処分の差止めの機会を不当に奪うことになることを根拠とする（田中誠一・下975頁等）．③ 折衷説には，通知・公告がなされても差止請求が認められないような場合にまで公示を怠ったという一事をもって無効とするのは行き過ぎであるから，**発行差止めの事由がないことを立証した場合には，無効とならないとする説**（多数説［前田庸303頁，龍田304頁，神田141頁，青竹325頁，

第3章 募集株式の発行等と新株予約権　第2節 募集株式の発行等　291

江頭697頁]・判例［最三小判平成9・1・28民集51巻1号71頁〔丸友青果事件〕＝会社法百選28事件，最二小判平成10・7・17判時1653号143頁〔東武ボンド事件〕］．最判平成10・7・17は著しく不公正な方法による無効原因があるとしている）のほか，公示義務違反は新株発行の無効事由とはならないが，公示懈怠により無効事由の存在が法律上推定されるとして立証責任を転換する説（森本滋・新注会(7)146頁，中東正文・法教201号119頁）がある．

-3-2-60　(e) **新株発行・自己株式処分の差止めの仮処分**（民保23Ⅱ）または**差止判決に違反してなされた募集株式の発行等**の効力については，判例・多数説（龍田302頁）は無効説（最一小判平成5・12・16民集47巻10号5423頁〔明星自動車事件〕＝会社法百選32事件，横浜地判昭和50・3・25下民集26巻1～4号324頁，東京高判平成7・5・31判タ901号227頁）を採用しているが，有効説（吉本『新株発行のメカニズムと法規制』137頁，前田庸303頁，弥永363頁，上原敏夫・判評430号57頁，草間・前掲論文91頁）および折衷説（関181頁注4，青竹327頁）も存在している．
　① 無効説は，「仮処分命令に違反したことが新株発行の効力に影響がないとすれば，差止請求権を株主の権利として特に認め，しかも仮処分命令を得る機会を株主に与えることによって差止請求権の実効性を担保しようとした法の趣旨が没却されてしまうことになる」こと（前掲最判平成5・12・16）などを根拠とする．② **有効説**は，差止めの仮処分の効力は，当該株主との関係で会社に対して個別債権的に発行禁止の不作為を命じるだけで，それに違反したからといって新株発行を無効にすることは理論的に困難であること，募集株式の発行等が無効か否かは，実質的な無効原因の有無によって決すべきであるので，瑕疵がそれのみであれば，募集株式の発行等は有効と解すべきとする．③ **折衷説**には，裁判所の差止判決に違反しても新株発行の効力に何等の影響がないと解すれば，差止請求は単に取締役の注意を喚起する事実上の行為と大差なく，差止請求権を権利として認めた立法の趣旨は没却されざるをえないが，その仮処分が差止めの理由なしにされたことを会社側で証明するときは，新株発行の無効は回避されるとする説（青竹327頁等）や，善意の株式取得者の信頼を保護するため，差止仮処分違反の新株発行による無効は善意の株式取得者に対して対抗できないとする説（新谷勝『会社仮処分』276頁）などがある．
　なお，裁判外での差止め請求を無視した募集株式の発行等の効力については，判例はまだない．学説では，当然無効説と差止め原因がないことを会社が立証した場合には無効原因にあたらないとする説とが対立している．根拠のない差止め請求もあるから，後説に賛成する．

-3-2-61　(f) **著しく不公正な方法による新株の発行**　有効説（少数説・判例［最一小判平成6・7・14判時1512号178頁＝会社法百選33事件，最二小判平成6・7・18集民172号967頁］，東京高判平成19・3・29金判1266号16頁］，**無効説**（草間・前掲論文96頁等）および**折衷説**（鈴木竹雄「新株発行の差止と無効」『商法研究Ⅲ』234頁，州崎博史「不公正な新株発行とその規制」民商94巻6号740頁，吉本『前掲書』80頁など多数説，神戸地判平成5・2・24判時1462号151頁）とが対立している．
　有効説は，新株発行が会社の業務執行に準ずるものであることおよび画一的処理

の必要性から、株式引受人が現に新株を保有しているとか、発行会社が小規模で閉鎖的会社であるという個別的事情によって判断することは適当でないことを根拠とする（前掲最判平成6・7・14）。**無効説**は、既存株主の持分比率的利益の保護が「著しく不公正な方法」による発行の差止めを認める趣旨であるから、無効とするのが趣旨と合致すること、および損害額を算定することは困難であるので、取締役・執行役の損害賠償責任による救済に期待できないことを根拠とする（弥永363頁）。**折衷説**は、原則として有効説に立ちながらも、新株が不公正発行であることを知っている（重過失を含む。吉本276頁）株式引受人または譲受人のもとにとどまっている場合には、取引の安全を考慮する必要がないので、新株は無効となるとしている。

II-3-2-62　(3)　**発行済株式総数の変更登記**　募集株式発行等の無効判決が確定すると、発行済株式総数は減少し、その分だけ、未発行株式数が増加する。したがって、発行済株式総数について変更登記が必要になる（会911Ⅲ⑨・915Ⅰ・937Ⅰ①ロ）。しかし、資本金・資本準備金は当然には減少しない（計規25Ⅱ①②・26Ⅱ）。

3　新株発行・自己株式処分不存在確認の訴え

II-3-2-63　新株発行の実体が全然存在せず単に新株発行の変更登記があるにすぎないときは、① 確認の利益を有する者は誰でも、② 何時でも（出訴制限はない。最一小判平成15・3・27民集57巻3号312頁［親和鐵工事件］）、③ 抗弁によっても、その不存在を主張しうる（福岡高判昭和30・10・12高民集8巻7号535頁［人吉金融事件］、最一小判平成4・10・29判時1454号146頁［西友交通事件］参照）。その手続的、実体的瑕疵が著しいため不存在と評価される場合も同様である（東京高判昭和61・8・21金判756号3頁［東日本不動産事件］、不存在確認の訴えが否定された事例として東京高判平成15・1・30判時1824号127頁参照）。平成17年改正前商法の下では、明文がなかったので、新株発行無効の訴えの類推により当該訴えが認められたが（最三小判平成9・1・28民集51巻1号40頁［丸友青果事件］）、会社法は、新株発行・自己株式処分の不存在確認の訴えを明文で認めている（会829①②）。被告は会社である（会834⑬⑭）。訴えは**会社の組織に関する訴え**に含まれる（会834⑬⑭）ので、会社法835条から838条（対世効）および846条の適用がある。将来効はない。

4　関係者の民事責任

II-3-2-64　(1)　**募集株式引受人の責任**　募集株式の引受人は、次の(ア)および(イ)のときには、**会社**に対し、**支払責任を負う**（会212Ⅰ。立案担当者によると、(ア)(イ)両方の責任はともに、会社債権者保護とは無関係である。解説57頁以下、282頁）。責任の追及を事実上取締役・執行役に期待することが困難な場合が少なくないことから、この責任の追及には、株主による**代表訴訟**が認められている（会847Ⅰ）。支払われた額だけ「その他資本剰余金」の額が増加する（計規21②。取締役が(イ)の責任を履行した場合には、当期の収益として扱われ、その他利益剰余金の額が増加する）。

なお，会社法は，引受担保責任（平成17年改正前商280ノ13．無過失責任）を廃止している．引受け・払込みのない株式は失権する以上，失権した株式を取締役等が引き受けたとみなすことの合理性はなく，また，虚偽の登記の信頼に対する責任は，虚偽表示に対する責任の問題（会429Ⅱ）として処理すれば足りるからである．

-3-2-65 **(ア) 差額支払責任** 取締役（委員会設置会社にあっては，取締役または執行役）と通じて（責任を追及する者が立証責任を負う）「著しく不公正なる払込金額」で募集株式を引き受けた者は，その払込金額（募集事項として定められた払込金額）とその募集株式の公正な価額との差額に相当する金額を支払う義務を負う（会212Ⅰ①．なお会更215Ⅲ，会285Ⅰ②参照）．通謀引受人の責任の性質は，かつては，法律的には一種の不法行為に基づく損害賠償責任であると解するのが通説であったが（石井・下第60頁，河本298頁，新注会7・311頁（近藤弘二）．松田二郎＝鈴木忠一『条解株式会社法下』374頁は，株主有限責任の原則の例外で，追出資義務であるとしたが，松田二郎『株式会社法の理論』110頁でこれを否定している），会社法になってからは，一種の不法行為に基づく損害賠償責任の性質を有するが，実質的には株主の追加出資義務の一面を有するとする説（江頭702頁，弥永355頁）と，会社に損害が発生したとはいえないので，既存株主と新株主との間の不公正を是正して既存株主の損害てん補をはかるための特別支払義務を定めた規定と解する説（吉本健一『新株発行のメカニズムと法規制』342頁，根本伸一「資本充実から見た差額支払義務」法律論叢80巻2・3号306頁．吉本270頁は，実質的には追加出資義務であり，不法行為責任ではないという）とが対立している．本項は単なる有利発行と異なるので，江頭説を支持する）．

会社による支払義務の免除は認められない．引受人がその株式を他に譲渡しても，その責任は譲受人に移転しない．

-3-2-66 **(イ) 財産価額不足てん補責任** 募集株式の引受人は，株主となった時に実際に給付した現物出資財産の価額が募集事項で定められていた価額（会199Ⅰ③）に著しく不足するときには，その不足額を支払う義務を負う（会212Ⅰ②．なお会285Ⅰ③参照）．払込金額が公正であったか否か，また，引受人の主観がどのようであったかとは無関係である（**無過失責任**）．これは，会社法で新設された責任である．立案担当者は株主間の価値移転の防止規定と解しているが（葉玉・136頁），一種の瑕疵担保責任（江頭703頁）であり，追加出資義務である（弥永355頁）とする説や株主間の価値移転の防止と資本充実の責任が並存するとする説（根本・前掲論文306頁）も存在している．会社法55条に相当する規定がないので，根本説に賛成する（なお[Ⅱ-1-10-2]参照）．

募集株式を引き受けた時点では，著しく不足するか否かは，将来の予測に関するので，必ずしも明らかではないこと，および，一口に同じ払込不足の場合といっても，引受人が取締役と通謀していない場合が通常であって，常に引受けを有効としたまま引受人にてん補責任を負わせることとすると酷な場合があることを考慮し（解説60頁），現物出資財産を給付した募集株式の引受人が**著しく不足することにつき善意でかつ重大な過失がないときは**，募集株式の引受けの申込みまたは総数引受

契約 (会205) に係る**意思表示を取り消すことができる**とされている (会212Ⅱ. なお会285Ⅱ参照).

募集株式の引受人が**財産価額不足てん補責任を負う**場合において，取締役および証明者も責任を負うときには，これらの者は，連帯債務者とする (会213Ⅳ. なお会286Ⅳ参照).

Ⅱ-3-2-67　**(2) 取締役の責任**　① 当該募集株式の引受人の募集に関する職務を行った業務執行取締役 (委員会設置会社にあっては，執行役) その他当該業務執行取締役の行う業務の執行に職務上関与した者として法務省令 (会施規44) で定めるもの (＝① 現物出資財産の価額の決定に関する職務を行った取締役・執行役，② 総会でその価額についての説明をした取締役・執行役，③ 取締役会の決議に賛成した取締役・執行役)，② 現物出資財産の価額の決定に関する株主総会の決議があったときは，その株主総会に議案を提案した取締役として法務省令 (会施規45) で定めるもの (＝総会に議案を提案した取締役および提案の決定に同意 [非取締役会設置会社の場合] または賛成 [取締役会設置会社の場合] した取締役) および ③ 現物出資財産の価額の決定に関する取締役会の決議があったときは，その取締役会に議案を提案した取締役 (委員会設置会社にあっては，取締役または執行役) として法務省令 (会施規46) で定めるもの (以下取締役等) は，「**現物出資財産の価額がこれについて定められた価額に著しく不足する場合には**」(会212Ⅰ②に該当する場合)，会社に対し，**不足額を支払う義務を負う** (会213Ⅰ. 会52Ⅰ・286Ⅰ対比). ただし，① 現物出資財産の価額について検査役の調査を経た場合，または② 当該取締役等がその職務を行うにつき注意を怠らなかったことを証明した場合には，**義務を負わない** (会213Ⅱ①②. なお会52Ⅱ・103Ⅰ・286ⅠⅡ参照).

平成17 (2005) 年改正前商法はこの場合の責任を無過失責任としていたが (改正前商280ノ13ノ2ⅠⅡ)，一般の任務懈怠責任より加重しなければならない理由に乏しいので，会社法は，現物出資者を除く取締役等の責任を過失責任化し，取締役等が現物出資財産の価額の決定に当たって慎重を期すようにしている.

同じ利害状況にあたる**会社法212条1項1号の場合** ((ア)の場合) における**取締役の責任**が定められていないのは，このような場合に，取締役が責任を履行しても，その履行によって会社が取得する財産は，利益移転後の持分比率に応じて各株主に帰属することとなるだけで，株主間の価値の移転によって被った「既存株主の損害の回復」には，何ら寄与するものでないからであると説明されている (解説60頁).

立案担当者によると，213条の規定による責任の免除に関する規定はないが，一般の債務免除と同様に，業務執行機関の決定に基づき，業務執行者において免除することができる．ただし，免除に関与した取締役等については，利益相反取引等 (会423Ⅰ) を問われる可能性がある (論点214頁).

Ⅱ-3-2-68　**(3) 現物出資財産の価額の相当性を証明した者の責任**　現物出資財産の価額の相当性を証明した者 (会207Ⅸ④) は，不足額を支払う義務を負うが，当該証明をする

第3章 募集株式の発行等と新株予約権　第3節　新株予約権の発行　**295**

ことについて注意を怠らなかったことを証明したときは，この限りでない（会213Ⅲ．なお会286Ⅲ参照）．募集株式引受人や取締役等が義務を負う場合には，連帯債務者となる（会213Ⅳ）．

第3節　新株予約権の発行

1　意　義

-3-3-1　新株予約権〔米 call option to purchase shares of company：英 call option：伊 diritto di opzione〕とは，**株式会社に対して行使することによりその株式会社の株式の交付を受けることができる権利である**（会2㉑）．株式の交付には，新株の発行，自己株式の交付あるいは両者の併用がある．新株予約権者は，この**権利を行使した日に株主となるので**（会282），新株予約権は形成権である[22]．新株予約権は，新株発行とは関係なしに与えられ，新株引受権［*II-3-2-20*］とは意味内容を異にするので，後者と区別するために，平成13（2001）年11月改正で導入された概念である[23]．

　平成13年改正前商法においては，新株予約権に相当するものは，① 自社の取締

-3-3-2　[22]　**新株予約権の性質**　新株予約権は，新株発行契約を締結することを約束する予約の予約完結権としての性質を有すると説明する学説（前田庸310頁）もあるが，権利を行使すると，株主の地位を当然に取得するので，新株発行契約（または自己株式移転契約）を観念する実益がない（神田145頁）．

-3-3-3　[23]　**平成13年11月改正の意味**　平成13年11月改正前には，新株予約権に相当するものは，① 取締役・使用人に付与する新株引受権（いわゆる新株引受権付与方式によるストック・オプション．平成13年改正前商法280ノ19～280ノ22），② 転換社債（平成13年改正前商法341ノ2～341ノ7）における転換および③ 新株引受権附社債における新株引受権（平成13年改正前商法341ノ8～341ノ18）であり，散在して規定されていた．平成13年改正法は，これらの規定を整理し，新株予約権に関する一般的規定（280ノ19以下）を設けた．その結果，① 新株引受権付与方式によるストック・オプションに関する規定は削除された．② 転換社債は，転換社債権者の転換権行使に対し会社があらかじめ定められた条件で新株を発行するものと整理できるので，これに関する規定も削除され，新株予約権付社債の概念に吸収されると共に，③ 新株引受権附社債は，社債と新株予約権とを同時に発行するものと再構成できるので，新株引受権附社債に関する規定は削除され，非分離型の新株引受権附社債のみを新株予約権付社債という名称で規定した（平成13年改正商341ノ2～341ノ15）（**表2**参照）．

表2　平成13年改正前商法と改正後の商法の関係

改　正　前		改　正　後
自己株式付与方式によるストック・オプション 新株引受権付与方式によるストック・オプション		新株予約権
転換社債		新株予約権付社債
新株引受権附社債	非分離型	新株予約権付社債
	分離型	特に規定なし（社債と新株予約権の同時募集・同時割当により実現可）

役・使用人に対しストック・オプション[24]として付与する場合および② 転換社債〔米 convertible bonds：独 Wandelschuldverschreibungen：仏 obligations convertibles en actions：伊 obbligazioni convertibili in azioni：西 obligaciones convertibles〕もしくは新株引受権附社債〔独 Optionsanleihen：仏 obligations avec bons de souscription d'actions〕として社債を発行して債務を負担する場合に限り，発行することができた．平成13年改正法は，これらの要件を排除したので，新株予約権は，誰に対しても，社債の発行とは別に単独で，発行することができることになり（平成13年改正商280ノ20 Ⅰ），新株予約権の利用範囲は，それ以前と比べて格段に広くなっている[25]（計規55Ⅱ参照）．① 取締役・使用人に対しストック・オプションとして付与する場合（この場合には有価証券届出書の届出は不要である．金商4Ⅰ①，金商施2の12［Ⅰ-2-6-4］），② 新株予約権付社債として資金調達のため発行する場合等（募集株式と異なり，新株予約権の行使によって新株が徐々に増えるので，株価の急落を避けたい企業によって利用される）のほか，資金の乏しいベンチャー企業が融資を受ける条件を有利にするためや，③ 企業組織再編・自己株式取得・取得請求権付株式の対価等として用いられるほか，④ 敵対的企業買収（買収の対象となる企業の経営陣の同意を得ないで行われる買収）に対する防衛策として株主に交付しておく（米国では「ポイズン・ピル（poison pill：毒薬．：仏 piule empoisonée：伊 pillole avvelenate）」[26]ないし「株主ライツ・プラン〔shareholders'rightsplan〕」と呼ばれる）

Ⅱ-3-3-4　(24)　ストック・オプション　平成13年改正前には，新株引受権付与方式によるストック・オプション（ワラント型のストック・オプション）は，① 自社の取締役・使用人に勤労意欲の向上や会社の業績の向上のためのインセンティブを与える等「正当な理由」がある場合に，② それに関する定款の定め（新株引受権付与方式の場合に限る）があって，③ 株主総会の特別決議により授権されたときに限り，④ 決議から1年以内に，⑤ 数量規制の範囲内で発行することができ，⑥ 権利行使期間は最長10年で，⑦ 新株引受権は譲渡することができないとされていた．これに対し，平成13年改正法は，①ないし⑦について制限を設けておらず（表2参照），新株予約権の有利発行の一形態として整理された．

Ⅱ-3-3-5　(25)　新株予約権を発行することができる場合　株式会社は，③ 募集新株予約権を引き受ける者の募集を行う場合（会第2編第3章第2節）のほか，④ 取得請求権付株式の取得をする場合（会107Ⅱ②ハ・ニ），⑤ 取得条項付株式の取得をする場合（会107Ⅱ③ホ・ヘ），⑥ 全部取得条項付株式の取得をする場合（会171Ⅰ①ハ・ニ），⑦ 新株予約権無償割当てをする場合（会277），⑧ 取得条項付新株予約権の取得をする場合（会236Ⅰ⑦ヘ・ト），⑨ 合併・分割・株式交換または株式移転の際（会749Ⅰ②ハ・ニ・④イ，753Ⅰ⑧ロ・ハ⑩イ・ロ，758④ハ・ニ・⑤，763⑧ロ・ハ・⑩，768Ⅰ②ハ・ニ・④，773Ⅰ⑦ロ・ハ・⑨）（計規55Ⅱ），および⑩持分会社から株式会社への組織変更の際（会746⑦ロ・ハ），新株予約権を発行することができる．

Ⅱ-3-3-6　(26)　ポイズン・ピル　「ポイズン・ピルとは，顕在化したまたは潜在的な目標会社がその株主に与えた優先株式，特殊な権利または新株引受権であって不特定の攻撃者が目標会社の株式の一定割合を取得しまたは取得を意図すると，その権利行使が可能になるものであり，攻撃者にとっておおむね経済的に不愉快な結果をもたらすように仕組まれたものである」（柴田和史「ポイズン・ピル（一）」法学志林87巻4号78頁［1990年］）．ポイズン・ピルは，弁護士リプトン（Martin Lipton）が1982年に考案した技術である．アメリカ法は，ポイズン・ピルを適法とし，その措置の決定には「厳格な経営判断原則〔enhanced business judgement rule〕」を適用している．取締役は，① 会社の政策や効率性に対し危険が存在すると信じるに足りる合理的根拠

第3章 募集株式の発行等と新株予約権　第3節 新株予約権の発行　**297**

形でも利用できる.

　株価が権利行使価格を上回れば〔米 In the Money=ITM〕, 新株予約権者は権利を行使し, 権利行使価格を下回れば〔米 Out of the Money = OTM〕, 権利を行使しない（図3参照）.

　　　　図2　株式のコール・オプション　　　　図3　権利行使日におけるコール・オプションの価値

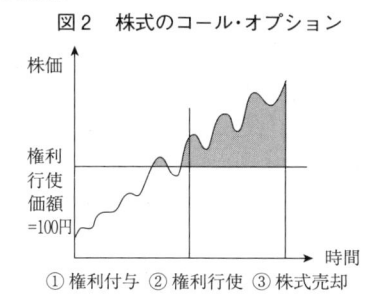

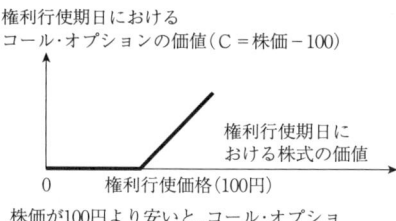

2　新株予約権の内容

-3-3-7　株式会社が新株予約権を発行するときは, 次に掲げる事項を新株予約権の内容としなければならない[27]（必要的決定事項. 会236 I 柱書）. なお(ア)から(エ)までおよび(キ)は登記事項である（会911 III ⑫ロニ）.

-3-3-9　**(ア)　当該新株予約権の目的である株式の数**（種類株式発行会社［会2⑬]であるときは, 株式の種類および種類ごとの数）**またはその数の算定方法（1号）**　例えば, 新株予約権1個の行使によってA種類株式1株およびB種類株式2株を交付する等と定める. 発行する新株予約権の目的となる株式数に相当する数は, 権利行使期間「初日」に授権枠を超えてはならない（会113 IV）. 新株予約権付社債に付された新株予約権の数は, 当該新株予約権付社債についての社債の金額ごとに均等に定めなければならない（会236 II）.

-3-3-10　**(イ)　当該新株予約権の行使に際して出資される財産の価額（行使価額）またはその算定方法（2号）**　金銭を出資の目的とするときには, 払込取扱金融機関に払い込む価額を内容とする（会281 I 参照）. **行使価額は0円と定めることはできないが, 発行の際の払込価額は0円とすることができる**（会238 I ②）. 行使価額については希釈

　　が存在すること, および② かかる脅威に関して採用した防護措置が当該脅威との関係において合理的であること, を立証しなければならない.

-3-3-8　[27]　**新株予約権の内容に関する規定の新設**　改正前商法では, 新株予約権の発行は, 新株予約権を発行する場合（改正前商280ノ20）と新株予約権付社債を発行する場合（改正前商341ノ3）とに限られていたが, 会社法では様々な場合に新株予約権を発行することができるので, 236条1項という独立条文を設け, **新株予約権の「内容」**（会236）と**「発行」**（会238以下）とを節を分けて規定している. その点で, 募集事項の決定の中に内容の定めも含まれている募集株式とは異なる構成になっている（会199・236を対比せよ）.

化防止条項が設けられるのが通常であり、下方修正条項が定められる場合もある。

II-3-3-11　(ウ)　金銭以外の財産を当該新株予約権の行使に際してする出資の目的とするときは、その旨ならびに当該財産の内容および価額 (3号)　現物を出資の目的とするときには、その旨および「現物出資財産」(会284Ⅰ参照) の内容・価額を定める (会281Ⅱ参照)。新株予約権者が発行会社に対して有する社債権を権利行使の際に行う出資の目的とすれば、転換社債型新株予約権付社債となる。

II-3-3-12　(エ)　当該新株予約権を行使することができる期間 (権利行使期間) (4号)　この期間内に権利を行使するとその時から新株予約権者は株主となる (会282)。行使には条件を付けるのが普通である。条件 (例えば、「ある者が発行済株式総数の20%以上を取得した場合にはその者以外の新株予約権者が行使することができる」)を定めたときは、登記事項となる (会911Ⅲ⑫ハ)。

II-3-3-13　(オ)　当該新株予約権の行使により株式を発行する場合における増加する資本金および資本準備金に関する事項 (5号)　会社法199条1項5号 [II-3-2-11] と平仄をあわせた規定である。資本金等増加限度額 (計規13Ⅰ・Ⅱ⑥) は、① 行使時の新株予約権の帳簿価額、② 出資として払込みを受けた金額 (会281Ⅰ・Ⅱ後段。外国通貨の場合には新株予約権行使時の為替相場に基づき算出する。払込みを受けた金銭により計算することが適切でない場合には、当該金銭の払込み直前の帳簿価額とする)、③ 現物出資財産の行使時における価額 (給付者が会社と共通支配下関係にあるときは、当該給付の直前の帳簿価額とし、それ以外の場合であって、現物出資財産の価額により計算することが適切でない場合には、当該給付直前の帳簿価額とする) の合計額から発行費用を減額し (発行費用は当分の間はゼロ。計規附則11②)、それに株式発行割合を乗じて得た額から自己株式処分差損額を減じて得た額である (計規17)。資本金等増加限度額をそのまま資本金とすることもできるが、2分の1を超えない額は資本金に組み入れないこともできる (会445Ⅱ)。このときには資本に組み入れない額は資本準備金に計上しなければならない (会445Ⅲ)。

①の額は、「株式の発行に際して株主となる者が……払込み又は給付した財産の額」(会445Ⅰ) に該当しないので、資本金の額に計上してもしなくてもよいとする説 (前田庸314頁) が存在している。

　　資本金等増加限度額＝(①＋②＋③－④)×株式発行割合－自己株式処分差損額
　①：行使における当該新株予約権の帳簿価額
　②：出資として払込みを受けた金額
　③：現物出資財産の行使時における価額
　④：株式交付費用の額 (当分の間ゼロ)
　　　株式発行割合＝⑤／(⑤＋⑥)
　⑤：新株予約権の行使に際して発行する株式の数
　⑥：新株予約権の行使に際して処分する自己株式の数
　　　自己株式処分差損額＝⑦－(①＋②＋③－④)×自己株式処分割合 (①＋②＋③－④がマイナスとなる場合 [自己株式処分差益が生じた場合] にはゼロとして計算する)
　⑦：新株予約権が行使された際に処分した自己株式の帳簿価額

自己株式処分割合＝1－株式発行割合

3-3-14 (カ) **譲渡制限の定め**（6号） 新株予約権は形成権であるから，新株予約権者が株主になることを会社は阻止できないので，新株予約権を転々流通させたのでは株式に譲渡制限を定めている意味がなくなる場合や，ストック・オプションや資本提携の手段として新株予約権を付与しているような場合には，**新株予約権の譲渡に会社の承認**（委員会設置会社においても執行役に委任できない．会416Ⅳ③）**を要する**と定める（会262以下参照．）．このように，**新株予約権であって，譲渡による当該新株予約権の取得について株式会社の承認を要する旨の定めがあるものを譲渡制限新株予約権**という（会243Ⅱ②）．会社が発行する新株予約権のうち一部については譲渡制限をし，それ以外には譲渡制限をしないということも認められる．株式の譲渡制限の定め［Ⅱ-2-3-20］と異なり，① **新株予約権者には，会社に対し譲渡の相手方の指定を求める権利はない**（会138参照）．また，② **その発行後に譲渡制限の定めをすることはできない**（会309Ⅲ①参照）．譲渡承認請求手続については［Ⅱ-3-3-61～Ⅱ-3-3-63］参照．

3-3-15 (キ) **取得条項付新株予約権**（7号） 取得条項付新株予約権とは，**一定の事由が生じた日に会社がその新株予約権を取得する旨の定めがある新株予約権**である（会273Ⅰ括弧書）．取得条項付新株予約権を発行する場合は，① **取得事由**，② **一部の取得**，③ **取得対価**[28]等を定めなければならない（会236Ⅰ⑦）．①の取得事由としては，吸収合併消滅会社が新株予約権を発行している場合の合併（会749Ⅰ④⑤）や発行会社が完全子会社となる株式交換（会768Ⅰ④⑤）等がある．取得事由を複数定め，取得事由ごとに対価の種類を変えることも可能である．取得事由には，会社が別に定める日が到来することをもって取得事由とすることもできる（会236Ⅰ⑦ロ）．②を定める場合には，取得する新株予約権の一部の決定の方法も定める（会236Ⅰ⑦ハ）．新株予約権の一部を取得した後にさらに残りの新株予約権を取得すると定めることも，一部を取得した後の残りについては新株予約権者は権利を行使できない（会287）とすることも可能である．

3-3-16 (28) **取得対価** 対価の種類と定めなければならない内容は次の通りである．

対価の種類	定めなければならない事項
株式（会236Ⅰ⑦ニ）	株式の数（種類株式発行会社にあっては，株式の種類および種類ごとの数）またはその算定方法
社債（会236Ⅰ⑦ホ）	当該社債の種類および種類ごとの各社債の金額の合計額またはその算定方法
他の新株予約権（会236Ⅰ⑦ヘ）	当該他の新株予約権の内容および数またはその算定方法
新株予約権付社債（会236Ⅰ⑦ト）	当該新株予約権付社債の社債事項と新株予約権事項
会社のその他の財産（会236Ⅰ⑦チ）	当該財産の内容および数もしくは額またはこれらの算定方法

取得の手続については（[II-3-3-69]～[II-3-3-70] 会273～275) 参照.

II-3-3-17 (ク) **合併等の場合の新株予約権者に対する新株予約権の交付等**（8号) 当該株式会社が，組織再編行為をする場合に，新株予約権の内容として新株予約権の承継を認めるか否かについては，① 株式交換・株式移転の場合に規定があったが (平成17年改正前商352Ⅲ・353Ⅱ④ノ2・364Ⅲ・365Ⅰ④ノ2)，② 合併・会社分割の場合に規定がなかった．会社法は，②についても手続を定めたほか，①の場合に新株予約権の承継という法律構成だと，完全子会社となる会社の株式の交付となり，不都合であるので，**一旦新株予約権は消滅し，それに代わって，新たに完全親会社の新株予約権を交付する**という法律構成に変更している (なお組織変更の際の新株予約権買取請求については会777 [V-1-3-12] 参照).

① 合併の場合，消滅会社が新株予約権 (または新株予約権付社債) を発行しているときは，存続会社または設立会社は，合併契約において，消滅会社の新株予約権者に金銭を交付するか，**存続会社または設立会社の新株予約権を交付する** (新株予約権付社債の場合には社債に係る債務の承継) か定めなければならない (会749Ⅰ④・753Ⅰ⑩ [V-1-4-84]). 消滅会社の新株予約権は効力発生日に消滅する (会750Ⅳ・752Ⅴ). 合併契約における存続会社・設立会社の新株予約権の交付に関する定めが，消滅会社の新株予約権の発行決議において定めた条件に合致しない場合には，新株予約権者に新株予約権の買取請求権が与えられる (会787Ⅰ①・808Ⅰ①).

② 会社分割の場合，分割会社の発行した新株予約権については，合併の場合と異なり，**分割会社の新株予約権として残すこともできる**．分割契約契約・新設分割計画において分割会社の新株予約権を消滅させ，それに代わって吸収分割承継会社 (新設分割設立会社) の新株予約権を消滅する新株予約権の新株予約権者に交付することもできる (会758⑤・759Ⅴ・763⑩⑪・764Ⅶ [V-1-4-85]). 分割契約・新設分割計画における承継会社・設立会社の新株予約権の交付に関する定めが，分割会社の新株予約権の発行決議において定めた条件に合致しない場合には，合併の場合と同様，新株予約権者には新株予約権買取請求権が与えられる (会787Ⅰ②・808Ⅰ②).

③ **株式交換・株式移転の場合**に，会社分割の場合と同様，完全子会社となる会社の発行した新株予約権をその会社に残すこともできる．株式交換契約・株式移転計画において，完全子会社となる会社の新株予約権を消滅させ，それに代わって完全親会社となる会社の新株予約権を消滅する新株予約権の新株予約権者に交付することもできる (会768Ⅰ④⑤・769Ⅴ・773Ⅰ⑨⑩・774Ⅳ [V-1-4-86] 参照). 株式交換契約・株式移転計画における完全親会社の新株予約権の交付に関する定めが，完全子会社の新株予約権の条件に合致しない場合には，完全子会社の新株予約権の新株予約権者に，新株予約権の買取請求権が与えられる (会787Ⅰ③・808Ⅰ③).

II-3-3-18 (ケ) **端数の扱い** (9 号) 新株予約権を行使した新株予約権者に交付する株式の数に1株に満たない端数がある場合において，これを切り捨てるものとするときは，

その旨を定める（なお会283［*II-3-3-86*］参照）．

3-3-19 **(コ) 新株予約権証券の発行**（10号）　当該新株予約権（新株予約権付社債に付されたものを除く）に係る新株予約権証券を発行することとするときは，その旨を定める（［*II-3-3-43*］参照）．株券の発行の可否と新株予約権証券の発行の可否とは関連しないので，株券不発行会社でも新株予約権証券を発行することができ，株券発行会社でも，新株予約権証券を発行しないで新株予約権を発行することができる．新株予約権証券が発行されているときには，新株予約権者は合理的な範囲で新株予約権証券の分割を請求することができると解する．

3-3-20 **(サ) 新株予約権証券の記名式と無記名式との間の転換**（11号）　新株予約権証券を発行することとする場合において，新株予約権者が記名式と無記名式との間の転換請求（会290）の全部または一部をすることができないこととするときは，その旨を定める（［*II-3-3-44*］参照）．

上記以外の事項を新株予約権の内容として定めることもできる．
① 新株予約権者に義務を課すような条項は，会社と新株予約権者との間に民法上の法律関係を生じさせるに過ぎず，新株予約権を譲り受けた第三者を当然には拘束しない．② 新株予約権者が取得請求権を有する新株予約権を定めることも可能である（論点229頁）．

3　新株予約権の発行手続

新株予約権の発行手続は，募集株式の発行等に準じて規定が設けられている[29]．自己新株予約権は募集新株予約権に含まれない．

3-3-22 **(1) 募集事項の決定**　株式会社は，その発行する新株予約権を引き受ける者の募

3-3-21 [29] **金融取引法上の規制**　「新株予約権証券」は金融商品取引法上の有価証券に含まれるので（金商2 I ⑨），有価証券の募集または売出しに該当し（金商2 III IV．新株予約権証券等の発行会社がその取締役等を相手方として新株予約権証券の取得等の勧誘を行う場合を除く．金商4 I ①，金商施2の12，企業開示府令2），① 新株予約権に係る発行価額または売出価額の総額（「「新株予約権証券の発行価額または売出価額の総額に当該新株予約権証券に係る新株予約権の行使に際して払い込むべき金額の合計額を合算した金額」）が1億円以上となる場合（なお企業開示府令2 III ③参照）には，有価証券届出書の提出（金商4 I・5 I）や目論見書の作成・交付（金商13 I・15 II）が必要となる［*I-2-6-4*］．② 発行価額または売出価額の総額が1億円以上である募集（50名未満の者を相手方として行うものを除く）または売出しが，本邦以外の地域において開始された場合には，臨時報告書を提出しなければならない（金商24の5 IV．なお企業開示府令19 II ①参照）．③ 特定募集等が行われる場合において，新株予約権に係る発行価額または売出価額の総額が，1,000万円から当該新株予約権証券に係る新株予約権の行使に際して払い込むべき金額の合計額を控除した額以下である場合には，有価証券通知書を提出しなくてもよい（金商4 VI．企業開示府令4 IV）．

また，募集新株予約権を引き受ける者の募集は，会社関係者にとって軽微なものを除き重要事実に該当する（金商166 II ① イ．なお金商166 VI ②参照）．新株予約権の行使により取得した株式を会社が処分する場合にも同様である．

集をしようとするときは，その都度，**募集新株予約権**（当該募集に応じて当該新株予約権の引受けの申込みをした者に対して割り当てる新株予約権）について，次に掲げる事項（募集事項）を定めることが必要である（会238Ⅰ）．なお，自己新株予約権の処分については，通常の資産の売却と同様であるという理由で（論点237頁），自己株式の処分と異なり，特段の規定が設けられていない（会238Ⅰ，会199Ⅰ対比．濫用の危険を理由に新株予約権と同一の手続規制を設けるべきとする提案として，梅本剛正「自己新株予約権の処分」商事1782号29頁［2006］）．

Ⅱ-3-3-23 ① **募集新株予約権の内容および数**（1号）　新株予約権の発行の条件は発行ごとに均等に定めなければならないので（会238Ⅴ），例えば，役員5人に各100株，従業員50人に各10株という複数に分割する場合，10株が最低単位になるのでその単位を1個とすると全部で新株予約権の総数は100個となる．1個の新株予約権（10の株式の発行を受ける権利）は，申込，譲渡，権利行使等の単位となる．

新株予約権の内容として行使の条件を付けることができる．例えば，ストック・オプションとして付与するときには，会社の取締役や使用人にとどまっていることとか，会社の一定の業績（税引前利益○○円以上など）や株価等（株価が○○円以下では行使できないなど）を行使の条件にし，株式公開を目指す企業であれば株式の上場を条件とすることが考えられる．また，第三者からの買収防止のために，「A，B，C以外の者が，発行済株式総数の○○％以上を取得した場合には行使することができない」等の条件を設定する場合も考えられる．後者の例は，アメリカでポイズン・ピルと呼ばれるものを実現しようとするものである．**新株予約権の行使の条件は，登記事項である**（会911Ⅱ⑫ハ）．

② **募集新株予約権を無償で発行する場合には，その旨**（2号）

Ⅱ-3-3-24 ③ **募集新株予約権を有償で発行する場合には，募集新株予約権の払込金額またはその算定方法**（3号）　募集新株予約権の払込金額とは，募集新株予約権1個と引換えに払い込む金銭の額をいう．募集新株予約権が有償の場合において，**払込期日までに払込金額の全額の払込みをしないと，当該募集新株予約権を行使することができない**（会246Ⅲ）．新株予約権者は，**会社の承諾を得て，払込みに代えて，払込金額に相当する金銭以外の財産を給付し，または会社に対する債権をもって相殺することができる**（会246Ⅱ）．これは，新株予約権に係る払込みは，出資（新株予約権行使時の出資を含む）とは異なり，新株予約権者にとっては会社に対する債務の履行という意味を有するにすぎず，その債務の履行につき代物弁済（民482）や相殺（民505）をすることができることは本来当然のことであるものの，新株予約権が株式に関連する権利であることから，確認的に定められた規定である（解説66頁）．新株予約権に係る払込みを金銭以外の財産等で行うことについては，特に募集事項の決定の際にその旨を決議しておく必要はなく，また，**給付される財産についての検査役の調査も不要である**．新株予約権の払込金額または行使価額をブック・ビルディング方式

で定めることは，会社法201条2項に相当する規定がないので，できない（論点236頁）．

なお，②および③に掲げる事項と行使時の新株予約権の帳簿価額とは異なる場合がありうる（計規17Ⅴ）．また，現物出資に係る②および③に掲げる事項と当該財産の帳簿価額（当該出資に係る資本金および資本準備金の額を含む）とは異なる場合がありうる（計規17Ⅵ）．これらは，会社計算規則14条5項（[Ⅱ-3-2-9]）と同趣旨の規定である．

④ **募集新株予約権を割り当てる日**（割当日）（4号）　募集新株予約権の申込者は，有償で発行する場合であっても，払込みがあったかどうかにかかわらず，割当日に新株予約権者になる[30]（会245Ⅰ）．

-3-3-26　⑤ **募集新株予約権と引換えにする金銭の「払込みの期日」を定めたときは，その期日**（5号）　「払込みの期日」とは，「払込期日」（新株予約権にその行使が可能となる期間の初日の前日[払込みの期日を定めた場合にあっては，その期日］．会246Ⅰ）以外の日までに新株予約権に係る金銭を払い込ませる場合において定めるべき日をいい，必ずしも定めなくてもよい．募集株式と異なり払込期間の制度はない（会199Ⅰ④[Ⅱ-3-2-10]対照）．

-3-3-27　⑥ **募集新株予約権が新株予約権付社債に付されたものである場合には，会社法676条各号が定める募集社債に関する事項**（6号）　新株予約権付社債を引き受ける者を募集して新株予約権付社債を発行する手続には，社債を引き受ける者の募集手続に関する規定は適用除外とされているので（会248），募集新株予約権の募集事項として募集社債に関する事項も定める．

-3-3-28　⑦ **募集新株予約権が新株予約権付社債に付されている場合において，新株予約権買取請求の方法につき別段の定めをするときは，その定め**（7号）　新株予約権付社債に付された新株予約権の新株予約権者が会社に対し当該新株予約権の買取りを請求する際には，原則として，当該新株予約権付社債に係る社債についても併せて買い取ることを請求しなければならないこととされているが，別段の定めをすることが認められている（会118Ⅱ但書・777Ⅱ但書・787Ⅱ但書・808Ⅱ但書）．別段の定めをした場合には，**新株予約権付社債の新株予約権部分のみについての買取請求をすること**

-3-3-25　[30] **割当日**　会社法が割引日を定めたのは次の2つの理由による．① 平成17（2005）年改正前商法では，新株予約権が無償で発行される場合には，発行日から当然に新株予約権としての規制を受けるが（改正前商280ノ20Ⅱ③参照），新株予約権が有償で発行される場合には，払込期日までに払込みをしないと失効するため（改正前商280ノ29），払込期日前は，開示等が一切されないという問題があった．しかし，有償で発行する場合の払込みは，新株予約権行使条件の1つと解することも可能であり，払込期日前に前記の規制を及ぼしても特段の不都合はないと考えられるので，会社法は，有償・無償にかかわらず，新株予約権の割当てを受けた者をすべて新株予約権者として扱い，所要の規律（事業報告における開示[会施規119④]等）を及ぼすべきこととした．および，② 企業会計基準委員会のストック・オプション専門委員会において検討が進められているストック・オプション会計に対応する処理を行えるようにするためである（解説65頁）．

ができることとなる．別段の定めにおいては，社債部分の買取りがなかった場合の券面の扱い等も定める必要がある．

募集事項は，募集ごとに，均等に定めなければならない (会238V)．振替株式を目的とする新株予約権につき振替制度を利用するときには，新株予約権の発行の決定においてその旨を決定する (振替法163)．

II-3-3-29 **(2) 募集事項の決定機関** 新株予約権の発行の決定機関は，募集株式の決定機関に準じて規定されている．

(3) 株主に新株予約権の割当てを受ける権利を与える場合 株主に株式の割当てを受ける権利を与える募集株式の発行の場合に準じた規定が定められている．

II-3-3-30 **㋐ 決 定 事 項** 定款にその旨の規定がある場合を除き，株主は募集新株予約権の発行にあたって割当てを受ける権利を当然には有せず，個々の募集新株予約権の発行に際して割当てを受ける権利を与えるか否かを会社が決める．**会社が与えると決めたときには，募集事項に加えて，① 株主に対し，申込みをすることにより募集新株予約権**（種類株式発行会社にあっては，当該株主の有する種類の株式と同一の種類のもの）**の割当てを受ける権利を与える旨および② 当該募集新株予約権の引受けの申込期日を定めなければならない** (会241 I ①②．なお会202 I ①② [II-3-2-16] 参照)．申込みをすることによって募集新株予約権の割当てを受ける権利は，**募集ごとに，均等に**定めなければならない (会241V・238V)．ただし，当該株主が割当てを受ける募集新株予約権の数に1株に満たない**端数**があるときは，**切り捨てられる**（1株に満たない部分についての再募集は認められない）し，また会社は，募集新株予約権の割当てを受ける権利を有しない (会241II括弧書．なお202II参照)．なお平成17年改正前商法が定めていた新株予約権の引受権の制度（改正前商280ノ20II⑫・280ノ26・280ノ27）は，新株引受権が廃止されたのと同じく，廃止されている．

株主割当の場合には，株主は募集新株予約権の割当てを受ける権利を有しても，その権利を行使する義務はない．そこで，会社は，株主に申込みをするか否かを判断するための情報を提供するために，募集新株予約権の**引受申込期日の2週間まで**に，株主名簿上の株主（会社を除く）に，① 募集事項，② その株主が割当てを受ける募集新株予約権の内容および数，③ その募集新株予約権の引受申込期日を**通知**（到達主義．民97）**する** (会241IV．なお976②・202IV [II-3-2-17] 参照)．基準日 (会社124 I) を定めることが義務づけられているわけではなく，たとえば，株主の変動が少ない会社においては，基準日を定めないで手続を行うことも可能である．会社法は，通知義務のみを定め，方式を定めていないので，必ずしも新株予約権申込証（旧商280ノ28対照）により必要はないが，申込みをしようとする者に対して通知しなければならない事項 (会242 I) は上記通知に添付されることになる．

株主が募集株式の引受申込期日までに**募集株式の引受けの申込みをしないときは，その株主は募集株式の割当てを受ける権利を失う** (会243IV．なお204IV参照)．申込期

第３章　募集株式の発行等と新株予約権　第３節　新株予約権の発行

表３　募集事項の決定手続

		株主に新株予約権の割当てを受ける権利を与えない場合		株主に新株予約権の割当てを受ける権利を与える場合
		通常の発行	有利発行	
非公開会社	原則	株主総会の特別決議（238Ⅱ・309Ⅱ⑥） ＋ 譲渡制限株式が対象の募集新株予約権を募集する場合には種類株主総会の決議（特別決議）（238Ⅳ・324Ⅱ③）（定款の定めで排除可）	同左（ただし，株主総会において払込みを要しないという有利な条件または有利な払込金額で募集することの理由の説明が必要．238Ⅲ）	株主総会の特別決議（238Ⅰ・241Ⅰ・Ⅲ・309Ⅱ⑥）（定款の定めにより取締役の決定または取締役会の決議とすることが可能） ＋ 募集株式の種類の種類株主に損害を与えるときは，種類株主総会の決議（特別決議）（322Ⅰ⑤・324Ⅱ④）（定款の定めで排除可．322Ⅱ）
非公開会社	委任	株主総会の特別決議（239Ⅰ・309Ⅱ⑥）による委任 ＋ 委任に基づく取締役の決定または取締役会の決議（239Ⅰ） ＋ 譲渡制限株式が対象の募集新株予約権を募集する場合には，委任につき種類株主総会の決議（特別決議）（239Ⅳ・324Ⅱ③）（定款の定めで排除可） （委任は割当日が決議の日から１年以内の募集に限り有効．239Ⅲ）	同左（ただし，株主総会において払込みを要しないという有利な条件または下限が有利な払込金額で募集することの理由の説明が必要．239Ⅱ）	〃
公開会社	原則	取締役会決議（238Ⅱ・240Ⅰ） ＋ 譲渡制限株式が対象の募集新株予約権を募集する場合には種類株主総会の決議（特別決議）（238Ⅳ・324Ⅱ③）（定款の定めで排除可）	株主総会の特別決議（238Ⅲ・309Ⅱ⑥）（有利な条件または有利な払込金額が募集することの理由の説明が必要） ＋ 譲渡制限株式を募集する場合には，種類株主総会の決議（特別決議）（238Ⅳ・324Ⅱ③）（定款の定めで排除可）	取締役会決議（241Ⅲ） ＋ 募集株式の種類の種類株主に損害を与えるときは，種類株主総会の決議（特別決議）（322Ⅰ⑤・324Ⅱ④）（定款の定めで排除可．322Ⅱ）
公開会社	委任		株主総会の特別決議（239Ⅰ・309Ⅱ⑥）による委任（有利な条件または有利な払込金額が募集することの理由の説明が必要） ＋ 委任に基づく取締役会の決議（239Ⅰ） ＋ 譲渡制限株式が対象の募集新株予約権の募集の場合には，委任につき種類株主総会の決議（特別決議）（239Ⅳ・324Ⅱ③）（定款の定めで排除可） （委任は割当日が決議の日から１年以内の募集に限り有効．239Ⅲ）	

注：省令の解説参照

図4　新株予約権のスキーム

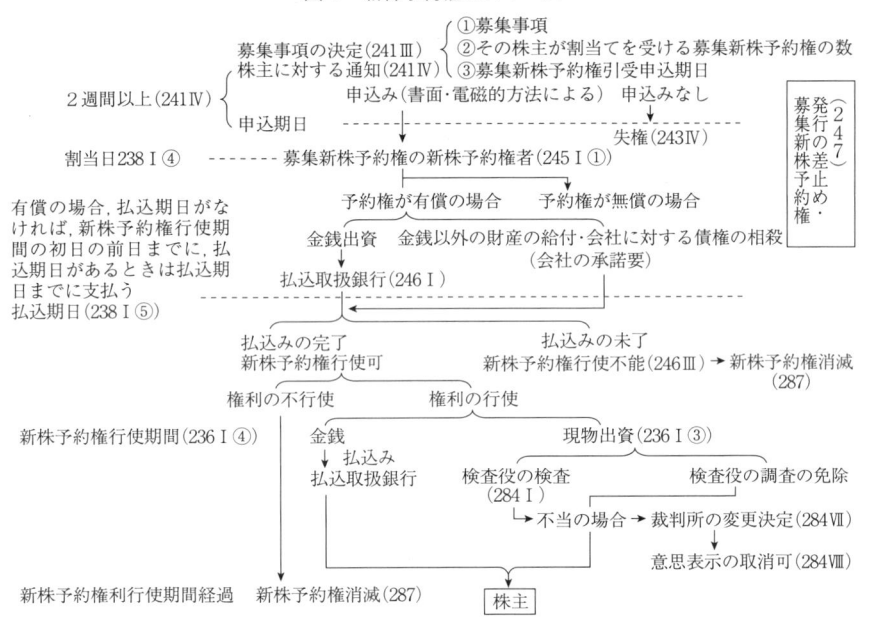

```
                募集事項の決定(241Ⅲ)    ①募集事項
                株主に対する通知(241Ⅳ)  ②その株主が割当てを受ける募集新株予約権の数
  2週間以上(241Ⅳ)                        ③募集新株予約権引受申込期日
                        申込み(書面・電磁的方法による)　申込みなし
                        申込期日 -------------------------- 失権(243Ⅳ)
  割当日238Ⅰ④ ------- 募集新株予約権の新株予約権者(245Ⅰ①)
                              予約権が有償の場合　予約権が無償の場合
  有償の場合，払込期日がな      金銭出資　金銭以外の財産の給付・会社に対する債権の相殺
  ければ，新株予約権行使期                    (会社の承諾要)
  間の初日の前日までに，払    払込取扱銀行(246Ⅰ)
  込期日があるときは払込期  ---------------------------
  日までに支払う              払込みの完了         払込みの未了
  払込期日(238Ⅰ⑤)           新株予約権行使可     新株予約権行使不能(246Ⅲ)→新株予約権消滅
                              権利の不行使  権利の行使                            (287)
                                          金銭          現物出資(236Ⅰ③)
  新株予約権行使期間(236Ⅰ④)  ↓払込み    検査役の検査   検査役の調査の免除
                              払込取扱銀行  (284Ⅰ)
                                          →不当の場合→裁判所の変更決定(284Ⅶ)
                                                      意思表示の取消可(284Ⅷ)
  新株予約権利行使期間経過  新株予約権消滅(287)   株主
```

（247）募集発行の新株予約権の差止め

日までに申込みがされなかった部分について**再募集は認められない**．

Ⅱ-3-3-31　**(イ)　有利発行との関係**　株主に募集新株予約権の割当てを受ける権利を与える場合には，払込みを要しないことが特に有利な条件であるか否か，または払込金額が特に有利な金額であるか否かで，手続は異なることはなく，また，募集新株予約権の目的である株式の種類の全部または一部が譲渡制限株式であっても会社法238条4項の種類株主総会は不要である（会241Ⅴ）．ただし，定款で異なる定めがある場合を除き（会322Ⅲ），新株予約権を引き受ける者を募集する場合において，ある種類の株式の種類株主に損害を及ぼすおそれがあるときは，種類株主総会の決議（特別決議）が必要である（会322Ⅰ⑤・324Ⅱ④．［Ⅱ-4-2-109・Ⅱ-4-2-114］参照）．

Ⅱ-3-3-32　**(4)　株主割当て以外の決定機関と決定事項**　**(ア)　公開会社の場合**　**(a)　有利発行に該当しない場合**　公開会社においては，①募集新株予約権と引換えに金銭の払込みを要しないこととすることが「特に有利な条件」であるときまたは払込金額が「特に有利な金額」である場合を除き，**取締役会が募集事項を決定する**（執行役に委任可．会416Ⅳ）（会240Ⅰ．ただし募集事項の決定を株主総会の権限と定めるができる．会295Ⅱ）．公開会社が取締役会の決議により募集事項を定めた場合には，株主に，募集を知らせ，差止めの機会（会247［Ⅱ-3-3-91］）を保障するために，**割当日の2週間前までに，募集事項を通知または公告しなければならない**（会240ⅡⅢ．なお会976②参照）．もっとも，募集事項について通知または公告をすべき日の2週間前までに有価証券届出

> ## 新株予約権の募集事項に関する取締役会決議公告
>
> 株主各位
>
> 平成18年9月14日
> 東京都渋谷区△△丁目△番
> **株式会社○○○○○○**
> 代表取締役社長　○○　○○
>
> 　平成18年8月30日開催の当社取締役会において、新株予約権の募集事項を下記のとおり決議いたしましたので、会社法第240条第2項および同条第3項の規定に基づき、公告いたします。
>
> 記
>
> 1. **新株予約権の名称**
> 　株式会社○○○○○○第5回新株予約権
> 2. **新株予約権の総数**
> 　1,180個（総数を割当予定数であり、引受けの申込みがなされなかった場合等、割り当てる新株予約権の総数が減少したときは、割り当てる新株予約権の総数をもって発行する新株予約権の総数とする。）
> 3. **新株予約権の目的である株式の種類及び数**
> 　新株予約権1個当たりの目的である株式（以下「対象株式数」という。）は、当社普通株式1株とする。
> 　また、当社が株式分割または株式併合を行う場合、次の算式により対象株式数を調整する。
>
> 　　　調整後株式数＝調整前株式数×分割・併合の比率
>
> 　また、当社が、株式無償割当を行う場合、合併、会社分割、株式交換または株式移転（以下「合併等」という。）を行う場合、その他対象株式数の調整を必要とする場合、合併等無償割当、合併等の条件等を勘案の上、合理的と認められる範囲で調整することができる。
> 　ただし、以上までの調整により生じる1株未満の端数は切り捨てる。
> 4. **新株予約権の行使に際して出資される財産の価額**
> 　新株予約権の行使に際しての出資の目的は金銭とし、その価額は、新株予約権の行使に際して払込みをすべき1株当たりの金額（以下「行使価額」という。）に対象株式数を乗じた価額とする。
> 　行使価額は、新株予約権の割当日の属する月の前月各日（取引が成立しない日を除く。）の東京証券取引所における当社株式の普通取引の終値の平均値に1.05を乗じた金額とし、1円未満の端数は切り上げる。ただし、当該金額が新株予約権の割当日の前日の東京証券取引所における当社株式の普通取引の終値（当日に終値がない場合は、それに先立つ直近取引日の終値）を下回る場合には、当該終値とする。
> 　なお、当社株式につき株式分割または株式併合を行う場合、上記の行使価額は、株式分割または株式併合の比率に応じ、次の算式により調整されるものとし、調整により生じる1円未満の端数は切り上げる。
>
> 　　調整後価額＝調整前価額× $\frac{1}{\text{分割・併合の比率}}$
>
> 　また、当社が時価を下回る価額で当社株式の発行または自己株式の処分を行う場合（会社法第194条の規定（単元未満株主による単元未満株式売渡請求）に基づく自己株式の売渡、当社株式に転換される証券もしくは転換できる証券または当社株式の交付を請求できる新株予約権（新株予約権付社債に付されたものを含む。）の転換または行使の場合を除き、株式無償割当を含む。）、上記の行使価額は、次の算式により調整されるものとし、調整により生じる1円未満の端数は切り上げる。
>
> 　　　　　　　　　　　　　　　　 新規発行 　1株当たりの
> 　　　　　　　　　　　既発行 ＋ 株式数 × 払込金額
> 　調整後＝調整前× ─────────────────
> 　行使価額　行使価額　　株式数＋新規発行株式数
>
> 　上記算式において、「既発行株式数」とは当社の発行済株式総数から当社が保有する自己株式数を控除した数をいう。当社が自己株式の処分を行う場合には「新規発行株式数」を「処分する自己株式数」と読み替える。
> 　さらに、上記の合併等を行う場合、その他上記の事由を必要とする場合には、上記の条件等を勘案のうえ、合理的な範囲内で行使価額を調整することができる。
> 5. **新株予約権の行使期間**
> 　平成20年10月1日から平成24年9月30日まで
> 6. **新株予約権の行使により株式を発行する場合における増加する資本金および資本準備金に関する事項**
> 　新株予約権の行使により株式を発行する場合において増加する資本金の額は、会社計算規則第40条第1項にしたがって算出される資本金等増加限度額の2分の1の金額とし、計算の結果1円未満の端数が生じたときは、その端数を切り上げるものとする。また、この場合、増加する資本準備金の額は、上記の資本金等増加限度額から増加する資本金の額を減じた額とする。
> 7. **譲渡による新株予約権の取得の制限**
> 　譲渡による新株予約権の取得については、当社の承認を要する。
> 8. **新株予約権の行使条件**
> ①新株予約権を割り当てられた者（以下「新株予約権者」という。）は、当社の取締役または従業員たる地位を失った後も、これを行使することができる。ただし、新株予約権者が、次の事由のいずれかに該当した場合には、その後、新株予約権を行使することができない。
>
> i) 取締役が解任された場合または従業員が諭旨解雇若しくは懲戒解雇された場合
> ii) 取締役または従業員が、当社と競業する会社の取締役、監査役、従業員、顧問、嘱託、コンサルタント等になるなど、当社に敵対する行為をまたは当社の利益を害する行為を行った場合。ただし、当社に敵対する意図をもって、かかる行為を行った場合に限る。
>
> ②新株予約権者の相続人に関する権利行使の条件は、後記③の契約に定めるところによる。
> ③その他の権利行使の条件は、取締役会の決議に基づき、当社と新株予約権者との間で締結する契約に定めるところによる。
> 9. **新株予約権の取得条項**
> ①当社は、当社が消滅会社となる合併契約承認の議案、当社が分割会社となる吸収分割契約若しくは新設分割計画承認の議案、または当社が完全子会社となる株式交換契約若しくは株式移転計画承認の議案につき当社株主総会で承認された場合（株主総会決議が不要の場合は、当社取締役会決議がなされた場合）には、当社取締役会が別途定める日が到来したときに、新株予約権を無償で取得することができる。
> ②当社は、当社取締役会が別途定める日が到来したときに、新株予約権の全部または一部を無償で取得することができる。なお、新株予約権の一部を取得する場合には、取締役会の決議によって定める。また、その取得にあたっては、新株予約権の一部を定める。
> 10. **当社が、合併（合併により当社が消滅する場合に限る）、吸収分割、新設分割、株式交換、株式移転をする場合の新株予約権の交付およびその条件**
> 　当社が、合併（合併により当社が消滅する場合に限る。）、吸収分割、新設分割、株式交換または株式移転（以下総称して「組織再編行為」という。）をする場合、合併後存続する株式会社もしくは合併により設立する株式会社、吸収分割承継株式会社、新設分割により設立する株式会社、株式交換をする株式会社の完全親会社または株式移転により設立する株式会社（以下総称して「再編対象会社」という。）の新株予約権を下記の方針にて交付するものとする。但し、下記の方針に沿う記載のある吸収合併契約、新設合併契約、吸収分割契約、新設分割計画、株式交換契約または株式移転計画承認議案につき当社株主総会の承認を得た場合に限るものとする。
>
> 記
>
> ①交付する再編対象会社の新株予約権の数
> 　残存する新株予約権者が保有する新株予約権の数と同一の数をそれぞれ交付するものとする。
> ②新株予約権の目的である再編対象会社の株式の種類
> 　再編対象会社の普通株式とする。
> ③各新株予約権の目的である再編対象会社の株式の数
> 　組織再編行為の条件等を勘案のうえ、前記3に準じて決定する。
> ④新株予約権の行使に際して出資される財産の価額
> 　新株予約権の行使に際しての出資の目的は金銭とし、その価額は、組織再編行為の条件等を勘案のうえ、前記4に準じて決定する。
> ⑤新株予約権を行使することのできる期間
> 　前記5.に定める新株予約権を行使することのできる期間の開始日と組織再編行為の効力発生日のいずれか遅い日から、前記5.に定める新株予約権を行使することのできる期間の満了日までとする。
> ⑥新株予約権の行使により株式を発行する場合における増加する資本金および資本準備金に関する事項
> 　前記6.に準じて決定する。
> ⑦譲渡による新株予約権の取得の制限
> 　譲渡による新株予約権の取得については、再編対象会社の承認を要する。
> ⑧その他の新株予約権の行使条件ならびに新株予約権の取得条項
> 　前記8.および9.に準じて決定する。
> 11. **端数の取扱**
> 　新株予約権を行使した新株予約権者に交付する株式の数に1株に満たない端数がある場合には、これを切り捨てる。
> 12. **新株予約権の払込金額**
> 　新株予約権の金銭の払込みはこれを要しない。
> 13. **新株予約権の割当日**
> 　平成18年10月1日
> 14. **本要項の本要項の規定の読み替えその他の措置に伴う取扱**
> 　本要項の規定に、読み替えその他の措置が必要になるときは、会社法の規定及び新株予約権の趣旨に従い、本要項の規定の変更等当社が適切と考える方法により、必要な措置を講ずるものとする。
>
> 以　上

出典：平成18年日本経済新聞

書の届出（金商4 I II）をしている場合その他の株主の保護に欠けるおそれがないものとして法務省令（会施規53）で定める場合には、通知・公告は不要である[31]（会240IV、なお［II-3-2-22］参照）。

3-3-33 [31] **募集事項の通知等を要しない場合**　会社が募集事項について割当日の2週間前までに、有価証券届出書（訂正届出書）のほか、発行登録書および発行登録追補書類（訂正発行登録書）、有価証券報告書（訂正報告書）、四半期報告書（訂正報告書）、半期報告書（訂正報告書）または臨時報告書（訂正報告書）の届出または提出がされている場合である（会施規53）。

なお、会社が種類株式発行会社であって、募集新株予約権の目的である株式の種類の全部または一部が**譲渡制限株式**であるときは、その募集新株予約権に関する募集事項の決定は、当該種類株式の種類株主総会の決議を要しない旨の定款の定めがある場合を除き、**当該種類株主総会の特別決議**（会324Ⅱ③）がなければ、その効力を生ぜず（会238Ⅳ。なお会200Ⅳ参照）、また、この募集新株予約権に関する**募集事項の決定の取締役**（取締役会設置会社にあっては取締役会）**への委任**は、当該種類株式の種類株主総会の決議を要しない旨の定款の定めがある場合を除き、当該種類株主総会の特別決議がなければ、その効力を生じない（会239Ⅳ）。ただし、いずれの場合も、当該種類株主総会において議決権を行使することができる種類株主が存しない場合は、この限りでない。

(b) **有利発行の場合**　公開会社であるかどうかにかかわらず、① 募集新株予約権と引換えに金銭の払込みを要しないこととすることが募集新株予約権の引受者に「**特に有利な条件**」である[32]場合、および② 募集新株予約権の払込金額が募集新

Ⅱ-3-3-34　(32)　**有利な発行価額**　①は、無償発行それ自体が当然に有利発行に該当するものではないことを明らかにしている。有利かどうかは、新株予約権の引受人との間の実質的な関係等によって判断される。例えば、新株予約権の払込価額を無償とすることにより新株予約権付社債の社債部分の利息の利率を低く抑えることができた事情があれば、そのような事情も勘案する（論点236・237頁）。

　何が新株予約権の有利発行であるかについては見解が分かれている。**第1説**は、通説であって、ブラック＝ショールズ・モデル（Black-Scholes Option Pricing Model）、三項ツリーモデル等の一定の評価モデルによって算定された新株予約権の発行時点における新株予約権の金銭的評価額を著しく下回る対価を有利発行とする（**オプション価値基準説**。藤田友敬「新株予約権制度の創設」法律のひろば55巻4号16頁［2002年］、神田147頁、青竹339頁、江頭憲治郎「新株予約権に関する諸問題」法教277号38頁［2003年］、弥永・演習158頁。なお江頭憲治郎「ストック・オプションのコスト」『竹内昭夫先生追悼論文集・商事法の展開』［商事法務研究会1998年］参照）。**第2説**は、新株予約権の払込金額と新株予約権の行使に際して出資されるべき額との合計額と新株予約権行使期間中における株式の時価の平成均値との相関関係で判断する（予想株価基準説。前田庸320頁。東京地決平成17・3・11金判1213号2頁は、オプション価値基準説を原則としながらも、発行後極めて短期間に行使される場合には予想株価基準説によることも一応の合理性があるとする）。新株予約権の行使期間中の株価は事後的にしか分からないので、第2説は、事前の基準としては不適切である。

　ストック・オプションの場合に

　　ブラック＝ショールズ・モデル
　　　$C = SN(d_1) + Ee^{-n}N(d_2)$
　ここで，
　　　$d_1 = [\ln(S/E) \div (\gamma + 1/2\sigma^2)]t/\sqrt{\sigma^2 t}$
　　　$d_2 = d_1 - \sqrt{\sigma^2 t}$
　　$S =$ 現在の株価
　　$E =$ コールの行使価格
　　$\gamma =$ 連続複利での年次無リスク収益率
　　$\sigma^2 =$ 株式の連続リターン分散（年間）
　　$t =$ 行使期限日までの時間（年単位）
　加えて、統計的概念がある。
　　$N(d) =$ 標準正規分布に基づくランダム変数が、d以下になる確率。
　大野薫訳（Ross 外）『コーポレートファイナンスの原理（第6版）』（金融財政事情研究2004年）923・924頁

株予約権の引受者に「特に有利な金額」である場合には，株主総会の決議(**特別決議**．会238Ⅱ[＝309Ⅱ⑥])によることが必要で，当該条件または金額で募集新株予約権を引き受ける者の募集をすることを必要とする理由を説明しなければならない[(33)](会240Ⅰ・238Ⅲ．なお会施規63⑦ニ，会201Ⅰ・199Ⅲ参照)．

3-3-36　(イ)　**非公開会社の場合**　① 非公開会社の場合には，会社法は，改正前商法と異なり，第三者割当て(旧商280ノ27Ⅰ但書参照)と有利発行手続(旧商280ノ20Ⅱ⑬・280ノ21)を一体化しているので，**条件または払込金額が「特に有利」でない場合であっても，新株予約権の募集事項は株主総会の決議**(**特別決議**．会309Ⅱ⑥)**で決めるのが原則である**．払込みを要しないという条件または払込金額が特に有利であるときには，取締役は，株主総会において，当該条件または払込金額で引き受ける者の募集をすることを必要とする理由を説明しなければならない(会238Ⅲ．なお会199Ⅲ参照)．

　② もっとも，**株主総会の特別決議**(会309Ⅱ⑥)によって，**募集事項の決定を取締役の決定**(取締役会がない場合)**または取締役会の決議**(取締役会設置会社の場合)**に委任**することができる．この場合においては，(i)その委任に基づいて募集事項の決定をすることができる「募集新株予約権の内容及び数の上限」，(ii)募集新株予約権につき金銭の払込みを要しないこととする場合には，その旨，(iii) (ii)以外の場合には，「募集新株予約権の払込金額の下限」を定めなければならない(会239Ⅰ①～③．会200Ⅰ参照)．(ii)の場合において，募集新株予約権につき金銭の払込みを要しないこととすることが募集新株予約権を引き受ける者に「特に有利な条件」であるときおよび(iii)の場合において，払込金額の下限が当該者に「特に有利な金額」であるときには，取締役は，当該株主総会において，当該条件または払込金額でその者の募集をすることを必要とする**理由を説明**しなければならない(会239Ⅱ．なお会施規63⑦ニ，会200Ⅱ参照)．

　この委任の決議は，割当日が当該決議の日から**1年以内**の日である募集についてのみ効力を有する(会239Ⅲ．なお会200Ⅲ参照)．また，当該種類の株式に関する募集事項の決定の委任は，当該種類株式の種類株主総会の決議を要しない旨の定款の定めがある場合を除き，**当該種類株主総会の特別決議がなければ，その効力を生じない**(会239Ⅳ)．

3-3-37　(5)　**募集新株予約権の割当て**　(ア)　**通　　知**　会社は，**募集に応じて募集新株予約権の引受けの申込みをしようとする者に対して**，① 会社の商号，② 募集事項，

　　　は，ストック・オプション会計の考え方に基づいて，当該新株予約権の公正価格に相当する価額の払込みが行われたもの(報酬債権[なお会361参照]をもってする相殺[会246Ⅱ]等の法律構成が考えられる)として，新株予約権の通常の有償発行として整理することができる(相澤哲＝豊田祐子・解説64頁．なお[Ⅱ-4-3-67]参照)．

3-3-35　[(33)]　**開示される理由**　開示された理由が客観的合理性を有する必要があるか否か，新株の有利発行と同様の学説の対立がある．厳格説として宮島283頁，寛大説として前田庸322頁がある．

③ 新株予約権の行使に際して金銭の払込みをすべきときは，払込みの取扱場所および④ 法務省令(会施規54)で定める事項を通知しなければならない(会242Ⅰ．なお会976②参照)．通知した事項に変更があったときは，会社は，直ちに，その旨および変更があった事項を申込者に通知しなければならない(会242Ⅴ．なお会976②)．もっとも，上記事項を記載した目論見書(金商2Ⅹ)を申込みをしようとする者に対して交付している場合その他募集株式の引受けの申込みをしようとする者の保護に欠けるおそれがないものとして法務省令で定める場合(目論見書に記載すべき事項を電磁的方法により提供している場合および外国の法令に基づき目論見書に相当する資料を提供している場合．会施規55)には，通知は不要である(会242Ⅳ．なお会203Ⅳ参照)．会社法は，新株予約権申込証の用紙を強制した平成17年改正前商法(改正前商280ノ28)と異なり，通知の方法を規定していない．これは，投資家に対する情報開示は，新株予約権申込証の用紙によらねばできないわけではないし，株式申込証等の用紙は，場合によっては極めて大部なものになることを考慮したものである．

Ⅱ-3-3-38　(イ)　申込み　募集に応じて募集新株予約権の引受けの申込みをする者は，① 自己の氏名・名称および住所ならびに② 引き受けようとする募集新株予約権の数を記載した書面を会社に交付するか，書面の交付に代えて，政令で定めるところにより，会社の承諾を得て，電磁的方法により提供しなければならない(会242ⅡⅢ．なお203ⅡⅢ参照)．

Ⅱ-3-3-39　(ウ)　割当て　会社は申込者の中から募集新株予約権の割当てを受ける者を定め，かつ，その者に割り当てる募集新株予約権の数を定めなければならない．この場合において，誰にどの位の数の募集新株予約権を割り当てるかは会社の自由である(割当自由の原則．会243Ⅰ．なお会204Ⅰ参照)．① 募集新株予約権の目的である株式の全部または一部が譲渡制限株式である場合または② 募集新株予約権が譲渡制限新株予約権である場合には，割当ては，定款に別段の定めがある場合を除き，取締役会設置会社にあっては，取締役会の決議，取締役会非設置会社にあっては株主総会の決議(特別決議．会309Ⅱ⑥)によらなければならない(会243Ⅱ．なお会204Ⅱ参照)．会社は，割当日の前日までに，申込者に対して割り当てる募集新株予約権の数(当該募集新株予約権が新株予約権付社債に付されたものである場合にあっては，当該新株予約権付社債についての社債の種類および各社債の金額の合計額を含む．)を通知しなければならない(会243Ⅲ．なお会204Ⅲ参照)．

通知は，申込者の住所(申込者が別に通知を受ける場所または連絡先を会社に通知した場合にあっては，その場所または連絡先)にあてて発すれば足りる(会242Ⅶ．なお会203Ⅵ参照)．通知は，その通知が通常到達すべきであった時に，到達したものとみなす(会242Ⅷ．なお会203Ⅶ参照)．

Ⅱ-3-3-40　(エ)　新株予約権者となる日　① 引受けの申込みをした株主は，割当日([Ⅱ-3-3-25]参照)に，会社の割り当てた募集新株予約権の新株予約権者となる(会245Ⅰ①．な

お会206①参照). ② 募集新株予約権の総数引受契約を締結した者も，同様に割当日に，その者が引き受けた募集新株予約権の新株予約権者となる（会245Ⅰ②．なお会206②参照).

3-3-41 **(6) 払込み** 新株予約権が有償で発行される場合，新株予約権者は，**払込期日**までに，会社が定めた銀行等の払込み取扱場所において，それぞれの募集新株予約権の払込金額の**全額**を払い込まなければならない（会246Ⅰ）．それにもかかわらず，新株予約権者は，会社の承諾を得て，払込みに代えて，払込金額に相当する金銭以外の財産を給付し，または会社に対する債権をもって相殺することができる（会246Ⅱ）．この場合には出資（新株予約権行使時の出資を含む）と異なり，債務の履行という意味を有するに過ぎないので，検査役の調査（会284Ⅰ [Ⅱ-3-3-82] 対比）は要求されていない（相澤＝豊田・解説66頁，江頭708頁注3）．新株予約権者は，払込期日までに，それぞれの募集新株予約権の払込金額の全額の払込み（当該払込みに代えてする金銭以外の財産の給付または会社に対する債権をもってする相殺を含む）をしないときは，**当該募集新株予約権を行使することができない**（会246Ⅲ）．そして**新株予約権が行使できないことが確定した時に，新株予約権は消滅**する（会287）．

3-3-42 **(7) 新株予約権の振替** 振替新株予約権を発行するには，次の要件が満たされていることが必要である（振替法162）．① 新株予約権の目的である株式が**振替株式**でなければならない．すなわち，株券不発行会社のみが，振替新株予約権を発行できる．② 当該発行決定で，当該発行決定に基づいて発行する**新株予約権の全部について振替法の適用を受ける旨を定め**，③ **新株予約権につき譲渡制限の定め**（会236Ⅰ⑥）がなく，そして④ 振替機関が取り扱うものであることである．譲渡制限新株予約権は，迅速な決済の妨げとなるので，除外されている．

特定銘柄の振替新株予約権の発行者は，当該振替新株予約権の発行後，遅滞なく，振替機関に対し，振替新株予約権についての情報を通知し，通知を受けた振替機関が自らが開設した口座があれば記録し，そうでなければ直近下位機関に情報を通知する（振替法166）のは振替株式の発行の場合等と同じである．

4 新株予約権に係る証券

3-3-43 **(1) 新株予約権証券 (ア) 総 説** 新株予約権証券とは新株予約権を表章する有価証券である．会社は，**新株予約権の発行の際に，新株予約権証券を発行するか否かを決定することができる**（会236Ⅰ⑩・238Ⅰ①）．会社は，新株予約権（新株予約権付社債に付けられたものを除く）であって，その新株予約権に係る新株予約権証券を発行することとする旨の定めがあるもの（**証券発行新株予約権**．会249③ニ参照）を発行した日以後遅滞なく，その証券発行新株予約権に係る新株予約権証券を発行しなければならない（会288Ⅰ）．もっとも，株式会社は，**新株予約権者から請求がある時までは，新株予約権証券を発行しないことができる**（会288Ⅱ）．

なお，振替新株予約権については，原則として，新株予約権証券を発行することができない（振替法164 I）．

II-3-3-44 **(イ) 記載事項** 新株予約権証券には，その番号のほか，① 会社の商号，② 新株予約権証券に係る証券発行新株予約権の内容および数を記載し，代表取締役（委員会設置会社にあっては，代表執行役）が署名し，または記名押印しなければならない（会289．なお会976⑮参照）．新株予約権証券は要式証券であるが，法定記載事項のうち一部を欠いても，新株予約権証券の内容が明らかである限り，その効力は否定されない．株券と異なり，証券発行新株予約権の新株予約権者は，請求の全部または一部をすることができないこととされている場合（会236 I ⑪）を除き，いつでも，その記名式の新株予約権証券を無記名式とし，またはその無記名式の新株予約権証券を記名式とすることを請求することができる（会290）．

新株予約権付社債券は，新株予約権の記載事項（その内容および数）と社債券の記載事項（会697 I［*IV-1-4-7*］）の双方を記載しなければならない（会292）．

II-3-3-45 **(ウ) 新株予約権証券の喪失・善意取得等** (a) **権利推定** 新株予約権証券の占有者は，その新株予約権証券に係る証券発行新株予約権についての**権利を適法に有する**ものと推定される（会258 I III）．

(b) **善意取得** 善意かつ無重過失で，新株予約権証券の交付を受けた者は，その新株予約権証券に係る証券発行新株予約権についての権利を取得する（会258 II IV）．

(c) **除権決定** 新株予約権証券は，**公示催告手続**（非訟142）によって無効とすることができる（会291 I）．新株予約権証券を喪失した者は，除権決定（非訟148 I）を得た後でなければ，その再発行を請求することができない（会291 II）．

II-3-3-46 **(2) 新株予約権証券等の提出** 株式会社が表4に掲げる行為をする場合において，表4に定める新株予約権に係る新株予約権証券（当該新株予約権が新株予約権付社債に付されたものである場合にあっては，当該新株予約権付社債に係る新株予約権付社債券）を発行しているときは，会社は，当該行為の効力が生ずる日までに会社に対し当該新株予約権証券を**提出**しなければならない旨を当該日の**1カ月前**までに，**公告**し，かつ，当該新株予約権の新株予約権者およびその登録新株予約権質権者には，各別にこれを**通知**しなければならない（会293 I．なお会219 I参照）．

表4に掲げる行為の効力が生ずる日までに会社に対して新株予約権証券を提出しない者があるときは，会社は，誰が新株予約権者であるか把握することができないので，当該新株予約権証券の提出があるまでの間，当該行為によって当該新株予約権証券に係る新株予約権の新株予約権者が交付を受けることができる**金銭等の交付を拒むことができる**（会293 II）．表4に示された新株予約権に係る新株予約権証券は，当該行為の効力が生ずる日に無効となる（会293 III）．

表4に掲げる行為をした場合において，新株予約権証券を提出することができない者があるときは，会社は，その者の請求により，利害関係人に対し異議があれば

第3章 募集株式の発行等と新株予約権 第3節 新株予約権の発行 313

表4 新株予約権証券の提出を要する行為と新株予約権

提出を要する行為	証券が表章する新株予約権の種類
取得条項付新株予約権の取得	当該取得条項付新株予約権
組織変更	全部の新株予約権
合併（合併により当該会社が消滅する場合に限る）	全部の新株予約権
吸収分割	吸収分割契約新株予約権（会758⑤イ）
新設分割	新設分割計画新株予約権（会763⑩イ）
株式交換	株式交換契約新株予約権（会768Ⅰ④イ）
株式移転	株式移転計画新株予約権（会773Ⅰ⑨イ）

一定の期間（3ヵ月を下ることができない）内にこれを述べることができる旨を公告することができる（会293Ⅳ＝220Ⅰ）。期間内に異議が述べられなかったときは，新株予約権証券発行会社は，請求をした者に対し，新株予約権者が受けることができる金銭等を交付することができる（会293Ⅳ＝220Ⅱ）。公告の費用は，請求をした者の負担とする（会293Ⅳ＝220Ⅲ）。

　表4に掲げる行為をした場合（会社が新株予約権を取得するのと引換えに当該新株予約権の新株予約権者に対して「会社の株式」を交付する場合に限る）において，無記名式新株予約権証券が提出されないときは，会社は誰を新たな株主として扱えばよいか分からないので，株主の氏名・名称および住所（会121①）を株主名簿に記載・記録することを要せず（会294Ⅰ．したがって株主名簿に株主の氏名等が記載されない株式が例外的に存在することになる），また，当該株主に対する通知または催告をすることを要しない（会294Ⅱ）．会社は，所在不明株主として当該株式を競売等をすることができる（会197Ⅰ①）．

　対価が会社の他の新株予約権や新株予約権付社債である場合も同様であることから，これらの場合についても同様の規律が設けられている（会294Ⅲ～Ⅵ）．

5 新株予約権原簿

3-3-47 **(1) 総説 (ア) 記載事項**　新株予約権原簿は，新株予約権，新株予約権証券（新株予約権付社債券）および新株予約権者に関する事項を記載・記録する原簿である．会社は，新株予約権を発行した日以後遅滞なく，新株予約権原簿を作成し，次に掲げる新株予約権の区分に応じて，記載事項（新株予約権原簿記載事項）を記載し，または記録しなればならないが（会249Ⅰ．なお会976⑦参照），定款により株主名簿管理人に新株予約権原簿に関する事務を委託できる（会251・123）．

　(a) 無記名式の新株予約権証券が発行される新株予約権（無記名新株予約権）および無記名式の新株予約権付社債券が発行されている新株予約権付社債（無記名新株予約権付社債）に付された新株予約権の場合には，新株予約権証券・無記名式新株予約権付社債券の交付により新株予約権が譲渡される（会255Ⅰ）ので，会社は新株予約権

者を把握できない．そこで，その新株予約権者の氏名等は記載・記録事項ではなく，新株予約権証券（新株予約権付社債券）の番号ならびに当該無記名新株予約権の内容および数が記載事項となる（会249①②）．

(b) **それ以外の新株予約権の場合**には，① 新株予約権者の氏名・名称および住所，② その新株予約権者の有する新株予約権の内容および数，③ その新株予約権者が新株予約権を取得した日，④ 新株予約権が証券発行新株予約権であるときは，当該新株予約権（新株予約権証券が発行されているものに限る）に係る新株予約権証券の番号，⑤ その新株予約権が証券発行新株予約権付社債に付されたものであるときは，その新株予約権を付した新株予約権付社債（新株予約権付社債券が発行されているものに限る）に係る新株予約権付社債券の番号が記載事項である（会249③）．この場合の記載事項は株主名簿記載事項とほぼ同一である（会121 [*II-2-5-58*] 参照）．

II-3-3-48 **(イ) 会社が自ら記載する場合** 株式会社は，① 自己新株予約権を取得した場合(34)および② 自己新株予約権を処分した場合には，その新株予約権の新株予約権者に係る新株予約権原簿記載事項（当該新株予約権者の有する新株予約権が信託財産に属する旨を含む）を自ら新株予約権原簿に記載・記録しなければならない（会259Ⅰ・272の2Ⅲ）．もっとも，この規定は，無記名新株予約権または無記名新株予約権付社債に付された新株予約権については，適用しない（会259Ⅱ・272の2Ⅳ）．

II-3-3-50 **(ウ) 新株予約権者の請求による場合** (a) 新株予約権を当該新株予約権を発行した株式会社以外の者から取得した者（当該会社を除く．以下新株予約権取得者という）は，当該会社に対し，当該新株予約権に係る新株予約権原簿記載事項を新株予約権原簿に記載し，または記録すること（名義書換）を請求することができる（会260Ⅰ）．この請求は，利害関係人の利益を害するおそれがないものとして法務省令で定める場合(35)（会施規56）を除き，その取得した新株予約権の新株予約権者として新株予約権原簿に記載され，もしくは記録された者またはその相続人その他の一般承継人と共同してしなければならない（会260Ⅱ）．これらの規定は，株式に関する会社法133条1項 [*II-2-5-69*]・2項 [*II-2-5-71*] の規定と同様な規定である．譲渡制限新株予約権の場合については [*II-3-3-61*] を見られたい．無記名新株予約権および無記名新株予

II-3-3-49 (34) **自己新株予約権** 自己新株予約権とは**株式会社が有する自己の新株予約権**をいう（会255Ⅰ括弧書）．新株予約権は，債権に過ぎないので，通常の債権と同様業務執行の一環として，会社は新株予約権を取得することができる（会155対比）．新株予約権は独自の財貨性を有するので，混同は生ぜず，自己新株予約権を消却することはできるが（会276Ⅰ），行使することができなくなるまでは消滅しない（会287）．なお，自己新株予約権の会計処理については [*II-5-2-125*] 参照．

II-3-3-51 (35) **単独請求が可能な場合** (a) 新株予約権証券または新株予約権付社債券が発行されている場合には，これを提示して請求をするが（会施規56Ⅱ），(β) そうでない場合には，① 確定判決の内容を証する資料を提供したとき，② 確定判決と同一の効力を有する資料を提供したとき，③ 一般承継を証する資料を提供したとき，④ 競売により取得したことを証明する資料を提供したときが，これに該当する（会施規56Ⅰ①〜④）．

約権付社債に付された新株予約権には会社法260条1項・2項の規定は適用されない(会260Ⅲ)．

　　新株予約権が**数人の共有に属する場合**には，共有者は新株予約権を行使する者1人を定め，会社に対し，その者の氏名または名称を通知しなければ，当該新株予約権についての権利を行使することができない．ただし，会社が当該権利を行使することに同意した場合は，この限りでない(会237)．

　(b)　新株予約権者の有する新株予約権が信託財産に属するときは，その旨を新株予約権原簿に記載(記録)することを請求することができる(会272の2Ⅱ)．

3-3-52　(2)　**書面の交付請求等**　新株予約権原簿に記載・記録してもらった新株予約権者は，会社に対し，その新株予約権者についての新株予約権原簿に記載・記録された新株予約権原簿記載事項(当該新株予約権者の有する新株予約権が信託財産に属する旨を含む)を記載した**書面の交付**またはその新株予約権原簿記載事項を記録した**電磁的記録の提供**を請求することができる(会250Ⅰ・272の2Ⅲ)．この書面には，会社の代表取締役(委員会設置会社にあっては，代表執行役)が署名し，または記名押印しなければならない(会250Ⅱ)．当該電磁的記録には，会社の代表取締役(委員会設置会社にあっては，代表執行役)が法務省令で定める署名または記名押印に代わる措置(電子署名．会施規225)をとらなければならない(会250Ⅲ)．これらの規定は，会社法122条[Ⅱ-2-5-71]と同様の規定の規定である．ただし，証券発行新株予約権および証券発行新株予約権付社債に付される新株予約権の場合には，その証券の所持により新株予約権者であることが推定される(会258Ⅰ)ので，適用がない(会250Ⅳ)．

3-3-53　(3)　**備置きおよび閲覧等**　(ア)　**備置き**　会社は新株予約権原簿をその本店に，株主名簿管理人(会123)がある場合には，その営業所に備え置かなければならない(会252Ⅰ．会976⑧)．株主名簿とパラレルな規制である(会125Ⅰ[Ⅱ-2-5-60])．

3-3-54　(イ)　**閲覧・謄写**　株主および会社債権者は，会社の営業時間内は，いつでも，新株予約権原簿の(電磁的記録をもって作成されているときには，記録された事項を法務省令で定める方法により表示したもの)閲覧・謄写を請求をすることができる．この場合においては，当該請求の理由を明らかにしてしなければならない(会252Ⅱ)．債権者には新株予約権者も当然に含まれる．会社は，次のいずれかに該当する場合を除き，拒むことができない(会252Ⅲ)．いずれも株主名簿とパラレルな規制である(会125ⅡⅢ[Ⅱ-2-5-62]参照)．

① 当該請求を行う株主または債権者(以下請求者)がその権利の確保または行使に関する調査以外の目的で請求を行うとき
② 請求者が当該株式会社の業務の遂行を妨げ，または株主の共同の利益を害する目的で請求を行ったとき
③ 請求者が当該株式会社の業務と実質的に競争関係にある事業を営み，またはこれに従事するものであるとき

④ 請求者が新株予約権原簿の閲覧または謄写によって知り得た事実を利益を得て第三者に通報するために請求を行ったとき

⑤ 請求者が，過去2年以内において，新株予約権原簿の閲覧または謄写によって知り得た事実を利益を得て第三者に通報したことがあるものであるとき

II-3-3-55 (ウ) **親会社社員の請求** 会社の親会社社員は，その権利を行使するため必要があるときは，**裁判所の許可を得て**新株予約権原簿の閲覧・謄写の請求をすることができる．この場合には，請求の理由を明らかにしなければならない（会252Ⅳ）．親会社社員に(イ)で掲げた拒否事由があるときは，裁判所は許可をすることができない（会252Ⅴ）．これも株主名簿と同様な規定である（会125ⅣⅤ[II-2-5-62]参照）．

II-3-3-56 **(4) 新株予約権者に対する通知等** 会社が新株予約権者に対してする通知または催告は，新株予約権者原簿に記載・記録されたその新株予約権者の住所（別に通知または催告を受ける場所または連絡先を会社に通知した場合にあっては，その場所または連絡先）にあてて発すれば足りる．通知または催告は，通常到達すべかりし時に到達したとみなされる（会253ⅠⅡ）．

新株予約権が数人の共有に属するときは，共有者は，会社が新株予約権者に対してする通知または催告を受領する者1人を定め，会社に対し，その者の氏名・名称を通知しなければならない（会253Ⅲ）．この通知がないときは，会社は共有者の1人に対して通知または催告をすれば足りる（会253Ⅳ）．

これらの規定は株式と同様な規定である（会126Ⅰ～Ⅳ[II-2-1-4・II-2-5-66]）．

6 新株予約権の譲渡等

II-3-3-57 **(1) 総説** 新株予約権は自由に譲渡できるのが原則であるが（会254Ⅰ），新株予約権付社債については，それに付された新株予約権のみを譲渡することも，社債のみを譲渡することもできない．ただし当該新株予約権付社債に付された社債または新株予約権付社債に付された新株予約権が消滅したときは，この限りでない（会254ⅡⅢ）．

II-3-3-58 (ア) **譲渡の効力要件** ① 証券発行新株予約権（または証券発行新株予約権付社債に付された新株予約権）の譲渡は，その証券発行新株予約権に係る新株予約権証券（または証券発行新株予約権付社債に係る新株予約権付社債券）を交付しなければ，その効力を生じない．

② 証券の発行されていない新株予約権の**譲渡の効力要件**は，規定がないので，一般原則により，**譲渡の合意**である．

なお，振替新株予約権の譲渡は，振替によりその口座の減少記載が行われる加入者の振替の申請によって行われ（振替法174），譲受人の口座の譲渡に係る数の増加記載によってその効力が生じる（振替法203）．

③ **自己新株予約権**（会社が有する自己の新株予約権）または自己新株予約権付社債

第3章　募集株式の発行等と新株予約権　第3節　新株予約権の発行　317

（会社が有する自己の新株予約権付社債）の処分による譲渡は，すなわち，証券の交付がなくとも有効であるが（会255Ⅰ但書・Ⅱ但書．なお会128Ⅰ但書），会社は，処分した日以後遅滞なく，その自己新株予約権（または自己新株予約権付社債）を取得した者に対し，新株予約権証券（または新株予約権付社債券）を交付しなければならない（会256Ⅰ・Ⅲ．なお会129Ⅰ）．ただし，会社は，**請求がある時まで，新株予約権証券を交付しないことができる**（会256Ⅱ．なお会129Ⅱ参照）．したがって，社債券を発行する旨の定めがある社債の譲渡の場合には，社債券の交付が効力要件であるとする会社法687条の規定は，自己新株予約権付社債の処分による社債の譲渡には適用されない（会256Ⅳ）．ちなみに会社が保有する自己新株予約権の処分は，通常の資産の売却と同様であって，重要な財産の処分に該当する場合には，取締役会設置会社にあっては，取締役会の決議が必要である（会362Ⅳ①）．

3-3-59　(イ)　**譲渡の対抗要件**　①　証券発行新株予約権でない**新株予約権**の譲渡は，その新株予約権を取得した者の氏名・名称および住所を新株予約権原簿に記載・記録しなければ，会社その他の第三者に対抗できない（会257Ⅰ）．

②　記名式新株予約権証券が発行されている**証券発行新株予約権**の「会社への対抗要件」は新株予約権原簿の記載・記録であり（会257Ⅱ），第三者に対する対抗要件は証券の占有である．

記名式の新株予約権付社債券については，その新株予約権についての会社に対する対抗要件は新株予約権原簿の記載（会257Ⅱ），第三者に対する対抗要件は，証券の占有であり，社債部分についての会社への対抗要件は，社債原簿の記載である（会688Ⅱ）．

③　無記名新株予約証券および無記名新株予約権付社債券の場合は，証券の所持自体が会社その他の第三者に対する対抗要件であるので，新株予約権の譲渡の新株予約権原簿の記載・記録が会社その他の第三者に対する対抗要件とする規定は適用されない（会257Ⅲ）．

3-3-60　(ウ)　**信託財産に属する新株予約権の対抗要件**　新株予約権が信託財産に属している場合には，その旨を新株予約権原簿に記載（記録）しなければ，当該新株予約権が信託財産に属することを株式会社その他の第三者に対抗することができない（会272の2Ⅰ）．

3-3-61　(2)　**新株予約権の譲渡制限**　(ア)　**承認請求**　新株予約権の発行の際に譲渡による新株予約権の取得につき当該株式会社の承認を要すると定めたとき（会236Ⅰ⑥）には，新株予約権者は，その有する譲渡制限新株予約権を他人（当該譲渡制限新株予約権を発行した株式会社を除く）に譲り渡そうとするときは，**会社に対し，承認をするか否かの決定をすることを請求することができる**（会262．なお会136参照）．この場合の承認請求は，①　譲り渡そうとする譲渡制限新株予約権の内容および数，②　譲受人の氏名または名称を明らかにして行わなければならない（会264①．なお会138①参照）．

平成17(2005)年改正前商法は，譲受人からの承認申請を予定していなかったが，会社法は，**譲渡制限新株予約権を取得した新株予約権取得者**もまた，会社に対して承認請求することを認めている（会263Ⅰ．なお会137Ⅰ参照）．この場合の承認請求は，① 取得した譲渡制限新株予約権の内容および数，② 取得者の氏名または名称を明らかにして行わなければならない（会264②．なお会138②参照）．この承認請求は，利害関係人の利益を害するおそれがないものとして法務省令（会施規57）で定める場合を除き，その取得した新株予約権の新株予約権者として新株予約権原簿に記載され，もしくは記録された者またはその相続人その他の一般承継人と共同してしなければならない（会263Ⅱ．なお会137Ⅱ参照）．

Ⅱ-3-3-62 　(イ)　**決　定**　会社は譲渡等の承認をするか否かの決定をするには，**株主総会**（取締役会設置会社にあっては，取締役会）**の決議**によらなければならない．ただし，新株予約権の内容として別段の定めがある場合は，この限りでない（会265Ⅰ．なお会139Ⅰ参照）．会社は，その決定をしたときは，承認請求をした者に対し，当該決定の内容を通知しなければならない（会265Ⅱ．なお会139Ⅱ参照）．**会社が譲渡を承認しないときは，株式の場合とは異なり，会社または指定買取人による買取制度がないので**，単にその譲渡に係る新株予約権原簿記載事項が新株予約権原簿に記載・記録されないこととなる（なお会257ⅠⅡ参照）．これは，① 新株予約権は将来株式を取得できる権利にすぎず，株式ほど投下資本回収の要請が強くないし，また，② 譲渡が承認されない場合でも，譲渡しようとする者は，新株予約権を行使して株式を取得した後，その株式の譲渡をすることができるためである．

　会社が譲渡等承認請求の日から **2週間以内**（定款で期間を短縮可）**に通知をしなかった場合**には，**承諾をしたものとみなす**．ただし，会社と譲渡等承認請求者との合意により別段の定めをしたときは，この限りでない（会266．なお会145①参照）．

Ⅱ-3-3-63 　(ウ)　**新株予約権原簿への記載請求**　譲渡承認された新株予約権取得者（会261①②）および相続その他の一般承継により譲渡制限新株予約権を取得した者は，新株予約権原簿への記載を請求することができる（会261③）．

7　新株予約権の質入れ

Ⅱ-3-3-64 　(1)　**総　説**　新株予約権者は，その有する新株予約権に質権を設定することができる（会267Ⅰ）．新株予約権付社債については新株予約権または社債のみに質権を設定することはできない．ただし社債または新株予約権が消滅したときは，この限りでない（会267ⅡⅢ）．新株予約権の質入れには譲渡に準じた規定が設けられている．

　証券発行新株予約権（証券発行新株予約権付社債に付された新株予約権）の質入れは，その証券発行新株予約権に係る新株予約権証券（その証券発行新株予約権付社債に係る新株予約権付社債券）の交付が効力発生要件で（会267Ⅳ・Ⅴ），質権者による新株予約権証券（新株予約権付社債券）の継続的占有が，会社その他の第三者に対する対抗要件である

(会268ⅡⅢ．なお会147Ⅱ参照)．

　証券を発行しない新株予約権の質入れは，意思表示のみによって成立し，質権者の氏名・名称および住所の新株予約権原簿における記載・記録が，会社その他の第三者に対する対抗要件である（会268Ⅰ．なお会147Ⅰ参照)．無記名新株予約権および無記名新株予約権付社債に付された新株予約権以外の新株予約権に質権を設定した者は，会社に対し，① 質権者の氏名・名称および住所，② 質権の目的である新株予約権を新株予約権原簿に記載・記録することを請求することができる（会269ⅠⅡ．なお会148参照)．このような事項が新株予約権原簿に記載・記録された質権者を**登録新株予約権質権者**という．登録新株予約権質権者は，会社に対し，その登録新株予約権質権者についての新株予約権原簿に記載・記録された事項を記載した書面の交付またはその事項を記録した電磁的記録の提供を請求することができる（会270Ⅰ．なお会149ⅠⅣ参照)．書面には，株式会社の代表取締役（委員会設置会社にあっては，代表執行役）が署名・記名押印を，電磁的記録には，会社の代表取締役（委員会設置会社にあっては，代表執行役）が法務省令で定める署名・記名押印に代わる措置をとらなければならない（会270ⅡⅢ．なお会149ⅡⅢ参照)．

　会社が登録新株予約権質権者に対してする通知・催告は，新株予約権原簿に記載・記録したその登録新株予約権質権者の住所（その登録新株予約権質権者が別に通知・催告を受けた場所・連絡先を会社に通知した場合にあっては，その場所・連絡先）にあてて発すれば足りる．通知・催告は，その通知・催告が通常到達すべきであった時に，到達したものとみなす（会271ⅠⅡ．なお会150ⅠⅡ参照)．

　振替新株予約権の質入れは，振替の申請により，質権者がその口座における質権欄に当該質入れに係る数の増加の記載・記録を受ければ，その効力が生じる（振替法175)．

3-3-65 　(2)　**質入れの効果**　会社が，① 新株予約権の取得，② 組織変更，③ 合併（会社が消滅する場合に限る．)，④ 吸収分割，⑤ 新設分割，⑥ 株式交換，または⑦ 株式移転をした場合には，新株予約権を目的とする質権は，その行為によってその新株予約権の新株予約権者が受けることのできる金銭等について存在し（会272Ⅰ．会151参照)，登録新株予約権質権者は，金銭等（金銭に限る）を受領し，他の債権者に先立って自己の債権の弁済に充てることができる（会272Ⅱ．なお会154Ⅰ参照)．債権の弁済期が到来していないときは，登録新株予約権質権者は，会社に，金銭等に相当する金額を供託させることができる．この場合には，質権は，その供託金について存在する（会272Ⅲ．なお会154Ⅱ参照)．

　新株予約権付社債に付された新株予約権（転換社債型であって，社債の償還額がその新株予約権の行使に際して出資される財産の価額以上であるものに限る）を目的とする質権は，その新株予約権の行使をすることによりその新株予約権の新株予約権者が交付を受ける株式について存在する（会272Ⅳ)．登録新株予約権質権者以外の質権者は，物

上代位の行使の手続として，差押えが必要である．

　新株予約権自体の行使は，質権設定者との間でそれを認める特約がない限り，認められない．新株予約権を転質することは可能である (民348)．

8　信託財産に属する新株予約権

II-3-3-66　新株予約権が信託財産に属している場合には，その旨を新株予約権原簿に記載・記録しなければ，当該新株予約権者が信託財産に属することを株式会社その他の第三者に対抗することができない[36] (会272の2 I)．

9　自己新株予約権の取得

II-3-3-68　(1) 総　説　会社は，取得条項付新株予約権の取得および新株予約権者の買取請求に応じたことによる取得以外にも自己新株予約権を取得することができる．もっとも会社は自己新株予約権を行使することはできないので (会280 VI)，自己新株予約権を処分するか，消却をすることになる．自己株式の処分の場合と異なり，自己新株予約権の処分には特に制限がない．

II-3-3-69　(2) 取得条項による取得　(ア) 総　説　取得条項付新株予約権の規制は，取得条項付株式 [II-2-1-40] の取得 (107 II ③・168〜170) とほぼ同様であるが，① **定款の定めは要せず，募集事項の決定ごとに定めることができる点** (会273 I 但書・274 II 但書．なお会168 I 但書・169 II 但書参照) および② **財源規制がない点**が異なっている．②は，取得条項付新株予約権の取得が，取得条項付株式の取得と異なり，「株主」に対して対価を交付するものではないからである．

　取得条項付新株予約権の内容として，会社が別に定めた日が到来することをもって一定の事由とする旨の定めがある場合には (会236 I ⑦ロ)，別段の定めがない限り，その日を，取締役会非設置会社においては，株主総会の普通決議 (会309 I)，取締役会設置会社にあっては，取締役会の決議によって定めなければならない (会273 I)．会社がその日を定めたときは，取得条件付新株予約権の新株予約権者 (一部取得の定めがある場合にあっては，274条1項により決定した取得条項付新株予約権の新株予約権者) およびその登録新株予約権質権者に対し，その日の2週間前までに，その日を通知または公告しなければならない (会273 II III．なお会168 II・III 参照)．

II-3-3-67　[36] **信託型ライツ・プラン**　信託を利用した買収防衛策として信託型ライツ・プランがある．これは，買収者が出現する前に差別的行使条件付新株予約権を実際に発行してこれを信託銀行等に留め置き，将来買収者が出現した際に全株主に対してこの新株予約権を信託銀行等から交付することができるようにしておく買収防衛策である．SPC方式 (発行会社が差別的行使条件付新株予約権をSPC [I-1-1-2] に発行し，SPCを委託者，信託銀行を受託者，その権利行使可能時に最初に特定される株主を受益者とする) と直接方式 (発行会社自身を差別的行使付新株予約権の受託者，信託銀行を受託者，その権利行使可能時に最初に特定される株主を受益者とする) とがある．

第3章　募集株式の発行等と新株予約権　第3節　新株予約権の発行　*321*

取得条項付新株予約権の内容として，**一部取得条項の定めがある場合**（会236Ⅰ⑦ハ）において，会社が取得条項付新株予約権を取得しようとするときは，その取得する取得条項付新株予約権を**決定**しなければならない（会274Ⅰ．なお会169Ⅰ参照）．この決定は，当該取得条項付新株予約権の内容として別段の定め（定款の定めであることを要しない）がある場合を除き，**取締役会非設置会社においては株主総会，取締役会設置会社にあっては，取締役会の決議**によって行う（会274Ⅱ．なお会169Ⅱ対比）．決定をしたときは，会社は，決定した取得条項付新株予約権の新株予約権者およびその登録新株予約権質権者に対し，直ちに，その取得条項付新株予約権を取得する旨を**通知または公告**しなければならない（会274Ⅲ・Ⅳ．なお会169Ⅲ・Ⅳ参照）．

3-3-70　**(イ)　効力の発生等**　会社は，一定の事由が生じた日（会236Ⅰ⑦イ）に，取得条項付新株予約権を取得する．一定の事由が生じた日に取得条項付新株予約権の一部を取得する旨の定めがある場合（会236Ⅰ⑦ハ）には，一定の事由が生じた日（会236Ⅰ⑦イ）または取得の決定の通知の日もしくは公告の日から2週間を経過した日のいずれか遅い日に取得する（会275Ⅰ括弧書．会170参照）．

会社が取得する取得条項付新株予約権が新株予約権付社債に付されたものである場合には，会社は，一定の事由が生じた日に，当該新株予約権付社債についての社債を取得する（会275Ⅱ）．

取得条項付新株予約権の取得の対価は，株式，社債，他の新株予約権，新株予約権付社債その他の財産である（会236Ⅰ⑦ニ〜チ．会107Ⅱ③ニ〜ト参照．なお会275Ⅲ参照）．

会社は，一定の事由が生じた後，遅滞なく，取得条項付新株予約権の新株予約権者およびその登録新株予約権質権者（一部の取得事項があるときは，取得を決定した取得条項付新株予約権の新株予約権者およびその登録新株予約権質権者）に対し，当該事由が生じた旨を通知または公告しなければならない（会275Ⅳ本文・Ⅴ）．ただし，会社が，別に定める日の到来をもって一定の事由とするときに，取得条項付新株予約権の新株予約権者およびその登録新株予約権質権者に対し，当該日をその日の2週間前までに通知または公告したときは，この限りでない（会275Ⅳ但書）．

新株予約権の取得による株式の交付の場合の株主資本の変動については計算規則41条に定めがある[37]．

3-3-71　(37)　**取得条項付新株予約権の取得をする場合の計算**　この場合の資本金等増加限度額は以下の式で求められる（計規18Ⅰ）．
　　資本金等増加限度額＝（①−②−③）×株式発行割合−自己株式処分差損額
　　　①：取得時における当該取得条項付新株予約権の価額（新株予約権付社債の場合には，当該新株予約権付社債の価額）
　　　②：株式交付費用の額（当分の間ゼロ）
　　　③：当該新株予約権を取得する際に交付した財産（自己株式を除く）の帳簿価額
　　　　株式発行割合＝④／（④＋⑤）
　　　④：当該取得に際して発行する株式の数

II-3-3-72 (3) **新株予約権の買取請求による取得** (ア) **総　説**　新株予約権の買取請求には，① 新株予約権の目的である株式に譲渡制限・全部取得条項を付す場合に認められるものと（会118 I ①②［V-1-2-16］），② **株式会社の組織再編**（会787 I・808 I［V-1-4-117］）・③ **組織変更**（会777 I［V-1-3-12］）において認められるものとがある（表4参照）．新株予約権の目的である株式に議決権制限条項や取得条項を付する場合には，新株予約権買取請求権が認められないが，新株予約権者の同意なく定款を変更した場合には，会社は生じた損害を賠償する義務を負う（民415）（論点101頁）．

II-3-3-73 (イ) **買取請求手続**　(a) **通知・公告**　株式会社は，新株予約権者に対し，① 新設型再編の場合には株主総会の決議の日から2週間以内に，② 会社法118条1項が定める定款変更・吸収型再編・組織変更の場合には効力発生日の20日前までに，新株予約権者に対し，所定の事項を通知または公告しなければならない（会118 III IV・777 III IV・787 III IV・808 III IV）（表5参照）．

表5　新株予約権買取請求権

買取請求が認められる場合	買取請求をすることができる新株予約権の範囲	請求対象会社	会社の通知・公告の期限・内容	新株予約権の買取請求期間
定款変更	発行する全部の株式を譲渡制限株式とする（会118 I ①）	全部の新株予約権	株式会社	定款変更日（定款変更が効力を生ずる日）の20日前までに，定款変更を行う旨	定款変更日の20日前の日から定款変更日の前日までの間
	ある種類の株式を譲渡制限株式または全部取得条項付種類株式とする（会118 I ②）	当該種類の株式を目的とする新株予約権			
	吸収合併（会787）	交付する吸収合併存続会社の新株予約権が条件に合致しない消滅会社の新株予約権	消滅会社	効力発生日の20日前までに吸収合併する旨・存続会社の商号・住所	効力発生日の20日前の日から効力発生日の前日までの間
	新設合併（会808）	交付する新設合併設立会社の新株予約権が条件に合致しない消滅会社の新株予約権	消滅会社	株主総会の決議の日（設立会社が持分会社の場合には，総株主の同意を得た日）から2週間以内に，	通知または公告をした日から20日以内

⑤：処分する自己株式の数
自己株式処分差損額＝⑥－（①－②－③）×自己株式処分割合（①－②－③の額がマイナスとなる場合［自己株式処分差益が生じた場合］にはゼロとして計算する）
⑥：当該取得に際して処分した自己株式の帳簿価額
自己株式処分割合＝1－株式発行割合

第3章 募集株式の発行等と新株予約権　第3節　新株予約権の発行　323

組織再編					新設合併をする旨・設立会社の商号・住所	
	吸収分割（会787）	①交付される吸収分割承継会社の新株予約権が条件に合致しないもとの新株予約権（吸収分割契約新株予約権．758⑤イ） ②吸収分割承継会社の新株予約権が交付される旨の定めがありながら，その取扱いがされない吸収分割契約新株予約権以外の新株予約権	吸収分割株式会社	効力発生日の20日前までに吸収分割をする旨・吸収分割承継会社（株式会社に限る）の商号・住所	効力発生日の20日前の日から効力発生日の前日までの間
	新設分割（会808）	①交付される新設分割設立会社の新株予約権が条件に合致しないもとの新株予約権（新設分割計画新株予約権．763⑩イ） ②新設分割設立社の新株予約権が交付される旨の定めがありながら，その取扱いがされない新設分割計画新株予約権以外の新株予約権	新設分割株式会社	株主総会の決議の日（簡易新設分割の場合には，新設分割計画作成日）から2週間以内に，新設分割をする旨・新設分割設立会社の商号・住所	通知または公告をした日から20日以内
	株式交換（会787）	①交付される株式交換完全親会社の新株予約権が条件に合致しないもとの新株予約権（株式交付契約新株予約権．768Ⅰ④イ） ②完全親会社の新株予約権が交付される旨の定めがありながら，その取扱いがされない株式交換契約新株予約権以外の新株予約権	株式交換完全子会社	効力発生日の20日前までに，株式交換をする旨・株式交換完全親会社（株式会社に限る）の商号・住所	効力発生日の20日前の日から効力発生日の前日までの間
	株式移転（会808）	①交付される株式移転完全親会社の新株予約権が条件に合致しないもとの新株予約権（株式移転計画新株予約権．773Ⅰ⑨イ） ②完全親会社の新株予約権が交付される旨の定めがありながら，その取扱いがされない株式移転計画新株予約権以外の新株予約権	株式移転完全子会社	株主総会の決議の日から2週間以内に，株式移転をする旨・他の株式移転完全子会社および株式移転設立完全親会社の商号・住所	通知または公告をした日から20日以内
組織変更（会777）		組織変更する株式会社の新株予約権	変更会社	効力発生日の20日前までに，組織変更する旨	効力発生日の20日前の日から効力発生日の前日までの間

II-3-3-74 (b) **請 求** 新株予約権買取請求は，① 会社法118条1項が定める定款変更の場合には，定款変更日の20日前の日から定款変更日の前日までの間に (会118V)，② 新設型再編の場合には通知または公告をした日から20日以内に (会808V)，③ 吸収型再編・組織変更の場合には，効力発生日の20日前の日から効力発生日の前日までの間に (会777V・787V)，その新株予約権買取請求に係る新株予約権の内容および数を明らかにしてしなければならない．新株予約権付社債に付された新株予約権の新株予約権者は，新株予約権買取請求をするときは，その新株予約権付社債に付された新株予約権について別段の定めがある場合を除き，併せて，新株予約権付社債についての社債を買い取ることを請求しなければならない (会118Ⅱ・777Ⅱ・787Ⅱ・808Ⅱ)．新株予約権買取請求をした新株予約権者は，会社の承諾を得た場合に限り，その新株予約権買取請求を撤回することができる (会118Ⅵ・777Ⅵ・787Ⅵ・808Ⅵ)．会社が定款変更，組織変更または組織再編を中止したときは，新株予約権買取請求は，その効力を失う (会118Ⅶ・777Ⅶ・787Ⅶ・808Ⅶ)．これらの規制内容は株式の買取請求の場合と同じである．

II-3-3-75 (c) **価格の決定** 新株予約権 (新株予約権付社債の場合に社債の買取請求があった場合には社債を含む．) の価格の決定について新株予約権者と株式会社 (合併の場合，効力発生前は消滅株式会社．吸収合併の効力発生日後は吸収合併存続会社，新設合併設立会社の成立後は新設合併設立会社．組織変更の効力発生後は持分会社．それ以外は吸収分割会社，株式交換完全子会社，株式移転完全子会社) との間に **協議が調ったとき**は，会社は，定款変更日または効力発生日から60日以内にその支払いをしなければならない (会119Ⅰ・778Ⅰ・788Ⅰ・809Ⅰ)．定款変更日 (会118Ⅰが定める定款変更の場合．会119Ⅱ)，設立会社の成立の日 (新設合併の場合．会809Ⅱ) または効力発生日 (それ以外の場合．会778Ⅱ・788Ⅱ) から30日以内に新株予約権の価格につき，**協議が調わないとき**は，新株予約権者または会社は，その期間の満了の日後30日以内に，裁判所に対し，価格の決定の申立てをすることができる．定款変更日，新設合併設立会社の成立の日または効力発生日から60日以内に価格の決定の申立てがないときは，その期間の満了後は，新株予約権者は，いつでも，新株予約権買取請求を撤回することができる (会119Ⅲ・778Ⅲ・788Ⅲ・809Ⅲ)．会社は，裁判所の決定した価格に，その期間の満了日後の年6分の利率により算定した利息をも支払わなければならない (会119Ⅳ・778Ⅳ・788Ⅳ・809Ⅳ)．新株予約権買取請求に係る新株予約権の買取りの効力発生日は，**表6**のとおりである．

① 株式会社は，新株予約権証券が発行されている新株予約権について買取請求があったときは，新株予約権証券と引換えに，買取請求に係る新株予約権の代金を支払わなければならない (会119Ⅵ・778Ⅵ・788Ⅵ・809Ⅵ)．② 新株予約権付社債券が発行されている新株予約権付社債に付された新株予約権につき買取請求があったときは，新株予約権付社債券と引換えに，買取請求に係る新株予約権の代金を支払わなければならない (会119Ⅶ・778Ⅶ・788Ⅶ・809Ⅶ)．

表6　新株予約権買取請求に係る新株予約権の買取りの効力発生日

新株予約権の買取請求権の発生原因	買取りの効力発生日
特定の定款変更	新株予約権の代金の支払いの時（会119Ⅴ）
株式会社の組織変更	効力発生日（会778Ⅴ）
吸収合併（条件不合致の新株予約権）	効力発生日（会788Ⅴ①）
吸収分割（条件不合致の吸収分割契約新株予約権）	効力発生日（会788Ⅴ②）
吸収分割（条件不合致の吸収分割契約新株予約権以外の新株予約権）	新株予約権の代金の支払いの時（会788Ⅴ③）
株式交換（条件不合致の株式交換新株予約権）	効力発生日（会788Ⅴ④）
株式交換（条件不合致の株式交換新株予約権以外の新株予約権）	新株予約権の代金の支払いの時（会788Ⅴ⑤）
新設合併（条件不合致の新株予約権）	新設合併設立会社の成立の日（会809Ⅴ①）
新設分割（条件不合致の新設分割計画新株予約権）	新設合併設立会社の成立の日（会809Ⅴ②）
新設分割（条件不合致の新設分割計画新株予約権以外の新株予約権）	新設合併設立会社の成立の日（会809Ⅴ③）
株式移転（条件不合致の株式移転計画新株予約権）	株式移転設立完全親会社の成立の日（会809Ⅴ④）
株式移転（条件不合致の株式移転計画新株予約権以外の新株予約権）	新株予約権の代金の支払いの時（会809Ⅴ⑤）

10　新株予約権の消却および消滅

3-3-76　会社は，新株予約権を消却することができる．株式の場合と同じく（会178），消却は自己新株予約権の消却という形で行われる[38]（会276Ⅰ）．この場合には，消却する自己新株予約権の内容および数を定めなければならない（会276Ⅰ）．取締役会設置会社においては，消却の決定は，取締役会の決議による（会276Ⅱ）．それ以外の会社では取締役が決める（会348ⅠⅡ）．

新株予約権は，①　新株予約権を行使した場合，②　新株予約権者がその有する新株予約権を行使することができなくなったとき（会287），および③　組織再編の一定の場合において（会750Ⅳ・752Ⅴ等），消滅する．

11　新株予約権の行使

3-3-78　(1)　総　説　新株予約権の行使は，その行使に係る新株予約権の内容および数，

3-3-77　[38]　**新株予約権の強制消却**　改正前商法の下では，会社は，新株予約権証券を買い受けて自己新株予約権を消滅させることのほか，新株予約権の発行決議で定めておくことにより，会社による取得を介することなく，新株予約権を強制消却する方法が存在していた（改正前商280ノ20Ⅱ⑦・280ノ36）．会社法は，株式の消却をすべて自己株式の消却として整理した（会178［Ⅱ-2-2-36］）のに合わせて，新株予約権の強制消却も，会社による新株予約権の強制的取得（会273・274）プラス自己新株予約権の消却（会276）と再構成している．

新株予約権を行使する日を明らかにしてしなければならない（会280Ⅰ）．自己新株予約権の行使を認めると，会社資金による株金払込みになってしまうし，これを認める必要性に乏しいので，**会社は自己新株予約権の行使をすることができない**（会280Ⅵ．会202Ⅱ括弧書と同趣旨）．新株予約権を行使した新株予約権者は，権利を行使した日に，新株予約権の目的である株式の株主となる（会282）．会社は新株を発行するか，自己株式を交付するか，あるいはこれらを併用する（なお会113Ⅳ参照）．

Ⅱ-3-3-79　(2)　**新株予約権証券または新株予約権付社債券の提出・提示**

① 証券発行新株予約権を行使しようとするときには，その新株予約権証券を会社に提出しなければならない（会280Ⅱ）．もっとも，会社が新株予約権者からの請求がないため，当該新株予約権証券が発行されていないときは（会256Ⅱ），提出を要しない（会280Ⅱ但書）．

② 証券発行新株予約権付社債に付された新株予約権を行使しようとする場合には，その新株予約権を付した新株予約権付社債に係る新株予約権付社債券を会社に提示しなければならない．この場合において，会社は，当該新株予約権付社債券に当該証券発行新株予約権付社債に付された新株予約権が消滅した旨を記載しなければならない（会280Ⅲ）．

③ 証券発行新株予約権付社債に付された新株予約権を行使しようとする場合において，その新株予約権の行使によりその証券発行新株予約権付社債についての社債が消滅するときは，当該新株予約権を付した新株予約権付社債に係る新株予約権付社債券を会社に提出しなければならない（会280Ⅳ）．

④ 証券発行新株予約権付社債についての社債の償還後にその証券発行新株予約権付社債に付された新株予約権を行使しようとする場合には，その新株予約権を付した新株予約権付社債に係る新株予約権付社債券を会社に提出しなければならない（会280Ⅴ）．

Ⅱ-3-3-80　(3)　**払込み等**　㋐　**払込み**　新株予約権の行使に際して金銭を出資の目的とするときは，新株予約権は，新株予約権行使日に，会社が定めた銀行等の払込取扱場所において，行使する新株予約権について募集事項において定められた出資価額の全額を払い込まなければならない（会281Ⅰ．なお会208Ⅰ参照）．

Ⅱ-3-3-81　㋑　**給付**　金銭以外の財産（現物出資財産）を出資の目的とするときも，新株予約権者は，新株予約権行使日に，行使する新株予約権について募集事項において定められた出資財産の給付をしなければならない．この場合において，当該財産の価額が出資の価額に足りないときは，会社が定めた銀行等の払込取扱場所においてその差額に相当する金銭を払い込まなければならない（会281Ⅱ）．したがって，新株予約権付社債について，その行使価額の一部のみを社債により給付し，残りの差額を金銭で払い込むことすることは可能である．

Ⅱ-3-3-82　(a)　**検査役の調査**　募集株式の発行の場合と同じく（会207），給付があった後，

遅滞なく，現物出資財産の価額を調査させるため，裁判所に対し，検査役の選任の申立てをしなければならない（会284Ⅰ）．申立てがあった場合には，裁判所は，これを不適法として却下する場合を除き，検査役を選任しなければならない（会284Ⅱ）．裁判所は，検査役を選任した場合には，会社が検査役に対して支払う報酬の額を定めることができる（会284Ⅲ）．検査役は，必要な調査を行い，当該調査の結果を記載し，または記録した書面または電磁的記録（商業登記規則36条1項各号のいずれかに該当する構造の磁気ディスクおよび裁判所が定める電磁的記録．会施規228③）を裁判所に提供して報告をしなければならない（会284Ⅳ）．裁判所は，この報告について，その内容を明瞭にし，またはその根拠を確認するために必要があると認めるときは，検査役に対し，更に，報告を求めることができる（会284Ⅴ）．検査役は，裁判所に報告をしたときには，会社に対して，報告書の書面の写しを交付し，または電磁的記録に記録された事項を裁判所が定めた方法（会施規229）により提供しなければならない（会284Ⅵ）．裁判所は，報告を受けた場合において，現物出資財産について定められた価額を不当と認めたときは，これを変更する決定をしなければならない（会284Ⅶ）．現物出資をした新株予約権者は，裁判所の決定により現物出資財産の価額の全部または一部が変更された場合には，当該決定の確定後1週間以内に限り，その新株予約権の行使に係る意思表示を取り消すことができる（会284Ⅷ）．

3-3-83　(b)　**調査の免除**　募集株式の現物出資と同じく（会207Ⅸ［Ⅱ-3-2-34］），次の場合には検査役の調査を要しない（会284Ⅸ）．

①　行使された新株予約権の新株予約権者が交付を受ける株式の総数が発行済株式の総数の10分の1を超えない場合（会284Ⅸ①）

②　**少額免除**　現物出資財産について定められた価額の総額が500万円を超えないとき（会284Ⅸ②）．

③　**市場価格のある有価証券に関する免除**　現物出資財産のうち，市場価格のある有価証券について定められた価額が当該有価証券の市場価格として法務省令（会施規59）で定める方法により算定されるものを超えない場合である（会284Ⅸ③．なお会施規43参照）．

④　**価額の相当性の証明等がある場合の免除**　現物出資財産の価額の相当性について弁護士，弁護士法人，公認会計士，監査法人，税理士または税理士法人の証明を受けたか，現物出資が不動産であるときにはその証明および不動産鑑定士の鑑定評価を受けたときである[39]（会284Ⅸ④）．

3-3-84　[39]　**証明等の欠格事由**　証明等の公正性を保障するため，①　取締役，会計参与，監査役若しくは執行役または支配人その他の使用人，②　新株予約権者，③　業務の停止の処分を受け，その停止の期間を経過しない者，④　弁護士法人，監査法人または税理士法人であって，その社員の半数以上が①または②に掲げる者のいずれかに該当するものは，証明をなすことができない（会284Ⅹ．なお会33Ⅺ・207Ⅹ参照）．

⑤ **金銭債権の免除**　現物出資財産が会社に対する弁済期が到来している金銭債権であって，その価額が当該金銭債権に係る負債の帳簿価額を超えない場合（会284ⅨⅤ）には，評価の適正性に特段の問題が生じないから検査役の検査は免除される（債権の存在を証する書面は登記の添付書面となる）。

Ⅱ-3-3-85　（ウ）**新株予約権者**からの相殺の禁止　新株予約権者は，払込みまたは給付をする債務と会社に対する債権とを相殺することができない（会281Ⅲ）。

Ⅱ-3-3-86　（4）**1株に満たない端数の処理**　平成17年改正前商法では，新株予約権の行使により1株に満たない端数が生じたとき，その端数をどう処理すべきか明確でなく，新株予約権の行使により随時端数が発生するので，端数処理の一般原則（改正前商220）を適用することは困難であるという問題があった（「補足説明」商事1678号126頁）。そこで，会社法は，新株予約権を行使した場合において，新株予約権者に交付する株式の数に1株に満たない端数があるときは，会社は，当該新株予約権者に対し，① 当該株式が市場価格のある株式である場合には，当該株式1株の市場価格として法務省令（会施規58）で定める方法により算定された額，② それ以外の場合には，1株当たりの純資産額にその端数を乗じて得た額に相当する金銭で償還することとし，あらかじめ新株予約権の内容として**端数切捨て**を定めておけば（会236Ⅰ⑨），**切り捨てもできる**こととしている（会283）。

12　新株予約権の無償割当て

Ⅱ-3-3-87　株式の無償割当て（会185［Ⅱ-2-1-101］）と同様に，会社は，**株主**（種類株式発行会社にあっては，ある種類の種類株主）**に対して新たに払込みをさせないで会社の新株予約権の割当て**（新株予約権無償割当て）**をすることができる**（会277）。

割当事項の決定は，定款に別段の定めがある場合を除き，取締役会非設置会社では株主総会の決議（普通決議．会309Ⅰ），取締役会設置会社にあっては取締役会の決議によらなければならない（会278Ⅲ）。

会社が，新株予約権無償割当てをしようとするときには，その都度，① 株主に割り当てる新株予約権の内容および数またはその算定方法，② 新株予約権が新株予約権付社債に付されたものであるときは，その新株予約権付社債についての社債の種類および各社債の金額の合計額またはその算定方法，③ その新株予約権無償割当てがその効力を生じる日，④ 会社が種類株式発行会社である場合には，その新株予約権無償割当てを受ける株主の有する株式の種類を定めなければならない（会278Ⅰ）。①②の事項の定めは，会社以外の株主（種類株式発行会社にあっては，新株予約権無償割当てを受ける種類の種類株主）の有する**株式**（種類株式発行会社にあっては，新株予約権無償割当てを受ける種類の種類株式）の数に応じて**新株予約権および社債を割り当てる**ことを内容とするものでなければならない（会278Ⅱ）。自己株式を保有していても会社に対して新株予約権を割り当てることはできない（会278Ⅱ）。

新株予約権の割当てを受けた株主は，当該新株予約権無償割当ての**効力発生日**に，**新株予約権**の**新株予約権者**（新株予約権が新株予約権付社債に付されたものである場合には，新株予約権者および社債権者）となる（会279Ⅰ）。

株式会社は，新株予約権行使期間（会236Ⅰ④）の初日の2週間前までに，株主（種類株式発行会社にあっては，新株予約権無償割当てを受ける種類の種類株主）およびその登録株式質権者に対し，その株主が割当てを受けた新株予約権の内容および数（新株予約権が新株予約権付社債の場合にあっては，その株主が割当てを受けた社債の種類および各社債の金額の合計額を含む）を通知しなければならない（会279Ⅱ）。

13 登記

3-3-88 株式会社が新株予約権を発行したときは，会社は本店の所在地において，2週間以内に，新株予約権の登記をする[40]（会911Ⅲ⑫．なお商登65）。これは，将来発行される可能性のある株式に関する情報を開示させようとするものである。

新株予約権が行使されると，新株予約権が消滅する一方，新株が発行されるので，① 新株予約権の数，② 新株予約権の目的たる株式の種類，数，③ 発行済株式の総数，種類，数および④ 資本金・資本準備金の額に変更が生じるが（代用自己株式の交付の場合には③④の変更はない），その変更の登記は，毎月末日現在により，当該末日から2週間以内にすれば足りる[41]（会915Ⅲ①．なお商登57参照）。

14 新株予約権の発行の差止め等

3-3-91 （1）**発行の差止め** 会社が**法令もしくは定款に違反**して（株主総会の特別決議を経ずに特に有利な金額で新株予約権を発行した事例として東京地決平成18・6・30金判1247号6頁［サン

3-3-89 [40] **登記事項等** 登記事項は，① 新株予約権の数，② 新株予約権の目的である株式の数またはその数の算定方法，③ 新株予約権の行使に際して出資される財産の価額またはその算定方法，④ 現物出資をするときは，その旨並びに当該財産の内容および価額，⑤ 権利行使期間，⑥ 新株予約権の行使の条件を定めたときは，その条件，⑦ 取得条項付新株予約権に関する事項，⑧ 無償による新株予約権の発行，および⑨ 募集新株予約権の払込金額またはその算定方法である（会911Ⅲ⑫）。登記申請書の添付書類は，① 募集新株予約権の引受けの申込みまたは総数引受契約を証する書面（商登65①）および③ 払込みを証する書面（商登65②）である。登記実務上，発行会社の代表者が作成した新株予約権の申込みまたは引受けがあったことを証する書面に，新株予約権申込証のひな型および申込者または付与対象者の一覧表を合綴したものを添付することで足りる。

3-3-90 [41] **添付書類** 新株予約権の行使による変更登記の申請書には，① 新株予約権の行使があったことを証する書面，② 金銭出資の場合には払込みを証する書面，③ 現物出資の場合には，(i) 検査役が選任されたときは，検査役の調査報告を記載した書面およびその附属書類，(ii) 市場価格のある有価証券による調査の免除の場合には，有価証券の市場価格を証する書面，(iii) 相当性による調査の免除の場合には，証明を記載した書面およびその附属書類，(iv) 金銭債権による調査の免除の場合には金銭債権について記載された会計帳簿，および④ 検査役の報告に関する裁判があったときは，その謄本を添付しなければならない（商登57）。

テレホン事件]，札幌地決平成18・12・13金判1259号14頁 [オープンループ事件])，または**著しく不公正な方法で新株予約権を発行し，これによって株主が不利益を受けるおそれがあるときは**，その株主は，会社に対して，その新株予約権の発行の差止めの請求ができる (会247)．新株予約権の無償割当てにも，持ち株比率に実質的変動をもたらすので，247条の類推適用がある (東京高決平成19・7・9商事1806号40頁 [ブルドックソース事件])．新株予約権が発行済みであるときには，差止めの対象を欠く (高松高決平成16・8・23資料版商事251号226頁 [イチヤ事件])．

臨時株主総会の決議の取消判決が確定したときは，臨時株主総会に基づく新株予約権のうち，少なくとも，判決確定日までに行使されなかった部分は無効で，行使されない部分については，新株発行を差し止める権利がある (高知地判平成16・12・24資料版商事251号208頁 [イチヤ事件])．

新株予約権の発行においては，新株発行の場合と異なり，必ずしも会社に資金調達目的がない場合もありうるので，現経営陣が経営支配権を維持・確保する目的を有していたかどうかを判断する際に，会社の資金調達目的が重要と判断されない場合がある点では，次元の異なる判断が迫られるが (大塚章男「株式制度に関する商法改正の企業買収防衛策としての活用」商事1618号 [2002年]，藤田友敬「オプションの発行と会社法〔上〕」商事1622号20頁 [2002年]，青竹333頁)[42]，新株発行の主要な目的により不公正発行該当性を判断するという点ではこの場合にも「主要目的ルール」の適用は可能である (矢崎淳司『敵対的買収防衛策をめぐる法規則』230頁，吉井敦子「種類株式の多様化と企業防衛」諸問題574頁．同ルールを適用した判例として高知地決平成16・7・8金判1213号66頁 [イチヤ事件] 参照)．

東京高決平成17・3・23金判1214号6頁＝会社法百選37事件 (ライブドア対ニッポン放送事件．なお東京地決平成17・3・11金判1213号2頁 [原審仮処分決定]，東京地決平成17・3・16金判1213号21頁 [原審異議決定] 参照) は，会社の経営支配権に現に争いが生じている場合 (有事) において，株式の敵対的買収によって経営支配権を争う特定の株主の持株比率を低下させ，現経営者またはこれを支持し事実上の影響力を及ぼしている特定の株主の経営支配権を維持・確保することを主要な目的として新株予約権の発行がされた場合には，原則として「著しく不公正なる方法」による新株予約権の発行に該

---

[42] **買収防衛策に関する指針** ① 2005年5月には企業価値研究会 (座長神田秀樹教授) による「企業価値報告書──公正な企業社会ルール形成に向けて」と経済産業省・法務省が策定した「企業価値・株主共同の利益の確保又は向上のための買収防衛策に関する指針」が同時に公表されている．当該指針に対しては，「企業価値」の内容が極めて抽象的で漠然としており基準となりうるか疑問であること，および企業価値を高めるかどうかを判断するのは，誰であるのか明確でないとの批判がある (矢崎淳司『敵対的買収防衛策をめぐる法規則』279頁)．② 2008年6月には，同委員会より「近時の諸環境の変化を踏まえた買収防衛策の在り方」が公表されている．なお東京証券取引所からは「買収防衛策の導入等に関する上場制度　基本的な考え方と制度概要」が公表されている．東証有価証券上場規程442・508Ⅳ②・601Ⅱ⑰参照．

第3章　募集株式の発行等と新株予約権　第3節　新株予約権の発行　**331**

図5　企業価値・株主共同の利益の確保又は向上のための買収防衛策に関する指針
～平時算入・有事発動型防衛策の考え方～

【買収防衛策は，企業価値・株主共同の利益を確保・向上させるものとすること】

【原則1】企業価値・株主共同の利益の確保・向上の原則

・企業価値・株主共同の利益を確保・向上につながる防衛策の例
  - 例① 企業価値・株主共同の利益に明白な侵害をもたらすような買収（グリーンメイラー，焦土化目的の買収など）に対する防衛策
  - 例② 弾圧的二段階買収など（株主に株式の売却を事実上強要するおそれのある買収類型）に対する防衛策
  - 例③ 株主の誤信を正したり，代替案の提示機会を確保し，又は買収条件を巡って必要な交渉をするための防衛策

【原則2】事前開示・株主意思の原則

・事前開示の原則：防衛策の導入に際し，目的，内容，効果等を開示．
・株主意思の原則：①株主総会の決議により導入する場合　→　株主の意思は反映．
　　　　　　　　　②取締役会の決議により導入する場合　→　防衛策導入後，株主の意思によって廃止する手段を確保．

【原則3】必要性・相当性確保の原則

・株主平等の原則との関係　…………　買収者を差別する防衛策でも，商法に基づく正当な手続きを踏めば，導入可能．
・財産権保護の原則との関係　　　　　買収者に財産上の損害を生じさせるおそれがある防衛策でも，商法に基づく正当な手続きを踏めば，導入可能．
・経営者の保身のための濫用防止　　　脅威の存在を合理的に認識した上で，当該脅威に対して過剰でない相当な内容の防衛策を発動するべき．

	株主総会の決議による導入 （総会承認型新株予約権・拒否権付株式）		取締役会の決議による導入 （差別的公使条件付きの株主割当型新株予約権）	
	[適法性の要件]	[合理性の要件]	[適法性の要件]	[合理性の要件]
【原則1】企業価値 株主共同の利益	○ 三原則に合致し，適法性が高い	消却条項	・企業価値・株主共同の利益の確保向上を目的として活用	同左
【原則2】事前開示 株主意思		サンセット条項	・防衛策の目的等の開示 ・株主が消去できる条項	同左
【原則3】必要性 相当性		消却できない黄金株などは，公開会社は採用するのは慎重であるべき	・非差別性の確保 ・財産権の保護 ・取締役会による濫用防止	・同左 ・同左 ・客観的な防衛策廃止要件の設定 ・独立社外者の判断重視
適法性や合理性の高い方策	【株主承認型】 株主承認 ＋ ・消却条項 ・サンセット条項	【客観的廃止要件設定型】 取締役会の決議 ＋株主による廃止可能性 非差別性　財産権　濫用防止 ＋ 廃止要件の客観性の確保	【客観性と独立性のバランス】 廃止要件の客観性 （高）←→（低） 社外者の独立性 （低）←→（高）	【独立社外チェック型】 取締役会の決議 ＋株主による廃止可能性 非差別性　財産権　濫用防止 ＋ 独立社外者の確保

当するが，株主全体の利益の保護という観点から株式の発行を正当化する特段の事情がある場合には，対抗手段として必要性や相当性が認められる限り，著しく不公正なる方法に該当しないとしている．そのような特段の事情として，敵対的買収者が，① 真に会社経営に参加する意思がないにもかかわらず，ただ株価をつり上げて高値で株式を会社関係者に引き取らせる目的で株式の買収を行った場合（グリーンメイラー），② 会社経営を一時的に支配して当該会社の事情経営上必要な知的財産権，ノウハウ，企業秘密情報，主要取引先や顧客等を当該買収者やそのグループ会

社等に移譲させるなど，いわゆる焦土化経営を行う目的で株式の買収を行っている場合，③ 会社経営を支配した後に，当該会社の資産を当該買収者やそのグループ会社等の債務の担保や弁済原資として流用する予定で株式の買収を行っている場合，④ 会社経営を一時的に支配して当該会社の事業に当面関係していない不動産，有価証券など高額資産等を売却等処分させ，その処分利益をもって一時的な高配当をさせるかあるいは一時的高配当による株価の急上昇の機会を狙って株式の高価売り抜けをする目的で株式買収を行っている場合など，当該会社を食い物にしようとしている場合を挙げている．

　ニレコ事件では，買収が開始されていない（平時）状態での買収防衛策が問題となった．① 平成17年3月31日現在の株主に対し，1株2個の譲渡のできない新株予約権を無償で付与する．② 3年以内に発行済議決権付株式総数の20％以上を保有する公開買付者が出現し，取締役会が新株予約権を消却しない旨を決議すると，1円を払い込むことにより株式1株を取得できる．③ 取締役会は，新株予約権の全部を無償で消却でき，その際社外の専門家3名で構成される特別委員会の勧告を最大限尊重する，という内容であった．原審仮処分決定は，① 本件新株予約権発行は，株主総会の意思が反映される仕組みを欠き，② 取締役会による恣意的判断の余地があり，③ 既存株主が不測の損害を被るおそれがあるとして新株予約権の差止めを認めた（東京地決平成17年6月1日商事1734号37頁）．原審異議決定も，「取締役が選任者たる株主構成の変更を主要な目的とする新株予約権の発行をすることは，商法が機関権限の分配を定めた法意に反する」として原審決定を認可した（東京地決平成17・6・9金判1219号26頁）．これに対し，抗告審決定は，原審仮処分決定や原審異議決定が問題とした，新株予約権行使の条件成就に関する判断基準の不明確性という制度的問題点や機関権限の分配の法理に抵触するかどうかという点には立ち入らず，将来現実に新株予約権が行使されて新株が発行された場合は，**既存株主の持株比率が約3分の1まで大幅に減少し，かつ，株価が著しく低下するという不測の危険が発生し**，債務者株式が株式市場における**投資対象として敬遠され，株価が長期にわたって低迷する可能性が高く**，その結果，3月28日以後の株式取得者には「受忍させるべきでない損害が生じるおそれがあるから，著しく不公正な方法」に当たるとしている（東京高決平成17・6・15判時1900号156頁．理論構成として抗告審決定に賛成する）．

　ブルドックソース事件では，買収を防衛し，企業価値・株主の共同の利益を保護するために，公開買付けをかけられた後，新株予約権無償割当てを認める定款変更をし，これに基づいて会社が，1株に3個の新株予約権を割り当て，一般株主は，1円を払い込むことにより1普通株を取得するが（公開買付者の所有割合はこれにより10.25％から2.82％になる），公開買付者は新株予約権を行使することができず，権利行使期間前に，会社が新株予約権1個につき当初の買付価格の4分の1に相当する対価で取得すると株主総会で決議したことは，株主平等原則に違反し，また著しく不

公正な方法なのか問題となった．最高裁は，① 会社の存立・発展を阻害するおそれが生ずるときには，差別的取り扱いも相当性を欠かない限り許され，また，② 事前に対応策が定められていないからといって，著しく不公正とはいえないと判示されている (最二小決平成19・8・7商事1809号16頁．東京高決平成19・7・9商事1806号40頁，東京地決平成19・6・28商事1805号43頁)．

3-3-93　**(2) 新株予約権 (新株予約権付社債) 発行無効の訴え**　平成17年改正前商法と異なり (新株予約権付社債発行の無効確認の訴えについては規定がなかったので，見解が分かれており [久保田安彦・判批・判タ1185号97頁]，東京高判平成15・8・20金判1196号35頁は，株主による発行後の無効の訴えの規定がおかれていないので，無効確認の訴えは不適法としていた)，新株予約権の発行無効の訴え (新株予約権付社債については，社債発行も無効となる) に関する規定が定められている．新株予約権の発行の効力が生じた日から6カ月以内 (非公開会社にあっては，新株予約権の発行の効力が生じた日から1年以内) に限り，訴えをもってのみ主張することができる (会828 I ④)．提訴権者は会社の株主等および新株予約権者である (会828 II ④)．被告は新株予約権を発行した株式会社である (会834④)．

3-3-94　**(3) 新株予約権発行不存在確認の訴え**　新株予約権の発行が存在しないことの確認は，訴えをもって請求することができる (会829③)．被告は会社である (会834⑮)．

3-3-95　**(4) 関係者の民事責任　(ア) 新株予約権者の責任**　新株予約権者は，次の場合には，会社に対し，支払義務を負う (会285 I)．この責任の追及には，代表訴訟が認められる (会847 I)．

　(a) 差額支払責任　新株予約権を行使した新株予約権者 (権利が行使されていないときは，まだ責任は生じない) は，① 取締役 (委員会設置会社にあっては，取締役または執行役) と通じて (責任を追及する者が立証責任を負う) 募集新株予約権につき金銭の払込みを要しないこととすることが「著しく不公正な条件」であるとき，その新株予約権の公正な価額を会社に対して支払う義務を負う (会285 I ①)．また，② 取締役と通じて「著しく不公正な払込金額」で募集新株予約権を引き受けたときは，その払込金額とその新株予約権の公正な価額との差額に相当する金額を会社に対して支払う義務を負う (会285 I ②)．これらは，会社法212条1項1号 [II-3-2-65] と同様の規定である．支払いがあると，それだけその他資本剰余金の額が増加する (計規21③)．

3-3-96　**(b) 財産価額不足てん補責任**　新株予約権を行使した新株予約権者は，給付した現物出資財産の価額がこれについて定められた価額に著しく不足する場合にはその不足額を会社に対して支払う義務を負う (会285 I ③)．52条1項 [II-1-10-2]・212条1項2号 [II-3-2-66] と同様の責任である．支払いがあると，それだけその他資本剰余金が増加する (計規21③)．現物出資財産を給付した新株予約権者が，当該現物出資財産の価額がこれについて定められた価額に著しく不足することにつき善意でかつ重大な過失がないときは，新株予約権の行使に係る意思表示を取り消すことができる (会285 II．なお会212 II参照)．

新株予約権者が現物出資価格てん補責任を負う場合において，取締役および証明者も責任を負うときには，これらの者は，連帯債務者とする（会286Ⅳ．なお会213Ⅳ参照）．

Ⅱ-3-3-97 **(ウ) 取締役の責任** ① 当該新株予約権者の募集に関する職務を行った業務執行取締役（委員会設置会社にあっては，執行役）その他当該業務執行取締役の行う業務の執行に職務上関与した者として法務省令で定めるもの（会施規60．会施規44と同一 [Ⅱ-3-2-67]），② 現物出資財産の価額の決定に関する株主総会の決議があったときは，当該株主総会に議案を提案した取締役として法務省令で定めるもの（会施規61．会施規45と同一），または，③ 現物出資財産の価額の決定に関する取締役会の決議があったときは，当該取締役会に議案を提案した取締役（委員会設置会社にあっては，取締役または執行役）として法務省令で定めるもの（会施規62．なお会施規46と同一）（以下取締役等という）は，会社に対し，当該不足額を支払う義務を負う（会286Ⅰ．なお会213Ⅰ [Ⅱ-3-2-67] 参照）．ただし，① 現物出資財産の価額について検査役の調査を経た場合，または，② 当該取締役等がその職務を行うについて注意を怠らなかったことを証明した場合には，責任を負わない（会286Ⅱ．なお会213Ⅱ参照）．

Ⅱ-3-3-98 **(ウ) 現物出資財産の価額の相当性の証明をした者の責任** 現物出資財産の価額の相当性の証明をした者は，不足額を支払う義務を負う．ただし，当該証明者が当該証明をするについて注意を怠らなかったことを証明したときは，この限りでない（会286Ⅲ．なお，会213Ⅲ参照）．

第4章　機　　関

第1節　総　　説

1　わが国の概要

I-4-1-1　株式会社には機関が分化していないものから完全に分化しているものまで用意されている．株式会社の社員（株主）は，会社の機関ではない（会590Ⅰ対照）．

　① どの株式会社にも会社の基本事項に関する意思を決定する必要機関として**株主総会がある**．立法論として株主総会無用論を唱える者（河村博『商法と株主総会無用論』362頁［1989年］）もいるが，非現実的であることは，多言を要しないであろう．

　② **非公開会社**では取締役会を設置する必要はなく（会327Ⅰ①），業務執行・代表機関として**取締役のみが存在する**会社が認められる（会326Ⅰ）．しかし，特例有限会社を除く**株式会社では，取締役会，会計参与，監査役，監査役会，会計監査人または委員会を，定款の定めによって置くことができる**（会326Ⅱ）．**特例有限会社**では，既存の有限会社の運営の継続性，安定性を確保するために設けられた例外的会社であるため，**監査役のみを設置することが認められている**（整備法17）．

　③ **公開会社，監査役会設置会社**および**委員会設置会社においては，取締役会の設置が強制される**（会327Ⅰ．会社法施行前からの株式会社は取締役会設置会社となる．整備法76Ⅱ）．取締役会が設置される場合には個々の取締役は，会社の機関である取締役会の構成員であって，自らは機関ではない．取締役会設置会社においては，取締役の中から会社の代表機関である**代表取締役**を選定しなければならない（会362Ⅲ）．

　④ 取締役会設置会社には，委員会設置会社を除き，監査機関である**監査役を置かなければならない**（会327Ⅱ）．取締役会設置会社では，多くの意思決定が取締役会で行われるので，株主に代わって監督する専門機関としての監査役が必要となるからである．ただし，**非公開会社であって会計参与設置会社**（会2⑧）においては，**監査役の設置が任意**である（会327Ⅱ但書・326Ⅱ）．この場合には，株主の変動が余りなく，会計の適正さを担保するための仕組みとして会計参与のほか，株主による監督を強化するための制度が定められるからである（［Ⅱ-4-8-33］会357Ⅰ・360・367・371Ⅱ・375Ⅰ・482Ⅳ［＝357Ⅰ］）．定款で監査役の設置を定めても，**非公開会社**（監査役会設置会社および会計監査人設置会社を除く）においては，定款で，**監査役の権限を会計監査権限に限定することができる**（会389Ⅰ．特例有限会社の定款には監査役の権限を会計監査に限定する定めがあるものとみなされる．整備法24）．このような会社は，監査役設置会社の

概念から排除される(会2⑨括弧書)[1]。

⑤ **大会社**(会2⑥)のうち，**非公開会社は監査役会を置く必要がないが，会計監査人を置かなければならず**(会328Ⅱ)．会計監査人設置会社(委員会設置会社を除く．会327Ⅲ括弧書)は，監査役を置かなければならない．会計監査人による会計監査の制度を有効に機能させるためには，監査対象である取締役からの会計監査人の独立性の確保が重要であり，そのためには，監査役による業務監査が不可欠と考えられるからである．従って会計監査人設置会社では，非公開会社であっても，監査役の権限を会計監査に限定することができない(会389Ⅰ括弧書)．**公開大会社の場合には，監査役会および会計監査人を置かなければならない**(会328Ⅰ)．**委員会設置会社では，監査委員会が存在するので，監査役は置かれず**(会327Ⅳ)，**会計監査人を置かなければならない**(会327Ⅴ)．2008年になってからは，監査役会設置会社に対し一定数の社外取締役の導入を義務付ける方向で行政庁が検討に入ったことが報道されている．

⑥ 委員会設置会社(会2⑫)では，取締役会の中に**指名委員会，監査委員会，報酬委員会**の3委員会が設置される．委員会も会社の機関である．委員会設置会社では，取締役は業務執行権を有せず(会415)，業務執行権を有しているのは執行役であり(会418)，取締役会は，執行役の中から**代表執行役**を選定する(会420Ⅰ)．したがって，現在の株式会社の機関設計を図示すると，表1のようになる．

表1　株式会社の機関設計

		大会社以外の会社		大会社
		会計監査人不設置	会計監査人任意設置	会計監査人強制設置
非公開会社	取締役会の不設置を選択	1 取締役 2 取締役+監査役 3 取締役+会計参与 4 取締役+監査役+会計参与	1 取締役+監査役 2 取締役+監査役+会計参与	1 取締役+監査役 2 取締役+監査役+会計参与
	取締役会の設置を選択	5 取締役会+監査役(会) 6 取締役会+会計参与 7 取締役会+監査役(会)+会計参与	3 取締役会+監査役(会) 4 取締役会+委員会等 5 取締役会+監査役(会)+会計参与 6 取締役会+委員会等+会計参与	3 取締役会+監査役(会) 4 取締役会+委員会等 5 取締役会+監査役(会)+会計参与 6 取締役会+委員会等+会計参与
		a 取締役会+監査役(会)	a 取締役会+監査役(会)	a 取締役会+監査役会

Ⅱ-4-1-2　(1)　**監査役の権限が会計監査に限定される監査役設置会社**　会計監査に限定された監査役設置会社が例外的に監査役設置会社に含められる場合がある(会38Ⅱ・388・436Ⅰ(438Ⅰ項・441ⅡⅣ)・495Ⅰ(497Ⅰ)・746・763Ⅰ・763・773Ⅰ・911Ⅲ)．この場合には，「監査役設置会社(監査役の監査の範囲を会計に関するものに限定する旨の定款の定めがある株式会社を含む．)」等の規定が設けられている．

公開会社	b 取締役会＋監査役（会）＋会計参与	b 取締役会＋委員会等 c 取締役会＋監査役（会）＋会計参与 d 取締役会＋委員会等＋会計参与	b 取締役会＋委員会等 c 取締役会＋監査役会＋会計参与 d 取締役会＋委員会等＋会計参与

・監査役（会）＝監査役または監査役会のいずれか選択可．
・委員会等＝指名委員会＋監査委員会＋報酬委員会＋執行役（いわゆる委員会設置会社（会2⑫））．

このほか，会社の機関には**検査役**があるほか（会33・94・307・316・358），種類株式発行会社においては，一定の事項を決定するために，種類株主から構成される**種類株主総会**を開催しなければならない場合がある．

2 外 国 法

4-1-3 英米法は単層構造を採用し，ドイツ法は二層構造を採用している．フランス法は，伝統的な単層構造（取締役会〔conseil d'administation〕制）とドイツ型の二層構造（業務執行委員会〔directoire〕・監査役会〔conseil de surveillance〕制）の選択制であるが，大抵のフランスの会社は単層構造を選択している．イタリアは，伝統的構造，ドイツ型の二層構造およびアメリカ法等から着想を得た単層構造の3つの選択制を採用している．株主総会はすべての国において共通であるが，それ以外の機関は異なるので，比較をする際には，注意する必要がある．

(a) **英米型──単層構造** わが国の委員会設置会社は，英米型に近い．

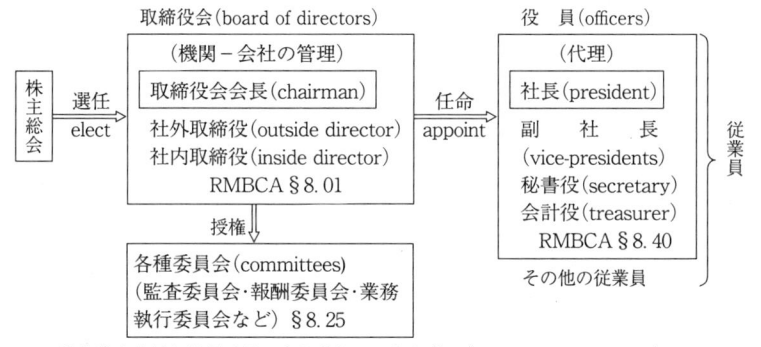

```
株主総会 ──選任elect──→ 取締役会（board of directors）
                        （機関─会社の管理）
                        取締役会会長（chairman）        ──任命appoint──→  役員（officers）
                        社外取締役（outside director）                    （代理）
                        社内取締役（inside director）                     社長（president）
                        RMBCA§8.01                                      副社長（vice-presidents）
                              │授権                                      秘書役（secretary）
                              ↓                                          会計役（treasurer）
                        各種委員会（committees）                          RMBCA§8.40
                        （監査委員会・報酬委員会・業務                    その他の従業員
                        執行委員会など）§8.25
```
＊取締役会会長と社長は同一人が兼ねることが多い（chief executive officer）

(b) **ドイツ型──二層構造**

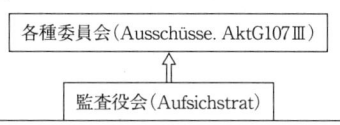

```
                各種委員会（Ausschüsse. AktG107Ⅲ）
                              ↑
                監査役会（Aufsichstrat）
    取締役会の選任・解任と業務執行の監督機関（AktG84・111）
    会長1名（Vorsitzender）・会長代理1名（Stellvertreter）（AktG107Ⅰ）．構成員は3名〜21名
```

338　第Ⅱ編　株式会社

(上限は資本金の規模により異なる．AktG95)．従業員2000人超の会社の場合，共同決定法[MitbestG]が適用される．この場合の監査役会は，従業員数によって異なる，次のような従業員代表(Arbeitnehmervertreter)と資本代表(Kapitalverterter)より構成される．

従業員数	従業員代表	従業員数	資本代表	選任
8千人以下 (直接選挙)	6名　(内労働組合代表2名) 8名　(内労働組合代表2名)	1万人以下 1万人超～2万人以下	6名 8名	株主総会
8千人超 (間接選挙)	10名　(内労働組合代表3名)	2万人超	10名	

↓

取締役会(Vorstand)

業務執行・代表機関(AktG76・78)
資本金が300万ユーロを超える会社の場合には，定款で1名としない限り，少なくても2名で構成される(AktG76Ⅱ)，共同決定法の適用がある場合には労働取締役(Arbeitsdirektor)の任命あり(MitbestG33)．

(c)　フランス
① 伝統的タイプ

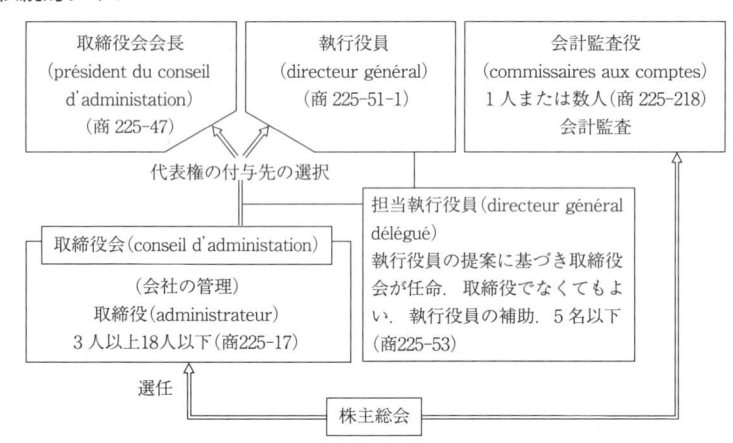

```
┌─────────────────┐  ┌─────────────┐  ┌─────────────────────┐
│ 取締役会会長         │  │ 執行役員     │  │ 会計監査役            │
│(président du conseil│  │(directeur   │  │(commissaires aux    │
│ d'administation)    │  │ général)    │  │ comptes)            │
│  (商225-47)         │  │ (商225-51-1)│  │1人または数人(商225-218)│
└─────────────────┘  └─────────────┘  │  会計監査            │
                                        └─────────────────────┘
        代表権の付与先の選択
                            ┌──────────────────────────┐
┌─────────────────────┐   │担当執行役員(directeur général│
│取締役会(conseil d'administation)│ délégué)                  │
│                         │   │執行役員の提案に基づき取締役   │
│   (会社の管理)           │   │会が任命．取締役でなくてもよ  │
│取締役(administrateur)   │   │い．執行役員の補助．5名以下  │
│3人以上18人以下(商225-17) │   │(商225-53)                 │
└─────────────────────┘   └──────────────────────────┘
        ↑選任
        ┌─────────┐
        │ 株主総会  │
        └─────────┘
```

② 二層構造

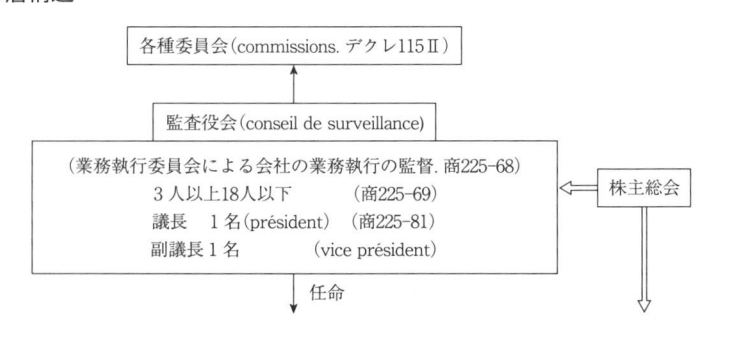

```
            ┌──────────────────────────┐
            │各種委員会(commissions. デクレ115Ⅱ)│
            └──────────────────────────┘
                        ↑
            ┌──────────────────────────┐
            │ 監査役会(conseil de surveillance) │
            └──────────────────────────┘
(業務執行委員会による会社の業務執行の監督. 商225-68)
     3人以上18人以下　　(商225-69)              ⇐ 株主総会
     議長　1名(président)　(商225-81)
     副議長1名　　　(vice président)
                        ↓任命
```

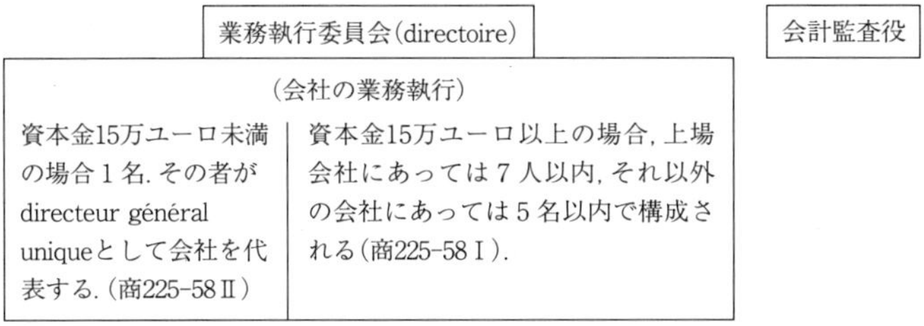

第4章 機　　関　第1節　総　　説　**339**

```
                ┌─────────────────────────────┐            ┌──────────┐
                │ 業務執行委員会(directoire)  │            │ 会計監査役 │
                │    (会社の業務執行)         │            └──────────┘
                ├──────────────┬──────────────┤
                │資本金15万ユーロ未満│資本金15万ユーロ以上の場合，上場│
                │の場合1名．その者が│会社にあっては7人以内，それ以外│
                │directeur général │の会社にあっては5名以内で構成さ│
                │uniqueとして会社を代│れる(商225-58 I)．            │
                │表する．(商225-58 II)│                             │
                └──────────────┴──────────────┘
```

(d)　**イタリア**（拙稿「イタリア株式会社法改正と株式会社の管理・監督機関」国際商事法務33巻7号931頁[2005年]）

① **伝統的方式** (il sistema tradizionale)

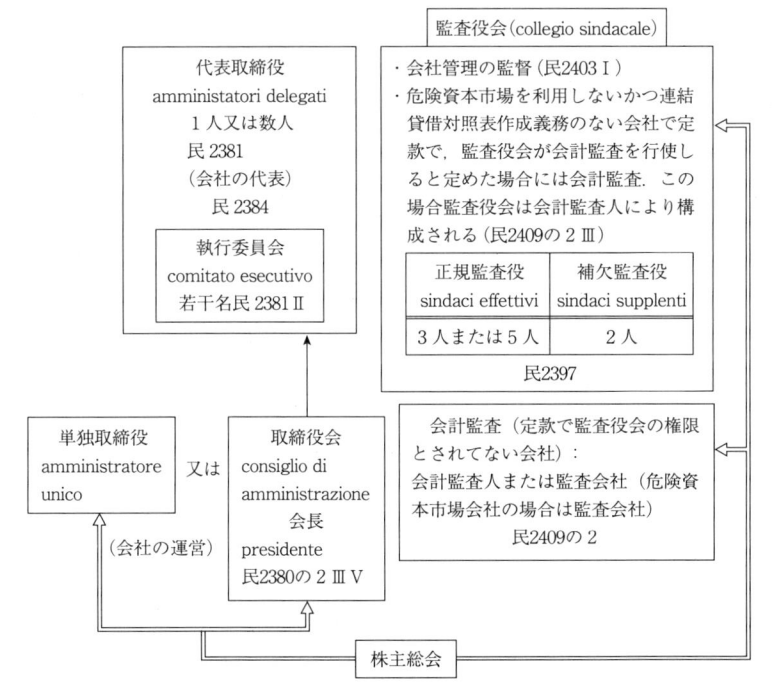

```
                        ┌────────────────┐      ┌─────────────────────────────────┐
                        │   代表取締役    │      │ 監査役会(collegio sindacale)   │
                        │amministratori  │      │・会社管理の監督(民2403 I)      │
                        │  delegati      │      │・危険資本市場を利用しないかつ連結│
                        │ 1人又は数人    │      │ 貸借対照表作成義務のない会社で定│
                        │  民2381        │      │ 款で，監査役会が会計監査を行使し│
                        │ (会社の代表)   │      │ ると定めた場合には会計監査．この│
                        │  民2384        │      │ 場合監査役会は会計監査人により構│
                        ├────────────────┤      │ 成される(民2409の2 III)        │
                        │  執行委員会    │      ├────────────────┬───────────────┤
                        │ comitato      │      │  正規監査役    │   補欠監査役  │
                        │ esecutivo     │      │sindaci effettivi│sindaci supplenti│
                        │若干名民2381 II │      │ 3人または5人   │      2人      │
                        └────────────────┘      └────────────────┴───────────────┘
                               ↑                              民2397
┌──────────────┐       ┌────────────────┐      ┌─────────────────────────────────┐
│ 単独取締役   │       │  取締役会      │      │会計監査（定款で監査役会の権限  │
│amministratore│ 又は  │consiglio di    │      │とされてない会社）：            │
│   unico      │       │amministrazione │      │会計監査人または監査会社（危険資│
└──────────────┘       │   会長         │      │本市場会社の場合は監査会社）    │
      ↑                │ presidente     │      │        民2409の2               │
      │                │民2380の2 III V │      └─────────────────────────────────┘
      │                └────────────────┘
      │  (会社の運営)        ↑
      └──────────────────────┴──── 株主総会 ────
```

② **二層式** (sistema dualistico)

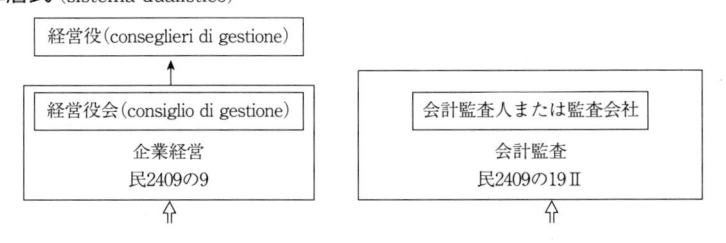

```
┌─────────────────────────────┐
│経営役(conseglieri di gestione)│
└─────────────────────────────┘
         ↑
┌─────────────────────────────┐    ┌─────────────────────────────┐
│経営役会(consiglio di gestione)│    │ 会計監査人または監査会社    │
│        企業経営             │    │        会計監査             │
│       民2409の9             │    │       民2409の19 II         │
└─────────────────────────────┘    └─────────────────────────────┘
         ⇧                                      ⇧
```

```
             ┌─────────────────────────────────────┐
             │ 新型監査役会(consiglio di sorveglianza) │
             ├─────────────────────────────────────┤
             │ ・経営役会構成員の任命・解任          │
             │ ・貸借対照表（連結貸借対照表）の承認   │
             │ ・会社管理の監督                     │
             │ ・経営役会構成員の責任の訴え等        │
             │         民2409の13                  │
             └─────────────────────────────────────┘
                          ↑
                    ┌──────────┐
                    │ 株主総会 │
                    └──────────┘
```

③ **単層式**（sistema monistico）

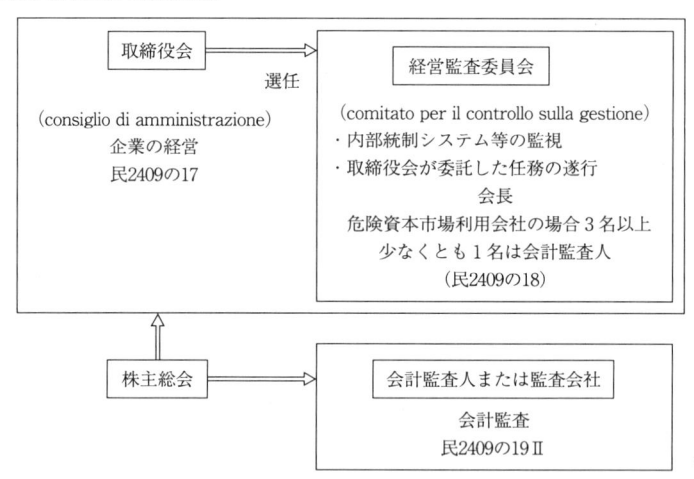

```
 ┌──────────┐
 │ 取締役会 │ 選任
 └──────────┘ ─────→ ┌────────────────────────────────────┐
                    │       経営監査委員会                │
 (consiglio di amministrazione)                          
       企業の経営                                         
       民2409の17                                         
                    │ (comitato per il controllo sulla gestione) │
                    │ ・内部統制システム等の監視          │
                    │ ・取締役会が委託した任務の遂行      │
                    │          会長                      │
                    │ 危険資本市場利用会社の場合3名以上   │
                    │ 少なくとも1名は会計監査人          │
                    │        （民2409の18）              │
                    └────────────────────────────────────┘
       ↑
 ┌──────────┐      ┌──────────────────────┐
 │ 株主総会 │ ───→ │ 会計監査人または監査会社 │
 └──────────┘      │      会計監査         │
                  │      民2409の19Ⅱ      │
                  └──────────────────────┘
```

第2節　株主総会

1　意　義

Ⅱ-4-2-1　株主総会〔英 general meetings：米 meeting of shareholders：独 Hauptversammlung：仏 assemblée d'actionnaires：伊 assemblea：西 junta general de accionistas〕は，株主によって構成され，株主の総意により会社の意思を決定する必要的機関である．議決権がある株主は株主総会に出席し，議決に参加する権利を有している．

株主総会の規制は，第1に，株式会社が取締役会非設置会社であるか，取締役会設置会社であるかにより，第2に，株式会社が公開会社であるか否かにより，第3に，議決権を有する株主数が1,000人以上か否かで，相違している．

表2　取締役会設置会社と非設置会社の相違点

	取締役会非設置会社	取締役会設置会社
総会の権限	会社に関する一切の事項について決議することができる（会295Ⅰ）	会社法に規定する事項および定款に定める事項に限り決議することができる（会295Ⅱ）
招集権者	取締役	取締役会決議に基づき，代表取締役または代表執行者
招集通知	書面・電磁的方法による必要がない（書面・電磁的方法を選択した場合を除く．会299Ⅱ①）	書面・電磁的方法による通知の発出が必要（会299Ⅱ②．電磁的方法＝株主の承諾要．会299Ⅲ）
株主提案権	単独株主権（303Ⅰ・304・305Ⅰ）	公開会社：総株主の議決権の100分の1（定款で緩和可）以上の議決権または300個（定款で緩和可）以上の議決権を6カ月（定款で緩和可）前から引き続き有する株主（会303Ⅱ・305Ⅰ） 非公開会社：継続所有要件不要（会303Ⅲ・305Ⅱ）
発送時期	非公開会社の場合には1週間を下回る期間を定款で定めることが可（会299Ⅰ．書面投票・電子投票の場合を除く）	公開会社：総会の日の2週間前まで（会299Ⅰ） 非公開会社：総会の日の1週間前まで（会299Ⅰ．書面投票・電子投票の場合を除く）
記載事項	議題がなければ記載・記録することを要しない	議題を記載・記録することを要する（会299Ⅳ参照）．議題以外は原則として決議不能（会309Ⅴ）
議決権の不統一行使	事前通知不要（313Ⅰ）	総会の日の3日前までに通知を行うことが必要（会313Ⅱ）
提供	計算書類・事業報告の提供不要	計算書類・事業報告，場合により監査報告・会計監査報告の提供を要する（会437）
検査役の選任権	総株主の議決権の100分の1以上の議決権を有する株主	公開会社：総株主の議決権の100分の1以上の議決権を6カ月前から引き続き有する株主（会306Ⅱ） 非公開会社：継続所有要件不要（会306Ⅱ）
中間配当	定款で中間配当をすることができる旨を定めることはできない	定款で中間配当をすることができる旨を定めることができる（会454Ⅴ）

　また，取締役会非設置会社においては，取締役会がないため，取締役会設置会社では取締役会の権限とされているものが，株主総会の権限とされているものがある．これには以下のものがある．

表3　取締役会非設置会社において株主総会の権限とされている事項

事項	根拠条文	取締役会非設置会社	取締役会設置会社
株式の譲渡承認・不承認の場合の指定買取人の指定	会139Ⅰ・140Ⅴ	株主総会	取締役会
自己株式の取得数等の決定	会157Ⅱ	株主総会	取締役会

定款に基づく市場取引等による自己株式の取得	会165Ⅱ・Ⅲ	株主総会	取締役会
取得する取得条項付株式の決定	会169Ⅱ	株主総会	取締役会
株式の分割	会183Ⅱ	株主総会	取締役会
募集株式の募集事項の決定	会199Ⅱ・201Ⅰ	株主総会	取締役会（公開会社）
譲渡制限株式の募集株式の割当て	会204	株主総会	取締役会
新株予約権の募集事項の決定	会238Ⅱ・240Ⅰ	株主総会	取締役会（公開会社）
募集新株予約権の割当て	会243Ⅱ	株主総会	取締役会
取得条項付新株予約権の取得日の決定	会273Ⅰ	株主総会	取締役会
取得する新株予約権の決定	会274Ⅱ	株主総会	取締役会

2 権　　限

Ⅱ-4-2-2　廃止以前の有限会社法の社員総会〔独 Gesellschafterversammlung：仏 assemblée d'associés：伊 assemblea dei soci：西 junta general de socios〕の権限については規定がなかったが，万能の機関であり，権限に特に制限はないと解されていた．これに対し，平成17（2005）年改正前商法の株主総会は，昭和25（1950）年改正で株主総会中心主義が放棄された結果，最高の機関であるが，商法および定款で定めた事項に限り，決議をする権限を有するに過ぎなかった（平成17年改正前商230ノ10）．このように株主総会の権限が縮小されたのは，株主は原則として会社事業の経営について知識・経験を有しないので，総会の法定決議事項を基本的な事項に限り，それ以外は，会社経営の専門家である取締役で構成される取締役会に委ねることが合理的であると考えられたことによる．

　会社法は，株式会社と有限会社を一体化したことから，**取締役会非設置会社の総会の権限**については，その会社は閉鎖的な小会社であることから，社員総会の権限と同じく，会社法に規定する事項および株式会社の組織，運営，管理その他**他株式会社に関する一切の事項**について決議することができるとする一方（会295Ⅰ），**取締役会設置会社の総会の権限**については，平成17（2005）年改正前商法と同様に，**会社法および定款で定める事項に限り，決議できる**としている（会295Ⅱ）．会社法が定める権限としては，① 役員（清算人）および会計監査人の選解任（会329Ⅰ・339Ⅰ・478Ⅰ③・479Ⅰ．ただし会108Ⅰ⑨・404Ⅰ参照），② 会社の基礎的変更に関する事項（会447Ⅰ・466・467Ⅰ・471③・473・783Ⅰ・795Ⅰ・804Ⅰ等．ただし468・784ⅠⅢ・796ⅠⅢ・805），③ **株主の重要な利益に関する事項**（会438Ⅰ・156Ⅰ・160Ⅰ・171Ⅰ・175Ⅰ・180Ⅱ・199Ⅱ・200Ⅰ・238Ⅱ等．ただし会439・201Ⅰ・240Ⅰ等），④ **取締役に委ねたのでは株主の利益が害されるおそれが高いと考えられる事項**（会356Ⅰ・361Ⅰ・379Ⅰ・387Ⅰ．ただし会409参照），および⑤ **計算書類の承認に関する事項**（会438Ⅱ．ただしこれには例外がある会439［*Ⅱ-5-4-35*］）

がある．取締役会非設置会社の定款で法定事項以外の事項につき総会の決議では定めることができない旨を定めることは可能である．また，取締役会設置会社の定款で，事柄の性質上，株主総会に権限を付与することが妥当ではない事項や法が株主総会以外の機関の権限とした事項を除き，限定なく株主総会の決議事項とすることができるというのが多数説である（久保大作「社会的目的による株主提案権の行使─試論─」企業法の理論上巻504頁）．改正前商法では，株式の譲渡承認を定款をもって株主総会の権限とすることができるか，または代表取締役に対する監督機能との関係で，代表取締役の選解任，あるいは業務担当取締役や従業員の選任・解任を含めて総会の決議事項となしうるか争いがあったが，会社法は，**取締役会設置会社において定款で株主総会の決議事項とすることができる事項**について特に制限を設けていない．これは，株式会社と有限会社とが統合されたことにより，実態は有限会社に近いのに，対外的関係を考慮して取締役会を設けるに過ぎない場合もあることから，各会社の選択に委ねたためである．

　会社法の規定により強行法的に株主総会の権限とされた事項は，定款をもってしても，これを株主総会以外の下位の機関の決定に委ねることはできない（会295Ⅲ）．しかしこれは，株主総会が決議をした上で，その決議の効力の発生を他の機関や第三者の承認等にかからしめることまで否定するものではない[2]（解説77頁，論点266頁）．株主総会の法定権限を第三者に委譲する旨の定款の定めは事業全部の経営の委任と同じであるからいちがいに無効とは言えないとする説もあるが（江頭293頁），疑問である（前田雅弘「意思決定の分配と定款自治」検証92頁）．

3　総会の招集

　総会は会議体であるから，会議を開催するには，招集権者が法定の手続に従って総会を招集〔米 call：独 Einberufung：仏 convocation：伊 convocazione：西 convocatoria〕することを要する．

4-2-4　（1）　**招集権者**　(ア)　**取締役による招集**　(a)　**取締役会設置会社以外の会社**においては，**取締役が単独**で，取締役が2人以上ある場合には，定款に別段の定めがなければ，取締役の**過半数**（取締役会制度が法定されていないので，電話等で過半数の賛成を得ることで足りる）をもって株主総会の招集を決定し（会348ⅡⅢ③），招集する[3]（会296Ⅲ）．

4-2-3　（2）　**改正前商法の議論**　改正前商法下では，決議の効力を第三者の同意・承認に係らしめる定款の効力について，外部に対する会社自治の自主的制限にすぎず，原始定款または総株主の同意による定款変更をもってすれば有効であるとする説と，これは，総会の決定権限を第三者に委ねた場合とそれほど変わると思われないので，個別の決議の場合と異なり，会社の自治の限界をこえるとする説（東京高決昭和24・10・31高民集2巻2号245頁［群馬県農機製造修理株式会社事件］は，取締役選任等の決議について知事の承認を得ることを要する旨の定款の規定は，法令に別段の定めがない限り，株式会社の本質に反し無効であるとする）が対立していた．

344 第Ⅱ編 株式会社

表4 株主総会と取締役会の会議体としての差異

	招集通知の時期	議題	特別利害関係人	代理出席	書面投票	議事録の閲覧等	決議の瑕疵を争う訴え
株主総会	公開・取締役会設置会社では会日の2週間前まで非公開・取締役会設置会社では会日の1週間前まで(299Ⅰ)	議題があるときは記載(299Ⅳ)取締役会設置会社では記載のない議題を決議できない(309Ⅴ)	・決議に参加できるが不当な決議は決議取消しの訴えの対象(831Ⅰ③)・特定の場合には議決権を行使できない(160Ⅳ・175Ⅱ等)	可(310)	あり(298Ⅰ③・Ⅱ)	株主・債権者は営業時間内いつでも可(会318Ⅳ)	決議取消しの訴え(831)決議無効確認の訴え(830Ⅰ)決議不存在確認の訴え(830Ⅱ)
取締役会	会日の1週間前まで(定款で期間短縮可)(368Ⅰ)	記載されない事項も議題となる	決議に参加できない(369Ⅱ)	なし	なし	監査役設置会社・委員会設置会社の株主は裁判所の許可を得て(371Ⅲ)債権者は取締役・監査役の責任追及に必要なとき裁判所の許可を得て(371Ⅳ)	決議無効確認の訴え

　(β) **取締役会設置会社**においては，取締役会の決議に基づいて(会298Ⅳ)，代表取締役が招集し(会349Ⅳ)，委員会設置会社においては取締役会の決議に基づいて(会416Ⅳ④)，代表執行役が招集する(会420Ⅲ＝349Ⅳ)．取締役会決議を欠く招集は，総会決議取消事由になる(通説・判例〔最一小判昭和46・3・18民集25巻2号183頁．特別な事情があるときは，総会決議の不存在となるとする判例として大阪高判平成3・9・20判タ767号224がある〕)．

Ⅱ-4-2-6　(b) **裁判所の命令による招集**　① 株式会社または**少数株主**の申立てにより株主総会に係る招集手続および決議の方法を調査させるために検査役が選任された場合(会307Ⅰ①．なお会976⑱参照〔Ⅱ-4-2-57〕)または② **少数株主**の**申立て**により会社の業務および財産の状況を調査するため検査役が選任された場合において(会359Ⅰ①．なお会976⑱参照)，裁判所が，**検査役の報告より，必要があると認めるときは**(株主総会を招集しないで，調査結果を株主に通知するよう命じることもできる．会307Ⅰ②・359Ⅰ②)．代表取締役(代表執行役)に対し，一定の期間内に株主総会〔米 court-ordered meeting〕を招集するよう命じることができる．株主総会の開催命令があるときには，

Ⅱ-4-2-5　(3) **定款で定める代表取締役の故障と招集権者**　定款で代表取締役を株主総会の招集権者としているが，その者に故障があった場合の招集権者に関する規定がない場合には，原則に戻って個々の取締役が招集できると解される(仙台高判平成7・11・24判タ909号242頁参照．旧法の有限会社法に関する)．

第4章 機　関 第2節 株主総会 **345**

代表取締役(代表執行役)は、取締役会の決議の有無にかかわらず、総会を招集する。代表取締役(代表執行役)は、報告の内容を総会で開示し(会307Ⅱ・359Ⅱ。なお会976④参照)、代表取締役(代表執行役)および監査役(監査役設置会社の場合)は、検査役の調査結果を調査し、その結果を総会に報告しなければならない(会307Ⅲ・359Ⅲ)。

4-2-7　**(イ) 少数株主による招集**　6カ月前から引き続き総株主の議決権の100分の3以上[4]を有する**公開会社の株主**(数人の株主が共同して要件を満たすこともできる)は、代表取締役(代表執行役。清算中の場合には清算人。会491)に対し、株主総会の目的たる事項および招集の理由を示して、株主総会の招集を請求することができる(会297Ⅰ)。定款で6カ月の要件と3％の要件を緩和することができる(会297Ⅰ括弧書)。**非公開会社の場合には、6カ月の継続保有を要しない**(会297Ⅱ)。会議の目的たる事項は、当該株主が議決権を行使することができる事項(会108Ⅰ③)でなければならない。

4-2-9　**(α)** 請求後遅滞なく総会招集の手続がなされないときは、請求をなした株主は、裁判所(会社の本店所在地の地方裁判所の管轄である[会868]。許可申請は、取締役または執行役が招集を怠っている事実を疎明して行う[会869]。裁判所は理由を付した決定をもって裁判をする[会871])の**許可を得て**(許可決定には不服申立ができない。会874④)、自らその**招集をなすことができる**(会297Ⅳ①、整備法14Ⅱ①)。

4-2-10　**(β) 請求後8週間**(定款で緩和可。平成14年改正前は6週間であったが、6週間内に通知を発出することは実務上極めて困難であるので、14年改正法は2週間繰り上げられている)**以内の日を総会の日とする招集通知が発せられないときにも同様である**(会297Ⅳ②、整備法14Ⅱ②)。裁判所への許可の申請の後に会社が同一議題で総会を招集しても、会社の招集する総会が右の8週間内の日を会日としない限り、裁判所は原則として申請を許可することができる(東京地決昭和63・11・2判時1294号133頁[国際航業事件]。ただし水戸地下妻支決昭和33・9・12商事123号13頁、横浜地決昭和54・11・27金判606号34頁[徳田錬磨工作所事件]参照)。取締役が定時総会の招集を怠っている場合には、計算書類の承認や取締役・監査役の任期満了による改選を目的とする定時総会を招集することも可能である(鈴木竹雄・商法研究Ⅲ67頁以下)。申請が権利の濫用にあたる場合には、裁判所は申

4-2-8　**(4) 100分の3以上の保有要件**　**(α)** 請求時から遡って6カ月間のいかなる時期でもその時々における総株主の議決権の100分の3以上を保有していなければならないというのが通説(大隅＝今井・中18頁)であるが、請求時における総株主の議決権の100分の3にあたる数の株式を請求時から遡って6カ月間保有していればよいと解する説(龍田節「株主の総会招集権と提案権(1)」法学論叢71巻1号65頁)や、そのどれかを満たせば足りるとの説(前田庸355頁)もある。龍田説に賛成する。**(β)** 少数株主が何時まで総株主の議決権の100分の3以上に当たる株式を有すべきかについては、その総会の終結までとする説(大隅＝今井・中25頁、河本・新注会(5)111頁)と招集する裁判が確定した時点までとする説(北沢310頁、前田庸355頁)とが対立している。後説は、いったん裁判所の許可を得て適法になされた招集がその後の事情で効力が否定されるというのでは、株主の期待を損なうことを根拠とする。**(γ) 特例有限会社の場合**には、定款に別段の定めがある場合を除き、総株主の議決権の**10分の1以上を有する株主が、**総会招集権を有する(整備法14Ⅳ)。

請を却下する（権利濫用の範囲については判例・学説ともに争いがある．水戸地下妻支決昭和34・10・12下民集10号10巻2168頁［東陽相互銀行事件］，東京高決昭42・8・1下民集18巻7＝8号876頁［三光ディーゼル工業事件］（権利の濫用を否定），神戸地尼崎支決昭和61・7・7判タ620号8頁［日本鍛工事件］）．裁判所の許可を得た少数株主は，その招集に必要な基準日を決め公告し，**自己の名で招集**の通知を行う．この場合に，招集すべき株主を確知するために，株主名簿を閲覧・謄写しうるほか，株主名簿の作成を待っていては裁判所の定めた期限までの総会招集が事実上不可能になるような場合には，株主名簿に代わり基準日現在の株主を確知しうる書類（名義書換請求書及びこれに対応する株券など）の閲覧・謄写をすることもできる（東京地決昭和63・11・14判時1196号146頁［新都心興産事件］）．招集および総会に必要な**費用は少数株主の負担**であるが，決議が成立した場合または取締役解任議案が否決された後に解任請求が認容された場合（会854）等，会社にとり有益な費用であったときは，合理的な額を会社に求償できる（民702）．少数株主が総会招集につき裁判所の許可を得れば，同一議題については，取締役会等は，もはや招集権を有しない．定款で総会の議長が定められている場合であっても，**総会の冒頭で議長の選出**を行うことが必要である（広島高岡山支決昭和35・10・31下民集11巻10号2329頁［中国鉄道事件］）．この総会では，裁判所によって許可された事項に限り決議できる（金沢地判昭和34・9・23下民集10巻9号1984頁［大北温泉株式会社事件］）．取締役が少数株主の総会招集請求に応じて招集した総会であれ，少数株主が自ら招集した総会であれ，総会では**会社の業務および財産の状況を調査する者を選任**することができる（会316Ⅱ．なお会976⑤参照）．

II-4-2-11　**(2) 招集の決定　(ア) 総説**　株主総会を招集するには，招集権者（会298Ⅰ・298Ⅳ参照）が，①　開催の**日時**および**場所**，②　株主総会の目的である事項（**議題**または**議事日程**［独 Tagesordnung：仏 ordre du jour］）があるときは，**議題**（「定款一部変更の件」，「第○○期剰余金配当の件」，「取締役○名選任の件」など），③　株主総会に出席しない株主が書面によって議決権を行使することができること（**書面投票**[5]［仏 vote par corres-

---

II-4-2-12　(5)　**書面投票**　①　株主総会の活性化のために，商法56（1981）年改正商法は，商法特例法上の「大会社で議決権を有する株主の数が1000人以上の会社」に書面投票制度を強制した（旧商特21の2・21の3）．もっともこの制度は，当分の間，上記会社で証券取引所に上場されている株式を発行しているものが株主総会の招集通知に委任状の用紙を添付して総株主に対し議決権の行使を第三者に代理させることを勧誘したときは，適用されないとされた（昭56改附則26）．②　書面投票制度は，株主（社員）の権利行使の機会の拡大に資する（委任状勧誘内閣府例の欠点も克服する．［II-4-2-65］参照）だけでなく，会社にとっても定足数［英米 quorum：仏 quorum：伊 quorum：西 quorum］の確保が容易になる利点があることから，平成13（2001）年改正法は，書面投票制度をすべての株式会社（および有限会社）に拡大したが，その採用を各株式会社の取締役会の決議（有限会社の場合には社員総会の決議）に委ねた（平成17年改正前商239ノ2Ⅰ1文，旧有38ノ3Ⅰ）．③　会社法は，**大会社でなくとも，株主**（完全無議決権株式の株主を除く）**の数が1000人以上の会社に対し書面投票制度を強制している**（会298ⅡⅢ）．ただし，会社が**金融商品取引所**（金商取法2ⅩⅥ）に上場されている株式を発行し

第4章 機　関　第2節　株主総会　*347*

pondance］）とするときは，その旨，④ 株主総会に出席しない株主が電磁的方法（会2㉞）によって議決権を行使することができること（**電子投票**[6]〔仏 vote electronique］）[7]とするときは，その旨，および④ **法務省令で定める事項**[8]を定めなければならない（会298Ⅰ⑤・491．なお67・325参照）．WEB 開示措置（会施規94Ⅰ）をとるときには，株主総会参考書類に記載しない事項を決める（会施規63③ホ [*Ⅱ-4-2-49*]）．

Ⅱ-2-16　（イ）**定時総会と臨時総会**　株主総会は，招集の時期によって，定時総会と臨時総会に分けられる．**定時総会**〔英 anuual general meeting：米 annual meeting：独 ordentliche Versammlung：西 junta general ordinaria〕は，毎事業年度の終了後一定の時期に招集される総会[9]であり（会296Ⅰ．なお会976⑱参照），**臨時総会**〔英 extraordinary general meeting：米 special meeting：独 außerordentliche Versammlung：西 junta general extraor-

ている株式会社であって，法務省令で定めるものである場合（株主の全部に対して金融商品取引法の規定に基づき総会の通知に際して委任状の用紙を交付することにより議決権の行使を第三者に代理させることを勧誘している場合．会施規64）は，書面投票制度は強制されない（会298Ⅱ但書）．この場合には，代理人を自力で見つけることができない株主も，代理人による議決権行使が可能となり，また，委任状勧誘内閣府令に基づき議決権行使書面および株主総会参考書類に相当する情報が開示されているからである．それ以外の会社においては，取締役（株主が総会を招集する場合には株主）が，書面投票（会298Ⅰ③）を定めたときには，**書面投票を利用できる**．

　書面投票を行うときは，議決権行使書面 [*Ⅱ-2-46*] に必要な事項を記載し，法務省令で定める時（株主総会の日時の直前の営業時間の終了時．議決権行使期限を定めたときはその特定の時．会施規69・63③ロ）までに当該記載をした議決権行使書面を株式会社に提出して行う（会311Ⅰ）．

Ⅱ-2-13　（6）**電子投票**　平成13（2001）年改正法は，すべての株式会社・有限会社に，株式会社の場合には取締役会決議（有限会社の場合には社員総会の決議）により，総会に出席しない株主（社員）に電子投票を初めて認めた（平成17年改正前商239ノ3Ⅰ本文，旧商特21の4Ⅱ，旧有38ノ4．なお平成17年改正前180Ⅲ，岩村充＝神田秀樹編『電子株主総会の研究』［弘文堂2003年］参照）．

　電子投票をするときは，政令（会令1Ⅰ⑦）で定めるところにより，株式会社の承諾を得て，法務省令で定める時（株主総会の日時の直前の営業時間の終了時．議決権行使期限を定めたときはその特定の時．会施規70・63③ハ）までに議決権行使書面に記載した事項を電磁的方法により，当該株式会社に提供して行う（会312Ⅰ）．株主が電磁的方法により招集通知を受けることを承諾した者であるときは，株式会社は，その株主が電磁的方法により議決権の行使を行うことについて，正当な事由がなければ，承諾を拒むことができない（会312Ⅱ）．

　電子投票にあっては「なりすまし」が問題となるが，現段階では，会社が招集通知に ID（議決権行使コード）と仮パスワードを記載・記録して株主に交付し，株主がこれを用いて電子投票サイトにログインさせる措置を講ずれば，なりすましがあっても会社は免責される．

　2005年には280社前後の上場会社が電子投票制度を採用している．電子投票制度は事実上個人株主しか利用できない（機関投資家の場合，株主名簿上の株主と実際の株主が異なるし，ID/PW は発行会社ごとに発行されるため，機関投資家は銘柄ごとにログイン・ログアウトを繰り返さなければならないからである）．

Ⅱ-2-14　（7）**議決権電子行使プラットフォーム**　非居住者投資家や年金基金・投資信託などの機関投資家が容易に議決権を電子行使できるよう，東証・日証協・Broadridge 社（米）の共同出資会社 ICJ〔Investor Communications Japan〕が，「議決権電子行使プラットフォーム」を開設し，上場会社（2007年：216社）が利用している（図1参照）．

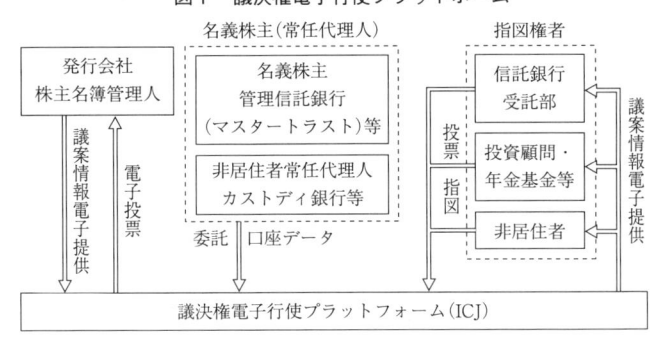

図1　議決権電子行使プラットホーム

［発行会社　株主名簿管理人］──議案情報電子提供／電子投票──［名義株主（常任代理人）：名義株主管理信託銀行（マスタートラスト）等／非居住者常任代理人カストディ銀行等］──委託・口座データ・投票・指図──［指図権者：信託銀行受託部／投資顧問・年金基金等／非居住者］──議案情報電子提供──［議決権電子行使プラットフォーム（ICJ）］

II-4-2-15　（8）**法務省令**　法務省令が定める事項とは，① **定時株主総会の開催日**が，イ　前事業年度の定時株主総会と著しく離れた日である場合，ロ　会社が公開会社であって，開催日がいわゆる「集中日」である場合には，その日時を決定した理由（ロに該当する場合にあっては特に理由がある場合に限る）（会施規63①），② **株主総会の開催場所**が過去に開催した場所と著しく離れた場所であり，かつ，その場所が定款で定められておらず，その場所で開催することについて株主総会に出席しない株主全員の同意が得られていない場合には，その場所を決定した理由（会施規63②），③ **書面投票**または**電子投票**を採用したときは，イ　株主総会参考書類に記載すべき事項（組織再編行為に際しての備置資料に関する事項は，必ずしも招集決定時に内容が確定しているわけではないので，除く），ロ　書面投票・電子投票の議決権行使期限を定めるときにはその特定の時（株主総会の日時以前の時であって，招集通知を発した時から2週間を経過した日以後の時に限る。定款に定めがある場合を除く），ハ　賛否の記載のない議決権行使書面が提出された場合の取扱いを定めたときは（会施規66Ⅰ②），その取扱いの内容（定款に定めがある場合を除く），ホ　WEB開示措置（会施規94Ⅰ）をとるときには，株主総会参考書類に記載しない事項（会施規63③イ〜ホ），④ **書面投票と電子投票**の双方を採用したときには，イ　電磁的方法による招集通知を承諾している株主の請求があった時に初めて議決権行使書面を交付（交付に代えて行う電磁的方法による提供を含む）することとするときは，その旨（なお会施規66Ⅱ参照），ロ　同一の議案について重複して議決権が行使され，かつ，その内容が異なる場合の取扱いを定めたときは，その事項（会施規63③へ・④），⑤ **議決権の代理行使**について代理権（代理人の資格を含む）を証明する方法，代理人の数その他代理人による議決権の行使に関する事項を定めるとき（定款に当該事項についての定めがある場合を除く）は，その事項（会施規63⑤），⑥ **議決権の不統一行使**に関する事前通知の方法を定めたとき（定款にその通知の方法についての定めがある場合を除く）は，その方法（会施規63⑥），⑦ **書面投票**または**電子投票**以外の場合において，次に掲げる事項が議題であるときは，その事項に係る**議案の概要**（議案が確定していない場合にあっては，その旨），イ役員等の選任，ロ役員等の報酬等，ハ払込金額またはその下限が特に有利な金額である募集株式の発行（会199Ⅲ・200Ⅱ），ニ特に有利な条件または特に有利な金額である募集新株予約権の発行（会238Ⅲ・239Ⅱ），ホ事業譲渡等，ヘ定款の変更，ト合併，チ吸収分割，リ吸収分割による他の会社がその事業に関して有する権利義務の全部または一部の承継，ヌ新設分割，ル株式交換，ヲ株式交換による他の株式会社の発行済株式全部の取得，ワ株式移転である（会施規63⑦）。

II-4-2-17　（9）**事業年度**　毎事業年度の終わりが決算期である。個人商人の場合には，所得税法の関係で，通常1月1日から12月31日までを1営業年度とし，12月31日が決算日で，2月16日から3月15日までの間に確定申告を行う（所税120）。これに対し会社は，**定款（任意的記載事項）**で**事業年度を自由に定めることができる**（法税13Ⅰ参照）。昭和49（1974）年の商法改正以前には半

dinaria〕は，必要のある場合に臨時に招集される総会[10]であるが（会296Ⅱ），その招集が強制される場合もある（会307Ⅰ①・359Ⅰ①・492Ⅲ）．わが国では決算期を基準日〔*II-2-5-81*〕と一致させるという通念があるため，大部分の上場会社では3月31日を決算期とし，定時総会は6月末に開催するという「日本独自の奇観」を呈している（**表5**参照．田中亘「定時株主総会はなぜ六月開催なのか」企業法の理論上巻415頁以下は，当該通念の弊害を指摘する．企業開示府令17Ⅰ①ロ・16Ｖ②も参照のこと）．株式会社はいつでも株主総会の決議によって剰余金の配当を決定することができるので，剰余金の配当は定時総会のみの権限であるとは言えない．

表5　決算期の分布

前回平成14年4月期～平成15年3月期
今回平成15年4月期～平成16年3月期

1．決算期別会社数

決算期	1年決算													半年決算			合計
	1月	2	3	4	5	6	7	8	9	10	11	12	合計	3,9月	6,12	計	
前回	81	252	4,330	50	91	97	30	67	165	40	62	852	6,107	5	2	7	6,114
今回	74	249	4,321	52	83	85	34	64	165	38	64	830	6,059	5	2	7	6,066

出典：JICPAジャーナル600号98頁

（ウ）**招集地**　平成17(2005)年改正前商法では，会社がわざと株主の出席に不便な地に招集することを防止するため，定款に別段の定めがある場合を除いて，本店の所在地またはこれに隣接する地（最小独立行政区画たる地域，すなわち市町村，東京都に限り区を含む）で招集しなければならないとされていたが（改正前商233），近年，株主の利便性を考慮し，本店所在地外の借会場を総会の開催場所として用いる会社が多いという実態等に鑑み，会社法はこれを削除している．外国にしか株主が存しない株式会社においては外国で株主総会を開催することや，出席株主数がきわめて多

年決算が行われていたが，同年改正で中間配当〔*II-5-4-91*〕が認められたことを契機に，大部分の会社は1年決算に移行している（**表5**参照）．法人の場合，確定申告は各営業年度（事業年度）終了の日の翌日から2カ月以内が原則であるが（法税74Ⅰ），株式会社の場合，決算期より3カ月以内に総会が招集されるので（通常，各会社の定款で，「定時総会は決算期の後3ヶ月内に招集する」とか，「定時総会は毎年6月に招集する」（決算期が3月末日のとき）というように定められている）．所轄税務署長に申請して1カ月の延長をなす特例が認められている（法税75の2）．なお製造業の場合，原価計算を行う関係上，会計年度とは別に原価計算期間（通常暦の1カ月）を設け，月次決算を行い，月次損益の営業利益を年次損益における1会計期間の営業利益に振り替える処理が行われる（なお〔*II-5-1-11*〕参照）．

(10)　**フランス・イタリアの分類**　フランスでは定款変更・国籍変更をする総会がassemblée général extaordinaireと呼ばれ，そうでない総会はすべてassemblée général ordinaireと呼ばれ，招集時期による区別をしない．イタリアの分類もこれに近く，定款変更，清算人の選任・解任・権限，法律で定められたその他の事項を決議する総会がl'assemblea straordinariaで，そうでないものがl'assemblea ordinariaである．

い株式会社において2カ所以上の場所で株主総会を開催することも（この場合には会議体としての一体性が確保される必要がある），特に定款に定めを設けることなく，行うことが可能である．総会の会場（**招集場所**）には会社の会議室とか貸し会場が使われることが多い．予想を上回る数の株主が来場した場合には，別の広い会場へ株主を誘導するか，延期する必要がある．会場から溢れた株主がいるのに議事を進めると，株主に議決権行使の機会を与えなかったとして，決議取消原因になる（会841Ⅰ①．最三小判昭和58・6・7民集37巻5号517頁［チッソ事件］＝会社法百選48事件参照）．開催場所を変更するにつき正当な理由があり，かつ変更につき相当な周知方法を講じたときは，会場を変更することは可能である（広島高松江支判昭和36・3・20下民集12巻3号569頁［キネマ館事件］．変更はできないとする東京地判昭和30・7・8下民集6巻7号1361頁［白木屋事件］は不当）．やむを得ない事情がなく，適切な措置もとらずに会場を変更してなされた総会の決議は不存在となりうる（大阪高判昭和58・6・14判タ509号226頁［カオル産業事件］）．

Ⅱ-4-2-20 (3) **提 案 権**　会社が総会を招集し，その総会で株主が審議してもらいたい事項が審議されるなら，少数株主が自ら総会を招集する必要はない．そこで昭和56(1981)年改正で株主の提案権が導入されている．**提案権は**① **議題追加権**，② **議案提出権及び**③ **議案の要領の通知請求権とから構成されている**．①③の権利は，口頭や電話でも行使することもできる（平成17年改正前商232ノ2対照）．

Ⅱ-4-2-21 (ア) **議題追加権** (a) **取締役会非設置会社**の株主は，取締役（または清算人）に対し，一定の事項を株主総会の目的とすることを請求することができる（**単独株主権**．会303Ⅰ・491．なお会976⑲参照．特例有限会社には会社法303条が不適用とされているが［整備法14Ⅴ］，立法の過誤であり，当然に適用がある．江頭305頁注5）．この権利を議題追加権という．請求できるのは，その株主が議決権を行使することができる事項に限られるので，無議決権株主はこの権利を行使できない．この場合には，(b)(c)の会社と異なり，議題追加権の対象は，株式会社の組織，運営，管理その他株式会社に関する一切の事項に及ぶほか（会295Ⅰ），権利の行使期限には制限がないので，株主総会の現場において議題追加権を行使し，新たに総会の目的となる事項を増やすことも可能である．

(b) **公開会社である取締役会設置会社**においては，総株主の**議決権**（一定の事項について議決権を行使することができない株主が有する議決権の数は算入されない．会303Ⅳ）の**100分の1以上の議決権または300個以上の議決権を6カ月前より引き続き有する株主**[11]**に限り**，取締役（または清算人）に対し，一定の事項を株主総会の目的とする

Ⅱ-4-2-22　(11)　**行使の要件**　6カ月は，株式取得の日と請求日［書面を提出した日］の間に，まる6カ月あることを意味し，株式取得日を算入しない．東京高判昭和61・5・15商事1079号42頁［日本電気事件］．持株要件をいつまで充足している必要があるかについては，議決権行使と同様に考え，基準日までとする説（前田庸363頁）もあるが，請求日は通常その日より後であるから，総会終結時までとする説（江頭303頁注2）に賛成する．

ことを請求することができる（なお会976⑲参照）．この場合においては，定款に別段の定めがない限り，その請求は，**株主総会の日の8週間**（平成14［2002］年改正前は6週間であった）**前までにしなければならない**（会303Ⅱ・491）．1％・300個要件，6カ月継続保有要件および8週間前要件のいずれも，定款で緩和することができる（会303Ⅱ括弧書）．

　議決権比率基準のほかに300個基準が定められているのは，公開会社においては議決権比率基準を満たすことが実際上困難なことを考慮したためである．議題追加権の対象は，(a)と異なり，**会社法に規定する事項および定款で定めた事項に限られる**（会295Ⅱ．久保大作「社会的目的による株主提案権の行使─試論─」企業法の理論上巻516頁は，社会的目的による株主提案権行使も，共有財産たる会社の人格的側面に関するものとして有効と主張している）．

　(c) 非公開会社である取締役会設置会社においては，議決権の**6カ月の継続保有要件を除き**，(b)と同様の要件で株主に議題追加権が許容される（会303Ⅲ・491）．継続所有要件がないのは非公開会社の性質を考慮したためである．

　取締役が請求に係る事項を株主総会の目的としなくても（なお会976⑲参照），取り消すべき決議は存在しないので，同じ総会でなされた他の決議に影響を及ぼさない（東京地判昭和60・10・29金判734号23頁［日本電気事件］）．

Ⅱ-4-2-23　**(イ) 議案提出権**　株主は，会議体のメンバーとして当然に，**株主総会において，株主総会の目的である事項**（当該株主が議決権を行使することができる事項に限る）につき議案を提出することができる．この場合の提案は，事実上会社の提案に対する**修正提案**または**反対提案**という形をとる．ただし，① **当該議案が法令もしくは定款に違反する場合**，または② **実質的に同一の議案につき株主総会において総株主**（当該議案について議決権を行使することができない株主を除く）**の議決権の10分の1**（定款で緩和可）**以上の賛成を得られなかった日から3年を経過していない場合は，この権利は認められない**（会304．特例有限会社にも適用があると解する．なお整備法14Ⅴ参照）．

Ⅱ-4-2-24　**(ウ) 議案の要領の通知請求権**　(a) 株主は，代表取締役（委員会設置会社の場合には代表執行役）に対し，株主総会の日の**8週間**（定款で緩和可）前までに，株主総会の目的である事項につき当該株主が提出しようとする**議案の要領を株主に通知すること**（書面投票の場合には株主総会参考書類に記載し，電磁的方法で通知する場合には電磁的記録に記録すること．会299ⅡⅢ）**を請求することができる**（会305Ⅰ本文）．この権利が行使されると，株主総会参考書類に株主提案の理由等が記載され（会施規93［Ⅱ-4-2-45］），議決権行使書面の賛否記載の対象となる（会施規66Ⅰ）．議案がなければ株主は書面によって議決権行使をすることができないから，議題のみの提案はできない．

　ただし，① その議案が法令もしくは定款に違反するとき，または② 実質的に同一の議案につき株主総会で総株主（当該議案について議決権を行使することができない株主を除く）の議決権の10分の1（これを下回る割合を定款で定めた場合にあっては，その割

合)以上の賛成を得られなかった日から3年を経過していないときは,この権利は認められない(会305Ⅳ).

(b) **公開会社である取締役会設置会社**においては,総株主の議決権(株主総会の目的である事項について議決権を行使することができない株主が有する議決権の数は算入されない.会305Ⅲ)の100分の1以上の議決権または300個以上の議決権を6カ月前より引き続き有する株主に限り,当該請求をすることができる(会305Ⅰ但書).1%・300個要件,6カ月継続保有要件および8週間前要件のいずれも,定款で緩和することができる(会305Ⅰ括弧書).

(c) **非公開会社である取締役会設置会社**においては,6カ月の継続保有要件を除き,(b)と同じ要件で株主に議案の要領の通知請求権が認められる(会305Ⅱ).

(イ)から(ウ)の規定に違反する(会975②参照)と決議取消の訴えの対象となる(会831Ⅰ①).

Ⅱ-4-2-25 **(4) 招集通知** (ア) **招集の時期と方法** 株主総会を招集するには,株主に出席の機会と準備の時間を与えるために,① **公開会社**にあっては,取締役は,**株主総会の日の2週間前まで**(発信日と会日とを算入せず,その間に14日以上あることをいう.大判昭和10・7・15民集14巻1401頁[關山製緒事件])に,各株主に対して通知を発しなければならないが(発信主義.会299ⅠⅣ),書面投票または電子投票制度を定めた会社を除き,**非公開会社は,株主総会の1週間前までに通知を発すれば足りる**(会299Ⅰ括弧書).これは,株主と会社との関係の緊密さを考慮したものである.非公開会社であって,その会社が**取締役会非設置会社の場合には,定款で1週間をさらに短縮することができる**(会299Ⅰ括弧書).各会社は自主的に期限より前に招集通知を発送することができる.**書面投票または電子投票を定めた場合には**,十分な考慮期間を設けることが望ましいので,2週間前までに発送しなければならず,**期間の短縮は認められない**(会299Ⅰ括弧書).② 通知は,**書面投票もしくは電子投票制度を定めた会社または取締役会設置会社にあっては書面**(会299Ⅱ)**によらなければならない**(会299Ⅲ)が,それ以外の会社では口頭・電話等で足りる[12].政令の定めるところにより株主の承諾を得れば(会令2Ⅰ②),書面による通知の発出に代えて,電磁的方法によることもできる(電子通知制度.会299Ⅲ).株主に対する通知は,基準日における株主名簿の株主に対し(会124Ⅰ),株主名簿に記載もしくは記録した住所またはその者が会社に通知した宛先(電磁的方法[13]による場合のメール・アドレスはこれに該当)に宛ててなす

Ⅱ-4-2-26 [12] **通知を要しない場合** ① 総会招集通知は,その総会において**議決権を行使することができない株主に対してなす必要はない**(会298Ⅱ・299Ⅰ参照).② **単位未満株主に対しても同様**である(会189Ⅰ).③ 基準日における株主名簿上の株主でも,すでに継続して**5年間通知および催告が到達しなかった者に対しては招集の通知をする必要がない**(会196Ⅰ).また④ **延期・継続の決議に基づいて後日開催される継続会についても,改めて通知する必要はない**(会317).

Ⅱ-4-2-27 [13] **電磁的方法による総会招集通知の不達** 株主から会社に通知された電子メールアドレスに

第4章 機　　関　第2節　株主総会　353

(会126Ⅰ・Ⅴ)。会社の専用ウェブサイトに招集通知を掲示して、何時でも株主は閲覧できる状態にした上、株主にその旨と掲示ウェブサイトのアドレス (URL) を電子メールで通知する方法も許容される。

　全国株懇連合会より定時株主総会招集通知モデルが公表されている (全国株懇連合会・モデル308頁)。

4-2-28　(イ)　**通 知 事 項**　招集権者が決定した事項 [*Ⅱ-4-2-11*] を通知する (会299Ⅳ)。取締役会設置会社の場合、議題 (定款により累積投票の請求を排除していない会社において、「取締役全員任期満了につき改選の件」と記載されているときには、特段の事情のない限り、従前の取締役と同数の選任をする旨の記載と解することができる。最一小判平成10・11・26金判1066号18頁＝会社法百選38事件) を招集通知に必ず記載・記録することが必要である。議題を招集通知に記載していなければ、決議をすることができないからである (会309Ⅴ。なお会298Ⅲ参照)。取締役会非設置会社では議題がある場合に限り、それを記載・記録すれば足りる (会298Ⅰ②)。旧商法特例法では、大会社で議決権を有する株主数が1,000人以上の会社には、法律により書面投票制度が強制されたので、招集通知に書面投票制度を採用している旨を通知する必要はないとされていたが (旧商特21の4Ⅰ。改正前商239ノ2の不適用)、会社法では、**書面投票・電子投票を採用する会社は常に採用している旨を通知しなければならない** (会299Ⅳ。会施規63③④)。

4-2-29　(ウ)　定時総会の招集の際の添付書類および備置き書類　① 株式会社が定時総会を招集する場合には、株主に、**計算書類や事業報告等を提出 (提供)** しなければならない (会437・444Ⅵ、会施規116④・117③、計規133・134。なお会509Ⅰ②参照)。提供すべき書類は会社によって異なる。計算規定の箇所で説明することにする ([*Ⅱ-5-4-26*] 参照)。また、② **計算書類や事業報告等** (臨時株主総会では臨時計算書類) **を本店に、その写しを支店に備え置かなければならない** (会442ⅠⅡ)。これも計算規定の箇所で説明することにする ([*Ⅱ-5-4-33*] 参照)。

4-2-30　(5)　**株主総会参考書類と議決権行使書面**　(ア)　総　説　(a) 取締役は、**書面投票**を認めるときには、総会の招集通知に際して、法務省令 (会施規65Ⅰ・66) で定めるところにより、株主に対し、議決権の行使について参考となるべき事項を記載した**株主総会参考書類** ([*Ⅱ-4-2-33*]～[*Ⅱ-4-2-45*]) および株主が議決権を行使するための書面である**議決権行使書面** [*Ⅱ-4-2-46*] を交付しなければならない (会301Ⅰ)。株主は、株主総会参考書類の内容を検討し、議決権行使書面 (平成21年2月6日全国株懇連合会理事会決定「「議決権行使書面の株式について」の改正について」商事1857号61頁参照) によって議決権を行使する。

　宛てて通知を発すれば、会社は免責されるのが普通であるが、会社に帰責事由がある場合には、総会決議の取消事由に該当する。もっとも会社が爾後、書面で招集通知を送って是正措置を講ずれば、招集通知期間が確保されていなくても裁判所の裁量棄却 (会831Ⅱ) により処理することもできる。

書面に代えて電磁的方法による通知の発出に承諾した株主に対しては，株主総会参考書類および議決権行使書面の交付に代えて，これらの書類に記載すべき事項を電磁的方法により提供することができる．これにより，株主総会招集コストの軽減が図られる．ただし，株主の請求があったときは，これらの書類を当該株主に交付しなければならない(会301Ⅱ)．

Ⅱ-4-2-31　(β) 取締役は，**電子投票を認める場合にも**，総会の招集通知に際して，法務省令で定めるところにより，株主に対し，株主総会参考書類を交付しなければならない(会302Ⅰ．なお会施規65Ⅰ参照)．書面に代えて電磁的方法による通知の発出に承諾した株主に対し電磁的方法により通知を発するときは，株主総会参考書類の交付に代えて，それに記載すべき事項を電磁的方法により提供することができ，また，この場合には，法務省令で定めるところにより，議決権行使書面に記載すべき事項を電磁的方法により提供しなければならない(会302ⅡⅢ)．旧商法特例法では大会社の場合，電磁的方法によって提供しても，議決権行使書面の交付義務を免除されなかったが(旧商特21ノ3Ⅱ)，コスト削減のため会社法は，これを廃止している．ただし，株主の請求があったときは，株主総会参考書類を当該株主に交付しなければならない(会302Ⅱ但書)．書面に代えて電磁的方法による通知の発出を承諾していない株主から株主総会の日の1週間前までに議決権行使書面に記載すべき事項の電磁的方法による提供の請求があったときは，法務省令で定めるところにより，直ちに，当該株主に対し，当該事項を電磁的方法により提供しなければならない(会301Ⅳ)．

　書面投票と電子投票を併用する場合には，株主総会参考書類を2通送付する必要はなく，1通の送付で足りる(会施規65Ⅱ)．

　なお，取締役は，株主総会参考書類に記載すべき事項について修正をすべき事情が生じた場合(印刷ミス，事情変更等)における修正後の事項を株主に周知させる方法を，招集通知と併せて通知することができる(会施規65Ⅲ)．

Ⅱ-4-2-32　(イ)　**金融商品取引法上の参考書類**　金融商品取引所に上場されている株式の発行会社の株式につき，自己または第三者にその議決権の行使を代理させることの勧誘をしようとする者は――勧誘者が発行会社またはその役員であれ，それらの者以外の者であれ――勧誘を受ける者に対し，勧誘と同時にまたはこれに先立って，**参考書類**を提供しなければならない(金商施36の2Ⅰ．なお金商194参照)．参考書類の内容等は法定されているが(上場株式の議決権の代理行使の勧誘に関する内閣府令(以下府令)1〜41)，会社法との重複を避けるため，株主総会参考書類等に記載されている事項等は参考書類に記載を要しないとされている(府令1Ⅱ〜Ⅳ)．

Ⅱ-4-2-33　(ウ)　**株主総会参考書類の記載事項**　(a)　総　説　株主総会参考書類には，①議案，②提案理由(議案が取締役の提案に係るものに限り，その決議に際して一定の事項の理由を説明しなければならない議案の場合における当該理由を含む)，③議案につき監査役が株主総会に報告すべき調査の結果があるときは(会384・389Ⅲ・[Ⅱ-4-8-22][Ⅱ-4-8-30]参

照），その結果の概要を記載しなければならない（会施規65Ⅰ・73Ⅰ①～③）．そのほか，④ 株主の議決権の行使について参考となると認める事項を記載することができる（会施規73Ⅱ）．同一の株主総会に関して株主に対して提供する株主総会参考書類に記載すべき事項のうち，他の書面に記載している事項または電磁的方法により提供する事項がある場合には，これらの事項は，株主総会参考書類に記載することを要しない．この場合には，他の書面に記載している事項または電磁的方法により提供する事項があることを明らかにしなければならない（会施規73Ⅲ）．また，同一の株主総会に関して株主に対して提供する招集通知または事業報告（会437）の内容とすべき事項のうち，株主総会参考書類に記載している事項がある場合には，当該事項は，招集通知または事業報告の内容とする必要はない（会施規73Ⅳ）．

-4-2-34　**(b) 会社提案の場合の記載事項**　記載事項は，「上場株式の議決権の代理行使の勧誘に関する内閣府令」の記載事項とほぼ同一である．そこで最初に，両者の関係の一覧表を挙げておく．

表6　委任状記載（記録）事項

議案	条文	議案	条文	議案	条文	議案	条文
取締役の 選任（会外）	2 [＝施74] 21	会計参与の 選任（会外）	3 [＝施75] 22	監査役の 選任（会外）	4 [＝施76] 23	会計監査人の 選任（会外）	5 [＝施77] 24
取締役の 解任（会外）	6 [＝施78] 25	会計参与の 解任（会外）	7 [＝施79] 26	監査役の 解任議案（会外）	8 [＝施80]	会計監査人の 解任・不再任（会外）	9 [＝施81]
取締役の 報酬等（会外）	10 [＝施82] 29	会計参与の 報酬等（会外）	11 [＝施83] 30	監査役の 報酬等（会外）	12 [＝施84] 31	会計監査人の 報酬等	

議案	条文	議案	条文
計算関係書類の承認	13 [＝施85]	新設分割契約の承認（会社外）	18 [＝施90] 36
事業譲渡等契約	38 [≒施92]		
吸収合併契約の承認（会社外）	14 [≒施86] 32	株式交換契約の承認（会社外）	16 [＝施88] 34
新設合併契約の承認（会社外）	17 [＝施89] 35	株式移転計画の承認（会社外）	19 [＝施91] 37
吸収分割契約の承認（会社外）	15 [＝施87] 33		

（注）1　（会外）とは，勧誘が会社によりまたは会社のために行われる場合以外の場合を意味し，（会外）がないときには，会社によりまたは会社のために勧誘が行われる場合を意味する．
　　　2　単なる数字は委任状規の条文数を示す．施は会施規を示す．

-4-2-35　① **取締役の選任議案の場合**　a 候補者の氏名，生年月日および略歴，b 就任の承諾を得ていないときは，その旨（会施規74Ⅰ．なお府令2Ⅰ参照），c 会社が公開会社であるときは，(i) 候補者の有する会社の株式の数（種類株式発行会社にあって

は, 株式の種類および種類ごとの数), (ii) 候補者が選任された場合において重要な兼職(会施規121⑦) に該当する事実があることとなるときは, その事実, (iii) 会社との間に特別の利害関係があるときは, その事実の概要, (iv) 現に会社の取締役であるときは, その会社における地位および担当 (会施規74Ⅱ. なお府令2Ⅱ参照), d 会社が公開会社であり, かつ, 他の会社の子会社であるときは, (i) 候補者が現に当該他の会社 (当該他の会社の子会社 (当該会社を除く) を含む) の業務執行者であるときは, 当該他の会社における地位および担当, (ii) 候補者が過去5年間に当該他の会社の業務執行者であることを会社が知っているときは, 当該他の会社における地位および担当 (会施規74Ⅲ. なお府令2Ⅲ参照), e 候補者が社外取締役候補者[14]であるときは, (i) 当該候補者が社外取締役候補者である旨, (ii) その候補者を社外取締役候補者とした理由, (iii) その候補者が現に会社の社外取締役 (社外役員 [会施規2Ⅲ③] に限る) である場合において, その候補者が最後に選任された後在任中に当該会社において法令または定款に違反する事実その他不当な業務の執行が行われた事実 (重要でないものを除く) があるときは, その事実および当該事実の発生の予防のために当該候補者が行った行為および当該事実の発生後の対応として行った行為の概要 (なお会施規124④二参照), (iv) 候補者が過去5年間に他の株式会社の取締役, 執行役または監査役に就任していた場合において, 在任中に当該他の株式会社において法令または定款に違反する事実その他不当な業務の執行が行われた事実があることを会社が知っているときは, その事実 (重要でないものを除き, 候補者が当該他の株式会社における社外取締役または監査役であったときは, 当該事実の発生の予防のために当該候補者が行った行為および当該事実の発生後の対応として行った行為の概要を含む), (v) 候補者が過去に社外取締役または社外監査役となること以外の方法で会社 (外国会社を含む) の経営に関与していない者であるときは, 当該経営に関与したことがない候補者であっても社外取締役としての職務を適切に遂行することができるものと会社が判断した理由, (vi) 候補者が次のいずれかに該当することを会社が知っているときは, その旨 (イ 当該株式会社の特定関係事業者 [会施規2Ⅲ⑲] の業務執行者であること, ロ 当該株式会社または当該株式会社の特定関係事業者から多額の金銭その他の財産 (これらの者の取締役, 会計参与, 監査役, 執行役その他これらに類する者としての報酬等を除く) を受ける予定があり, または過去2年間に受けていたこと, ハ 当該株式会社または当該株式会社の特定関係事業者の業務執行者の配偶者, 3親等以内の親族その他これに準ずるものであること (重要でないものを除く), ニ 過去5年間に当該株式会社の特定関係事業者の業務執行者となったことがあること, ホ 過去2年間に

Ⅱ-4-2-36　[14]　**社外取締役候補者**　社外取締役候補者とは, ① 過去・現在, 会社またはその子会社の業務執行取締役もしくは執行役または支配人その他の使用人でなく, ② 就任後に, 会社の業務執行取締役, 執行役または使用人とする予定がなく, かつ, ③ その者を社外取締役とする予定があり, かつ, 会社の社外取締役として計算関係書類, 事業報告, 株主総会参考書類その他会社が法令その他これに準ずるものの規定に基づき作成する資料に表示する予定がある候補者をいう (会施規2Ⅲ⑦. なお府令2Ⅳ参照).

第4章 機 関 第2節 株主総会 357

当該株式会社が合併，吸収分割，新設分割または事業の譲受けにより他の株式会社がその事業に関して有する権利義務を承継または譲受けをした場合において，当該合併等の直前に当該株式会社の社外取締役または監査役でなく，かつ，当該他の株式会社の業務執行者であったこと），(vii) 候補者が現に会社の取締役または監査役であるときは，これらの役員に就任してからの年数，(viii) 当該候補者と当該株式会社との間で責任限定契約を締結しているときまたは当該契約を締結する予定があるときには，その契約の内容，(ix) (i)から(viii)に関する記載についてのその候補者の意見があるときは，その意見要旨を記載しなければならない（会施規74Ⅳ．なお府令2Ⅳ参照）。ただし，会社が非公開会社の場合には(iii)から(vii)の事項を記載する必要はない（会施規74Ⅳ括弧書）。

-4-2-37　② **会計参与の選任議案の場合**　a 候補者が公認会計士（外国公認会計士を含む．以下同じ）または税理士である場合には，その氏名，事務所の所在場所，生年月日および略歴，候補者が監査法人または税理士法人である場合には，その名称，主たる事務所の所在場所および沿革（会施規75①．なお府令3①参照），b 就任の承諾を得ていないときは，その旨（会施規75②．なお府令3②参照），c 会計参与の選任について会計参与の意見（会345Ⅰ）があるときは，その旨（会施規75③．なお府令3③参照），d 候補者が過去2年間に業務停止の処分を受けた者である場合における当該処分に係る事項のうち，会社が株主総会参考書類に記載することが適切であるものと判断した事項（会施規75④．なお府令3④参照）。

-4-2-38　③ **監査役の選任に関する議案の場合**　a 候補者の氏名，生年月日および略歴，b 株式会社との間に特別の利害関係があるときは，その事実の要旨，c 就任の承諾を得ていないときは，その旨，d 監査役の請求により，監査役の選任が議題または議案として提出されたものであるときは，その旨，e 監査役の選任につき監査役の意見があるときには，その意見の内容の概要（会施規76Ⅰ．なお府令4Ⅰ参照），f 株式会社が公開会社であるときは，(i) 候補者の有するその株式会社の株式の数（種類株式発行会社にあっては，株式の種類および種類ごとの数），(ii) 候補者が選任された場合に重要な兼職（会施規121⑦）に該当する事実があるときは，その事実，(iii) 現にその株式会社の監査役であるときは，その会社における地位および担当（会施規76Ⅱ．なお府令4Ⅱ参照），g 会社が公開会社であり，かつ，他の会社の子会社であるときは，(i) 候補者が現に当該他の会社（当該他の会社の子会社（当該株式会社を除く）を含む）の業務執行者であるときは，当該他の会社における地位および担当，(ii) 候補者が過去5年間に当該他の会社の業務執行者であったことを会社が知っているときは，当該他の会社における地位および担当（会施行規76Ⅲ．なお府令4Ⅲ参照）．h 候補者が社外監査役候補者[15]であるときは，(i) その候補者が社外監査役候補

-4-2-39　[15] **社外監査役候補者**　社外監査役候補者とは，次に掲げるいずれにも該当する候補者をいう（会施規2Ⅲ⑧．なお府令4Ⅳ参照）．① 当該候補者が過去に当該株式会社またはその子会社の取締役，会計参与（会計参与が法人であるときは，その職務を行うべき社員）もしくは執行

者である旨，(ii) その候補者を社外監査役候補者とした理由，(iii) その候補者が現にこの株式会社の社外監査役 (社外役員 [会施規 2 Ⅲ⑤] に限る) である場合において，その候補者が最後に選任された後在任中に当該会社において法令または定款に違反する事実その他不当な業務の執行が行われた事実 (重要でないものを除く) があるときは，その事実ならびに当該事実の発生の予防のために当該候補者が行った行為および当該事実の発生後の対応として行った行為の概要，(iv) その候補者が過去 5 年間に他の株式会社の取締役，執行役または監査役に就任していた場合において，その在任中に当該他の株式会社において法令または定款に違反する事実その他不正な業務の執行が行われた事実があることを会社が知っているときは，その事実 (重要でないものを除き，その候補者が当該他の株式会社における社外取締役または監査役であったときは，当該事実の発生の予防のために当該候補者が行った行為および当該事実の発生後の対応として行った行為の概要を含む) (会施規76Ⅳ④．なお，府令 4 Ⅲ参照)，(v) その候補者が過去に社外取締役または社外監査役となること以外の方法で会社 (外国会社を含む) の経営に関与していない者であるときは，当該経営に関与したことがない候補者であっても社外監査役としての職務を適切に遂行することができるものと会社が判断した理由 (会施規76Ⅳ⑤．なお，府令 4 Ⅴ参照)，(vi) 当該候補者が次のいずれかに該当するときは，その旨．イ 当該株式会社の特定関係事業者の業務執行者であること，ロ 当該株式会社または当該株式会社の特定関係事業者から多額の金銭その他の財産 (これらの者の取締役等としての報酬等を除く) を受ける予定があり，または過去 2 年間に受けていたこと，ハ 当該株式会社または当該株式会社の特定関係事業者の業務執行者の配偶者，3 親等以内の親族その他これに準ずるものであること (重要でないものを除く)，ニ 過去 5 年間に当該株式会社の特定関係事業者の業務執行者となったことがあること，ホ 過去 2 年間に当該株式会社が合併等により他の株式会社の事業に関して有する権利義務を承継し，または譲り受けた場合において，当該合併等の直前に当該株式会社の社外取締役または監査役でなく，かつ，当該他の株式会社の業務執行者であったこと (会施規74Ⅳ⑥．なお，府令 4 Ⅵ参照)．i 当該候補者が現に当該会社の監査役であるときは，監査役に就任してからの年数 (会施規74Ⅳ⑥．なお，府令 4 Ⅶ参照)，j 当該候補者と当該株式会社との間で責任限定契約を締結しているときまたはその契約を締結する予定があるときには，その契約の内容 (会施規74Ⅳ⑧．なお，府令 4 Ⅷ参照)．k a から j の記載について候補者に意見があるときは，その意見を記載しなければならない (会施規74Ⅳ⑨．なお，府令 4 Ⅸ参照．ただし株式会社が非公開会社である場合にはh(iii)から i までに掲げる事項を除く)．

　役または支配人その他の使用人となったことがないこと，② 当該候補者を社外監査役とする予定があるか，その者を社外監査役として計算書類，事業報告，株主総会参考書類その他株式会社が法令その他これに準ずるものの規定に基づき作成する資料に記載しまたは記録する予定があることである．

④ **会計監査人の選任に関する議案の場合**　a 候補者が公認会計士であるときは，その氏名，事務所の所在場所，生年月日および略歴，候補者が監査法人であるときは，その名称，主たる事務所の所在場所および沿革を記載し，b 就任の承諾を得ていないときは，その旨，c 監査役の請求により，会計監査人の選任が議案または議題として提出されたものであるときは，その旨，d 会計監査人が会計監査人の選任について意見があるときはその要旨，e 当該候補者が現に業務停止の処分を受け，その停止の期間を経過しない者であるときは，当該処分に係る事項，f 当該候補者が過去2年間に業務停止の処分を受けた者であるときは，当該処分に係る事項のうち，株主総会参考書類に記載することが適切であると判断した事項，g 株式会社が公開会社である場合において，当該候補者が当該株式会社，その親会社または当該親会社（親会社がない場合には当該株式会社）の子会社もしくは関連会社（当該親会社が会社でない場合におけるその子会社および関連会社に相当するものを含む）から多額の金銭その他の財産上の利益（これらの者から受ける会計監査人（会社法以外の法令の規定によるこれに相当するものを含む）としての報酬等および公認会計士法2条1項に規定する業務の対価を除く）を受ける予定があり，または過去2年間に受けていたときは，その内容（会施規77．なお，府令5参照）。

⑤ **取締役・会計参与・監査役の解任および会計監査人の解任または不再任に関する議案の場合**　株主総会参考書類には，それぞれ表7に掲げた事項を記載しなければならない（なお会施規126⑨，府令6～9参照）。

表7　解任対象者と記載事項

記載事項＼対象者	氏名	解任の理由（会計監査人の場合には不再任を含む）	意見があるとき	議案が監査役の請求によって提出されたものであるとき	根拠条文
取締役	氏名	○			会施規78
会計参与	氏名または名称	○	意見の内容の概要		会施規79
監査役	氏名	○	意見の内容の概要		会施規80
会計監査人	氏名または名称	○	意見の内容の概要	議案は監査役の請求により提出されたものである旨	会施規81

⑥ **取締役・会計参与および監査役の報酬等に関する議案の場合**　株主総会参考書類には，それぞれ表8に掲げた事項が記載されなければならない（会施規82～84．

表8　報酬等に関する議案の場合の記載事項

	取締役	会計参与	監査役
①算定の基準	○	○	○
②基準を変更する場合には変更の理由	○	○	○

③ 議案が2人以上のときは，員数	○	○	○
④ 議案が退職慰労金のときは，各々の略歴	○	○	○
⑤ 一定の基準に従い退職慰労金の額を決定することを第三者に一任するものであるときは，その基準の内容（各株主が当該基準を知ることができるようにするための適切な措置を講じている場合は，不要）	○	○	○
⑥ 意見があるときには，その意見の内容の概要	×	○	○

なお府令10〜12参照）。なお，取締役の報酬等に関しては，株式会社が公開会社で，かつ，取締役の一部が社外取締役（会施規2Ⅲ⑤）（社外役員に限る）であるときは，議案の理由ならびに①から③までに掲げる事項のうち社外取締役に関するものは，社外取締役以外の取締役と区別して記載しなければならない（会施規82Ⅲ。なお府令10Ⅲ参照）。

Ⅱ-4-2-42-2　⑦ **責任免除を受けた役員等に対して退職慰労金等を与える議案等**　責任を免除しまたは責任を負わないとされた役員等に対して退職慰労金その他財産上の利益を与える株主総会の承認決議に関する議案を提出するときは（会425Ⅴ・426Ⅵ），当該役員等が得る額（会施規114）および当該役員に与える財産上の利益（会施規115）の内容を記載しなければならない（会施規84の2）。

Ⅱ-4-2-43　⑧ **計算関係書類の承認に関する議案の場合**　取締役が計算関係書類の承認に関する議案を提出する場合において，a　計算書類等の法令・定款の適合性について会計監査人と監査役とで意見を異にするときには，会計監査人の意見の内容，b　会社が取締役会設置会社である場合において，取締役会の意見があるときは，その意見の内容の概要を記載しなければならない（会施規85。なお府令13参照）。

Ⅱ-4-2-44　⑨ **事業譲渡等に係る契約の承認に関する議案等**　事業譲渡等に係る契約の承認に関する議案（会施規92［V-1-4-8］。なお府令20・38参照）および合併等の承認議案（会施規86〜92。なお府令32〜37参照）については［V-1-4-95］参照。

Ⅱ-4-2-45　(c) **株主提案の場合の記載事項**　① 議案が株主の提案に係るものである旨，② 議案に対する取締役（取締役会設置会社である場合にあっては取締役会）の意見があるときは，その意見の内容（株主の提案理由等の記載分量は制限しつつ，取締役会の反対意見はその分量を大きく超えて記載することも，合理的範囲であれば許容される。太田洋「株主提案と委任状勧誘に関する実務上の諸問題」商事1801号28頁），③ 株主が提案権（会305Ⅰ）の行使の際に提案理由を会社に対して通知したときは，その理由（理由が明らかに虚偽である場合，または専ら人の名誉を侵害し，もしくは侮辱する目的によるものと認められる場合を除く），および④ 議案が，取締役，会計参与，監査役または会計監査人の選任に関するものである場合において，株主が提案権の行使の際に会社法施行規則74条・75条・76条または77条に規定する事項（当該事項が明らかに虚偽である場合におけるその事項を除く）を会社に対して通知したときは，その内容を記載しなければならない。ただし，

③または④に掲げる事項が株主総会参考書類にその全部を記載することが適切でない程度の多数の文字，記号その他のものをもって構成されている場合（株式会社がその全部を記載することが適切であるものとして定めた分量を超える場合を含む）にあっては，その事実の概要で足りる（会施規93Ⅰ．旧商施規17条と異なり400字の字数制限はない．会社によって株主数等の事情が異なるため，一律に画一的な形式基準を設けることは適切でないためと説明されている）．

　2以上の株主から同一の趣旨の議案が提出されている場合には，その議案およびこれに対する取締役（取締役会設置会社である場合にあっては，取締役会）の意見の内容は，各別に記載することを要しないが，2以上の株主から同一の趣旨の提案があった旨を記載しなければならない（会施規93Ⅱ）．2以上の株主から同一の趣旨の提案理由が提出されている場合には，その提案理由は，各別に記載することを要しない（会施規93Ⅲ）．

(ウ) **議決権行使書面** 議決権行使書面には，① 議案ごとに，株主が賛否を記載する欄[16]，② 何の記載もなされない書面が会社に提出されたときに，各議案について賛成，反対または棄権のいずれかの意思表示があったものとして取り扱うか定めたときは（会施規63③ニ），その取扱いの内容，③ 同一の議案について重複して議決権が行使され，かつ，その内容が異なる場合の取扱いを定めたときは（会施規63③ヘ・④ロ），その事項，④ 議決権行使期限，⑤ 議決

図2　議決権行使書の返送率（2004年）

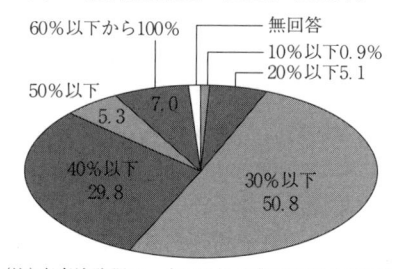

区分	割合
無回答	—
10%以下	0.9%
20%以下	5.1
30%以下	50.8
40%以下	29.8
50%以下	5.3
60%以下から100%	7.0

(注) 商事法務調べ．全国上場企業2526社（新興市場除く）のうち回答を得た1924社が対象
出典：日本経済新聞2005年6月10日

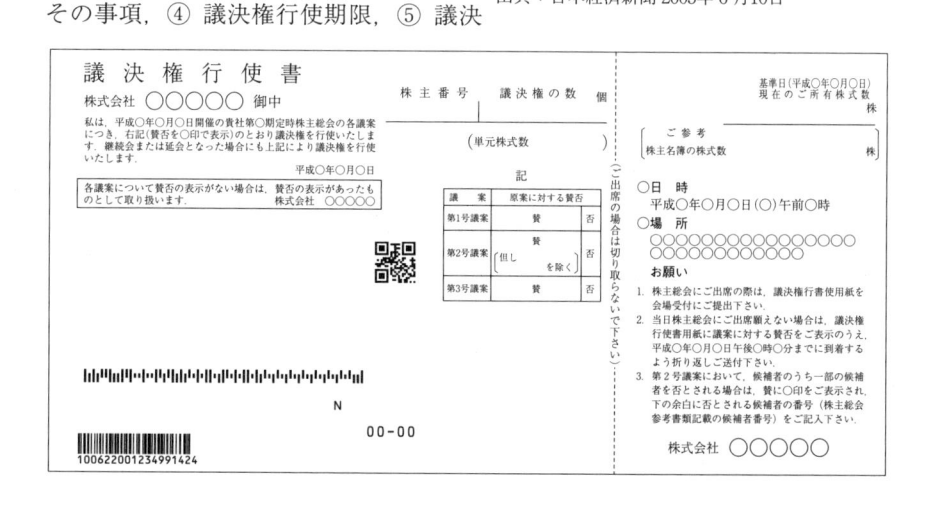

権を行使すべき株主の氏名または名称および行使することができる議決権の数を記載しなければならない[17]（会施規66Ⅰ）。なお平成21年2月6日全国株懇連合会理事会決定「「議決権行使書面の株式について」の改正について」商事1857号61頁参照。

① 賛否の欄のほか，棄権の欄を設けることもできる（会施規66Ⅰ①）。役員等の選任または解任に関する議案において2以上の提案がされているときは，欄は，株主が各候補者または各役員等ごとに記載をすることができるものでなければならない．会計監査人の不再任に関する議案において2名以上の会計監査人が提案されているときも同様である（会施規66Ⅰ①）．

書面による通知の発出に代わる電磁的方法による通知の発出を承諾した株主に対しては，株主の請求があった時に議決権行使書面の交付・電磁的方法による提供をする旨の定めをしたときは（会施規63④イ），その株主の請求があった時に，交付・提供をしなければならない（会施規66Ⅱ）．

Ⅱ-4-2-49　(エ)　**WEB開示制度**　株主総会参考書類をインターネットにより株主に開示する旨の定款の定めがあるときには，その措置を取ることにより株主への提供に代えることができる（会施規94Ⅰ）．このためには，総会招集通知の発出の時から総会の日から3カ月が経過する日までの間，継続してインターネットのホームページに掲載するとともに，当該ホームページのアドレスを株主総会参考書類に記載しなければならない（会施規94Ⅰ・Ⅱ．なお会施規63③ホ参照）．ただし，① 議案および② 監査役または監査委員会がWEB開示の対象とすることに異議を述べた株主総会参考書類記載事項は，WEB開示の対象とすることができない（会施規94Ⅰ①④・133Ⅲ②）．

このほか，① 計算書類のうち個別注記表（計規133ⅣⅤ），② 事業報告（会施規133ⅢⅣ）および③ 連結計算書類（計規133ⅣⅤ）の開示についてもWEB制度が採用されている（［Ⅱ-5-4-31］［Ⅱ-5-4-32］参照）．

Ⅱ-4-2-50　**(6)　招集手続・総会決議の省略**　(ア)　**全員出席総会**　株主全員が総会の開催に同意して出席したときは（代理人による出席を含む．最二小判昭和60・12・20民集39巻8号1869頁［東和交通事件］＝会社法百選39事件），招集手続がとられなくても，有効な総会が成立する（これを全員出席総会〔独 Vollversammlung od. Universalversamlumg：仏 assemblée general reunissant tous les actionnaires：伊 assemblea totalitaria：西 junta universal］という）．

Ⅱ-4-2-51　(イ)　**全株主の同意による招集手続の省略**　総会は，株主の全員の同意（暗黙の同意

Ⅱ-4-2-47　(16)　**取　扱**　全議案について統一的取扱をすることまで要求していないので，書類賛否の記載のない議決権行使書につき，会社提案の議案については賛成，株主提案については反対と扱う旨を記載しても適法である（商法施行規則について札幌高判平成9・1・28資料版商事155号107号＝会社法百選40事件）．

Ⅱ-4-2-48　(17)　**同一性を確認するための措置**　株主が会社に電送する記録に電子署名を付すか，事前に会社から割り当てられたIDナンバーと会社に対し株主があらかじめ届け出たパスワードとをそのサイトの所定欄に入力しなければ議決権を行使できないように設定しておく方法（江原・太田「平成13年商法改正に伴う政令・法務省令の制定〔中〕」商事1628号36頁）による．

第4章 機　関　第2節 株主総会　363

でよい．東京高判昭和48・10・25判時723号90頁［有限会社豊水事件］）があるときは，招集の手続を経ないで開催することができる（会300．なお会69，東京地判平成3・9・26判時1422号128頁［日本ブスネス事件］参照）．この手続は，**同意をした株主が総会に出席したかどうかを問わない**点で，上記全員出席総会よりも簡略されている（アメリカでは法律，基本定款または附属定款による個々の株主への通知の放棄までも認めるが，わが国では違法である）．口頭の同意でもよいが，同意は，総会毎に個別に与えられることを要し，一般的・包括的な同意は，同意として認められない．なお，**書面投票または電子投票を定めた場合には**，株主総会参考書類および議決権行使書面の交付・電磁的手段の提供が必要となるので，**この方法は認められない**（会300但書）．

4-2-52　**(ウ) 書面または電磁的方法による同意**　株主総会の決議の目的たる事項につき取締役または株主より提案があった場合で，その事項につき議決権を行使することができるすべての株主が，提案内容につき書面（一通の書面を作成し，その余白部分に，各株主に署名等をしてもらう方法でもよい）または電磁的記録により同意の意思表示をしたときは，それが決議とみなされ，招集手続を行うことも総会を現実に開催することも必要としない（**書面決議制度**〔written resolution〕[18]．会319Ⅰ Ⅳ．なお会82参照）．書面投票制度等と異なり，参考書類等の送付は不要である．定時総会でも書面決議制度[19]を利用することは可能である（全株主が同意した書面または電磁的記録の備置きおよび閲覧等については，総会の議事録と同じ取扱いが定められている（会319Ⅱ～Ⅳ）．なお商登46Ⅲ）．他方，取締役が株主の全員に対して株主総会に報告すべき事項を通知した場合において，その事項を株主総会に報告することを要しないことにつき株主の全員が書面または電磁的記録により同意の意思表示をしたときは，その事項の株主総会への報告があったものとみなされる[20]（会320）．

4-2-56　**(7) 招集の撤回**　招集通知の発送後に総会の開催を中止するには，招集と同じ手続で招集を撤回する．撤回の通知は総会会日より前に株主に到達することが必要で

4-2-53　[18] **書面決議の議事録の記載事項**　① 株主総会の決議があったものとみなされる事項の内容，② ①の事項の提案をした者の氏名または名称，③ 総会決議があったものとみなされる日，④ 議事録の作成に係る職務を行った取締役の氏名が，書面決議の議事録の記載事項である（会施規72Ⅳ①）．全国株懇連合会により記載例が公表されている（全国株懇連合会編『モデル』263頁）．

4-2-54　[19] **書面等の備置き・閲覧等**　提案に同意する旨等が記載（記録）された書面（電磁的記録）は，本店に10年間備え置き（会319Ⅱ．なお会82Ⅱ参照），株主の閲覧・謄写に供しなければならない（会319Ⅲ．なお会82Ⅲ参照）．また，親会社の社員は，裁判所の許可を得て，子会社の当該書面（電磁的記録）の閲覧・謄写をすることができる（会319Ⅳ．なお会82Ⅳ参照）．

4-2-55　[20] **書面による総会報告の議事録の記載事項**　書面による総会報告の議事録の記載事項は，① 株主総会への報告があったものとみなされる事項の内容，② 総会決議があったものとみなされる日，③ 議事録の作成に係る職務を行った取締役の氏名が，書面決議の議事録の記載事項である（会施規72Ⅳ②）．全国株懇連合会により記載例が公表されている全国株懇連合会編『モデル』263頁）．

ある．間に合わないときはいったん予定通り総会を開き，延期か中止を決めるほかない（会317参照）．

II-4-2-57 (8) **総会検査役選任請求権** 少数株主は，株主総会招集手続およびその決議の方法を調査させるために，総会に先立ち，裁判所に対し，検査役の選任を申し立てることができる．少数株主要件は会社の種類によって異なり，① **公開会社**である**取締役会設置会社**においては，取締役会が決定した株主総会の目的事項について議決権を有する総株主の議決権の**100分の1**以上の**議決権を6カ月前より引き続き有す**る株主であることが必要である（会306 II．必要性の立証は不要である．東京高決昭和59・7・20判夕540号317頁）．1％要件および6カ月継続保有要件は定款で緩和できる．② **取締役会設置会社であるが非公開会社**である場合には6カ月の継続保有要件は不要である（会306 II）．③ **取締役会非設置会社**では，議題の全部について議決権を行使することができない株主を除いた総株主の議決権の100分の1（これを下回る割合を定款で定めた場合にあっては，その割合）以上の議決権を有する株主で足りる（会306 I）．

　総会手続の公正さを客観的にも担保するために会社が総会検査役の関与を求めることは意味のあることなので，会社法は，会社にも総会検査役の選任請求権を認めている．検査役の選任の申立てがあった場合には，裁判所は，不適法として却下する場合を除き，検査役を選任しなければならない（会306 III）．裁判所は，検査役を選任した場合には，株式会社が検査役に対して支払う報酬の額を定めることができる（会306 IV）．検査役は，必要な調査を行い，調査の結果を記載し，または記録した書面または電磁的記録（商業登記規則36条1項各号のいずれかに該当する構造の磁気ディスクおよび裁判所が定める電磁的記録．会施規228④）を裁判所に提供して報告を行う（会306 V）．裁判所は，当該報告について，その内容を明瞭にし，またはその根拠を確認するため必要があると認めるときは，検査役に対し更に報告を求めることができる（会306 VI）．検査役は，報告を裁判所にしたときは，株式会社（検査役の選任の申立てをした者が当該株式会社でない場合にあっては，当該株式会社及びその者）に対し，書面の写しを交付し，または電磁的記録に記録された事項を裁判所が定めた方法（会施規229）により提供しなければならない（会306 VII）．

　裁判所は，必要があると認めるときは，取締役に対し，① 一定の期間内に株主総会を招集させることができるほか，② 総会検査役の調査の結果を総株主に対して通知するよう命ずることもできる（会307 I）．裁判所が株主総会の招集措置を命じた場合には，代表取締役（代表執行役）は，総会検査役の報告の内容を株主総会において開示し（会307 II・359 II．なお会976④参照），また，代表取締役（代表執行役）および監査役（監査役設置会社の場合）は，総会検査役の報告の内容を調査し，その結果を株主総会に報告しなければならない（会307 III）．②の措置は会社法により新設された制度である．①の制度は，実際上，公開会社のような株主数が多数にのぼる会社においては，総会招集に多大な費用や時間がかかることから，利用される例が少な

いと言われており，そのため，総会招集命令の制度に加え，総会の招集を行わず検査役の調査結果を開示する制度が採用された．決議に瑕疵があると考える株主は，決議取消しの訴えを提起することになる．

4　議　決　権

4-2-58 **(1) 1株1議決権の原則と例外**　株式会社では，持分複数主義が採られているので，1株1議決権〔英米 voting right：独 Stimmrecht：仏 droit de vote：伊 diritto di voto：西 derecho de voto〕が原則である（会308Ⅰ．なお加藤貴仁『株主間の議決権配分―株一議決権原則の機能と限界』[商事法務2007年] 参照）．

1株1議決権の原則に対する例外として以下のものがある．

① **単元未満株式**　単元株式数を定款で定めている場合には，1単元の株式につき1個の議決権を有する（会189Ⅰ・308Ⅰ但書）．

② **議決権制限株式**（会108Ⅰ③）

③ **自己株式**　会社はその有する自己株式につき議決権を有しない（会308Ⅱ）．この場合は，株式自体には議決権があるが，会社が株式を有する間，議決権が停止する．他人名義で会社の計算で取得された株式の場合も同様であり，名義人は議決権を有しない．

④ **相互保有株式・子会社が保有する親会社株式**　A株式会社（その子会社を含む）が，B社の議決権の総数の4分の1以上を有することその他の事由を通じてB社の経営を「実質的に支配することが可能な関係にある」[21]場合には（会施規67・95⑤），B社はA社の議決権を有しないとしている（会308Ⅰ括弧書・325．なお会879Ⅲ [Ⅵ-1-2-62] 参照）．したがって，B社がA社の子会社の場合にはB社はその保有するA社株式につき議決権を有しない．

⑤ **特定の場合の特別利害関係ある株主の議決権**　決議に特別利害関係を有する株主も議決権を行使することができるのが原則であるが（会831Ⅰ③），これには例外がある．

第1に，株式譲渡制限会社が，譲渡を承認しないで，会社自身が買い取ることを決定する場合には，総会の特別決議（会309Ⅱ①）が必要であるが，「株主の会社に対する株式の売却機会の平等を実質的に確保するため」（吉戒修一『改正5年・6年改正商

4-2-59　[21] **実質的に支配する可能性がある関係の株主**　相互保有株主の対象となる者は，会社（外国会社を含む），組合（外国における組合に相当するものをいう）その他これらに準ずる事業体である（会施規2Ⅲ②参照）．議決権の計算の際には，会社法その他これに準ずる法以外の法令（外国の法令を含む）の規定により行使することができないとされている議決権は除かれないが，役員等（会計監査人を除く）の選任および定款の変更に関する議案の全部について議決権を行使することができない株式に係る議決権は除かれる．また，その株主であるもの以外の者が会社の株主総会の議案につき議決権を行使することができない場合（当該議案を決議する場合に限る）には，相互保有株主であっても議決権を行使することができる（会施規67Ⅰ）．

法』418頁〔商事法務研究会1996年〕)，**譲渡承認請求した株主**はこの総会で議決権を行使することができない (会140Ⅲ)．

第 2 に，自己株式を会社に売ろうとする株主 (会160Ⅳ〔Ⅱ-2-2-9〕) および会社から自己株式の売渡請求をされる株主 (会175Ⅱ〔Ⅱ-2-1-31〕) も取得を審議する株主総会で議決権を行使できない．

⑥ **基準日後に発行された株式の議決権行使を会社が認めないとき** 基準日株主が行使することができる権利が株主総会または種類株主総会における議決権である場合には，会社は，当該基準日後に株式を取得した者の全部または一部を当該権利を行使することができる者と定めることができる (会124Ⅳ)．したがって，権利行使を会社が認めないときは，議決権を有しないことになる．議決権行使の排除を認めたのは，会社の事務が繁雑となることを考慮したものである．

⑦ **非公開会社において議決権の属人的取扱いを定めた株式** (会109Ⅱ)

①ないし⑦により議決権を有しない株式数は，定足数・必要賛成数に算入されない．これらの株主は，総会の招集通知を受けないので (会298Ⅱ括弧書参照)，定款で特に規定しない限り，出席権・質問権をはじめとする総会参与権はない．

(2) **議決権の行使方法** 株主自身が総会に出席してその議決権を行使することが原則であるが，次のような特例が認められている．なお，議決権行使に関する贈収賄・利益供与は処罰される (会968・970)．

Ⅱ-4-2-60 (ア) **議決権拘束契約** 契約で議決権を一定の方向に行使することを他の株主または第三者との合意で定める場合 (**議決権拘束契約**〔米 voting agreement〕という)，そのような契約も契約としては有効であるが (東京地判昭和25・10・25下民集 1 巻10号1697頁)，契約の目的・態様などから，目的が公益に反したり，総会ごとの代理権授与，自己株式の議決権停止などの会社法の規定の趣旨に反する場合には無効になる (青竹正一「株主の契約」『現代企業法の理論 (中村先生古稀記念)』22頁，大森忠夫「議決権」『株式会社法講座第 3 巻』903・904頁〔有斐閣1956年〕)．契約が有効の場合には，当事者間に債権的効力関係を生じるにとどまるので，株主がこの契約に違反しても議決権行使自体の効力に影響はないというのが通説であるが (鈴木=竹内239頁，菱田政宏『株主の議決権行使と会社支配』159頁〔酒井書店1961年〕，神田170頁注 3)，合弁契約のように総株主・社員が当事者の場合にはそのように解する必要はないと考える(22)(23) (浜田道代『アメリカ閉鎖

Ⅱ-4-2-61 (22) **総株主・社員が契約の当事者の場合** この説は，このような場合には，① 総会の議長が契約に違反する議決権行使を目論む株主・社員の提案を総会に付議しないことは適法であり，② 契約違反の議決権行使により成立した決議は，定款違反と同視して取消しの対象となり (なお浜田309頁参照)，③ 契約に従った議決権行使をしない株主・社員がいる場合に他の契約当事者が意思表示に代わる判決 (民414Ⅱ但書，民執174) を求めることは契約内容が明確であれば可能である，と解している (江頭312頁注 2)．

Ⅱ-4-2-62 (23) **議決権信託・資格譲渡** ① アメリカでは，多数の株主が議決権を統一的に行使する目的でその株式を共同の受託者に信託的に譲渡し，受託者が信託契約に従って議決権を行使する議

第4章 機　関　第2節 株主総会　367

会社法』309頁（商事法務研究会1974年），江頭312頁注2，森田果「株主間契約(1)〜(5)」法協118号3号(2001年)・119巻6号・9号・10号・120巻12号(2003年)．これに対し，① 株主間契約違反の議決権行使は会社831条1項の不公正決議となり，② 株主間契約違反の議決権行使は当事者間で無効であるから悪意の会社に対抗でき，③ 動機の錯誤ないし背信的悪意の議決権行使として決議に瑕疵が発生することを理由に，議決権拘束契約違反の議決権行使の効力を一律に否定して，それが総会決議に影響を及ぼす場合には決議の瑕疵が生じるとする説も存在している（杉本泰三『株式会社生態の法的考察』278頁以下［1988年］）．

4-2-63 　（イ）議決権の代理行使　議決権は代理に親しむので，株主は代理人によって議決権を行使することができる（会310Ⅰ1文．なお会施規63⑤［II-4-2-15］参照）．定款をもっても代理行使を禁止することはできないと解する（通説．反対・加藤修『議決権代理行使の研究』97頁［慶應義塾大学法学研究会1982年］）．代理人は必ずしも株主でなくてもよい．代理人はその代理権を証する書面（委任状）を会社に提出することが必要である（会310Ⅰ2文）．政令で定めるところにより，会社の承諾を得て，委任状の提出に代えて委任状に記載すべき情報を電磁的方法により提供してもよい（会310Ⅲ）．会社が総会招集通知を電磁的方法で発することを承諾した株主（会299Ⅲ）であるときは，正当の事由がなければ，会社は承諾を拒んではならない（会310Ⅳ）．包括的代理権の授与は，取締役などによる会社支配の手段として濫用されるおそれが多く，好ましいものではないから，政策的に，議決権行使の**代理権の授与は総会毎**になされることが必要である（会310Ⅱ）．**委任状の効力は継続会にも及ぶ**．代理人の数については何の制限もない．会社は，株主総会に出席することができる代理人の数を制限することができる（会310Ⅴ）．

　議決権行使の代理人資格を当該会社の株主に限定する定款の規定は有効か否かについては見解が分かれている．通説，判例（最二小判昭和43・11・1民集22巻12号2402頁

決権信託〔voting trust〕広く利用されている（砂田太一「アメリカにおける議決権信託」福岡大学法学論叢37巻1号1頁［1992年］参照）．わが国では，議決権のみを譲渡の対象とする限り，そのような契約は無効であるが（大阪高判昭和58・10・27高民集36巻3号250頁［比叡山観光タクシー事件］＝会社法百選42事件，大阪高判昭和60・4・16判夕561号159頁［比叡山観光タクシー事件］参照），株式そのものの信託譲渡である限り，その効力を一律に否定すべきものではない．議決権信託には，当該議決権信託に参加する全委託株主と受託者が1個の信託契約の当事者となる「集団契約的議決権信託」と個々の委託株主が，それぞれ個別に同じ受託者を契約の相手方として，同一内容の信託契約を締結する「個別契約的議決権信託」の2つの形態がある．委託株主は実質上の株主であるから，株主に新株引受権を与える旨の取締役会決議がなされた場合，新株引受権は実質的には委託株主に帰属すると解される．また，② ドイツでは，他人に議決権を行使する権限（自己に属さない株式の議決権を自己の名で行使する権限）を与えることを**資格譲渡**〔Legitimationsübetragung〕といい，適法とされている（資格株主は出席者名簿に株主として登録される）．わが国ではこれを無効とする説（大森忠夫「議決権」株式会社法講座3巻892頁）もあるが，株式とは切り離された議決権のみの譲渡ではないので，肯定説（石井・上249頁）が正当であると考える．

[関口本店事件]＝会社法百選41事件）は，原則として有効と解しつつ，その制限を定めることにつき合理的理由があるか，またはその制限が株主の議決権代理行使の機会を事実上奪うに等しい結果にならないか否かなどを考慮し，**合理的理由がある場合には右の定款の規定の適用が排除される**と解している[(24)]．株主たる地方公共団体または株式会社がその職員または従業員により議決権を行使する場合（最三小判昭和51・12・24民集30巻11号1076頁［直江津海陸運送事件］，東京地判昭和61・3・31判タ602号93頁［日本保証マンション事件］），株主が病気・高齢のため総会への出席が難しいとき，株主でない親族に代理行使される場合（大阪高判昭和41・8・8判タ196合126頁［三井貿易事件］），あるいは無能力者の法定代理人が無能力者の代理人として議決権を行使する場合等には適用が排除される．しかし，株主が株主でない弁護士を代理人とすることが認められるか否かについては，これを否定する判例（東京地判昭和57・1・26判時1052号123頁［白十字事件］）と肯定する判例（神戸地尼崎支判平成12・3・28金商1090号25頁［野村証券事件］）とがある．弁護士としての職務上総会を混乱させることは考えられにくいし，法的素養のない株主に弁護士を選任するニーズがあるので，肯定説を支持する．

　定款により株主総会における議決権行使の代理資格を株主に制限している株式会社においては，株主名簿上の株主でない甲に乙名義株式の議決権行使を許容した仮処分がされても，右仮処分は，甲に乙以外の株主の議決権を代理行使する資格を与えるものではない（最一小判昭和45・1・22民集24巻1号1頁［関口本店事件］）．

　取締役は会社に提出された委任状を**総会の終結の日より3カ月間本店**に**備え置く**ことを要する（会310Ⅵ．なお電子文書3Ⅰ，会施規232⑤）．株主は，営業時間内いつでも委任状の閲覧・謄写または電磁的記録に記録された事項の紙面または映像面に表示したものの閲覧・謄写（会施規226⑨）の請求をなすことができるが，株主総会において決議をした事項の全部につき議決権を行使することができない株主にはこれらの権利は認められない（会310Ⅶ）．このような株主に，委任状の真否の調査，記載等のとおりに議決権が行使されたか否かの確認の手段を与える必要性に乏しいからである．

Ⅱ-4-2-65　**(ウ)　代理行使の勧誘**　**(a)　総　説**　会社が委任状を利用することは「任意」であるが，会社は決議が成立するよう，返送郵便料を負担して，「一部株主」に対して，総会招集の通知とともに委任状を送付し，総会に出席しない場合には，それに署名

Ⅱ-4-2-64　(24)　その他の見解　① このような定款の規定は，会社が株主でない代理人による議決権の行使を拒みうるという趣旨のものと解する説（鈴木・新版会社法全訂第5版169頁）．② 定款で株式の譲渡制限を定める会社ではこのような定款も認められるが，そうでない会社では無効とする説（菱田・百選（新版）105頁，龍田180頁）．③ 会社法310条は，株主の議決権行使を容易にさせるための強行法規であるから，このような定款は，無効とする説（全面無効説．中村一彦「議決権行使の代理人資格を株主に限定する定款規定の効力」『（大森先生還暦記念）商法・保険法の諸問題』69頁以下，田中（誠）「議決代理人を株主に限る定款規定の効力」商事614号11頁以下，新山『株式会社法の立法と解釈』201頁以下）がある．

して会社に送付するように勧誘することがある(なお会施規63⑤参照。私製委任状であるというだけで受け取りを拒否することは違法である。宮崎地判平成14・4・25金判1159号43頁)。勧誘に応じる株主は，通常，代理人欄白地のままの委任状(白地委任状)を会社に返送する。**株式会社は，議決権行使の代理人となりえないので**(会308Ⅱ)，会社が株主に委任状用紙を送付するのは，**議決権行使の代理人の選定を斡旋する旨の媒介契約の申込み**であり，株主がこれに記名捺印して会社に送付すると，右の申込みに対する承諾があったものとして媒介契約が成立し，その債務の履行として会社が適当な者(例えば会社の総務部長)を代理人を選定する。これにより，その者と株主との間で直接議決権の代理行使に関する委任契約が成立する。否の委任状を賛成の方向に使った場合におけるその議決権の行使ならびに決議の効力は，単なる当事者の義務違反の問題であり，総会の決議の瑕疵にならない(石井・上247頁。今井『議決権代理行使の勧誘』310頁[商事法務1971年])。これらの欠点を克服しようとした制度が上述した書面投票制度[Ⅱ-4-2-12]である。

　上場会社の場合の委任状には，「**上場株式の議決権の代理行使の勧誘に関する内閣府令**」が適用される。その委任状用紙には，議案ごとに被勧誘者が賛否を記載する欄を設けなければならないが，別に棄権の欄を設けることもできる(府令43。委任状による議決権の代理行使を勧誘していない議案についてまで賛否を明記する必要はない。富山地判昭和53・2・24商事839号27頁)。勧誘者は，参考書類および委任状用紙を株主に送付すると同時に，当該書類の写しを，当該勧誘者の住所を管轄する**財務局長**(当該住所が福岡財務支局の管轄区域内にある場合には福岡財務支局長)に**提出**しなければならない(金商施36の3・43の11。議決権あるすべての株主に株主総会参考書類と議決権行使書面を交付するときは，提出不要。府令44)。内閣総理大臣または内閣総理大臣および財務大臣は，不実の記載(なお金商施36の4参照)があることを発見したときには，緊急の必要があり，かつ，公益および投資者保護のため必要かつ適切と認めるとき，裁判所に対し参考書類による勧誘またはそれに基づく委任状の行使を禁止する命令を求めることができるが(金商192Ⅰ)，事前審査ではないので，その機能には限界がある。上場会社の株主は，株式の発行会社により，または当該会社のために当該株式についての勧誘が行われる場合において，費用を支払って，参考書類の送付を当該会社に対して請求することができる(金商施36の5ⅠⅡ)。

　わが国でもようやく委任状争奪戦(proxy fight)は行われるようになっている[25](2002年5月に東京スタイルの総会のため村上ファンドが行ったものが日本初の本格的争奪戦といわれている)。

---

(25) **ドイツの株主フォーラム**　ドイツでは，2005年株式法改正で，株主または株主団体が，電子連邦官報の株主フォーラム〔Aktionärsforum〕で，他の株主に対し，共同でまたは代理して株式法による申し立てもしくは請求をするか，または株主総会における議決権行使を勧誘することを認めている(株式法127a)。少数株主権の行使まで及ぶ点で日本法より広い。

370 第Ⅱ編 株式会社

Ⅱ-4-2-67　(エ)　**議決権の不統一行使**　株主は，その有する議決権を統一しないで行使することができる（会313Ⅰ．なお会更193ⅡⅢ参照）．この場合，会社法は，会社の事務処理上の便宜を図るため，**取締役会設置会社においては，会日の3日前**（会社に到達した日と会日との間に正味3日あることを要する．民140）**に会社に対し書面または会社の承諾を得て電磁的方法により，その旨および理由を通知**することが必要であるとされている（会313Ⅱ．なお会施規63⑥参照）．この通知は，各総会ごとの通知である必要はなく，あらかじめの包括的な通知でもよい．これに対し**取締役会非設置会社においては**，会社の便宜を考慮することなく，株主に権利を行使させることとしても不都合はないので，**事前通知を要しない**．株主が株式の信託を引受たこと（株式管理信託，証券投資信託［投信22Ⅱ参照］，特定金銭信託），その他他人のために**株式を有すること**（例えば外国預託証券[26]，従業員持株制度など）を理由としないときには，**会社は不統一行使を拒むことができる**（会313Ⅲ）．拒否に反する議決権行使は無効である．

　　株式共有の場合，権利行使者は不統一行使ができるか否かについては争いがある．

Ⅱ-4-2-68　(26)　**預託証券**　国内の会社が，外国で株式を発行する場合，株券の様式，制度の違いなどから，原株券を外国で発行することは円滑な取引の支障をきたす．そこで株券発行会社は現地の預託機関との間で**預託契約**を締結し，また預託機関は，日本の保管銀行と**保管契約**を締結し，これに基づき保管銀行が預託機関の代理人として原株券を預託機関名義で保管し，これを見返りに預託機関が現地で原株券と同一の権利内容を表示した**代替証券**（**預託証券**〔Depositary Receipt．略してDR〕）を発行し，外人投資家がDRを買い，流通させるという実務が行われている．DRが発行された場合の原株券の株主名義は通常，海外の預託機関名義であり，配当金は，国内の保管銀行経由で一括して預託機関に支払われ，預託機関が現地でDRの各所持人に対して分配する仕組みを採る．DRの所持人は，預託機関の議決権行使を通して株主総会でその意思を表明することになるので，議決権の不統一行使が行われる．DRはそれを発行する市場，上場証券取引所または預託機関によって異なる呼称が用いられているが，基本的な仕組みは同じである．**ADR**（American Depositary Receipt．上場：ニューヨーク証券取引所），**LDR**（London Depositary Receipt：上場ロンドン証券取引所），および**EDR**（European Depositary Receipt．）（上場：ルクセンブルクとアムステルダムの各証券取引所）などがある．定款には，外国人株主は国内に会社からの通知等を受ける代理人（**常任代理人**と呼ばれる）を定めなければならない旨の規定がある例が多い．常任代理人には会社法310条1項は適用されず，同条2項に反するものでもない．

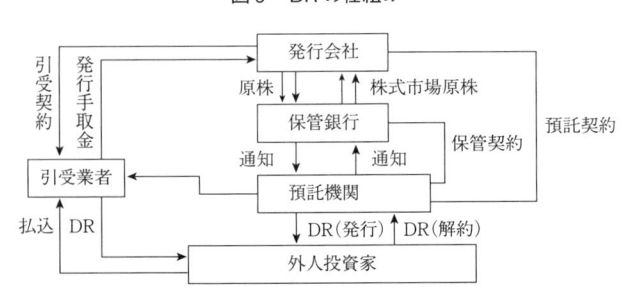

図3　DRの仕組み

第 4 章 機　関　第 2 節　株主総会　*371*

権利行使者は他の共有者のために議決権を行使するという側面も否定できないので，肯定説（江頭313頁・前田庸390頁）も有力であるが，共有の場合，権利行使者を通して共有者の統一的意思を会社に反映させる建前を採っているので，否定説に賛成する．

5　総会の議事と決議

4-2-69　(1)　**議　長**　会議を進めるには総会の秩序を維持し，議事を整理する議長（米 chair）が必要である（**議事整理権**　会315Ⅰ・325．大阪地判平成元・10・4資料版商事68号111頁［大トー事件］参照）．議長は総会会場で入場資格を審査し，議決権の集計を行う．議長は，その命令に従わない者その他株主総会の秩序を乱す者を退場させることができる（**退場命令権**　会315ⅠⅡ．退場命令が適法とされた例として東京地判平成8・10・17判タ939号227頁［佐藤工業事件］）．議長の退場命令に従わない者は不退去罪（刑130）に問われる．多くの会社では，社長が議長となり，社長に事故があるとき（事故あるときとは，社長自らの意思によって欠席する等の場合を含む．高松地判昭和38・12・24下民集14巻12号2615頁）には，取締役会においてあらかじめ定めた順序に従い，議長になる旨が定款で定められている（会29）．定款で議長になる者を定めている場合でも，これは通常の総会を予定した規定であるから，少数株主が裁判所の許可を得て招集した総会（会297Ⅳ．広島高裁岡山支部判昭和35・10・31下民集11巻10号2329頁［中国鉄道事件］，横浜地判昭和38・7・4下民集14巻7号1313頁［横浜協進産業事件］）および取締役会が裁判所の命令によって招集した総会（会307Ⅰ①・359Ⅰ①）には適用がない．議長不信任の動議が可決されたときも同様である．定款に定めがなくとも，総会で議長を選解任することができるのは当然である（平成17年改正前商237ノ4Ⅰ参照）．株主総会は株主から構成されるので，議長は株主であることを要するが（なお最三小判昭和48・8・7判時722号95頁参照．有限会社に関する），取締役は，株主でなくとも議長になれる．議長が議案について特別利害関係を有する場合であっても，当然に決議が瑕疵を帯びることにはならない．当該議長の具体的議事運営が決議の方法を著しく不公正にする場合には，決議取消しの事由となる．

　なお総会開催前に，会社は，総会の運営を妨害する蓋然性の高い株主に対し総会出席禁止の仮処分を申し立てることができる（京都地決平成12・6・28金判1106号57頁）．会社が従業員株主を先に入場させ前方に着席させるのは，適切な措置とはいえないが，他の株主に対する不法行為までは生じない（最三小判平成8・11・12判時1598号152頁［四国電力事件］＝会社法百選44事件）．

4-2-70　(2)　**議事の方法**　総会の議事は定款等の内部規則および慣行に従って行われる．慣行なきときは会議体の議事に関する一般原則による．総会には取締役・執行役・監査役・会計参与は出席する義務がある（会314・377・384・398）．会計監査人は，定時株主総会において，会計監査人の出席を求める決議があったときは，出席して意見を述べなければならない（会398Ⅱ）．かつては**表9**でも分かるように，株主総会は極め

て形式化しており,「見物人の少ない喜劇」(シュモラーの言葉)であったが,最近では状況が変わって来ている.

II-4-2-71 **(3) 利益供与の禁止** 総会屋とは,会社の株式を取得して,会社に金品等を強要し,その供与を受けると,総会において議事進行に協力するが,供与を拒まれると,議事の進行を妨害して議場を混乱させる者である.日本にのみ見られる.昭和56(1981)年改正前には総会等において発言または議決権の行使等に関し「不正の請託を受け財産上の利益を収受し,要求し又は約束したる者」に対して罰則の制裁を科する規定のみがあったが(会968Ⅰ①・971Ⅰ),「不正の請託」

表9 2000年時の株主総会

総会所要時間	発言株主数
30分以下	10人以上
(57.8%)	(2%)
30分-60	7-9人
(32.8%)	(2.3%)
60-90分	4-6人
(5.6%)	(4.3%)
90分以上	1-3人
(3.8%)	(25%)
2475社	ゼロ
	(66.0%)
	1935社

日本経済新聞2001年5月20日11面

を受けたことを立証することが困難なため,総会屋対策として機能していなかった(最一小決昭和44・10・16刑集23巻10号1359頁[東洋電機カラーテレビ事件]参照).昭和56年改正法は,株主の権利行使に影響を及ぼす趣旨での会社財産の費消の防止,総会の運営の健全化,株主間の不平等の防止といった複合的目的より,株主の権利行使に関する財産上の利益の供与を禁止し(平成15年改正前は商294ノ2.同年改正後は商295=会120),その違反には罰則を設けた(改正前商497=会970・971Ⅰ.その適用例名古屋地判昭和62・1・28商事1103号43頁[ノリタケ事件]).平成9(1997)年改正法は,罰則を強化すると共に,利益供与要求罪(会970Ⅲ)と威迫を伴う利益受供与罪・要求罪(会970Ⅳ)を新設した.平成12(2000)年改正法は,禁止を子会社の計算による利益供与にも拡大している.会社法は,利益供与罪に自首減免の規定を新設し(会970Ⅵ),犯罪を発覚しやすくしている.

II-4-2-72 (ア) **株式会社は,何人に対しても,株主の権利の行使に関し**(会社から見て好ましくないと判断される株主が議決権等を行使することを回避する目的での株式の譲受けは株主の権利の行使に該当する.最二小判平成18・4・10判時1936号27頁・東京高判平成20・4・23資料版商事291号65頁[両判決とも蛇の目ミシン事件],東京地判平成7・12・27判時1560号140頁[国際航業事件]=会社法百選13事件.会社には株主の権利の行使に関して行うという意図がなかったとして,株主優待乗車券の交付基準を超過した交付が利益供与に当たらないとされた事例として高松高判平成2・4・11金判859号3頁[土佐電気鉄道事件].QUOカードの配布が利益供与に当るとされた事例として東京地判平成19・12・6判タ1258号69頁[モリテックス事件]),**自己またはその子会社の計算において,財産上の利益を供与することができない**(会120・970Ⅰ).不正の請託を要件としない.会社に損害が生じることを要しない(江頭323頁注20は,対価は合理的であっても,総会屋の関係する企業に優先的に発注する等の行為は要件に該当しうる,とする).何人に対する供与も禁止されているのは,総会屋自身に対してでなく,その妻子等に対する供与も禁止するためである.財産上の利益供与は,無償の場合だけでなく有

償の場合を含む．財産上の利益供与が株主の権利行使に関してなされたことの立証上の困難を緩和するために，会社が特定の株主に対し，① **無償で財産上の利益を供与した場合**，または② **有償であっても会社またはその子会社の受けた利益が供与した利益に比べて著しく少ない場合**には，**株主の権利の行使に関してこれを供与したものと推定される**（会120Ⅱ．持株会会員に対する奨励金の支払いについては推定は覆えるとした例として福井地裁昭和60・3・29判タ559号275頁[熊谷組事件]がある）．

4-2-73　(イ)　**法律に違反して財産上の利益の供与を受けた者は，これを会社または子会社に返還しなければならない**（会120Ⅲ前段．実例として東京地判平成13・3・29金判1120号61頁）．この者に対する返還請求の訴えには，**代表訴訟が認められ，株主が会社のために訴えを提起することができる**（会847Ⅰ）．会社または会社に対して給付したものがあるときは，利益を返還する場合にその返還を受けることができる（会120Ⅲ後段．法律に違反して利益供与をすることに関与した取締役（委員会設置会社にあっては執行役）として法務省令で定める者は[27]，会社に対して，連帯して，供与した利益の価額に相当する額を支払う義務を負う（会120Ⅳ [Ⅱ-4-12-6]．株主の権利の行使に関する認識がなかったとして違反を否定した例として高松高判平成2・4・11金判859号3頁[土佐電鉄事件]がある）．ただし，**利益の供与をした取締役・執行役は無過失責任を負うが，それ以外の者は，無過失を立証したときは責任を免れる**（会120Ⅳ．子会社の取締役は423により子会社に責任を負う）．この義務は，総株主の同意がなければ，免除することができない（会120Ⅴ）．違反した① 取締役，会計参与，監査役または執行役，② 仮処分命令により選任された取締役，監査役または執行役の職務代行者（民保56参照），③ 仮取締役，仮会計参与，仮監査役，仮代表取締役，仮委員，仮執行役または仮代表執行役（会346Ⅱ・351Ⅱ・401Ⅲ・403Ⅲ・420Ⅲ），④ **支配人その他の使用人は刑罰が科される**（会970Ⅰ＝960Ⅰ③～⑥）．情を知って利益の供与を受け，または第三者に供与させた者，自己又は第三者に供与するよう要求した者も同じである（会970ⅡⅢ）．威迫の行為を用いると罰則は重くなる（会970Ⅳ）．情状により，懲役および罰金を併科することができると共に（会970Ⅴ），自首したときは，刑を軽減し，または免除することができる（会970Ⅵ）（970の保護法益は，会社運営の健全性の保持であると考える[前田庸369頁]が，株主の権利行使の公正とする説もある）．

4-2-75　**(4) 審　議**　株主総会で審議する対象には報告事項と決議事項がある．

4-2-74　(27)　**法務省令で定める者**　法務省令が定める者は，① 利益の供与に関する職務を行った取締役および執行役，② 利益供与が取締役会の決議に基づいて行われたときは，当該取締役会の決議に賛成した取締役，当該取締役会に利益供与に関する議案を提案した取締役および執行役，③ 利益供与が株主総会の決議に基づいて行われたときは，その株主総会に利益供与に関する議案を提案した取締役，その議案の提案の決定に同意した取締役（取締役会設置会社の取締役を除く），議案の提案が取締役会の決議に基づいて行われたときは，その取締役会の決議に賛成した取締役およびその株主総会において利益供与に関する事項について説明をした取締役および執行役である（会施規21）．

① 事業報告は報告事項である (会438Ⅲ [Ⅱ-5-4-34])．② 会計監査人設置会社においては，取締役会の承認を受けた計算書類が法令および定款に従い会社の財産および損益の状況を正しく表示しているものとして法務省令で定める要件に該当する場合には，その計算書類も同様である (会439, 計規135 [Ⅱ-5-4-35])．③ 監査役等による会計監査人の解任 (会340Ⅲ～Ⅴ [Ⅱ-4-3-50])，④ 会計監査人設置会社で連結計算書類を作成したり作成義務ある会社は，連結計算書類の内容および監査の結果も報告事項である (会444Ⅶ [Ⅱ-5-4-34])．⑤ 取締役が株主全員に報告すべき事項を通知し，総会で報告を要しないことにつき全員の書面または電磁的記録により同意を得ると報告を要しないことになる (会320)．報告事項の審議に違法な点があっても，決議の取消しには直接結びつかないが，**計算書類および事業報告の報告**は剰余金の配当の前提であるから，その効力に影響を及ぼすことはありうる．

Ⅱ-4-2-76　(5)　**取締役等の説明義務**　ドイツでは解説請求権〔Auskunftsrecht〕として定められているものを，わが国では**取締役，会計参与，監査役**および**執行役**の説明義務として規定している (会314・325．発起人の説明義務については会78 [Ⅱ-1-6-11]．なお会976⑨参照)．説明請求権は，株主の単独株主権である．この権利は，自主的監視機能の一環としての一般株主の経営者に対する直接的なコントロールを図るためのものとする説や投資判断の資料を得ることを目的とするとする説もあるが，総会における報告事項についての合理的な理解または決議事項についての議決権行使の合理的な判断の資料の入手のために認められたものである (通説．拙著『会社法の論点』86頁)．上記趣旨より，質問は議事日程の目的たる事項の適切な判断のため必要である限り (質問が権利の濫用に当たる場合には，必要性の要件を欠くので，説明を拒否できると考える) 認められる．必要か否かは平均的株主の観点から判断される．株主がなお質問を希望する場合であっても，議題の合理的な判断のため必要な質問が出尽くすなどして，それ以上議題の合理的な判断のために必要な質問が提出される可能性がないと客観的に判断されるときには，議長は質疑応答を打ち切ることができる (東京地判平成4・12・24判時1452号127頁 [東京電力事件])．取締役の報酬等については，取締役の人数および報酬総額が明らかになっていれば，各取締役の個別の報酬額を開示する必要はない (宮崎地判平成13・4・25金判1159号43頁 [宮崎日日新聞社事件])．退職慰労金の質問に対し，算出方法については基礎額と乗数と在位年数を乗じて計算するという説明だけでは，具体的金額がどの程度になるのか全く想定できないばかりか，その額が一義的に算出されうるものかどうか判断し得ないので，説明としては不十分である (奈良地判平成12・3・29金判1090号24頁 [南都銀行事件])．内規を閲覧に供しているので株主は本店で見ることができたという理由で，総会での株主の質問に対し説明を拒否することも，説明義務違反になる (東京地判昭和63・1・28判時1263号3頁 [ブリヂストン事件] = 会社法百選5版116頁)．複数の議題が審議された場合に，ある議題について説明義務違反の瑕疵があったとしても，それが他の議題についても当然に瑕疵となるもので

第4章 機　関　第2節 株主総会　375

はない（前掲東京地判平成4・12・24［東京電力事件］）．無議決権株主および単元未満株主は総会に出席できないため，説明請求権はない．他の株主から打切り動議がだされても，客観的に十分な説明がなされていない限り，説明義務違反となる．
　① 説明が**議題と無関係なとき**（大阪地判平成9・3・26資料版商事158号41頁），② 説明することにより**株主共同の利益を著しく害するとき**（営業の秘密に関わる事項等），③ **その他正当な理由が**ある場合[28]として法務省令で定める場合には，**説明を拒否することができる**[29]（会314）．説明をすると自分の罪が明るみに出るとか，他人の権利を侵害することとなるとか，調査に不相当に多額の費用がかかるときなどである．なお定時株主総会において会計監査人の出席を求める決議があったときは，会計監査人は，定時総会に出席して意見を述べなければならない（会398）．
　ここで規定する一般的説明義務とは別に個々の規定で説明義務を定めている場合がある（会200Ⅱ・238Ⅲ・795Ⅱ等）．

4-2-79　**(6) 動　議**　株主は，株主総会の場において一定の事項について総会の決議を求める旨の意思表示，すなわち動議を提出することができる．これには，① **決議事項の内容に関する動議**と② **議事運営に関する動議**とがある．取締役会設置会社においては，①の動議として株主の提出できるものは，総会の招集権者の提出する**議案の修正動議**のみである．修正動議が許されるのは，招集通知に掲げた会議の目的たる事項から一般に予見しうべき範囲における原案の補充・変更である．修正動議の提出の無視は，総会決議取消事由に該当する（最三小判昭和58・6・7民集37巻5号517頁［チッソ株主総会事件］）．原案賛成の議決権行使書面による議決権数は修正動議には反対，原案反対の議決権行使書面による議決権数は修正動議の決議を棄権と扱うのが一般的である．
　② 議事運営に関する動議には，取締役，会計参与，監査役，監査役会および会計監査人の提出した資料の調査者の選任動議（会316）のほか，議長の不信任，討議の打ち切り，休憩，総会の延期・続行等の動議がある．動議が適法な限り，議長は，その動議について審議するかどうかを総会にはかり，「出席株主」の過半数の賛成

4-2-77　[28] **法務省令**　法務省令は，① 説明をするために調査をすることが必要である場合（株主が総会の日より相当の期間前に説明を求める事項を会社に対し通知した場合および当該事項について説明をするために必要な調査が著しく容易である場合を除く），② 説明をすることにより会社その他の者（当該株主を除く）の権利を侵害することとなる場合，③ 株主がその株主総会において実質的に同一の事項について繰り返して説明を求める場合，そのほか，④ 株主が説明を求めた事項について説明をしないことにつき正当な事由がある場合の4つを正当な理由がある場合としている（会施規71）．

4-2-78　[29] **質問事項の事前送付**　これは，調査を要することを理由に当該事項につき説明を拒絶することを制限する効果しか有せず，株主が総会の場で実際に質問をしない限り，説明義務は生じない（通説・判例［最一小判昭和61・9・25商事1090号92頁［東京建物事件］］など）．予め提出された質問状に答える場合，提出した株主の名を示す必要はなく，事項ごとにまとめて説明する，いわゆる一括回答も適法である（東京高判昭和61・2・19判時1207号120頁＝会社法百選43事件）．

を得た場合には，動議について審議採決しなければならない．議事進行の動議は，他の動議に先立って採決されることを要する．**延期**とは，議事に入らないで総会を延期することであり（後に開催される総会を**延会**という），**続行**とは議事に入ったが審議が終わらないで総会を後日に継続することである（後に開催される総会を**継続会**という）．延期・続行について決議があったときは，**改めて招集通知をする必要はない**（会317）．

II-4-2-80　(7) **決議と決議方法**　(ア) **採　決**　議長が十分審議を尽くしたと判断するときは**質疑を打ち切り，決議**〔英米 resolution：独 Beschluß：仏 delibération：伊 deliberazione：西 acuerdo social〕に入る．取締役会設置会社においては，株主総会は招集通知に掲げた議題についてしか決議できない．ただし，① 取締役，会計参与，監査役，監査役会および会計監査人が提出し，または提供した**資料を調査する者の選任決議**（会316Ⅰ）または**少数株主の招集した総会における会社の業務及び財産の状況を調査する者の選任決議**（会316Ⅱ），② 会計監査人設置会社において**会計監査人の総会への出席を求める決議**（会398Ⅱ．なお会441Ⅳ参照）および③**会議の延期または続行**（会317）など議事運営に関する決議は，**招集通知に記載がなくても，必要に応じてすることができる**（会309Ⅴ）．決議は，記名または無記名の投票，挙手，起立などの採択手続によってなされることが決議の成否を明らかにする上で望ましいが，**必ずしも採決の手続を必要とせず**（最判昭和42・7・25民集21巻6号1669頁［興和産業事件］），定款に別段の定めのない限り，議案の賛否について判定できる方法であれば，いかなる方法によるかは議長の合理的裁量に委ねられる（東京地判平成14・2・21判時1789号157頁［三井住友銀行事件］）．賛否の数を確定することは，必ずしも必要でない（ただし会304参照）．議長が投票という表決方法を選択した以上，投票によって意思を表明しない者の議決権を，その者の内心を推測して当該議案に賛成する旨投票したものとして扱うことは許されない（大阪地判平成16・2・4金判1191号38頁［井上金属工業事件］）．決議が成立すると，その決議は欠席株主または総会に参加しなかった株主をも拘束する．取締役会設置会社以外の会社では，招集者が当該会議の目的として定めた事項以外の事項も決議できる（会309Ⅴ対比）．

II-4-2-81　(イ) **決 議 方 法**　株主総会の決議方法には次の3種類がある．

表10　株主総会の決議

決議の種類	定足数・決議要件	決議事項
普通決議 (309Ⅰ)	定足数は議決権の過半数を有する株主の出席で，決議要件は出席株主の議決権の過半数である．定款で定足数・決議要件を変更することができる．	①会計監査人の選任（329Ⅰ）・解任（339）・不再任（338Ⅱ） ②役員の報酬等の決定（361・379Ⅰ・387Ⅰ） ③競業取引等の承認（356Ⅰ） ④剰余金の配当（454．金銭分配請求権を与えない現物配当を除く） ⑤特定の株主からの取得（160Ⅰ）を除く自己株式の取得決議（156Ⅰ） ⑥計算書類の承認（438Ⅱ．但し一定の会計監査人

第4章 機　関　第2節 株主総会　**377**

		設置会社を除く．439) ⑦定時株主総会における欠損の額を超えない資本金の額の減少（309Ⅱ⑨括弧書） ⑨責任一部免除後の役員等に対する退職慰労金等の授与の承認（425Ⅳ・426Ⅵ） ⑩調査者の選任（316），議長の選任，総会の延期・続行（317），会計監査人の定時総会への出席要求（398Ⅱ）
特則普通決議 (341)	定足数を議決権を有する株主の議決権の3分の1未満にすること不可（341），決議要件は加重可	①取締役・会計参与・監査役の選任（329Ⅰ） ②取締役（累積投票により選任された者を除く）・会計参与の解任（339Ⅰ）
特別決議 (309Ⅱ)	定足数は議決権の過半数の株主の出席で，決議要件は出席株主の議決権の3分の2以上である．定款で，定足数を3分の1以上の割合とすることができ，また，定款で，決議要件を加重することができる．さらに，決議要件として，一定の数以上の株主の賛成を加えることもできる． 　特例有限会社では，「総株主の半数以上（これを上回る割合を定款で定めた場合にあっては，その割合以上）であって，当該株主の議決権の4分の3」と要件が強化されている（整備法14Ⅲ）．	①譲渡制限株式の買取決定および指定買取人の指定（会140Ⅱ・Ⅴ） ②特定の株主からの自己株式の取得（会156Ⅰ・160Ⅰ） ③全部取得条項付種類株式の取得（会171Ⅰ）および相続人等に対する株式の売渡請求（会175Ⅰ） ④株式の併合（会180Ⅱ） ⑤非公開会社における募集株式の募集事項の決定（会199Ⅱ）・募集株式の募集事項の決定の委任（会200Ⅰ），定款に定めのない非公開会社における募集株式の株主割当発行事項の決定（会202Ⅲ④），募集株式が譲渡制限株式である場合の募集株式の割当て（会204Ⅱ） ⑥非公開会社における募集新株予約権の募集事項の決定（会238Ⅱ）・新株予約権の募集事項の決定の委任（会239Ⅰ），定款に定めのない非公開会社における募集新株予約権の株主割当て発行事項の決定（会241Ⅲ④），募集新株予約権の目的が譲渡制限株式である場合または募集新株予約権が譲渡制限新株予約権である場合における募集新株予約権の割当て（会243Ⅱ） ⑦累積投票により選任された取締役の解任（会339Ⅰ・342Ⅲ～Ⅴ）または監査役の解任（会339Ⅰ） ⑧役員等の責任の一部免除（会425Ⅰ） ⑨資本金の額の減少（定時株主総会における決議であって，減少する資本金額が欠損額〔会施規68〕を超えない場合を除く）（会447Ⅰ） ⑩株主に金銭分配請求権を与えない現物配当の決定（会454Ⅳ） ⑪定款変更（会466），事業譲渡等（会467Ⅰ），解散（会471③），会社の継続（会473） ⑫組織変更，合併契約，吸収分割契約・新設分割計画，株式交換および株式移転の承認決議（会783Ⅰ・795Ⅰ・804Ⅰ） ⑬解散後の会社の更生手続開始の申立て（会更19） ⑭相互会社への組織変更および保険契約の包括移転（保険業69Ⅱ・136Ⅱ）

特殊決議 (会309Ⅲ)	定足数については特に制約がない。決議要件は，議決権を行使することができる株主の半数以上であって，かつその株主の議決権の3分の2以上である。定款で，決議要件を加重することができる。	①全部の株式の内容として譲渡制限の定款の定めを設ける定款変更 ②吸収合併により消滅する株式会社または株式交換により完全子会社となる株式会社が公開会社であり，かつ，その会社の株主に対して交付する金銭等が譲渡制限株式等（会783Ⅲ）である場合の合併契約または株式交換契約の承認 ③新設合併による消滅会社または株式移転により完全子会社となる株式会社が公開会社であり，かつ，その会社の株主に対して交付する金銭等が譲渡制限株式等である場合の合併契約または株式移転契約の承認
特別特殊決議 (309Ⅳ)	定足数については特に制約がない。決議要件は，総株主の半数以上であって，かつ総株主の議決権の4分の3である。定款で決議要件を加重することができる。	非公開会社における剰余金の配当・残余財産の分配・議決権に関し株主ごとに異なる取扱いをする定款の定めの新設・変更（廃止する場合を除く）

平成14 (2002) 年改正前には，定款でも定足数を排除・軽減することができなかったが，同年改正法は，定足数の充足が困難になって来ていることから，実務界の緩和要求を入れて，**定款をもって定足数を定める**ことを認めた（改正前商239Ⅰ）。ただし，この場合であっても，一定の決議事項については，その性質上，議決権の3分の1未満に下げることはできないとされた（改正前商256ノ2・343Ⅱ参照）。会社法は決議要件の加重とその他の要件の追加を認めている。「一定の数以上の株主の賛成を要する旨」は，旧有限会社の特別決議の要件に課せられていた頭数要件（旧有48Ⅰ）と同種のものを課することができる旨を明らかにするものであり，「その他の要件」としては，一定の出席株主数の賛成を要求することや，総議決権に対する賛成割合を定めることなどが考えられる。書面または電磁的方法によって行使した議決権の数は，出席した株主の議決権の数に算入される（会311Ⅱ・312Ⅲ）。

Ⅱ-4-2-82　**(8) 閉　会**　総会は，議長の閉会宣言によって終結する。議長の適法な閉会宣言後に一部の株主が残留して決議しても，その決議は，法律上総会の決議とは認められない。

Ⅱ-4-2-83　**(9) 議事録の作成**　総会の議事については，法務省令で定めるところにより，議事録〔英米 minutes of meeting：独 Niederschrift：仏 proces-verbal des deliberatio juntans de l'assemblee：伊 verbale delle deliberazioni dell' aasemblea：西 acta de la junta〕を作成することを要する[30]（会318Ⅰ，会施規72Ⅰ。全国株懇連合会から議事録例が公表されている。

Ⅱ-4-2-84　[30]　**議事録**　議事録は書面または電磁的記録をもって作成しなければならない（会施規72Ⅱ）。議事録は，①　総会が開催された日時および場所（当該場所に存しない取締役，執行役，会計参与，監査役，会計監査人または株主が総会に出席をした場合における当該出席の方法を含む。これは，例えば，主たる会場以外に別の会場を設けた場合や，一部の取締役等や株主がイン

全国株懇連合会編『モデル』260頁). 通常の場合には議事録を作成した取締役が記載される. 少数株主の招集した総会の場合には招集者が作成する. 株式会社は議事録を株主総会の日から**10年間本店**に備え置き (会318Ⅱ), その**謄本を5年間支店**に備え置くことが必要である. ただし, 議事録が電磁的記録をもって作成されている場合であって, 支店において株主および債権者の閲覧・謄写請求に応じることを可能とするための措置として法務省令で定めるもの (会施規227②) をとっているときは, その必要がない (会318Ⅲ). 株主および会社債権者は, 会社の営業時間内は, いつでも, この閲覧・謄写を請求することができる (会318Ⅳ. なお会976⑧参照). また株式会社の親会社社員は, その権利を行使するために必要があるときは, 裁判所の許可を得て, 子会社の議事録の閲覧または謄写を求めることができる (会318Ⅴ). 登記すべき事項につき総会の決議を要するときは, 申請書にその議事録を添付しなければならない (商登46Ⅱ Ⅲ). 議事録は証拠のためのものであって, 決議の効力とは関係ない.

Ⅱ-2-85　(e)　**議決権行使書面等の備置き**　総会の日から3カ月間, 議決権行使書面または提供された事項を記録した電磁的記録は, 本店に備置かれる (会311Ⅲ・312Ⅳ).

Ⅱ-2-86　(f)　**議決権行使書面等の閲覧**　株主は, 株式会社の営業時間内は, いつでも, 議決権行使書面または電磁的記録に記録された事項を法務省令の定める方法 (当該電磁的記録に記録された情報の内容を紙面または出力装置の映像面に表示する方法) により表示したものの閲覧または謄写を請求することができる (会311Ⅳ・312Ⅴ).

Ⅱ-2-87　(g)　**総会終了後の実務**　法令には定めていないが, 総会終了後決議通知を全株主に送付するのが通例である (全国株懇連合会から決議通知モデルが公表されている. 全国株懇連合会編『モデル』401頁). 定時総会の場合には, 計算書類の公告が行われなければならない (会440). これは [Ⅱ-5-4-37] で説明する.

ターネットや電話等を通じて参加した場合の出席方法を明らかにすることを目的とする), ② 議事の経過の要領およびその結果, ③ 会計参与, 監査役, 会計監査人が法律の規定 (会345ⅠⅡⅤ・377Ⅰ・379Ⅲ・384・387Ⅲ・389Ⅲ・398ⅠⅡ) により総会において述べた意見または発言があるときは, その意見または発言の概要, ④ 総会に出席した取締役, 執行役, 会計参与, 監査役または会計監査人の氏名または名称, ⑤ 総会の議長が存するときは, 議長の氏名, ⑥ 議事録の作成に係る職務を行った取締役の氏名を内容とするものでなければならない (会施規72Ⅲ). 議長や出席取締役の署名・記名押印は, 法的意味がないので, 不要である (改正前商244Ⅲ対照). ⑦ 総株主の同意による総会の決議の省略の場合 (会319Ⅰ) には, 別途同意書面の備置きが定められているが (会319Ⅱ), 外部から見た場合の保存資料の一貫性より (相澤哲・郡谷大輔「会社法施行規則の総論等」商事1759号16頁), 総会の決議があったものとみなされた事項の内容, その事項の提案をした者の氏名または名称, 総会の決議があったものとみなされた日, 議事録の作成に係る職務を行った取締役の氏名を内容とする議事録を作成しなければならないとし (会施規72Ⅳ①), ⑧ 総会への報告の省略の場合 (会320) にも, 総会への報告があったものとみなされた事項の内容, 総会への報告があったものとみなされた日, 議事録の作成に係る職務を行った取締役の氏名を内容とする議事録を作成しなければならないとされている (会施規72Ⅳ②).

6 決議の瑕疵

II-4-2-88 **(1) 総　説**　株主総会・種類株主総会の決議に違法な点がある場合に備えて，会社法は，① 決議の取消しの訴え（会831），② 決議不存在の訴え（会830 I）および③ 決議無効確認の訴え（会830 II）を定めている．総会の効力の否認をいかなる範囲で，どのような方法で，誰に主張を認めるかは立法政策の問題であるから，国により規制は異なるが，わが国の会社法は以下のように規制している．

　いずれの訴えも**会社の組織に関する訴え**に当たるので，会社法835条から839条までおよび846条の適用がある（[I-2-3-3]）．また，①ないし③の訴えに係る請求を認容する判決が確定したときは，裁判所書記官は，職権で，会社の本店（支店の登記がなされているときには本店及び支店）の所在地にその登記を嘱託しなければならない（会937 I ト）．

II-4-2-89 **(2) 決議取消しの訴え　(a) 提訴期間**　決議の取消しの訴え〔独 Anfechtungsklage：伊 azione di annullamento della deliberazione：西 accion de impugnacion de los acuerdos anulables〕の提訴期限は，**株主総会等の決議の日から3カ月以内に限られる**[31]（会831 I）．瑕疵は会社の内部関係のものであり，時間的経過とともに判定が困難になるし，提訴期間を制限して取引の安全を図る必要があるからである．3カ月を過ぎれば，瑕疵の程度が軽いので，その瑕疵は治癒される．

II-4-2-91 **(b) 被　告**　総会等の決議は会社の意思決定であるから，**被告は，株式会社**である（会834⑰）．**会社以外の者**は被告適格を有せず，会社側への共同訴訟参加（民訴52）もできない（最二小判昭和36・11・24民集15巻10号2583頁［備前護謨株式会社事件］＝会社法百選49事件）．**共同訴訟的補助参加**ができるだけである（最一小判昭和45・1・22民集24巻1号1頁）．取消しの訴えが提起されても，取り消されるまで決議は有効であり，かつ決議が取り消されるとは限らないから，決議取消しの訴えが取締役（清算人）の選任に関するものであって，仮処分によって職務の執行が停止された場合（民保23 II）を

II-4-2-90 　(31)　**出訴期間経過後の取消事由を追加**　事由の追加は，訴訟進行中の攻撃防御の方法の展開の問題として解決すればよく（民訴157 I），時期に遅れない以上，口頭弁論の終結までなすことができるとする説もある（龍田191頁等）が，提訴期間の制限は，できるだけ早く総会の決議の効力につき明瞭性・法的安定性を与えることを目的とすると解して，3カ月後における新たな事由の**追加**を認めないのが多数説・判例（最二小判昭和51・12・24民集30巻11号1076頁［直江津海陸運送事件］＝会社法百選46事件）である．

　なお，決議無効確認の訴えにおいて無効原因として主張された瑕疵が取消原因に該当し，かつその訴えが決議取消しの訴えの原告適格，提訴期間などの要件を満たしているときは，たとえ決議取消の主張が提訴期間経過後になされても，決議取消しの訴えは出訴期間の関係では無効確認の訴えの提起の時に提起されていたものとして扱うのが相当である（前掲最二小判昭和54・11・16［マルチ産業事件］＝会社法百選52事件）．このような取扱いは民事訴訟における当事者主義の観点から，当事者の訂正の申立てまたは裁判所の積極的な釈明（民訴149）による訂正の申立てがある場合に限って認められる．

除き，取締役（清算人）は，その職務の執行を停止する必要はない．

4-2-92 (c) **提訴権者** 提訴権者（原告適格）は，**株主，取締役，執行役，監査役**（監査権限が会計事項に限定されている者を除く）**および清算人**である（会831Ⅰ・828Ⅱ①）．

(α) **株主**は，決議の当時株主である必要はなく，総会で決議に対して異議を述べたか否かを問わない．決議取消訴権は議決権があることを前提とする管理権（共益権）であることを理由に，議決権のない株主には提訴資格を否定するのが通説であるが，決議の内容の瑕疵や特別利害関係を有する者が議決権を行使することにより著しく不当な決議がなされた場合には，決議取消訴権を認めるべきである．これらの株主も決議の影響を受けるからである（岩原・新注会(5)329頁，弥永161頁）．単元未満株主も原告適格が認められる場合があると解する．仮名で名義書換を受けた株主は，当事者適格がない（最二小判平成3・12・20資料商事99号27頁）．他の株主に通知漏れがあることを理由に，決議の取消しを請求することができる（最一小判昭和42・9・28民集21巻7号1970頁[国際交通事件] = 会社法百選45事件．反対鈴木＝竹内258頁注3・前田庸394頁）．相続のような包括承継の場合には，原告株主の相続人等は，決議取消しの訴えの原告たる地位を承継する．株主は，訴訟要件の一般原則に従い，提訴時から口頭弁論終結時まで株主であれば足りる．

4-2-93 (β) その総会で解任された取締役，監査役または清算人は，その解任決議が取り消されるとその地位を回復するので，当該決議の取消しにより取締役，監査役または清算人となる者は，原告適格がある（会831Ⅰ括弧書）．提訴権者には，欠員が生じたため，新たに選任された役員が就任するまで，取締役，監査役または清算人として権利義務を有する者（会346Ⅰ・479Ⅳ＝346Ⅰ）も含まれる．

破産管財人や更生管財人には提訴権を認めない説が有力である．

4-2-94 (ア) **決議取消事由** (a) **招集の手続・決議方法の法令・定款違反または著しい不公正**（会831Ⅰ①） ① **招集手続の法令・定款違反**としては，一部株主への招集通知漏れ（前掲最一小判昭和42・9・28），招集通知・株主総会参考書類の記載漏れ・不備（最一小判昭和31・11・15民集10巻11号1423頁[小松瓦斯事件]，最一小判平成7・3・9判時1529号153頁[明星自動車事件]），招集通知期間の不足（最一小判昭和46・3・18民集25巻2号183頁[日本サーモ・エレメント事件]），取締役会設置会社における口頭での招集通知（大阪地判昭和27・11・10下民集11号1590頁），代表取締役による有効な取締役会決議に基づかない総会の招集（前掲最一小判昭和46・3・18），招集決議をした取締役会決議が定足数不足で無効のとき（最二小判昭和41・8・26民集20巻6号1289頁[宮崎物産事件]），招集権者を定めた定款の規定に違反して他の代表取締役が総会を招集したとき（大判昭和7・12・7民集11巻2349頁[洗馬合同運送事件]），代表取締役職務代行者が仮処分命令に別段の定めがなく，また本案の管轄裁判所の許可を得ないにもかかわらず，臨時総会を招集したとき（最一小判昭和39・5・21民集18巻4号608頁[甲府石油事件]），総会の開会時刻が定刻より3時間以上も遅延した場合（水戸地下妻支判昭和35・9・30下民11巻9号2043頁），などがある．

② **決議方法の法令・定款違反**としては，非株主の決議参加，決議要件を定める規定（会73・309・341など）に違反して決議がなされた場合（例えば定足数不足．大判昭和5・10・10民集9巻1038頁［東葛銀行事件］，最三小判昭和35・3・15判時218号28頁［ユタカ鍍金工業所事件．有38ノ2に関する］），取締役の説明義務（会78・314）違反（最一小判平成4・10・29民集46巻7号2580頁［ブリヂストン事件］）等．説明義務違反自体は取消原因を構成せず，それを基礎として決議方法が著しく不公正と認められる場合に取消原因となると解する説もある．『新注会(5)』157頁〔森本滋〕），監査役・会計監査人の監査を経ない計算書類の承認決議（前掲最二小判昭和54・11・16［マルチ産業事件］），附属明細書の備置義務違反（福岡高宮崎支判平成13・3・2判タ1093号197頁［宮崎日日新聞事件］），総会招集通知に「取締役全員（三名）任期満了につき三名選任の件」と記載されながら，決議は取締役4名の選任を議案としてなされた場合（東京高判平成3・3・6金判874号23頁［日本精密測器事件］），定款で議長と定められた者以外の者が正当の理由なく議長を務めた場合（大判昭和6・9・29新聞3320号15頁），少数株主が裁判所の許可を得て招集した株主総会で，許可を受けない事項についてなした決議（金沢地判昭和34・9・23下民10巻9号1984頁［大北温泉事件］），投票しなかった株主の議決権の賛成への参入（大阪地判平成16・2・4金判1191号38頁［井上金属工業事件］）などがある．これに対し，定款で累積投票を排除していない会社で，「全員任期満了につき改選の件」とのみ記載した招集通知は，従前の取締役と同数の取締役を選任する旨の記載があるものということができ，また総会で取締役の候補者として5名のみが付議され，招集通知より1名少なくとも，株主から累積投票の請求がなく，その不一致は株主に格別の不利益を及ぼすものではないので，招集通知は不適法ではない（最一小判平成10・11・26金判1066号18頁［甲野石油事件］）．

③ 招集手続または決議方法が**著しく不公正**なものとしては，株主の出席困難な場所・時刻での開催，正常な議事運営の期待できない状態にあったにもかかわらず強引に議事を進め決議を成立させた場合（大阪高判昭和42・9・26高民集20巻4号411頁［近江絹糸紡績事件］），小規模会社の総会で延期の要請を無視して総会が開催された場合（大阪高判昭和30・2・24下民集6巻2号333頁．有限会社に関する），修正動議を無視して決議した場合（最三小判昭和58・6・7民集37巻5号517［チッソ総会取消事件］）などである．議決権の代理行使の勧誘の際に，所定参考書類が交付されておらず，委任状用紙に議案毎の賛否欄が記載されていないため，上場株式の議決権の代理行使の勧誘に関する内閣府令に違反する場合であっても，著しい不公正があるとはいえないとした判例がある（東京地判平成17・7・7判時1915号150頁）．

(b) **決議の内容が定款に違反するとき**[32]（会831Ⅰ②）　定款所定の人数を超える

---

(32) 沿革　昭和56年改正前商法は，決議無効の原因としていた（昭和56年改正前商252）．しかし，内容が定款に違反する決議は，定款変更の手続を省略した決議とみることもできるし，また，社団の根本規則に反する違反として，その瑕疵の主張を社団関係者に止めるのが理論的であることから，同年改正法は，決議取消の原因に改めた．

第4章 機　関　第2節 株主総会　383

取締役・監査役の選任や取締役を日本国籍に限る定款があるときに外国国籍を有する者を取締役に選任した場合などがこれに当たる．

-4-2-96　(c)　**決議につき特別利害関係を有する株主が議決権を行使したことによって著しく不当な決議がなされたとき**(33)(会831 I ③)　例えば，取締役が議決権を行使して責任免除・一部免除決議を成立させたり (大阪高判平成11・3・26金判1065号8頁 [ネオ・ダイキョー自動車学院事件])，死亡した前取締役の弔慰金・退職金を支給する総会決議において，その者の相続人が議決権を行使したり (浦和地判平成12・8・18判時1735号133頁 [武南自動車事件])，事業譲渡や合併の相手当事会社またはその関係者が，株式を多数有していることから，著しく不当な対価の合併条件等を可決したとか，理由がないのに不当に有利な発行価額で第三者割当を受ける場合など主に**多数決の濫用**がこれに当たる．判例は，特別利害関係を，当該株主総会決議の内容について，株主としての資格を離れた**個人的な利害関係**を有することと解している (最三小判平成10・12・8資料商事178号75頁 [日本住宅金融事件])．取締役解任決議の対象となっている取締役である株主は特別利害関係ある株主に該当しない (最三小判昭和42・3・14民集21巻2号378頁)．会社の取締役等の選任・解任は，会社の支配ないし経営参加に関する事項として，株主としても重大な利害関係を有しているから，議決権行使をみだりに排除することは相当でないからである．

-4-2-98　(イ)　**決議取消しの訴えにおける訴えの利益**　決議取消しの訴えは，**形成の訴え**であるから，上述の法定の要件を充たす限り，訴えの利益が存するのが通常であるが，その後の事情の変更によってその**利益を欠く**にいたる場合がある．この場合には訴えは**却下**される (利益の存在は訴訟要件である)．例えば，① 新株の発行決議取消しの訴えの係属中に，その決議に基づいて新株が発行された場合 (最二小判昭和37・1・19民集16巻1号76頁 [東亜石油事件])，② 役員選任決議の取消しの訴えの係属中に，その決議に基づいて選任された取締役ら役員がすべて任期満了により退任し，その後の総

-4-2-97　(33)　沿　革　昭和56年改正前商法は，総会の決議につき特別利害関係を有する者は議決権を行使することができず (昭和56年改正前239V，改正前41)，総会の決議については，右の規定によって行使しえない議決権の数は出席した株主の数に算入しないものとされ (昭和56改正前商240 II，改正前41)，その結果決議が著しく不当であって，その株主が議決権を行使したときはこれを阻止することができたであろうときは，その株主は不当決議取消・変更の訴えを提起しうると規定していた (昭和56年改正前商253 I II，改正前41)．特別利害関係人の議決権行使の禁止は，特別利害関係人が議決権を公正に行使することは期待しえないという考えに基づくものであるが，特別利害関係という表現は極めて抽象的であり漠然としていたため，特別利害関係人に該当するか否かの解釈は混沌とし，議決権行使が否定されるので，特別利害関係の範囲はなるべく狭く解釈すべきとされていた．しかし株主は本来自己の利益のために議決権を行使しうるはずである．そこで，同改正法は，原則と例外を逆転させ，特別利害関係人も議決権を行使しうるが，これによって著しく不当な決議がなされた場合には，取消の原因となるとした．その結果特別利害関係の範囲を限定的に解する必要がなくなった．自己株式を会社に売り渡そうとする株主には議決権行使が排除され (会140 III・160 IV・175 II)，特別利害関係人の範囲は明確である．

会の決議によって取締役ら役員が新たに選任され，その結果，取消しの訴えの対象たる選任決議に基づく取締役や役員が現存しなくなった場合（最一小判昭和45・4・2民集24巻4号223頁[甘木中央青果事件]＝会社法百選47事件），③ 役員退職金贈呈の株主総会決議取消しの訴えの係属中に当該決議と同一内容を持ち，右決議の取消判決が確定した場合にはさかのぼって効力を生ずるものとされている決議が有効に成立し，それが確定したとき（最一小判平成4・10・29民集46巻7号2580頁[ブリヂストン事件]）などである．他方，① 計算書類等の承認決議が取り消されたときは，上記決議は既往に遡って無効となり，上記計算書類等は未確定となり，それを前提とする次期以降の計算書類等の記載内容も不確定なものになるから，上記決議が取り消されれば再決議が必要となるので，当該計算書類につき承認の再決議がなされたなど特別の事情がない限り，訴えの利益は失われない（最三小判昭和58・6・7民集37巻5号517頁[チッソ株式会社事件]＝会社法百選48事件）．また，② 修正動議の無視は重大であり，仮に修正動議の内容がその後実現されてたとしても，手続きの瑕疵は治癒されないので，訴えの利益を欠くべき特別事情があるとはいえない（前掲最三小判昭和58・6・7）．

II-4-2-99　（ウ）取消判決の効力等　① 決議が，判決（形成判決である）によって取り消されたときは，初めに遡って無効となる[34]（会839の反対解釈）．

しかし，② 新株・新株予約権（新株予約権付社債を含む）の発行，自己株式の処分，資本金の額の減少，組織変更，合併，会社分割，株式交換または株式移転の場合には，判決において取り消された行為（当該行為に際して株式または新株予約権が交付された場合にあってはその株式または新株予約権を含む）は，将来に向かってその効力を失う（会839）．

③ 計算書類等の承認決議が取り消された場合に，訴えの利益を欠くことは前述の通りであるが，当該決議を前提とする後続期の計算書類等の承認決議の効力に対する影響については，見解が分かれている．第1説は，ある期の計算書類等の承認決議が取り消されて無効になると，それを前提とする後続期の各計算書類も，連続的にすべて違法，無効となり，再度各決議を改めてなすべきであるとする．第2説は，計算書類承認決議の取消しにより決議は初めに遡って無効となるとしても，計算書類の内容自体に違法・不当なものがない限り，その無効は後続各期の計算書類承認の効力には影響を及ぼさないとする．第3説は，違法ないし不当な点が計算書類の重要な部分，例えば分配可能利益の算定に重大な影響を及ぼす部分に存するか

II-4-2-100　[34]　少数説　通説・判例は，株主総会の決議を分けることなく無効とするが，少数説は2つの類型に分け，事業譲渡等，役員等の責任免除（会425 I），役員等の報酬の決定（会361・379・387），計算書類の承認ならびに剰余金の配当決議のように，それ自体完了的意味を有する個別的な事項の決定に関する総会決議は，その効力を遡及的に否定しなければ，その目的を達しないので，遡及効が肯定されるが，役員の選任，定款の変更，資本金の額の減少のように，社団的あるいは取引的行為が進展する決議の場合には遡及効を否定すべきであるとしている（石井・上巻285頁，前田庸401頁，佐賀地判昭和34・2・19下民集10巻2号323頁）．

否か等で区別し，違法ないし不当な点が計算書類の重要な部分に存するときには後続期の計算書類の承認決議は無効であるが，そうでないときには無効とはならないとする．

④ 取締役選任決議の取消判決のように，その決議を前提にして諸般の社団的取引的行為がなされるような決議事項に関する取消判決については遡及効を否定すべきとする説，アメリカ会社法上の判例法理である事実上の取締役理論〔de facto director doctrine〕を導入し，取締役の選任に瑕疵があっても，取締役として外観と，取締役としての継続的職務執行の2要件が充足されれば，既成事実の尊重の理念にもとづきその者を法律上の取締役と同一に扱い，その者がなした各種の対内的・対外的な業務執行行為は，相手方の善意・悪意を問わず有効とする説（石山卓磨『事実上の取締役理論とその展開』〔成文堂1984年〕，青竹193頁．なお広島高岡山支判昭和42・12・22高民20巻6号556頁〔高橋自動車整備工場事件〕，東京地判平成2・9・3判時1376号110頁，京都地判平成4・2・5判時1436号115頁参照），不実登記の効力に関する規定（会908Ⅱ），表見代表取締役（会354），表見代理（民109・112）などの第三者保護規定により保護する説（神田184頁，宮島181頁）が唱えられている．

2-101　(エ)　**裁判所の裁量棄却**　総会決議に取消原因があっても，① 瑕疵が招集手続または決議方法の法令・定款違反の場合であって，② その瑕疵が重大でなく，かつ決議の結果に影響を及ぼさないものと認めるときは，裁判所は請求を棄却することができる[35]（会831Ⅱ）．②の要件の立証責任は会社にあるとする説もあるが，裁判所が独自に要件を満たしているかどうか判断するものと考える．

招集手続・決議方法が著しく不公正なときは，それ自体重大な瑕疵を帯びるので，裁量棄却の対象とならない．(i) 瑕疵が重大でないとは，取り上げるに値しない些細な瑕疵，すなわち，それを問題にすることが権利濫用に近いと認められるような場合を意味する．瑕疵についての会社の悪意・重過失は，重大の判断のファクターを構成すると考える．(ii) 決議の結果に影響を及ぼさないことについては，明確な立証を要するとする説（**厳格説**）もあったが，蓋然性の証明さえあれば，裁量棄却を認めてよいとするのが近時の通説である（**蓋然性説**）．学説は，瑕疵の重大性を重視し，判例も瑕疵の重大性を重視する傾向にある．判例によると，① 定款に別段の定めがないのに，本店所在地またはこれに隣接する地に招集しないでなされた総会

2-102　[35]　沿　革　昭和13年改正法は，一切の事情を斟酌して棄却できる旨が定められていたが，昭和25年改正法は，裁判所の裁量権が広すぎるとして，これを削除した．その結果，裁判所の裁量棄却権を否定する見解もあったが，削除は「合理的範囲における裁判所の裁量権をも否定する趣旨ではない」と解されていた．そこで判例は，限られた範囲で，裁量棄却を続けた（判例には瑕疵の決議への影響を重視する流れと瑕疵の重大性を重視する流れがあったが，前掲最一小判昭和46・3・18＝会社法百選50事件は両者を統合した）．しかし実定法の根拠なしに裁量棄却を認めることは法制上問題があるので，昭和56年法は，限定を付けて，裁判所の裁量棄却を明文化した．

決議 (改正前商233参照) は，10年以上にわたって同様のことが行われ，異議が出されたことがなく，出席株主が総数540名中206名，その持株数は発行済株式総数768万株中488万5千株であり，その全員の賛成によって決議がなされても，瑕疵は重大であり (前掲最一小判平成5・9・9)，② 事業の重要な一部の譲渡を決議する総会の招集通知に議案の要領が記載されていない瑕疵も，議案の要領が反対株主に株式買取請求権を保証するためのものであるから，重大である (最一小判平成7・3・9判時1529号153頁 [明星自動車事件])．他方，③ 監査をしようと思えば容易に実行できたにもかかわらずこれをしなかった監査役が決議取消しの訴えを提起した場合には，監査の欠如の瑕疵は重大でなく，計算書類の承認決議が発行済株式総数1089万株のうち845万株を有する株主の賛成によりなされ，議決権の過半数を占める大株主はいずれも異議なく賛成しているので瑕疵は決議の結果に影響を及ぼすものとはいえない (東京地判昭和60・3・26金判732号26頁)．

II-4-2-103　**(3) 決議無効確認の訴え**　公序良俗に反する決議 (ただし決議をなすに至った動機や目的に公序良俗違反の不法があるにとどまるときには，無効とならない．最三小判昭和35・1・12商事167号18頁 [キネマ館事件]) や「決議の内容が法令に違反する」(会830 II．例えば株主平等原則違反の決議 (大判昭和6・7・2民集10巻543頁)，公開会社の発行可能株式総数を発行済株式総数の4倍を超えて増加する定款変更の決議 (なお最判昭和40・2・2判時413号75頁 [新大阪ホテル事件])，欠格事由ある者を取締役に選任する決議等) 決議は当然に無効である．決議無効確認の訴え (会830 II．〔独 Nichtigkeitsklage：仏 action en nullité：伊 azione di nullita della deliberazione：西 accion de impugnación de los acuerdós nulos〕) は，主張方法として訴訟が選択された場合に備えたものである．訴えの性質は確認訴訟で，訴えによると**対世効が認められる点** (会838) に意義がある．これに対し，団体的法律関係の画一化の要請を重視し，形成訴訟と考え，訴えによらなければ無効を主張できないとする説もないではない．見せ金による株式の払込みをしたにすぎない株主であっても，確認の利益が認められる限り，株主総会無効確認の訴えを提起することができる (最一小判昭和44・1・31民集23巻1号178頁 [女川製氷冷凍事件])．しかし，新株がすでに発行された後は，新株発行無効の訴えを提起しないかぎり当該新株発行を無効とすることはできず，新株発行に関する株主総会決議無効確認の訴えは確認の利益を欠く (最三小判昭和40・6・29民集19巻4号1045頁 [後楽園スタヂアム事件])．

II-4-2-104　**(4) 決議不存在確認の訴え**　決議不存在とは，総会の決議が事実上存在せず[36]

II-4-2-105　(36) **総会決議の不存在の例**　① 総会がないのに商業登記簿に登記された場合 (東京地判昭和30・7・8下民集6巻7号1353頁 [白木屋事件]，最一小判昭和38・8・8民集17巻6号823頁 [二葉工業事件]，最一小判昭和45・7・9民集24巻7号755頁 [岸印舗事件])，② 取締役会の決議がないのに，平取締役が招集した総会の決議 (最一小判昭和45・8・20判時607号79頁 [広島血液銀行事件])，③ 総会決議不存在で選任された取締役を構成員の一員とする取締役会で選任された代表取締役が招集した総会決議 (最三小判平成2・4・17民集44巻3号526頁 [向陽マンション事件] ＝会社法百選51事件，④ 総会が有効に閉会したのに一部の株主が残留して決議した場合

第4章 機 関 第2節 株主総会 387

（書面投票・電子投票の場合，書面・電磁的方法により行使された議決権の数は，出席した株主の議決権の数に算入されるから（会311Ⅱ・312Ⅲ），現実に出席した株主がいなくても，総会決議が不存在になるとは限らない），または手続的瑕疵が著しく重大で（招集通知の欠缺が著しい場合．最二小判昭和33・10・3民集12巻14号3053頁［西島鉄工所事件］，大判昭和12・9・17法学6巻1553頁），法律上は総会決議が存在すると認められないような場合である．(3)と同様に，「いつでも」，「誰からも」，「誰に対しても」，「どんな方法でも」決議の不存在を主張することができる（通説．形成訴訟と解する少数説あり）．必要がある場合（例えば決議が商業登記簿に登記されている場合．前掲最判昭45・7・9）には，会社を相手として決議不存在確認の訴えを提起することができる（会830Ⅰ）．原告が勝訴すると**対世効**（民訴115）が認められる（会838）．総会で再任されなかった取締役・監査役も，当該決議が不存在である旨が確認されることにより任期満了後も取締役・監査役の権利義務を有することとなるから，当該総会決議の不存在確認を求める利益がないとはいえない（京都地判昭和62・8・27金判787号48頁［日本化学防火事件］）．取締役を選任する先の株主総会決議が存在しない場合において，その総会で選任されたと称する取締役によって構成される取締役会の招集決定に基づき上記取締役会で選任された代表取締役が招集した後の株主総会において新たに取締役を選任する決議がされたとしても，その決議は，いわゆる全員出席総会においてなされたなどの特段の事情のない限り不存在であるから，先行決議の不存在確認を求める訴えに後行決議の不存在確認を求める訴えが併合されているときは，後者についてはもとより，前者についても確認の利益が認められる（最一小判平成11・3・25民集53巻3号580頁［泉北ビル事件］，最一小判平成13・7・10金法1638号42頁［あいえぬえすシステム開発事件］，最三小平成2・4・17民集44巻3号526頁［向陽マンション事件］＝会社法百選51）．

　なお，会社経営の実権を握っていた者が，第三者に対する持分全部の譲渡について総会で譲渡の承認を受けることが極めて容易であったにもかかわらず，相当長年月を経た後に，社員総会決議不存在確認を求める訴えを提起することは，訴権の濫用に当たる（最一小判昭和53・7・30民集32巻5号888頁［ケンコー薬品事件］＝会社法百選53事件）．また，株主総会を開催せず，取締役において議事録を作成して役員改選を行うのが通例の会社において，取締役としてそれに加担して来た者が，後に至って自己に都合が悪いと考える決議だけを取り上げてその不存在の確認を求める請求をなすのは，訴権の濫用である（鹿児島地判昭和62・7・29判タ651号223頁［日本学生会館事件］）．

(東京地判昭和14・11・7新聞4500号11頁［日本土木建築事件］）あるいは一部の株主が勝手に会合して決議した場合（東京地判昭和40・7・8下民集6巻7号1353頁），⑤ やむを得ない事情がないのに，かってに総会の開催場所を変更して決議をおこなった場合（前掲大阪高判昭和58・6・14判タ509号226頁），⑥ 株主総会開催禁止の仮処分命令に違反して開催された株主総会の決議（浦和地判平成11・8・6判タ1032号238頁［日特エンジニアリング事件］．学説上は異論がある）など．

II-4-2-106 **(5) 決議取消しの訴えと新株発行無効の訴え等の関係** 新株発行・自己株式の処分，新株予約権の発行，資本金の額の減少，組織変更，合併，会社分割，株式交換または株式移転に関する総会の決議に取消しの原因があることは，それぞれの行為の無効の原因となるため，このような決議の瑕疵の主張は，決議取消しなどの訴えによってなすべきか，それとも新株発行の無効の訴えなど（会828Ⅰ等）によってなすべきか問題となる．

　新株発行の効力発生時期前は決議の取消しなどの訴えによるが，効力発生時期後はもっぱら新株発行の無効の訴え等による．それまで提起された新株発行決議取消しなどの訴えは，訴えの変更（民訴143）により，後者の訴えに移行することができ，また，変更しなければならない（最三小判昭和40・6・29民集19巻4号1045頁［後楽園スタヂアム事件］，最一小判昭和49・9・26民集28巻6号1283頁参照．青竹189頁，大隅＝今井・中561頁．会社法制定以前の通説）．

　立案担当者は，株主総会決議の取消しの訴えの提訴期間が経過していたにもかかわらず，決議取消原因を無効事由として，合併無効の訴えが提起された場合には，訴え自体は適法であるが，その訴えで決議取消事由を主張できず，また，決議取消事由があったとしても，裁量棄却（会831Ⅱ）が可能である場合には，裁判所は，当該決議取消事由のみを無効事由として主張する合併無効の訴えについては，同項を類推適用して，当該訴えを棄却することができると解している（論点721頁）[37]．

　なお，総会決議取消しの訴えは総会決議の日から3カ月以内に提起することを要するが（会831Ⅰ），決議取消事由を原因とする資本金減少無効の訴え等もまた資本金減少に関する総会決議後3カ月内に提起することを要するか否かについては，① 肯定説（弥永472頁）と ② 否定説（東京地判昭和41・6・15下民集17巻5・6号488頁［ペンギン

II-4-2-107 [37] **学　説** 会社法では，組織再編行為の効力は，早ければ総会の承認決議の翌日に発生することができることから，決議執行停止の仮処分は不可能であること，および，決議取消しの訴えには遡及効があるが，組織再編行為に関する訴えに遡及効がないことから（会839），組織再編行為では株主等に何ら打つ手がない場合が生じうるので，このような場合には，組織再編行為の効力発生後も，決議の取消しの訴えは，無効の訴えに吸収されずに存続するとする説（ただし無効の場合であっても決議の瑕疵につき善意を者を害することができないとする）も現れている（江頭343頁注7）．

　会社法制定前には，① それぞれの要件をみたす限り，効力発生時期と関係なく，いずれの訴えも提起することができるとする説（併用説．西原ほか『株主総会』（ジュリスト選書，昭和33年）226頁の大森発言）．② どちらの訴えも提起することができるが，決議手続上の瑕疵を理由とする場合は，後者の訴えとは原因を異にするから，常に決議取消しの訴えによることを要するとする説（決議取消必要説．西原ほか前掲『株主総会』220頁以下の西原発言）．③ 決議の瑕疵は，新株発行等の無効の一要素に過ぎないので新株発行等の無効に吸収されるので，新株発行の効力発生時期の前後を問わず，もっぱら新株発行無効の訴え等によるべきであるとする説（松田194頁），④ 決議の無効を理由とするときは，無効の訴えによるべきであるが，総会決議の取消事由である瑕疵を理由に無効を求めるためには，決議取消しの訴えと無効の訴えの両者を必要とする説（小野木常＝小橋一郎「合併無効の訴え」商事174号25頁）も唱えられていた．

交通事件〕）とが対立している．①説は，決議後3カ月を経過して決議の有効性が確定した後に，資本金減少無効の訴えによれば再び取消しの主張が認められるということは不合理であることを根拠とし，②説は，法文が単に3カ月内として無効原因を区別していないことおよび資本金の減少は影響が大きいので慎重であるべきことを根拠とする．

7 種類株主総会

4-2-108　**(1) 総　説**　会社が種類株式を発行している場合において，種類株主間で各種の権利の調整が必要となる場合がある．そのために種類株主総会〔会2⑭．英 meeting of holders of a class of shares：独 Gesonderte Versammlung：仏 les assemblées speciales：伊 assemblee speciali〕が定められている．種類株主総会は，**会社法に規定する事項および定款で定める事項**（譲渡制限種類株式に関する譲渡承認など）**に限り決議をする**とができる（会321）．種類株主総会には，株主総会に関する規定が準用される（会325＝297～308・310～320．会施規95）．当該種類株主だけでなく別の種類株式の株主も，種類株主総会の決議の効力の影響を受ける可能性があるため，種類株主総会の議事録・書面投票の結果の閲覧・謄写権を有している（会325＝318Ⅳ）．

4-2-109　**(2) 法定種類株主総会　(ア) 総　説**　会社法が規定する種類株主総会の法定権限の主なものは，322条1項に列挙された行為である（例示列挙である．江頭161頁注4）．「列挙された行為」が，「ある種類の株式の種類株主に損害が及ぶおそれがあるとき」は，その種類の株式の種類株主を構成員とする種類株主総会（その種類株主に関する株式の種類が2つ以上ある場合には，2つ以上の種類別に区分された種類株主を構成員とする各種類株主総会）の決議が必要である（会322Ⅰ本文）．ただし，当該種類株主総会において議決権を行使することができる種類株主がいない場合は決議は不要である（会322Ⅰ但書．議決権制限株主もその種類株主総会では議決権を有する）．

　列挙されている行為は以下の行為である．

　①　a 株式の種類の追加，b 株式の内容の変更，c 発行可能株式総数もしくは発行可能種類株式総数の増加の3事項に関する定款変更[38]（会322Ⅰ①）

　②　株式の併合・分割

　③　株式または新株予約権の無償割当て（会185［Ⅱ-2-1-101］・277［Ⅱ-3-3-87］）

4-2-110　[38] **定款変更**　改正前商法ではあらゆる定款変更が法定種類株主総会の決議の対象であったため，種類株主に対する損害のおそれの有無の判断を困難にさせていた．会社法は，範囲に限定を加え，適用範囲を明確化している．会社法322条1項1号括弧書は，**取得条項についての定款の変更を適用除外**しているが，これには，その種類株式を有する株主全員の同意が必要であるからである（会111Ⅰ①）．また，**譲渡制限または全部取得条項付種類株式に関して定款で定めるべき事項についての定款変更**（会111Ⅱ）も適用除外としているが，譲渡制限のための定款変更（会111Ⅱ・108Ⅰ④）には種類株主総会の特殊決議が必要であるし（会324Ⅲ），全部取得条項を設ける定款変更には特別決議が必要であるからである（会324Ⅱ①・108Ⅰ⑦）．

④　株主割当てによる株式引受人または新株予約権引受人の募集（会202Ⅰ［*II-3-2-16*］・241Ⅰ［*II-3-3-30*］）

⑤　合併，吸収分割，他の会社がその事業に関して有する権利義務の全部または一部の吸収分割による承継，新設分割，株式交換，株式交換による他の株式会社の発行済株式全部の取得または株式移転．

ただし，種類株式会社は，ある種類の株式の内容として，上記の種類株主総会の決議を要しない旨を定款で定めることができる（会322Ⅱ．この場合の種類株式の買取請求権につき会116Ⅰ③参照．上記①の行為については議決権を要しないとすることはできないが，別途定款に規定を設けることにより対応可．解説89頁）．もっとも上記①の行為を行う場合には，常に種類株主総会の決議が必要であるが，単元株式についての定款変更は，株式の分割・併合と同様の法的効果を有する（解説88頁）ので，**種類株主総会の決議を要しない旨を定款で定めることができる**（会322Ⅲ但書中の括弧書．なお会116Ⅰ③ハ［*II-2-1-115*］参照）．

ある種類の株式の発行後に定款を変更し，種類株主総会の決議を要しない旨を設けるときには，その種類の株主にとって重大な利益放棄となるので，**その種類株主の全員一致が必要である**（会322Ⅳ［*V-1-2-10*］）．

II-4-2-111　(イ)　**そ の 他**　このほか，⑥　種類株式に**譲渡制限を付す定款変更**（会111Ⅱ．なお会324Ⅲ①参照），⑦　種類株式に**全部取得条項を付す定款変更**（会111Ⅱ．なお会324Ⅱ①参照），⑧　**譲渡制限株式の追加発行またはその委任**（会199Ⅳ・200Ⅳ．なお会324Ⅱ②参照），⑨　**譲渡制限種類株式を新株予約権の目的とする新株予約権の発行またはその委任**（会238Ⅳ・239Ⅳ．なお会324Ⅱ③参照），⑩　**取締役・監査役選解任権付種類株式の場合の当該選解任**（会347ⅠⅡ），⑪　対価が譲渡制限株式等である存続会社等・消滅会社等における**合併契約等の承認**（会783Ⅲ・795Ⅳ・804Ⅲ．なお会324Ⅱ⑥・Ⅲ②参照）も種類総会の権限である．⑧⑨を除き，種類株主総会の決議を不要と定めることはできない（会199Ⅳ・200Ⅳ・238Ⅳ・239Ⅳ）．

II-4-2-112　(3)　**定款の定めに基づく種類株主総会**　拒否権付種類株式を発行した場合には，その定款記載の内容に従って，当該事項については，株主総会の決議に加えて，その種類株式の種類株主を構成員とする種類株主総会の決議が必要となる（会108Ⅰ⑧・Ⅱ⑧・323・84）参照）．ただし，当該種類株主総会において議決権を行使することができる種類株主が存しない場合には，種類株主総会の決議は不要である（会323但書）．

(4)　**種類株主総会の決議の種類**　種類株主総会の決議には，①　普通決議，②　特別決議および③　特殊決議の3種がある．

II-4-2-113　(ア)　**普 通 決 議**　定款に別段の定めがある場合を除き，その種類の株式の総株主の議決権の過半数を有する株主が出席し，出席した当該株主の議決権の過半数をもって行う（会324Ⅰ）．

II-4-2-114　(イ)　**特 別 決 議**　当該種類株主総会において**議決権**を行使することができる株主

の議決権の過半数 (3分の1まで引き下げ可) を有する株主が出席し，出席した当該株主の議決権の3分の2 (これを上回る割合を定款で定めた場合にあっては，その割合) 以上に当たる多数をもって行われなければならない．この場合においては，当該決議の要件に加えて，一定の数以上の株主の賛成を要する旨その他の要件を定款で定めることを妨げない (会324Ⅱ．なお会308Ⅱ対比)．この要件の決議事項には，以下のものがある．

① ある種類の株式の内容として全部取得条項付株式を設ける定款変更をする場合 (会111Ⅱ・108Ⅰ⑦)

② 譲渡制限株式に関する募集事項の決定 (会199Ⅳ) またはその募集事項の決定の委任 (会200Ⅳ) (種類株主総会の決議を要しない旨の定款の定めがある場合を除く)

③ 新株予約権の目的である株式が譲渡制限株式である新株予約権に関する募集事項の決定 (会238Ⅳ) またはその委任 (会239Ⅳ) (種類株主総会の決議を要しない旨の定款の定めがある場合を除く)

④ ある種類の種類株主に損害を及ぼすおそれがある一定の行為をする場合 (会322Ⅰ)

⑤ 種類創立総会 (会41Ⅲ・90Ⅱ) または種類株主総会において選任された監査役の解任 (会347Ⅱにより読み替えて適用する339Ⅰ)

⑥ 存続株式会社の株式を対価とする吸収合併，承継会社の株式を対価とする吸収分割および完全親会社となる会社の株式を対価とする株式交換に関する種類株主総会の決議 (会795Ⅳ)

2-115 (ウ) **特殊決議** 当該種類株主総会において議決権を行使することができる株主の半数以上 (定款による要件の厳格化可) であって，当該株主の議決権の3分の2 (定款による要件の厳格化可) 以上に当たる多数をもって行わなければならない (会324Ⅲ)．この要件の決議事項には，以下のものがある．

① ある種類の株式を譲渡制限株式とする定款変更をする場合 (会111Ⅱ・108Ⅰ④)

② 対価が譲渡制限株式等である合併，株式交換 (会783Ⅲ) または株式移転 (会804Ⅲ)．

表11　種類株主総会の決議事項と決議の種類

決議の種類	定足数・決議要件	決議事項
普通決議 (会324Ⅰ)	定足数は，その種類の株式の総株主の議決権の過半数を有する株主の出席で，決議要件は出席した当該株主の議決権の過半数である．定款で定足数・決議要件を変更可 (取締役・監査役の選解任の場合例外あり．会347ⅠⅡ=341)．	①株主総会 (取締役会設置会社にあっては株主総会および取締役会，清算人設置会社にあっては株主総会および清算人会) において決議すべき事項で，その決議のほかに種類株主総会の決議が必要とする旨を定めた事項 (会108Ⅰ⑧・323) ②取締役・監査役選解任付株式の種類株主総会で取締役・監査役を選任 (会108Ⅰ⑨)・解任する場合 (会347)， ③定款で定めた決議事項 (会321)
特別決議	定足数は，その種類株主総会におい	①ある種類株式を全部取得条項付種類株式にするための

(会324Ⅱ)	て議決権を行使することができる株主の議決権の過半数を有する株主の出席で，決議要件は，出席した当該株主の議決権の3分の1以上の賛成．定款で，定足数の議決権を3分の1以上と定め，議決権要件を加重することができる．さらに，決議要件として，一定の数以上の株主の賛成を要する旨その他の要件を加えることができる．	定款変更（会111Ⅱ・108Ⅰ⑦） ②譲渡制限株式の募集における募集事項の決定（会199Ⅳ）およびその委任（会200Ⅳ）（種類株主総会決議を要しない旨の定款の定めがある場合を除く） ③新株予約権の目的である株式が譲渡制限株式である新株予約権に関する募集事項の決定（会238Ⅳ）またはその委任（会239Ⅳ）（種類株主総会決議を要しない旨の定款の定めがある場合・種類株主総会で決議を行使する株主がない場合を除く） ④ある種類の種類株主に損害を及ぼすおそれがある以下の行為（会322Ⅰ） 　(ⅰ)株式の種類の追加，株式の内容の変更，発行可能株式総数または発行可能種類株式総数の増加の3事項に関する定款変更 　(ⅱ)株式の併合・分割 　(ⅲ)株式または新株予約権の無償割当て 　(ⅳ)株式または新株予約権の株主割当 　(ⅴ)合併，吸収分割，他の会社がその事業に関して有する権利義務の全部または一部の吸収分割による承継，新設分割，株式交換，株式交換による他の株式会社の発行済株式全部の取得または株式移転 　（ただし，(ⅱ)から(ⅴ)の事項については種類株主総会決議を要しない旨の定款の定めがある場合を除く．322Ⅱ） ⑤種類創立総会または種類株主総会において選任された監査役の解任（会347Ⅱにより読み替えて適用する339Ⅰ） ⑥種類株式発行会社が存続会社等である場合に，吸収合併等において消滅会社の株主等に対して譲渡制限株式である種類株式を交付する場合（会795Ⅳ）
特殊決議 （会324Ⅲ）	定足数については特に制約なし．決議要件は，その種類株主総会において議決権を行使することができる株主の半数以上で，その株主の議決権の3分の2以上．定款で株主数・議決権要件を加重できる．	①ある種類の株式を譲渡制限株式とするための定款変更（会111Ⅱ・108Ⅰ④） ②吸収合併消滅株式会社または株式交換完全子会社が種類株式発行会社である場合に，合併等対価等の全部または一部が譲渡制限株式等である場合の，種類株主による吸収合併または株式交換の承認（会783Ⅲ） ③新設合併消滅株式会社または株式移転完全子会社が種類株式発行会社である場合において，これらの株主に交付する新設合併設立株式会社または株式移転設立完全親株式会社の株式等の全部または一部が譲渡制限株式等である場合の，種類株主による新設合併または株式移転の承認（会804Ⅲ）

　なお種類株主総会の決議ではないが，① 取得条項を付加する定款変更（会111Ⅰ・322Ⅰ括弧書），② 発行後に，その種類株主総会決議を不要とする定款変更（会322Ⅳ），③ 発行後に，特定の株主からの自己株式取得に際し，その種類株式の株主につき売主追加請求権を認めないものとする定款変更（廃止を除く）（会164Ⅱ），④ 吸収合併消滅株式会社または株式交換完全子会社が種類株式発行会社の株主に割り当てられる合併対価等の全部または一部が持分等であるとき（会783Ⅳ [*V-1-4-106*]）には，**種類株主全員の同意**が必要である（[*V-1-2-10*] 参照）．

-2-116　**(5) 種類株式買取請求権**　当該種類の株主の利益を保護するため，(a) 種類株主総会に先立ち会社の行為に反対の旨を通知し，かつ種類株主総会で反対した種類株主（会116Ⅱ①），および，(b)① 株式の併合または分割，② 株式または新株予約権の無償割当て，③ 単元株式数についての定款変更，または④ 株主に割当てを受ける権利を与える株式または新株予約権の募集であって，その「種類株主に損害が及ぶおそれがある」が，定款で種類株主総会決議が不要と定められている場合には（会116Ⅰ③），その種類株式を有する種類株主に種類株式の買取請求権が認められる．

　もっとも種類株主の買取請求に応じて，会社が株主に対して支払った金銭の額がその支払の日における分配可能額を超えるときは，その株式の取得に関する職務を行った業務執行者は，その者がその職務を行うについて注意を怠らなかったことを証明した場合を除き，会社に対し，連帯して，その超過額を支払う義務を負う（会464）．

-2-117　**(6) 種類株主総会の決議の瑕疵**　種類株主総会の決議の取消しの訴え（会831・834⑰），種類株主総会の決議の不存在または無効確認の訴え（会830・834⑯）は株主総会の場合と同様である．当該種類の株主以外の株主も決議取消しの訴えを提起することができる．これは，種類株主総会の決議がなければ効力が生じない行為等があり，その決議は当該種類株主以外の株主にも利害関係があるからである．

第3節　役員および会計監査人の選任と解任等

1　役員等と会社との関係

-4-3-1　「**役員**」とは，取締役，会計参与および監査役を総称する用語である（会329Ⅰ．4章3節・371Ⅳ・394Ⅲ・854Ⅰ）．「**役員等**」とは，これらに執行役と会計監査人を加えた用語である（会423Ⅰ・4章11節）．「**執行役等**」は委員会設置会社で問題となるが，執行役および取締役をいい，会計参与設置会社では，執行役，取締役および会計参与をいう（会404Ⅱ①）．会社と役員または会計監査人との関係は**委任**（民643）である（会330）．委員会設置会社と執行役との関係も同様である（会402Ⅲ）．役員等は個々の株主と直接委任関係はない．

2　資　格　等

-4-3-2　**(1) 取締役**　**(ア) 資　格**　(a) 平成17 (2005) 年改正前商法254条2項は，定款によっても取締役を株主に限ることを禁止していたが，会社法は，公開会社においては，株主以外の者からも広く適材を求めるという理念から，定款をもってしても株主であることを要する旨を定めることができないが，**非公開会社**は，閉鎖的な会社であるから，**定款をもって取締役の資格を株主に限ることができることとしてい**

る（会331Ⅱ．なお会335Ⅰ・402Ⅴ参照）．もっとも，公開会社であっても株主が取締役に選任されることは差し支えない．この規定から，公開会社では取締役の資格を従業員であったものに限定することは認められないという見解も唱えられているが（黒沼悦郎「株式会社の業務執行機関」ジュリ1295号65頁［2005］），無理であると考える．

取締役に弁護士とか，公認会計士等の資格は要求されていない．

Ⅱ-4-3-3　(b)　**外国人株主がいる場合であっても，通常の定款変更決議で取締役の資格を日本人に限定することができる**（多数説．名古屋地判昭和46・4・30下民集22巻3・4号549頁［トヨタ自動車事件］．反対　中村一彦『会社法判例の研究』189頁［信山社1999年］．なお電通10Ⅰ参照）．

Ⅱ-4-3-4　(c)　**公認会計士が監査証明をした場合には**，当該公認会計士は，当該財務書類に係る会計期間の翌会計期間の終了の日までの間は，原則として当該会社その他の者またはその連結会社等の役員またはこれに準ずるものに就くことができない（会計士28の2・54①）．

Ⅱ-4-3-5　(イ)　**欠格事由**　① **法　人**，② **成年被後見人**（民8参照）もしくは**被保佐人**（民12参照）または外国の法令上これと同様に取り扱われている者，③ **会社法**，もしくは**一般社団法人および一般財団法人に関する法律の規定に違反**し，または**金融商品取引法**197条，197条の2第1号から10号の3までもしくは13号，198条8号，199条，200条1号から12号の2まで，20号もしくは21号，203条3項もしくは205条1号から6号まで，19号もしくは20号の罪，**民事再生法**255条，256条，258条から260条までもしくは262条の罪，**外国倒産処理手続の承認援助に関する法律**65条，66条，68条もしくは69条の罪，**会社更生法**266条，267条，269条から271条までもしくは273条の罪もしくは**破産法**265条，266条，268条から272条までもしくは274条の罪を犯し，刑（罰金を含む）に処せられ，その執行を終わり，またはその執行を受けることがなくなった日から（即ち，時効完成後．刑32参照）**2年を経過しない者**および，④ ③以外の法令の規定に違反し，禁錮以上の刑に処せられ，その執行の終わるまでまたはその執行を受けることがなくなるまでの者（刑の執行猶予中の者を除く）は，取締役となることができない（会331Ⅰ）．

③は会社法秩序に関連する罪であるから，④より重い取扱がなされている．会社法は，会社法秩序に関連する罪に金融商品取引法や各種倒産法制に定める罪を追加している．これらの違反者は会社経営者にふさわしくないからである．また，会社法は，昨今の経済情勢の下，債務者に再度の経済的再生の機会をできるだけ早期に与えることが国民経済上有益であるという観点から，実務界の要望に応え，**破産の宣告を受けて復権**（破255・256［Ⅵ-1-2-109］参照）**しない者を欠格事由**（改正前商254ノ2②）**から外している**．したがって取締役が破産をすると，委任関係の終了（民653②）により，一旦は退任しなければならないが，再度選任することができる．**未成年者は取締役の欠格事由ではない**（なお民102参照．就任には法定代理人の同意が必要である．民823）．欠格事由に該当する取締役を選任すれば，その選任は無効であり，在任中に

欠格事由が生じれば，その時から，取締役でなくなる．会社の**支配人**は，会社の許可がなければ他の会社の取締役となることができず（会12Ⅰ④），会社の**代理商**は，会社の許可がなければ，同種の事業を行う他の会社の取締役となることができない（会17Ⅰ②）．

　普通地方公共団体の長，副知事および副市町村長は，営利的関係を有する立場から隔離し，職務執行の公平・適正を確保するために，当該**普通地方公共団体に対し請負をする者および主として同一の行為をする法人**（最判昭和62・10・20判時1260号3頁［熊本県選挙管理委員会事件］参照）の**取締役，執行役または監査役になることができない**（自治142・166Ⅱ）．

　また，会社の**役員**（取締役だけでなく，監査役や支配人も含まれる．独禁2Ⅲ）または**従業員**は，国内の会社の役員の地位を兼ねることにより**一定の取引分野における競争を実質的に制限**することとなる場合には，当該役員の地位を兼ねてはならず（独禁13Ⅰ），この禁止に違反すると，排除措置がとられ（独禁17の2Ⅱ），罰則の適用を受ける（独禁91③）．

　取締役には諸外国の規制と異なり，年齢制限や，取締役職の兼任制限も定められていない．委員会設置会社以外の会社の取締役は，その会社の部長，工場長，支店長などの使用人を兼ねることは差し支えなく（会331Ⅲ），実際にも，使用人兼務取締役を置いている会社は多い[(39)]．

　（ウ）委員会設置会社の取締役　委員会設置会社の取締役の特則については［Ⅱ-4-11-3］以下を参照されたい．

Ⅱ-4-3-7　**（2）会計参与**　**（ア）資　格**　会計参与は，**公認会計士もしくは監査法人**［Ⅱ-4-3-13］または**税理士もしくは税理士法人**（税理士48の2以下）でなければならない（会333Ⅰ）．取締役，監査役（会335Ⅰ＝331Ⅰ①）および執行役（会402Ⅳ＝331Ⅰ①）と異なり，**法人**（監査法人・税理士法人）も会計参与になることができる．この場合**法人**は，「**その社員**」（なお会計士34の7Ⅲ，税理士48の8Ⅲ参照）の中から**会計参与の職務を行うべき者**（**職務担当者**）を「**選定**」し，これを**株式会社に通知**しなければならない．当該法人の使用人たる公認会計士または税理士では足りない．社員には所属法人との競業避止義務が課せられるが（会計士34の14，税理士48の14），単なる使用人会計士や補助税理士には競業避止義務が課せられないため，これらの者が職務を行うべき者となった場合，法人の業務か，個人の業務か，（使用人である公認会計士・税理士は法人と関係なく会計参考となることができる）その性格が不明確となるからである（解説108頁）．職

Ⅱ-4-3-6　(39)　**執行役員制**　バブルの崩壊後，個々の業務執行の責任者を執行役員として，取締役の枠組から外し（執行役員制），取締役の人数を削減すると共に，取締役に社外取締役を加え，取締役会を会社の経営方針の決定と業務執行に対する監督の場として機能させようとする傾向が生じている．執行役員は，上級の使用人に過ぎないので，会社法に規定が置かれていない．執行役員は，代表取締役等の指揮・命令に服する一方，代表訴訟の被告（会847）とはならない．

務担当者を選定する場合において，その職務の独立性を担保するため，(イ)の欠格事由ある者を「選定」することができない（会333Ⅱ）．

Ⅱ-4-3-8　(イ)　欠格事由　① 株式会社またはその子会社の取締役，監査役もしくは執行役または支配人その他の使用人，② 業務の停止の処分を受け，その停止の期間を経過しない者および③ 税理士法43条（業務停止）により同法2条2項の税理士業務を行うことができない者は，会計参与となることができない（会333Ⅲ．なお会39Ⅲ参照）．したがって取締役を会計参与に選任しても，その選任行為は無効である．また，会計参与を取締役に選任した場合には，取締役の選任の効力発生時に会計参与の資格を失う．顧問税理士は，通常，委任契約であるので，欠格事由に該当しない限り，会計参与となることができる（相澤＝石井・商事1745号13頁）．**会計監査人との兼任**が認められないのは，会計参与の職務上当然である（会337Ⅲ②，会計士24Ⅰ①）．監査法人が会計監査人である場合に，同じ監査法人に所属する公認会計士が会計参与となることも認められない（会計士34の11Ⅰ）．会計参与が子会社の監査役を兼任できないことの理由は必ずしもはっきりしない（江頭497頁注4）．

Ⅱ-4-3-9　(ウ)　履行補助者　会計参与は，その職務を行うに当たっては，(イ)の②③に挙げた欠格事由に該当する者を使用してはならない（会374Ⅴ）．

Ⅱ-4-3-10　(3)　**監査役**　(a)　資格は要求されていない．監査役の欠格事由は取締役の欠格事由と同一である（会335Ⅰ＝331ⅠⅡ［Ⅱ-4-3-5］）．公開会社の場合，定款をもってしても監査役が株主たることを要する旨を定めることができないが，非公開会社においては定款をもって株主に限ることが許されている（会335Ⅰ＝331Ⅱ）．非公開会社は閉鎖的会社であることから，定款の自由を認めている．監査役も，国内の会社の役員の地位を兼ねることにより一定の取引分野における競争を実質的に制限することとなる場合には，当該役員の地位を兼ねることはできない（独禁2Ⅲ・13Ⅰ・17の2Ⅱ・91③）．

(b)　監査役は，監査機関たる性質上，当該**会社もしくはその子会社の取締役**もしくは**支配人その他の使用人**または**当該子会社の会計参与**（会計参与が法人であるときは，その職務を行うべき社員）もしくは**執行役を兼ねることができない**（会335Ⅱ）．ここで使用人とは，「使用人」（会10以下）に限らず，会社と雇用関係にある者と解される．違法であるが監査役が支配人を兼務して，支配人として会社のために締結した金銭消費貸借契約は有効である（福岡高判昭和36・12・14下民集12巻12号2942頁）．総会が監査役に選任決議した者が兼任禁止違反に当たる場合には，現職を退くことを停止条件とし（監査役に選任される者が取締役等の地位を辞任することは，選任決議の効力要件ではないとする判例がある．最判平成元・9・19判時1354号149頁［神戸サンセンタープラザ事件］），被選任者が就任の承諾したときには，現職を辞任したものと解される（通説）．したがって，会社の使用人等が，監査役に選任され就任を承諾した後，事実上使用人としての職務を遂行している場合，監査役の任務懈怠の責任（会423Ⅰ）が生じるに過ぎない．

事業年度の途中で取締役であった者が監査役に就任すること (**横すべり監査役**) は望ましいものではないが，第1に，会社法は，監査対象期間 (会436・444) と監査役の在任期間 (会336ⅢⅣ参照) の一致を要求はしていなし，第2に，取締役であった者を監査役に選任されることを禁止しておらず，そのような者を選任するか否かは株主総会の判断に委ねられている．第3に，取締役であった者が新たに監査役に選任された場合には，自己が取締役であった期間についても心機一転して監査役の立場で職務執行を事後監査することは可能であり，会社の実情に通じているため，外部から監査役に選任された者よりも有効な監査ができる長所を有していると考えられるので，監査適格を有する (反対，倉沢康一郎「横すべり監査役」法セ398号79頁 [1988年])．当該監査役は，未就任期間を特に区別しその旨を監査報告に付記する必要はない (通説．最判昭和62・4・21商事1110号79頁 [長谷川工務店事件])．ただし，ある者が監査役を務めるA社が同人が取締役であるB社を子会社にした等，監査役が後発的に兼任禁止にふれる地位についたときは，B社の取締役の地位を辞任せずにした監査は無効とする見解が有力である (江頭470頁)．監査役が会社の業務執行に属する特定事項を個別的にあるいは一時的に代表取締役等会社から委任を受けることはできないとする説もあるが (山村・注会(4)590頁)，個別・具体的な監査役の善管注意義務の問題として処理すれば足りるので (服部栄三・商事1020号3頁，加藤勝郎「監査役の兼任禁止」服部古稀213頁)，肯定すべきである[40]．

4-3-11　(40)　**監査役と弁護士**　(a) 最高裁は，弁護士の資格を有する監査役が特定の訴訟事件につき会社から委任を受けてその訴訟代理人となることまで禁止するものではないと判示している (最三小判昭和61・2・18民集40巻1号32頁＝会社法百選82事件 [神戸サンセンタープラザ事件]．双方代理にも該当しない)．学説には，これを肯定する説 (大隅＝今井・中294頁，鈴木＝竹内312頁)，訴訟遂行中に監査役と地位と訴訟代理人の地位とが背反する可能性があるとして否定する説 (戸塚・判評333号182頁)，会社が原告である訴訟行為の受任は許されるが，会社を被告として提起される訴訟の代理は，監査役の職務執行の公正性を害するので許されないとする説 (並木・金判751号47頁．これに近い説として，山口・判批・法律のひろば41巻11号79頁) とがある．(β) 会社の顧問弁護士がその会社の監査役に就任しうるか否かについて最高裁はその立場を明らかにしていない (最判平成元・9・19判時1354号149頁 [神戸サンセンタープラザ事件] は肯定説を前提としているようにも思われる．兼任決議は本来総会決議の無効原因であるはずなのに，兼任のままにとどまっても選任決議の効力に影響を及ぼさないとしているからである)．顧問弁護士は使用人に当たるので，会社法335条2項に抵触するとする説 (石井・上387頁，田中 (誠) 上716頁，並木・金判751号44頁，加藤 (良)・昭和61年度重判解103頁) と，顧問弁護士は独立した職業として，使用人に当たらないので，抵触しないとする説 (大隅＝今井・中294頁，加美・296頁，加藤 (勝)「監査役の兼任禁止」服部先生古稀記念200頁，倉沢康一郎「顧問弁護士の監査役選任と就任」商事1203号9頁など) があるが，その者がその会社の組織機構の一員となり業務執行機関の指揮命令を受ける立場に置かれること，その会社に専属すべき拘束を受けていることなどの特別の事情のない限り，監査役に就任することができると解する (横浜地判昭和61・3・24資料版商事69号34頁，大阪高判昭和61・10・24金法1158号33頁 [神戸サンセンタープラザ事件]．山口・判批・法律のひろば41巻11号79頁，倉沢康一郎「顧問弁護士の監査役選任と就任」商事1203号10頁 [1989年])．

表12 会社法監査実施状況（売上高別）

売上高区分	会社数	監査従事者数（平均）				監査時間数（平均）				監査報酬（千円）		
		監査責任者	補助者 会計士	補助者 その他	計	監査責任者	補助者 会計士	補助者 その他	計	平均	最高	最低
10億円未満	852	1.8	1.9	2.3	6.0	45.2	87.1	90.5	222.8	3,007	47,200	129
10億円以上 50億円未満	1,133	1.8	2.4	3.2	7.4	55.4	142.3	153.1	350.8	4,475	40,925	250
50億円以上 100億円未満	659	1.9	2.9	4.0	8.8	67.3	209.7	225.2	502.2	6,433	60,000	500
100億円以上 500億円未満	1,778	2.0	3.4	5.1	10.5	75.8	272.3	329.3	677.4	8,437	87,500	734
500億円以上 1,000億円未満	586	2.1	4.1	6.7	12.9	89.3	371.4	454.9	915.6	11,697	135,000	1,350
1,000億円以上 5,000億円未満	482	2.1	4.6	7.9	14.6	108.9	525.1	765.2	1,399.2	18,125	208,000	1,270
5,000億円以上 1兆円未満	50	2.3	7.2	12.9	22.4	197.1	1,127.7	1,654.1	2,978.9	33,728	402,600	1,500
1兆円以上	24	2.8	11.7	20.1	34.6	286.2	2,219.2	3,407.0	5,912.4	62,439	195,000	4,000
合計（総平均）	5,564	1.9	3.2	4.7	9.8	72.2	258.5	320.7	651.4	8,204	402,600	129

出典：会計・監査ジャーナル No.635（2008）128頁

II-4-3-12 **(4) 会計監査人 (ア) 資 格** 会計監査人は**公認会計士**または**監査法人**でなければならない[41]（会337 I）．

監査の公平性を保障するため，① **公認会計士法の規定**[42]により計算書類につい

II-4-3-13 (41) **公認会計士・外国公認会計士・監査法人** 公認会計士は登録を要する（会計士17）．外国で同等の資格を持つ者は内閣総理大臣の承認を受け，外国公認会計士名簿に登録されると日本で業務を行うことができる（会計士16の2）．平成15年改正で，監査法人は認可制から**届出制**に改正されている．平成19年改正で，監査法人の社員資格が非公認会計士（特定社員）へ拡大され，有限責任組織形態の監査法人制度も認められている．また，大規模監査法人において上場会社の監査を担当する主任会計士（筆頭業務執行社員等）のローテーション・ルール（継続監査期間5年，インターバル期間5年）を法定化し，監査法人の行政処分として業務管理体制の改善命令等が追加されたほか，課徴金納付命令が創設される等の改正が行われている（「公認会計士法等の一部を改正する法律が成立」会計・監査ジャーナル625号24頁）．

II-4-3-14 (42) **公認会計士法の規定** (a) 公認会計士の場合には，① 公認会計士またはその配偶者が，その会社の役員，それに準ずるものもしくは財務に関する事務の責任ある担当者であり，または過去1年以内にそうであった者であったとき（会計士24 I ①），② 公認会計士がその会社の使用人であり，または過去1年以内にそうであったとき（会計士24 I ②），③ 公認会計士が会社に著しい利害関係を有しているとき（会計士24 I ③・II，同法施行令7），④ 国家公務員もしくは地方公務員にあった者が，退職2年前その職務と密接な関係にある企業の監査をする場合（会計士24 III），⑤ 公認会計士，その配偶者または公認会計士もしくはその配偶者が実質的に支配していると認められるものとして内閣府令で定める関係を有する法人その他の団体が，大会社等（なお同施行令8～10参照）から非監査業務（会計士2 II）により継続的な報酬を受けているとき（会計士24の2），⑥ 大会社等の継続監査の制限（7会計期間のすべての会計期間に係る財務書類について監査関連業務を行った場合には，2会計期間に係る財務書類について監査業務を行ってはならない）に抵触する場合（会計士24の3，同法施行令11～12参照）である（外国公認会計士も同じ．会計士16の2 VI＝24・24の2・24の3）．(β) 監査法人の場合には，⑦ 監査法人がその会社の株式を所有し，または出資しているか（会計士34の11 I ①），⑧ 監査法人の社員のうちに①に該当する社員がいるか（会計士34の11 I ②），⑨ 監査法人の社員として会社の監査業務に関与していた者が，関与社員会計期間（当該財務書類に係る会計期間またはその翌会計期間）内に当該会社の役員またはこれに準ずる者となった場合（当該関与社員期間に係る財務書類につき）（会計士34の11 I ③），⑩ 監査法人が会社に著しい利害関

て監査をすることができない者[43]（会337Ⅲ①），② 株式会社の子会社もしくはその取締役，会計参与，監査役もしくは執行役から公認会計士もしくは監査法人の業務以外の業務（税理士業務など）により継続的な報酬を受けている者またはその配偶者，③ 監査法人でその社員の半数以上が②に掲げる者であるときは，会計監査人となることができない（会337Ⅲ）．欠格事由に該当した者を会計監査人に選任しても，その総会決議は無効である．

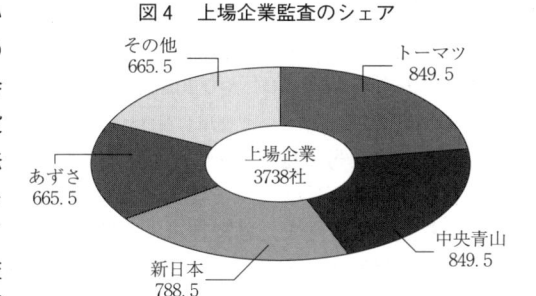

図4　上場企業監査のシェア

その他　665.5
トーマツ　849.5
あずさ　665.5
上場企業3738社
中央青山　849.5
新日本　788.5

（注）帝国データバンク調べ．05年3月末時点．共同監査は0.5社として計算
出典：日本経済新聞2006年5月11日

　会計監査人に選任された監査法人は，社員の中からその職務を行うべき者を「選定」し，これを会社に通知しなければならないが，前述の②に掲げる者を指名する

係を有しているとき（会計士34の11Ⅰ④・Ⅱ，同法施行令15），⑪ 監査法人または監査法人が実質的に支配していると認められるものとして内閣府令で定める関係を有する法人その他の団体または監査法人の社員が，大会社等から非監査業務により継続的な報酬を受けているとき（会計士34の11の2Ⅰ・Ⅱ）である．このほか，監査法人は，⑫ 社員が大会社等の大会社等の継続的監査の制限（7会計期間のすべての会計期間に係る財務書類について監査関連業務を行った場合には，2会計期間に係る財務書類について監査関連業務を行ってはならない）に抵触する場合（会計士34の11の3，同法施行令16・17．なお会計士34の11の5Ⅰ）および⑬ 大規模監査法人（会計士34の11の4Ⅱ，同施行規則24．100社以上の上場会社の監査証明業務を行う監査法人）の筆頭業務執行社員等が，継続的監査の制限（5会計期間のすべての会計期間にかかる財務書類について監査関連業務を行った場合には，5会計期間に係る財務書類について監査関連業務を行ってはならない）に抵触する場合にはその者に監査関連業務を行わせてはならない（会計士34の11の4，同法施行令18〜20．なお会計士34の11の5Ⅱ参照）．

4-3-15　[43]　改正理由　(α) 廃止前商法特例法4条2項1号は，公認会計士法24条，24条の2，24条の3又は34条の11の規定により監査することができない者を会計監査人の欠格事由としていた．公認会計士法と重複するので，会社法から削除している．また，(β) 改正前商法特例法4条2項3号は，「業務の停止の処分を受け，その停止の期間を経過しない者」及び同項4号前段は「監査法人でその社員のうちに前号に掲げる者があるもの」も会計監査人の欠格事由としていた．この規定によると，多数の公認会計士の社員を抱える大規模な監査法人において，1人の社員が業務停止処分を受けた場合には，当該監査法人はすべての会社の会計監査人としての地位を失ってしまう効果を持つという点で酷に過ぎることおよび公認会計士法においてもその社員のうちに業務停止処分を受け，その停止期間を経過しない者に該当する者が生じたときには，内閣総理大臣は，当該法人に対し戒告，業務停止等の必要な措置や，最終的には監査法人の存立の根拠を失わせる措置までも講ずることができることとされているので，公認会計士法上の監督官庁による監督を尊重し，その措置に委ねることが適当であるので，会社法はこれらの規定も削除した．なお，金融庁は，カネボウの粉飾に関与した中央青山監査法人に対し，2006年5月，2カ月間の監査業務停止処分をした．その後同法人は名称を変更したが，2007年には解散している（太田洋「監査法人への業務停止命令に伴う実務上の諸問題」商事1768号35頁）．

ことができない(会337Ⅱ)．これに違反した指名は無効であると考える．

　会計監査人は，その職務を行うにあたり，補助者を使用することができるが(大会社等の業務監査の場合には，やむを得ない事情がある場合を除き，他の公認会計士と共同するか，他の公認会計士を補助者として使用しなければならない．会計士24の4)，① 会社法337条3項1号および2号に掲げる者，② 会社またはその子会社の取締役，会計参与，監査役もしくは執行役または支配人その他の使用人である者，③ 会社またはその子会社から公認会計士または監査法人の業務以外の業務により継続的な報酬を受けている者は，補助者になることができない(会396Ⅴ)．これに違反して資格のない補助者を使用しても，監査は当然に無効とならないが，その違反の結果監査の方法が相当でないと認められるときは，監査役の監査報告または監査役会の監査報告にその旨および理由等が記載されなければならない(会436Ⅱ，計規127②・128Ⅱ②)．

3　人　数

Ⅱ-4-3-16　(1)　取　締　役　取締役会設置会社では3人以上必要であるが(会331Ⅳ)，それ以外の会社では1人でもよい(会326Ⅰ)．

Ⅱ-4-3-17　(2)　会 計 参 与　特に規制はないが，会計参与が2人以上ある場合を想定した規定が存在している(会379Ⅱ)．

Ⅱ-4-3-18　(3)　監　査　役　監査役会設置会社(会335Ⅲ)以外の会社では1名で足りる．監査役会を設置しない会社において2人以上の監査役を設置する場合には，法律で監査役会の同意または決議を要するものとされている事項については，監査役の過半数の同意が必要である(会343Ⅰ括弧書・344Ⅰ括弧書)．

　監査役会設置会社においては，監査役は3人以上[44]で，そのうち「半数以上」は社外監査役の要件を満たさなければならない(会335Ⅲ)．社外監査役とは，株式会社の監査役であって，過去にその会社またはその子会社の取締役，会計参与(会計参与が法人であるときは，その職務を行うべき社員)もしくは執行役または支配人その他の使用人となったことがないものをいう[45](会2⑯)．監査役会に社外監査役が要求さ

Ⅱ-4-3-19　[44]　監査役数　平成5(1993)年改正前の大会社では監査役は2名以上であったが，同年改正により社外監査役と監査役会制度が導入されたことに伴い，3名に改められている．2名体制で社外監査役を採用することは，社内情報の収集に難点があることおよび2名では意見が一致しないとき不都合が生じることを考慮した結果である．

Ⅱ-4-3-20　[45]　社外監査役　社外監査役制度は，平成5(1993)年に導入されたが，その原因の1つは，日米構造協議でアメリカ側から行われた社外重役制度・監査委員会制度の導入提案であった(元木伸『平成5年改正会社法の解説』56・57頁)．平成5年法は，監査役は，3人以上で，そのうち「1人以上は，その就任の前5年間」会社またはその子会社の取締役または支配人その他の使用人となかった者でなければならないと規定していたが，平成13(2001)年の議員立法は，監査役制度の強化を狙って，監査役は3人以上で，「そのうち半数以上は，その就任前」，その会社または子会社の取締役，執行役または支配人その他の使用人「となったことがない者」でなければならないと改めている(平成5年改正商特2Ⅱ・18Ⅰ．なお30Ⅰ⑯参照)．

れるのは，大会社にあっては，内部者によらない独立の客観的監査の必要性が大きいからである．社外監査役は，監査役の互選で決まる常勤監査役（会390Ⅲ）と異なり，監査役選任の際の要件であるから，社外監査役の員数が半数以上の要件を満たさないまま作成された監査報告書は，瑕疵が生じ，定時総会で計算書類を承認しても，それは総会決議取消しの訴えの対象になる（前田庸492頁）．この計算書類に基づいてなされた剰余金の配当決議も取消しの対象となる．誰が社外監査役であるかは重要であるから，社外監査役選任の場合には，株主総会参考書類において候補者が社外監査役候補者である旨の表示がなされる必要がある（会施規76Ⅳ）．

監査役会設置会社の場合には，監査役の中から**常勤の監査役**を選定しなければならない（会390Ⅲ．なお会976㉔参照）．**常勤監査役とは，会社の開業時間中監査の仕事に専念する者**，すなわちフルタイムでなければならないと解するのが通説（江頭485頁，神田220頁）であるが，継続的かつ一貫した業務監査ならびに会計監査を遂行しうるに必要なだけの時間を被監査会社に割り当てるような勤務状態の監査役であるとする見解（論点404頁，河本524頁，高鳥正夫「監査役の権限と責任」企業会計33巻5号47頁）もある．社外監査役と常勤監査役とは全く異なる概念に基づいた概念であるので，社外監査役であってもなくても常勤監査役となることは差し支えない．常勤監査役は，監査役会の決議ではなく，**監査役の互選**とされている．これは，取締役と異なり，常勤監査役は，その職務遂行の形態が他の監査役と異なるだけで，職務内容が異なるわけではないので，形式的方法によらず，監査役の意見の一致をみたところで，常勤者を定めるとされたものである．常勤監査役の辞任または任期満了により，これを欠くこととなりまたは定款に定めた常勤監査役の員数を欠くに至ったときには，後任の監査役を選任しなければならないが，協議が成立しないときには，会社法346条2項の類推適用により，利害関係人は，監査役または仮監査役のうちから一時常勤監査役の職務を行う者の選任を裁判所に請求することができると解する（前田庸492頁）．残りの監査役の員数が法定の数または定款で定めた最小限の数に達しているときは，常勤監査役を欠いたまま監査報告を作成しても，瑕疵は生じない（前田庸493頁）．常勤監査役とその他の監査役とは，単に，勤務の態様が異なるだけで，監査に関する権利義務その他の対応が異なるわけではないからである．

4-3-21　(4) **会計監査人**　員数については特に規定はない（会326Ⅱ）．

4　任　期

4-3-22　(1) **取締役**　株式会社の取締役の任期は，原則として「**選任後**」[(46)] **2年以内**に

4-3-23　(46) **2年の起算点**　平成17年改正前商法では就任時（選任後被選任者の就任承諾がなされた時）説が通説であったが，会社法は，就任時説だと被選任者の意向に委ねられる結果，総会の意思に反する事態も生じかねないという理由で（論点285頁），選任時（選任決議の効力が生じた時）説を採用している．

終了する事業年度のうち最終のものに関する定時総会の終結の時までである．(α) 取締役の任期は，株主の信任を新たにするためのものであるから，定款または株主総会の決議によって，その**任期を短縮することを妨げないが** (会332Ⅰ)，伸長することは許されない．何らかの理由で定時総会が開催されないときは，任期は，定時総会が開催されるべき時期の経過によって終了する (東京高判平成7・3・30金判985号20頁 [サニーハウス事件])．(β) **非公開会社** (委員会設置会社を除く) については，所有と経営とが一致していることが多く，取締の信任を頻繁に問う必要性はないので，定款によって，任期を**最長選任後10年以内に終了する事業年度のうち最終のものに関する定時株主総会の終結の時まで**伸長することを妨げない (会332Ⅱ)．また，(γ) **委員会設置会社の取締役の任期**は，**選任後1年** (定款または株主総会の決議で短縮可) 以内に終了する事業年度のうち最終のものに関する定時株主総会の終結の時までである (会332Ⅲ)．なお(δ) **特例有限会社**の取締役には，会社法332条は適用されず，旧有限会社法と同じく，**任期には制限がない** (整備法18)．

もっとも，① 委員会を置く旨の定款の変更，② 委員会を置く旨の定款の定めを廃止する定款の変更，または③ その発行する株式の全部の内容として譲渡による当該株式の取得について当該株式会社の承認を要する旨の定款の定めを廃止する定款の変更 (委員会設置会社がするものを除く) をした場合には，取締役の任期は，**当該定款の変更の効力が生じた時に満了する** (会332Ⅳ)．①および②は，委員会設置会社とそれ以外の会社との間では取締役の権限が大きく異なり (会348・362・363・415・416等)，また，委員会設置会社では，社外取締役が最低2人以上必要なことから，取締役に求められる具体的資質・要件も異なるという考えによる．③は，公開会社に変更した後に伸長された任期の維持を認めることは妥当でないことによる．平成17 (2005) 年改正前商法には，特定の種類株主総会で一定数の取締役を選任することができる旨の定款の規定を廃止した場合，その取締役の任期は当該定款変更の効力発生時に満了したものとみなす規定があったが (改正前商257ノ6)，会社法にはこれに相当する規定がないので，このような定款の廃止により取締役の任期は満了しない．

定款を変更して取締役の任期を短縮した場合には，現在の取締役の任期も短縮され，定款の変更時において既に変更後の任期が満了しているときは，当該取締役は退任することとなる (昭和35・8・16日付け法務省民事4第146号法務省民事局第4課長心得回答参照)．また，定款を変更して取締役の任期を伸長した場合には，現任の取締役の任期も，特別の事情がない限り伸長される (昭和30・9・12日付け法務省民事甲第1886号当職回答参照)．取締役の任期は，株主の信任を新たにするためのものであるから，任期の満了によって就任する取締役を再任することは，もとよりさしつかえない．

Ⅱ-4-3-24　(2) **会計参与**　任期は，**取締役の任期と同様の規律が適用される** (会334Ⅰ=332)．定款で任期を定める場合に，その会社の取締役の任期とそろえる必要はない．例えば，非公開会社において，取締役の任期を定款で10年と定め，会計参与の任期は

1年と定める等も可能である．会計参与設置会社が会計参与を置く旨の定款の定めを廃止する定款変更をした場合には，当該会社に会計参与を置くことができなくなるため，会計参与の任期は，当該定款の変更の効力が生じた時に満了する(会334Ⅱ)．

4-3-25　(3)　**監査役**　任期は，**選任後4年**以内に終了する事業年度のうち最終のものに関する定時総会の終決の時までである(会336Ⅰ)[47]．なお480Ⅱ参照)．法で定めた場合は別として(会336Ⅲ・Ⅳ)，取締役・会計参与の任期と異なり，定款または株主総会の決議をもって**短縮することができない**(会332Ⅰ但書対比)．**非公開会社**にあっては，定款で，任期を最長選任後**10年**以内に終了する事業年度のうち最終のものに関する定時総会の終結の時まで**伸長**することができる(会336Ⅱ．なお480Ⅱ参照)．平成17(2005)年改正前商法では，設立の際に選任される最初の監査役の任期は，就任後1年内の最終の決算期に関する定時総会の終結までとされていたが(改正前商273Ⅱ)，取締役と同様，削除されている．なお，**特例有限会社**の監査役には会社法336条は適用されず，任期に**制限はない**(整備法18)．

　定款で，任期の満了前に退任した監査役の補欠として選任された監査役の任期は，退任した監査役の任期の満了すべき時まで(すなわち**残任期間**)とすることができる(会336Ⅲ．なお480Ⅱ参照)．この定款の定めは，補欠として選任された監査役と他の在任中の監査役と任期をそろえるためのものであるから，監査役全員が任期満了前に退任した場合の後任者については，その定めの適用はなく，336条1項の本則にかえるものと解する．

　① 監査役を置く旨の定款の定めを廃止する定款の変更，② 委員会を置く旨の定款の変更，③ 監査役の監査の範囲を会計に関するものに限定する定款の定めを廃止する定款の変更，および，④ その発行する全部の株式の内容として譲渡による当該株式の取得について当該会社の承認を要する旨の定款の定めを廃止する定款の変更の場合には，監査役の任期は，当該定款の変更の効力が生じた時に満了する(会336Ⅳ．なお会480参照)．特定の種類株主総会で一定数の取締役を選任することができる旨の定款の規定を廃止した場合であっても，監査役の任期は満了しない(平成17年改正前商257ノ6・280Ⅰ対照)．

4-3-27　(4)　**会計監査人**　任期は，**選任後1年**以内に終了する事業年度の最終のものに関する定時総会の終結の時までであるが，その定時総会で別段の決議(不再任の決議．

4-3-26　(47)　**監査役の任期の沿革**　明治32(1889)年法では，取締役の任期が3年であるのに対し1年とされ，明治44(1911)年の改正で2年に延長されたが，昭和25(1950)年の改正では，取締役の任期が2年に短縮されたのに伴い1年に短縮された．その後昭和49(1974)年の改正で再び2年とされたが，平成5(1993)年改正で，3年に改められ，平成13(2001)年改正により，監査役の地位の強化のため4年に改められている．会社法は，任期の起算点を就任後から選任後に改めている．

404　第Ⅱ編　株式会社

後任者選任の決議を含む）がなされないときは，その総会で再任されたものとみなされる（会338Ⅰ．**自動的再任制度**）．これは多くの会社が１年決算を行っていることによる[48]．ただし，会計監査人設置会社でなくなるための定款変更をした場合には，会計監査人の任期は，当該定款の変更の効力が生じた時に満了する（会338Ⅲ）．

5　選　任

Ⅱ-4-3-29　(1)　**選任機関**　役員および会計監査人の選任は，株主総会の決議（普通決議．会309Ⅰ）により行う（会329Ⅰ）．ただし，① 取締役の選任につき，拒否権付種類株式が発行されている場合には（会108Ⅰ⑧），株主総会の決議に加えて当該種類株主総会の決議（普通決議）が必要である（会323・324Ⅰ）．また，② 非公開会社の取締役または監査役に限っては，その選任を当該種類株主総会で行う種類株式（**取締役・監査役選任権付株式**）が発行されている場合には（会108Ⅰ⑨・Ⅱ⑨，会施規19②），当該種類の株式の種類株主を構成員とする種類株主総会（普通決議．定足数は，定款の定めによっても，その種類の総株主の３分の１未満に下げることはできない．会347Ⅰ・341）において選任される（会347ⅠⅡ・324Ⅰ．なお会112ⅠⅡ参照）．普通決議は，法律の定める定足数を定款で完全に排除できるのが原則であるが（会309Ⅰ），「**役員**」の選任決議は，その選任になるべく多数の株主の意思を反映させることが適当であるから，**定足数は，定款をもっても，「議決権を行使することができる株主の有する議決権」の３分の１未満とすることができない**（会341）．これに対し会計監査人の選任にはこのような制限はない．他方，「出席株主の議決権の過半数」は，定款で加重することができるが，これは特則ではない．「種類株主総会で取締役または監査役を選任する場合」も上と同様の規制が行われている（会347ⅠⅡ＝341）．会社法341条においては，309条２項のように決議要件に**頭数要件**を設けるような**要件の加重は認められない**．取締役の選任・解任につき株主全員の同意を要求する定款は，無効とする説

表13　選任議案に反対票が投じられた会社

（商事法務調べ）

年度	取締役		監査役	
	反対票があった社数	回答総数に対する比率（％）	反対票があった社数	回答総数に対する比率（％）
2000	156	8.1	240	12.4
2001	153	7.6	236	11.7
2002	238	12.1	186	9.4
2003	413	21.2	407	20.9
2004	570	29.6	560	29.1

Ⅱ-4-3-28　(48)　**会計監査人の任期の沿革**　昭和56（1981）年改正前は，会計監査人の任期は定められていなかった．同年改正で会計監査人が株主総会で選任されることになったため，監査契約とその選任とは別個の行為によってなされる結果，任期が定められ，選任後１年以内に終了する事業年度の最終のものに関する定時総会の終結の時までであるが，その定時総会で別段の決議がなされないときは，自動再任されることになった（昭和56年改正商特５の２）．

第4章 機　関　第3節 役員および会計監査人の選任と解任等　**405**

(森本212頁注3)と有効とする説(江頭330頁注1．閉鎖型のタイプの会社において有用であり，かつ，たとい株主総会決議の成立が不可能でも代替手段があること(会854〜856・346)を根拠とする)とが対立している．後説に賛成する．

　なお犯罪収益等を用いることにより，法人等の株主等の地位を取得し，または第三者に取得させた者が，当該法人等またはその子法人の事業経営を支配する目的で，影響力を行使または行使させて，役員等を選任・解任しもしくは選任・解任させ，または辞任させる行為等は犯罪として処罰される(組織的な犯罪及び犯罪収益の規制等に関する法律9)．

4-3-30　**(2) 取締役選任の場合の特例——累積投票請求権**　2人以上の取締役の選任を目的とする株主総会の招集があったときは，定款に累積投票を排除する旨の定めがなければ，**株主**(取締役の選任について議決権を行使することができる株主に限る)**は会社に対して累積投票によることを求めることができる**(会342 I)．この制度は，アメリカ法の累積投票〔cumulative voting〕制度にならい，昭和25(1950)年改正で導入されたが，資本自由化に伴う外国人の代表者の取締役会への送り込みを危惧し，昭和49(1974)年改正で定款による全面排除が認められている．累積投票の請求は，総会の日の5日前までに(会342 II)，書面または電磁的方法によりしなければならない．累積投票では，各株主は1株(単元株式数を定款で定める場合には1単元の株式)につき，**選任すべき取締役の数と同数の議決権を有し，各株主は1人に集中的に投票してもよいし，数人に適宜分散投票することもでき**(会342 III)，投票の**最多数を得た者から順次当選者となる**(会342 IV)．したがって，少数派もその持株数に応じて自己の代表者を取締役に選任することが可能となる．累積投票の請求があった場合には，取締役(株主総会の議長が存する場合にあっては議長，取締役および議長が存しない場合にあっては当該請求をした株主)は，選任に先だって，累積投票による旨を明らかにしなければならない[49](会342 V，会施規97 II)．投票の同数を得た者が2人以上存することにより，最多数を得た者から順次取締役を選任することができないときは，最多数を得た者から順次取締役を選任することができる数の範囲内で，順次選任をし，その数を減じた取締役の選任は，通常の株主総会の選任決議により選任する(会施規97 III・IV．例えば3人の選任の際に，A10票，B8票，C5票，D5票のときには，A・Bは順次選任され，残りの3人目の取締役の選任は通常の選任決議により選任する)．

　取締役の選任権付種類株式を発行している会社の種類株主総会には，累積投票制度は適用されないと解される(会347 Iによる342の不準用)．

4-3-31　(49) **選任すべき取締役の数**　選任すべき取締役の数は，累積投票を請求するかどうかの判断にとって重要な要素であるから，取締役選任を議題とする総会の招集通知に明示されることを要するが，「取締役全員任期満了につき改選の件」という記載は，特段の事情のない限り，従前の取締役と同数の取締役を選任する旨の記載があると解することができる(最一小判平成10・11・26金判1066号18頁〔甲野石油事件〕)．

II-4-3-32　(3)　選任議案の提出　(ア)　同意・選任議題・議案提出請求権等

(a) **監査役設置会社**では，① 監査役の選任に監査役の意思を反映させるため，取締役は，**監査役の選任に関する議案を株主総会に提出するには**，監査役設置会社においては，**監査役**(監査役が2人以上ある場合にあっては，その過半数)**の同意を得なければならず**(会343 I)，**監査役会設置会社では監査役会の同意を得なければならない**(会343Ⅲ＝343 I)．また，② 監査役または監査役会は，取締役に対し，**監査役の選任を株主総会の目的とすること**または**監査役の選任議案を株主総会に提出することを請求することができる**(会343Ⅱ・Ⅲ［II-4-8-14］．なお会976㉑，会施規76 I ④参照)（特例有限会社には会343の適用が排除されている．整備法18)．

II-4-3-33　(b) **会計監査人設置会社**では，① 会計監査人の選任に監査役の意思を反映させるため，取締役は，会計監査人の選任に関する議案を株主総会に提出するには，**監査役設置会社**においては，**監査役**(監査役が2人以上ある場合にあっては，その過半数)**の同意**，監査役会設置会社においては**監査役会の同意を得なければならない**(会344 I ①(50)・Ⅲ)．取締役の推薦する候補者に同意を与えつつ，さらにもう1人の候補者を総会に提出することを監査役または監査役会の方から取締役に対し請求することも可能である．また，② **監査役または監査役会**は，取締役に対し，会計監査人の選任議案を株主総会に提出することまたは**会計監査人の選任を株主総会の目的とすることを請求することができる**(会344Ⅱ ①②・Ⅲ．なお会976㉑，会施規77③参照)．

　　会計監査人は，会計監査人の選任につき，株主総会に出席し，意見を述べることができる(会345Ⅴ)．

II-4-3-35　(c) **委員会設置会社**では，取締役または会計参与の選任議案の内容を指名委員会が決定し(会404 I．なお，会416Ⅳ⑤)，**監査委員会は会計監査人の選任に関する議案の内容を決定する**(会404Ⅱ②．なお会416Ⅳ⑤)．

II-4-3-36　(イ)　議案の提出者　(ア)の条件を満たした上で，① 取締役会設置会社以外では，役員・会計監査人の選任議案の株主総会への提出を，取締役がこれを行う．その際，会社に取締役が2人以上あるときは，定款に別段の定めがない限り，取締役の過半数をもって決定する(会348 I Ⅱ)．② 取締役会設置会社では取締役会の決議により(会298Ⅳ・362Ⅱ①)，代表取締役が選任議案を株主総会に提出する．③ 委員会設置会社では，代表執行役が株主総会に提出する．

II-4-3-37　(ウ)　意見陳述権　株主総会において，① **会計参与設置会社**では会計参与が会計参与の選任について(会345 I．なお会施規75③参照)，② **監査役設置会社**では監査役が監査役の選任について(会345Ⅳ＝345 I．なお，会施規76 I ⑤)，③ **会計監査人設置会**

II-4-3-34　(50)　沿革　昭和56(1981)年改正前には，監査役の過半数の同意を得て，取締役会の決議で選任し(昭和56年改正前商特3 I)，それを総会に報告することになっていたが(同3Ⅱ)，これでは監督される側が監督する側を選任することになり不合理であるので，同年改正で会社法のような規定に改められている．

社では，会計監査人が会計監査人の選任につき意見を述べることができる（会345Ⅴ．会施規77③参照）．これらは，不適当な選任を防止し，会計監査人，監査役または会計監査人の独立性を保障するためのものである．意見陳述の機会を与えなかったときは，決議取消しの訴え（会841Ⅰ①）の原因となる．

4-3-38　**(4) 選任の効果**　総会の選任決議があり，その者が役員になることを**承諾**すると役員となる．通説・判例（最判平成元・9・19判時1354号149頁）は，総会の選任決議は会社内部の意思決定にすぎないから，代表機関が選任決議に基づいて被選任者に対して役員就任の申込をなすことを要すると解しているが（なお商登54Ⅰ～Ⅲ参照），総会の選任決議自体が直接申込の効力を有するとか，被選任者の承諾を条件とする会社の単独行為とみるべきとする説もある．実際には，会社と役員候補者との間で，あらかじめ総会の選任決議を停止条件とする任用契約を締結しているのが通常である．

6　補欠役員の選任

4-3-39　役員の選任決議をする場合に，**役員が欠けた場合または会社法もしくは定款で定めた役員の員数を欠くこととなるときに備えて補欠の役員を選任することができる**（会329Ⅱ）．役員が欠けたときにまたは員数が欠けたときには，当該補欠が正式の役員に就任する．会計監査人には補欠の制度はない．

　補欠の役員を選任する場合には，① 補欠の候補者である旨，② 補欠の社外取締役または社外監査役としての選任のときは，その旨，③ 特定の役員の補欠としての選任のときは，その旨および当該特定の役員の氏名（会計参与である場合には氏名または名称），④ 特定の役員や役職についての補欠者が複数存する場合には，補欠者間の優先順位，⑤ 補欠役員の就任前の選任の取消しを行う場合があるときは，その旨および取消しを行うための手続を決定しなければならない（会施規96Ⅱ）．当該決議が効力を有する期間は，定款に別段の定めがある場合を除き，当該決議後最初に開催する定時株主総会の開始の時までである（なお会336Ⅲ参照）．ただし，株主総会（取締役・監査役選任種類株式の種類株主総会）の決議によってその期間を短縮することを妨げない（会施規96Ⅲ）．役員の補欠者をあらかじめ選任する旨の定款の定め（平成15・4・9日付け法務省民商第1079号法務省民事局商事課長回答参照）がなくても，補欠の取締役を選任することができる．補欠役員の選任決議の法的性質は，役員の**停止条件付選任決議**にほかならず，補欠役員の選任にも，通常の役員選任と同様の手続・要件が適用される．

7　終　任

4-3-40　**(1) 総　説**　役員または会計監査人と会社との関係は**委任**（民656）に関する規定に従うから（会330），役員・会計監査人は，① **辞任**（民651Ⅰ），② **死亡**（民653①），③ **後見開始の審判を受けたこと**（民653③）および④（役員・会計監査人の）**破産**（民653②．

委任者の破産は委任の終了事由とされているものの，破産手続開始の決定後も会社の組織に関する事項は，破産管財人の権限に属しない事務が存在するから，会社についての破産手続開始の決定は，取締役の地位を当然には失わせるものではない．最一小判平成16・6・10民集58巻5号1178頁）によって終任する．役員・会計監査人は以上のほか，⑤ **任期の満了**，⑥ **解任**，⑦ **欠格事由の発生**，⑧ **定款所定の資格の喪失**によっても終任する（なお会332Ⅳ [Ⅱ-4-3-22]・334Ⅱ・336Ⅳ [Ⅱ-4-3-25]・338Ⅲ [Ⅱ-4-3-27] 参照）．なお，特例有限会社が商号変更により通常の株式会社に移行する場合には，会社法上の役員の任期に関する規律がそのまま適用されるので，場合により，当該商号変更と同時に任期が満了する取締役・監査役が出る．

⑨ **会社の清算**により取締役（会477Ⅰ参照），会計参与および会計監査人は当然にその地位を失うが（会490Ⅵ＝372Ⅰ Ⅱの読み替え参照），定款で監査役を置く旨を定めていた場合（会477Ⅱ）および清算の開始原因が生じた時に**公開会社**または**大会社**であった場合（会477Ⅳ）には，当然には**監査役は地位を失わないと解される** [Ⅵ-1-2-31]．**公開会社**または**大会社**であった委員会設置会社では，監査委員が監査役となる（会477Ⅴ）．

Ⅱ-4-3-41 **(2) 辞 任　(ア) 総 説**　役員・会計監査人は，いつでも辞任することができるが（民651Ⅰ．取締役につき東京地判昭和55・7・29判時990号239頁 [野生司建築設計事件]），会社に不利な時期に辞任した役員および会計監査人は，損害賠償義務を負う（民651Ⅱ）．取締役全員で構成する会の承認がなければ辞任できないとする特約を，取締役は会社に重い責任を負っていることを理由に，無効とした判例があるが（大阪地判昭和63・11・30判時1317号 [ミルトン事件]），取締役間の特約であれ，会社・取締役間の特約（河内隆史「取締役の辞任について」『(酒巻俊雄先生還暦) 公開会社と閉鎖会社の法理』270頁（1992年））であれ，取締役があえて辞任の自由を放棄したのであれば，無効とする理由はない（青竹199頁）．

辞任の意思表示は取締役または代表取締役に対して行う．代表取締役自身が辞任するなど，他に代表取締役がいないときは，取締役会に対して行う必要があるが（東京高判昭和59・11・13金判714号6頁 [オリエントファイナンス事件]），別の方法により取締役全員に辞任の意思が了知される場合も辞任の効力の発生を認めてよい（岡山地判昭和45・2・27金法579号36頁）．取締役（代表取締役）から辞任届が従業員に手渡され，他の会社幹部もその報告を受けたときは，辞任届が会社に受理されて辞任の効力が発生しているから，辞任の撤回は認められない（仙台高判平成4・1・23金判891号40頁 [協和印刷事件]）．役員が辞任したときは，善意の第三者に対抗するため，取締役に辞任の登記を請求することができ，会社は，委任契約の終了に伴う原状回復義務として，退任の旨の変更登記をする義務を負う（岡山地判昭和45・2・27金法579号36頁 [取締役の辞任に関する]，東京高判昭和30・2・28高民集8巻2号142頁 [日興相互株式会社事件．監査役の辞任に関する]）．なお，辞任した役員は，退任登記がなされていなくても，特段の事情が

第4章 機　関　第3節　役員および会計監査人の選任と解任等　409

存しない限り，善意の第三者に役員としての責任を負わない（最判一小昭和62・3・16判時1248号127頁）．

4-3-42　(イ)　**監査役・会計参与・会計監査人の辞任についての意見陳述**　株式会社の監査役，会計参与または会計監査人を辞任した者は，**辞任後最初に招集された株主総会に出席し，辞任した旨および理由を述べることができる**（会345ⅠⅡⅤ）．したがって，会社はその者に総会が招集される旨，総会の日時・場所を通知しなければならない（会345ⅢⅣⅤ）．他の監査役，会計参与または会計監査人は，上記辞任につき意見を述べることができる（会345ⅠⅣⅤ）．

4-3-43　(3)　**解　任**　(ア)　**総　説**　会社は，正当な理由があると否とを問わず，いつでも，株主総会の決議をもって役員・会計監査人を解任することができる（会339Ⅰ．なお会施規78〜81）．**正当な理由**（取締役の場合には，病状の悪化による療養の専念（最一小判昭和57・1・21判時1037号129頁〔福岡小型陸運事件〕＝会社法百選54事件）や職務執行能力の著しい欠如など．経営判断の失敗は正当事由に当たると解する（広島地判平成6・11・29判タ884号230頁，近藤光男『会社支配と株主の権利』173頁〔有斐閣1993年〕）が，否定説（鈴木千佳子「株主総会における取締役の解任に関する一考察」法研66巻1号183頁〔1993年〕，江頭364頁注7も存在している．監査役の場合には税務処理上の過誤．東京高判昭和58・4・28判時1081号130頁〔大成地所事件〕）**がないのに，任期の満了前に解任された役員・会計監査人は，会社に対し解任によって生じた損害の賠償を請求することができる**（会339Ⅱ．監査役等によって解任された会計監査人には損害賠償請求権は認められない．会340参照．正当な理由なく解任した場合の損害賠償責任は特別の法定責任である）．正当な理由の存在は会社の側で証明しなければならない．その損害の範囲は，解任されない場合の残存任期中と任期満了時に得べかりし利益（所得）の喪失による損害である（大阪高判昭和56・1・30判時1013号121頁〔ラッキーベルシューズ事件〕）．判例は，通常の役員報酬のほか，支給例，内規から支払を受ける可能性が高いときは，賞与・退職慰労金も損害と認めている（神戸地判昭和54・7・27判時1013号125頁，東京地判昭和57・12・23金判683号43頁）．

解任には告知を要するとする説が多数説（北沢368頁）であるが，当人の所在不明の場合等を考えると，直ちに効力が生じ，当人に対する告知を要しないとする説（江頭364頁注6）が妥当である．

4-3-44　(イ)　**解任決議の種類**　取締役[51]・会計参与・会計監査人の解任決議は，選任決議の場合と同じく，原則として，**普通決議**（会309Ⅰ）による．ただし，**取締役・会計参与の解任決議についてはその定足数を，定款によっても，議決権を行使することができる株主の議決権の3分の1未満とすることはできず，また，出席した株主の議**

4-3-45　(51)　**取締役の解任要件**　会社法は，株主の取締役に対するコントロールを重視し（要綱試案・商事1678号83頁），取締役の決議要件を特別決議（平成17年改正前商257Ⅱ・257ノ3Ⅱ）から普通決議に改正した．しかし上場会社の間では，敵対的企業買収に対する防衛策として，解任決議の要件を特別決議の水準に引き上げる動きが見られる．

決権の過半数という割合を定款で加重することができる(会341). 会計監査人の解任にはこのような規定がない. 他方, ① 累積投票によって**選任された取締役の解任**は, その制度趣旨から, **特別決議が必要である** (会309Ⅱ⑦・342Ⅵ). 少数派の意思を反映させるという累積投票制度の趣旨からすると, 普通決議によって解任するのは適当ではないからである. また, ② **監査役の解任**も, 監査役の独立性を重視する立場から, 平成17年改正前商法と同様, **株主総会の特別決議が必要である** (会309Ⅱ⑦・343Ⅳ).

Ⅱ-4-3-46 **(ウ) 拒否権付種類株式が発行されている場合** 取締役・会計参与・監査役・会計監査人の解任について拒否権が付与された拒否権付種類株式が発行されている場合には(会108Ⅰ⑧), 株主総会の決議に加えて, 当該種類株式に係る種類株主総会の決議が必要である(会323). 監査役の解任は, 当該種類株主総会の特別決議によるが(会324Ⅱ⑤), 定款に別段の定めがある場合または当該監査役の任期満了前に当該種類株主総会において議決権を行使することができる株主が存在しなくなった場合には株主総会である(会347Ⅱ).

取締役・会計参与・監査役に不正行為または法令・定款に違反する重大な事実があったにもかかわらず, 種類株主の拒否権で効力が生じない場合の少数株主による解任の訴えについては[Ⅱ-4-3-52](会854Ⅰ)参照.

Ⅱ-4-3-47 **(エ) 取締役・監査役選任権付種類株式が発行されている場合** この場合には(会108Ⅰ⑨), 原則として, 当該種類株式に係る種類株主総会で選任された取締役・監査役(当該種類株式を引き受けた発起人の決議(41ⅠⅢ)または当該種類株式に関する種類創立総会(90ⅠⅡ)で選任された取締役・監査役を含む)は, いつでも**当該種類株主総会の決議によって解任することができる** (会347ⅠⅡ・339Ⅰ). 理由の如何を問わない. もっとも, その取締役に任期の定めがある場合において, 正当の事由なくその任期前に解任したときは, その取締役は会社に対し損害賠償請求権を有する(会339Ⅱ). この決議は, (α) 当該種類株式に係る種類株主総会で選任された**取締役の解任**の場合には, **普通決議**であるが, その定足数は, **議決権を行使できる種類株主の議決権の3分の1未満とすることはできない**のに対し(会341・347Ⅰ), (β) 当該種類株式に係る種類株主総会で選任された**監査役の解任**の場合には, 取締役の場合と異なり, **特別決議**であり(その定足数は, 議決権を行使できる種類株主の議決権の3分の1未満とすることはできない点は, 取締役の解任と同一である. 会324Ⅰ), 定款で, 当該決議要件に加えて, 一定数以上の株主の賛成を要する旨(頭数要件)を定めることもできる(会324Ⅱ⑤). (γ) ただし, (α)・(β)いずれの場合も, ① 定款に別段の定めがある場合(会92ⅡⅢ)または② 当該取締役または監査役の任期前に当該種類株主総会において議決権を行使することができる株主が存在しなくなった場合には, **株主総会の決議**(普通決議)で解任できる(347ⅠⅡ).

取締役・監査役に不正行為または法令・定款に違反する重大な事実があったにもか

第4章 機　関　第3節　役員および会計監査人の選任と解任等　411

かわらず，解任する旨の議案が種類株主総会で否決された場合の少数株主による解任の訴えについては［Ⅱ-4-3-52］（会854ⅢⅣ）参照。

Ⅱ-3-48　(オ)　**解任・不再任に関する議案の提出**　(a) 監査役設置会社においては，取締役は，**会計監査人の解任または不再任を株主総会の目的とするには，監査役**（監査役会非設置会社の場合，監査役が2人以上ある場合には，その過半数）または監査役会（監査役会設置会社の場合）**の同意を得なければならない**（会344Ⅰ②③・Ⅲ。なお会施規81③参照）。(b) 監査役（監査役設置会社の場合）または監査役会（監査役会設置会社の場合）は，取締役に対し，会計監査人の解任または不再任を株主総会の目的とすることを請求することができる（会344Ⅱ②③）。会計監査人は，自己または他の会計監査人の不再任についても株主総会に出席し意見を述べることができる（会345Ⅴ．会施規81④）。(c) 委員会設置会社では，指名委員会が株主総会に提出する取締役・会計参与の解任に関する議案の内容を決定し（会404Ⅰ），**監査委員会が会計監査人の解任・不再任に関する議案の内容を決定する**（会404Ⅱ②）。

(カ)　会計監査人の解任には，①　株主総会の決議による場合と監査役等による解任の2つがある。

Ⅱ-3-49　(a)　**総会の決議による解任**　昭和56（1981）年改正前は，会計監査人は，監査役の過半数の同意を得て，取締役会の決議をもって解任することができた（昭和56年改正前商特6Ⅰ）。同年改正で，会計監査人は総会で選任されることになったので，会計監査人は，いつでも事由のいかんを問わず株主総会の決議（普通決議）で解任することができることになった（会339Ⅰ）。取締役が，会計監査人の解任を株主総会の目的とするには，監査役（監査役が2人以上ある場合にはその過半数）または監査役会の同意を得なければならない（会344Ⅰ②Ⅲ）。監査役または監査役会は，会計監査人の解任を株主総会の目的とすることを請求することができる（会344Ⅱ②Ⅲ）。会計監査人は，自己または他の会計監査人の解任について意見を述べることができる（会345Ⅴ）。正当な理由がないのに解任された場合には，解任された会計監査人は会社に対し損害賠償を請求することができる（会339Ⅱ）。正当な理由の存在は会社の側で証明しなければならない。正当な理由には，会社法340条第1項の事由のほか，会計監査人の能力・資質・監査の能率が不適当であるといった理由も含まれる。

Ⅱ-3-50　(b)　**監査役等による解任**　監査役（監査役設置会社の場合），監査役会（監査役会設置会社の場合）または監査委員会（委員会設置会社の場合）は，①　**会計監査人が職務上の義務に違反し，または職務を怠ったとき，**②　**会計監査人としてふさわしくない非行があったとき，**または③**心身の故障のため職務の遂行に支障があり，またはこれに堪えないときは，監査役の全員**（監査役設置会社・監査役会設置会社の場合）または**監査委員全員**（委員会設置会社の場合）**の同意をもって，会計監査人を解任することができる**（会340ⅠⅢⅤ）。これらの事由が生じて会計監査人の解任が必要となった場合でも，事業年度の途中で会計監査人を解任するために株主総会を招集するのは煩雑である

から，臨機の措置として，監査役の全員または監査委員全員の同意をもって総会決議に代えうることとしたのである。

この場合には，監査役 (監査役設置会社の場合．監査役が 2 人以上ある場合には，監査役の互選によって定めた監査役．監査役会設置会社にあっては監査役会が選定した監査役) または委員会設置会社では監査委員会が選定した監査委員が，解任の旨および解任理由を**解任後最初に招集される株主総会に報告**しなければならない (会340Ⅲ～Ⅴ)。

解任された会計監査人は，不当な解任を防止するために，解任後最初に招集される株主総会に出席して，**解任について意見を述べる**ことができる (会345Ⅴ＝345Ⅱ)。従って，会社はその者に総会が招集される旨，総会の日時・場所を通知しなければならない (会345Ⅴ＝345Ⅲ)。なお，他の会計監査人がいる場合にはその者も当該解任につき意見を述べることができる。

解任事由に該当しないのにもかかわらず解任された場合の**効力**については，① 解任は無効で，監査をなすべき者が監査していない計算書類には瑕疵が生じるとする説 (龍田150頁) と，② 解任事由がないことを知りながらした解任は無効であるが，監査役または監査委員全員が解任事由があると考えてした解任は有効とする説 (大隅＝今井・中Ⅰ312頁)，③ 効力は生じ，その者が監査しないでなされた計算書類の効力は否定されない，会計監査人に損害賠償請求権が認められるにとどまるとする説 (前田庸524頁，江頭552頁注19) とが対立している。

①説は，会社法上選任権者以外の者に解任請求を認めるときには裁判所の関与を前提とするのが通常であり，本条のように監査役の判断のみで解任しうるとの規定は極めて例外的であることおよび解任権の濫用防止を根拠とする。②説は，監査役または監査委員全員が解任事由があると考えてした解任を無効と解するのは，解任の法定事由の存否が実際上必ずしも明確でないことや，株主総会はいつでも理由の有無にかかわらず会計監査人を解任しうることとの権衡から考えて，妥当でないことを根拠とする。③説は，解任事由の該当性には判断の余地があるので，裁判所によって結果が覆されることをおそれて解任権の行使が控えられるようであれば，本規定を設けた意味がなくなってしまう可能性があることを根拠とする。

Ⅱ-4-3-51　(キ) **会計参与・監査役・会計監査人**は，株主総会において，各々，他の会計参与・監査役・会計監査人の**解任につき意見を述べる**ことができる (会345ⅠⅣⅤ．なお会施規79③・80③・81④参照)。意見の陳述を求めたのに，その機会が与えられない場合には，決議取消しの事由になる (会831Ⅰ①．前掲東京高判昭和58・4・28)。不再任の場合にも，株主総会に出席して意見を述べることができる (会345Ⅴ＝345Ⅰ)。

Ⅱ-4-3-52　**(4) 解任の訴え**　① **役員** (会329Ⅰ) に**職務遂行に関し不正の行為** (大阪地判平成5・12・24判時1499号127頁等) **または法令もしくは定款に違反する重大な事実** (東京地判昭和28・12・28判タ37号80頁等) があるにもかかわらず，**株主総会** (取締役・監査役選任権付株式が発行されている場合には，当該種類株式に係る種類株主総会において選任された役員について

は種類株主総会．会854ⅢⅣ)において**解任決議が否決**(定足数不足や定足数を充たしているが議長が一方的に閉会を宣言するなどして流会となった場合を含む．高松高決平成18・11・27金判1265号14頁 [ケーブルテレビあなん事件])されたとき，または② 当該役員を解任する旨の株主総会の決議が会社法323条の規定(種類株主総会の決議を必要とする旨の定めがある場合)によりその効力を生じないときは，「**少数株主**」は，30日以内にその役員の解任を裁判所に請求することができる(会854Ⅰ)．この訴えは，**本店所在地の地方裁判所の専属管轄**である(会856)．**被告**は，会社と取締役との間の会社法上の法律関係の解消を目的とする形成の訴えであるから，**会社と取締役**である(会855．なお最二小判平成10・3・27民集52巻2号661頁 [赤羽コンクリート事件] 参照)．役員の解任の訴えを認容する判決が確定したときは，裁判所書記官は職権で，遅滞なく，会社の本店の所在地を管轄する登記所に登記の嘱託をしなければならない(会937Ⅰ①ヌ．なお会937Ⅰ③イ参照)．

　ここで少数株主とは，(α) **公開会社**においては，訴えの提起の時を基準として**6カ月前より引き続き**，総株主の**議決権の100分の3以上**に当たる株式または**発行済株式の100分の3以上**を有する株主である(保有期間・保有比率は定款をもって引き下げ，短縮することができる)．総株主から，① 当該役員を解任する旨の議案について議決権を行使することができない株主および② 当該請求に係る役員である株主は除かれ，発行済株式から，① 自己株式と② 請求に係る役員である株主の有する株式は除かれる(会854Ⅰ①②)．(β) **非公開会社**においては，株式の継続保有要件が不要である(会854ⅠⅡ)．株主総会には，会社が取締役・監査役選任権付種類株式を発行している場合には，当該種類株主総会を含む(会854ⅢⅣ)．(γ) **特例有限会社**では，**総株主の議決権の10分の1以上**の議決権を有する株主である(整備法39)．

　この規定は，多数決原理の修正を認めた規定である．この規定を利用するには総会で役員の解任が否決されたことが前提となるので，通常，少数株主が総会招集権(会297)または提案権(会303)を行使して，総会でその役員の解任が否決されるという手順を踏まなければならない．私的自治への国家介入を抑制するためである．

　取締役解任の訴えの係属中に当該取締役が任期満了により退任したり(大阪高判昭和53・4・11判時905号113頁 [東亜建則事件])，再び取締役に選任されたり(名古屋地判昭和61・12・24判時1240号135頁 [東海ビル事件])，死亡したり，会社の解散により取締役が終任した場合(東京地判昭和31・4・13下民集7巻4号961頁 [大倉製鋼事件])には，訴えの利益は消滅する．

　なお任期の満了した役員権利義務者(会346Ⅰ)は解任の訴えの対象とならない(最三小判平成20・2・26判時2002号147頁)．なぜなら，解任の訴えの対象は文理上在任中の役員とされているし，株主は346条2項に基づき仮役員の選任を請求することで，役員権利者の地位を失わせることができるから，役員権利義務者を解任の訴えの対象とする必要性に欠けるからである．

8 欠員の場合の措置

Ⅱ-4-3-53 (1) 役員 役員等の終任により会社法または定款に定めた員数を欠くに至った場合には，会社は遅滞なく総会を招集してその選任の手続をしなければならないが（会976㉒），そのためには若干の日時を要するので，会社法は，**任期の満了または辞任によって退任した役員は，新たに選任された役員役が就任するまで，なお役員の権利義務を有する**ものとしている（会346Ⅰ．なお，民654参照）．したがって，退任による変更登記の申請は，いまだ登記事項に変更がないものとして，却下される（最三小判昭和40・43・12・24民集22巻13号3334頁［東京法務局事件］）．後任取締役の選任を懈怠した会社が，退任取締役は会社法346条１項の権利義務者であることを根拠に，忠実義務および競業避止義務違反を理由に損害賠償を請求することは信義則に反し許されないし（高知地判平成２・１・23金判844号22頁［中央物産事件］），辞任または退任後７年または15年以上も経過した者に監視義務違反による第三者に対する責任を負わせることはできない（東京高昭和63・５・31判時1279号146頁）．学説では，後任取締役を選任するのに必要とする合理的期間を経過した後は，346条１項の適用の余地がないとする見解が有力である．

退任役員が役員として権利義務を有することが不適当な場合，必要があると認められるときには，裁判所は，利害関係人の請求により（大阪高判平成６・12・21判時1544号119頁［日本生命事件］参照），**一時的に役員の職務を行うべき者を選任することができる**（会346Ⅱ．なお会870②参照．取締役に欠員が生じたのではなくて，行方不明の場合等にも類推適用を主張する見解として河村貢「仮取締役・仮監査役の選任と職務について」商事1021号56頁［1984年］がある）．仮処分によって選任される職務代行者（会917）と区別して，**仮取締役・仮会計参与等**と呼ばれる．仮取締役等の選任があると，嘱託登記がされる（会937Ⅰ②イ）．仮取締役の**権限**は，仮処分による職務代行者の場合（会352Ⅰ）と異なり，常務に属する行為に限らず，**本来の取締役のそれと同じである**（なお，会831Ⅰ参照）．取締役が監査役に就任することによって取締役を辞任したときは，法律または定款に定めた取締役の員数を欠く場合も生じうる．この場合には，上記監査役は取締役の権利・義務を有するのは適当でないので，仮取締役の選任が必要である．仮取締役等を選任した場合には，裁判所は，会社および報酬を受ける者の陳述を聴いて，会社がその者に対して支払う報酬の額を定めることができる（会346Ⅲ．870②）．

Ⅱ-4-3-54 (2) 会計監査人 会計監査人が欠けた場合または定款所定の員数が欠けた場合において，遅滞なく会計監査人が選任されないときは，**監査役，監査役会**（監査役会設置会社の場合）または**監査委員会は，一時会計監査人の職務を行うべき者**（仮会計監査人）を選任しなければならない（会346Ⅳ～Ⅶ．なお会976㉒参照）．その者には，会計監査人の資格（会337）および会計監査人の解任（会340）に関する規定が準用されている（会346Ⅴ）．仮会計監査人を選任した場合には，選任後最初に招集される株主総会で

第4章 機 関 第3節 役員および会計監査人の選任と解任等 **415**

会計監査人を選任しなければならない（会338Ⅱは適用されない）．

9 登 記

4-3-55　① 会社は取締役を選任したときは取締役の氏名を登記する（会911Ⅲ⑬）．社外取締役である旨は，平成17（2005）年改正前商法（188Ⅱ⑦ノ2）と異なり，原則として登記事項ではない．(i) 特別取締役による議決の定めがある場合（会911Ⅲ㉑），(ii) 委員会設置会社である場合（会911Ⅲ㉒イ）および(iii) 社外取締役に関する責任限定契約の締結についての定款の定めがある場合（会911Ⅲ㉔㉕）にのみ，社外取締役である旨の登記が必要である．

② 会計参与を選任したときは，会計参与の氏名・名称を登記する（会911Ⅲ⑯．なお商登46Ⅱ・47Ⅱ⑪・54Ⅱ参照）．

③ 監査役に会計監査の権限しかない会社であっても，監査役を選任したときには，監査役の氏名を登記する（会911Ⅲ⑰．なお，商登46Ⅱ・54Ⅰ参照）．監査役会設置会社の社外監査役については社外監査役である旨の登記がなされる（会911Ⅲ⑱．なお，㉖参照）．同一人を再選した場合も改めて登記が必要である（なお取締役につき大決大正6・6・22民録23輯965頁）．

④ 会計監査人を選任したときには会計監査人の氏名または名称を登記する（会911Ⅲ⑲．なお，商登54，会976①参照）．旧商法特例法の下では会計監査人の設置は登記事項ではなかったが，会社法では，会計監査人の設置は，債権者等の利害関係人にとって重要な関心事であること，および会計監査人も株主代表訴訟の対象となる（会847Ⅰ）ことから，会計監査人を設置した場合にはその旨および当該会計監査人の氏名または名称が登記事項とされている．

役員・会計監査人の終任の場合には2週間以内に，その本店の所在地において，変更登記をしなければならない（会915．なお，会976①参照）．なお，解任された役員等について登記面上辞任となっていても，役員資格消滅の身分変動において，結局，真実に合致しているから，登記としては有効であり，登記抹消の理由とはならない（最三小判昭和25・6・13民集4巻6号209頁［暁製作所事件］）．

10 職務執行停止・職務代行者

4-3-56　**(1) 意 義**　取締役等の選任決議について取消し，不存在確認もしくは無効確認の訴え（会830・831）または役員の解任の訴え（会854）の提起があった場合，当該取締役等の職務執行を認めることは適当でないことがある．そこで，民事保全法上の仮処分制度（民保23Ⅱ）に基づき，訴えの提起後または訴えの提起前であっても**当事者の申立てにより**，**保全の必要性が認められる場合には**（民保13．東京高決昭56・1・20判タ438号150頁［七福水産事件］，名古屋高決平成2・11・26判タ753号210頁［光伸不動産事件］．選任決議の瑕疵・不正行為等の被保全権利の疎明があればよい場合もあるのか争いがある），**会社・**

取締役の双方を債務者として (双方説. 学説の多数説. 両者は必要的共同訴訟の関係に立つ. 東京高決平成8・2・1判タ923号269頁 [有限会社多摩山晴事件]. これに対し債務者を取締役とする説や会社とする説も存在する), 当該取締役等の職務 (個々の行為ではなく職務全体) の執行を停止し, またはこれに加えて職務代行者を選任する仮処分をなすことができる[52]. 取締役の職務執行の停止もしくは代行者を選任する仮処分またはその仮処分の変更もしくは取消しがあったときには, 取引の安全を確保するため, 本店および支店の所在においてその登記 (嘱託登記) がされる (会917①, 民保56). 職務代行者には, 弁護士が選任されるのが通例である.

II-4-3-58 **(2) 仮処分の効力** 仮処分は対世効を有し, 職務執行停止中の取締役が仮処分の趣旨に違反して行った行為は第三者に対する関係でも無効である. 事後に仮処分が取り消されても遡って有効になることはない (最一小判昭和39・5・21民集18巻4号608頁 [甲府石油事件]). 取締役全員の職務の執行を停止しその代行者を選任する仮処分があった後, 右取締役全員が辞任し, 後任の取締役が選任された場合において, 代表取締役が欠けているときは, 右後任取締役が構成する取締役会の決議をもって代表取締役を定めることができるが, 右代表取締役は, 仮処分の存続中はその権限を行使することができない (最二小判昭和45・11・6民集24巻12号1744頁 [多々良商事事件] =会社法百選55事件・通説). 職務執行を停止された者を再度選任することは差し支えない (最三小判昭和47・2・3判時662号83頁 [統正社事件]).

II-4-3-59 **(3) 職務代行者の権限** 職務代行者は, 仮処分に別段の定めある場合を除き, 会社の常務に属さない行為をするには, 裁判所の許可を得なければならない (会352 I). これに違反した職務代行者の行為は無効であるが, 会社は**善意の第三者**に対して対抗することができない (会352 II). 常務とは, 当該会社として日常行われべき通常の業務をいい, 株式名義書換請求の許否は常務に当たるが (前掲最判昭和47・2・3), 新株発行, 社債の募集, 営業譲渡, 事後設立, 取締役の解任を目的とする臨時総会の招集 (最二小判昭和50・6・27民集29巻6号879頁 [別府相互タクシー事件] =会社法百選56事件) などは, 常務ではない.

11 報酬等

II-4-3-60 **(1) 取締役の報酬等** 会社と取締役の間の関係には委任に関する規定が適用されるから (会330), 法文上は取締役任用契約は無償が原則である (民648 I). しかし, 通説・判例 (大阪高判昭和43・3・14判時102号13頁 [壺阪製薬事件]) は, 取締役任用契約には通常報酬等を与える明示または黙示の特約が含まれていると解している (反対, 吉本健一・法セ441号140頁. 取締役の職務執行は当然に有償であるとする). ただし, **報酬等**(取締

II-4-3-57 [52] **本案訴訟において会社を代表する者** 株式会社の代表取締役の職務執行停止・代行者選任の仮処分がなされた場合に本案訴訟において会社を代表すべき者は, 代表取締役の職務代表者である (最二小判昭和59・9・28民集38巻9号1121頁).

第4章 機　　関　第3節 役員および会計監査人の選任と解任等　**417**

表14　役員等の報酬等

報酬等		額が確定している	額が確定してない	金銭でないもの	条文
取締役		○	○	○	361
委員会設置会社	取締役・執行役	○	○	○	409
	会計参与	○	×	×	409Ⅲ但書
会計参与		○	×	×	379Ⅰ
監査役		○	×	×	387Ⅰ

役の報酬，賞与その他の職務執行の対価として株式会社から受ける財産上の利益）については，① 額が確定している場合にはその額，② 額が確定していない場合には，その具体的算定方法（事例については資料版商事234号68頁），③ 報酬等が金銭でないものの場合には，その具体的内容（金銭以外の報酬の科目［名称］，支給の方法や時期，当該金銭以外の報酬を金銭に換算した場合の上限額）を，定款で定めていないときには，株主総会の決議（普通決議．会309Ⅰ）で定めなければならない（会361Ⅰ）．②③のような報酬等の付与が今後取締役においては増加することが予想されるため，平成14（2002）年改正法は，上述のような定めを行った（会379Ⅰ・387・409Ⅲ但書対比）．②の不確定額の報酬には，一定期間における売上げまたは利益の一定割合やその増加分に連動した金額等や一定時点における会社の株価を基準として算出される金額等を報酬等として定めるものなどが含まれ，③の金銭以外の報酬には，社宅を無償または低額の家賃で供与する場合や，退職年金の受給権の付与，取締役の親族を保険金受取人とする生命保険契約を会社が締結して保険料を支払うことなどが含まれる[53]．平成17（2005）年改正前商法は「報酬」（269Ⅰ）とのみ規定していたが，会社法は，取締役に対する職務執行の対価の支払いであれば，その名称の如何を問わず，すべて報酬等に含まれるとしている．委員会設置会社では，報酬委員会が執行役および取締役の個人別の報酬等の内容を決めるので（会404Ⅲ），会社法361条の適用はない．

　定款で定めると，その変更には定款変更の手続を要することになるので，株主総会の決議で報酬等を定めるのが通常である．いったん株主総会の決議があれば，変更するまで，毎定時株主総会において決議を繰り返す必要はない（大阪地判昭和2・9・26新聞2762号6頁）．定款または株主総会の決議によって報酬の金額が定まらなければ，具体的な報酬請求権は発生せず，取締役は会社に対し報酬を請求することはできない（最判平成15・2・21金法1681号31頁［戸丸屋ハウジング事件］）．なお，報酬等の額が不確定な場合（会361Ⅰ②）または報酬等が金銭以外のもので与えられる場合（会361Ⅰ

---

(53)　**退職年金の受給権・保険金請求権**　取締役にこれらの権利を付与する場合には，会社法361条1項3号に該当するものとして処理する方法と，会社が支払う保険料等を報酬とみなし商法361条1項1号または2号に該当するものとして処理する方法とがある．

③) には，その算定方法や内容を示されただけでは，具体的にどの程度の報酬が，どのような場合に，取締役に与えられるのか，また，そのような報酬を定めることが必要かつ合理的なのかが，株主にとって必ずしも明確になるとはいえないので，このような報酬等を新たに定めるか，または改定に関する議案を提出した取締役は，その株主総会において，その報酬等を相当とする理由を開示しなければならない(会361Ⅱ。なお会482Ⅳ・976③参照)。これに対し，確定額による報酬等が与えられる場合 (会361Ⅰ①) については，このような事情がなく，株主総会における取締役の一般的な説明義務 (会314) の範囲内で対応すれば足りると考えられたため，特段の規定が設けられていない。

更生会社の取締役，執行役および監査役は，更生手続開始後その終了までの間は，更生会社に対して報酬を請求できないのが原則である (会更66)。

Ⅱ-4-3-62　(ア)　**361条の趣旨**　① 通説・判例 (最三小判平成17・2・15金判1218号45頁) は，決定を取締役会または代表取締役に委ねると，いわゆるお手盛りの弊害が生じるから，株主保護のため，政策的に株主総会の決議事項にしたとする (政策規定説)。これに対し，② 取締役の報酬は選任機関たる株主総会が本来決定するものであるから，政策的規定ではないとする説 (神田211頁注9) や，③ 定款規定または総会決議は，報酬付与についての会社の代表機関 (取締役会) に対する授権と，取締役に対してはその忠実義務の免除または忠実義務違反の責任解除の意味を有するとする説もある[54]。株主総会の決議を経ずに役員報酬が支払われた場合であっても，事後に株主総会の決議を経ると，361条の規定の趣旨目的を没却するような特段の事情があると認められない限り，当該役員報酬の支払は，株主総会の決議に基づく適法有効なものになる (最三小判平成17・2・15判時1890号143頁 [オグリス事件])。

Ⅱ-4-3-64　(イ)　**報酬等の意味**　週給，月給，年俸，会議出席手当，社宅などの現物給付など，支給の形式を問わないし，俸給・給与・住宅手当など名称のいかんも問わない (なお会425Ⅰ①参照)。交通費や交際費のような実費支給は報酬に該当しない。**賞与**も，本条の対象となる[55]。ストック・オプション (「ストック・オプション等に関する会計基準」は，

Ⅱ-4-3-63　(54)　**法人税法の実質的基準**　取締役個人の報酬金額を知られたくないと言う心情と，俸給・退職給与等は不相当に高額でなければ損金算入を認める法人税法の規制 (法税34Ⅰ〜36の3参照) が実務に影響を及ぼしている。法人税法上の役員概念は商法上の概念より広く (法税2⑮，法税令7)，法人税法上役員に対する給与は，報酬，賞与および退職給与の3つに区分されている。そして不相当に高額な報酬 (法税34Ⅰ，法税令69) および退職給与 (法税36，法税令72) は，実質的基準に基づき，損金不算入とされている。なお，役員の親族等に該当する特殊関係使用人 (法税令72の2) に対する不相当に高額な報酬 (法税36の2) および退職給与 (法税36の3) も損金に算入されない。

Ⅱ-4-3-65　(55)　**賞　与**　平成17年改正前商法では，委員会等設置会社以外の会社においては，賞与は利益処分案 (会社法では廃止) として，改正前商法283条1項 (会社法438条2項) による株主総会の決議で支払われるので，報酬に該当せず，また，委員会等設置会社においては，利益処分案の承認を取締役会の決議のみで行うことが可能とされたため，利益処分としての取締役等に

ストック・オプションを「自社株式オプションのうち，特に企業がその従業員等に，報酬として付与するものをいう」と定義している．2項(2))も，特殊な報酬である[56](実例資料版商事253号46頁など参照)．立案担当者は，**ストック・オプション**を，その発行時に公正価額が算定できるものであるという点に着目し，**361条1号**(神田212頁注9は，「仕組み全体」をみて「額が確定していない」報酬とするのが望ましいという)**かつ3号に該当**し，新株予約権を発行するには，場合により

表15 取締役報酬総額を開示した主要企業
(単位万円，1人当たり平均は取締役報酬額÷人数)

企業名	取締役報酬総額	取締役の人数	1人あたりにすると
トヨタ自動車	12億2800	58	2117
日産自動車	13億1500	9	1億4611
日立製作所	3億3200	16	2075
東芝	3億5900	14	2564
ソニー	7億3700	13	5669
ＮＥＣ	3億2000	19	1684
コマツ	2億6700	9	2966
新日本製鉄	11億3186	41	2760
住友金属工業	2億5000	8	3125
東レ	8億9700	35	2562
帝人	2億1400	12	1783
電通	5億9400	17	3494
東京電力	4億4400	34	1305
大和証券グループ本社	2億0508	10	2054
日興コーディアルグループ	2億7600	12	2300

(注) 万円未満切り捨て．報酬は年間支給額で賞与は含まない．取締役の人数は期中の退任・新任を含む．
出典：日本経済新聞2003年6月28日付

株主総会の特別決議を要したり，取締役会決議が必要であるので，取締役の報酬決定の手続と新株予約権の交付手続の双方を要するものと解している[57](解説105・106

対する金銭の分配はできないとされ(旧商特21の31Ⅱ)，会社類型により異なる会計処理が行われていた．会社法は，**役員賞与を役員報酬と同一のものと整理**し，差異を解消した．職務執行の対価としての性格は，支給手続の相違により影響を受けるものではないので，「役員賞与に関する会計基準」は，役員(取締役・会計参与・監査役・執行役)賞与を，発生した会計期間の**費用として処理すべきこととしている**(3項．役員賞与を期末後に開催される株主総会の決議事項とするときは，引当金に計上する(13項)．なお実務対応報告第13号は廃止されている)．したがって剰余金の処分による役員賞与の支給はできない(解説105頁注37)．

-4-3-66 (56) **ストック・オプションの権利行使益** ストック・オプションの権利行使益は，一時所得(所税34)なのかそれとも給与所得(所税28)か，判例が分かれていたが，最三小判平成17・1・25裁判所時報1380号11頁は，給与所得説を採用し，問題に終止符を打っている(なお所得税法228の2，所得税法施行規則97の2参照)．

-4-3-67 (57) **ストック・オプション等に関する会計基準** ストック・オプションの会計処理は，「ストック・オプション等に関する会計基準」が定めている(会246Ⅱ参照．同会計基準は，親会社が子会社の従業員等に，親会社株式を原資とした株式オプションを付与する場合や，企業が財貨・サービスの取得の対価として自社株式オプションを用いる取引にも適用されるが[3項]，敵対的買収防止策には適用されない[33項])．従業員等にストック・オプションが付与されても，権利行使により対象となる株式を取得することができる本来の権利を獲得するには，勤務条件

頁．なお，神田148頁参照．平成17(2005)年改正前商法の下では，280条ノ21に基づき有利発行として総会の特別決議が必要であったことから，改正前商法269条にいう報酬には含まれるか否か見解が分かれていた．内藤良祐＝藤原祥二『全訂版ストック・オプションの実務』11頁（商事法務2004年）参照））．

　退職慰労金（死亡によって退任したときは**弔慰金**と呼ぶことがある．東京地判平成13・8・28労働経済判例速報1790号22頁）も，取締役の在職中における職務執行の対価（大阪地判昭和32・11・16下民集8巻11号2139頁［親立建設産業事件］），あるいは，それと在職中の功労に報いるためのもの，あるいは裁量的な功労加算金部分が結びついているときは，361条にいう報酬等に含まれる[(58)]（なお会425Ⅳ・426Ⅵ参照．死亡した前取締役に弔慰金および退職金を支給する株主総会決議において，その者の相続人による議決権行使は会社法831条1項3号の取消事由に当たる．浦和地判平成12・8・18判時1735号133頁参照）．退職慰労金に関し，株主総会において内規に定める算定方法を決議した場合であっても，次年度以降新

(同第2項(10)）や業績条件（同第2項(11)を満たすことという条件が付いていることが多い．この条件を満たすことにより従業員等は権利確定日（同第2項(7)）に権利を獲得する．条件を満たさないと権利は失効するので（権利不確定による失効），失効した数をストック・オプション数から控除する．権利を取得しても，権利行使期間中に株価が権利行使価格より低いため，権利が行使されなければ，その権利は失効する（権利不行使による失効）．株価が権利行使価格より高いときに，権利は行使される．権利行使により新株が発行されたときには，当該権利行使に対応する部分を払込資本に振り替える．企業は，自己株式を交付する必要があるが，これは，新株発行または自己株式の処分により対応する．（なお，江頭憲治郎「ストック・オプションの費用計上と商法」『落合誠一先生還暦記念商事法への提言』（商事法務2005年）参照）．

図5　ストック・オプション取引のイメージ

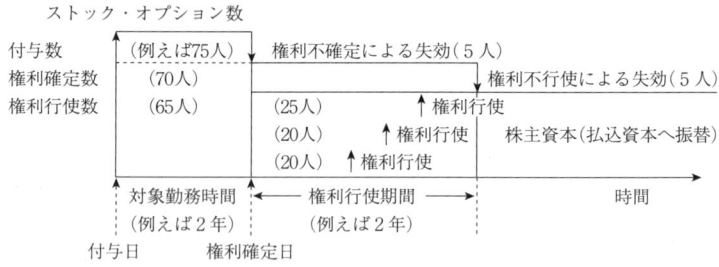

```
ストック・オプション数
付与数      （例えば75人）┐
権利確定数   （70人）     │権利不確定による失効（5人）
権利行使数   （65人）     └─────────────┐権利不行使による失効（5人）
                       （25人）  ↑権利行使
                       （20人）  ↑権利行使      株主資本（払込資本へ振替）
                       （20人）  ↑権利行使
          ├─対象勤務時間─┼──権利行使期間──┤
          （例えば2年）    （例えば2年）          時間
         付与日       権利確定日
         公正な評価額＝公平な評価単価×ストック・オプション数（各会計期間に費用
         計上する）
```

Ⅱ-4-3-68　(58)　**退職慰労金**　最近では，成果主義の考えから，役員の退職慰労金の廃止が相次いでいるが，取締役が終任したときに，その者に退職慰労金を支給されるのが従来の慣行であった．退職慰労金は退任した特定の取締役に支給さるにすぎず，その者はすでに取締役の地位を退き，取締役会における議決権はもとより発言権も有しないから，総会の決議を要しないとする説（鈴木竹雄「退職慰労金の特殊性」商事484号3頁）もあるが，通説は，社会通念上香典と見られる額を超えれば，平成17年改正前商法269条1項1号が適用ないし類推適用されると解していた．退職慰労金引当金については［Ⅱ-5-2-84］参照．

第4章 機　関　第3節 役員および会計監査人の選任と解任等　**421**

たに退任する取締役に退職慰労金を支給する場合には，改めて株主総会の決議をする必要がある(実務相談株式会社法156頁)．

4-3-69　(ウ)　**報酬等の額の決定**　(a) 取締役の報酬を定めるに当たり，各取締役の報酬の額を個別的に定める必要はなく，その最高限度を定めれば足りる(大判昭和7・6・10民集11巻1365頁[金澤合同運送事件]，最三小判昭和60・3・26判時1159号150頁[シチズン時計事件]参照)．通常は総会において最高限度または総額を定め，取締役会設置会社では，その枠内で，具体的金額・配分の割合・支給時期などを取締役会の決定に一任し，取締役会非設置会社では取締役の過半数による決定に委ねることが多い．取締役会の決議においては，会社の利害に関わらないから，特別利害関係人の問題(会369Ⅱ)は生じない．取締役会は，報酬の配分を代表取締役に一任しうるとする説(最二小判昭和31・10・5民集23巻409頁[小松瓦斯事件]，江頭414頁注6　ただしその場合，全取締役の同意を要するという有力説[大隅＝今井・中166頁]もある)や，一任は許されないと解する説(浜田・新版注釈(6)391頁)がある．各取締役の報酬総額が総会の決めた報酬総額を超えるときは，超過部分は無効であり，各取締役の報酬額は，特段の事情がない限り，前者の総額の後者の総額に対する比率に従って減額される(福岡高判昭55・1・31判時969号106頁[昭和重工事件])．

したがって，通常の役員報酬と合わせて役員賞与の額を見込んで報酬限度額を定めておいて，その限度額の範囲で新たな決議を経ないで支給する方法と，通常の役員報酬とは別個議案を株主総会に上程して，そのつど，株主総会の決議に基づいて支給する方法の2つが会社法の下では考えられる．

4-3-70　(b)　退職慰労金の決定について，最高裁は，退職慰労金の額を無条件に取締役会の決定に一任することはできないが，会社の業績，退職役員の勤務年数，担当業務，功績の軽重などから割り出した一定の基準によって決定し，その決定方法が慣例となっていた場合に，この慣例によって定めるべき黙示の決議が認められる場合は適法とする(最二小判昭和39・12・11民集18巻10号2143頁[名古屋鉄道事件]＝会社法百選68事件)．その後，会社の内規および慣行による一定の基準が確立されていて，その基準は株主らに推知できる状況にあって，上記内規・慣行による支給基準に従って取締役会に相当な金額等決定をすべきことを黙示的に総会で決議した場合は適法としている(最三小判昭和44・10・28判時577号92頁，最二小判昭和48・11・26判時722号94頁[関西電力事件])．さらに，総会

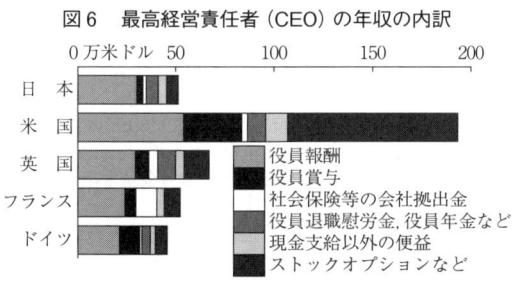

図6　最高経営責任者(CEO)の年収の内訳

0万米ドル　50　　100　　150　　200

日　本
米　国
英　国
フランス
ドイツ

役員報酬
役員賞与
社会保険等の会社拠出金
役員退職慰労金，役員年金など
現金支給以外の便益
ストックオプションなど

(注)米タワーズペリン調べ．2001年4月1日時点の年商5億米ドル規模の企業の平均データ
出典：日本経済新聞

の一任決議を受けて取締役会がその決定を代表取締役に一任する決議も有効と解している(59)(60)(最三小判昭和58・2・22判時1076号140頁［味の素事件］)。

Ⅱ-4-3-73 　(エ)　**報酬等の減額**　定款または株主総会の決議によって取締役の報酬額が具体的に定められた場合には，その報酬額は，会社と取締役間の契約内容となり，契約当事者である会社と取締役の双方を拘束するから，その後株主総会が当該取締役の報酬を無報酬とする決議をしても，当該取締役が同意しない限り，報酬請求権を失わない(最二小判平成4・12・18民集46巻9号3006頁［協立倉庫事件］＝会社法百選69事件)．各取締役の報酬が個人ごとにではなく，取締役の役職ごとに定められ，任期中に役職の変更が生じた取締役に対して，当然に変更後の役職について定められた報酬が支払われる場合には，そのような報酬の定め方と慣行を了知して取締役に就任した者は，報酬の変動，場合によっては減額の黙認の応諾をしたものとみなされる(東京地判平

Ⅱ-4-3-71 　(59)　**取締役会決議による不支給・減額**　① 取締役の退職慰労金を内規に従い相当額の範囲内で支給すべき旨の株主総会決議がなされた後，正当な事由がないのに合理的期間を経過しても取締役会が上記決議を実行しなかった場合には，会社は取締役に会社法429条1項，民法709・44条1項に基づき損害賠償責任を負う(東京地判平成6・12・20判タ893号260頁［佐世保重工業事件］)．② 取締役が支給する退職慰労金の金額につき，会社における一定の基準に従い相当額の範囲内で取締役会に一任する旨の株主総会の決議がなされたのち，取締役会が慣例に反して従業員の退職金規定相当額に役員加算分を加算しないで支給する旨の決議をした場合，役員加算をしなかった決議部分は株主総会の決議による委任に基づかないものであって効力を生じない(東京高判平成9・12・4判時1578号141頁［コーケン工業事件］)．取締役会において役員の退職慰労金規定より低額の退職慰労金を支給する旨の決議がなされた場合，会社の不法行為を構成する(東京地判平成10・2・10判タ1008号242頁［東永化成事件］)．③ 株主総会における退任役員に対する退職慰労金支給決議の後に取締役会において売掛金の回収後に支給する旨決議することは不法行為を構成し許されない(福岡地判平成10・5・18判時1659号101頁［昭和水産事件］)．④ 株主総会決議において基準額にしたがった相当額の退職慰労金を支給することを前提に，その具体的金額等の決定が取締役会に委任され，取締役会がその決定を代表取締役に再委任し，代表取締役から支給しない旨決定したいとの報告を受けてこれを承認したのは，会社の不法行為を構成する(東京地判平成11・9・9金判1094号49頁［プラズマシステム事件］)．なお⑤総会決議で取締役会に決定を一任したが，決定前に会社が破産宣告を受けた場合には，取締役会の支給決定がないので，退職慰労金請求権は発生していない(東京高判平成12・6・21金判1095号3頁［丸荘証券事件］)．

Ⅱ-4-3-72 　(60)　**取締役を退職したが，定款に退職慰労金の定めがなく，株主総会決議もない場合の救済方法**　以下のような見解が唱えられている．第1説は，株主総会において報酬の金額が定められず放置されている場合には，裁判所は，報酬額を決定することができるとする(浜田・新注会(6)388頁)．第2説は，報酬の支給を株主総会に付議しないのは，代表取締役の義務違反であって，会社に対し，不法行為に基づく損害賠償を請求できるとする(稲葉威雄『条解・会社法の研究6 取締役(1)』39頁．反対東京批判平成3・7・19金判890号35頁)．第3説は，株主総会において報酬の金額を決定しない場合には，取締役は，会社に対し，不当利得返還請求権により報酬を請求できるとする(弥永真生「取締役の報酬の減額・不支給に関する一考察」筑波法政16号62頁)．第4説は，取締役会を招集せず，あるいは取締役会で議題を決定・付議しないで放置しておくのは，取締役の善管注意義務・忠実義務に違反するとして，会社法429第1項に基づく損害賠償を請求することができるとする(青竹正一「取締役退職慰労金の不支給・低額決定に対する救済措置(下)」判評413号14頁)．

成2・4・20判時1350号138頁［三越事件］）．もっとも，変更は取締役に就任した当時において予測できる範囲の異動を意味するから，従前は置かれていなかった非常勤取締役への異動とそれに伴う報酬の（月額270万円・113万円から10万円への）大幅な減額の場合には予め包括的に同意していたと認められない（名古屋高判平成10・6・21資料版商事178号96頁［メイテック事件］．最判平成10・11・24資料版商事178号85頁上告棄却）．

4-3-74 **(オ) 報酬等の開示** ① 株主総会の参考書類に記載されることは既に述べた（会施規82［II-4-2-42］）．

② 公開会社の「事業報告」では，「株式会社の会社役員に関する事項」として，当該事業年度に係る各会社役員の報酬等の額またはその算定方法に係る決定に関する方針を定めているときは，当該方針の決定の方法およびその方針の内容の概要（会施規121⑤）と現実に支払われた当該事業年度に係る取締役，会計参与，監査役または執行役ごとの報酬等の総額（会社役員の全部または一部につき，当該会社役員ごとの報酬等の額を掲げることとする場合にあっては，当該会社役員ごとの報酬等の額およびその他の会社役員の報酬等の総額）が記載される（会施規121③［II-5-2-153］）．社外役員の場合には，当該事業年度に係る報酬等の総額（会施規124⑥），社外役員が当該会社の親会社または当該親会社の子会社から当該事業年度において役員としての報酬等を受けているときは，当該報酬等の総額（会施規124⑧），社外役員にこれらの事項について意見があるときにはその意見の内容が記載される（会施規124⑨［II-5-2-154］）．

4-3-75 **(カ) 使用人兼務取締役の報酬等** 使用人兼務取締役（使用人兼務執行役については会404Ⅲ参照）として従業員の職務を行うときも取締役の地位を離れるわけではないから，取締役として受ける報酬等の額も使用人として受ける給料の額も，ともに定款または総会の決議で定めなければならないとする説（龍田88頁）もあるが，取締役としての報酬の額は定款または総会の決議で定めなければならないが，使用人としての給料の額についてはこの必要がないとするのが多数説である（報酬に使用人としての給与が含まれていないことを明らかにすれば足りる）．最高裁も，使用人として受ける給与の体系が明確に確立されている場合には，使用人兼取締役について，別に使用人として給与を受けることを予定しつつ，取締役として受ける報酬額のみを総会で決議しても，その決議は，平成17年改正前商法269条の脱法行為には当たらないとしている（最三小判昭和60・3・26判時1159号150頁［シチズン時計事件］）．もっとも，取締役が使用人の給与を受けることは，自己取引（会356Ⅰ②）となるので，原則的として取締役会の承認が必要である（最三小判昭和43・9・3金判129号7頁．あらかじめ取締役会で定められた給与体系に従ってなされる限り，定型的取引として利益相反取引に当たらない）．

使用人兼務取締役が取締役の辞任と同時に退職により使用人としての地位も失う場合には，使用人に対する退職慰労金の支給規定があり，それに基づいて支給されるべき使用人としての退職慰労金の部分が明確であれば，その部分は会社361条の適用を受けないが，取締役としての退職慰労金の部分は，たといそれが使用人にも

共通に適用される支給規定によるものでも，同条の適用を受ける（大阪高判昭和53・8・31下民集29巻5-8号536頁，最判二小昭和56・5・11判時1009号124頁［前田製菓事件］．前掲大阪高判の上告審判決）．

II-4-3-76 **(2) 会計参与** 会計参与の報酬等は，定款にその額を定めていないときは，株主総会の決議によって定める（会379 I．なお会施規83［II-4-2-42］・121 I ③［II-5-2-153］，会更66参照）．この規定は，取締役の報酬と異なり，会計参与の独立性を確保する趣旨のものである．したがって，株主総会で額（上限額を含む）を定めなければならない（論点382頁．上限の範囲内で業績連動型報酬やストック・オプションを採用することは可）．額が確立していれば，現物報酬も可能と解する．

会計参与が2人以上ある場合においては，各会計参与の報酬等について定款の定めまたは株主総会の決議がないときは，当該報酬等は，総会決議で定められた報酬等の範囲内において，会計参与の協議によって定める（会379 II）．会計参与（会計参与が監査法人又は税理士法人である場合にあっては，その職務を行うべき社員）は，株主総会において，会計参与の報酬等について意見を述べることができる（会379 III．なお会施規83 I ⑤参照）．

委員会設置会社の場合には，報酬委員会が個人別の確定金額を定める（会404 III・409 III）．

II-4-3-77 **(3) 監査役の報酬等** 監査役の報酬等（＝報酬，賞与その他の職務執行の対価として株式会社から受ける財産上の利益．会361 I）は，定款にその額を定めないときには，株主総会の決議によって定める（会387 I．なお会施規84［II-4-2-42］・121③，会更66参照）．

昭和56年改正前商法では監査役の報酬にも取締役の報酬に関する規定（旧商269）が準用されていた（昭和56年改正前280）．しかし，監査役の場合，総会で決めるのは，お手盛り防止以外に，監査役のために**相当な額の報酬を保障**することにあるから，監査役の報酬を取締役の報酬と一括して総会で決めるのは妥当でないので，同年改正で上記の規定が新設された．監査役の報酬議案の提出には，その選任の場合（会343 I）と異なり，監査役の同意は不要である．代表取締役に決定を委任する旨の株主総会決議は，監査役の独立性の確保に反するので，決議内容が法令に違反するものとして無効である．

額を定めれば（上限を定めることを要する），報酬を会社業種に連動させたり，ストック・オプションの付与も適法である．現物報酬も禁止されていない（論点407頁）．監査役は報酬等について株主総会で意見を述べることができる（会387 III．なお会施規84 I ⑤参照）．

監査役が2人以上ある場合において，各監査役の報酬等について定款の定めまたは株主総会の決議がないときは，当該報酬等は，総会の決議の範囲内で監査役の協議（監査役全員一致の同意）により定める（会387 II）．

II-4-3-78 **(4) 会計監査人の報酬等** 平成17年改正前商法時代には選任機関たる株主総会

で定めるべきとする説もあったが，会計監査人の報酬は業務執行事項として取締役または取締役会が決定する．

会計監査人または仮会計監査人の報酬等を定める場合には，**監査役**（監査役が2人以上ある場合には，その過半数）**の同意**，**監査役会**（監査役会設置会社の場合）**または監査委員会**（委員会設置会社の場合）**の同意が必要である**（会399 I～Ⅲ．同意がなくても，監査契約は成立する．非監査業務は同意の対象外である）．これは，平成17年改正前商法にはない規定である．会計監査人の会社経営陣からの独立性を確保するために制定されている．監査役等は業務執行権限を有しないので，これらに報酬の決定権限を付与すべきであるとする見解を採用していない．

会社が公開会社であるときには，当該事業年度に係る各会計監査人の報酬等の額は事業報告に記載される（会施規126②［Ⅱ-5-2-159］）．

表16　2006年3月期に会計監査人に支払った報酬総額の平均
〔単位万円．カッコ内は前の期比増加率，％〕

東証一部	6,100 (14)
東証二部	1,813 (4)
東証マザーズ	1,524 (18)
ジャスダック	1,564 (3)

出典：日本経済新聞2007年3月10日

第4節　取締役

1　総説

-4-4-1　株式会社の取締役〔英米 director：独 Vorstandsmitglieder：仏 administrateur, membre du directoire：伊 amminstratore 西 administrador〕の地位は，会社法が有限会社法を株式会社法の規制の中に吸収したため，改正前商法とは大きく異なっている．取締役会を設置しない株式会社の取締役は，旧有限会社法の取締役に相当する（旧有25・26・27 I 参照）．これに対し，取締役会設置会社（会社2⑦）においては，取締役は取締役会の構成員にすぎない（会362 I）．

-4-4-2　**(ア) 取締役会非設置会社の取締役**　取締役は，定款に別段の定めがある場合を除き，株式会社の業務を執行し（会348 I），会社を代表する（会349 I）．取締役会設置会社であれば取締役会の権限とされるものが，取締役の権限となる（会社195 I・200 I・239 I・298Ⅳ・382・447Ⅲ・448Ⅲ）．取締役が2人以上ある場合には，株式会社の業務は，定款に別段の定めがある場合（株主総会の決議事項としたり，決定の要件を加重する等．要件の緩和は認められないと解する）を除き，取締役の過半数をもって決定する（会348 Ⅱ）．取締役が2人以上いる場合に，取締役は，① 支配人（会10）の選任および解任，② 支店の設置，移転および廃止，③ 株主総会（種類株主総会）の招集の決定（会298 I・325），④「取締役の職務の執行が法令および定款に適合することを確保するための体制」その他株式会社の業務の適正を確保するために必要なものとして法務省

令で定める体制(内部統制システムといわれる)の整備[61](会施規98)、⑤ 定款の定め(会426 I)に基づく役員等の会社に対する損害賠償責任の免除(会423 I)の決定を**各取締役に委任することができない**(会348Ⅲ). 旧有限会社法には348条3項に相当する規定がなかったので、特例有限会社には348条3項の規定の適用はない、整備法21). 大会社(会2⑥)においては、取締役は、④の内部統制システム(会施規100)の構築が義務付けられている(会348Ⅳ. なお会362Ⅴ・416 I ホ、会施規112Ⅱ参照. 特例有限会社には、⑤で指摘した理由と同じ理由で、348条4項も適用されない、整備法21). 大会社の活動が社会に与える影響が大きいので、適正なガバナンスの確保が特に重要であるためである. 決定された内部統制システムの内容は、事業報告に記載され(会施規118②[*II-5-2-150*])、監査役(監査役会設置会社の場合には監査役および監査役会、委員会設置会社の場合には監査委員会)の監査の対象となる(会施規129 I ⑤・130Ⅱ②・131 I ②[*II-5-4-10*]・[*II-5-4-23*]. なお金商24の4の4・193の2Ⅱ[*I-2-6-5*]参照).

　取締役が2人以上ある場合には、**取締役は、各自、株式会社を代表する**(会349Ⅱ). 会社は、定款、定款の定めに基づく取締役の互選または株主総会の決議によって、取締役の中から代表取締役を定めることができる(会349Ⅲ・349 I 但書). 数人の取締役が共同代表して会社を代表すべき旨の定めは、改正前商法(旧商188Ⅱ⑨・261Ⅱ)と異なり、単なる取締役の代表権の内部的制限に過ぎない. 改正前商法では、登記されても、表見代表取締役の規定(改正前商262)が類推適用される(最二小判昭和42・4・28民集21巻3号796頁など参照)ため、機能することが少なかったことから、共同代表の登記の制度は廃止されている. 同様の趣旨で共同執行役(改正前商21ノ15Ⅱ)および共同支配人(改正前商39)の登記制度も廃止されている.

　取締役非設置会社においても、定款で業務執行権限が排除されているときには、社外取締役(会2⑮)の要件を満たす限り、責任限定契約(会427)を締結することが

II-4-4-3　(61)　**内部統制システム**　法務省令が定める体制は、① 取締役の職務の遂行に係る情報の保存および管理に関する体制、② 損失の危険の管理に関する規程その他の体制、③ 取締役の職務の執行が効率的に行われることを確保するための体制、④ 使用人の職務の執行が法令および定款に適合することを確保するための体制、⑤ 会社ならびにその親会社および子会社から成る企業集団における業務の適正を確保するための体制の5つである(会施規98 I・100 I). 取締役会非設置会社で、取締役が2人以上ある会社の場合には、業務の決定が適正に行われることを確保するための体制を含む(会施規98Ⅱ). ⑥ 監査役設置会社以外の会社である場合には、取締役が株主に報告すべき事項の報告をするための体制を含み(会施規98Ⅲ・100Ⅱ)、⑦ 監査役設置会社(監査役の権限が会計監査に限定されている会社を含む)である場合には、イ) 監査役がその職務を補助すべき使用人を置くことを求めた場合における当該使用人に関する事項、ロ) イの使用人の取締役からの独立性に関する事項、ハ) 取締役および使用人が監査役に報告をするための体制その他の監査役への報告に関する体制、ニ) その他監査役の監査が実効的に行われることを確保するための体制である(会施規98Ⅳ・100Ⅲ).
　　企業会計審議会より「財務報告に係る内部統制基準、実施基準」(平成19年2月15日)が、日本公認会計士協会より「財務報告に係る内部統制の監査に関する実務上の取扱い」(平成19年10月24日)が公表されている.

できる．

4-4-4 **(イ) 取締役会設置会社の取締役** 取締役会設置会社 (会2⑦) とは，定款に取締役会を置くことを定めている会社 (会326Ⅱ) および会社法によって取締役会の設置を強制されている会社であり，具体的には，公開会社 (会2⑤)，監査役会設置会社 (会2⑩) および委員会設置会社 (会2⑫) である (会327Ⅰ)．取締役会設置会社は登記事項である (会911Ⅲ⑮)．取締役会設置会社の取締役は，3人以上でなければならない (会331Ⅳ)．

　取締役会がある会社では，従来わが国の終身雇用制の下においては，従業員から，平取締役，役付 (業務担当) 取締役 (常務取締役・専務取締役・副社長など)，代表取締役 (社長，会長) に昇進すると考えられたため，取締役にこのような区別を認めるのが通説であった (反対，松田・会社法概論218頁．業務担当取締役を認めない)．その後，平成13年改正法は社外取締役 (改正前商188Ⅱ⑦ノ2) を新設し，14年改正法は，選定業務執行取締役 (改正前商260Ⅲ②) を法で明確にした．会社法は，重要財産委員会 (旧商特1の3) を廃止し，特別取締役制度 (会373Ⅰ) を創設したので，現在では，取締役の種類として，① **代表取締役**，② **業務執行取締役**，③ **特別取締役**，④ **社外取締役** (会2⑮)，⑤ ①②③以外の取締役の5種が存在している．

　① **代表取締役**は，株式会社の業務に関する一切の裁判上または裁判外の行為をする権限を有する取締役である (会349Ⅳ・363Ⅰ①．なお会911Ⅲ⑭参照)．

　② **業務執行取締役**とは，(ⅰ) 代表取締役，(ⅱ) 代表取締役以外の取締役であって，取締役会の決議により一定の業務執行事項につき決定・行為を委任された取締役 (会363Ⅰ②)，および(ⅲ) 代表取締役から一部の行為を委任される等により会社の業務を執行したその他の取締役 (会2⑮括弧書) をいう．(ⅱ)・(ⅲ)の取締役は必置機関ではない．(ⅱ)の取締役は代表取締役の指揮下で行為するのが通例で，一定の範囲で会社を代理する権限が与えられている場合が多いが，会社との間に雇用契約はないので，使用人兼務取締役とは異なる．

　③ **社外取締役**とは，当該会社の取締役であって，当該株式会社またはその子会社の業務執行取締役もしくは執行役または支配人その他の使用人でなく，かつ，過去に当該会社またはその子会社の業務執行取締役もしくは執行役または支配人その他の使用人となったことがないもの (会2⑮) である．社外取締役を選任することを要する会社は，委員会設置会社 (会400Ⅲ [Ⅱ-4-11-4]) と，委員会設置会社以外の会社で当該取締役

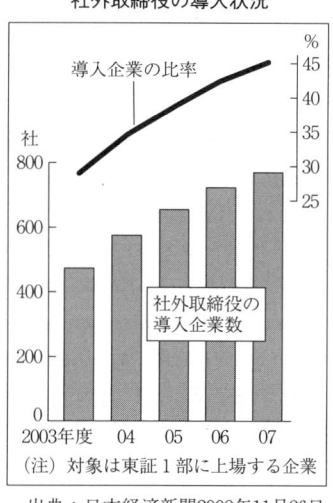

社外取締役の導入状況

出典：日本経済新聞2008年11月26日

428 第Ⅱ編 株式会社

会が特別取締役による決議の定めをする決定をした会社 (会373Ⅰ [*Ⅱ-4-5-17*]) の2つである. 社外取締役には責任限定契約が認められている (会427Ⅰ).

④ **特別取締役**とは, 委員会設置会社を除く取締役会設置会社であって, 取締役数が6人以上かつ社外取締役がいる会社において, 重要財産の処分および譲受けまたは多額の借財 (会362Ⅳ①②) を決定する取締役会に参加する権限を有する取締役をいう (会373Ⅰ [*Ⅱ-4-5-17*]).

⑤ ①②③以外の取締役とは, いわゆる平取締役である.

2 取締役の義務

Ⅱ-4-4-5 (1) **善管注意義務と忠実義務** 取締役は会社と委任関係にあるので (会330), 善良なる管理者の注意をもって職務を行う義務 (民644) を負う. 善良なる管理者の注意の程度は, 「自己の財産に対すると同一の注意」(民659) と異なり, 知識と経験を有する人がその地位に就いたならば払うであろうと期待される程度のものである. 銀行の取締役の場合には, 金融機関の公共性等より, 一般の株式会社における取締役が負う注意義務よりも高度な注意義務を負うと解する (札幌地判平成14・9・3判時1801号119頁 [北海道拓殖銀行ミヤシタ事件], 吉井敦子『破綻金融機関をめぐる責任法制』(多賀出版1999年) 268頁, 山田剛志「金融機関の破綻の取締役の責任」法政理論32巻3・4号44頁, 神吉正三「銀行取締役の注意義務再論(2)」龍谷法学41巻4号118頁, 等) が, 「通常の企業人」としての注意と変わらないとする説 (名古屋地判平成9・1・20判時1600号144頁 [中京銀行事件] 等) もある.

最高裁判例は, 銀行取締役の一般的な注意義務違反の場合の判断基準を示していない (最二小判平成20・1・28判時1997号143頁 [拓銀栄木不動産事件], 最二小判平成20・1・28判時1997号148頁 [拓銀カブトデコム事件]).

Ⅱ-4-4-6 (ア) **経営判断の原則** 経営判断の原則 (米 business judgement rule) とは, 取締役の経営判断が会社に損害をもたらす結果を生じたとしても, その判断が, 会社と利益衝突の関係のない取締役が, 当時の状況に照らして合理的な情報収集に基づいて, 誠実に判断を下した場合には, 裁判所が判断の当否につき事後的に介入し注意義務違反として取締役の責任を問うべきではないという考え方をいい, 19世紀以来, アメリカにおいて生成・発展してきた判例法理であり, わが国でも認められている (福岡高判昭和55・10・8高裁民集33巻4号341頁 [福岡魚市場事件], 大阪高判昭和61・11・25判時1229号144頁, 東京高判平成元・2・28判タ723号243頁, 東京地判平成5・9・16判時1469号25頁, それを支持した東京高判平成7・9・26判時1549号11頁 [野村証券事件] ＝会社百選6版54事件, 結論においてそれを是認した最二小判平成12・7・7金判1096号3頁, 東京地判平成9・3・13判時610号116頁, 名古屋地判平成10・3・19判時1652号138頁, 東京地判平成10・5・14判時1650号145頁, それを支持した東京高判平成11・1・27金判1064号21, これに対し上告理由に当たらないとした最二小決平成12・7・7金判1096号9頁, 東京地判平成10・9・24判時1665号119頁, それを支持した東京高判平成11・7・

15金判1074号25頁，大阪地判平成11・5・26判時1710号153頁，それを支持した大阪高判平成12・9・28資料版商事199号328頁等．名古屋地判平成9・1・2判時1600号144頁［中京銀行代表訴訟］．大阪地判平成14・1・30判タ1108号248頁［ロイヤルホテル事件］，東京地決平成16・6・23金判1213号61頁［三菱重工事件］，東京地判平成16・9・28判時1886号111頁等）．あえて「経営判断の原則」などと言う必要はないし，なぜ取締役の責任だけが裁判官の判断外とならなければならないのか不明であるとして，同原則に消極的な見解も存在している．

4-4-7 **(イ) 監視義務と報告義務** (a) **監視義務** ① 株式会社の代表取締役は，会社業務全般にわたる注意義務（判例：最大判昭和44・11・26民集23巻11号2150頁）あるいは取締役会構成員たる地位より（学説の多数説），他の代表取締役または平取締役に対し監視義務を負う．これに対し，代表権のない取締役は，取締役会に上程されない事項に関して監視義務を負わないとする説（大阪谷公雄「取締役の責任」株式会社法講座3巻1120頁［有斐閣1956年］）もあるが，今日の通説・判例（最三小判昭和48・5・22民集27巻5号655頁［マルゼン事件］＝会社法百選78事件・最判昭和55・3・18判時971号101頁［淀川ラセン事件］）は，取締役が代表取締役の業務執行に対する監督機能を有する取締役会の構成員であることを理由に，取締役会に上程されない事項に関しても監視義務を肯定している（福岡高宮崎支判平成11・5・14金判1074号30頁［甲野織物事件］）．もっとも**監視義務を前提と**した上で，「代表取締役の業務すべてについてその監督権限を行使することは事実上不可能であるから，代表取締役の任務違反のすべてにつき，取締役が監視義務違背の責任を問われるわけではなく，取締役会に上程されない事項については代表取締役の業務活動の内容を知ることが可能である等の特段の事情がある場合に限って認められると解すべきである」とする判例（判例札幌地判昭和51・7・30判時840号111頁［海老晃農水事件］）や粉飾決算の方法が巧妙で，公認会計士でさえ容易に発見できなかった場合には，非常勤の取締役が粉飾を発見することは極めて困難なので，任務懈怠または**過失**がなかったとする判例（浦和地判平成8・11・20判タ936号232頁［東京青果貿易事件］）がある．

(b) **報告義務** 取締役は，会社に著しい損害を及ぼすおそれのある事実があることを**発見したとき**は，直ちに，監査役非設置会社においては株主に（［II-4-8-33(c)］），監査役設置会社においては監査役（［II-4-8-9］）に（会357Ⅰ），監査役会設置会社においては監査役会（なお［II-4-9-7］参照）に報告しなければならない（会357Ⅱ）．

4-4-8 **(ウ) リスク管理体制構築義務** 会社は健全な会社経営のために会社が営む事業の規模・特性等に応じたリスク管理体制（内部統制システム）を整備する必要がある．このようなリスク管理体制を取締役会非設置会社では取締役が決め（ただし，取締役が2人以上いる場合は，各取締役に委任できない．会348Ⅲ④），取締役会設置会社では取締役会が決定する（会362Ⅳ⑥・事業報告につき（会施規118Ⅱ②［II-5-2-150］），監査役等による監査につき（会施規129Ⅰ⑤・130Ⅱ②・131Ⅰ②））．大会社で決定が義務付けられている（会348Ⅳ・362Ⅴ）．取締役は，自らあるいは取締役会の構成員として，また，代表取締役ま

たは業務執行取締役として，リスク管理体制を構築すべき義務を負い，さらに，代表取締役と業務執行取締役がリスク管理体制を構築すべき義務を履行しているか否かを監視する義務を負う（大阪地判平成12・9・20判時1721号3頁［大和銀行事件］）。したがって，リスク管理体制を構築し，運用することは，善管注意義務違反を問われないための1つの条件である（東京地判平成16・12・16判時1888号3頁［ヤクルト代表訴訟事件］）。食品会社の欠陥商品を公表する義務があり，公表を先送りすると善管注意義務違反となる場合がある（大阪高判平成18・6・9判タ1214号115頁［ダスキン代表訴訟事件］）。他の取締役・使用人等の職務について，とくに疑念を差し挟むべき特段の事情のない限り，それが適正に行われていることを信頼することは許される（信頼の権利または信頼の保護という。江頭428頁注2）。

金融商品取引法では，上場会社は事業年度ごとに，内部統制報告書を有価証券報告書と併せて内閣総理大臣に提出し，内部統制報告書は，公認会計士または監査法人の監査証明を受けなければならない（金商24の4の4・193の2Ⅱ）。

Ⅱ-4-4-9　**（エ）忠実義務**　取締役は，法令および定款ならびに株主総会の決議を遵守し，株式会社のため忠実にその職務を行わなければならない（会355。なお会419Ⅱ・482Ⅳ参照）。そこで，善管注意義務と忠実義務は同じなのか否か見解が分かれている。多数説（鈴木＝竹内289頁，龍田節84頁，森本滋「取締役の善管注意義務と忠実義務」民商81巻4号476頁［1980年］）・判例は，忠実義務を「善管義務を敷衍し，かつ一層明確にしたにとどまるのであつて，……通常の委任関係に伴う善管義務とは別個の，高度な義務を規定したものと解することができない」（最〔大〕判昭和45・6・24民集24巻6号625頁）としている（**同質説**）。これに対し，少数説は，英米法（加美「イギリス法における取締役の経営上の注意義務」田中誠二先生追悼論文集207頁［1995年］）にならい，善管義務〔duty of care〕は，取締役が職務の執行にあたって尽くすべき注意の程度に関するものであるが，忠実義務〔fiduciary duty, duty of loyalty〕は，取締役が会社の業務執行にあたり，会社のために最も有利であるように誠実にその権限を行使し，会社の利益と自己の利益とが抵触する場合には，会社の利益を優先させるべきであって，その地位を利用して，会社の利益を犠牲にして，私益を図ってはならないという義務であり，その性質・機能を異にすると主張している（**異質説**）。異質説によれば，取締役の競業避止義務（会356），利益相反取引の規制（会356Ⅰ②③），取締役の報酬規制（会361）および取締役・会社間の訴訟において代表取締役の代表権を否定する規定（会386）は，忠実義務を具体化した規定となる。異質説によれば，忠実義務違反による取締役の責任の範囲は，会社の蒙った損害額の賠償にとどまらず，取締役の得たすべての利得の会社に対する返還にも及ぶ（近藤光男・判評357号209頁）。その責任は無過失責任である解されてきたが（北沢413頁，山口・神崎克郎「取締役の忠実義務──その具体的発見」『吉永榮助先生古希記念進展する企業法・経済法』88頁［中央経済社1982年］），会社法428条1項の類推適用により，任務懈怠がないことを立証すれば，責任を免れると解する［Ⅱ-

第 4 章 機　関　第 4 節　取締役　**431**

4-4-26].

4-4-10　(2)　**競業避止義務**　(ア)　**総　説**　取締役 (または執行役・清算人. 以下同じ) が, 自己または第三者のために株式会社の事業の部類に属する取引をしようとするときには, ① 取締役会非設置会社 (または清算人会非設置会社. 以下同じ) においては株主総会においてその取引について重要な事実を開示し, 株主総会による承認 (普通決議) を受け (会356 I ①・482Ⅳ [＝356 I ①]), ② 取締役会設置会社においては取締役会 (清算人会設置会社においては清算人会. 以下同じ) においてその取引について重要な事実を開示し, 取締役会の承認を受なければならない (会365 I・419Ⅱ・489Ⅷ. なお会更65, 会976㉓参照). これを取締役の**競業避止義務**という (なお, 北村雅史『取締役の競業避止義務』[有斐閣2000年] 参照).

　　取締役は, 会社の営業の機密に通じているだけでなく, 取締役が会社の業務執行に個人的利益の面で影響を及ぼす点をとらえて, 規制したものが本条である (龍田82頁). 忠実義務は善管注意義務を敷衍したにすぎないと解する多数説および判例は, 356条を取締役に課された法定の不作為義務と説明するか, 善管注意義務の特殊形態を定めたものと説明する. これに対し, 忠実義務を善管注意義務とは別個な義務と解する有力説 (異質説) は, 競業避止義務を忠実義務より派生する義務ないしその分肢的義務と理解する.

　　取締役の競業避止義務は, その基調において, 支配人 (会12 I ②), 代理商 (会17 I ①) および持分会社の業務執行社員 (会594 I) のそれと異ならないが, 後者 3 つと異なり, 同種の営業を目的とする他の会社の取締役, 執行役または業務執行社員となること自体は禁止されていない.

4-4-11　(イ)　**義務の対象**　規制対象は, 取締役が, 自己または第三者のために行う会社の営業の部類に属する取引 (競業取引) である. 取締役が代表取締役であるか, それ以外の取締役であるか否かを問わない.

　　(a)　「自己又は第三者のために」の意味については「自己又は第三者の名において」と解する少数説と「自己又は第三者の計算において」と解する多数説 (大阪高判平成 2・7・6 判タ734号218頁) とが対立している. 立法趣旨からすれば, 法律上の権利義務が誰に帰属するかより, その経済上の利益が誰に帰属するかが重要であるから, 多数説が正当である (神田206頁注 4). 取締役は, 競業会社の事実上の主宰者として経営していたときにも本条の適用は肯定される (東京地判昭和56・3・26判時1015号27頁 [山崎製パン事件], 大阪高判平成 2・7・18判時1378号113頁 [坂井化学工業事件]).

　　(b)　競業取引とは, 定款所定の目的たる事業 (会27①参照) を基準として, それより広く当該目的事業と同種または類似の商品または役務を対象とする取引で会社と競争関係を生じるもの, およびそれの付帯事業として認められる取引である (なお最判昭和24・6・4民集 3 巻 7 号 1 頁, 大阪高判平成 2・7・18判時1378号113頁, 東京地判平成 2・7・20判時1366号128頁, 前橋地判平成 7・3・14判時1532号135頁, 大阪高判平成10・5・29判時1686号117頁

参照). もっとも，定款所定の会社の目的たる事業のすべてがこれに含まれるわけでなく，会社が実際に行っている事業，開業の準備に着手している事業(東京地判昭和56・3・26判時1015号27頁[山崎製パン事件]＝会社百選6版47事件)，および一時的に休止しているにすぎない事業は競業取引に含まれるが，会社が営業を行う準備を全くしていない事業や，完全に廃止した事業は除かれる(反対説あり). 最近では，開業準備に着手していなくても，会社の営業の種類，状態，事業方針から判断して，新規進出が相当に確実な事業や新規事業の開始が合理的に予想される場合も競業取引の対象に含めるのが一般的である.

II-4-4-12　(ウ)　**重要なる事実の開示と競業取引の承認**　① 重要なる事実とは，承認すべきか否かの判断の資料となる事実で，会社の営業が今後受ける影響を予測しうる程度のものでなければならない. ② **取締役会設置会社の場合，当該取締役は特別利害関係人として承認の議決に参加できない**(会369Ⅱ・490Ⅴ). ③ 競業会社が会社の完全子会社または完全親会社である場合には，利害対立のおそれがないので承認は不要である(大阪地判昭和58・5・11判タ502号189頁). 承認はある程度包括的なものでもよい. 承認は事前であることを要すると解する(多数説)が，事後承認を認める説もある. 競業取引につき株主総会または取締役会の承認を得たことによっては，当然に免責の効果を生ぜず，任務懈怠により会社に損害を生じさせたときは，競業をした取締役は，その損害について賠償責任を負う(会423Ⅰ・486Ⅰ). 競業をした取締役以外の取締役も，不適切な承認決議がなされた場合や承認後に競業行為によって会社の利益が害されるような事業が判明したにもかかわらず適切な措置を講じなかった場合には，任務懈怠による損害賠償責任を負う.

II-4-4-13　(エ)　**違反の効果**　① 承認を受けない競業取引は，相手方の善意・悪意を問わず，**有効**である. 競業取引は，取締役と第三者との間でなされた取引であって，第三者に不利益を与えることは適当ではないし，無効にすることによって会社は利益を受けるわけでもないからである. ② 承認を得ずに競業取引を行ったことは，取締役の解任の正当事由となり(会339Ⅱ・403Ⅱ. なお会479Ⅰ参照)，法令に違反する事実として役員解任の訴えの事由となりうる(会854Ⅰ). ③ 競業取引規制に違反した取締役は会社に対し損害賠償責任を負う(会423Ⅰ・486Ⅰ. 大阪地判平成14・1・31金判1161号37頁[日商岩井ガスエナジー事件]参照). **競業取引により取締役または第三者が得た利益の額は，会社の蒙った損害と推定される**(会423Ⅱ・486Ⅱ). これは，会社が被った損害額(その取引による会社の得べかりし利益の喪失による損害額)の立証を容易化するために，昭和56(1981)年商法改正で設けられた規定である[62].

II-4-4-15　(オ)　**競業取引の報告義務**　取締役会設置会社においては，競業取引をした取締役

II-4-4-14　(62)　**介入権**　改正前商法では，取締役会は，取引から1年以内であれば，違反した取引中「自己のために」した取引については，介入権(奪取権)を行使することもできた(改正前商264Ⅲ Ⅳ). 介入権が行使されると，承認を受けない競業取引は会社のためになしたものとみなされ

は，当該取引後，遅滞なく，当該取引についての重要な事実を取締役会に報告しなければならない（会365Ⅱ・419Ⅱ・489Ⅷ．なお，会976㉓参照）．現実に行われた競業取引が取締役会の承認の範囲内であったか否か，善管注意義務違反はなかったか取締役会が事後的にチェックし，監査役には取締役に対する責任追及の要否についての判断材料を得させるためである．

事業報告には，取締役の重要な兼業状況を記載する（会施規121⑦［Ⅱ-5-2-153］）．公開会社の事業報告の附属明細書には，競業の明細（重要でないものを除く）が記載される（会施規128②［Ⅱ-5-2-164］）．

4-4-16　(カ)　**競業避止義務に類似する問題**
　(a)　**会社の機会の奪取**　取締役が，会社が営業用に取得を計画している土地を自己使用の目的で取得する場合には，「事業の部類に属する取引」には当たらない．もっとも，会社の機会〔米 corporate opportunity〕の奪取として善管注意義務または忠実義務違反となる余地がある．

　(b)　**退任予定の取締役による従業員の引き抜き**　取締役が事業の乗っ取りを計画しまたは独立を決意し，乗っ取り後もしくは独立後の事業のため在任中に部下に対し同事業への参加を勧誘し，従業員を引き抜く行為は，取締役の忠実義務違反に当たる場合がある（東京高判平成元・10・26金判835号23頁［日本設備事件］，前橋地判平成7・3・14判時1532号135頁［宮子清掃警備緑化工業事件］，大阪高判平成10・5・29労判745号42頁［日本コンベンションサービス事件］，最二小判平成12・6・16労判784号16頁［上告棄却］，東京高判平成16・6・24判時1875号139頁）．在任中部下を退職勧誘するだけで当然に義務違反になると解する説もあるが，取締役と当該部下との従来の関係等諸般の事情を考慮の上，不当な態様のもののみが義務違反になると解すべきである．

　(c)　**退任後の競業避止義務特約**　取締役の退任後の競業は，原則として自由である．退任後の競業避止義務の特約は，取締役の職業選択の自由に関わるので，① 合意がされるに至った経緯，② 取締役の社内での地位，③ 営業の秘密・得意先維持の必要性，④ 地域・期間などの限定の合理性，⑤ 競業避止義務者に提供される代償措置等の諸要素を考慮して，公序良俗に反する（民90）か否かを判定する（東京地決平成5・10・4金判929号11頁［フレンチ・エフ・アンド・ビー・ジャパン事件］，東京地判平成7・10・16判時1556号83頁［東京リーガルマインド事件］．なお奈良地判昭和45・10・23下民集21巻9・10号1369頁［フォセコ・ジャパン・リミティッド事件］参照）．

た．介入権に物権的効力を認める少数説が存在していたが，通説・判例（最判昭和24・6・4民集3巻7号235頁＝会社百選6版48事件）は，取締役が違反取引の経済効果を会社に帰属させる義務を負うにとどまるにすぎないと解していた（債権的帰属説）．この効果は，競業行為に関する損害額の推定規定（会423Ⅱ）と実質的に変わるものではないので，会社法は介入権を廃止している．会社法制定以前に，損害賠償ではなく，取締役が所有する競業会社株式等の会社への移転を認めた判例がある（東京地判昭和56・3・26判時1015号27頁）．

Ⅱ-4-4-17 **(3) 利益相反取引** **(ア) 総 説** 取締役（または執行役・清算人．以下同じ）が自己または第三者のために株式会社と取引をしようとするときには，① 取締役会非設置会社（または清算人会非設置会社．以下同じ）においては，株主総会においてその取引につき重要な事実を開示し，その承認（普通決議）を受け（会356Ⅰ②・419Ⅱ［＝356Ⅰ］・482Ⅳ［＝356Ⅰ②］），② 取締役会設置会社においては，取締役会（清算人会設置会社においては清算人会．以下同じ）においてその取引について重要な事実を開示し，取締役会の承認を受けなければならない（会365Ⅰ・419Ⅱ・489Ⅷ［＝365Ⅰ］）．これを**取締役・会社間の取引**（**自己取引・直接取引**）の規制という（決議の際，利益相反取締役は特別利害関係人となる．会369Ⅱ・831Ⅰ③）．また，株式会社が取締役の債務を保証することその他取締役以外の者との間において株式会社と当該取締役との利益が相反する取引をしようとするときも，同様である（会356Ⅰ③・365Ⅰ・419Ⅱ・482Ⅳ）．これを**間接取引**という．間接取引の規制は，最高裁が従来の判例を変更して解釈で利益相反取引に含まれると判示するに至ったものを（最大判昭和43・12・25民集22巻13号3511頁［三栄電気事件］＝会社法百選65事件），昭和56（1981）年商法改正で明文化したものである[63]．**直接取引**と**間接取引を合わせて利益相反取引**という．

　これらの規制は取締役がその地位を利用して会社を犠牲にして，自己または第三者の利益を図ることを防止するためのものである．なお，直接取引における「自己又は第三者のため」とは，競業取引の場合と同様に「名において」の意味なのか「計算において」なのか見解が分かれている．直接取引には名において，間接取引には計算においてと解する（神田208頁注6）．

Ⅱ-4-4-19 **(イ) 承認を要する取引** 取締役・会社間の取引は，取締役が自ら会社の相手方として，または第三者を代理もしくは代表して会社と取引する場合であり，その取締役が代表取締役であると否と，また，自ら会社を代表すると否とを問わない．もし取締役が会社を代表して自己または第三者のために会社と取引をするときは，民法108条の自己契約または双方代理に当たる（手形行為にも民108の適用がある．最三小判昭和47・4・4民集26巻3号373頁）が，この場合でも株主総会（取締役設置会社の場合には取締役会，清算人設置会社では清算人会）の承認を受ければ，民法108条の適用を受けない（会社356Ⅱ・419Ⅱ・482Ⅳ．なお595Ⅱ参照）．会社と取引をなす取締役が会社を代表せず，他の取締役が会社を代表する場合には，民法108条に当たらないが，この場合にも株主総会（取締役設置会社の場合には取締役会，清算人設置会社では清算人会）の承認が必要である．甲会社が乙会社と取引する場合において，甲会社の取締役Aが乙会社の全株式を有している場合には，Aと乙会社とは経済的に一体であるから，直接取引に当たる（前田雅弘「取締役の自己取引」『企業の健全性確保と取締役の責任』305頁）．甲会社の取

Ⅱ-4-4-18　[63] **同趣旨の規制**　同趣旨の規制として会社法595条がある．同条は，持分会社の業務執行社員の利益相反取引につき，当該社員以外の社員の過半数の承認を受けなければならないとしているが，定款の別段の規定も認めている．

締役Aが過半数を持つ乙会社も，A自身と同じ扱いをすべきとする説(龍田79頁)もある．

　間接取引としては，会社による取締役の債務の保証，連帯保証(最一小判昭和45・3・12判時591号88頁)，債務引受(最大判昭和43・12・25民集22巻13号3511頁．なお最一小判昭和45・4・23民集24巻4号364頁参照)，会社の代表取締役が取締役となっている他の会社の銀行貸金債務について個人として根抵当権を設定している場合に，被担保債務と同一債務のために会社がその銀行に対して有する預金債権に質権を設定する契約を締結すること(東京地判昭和50・9・11金法785号36頁)，代表取締役を被保険者，会社を保険金受取人とする生命保険で，保険契約者を会社からその代表取締役個人に変更し，保険金受取人を会社からその代表取締役の配偶者に変更すること(仙台高決平成9・7・25判時1626号139頁)などがある．同種・同型の取引が反復されるときは，包括承認でもよい．当該取締役は特別利害関係人となる(会369Ⅱ・419Ⅴ)．

　これに対し，債務の履行(大判大正9・2・20民録26輯184頁)，相殺(大判昭和5・2・22法律新報213号14頁)，取締役の会社に対する贈与(大判昭和13・9・28民集17巻1895頁)・無利息無担保の貸付(最二小判昭和38・12・6民集17巻12号1664頁)，普通取引約款によるリース契約(東京地判昭和57・2・24判タ474号138頁)などは，会社の利益を害する虞がないので，承認なくして行いうる．**取締役が会社の株式全部を所有しており，会社の営業が，実質上，取締役の個人経営のものに過ぎないとき**(最一小判昭和45・8・20民集24巻9号1305頁[北川鋼材事件]．反対竹内昭夫・判例商法Ⅰ259頁)，および取締役会社間の取引に**株主全員の同意があるとき**にも(最一小判昭和49・9・26民集28巻6号1306頁[日本毛糸事件]＝会社法百選63事件)承認を要しない．

4-4-20　**(ウ) 手形行為**　会社法356条1項2号は手形行為に適用されるか否かについては争いがある[64]．多数説・判例(最大判昭和46・10・13民集25巻7号900頁＝会社法百選64事件，最三小判昭和47・2・22判時662号81頁)は，手形行為者は手形行為によって原因関係とは別の新たな債務を負担し，この手形債務は抗弁の切断，挙証責任の転倒，不渡処分の危険という不利益をともなうなどの理由から，手形行為も同条同号に含まれるが，取締役が会社を受取人として手形を振出す場合(大判昭和9・1・23新聞3673号15頁)，取締役が会社のため隠れた保証裏書をなす趣旨で会社から受取人として手形の振出を受けた場合(東京地判昭和31・3・19下民集7巻3号695頁，大阪高判昭和38・6・27高民集16巻4号280頁)，取締役が会社に融資の目的で手形金額と同額の金員を交付して会社から手形の裏書譲渡を受けた場合(最一小判昭和39・1・28民集18巻1号180頁)には，利害が相反しないから，同条同号の適用はないと解し，実質的利益考慮をすることにより適用の有無を決めている．これに対し，少数説は手形行為には一律に会社法356条1

4-4-21　(64)　**小切手の振出**　小切手の場合には，支払証券たる性質上，金銭の支出に取締役会の承認を受けている限り，改めて承認を受ける必要はないとする説と，この場合には同時に小切手の振出の承認を受けていると見る説とに分かれている．

項2号の適用はないと解している(65)。

II-4-4-23 (エ) **報告義務** 取締役会設置会社（清算人会設置会社）においては、取締役・会社間の取引・間接取引をなした取締役は、遅滞なくその取引につき重要な事実を取締役会（清算人会）に報告しなければならない（会365Ⅱ・419Ⅱ［＝365Ⅱ］・489Ⅷ［＝365］、会976㉓）。この報告を要するのは、取引が取締役会の承認を受けた場合であると否とを問わない。注記表には、利益相反取引の明細が記載されるとともに（計規112Ⅰ・Ⅱ⑦）［Ⅱ-5-2-142］。なお117④［Ⅱ-5-2-164］参照。平成20年改正で削除された計規128②では事業報告の附属明細書の記載事項であった）、取締役、監査役および執行役との金銭債権・債務が開示される（計規103⑦⑧［Ⅱ-5-2-136］）。

II-4-4-24 (オ) **違反の効果** 判例は、取消説（大判明治36・9・4民録9輯978頁）から絶対的無効説（大（連）判明治42・12・2民録15輯926頁）に代わり、さらに無権代理説（大判大正8・4・21民録25輯224頁）に態度を改めた。その後、間接取引につき相対無効説を採用する判決（最大判昭和43・12・25民集22巻13号3511頁）が下され、手形の直接取引についても相対的無効説を採用している（最大判昭和46・10・13民集25巻7号900頁＝会社法百選64事件）。間接取引につき相対無効説をとる前掲最判昭和43年は、「取締役と会社との間に直接成立すべき利益相反する取引にあっては、会社は、当該取締役に対して、取締役会の承認を受けなかったことを理由として、その行為の無効を主張しうることは……当然であるが、会社以外の第三者と取締役が会社を代表して自己のためにした取引につ

II-4-4-22 (65) **少数説** 少数説には以下のような見解がある。(a) **人的抗弁説** 手形の原因関係については会社と取締役との利害が相反し、取締役会の承認がなければ無効となるが、原因関係と区別される手形行為自体は取引の手段たる行為であり、債務の履行的性質を有するに過ぎないから、それ自体については利害相反の関係はなく、したがって会社法356条1項2号の適用はなく、ただ原因関係が取締役会の承認がないため無効であれば、それは人的抗弁の事由（手17）となしうるとする（田中（耕）『増訂改版会社法概論』512頁など）。これに近い見解として、手形行為の手段性に根拠を求めないで、手形行為は具体的意思を問わない、純粋に形式的な単独行為であるとともに、手形交付行為も具体的な譲渡意思を要せず、手形交付の認識と手形受領の事実があれば足りる形式的な契約であることに根拠を求める説もある（高窪『現代手形・小切手法［三訂版］』182頁）。

(b) **善意取得説** これは手形所有権説と2段階説（手形移転行為有因論）とに分かれる。① 手形所有権説は、手形行為を手形債務の負担を目的とする債権行為と手形所有権の移転を目的とする物権行為に分け、前者は単独行為であるから会社法356条1項2号の適用がないのに対し、後者は契約であるから取締役会の承認を要するが、承認を得なくても手形所有権を善意取得（手16Ⅱ）した第三者は権利を行使することができるとする。② 2段階説は、手形行為につき手形の書面行為と有価証券たる手形の交付行為を区別し、前者は不特定の相手方に対する一方的行為であるから、利害相反の問題を考える余地がなく、従って取締役会の承認がなくても有効に成立し、手形上の権利は存在するに至るが、これに対し、証券の交付はこのようにして成立するに至った権利を移転する行為であるから、当事者間の利害は相反し、従って取締役会の承認がなければ無効となる。その結果、手形上の権利は有効に存在していても、取締役は無権利者に過ぎないから、権利を行使しえないが、取締役からその手形の裏書を受けた第三者はその手形上の権利を善意取得すると説く。

いては，取引の安全の見地より，善意の第三者を保護する必要があるから，会社は，その取引について取締役会の承認を受けなかったことのほか，相手方である第三者が悪意（その旨を知っていること）であることを主張し，立証して始めて，その無効をその相手方である第三者に主張しうると解するのが相当である」と説き，前掲最判昭和46年は，「手形が本来不特定多数人の間を転々流通する性質を有するものであることにかんがみれば，取引の安全の見地より，善意の第三者を保護する必要があるから，会社がその取締役に宛てて約束手形を振り出した場合においては，会社は，当該取締役に対しては，取締役会の承認を受けなかったことを理由として，その手形の振出の無効を主張することができるが，いったんその手形が第三者に裏書譲渡されたときは，当該手形は会社からその取締役に宛てて振り出されたものであり，かつ，その振出につき取締役会の承認がなかったことについて右の第三者が悪意であったことを主張し，立証するのでなければ，その振出の無効を主張して手形上の責任を免れえないと解するのを相当とする」と判示している．さらに進んで，取締役（最三小判昭和48・12・11民集27巻11号1529頁［日本住宅総合センター事件］）あるいは第三者（広島高判昭和41・5・12高民集19巻2号262頁，前掲東京地判昭和57・2・24判タ474号138頁，最一小判昭和58・4・7民集37巻3号256頁（農業協同組合法に関する））からは同条違反を主張できないとされている．

　学説には，有効説（西原「商法265条と手形行為」金法636号58頁，田中誠二「商法第265条についての相対的無効説と有効説」商事593号2頁［旧説］など）や無権代理説[66]もあるが，利益相反取形一般に相対的無効説を適用するのが通説（河本478頁，江頭408頁，青竹234頁など）である．

■-4-26　**(カ) 取締役等の責任**　(a) 取締役等の責任は任務懈怠（過失）責任である（会423Ⅰ）．利益相反取引は会社の通常の取引行為に比べて会社の利益が害される可能性が高いので，会社法は，株式会社に損害が生じた場合には，① 利益相反取引を行った取締役（執行役，清算人），② 会社が当該取引をすることを決定した取締役（執行役，清算人），③ 当該取引に関する取締役会の承認の決議に賛成した取締役（清算人）（委員会設置会社においては，当該取引が委員会設置会社と取締役との間の取引また委員会設置会社と取締役との利益が相反する取引である場合に限る）に**任務懈怠があったものと推定し**（会423Ⅲ・486Ⅲ），立証責任を転換している．決議に参加した取締役が議事録に異議をとどめないと賛成の推定が働く（会369Ⅴ・490Ⅴ）．

■-4-25　(66)　**無権代理説**　宮島教授は，356条2項から，取締役会の承認がない取引には民法108条の適用があるので，基本的には無権代理無効説に立たざるをえないのは明らかであるとする．相対的無効説は，356条1項2・3号違反の効果と民法108条違反の効果とは，利益状況が異なるので，違っても差し支えないと考えるが，この特殊性を考慮して，定められたのが356条2項なのであるから，恣意的解釈は許されないと主張する（宮島214頁）．弥永202頁注103も，356条2号3号違反の取引は無権代理行為に準ずるものと解されるので，民法115条但書は類推適用されるべきであるとする（なお東京地判昭和47・2・14下民集23巻1〜4号65頁参照）．

また、(β)「自己のために」利益相反取引をした取締役 (執行役, 清算人) の責任は、「任務を怠ったことが当該取締役又は執行役の責めに帰することができない事由によるものであることをもって免れることができない」(会428Ⅰ・486Ⅳ〔＝428Ⅰ〕) と規定している[67]。利益相反取引に関与した取締役・執行役の責任は、会社法423条1項の任務懈怠責任の1つとして、総株主の同意による免除 (会424) のほか、同法425条から427条までの責任の一部免除・責任限定契約の対象となるが、(β)の責任は、利益の吐き出しが求められる関係上、**一部免除・責任限定契約の対象とならない**(会428Ⅱ)。

(β)の責任の法的性質については争いがある。第1説は、「会社の損害が立証されても利益を保持し続けることができるのはおかしい」(江頭・商事1723号6頁) し、「当該行為の有する利益相反性の高さから」(相澤・一問一答126頁)、**無過失責任**であると解する (江頭432頁、龍田81頁、加美355頁、神田208頁、近藤285頁、アドバンス448頁、吉原和志「会社法の下での取締役の対会社責任」企業法の理論下巻540頁)。第2説は、任務懈怠と帰責事由 (善管注意義務違反、すなわち過失) は別のものであり (2元説)、自己のために会社と取引をした取締役は、帰責事由がないことを主張・証明して責任を免れることはできないが、「取引時点において公正な取引を行うという任務」に懈怠がないことを主張・証明して責任を免れることはできると解する (田中亘「利益相反取引と取締役の責任〔上・下〕」商事1763号4頁、1764号4頁 [2006]、青竹277頁。なお神田210頁注8)。第2説を支持する。

第5節 取締役会

1 意 義

Ⅱ-4-5-1 昭和25 (1950) 年の商法改正前には、株式会社の取締役は、各自業務執行権と会社代表権とを有していたが (昭和25年改正前261)、昭和25年改正法は、取締役会と代表取締役制度を採用し、会社法が制定されるまでこの機関設計が続いた。この設計では、取締役会は取締役の全員によって組織され (会362Ⅰ参照)、会社の「業務執

Ⅱ-4-4-27 (67) **改正前商法との比較** ① 旧有限会社法では、社員総会の認許があれば、当該認許は特別決議であるので (旧有29Ⅱ)、取締役の責任は問われないと解されていた。② 改正前商法では、利益相反取引の責任 (改正前商法266条1項4号) は無過失責任 (最二小判平成12・10・20民集54巻8号2619頁 [ネオ・ダイキョー自動車学院事件]) であるが、この責任は一応取締役会の承諾を得て行った取引であることを考慮し、株主総会において重要事実を開示し、総株主の議決権の3分の2以上の多数の賛成を受けると責任は免除される (商266Ⅵ) と解するのが判例・多数説であった。少数説は過失責任説を採用していた。しかし維持する合理性に乏しいので、会社法は、削除している。委員会等設置会社の取締役・執行役が行う利益相反取引については、立証責任を転換した過失責任が採用され (旧商特21の21Ⅰ)、266条4項と同様の緩和した免責が定められていた (同Ⅱ)。

行」を決定するとともに，取締役の「職務の執行を監督」し，また，代表取締役を定める必要常設の機関であった (改正前商260Ⅰ・261Ⅰ). 会社法は，委員会設置会社以外の株式会社の取締役会の権限を，① 取締役会設置会社の業務執行の決定，② 取締役の職務の執行の監督，および③ 代表取締役の選定および解職と定め (会362Ⅱ)，これを確認している[68]．以下本節では，**委員会設置会社以外の取締役会**を論じる．委員会設置会社の取締役会は後に論ずることとする [Ⅱ-4-11-9]．

会社法は，① **公開会社**，② **監査役会設置会社**および③ **委員会設置会社**に対しては**取締役会の設置を強制している**(会327Ⅰ①～③). 公開会社では，株主が頻繁に変動する可能性があり，株主による会社経営への継続的かつ積極的関与を期待することが困難であることから，取締役会の設置が義務付けられる．監査役会設置会社に取締役会の設置が義務付けられるのは，監査役会は3人以上の監査役から構成され複雑な仕組みであるので (会335Ⅲ)，取締役会非設置会社のような簡素な会社には，監査役会を置くニーズがないと考えられたことによる (委員会設置会社以外の大公開会社には監査役会の設置が強制されるので，327条1項2号の影響を受けるのは，非公開会社が任意に監査役会を設置する場合だけである). **委員会設置会社では，各委員会の構成およびその権限行使は取締役会と密接不可分であるため** (会400・401・406等)，**当然に取締役会の設置が義務付けられている**．それ以外は，定款で取締役会を設置することは任意である (会2⑦・326Ⅱ). 取締役会設置会社では，取締役は原則として業務執行権限を有しないため，取締役会決議により業務執行権限を有する者を選定しなければならない (会348Ⅰ括弧書・363Ⅰ). このように取締役会設置会社か否かで取締役の代表権が変わるので，取締役会設置会社である旨は，登記事項とされている (会911Ⅲ⑮. なお整備法113Ⅱ参照). なお，**機関としての取締役会**と，**業務執行の意思決定をなすために開かれる取締役会の会議** [directors' meetings] とは，会社法の法文上区別されていないが，観念的に別個のものである．

2 権　限

4-5-3 **(1) 業務執行の決定** 会社の業務執行とは，会社の業務に関する諸般の事務を処理することである．

そのうち，**次に掲げる業務執行の決定は代表取締役に委任することができない** (専決事項．会362Ⅳ). なお(α)および(β)の事項の決定は，取締役会が定めれば，特別取締役による決議で決定することができる (会373).

4-5-2　(68) 「業務」と「職務」の使い分け　① 取締役会の構成員の中には「業務」執行を担当しない取締役がおり (会363Ⅰ参照)，その者は取締役会において会社の業務執行を決し取締役の職務の執行を監督する「職務」を行うだけである．② 委員会設置会社では業務執行を担当するのは執行役のみで，それ以外の取締役は，取締役会において，業務を決定し，取締役および執行役の職務の執行を監督する職務を行うだけである．この意味で，職務の執行は業務執行より広い．

(α) **重要な財産の処分および譲受け**　処分には売却のほか，出資・貸与，抵当権の設定(福岡高那覇支判平成10・2・24金判1039号3頁)，債権の放棄，債務の免除なども含まれる．重要な財産の処分に当たるかどうかは，「当該財産の価額，その会社の総資産に占める割合，当該財産の保有目的，処分行為の態様及び会社における従来の取扱い等の事情を総合的に考慮して判断」される(最一小判平成6・1・20民集48巻1号1頁[奈良屋事件]=会社法百選70事件[総資産の約1.6%に相当する持合株式の譲渡は重要である])．

(β)　**多額の借財**　約束手形の振出・CP の発行・為替手形の引受けや債務の保証(不動産信託受益権の買戻義務の保証につき東京地判平成12・3・13判タ1063号162頁)も借財に当たる．多額の借財に当たるか否かも，当該借財の額，その会社の総資産および経常利益等に占める割合，当該借財の目的および会社における従来の取扱い等の事情を総合的に考慮して判断される(東京地判平成9・3・17判時1065号141頁，東京高判平成11・1・27金判1062号12頁[ツムラ事件])．

(γ)　支配人その他の重要なる使用人の選任および解任

(β)　支店その他の重要な組織の設置，変更および廃止

(ε)　**社債の募集に関する重要な事項として法務省令で定める事項**　これは，①　2以上の募集社債に関する事項(会676各号に掲げる事項)の決定を委任するときは，その旨，②　募集社債の総額の上限(①の場合には，各募集に係る募集社債の総額の上限の合計額)，③　募集社債の利率の上限その他の利率に関する事項の要綱，④　募集社債の払込金額の総額の最低金額その他の払込金額に関する事項の要綱である(会施規99)．

(ζ)　**内部統制システムの整備**　平成17(2005)年改正前商法では，委員会設置会社に限り内部統制システムの構築が義務付けられていたが(旧商特21の7 I②，商施規193⑥)，会社法は，大会社にあっては，取締役会設置会社でない会社であっても，内部統制システム(企業の財務報告の信頼性を確保し，事業経営の有効性と効率性を高め，かつ事業経営に関わる法規の遵守を促すことを目的として企業の内部に設けられ，運用される仕組みである．企業会計審議会「監査基準の改訂について」5参照)の構築を義務付けている(会348 Ⅳ)．大会社である取締役会設置会社にあっては，当然に取締役会において内部統制システムを構築しなければならない[69](会362Ⅴ．なお東京地判平成元・2・7判時1314号

---

(69)　**法務省令**　法務省令が定めるその他会社の業務の適性を確保するために必要な体制とは，①　取締役の職務の執行に係る情報の保存および管理に関する体制，②　損失の危険の管理に関する規程その他の体制，③　取締役の職務の執行が効率的に行われることを確保するための体制，④　使用人の職務の執行が法令および定款に適合することを確保するための体制，⑤　株式会社ならびにその親会社および子会社から成る企業集団における業務の適正を確保するための体制である(会施規100Ⅰ)．監査役設置会社以外の会社の場合には，⑥　取締役が株主に報告すべき事項の報告をするための体制を含み(会施規100Ⅱ)，監査役設置会社(監査役の監査の範囲を会計に関するものに限定する旨の定款の定めがある会社を含む)の場合には，

74頁，その控訴審東京高判平成3・11・28判時1409号62頁［日本ケミファデータ捏造事件］，大阪地判平成12・9・20判タ1047号86頁［大和銀行事件］，東京地判平成16・12・16判時1888号3頁［ヤクルト代表訴訟事件］など）．なお会348Ⅲ④，会施規98，会416Ⅰホ，会施規112参照）．

　(η)　役員等の責任免除に関する定款の定めに基づく責任の免除（会426）
　(θ)　その他の重要なる業務執行　例えば，略式事業譲渡（会468Ⅰ），簡易な事業譲渡（会467Ⅰ②），簡易な事業全部の譲受け（会468Ⅱ），など．
　これらの事項は，取締役会が基本的部分を定め，細目の決定を代表取締役に委ねることはできるが，取締役会より下位の機関（代表取締役や常務会）の決定に委ねることができない．取締役会が形骸化するのを防止するためである．なお，会社が，定款をもって，取締役会の決議事項の全部または一部につき，取締役会決議のほかある種類の種類株主総会の決議も必要とする種類株式を発行しているときは（会108Ⅰ⑧），当該種類株主総会の決議も必要となる．

4-5-5　会社法は，取締役会設置会社においては，次の事項を**具体的な取締役会の決議事項**としている．①　定款に別段の定めがある場合を除き，取締役会設置会社の株式譲渡制限ある場合の株式の譲渡の承認・不承認および承認拒否に伴う指定買取人の指定（会139Ⅰ・140Ⅴ），②　授権決議後の自己株式の取得価格等の決定（会157Ⅱ），③　子会社からの自己株式の取得（会163），④　定款に基づく市場取引等による自己株式の取得の決定（会165Ⅱ），⑤　取得条項付株式の取得日の決定（会168Ⅰ），⑥　取得する取得条項付株式・取得条項付新株予約権の決定（会169Ⅱ・274Ⅱ），⑦　自己株式・新株予約権の消却（会178Ⅱ・276Ⅱ），⑧　株式の分割（会183Ⅱ），⑨　株式・新株予約権の無償割当て（会186Ⅲ・278Ⅲ），⑩　1単元の数の減少またはその数の定めを廃止する定款の変更（会195Ⅰ），⑪　所在不明株主の株式の競売等（会197Ⅳ），⑫　株主総会の決議で委任された募集株式・募集新株予約権の募集事項の決定（会200Ⅰ・239Ⅰ），⑬　公開会社の募集株式・募集新株予約権の募集事項の決定（会201・240），⑭　株主に新株予約権の割当てを受ける権利を与える募集新株予約権の募集事項の決定（会241Ⅲ③），⑮　募集株式が譲渡制限株式か，募集新株予約権の目的が譲渡制限株式か，または募集新株予約権が譲渡制限新株予約権である場合の募集株式・募集新株予約権の割当て（会204Ⅱ・243Ⅱ），⑯　端数の買取事項の決定（会234Ⅴ），⑰　譲渡制限新株予約権の譲渡承認（会265Ⅰ），⑱　株主総会の招集（会298Ⅳ），⑲　業務担当取締役の選定（会363Ⅰ②），⑳　取締役の競業取引・取締役・会社間の利益相反取引の承認（会365Ⅰ），㉑　取締役会の招集権者の指定（会366Ⅰ但書），㉒　監査役からの取締役の不正行為等

───────
⑦　監査役がその職務を補助すべき使用人を置くことを求めた場合におけるその使用人に関する体制，⑧　その使用人の取締役からの独立性に関する事項，⑨　取締役および使用人が監査役（監査役会設置会社においては監査役会または監査役）に報告をするための体制その他の監査役への報告に関する体制，⑩　その他監査役の監査が実効的に行われることを確保するための体制を含む（会施規100Ⅲ）．なお［Ⅱ-4-11-14］参照．

の報告の受領（会382），㉓ 役員等の責任免除（会426 I），㉔ 計算書類および事業報告ならびにこれらの附属明細書・臨時計算書類・連結計算書類の承認（会436Ⅲ・441Ⅲ・444Ⅴ），㉕ 特定の場合の資本金の額・準備金の額の減少（会447Ⅲ・448Ⅲ），㉖ 中間配当の決定（会454Ⅴ），㉗ 定款に基づく剰余金の配当等の決定（会459），㉘ 会社・取締役間の訴訟の会社代表者の決定（会364）．

Ⅱ-4-5-6　(2) **監　督**　取締役会は，取締役の職務の執行を監督する（会362Ⅱ②）．これは取締役会の権限であると同時に義務である．取締役会の監督権限につき昭和56(1981)年改正前には明示規定がなかったので，昭和56年改正法はこのことを明示し，取締役の自覚を促している．取締役会は適法性だけでなく，**妥当性**についても監督する．そのため，代表取締役等は3カ月に1度以上業務執行の状況を取締役会に報告することが必要である（会363Ⅱ）．これも昭和56年改正で新設された．

Ⅱ-4-5-7　(3) **代表取締役の選定および解職**　取締役会は，代表取締役の選定（会362Ⅲ）および解職を行う（会362Ⅱ③）．

3　取締役会の招集

Ⅱ-4-5-8　(1) **招集権者**　(ア) **取締役**　各取締役が招集権者であるが，定款または取締役会において，招集権を有する取締役を定めることができる（会366 I）．実務では取締役会規則で招集権者を定めるのが普通である．この場合においても，招集権者と定められていない取締役は，会議の目的である事項を示して，取締役会の招集を請求することができる（会366Ⅱ）．この請求にもかかわらず5日以内にその請求の日より2週間以内の日を取締役会の日とする取締役会の招集の通知が発せられない場合には，その請求をした取締役は，みずから取締役会の招集をすることができる（会366Ⅲ）．

Ⅱ-4-5-9　(イ) **監査役**　監査役（会）設置会社においては，監査役は，**取締役が不正の行為をし，もしくは当該行為をするおそれがあると認めるとき，または法令もしくは定款に違反する事実もしくは著しく不当な事実があると認めるときは，遅滞なく，取締役会に報告することを要する**（会382）ので，このような場合において，必要があると認めるときは，取締役（招集権者がいるときには招集権者）に対し，取締役会の招集を請求することができる（会383Ⅱ）．この場合には，他の取締役が招集を請求する場合と異なり，**会議の目的である事項を示す必要はない**（会383Ⅱは366Ⅱを準用していない）．請求から5日以内に，その請求があった日から2週間以内の日を取締役会の日とする取締役会の招集通知が発せられないときは，請求をした監査役は取締役会を招集することができる（会383Ⅲ [Ⅱ-4-8-13]．特別取締役会は不適用．会383Ⅳ)．

Ⅱ-4-5-10　(ウ) **株　主**　取締役会設置会社で**業務監査権限を有する監査役が設置されていない株式会社**（すなわち非公開会社で会計参与設置会社．会327Ⅱ．委員会設置会社を除く）においては，直接株主に業務執行を監視する制度が有効であるので，これらの会社の株

主は，取締役が会社の目的の範囲外の行為その他法令もしくは定款に違反する行為をし，またはこれらの行為をするおそれがあると認めるときは，取締役会の招集を請求することができる（会367Ⅰ）．請求は，取締役（招集権者の定めがあるときは招集権者）に対し，**取締役会の目的である事項を示して行わなければならない**（会367Ⅱ）．**請求から5日以内に，その請求があった日から2週間以内の日を取締役会の日とする取締役会の招集通知が発せられないときは，請求をした株主は取締役会を招集することができる**（会367Ⅲ＝366Ⅲ）．請求をした株主は，請求に基づき招集された，または自ら招集した**取締役会に出席し，意見を述べることができる**（会367Ⅳ）．

4-5-11　(2)　**招 集 手 続**　取締役会を招集するには**取締役会の日より1週間**（会日と発信日の間にまる1週間あること）前に**各取締役**（監査役設置会社にあっては，各取締役および監査役）に対してその通知を発しなければならない（会368Ⅰ）．**定款でその期間を短縮することができる**（会368Ⅰ括弧書．実務では3日に短縮している例が多い）．会計参与設置会社の場合には，計算書類等の承認をする取締役会については，**会計参与に対しても招集通知を発しなければならない**（会376ⅠⅡ）．特別利害関係ある取締役にも招集手続をとる必要がある（東京地判昭和63・8・23金判816号18頁）．必ずしも取締役・監査役に到達することを要しないとする説（松田＝鈴木忠277頁）もあるが，一般原則（民97Ⅰ，商224Ⅲ対照）に従い取締役・監査役に**到達することを要する**と解される．招集通知の方法には制限がないで，書面によると，電話，口頭などの方法によるとを問わない．また，通知には，会議の日時と場所を示さなければならないが，株主総会の場合と異なり，**会議の目的である事項を示す必要はない**（最一小判平成4・9・10資料版商事102号143頁［三越事件］）．招集通知に記載された議題以外の事項も決議することができる．業務執行に関する諸般の事項が討議されることを予想すべきであるからである[70]．

　通知は取締役会ごとに個別的になされるべきであるが，**取締役**（監査役設置会社にあっては，**取締役および監査役．**会計参与設置会社の場合には特定の**取締役会につき会計参与**）**全員の同意**（黙示の同意でもよい．最二小判昭和31・6・29民集10巻6号774頁＝会社百選新版56事件）があるときは，**招集手続を経ないで取締役会を開催することができる**（会368Ⅱ・376Ⅲ）．

　取締役の一部の者に対する招集通知を欠くことにより，その招集手続に瑕疵があるときは，特段の事情のないがぎり，右瑕疵のある招集手続に基づいて開かれた取締役会の決議は無効になると解すべきであるが，この場合においても，その取締役が出席してもなお決議の結果に影響がないと認めるべき特段の事情があるときは，

4-5-12　(70)　**定款等の定めとの関係**　定款・取締役会規程等に取締役会の招集通知は会議の目的を記載した書面で行う旨定められていた場合でも，招集通知に記載のない事項を審議・決議することは，当然に違法とはならない（名古屋高判平成12・1・19金判1087号18頁［メイテック事件］，江頭315頁）．反対，吉本健一「招集通知に記載のない議題に関する取締役会決議の効力」民事特別法の諸問題4巻216頁（関西法律特許事務所，2002年）．

右決議は有効になると解するのが相当である（最三小判昭和44・12・2民集23巻12号2396頁）。

4 取締役会の運営と取締役会への報告の省略

II-4-5-13　(1)　**原　則**　取締役会の運営は，会議体の一般原則によるほか，取締役会規則等の自治規則による．議長に関する規定は定められていない．取締役会は会議を開いて決議すべきであるから，**持ち回り決議**（最一小判昭和44・11・27民集23巻11号2301頁［朝日商工事件］）は違法であるが，**テレビ会議**（「規制緩和等に関する意見・要望のうち，現行制度・運用を維持するものの理由等の公表について（抜粋）平成8年4月19日法務省」商事1426号36頁）および**電話会議**（平成14年12月18日法務省民商第3045号民事局商事課長回答）は，会議の実質が備わる限り，適法である（会施規101Ⅲ①参照）．取締役自らが意見交換をし意思決定をすることが重要であるから，**取締役会には代理人による出席は認められない**．

II-4-5-14　(2)　**みなし決議**　企業活動の国際化に伴って外国に居住する取締役も増加する状況等から，機動的な会社経営の実現のため書面決議を認める実務上の必要性があることから（「補足説明」商事1678号84頁），会社法は，**定款に規定を置けば，取締役が取締役会の決議の目的である事項について提案をした場合において，当該提案につき取締役**（当該事項について議決に加わることができるものに限る）**の全員が書面または電磁的記録により同意の意思表示をしたとき**（監査役設置会社にあっては，監査役が当該提案について異議を述べたときを除く）**は，当該提案を可決する旨の取締役会の決議があったものとみなしている**（会370．なお会施規101Ⅳ①，商登46Ⅲ，商登規61Ⅰ参照）．

II-4-5-15　(3)　**取締役会への報告の省略**　取締役，会計参与，監査役または会計監査人（委員会設置会社においては監査役または会計監査人は，会計監査人または執行役とする．会372Ⅲ）が取締役（監査役設置会社にあっては，取締役および監査役．委員会設置会社では取締役）**の全員に対して取締役会に報告すべき事項を通知したときは，当該事項を取締役会へ報告することを要しない**（会372．なお会施規101Ⅳ②参照）．ただし，この規定は，取締役（委員会設置会社にあっては執行役）が3カ月に1回以上行う自己の職務の執行状況報告には適用がない（会372Ⅱ・Ⅲ）．本規定の意味するところは，業務執行権限を有する取締役が行う自己の職務の執行の状況の報告については，必ず報告の省略ができないとするものではなく，報告事項のみで決議事項が一切存在しない場合であっても，3カ月に1回以上は現に取締役会を開催しなければならないということである（解説106頁）．

5 取締役会の決議

II-4-5-16　(1)　**決　議　要　件**　取締役会の決議は，原則として，**議決に加わることができる取締役の過半数が出席して**（定足数）**，その過半数**（頭数多数決）**をもって行う**（会369Ⅰ）．要件は加重できるが，軽減はできない．定足数は，会議の始めに満たされているだけでなく，討議・決議の全過程を通じて維持されなければならない（最二小判昭和41・

8・26民集20巻6号1289頁[宮崎物産事件]).

(α) 定足数算定の基礎となる取締役数は，原則として**現存する取締役の員数**であるが(前掲最判昭和41・8・26)，現存取締役数が法令・定款に定める取締役の最低数を下回っているときは，その最低限の員数が基準となる．取締役の職務代行者は現存取締役に含めるが，職務執行停止の仮処分を受けた取締役は除かれる．

(β) 取締役会では**特別利害関係を有する取締役**は，議決に加わることができない(会369Ⅱ．同人は定足数に算入されない．会369Ⅰ)．特別利害関係を有する株主には総会における議決権行使を認められるが(会831Ⅰ③)，取締役会では特別利害関係を有する取締役に議決権行使が認められないのは，取締役は会社に対し善管注意義務・忠実義務を負っているからである(通説)．取締役会議決に加わることができないとは，「議決権ヲ行使スルコトヲ得ズ」(改正前商204ノ3ノ2Ⅲ等)と異なるので，当該議題の審議中は取締役会から退出しなければならない意味(前田庸461頁，北沢391頁，加美295頁注6，丸山・金判1008号38頁，伊藤(寿)・会社百選6版85頁，東京地判平成7・9・20判時1572号131頁．もっとも，取締役会がその者に意見陳述ないし釈明の機会を与え，あるいは席にとどまることを認めることは自由)なのか，審議に参加することはできる意味(河本449頁注2，永井177頁，森本231頁，神崎282頁)なのか見解が分かれている．特別利害関係があるからといって当該取締役に対する招集手続が不要となるものではない(東京地判昭和63・8・23金判816号18頁)．特別利害関係を有する取締役は，当該事項の審議の議長にはなれない(東京高判平成8・2・8資料版商事151号143頁，東京地判平成2・4・20判時1350号138頁[三越事件])．取締役間で，取締役会における議決権行使について約束(議決権拘束契約)をしたとしても，それは会社法の精神に反するものとはいえず，有効である(東京高判平成12・5・30判時1750号169頁).

取締役の競業取引の承認(会365Ⅰ)，取締役会社間の利益相反取引の承認(会365Ⅰ．東京地判平成7・9・20判時1572号131頁)，および取締役会社間の訴の会社代表者の決定(会364)の場合には，当該取締役が特別利害関係人となることについては問題がない．代表取締役の選定の場合の候補者は特別利害関係人にならないが，**代表取締役の解職**の場合については争いがある．**否定説**は，代表取締役の地位の争奪は会社支配権争奪の一環であり，取締役およびその背後にある株主の勢力関係を反映せざるをえないから，取締役の忠実義務以前の問題であって，会社の経営者たる取締役としての任務と矛盾衝突を生じる個人的な利害関係でないとする(龍田116頁，河本449頁，北沢390頁)．**肯定説**は，「一切の私心を去って，会社に対して負担する忠実義務に従い公正に議決権を行使することは必ずしも期待しがたく，かえって，自己個人の利益を図って行動することすらあり得る」ことを理由に，特別利害関係人に当たると解している(最二小判昭和44・3・28民集23巻3号645頁[日東澱粉化学事件]＝会社法百選73事件，最一小判平成4・9・10資料版商事102号143頁).

(γ) 定款・株主総会で定めた取締役の報酬総額を各取締役に配分する取締役会の

決議についても争いがあり，特別利害関係を生じるとする説(田中(誠)・上572頁)もないではないが，既に総会で報酬総額を定めてある以上，各取締役にどのように分配されても，会社の利益を害することはないので，否定すべきである(名古屋高金沢支判昭和29・11・22下民集5巻11号1902頁)。

(δ) **定款で，可否同数のときには議長の決するところによるとする定めは有効か**否かについては，多数説は，取締役会が業務執行に関する意思を迅速かつ的確に決定すべき性格のものであること，株主総会におけるほど各取締役の議決権の平等を強く要請する必要がないこと，上記のような規定は会議体における通常の法則というべきものであることなどを理由に，有効であると解しているが，議長が2票を投じる結果になるので，無効とする説もある(大阪地判昭和28・6・19下民集4巻6号886頁，龍田117頁．江頭384頁注14は[もっとも賛否同数となった後に「議長一任」の決議が過半数で成立した場合は別である]とする)。

II-4-5-17　(2) **特別取締役による取締役会の決議　取締役会設置会社**(委員会設置会社を除く)において，取締役の数が6人以上，かつ取締役のうち1人以上が社外取締役である場合には，取締役会は，「重要な財産の処分及び譲受け」ならびに「多額の借財」に関する取締役会の決議については(会社の内部的制限として特別取締役による取締役会において決議することができる事項を制限することは可能である)，あらかじめ選定した3人以上の取締役(特別取締役)のうち，議決に加われることができるものの過半数(これを上回る割合を取締役会で定めた場合にあっては，その割合以上)が出席し，その過半数(これを上回る割合を取締役会で定めた場合にあっては，その割合以上)をもって行うことができる旨を定めることができる(71)(会373 I)．これが特別取締役制度であって，特別取締役による決議の定めがあるときは，① その旨，② 特別取締役の氏名および③ 取締役のうち社外取締役であるものについては社外取締役である旨が**登記事項**である(会911 III ㉑)。

II-4-5-18　(71) **沿革**　平成17年改正前商法では，「重要ナル財産ノ処分及譲受」または「多額ノ借財」の決定を迅速に行うため，取締役の数が10人以上の大会社またはみなし大会社であって，取締役のうち1人以上が社外取締役である，委員会等設置会社でない会社においては，取締役会決議により，取締役会の内部に，取締役3人以上で組織され，取締役会の委任を受けた範囲内で，当該決定を行う**重要財産委員会**(会社の機関)を設置することができ(旧商特1の3 I)，同委員会は登記事項とされていた(旧商特1の5)．しかし，① 重要財産委員会の設置が登記されても，「重要ナル財産ノ処分及譲受」または「多額ノ借財」の事項の決定が委任されない場合があるので，第三者は取締役会決議の内容を調査しなければ同委員会の権限を知ることができず不便であること，② 公開会社の取締役の数が減少傾向にある中で10人以上の要件は重すぎること，③ 重要財産委員会の決議した事項について，取締役会が異なる判断をした場合の手続等が明確でない，④ 「定款の定めによらない会社の機関」は他の例がないことや，機関であるにもかかわらず，取締役会から委任がなされない限り固有の権限を有しないことの難点から(相澤＝石井・商事1744号103・104頁)，会社法は，重要財産委員会を廃止し，**取締役会の決議要件の特則**として再構成したのが特別取締役の制度である(会373 I～IV)。

特別取締役による議決の定めがある場合には，取締役会は，**各特別取締役が招集する**（会373Ⅱによる会366Ⅰ本文の読み替え．373Ⅳによる366但書の不適用）．その性質上取締役会の決議の省略は認められない（会373Ⅳによる370の不適用）．監査役設置会社の監査役は，特別取締役に取締役会の招集を請求することも，みずから取締役会を招集する権限もない（会383Ⅳによる383ⅡⅢの不適用）．

取締役会を招集する者は，**取締役会の日の1週間**（これを下回る期間を取締役会で定めた場合にあっては，その期間）**前までに，各特別取締役**（監査役設置会社にあっては，各特別取締役および各監査役）**に対してその通知を発しなければならない**（会373Ⅱによる会368Ⅰの読み替え）．しかし，特別取締役（監査役設置会社にあっては，各特別取締役および各監査役）の全員の同意があるときは，取締役会の招集手続を経ることなく，開催することができる（会373Ⅱによる会368Ⅱの読み替え）．特別取締役以外の取締役は，「重要な財産の処分及び譲受け」ならびに「多額の借財」に関する事項の決定をする取締役会に出席することを要しない（会373Ⅱ．特別取締役以外の取締役であっても，特別取締役による取締役会に出席することは可能）．監査役設置会社において監査役が2人以上ある場合においては，監査役の互選によって，監査役の中から特に取締役会に出席する監査役を定めることができる（会383Ⅰ但書）．この**監査役が取締役会に出席しなくても，決議の効力には瑕疵が生じないと解する．特別取締役の互選によって定められた者は，取締役会の決議後，遅滞なく，当該決議の内容を特別取締役以外の取締役に報告しなければならない**（会373Ⅲ）．

4-5-19　(3)　**議事録**　取締役会の議事については，法務省令で定めるところにより，議事録を作成しなければならない[72]．議事録が書面をもって作成されているときは，出席した取締役および監査役（監査の範囲を会計に関するものに限定する旨の定款の定めがある場合を含む）は，これに署名し，または記名押印しなければならず（会369Ⅲ），電

4-5-20　[72] **取締役会の議事録**　取締役会の議事録は，書面または電磁的記録をもって作成しなければならない（会施規101Ⅱ）．議事録には，① 取締役会が開催された日時・場所（当該場所に存しない取締役，執行役，会計参与，監査役，会計監査人または株主が取締役会に出席した場合における当該出席の方法を含む），② 特別取締役による取締役会であるときはその旨，③ 招集権者以外の取締役，株主，監査役または執行役の請求を受けて招集されたものであるときはその旨，④ 取締役会の招集を請求した取締役，株主，監査役，委員の中から選定された者または執行役が招集したものであるときはその旨，⑤ 取締役会の議事の経過の要領およびその結果，⑥ 決議事項に特別利害関係を有する取締役があるときは，その氏名，⑦ 法律の規定により取締役会において述べた意見または発言があるときは，その意見または発言の概要，⑧ 取締役会に出席した執行役，会計参与，会計監査人または株主の氏名または名称，⑨ 取締役会の議長が存するときは議長の氏名，⑩ 取締役会の決議があったものとみなされる場合（会370）には，当該事項の内容，当該事項を提案した取締役の氏名，取締役会の決議があったものとみなされる日および議事録に作成に係る職務を行った取締役の氏名，⑪ 取締役会の報告を要しないものとされた場合（会372Ⅰ）には，当該事項の内容，取締役会への報告を要しないものとされた日および議事録に作成に係る職務を行った取締役の氏名を内容とするものでなければならない（会施規101）．

磁的記録をもって作成されているときは，法務省令で定める署名または記名押印に代わる措置をとらなければならない（会369Ⅳ）．議事録に異議をとどめない取締役は，決議に賛成したものと推定される（会369Ⅴ）．

取締役会設置会社は，取締役会の日（取締役会の決議があったものとみなされる日を含む．会371Ⅰ[＝370]）から**10年間**（東京地決平成18・2・10判時1923号130頁参照），議事録または意思表示を記載し，もしくは記録した書面もしくは電磁的記録（以下議事録等という）をその**本店に備え置**かなければならない（会371Ⅰ．なお会976⑧参照）．

Ⅱ-4-5-21　**(ア) 閲 覧 等**　アメリカ法を除き，株主に取締役会議事録を閲覧する権利を認めていない国の方が多いが，わが国では，① **監査役設置会社または委員会設置会社の株主**は，その権利を行使するため必要があるときは，裁判所の許可を得て，議事録等の閲覧または謄写を請求することができる（会371Ⅲ）．取締役会の議事録には重要な情報がかなり詳細に記載されるため，営業の機密が漏洩する危険があるためである．これに対し，② **それ以外の会社**では，監査役がいないので，業務監査権限を有する監査役が設けられていれば有したであろう権限を株主が直接行使することが認められ，株主は，その権利を行使するため必要があるときは，「営業時間内は，いつでも」閲覧・謄写請求ができる（会371Ⅱ）．議事録の閲覧の許可の申請は，本店所在地の地方裁判所に対し行う（会868）．申請者は，議事録の閲覧が必要な理由を疎明することが必要である（会869）．

会社法371条3項に相当する改正前商法260条ノ4第6項の解釈問題として，株主が投資判断資料を得るための閲覧・謄写が認められるか否かという問題があった．否定説（元木133頁，稲葉244頁，大隅＝今井・中197頁，近藤243頁）と裁判所が関与するのであまり狭く解釈すべきではないとして肯定する説（北沢395頁）とが対立している．閲覧を認める点でわが国の法は米法に近いので，肯定説に賛成する．ただし必要性の要件は厳格に解釈すべきである．

③ 取締役会設置会社の債権者は，役員または執行役の責任を追及するため必要があるときは，裁判所の許可を得て，当該取締役会設置会社の議事録等について閲覧・謄写を請求することができる（会371Ⅳ・Ⅵ）．

また，④ 取締役会設置会社の親会社社員がその権利を行使するため必要があるときも，裁判所の許可を得て，議事録の閲覧・謄写を請求することができる（会371Ⅴ）．

裁判所は，会社の陳述を聴き（会870①），職権探知の上で諾否を決めるが，閲覧または謄写により取締役会設置会社またはその親会社もしくは子会社に著しい損害を受けるおそれがある場合には，許可をすることができない（会371Ⅵ）．裁判は理由を付した決定によってなされる（会871）．

6　決議の瑕疵

Ⅱ-4-5-22　**(1) 総　説**　株主総会決議と異なり無効と取消の区別はないので，決議の内容に

瑕疵がある場合はもちろん，決議の手続に瑕疵のある場合にも，決議は無効であり，誰でも，何時でも，どのような方法によっても主張できる．必要があれば，決議無効確認の訴えを提起することもできる．

判例（最三小判昭和44・12・2民集23巻12号2396頁[小河内観光開発事件]＝会社法百選72事件，最三小判平成2・4・17民集44巻3号526頁＝会社法百選51事件）は，一部の者に通知漏れがあっても，決議の結果に影響を及ぼさない特段の事情（東京高判昭和48・7・6判時713号122頁，東京高判昭和49・9・30金判436号2頁，高松地判昭和55・4・24判タ414号53頁，東京地判昭和56・9・22判タ462号164頁，大阪高判昭和58・2・23判時1082号128頁，東京高判昭和60・10・30判時1173号140頁）があるときは，決議は有効であるとしているが，学説においては，招集通知を欠く取締役が出席して意見を述べたならば決議の結果に影響を及ぼさないことがありうるとして，反対する見解が多い（江頭388頁注20，鈴木＝竹内281頁，田中（誠）下598頁など）．

4-5-23 **(2) 取締役会の決議を欠いた行為の効力** **(ア) 取引行為** 代表取締役が，取締役会で決議すべき事項（会362Ⅳ）について，その決議を経ないで第三者と行為した場合（瑕疵ある決議による場合も同様である）に，その行為の効力については，見解が分かれている．

(α) **有効説**は，362条4項は代表取締役の義務を定めたにすぎないので，違反しても有効であるとする．しかしこれでは立法趣旨に反するし，悪意の相手方まで保護する結果になってしまう．

(β) **心裡留保説**は，心裡留保の規定（民93）を類推し，「内部的意思決定を欠くに止まるから，原則として有効であつて，ただ，相手方が右決議を経ていないことを知りまたは知り得べきときに限つて，無効である」とする．判例の立場である（最三小判昭和40・9・22民集19巻6号1656頁[富士林産工業事件]＝会社法百選71事件，最三小判平成11・11・30金判1085号14頁[大和ファイナンス事件]．知らないことに過失が認定されなかったケースとして東京高判平成11・1・27金判1062号12頁，福岡高那覇支判平成10・2・24金判1039号3頁[沖縄国際ボウリング事件]，過失が認定されたケースとして東京地判平成12・3・13判タ1063号162頁)）．しかし，代表取締役の真意と表示との不一致が存在するとはいえない．

(γ) **権利濫用説**は，取締役会の決議は内部的意思決定手続であるから，決議を欠いても有効であるが，悪意者（重過失を含む）に対しては**一般悪意の抗弁**（民1Ⅱ）を対抗しうるとする（大隅＝今井・中204頁，鈴木＝竹内288頁．学説の多数説）．

(δ) **代表権制限説**は，代表権の制限に関する規定（会349Ⅴ．なお民54参照）を適用し，第三者が悪意でない限り，過失の有無を問題にせずに，取締役会の決議がなかったことを第三者に対抗することができないとする（竹内・判例商法Ⅰ233頁，前田庸480頁）．

(ε) **表見代理説**（民法110条類推適用説）は，代表取締役が専断的に行った行為を① **法律上の権限踰越行為**と② **代表権の内部的制限違反行為**とに2分し，①の場合，すなわち，合併，新株発行，社債発行，会社法362条4項の列挙事項など，法律に

より株主総会または取締役会の決議事項とされている事項を，代表取締役がその決議を経ないで行うことは無権代表（無権代理）であり，会社の内部事情を知らない無過失の相手方に対しては，表見代理に関する民法110条により，善意・無過失の相手方は保護される．②の場合，すなわち，経常性と反復継続性をもった営業に関する行為については，代表取締役は本来決定権限を有するので，これにつき定款・取締役会規則等で取締役会決議を要する旨を定めて，代表取締役の権限に制限を加えても，会社法349条5項により善意の第三者に対抗できないとする（山口幸五郎・民商68巻2号222頁，河本464頁．なお最二小判昭和60・11・29民集39巻7号1760頁参照）．

(ζ) **相対的無効説**は，取締役会の決議を欠く重要な財産の処分・譲受や多額の借財のような取引行為については，取締役会の承認を受けない取締役会社間の取引・間接取引の場合（会356）と同様に，相対的無効と解すべきであるとする（北沢399頁）．

(イ) **その他の行為** ① 取締役会の承認を受けない利益相反行為については［*II-4-4-24*］．② 代表取締役の選任決議が無効の場合には会社法354条が類推適用される（最判昭和56・4・26判時1001号110頁［全満鉱業事件］）．③ 代表取締役が取締役会の決議（瑕疵ある取締役会決議を含む）によらないで新株を発行については［*II-3-2-56*］．社債を発行した場合については［*IV-1-2-29*］．

第6節　代表取締役

1　総説

II-4-6-1　会社機関の行為を会社の内部的な事務処理の面からみると業務執行であり，機関が会社の名前で第三者との間で行った行為の会社への効果の帰属という対外的面からみると代表行為であるから，会社の代表者は業務執行権限を有することが当然の前提である．取締役会非設置会社においては，取締役は各自会社を代表するのが原則であるが（会349Ⅰ本文・Ⅱ），定款，定款の定めに基づく取締役の互選または株主総会の決議によって，取締役の中から（会349Ⅲ），「会社を代表する取締役」（会47Ⅰ）を定めた場合，その取締役を代表取締役という．すなわち，取締役会非設置会社においては，代表取締役は**任意の機関**であり，代表取締役を「定める」ことにより，代表取締役以外の取締役は本来有する代表権を失うことになる（会349Ⅰ但書）．なお「その他株式会社を代表する者」（会349Ⅰ但書・350）とは，一時代表取締役の職務を行うべき者（会351Ⅱ）または代表取締役の職務代行者（会352Ⅰ）を指す．これに対し，取締役会設置会社においては，代表取締役を「選定」することが義務とされており（会362Ⅱ③・Ⅲ），代表取締役は**法定の必要機関**である（会363Ⅰ①．なお会47参照）．取締役会設置会社における取締役は，特に選定された者以外は業務執行権を有しないので（会363Ⅰ），取締役会設置会社において代表取締役を定めないときには，会社法

349条1項により取締役全員が会社を代表することはない．その点で，取締役会非設置会社では，代表取締役を定めない限り，取締役が代表権を有するのと異なる．

　取締役会設置会社であれ，非設置会社であれ，複数の代表取締役が選定されたときは，その一人一人が個別の機関を構成する(独任制)．

　取締役会と代表取締役の関係については，見解の対立があり，① **並立機関説**(通説) は，会社の業務執行を意思決定とその執行とに区別し，取締役会は業務執行の意思決定機関であり，代表取締役は，その決定に基づき業務を執行し，かつ会社を代表する機関であるとする．取締役会のような会議体が業務執行自体をなす権限を有すると解するのは不自然であることなどを理由とする．この立場によると，会社の業務執行に関する決定権はすべて取締役会に専属し，代表取締役は定款または取締役会によって委任された場合にのみ，かつその範囲内においてのみ決定権を有することになるが，日常の業務執行の意思決定については，代表取締役の選定と同時に当然に委任されると解する(鈴木=竹内276頁，江頭377頁)．

　これに対し，② **派生機関説**は，取締役会は本来業務執行について全権限を有し，その意思決定のみならず実行自体をもなす権限を有するが，その実行までも取締役全員が共同でなすとしたのでは，近代企業に不可欠な機動性かつ能率的な経営の要求にそぐわないことから，法は実際の便宜を考慮して，代表取締役の選定を要するものと定めたのであり，代表取締役の代表および実行の権限は，取締役会の業務執行権限に由来し，代表取締役は取締役会の派生的機関であると解する(大隅=今井・中207頁ほか)．業務執行とは，いかなる業務をいかに処理するかを決定し，かつ実行することであって，業務執行を意思決定に関する権限とその実行に関する権限とに分けて，これを並立する別個の機関に属せしめることは，不自然な技巧的説明であることなどを根拠とする．この説によれば，取締役会の決定の執行は代表取締役が行うが，その決定自体についても，それが特に法律，定款または取締役会決議によって取締役会に留保されていない限り，代表取締役がみずから決定する権限を本来有しているということになる．

　これらの争いは，理論構成上の争いであって，あまり実益がないと言いうる．

2　選　定

-4-6-2　① 取締役会設置会社以外の会社では，代表取締役の選定は会社の任意である．定款，定款の定めに基づく取締役の互選または株主総会の決議によって，代表取締役を選定する(会349Ⅲ)．② 取締役会設置会社においては，取締役の中から取締役会の決議をもって選定しなければならない(会362Ⅱ③・Ⅲ)．これにより取締役会における業務執行の意思決定と会社の行為との連係が保証されることになる．員数には制限がないので，1人でも数人でもよいが，実際上は何名置くかを定款で定める．制度本来の趣旨に合わないが，取締役全員を代表取締役としても違法ではない．実

際には，定款で会長・社長・専務取締役・常務取締役などを置き，これらを代表取締役とするのが通常である．取締役会における代表取締役の選定決議において，候補者は特別利害関係人（会369Ⅱ）とならない．会社は代表機関を通じて被選任者に対して就任申込みの意思表示をなし，被選定者の承諾を要すると解するが（なお商登54Ⅰ参照），取締役会の選定決議に先立って会社と代表取締役候補者の間に取締役会の決議を条件とする任用契約を締結しておけば，取締役会の決議と同時に選定の効果が生じる．取締役の任期が満了し，同一人が再選された場合にも，改めて取締役会で選定決議をしなければ，前の代表取締役が当然に代表取締役になるわけではない．

代表取締役の氏名および住所は登記事項である（会911Ⅲ⑭．なお整備法43Ⅰ，商登則61Ⅲ・Ⅳ参照）．代表取締役の少なくとも1名の住所は日本になければ登記申請は受理されない．

3 終 任

II-4-6-3 (1) **総 説** 代表取締役には法律上任期の定めがない．代表取締役は取締役たる地位を前提としているので，取締役の地位を失うと，当然に代表取締役も終任となる．もっとも，取締役の地位を維持しながら代表取締役の職のみを辞任することは可能である．

II-4-6-4 (2) **解 職** 解職は選定権限ある者が選定と同じ手続で行う．会社は，正当な事由があると否とを問わず，何時でも代表取締役を解任することができる（民111Ⅱ・会330＝民651Ⅰ）．任期の定めがある場合に会社が正当な事由なくしてその任期の満了前に代表取締役を解任したようなときは，その代表取締役は，会社に対し解任によって生じた損害の賠償を請求することができる（民651Ⅱ）．解任の対象たる代表取締役は特別利害関係人（会369Ⅱ）となるか否かについては既に述べた［*II-4-5-16*］．また，判例は，「解任の決議は，代表取締役の会社機関たる地位を剝奪するものであつて，右決議によつて右機関たる地位が失われることの効果として，会社を代表する権限も当然消滅すると解するのを相当とし，告知をもってはじめて解任の効果が生ずると解すべきではない」としているが（最判昭和41・12・20民集20巻10号2160頁［丸菱物産事件］），告知を要するというのが学説の多数説である．

II-4-6-5 (3) **辞 任** 代表取締役は，事由のいかんを問わず，何時でも辞任することができるが，会社のために不利益な時期に辞任したときは，やむをえない事由がない限り，会社に生じた損害を賠償しなければならない（民111Ⅱ，会330＝会651Ⅱ）．辞任の効力は，その意思表示が会社に到達した時に生じる．辞任の意思表示は他の代表取締役に対してなすべきであるが，代表取締役が他にいないとき，または代表取締役全員が同時に辞任するときには，取締役会を招集してこれに対して辞任の意思表示をなすべきである（東京高判昭和59・11・13判時1138号147頁）．

II-4-6-6 (4) **終任の登記** 代表取締役が終任したときは，会社は，その登記をしなければ

第4章 機　　関　第6節　代表取締役　**453**

ならない．代表取締役の退任および代表権の喪失を登記した場合には，商法911条および909条の趣旨に鑑み，もっぱら商法908条のみが適用され，民法112条を適用ないし類推適用する余地はない（最二小判昭和49・3・22民集28巻2号368頁［安威川ゴルフ事件］）．

4-6-7　**(5) 欠員の場合の措置**　(a) 任期満了や辞任により，代表取締役が欠けたり定員未満になった場合には，後任の者が就任するまでの間，任期の満了または辞任により退任した代表取締役が，新たに選定された代表取締役（一時代表取締役の職務を行うべき者を含む）が就任するまで，なお代表取締役としての権利義務を有する（会351Ⅰ）．もっとも代表取締役および取締役の辞任により，代表取締役に欠員を生じても，取締役に欠員を生じない場合には，辞任した代表取締役は取締役の資格を失い，かつ346条による取締役の権利義務をも有しないから，351条1項により代表取締役の権利義務を有すると解すべきではない（東京地判昭和45・7・23判時607号81頁）．

(b) 代表取締役の終任により法律または定款に定めた代表取締役の員数を欠くに至った場合において必要があると認めるときは，裁判所は利害関係人の請求により，**一時代表取締役の職務を行うべき者**（仮代表取締役という．神田190頁，吉本196頁等）を**選任**することができ（会351Ⅱ．東京高決昭和57・4・26下民集33巻1～4号165頁［いずみ商会事件］参照），裁判所が仮代表取締役を選任した場合には，会社がその者に対して支払う報酬の額を定めることができる（会351Ⅲ）．仮代表取締役が選任されると，裁判所書記官は登記所に**登記の嘱託をする**（会937Ⅰ②イ）．代表取締役を欠くに至った場合に，会社を代表して訴訟を提起し追行するために仮代表取締役選任の方法によったのでは遅滞のため損害を受けるおそれがあるときは，利害関係人は特別代理人の選任を裁判所に申請することができる（民訴37・35の類推）（最一小判昭和41・7・28民集20巻6号1265頁［天野屋事件］）．

取締役選任決議の瑕疵や取締役の解任が訴訟で争われる場合，裁判所は当事者の申立てを受けて代表取締役の職務執行を停止し，**職務代行者**を選任することができる（民保23Ⅱ・56．会917①）．民事保全法56条に規定する仮処分命令により選任された取締役または代表取締役の職務を代行する者は，仮処分に別段の定めがある場合を除き，**会社の常務に属しない行為をするには，裁判所の許可を得なければならない**（会352Ⅰ）．この規定に違反して行った代表取締役の職務代行者の行為は，無効である．ただし，善意の第三者に対抗することができない（会352Ⅱ）．代表取締役職務代行者による臨時総会の招集は，少数株主の総会招集請求に基づく場合にも，会社の常務には該当しない（最二小判昭和50・6・27民集29巻6号879頁＝会社法百選56事件．なお最一小判昭和39・5・21民集18巻4号608頁）．

4　権　限

4-6-8　**(1) 代　表　権**　株式会社の業務に関する一切の裁判上または裁判外の行為をする

権限を有し (会349Ⅳ),支配人の権限 (会11Ⅰ) より広い.業務に関する行為とは,経常性と反復性とを特質とし,会社の業務の継続を前提としてなされる,その業務に関する諸般の行為のことである.

表17 代表取締役と支配人との比較

	代表取締役	支配人
法的地位	会社の機関	商業使用人
会社との関係	委任関係	雇用関係
選任者	取締役会非設置会社:定款,定款の定めに基づく互選または株主総会の決議	取締役会非設置会社:取締役が2人以上いるときは,定款の定めなきとき取締役の過半数の決議
	取締役会設置会社:取締役会	取締役会設置会社:取締役会
権限	包括的代理権	商号・事業または営業所ごとの包括的代理権
報酬	株主総会で決定	代表取締役が決定
義務	善管注意義務・忠実義務・競業避止義務・利益相反に関する義務	善管注意義務・競業避止義務・営業禁止義務

Ⅱ-4-6-9 (イ) **法律による代表権の制限** (a) **会社が取締役** (取締役であった者を含む)[73]**に対し,または取締役が会社に対して訴えを提起する場合**には,訴訟追行の公正を期すため,株主総会が,この訴えについて会社を代表する者を定めることができる (会353).取締役会設置会社では,株主総会の定めがある場合を除き,取締役会が会社を代表する者を定める (会364).なお訴訟の相手方が取締役であると主張しても,代表取締役が同人を取締役と認めていない場合には,馴合い訴訟のおそれがないから,この規制は適用されない (最三小判平成5・3・30民集47巻4号3439頁).逆に,**訴訟の相手方が取締役であることを否定しても,会社がその者を取締役と認めている場合には,この規制が適用される** (大阪高判平成8・7・10判タ937号242頁).監査役設置会社では,監査役が会社を代表する (会386Ⅰ).① 取締役の責任を追及する訴えの提起の請求を受ける場合および② 取締役の責任を追及する訴えに係る訴訟告知ならびに取締役の責任を追及する訴えに係る通知および催告を受ける場合にも監査役が監査役設置会社を代表する (会386Ⅱ①②).

Ⅱ-4-6-11 (b) **代表権に制限を加えても,その制限を善意の第三者に対抗することができない** (代表権の不可制限性.会349Ⅴ).取引の相手方は,会社内部の自治的規制を容易に

Ⅱ-4-6-10 (73) 沿革 株式会社と取締役との間の訴えに関する規定における「取締役」の範囲については,「取締役であった者」を含むか争いがあった (東京地判平成15・3・3判タ1147号232頁,最三小判平成15・12・16判タ1143号248頁).会社法は,馴れ合いの可能性は訴訟の相手が現任取締役であるか退任取締役であるかで大きな差異はなく,株主代表訴訟では,株主による退任取締役に対する訴えの提起も認められていることとの整合性を考えて,退任取締役を含むことを明らかにしている.

知り得ないのが普通であるし，また制限を対抗できないとすると，取引の相手方は一々制限の有無を調査しなくてすむので，取引を迅速に行うことができるからである(74)。善意の主張・立証責任は第三者にある（最判昭和60・11・29民集39巻7号1760頁。ただし，本判決の善意の立証責任は第三者にあるとの結論に疑問を表明するものとして，江頭373頁注7）。取引の相手方が制限を知っているとき（悪意）には，その者を保護する必要がないので，その制限を主張できる。

表18 株式会社と取締役との間の訴えにおける会社代表者

会社の種類	会社代表者	根拠条文
取締役会設置会社	株主総会で定めるときを除き取締役会が定めた者	会353・364
監査役設置会社	監査役	会386 I
委員会設置会社	監査委員が訴訟の当事者である場合は，取締役会が定める者。それ以外の場合は，監査委員会が選定する監査委員	会408 I・II
それ以外の会社	代表取締役・株主総会が定めた者	会353

4-6-13　(c) 事業の全部または重要な一部譲渡等（会467 I）などの株主総会の法定決議事項，競業および利益相反取引（会356・365），募集株式の発行（会199 II・201 I）などの株主総会ないし取締役会の法定決定事項，重要な財産の処分・譲受・多額の借財（会362 IV）などの取締役会の法定決定事項については，**代表取締役は，総会または取締役会決議を経なければ，会社を代表することができない**。取締役会の法定決定事項を定款で株主総会の決議事項としたときは（会295 II），代表取締役は，総会の決議を経なければ，会社を代表することができない。

4-6-14　(d) 代表取締役がこれらの決議に基づかないで（決議不存在，無効または決議に反して）行為を行った場合（権限踰越）の効果は，決議を要求して守ろうとする会社の利益と，代表取締役の行為を信頼した第三者の利益を比較衡量しながら，それぞれの法定決定事項ごとに決することが必要である。

　事業譲渡など総会決議事項を決議を経ずに代表取締役が行った場合，第三者としてはその決議が法律上必要なことは当然知るべきであるうえに，会社にとっては重大な事項であるから，無効であり，譲受人もその無効を主張しうると解されている（東京高判昭和53・5・24判タ368号248頁）が，取引の安全保護のため，当該瑕疵につき悪

4-6-12　(74)　**共同代表**　改正前商法では，代表権の濫用を相互に牽制させるため，数人の代表取締役がいるときには，取締役会の決議により，代表取締役は共同して会社を代表すべき旨を定めることができ，その定めは登記事項とされていた（共同代表。改正前商188 II ⑨・III［＝67］・261 II。なお旧有13 II ⑥参照）。しかし共同代表取締役の登記がされることは稀で，たまたまこの制度が採用されていると，登記事項に関する悪意擬制（改正前商12，会908）を主張する会社と，単独代表と信じた取引の相手方との間でトラブルが発生し，判例（最二小判昭和42・4・28民集21巻3号796頁等）は表見代表取締役の規定（改正前商262，会社354）の類推適用により取引の相手方を保護したので，共同代表取締役の制度が実際に機能する場合が少ないことから，会社法は，共同代表制度を代表権の単なる内部的制限とし，登記事項から削除することにより，共同代表執行役（旧商特21の15 II）および共同支配人（改正前商39）と同じく，廃止している。

意・重過失がなかった譲受人に対しては行為の無効を主張できないとか，表見代理に関する民法110条によって善意・無過失の相手方は保護されるとする説などもある．

公開会社において取締役会決議を経ないで代表取締役が発行した新株の効力については [II-3-2-56]，公開会社において特別決議を経ないでなされた特に有利発行な金額・条件での募集株式の発行の効力については [II-3-2-57] を参照されたい．

(e) 取締役会の権限とされているもののうち，株主総会の招集 (会298Ⅳ)，支配人等の選任 (会362Ⅳ③)，代表取締役の選定 (会362Ⅲ) は，会社内部の業務執行であり，取引の安全を考慮する必要がないので，無効である．

II-4-6-15　(d) **代表権の濫用**　代表取締役が，主観的には，会社の利益のためでなく，自己または第三者の利益のために，客観的にはその権限内の行為を行うことを，**代表権の濫用**という．これに関しては，①「代表取締役が自己の利益のために表面上会社の代表者として法律行為をした場合に，相手方がその代表取締役の真意を知りまたは知りうべきであったときは，民法93条但書の規定を類推し右の法律行為は効力を生じない」という心裡留保説 (最一小判昭和38・9・5民集17巻8号909頁 [大江産業株式会社事件]，最二小判昭和51・11・26判時839号111頁)，② 権限濫用行為は会社に対する関係で主観的・具体的に会社の目的を逸脱するものであるから対外的業務執行権限外の行為であり，会社法349条5項により，相手方の悪意の場合には会社は責に任じないとする代表権制限説，③ 権限濫用の事実を知りながら，取引をなし，取得した権利を会社に対して行使することは，法の目的からみて保護の範囲を逸脱し，信義則に反しまたは権利濫用として許されないとする権利濫用説，④ 代表権の行使は会社のためになされるべきであるから，代表者の個人的利益のために行使した場合には，本来，その行為は当然無効たるべきであるが，それでは善意の相手方に不測の損害を与え取引の安全を害するから，これに対しては無効を主張しえないとすべきであるが，悪意者 (またはこれに準ずる重過失ある者) に対しては，本来の形に戻って無効としてよいとする相対的無効説が対立している．①説に対しては，軽過失の者が保護されない点で妥当性を欠くとか，代表取締役は会社に効果を帰属させる意思があるので，心裡留保とは異なっているなどの批判が加えられている．

なお訴訟行為については，代表取締役が自己または第三者の利益を図る意思を有することを相手方が知っていても，代表権の消滅事由にはならない (最二小判平成9・9・9民集47巻7号4939頁)．

II-4-6-16　(e) **代表取締役の不法行為**　会社は，代表取締役がその職務を行うにつき他人に加えた損害を賠償する責任を負う (会350)．**代表取締役自身も不法行為者として不法行為責任を負う** (大判昭和7・5・27民集11巻1069頁．東京高判平成7・8・31判時1571号74頁等)．

II-4-6-17　**(2) 業務執行権**　代表取締役は，代表行為以外の各種の業務執行権限を有している (会363Ⅰ①)．これには，① 定款・株主名簿・新株予約権原簿・社債原簿・株券喪失登録簿などの備置 (会31・125Ⅰ・252Ⅰ・684Ⅰ・231Ⅰ)，② 株主総会・取締役会の議事録・

第4章 機関 第6節 代表取締役

取締役全員の意思表示の備置（会318ⅡⅢ・371Ⅰ），③ 計算書類・附属明細書の作成および監査役・会計監査人・監査役会・取締役会への提出（会435ⅠⅡ・436），④ 計算書類等・監査報告書の備置（会435Ⅳ・442ⅠⅡ），⑤ 計算書類の総会への提出，貸借対照表（および損益計算書）（または貸借対照表の要旨）の公告（会438・440），⑥ 株券・新株予約権証券・新株予約権付社債券・社債券への署名（会216・289・292Ⅰ・697Ⅰ），⑦ 株式・社債の名義書換（会130・147・688），⑨ 登記事項の登記などがある．

5 表見代表取締役

4-6-18　(1)　**総説**　株式会社は，代表取締役以外の取締役に社長，副社長その他株式会社を代表する権限を有する者と認められる名称を付した場合には，当該取締役（表見代表取締役）がした行為については，その者が代表権を有しない場合でも，善意の第三者に対して責任を負わなければならない（会354）．このような取締役は，代表取締役として選任されない限り代表権を有しないが，外部の者はこれを代表取締役と誤認しやすいので，**取引の安全を保護**するため，会社をして外観に従って責任を負わせたのが，上記規定であって，昭和13 (1938) 年に新設された．その理論的基礎は，禁反言法理（Estoppel by representation）あるいは外観法理（Rechtsscheintheorie）である．表見代表取締役の制度は，取引の安全をはかるためのものであるから，不法行為や，裁判上の行為には適用がなく，訴訟手続において会社を代表する権限を有する者を定めるに当たっては適用されない（最判昭和45・12・15民集24巻13号2072頁［東和食品事件］）．同様の規定として表見代表執行役（会421［Ⅱ-4-11-45］），表見代表清算人（会482Ⅳ＝354），表見支配人（会13・商24［Ⅰ-1-4-12］）の制度がある．

代表取締役の氏名は登記事項である（会911Ⅲ⑭）から，第三者は，正当な事由によって善意でない限り，ある取締役が代表取締役であるか否かについて悪意を擬制されるはずである（会908Ⅰ）．そこで，**会社法354条と908条1項との関係が問題**となる．① 会社法354条を908条1項の例外規定と解するのが多数説（龍田・法学論叢97巻2号81頁など）であるが，② 名称から代表権があると信じることが908条1項後段の正当な事由による善意に該当するとする説（正当化事由弾力化説）（服部栄三『商法総則［第3版］』485-486頁），③ 354条は908条1項と異なる次元において会社の責任を認めたものであるとする説（異次元説）（山口・新注会(6)183頁，浜田道代「商業登記制度と外観信頼保護規定」民商80巻6号655頁，81巻1号72頁，2号169頁）および④ 会社法354条は908条1項と何ら矛盾・衝突するところがないとする説（登記の積極的公示力と外観保護規定が衝突すると考える余地のあるのは，代表取締役Pの辞任・解任による退任登記がなされた後，Pが会社を代表して第三者と取引した場合に限られる．この場合には登記の積極的公示力を承認する以上，会社はPに代表権がないことを主張できるのであって，354条は商業登記の積極的公示力とは無関係であるとする．大塚龍児「商業登記（および公告）の対抗力について」『鴻常夫先生還暦記念・80年代商事法の諸相』226頁［1985年］）も存在している．会社が代表取締役の退任の登

記をした場合には，第三者に正当な事由がない限り，会社は代表権の消滅をもって善意の第三者にも対抗することができ（会908Ⅰ），別に代理権消滅後の表見後代理に関する民法112条を適用する余地はないが（最二小判昭和49・3・22民集28巻2号368頁［安威川ゴルフ事件］＝総則百選7事件），この場合でも，会社法354条を適用する余地がある．なお，代表取締役の選定がないにもかかわらず会社が選定の登記をした場合（会908Ⅱ），および代表取締役の退任があったにもかかわらず会社が退任の登記をしない場合（会908Ⅱ）にも，会社は，その者の行為につき善意の第三者に対して責任を負わなければならないが，これは，商業登記に関するそれぞれの規定によるのであり，表見代表取締役の制度によるのではない．

Ⅱ-4-6-19　**(2) 適用の要件**　第1は，**取締役が会社を代表する権限を有する者と認められる名称を使用すること**である．何が表見代表取締役の名称に当たるかは取引の通念によって決まるが，同条が例示する社長，副社長，代表取締役なる名称のほか，頭取，副頭取，総裁，副総裁，理事長，副理事長はもちろん，取締役会長（東京地判昭和48・4・25判時709号90頁）および代表取締役代行者（最一小判昭和44・11・27民集23巻11号2301頁）なる名称なども含まれる．なお，表見代表取締役の名称を使用する取締役が，手形に自己の氏名ではなく代表権のある他の取締役の氏名を表示した場合にも，同条の適用がある（最二小判昭和40年4月9日民集19巻3号632頁［保津川遊船事件］）．改正前商法で使用されていた「専務取締役」（大阪高判昭和50・8・29判時800号94頁）および「常務取締役（東京地判平成11・3・25金判1071号49頁）」の表現が会社法では削除されているが，この改正は表見代表取締役の成立を否定する趣旨ではない[75]．なお，本条は取締役の資格を前提とするが，平素から会社の金銭借入交渉に際し代表取締役社長の了解を得て常務取締役の名称を使用していた「会社の使用人」が，社長の承諾のもとに上記名称を使用して金銭消費貸借をなした場合にも類推適用した判例が存在している（最二小判昭和35・10・14民集14巻12号2499頁［ミヤマ製紙事件］．会社の使用人以外の者に否定したケースとして浦和地判平成11・8・6判時1696号155頁）．

Ⅱ-4-6-21　第2は，**会社が取締役に表見代表取締役の名称の使用を許諾したこと**である．そのためには，会社が表見代表取締役の名称を取締役会の決議によって許諾したのでなくても，取締役の過半数（前掲最判昭和44・11・27参照）または代表取締役の1人（前掲最二小判昭和35年10・14参照）がその名称の使用を承認していればよい．会社が名称の僭称の事実を知りながら黙認している場合もこれに含まれるが（最二小判昭和42・4・28民集21巻3号796頁［共同代表に関する］），会社が黙認したというためには，①取締役全

Ⅱ-4-6-20　(75)　**常務取締役**　会社法は，常務取締役を例示から除いたのは，社会通念上，代表取締役であることが多くないため代表権を有する者の例示としては不適切と考えられためである．常務取締役が表見代表取締役に当たるか否かは，一般社会通念および当該会社における通常の肩書の使用状況を総合的に考慮して代表権限を有するものと認められる名称かどうかが判断される．非取締役会設置会社では，常務取締役は代表権を有する名称と認められやすいが，取締役会設置会社では困難である（論点323頁）．

員がその事実を知らなくても，取締役の過半数が知っていれば足りるとする説，② 代表取締役1人が知っていれば足りるとする説，③ 取締役の1人でも知っていれば本条が適用されるとする説などが唱えられている．

①説に対しては，取締役の過半数の賛成があれば，取締役会において代表取締役を選任でき，または代表取締役等の名称の使用を禁止するなどの会社の意思決定でできることに注目したものであろうが，僭称禁止の措置をとりうるか否かと会社の知・不知は別問題との批判がなされている．②説は，会社が知っているというためには，会社の営業に関する包括的な業務執行権を有する代表取締役が知っていることが必要であると解するのが自然であることを根拠とする．③説は，取締役は，代表取締役や取締役会に知らせるなどして，違法状態を是正すべき職責があるので，代表権の有無を問わず，取締役の1人が知っていればよいことを根拠とする．③説を支持する．

会社が代表取締役の退任を登記した後でも，このような黙認によって会社が責任を負うことはありうる．

4-6-22　第3は，**第三者が善意**であることである．善意とは，行為をなす取締役が代表権がないことを知らないことである（名称に対する信頼のみで十分であり，その他の付随的事情を考慮する必要はない）．最高裁は，本条「は会社を代表する権限を有するものと認むべき名称を附したことに基づく責任をば，特に重からしめるための規定であるから」，第三者が善意である限り過失があってもよいとする（最一小判昭和41・11・10民集20巻9号1771頁．学説上も多数説．学説には民法109条と同一精神によったという沿革を重視し，無過失を要求する説なども存在している）とともに，本条は，善意の第三者の正当な信頼を保護しようとするものであるから，第三者に**重大な過失があるときは，悪意の場合**と同視し，会社は責任を免れるとしている（最二小判昭和52・10・14民集31巻6号825頁〔明倫産業事件〕＝会社法百選57事件）．善意・無重過失の場合に保護されるべき第三者には，表見代表取締役の直接の相手方のみならず，手形の第三取得者のような間接の第三者も含まれる．なお，第三者が自己の善意・無重過失を立証する必要はなく，会社が第三者の悪意または重過失を立証しなければならない．

4-6-23　(3)　**具体的適用例**　① 常務取締役の名称を有する取締役による金銭消費貸借（東京地判平成11・3・25金商1071号49頁），② 常務取締役の名称を有する取締役が当該名称を使用してなした手形行為（最二小判昭和39・6・12手研91号10頁），③ 常務取締役の名称を有する取締役が他の代表取締役の名称を使用してなした手形行為（前掲最二小判昭和40・4・9，最一小判昭和42・7・6金判67号16頁），④ 代表取締役が行方不明のため，他の取締役全員により，正式に代表取締役が選任されるまでの間一時的に，代表権の行使を承認された取締役が，その承認に基づき，代表権を有するものと認められる名称（代表取締役代行者）を使用してその職務を行ったが，右の承認が持ち回り方式でなされたため取締役会の代表者選任決議と認められず無効な場合（事実上の取締役の場

合.最一小判昭和44・11・27民集23巻11号2301頁[朝日商工事件].なお最二小判昭和56・4・24判時1001号110頁[金満鉱産事件]参照)などがある.

第7節 会計参与

1 総説

II-4-7-1　株式会社は,定款で会計参与を設置する旨を定めることができる(会2⑧・326Ⅱ).すなわち,会計参与は会社の任意機関である.会計参与は,取締役・執行役と共同で計算書類・その附属明細書・臨時計算書類・連結計算書類を作成し(会374Ⅰ),当該計算書類等を会社とは別に備置き・閲覧等をさせることにより(会378),主として中小企業の計算書類等の正確さに対する信頼を高め,取締役等による計算書類等の虚偽記載や改ざんの抑止を図ることを目的とした制度である.会計参与制度は,会社法で新たに導入されたものである.会計参与設置会社に融資条件を有利にする銀行も存在している.**取締役会設置会社であっても会計参与を設置する非公開会社においては,監査役を設置しないことができる**(会327Ⅱ).

　　会計参与を設置するときには,設置する旨ならびに会計参与の氏名・名称および会計参与による計算書類等備置場所は登記事項である(会911Ⅲ⑯.なお会施規121④⑥・125).

　　持分会社には会計参与を置くことができない.

2 職務権限

II-4-7-2　(1) **計算書類等の作成**　会計参与は,取締役(委員会設置会社においては執行役.会374Ⅵ)と「**共同して**」,計算書類(会435Ⅱ)およびその附属明細書,臨時計算書類(会441Ⅰ)ならび連結計算書類(会444Ⅰ)を作成する(会374Ⅰ.なお日本公認会計士協会=日本税理士連合会「会計参与の行動指針」[最終改正平成20年7月9日]参照).

　　この場合においては,会計参与は,法務省令で定めるところにより,**会計参与報告を作成しなければならない**[76](会374Ⅰ.なお会976⑦参照.会計参与報告は株主総会の招

II-4-7-3　(76) **会計参与報告の内容**　会計参与報告は,次に掲げる事項を内容とするものでなければならない(会施規102).
　　① 会計参与が職務を行うにつき会計参与設置会社と合意した事項のうち主なもの(株主・債権者からの閲覧請求がなされた場合の会社との協力体制,責任限定契約の概要等)
　　② 取締役または執行役と会計参与が共同して作成した計算関係書類(会施規2Ⅲ⑪参照)の種類
　　③ 計算関係書類の作成のために採用している会計処理の原則および手続ならびに表示方法その他計算関係書類の作成のための基本となる事項であって,次に掲げる事項(重要性の乏しいものを除く).イ　資産の評価基準および評価方法,ロ　固定資産の減価償却の方法,ハ

引当金の計上基準，ニ　収益および費用の計上基準，ホ　その他計算関係書類の作成のための基本となる重要な事項
　④　計算関係書類の作成に用いた資料の種類その他計算関係書類の作成の過程および方法
　⑤　④の資料が次に掲げる事由に該当するときは，その旨およびその理由．イ　当該資料が著しく遅滞して作成されたとき，ロ　当該資料の重要な事由について虚偽の記載がされていたとき．
　⑥　計算関係書類の作成に必要な資料が作成されていなかったときまたは適切に保存されていなかったときは，その旨およびその理由．
　⑦　会計参与が計算関係書類の作成のために行った報告の徴収および調査の結果
　⑧　会計参与が計算関係書類の作成に際して取締役または執行役と協議した主な事項．

会計参与報告記載例

平成××年××月××日
(注1)

会計参与報告

○○株式会社　会計参与　○○○○　㊞

1．私 (注2) と○○株式会社は，会計参与の職務の実施に関して下記の合意をした．
　(1)　会社は私に対し計算書類及びその附属明細書 (以下「計算関係書類」という．) 作成のための情報を適時提供し，私は会社の業務，現況を十分理解して取締役と共同して計算関係書類を作成すること
　(2)　会社は申述書 (取締役が法規を遵守し，会社の組織体制を維持確立する責任を有していること，取締役が採用した会計方針，計算関係書類の作成に必要な資料を遺漏なくすべて提示したこと，それらはすべて真実であり資料に不正はないことを明記した文書) を私に提出すること
　(3)　私が業務上知り得た会社及びその関係者の秘密を他に漏らし，又は盗用してはならないこと
　(4)　計算関係書類及び会計参与報告の閲覧・交付の請求に当たっては，株主及び債権者に対し，あらかじめ会社に閲覧・交付の請求をすることが必要である旨を明らかにする適切な方法を会社が講ずること
2．私が○○株式会社の経理担当の取締役の○○○○氏と共同して作成した書類
　　○○株式会社の平成×年×月×日から平成×年×月×日までの第×期事業年度の計算関係書類
3．計算関係書類の作成のための基本となる事項
　(1)　資産の評価基準及び評価方法
　　　棚卸資産：総平均法による原価法
　　　有価証券：時価があるものは時価法，時価のないものは総平均法による原価法
　(2)　固定資産の減価償却の方法
　　　建　　物：定額法
　　　その他の有形固定資産：定額法
　　　無形固定資産：定額法
　(3)　引当金の計上基準
　　　賞与引当金：支給見込額に基づき計上
　　　貸倒引当金：債権の回収可能性に基づき計上
　　　退職給付引当金：期末における自己都合退職時の要支給額を計上
　(4)　収益及び費用の計上基準
　　　収益は実現主義により，費用は発生主義により計上
　(5)　その他計算関係書類の作成のための基本となる重要な事項
　　　什器備品のリースは賃貸借として扱っている．
4．計算関係書類の作成のために用いた資料の種類その他計算関係書類の作成の過程及び方法は次のとおりである．
　　　総勘定元帳，各種補助簿 (得意先元帳，減価償却明細表等)，棚卸表等
　　　総勘定元帳等は取締役の責任で作成し，私は「会計参与の行動指針」に従って取締役と共同して計算関係書類を作成した．
5．計算関係書類の作成のために用いる資料が著しく遅滞して作成された事実，上記資料の重要な事項について虚偽の記載がなされていた事実 (注2)
6．計算関係書類の作成のために必要な資料が作成されていなかった事実 (注3)
7．計算関係書類の作成のために行った報告の徴収及び調査の結果
　　不良債権，陳腐化棚卸資産についての報告を徴収した結果，これらについては適切な処理が行われており，また簿外債務はない旨の回答を得た．
　　また，調査を実施すべき事態は生じなかった．
8．私が計算関係書類の作成に際して取締役○○○○氏及びその補助者である経理部門担当者と協議した事項は次のとおりである．
　　研究開発費の会計処理
　　有価証券の時価評価の方法

以　上

(注1) 日付は計算関係書類を作成した日，すなわち，取締役と合意した日
(注2) 公認会計士又は税理士が会計参与として複数就任している場合は「私たち」とし，監査法人又は税理士法人が会計参与に就任している場合は「当法人」とする．
(注3) 該当する事項が存在していないと判断された場合には，当該項目そのものを記載しない．

462　第Ⅱ編　株式会社

集通知には添付されない．会437）．したがって，会計参与が承認しない計算書類は，定時総会に提出されても無効である．会計参与が複数選任された場合において，各会計参与はそれぞれ独立の立場で職務を行うため，計算書類の作成に際しても，会計参与全員の統一が必要である．

Ⅱ-4-7-4　**(2) 計算書類等の備置き等** (a) 会計参与は，株式会社とは別に，表19に掲げる書類を，表に定める期間，**会計参与報告等備置場所**に備え置かなければならない（会378Ⅰ．なお976⑧参照）[77]．定めた場所は登記事項である（会911Ⅲ⑯）．

会計参与を辞任した者は，会計参与ではなくなるので，5年の保存期間経過までの保存・開示義務を負わず，新しく選任された会計参与は辞任した会計参与が保管していた書類を引き継ぐ義務を負っていない（相澤139頁）．

表19　会計参与が備え置く書類と備置期間

書類の種類	備え置き期間
各事業年度に係る計算書類およびその附属明細書並びに会計参与報告	定時株主総会の日の1週間（取締役会設置会社にあっては，2週間）前の日（決議を省略した場合にあっては，当該提案があった日）から5年間
臨時計算書類およびその会計参与報告	臨時計算書類を作成した日から5年間

Ⅱ-4-7-6　(b) 会計参与設置会社の**株主および債権者**は，会社の営業時間内（会計参与である公認会計士等の業務時間外を除く．会施規104）は，いつでも，会計参与に対し，① 表19に掲げたものの書面またはその内容が電磁的記録に記録されている場合には法務省令で定める方法により表示したものの**閲覧請求**（会378Ⅱ①③），② ①の書面の謄本または抄本の交付，または電磁的記録に記録された事項を会計参与が定めた電磁的方法により提供することの請求もしくはその事項を記載した書面の**交付請求**（会378Ⅱ②④）をすることができる．②の請求の場合には，会計参与の定めた費用を支払わなければならない（なお会976④参照）．株主・債権者が会社に閲覧請求をした場合の気まずい思いをなくすことによって計算書類の開示の実行性を強化しようとするものである．会計参与は，開示した書類につき説明をする義務はない．

会計参与が株主・債権者以外の者の閲覧・交付請求に応じた場合，守秘義務違反に問われるとする説（「『会計参与の行動指針』の概要」商事1767号32頁）とこれを否定する説（黒沼・検証554頁）とが対立している．会計参与の制度趣旨より否定説に賛成する．

(c) 会計参与設置会社の**親会社社員**は，その権利を行使するため必要があるとき

Ⅱ-4-7-5　[77]　**会計参与報告等備置場所**　会計参与は，当該会計参与である公認会計士・監査法人・税理士・税理士法人の事務所（会計参与が税理士または税理士法人の補助者として常時業務に従事する者であるときは，その従事する税理士事務所または所属税理士法人の事務所）の場所の中から会計参与報告等備置場所を定めなければならない（会施規103Ⅱ）．会計参与は，会計参与報告等備置場所として会計参与設置会社の本店または支店と異なる場所を定めなければならない（会施規103Ⅲ）．会計参与が会計参与報告等備置場所を定めた場合には，遅滞なく，会社に対し，その場所を通知しなければならない（会施規103Ⅳ）．

第4章 機　関　第7節 会計参与　**463**

は，裁判所の許可を得て，(b)と同様の請求をすることができる(会378Ⅲ)．なお，会976④参照)．

4-7-7　**(3) 調査権限　(ア) 会計帳簿閲覧謄写権**　会計参与は，いつでも，① 会計帳簿またはこれに関する資料が書面をもって作成されているときは当該書面，② 会計帳簿またはこれに関する資料が電磁的記録をもって作成されているときは，当該電磁的記録に記録された事項を法務省令で定める方法により表示したものの閲覧および謄写することができる(会374Ⅱ前段)．

4-7-8　**(イ) 報告請求権　(a) 会計報告請求権**　会計参与は，いつでも，取締役および(委員会設置会社においては執行役および取締役ならびに)支配人その他の使用人に対して「会計に関する」報告を求めることができる(会374Ⅱ・Ⅵ)．また，「その職務を行う必要があるときは」，会計参与設置会社の子会社に対して「会計に関する」報告を求めることができる(会374Ⅲ前段)．子会社は，正当な理由があるときは，その報告を拒むことができる(会374Ⅳ)．

4-7-9　**(b) 業務・財産状況調査権**　会計参与は，「その職務を行う必要があるときは」，会計参与設置会社もしくはその子会社の業務および財産の状況の調査をすることができる(会374Ⅲ)．子会社は，正当な理由があるときは，その調査を拒むことができる(会374Ⅳ)．

4-7-10　**(4) 意見陳述権等　(ア) 取締役会への出席義務等**　取締役会設置会社の会計参与(会計参与が監査法人または税理士法人である場合にあっては，その職務を行う社員)は，① 計算書類および事業報告ならびにこれらの附属明細書(会436Ⅲ)，② 臨時計算書類(会441Ⅲ)または③ 連結計算書類(会444Ⅴ)の承認をする**取締役会に「のみ」出席する義務を負う**．当該取締役会においては計算書類等の内容について議論がなされることがありうるからである．この場合において，会計参与は，必要があると認めるときは，意見を述べなければならない(会376Ⅰ)．そこで，会計参与設置会社においては，取締役会を招集する者は，当該取締役会の1週間(これを下回る期間を定款で定めた場合にあっては，その期間)前までに，各会計参与に対しその通知を発しなければならない(会376Ⅱ)．取締役(監査役設置会社にあっては，取締役および監査役)の全員の同意により招集手続を経ることなく取締役会を開催するときには(会368Ⅱ)，会計参与の全員の同意を得なければならないが(会376Ⅲ)，取締役会の決議の省略(会370)の場合には，会計参与の承諾等は不要である．もっとも，計算書類・臨時計算書類・連結計算書類の承認は，会計参与の出席が前提となるので，この場合には取締役会の決議の省略はできないと解される．会計参与は取締役でないので，**議決権を有しない**．

4-7-11　**(イ) 株主総会における説明義務および意見の陳述**　(a) 会計参与は，株主総会で株主から特定の事項について説明を求められた場合には，当該事項について必要な説明をしなければならない(会314Ⅰ)．

(b) 計算書類等の作成に関する事項について会計参与が**取締役**(委員会設置会社にあっては執行役)と**意見を異にするとき**は、会計参与(会計参与が監査法人または税理士法人である場合にあっては、その職務を行うべき社員)は株主総会において意見を述べることができる(会377ⅠⅡ).

Ⅱ-4-7-12　(ウ)　**意見陳述権**　① 会計参与は、株主総会において、会計参与の選任・解任または辞任について意見を述べることができる(会345Ⅰ). 辞任した会計参与は、辞任後最初に招集される株主総会に出席して、辞任した旨およびその理由を述べることができる(会345Ⅱ). また、② 会計参与(会計参与が監査法人または税理士法人である場合にあっては、その職務を行うべき社員)は、株主総会において、会計参与の報酬等について意見を述べることができる(会379Ⅲ).

Ⅱ-4-7-13　(5)　**株主等への報告義務**　会計参与は、その職務を行うに際して**取締役**(委員会設置会社においては執行役または取締役)**の職務の執行に関し不正の行為または法令もしくは定款に違反する重大な事実があることを発見したときは、遅滞なく、これを① 株主全員、② 監査役設置会社にあっては監査役、③ 監査役会設置会社にあっては監査役会、④ 委員会設置会社にあっては監査委員会に報告しなければならない(会375Ⅰ〜Ⅲ).

Ⅱ-4-7-14　(6)　**費用請求権**　会計参与がその職務の執行について会計参与設置会社に対して、① 費用の前払いの請求、② 支出した費用および支出の日以後におけるその利息の償還の請求、③ 負担した債務の債権者に対する弁済(当該債務が弁済期にない場合にあっては、相当の担保の提供)の請求をしたときは、会社は、当該請求に係る費用または債務が当該会計参与の職務の執行に必要でないことを証明した場合を除き、これを拒むことができない(会380).

第8節　監査役

1　総説

Ⅱ-4-8-1　監査役を置くことができない**委員会設置会社**(会327Ⅳ)**を除く取締役会設置会社および会計監査人設置会社**においては、監査役は必要かつ常設の機関である[78](会

Ⅱ-4-8-2　(78)　**株式会社の監査役制度の変遷**　① 明治32年商法は、監査役に業務および会計の監査権限を認めていた. しかし② 昭和25(1950)年改正で、アメリカの取締役会制度を導入したことに伴い、監査役の権限を会計の監査に限定するとともに、業務監査は取締役会が担当するように改められた. ③ 昭和38(1963)年を中心とする企業倒産(山陽特殊鋼事件)とそれにともなう粉飾決算の露呈から、昭和49年には商法特例法が制定され、監査役の権限が再度強化された. 即ち、小会社の監査役の権限は会計監査のままにとどめられたが(商特22)、大会社(資本金5億円以上の会社)および中会社の監査役の権限は会計と業務の監査に拡大されるとともに(商274Ⅰ)、大会社に会計監査人による会計監査が導入された. ④ 昭和56(1981)年改正で

327ⅡⅢ）．ただし，非公開会社の会計参与設置会社に限っては，取締役会設置会社であっても監査役を設置する必要はない（会327Ⅱ．なお会477Ⅵ参照）．それ以外の株式会社では，監査役は任意機関である（会326Ⅱ）．

　会計の専門的知識が資格要件とされていない監査役の権限が会計監査に限られるのは，制度として背理であるので，監査役の監査権限は，取締役（会計参与設置会社にあっては，取締役及び会計参与）の職務の執行を監査する業務監査（会381Ⅰ）および代表機関が作成した計算書類等が適法に作成されているか監査する会計監査に及ぶのが原則であるが，中小企業関係者が，監査役に業務監査権限を付与するか否かを定款自治に委ねるべきことを強力に主張したので，**非公開会社**（監査役会設置会社及び会計監査人設置会社を除く）**の監査役の権限を定款で会計監査権限に限ることが認められ**ている（会389Ⅰ．なお整備法24・53参照）．

　会社と監査役の関係は委任に関する規定に従う（会330）ので，監査役は，その職務を行うに当たり，善良なる管理者の注意義務を負うが（民644），業務執行を行わないので，取締役と異なり**忠実義務**（会355）**は負わず，競業避止義務**（会356Ⅰ①）や**利益相反取引の規制**（会社356Ⅰ②③）**もない．**

　監査役を設置するときには，設置する旨および監査役の氏名は登記事項である（会911Ⅲ⑰．なお会施規121④〜⑨）．

　日本監査役協会は，監査役監査基準（平成19年1月12日「監査役」524号49頁，「監査委員会監査基準」（平成19年5月10日「監査役」529号151頁），「内部統制システムに係る監査委員会監査の実施基準」（平成20・2・4「監査役」538号84頁），「監査役監査実施要領」（平成19・4・5「監査役」528号））や監査報告のひな型等（「監査報告のひな型について」（平成18年9月28日「監査役」519号73頁），「監査委員会報告のひな型について」（平成18・9・28「監査役」520号81頁））を公表している．

2　職務権限

4-8-3　監査役は**取締役**（会計参与設置会社にあっては，取締役および会計参与）の職務の執行を

は，昭和51年以降のロッキード・グラマン事件を契機として，小会社以外の会社では監査役に取締役の法令・定款違反の行為を報告するため取締役会を招集する権限（商260ノ3Ⅱ〜Ⅳ）を認め，会社の規模のいかんを問わず，監査役の報酬を取締役の報酬と区別して定めるべきものとし（商279），大会社（負債総額200億円以上の会社も大会社に含められた）については，監査役の複数制と常勤監査役を強制した．⑤　平成5（1993）年改正商法は，証券・金融不祥事件を契機として，監査役の任期を伸長し（2年から3年へ．商273Ⅰ），大会社の監査役の員数を増やし（2人から3人へ．商特18Ⅰ），大会社に1名以上の社外監査役（商18Ⅰ）および監査役会（商特18の2）を導入した．⑥　平成13（2001）年改正（法149号．議員立法）により，監査役の機能強化策として，(i) 商法特例法上の大会社の社外監査役の員数増加・要件厳格化，(ii) 商法特例法上の大会社の監査役の選任に関する監査役会の同意権・議案提案権の新設，(iii) 監査役の任期の伸張（4年．商273），(iv) 監査役の辞任に関する意見陳述権の新設（商375ノ3ノ2），(v) 監査役の取締役会への出席義務・意見陳述義務（商260ノ3Ⅰ）が明定されている．

監査し(会381Ⅰ前段.なお,389Ⅰ参照),監査報告を作成すること(会381Ⅰ後段.なお,389Ⅱ)を主たる職務としているが,会計監査に権限を限定された監査役は,その監査報告も会計に関するものに限定される(会389ⅠⅡ).

なお監査役は自己の責任で,履行補助者を使用できる.

(1) **通常の監査役の職務権限** 業務監査の権限に加えて会計監査の権限を有する(会2⑨).

Ⅱ-4-8-4 **(ア) 調査権限 (a) 調査 ① 事業報告請求権・業務財産状況調査権** 監査役は,いつでも,取締役(清算人),会計参与,支配人その他の使用人に対して事業の報告を求め,または会社の業務および財産の状況を調査することができる(会381Ⅱ・491・976⑤.なお,会389Ⅳ・Ⅴ対照).

Ⅱ-4-8-5 **② 子会社調査権** 親会社の監査役は,その職務を行うため必要あるときは,子会社に対し事業の報告を求め,または子会社の業務および財産の状況を調査することができる(会381Ⅲ・976⑤).もっとも子会社は,正当な理由があるとき[79]は,親会社の監査役の報告の要求および調査を拒むことができる[80](会381Ⅳ.なお会389Ⅴ Ⅵ対照).理由の正当性は,子会社において立証しなければならない.会社または子会社が正当な理由なく,これらの調査を妨げたときには,その取締役等は過料に処せられ(会976⑤),また監査報告にその旨の記載がなされる(会436Ⅰ,会施規129Ⅰ④・130Ⅱ②,計規122Ⅰ③.[Ⅱ-5-4-9]参照).

平成11(1999)年改正以前は,報告を求めた場合において,子会社が報告をしないかまたは報告の真偽を確かめるため必要あるときには,報告を求めた事項に関し子会社の業務および財産の状況を調査することができるとされていたが(平成11年改正前商274ノ3Ⅱ),子会社を利用した不祥事が少なくないことに鑑み,この要件は11年改正で削除されている.

子会社の監査役による親会社に対する調査権は認められていない.

Ⅱ-4-8-8 **③ 取締役会(清算人会)への出席義務** 取締役会(清算人会)設置会社の監査役は,取締役会(清算人会)に出席し,必要があると認めるときは,意見を述べなければならない.ただし,監査役が2人以上ある場合において,373条1項の規定による**特別取締役**による議決の定めがあるときは,監査役の互選によって,監査役の中から特に同条2項の取締役会[Ⅱ-4-5-17]に出席する監査役を定めることができる(会383 Ⅰ・491.なお会389Ⅶ対照).

Ⅱ-4-8-6 (79) **正当な理由** 正当な理由については,報告請求が権限濫用に当たる場合を意味すると解する説(北沢479頁,前田庸503頁以下)と,適法な報告請求の場合であっても子会社の利益を守る上で必要な場合も含まれるとする説(谷川久・新注会(6)459頁)がある.

Ⅱ-4-8-7 (80) **海外子会社の監査** 監査役は,必要があれば海外子会社も調査すべきであるが(高桑昭「外国子会社の監査について」商事670号4頁[1974]),外国法に基づき設立された会社はそれに応じる義務はないので,調査できなかったときには,必要な調査ができなかった旨が監査報告に記載することになる.

第4章 機　関　第8節 監査役　467

監査役設置会社においては取締役会（清算人会）への出席義務があるので，取締役会（清算人会）の招集通知は監査役にも発せられる（会368Ⅰ・490Ⅳ）．監査役は取締役会の議事録が書面をもって作成されるときは，これに署名し，または記名押印し，議事録が電磁的記録をもって作成されている場合には，署名または記名押印に代わる措置をとらなければならない（会369Ⅲ Ⅳ・490Ⅴ）．

4-8-9 ④ **取締役（清算人）から報告を受ける権限**　取締役（清算人）は，会社に著しい損害を及ぼすおそれのある事実があることを発見したときは，直ちに当該事実を，監査役設置会社にあっては，監査役に報告をしなければならない（会357Ⅰ・482Ⅳ．特例有限会社にあっては不適用．整備法21）．監査役が複数いるときは1人に報告すれば足りる．

4-8-10 ⑤ **会計参与または会計監査人からの報告受領および同人に対する報告請求権**　会計参与設置会社または会計監査人設置会社の場合には，取締役の職務の執行に関し不正の行為または法令もしくは定款に違反する重大な事実があることを発見した会計参与または会計監査人から報告を受ける（会375Ⅰ括弧書［Ⅱ-4-7-13］・397Ⅰ）．また，監査役は，その職務を行うため必要があるときは，会計監査人に対し，その監査に関する報告を求めることができる（会397Ⅱ）．

4-8-11 ⑥ **監査費用請求権**　昭和56（1981）年改正前には，監査費用に関する規定がなかったので，委任事務費用の前払い・償還請求に関する民法469条および650条が適用された．この場合には，監査役は，その費用が監査のための費用であり，または必要であったことを立証しなければならなかった．同年改正により挙証責任は転換され，監査役が会社に対し，① 費用の前払いを請求したときは，会社はその費用が監査役の職務の執行に必要でないことを証明しない限り，これを拒むことができず，② 監査役がその費用を立替払いして会社に対しその費用および支出の日以後におけるその利息の償還を請求した場合，および，③ 債務を負担したる場合においてその債務が自己に代わって弁済すべきこと，もしくはその債務が弁済期未到来であれば，相当の担保を供すべきことを請求した場合も同様である（会388）．監査費用には，監査に必要な一切の費用が含まれる．

4-8-12 (b) **是正権限**　① **違法行為差止請求権**　取締役（清算人）が監査役設置会社の目的の範囲外の行為その他法令もしくは定款に違反する行為をし，またはこれらの行為をするおそれがある場合において，当該行為によって会社に著しい損害が生ずるおそれがあるときは，当該取締役に対し，その行為をやめることを請求することができる（会385Ⅰ・491）．本条は監査役設置会社を前提としているので，会計監査の権限しか有しない監査役にはこの権限は認められない（会389Ⅶ）．なお，監査役の違法行為差止請求権は，株主の違法行為差止請求権（会360Ⅰ Ⅱ）と，次の3点で異なる．（ⅰ）要件が満たされるときには，行為の差止めをすることは**監査役の義務**である．（ⅱ）監査役による差止めは「会社に著しい損害を生ずるおそれ」があればよ

く，監査役設置会社または委員会設置会社の株主のように「回復することができない損害が生じるおそれがある」ことを要しない（会360Ⅲ）．もっともそれ以外の会社の株主の場合には「会社に著しい損害を生ずるおそれ」があればよい（会360ⅠⅡ）ので，この場合には監査役の差止請求権とこの点に関しては相違がない．(ⅲ) **監査役の申立てにより裁判所が仮処分をもって行為の差止めを命じるときには，株主の申立てによる場合と異なり，仮処分に担保を立てる必要がない**（会385Ⅱ．民保14．実例商事1852号67頁）．

表20 　監査役設置会社の監査役・株主の違法行為差止請求権

会社の区分	監査役設置会社	
	公開会社	非公開会社
請求権者	監査役	株主（6カ月前［定款で短縮可］前から引き続き株式を有している株主）	単なる株主
対象	取締役	取締役
要件	会社の目的の範囲外の行為その他法令もしくは定款に違反する行為をし，またはこれらの行為をするおそれがある場合において，当該行為によって会社に「著しい損害」が生ずるおそれがあるとき	会社の目的の範囲外の行為その他法令もしくは定款に違反する行為をし，またはこれらの行為をするおそれがある場合において，当該行為によって会社に「回復することができない損害」を生じるおそれがあるとき
担保提供命令	不可	可
条文	会385	会360

Ⅱ-4-8-13 　② **不正行為報告義務および取締役会招集権** 　取締役（清算人）が不正の行為をし，もしくは当該行為をするおそれがあると認めるとき，または法令もしくは定款に違反する事実もしくは著しく不当な事実があると認めるときは，遅滞なく，その旨を取締役（取締役会設置会社では取締役会，清算人会設置会社では清算人会）に報告することを要し（会382・491．「著しく不当な事実」は会社法で新しく追加されている．改正前商260ノ3Ⅱ対比），必要があるときは，取締役（清算人）（取締役会を招集する取締役［清算人］を定款または取締役会で定めているときには，招集権者．会366Ⅰ但書．なお会490参照）に対し，取締役会（清算人会）の招集を請求することができる（会383Ⅱ・491［Ⅱ-4-5-9］）．請求したにもかかわらず，5日以内に，その請求があった日から2週間以内の日を取締役会（清算人会）の日とする取締役会（清算人会）の招集通知が発せられないときは，当該監査役は，自ら取締役会（清算人会）を招集することができる（会383Ⅲ・491）．昭和56(1981)年改正で新設された規定である．これらの規定は，特別取締役による取締役会（会373Ⅱ）には適用されない（会383Ⅳ）．

Ⅱ-4-8-14 　③ **監査役選任議案提出同意権** 　取締役が監査役の選任に関する議案を株主総会に提出するには，監査役（監査役が2人以上ある場合にあっては，その過半数）の同意を得

なければならない（会343Ⅰ）．また，監査役は，取締役に対し，監査役の選任を株主総会の目的とすることまたは監査役の選任に関する議案を株主総会に提出することを請求することができる（会343Ⅱ[Ⅱ-4-3-32]）．

4-8-15　④　**会計監査人解任等同意権等**　(i) 監査役は，取締役による会計監査人の選任・解任・不再任の総会への提案に同意権を有するだけでなく（会344Ⅰ），(ii) 取締役に対し会計監査人の選任・解任・不再任を総会の議題にすることを請求できる（会344Ⅱ[Ⅱ-4-3-33]）．(iii) 一定の場合には解任権を有し（会340Ⅰ），解任したときは，株主総会に報告しなければならない（会340Ⅲ[Ⅱ-4-3-50]）．(iv) 取締役は，会計監査人または仮会計監査人の報酬等を定める場合には，監査役（監査役が2人以上ある場合にあっては，その過半数）の同意を得なければならない（会399Ⅰ[Ⅱ-4-3-78]）．

4-8-16　⑤　**会社・取締役間の訴訟における会社代表権**　会社が取締役（清算人．取締役または清算人であった者を含む．以下同じ）に対して，または取締役（清算人）が会社に対して訴えを提起する場合に，その訴えについて会社を代表する[81]（会386Ⅰ・491．なお389Ⅶ）．株主による代表訴訟の前提としての訴えの提起（会386Ⅱ①）も監査役が受け，株主が会社に対して行う代表訴訟の訴訟告知（会849Ⅲ）および会社が当事者でない訴訟上の和解に関し裁判所がなす通知および催告（会850Ⅱ）も監査役が受ける（会386Ⅱ②・491）．

4-8-18　⑥　**取締役等の責任の一部免除等への同意**　(i) 取締役および執行役の会社に対する責任を一部免除する議案を株主総会に提出する場合（会425Ⅲ①），(ii) 取締役会決議により取締役および執行役の会社に対する責任の一部免除ができる旨の定款変更議案を株主総会に提出する場合，当該定款の定めに基づく責任の免除についての取締役の同意を得る場合および当該定款に基づく責任免除議案を取締役会に提出する場合（会426Ⅱ＝425Ⅲ），(iii) 社外取締役の会社に対する責任を契約により制限できる旨の定款変更議案を株主総会に提出する場合（会427Ⅲ＝425Ⅲ）には，監査役の同意（監査役が数人あるときは各監査役の同意）を要する．(iv) 株主代表訴訟につき会社が取締役側に補助参加する申出をなす場合についても同様である（会849Ⅱ①）．これらは妥当性監査の領域に属するので，通常の監査役の職務とは異なる（江頭482頁注7）．

4-8-19　⑦　**各種の提訴・申立て**　会社の組織に関する訴えおよび総会決議取消しの訴えを提起することができ（会828Ⅱ・831Ⅰ），特別清算開始の申立て（会511Ⅰ）および調査命令の申立て（会522Ⅰ）をなすことができる．

4-8-20　(c)　**報告権限**　①　**監査報告の作成**　計算書類（清算中の会社にあっては貸借対照表）および事業報告ならびにこれらの附属明細書または連結計算書類（会計監査人設置

4-8-17　(81)　**責任追及に関する監査役の裁量権**　取締役が責任を負うと認められる場合であっても，取締役が無資力であったり賠償額が小額に過ぎ，勝訴しても会社に利益がない場合には，提訴しなくても任務懈怠にならない（山下友信「取締役の責任・代表訴訟と監査役」商事1336号12頁，江頭482頁注6）．

会社の場合)を,法務省令で定めるところにより,監査し(会436・444Ⅳ・495Ⅰ),監査報告を作成する[82](会381Ⅰ).監査役は,株主総会において,株主から特定の事項について説明を求められた場合には,当該事項について必要な説明をしなければならない(会314.なお,会976⑨参照).

Ⅱ-4-8-22　② **総会提出議案・書類の調査報告義務**　取締役(清算人)が株主総会に提出しようとする議案,書類その他法務省令で定めるもの(電磁的記録その他の資料.会施規106)を調査しなければならない.この場合において,法令もしくは定款に違反し,または著しい不当な事項があると認めるときは,その調査の結果を株主総会に報告しなければならない(会384・491).

Ⅱ-4-8-23　③ **検査役報告書についての報告**　会社の業務執行に関し,不正の行為または法令もしくは定款に違反する重大な事実があることを疑うに足りる事実があるという理由で株主によって申し立てられ,裁判所が選任した検査役が作成した会社の業務および財産の状況に関する報告書の内容を調査し,その結果を株主総会に報告しなければならない(会359Ⅲ).

Ⅱ-4-8-24　(d) **意見陳述権**　① 監査役は,株主総会において監査役の選任もしくは解任または辞任につき意見を述べることができる(会345Ⅳ).また,② 監査役の報酬等について意見を述べることができる(会387Ⅲ).

Ⅱ-4-8-25　(イ) **監査役の業務監査権限の範囲**　監査役の業務監査権限の範囲は,業務の適法性の監査に限られるのか,それとも妥当性の監査を含むのか否かについては争いがある.

　　第1説は,監査役の業務監査権限は,取締役の職務執行の適法性に限定されると解する.その理由は,① 取締役会制度を法定している以上,取締役の職務執行の妥当性の監査は,取締役会の専権事項であること,②「著しく不当」な業務は監査役監査の対象にされている(会384)が,著しく不当な業務執行は取締役の善管注意義務ないし忠実義務の違反にほかならないので,妥当性監査を認める趣旨ではないこと,③ 取締役会は「監督」(会362Ⅱ②),監査役は「監査」(会381Ⅰ)とされている.「監督」は目を配って指図したり取り締まったりすることであるから事前であるが,

---

Ⅱ-4-8-21　(82) **意思の疎通**　監査役は,その職務を適切に遂行するため,① 会社の取締役,会計参与および使用人,② 子会社の取締役,会計参与,執行役,業務執行社員,法人が業務執行社員である場合にその職務を行うべき者その他これらの者に相当する者および使用人,③ その他監査役が職務を遂行するに当たり意思疎通を図るべき者との意思疎通を図り,情報の収集および監査の環境の整備に努めなければならない(会施規105Ⅱ・107Ⅱ.この場合,取締役または取締役会は,監査役の職務の遂行のための必要な体制の整備に留意しなければならない).この規定を,監査役が公正不偏の態度および独立の立場を保持することができなくなるおそれのある関係の創設および維持を認めるものと解してはならない(会施規105Ⅲ・107Ⅲ).監査役は,その職務の遂行に当たり,必要に応じ,会社の他の監査役,親会社および子会社の監査役その他これらに相当する者との意思疎通および情報の交換を図るように努めなければならない(会施規105Ⅳ・107Ⅳ).これらは訓示規定である.

「監査」は監督し検査することであるので，事前・事後の両者を含み，監督より広い．そして監査役の典型的な「事前監督」権限である差止請求権の範囲は「会社の目的の範囲外の行為その他法令若しくは定款に違反する行為」(会385)であるから，適法性監査に限定されていることを意味していること，である

　第2説は，適法性監査を原則とするが，著しく不当な業務を指摘するという限られた範囲では，妥当性もまた監査役監査に含まれるとする (江頭478頁，鈴木＝竹内314頁，北沢478頁，神田217頁，近藤260頁，青竹251頁，関292頁も結論的には同趣旨)．この説は，法文上，法令定款違反とならべて著しく不当な場合が別に掲げられているということは，法令違反ではないが著しく不当な場合があることを法文自体が前提としているが，第3説のように監査役の妥当性監査が消極的・防止的な面に限定されるにしても，その範囲がすべてに及ぶというのでは，監査役に対して困難に過ぎる任務を強いるおそれがあることを理由とする．会社法382条の存在は，この説を強化するものである．

　第3説は，監査役の権限は妥当性監査にも及ぶが，その職務の性質上，積極的な妥当性監査は取締役会に属し，消極的かつ防止的な妥当性監査が監査役に属するものと解する (加美332頁注1)．この説は，会社法382条には監査役の権限の範囲につき何の制限もなく，むしろ「著しく不当な」ときにも監査義務がある旨が明定されているということは，監査役の権限が妥当性にも及ぶことを示しているが，積極的な妥当性監査権限まで監査役に認めると，取締役または取締役会の活動に不適当な干渉を加えることになるから，これを認めるべきでないと主張する．

　第4説は，監査役の権限は，妥当性監査のすべてを含むものと解する (新山272頁，前田庸497頁)．この説は，基本的には第3説と同様に解しながら，忠実義務に反することにならない限り，監査役が不当だと判断したとしても，取締役は取締役会の判断にしたがって行動すればよいのであるから，監査役の権限が妥当性のすべてに及ぶと解しても，会社経営の統一性を破壊することにはならないと主張する．

4-8-26　(2)　**監査役の職務権限の限定**　(ア)　**総　説**　非公開会社 (監査役会設置会社および会計監査人設置会社を除く) は，監査役の監査の範囲を，会計に関するものに限定する旨を定款で定めることができる (会389Ⅰ)．これは，会社法で新設された規定であるが，改正前商法上の小会社や旧有限会社の監査役が会計監査の権限しかなかったことから，定款で定めることによりその存続を認めようとするものである．当該定款の定めは監査役の権限の内部的制限と考えられているため，登記事項とはされていない (会911Ⅲ⑰)．定款で会計監査に権限を限定した場合の監査役の権限は以下の通りである．

4-8-27　(イ)　**調査権限**　(a)　**報告請求権等**　① 監査役は，いつでも，① 会計帳簿またはこれに関する資料が書面で作られているときは，当該書面の閲覧および謄写をし，② 会計帳簿またはこれに関する資料が電磁的記録をもって作成されているときは，

表21 監査役の権限

	会計監査に限定されない監査役	会計監査に限定された監査役
調査権限		
・事業報告請求権・業務財産状況調査権（会381Ⅱ）	○	会計に限定（会389Ⅳ）
・子会社調査権（会381Ⅲ・Ⅳ）	○	会計に限定（会389Ⅴ）
・取締役会出席義務（会383）	○	×（会389Ⅶ）
・取締役から報告を受ける権限	○（会357）	×
・会計参与・会計監査人からの報告受領等（会375Ⅰ括弧書・397Ⅱ）	○	×
・監査費用請求権（会388）	○	○
是正権限		
・違法行為差止請求権（会385Ⅰ）	○	×（会389Ⅶ）
・取締役会招集権等（会383ⅡⅢ）	○	×（会389Ⅶ）
・会計監査人解任同意権等（344・340）	○	×
・会社・取締役間の訴えにおける会社代表等（会386）	○	×（会389Ⅶ）
・取締役等の責任の一部免除等に対する同意（会425Ⅲ・426Ⅱ・427Ⅲ）	○	×
・各種の提訴・申立て（会828Ⅱ①・511Ⅰ・522Ⅰ）	○	×
報告権限		
・監査報告の作成	○（会381）	○（会389Ⅱ）
・総会提出議案・書類の調査報告義務	○（会384）	×（会389Ⅶ）
・取締役への報告義務（会382）	○	×（会389Ⅶ）
・検査役報告書の報告（会359Ⅲ）	○	×
意見陳述権		
・監査役の選任・解任・辞任（会345Ⅳ）	○	○
・報酬等（会387Ⅲ）	○	○

当該電磁的記録に記録された事項を法務省令で定める方法（紙面または出力装置の映像面に表示する方法．会施規226⒃）により表示されたものの閲覧・謄写をし，または取締役（清算人）および会計参与ならびに支配人その他の使用人に対して「会計に関する報告」を求めることができる（会389Ⅳ・491．なお会381Ⅱ対照）．

　(b) **子会社調査権**　その職務を行うため必要があるときは，株式会社の子会社に対して「会計に関する報告」を求め，または株式会社もしくはその子会社の業務および財産の状況を調査することができる（会389Ⅴ・Ⅶ．なお会381Ⅲ対照）．子会社は，正当な理由があるときは，上記報告又は調査を拒むことができる（会389Ⅵ）．

Ⅱ-4-8-28　(ウ) **報告権限**　(a) **監査報告の作成**　法務省令で定める[83]ところにより，監

査報告 [Ⅱ-5-4-4] を作成しなければならない（会389Ⅱ、会施規129Ⅱ．なお会381Ⅰ対照）。

4-8-30 **(b) 総会提出議案・書類の調査報告義務** 取締役（清算人）が株主総会に提出しようとする「会計に関する」議案，書類その他法務省令で定めるものを調査[84]し，その調査の結果を株主総会に報告しなければならない（会389ⅢⅦ・491．なお会384対照）。

4-8-32 **(3) 会社と取締役との間の訴えにおける会社の代表** 会計監査の権限しか有しない監査役は，取締役と会社間の訴訟において，会社を代表しない（会389Ⅶ）。株主総会が代表者を定めれば，その者が優先して会社を代表する（会353．もっとも，会社を代表する代表取締役が取締役と認めていない者と会社の間の訴訟については馴合訴訟のおそれがないから，その代表取締役が会社を代表することができる［最判平成5・3・30民集47巻4号3439頁］。これとは逆に，会社を代表する取締役が訴訟の相手方を取締役と認めている場合には，会社法353条の適用がある［大阪高判平成8・7・10判タ937号242頁］参照）。

取締役（会）への報告義務（会382），取締役会への出席義務（会383Ⅰ）・取締役会招集権（会383Ⅱ）・株主総会報告義務（会384）・取締役の違法行為差止請求権（会385）はない（会389Ⅶ）。

4-8-33 **(4) 株主の権限** 監査役が会計監査の権限しか有しないかまたは監査役がない会社では，株主が直接に会社の業務執行を監視する制度が有効であることから，個々の株主に単独株主権として以下の業務監査権限が付与されている。

4-8-29 (83) **意思の疎通** 会社法381条1項による法務省令（会施規105Ⅳ［Ⅱ-4-8-21]）とまったく同一内容の訓示規定が定められている（会施規107Ⅳ）。

4-8-31 (84) **監査の範囲が限定されている監査役の調査の対象** 会規規108条によると，監査の範囲が限定されている監査役の調査の対象は以下のものである（会施規106対照）。

計算関係書類
次に掲げる議案が株主総会に提出される場合における当該議案 ①自己株式の取得に関する議案（取得に際して交付する金銭等の合計額に係る部分に限る） ②剰余金の配当に関する議案（剰余金の配当に際して交付する金銭等の合計額に係る部分に限る） ③資本金の額の減少・増加に関する議案（会447Ⅰ・450Ⅰ） ④準備金の額の減少・増加に関する議案（会448Ⅰ・451Ⅰ） ⑤剰余金の処分に関する議案（会452）
次に掲げる事項を含む議案が株主総会に提出される場合における当該議案 ①募集株式の発行により増加する資本金および資本準備金に関する事項（会199Ⅰ⑤） ②新株予約権の行使により増加する資本金および資本準備金に関する事項（会236Ⅰ⑤） ③吸収合併存続株式会社の資本金および資本準備金に関する事項（会749Ⅰ②イ） ④新設合併設立株式会社の資本金および資本準備金に関する事項（会753Ⅰ⑥） ⑤吸収分割承継株式会社の資本金および資本準備金に関する事項（会758④イ） ⑥新設分割設立株式会社の資本金および資本準備金に関する事項（会763⑥） ⑦株式交換完全親株式会社の資本金および資本準備金に関する事項（会768Ⅰ②イ） ⑧株式移転設立完全親会社の資本金および資本準備金に関する事項（会773Ⅰ⑤）
これらに準ずるもの

(a) **取締役会議事録閲覧請求権**　株主は，その会社が取締役会設置会社である場合，裁判所の許可を得ることなく，取締役会の議事録等を閲覧・謄写することができる（会371Ⅱ．なお371Ⅲ対照）．

(b) **取締役会招集権**　株主は，その会社が取締役会設置会社である場合，取締役が取締役会設置会社の目的の範囲外の行為その他法令もしくは定款に違反する行為をし，またはこれらの行為をするおそれがあると認めるときは，取締役（招集権者）に対し，取締役会の目的である事項を示して，取締役会の招集を請求することができる（会367ⅠⅡ．なお会社383Ⅱ対照）．また，請求の日から5日以内に，請求があった日から2週間以内の日を取締役会の日とする取締役会の招集通知が発せられない場合には，株主は自ら取締役会を招集することができる（会367Ⅲ＝366Ⅲ．なお会383Ⅲ対照）．株主は，自己の請求または招集により開催された取締役会に出席し，意見を述べることができる（会367Ⅳ）．

(c) **取締役（清算人）からの報告の受領**　取締役（清算人）は，会社に著しい損害を及ぼすおそれのある事実（重要な取引先や投資先の倒産，工場や営業所の火災，会社財産についての大口の横領など）があることを発見したときは，直ちに，当該事実を，監査役ではなくて，株主に報告しなければならない（会357Ⅰ・482Ⅳ［＝357Ⅰ］．特例有限会社にあっては不適用．整備法21）．

(d) **違法行為差止請求権**　非公開会社の株主は，6カ月間株式を継続保有していなくても，取締役が会社の目的の範囲外の行為その他法令もしくは定款に違反する行為をし，またはこれらの行為をするおそれがある場合において，当該会社に「著しい損害」が生ずるおそれがあるときは，当該取締役に対し，当該行為をやめることを請求することができる（会360ⅠⅡ．なお会360Ⅲ対照）．

監査役がないか，または監査役の権限が会計監査に限られる会社では，定款に基づく取締役の過半数の同意（取締役会設置会社の場合には取締役会の決議）による取締役等の責任の一部免除の制度は適用されない（会426Ⅰ．なお会2⑨参照）．

第9節　監査役会

1　総説

Ⅱ-4-9-1　委員会設置会社以外の大会社で公開会社である会社は，**監査役会を設置しなければならない**（会328Ⅰ）．それ以外の会社も定款の定めによって**監査役会を設置する**ことができる（会326Ⅱ）．これらを併せて監査役会設置会社という（会2⑩）．取締役会を設置しないで，簡易で機動性の高い機関設計を選択した会社が，監査についてだけ大掛かりな仕組みを選択するニーズはないことから，取締役会非設置会社においては，監査役会を設置する必要はない（なお会327Ⅰ②参照）．監査役会は，すべて

の監査役で組織する (会390Ⅰ).

　監査役会を置いた旨およびある監査役が社外監査役である旨は登記事項であるが (会911Ⅲ⑱.なお整備法61Ⅲ①Ⅳ参照),常勤監査役の氏名は登記事項ではない.

　なお,監査役会を置く旨の定款の定めがある株式会社が清算に入ると,清算人会を置かなければならない (会477Ⅲ).

　日本監査役協会から監査役会規則 (ひな型)(平成18年6月改正) が公表されている.

　監査役会は沿革的に見ると,大株主会から転化したものであるが,わが国ではこのような沿革はない.

2　監査役会の権限

(1)　**監査役会は,次の権限を有している** (会390Ⅱ).

Ⅱ-4-9-2　(ア)　**監査報告の作成**　監査役会は,監査役が作成した監査報告 (監査役監査報告) に基づき,自己の計算関係書類に関する監査報告および事業報告等に関する監査報告を作成する (会390Ⅱ①,会施規130Ⅰ,計規123Ⅰ・128).監査役会が監査報告を作成する場合には,監査役会は,1回以上,会議を開催する方法または情報の送受信により同時に意見の交換をすることができる方法により,監査報告の内容を審議しなければならない (会施規130Ⅲ,計規123Ⅲ・128Ⅲ).

(イ)　**常勤監査役の選定および解職**　[Ⅱ-4-3-18] 参照.

Ⅱ-4-9-3　(ウ)　**監査の方針,監査役会設置会社の業務および財産の状況の調査の方法その他の監査役の職務の遂行に関する事項の決定**　監査役会で各監査役の職務分担を決定することは,調査の重複を避け,効率的な監査を行うために不可欠である.それ故監査役会は,監査の方針,監査役会設置会社の業務および財産の状況の調査の方法,その他の監査役の職務の執行に関する事項を決議によって定めることができる (監査役は特別取締役による取締役会を除き全員取締役会出席義務を負うので,取締分担を決定する際に特定の監査役の出席免除を定めることはできない.会383Ⅰ).しかし,独任制の趣旨より,この決議は,監査役の権限の行使を妨げることはできない (会390Ⅱ但書).ここに「監査役の権限の行使」とは,たんに業務報告請求権・業務財産調査権等だけでなく,取締役の違法行為等の差止請求権,取締役・会社間の訴訟代表権等,法律上,個々の監査役の権限と定められているもののすべてに及ぶ.したがって,例えば,会社が取締役の責任を追及する訴えを提起することを多数決で否決しても,それに反対の監査役は,自ら会社を代表して訴訟を提起することができる.

①　**監査の方針**　監査役が監査を行なう際に取るべき諸々の原則から手続までを意味し,例えば,監査役がその職務を分担するか否か,するとすればどのような手段でこれを行なうかなどである.

②　**会社の業務および財産の状況の調査の方法**　例えば,監査役が調査のために,会社のどのような会議に出席し,誰から会社の業務・財産について報告を聞くか,

どの支店または工場にいつ赴くかというようなことである.

③ **その他の監査役の職務の執行に関する事項** 監査役室の構成や監査役スタッフの人事，監査費用の決定や監査役会規則の制定などである.

II-4-9-4 **(エ) 報告の受領** ① **監査役からの報告請求** 監査役は，監査役会の求めがあるときは，いつでも，その職務の執行の状況を監査役会に報告をしなければならない（会390Ⅳ．なお会395）．これにより監査役間の情報の共有が可能になる.

② **会計参与・会計監査人による報告** 会計参与・会計監査人がその職務を行うに際して発見した，取締役の職務遂行に関する不正の行為または法令もしくは定款に違反する重大な事実の報告を受ける権限を有している（会375ⅠⅡ・397ⅠⅢ）.

③ **取締役による報告** 取締役が発見した，会社に著しい損害を及ぼすおそれのある事実の報告を受ける権限を有している（会357ⅠⅡ．なお整備法21参照）.

②③の場合，会計参与，会計監査人または取締役は，会議体としての監査役会に報告すれば足り，自ら監査役会に出席して報告する必要はない.

II-4-9-5 **(オ) 監査役選任議案の総会提出同意権・取締役に対する議題・議案提出請求権**
① 監査役会設置会社においては，取締役が**監査役の選任議案を株主総会に提出**するには，監査役会の同意を得なければならない（会343ⅠⅢ）．監査役会の同意を得えていない監査役が総会で選任されても，その決議は取消しの対象となる（会社831Ⅰ①）.

監査役会は，取締役に対し，**監査役の選任に関する議題・議案提出権**を有している（会343ⅡⅢ．なお会976(21)参照）．取締役の推薦する候補者に同意を与えつつ，もう一人の候補者を監査役会の方から取締役に請求し，そのうちいずれかを総会の選任に委ねることもできる.

② 監査役会は，取締役が株主総会に提出する**会計監査人の選任議案・不再任・解任の議題に対し同意権**を有している（会344Ⅰ）．監査役会は，その決議をもって，取締役に対し，会計監査人の選任・不再任・解任を株主総会の議題とし，会計監査人の選任議案を**株主総会に提出することを請求**できる（会344ⅡⅢ）.

③ 会計監査人が欠けた場合または定款で定めた会計監査人の員数が欠けた場合において，遅滞なく会計監査人が選任されないときには，仮会計監査人（前田庸525頁は一時会計監査人という）を選任する義務を負う．場合によってはその者を解任する権利を有している（会346Ⅳ・Ⅵ）.

④ 監査役会は，取締役が株主総会に提出する監査役の選任議案の同意権を有している（会343Ⅲ）.

⑤ 監査役の選任を株主総会の議題とすること，および監査役の選任議案の提出を取締役に請求することができる（会343Ⅲ）.

⑥ 会計監査人または仮会計監査人の報酬等の決定に関する同意権を有している（会399Ⅱ）.

(2) **監査役全員の同意が必要な事項**　以下の事項は，監査役の全員の同意が必要であり，監査役会の決議を要しない．

① **会計監査人を解任する場合**（会340ⅠⅡⅣ [Ⅱ-4-3-50]）．

② **役員等の責任の一部免除等の場合**　すなわち，(i) 役員等の会社に対する責任を一部免除する議案を株主総会に提出する場合（会425Ⅲ [Ⅱ-4-12-18]），(ii) 取締役会決議により役員等の会社に対する責任の一部免除ができる旨の定款変更議案を株主総会に提出する場合および当該定款に基づく責任免除議案を取締役会に提出する場合（会426Ⅱ [Ⅱ-4-12-21]），(iii) 社外取締役の会社に対する責任を契約により制限できる旨の定款変更議案を株主総会に提出する場合（会427Ⅲ [Ⅱ-4-12-22]）．

③ **株主代表訴訟につき会社が被告側に補助参加する申出をなす場合**（会849Ⅱ① [Ⅱ-4-13-15]）．

3　監査役会の招集・運営

(1) **招　集**　(ア) **招集権者**　独任制の趣旨より，**各監査役が招集権を有する**（会391）．招集権は監査役の固有の権限であって，監査役会規則で招集権者を定めても，招集事務を行なう担当者を決めた意義しか有せず，他の監査役の招集権限を排除するものではない．監査役会では**決議の省略**（書面決議）**は認められない**（相澤＝石井・解説114頁）．これを認めては，合議体の機関を設けた意義が乏しくなるからである．

取締役（会357Ⅱ [Ⅱ-4-4-7]），会計参与（会375Ⅱ [Ⅱ-4-7-13]）または会計監査人（会397Ⅲ [Ⅱ-4-10-9(3)]）が監査役会に報告義務を負う場合がある．これらの場合に取締役等は監査役会の招集権や招集請求権がないので，監査役の全員に対して監査役会に報告すべき事項を通知したときは，当該事項を監査役会へ報告することを要しない．監査役の場合も招集権があるが同様である（会395）．

(イ) **招集手続**　監査役会の日より1週間前までに，各監査役に対して通知を発することによって行なわれるが，定款で期間を短縮することができる（会392Ⅱ）．通知の方法は書面でも，口頭でもよく，開催の日時・場所を特定することをもって足る．議題を示す必要はない．監査に関するさまざまな事項が付議されることは当然予想されるべきであるからである．監査役の全員の同意があるときは，招集手続を経ないで開催することができる（会392Ⅱ）．会議回数については規定がない．

(2) **運　営**　(ア) **議　長**　監査役会は会議体であるから，議長を要するが，特にこれに関する規定はない．監査役会規則等で議長を置くことやその選任方法を定めることは差し支えない．

(イ) **出　席　者**　監査役に限られる．ただし，監査に必要な報告を受けるため，適当な立場にある者の出席を求めることは差し支えない．

(ウ) **決　議　方　法**　監査役会の決議は，**監査役の過半数をもって行なう**（定款をもって加重も緩和もできる）（会393Ⅰ）．取締役会の決議要件より重い（会369Ⅰ対照）．監査役

の員数がそれほど多くはないからである．みなし決議は認められてない (会370対照)．

II-4-9-12　(3) **議 事 録 等**　監査役会の議事については，法務省令で定めるところにより，議事録を作成[85]し，議事録が書面をもって作成されているときは，出席した監査役は，これに署名し，または記名押印しなければならない (会393II．会施規109I)．議事録が電磁的記録をもって作成されている場合における当該電磁的記録に記録された事項については，法務省令で定める署名または記名押印に代わる措置をとらなければならない (会393III)．監査役会の決議に参加した監査役であって議事録に異議をとどめないものは，その決議に賛成したものと推定する (会393IV)．監査役会設置会社は，監査役会の日から10年間議事録を本店に備え置かなければならない (会394I．なお会976⑧参照)．

監査役会設置会社の**株主**は，その権利を行使するため必要があるときは，**裁判所の許可を得て**，① 議事録が書面をもって作成されているときは，当該書面の閲覧または謄写の請求，② 議事録が電磁的記録をもって作成されているときは，当該電磁的記録に記録されている事項を法務省令で定める方法により表示したものの閲覧または謄写の請求をすることができる (会394II①②．なお会976④参照)．

監査役会設置会社の**会社の債権者**が役員の責任を追及するため必要があるときおよび親会社社員がその権利を行使するため必要があるときも同様である (会394III．なお会976④参照．)．

裁判所は，請求に係る閲覧・謄写をすることにより，当該会社またはその親会社もしくは子会社に著しい損害を及ぼすおそれがあると認めるときは，許可をすることができない (会394IV)．

4　監査役会決議の瑕疵

II-4-9-14　① 法定の決議事項以外の事項について決議した場合，② 監査役の一部に招集通知漏れがあったり，期間が足りなかった場合，③ 監査役の過半数の賛成または全員の賛成 (会計監査人の解任の場合など) がなかった場合，④ 決議の内容が法令・定款に違反した場合には，その決議は無効であり，監査役以外の招集によって開催さ

II-4-9-13　(85)　**監査役会議事録**　監査役会の議事録は，書面または電磁的記録をもって作成し (会施規109II)，① 監査役会が開催された日時・場所 (当該場所に存しない監査役，取締役，会計参与または会計監査人が監査役会に出席をした場合における当該出席の方法を含む)，② 監査役会の議事の経過の要領およびその結果，③ 取締役からの報告 (会357I II) に対し監査役会において述べられた意見または発言があるときにはその意見または発言の内容の概要 (会計参与からの報告 (会375I II) に対し監査役会において述べられた意見または発言および会計監査人からの報告 (会397I II) に対し監査役会において述べられた意見または発言も同様である)，④監査役会に出席した取締役，会計参与または会計監査人の氏名または名称，⑤ 議長が存するときは，議長の氏名 (会施規109III)．⑥ 監査役会への報告を要しないものとされた場合の議事録は，当該事項の内容，監査役会への報告を要しないものとされた日および議事録の作成に係る職務を行った監査役の氏名を内容とするものとする (会施規109IV)．

れた監査役会がなした決議は，決議として不存在である．決議の無効・不存在の取扱いについては規定がないので，一般原則によることになる．それによると，訴えを提起して，決議そのものの不存在や無効確認を求めることはできず，その決議に基づいて行なわれる行為の効果を問題にするしかないといわれている（元木『平成5年改正会社法の解説』137頁以下［中央経済社1993］）．

第10節　会計監査人

1　総　説

4-10-1　① **大会社**（会2⑥）においては，その規模が大きく，利害関係人も多いので，独立した職業的専門家の監査を受ける必要性が大きい．そこで，公開会社（会2⑤）であれ，非公開会社であれ，会計監査人の設置が強制される（会328ⅠⅡ）．**会計監査人制度**を有効に機能させるためには，業務執行者からの会計監査人の独立性を確保する必要があるので，その独立性を確保するための機関として，委員会設置会社を除き，業務監査権限および会計監査権限を有する監査役を置くことが必要である（会327Ⅲ・389）．さらに，公開大会社においては，株主が多数となることも多く，かつ，株主が頻繁に変動することから，株主による会社経営への監視が及びにくいので，委員会設置会社を除き，監査役会を置かなければならない（会328Ⅰ）．

② 会社法のもとでは，株式会社は，規模の如何に関わらず，**委員会設置会社**となることができるが，委員会（とりわけ監査委員会）は，会社の業務執行に対する監督を内部統制システムを利用する形で行うので，会計監査人が置かれないと，内部統制システムの重要要素である「企業の財務報告の信頼性を確保する」仕組みの構築が難しく，委員会が十分機能しないと考えるから，**会計監査人の設置が義務付け**られる（会327Ⅴ）．

③ 会計監査人が強制されない会社であっても，職業的専門家による監査を受けることに対する需要があるので，監査役設置会社および監査役会設置会社は（会327Ⅲ），定款で定めることにより会計監査人を設置することができる[86][87]（会326Ⅱ．なお旧商特2Ⅱ参照）．会計監査人設置会社が監査役設置会社または監査役会設置会社に限られるのは，会計監査人という制度が，監査役等との連携を前提として制度設計されているからである．

なお，清算中の会社は，営業をしないため，会計監査人を置く必要性がないので，会計監査人を設置することができない（会477Ⅵ）．

会社と会計監査人の監査契約の法的性質[88]は，法律行為以外の事務処理の委任（準委任）であり（会330），委任に関する規定が準用される（民656）．

旧商法特例法上の下では，会計監査人は会社の機関であるか否か見解が分かれ，

これを否定する説が多数説であった．会社法の下では，① 会社法第2編第4章第2節は，会計監査人を機関と理解していること，② 会計監査人の選任・解任は，原則として株主総会の決議という社団的団体行為によって行われていること（会329Ⅰ・339Ⅰ），③ 会計監査人の監査は会社の組織機構に組み込まれていること，④ 会計監査人の責任は，特に法定され，契約法一般に委ねず，会社に対する責任については株主の代表訴訟が認められ（会847Ⅰ），第三者に対する責任も任務懈怠により生じるので（会計監査人は「役員」には入らないが（会329Ⅰ），「役員等」には入る（会423Ⅰ）），会社の機関と解する（なお，江頭548頁注14）．

会計監査人設置会社は，① 連結計算書類を作成することができる（会444Ⅰ）．また，② 一定の要件を満たせば，剰余金の配当など一定の事項に関し，株主総会の決議ではなく，取締役会の決議によって行うことができる旨の定款の定めを置くことができる（会459・460）．

企業会計審議会から「監査基準」（平成17年10月28日），「中間監査基準」（平成14年12

Ⅱ-4-10-2　(86) 沿　革　① 昭和49（1974）年制定の商法特例法により大会社（資本金5億円以上の株式会社）に会計監査人監査が導入された（商特2）．② 昭和56（1981）年改正で大会社は，負債総額200億円以上の会社に拡大された．③ 平成14（2002）年改正（法44号）は，「大会社でないからという理由で，会計監査人の監査を受けることに伴う商法特例法上のメリットを享受させないとする合理的な理由は見当たらない」ことから，資本金が1億円を超える会社（みなし大会社）に，定款で会計監査人監査を導入することを認めた（商特1の2Ⅲ②・2Ⅱ）．しかし小会社には会計監査人監査を導入することは不可能であった．

Ⅱ-4-10-3　(87) 職業会計人制度の沿革　計理士制度（昭和2年）を経て公認会計士制度（昭和23年）に移行し，税務に関しては税務代理士制度（昭和17年）をへて税理士制度（昭和26年）に移行している．岸田雅雄「商法と職業会計人制度」『（上柳先生還暦記念）商事法の解釈と展望』326頁以下（有斐閣1984年）参照．公認会計士は当初少なかったので全面監査に移行したのは昭和32（1957）年になってからである．

Ⅱ-4-10-4　(88) 監査契約等　日本公認会計士協会作成「法定監査契約書及び法定監査契約約款の雛形」（平成11年6月改訂）参照．会計監査人が作成した監査調書につき文書提出命令が発せられた事案として最一小決平成13・2・22判時1742号89頁がある．

図7　監査法人をめぐるチェックの仕組み

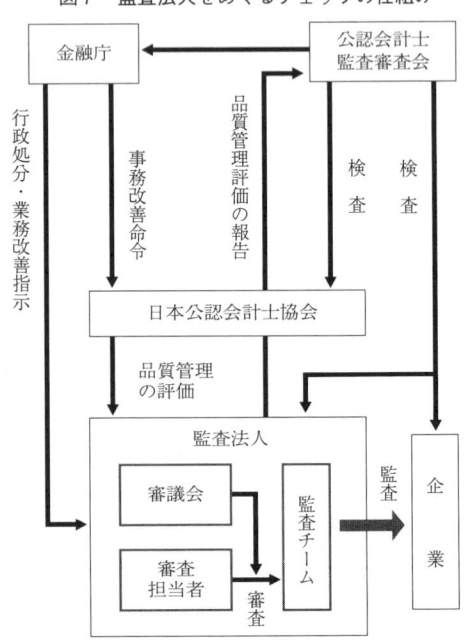

月6日),「四半期レビュー基準」(平成19年3月27日)が公表されている[89].

2 職務権限

会計監査人は会計監査をする者なので,その権限は会計監査に限られている.

(1) **計算書類等の監査** 会計監査人は,計算書類およびその附属明細書,臨時計算書類(会441Ⅰ)ならびに連結計算書類(会444Ⅰ)を監査する(会396Ⅰ).会計監査人が行う監査対象は,計算書類およびその附属明細書,臨時計算書類ならびに連結計算書類のみであって,事業報告およびその附属明細書は対象とされていない(会436Ⅱ①).これは,旧商法特例法の営業報告書の会計に関する部分(旧商特2Ⅰ)の意味が明瞭でなかったことから,会計監査人の責任の範囲を明確にしたものである.

(2) **会計帳簿閲覧・報告請求権** 会計監査人は,何時でも,① 会社の会計帳簿またはこれに関する資料が書面をもって作成されているときは,その書面の閲覧および謄写(会社の会計帳簿またはこれに関する資料が電磁的記録をもって作成されているときは,その電磁的記録に記録された事項を法務省令で定める方法により表示したものの閲覧および謄写.会施規226⑱)をし,または② 取締役(委員会設置会社の場合には執行役・取締役.会396Ⅵ)および会計参与ならびに支配人その他の使用人に対して会計に関する報告を求めることができる(会396Ⅱ).

(3) **子会社調査権** その職務を行うために必要があるときは,子会社に対して会計に関する報告を求め,または会社もしくは子会社の業務および財産の状況を調査することができる(会396Ⅲ).子会社は,正当の理由(例えば企業機密の保持)があるときは,報告または調査を拒むことができる(会396Ⅳ).

(4) **定時総会への出席意見陳述権** 会社の計算書類およびその附属明細書,臨時計算書類ならびに連結計算書類が法令または定款に適合するかどうかについて会計監査人が監査役(監査役設置会社),監査役会または監査役(監査役会設置会社の場合[会398Ⅲ]),監査委員会または監査委員(委員会設置会社の場合[会398Ⅳ])と意見を異にする(監査役会監査報告書に付記意見が付いた場合,付記意見は一致するが,本文と一致しない場合と本文とは一致するが,付記意見と一致しない場合がありうる)ときは,会計監査人(会計監査人が監査法人であるときは,その職務を行うべき社員)は,定時総会に出席して意見を述べることができる(会398Ⅰ).

監査役や会計参与の場合と異なり,費用前払い等に関する規定(会380・388)はないので,職務執行に当たって支出した費用の償還については,その必要性を会計監査人の側で証明しなければならない(民650).

(89) **監査の実施に関する実務指針等** ① 日本公認会計士協会は,違法行為(会社が関係する法令違反)の実務上の指針として監査基準委員会報告書第11号「違法行為」)を公表している(平成20年3月25日改正).② 公認会計士による監査業務の質を確保するため,企業会計審議会より「監査に関する品質管理基準」(平成17年10月28日)が公表されている.

3 会計監査人の義務

会社との関係は準委任であるから (会社330), 善管注意義務 (民644) を負い, その一環として守秘義務を負う. そのほか, 次のような義務を負う.

II-4-10-9 (1) **会計監査報告作成義務** 会計監査人は, 計算関係書類を受領したときは, 法務省令で定めるところにより[90], 会計監査報告を作成しなければならない (会396Ⅰ). 事業報告は作成しない.

会計監査人設置会社では, 取締役会の承認を受けた計算書類が法令および定款に従い会社の財産および損益の状況を正しく表示しているものとして法務省令で定める要件に該当している場合には, 計算書類の内容を株主総会へ報告するのみで足りるが (会439), 会計監査人が計算書類について無限定適正意見 (計規126Ⅰ②イ) を述べない場合には, 計算書類は, 取締役会の承認では確定せず, 株主総会の承認を要する [*II-5-4-16*].

会計監査人の監査を欠いた株主総会決議は, 決議取消しの訴え (会831Ⅰ①) の対象となる (東京地判平成元・8・22金判844号16頁).

(2) **定時総会出席・意見陳述義務** 定時総会において会計監査人の出席を求める決議があったときは, 会計監査人は, 総会に出席して, 意見を陳述する義務を負う (会398Ⅱ). したがって会社は会計監査人に定時総会の日時・場所等を知らせることを要し, 会計監査人も必要な準備をしておかなければならない.

(3) **監査役等への報告義務** 会計監査人がその職務を行うに際して取締役 (委員会設置会社の場合には執行役または取締役) の職務遂行に関し不正の行為または法令もしくは定款に違反する重大な事実があることを発見したときは, これを監査役, 監査役会 (監査役会設置会社の場合. なお, [*II-4-9-7*] 参照) または監査委員会 (委員会設置会社の場合) に報告しなければならない[91] (会397Ⅰ・Ⅲ・Ⅳ). 会計監査人設置会社では, 監査役, 監査役会または監査委員会 (委員会設置会社の場合) との連携が大切であるからである. 上記事実をたまたま発見した場合の報告義務であるから, 会計監査人が監査の実施と無関係なときにこれらの事実を発見した場合でも, 同様に報告を要する.

II-4-10-10 (90) **意思の疎通** 会計監査人は, 取締役等と意思疎通を図るべきとする訓示規定が, 監査役会施規105ⅡⅢ [*II-4-8-21*] と同様に, 規定されている (会施規110Ⅱ).

II-4-10-11 (91) **モニタリング** ① 金融商品取引法に基づく公開会社の監査を実施している監査事務所 (公認会計士または監査法人) は, 少なくても3年に1度, 日本公認会計士協会の**品質管理レビュー**を受ける必要がある (平成11年導入). また, ② 平成15年公認会計士法改正に基づき, **公認会計士・監査審査会**が, 協会・監査事務所・被監査会社等に立入検査を行い, 必要に応じて金融庁長官に行政処分その他の措置の勧告を行うことができる**モニタリング**制度が導入されている (会計士35以下. 平成16年6月29日公認会計士・監査審査会「監査の信頼性確保のために―審査基準方針等―」JICPA 16巻9号91頁 (2004年) 参照). ③ 平成18 (2006) 年には, 監査事務所の品質管理の改善策として上場会社監査事務所登録制度 (協会の自主規制) が創設されている (友永道子「上場会社監査事務所登録制度の創設」会計・監査ジャーナル619号16頁).

(4) **監査役等に対する説明義務** 監査役 (委員会設置会社では監査委員会が選定した委員) から，会計監査人の監査に関する報告を求められたときには，会計監査人はこれに答える義務がある (会397Ⅱ)．

4 会計監査人の監査を欠いた総会の決議の効力

10-12 　会計監査人の監査を欠いたまま計算書類を承認した総会決議の効力については，①無効説と②取消説 (多数説．東京地判平成元・8・22金判844号16頁 [和考商事事件]) とが対立している．無効説は，大会社では会計が複雑で専門家による監査が不可欠であること，大会社の粉飾決算防止の社会的必要性などが理由とされているが，多数説は手続の瑕疵であることを根拠とする．

第11節 委員会設置会社

第1款 総 説

11-1 　委員会設置会社とは，指名委員会，監査委員会および報酬委員会を置く株式会社である (会2⑫)．会社法は，平成14 (2002) 年商法改正で導入された「委員会等設置会社」の名称を委員会設置会社に改めている．委員会設置会社には，**必ず取締役会および会計監査人が置かれる** (会327Ⅰ③・Ⅴ)．委員会設置会社は，取締役会の権限の執行役に対する大幅な移譲を認めているが，そのためには，独立した職業的専門家による会計監査が行われていることが前提となるからである．**監査委員会が置かれるため，監査役 (会) を置くことはできない** (会327Ⅳ)．他方，委員会設置会社の**業務執行機関として，1人または2人以上の執行役が置かれる** (会402Ⅰ)．大会社およびみなし大会社に限定していた改正前商法 (改正前商1ノ2Ⅲ) と異なり，会社法では，**すべての株式会社が，委員会設置会社となることができる** (会326Ⅱ)．委員会設置会社は，アメリカ型の機関制度を採用する会社であり，業務執行と監督の分離により，取締役会が広い範囲で業務執行の決定を執行役に委任できるとすることにより，**執行役による迅速な意思決定と取締役会の監督機能の強化を狙ったもの**である．取締役会の構成員の全部または大多数が業務執行に関与しない機関構成は**モニタリング・モデル**と呼ばれるが (江頭352頁)，委員会設置会社はこのモデルに基づく機関形態である．委員会設置会社となるには，その旨を定款に定めなければならない (会326Ⅱ)．①委員会設置会社である旨，②取締役のうち社外取締役であるものについては，社外取締役である旨，③各委員会の委員および執行役の氏名，および④代表執行者の氏名および住所は登記事項である (会911㉒)．
　2006年1月現在100社強の委員会設置会社が存在している[92]．

第2款　取締役および取締役会

1　取締役等の特則

II-4-11-3　**(1) 資　格　(a) 使用人兼務取締役の禁止**　委員会設置会社の取締役は，それ以外の会社（[*II-4-3-5*] 参照）と異なり，当該株式会社の**支配人その他の使用人を兼ねることができない**（会331Ⅲ）．会社法は，監督と執行との分離を図り，取締役会の監督機関としての役割を重視した委員会制度の趣旨を徹底させるため，明文で兼職を禁止している．ただし，**取締役と執行役の兼任は認められる**（会402Ⅵ）．取締役の中に執行役を兼務する者がいた方が，会社の業務執行の状況や会社の内情を把握することが容易になり，監督権限の適切な行使に資すると考えられるからである．「取締役兼執行役兼大阪支店長」の場合，「大阪支店長」の肩書は「使用人を兼務している」のではなく，執行役の資格で大阪支店を統括している者に対し，便宜上，「大阪支店長」という使用人に対しても付与可能な肩書を付与しているに過ぎないのであって，331条3項の規定は，こうした人の配置を禁ずるものではない（江頭・商事1723号16頁）．

II-4-11-4　**(2) 社外取締役の存在**　委員会設置会社においては，3つの委員会は各々委員3人以上で組織され（会400Ⅰ），各委員会の委員は，取締役の中から選定され，その**過半数は社外取締役でなければならない**（会400Ⅲ）．取締役が複数の委員会の委員を兼ねることは可能であるので，社外取締役の要件を満たす者が2人以上必要である．兼職を認める理由は，取締役会および3つの委員会の緊密な連携による監督機能の強化と兼任禁止規定を置くことによる人材不足を考慮したものである

　社外取締役とは，株式会社の取締役であって，当該株式会社またはその子会社の業務執行取締役もしくは執行役または支配人その他の使用人でなく，かつ，過去に当該株式会社またはその子会社の業務執行取締役もしくは執行役または支配人その他の使用人となったことがないものである（会2⑮．なお会911Ⅲ㉒イ・㉕参照．委員会設置会社でない会社であっても社外取締役の存在が必要となる場合がある．これについては [*II-4-5-17*] 参照）．社外取締役は，性質上，非常勤であるべきである．

　なお，**監査委員会を組織する取締役**（監査委員）に限っては，社外取締役以外の者も，その会社もしくは子会社の執行役もしくは業務執行取締役または当該会社の子会社の会計参与（会計参与が法人であるときは，その職務を行うべき社員）もしくは支配人その他の使用人を兼ねることはできないので（会400Ⅳ），委員会設置会社ではこの

II-4-11-2　(92) **委員会を設置する会社**　大きく3つのグループに分けられる．第1は，東芝，ソニー，三菱電機，コニカなど世界規模で事業展開する国際企業群．第2は，日立製作所・日立金属・日立建機などのような連結経営の強化を目指して委員会設置会社となったグループ．第3は日本テレコムホールディング，西友などのように海外企業の傘下に入った企業である．

11-5 (3) **取　締　役** (会計参与) の**選任・解任**　指名委員会が，委員会設置会社の株主総会に提出する取締役 (会計参与設置会社にあっては，取締役および会計参与) の選任および解任に関する議案の内容を**決定する** (会404 I)．議案は，取締役会による修正・変更を受けることなく，直接株主総会に提出され，株主総会で選任および解任される (会329・339)．株主総会における取締役 (会計参与) の選任・解任の要件は，他の会社の場合と同じである (会341)．株主の取締役 (会計参与) 選任議題・議案提案権は排除されていない (会303〜305)．取締役の累積投票の規定 (会342) の適用もある．しかし，取締役選任権付種類株式の発行は禁止されている (会108 I 柱書但書)．

11-6 (4) **任　期**　取締役 (会計参与) の任期は，選任後１年以内に終了する事業年度のうち最終のものに関する定時総会の終結の時までであって (会332Ⅲ・334 I)，それ以外の会社より短縮されている (会332 I Ⅱ対照)．これは，計算書類の確定だけでなく (会439 [II-5-4-35])，剰余金の処分の決定も取締役会が定めることができる旨を定款で定めることができ (会459 I・460 [II-5-4-90])，この定款の定めは，最終事業年度に係る計算書類が法令および定款に従い株式会社の財産および損益の状況を正しく表示しているものとして法務省令で定める要件に該当する場合には，その効力を有するので (会459Ⅱ・460Ⅱ)，株主に取締役に対する**信任を問う機会を多く与える必要**があるためである．会計参与も，取締役と共同で計算書類等を作成するので (会374 I)，取締役と同様に考えることができるからである．

11-7 (5) **取締役の権限**　取締役は，会社法または会社法に基づく命令に別段の定めがある場合を除き，委員会設置**会社の業務を執行することができない** (会415)．したがってそれ以外の会社において一般的に置かれている代表取締役 (会363 I ①)，業務執行取締役 (会363 I ②) を置くことは許されず，監査役 (会) は存在しないので取締役の報告義務の規定 (会357) も適用されない (会419Ⅲ)．取締役の主たる機能は，取締役会における意思決定への参加である．

なお，取締役は，委員会設置会社においても，会社の組織に関する訴えの提訴権者である (会828Ⅱ①〜⑫・831)．

11-8 (6) **報　酬　等**　報酬委員会が取締役 (執行役・会計参与) の**個人別**の報酬等の内容を決定する (会404Ⅲ)．

2　取締役会の特則

11-9 (1) **権　限**　取締役会は，① **会社の業務執行を決定し**，② **執行役等** (取締役・執行役・会計参与．会404Ⅱ①参照) の**職務を監督する** (会416 I)．監督の主要部分が執行役の職務である点，代表取締役の選定・解職がない点，特別取締役による決議の制度がない点 (会373 I 括弧書) および大会社でなくても内部統制システムの整備が義務付

けられている点（会416Ⅰ①ホⅡ．会362Ⅴ対比）は，委員会設置会社以外の取締役会（会362Ⅱ）と相違している．特別取締役による決議の制度がないのは，委員会設置会社では重要な財産の処分および譲受けならびに多額の借財は執行役に決定を委任することができるからである（会416Ⅳ．会362Ⅳ①②対比）．

(ア) **業務執行の決定** 委員会設置会社以外の場合には，取締役会がその決定を取締役に委ねることができることを前提しながら，一定の事項と「その他の重要な業務執行の決定」については，取締役に「委任することができない」とされている（会362Ⅳ）．これに対し，委員会設置会社では，取締役会が取締役に委任できない事項が定められる（会416ⅡⅢ）とともに，執行役に委任できない業務執行の決定が列挙され，それ以外は執行役に委任できるとされている（会416Ⅳ）．**業務の決定権限の範囲が明確にされ，かつ，取締役会から執行役への大幅な権限の委任が許されている**ことから，迅速な意思決定が可能となる．

Ⅱ-4-11-10 (a) **取締役会で決定すべき事項** 委員会設置会社の取締役会は，(i)から(v)に掲げる事項を決定しなければならず（会416Ⅱ），取締役に委任することができない（会416Ⅲ）．

(i) **経営の基本方針**（会416Ⅰ①イ）

Ⅱ-4-11-11 (ii) **監査委員会の職務遂行のため必要なものとして法務省令で定める事項**（会416Ⅰ①ロ） 会社法施行規則は，① 監査委員会の職務を補助すべき取締役および使用人に関する事項，② ①の取締役および使用人の執行役からの独立性の確保に関する事項，③ 執行役および使用人が監査委員会に報告をするための体制その他の監査委員会への報告に関する事項，④ その他監査委員会の監査が実効的に行われることを確保するための体制をあげている（会施規112Ⅰ）．

Ⅱ-4-11-12 (iii) **執行役が2人以上ある場合における執行役の職務の分掌および指揮命令の関係その他の執行役の相互の関係に関する事項**（会416Ⅰ①ハ） 取締役会は，執行役の中から会社を代表すべき執行役（代表執行役．執行役が1人の場合にはその執行役が当然に代表執行役になる）を選定しなければならない（会420Ⅰ）．執行役の指揮命令関係では代表執行役がそのトップと定められることが多いであろうが，必ずしもそうしなければならないわけではない．

Ⅱ-4-11-13 (iv) **執行役が取締役会の招集を請求する場合の請求を受ける取締役**（会416Ⅰ①ニ） 取締役会招集権を有する取締役を取締役会で定めたときには（会366Ⅰ但書），執行役は会議の目的である事項を示して，取締役会の招集を請求することができる（会417Ⅱ1文）．この場合において，当該請求があった日から5日以内に，当該請求があった日から2週間以内の日を取締役会の日とする取締役会の招集の通知が発せられないときは，当該執行役は，取締役会を招集することができる（会417Ⅱ2文）．

Ⅱ-4-11-14 (v) **内部統制システムの整備**（会416Ⅰ①ホ） 「執行役の職務の執行が法令および定款に適合することを確保するための体制」その他株式会社の業務の適正を確保する

第4章 機　関　第11節　委員会設置会社　**487**

ために必要なものとして法務省令で定める体制の整備を決定しなければならない．会社施行規則が定める体制は，① 執行役の職務の執行に係る情報の保存および管理に関する体制，② 損失の危険の管理に関する規程その他の体制，③ 執行役の職務の執行が効率的に行われることを確保するための体制，④ 使用人の職務の執行が法令および定款に適合することを確保するための体制，⑤ 当該株式会社ならびにその親会社および子会社から成る企業集団における業務の適正を確保するための体制である（会施規112Ⅱ．なお，［Ⅱ-4-4-3］［Ⅱ-4-5-4］参照）．

11-15　(b)　**執行役に決定を委任できない事項**　以下に掲げる事項は，取締役会が自ら決定をしなければならず，執行役に委任できない（会416Ⅳ）．

(i)　**重要な業務執行組織等に係る事項**　① 執行役の選任（会402Ⅱ）・解任（会社403Ⅰ・416Ⅳ⑨），② 代表執行役の選定（会420Ⅰ前段）・解職（会420Ⅱ・416Ⅳ⑪），③ 各委員会を組織する取締役の選定（会400Ⅱ）・解職（会401Ⅰ・416Ⅳ⑧），④ 会社が執行役もしくは取締役に対して訴えを提起し，または執行役もしくは取締役が会社に対して訴えを提起する場合において，監査委員がその訴えの当事者であるときに，会社を代表する者の決定（会408Ⅰ①・416Ⅳ⑩）．

(ii)　**株主総会に係る事項**　株主総会の招集の決定（会298Ⅰ・416Ⅳ④），および株主総会に提出する議案の内容の決定（取締役および会計参与は指名委員会の権限で［会社404Ⅰ①］，会計監査人の選任および解任ならびに不再任は監査委員会の権限であるので［会404Ⅱ②］，これらの議案を除く．会416Ⅳ⑤）．

(iii)　**計算書類・附属明細書等の承認**　計算書類・事業報告ならびにこれらの附属明細書（会436Ⅲ），臨時計算書（会441Ⅲ）または連結計算書類（会444Ⅴ）の承認（会416Ⅳ⑬）．

(iv)　**中間配当の決定**（会454Ⅴ・416Ⅳ⑭）．

(v)　**譲渡制限のある株式・新株予約権の譲渡の承認等**　① 株式の譲渡制限のある会社の株式の譲渡・取得承認の可否の決定（会136・137Ⅰ）および承認をしない場合の指定買取人の指定（会140Ⅳ・416Ⅳ①），② 譲渡制限新株予約権の譲渡・取得承認の可否（会262・263Ⅰ）の決定（会416Ⅳ③）．

(vi)　**定款に基づく市場取引等による自己株式の取得の決定**（会165Ⅲ＝156Ⅰ・416Ⅳ②）．

(vii)　**会社の基礎の変更に係る事項**　① 事業全部の譲渡などの契約内容の決定（会467Ⅰ．株主総会の決議による承認を要しないものを除く．会416Ⅳ⑮），② 合併契約の内容の決定（株主総会の決議による承認を要しないものを除く．会416Ⅳ⑯），③ 吸収分割契約書の内容の決定（株主総会の決議による承認を要しないものを除く．会416Ⅳ⑰），④ 新設分割計画書の内容の決定（株主総会の決議による承認を要しないものを除く．会416Ⅳ⑱），⑤ 株式交換契約書の内容の決定（株主総会の決議による承認を要しないものを除く．会416Ⅳ⑲），および⑥ 株式移転計画の内容の決定（会416Ⅳ⑳）．

(viii) **責任の免除など** 取締役または執行役の① 競業の承認(会365Ⅰ=356Ⅰ①・419Ⅱ)，② 取締役または執行役と会社との利益相反取引の承認(会365Ⅰ=356Ⅰ②③・419Ⅱ)(会416Ⅳ⑥)，③ 定款の定めに基づく責任の一部免除の決定(会426Ⅰ・423Ⅰ・416Ⅳ⑫)．

(ix) **取締役会の開催に関連する事項** 取締役会の招集権者の決定(会366Ⅰ但書・416Ⅳ⑦)．

上記以外の事項は執行役に決定を任せることができる．具体的には，重要な財産の処分・譲受け，多額の借財，重要な使用人の選任・重要な組織の設置(会362Ⅳ①～④対比)，社債の発行(会362Ⅳ⑤対比)，簡易組織再編・略式組織再編等(会467Ⅰ②・468ⅠⅡ・784ⅠⅢ・796ⅠⅢ等)，要綱を定款で定めた種類株式の内容の決定(会108Ⅲ)，自己株式の取得・消却に関する事項(会157・163・165Ⅰ・168Ⅰ・178Ⅱ・197Ⅳ)，株式の分割・株式無償割当て(会183Ⅱ・185)，株式の分割に伴う定款の変更(会184Ⅱ)，単元未満株式数の減少(会195Ⅰ)，公開会社の募集株式・新株予約権の募集事項の決定(会201Ⅰ・240Ⅰ)，書面投票・電磁的方法による議決権行使(会298Ⅰ③④・Ⅳ)，株式の発行と同時に行う準備金の額の減少(会448Ⅲ)，株式の振替の同意(振替法13Ⅰ・128Ⅱ)等である．

Ⅱ-4-11-16 **(イ) 執行役等の職務の執行の監督** 委員会設置会社の取締役会は，取締役，執行役および会計参与(会404Ⅱ①)の職務の執行を監督する(会416Ⅰ②)．この権限は，取締役に委任することができない(会416Ⅲ)．取締役は前述のように原則として会社の業務を執行することができないが(会415)，取締役会の構成員としての職務，委員会の委員としての職務を有しているので，その職務の執行が取締役会の監査の対象となる．

Ⅱ-4-11-17 **(2) 招 集** ① 招集権者として定められている者(会366Ⅰ但書・416Ⅳ⑦)，② 招集権者の定めがある場合であっても，委員会がその委員の中から選定する者(**選定委員**)は，取締役会を招集することができる(会417Ⅰ)．③ 各取締役は，招集権者が定められているときには，招集権者に取締役会の招集を請求する権利を有し(会366ⅡⅢ)，招集権者の定めがないときには，自から取締役会を招集することができる(会366Ⅰ本文)．④ **執行役**は，取締役会の招集の請求を受ける取締役(会416Ⅰ①ニ)に対し，取締役会の目的である事項を示して，取締役会の招集を請求することができる(会417Ⅱ)．この場合に，請求があった日から2週間以内の日を取締役会の日とする取締役会の招集の通知が発せられないときは，当該執行役は，取締役会を招集することができる．

Ⅱ-4-11-18 **(3) 運 営** ① 執行役は，3カ月に1回以上，自己の職務の執行の状況を取締役会に報告しなければならない．この場合において，執行役は，代理人(他の執行役に限る)により当該報告をすることができる(会417Ⅳ)．当該報告の場合を除き，執行役は取締役の全員に対して通知したときは，その事項を取締役会へ報告することを要しない(会372Ⅲ)．執行役は，取締役会の要求があったときは，取締役会に出

席し，取締役会が求めた事項について説明をしなければならない（会417V）．
　② 取締役会と３つの委員会とは緊密な連携を図る必要があるので，**委員会がその委員の中から選定する者は，「遅滞なく」当該委員会の職務の執行の状況を取締役会に報告しなければならない**（会417Ⅲ）．また，その報告を行う必要上，委員会がその委員の中から選定した者には，会社法366条１項但書の規定により取締役会を招集する取締役が定められた場合であっても，取締役会の招集請求権が認められる（会417Ⅰ［*Ⅱ-4-11-17*］）．

第３款　各種委員会制度

１　総　説

II-11-19　（1）委員会設置会社においては，指名委員会・監査委員会・報酬委員会が必置の機関である（会２⑫）．各委員会は，① **３人以上の取締役によって組織されなければならず**（会400ⅠⅡ），また，② **その構成員の過半数は，社外取締役**（会２⑮）でなければならない（会400Ⅲ）．①の３人以上の要件は，委員会が会議体であることから，取締役会の員数（会331Ⅳ）や監査役会の員数（会335Ⅲ）と平仄を合わせたものである．②の要件は委員会の独立性を確保するために設けられたものである．委員会に所属しない取締役もありうる．

　各委員会は取締役会の内部組織であるから，各委員会の委員は，取締役の中から，取締役会の決議によって選定され（会400Ⅱ），いつでも，取締役会の決議によって解職することができる（会401Ⅰ）．その結果委員の員数（定款で４人以上の員数を定めたときは，その員数）が欠けた場合には，任期の満了または辞任により退任した委員は，新たに選定された委員（仮委員を含む）が就任するまで，なお委員としての権利義務を有する（会401Ⅱ）．裁判所は，必要があると認めるときは，利害関係人の申立てにより，一時委員の職務を行うべき者（**仮委員**という．吉本221頁）を選任することができる（会401Ⅲ）．裁判所は，仮委員を選任した場合には，会社がその者に対して支払う報酬の額を定めることができる（会401Ⅳ）．

　委員会は取締役会の内部機関であるが（会400Ⅱ参照），取締役会とは独立した地位を有しており，各委員会がその権限に属する事項についてした決定を取締役会は覆すことができない．

２　委員会の運営

　各委員会の運営は，基本的には，取締役会の運営と同じである．ただし，定款の定めによっても，書面決議の制度を採用することはできない（会370対比）．

II-11-20　（1）**招　集**　委員会は，当該委員会の**各委員が招集する**（会410）．委員会を招集する取締役を限定することはできない（会366Ⅰ但書対照）．委員が，委員会の開催を

必要であると判断した場合，すみやかに委員会を開催できるようにするためである。招集通知は，原則として1週間前に当該委員会の各委員に発せられるが，取締役会の決議で短縮できるし（会411Ⅰ），委員全員の同意があるときは，招集手続を省略することもできる（会411Ⅱ）。

Ⅱ-4-11-21　**(2) 決 議 等**　執行役・取締役・会計参与は，委員会の要求があったときは，その委員会に出席して，当該委員会の求めた事項について説明をしなければならない（会411Ⅲ）。執行役，取締役，会計参与または会計監査人が委員の全員に対して委員会に報告すべき事実を通知したときは，当該事項を委員会へ報告することを要しない（会414）。

委員会の決議は，議決に加わることができるその委員の過半数が出席し，その過半数をもって行うのが原則であるが，取締役会の決議で，定足数，決議要件とも加重することができる（会412Ⅰ）。特別利害関係を有する委員は議決に加わることができない（会412Ⅱ）。

各委員会は，委員会の議事については，法務省令[93]で定めるところにより，議事録を作成し，議事録が書面をもって作成されているときは，出席した委員は，これに署名し，または記名押印をし（会412Ⅲ），議事録が電磁的記録で作成されている場合における当該電磁的記録に記録された事項については，法務省令で定める署名または記名押印に代わる措置（電子署名）をとらなければならない（会412Ⅳ，会施規225Ⅰ⑧）。委員会の決議に参加した委員であって**議事録に異議をとどめないものは，その決議に賛成したものと推定**する（会412Ⅴ）。

Ⅱ-4-11-23　**(3) 委員会の活動費用**　委員が，当該委員が所属する委員会の職務の執行について会社に対して，① 費用の前払い，② 支出をした費用および支出の日以後におけるその利息の償還の請求，③ 負担した債務の債権者に対する弁済の請求，④ 当該債務が弁済期にない場合には相当の担保の提供を請求したときは，会社は，当該請求に係る費用また債務が当該委員の職務の執行に必要でないことを証明しない限り，これを拒むことができない（会404Ⅳ）。これは，委員会の職務遂行の充実

Ⅱ-4-11-22　(93) **委員会の議事録**　委員会の議事録は，書面または電磁的記録をもって作成し（会施規111Ⅱ），① 委員会が開催された日時・場所（当該場所に存しない取締役，執行役，会計参与または会計監査人が委員会に出席をした場合における当該出席の方法を含む），② 委員会の議事の経過の要領およびその結果，③ 決議を要する事項について特別の利害関係を有する委員があるときは，その氏名，④ 委員会が監査委員会である場合において，会計参与からの報告（会375Ⅲ）に対し監査委員会において述べられた意見または発言の概要（会計監査人からの報告（会397ⅠⅣ）および執行役からの報告（会419Ⅰ）の場合も同様である），⑤ 委員会に出席した執行役，会計参与または会計監査人の氏名または名称，⑥ 議長が存するときは，議長の氏名を内容とするものでなければならない（会施規111Ⅲ）。会社法414条により委員会への報告を要しないものとされた場合には，委員会の議事録は，① 委員会への報告を要しないものとされた事項の内容，② 委員会への報告を要しないものとされた日，および③ 議事録の作成に係る職務を行った委員の氏名を内容とするものとする（会施規111Ⅳ）。

を図るためである．指名委員会では，外部のコンサルティング会社に人材の紹介を依頼するための費用，報酬委員会では，コンサルティング会社のアドバイスを受けるための費用などである．

11-24　(4)　**議事録の閲覧等**　会社（執行役と解する）は各委員会の議事録を，委員会の日から10年間，その本店に備え置かなければならない（会413Ⅰ．なお，会976⑧参照）．

① 取締役は，当該議事録に係る委員会を組織する取締役でない場合であっても，監督権限を十分に行使できるように，当該議事録の閲覧・謄写をすることができる（会413Ⅱ．なお会976④）．

② 株主または親会社社員は，その権利を行使するため必要あるとき，会社の債権者は，委員の責任を追及するため必要あるときは，裁判所の許可を得て，委員会の議事録の閲覧・謄写を請求することができる（会413ⅢⅣ）．裁判所は，請求に係る閲覧または謄写をすることにより，当該会社またはその親会社もしくは子会社に著しい損害を及ぼすおそれがあると認めるときは，許可をすることができない（会413Ⅴ）．

3　指名委員会

11-25　指名委員会〔米 nominating committee〕は，株主総会に提出する取締役（会計参与設置会社にあっては，取締役および会計参与）の選任および解任に関する議案の内容を決定する権限を有している（会404Ⅰ）．単なる推薦権限ではない．指名委員会が決定した取締役の選解任の議案は，そのまま，取締役会（なお会327Ⅰ③参照）による株主総会招集決定（会298Ⅳ）を経て，株主総会に付議されることになる．

4　監査委員会

11-26　(1)　**権　限**　監査委員会〔米 audit committee〕は，① **取締役および執行役**（会計参与設置会社にあっては，執行役，取締役および会計参与）の**職務執行を監査**する（会404Ⅱ①）．また，② 各事業年度に計算書類および事業報告ならびにこれらの附属明細書を監査し（会436Ⅱ），**監査報告を作成**する（会404Ⅱ①・436Ⅱ．計規129，会施規131）．そのほか，③ 株主総会に提出する**会計監査人の選任および解任**（会340Ⅴ参照）ならび**不再任に関する議案の内容を決定**する権限を有している（会社404Ⅱ②．なお会416Ⅳ⑤参照）．この関連で，会計監査人が欠けた場合または定款で定めた会計監査人の員数が欠けた場合において，遅滞なく会計監査人が選任されないときは，**仮会計監査人を選任する権限**（会346Ⅶ）と**会計監査人・仮会計監査人の報酬等の決定に対する同意権**を有している（会399Ⅲ）．④ 会社と執行役・取締役間の訴えにおいて会社を代表する監査委員を選定する（会408Ⅰ②）．

11-27　(2)　**執行役等の監査**　(ア)　**報告受領権**　監査委員会は，執行役，取締役および会計参与の職務執行を監査（いわゆる妥当性の監査に及ぶ）する関係で，会計監査人・会計

参与は，その職務を行うに際して執行役または取締役の職務遂行に関し，不正の行為または法令もしくは定款に違反する重大な事実があることを発見したときは，遅滞なく，これを監査委員会に報告しなければならない (会375Ⅲ・397Ⅳ)．

　(イ)　**監査委員の権限**　各監査役は監査の関係で以下の権限を有している．

Ⅱ-4-11-28　(a)　**執行役等の違法行為等の取締役会に対する報告義務・差止請求権**　監査委員は，執行役または取締役が不正の行為をし，もしくは当該行為をするおそれがあると認めるとき，または法令もしくは定款に違反する事実もしくは著しく不当な事実があると認めるときは，遅滞なく，その旨を取締役会に報告しなければならない (会406)．

　監査委員は，執行役または取締役の違法行為差止請求権を有している (会407．なお，表22参照)．

　なお，執行役は，委員会設置会社に著しい損害を及ぼすおそれのある事実を発見したときは，直ちに，監査委員に当該事実を報告しなければならない (会419Ⅰ)．

表22　委員会設置会社の監査委員・株主の違法行為差止請求権

会社の区分	委員会設置会社		
		公開会社	非公開会社
請求権者	監査委員	株主 (6 カ月前 [定款でそれを下回る期間を定めている場合はその期間] 前から引き続き株式を有している株主)	単なる株主
対象	執行役・取締役	執行役・取締役	
要件	会社の目的の範囲外の行為その他法令もしくは定款に違反する行為をし，またはこれらの行為をするおそれがある場合において，当該行為によって会社に「著しい損害」を生じるおそれがあるとき	会社の目的の範囲外の行為その他法令もしくは定款に違反する行為をし，またはこれらの行為をするおそれがある場合において，当該行為によって会社に「回復することができない損害」を生じるおそれがあるとき	
担保提供命令	不可	可	
条文	会407	会422Ⅱ・360Ⅲ	

Ⅱ-4-11-29　(c)　**株主代表訴訟に関連する会社代表権**　① 会社が**株主から代表訴訟の訴え** (会847Ⅰ) の提起の請求を受ける場合，および② 会社が株主より執行役または取締役の責任を追及する訴えを提起した旨の訴訟告知 (会849Ⅲ) ならびに株主がする和解の通知および催告 (会850Ⅱ) を受ける場合には，**監査委員が会社を代表**する (会408Ⅲ①②)．もっとも，①の場合には，訴えの相手方になる監査委員が除かれ，②の場合にはその訴訟の当事者である監査委員は除かれる．

　(3)　**選定監査委員の権限**　監査委員会が選定する監査委員は以下の権限を有している．

Ⅱ-4-11-30　(a)　**報告徴収権・業務財産調査権**　① 監査委員会が選定する監査委員は，いつ

でも，他の取締役，執行役および支配人その他の使用人に対し，その職務の執行に関する事項の報告を求め，または，会社の業務および財産の状況を調査することができる（会405Ⅰ．なお会381対照）．また，② 当該選定監査委員は，監査委員会の職務を執行するために必要があるときは，子会社に対して事業の報告を求め，またはその子会社の業務および財産の状況を調査することができる（会405Ⅱ）．もっとも，この場合において，子会社は，正当な理由があるときは，上記報告または調査を拒むことができる（会405Ⅲ）．①・②の場合に，報告の徴収または調査に関する事項についての監査委員会の決議があるときは，これに従わなければならない（会405Ⅳ）．

監査委員の調査権限が監査役と異なり独任制の形をとらない理由は，監査委員の場合，監査役のように自身で業務・財産の状況の調査等を行うことは想定されておらず，調査等は，必要があれば内部統制部門に対し指示する形で行われるからである（江頭515頁）．

③ 監査委員会が選定した監査委員は，その職務を行う必要があるときは，会計監査人に対し，その監査に関する報告を求めることができる（会397Ⅱ・Ⅳ）．

11-31　(b)　**会社と取締役・執行役との訴訟における会社代表権**　① 会社が執行役（執行役であった者を含む）もしくは取締役（取締役であった者を含む）に対し，訴えを提起し，または執行役もしくは取締役が会社に対して訴えを提起するときは，監査委員がその訴えの当事者である場合を除き，**監査委員会が指名する監査委員が会社を代表**する（会408Ⅰ②）．② 監査委員がその訴えの当事者である場合には，株主総会で会社を代表する者を定めたときはその者が，そうでないときは取締役会の定める者が会社を代表する（会408Ⅰ①）．ただし，執行役または取締役が委員会設置会社に対し訴えを提起する場合においては，その訴えを提起する者以外の監査役委員に対してなされた訴状の送達は，会社に対して効力を有する（会408Ⅱ）．そうでないと，訴えを提起しようとする執行役または取締役にとって，その段階では誰を相手に訴状を送達したらよいのか分からないことになるからである．

11-32　(c)　**会計監査人の解任の総会への報告**　監査委員会が選定した監査委員会の委員は，監査委員会が会計監査人を解任したときは，解任後の最初の株主総会で解任の事実と解任の理由を報告しなければならない（会340Ⅴ）．

5　報酬委員会

11-33　報酬委員会〔米 Compensation Committee〕は，**取締役・執行役・会計参与が受ける個人別の報酬等の内容を決定する**権限を有し，執行役が会社の支配人その他の使用人を兼ねているときは，当該支配人その他の使用人の報酬等の内容を決定する権限も有する（会404Ⅲ2文）[94]．2文は，使用人として受ける給与等の体系が別途明確に

11-34　(94)　**報酬委員会構成員の報酬**　報酬委員会の構成員である取締役自身の報酬（当該取締役が執

定まっている場合であっても，使用人兼務執行役に付与する使用人報酬等に関する限り，報酬委員会が介入することを認めた規定である (解説151頁，加美348頁，江頭518頁注3．改正作業段階の理解と異なるようである．江頭・商事1723号16頁参照).

　報酬委員会は，執行役等が受ける個人別の報酬の内容に係る決定に関する方針を定めなければならない (会409Ⅰ)．この方針によって，個人別の報酬等の内容を決定する (会409Ⅱ).

　報酬委員会は執行役等が受ける個人別の報酬を決定する際，① 確定金額とする場合は個人別の額 (会計参与の報酬等はこれに限られる)，② 不確定金額とする場合 (業績連動型報酬や株価連動型報酬など) は個人別の具体的な算定方法，③ 金銭以外の場合には個人別の具体的な内容を，それぞれ定めなければならない (会409Ⅲ)．したがって一般会社のように株主総会で取締役の報酬の総枠を定め，その範囲内で取締役会から委任を受けた代表取締役が個人別の報酬額を定めることはできない．社外取締役が過半数を占めるので，報酬の総枠を株主総会で決定しなくても，お手盛りの危険はないと考えられるためである．

第4款　執　行　役

1　総　　説

Ⅱ-4-11-35　現在では「執行役員」を置く会社が増えているが，これはここでいう「執行役」とは異なる．会社と執行役との関係は，委任である (会402Ⅲ).

2　選任・終任

Ⅱ-4-11-36　(1) **資　格**　取締役と同一の欠格事由がある (会402Ⅳ＝会331)．従って，執行役は自然人に限られる．非公開会社を除き，定款によっても，資格を株主に限ることはできない (会402Ⅴ)．取締役の中に執行役を兼務する者がいた方が，取締役会は会社の業務執行の状況等を把握することが容易になり，監督権限の適切な行使に資するとも考えられるので，取締役は執行役を兼ねることができる (会402Ⅵ)．しかし，**執行役は監査委員または会計参与を兼ねることはできない** (会400Ⅳ・333Ⅲ①).　また，**親会社の監査役・監査委員・会計参与を兼任することもできない** (会333Ⅲ①・335Ⅱ・400Ⅳ).

Ⅱ-4-11-37　(2) **員数・任期**　執行役は，1人以上何人でもよい (会402Ⅰ)．執行役が1人のときは，同人が当然に代表執行役となる (会420Ⅰ2文)．執行役の任期は，選任後1年以内に終了する事業年度のうち最終のものに関する定時総会の終結後最初に開催さ

　　　行役を兼任している場合の執行役としての報酬を含む) の決定に当たっては，当該取締役は，特別利害関係を有するので，決議に参加することができない (会412Ⅱ).

第4章 機　関　第11節 委員会設置会社　**495**

れる取締役会の終結の時までである。ただし，定款によって，その任期を短縮することができる（会402Ⅶ）。会社が委員会を置く旨の定款の定めを廃止する定款の変更をした場合には，執行役の任期は，当該定款の変更の効力が生じた時に満了する（会402Ⅷ）。取締役の任期は1年である（会332Ⅲ）ので，新たに選任された取締役によって構成された取締役会で執行役も選任し直されることになる。

-11-38　**(3) 選任・解任等**　執行役は，**取締役会の決議で選任され，解任される**（会402Ⅱ・403Ⅰ・416Ⅳ⑨）。指名委員会が執行役の選解任権を有しないのは，執行役を監督するのは取締役会であるからである。株主総会で選解任しないのは，取締役会の監督機能を強化し，執行役をいつでも速やかに入れ替えることができるようにするためである。執行役は，事由の如何を問わず，いつでも解任することができるが，正当な理由なしに解任された執行役は，会社に対し，これによって生じた損害の賠償を請求することができる（会403Ⅱ）。執行役の氏名は登記される（会911Ⅲ㉒ロ。なお商登47Ⅱ⑧・54Ⅰ参照）。法律・定款所定の執行役の員数が欠けた場合には，任期満了または辞任により退任した執行役は，後任者が就任するまで執行役の権利・義務を有するが（会403Ⅲ＝会401Ⅱ），裁判所は，利害関係人の請求により，**仮執行役**を選任することができる（会403Ⅲ＝401Ⅲ）。この場合，裁判所は，会社が仮執行役に支払う報酬の額を定めることができる（会403Ⅲ＝401Ⅳ）。

-11-39　**(4) 職務執行停止・職務代行者**　執行役の選任決議に瑕疵がある場合には，仮処分による執行役の職務停止と職務代行者の選任がありうる（会917①）。民事保全法56条に規定する仮処分命令により選任された執行役または代表執行役の職務を代行する者は，仮処分命令に別段の定めがある場合を除き，会社の**常務に属しない行為をするには，裁判所の許可を得なければならない**（会420Ⅲ＝352Ⅰ）。これに違反して行った執行役または代表執行役の職務を代行する者の行為は，無効であるが，会社は，善意の第三者に対抗することができない（会420Ⅲ＝352Ⅱ）。

3　権　　限

-11-40　① 執行役は，**取締役会決議により委任を受けた事項の決定**を行い（会416Ⅳ・418①），かつ，② **会社の業務を執行する**（会418②）。執行役が複数いる場合に各執行役にいかなる職務を分掌させるか，および指揮命令関係その他の執行役の相互の関係は，取締役会が決定する（会416Ⅰハ）。したがって，他の執行役を指揮命令すべき立場に置かれた執行役は，他の執行役の職務遂行を監視する義務を負うが，それ以外の執行役は相互監視義務を負わない（始関正光「平成14年改正商法の解説〔Ⅵ〕」商事1642号22頁，江頭522頁）。

　また，③ 執行役は，委員の中から選定した取締役会を招集する権限を有する取締役に対し，会議の目的である事項を示して，取締役会の招集を請求する権限を有するほか（会417Ⅱ），④ 会社の組織に関する行為の無効の訴えの提訴権を有してい

る（会828Ⅱ・831Ⅰ）。

4 義務

Ⅱ-4-11-41　**(1) 総説**　執行役は会社に対して善管注意義務（民644）と忠実義務（会419Ⅱ＝355）を負うほか，競業避止義務（会419Ⅱ＝会356Ⅰ①・365Ⅱ）および利益相反取引の規制（会419Ⅱ＝会356Ⅰ②③・365Ⅱ）に服する。

Ⅱ-4-11-42　**(2) 取締役会に対する報告義務**　執行役は，3カ月に1回以上，自己の職務の執行の状況を取締役会に報告しなければならない（会417Ⅳ）。また，取締役会の要求があったときは，取締役会に出席し，取締役会が求めた事項を説明しなければならない（会417Ⅴ）。委員会から要求があった場合も同様である（会411Ⅲ）。

Ⅱ-4-11-43　**(3) 監査委員に対する報告義務**　執行役は，委員会設置会社に著しい損害を及ぼすおそれのある事実を発見したときは，直ちに，当該事実を監査委員に報告しなければならない（会419Ⅰ）。

5 報酬

Ⅱ-4-11-44　報酬委員会が，執行役の個人別の報酬を決定する（会404Ⅲ・409）。

6 代表執行役

Ⅱ-4-11-45　執行役が複数いる場合には，**取締役会の決議**により，代表執行役を定めなければならない（会420Ⅰ）。代表執行役の氏名・住所は登記される（会911Ⅲ㉒ハ．なお商登47Ⅱ⑧・54Ⅰ，商登則61Ⅲ・Ⅳ③）。代表取締役は置かれない。代表執行役の人数には制限がない。代表執行役は，1人であると，複数の者が選定されるとにかかわらず，原則として，会社の営業に関する一切の裁判上または裁判外の行為をなす権限を有する（会420Ⅲ＝会349Ⅳ）。取締役会は，代表執行役の権限を制限することができるが，その権限の制限は善意の第三者に対抗できない（会420Ⅲ＝会349Ⅴ）。代表執行役は，いつでも，取締役会の決議によって解職することができる（会420Ⅱ）。法律または定款の定めた代表執行役の員数が欠けた場合には，任期の満了または辞任により退任した代表執行役は，後任者が就任するまで代表執行役の権利・義務を有するが（会420Ⅲ＝会401Ⅱ），裁判所は，必要があると認めるときは，利害関係人の申立てにより，仮代表執行役を選任することができる（会420Ⅲ＝会401Ⅲ）。裁判所は，その場合，会社が仮代表執行者に対して支払う報酬の額を定めることができる（会420Ⅲ＝401Ⅳ）。

　また，代表執行役以外の執行役に社長，副社長その他会社の代表権を有すると認められる名称を付した場合には，当該執行役がした行為につき会社は，善意の第三者に対して責任を負う（会421．**表見代表執行役制度**）。

第12節　役員等の損害賠償責任

1　会社に対する責任

4-12-1　取締役，会計参与，監査役，執行役，会計監査人（「役員等」）は，会社に対して善管注意義務，取締役は忠実義務を負っているので，その任務を怠ったときは，民法の債務不履行の一般原則（民415）に従って，会社に対して損害賠償責任を負わなければならないが，会社法は，会社に対する責任を別に規定することによって[95]，役員等[96]の責任を明確にしている[97]（会423Ⅰ．なお会960Ⅰ③参照）。これは，役員等の任務が，単に委任契約の内容によって定まるのではなくて，法律上当然に生じる場合もあることを考慮したものである。会社は任務懈怠と損害の発生との間の因果

4-12-2　[95]　**旧法**　旧法では，取締役の損害賠償責任について，委員会等設置会社とそれ以外の会社との間でその性質に大きな差異があり，委員会等設置会社においては，取締役会の損害賠償責任は過失責任であるのに対し（旧商特21の17・21の21），それ以外の会社においては，多くは無過失責任とされていた（改正前商266Ⅰ①から④までの責任は無過失責任と解されていた。委員会等設置会社の場合には商特21の20参照）。しかし，会社が選択した機関の違いにより，取締役の責任の性質に違いを設けることには必ずしも合理性がなく，かつ，近代私法における責任のあり方は過失責任が原則であり，無過失責任は厳格に過ぎるとの批判がなされ，会社法のような規制に改められている。

4-12-3　[96]　**日本コッパース事件**　有限会社の任意監査をした監査法人が，経理部長の不正行為を見過ごし，無限定の適正意見を表明したことから，監査契約の債務不履行を理由に損害賠償を求められた。東京地判平成3・3・19判時1381号116頁は原告の請求を一部認容したが，東京高判平成7・9・28判時1552号128頁は請求を棄却している。
なお東京地判平成15・4・14判時1826号97頁（労働組合法に基づく法定監査において，公認会計士の任務懈怠肯定）。浦和地判平成8・11・20判タ936号232頁（経理担当の取締役・監査役の任務懈怠を否定）［東京青果貿易事件］）。東京地判平成19・11・28金法1835号39頁（会計監査人の任務懈怠を否定）参照。公認会計士でさえ容易に発見できない巧妙な粉飾決算をしていたときには監査役に任務懈怠があったとはいえない（浦和地判平成8・11・20判タ936号232頁［東京青果貿易事件］）。

4-12-4　[97]　**責任保険**　①　わが国では1990年から役員賠償責任保険（D&O liability Insurance：directors and officers liability insurance）が発売された。この保険は，会社が保険契約者，取締役および監査役等を被保険者として，被保険者が会社の役員として行った行為に起因して損害賠償請求がなされたことにより，被った損害をてん補することを目的とした保険である（表23）。米国では，取締役・役員がその地位のため訴訟等が提起され，損害を受けた場合の会社の損失補償・費用の前払い権限等につき規定があり（RMBCA §8.50～§8.56），会社は，役員のため賠償責任保険を購入・維持することができる（RMBCA §8.57）。イギリスでも会社は役員または監査役の責任保険を購入・維持することが認められている（2006年英会233）が，わが国では保険料を会社が負担できない（報酬に上乗せしてそこから支払うのはかまわない）という見解が唱えられ，肯定説と否定説に分かれたことから，代表訴訟により役員が敗訴した場合に備えて支払う保険料は役員が支払う方式となっている。なお，山下友信編著『逐条D&O保険約款』（商事法務2005年）参照。

関係を立証すれば足りる．責任を免れようとする役員等は，故意・過失の不存在につき立証責任を負う．

判例には，他の取締役の過失を会社側の過失と評価して，過失相殺の類推適用により公平を図ったり（東京地判平成 2・9・28判時1386号141頁〔4割〕，福岡地判平成 8・1・30判タ944号247頁〔4割〕，横浜地判平成10・7・31判タ1014号253頁〔2割〕），割合的因果関係説を採用して賠償額の減額を認めたものがあるが（東京地判平成 8・6・20判時1572号27頁〔日本航空電子工業株主代表訴訟事件〕），連帯責任としている会社法の趣旨に反する．原因関係者間の公正は関係者間で実現をはかるべきである．

また，会社法は**責任**を**厳格化**している．これは民法に基づく債務不履行と異なり**連帯責任**とされているところにも現れている（会430）．

なお，会社法は，取締役および執行役については，「任務を怠ったこと」と「責めに帰することができない事由によるものであること」（会428Ⅰ）を区別することにより，任務懈怠と過失とを別の要件としている（二元説）．これは，取締役・会社間の契約によっても免除することができない法律上の任務については，取締役の行為が客観的に法律上の要件を満たさない場合にはそれを違法と評価せざるを得ないため，具体的状況に応じた取締役の免責については，過失の有無において判断するという二元的構成を採るのが合理的であるからである（解説117頁）．

これとは別に，具体的な法令違反（会社法が定める法定責任ではなく，関税法，外為法，独禁法といった法令の違反）の場合と善管注意義務違反の場合とで取締役の責任の判断構造を分けないで，具体的法令違反であっても，それだけでは善管注意義務違反にはならず，善管注意義務違反に該当するには，具体的法令違反が善管注意義務違反

表23　会社役員賠償責任保険（D&O保険）のしくみ

損害賠償請求の形態	株主代表訴訟以外の賠償請求		株主代表訴訟	
勝訴，敗訴の別	勝訴	敗訴	勝訴	敗訴
支払われる保険金の種類	訴訟費用	訴訟費用 損害賠償金	訴訟費用	訴訟費用 損害賠償金
保険料の負担者	会社（基本補償部分）		役員（特約による補償部分

出典：松尾・勝股『株主代表訴訟と役員賠償責任保険』239頁

② 重要事項につき虚偽の記載があるまたは重要事項の記載が欠けている有価証券届出書または有価証券報告書につき，そうでない旨の監査証明を行った公認会計士または監査法人は，故意・過失のなかったことを証明できなければ，証券取得者に対し損害賠償責任を負う（金商21Ⅰ③・Ⅱ②・22Ⅰ・24の4）．そこで**公認会計士職業賠償責任保険**が1971年から販売されている．6社が共同保険者，保険契約者は日本公認会計士協会，被保険者は公認会計士または監査法人という一括団体契約がとられている．弥永真生「会計監査人の責任保険」損害保険研究59巻4号87頁（1998年）参照．

に当たることを立証する必要があるという説を一元説，具体的法令違反の場合と善管注意義務違反の場合とで区別して，具体的法令違反の場合には，それだけで任務懈怠となると解する説を二元説と呼ぶ場合がある (吉原和志「会社法の下での取締役の対会社責任」企業法の理論上巻525頁注 1・528頁)．企業は当然に法令に従った企業活動によってのみ利潤を追求すべきであるから二元説に賛成する (川村正幸・金判1010号48頁等)．したがって改正前商法266条 1 項 5 号の「法令」の意味については，非限定説 (多数説) と限定説 (同号の法令は，会社の財産の健全性を確保することを直接または間接の目的とする法令に限られるとする．森本253頁注 5 等) との対立があったが，非限定説を採用すべきであった．

4-12-5　(ア)　**任 務 懈 怠**　(a)　**競業取引の場合の損害額の推定**　取締役または執行役が会社法356条 1 項 (419Ⅱ) の規定に違反して，競業取引をしたときは，当該取引によって取締役，執行役または第三者が得た利益の額は会社に生じた損害の額と推定される (会423Ⅱ．改正前商266Ⅳを引き継いだ規定である)．

(b)　**利益相反取引の場合の任務懈怠の推定**　利益相反取引 (会356Ⅰ②③・419Ⅱ) によって会社に損害が生じたときは，① 重要な事実を開示して事前承認を受けるべき取締役または執行役，② 当該取引をすることを決定した取締役または執行役，③ 当該取引に関する承認の決議に賛成した取締役 (委員会設置会社においては，当該取引が会社と取締役との間の取引または会社と取締役との利益が相反する取引である場合に限る) はその任務を怠ったものと推定される (会423Ⅲ)．これは，利益相反取引が類型的に会社に損害を及ぼすおそれのある行為であることから，利益相反取引が行われた結果，会社に損害が生じた場合には，取締役等が任務を怠ったことを推定することにし，当該行為を慎重に行うことを求めたものである．取締役等が責任を負わないためには自らに任務懈怠がないことを立証する必要がある．

4-12-6　(c)　**自己取引の場合の責任**　自己のために利益相反取引の直接取引をした取締役または執行役の責任は，無過失責任であると解されている (会428Ⅰ)．一部免除もできない (会428Ⅱ)．これは，利益相反性が著しく高いからである．

利益供与に関与した取締役または執行役として法務省令で定める者の責任は過失責任であるが，利益の供与をした取締役・執行役の責任は無過失責任である (会120Ⅳ括弧書)．利益供与を受けた相手方の返還義務とは，一種の不真正連帯債務の関係に立つ．ただし，第一次的な責任は利益供与を受けた者の返還義務であり (会120Ⅲ)，取締役等の弁済責任は，その実効性が乏しいことにかんがみ，いわば第二次的な責任として課されたものである．会社は，いずれに対しても請求でき，取締役等が先に弁済したときは，利益供与を受けた者に対し，会社の有する請求権を民法500条により代位することになる．この責任は，会社が供与した利益の価額自体を弁済する責任であって，会社に損害が生じたか否かを負わないので，取締役等は会社の損害がないことをもって抗弁することはできない．

表24 取締役の責任

		責任の性質	立証責任の転換	総株主の同意による免除	一部免除	損害額の推定
任務懈怠責任(会423)	一般の任務懈怠責任	過失責任	なし	可(会424)	可(会425〜427)	—
	競業取引(会356 I ①・365 I)	過失責任	なし		可(会425〜427)	競業取引によって取締役等の得た利益が損害額と推定される(会423 II)
	直接取引(会356 I ②・365 I) 自己のため	無過失責任(会428 I)	—		不可(会428 II)	—
	直接取引(会356 I ②・365 I) 第三者のため				可(会425〜427)	—
	間接取引(会356 I ③・365 I)	過失責任	あり			—
剰余金の配当等に関する責任(会462)		過失責任	あり	分配可能額を限度として可能(会462 III ただし書)	不可(会425 I)	—
反対株主の株式買取請求に応じた場合の超過額支払責任(会464)				可(会464 II)	不可	—
株主の権利行使に関する利益供与に係る責任(会120 IV)	直接の利益供与者	無過失責任(会120 IVただし書括弧)	—	可(会120 V)	不可(会425 I)	—
	それ以外の者	過失責任	あり			—
財産価額てん補責任(会213)		過失責任(会213 II ②)	あり	不可	不可	—
欠損てん補責任(会465 I)		過失責任	あり	可(会465 II)	不可	—

注：財産価額てん補責任の免除については［II-3-2-67］も参照のこと．

II-4-12-7 **(ウ) 違法な剰余金の分配に係る支払義務** 会社が，会社法461条1項の行為をした場合において，株主に対して交付する金銭等の帳簿価額の総額が分配可能額を超えてしまったときには，① その行為により金銭等の交付を受けた者(株主)，② その行為に関する職務を行った業務執行者(業務執行取締役(委員会設置会社にあっては執行役)その他その業務執行取締役の行う業務の執行に職務上関与した者として法務省令で定めるもの．計規159) および ③ 462条1項各号に定められた者 (なお計規160・161参照) は，会社に対して，連帯して，「その金銭等の交付を受けた者が交付を受けた金銭等の帳簿価額に相当する金銭」を支払う義務を負う(会462 I．なお会963 V ②参照)．会社は不当利得を根拠に株主に対して違法に配当された額の返還請求権を有しているが，返還を期待できない場合もあるので，これとは別に当該行為に関する職務を行う業務執行者および株主総会もしくは取締役会に議案を提案した取締役に対し本号の責任を課している．

ただし，業務執行者および462条1項各号に定める者は，その職務を行うについて注意を怠らなかったことを証明したときは，支払義務を負わない（会462Ⅱ）．また，剰余金の分配時における分配可能額を限度として，業務執行者および462条1項各号に定める者の負う義務を，総株主の同意によって免除することができる（会462Ⅲ．なお会850Ⅳ参照）．

なお，会社に賠償した取締役は，悪意の株主に対してのみ求償することができるとしているが（会463Ⅰ），これは株式投資の大衆化に鑑み，違法議案を作成した取締役自身が善意の株主に求償することは妥当でないということから定められた特則である．会社や会社債権者が株主に返還請求する場合については別段の定めがないので，この場合には悪意の株主に限定されないと解するのが通説であるが，善意受領者保護の空文化を恐れ，善意の株主に対しては求償できないとする有力説も存在している．

4-12-8 (エ) **買取請求に応じて株式を取得した場合の超過額支払責任** ① 発行する全部の株式を譲渡制限株式とする定款変更をするとき，② ある種類の株式を譲渡制限株式または取得条項付種類株式とする定款変更をするとき，③ 法定種類株主総会の決議を要しない旨の定款の定めがある場合（会322Ⅱ）に，株式の併合・分割，株式・新株予約権の無償割当て，単元株式数についての定款変更，株主に割当てを受ける権利を与えてする募集株式の発行等・新株予約権の発行が，その種類の株式を有する種類株主に損害を及ぼすおそれがあるため，株式買取請求に応じて，会社が自己株式を取得する場合に（会116Ⅰ），株主に対して支払った金銭の額がその支払の日における分配可能額を超えるときは，その株式の取得に関する職務を行った業務執行者は，その職務を行うにつき注意を怠らなかったことを証明した場合を除き，会社に対して，連帯して，「その超過額」を支払う義務を負うことも（会464Ⅰ）既に述べた [Ⅱ-2-2-20]．この支払義務は，総株主の同意がなければ，免除することができない（会464Ⅱ）．

4-12-9 (オ) **期末の欠損てん補責任** 会社が自己株式の取得行為をした場合（[Ⅱ-2-2-29] 参照）または剰余金の配当をした場合（[Ⅱ-5-4-98] 参照）において，当該行為をした日の属する事業年度（その事業年度の直前の事業年度が最終事業年度でないときは，その事業年度の直前の事業年度）に係る計算書類につき定時総会における承認（会社監査人設置会社・委員会設置会社において株主総会の承認を要しない場合には，取締役会の承認．会438Ⅱ・436Ⅲ・439）を受けた時における分配可能額がマイナスとなる事態が生じたときは，当該行為に関する職務を行った業務執行者（会462Ⅰ）は，その行為をしても欠損が生じないと予想したことにつき過失がなかったことを証明した場合を除き，会社に対し，連帯して，当該マイナスの額と当該行為により株主に対し交付した金銭等の帳簿価額の総額のいずれか少ない額を支払う義務を負う（会465Ⅰ）．この責任は，総株主の同意により免除することができる（会465Ⅱ）．

表25　欠損てん補責任を負う行為と責任額

465条1項の行為	責任額
① 譲渡制限株式の譲渡による取得を承認しないことによる会社の買取り	超過額とその株式の買取りにより株主に対して交付した金銭等の帳簿価額の総額とのより少ない額
② 子会社からの自己株式の取得または市場取引等による自己株式の取得	超過額とその株式の取得により株主に対して交付した金銭等の帳簿価額の総額とのより少ない額
③ 株主との合意に基づく自己株式の取得	
④ 取得請求権付株式の取得	
⑤ 取得条項付株式の取得	
⑥ 全部取得条項付種類株式	
⑦ 相続人等に対する売渡しの請求による自己株式の取得	超過額とその株式の買取りにより株主に対して交付した金銭等の帳簿価額の総額とのより少ない額
⑧ 所在不明株主の株式の売却における自己株式の買取り	
⑨ 1株に満たない端数に相当する自己株式の買取し	超過額と株式の買取りにより株主等に対して交付した金銭等の帳簿価額の総額とのより少ない額
⑩ 剰余金の配当	剰余金の配当における配当財産の帳簿価額の総額（金銭分配請求権を行使した株主に割り当てたその配当財産の帳簿価額を除く），金銭分配請求権を行使した株主に交付した金銭の額の合計額および基準未満株式の株主に支払った金銭の額の合計額と超過額とのより少ない額

ただし，①剰余金の配当が定時株主総会（会計監査人設置会社・委員会設置会社で会439条の適用がある場合には，計算書類等を承認する取締役会を含む）において定められた場合，または②剰余金の配当が資本金または準備金の額の減少を決議する株主総会において定められ，配当財産の帳簿価額の総額（基準未満株式の株主に支払う金銭があるときは，その額を合算した額）が当該減少額を超えず，かつ，その減少額が準備金または資本金に組み入れない場合においては，当該支払義務は生じない（会465 I ⑩ 括弧書イ～ハ）。

①の場合に責任が生じない理由は，1事業年度に1回は業務執行者が責任を問われる懸念なしに行為を行える機会を設けないと，業務執行者が過度に剰余金の配当に消極的になり，株主の利益に反する事態が生じかねないからであると説明されている（江頭617頁注2）。②の場合に責任が生じない理由は，債権者保護手続（会449）がとられるからであるとされている（江頭618頁注3）。

2　役員等の責任免除・軽減および時効

II-4-12-10　**(1) 責任免除**　役員等（取締役，会計参与，監査役，執行役または会計監査人）の**任務懈怠に基づく会社に対する責任**（会423 I）は，**総株主の同意によって免除する**ことができる[98]（会424．なお会120 V・462 III但書・464 II・465 II，民519，会486 IV［＝424］，整備法

25参照. 例外428Ⅰ・120Ⅳ括弧書・462Ⅲ但書. 213の責任の免除については [Ⅱ-3-2-67] 参照). もっとも, 会社が提起した役員等の責任を追求する訴えにおいて, 会社が和解をするには総株主の同意を要しない (会850Ⅳ). 総株主の同意という要件は, 代表訴訟提起権が単独株主権とされていることに平仄を合わせたものである (江頭436頁注14).

-12-12 **(2) 責任の軽減（一部免除）(ア) 総　説** 役員等が職務を行うにつき**善意・無重過失** (すなわち軽過失である) の場合には, 会社に対する**任務懈怠責任** (利益相反取引のうち直接取引をした取締役・執行役の責任を除く. 会428Ⅱ) **を一部免除することができる**[(99)]. 免除の方法には以下で述べる3つの方法がある.

しかし, 株主が損害賠償請求の提訴もしていない段階で会社から責任軽減をすることは考えられないし, 訴訟中に役員等の過失を認めるような責任軽減の決定をすることも考えられず, 判決確定後に取締役会決定をするには被告取締役の過失が重過失でないことを証明しなければならないので, これも困難であることから, 責任軽減規定の実用性は極めて小さい.

-12-14 **(イ) 株主総会の特別決議による責任軽減 (a) 総　説** 任務を怠ったことにより会社に対して責任を負った役員等は, その職務を行うにつき善意でかつ重大な過失がないときは, **株主総会の特別決議** (会309Ⅱ⑧) をもって, 賠償の責任を負う額より, 次に掲げる額の合計額 (**最低責任限度額**) を控除して得た額を限度として, **免除することができる** (会425Ⅰ). 免除するか否か, するとしてその限度額までの範囲でいくら免除するかは, 特別決議で決められるのであって, その限度額まで当然に免除されるわけではない.

-12-15 **(b) 最低責任限度額** 最低責任限度額は, ① 当該役員等がその在職中に株式会社から職務執行の対価として受け, または受けるべき財産上の利益の**1年間当たり**

-12-11　(98)　**責任の解除**　昭和56年改正前には, 定時総会で計算書類が承認され, 2年内に別段の決議がないと, 不正行為によるものを除き取締役・監査役の責任は解除された (昭和56年改正前商284). しかし56年改正法は, 取締役・監査役の責任強化を理由にこの規定を削除した.
　　ドイツでは貸借対照表利益の処分に関する審議で取締役・監査役の免責 (Entlastung) を決議する. 免責決議は会社の管理の承認の意味しか有せず, 損害賠償の放棄 (株会93Ⅳ・116) を意味しない (独株120).

-12-13　(99)　**沿　革**　平成13 (2001) 年改正以前には, 取締役の責任を軽減するためには総株主の同意を必要とする規定があるのみであったので, 取締役が高額の賠償責任 (大阪地判平成12・9・20金判1101号 [大和銀行ニューヨーク支店損失事件] では829億円の損害賠償責任を認めている. その後平成13年12月に大阪高裁で2億5000万円の和解が成立した) を恐れて経営が萎縮する危険性があるといわれた. そこで, 平成13年改正法 (議員立法) は, 法令・定款に違反する行為に関する株式会社の取締役の責任 (改正前商266Ⅰ⑤の責任) については, 職務を行うにつき善意・無重過失 (すなわち軽過失である) の取締役に限り, ① 株主総会の特別決議 (改正前商266Ⅶ) および② 定款の定めに基づく取締役会の決議 (改正前商266ⅩⅡ) により一定の範囲でその責任の軽減をすることができるとしたほか, ③ 社外取締役については, 事前免責契約の締結 (改正前商266ⅩⅨ) を認めた. 会社法は, これらの制度を, 会計参与および会計監査人に拡大した.

の額に相当する額として法務省令で定める方法により算定される額[100]（会施規113）に，(i) 代表取締役または代表執行役の場合には6，(ii) 代表取締役以外の取締役（社外取締役を除く）または代表執行役以外の執行役の場合には4，(iii) **社外取締役，会計参与，監査役または会計監査人の場合には2**を乗じて得た額と② 当該役員等が当該株式会社の新株予約権を引き受けた場合には，当該新株予約権に関する財産上の利益に相当する額として法務省令で定める方法により算定された額[101]の合計額である（会425Ⅰ）。

　これは，代表取締役，社外取締役を除くその他の取締役および社外取締役（社外取締役に準ずる会計監査人等）では，会社の経営に関わる度合いが異なり，その責任の程度にも濃淡があり，報酬等の額も異なる場合が多いこと等を考慮したものである。

Ⅱ-4-12-18　(c)　**監査役等の同意**　① 監査役設置会社（監査役会設置会社を含む。[Ⅱ-4-9-6]参照）においては，取締役の責任の免除に関する議案を株主総会に提出するには，**監査役全員の同意**，② **委員会設置会社**においては，取締役（監査委員であるものを除く）および執行役の責任の免除に関する議案を株主総会に提出するには，**監査委員全員の同意**を得なければならない（会425Ⅲ）。

　監査役または監査委員の同意は，取締役が責任軽減議案を提出するときに必要とされていることから，議案が株主提案として提出されるときには，監査役または監査委員の同意は不要と解される。

Ⅱ-4-12-19　(d)　**総会における開示・決議・承認**　当該株主総会では，① 責任の原因となった

Ⅱ-4-12-16　(100)　**法務省令で定める方法により算定される額**　法務省令で定める方法により算定される額とは，次に掲げる額の合計額である．
　　① 役員等が受け，または受けるべきな職務執行の対価（当該役員等が取締役，執行役または使用人を兼ねている場合にはそれらの職務執行の対価を含む）の額の，責任軽減に関する株主総会決議，取締役会決議または責任限定契約を締結していた場合の責任原因事実の発生日を含む事業年度およびその前の各事業年度ごとの合計額（当該事業年度の期間が1年でない場合にあっては，当該合計額を1年当たりの額に換算した額）のうち最も高い額（会施規113①）
　　② 当該役員等が受けた退職慰労金および同性質の財産上の利益額（当該役員等が取締役，執行役または使用人を兼ねている場合には，兼務期間中の退職手当等を含む）を「その職に就いていた年数」で除して得た額．ただし，当該年数が，代表取締役・代表執行役の場合には6，代表取締役以外の取締役（社外取締役を除く）または代表執行役以外の執行役の場合には4，社外取締役，会計参与，監査役または会計監査人の場合には2を超えている場合にあっては，当該数である（会施規113②）．

Ⅱ-4-12-17　(101)　**有利発行された職務執行の対価以外の新株予約権の額**　法務省令で定める方法により算定された額とは，① 当該役員等が就任後に新株予約権を行使した場合には，当該新株予約権の行使時における当該株式の一株当たりの時価から当該新株予約権の行使に際して出資される財産の価額および当該募集新株予約権の払込金額の合計額の当該新株予約権の目的である株式一株当たりの額を減じて得た額（ゼロ未満である場合にあってはゼロ）に，当該新株予約権の行使により当該役員等が交付を受けた当該株式会社の株式の数を乗じて得た額であり，② 当該役員等が就任後に新株予約権を譲渡した場合には，当該新株予約権の譲渡価額から募集新株予約権の払込金額を減じて得た額に当該新株予約権の数を乗じた額である（会施規114②）．

事実および賠償の責任を負う額，② 法律の規定により責任を免除することができる限度およびその算定の根拠，③ 責任を免除すべき理由および免除額を開示しなければならない（会425Ⅱ．なお会976③参照）．これらの事項は各役員等ごとになされるべきである．

特別決議（会309Ⅱ⑧）で責任を軽減した場合において，その特別決議後に，① 会社が退職慰労金 [Ⅱ-4-3-64] その他の法務省令で定める財産上の利益を与えるとき(102)，または② その役員等が新株予約権の行使または譲渡をしようとするときは，**株主総会の承認**（普通決議．会309Ⅰ）を得なければならない（会425Ⅳ）．退職慰労金等は，決議の時点で軽減の上限額に算入されていないためである．会社法361条の規制と異なり，各取締役の退職慰労金の具体的金額まで承認することが必要である．

総会の特別決議により責任軽減を受けた役員等が，新株予約権証券 [Ⅱ-3-3-43] を所持しているときは，その譲渡の有無を会社が把握できない結果，規制の趣旨を無視した無断譲渡が行われるおそれがあるので，その役員等は，遅滞なく，当該**新株予約権証券を会社に預託**し，新株予約権の譲渡につき株主総会の承認を受けた後でなければ，当該新株予約権証券の返還を求めることができない（会425Ⅴ）．

12-21　（ウ）**定款規定と取締役会決議による免除**　**監査役設置会社**（取締役が2人以上ある場合に限る）または**委員会設置会社**は，任務懈怠に基づく会社に対する役員等の責任について，当該役員等が職務を行うにつき善意でかつ重過失がない場合において，**責任の原因となった事実の内容，当該役員等の職務執行の状況その他の事情を勘案して特に必要と認めるときは，会社法425条1項の規定により免除することができる額を限度として取締役**（当該責任を負う取締役を除く）**の過半数の同意**（取締役会設置会社にあっては，取締役会の決議）**によって免除することができる旨を定款で定めることができる**（会426Ⅰ）．株主総会の特別決議のほかに取締役の過半数の同意または取締役会決議による責任軽減を認める理由は，① 多数の株主から成り立っている会社においては，役員等の責任軽減のために臨時株主総会を招集するのは非常に困難であるところ，責任軽減が定時総会まで行えないとなると，取締役の責任が軽減されるか否か不明な状態が継続し，長期間にわたって不安定な地位におかれ，ひいては経営を萎縮するおそれがあること，② あらかじめ株主が定款で責任軽減の是非の第一次的な判断を取締役会に委ねている場合に，経営の専門家である取締役の集まりである取締役会が経営判断の妥当性の見地から責任軽減の是非を判断することに

12-20　(102)　**法務省令が定める財産上の利益**　法務省令が定める財産上の利益は，① 退職慰労金，② その役員等が執行役を兼ねているときは，執行役としての退職慰労金，③ その役員等が支配人，その他の使用人を兼ねているときは，支配人，その他の使用人としての退職手当のうちその役員等を兼ねていた期間の職務執行の対価である部分，④ ①から③に掲げるものの性質を有する財産上の利益である（会施規115）．

は十分合理性があると考えられることである．軽減の要件が(イ)と比べて厳格なのは，この種の定款規定を一度設けてしまうと後は取締役会の判断に委ねられてしまうからである．

当該定款の定めは，**登記事項**である（会911Ⅲ㉓）．① **定款を変更して新たに取締役**（監査委員であるものを除く）**および執行役の責任を免除することができる旨の定めを設定する議案を株主総会に提出する場合**，② 定款の定めに基づく取締役（監査委員であるものを除く）および執行役の**責任免除についての取締役の同意を得る場合**，および③ 定款の定めに基づいて当該**責任の免除に関する議案を取締役会に提出する場合**には，(i) 会社が監査役設置会社の場合には**監査役全員の同意**（監査役会設置会社も同じ），(ii) 委員会設置会社の場合には**監査委員の全員の同意**を得ることが必要である（会426Ⅱ＝425Ⅲ）．

定款の定めに基づいて役員等の責任を免除する旨の同意（取締役会設置会社にあっては取締役会の決議）を行ったときは，取締役は，遅滞なく，**公開会社にあっては**，① 責任の原因たる事実および賠償の責任を負う額，② 責任を免除することができる額の限度およびその算定の根拠，③ 責任を免除すべき理由および免除額ならびに④ 責任を免除することに異議がある場合には一定の期間（1カ月を下ることができない）に取締役に述べるべき旨を**公告**し，または株主に**通知**し（会426Ⅲ），非公開会社にあっては，株主に通知しなければならない（会426Ⅳ．したがって，公告・通知に記載の不備・虚偽記載等があれば，責任免除の効果は発生しない．江頭441頁）．

上記期間内に総株主（責任を負う役員等であるものを除く）**の議決権の100ノ3**（定款で引下げ可）**以上の議決権を有する株主が異議を述べたときには，免除をすることができない**（会426Ⅴ）．

役員等の責任の免除に関する取締役の過半数の同意または取締役会決議後に，会社がその役員等に対し退職慰労金その他の法務省令で定める財産上の利益を与えるか，またはその役員等が新株予約権の行使もしくは譲渡をしようとするときは，株主総会の承認（普通決議）を受けることを要し（会426Ⅵ＝425Ⅳ），また，責任が軽減された役員等が新株予約証券を所持しているときは，当該証券を遅滞なく会社に預託し，新株予約権の譲渡につき株主総会の承認を得なければ，新株予約権証券の返還を求めることができない（会426Ⅵ＝425Ⅴ）．

Ⅱ-4-12-22　(エ)　**定款規定と責任限定契約に基づく軽減**　株式会社は，**社外取締役等**（社外取締役，会計参与，社外監査役または会計監査人）の**任務懈怠の責任**について，その社外取締役等が職務を行うにつき善意でかつ無重過失であるときは，**定款に定めた範囲内においてあらかじめ会社が定めた額と最低責任限度額とのいずれか高い額を限度とする旨の契約を社外取締役等と締結することができる旨を定款で定めることができる**（会427Ⅰ）．社外取締役が一般の取締役より責任が軽減されているのは，広く社外から優れた人材を求めるためである（太田誠一外「企業統治関係商法改正法Q＆A」商事1623

号7頁).

このような定款の定め，および，社外取締役または社外監査役である旨は，**登記事項**である（会911Ⅲ㉔㉕㉖）。

定款を変更して会社が社外取締役（監査委員であるものを除く）と責任軽減契約を締結することができる旨の定款を設ける**提案**を**株主総会に提出する**には，① 監査役設置会社の場合には**監査役全員の同意**（監査役会設置会社も同じ），② 委員会設置会社の場合には**監査委員全員の同意**を得なければならない（会427Ⅲ＝425Ⅲ）。

この契約をした社外取締役等が，**会社またはその子会社の業務執行取締役もしくは執行役または支配人その他の使用人に就任**したときは，この契約は，将来に向かってその効力を失う（会427Ⅱ）。

この契約をした株式会社が，当該契約の相手方である社外取締役等が任務懈怠により損害を受けたことを知ったときは，その後**最初**に**招集**される**株主総会**において，① 責任の原因となった事実および賠償の責任を負う額，② 法律の規定により免除することができる額の限度額およびその算定の根拠，③ 当該契約の内容および当該契約を締結した理由，④ 任務懈怠による損害のうち，当該社外取締役等が賠償を負わないとされた額を**開示**しなければならない（会427Ⅳ）。

事前免責契約に基づき責任を軽減した後に，株式会社が退職慰労金その他の法務省令で定める財産上の利益を与えるとき，または，社外取締役等が新株予約権（会425Ⅰ②＝238Ⅲ）を行使し，もしくは譲渡するときは，株主総会の承認を受けなければならない（会427Ⅴ＝425Ⅳ）。また，責任が軽減された社外取締役等が新株予約証券を所持しているときは，当該証券を遅滞なく会社に預託し，新株予約権の譲渡につき株主総会の承認を得なければ，新株予約権証券の返還を請求することができない（会427Ⅴ＝425Ⅴ）。

　(3)　**責任の消滅時効**　取締役の会社に対する責任は，一般原則により10年の消滅時効にかかる（民167Ⅰ．最二小判平成20・1・28民集62巻1号128頁［拓銀ミヤシタ事件］・通説）。

3　役員等の第三者に対する責任

12-23　(1)　**総　説**　役員等（取締役，会計参与，監査役，執行役または会計監査人）の行為が民法709条の不法行為の要件に該当する場合には，責任を負わなければならないのは当然であるが，そのような場合でなくとも，現代社会において株式会社が占める地位の重要性から，役員等の第三者に対する責任が法定されている[103]（会429．なお会53Ⅱ・487・597・598Ⅱ参照）。責任を負うべき者が複数いる場合には，**連帯責任**となる

12-24　[103]　**改正前商法の規定の削除**　改正前商法は，行為が取締役会決議に基づくときは決議に賛成した取締役も違反したものとみなし，さらに，議事録に異議をとどめなかった取締役も決議に賛成したものと推定する規定を置いていた（266ノ3Ⅲ＝266Ⅱ Ⅲ）。会社法はこれらの規定を削除している。

(会430. なお会54・488参照).

II-4-12-25　(2)　**429条1項の責任**　(ア) 役員等が，**その職務を行うにつき，悪意または重過失があったときは，その役員等は，第三者に対しても連帯して損害賠償の責任を負う**(監査役につき大判昭和8・2・14民集12巻5号423頁[日本積善銀行事件]＝会社百選4版57事件，東京地判平成4・11・27判時1466号146頁[アイアンドケイエンジンニアリング事件]参照). 中小企業において会社から満足を得ることができないときに，この責任を追求することが多く，法人格否認の法理の代替的機能を果たしてきた. 同項には以下のような論点がある.

① この責任は法定の特別責任であるか(法定特別責任説)，不法行為の特則を定めたものであるか(不法行為特則説)，それとも特殊な不法行為を定めたものであるか(特殊不法行為説).

② 同項は民法の不法行為の責任と競合するか(競合説)，それとも競合しないか(法条競合説).

③ 悪意・重過失は任務懈怠につき存すれば十分か(任務懈怠説)，それとも加害行為につき必要か(加害行為説).

④ 同項は，会社が損害を受けたか否かを問わず，直接に第三者が蒙った損害に関するものか(直接損害説)，役員等の行為により会社に損害が生じ，その結果間接的に生じた損害に関するものであるか(間接損害説)，それとも両損害を包含するものであるか(両損害包含説).

⑤ 第三者は会社債権者に限られるか，それとも株主を含むか.

⑥ 責任の消滅時効は10年か(民167 I 参照)それとも3年か(民724参照).

⑦ 損害賠償債務の履行遅滞となる時期は損害発生の時からかそれとも履行の請求を受けた時か.

これらの論点につき以下のような説が唱えられている.

A説(**法定特別責任説**)は，責任の性質を第三者の保護を強化するための特別の法定責任と解する. これは3つの説に分かれる.

a説(多数説・最大判昭44・11・26民集23巻11号2150頁[菊水工業事件]＝会社法百選77事件など判例)は，① 同項の責任を法定の特別の責任と解し，② 一般の不法行為責任との競合を認め，③ 悪意・重過失は任務懈怠につき[104]必要であり，④ 責任は直接

II-4-12-26　(104)　**重過失の例**　① 最二小判昭和41・4・15民集20巻4号660頁[弘陽商運事件][事業遂行につき見透しも，方針もなく，事業拡張により手形の支払が可能と軽率に考え，調査不十分の事業に多額の投資をしたケース]，② 最三小判昭和51・10・26金法813号40頁[ビ・エム・ストール事件][既に倒産した会社に対し信用供与の目的で約束手形を振出したケース]，③ 東京地判平成7・4・25判時1561号132頁[ジェントリーヒルズゴルフクラブ事件][自ら調査検討もせずに，前代表取締役らが立案した計画を全面的に信用し，一時閉鎖したゴルフ場の新規会員を募集したケース])など. ④ 株主としての地位確認請求を棄却する控訴審判決が存在するが上告中で確定していないときに，当該控訴審判決(その後上告審で原判決が破棄され，株主として

第4章 機　　関　第12節　役員等の損害賠償責任　**509**

損害[105]のみならず間接損害[106]にも及ぶとする．従って，無理に直接損害と間接損害を分ける必要がないことになる．任務懈怠と損害の間には相当因果関係があることが必要なのは当然である[107]．⑤ 第三者には会社債権者のほかに株主も含むか否かについては説が分かれ[108]，⑥ 責任の消滅時効は10年である（最判昭和49・12・

の地位が確認された）に従い当該株主に総会通知をしないで新株発行を行うことは取締役の悪意・重過失に当たるとするのが判例（最三小判平成9・9・9判時1618号138頁［明星自動車事件］）であるが，判決の確定を待っていては業務の迅速性・機動性が妨げられることから，学説は分かれている．

12-27　(105)　**直接損害の事例**　会社によるプログラム複製権侵害行為（大阪地判平成15・10・23金判1185号44頁［ヘルプデスク事件］），販売債券の販売員による説明義務違反の勧誘（東京地判平成15・2・27判時1832号155頁［丸荘証券事件］），会社の建物不法占拠により建物の競落人が被った損害（最一小判昭和51・1・29金法781号26頁［東邦工業事件］）など．退職取締役への退職慰労金の不支給については見解が分かれている（肯定：東京地判平成6・12・20判夕893号260頁［佐世保重工業事件］，東京地判平成8・6・20判夕927号233頁［佐世保重工業事件］．否定：大阪高判平成16・2・12金判1190号38頁［コウノ事件］）．株主の直接損害としては，株主平等原則に反する待遇，株券発行の不当遅延，名義書換の不当拒否，相当の理由と必要に基づかない株式の上場廃止申請などがある．

12-28　(106)　**間接損害の事例**　会社が債務を負担した当時は弁済の見込みがあったが取締役の放漫経営により倒産した場合（大阪地判平成8・8・28判時1601号130頁［関西リテイラー事件］），会社の経営体質を改善せずに，名目的保証人斡旋の事実が入国管理局に発覚したときは，入学希望者の在留許可申請がすべて不許可になることを認識しながら，名目的保証人の紹介を継続した場合（東京地判平成6・12・21判時1540号117頁［ラーン・ウイズ・ジョイ株式会社事件］），売買代金支払の見込みがないのに買い受け行為を行った場合（仙台高判昭和63・5・26判夕678号175頁［丸星木材事件］），自己および自己が主宰する別の会社から融資をして来た取締役が，貸付債権の回収を図り消費貸借の予約の履行をしなかったため会社が倒産した場合（東京地判昭和59・5・8判時1147号147頁［サンレッド事件］）など．

　　返済の見込みがないのに金銭の借入等をするのが何故に会社に対する任務懈怠になるのか，見解が分かれている．会社の信用を傷つける点に任務懈怠を求める説もあるが，取締役は財務など会社の状況を知り，自己の職務執行がもたらす結果の把握に努める義務を負っており，その任務懈怠が問題となると解する．

12-29　(107)　**両損害説の問題点**　両損害説に立った場合，直接損害で会社に全く損害が生じていない場合において，取締役の行為が会社に対する任務懈怠になる理由をどのように説明するのか問題となる．直接損害が不法行為になるとき，会社の社会的信用を傷つけることになるから任務懈怠に該当すると説明したり，会社が債務超過またはそれに近い状態にあり，第三者に損害を及ぼしかねない状況下においては，会社債権者の損害拡大を阻止するため，取締役には会社の状況を把握し，再建可能性・倒産処理等を検討すべき義務が善管注意義務として課されており，この違反が会社に対する任務懈怠になると説明したり，説明をあきらめて，合理的経済人としての行動をはなはだしく逸脱して会社債権者に損害を被らせる取締役に人的責任を課すという立法政策には合理性があるので，本条にいう任務懈怠はかかる責任を認めるための借用概念にすぎないと説く見解がある．

12-30　(108)　**株　主**　(a) 多数説は，① 会社が損害を回復すれば持分の価値は回復する，② 仮に取締役が株主に賠償しても，会社に対する責任が残るなら，取締役は二重の責任を負う結果になる．③ 株主に賠償することにより会社に対する責任もその分だけ減少するなら，責任の免除に総株主の同意を要すること（会424）と矛盾する，④ 株主が賠償金を手に入れることによって，会社債権者に劣後すべき順序が逆転する，⑤ 会社に帰属する財産を特定の株主が早い者勝ちに奪いとる結果になる等を理由に，**間接損害には株主は含まない**とする（東京地判平成8・6・

17民集28巻10号2059頁［三洋物産事件］）と解している．第三者の損害発生が役員等の行為とともに第三者の過失もその要因となっている場合には，過失相殺の理論（民722Ⅱ）の適用を認め（最一小判昭和59・10・4判時1143号143頁［健和産業事件］），また⑦ **履行遅滞については期限の定めのない債務として，履行の請求を受けた時から遅滞に陥り**（民412Ⅲ），かつ，右損害賠償債務は，商行為によって生じた債務とはいえないものであるから，その遅延損害金の利率は年5分の割合（民404）にとどまると解する（最一小判平成元・9・21判時1334号223頁［拓富商事事件］）．会社に売掛債権を有する者がその債権を譲渡しても，当然には，役員等に対する損害賠償請求権が随伴するものではない（最三小判昭和62・2・17判時1228号128頁［昌洋水産事件］（有限会社の事例））．

　b説（佐藤庸『取締役責任論』109頁以下）は，① a説を，法の認めた特殊の責任というだけでは，説明が甚だ形式的であると非難し，間接責任の場合と直接責任の場合とにおける責任の内容の相違にもかかわらず無理にこれを一個の規定でカバーしようとするよりも，直接損害の場合は一般不法行為法に委ね，**本項を間接損害の場合に限るべきである**とする．それゆえ同項は，債権者の債権者代位権的（民423参照）な損害賠償請求権についての規制であると解する．従って④ 同項の責任は，間接損害の場合の責任であるから，③ 任務懈怠が要件であり，⑤ ここに言う第三者は会社債権者のみである．株主の請求権は代表訴訟に委ねられ，会社債権者のみが損害を蒙った場合には一般不法行為制度に委ねられる．また⑥ この責任は会社に対する任務懈怠を通じての責任であるから，会社に対する損害賠償債務を基準として，結果的には時効を10年と解するほかない，と主張する．

　しかし，この説によると，第三者に対する取締役の直接の加害行為につき他の取締役に監視義務の懈怠がある場合においては，その取締役は責任を負わないこととなるので，第三者の保護が弱くなる[109]．

20判時1578号131頁，東京高判平成17・1・18金判1209号10頁［雪印食品事件］）．これに対し，(β) ①「第三者」という文言は，文字どおりに解すれば，会社・取締役以外の者を意味する，② 代表訴訟の提起要件，担保提供義務，単元未満株主の代表訴訟提起権の剥奪の可能性，和解の可能を考えると，代表訴訟により株主の間接損害が完全に回復されない場合が十分に想定される，③ 先に会社に賠償すれば，株主の請求は棄却されるが，株主に対する損害賠償により会社に対する責任は減縮せず，会社に対する責任の履行で，株主の損害がてん補されたときは，先に受けた賠償は不当利得になるとすれば取締役に酷とはならないなどを理由に株主を含むとする説（福岡地判昭和62・10・28判時1287号148頁［老松座事件］等）や(γ) 閉鎖会社の場合には株主も含まれるとする説（閉鎖会社の場合，少数株主への加害の救済を代表訴訟に限ると，加害が繰り返され実効的な救済にならない例が多いことを根拠とし，前掲最判平成9・9・9，福岡地判昭和62・10・28判時1287号148頁はその適用例であるとする）も存在している．

[109]　**間接損害の場合に会社法429条や民法709条の適用を否定する説**　東京高判平成17・1・18金判［雪印食品事件］は，公開会社の取締役の過失により株価が下落した場合には，代表訴訟（会847）によるべきで，会社法429条や民法709条により取締役に対して直接損害賠償を請求することができないが，公開会社でない閉鎖会社の場合においては，株式を処分することは必ずしも容易ではなく，違法行為をした取締役と支配株主が同一ないし一体であるような場合には，

C説（菱田政宏「株式会社の取締役の第三者に対する責任」民商78巻臨時増刊号(2)297頁以下）は，① 同項は，第三者が会社に対して何らかの請求権を有する場合に，会社より弁済を受け得ない第三者を保護するために，不法行為責任とも債権者代位権とも異なる別個の面から取締役の責任を認めたものである．② 従って直接損害の場合にも不法行為責任との競合を認めるが，③ 悪意・重過失に関しては，間接損害の場合会社に対する加害行為（任務懈怠）についてあれば足りるが，直接損害に場合には，直接契約関係に立っていない主体間の損害賠償の問題として第三者に対する加害につき存することを要する．④ 債権者代位権では会社が請求権を持つことが必要であるから，会社が取締役の責任を免除した場合に債権者の保護を図るためには，間接責任を含ましめる必要性と合理性がある一方，直接損害は必ずしも不法行為を含まないので，直接損害を同項に含める実益はある（両損害包含説）．⑤ 直接損害の場合には株主を含むが，間接責任の場合には取締役の会社に対する責任で解決すべきであるから，含まれない．⑥ 会社に対する第三者の請求権が時効にかかっていれば，この責任を認める必要はなく，時効にかかっていなければ，取締役の会社に対する債務が時効にかっているか，取締役個人の第三者に対する行為自体による責任が時効にかかっているかなどは問題とならないので，取締役の責任自体の時効を考える必要はない，と主張する．

B説（**不法行為特則説**）（松田二郎『会社法概説』227頁）は，① 同項を，取締役の対外的業務執行上の不法行為につき，悪意・重過失ある場合に限り，第三者に対してその責に任ずるものとして，軽過失についての責任を軽減したものであるから，不法行為に対する特則であると解する．従って② 同項は民法に対する特別規定の関係に立つから，民法の不法行為に関する規定の適用は排除され，③ 悪意・重過失は，取締役の対外的関係について存することを要し，④ 同項は直接損害に関するものであり（間接損害の場合には代表訴訟と債権者代位権の発動がある），⑤ 第三者には株主も含み，⑥ 責任の消滅時効は3年であり，⑦ 損害発生時から遅滞に陥る，とする．

この説は，取締役が複雑多岐な職務を迅速に行う必要があることから，取締役の保護を図った規定と理解する．しかし，会社の使用人は軽過失でも第三者に責任を負うのに，取締役が負わないとするのは均衡を欠く．業務の複雑性は会社に対する責任の軽減理由となっても，第三者に対する責任の軽減理由にはならない．この説をとっても，会社が取締役の軽過失によって第三者に対して責任を負えば，会社は取締役に求償できるから，取締役の責任の軽減という目的を達成することができない．

実質上株主代表訴訟の遂行や勝訴判決の履行が困難であるなどその救済が期待できない場合も想定し得るから，このような場合には，株主は民法709条に基づき取締役に対し直接株価の下落による損害の賠償をすることもできるとしている．民法709条の適用問題に会社法429条を持ち出して門前払いをしており疑問に感じる．

C説(特殊不法行為説)(田中(誠)・上677頁以下,加美365頁)は，① 同項を会社法423条1項の債務不履行的責任との対応において特殊な不法行為責任と解する．しかし② 429条1項の責任は一般不法行為責任と競合する．なぜなら，民法と競合するか否かを決定する標準は，同項が取締役の責任を特に強化するための規定であるか，軽減するための規定であるかであって，同項の責任が不法行為的責任か否かとは関係がないからである(同項は責任強化規定である)．③ 同項の責任は任務懈怠による会社に対する責任を前提とすると解されるから悪意・重過失は任務懈怠に存すれば足りる．④ 同項は，どちらかの損害に限定する趣旨を含んでおらず，両損害とした方が第三者の保護に厚いから両損害包含説に賛成する．⑤ 第三者は，会社以外のすべての人を指し，株主も一般的に含まれる．⑥ 特殊な不法行為と解する立場からは民法724条の適用があるのは当然であり，また取締役の責任が通常の不法行為責任以外に認められる加重的責任であるから3年と解するのが適当である(特別の法定責任説に立ちつつ，3年説を採用する見解として大隅＝今井・中巻3版262頁)．

特別法定責任説は小規模閉鎖会社の場合に合理性があるが，大規模上場会社の場合には不法行為特則説が合理的であるとして，使い分けをしようとする説も最近では唱えられている(久保田安彦「株式会社の区分立法と会社法の「区分解釈」」法セ633号18頁)．

II-4-12-32　(イ) **責任者**　取締役は代表取締役に限らない(例えば平取締役の監視義務違反．名古屋地判平成10・6・22判時1727号126頁[投資ジャーナルグループ事件]，最三小判昭和48・5・22民集27巻5号655頁＝会社法百選78事件)．判例は，この責任を，現実に業務執行に当たっている取締役に負わせるだけでなく，① 名目上の代表取締役(前掲最判昭和44・11・26，最判昭和55・3・18判時971巻101頁[淀川ラセン株式会社事件])[110]，② 選任決議を欠く，就任の登記に承諾を与えた名目上の取締役(**表見的取締役**)(最一小判昭和47・6・15民集26巻5号984頁[日本スタヂオ事件]＝会社法百選79事件は，就任の承諾は不実登記の出現に加功したことになるので908条2項が類推適用されるという構成を採用しているが，このようなケースで取締役の責任を認めた判例は多くはない)，③ 辞任登記未了の取締役(但し(i) 辞任したにもかかわらずなお積極的に取締役として対外的又は内部的な行為をあえてしたとか，(ii) 当該会社の代表者に対し，辞任登記を申請しないで不実の登記を残存させることにつき明示的に承諾を与えていたなどの特段の事情の存在を前提とする．最一小判昭和62・4・16判時1248号127頁[コサク事件]＝

II-4-12-33　(110) **名目取締役**　もっとも近時の下級審判例は報酬も一切受け取らない等の名目取締役については責任を否定するものが多い．東京高判昭和57・4・13判時1047号146頁[小林木材事件．代表取締役制をとる有限会社に関する]，仙台高判昭和63・5・26判時1286号143頁[丸星木材事件]，東京地判平成3・2・27判時1398号119頁[早稲田教育センター事件]．会53II(改正前商193II)につき東京地判平成2・1・31金判858号28頁[三協商事事件]．また中小企業の名目取締役はワンマン社長の業務執行を是正することは不可能として懈怠と損害の因果関係を否定した判例もある(大阪地判昭和59・8・17判タ541号242頁[理工建設事件]，東京地判平成6・7・25判時1509号31頁[第一抵当証券事件]，東京地判平成8・6・19判タ942号227頁[関口興産事件．代表取締役制をとる有限会社に関する])．

会社法百選80事件，最三小判昭和63・1・26金法1196号26頁［株式会社ヤマガタ事件］＝（総則百選10事件．会346条1項・351条1項に該当する場合には429条の責任主体となる），④　登記簿上取締役でないが，対外的・対内的に重要事項の決定権を有する実質的経営者（**事実上の取締役**）（東京地判平成2・9・3判時1376号110頁［チェリー事件］，大阪地判平成4・1・27労判611号82頁etc），⑤　親会社の代表取締役であり，完全子会社の実質的所有者として，事実上子会社の業務執行を継続的に行い，支配している場合には，子会社の事実上の取締役であるとして責任を肯定している（京都地判平成4・2・5判時1436号115頁．本件では事実上の取締役とされた者は会社の業務執行に関与した事実がなかった．そこで江頭396頁は，「事実上の取締役」の法理と適用としては異例であるとして，親会社（またはその取締役）の子会社への介入を義務づける考えた方自体支持し難いとする．親会社取締役が子会社の取締役を兼ねている場合において，専ら親会社の利益を図り子会社の債権者に損害を与えると，子会社の取締役の職務懈怠に当たり，同条1項の責任を負う（最一小判昭和59・10・4判時1143号143頁）ことは当然である）．

12-34　**(3) 不実の情報開示による責任**　**(ア) 会社法の責任**　(a) 取締役および執行役が，①　株式，新株予約権，社債もしくは新株予約権付社債を引き受ける者の募集をする際に通知しなければならない重要な事項についての虚偽の通知またはその募集のための当該会社の事業その他の事項に関する説明に用いた資料についての虚偽の記載・記録，②　計算書類および事業報告ならびにこれらの附属明細書ならびに臨時計算書類に記載・記録すべき重要な事項についての虚偽の記載・記録（粉飾決算の事例として横浜地判平成11・6・24判時1716号144頁［平戸建設事件］），③　虚偽の登記，および④　虚偽の公告（貸借対照表の内容である情報を，定時株主総会の終結の日後5年を経過する日までの間，継続して電磁的方法により不特定多数の者が提供を受けることができる状態に置く措置を含む）をしたときは，その行為をすることについて注意を怠らなかったことを証明しない限り，第三者に責任を負う[111]（会429Ⅱ①．なお会976⑦参照）．

　原告は，虚偽の情報開示と損害との間の因果関係を証明しなければならない（千葉地判平成5・3・22判例地方自治121号51頁．因果関係が否定された事例として山口地判平成3・4・25判タ760号241頁）が，不実記載の書類を第三者が実際に見たことを要しない（粉飾決算に係る決算書類に依拠した調査報告を信用した場合に因果関係を認めた事例として横浜地判平成11・6・24判時1716号144頁［平戸建設事件］がある一方，本規定は各書類の記載に虚偽がある場合において，これを信頼して会社と直接の取引関係に入った者あるいは会社の株式または社債を公開の流通市場において取得した者を保護するものであるから，「会社四季報」の当該会社に関する記載を閲読して手形割引の依頼に応じた者は保護の対象外としたものに，名古屋高判昭和58・7・1判時1096号134頁［東邦産業事件］＝会社法判例百選81事件がある）．

12-35　(111)　**沿　革**　昭和56年改正法以前は，本項は266条ノ3第1項後段に定められ，但書もなかった．そこで，本項は前段の例示規定なのか，無過失責任を定めたのかそれとも立証責任を転換した規定なのか争われていた．昭和56年改正法は後者の見解を採用した．

(b) 会計参与が，計算書類およびその附属明細書，臨時計算書類ならびに会計参与報告に記載・記録すべき重要な事項についての虚偽の記載・記録をしたときも同様である．その者が当該行為をすることについて注意を怠らなかったことを証明しない限り，責任を負う（会429Ⅱ②．なお会976⑦参照）．

(c) 監査役および監査委員が，監査報告に記載・記録すべき重要な事項について虚偽の記載・記録したときも，同様である（会429Ⅱ③．なお会976⑦参照）．

(d) 会計監査人が，会計監査報告に記載・記録すべき重要な事項についての虚偽の記載・記録したときも，同様である（会429Ⅱ④．なお会976⑦）．

役員等（清算人）が第三者に対して損害賠償の責に任ずべき場合において，他の役員等（清算人）も当該損害を賠償する責任を負うときは，これらの者は，連帯債務者とする（会430・488ⅠⅡ）．

Ⅱ-4-12-37　(イ)　**金融商品取引法の責任**　有価証券届出書（金商21Ⅰ①・Ⅱ①・22ⅠⅡ・23の2），目論見書（金商21Ⅲ＝21Ⅰ①②・Ⅱ①），有価証券報告書（金商24の4＝22），四半期報告書（金商24の4の7Ⅳ），半期報告書および臨時報告書（金商24の5Ⅴ＝22），自己株券買付状況報告書（金商24の6Ⅱ＝22）の重要な事項につき虚偽の記載をしまたは記載すべき重要な事項もしくは誤解を生じさせないために必要な重要事実の記載をしない場合には，会社の提出時における役員（取締役，会計参与，監査役もしくは執行役またはこれに準ずる者）は，相当の注意を用いたにもかかわらず知ることができなかったということを証明しない限り，当該記載が虚偽であり，または欠けていることを知らないで有価証券を取得した者に対し損害賠償責任を負う．

第13節　代表訴訟と違法行為差止請求

1　代表訴訟

Ⅱ-4-13-1　(1)　**総　説**　① 発起人，設立時取締役，設立時監査役，役員等（取締役，会計参与，監査役，執行役または会計監査人）もしくは清算人の責任（会52・53・213Ⅰ・423・652）を追求する訴え，② 違法に供与した利益の返還を求める訴え（会120Ⅲ［Ⅱ-4-2-73］），または③ 不公正な払込金額で株式を引き受けた者等または新株予約権を引き受けた者等に対し不足額等の支払いを求める訴え（会212Ⅰ・285Ⅰ）は，本来会社が自ら提訴すべきものである．しかし，利害関係人の会社との特殊関係から，会社が提訴を怠ることがある．そこで株主が会社に代わって訴訟を起こすことが認められている（会847以下．なお会968Ⅰ④参照）．これを**代表訴訟**〔独 Klagezulassungsverfahren〕という．金融商品取引法にも同趣旨の規定がある（金商164Ⅱ）．代表訴訟は，昭和25年の改正で，取締役の権限の拡大に伴う責任の厳格化と株主の地位の強化の一環として，アメリカ法の representative suits〔or derivative suits〕にならって採用された制度で

第4章 機　関　第13節　代表訴訟と違法行為差止請求　**515**

ある．代表訴訟は，会社の権利を株主が会社に代わって行使するものであり，**第三者の訴訟担当**（民訴115Ⅰ②，民執23Ⅰ②）の一場合である[112]．したがって，原告敗訴の場合にも判決は，会社に及ぶ（民訴115Ⅰ②）[113]．平成5（1993）年商法改正前は殆ど利用されていなかったが，同年改正により利用されやすくなかったことに加えて，企業の相次ぐ不祥事も加わって，数多くの代表訴訟が提起されるようになった[114][115]．会社法は，旧商法特例法と異なり，会計監査人・会計参与の責任追及

4-13-2　[112]　**代表訴訟提起権・代表訴訟の性質**　① 株式債権論に立つ見解は，株主が株式という債権を有する以上，その債権保全のため債権者代位権（民423）が認められてしかるべきであり，代表訴訟は財産権（自益権）であるとするが，通説は管理権（共益権）と解している．② 通説は代表訴訟を代位訴訟と解しているが，原告株主が株主全員を代表して訴訟を提起・追行するという一種のクラス・アクション（代表訴訟）であるとする説，代位訴訟の面と代表訴訟の面の両方を有しているとする説も有力である．

4-13-3　[113]　**倒産と代表訴訟**　① **更正手続開始決定**があった場合（会更72Ⅰ）または**民事再生手続**において管財人が選任された場合（民再66），管財人が会社財産の管理・処分権を専有することになるので，手続の進行中は株主は代表訴訟の原告適格を有しない（東京高判昭和43・6・19判タ227号22頁［サンウェーブ工業事件］．なお大阪高判平成1・10・26金判834号11頁参照）．代表訴訟の係属中に会社の民事再生手続に伴う100％減資手続を内容とする民事再生計画が認可されたときは，原告は株主ではなくなるので，原告適格を失う（東京地判平成16・5・13判時1864号126頁）．② 会社に**破産宣告**がなされても，破産財産の管理・処分権は破産管財人に専属するので（破78Ⅰ），株主も代表訴訟を提起することができなくなる（東京地判平成7・11・30判タ914号249頁［ニコマート事件］）．既に提起された代表訴訟も中断し，管財人がこれを受継できる（東京地決平成12・1・27金判1120号58頁）．③ **取締役等が破産した場合**には，株主は，代表訴訟の請求に代えて，会社に対し破産債権の届出（破111）を請求し，会社が届け出ない場合には，会社のため，代表訴訟の提起に代えて破産債権の届出をすることができる．そして，破産管財人が届け出られた破産債権に異議を述べた場合には，株主は，会社のため，破産管財人に対し，訴えをもって破産債権の確定を求めることができる（東京地判平成13・3・29判時1750号40頁［蛇の目ミシン事件］）．④ 株主代表訴訟提起後に当該損害賠償請求権が会社から預金保険機構に譲渡され，預金保険機構が別訴を提起した場合につき，先行事件である株主代表訴訟を棄却した裁判例がある（和歌山地判平成12・2・15判時1736号124頁）．

4-13-4　[114]　**二重株主代表訴訟・三重株主代表訴訟**　アメリカでは，子会社または孫会社の取締役を訴えるために親会社の株主が代表訴訟を提起することが認められている．わが国でも，アメリカにならい，解釈論として二重株主代表訴訟または三重株主代表訴訟を肯定する説や完全親子会社とくに持株会社に限り二重株主代表訴訟を肯定するが，多重的な代表訴訟は否定する説があるが，会社法は，提訴要件の絞り方が難しい，会社の組織形態選択の制約になるなどの理由から，採用していない（江頭・商事1723号9頁，青竹295頁）．

4-13-5　[115]　**株主代表訴訟を提起することができない場合**　新法は，米国の訴訟委員会を導入しても訴訟の迅速な終了に役立たないことから，実体的な終了（却下）事由を法定している（江頭・商事1723号8頁）．即ち，**株主は，当該訴えの提起につき，当該株主が自己もしくは第三者の不正な利益を図り**（長崎地判平成3・2・19判時1393号138頁），**または会社に損害を加えることを目的とする場合**（東京高判平成元・7・3金判826号3頁［三井鉱山代表訴訟事件］参照）場合には代表訴訟提起権を有しない（会847Ⅰ但書．法案では訴えにより，会社の正当な利益が著しく害されること，会社に過大な費用の負担が生じることその他これに準ずる事態が生じることが相当の確実さをもって予測される場合も提訴権がないものとされていたが［削除前会847Ⅰ②］，国会の審議の過程でこの規定は削除されている）．会社自身が訴えを提起できるにもかかわらず，申立手数料節約のため，代表取締役が株主として代表訴訟を利用すること（［東京地判平

のための代表訴訟も認めている（会847Ⅰ）．これは，会社の経営陣との緊密な関係から，会社が責任追及を怠る可能性を否定できないからである．代表訴訟は，直接的には会社の損害の回復を目的とするものであるが，間接的には監督是正機能を有している．

なお，持分会社の社員による社員の責任追及の訴えは，会社が原告である点で代表訴訟とは異なっている（会602）．

Ⅱ-4-13-6 **(2) 責任の範囲** 代表訴訟により追求される取締役の責任の範囲については争いがある．多数説は，**取締役が会社に対して負担する一切の債務を含む**と解し，取締役の会社に対する不動産所有権の真正な登記名義の回復義務にも代表訴訟を認める（大阪高判昭和54・10・30高民集32巻2号214頁［関西観光開発事件］＝会社法百選74事件）．提訴懈怠の可能性は，(1)の責任に限られないことを根拠とする．これに対して少数説[116]は，アメリカ法と異なり，会社にみずから提訴するかどうかの裁量権を認めず，会社が提訴しない限り，提訴しないことが不正・不当であると否とにかかわらず，代表訴訟を認める会社法のもとでは，代表訴訟によって追及しうる取締役の責任に，取締役が会社に対して負担する一切の債務を含めることは，代表訴訟を広く認めすぎて不都合であり，代表訴訟が認められるか否かは，提訴懈怠の可能性があるか否かだけでなく，会社に対する債務の発生原因の如何にかかっていることを根拠に，(1)で挙げた責任に限られるとする（限定債務説．北沢448頁，服部栄三『会社法通論（4版）』131頁，佐伯直秀「代表取締役によって追及しうる取締役の責任の範囲」商法の争点（1版）118頁，江頭448頁，青竹292頁．東京地判昭和31・10・19下民7巻10号2931頁［オーシャン貿易事件］東京地判平成10・12・7判時1701号161頁は，取締役就任前の行為による会社に対する損害賠償責任は含まれないとする）．なお，本制度の適用は，取締役の在任中に生じた責任に限られるが，そうである限り，その退任後にも及ぶ．

Ⅱ-4-13-8 **(3) 提訴権者・手続 (a) 株 主**（定款の定めによりその権利を行使することができない単元未満株主を除く［会847Ⅰ括弧書］．**公開会社の場合には6カ月**（定款で期間短縮可）**前より引き続き株式を有すること**が要件であるが，非公開会社の場合には，6カ月の継続要件はない［会847ⅠⅡ］．訴訟終了時まで継続して株主であることを要し，途中で株式を譲渡して株主でなくなると

成8・6・20判タ927号233頁［乙山航空事件］，広島高判平成15・3・19［TKC 法律情報データベース文献番号28082367）］は権利の濫用として却下される．なお最三小判昭和63・1・26民集42巻1号1頁参照）．

Ⅱ-4-13-7 [116] **アメリカ法** アメリカでは，株主から会社に対し，取締役に対する損害賠償請求の要求があると，会社は利害関係のないメンバーによる訴訟委員会〔litigation committee〕を組織し，訴訟委員会が取締役の責任を追及することが会社にとって最善〔best interest〕であるか調査する．会社が訴訟委員会の判断に従って取締役に対する損害賠償請求を行わないことを決定すると，その後株主が代表訴訟を提起した場合でも，裁判所は訴訟委員会の独立性を審査し，真に独立の訴訟委員会が誠実に（in good faith）検討した結果，取締役の責任追及は行うべきでないという結論を出したと判断したときは，裁判所はその結論を尊重して，訴えを却下〔dismiss〕する（なお RMBCA §7.44参照）．

第4章 機　関　第13節　代表訴訟と違法行為差止請求　**517**

訴えは却下される）は，株式会社に対し被告となるべき者ならびに請求の趣旨および請求を特定するのに必要な事実 (特定の程度につき，東京地判平成8・6・20金判1000号39頁 [日本航空電子工業株主代表訴訟事件] 参照) を記載した書面の提出または電磁的方法による提供により（会施規217），責任追及等の訴えの提起を請求することが必要である（会847Ⅰ）．相続など包括承継のときは，被承継人の保有期間を通算する．米国と異なり，役員が責任を負う行為をした当時の株主である必要はない[117]．この提訴権は，会社の構成員であることによって認められたものであるから，**議決権のない株主も提訴できる**．

4-13-10　(b)　**会社と取締役** (取締役であった者を含み，委員会設置会社では執行役および執行役であった者を含む) との間における訴えにおいて，① 取締役会設置会社以外の株式会社にあっては，取締役が会社を代表するが（会349Ⅰ本文），株主総会は，当該訴えについて会社を代表する者を定めることが「できる」とされ（会353），② 取締役会設置会社では，株主総会が代表者を定めない限り，取締役会が，会社の代表者を定めることが「できる」とされている（会364）．これに対し，③ 監査役設置会社では，

表26　代表訴訟における被告・相手方

		被告	請求相手	訴訟における代表	
委員会設置会社以外	監査役設置会社	取締役	監査役 (訴えの提起請求，訴訟告知，通知・催告の受取も．386Ⅰ・Ⅱ②)	同左	
		取締役以外の役員	取締役・代表取締役 (349Ⅰ～Ⅲ)	同左	
	監査役非設置会社	取締役	取締役・代表取締役 (349Ⅰ～Ⅲ)	取締役会非設置会社	取締役・代表取締役・株主総会で決める場合にはそこで定める者 (353)
				取締役会設置会社	株主総会が定めなければ，取締役会が定める者 (364)
		取締役以外の役員等	取締役・代表取締役 (349Ⅰ～Ⅲ)	同左	
委員会設置会社		取締役 (監査委員を除く)・執行役	監査委員 (訴えの提起請求，訴訟告知，通知・催告の受取も．408Ⅲ①②)	監査委員会が選定する監査委員 (408Ⅰ②)	
		監査委員	代表執行役 (420Ⅰ Ⅲ)	株主総会が定めなければ，取締役会が定める者 (408Ⅰ①)	
		上記以外の役員等	代表執行役 (420Ⅰ Ⅲ)	同左	

4-13-9　[117]　**同時保有要件〔米 Contempotaneous Shareholder Rule〕を採用しない理由**　① 要件を満たす他の株主に協力してもらえれば代表訴訟を起こすことが可能であり，代表訴訟の濫用防止の効果としてあまり期待できないこと，および② 株式取得時に問題の事実を知っていたかが訴訟の入り口で争点となり代表訴訟が利用されにくくなることが懸念されることである．近藤光男・志谷匡史『改正株式会社法』213頁（弘文堂2002年）．

監査役が会社を代表し（会386Ⅰ．なお最三小判平成9・12・16判時1627号144頁，最三小判平成15・12・16民集57巻11号2265頁，近藤光男「代表訴訟と監査役の機能」企業法の理論上巻595頁，藤原俊雄「会社法における代表訴訟制度と監査役の役割」法律論叢80巻第2・3合併号343頁参照），④ 委員会設置会社においては，監査委員が訴訟の当事者のときは，株主総会が定めなければ，取締役会が定めた者が会社を代表し，監査委員が訴訟の当事者でないときは監査委員会が選定した監査委員が会社を代表「する」とされている（会408Ⅰ）．そこで，①②の場合，代表者が定められているときには，その者に訴えの提起を請求し，そうでない場合には①の会社にあっては取締役（代表取締役を定めているときは代表取締役）に，②の会社にあっては代表取締役（会363Ⅰ①）に請求し，③④の場合には代表者に訴えの提起を請求すべきものと解される．

(c) **株式会社は，請求の日から60日以内に**[118]訴えを提起するか否か決定する．① 会社が訴えを提起したときは，各株主に訴訟参加の機会を与えるため，遅滞なく，その旨を公告し，または株主に通知しなければならない（会849Ⅳ．なお会976②参照）．非公開会社の場合には，株主に通知をしなければならない（会849Ⅴ．なお会976②参照）．② 責任追及等の訴えを提起しないときは，会社は，請求をした株主または訴えの提起を請求された発起人，設立時取締役，設立時監査役，役員等もしくは清算人から請求を受けたときは，当該請求をした者に対し，遅滞なく，(i) 会社が行った調査の内容（請求対象者［会施規2Ⅲ⑲］の責任または義務の有無についての判断の基礎とした資料を含む），(ii) 請求対象者の責任または義務の有無についての判断およびその理由，(iii) 請求対象者に責任または義務があると判断した場合において，責任追及等の訴えを提起しないときは，その理由を記載した書面（**不提訴理由書**）の提出または電磁的方法による提供（会施規218）により通知しなければならない（会847Ⅳ．なお，会976②参照）．監査役会設置会社において取締役の責任が問題のときには，あくまで各監査役が提訴するか否かを個別に判断する（会386Ⅰ，論点352頁）．当該請求した株主は，理由に納得がいかないときには，会社のために，訴えを提起することができる（会847Ⅲ．会社に提訴を求めることなく訴えを起こし，訴提起後会社に対する請求の手続きを履践し，60日以内に会社が訴えを提起しなかった場合，訴提起前の手続に関する瑕疵は治癒されるか否かについては，二重起訴［民訴142］に当たることを理由に否定する学説［江頭450頁注4］・判例［大阪地判昭和41・12・16下民集17巻11号1237頁（関西電力事件），東京地判平成4・2・13判時1427号137頁（野村証券事件）］と肯定する判例［大阪地判昭和57・5・25判タ487号173頁］とに分かれている）．事後の株主代表訴訟において不提訴理由書が株主から裁判所に提出され，裁判所の心証形成に影響する可能性があるので，会社の監査体制の充実が促進され

Ⅱ-4-13-11　(118) **考慮期間**　平成13年改正により，従来の30日以内から60日以内に延長されている．これは，企業の業務形態が多岐多様になってきて厳しい企業間競争が行われており，取締役が経営判断をする事項が極めて高度化していることから，訴訟を提起するか否か慎重な判断を要するためである．

第 4 章 機　関　第13節　代表訴訟と違法行為差止請求　**519**

ると予想されている．被告である役員等にも不提訴理由書の内容が被告に有利であるケースも多いと考えられたことによる (江頭・商事1723号 8 頁)．**60日の期間の経過により会社に回復することができない損害が生ずるおそれがある場合** (会社の債権が時効にかかるとか，取締役が財産を隠匿する場合など) には，**会社に対する請求をしないでまたは60日を経過しなくても，直ちに訴えを提起することができる** (会847Ⅴ)．上の場合に該当しないにもかかわらず，株主が代表訴訟を提起し，会社がその訴訟手続に参加したときは，提訴前の手続欠缺の瑕疵は治癒される (東京地判昭和39・10・12下民集15巻10号2432頁 [北日本製鉄事件])．一部の株主が事前の提訴請求の手続を履践し，会社が提訴の意思がないことを回答している場合には，上記手続を履践していない株主の提訴も適法である (大阪地判平成 6・3・1 判タ893号269頁 [全大阪個人タクシー協同組合事件])．訴えを提起した株主は，会社に訴訟参加の機会を与えるため，訴えの提起後遅滞なく，**会社に対し訴訟告知をしなければならない** (会849Ⅲ)．会社は，株主から訴訟の告知を受けたときには，遅滞なく，その旨を公告し，または株主に通知し (会849Ⅳ．なお会976②参照)．非公開会社の場合には株主に通知をしなければならない (会849Ⅴ．なお会976②参照)⁽¹¹⁹⁾．代表訴訟係属中に会社が破産した場合には，訴訟は中断し，破産管財人が受継することができる．

-13-13　(4)　**管轄，訴額，担保提供**　責任追及等の訴えの管轄は，**本店所在地の地方裁判所に専属する** (会848)．その訴訟が会社と株主のいずれによって提起されたかを問わない．

代表訴訟は，訴訟の目的の価額 (訴額) の算定については**財産権上の請求でない請求に係る訴え**とみなされる (会847Ⅵ)．平成15 (2003) 年改正前には，訴額は95万円とみなされ，訴訟の手数料は，請求金額のいかんにかかわらず一律に8,200円であったが，同年改正で，訴額は160万円，手数料は13,000円となっている (民訴費 4

-13-12　(119)　**株主でなくなった者の訴訟追行**　株式移転により被告取締役の属する会社の株主資格を失うと，株主代表訴訟の当事者適格を喪失するか否かについては肯定説 (東京地判平成13・3・29判時1748号171頁 [興銀株主代表訴訟事件] 等) と，アメリカと同じ様に否定する説とが対立していた．任意に株式を売却した訳でもないし，完全親会社の株主として，完全子会社に関する利害を継続しているので，後説が妥当である．会社法は，① **株式交換・移転により完全親会社となる会社** ((i) 特定の株式会社の発行済株式の全部を有する株式会社，(ii) **ある株式会社と当該ある株式会社の完全子会社**が特定の株式会社の発行済株式の全部を有する場合における当該ある株式会社，(iii) **当該ある株式会社の完全子会社**が特定の株式会社の発行済株式の全部を有する場合における当該ある株式会社 (会施規219)) の株主となるとき，および② 合併により設立する株式会社または合併後存続する会社もしくはその完全親会社の株主となるときは，訴えを提起した株主または共同訴訟人として訴訟に参加した株主は，訴訟の係属中に株主でなくなった場合であっても，原告適格を喪失せず (会851Ⅰ)，さらに，① 株式交換・移転により完全親会社となる会社の株主となるとき，および② 合併により設立する株式会社または合併後存続する会社もしくはその完全親会社の株主となるときにも，訴訟を追行することができる (会851ⅡⅢ) 旨を明らかにしている．これに対し組織再編の際に株式以外の財産の交付を受け親会社の株主とならなかった者は原告適格を喪失する．

Ⅱ別表第1）。
　被告が原告の悪意を疎明する[120]と（会847Ⅷ），裁判所は被告の申立てにより株主に相当の担保を立てるべきことを命ずることができる（会847Ⅶ．民訴81）。これは，代表訴訟が被告に対する不法行為となる場合に原告株主に対する損害賠償請求権を担保することを目的とし（中島弘雅「株主代表訴訟の制度趣旨と現状」民商115号4・5合併号23頁参照），昭和25（1950）年改正で一旦削除されたものを昭和26（1951）年改正で再度導入したものである。担保の額は，損害額が主要な基準となる（名古屋高決平成7・3・8判時1531号134頁［東海銀行事件］）。株主が担保を提供しなかったため訴訟が却下されても，担保提供制度と不当提訴に対する損害賠償請求訴訟とは機能・要件が異なるので，それだけでは訴訟の提起が不法行為には当たらない（東京地判平成10・5・25判時1660号80頁［蛇の目ミシン工業事件］）。

Ⅱ-4-13-15　(5) **訴訟参加**　**株主または会社は，共同訴訟人として**（共同訴訟的当事者参加［民訴52］。東京高判平成6・8・29金判954号14頁［片倉工業事件］参照），**または当事者の一方を補助するため**（民訴42～46），**訴訟に参加することができる**[121]（会849Ⅰ本文）。訴訟参加

Ⅱ-4-13-14　(120)　**悪意の意味**　悪意の意味につき，**第1説**は，取締役を害する意思を有していることであるとする（害意説。名古屋地決平成6・1・26判時1492号139頁［東海銀行事件］，浦和地決平成7・8・29判タ894号254頁［サイボー事件］）。**第2説**は，原告株主が被告取締役を害することを知ることであるとする（悪意説。北沢454頁，四宮章夫・松井敦子「株主代表訴訟の担保提供命令における「悪意」の要件」97頁『（米田実先生古稀記念）現代金融取引法の諸問題』［民事法研究会・1996年］。なお大阪高平成9・11・18判時1628号133頁参照）。**第3説**は，(A) 原告の請求が理由がなく，原告がそのことを知って訴えを提起した場合と(B) 原告が株主代表訴訟を手段として不法不当な利益を得ようとする場合であるとする（**不法訴訟・不当目的説**。江頭451頁注7・東京地判平成6・7・22判時1504号121頁［蛇の目ミシン事件］，東京高決平成7・2・20判タ895号252頁［その抗告事件］＝会社法百選75事件など。Aの請求に理由がないとは，① 請求原因の重要な部分に主張自体失当の点があり，主張を大幅に補充あるいは変更しない限り請求が認容される可能性がない場合，② 請求原因事実の立証の見込みが低いと予測すべき顕著の事由がある場合，③ 被告の抗弁が成立して請求が棄却される蓋然性が高い場合等をいう。Bの事例としては総会屋の提訴（東京地判平成8・6・26金法1457号40頁［東京三菱事件］）などがある）。**第4説**は，「訴訟の追行過程において，専ら，個人的な主義主張，政治的・社会的目的等を達成することのみに拘泥した」場合に悪意があるとする（名古屋高判平成7・11・15判タ892号121頁［中部電力事件］）。なお**過失により請求に理由がないことを知らずに提訴した場合**，悪意にあたると解するか否かについては見解が分かれている（肯定説。金築誠志「株主代表訴訟における担保提供」『（味村最高判事退官記念）商法と商業登記』283頁（商事法務1998年），中村直人「株主代表訴訟での担保提供における「悪意」の意義」民商115巻4・5合併号116頁，東京高決平成6・12・26資料版商事131号81頁［三愛事件］など。否定説前掲東京高決平成7・2・20，青竹297頁。重過失を悪意と考える説として中島・前掲民商115巻4・5合併号24頁）。また，**担保額決定の基準**については，諸般の事情を考慮すべきとするもの（東京地判平成6・7・22判時1504号121頁）と，損害賠償請求訴訟で認容される可能性のある損害額を基準とすべきものとする説（名古屋高決平成7・3・8判時1531号134頁［東海銀行事件］）が対立している。

Ⅱ-4-13-16　(121)　**補助参加の利益**　会社が被告取締役に補助参加（民訴42）することに当事者が異議を述べた場合（民訴44），補助参加は認められないとする否定説（名古屋高決平成8・7・11判時1588号145頁［中部電力事件］）と認められるとする肯定説（東京地決平成7・11・30判時1556号137頁

第4章 機 関 第13節 代表訴訟と違法行為差止請求　*521*

が認められる趣旨は，原告である株主と取締役との間の馴れ合い訴訟，取締役に不当に有利な訴訟上の和解や訴えの取下げ等を防止するためである．訴訟参加できる株主は，公開会社であっても，6カ月前から引き続き株式を有していることを要しない．但し，① **不当に訴訟手続を遅延させることとなるとき**，または② **裁判所に過大な事務負担を及ぼすこととなるときは，訴訟参加は許さない** (会849 I 但書．不当に訴訟を遅延するに当たらないされた事例として最三小判平成14・1・22判時1777号151頁)．共同訴訟参加がされると，合一確定を保障し，判決の効力の矛盾を防ぐため，必要的共同訴訟に関する民訴法40条の規定が適用される．

　会社が，取締役(監査委員を除く)，執行役および清算人ならびにこれらの者であった者を補助するため，**訴訟に参加するには**，① 監査役設置会社にあっては，**監査役全員の同意**(監査役会設置会社も同じ[II-4-9-6])，② 委員会設置会社にあっては，**監査委員の全員の同意**を得なければならない (会849 II ①②)．

-13-17　**(6) 訴えの取下げ，和解，請求の放棄**　平成13 (2001) 年改正前商法の下では，① 訴えの取下げ(民訴262)は，権利の処分に当たらないので，株主はこれをすることができるのか，② 和解(和解の例として日本サンライズ事件がある．商事1354号134頁．遠藤＝牧野＝村田「日本サンライズ株主代表訴訟事件の一審判決と和解」商事1363号51頁参照)や請求の放棄は，その株主の一存で会社の権利を処分することになるので，なしえない (大隅＝今井(中) 277頁，森本257頁．反対石井・上363頁，北沢459頁) のか争いがあった．平成13年改正商法は (訴訟上の) 和解(民訴89・264・265・267参照．裁判外の和解 [民69＝5] をなすには，責任免除の要件を満たすことが必要である) をすることができることを前提として，① 和解をすることと総株主の同意がなければ免除することができないこととは，両立しないので，**和解をする場合には，取締役の責任は全株主の同意がない限り免除することができないという規定** (会55・120 V・424・462 III 但書・464 II・465 II・486 IV) は適用されないと定める (会850 IV) とともに，② **会社が和解の当事者でないときには，裁判所は会社に対しその内容を通知し，かつ，和解に異議があるなら2週

[東京商銀信用組合事件] など) とが対立していたが，最一小決平成13・1・30民集55巻1号30頁＝会社法百選76事件の多数意見は，「取締役の個人的な権限逸脱行為ではなく，取締役会の意思決定の違法を原因とする，株式会社の取締役に対する損害賠償請求が認められれば，その取締役会の意思決定を前提として形成された株式会社の私法上または公法上の法的地位または法的利益に影響を及ぼすおそれがある」から，補助参加の利益 (民訴42) があるとした．従って，この判例を前提とする限り，代表訴訟が，取締役会の意思決定が違法であるとして提起されたものであるときには，補助参加の利益が認められることになる (なお東京地決平成7・11・30判時1556号137頁 [東京商銀信用組合事件])．平成13 (2001) 年改正法は肯定説を前提として改正を行った．東京地決平成14・6・21判時1790号156頁 [三菱商事事件] では「組織としての意思決定ないし方針の積み重ね」に関わるとして補助参加の利益が認められている．会社法は，株主や会社が民事訴訟法42条に規定する「利害関係」を有するかどうかにかかわらず，**補助参加することを認める**ことにより，代表訴訟における補助参加の利益をめぐる争いが生じないようにしている (相澤＝葉玉＝湯川・解説219頁)．

間内にこれを述べる旨を催告することを要し（会850Ⅱ．通知および催告を受ける場合，監査役設置会社では監査役，委員会設置会社では監査委員が会社を代表する．会386Ⅱ②・408Ⅲ②），会社がその期間内に書面をもって異議を述べないときには，会社が承認すると和解調書は確定判決と同一の効力を有する（会850Ⅰ，民訴267・115Ⅰ）ので，通知の内容をもって原告株主が和解をなすことを承諾したものと見なすとしている（会850Ⅲ）．会社が期間内に異議を述べたときには，和解をすることができず，判決を得るまで訴訟を続けなければならないと解する説もあるが，和解案をもって訴訟を終結させる意図を有している原告株主に，訴訟を続行させることには無理がある．そこで，この場合には，和解の効力は会社に及ばず，また会社は異議により管理処分権を回復するので，責任追及等の訴えを提起することができると解すべきである．なお原告と被告取締役との共謀により訴訟の目的たる会社の権利を詐害する目的の訴訟上の和解が行われたときは，再審事由に当たる瑕疵（会853）として，和解の無効原因となる．

Ⅱ-4-13-18　**(7) 株主の権利と責任**　① 代表訴訟を提起した株主は，会社のために訴を提起したのであるから，**勝訴**（一部勝訴を含み，訴訟上の和解により取締役が損害賠償を約束した場合［東京高判平成12・4・27金判1095号21頁］も含む）**した場合には，その訴訟を行うのに必要と認むべき費用で訴訟費用**（訴訟費用は敗訴した被告の負担となる．民訴61）**でないもの**（訴訟の遂行に必要な事実関係の調査費用，訴訟委任や打ち合わせのための弁護士事務所へ出かけていった場合の往復旅費など）**を支出したとき，または弁護士もしくは弁護士法人に報酬を支払うべきときは，その株主は，会社に対し，その費用の額の範囲内またはその報酬の範囲内で相当と認められる額**（神戸地判平成10・10・1判時1674号156頁［甲野化学工業事件］，前掲東京高判平成12・4・27，東京地判平成16・3・22判タ1158号244頁［弁護士報酬支払請求認容］）**の支払いを請求することができる**（会852Ⅰ．金子宏直「株主代表訴訟における弁護士報酬の問題(1)(2)」民商113巻2号47頁，3号63頁以下参照）．以前は訴訟提起に伴う調査必要費用は株主の負担であったが，代表訴訟の提起のインセンティブを与えるため，平成5(1993)年の商法改正で上述のように改められた[122]．訴訟参加した株主についても同様である（会852Ⅲ）．② 代表訴訟を提起した**株主が敗訴した場合であっても，悪意があったときを除き，会社に対して損害賠償の責任を負わない**（会852ⅡⅢ）．そうでなければ株主は代表訴訟を提起しなくなってしまうからである．悪意があるとは，会社を害することを知って不適当な訴訟追行をしたことである．

Ⅱ-4-13-19　　[122] **株主の執行申立権**　代表訴訟で株主が勝訴したにもかかわらず，会社が強制執行の申立てをしない場合に，原告株主の申立権を否定する説（伊藤眞「株主代表訴訟の原告株主と執行債権者適格（上）（下）」金法1414号6頁・1415号13頁，常盤紀之「株主代表訴訟における株主による強制執行の可否」判タ1140号21頁）と制度の実効性確保の見地からこれを肯定する説（江頭455頁注11，霜島甲一「株主代表訴訟における強制執行の可否・方法」ジュリ1062号76頁とが対立している．

株主は訴訟費用を負担するほか(民訴61)，場合により被告であった取締役に対し不法行為責任を負う(民709)．勝訴した役員等は，会社に対して，防御のために要した相当な費用の支払を請求しうる(民650Ⅰ)と解されるが，従来の通説は，被告役員等の会社に対する請求を認める明文規定がないことから，これを否定している．

13-20　(8) **再審の訴え**　責任追及等の訴えが提起された場合において，原告(会社の場合と代表訴訟を提起した株主の場合とがある)**と被告の共謀により訴訟の目的たる会社の権利を害する目的をもって判決をなさしめたときは，会社または株主は，確定の終局判決に対し，再審の訴えをもって，不服を申し立てることができる**(会853Ⅰ，民訴338)．これは，馴合訴訟で判決がなされてそれが確定して，会社の権利が害されることを防止しようとする規定である．会社または株主が和解または請求の放棄をした場合も，確定判決と同一の効力を有するので(民訴267)，再審の訴えの適用がある．株主が再審の訴えを提起する場合，代表訴訟を提起する場合と異なり，6カ月前から引き続き株式を有する株主であることも，提起前に一定の手続をふむことも必要でなく，また，判決の確定当時に株主であったことも必要でない．再審の訴は，その事由(民訴338参照)及び提訴権者(民訴338・342Ⅰ参照)の点で，一般の再審の訴とは異なるが，その他の点では民事訴訟法の一般規定に服する．勝訴株主等の費用支払請求権及び悪意のある敗訴株主等の損害賠償責任に関する規定(会852)は，再審の訴に準用される(会853Ⅱ)．

2　取締役・執行役の違法行為差止請求権

13-21　① **公開会社**(会2⑤)においては**6カ月**(定款で短縮可)**前から引き続き株式を有する株主**，② **非公開会社においては単なる株主は**(会360Ⅱ・422Ⅱ)[123]，**取締役または執行役**(委員会設置会社の場合)**が法令もしくは定款に違反する行為**(会社の目的の範囲外の行為を含む)[124]**をし，またはこれらの行為をするおそれがある場合において，当該行為によって，**① 監査役設置会社または委員会設置会社においては，会社に**「回復することができない損害」**(回復が不可能な場合だけでなく，回復に多くの費用や手数がかかり回復が相当困難な場合を含む．回復することができない損害の疎明を欠くとされた事例と

13-22　[123]　**取締役の意味**　通説は本条の差止の対象となるのは代表取締役の行為と解しているが，差止の対象となる行為につき業務執行権を有する代表権のない業務担当取締役の行為(森本259頁)や，取締役会の承認を得ずになされようとしている競合行為も含む(小林・会社百選6版131頁)と解すべきである．

13-23　[124]　**会社の目的の範囲外の行為**　この規定から定款違反の行為も有効であるいう結論を導き出す説もあるが，本条は，会社の目的外の行為が有効か無効かという問題に関知しないと解する(多数説)．また，会社の目的の範囲外の行為は，客観的に決められなければならないとする説(客観説)もあるが，多数説は，差止めは会社内部の問題で，取引の安全を考慮する必要はないことを理由に，客観的には会社の目的の範囲内であるが，主観的には会社の目的達成のためになされていないものは，目的外の行為として差止の対象となる(主観説)と解している(鈴木＝竹内305頁)．

して東京高決平成17・6・28判時1911号163頁［コクド事件］，東京地決平成17・11・11金判1245号38頁［コクド事件］）が生じるおそれがあるとき（会社360Ⅲ），②それ以外の株式会社においては，当該株式会社に「著しい損害が生ずるおそれがあるとき」は，当該取締役または執行役に対し，当該行為をやめるよう請求することができる（会360ⅠⅢ・422Ⅰ）．取締役または執行役の違法行為は本来会社自体が差し止めるべきであり，監査役設置会社においては監査役が（会385Ⅰ），委員会設置会社においては監査委員がこれをなす義務を負っているが（会407Ⅰ），監査役が設置されない会社もあり，設置されていても監査役または監査委員が差止を怠っているような場合があるので，株主も取締役・執行役の行為の差止めを行うことができるとしたもので，会社のために認められた権利である．米法のInjunctionを変容して昭和25年（1950）改正で採用された．①の場合に「回復することができない損害」に限定されるのは，「著しい損害」が生じるおそれがあるときには，監査役・監査委員が差止請求権限を有しているからである．

　法令・定款違反行為は，具体的な規定の違反だけでなく，取締役・執行役の善管注意義務（会330・402Ⅲ＝民644）や忠実義務（会355・419Ⅱ）を定める一般的規定の違反行為を含み（通説），無効な行為であると（東京地判昭和37・9・20判タ136号103頁），有効な行為であるとを問わない．差止請求権の相手方は，違反行為をなす取締役または執行役である(125)．代表訴訟と異なり，直ちに請求することができる．裁判外で請求しても，応じないときには，訴えを提起すればよい（請求棄却の例として東京高判平成11・3・25判時1686号33頁［東京電力事件］）．

　その判決の効力は会社にも及ぶ(126)（民訴115Ⅰ②）．差止の訴えを本案として仮処

Ⅱ-4-13-24　(125)　**取締役の対応**　①　差止請求がなされた場合，差止請求に理由がない場合もありうるので，行為を止めるか否かは善良な管理者の注意をもって判断しなければならない．行為が法令・定款に違反していることが確定すると，取締役に任務懈怠があることになるが，この責任は，請求権の効果ではない．②　差止請求を無視してなされた行為の効果は，無効なものはあくまで無効で，有効なものは有効（例えば新株の発行や社債の発行，取締役会の承認を得ない競業取引）であるから，これも差止請求権の効果ということはできない．

Ⅱ-4-13-25　(126)　**差止の仮処分無視の効果**　①　仮処分の効果として，第三者の権利取得は相対的効力のみを生じ，第三者の権利取得は会社に対抗できないとする説（田中（誠）・上707頁）や，画一的に決すべき行為（新株や社債の発行）については，善意・悪意を問わずに有効であるが，通常の取引については，取引の相手方が差止無視を知っている場合には無効を主張できるという説（石井・上368頁，鈴木＝竹内305頁，大隅＝今井・中249頁），仮処分が差止めの理由なしにされたことを明らかにしない限り，会社は，仮処分に違反する行為の無効を主張できるとする説（青竹303頁）もあるが，仮処分は取締役に単純な不作為義務を課すに過ぎず，行為の効力を無効とするものではないと解する（江頭458頁，東京高判昭和62・12・23判タ685号253頁［天城自然公園株式会社事件］）．②　不動産に関する仮処分に関しては，会社の処分を禁止するのでなく，特定の取締役の処分を禁止する仮処分も登記簿に記入（民保54・53・58）することができるという前提に立って，このような登記簿記入をしておけば，第三者の権利取得は会社に対抗できないとする説（石井・上368頁，鈴木＝竹内306頁，大隅＝今井・中250頁注1）もあるが，このような記入が許されるかは疑問である（同旨．北沢468頁，江頭458頁注15）．

分を申請することもできる[127]（民保23ⅠⅡ．新株引受の差止めが認められなかったケースとして東京地決平成16・6・23金判1213号61頁〔三菱重工事件〕）．差止の仮処分を申請するのに，担保を立てさせられることがある（民保14．会385Ⅱ・407Ⅱ対照）．

差止請求権は，募集株式の発行等差止請求権（会210），募集新株予約権発行差止請求権（会247），略式組織再編行為差止請求権（会784Ⅱ・796Ⅱ）と同じく，事前の防止手段である．

第14節　検　査　役

1　職　務　権　限

4-14-1　検査役〔米 inspector〕は，法定の場合に法定の事項を調査するために臨時に選任される機関である（表27参照）．臨時の機関であるので，その選任は登記されない．その職務権限は，選任される場合が何かによって異なる．創立総会，株主総会または種類株主総会の決議で特定の事項を調査する者を選任する場合がある（会94・316・325）．この場合も検査役と呼ぶ者がいるが（江頭525頁），会社法は裁判所が選任した者だけを検査役と呼び，前者を検査役の範囲に含めていない．

表27　調査する者

	根拠規定	任　務
創立総会	会94	設立取締役・設立監査役の全部・一部が発起人である場合に設立手続等の調査を行い創立総会に報告
株主総会	会316	取締役・会計参与・監査役・監査役会・会計監査人が総会に提出（提供）した資料の調査
		株主が招集した株主総会において選任され，会社の業務・財産の状況を調査
種類株主総会	会325	取締役・会計参与・監査役・監査役会・会計監査人が種類総会に提出（提供）した資料の調査
		種類株主が招集した種類株主総会において選任され，会社の業務・財産の状況を調査

2　資格と員数

4-14-2　検査役の資格と員数については法律上の制限はないが，検査役は，その職務の性

---

(127)　**差止の訴え**　訴えについては，訴訟管轄，訴訟参加，担保の供与，勝訴株主の権利などにつき代表訴訟の規定を類推適用する見解が多数説（前田庸450頁）であるが，消極説や，明文を欠くので専属管轄の類推適用は困難とする説（石井・上369頁，北沢466頁，大隅＝今井・中250頁，坂井「新株発行の差止および取締役会に対する行為の差止の仮処分」『村松裁判官還暦記念）仮処分の研究下』227頁．なお民訴4Ⅳ・5⑧ロ参照）もある．

質上，当該会社の取締役，監査役または支配人その他の使用人を兼ねることができない．また，現物出資者・財産引受の相手方のように，検査を受けるべき事項の当事者は，検査役となりえない．

3 選任

Ⅱ-4-14-3　裁判所が検査役を選任する場合には，(i) 発起人の申立て（会33Ⅰ），(ⅱ) 会社の請求（会207・284），または，(ⅲ) 少数株主の請求によるときとがある（会306 [Ⅱ-4-2-57]・358）．これらの場合の検査役の調査権限は表28の通りである．本節ではまだ説明していない会社の業務・財産検査役を説明することにする．

表28　検査役の選任

選任	誰の請求に基づくか	調査・検査事項	根拠条文
裁判所による選任	発起人の請求	変態設立事項の調査	会33
	会社の請求	現物出資の調査	会207 会284
	株主の請求	総会招集手続・決議方法の調査 会社の業務・財産の状況の調査	会306 会358

Ⅱ-4-14-4　(ア) **業務・財産検査役**　株式会社の業務執行に関し**不正の行為または法令もしくは定款に違反する重大な事実のあることを疑うに足りる事由**[128]（繊維工業品の製造加工が目的の会社がボーリング場の経営をすること [大阪高決昭和51・4・27判タ340号193頁（小泉製麻事件）]，定時総会を開催せず，計算書類も作成しないことなど [大阪高決昭和55・6・9判タ427号178頁＝会社百選6版77事件参照] は，これに該当する）**があるときは**，① 総株主（株主総会において決議をすることができる事項の全部につき議決権を行使することができない株主を除く）の**議決権の100分の3**（定款で緩和可）以上に当たる議決権を有する株主または② **発行済株式**（自己株式を除く）**の100分の3**（定款で緩和可）以上の数の株式を有する株主（ただし**特例有限会社**の場合には，総株主の議決権の10分の1以上に当たる議決権を有する株主に限られる．整備法23）は，会社の業務及び財産の状況を調査させるため，裁判所に対し，検査役の選任の申立てをすることができる（会358Ⅰ．なお会868Ⅰ参照）．会社法は，②の持株数基準を追加している（「補足説明」商事1678号67頁）．100分の3以上の持株要件は，検査役選任について確定裁判があるまで存続することが必要である（大決大正10・5・20民録27輯947頁）．申請の時点で株式保有要件を満たしても，新株発行により株式保有要件を満たさなくなる場合には，申請は申請人適格を欠くものとし

Ⅱ-4-14-6　　(128) **不正の行為の意味**　会社の財産に影響を及ぼさない違法は不正行為に該当しないとされているが（東京地八王子支決昭和35・1・30判時218号31頁 [多摩自動車交通事件]，前掲東京高決昭和40・4・27，仙台高決昭和54・1・12判タ387号139頁 [大成事件]），合併比率の不公正など，会社に損害がなくても株主に損害が生じるケースでは検査役の選任が認められる場合もある（江頭526頁注1）．

て却下を免れないとするのが判例 (最一小判平成18・9・28民集60巻7号2634頁) であるが，疑問である (黒沼悦郎・金判1268号14頁). 取締役である株主も，株主として検査役選任請求権を有する (大阪高決平成元・12・15判時1362号119頁 [田辺ガス事件]. ただし全株所有者で，代表取締役である者にはその必要性が認められない. 千葉地佐倉支決昭和49・3・11判時743号100頁 [船橋カントリー倶楽部事件]). 業務・財産の状況は会社の帳簿以上に会社の機密に関連するので，直接株主に調べさせないで適当な第三者に調査を委ねている. 強力な制度で，濫用 (請求が権利濫用とされたケースとして，東京高決昭和40・4・27下民集16巻4号770頁 [第一食品工業事件]，東京高決昭和59・3・23判時1119号144頁 [片倉工業事件] がある) による会社運営の阻害のおそれや，検査役の選任自体が及ぼす事実上の社会的影響も否定できないので，要件は厳格に解されているが (東京高決平成10・8・31金判1059号39頁 [いなげや事件])，裁判所は，申立てを不適法として却下する場合を除き，検査役を選任しなければならない (会358Ⅱ). 検査役を選任する決定に対する不服申立てはできず (会874①)，却下決定に対してのみ通常抗告ができる (非20・会871). 検査の費用および検査役の報酬は会社の負担である. 裁判所は，検査役を選任した場合には，株式会社が検査役に対して支払う報酬の額を定めることができる (会358Ⅲ. なお，会870②・871①・872④参照). 裁判所は調査事項を限ることもできる (大阪高決昭和36・7・10下民集12巻7号1640頁).

　検査役は，その職務を行うため必要があるときは，**子会社の業務および財産の状況を調査することができる** (会358Ⅳ). 検査役は，必要な調査を行い，調査の結果を記載し，または記録した書面または電磁的記録 (商業登記規則36条1項各号のいずれかに該当する構造の磁気ディスクおよび裁判所が定める電磁的記録. 会施規228⑤) を裁判所に提供して報告をしなければならない (会358Ⅴ). 裁判所は，当該報告について，その内容を明瞭にし，またはその根拠を確認するため必要があると認めるときは，検査役に対し更に報告を求めることができる (会358Ⅵ). 検査役は，報告を裁判所にしたときは，株式会社および検査役の選任の申立てをした株主に対し，書面の写しを交付し，または電磁的記録に記録された事項を裁判所が定めた方法 (会施規229⑤) により提供しなければならない (会358Ⅶ).

　裁判所は，必要があると認めるときは，取締役に対し，① 一定の期間内における**株主総会の招集**または② 総会検査役の**調査の結果の株主に対する通知**の全部または一部の措置をとるよう命じなければならない (会359Ⅰ). 裁判所が株主総会の招集措置を命じた場合には，取締役は，総会検査役の報告の内容を株主総会において開示し (会359Ⅱ)，また，取締役 (監査役設置会社にあっては取締役および監査役) は，総会検査役の報告の内容を調査し，その結果を株主総会に報告しなければならない (会359Ⅲ).

第5章　会社の財務

第1節　企業会計法

第1款　総　説

II-5-1-1　企業会計とは，企業の経済活動を貨幣額をもって一定の方式によって記録・計算し，その結果を報告する手続である．企業会計は，報告の相手が出資者・会社債権者であるか，投資家であるか，税務当局であるかにより，① **会社法会計**，② **金融商品取引法会計**[1]および③ **税務会計**[2]に分けられるが，これらの会計は相互

II-5-1-2　（1）**金融商品取引法会計**　金融商品取引法会計は，上場会社等の投資家に投資情報を提供することを目的とし，有価証券届出書，有価証券報告書等の中の「経理の状況」の項目に記載される財務諸表の記載内容と記載方法を扱う（企業開示15，図1（第3号様式）参照）．財務規等は「この規則において定めのない事項については，一般に公正妥当と認められる企業会計の基準に従うものとする」と定めている（財務規1Ⅰ，連結財務規1Ⅰ，中間財務規1Ⅰ，中間連結財務規1Ⅰ）．

II-5-1-3　（2）　**税務会計**　会社の場合，地方税である法人住民税（地税24Ⅰ・294Ⅰ）および法人事業税（地税72の2Ⅰ）も問題になるが，主に，国税である**法人税**が問題となる．法人の確定申告は確定した決算に基づいて行われる（法税74Ⅰ．**確定決算主義**）．確定申告書には① 貸借対照表，② 損益計算書，③ 株主資本等変動計算書（社員資本等変動計算書）または損益金処分表，④ 貸借対照表および損益計算書に係る勘定科目内訳明細書等を添付しなければならないので（法税74Ⅱ，同法施行規則35），税務会計はこれらの記載内容と記載方法を扱う．税法は，課税の公平と経済政策的な配慮をするため，独自の会計処理をする場合が多い．税法の規制は詳細で，実務への影響力が強い．しかし，税務会計上の適法性は必ずしも会社法会計上の適法性を意味するものではない．法人税法22条4項は，「一般

図1　有価証券報告書の様式

第1部　企業情報
　第1　企業の概況
　　1. 主要な経営指標等の推移
　　2. 沿革
　　3. 事業の内容
　　4. 関係会社の状況
　　5. 従業員の状況
　第2　事業の状況
　　1. 業績等の概要
　　2. 生産，受注及び販売の状況
　　3. 対処すべき課題
　　4. 事業等のリスク
　　5. 経営上の重要な契約等
　　6. 研究開発活動
　　7. 財政状態及び経営成績の分析
　第3　設備の状況
　　1. 設備投資等の概要
　　2. 主要な設備の状況
　　3. 設備の新設，除却等の計画
　第4　提出会社の状況
　　1. 株式等の状況
　　(1)株式の総数等
　　(2)新株予約権等の状況
　　(3)ライツプランの内容
　　(4)発行済株式総数，資本金等の推移
　　(5)所有者別状況
　　(6)大株主の状況
　　(7)議決権の状況
　　(8)ストックオプション制度の内容
　　2. 自己株式の取得等の状況
　　3. 配当政策
　　4. 株価の推移
　　5. 役員の状況
　　6. コーポレート・ガバナンスの状況
　第5　経理の状況
　　1. 連結財務諸表等
　　(1)連結財務諸表
　　　①連結貸借対照表
　　　②連結損益計算書

に結びついている(トライアングル体制.図2参照).その中にあって,**会社法会計の目的**は,① **株式会社においては,出資者および会社債権者への財務内容**(会社の財産および損益の状況[会435Ⅱ参照])**の開示**(持分会社においては,出資者のみへの会社の財産の状況[会617Ⅱ参照]の開示)**による情報提供**と② **剰余金の分配**(株式会社の場合)**または利益の配当**(合同会社の場合)**を規制**することである.このように会社外部の利害関係人に報告するための会計を**財務会計**と呼び,経営者のための情報提供を目的とする管理会計とは区別される.会社法は,会社法会計を「計算等」と呼んでいる.

わが国の会社法会計は,長い間ヨーロッパ大陸システムを採用してきたが(拙稿『会社法の論点研究』221頁以下参照),昭和24(1949)年以降採用した証券取引法会計は,**投資家保護**を目標とし,アングロ・アメリカ・システムを継受した(財務規1,連結財務規1,中間財務規1,中間連結財務規1参照).その結果,上場会社は,「会社法に基づく計算書類」と「証券取引法に基づく財務諸表」の2種を作成しなければならなくなった.昭和49(1974)年には商法特例法が制定され,公認会計士監査が株式会社に取り入れられた結果,「商法と証券取引法とにおける会計基準が一致し,同一の会計基準に従つて監査が行われることを明確にするための規定」が必要となり,「商業帳簿ノ作成ニ関スル規定ノ解釈ニ付テハ公正ナル会計慣行ヲ斟酌スベシ」といういわゆる**包括規定**が制定された(平成17年改正前商32Ⅱ).会社法は,これを踏襲し,**会社の会計は,「一般に公正妥当と認められる企業会計の慣行に従う」**[3]もの

5-1-4 **(3) 公正なる会計慣行** わが国では,昭和24年(1949年)に,アメリカの「一般に承認された会計原則」(GAAP = Generally Accepted Accounting Principles)をまねて,「企業会計の実務の中に慣習として発達したもののなかから,一般に公正妥当と認められるところを要約したものであつて,必ずしも法令によつて強制されないでも,すべての企業がその会計を処理するに当つて従わなければならない基準」および「公認会計士が,公認会計士法及び証券取引法に基き財務諸表の監査をなす場合において従わなければならない基準」として「**企業会計原則**」が設定された.企業会計原則は,損益計算書原則と貸借対照表原則を支配する一般原則として,① **真実性の原則**(企業の財政状態および経営成績に関して,真実な報告を提供するものでなければならないという原則),② **正規の簿記の原則**(すべての取引(網羅性)が,客観的事実に基づいて(検証可能性),秩序立って(秩序性)記録されなければならないとともに,会計記録・処理の実質面と形式面で**重要性の原則**の適用があるという原則),③ **資本取引・損益取引区分の原則**(資本取引と損益取引とを明瞭に区別し,特に資本剰余金と利益剰余金とは混同してはならないという原則),④ **明瞭性の原則**(財務諸表において利害関係人に対して企業の状況に関する判断を誤らせないよう必要な会計事実を明瞭に表示しなければならないという原則),⑤ **継続性の原則**(幾つかの選択的適用が認められる処理原則・手続

に公正妥当と認められる会計処理の基準に従つて計算」すべしとの規定を置いている.

③連結株主資本等変動計算書
④連結キャッシュ・フロー計算書
⑤連結附属明細表
(2)その他
2. 財務諸表等
(1)財務諸表
①貸借対照表
②損益計算書
③株主資本等変動計算書
④キャッシュ・フロー計算書
⑤附属明細表
(2)主たる資産及び負債の内容
(3)その他
第6 提出会社の株式事務の概要
第7 提出会社の参考情報
 1. 提出会社の親会社等の状況
 2. その他の参考情報
第2部 提出会社の保証会社等の情報
 独立監査人の監査報告書

図2　企業会計法の体系

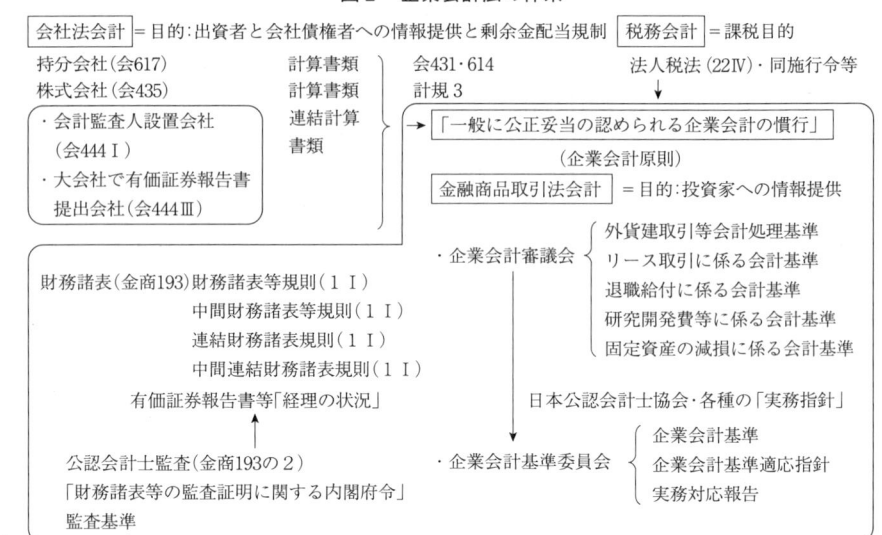

会社法会計 ＝ 目的：出資者と会社債権者への情報提供と剰余金配当規制　　税務会計 ＝ 課税目的

持分会社（会617）　　　計算書類　　　会431・614　　　　　　法人税法（22Ⅳ）・同施行令等
株式会社（会435）　　　計算書類　　　計規3
・会計監査人設置会社　　連結計算　　　→「一般に公正妥当の認められる企業会計の慣行」
　（会444Ⅰ）　　　　　書類　　　　　　　　　　　（企業会計原則）
・大会社で有価証券報告書　　　　　　　金融商品取引法会計 ＝ 目的：投資家への情報提供
　提出会社（会444Ⅲ）

　　　　　　　　　　　　　　　　　　・企業会計審議会　　┌外貨建取引等会計処理基準
　　　　　　　　　　　　　　　　　　　　　　　　　　　│リース取引に係る会計基準
財務諸表（金商193）財務諸表等規則（1Ⅰ）　　　　　　　│退職給付に係る会計基準
　　　　　　　　　中間財務諸表等規則（1Ⅰ）　　　　　│研究開発費等に係る会計基準
　　　　　　　　　連結財務諸表規則（1Ⅰ）　　　　　　└固定資産の減損に係る会計基準
　　　　　　　　　中間連結財務諸表規則（1Ⅰ）
　　　　　　　有価証券報告書等「経理の状況」　　　　　日本公認会計士協会・各種の「実務指針」

公認会計士監査（金商193の2）　　　　　　　　　　　・企業会計基準委員会　┌企業会計基準
「財務諸表等の監査証明に関する内閣府令」　　　　　　　　　　　　　　　　│企業会計基準適応指針
監査基準　　　　　　　　　　　　　　　　　　　　　　　　　　　　　　　└実務対応報告

＊別記事業（財務規別記）を営む株式会社が当該別記事業の所管官庁に提出する計算関係書類の用語，様式および作成方法について，特に法令の定めがある場合または当該別記事業の所管官庁がこの省令に準じて計算書類準則を制定した場合には，当該別記事業を営む株式会社が作成すべき計算関係書類の用語，様式および作成方法については，その法令または準則に定めがある限り，それによる（計規118Ⅰなお財務規2参照）．

別記事業	準拠法令または準則
建設業	建設業法施行規則（昭和24年7月28日国土交通省令第10号）
鋼船製造・修理業	造船業財務諸表準則（昭和26年運輸省告示第254号）
銀行・信託業	銀行法施行規則（昭和57年3月31日大蔵省令第10号），長期信用銀行法施行規則（昭和57年3月31日大蔵省令第13号），信託業法施行規則（平成16年12月28日内閣府令第107号）
建設業保証業	公共工事の前払金保証事業に関する法律施行規則（昭和27年7月30日建設省令第23号）
第1種金融商品取引業（有価証券関連業に該当するものに限る）	金融商品取引業等に関する内閣府令（平成19年8月6日内閣府令第52号）
保険業	保険業法施行規則（平成8年2月29日大蔵省令第5号）
民営鉄道業	鉄道事業会計規則（昭和62年2月20日運輸省令第7号）
水運業	海運企業財務諸表準則（昭和29年運輸省告示第431号）
道路運送固定施設業	自動車道事業会計規則（昭和39年3月31日運輸省・建設省令第3号），高速道路事業等会計規則（平成17年国土交通省令第65号）
電気通信業	電気通信事業会計規則（昭和60年4月1日郵政省令第26号）

電気業	電気事業会計規則（昭和40年6月15日通商産業省令第57号）
ガス業	ガス事業会計規則（昭和29年4月1日通商産業省令第15号）
中小企業等金融業	商工組合中央金庫法施行規則（昭和11年商工省・大蔵省令），協同組合による金融事業に関する法律（平成5年大蔵省令第10号），信用金庫法施行規則（昭和57年3月31日大蔵省第15号），労働金庫法施行規則（昭和57年3月31日大蔵省・労働省令第1号）
農林水産金融業	農林中央金庫法施行規則（平成13年内閣府・農林水産省令第16号）
資産流動化業	特定目的会社の計算に関する規則（平成18年4月20日内閣府令第44号）
投資運用業（金商2Ⅷ⑭に掲げる行為を業として行う場合に限る）	投資信託及び投資法人に関する法律施行規則（平成12年総理府令第129号）
投資業（投資法人の行う業務に限る）	投資法人の計算に関する規則（平成18年4月20日内閣府令第47号）
特定金融業	特定金融会社等の会計の整理に関する内閣府令（平成11年5月19日総理府・大蔵省令第32号）

としたので（会431・614，信託法13．なお商19Ⅰ参照），会計処理および表示の両面において，会社法会計は，金融商品取引法会計に合わせる方向で調整されるに至った（計規3参照）。**一般に公正妥当と認められる企業会計の慣行は，株式会社の規模，業種，株主構成などによって複数同時に存在しうる**（なお大阪高判平16・5・25判時1863号115頁＝会社法百選83事件参照）ものとされ，有価証券報告書提出会社向けの会計基準は一般に公正妥当と認められる企業会計の慣行に含まれることは従来どおりであるが（財務規1Ⅱ，中間財務規1Ⅱ，連結財務規1Ⅱ，中間連結財務規1Ⅱ参照），これに限定されず，例えば，平成17（2005）年8月3日に日本公認会計士協会，日本税理士会連合会，日本商工会議所，企業会計基準委員会が公表した「中小企業の会計に関する指針」（平成19年4月24日改訂）は，**一定の範囲の株式会社にとっては会社法における「一般に公正妥当と認められる企業会計の慣行」に該当することになるものと解されてい**

がある場合において，特定の原則・手続を選択した以上は正当な理由のない限り毎期継続して適用し，正当な理由によって重要な変更を加えた場合にはこれを当該財務諸表に注記すべきという原則，⑥ 保守主義（安全性もしくは慎重性）の原則（企業の財政に不利な影響を及ぼす可能性がある場合には，これに備えて健全な会計処理をしなければならないという原則）および⑦ 単一性の原則（財務諸表は株主総会提出，信用目的，租税目的等種々の目的のため作成されるから，目的による形式の多様性は認めるが，計算内容は単一でなければならず，政策の考慮のため事実の真実な表示をゆがめてはならないという原則）の7つの原則を規定し（同原則第一），②および④の原則の注解として重要性の原則を定めている（同注解注1）．企業会計原則は一応一般に公正妥当と認められる会計慣行に当たると推定される（なお東京地判平3・3・19判時1381号116頁，東京高判平成7・9・28判時1552号128頁［日本コッパース事件］，東京地判平成17・5・19判時1900号3頁［日本長期信用銀行事件］参照）．会社計算規則には，重要性の原則を前提とした規定が定められている（計規63Ⅱ・64Ⅱ・69Ⅱ・88Ⅵ①・93Ⅱ・98Ⅰ②⑩・101ⅠⅡ・102・107・112Ⅰ・114など）．

る⁽⁴⁾(省令の解説65頁).

　さらに，近年の企業活動の国際化は国際的な企業比較を要請することから，国際的な会計基準の確立が企てられるようになり⁽⁵⁾，わが国においてもこれにすみやかに対応する必要から，平成14年(2002)改正商法は，株式会社の貸借対照表等に**記載・記録すべき事項から資産の評価規定まで法律で規定すること(大陸方式)**を止め，**法務省令に委託した**⁽⁶⁾．会社法は，この方法を踏襲しているが，法務省令の

Ⅱ-5-1-5　(4)　**中小企業の会計に関する指針の対象**　① 金融商品取引法適用会社ならびにその子会社および関連会社，② 会計監査人設置会社およびその子会社は，会計基準に基づく計算書類を作成することから，中小企業の会計に関する指針の適用対象外である(中小企業会計指針4)．会計参与設置会社は，本指針に拠らず，会計基準に基づいて計算書類を作成することを妨げないが，計算書類を作成する際に本指針に拠ることが適当である(中小企業会計指針3)．また，**特例有限会社，合名会社，合資会社または合同会社**についても，**本指針に拠ることが推奨される**(中小企業会計指針5)．なお平成19年4月27日には，企業会計基準第10号「金融商品に関する会計基準」および実務対応報告第19号「繰延資産の会計処理に関する当面の取扱い」に対応した会計処理の見直しと引用条文の修正等が行われている(淺井万富「「中小企業の会計に関する指針」の改正と今後の見直し」会計・監査ジャーナル625号48頁．新旧対照表については会計・監査ジャーナル624号224頁参照).

Ⅱ-5-1-6　(5)　**国際会計基準の影響**　証券監督者国際機構(IOSCO = International Organization of Securities Commission)が，各国の職業会計士の団体である1973年設立の国際会計基準委員会(2001年4月から国際会計基準審議会[IASB = Intenational Accounting Standards Board])が作成した30の国際会計基準(国際財務報告基準[IFRS])を承認したことから，同基準が国際的な基準となり，企業会計基準委員会は2011年6月末までに国際会計基準との相違を解消するとしている．2008年(平成20)12月12日には欧州連合(EU)の欧州委員会から日本の会計基準は欧州で利用されている国際会計基準と同等との認定を受けている．

Ⅱ-5-1-7　(6)　**企業会計基準委員会**　従来，わが国には「企業会計審議会」がパブリックな委員会として存在しているが，平成13年(2001年)8月に，財団法人「財務会計基準機構」が発足し，その傘下に「**企業会計基準委員会**」(ASBJ)が創設されている．同委員会は企業会計基準，企業会計基準適用指針および実務対応報告を公表している(表1参照)．ASBJに相当するドイツの委員会は「ドイツ会計基準委員会(DRSC：Deutsche Rechungslegungs Standards Committee)」である．

　金融庁は，企業会計基準委員会が会計基準等を公表する度ごとに同基準を「一般に公正妥当と認められる企業会計の基準」と取扱うよう公表している．

表1　企業会計基準委員会が公表した企業会計基準および企業会計基準適用指針

企業会計基準	第1号 自己株式及び準備金の額の減少等に関する会計基準
	(平成17年12月・18年8月11日改正)
	第2号 1株当たり当期純利益に関する会計基準 (平成18年1月31日改正)
	第3号「退職給付に係る会計基準」の一部改正 (平成17年3月16日改正)
	第4号「役員賞与に関する会計基準」(平成17年11月29日)
	第5号「貸借対照表の純資産の部の表示に関する会計基準」(平成17年12月9日)
	第6号「株主資本等変動計算書に関する会計基準」(平成17年12月27日)
	第7号「事業分離等に関する会計基準」
	(平成17年12月27日．平成20年12月26日改正)
	第8号「ストック・オプション等に関する会計基準」(平成17年12月27日)
	第9号「棚卸資産の評価に関する会計基準」
	(平成18年7月5日・平成20年9月26日改正)

	第10号「金融商品に関する会計基準」 　　　　　　　　　　　（平成18年8月11日．19年6月15日・20年3月10日改正） 第11号「関連当事者の開示に関する会計基準」（平成18年10月17日） 第12号「四半期財務諸表に関する会計基準」（平成19年3月14日） 第13号「リース取引に関する会計基準」（平成19年3月30日） 第14号「退職給付に係る会計基準」（平成19年5月15日） 第15号「工事契約に関する会計基準」（平成19年12月27日） 第16号「持分法に関する会計基準」（平成20年3月10日・平成20年12月26日改正） 第17号「セグメント情報等の開示に関する会計基準」（平成20年3月21日） 第18号「資産除去債務に関する会計基準」（平成20年3月31日） 第19号「『退職給付に係る会計基準』の一部改正（その3）」（平成20年7月31日） 第20号「賃貸借不動産の時価等の開示に関する会計基準」（平成20年11月28日） 第21号「企業結合に関する会計基準」（平成20年12月26日） 第22号「連結財務諸表に関する会計基準」（平成20年12月26日） 第23号「『研究開発費等に係る会計基準』の一部改正」（平成20年12月26日）
企業会計基準 適用指針	第1号「退職給付制度間の移行等に関する会計処理」（平成14年1月31日） 第2号「自己株式及び準備金の額の減少等に関する会計基準適用指針」 　　　　　　　（平成17年12月27日，18年8月11日．平成20年5月13日改正） 第3号「その他資本剰余金の処分による配当を受けた株主の会計処理」 　　　　　　　　　　　　　　　　　　　　　　　（平成17年12月27日改正） 第4号「1株当たり当期純利益に関する会計基準の適用指針」 　　　　　　　　　　　　　　　　　　　　　　　（平成18年1月31日改正） 第5号「自己株式及び法定準備金の取崩等に関する会計基準適用指針」（その2） 第6号「固定資産の減損に係る会計基準の適用指針」 　　　　　　　（平成15年10月31日，20年1月4日・20年3月10日改正） 第7号「「退職給付に係る会計基準」の一部改正に関する適用指針」 　　　　　　　　　　　　　　　　　　　　　　　　（平成17年3月16日） 第8号「貸借対照表の純資産の部の表示に関する会計基準等の適用指針」 　　　　　　　（平成17年12月9日，平成20年3月10日改正） 第9号「株主資本等変動計算書に関する会計基準の適用指針」 　　　　　　　　　　　　　　　　　　　　　　　（平成17年12月27日） 第10号「企業結合会計基準及び事業分離等会計基準に関する適用指針」 　　（平成17年12月27日，18年12月22日・19年11月15日・20年5月13日・20年12月26日改正） 第11号「ストック・オプション等に関する会計基準の適用指針」 　　　　　　　　　　　　　　（平成17年12月27日・18年5月31日改正） 第12号「その他の複合金融商品（払込資本を増加させる可能性のある部分を含まない複合金融商品）に関する会計処理」 　　　　　　　　　　　（平成18年3月30日，平成20年5月13日改正） 第13号「関連当事者の開示に関する会計基準の適用指針」 　　　　　　　　　　　（平成18年10月17日，平成19年3月29日改正） 第14号「四半期財務諸表に関する会計基準の適用指針」（平成19年3月14日） 第15号「一定の特別目的会社に係る開示に関する適用指針」 　　　　　　　　　　　（平成19年3月29日，平成20年6月20日改正） 第16号「リース取引に関する会計基準の適用指針」（平成19年3月30日） 第17号「払込資本を増加させる可能性のある部分を含む複合金融商品に関する会計処理」　　　　　　　　　　　　　（平成19年4月25日） 第18号「工事契約に関する会計基準の適用指針」（平成19年12月27日） 第19号「金融商品の時価等に関する適用指針」（平成20年3月10日）

	第20号「セグメント情報等の開示に関する会計基準の適用指針」 （平成20年3月21日） 第21号「資産除去債務に関する会計基準の適用指針」（平成20年3月31日） 第22号「連結財務諸表における会社及び関連会社の範囲の決定に関する適用指針」 （平成20年5月13日） 第23号「賃貸借不動産の時価等の開示に関する会計基準の適用指針」 （平成20年11月28日）
実務対応報告	第1号「旧商法による新株予約権及び新株予約権付社債の会計処理に関する実務上の取扱い」　　　（平成17年12月27日，平成20年3月10日改正） 第2号「退職給付制度間の移行等の会計処理に関する実務上の取扱い」 （平成14年3月29日，平成19年2月7日改正） 第3号「潜在株式調整後1株当たり当期純利益に関する当面の取扱い」 （平成14年5月21日．廃止） 第4号「連結納税制度を適用する場合の中間財務諸表等における税効果会計に関する当面の取扱い」　　　　　　　　（平成14年8月29日） 第5号「連結納税制度を適用する場合の税効果会計に関する当面の取扱い（その1）」　　　　　　　　　　　　　（平成14年10月9日） 第6号「デッド・エクイティ・スワップの実行時における債権者側の会計処理に関する実務上の取扱い」　　（平成14年10月9日，平成20年3月10日改正） 第7号「連結納税制度を適用する場合の税効果会計に関する当面の取扱い（その2）」　　　　　　　　　　　　　（平成15年2月6日） 第8号「コマーシャル・ペーパーの無券面化に伴う発行者の会計処理及び表示についての実務上の取扱い」　（平成15年2月6日，平成20年3月10日改正） 第9号「1株当たり当期純利益に関する実務上の取扱い」 （平成18年1月31日改正） 第10号「種類株式の貸借対照表価額に関する実務上の取扱い」 （平成15年3月13日，平成20年3月10日改正） 第11号「外貨建転換社債型新株予約権付社債の発行者側の会計処理に関する実務上の取扱い」　　　　　　　　（平成15年9月22日） 第12号「法人事業税における外形標準課税部分の損益計算書上の表示についての実務上の取扱い」　　　　　　（平成16年2月13日） 第14号「固定資産の減損に係る会計基準の早期適用に関する実務上の取扱い」 （平成16年3月22日） 第15号「排出量取引の会計処理に関する当面の取扱い」 （平成18年7月14日，平成20年3月10日改正） 第16号「会社法による新株予約権及び新株予約権付社債の会計処理に関する実務上の取扱い」　　　　　　　　（平成17年12月27日．廃止） 第17号「ソフトウェア取引の収益の会計処理に関する実務上の取扱い」 （平成18年3月30日） 第18号「連結財務諸表作成における在外子会社の会計処理に関する当面の取扱い」 （平成18年5月17日．平成20年3月10日改正） 第19号「繰延資産の会計処理に関する当面の取扱い」（平18年8月11日） 第20号「投資事業組合に対する支配力基準及び影響力基準の適用に関する実務上の取扱い」　　（平成18年9月8日，平成20年3月13日改正） 第21号「有限責任事業組合及び合同会社に対する出資者の会計処理に関する実務上の取扱い」　　（平成18年9月8日，平成20年5月13日改正） 第22号「厚生年金基金に係る交付金の会計処理に関する当面の取扱い」 （平成18年10月27日） 第23号「信託の会計処理に関する実務上の取扱い」（平成19年8月2日）

適用範囲を持分会社まで拡大している．**法務省令の規定はあくまで企業会計の慣行の範囲内で定められているにすぎない**ことを前提として，会社計算規則は「この省令の用語の解釈及び規定の適用に関しては，一般に公正妥当と認められる企業会計の基準その他の会計慣行をしん酌しなければならない」(計規3．なお信託計算規則3，商法施行規則4Ⅱ参照)旨を定めている．また，会計監査人の会計監査報告は，計算関係書類が「一般に公正妥当と認められる企業会計の慣行に準拠して」表示されていると認められるか意見を述べるべきものとしている(計規126Ⅰ②イロ)．会社法は，慣習としないで慣行とされているから，事実の繰り返しが慣習よりはるかに少なくてもよいし，またその行われる場所的範囲は慣習より狭くて差し支えなく，現に慣行として行われなくとも，近い将来に慣行となるのが確実な見込みがあれば足りる．

本章は主に株式会社会計を扱う．持分会社会計は**第Ⅲ編第6章**[*Ⅲ-1-6-1*]で扱い，組織再編に関する会計は**第Ⅴ編第4章**[*Ⅴ-1-4-141*]で扱う．

第2款　会計帳簿

1　総　説

5-1-8　会社は，法務省令で定めるところにより，「**適時に**」，「**正確**」な会計帳簿(英 accounting records：仏 documents comptables：伊 scritture contabili：西 contabilidad)を作成しなければならない(会432Ⅰ・615Ⅰ，計規4Ⅰ)．商法19条は，**会計帳簿および貸借対照表を商業帳簿**(独 Handelsbücher)**と定義**している．会計帳簿とは，公正なる会計慣行である**複式簿記**(英米 double entry book-keeping：独 doppelte Buchführung)を使用して作成される帳簿組織である(なお，西山芳喜「会社法432条1項批判〈序説〉」評価232頁参照)．複式簿記とは，取引を二面的に記帳し，その結果帳簿相互に有機的組織を有するため，一定の技術に基づいて行われる簿記である．会社は，営利簿記のうち，その営む業種により，商業簿記，工業簿記または銀行簿記を使用する．会計帳簿は，書面または電磁的記録をもって作成しなければならない(計規4Ⅱ)．会計帳簿は，当然，「整然且明瞭」(平成17年改正前商33Ⅰ)に記載または記録されなければならない．

裁判所は，申立てによりまたは**職権で**，訴訟の当事者に対し，**会計帳簿**の全部または一部(なお東京高決昭和54・2・15下民30巻1-4号24頁参照)の**提出を命ずることができる**(会434・616，商19Ⅳ)これは，裁判所の職権によりうる点(民訴219)およびその所持者である訴訟当事者に提出拒否が認められない点(民訴220)で民事訴訟法の特則である．

第24号「持分法適用関連会社の会計処理に関する当面の取扱い」	
	(平成20年3月10日)
第25号「金融資産の時価の算定に関する実務上の取扱い」(平成20年10月28日)	
第26号「債券の保有目的区分の変更に関する当面の取扱い」(平成20年12月5日)	

会社は**会計帳簿閉鎖**から10年間その会計帳簿およびその事業に関する重要資料を保存しなければならない（会432Ⅱ・615Ⅱ，商19Ⅲ，電子文書3Ⅰ，会施規232⑮㉓．なお会508Ⅰ・672Ⅰ，会施規232㉕参照）．

2 借方と貸方

Ⅱ-5-1-9 企業が有する資本は，資本主が拠出した資金（自己資本，内部資本）と資本主以外の第三者（銀行等）から集めた資金（負債，他人資本）とから構成されている．したがって帳簿の右側（貸方）で資本の調達先を示すと同時に，左側（借方）で資本の運用形態を示すと図3のようになる．このように**企業が一定の時点において所有する資産，負債および資本の一覧表を貸借対照表**（米・英 balance sheet：独 Bilanz：仏 bilan：伊 stato patrimoniale：西 balance）という．貸借対照表等は，会計帳簿に基づいて作成されなければならない（計規58・59Ⅲ・60Ⅱ・70・71Ⅲ参照．その結果簿記の記帳も法務省令等の拘束を受けている）．貸借対照表の表示方法には，図3のように，T字形の左右の欄に分ける方式（**勘定式**）と**報告式**とがある．報告式は左右に分けることなく，資産，負債，資本の順序で書き流す方式である．会社法ではどちらの方式でもよい．貸借対照表では常に**資産＝負債＋資本**という式（貸借対照表等式）が成立する．

図3　勘定式

資金の運用	資産	資金の調達	負債（他人資本） 資本（自己資本）

Ⅱ-5-1-10 (1) **取得原価主義**　資産については，会社計算規則または会社法以外の法令に別段の定めがある場合を除き，その取得価額を会計帳簿に付さなければならない（**取得原価主義**．計規5Ⅰ．なお会計原則第3の5参照）．会社計算規則は，「取得価額」を，資産を取得した際に会計帳簿に付する価額という意味で用いており，その額を原価配分した後の価額（例えば，減価償却後の価額）という意味での「取得原価」と，その用語を使い分けている（計規5Ⅲ等）．取得価額は，具体的には，① 購入品であれば購入対価に付随費用を加算した額，② 製造品であれば製造原価[7]，③ 贈与その他無償で取得した場合には，公正な評価額[8]（会計原則第3の5F参照）というように，資産の種類や取得の形態に応じて算定方法は異なる．

Ⅱ-5-1-13 (2) **債 務 額**　負債（[Ⅱ-5-2-79]参照）については，会社計算規則または会社法以外の法令に別段の定めがある場合を除き，その債務額を会計帳簿に付さなければならない（計規6Ⅰ）．

Ⅱ-5-1-11　[7]　**製造原価**　製品等の製造原価は「原価計算基準」に従って算定しなければならない（会計原則注解注8・21Ⅱ）．単純個別原価計算の勘定連絡図のみを示すと次の通りである（図4）．

Ⅱ-5-1-12　[8]　**固定資産を無償で取得した場合の処理**　固定資産を無償で取得した場合，取得価額をゼロとする説（石井・下巻230頁）もあるが，公正なる会計慣行に従い，公正な評価額で記載すべきである（弥永・コンメンタール108頁など多数説）．

第5章 会社の財務 第1節 企業会計法 **537**

3 利益の計算方法

5-1-14 　企業活動は，一定の期間（**事業年度**）⁽⁹⁾を単位として測定される（会計期間〔米 accounting period〕の公準）．企業は期間の初め（期首）の資本（資本金）をもとに営業活動を行い，費用（資本の減少）を費やす．期間の終わり（期末）に収益（資本の増加）をあげ

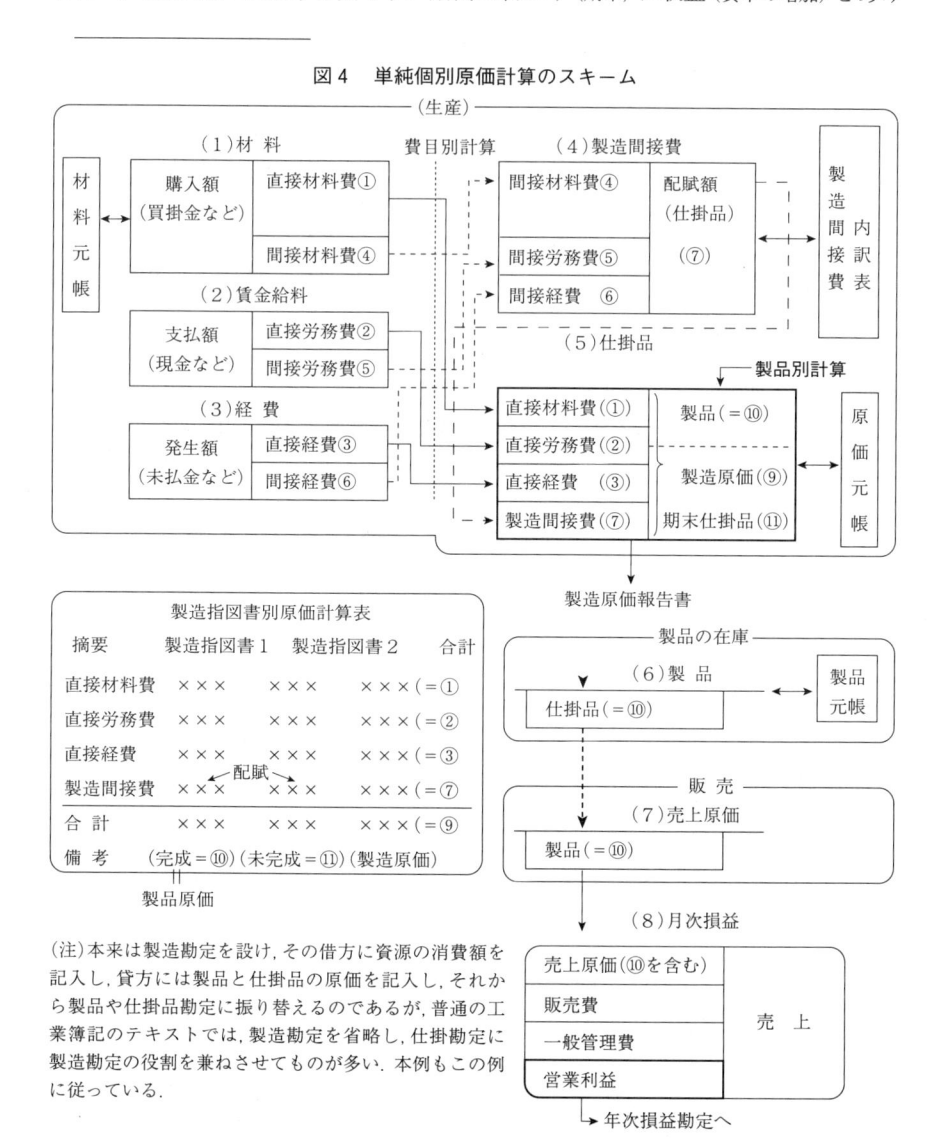

図4　単純個別原価計算のスキーム

（注）本来は製造勘定を設け，その借方に資源の消費額を記入し，貸方には製品と仕掛品の原価を記入し，それから製品や仕掛品勘定に振り替えるのであるが，普通の工業簿記のテキストでは，製造勘定を省略し，仕掛勘定に製造勘定の役割を兼ねさせてものが多い．本例もこの例に従っている．

ているか，費用（資本の減少）が発生しているか計算する．収益の方が費用より多ければ利益（当期純利益）が期首の資本の増加分となり，逆に費用の方が収益より多ければ損失（当期純損失）となる（図5参照）．利益（または損失）の計算方法には，① 貸借対照表を用いて期末資本－期首資本の式で計算する方法（ただし期中の資本の増減を加味して計算することを要する）と② 貸借対照表を用いないで，損益計算書なる帳簿を設けて，それから直接に収益－費用（＝利益．この等式を変形すれば費用＋利益＝収益となる．この等式を損益計算書等式という）の式で計算する方法とがある．①の方法を**財産法**，②の方法を**損益法**という．このように①②の方法は損益計算の方法である．株式会社が発生した当初では，永続するか不明であったので，財産計算を重視する財産法が採用された．しかし財産法は未実現利益が混入するので，公正なる**会計慣行**は**損益法**を採用している（会計原則第2の1）．

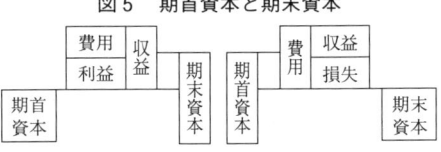

図5　期首資本と期末資本

損益計算書（米 income statement：英 profit and loss account：独 Gewinn-und Verlustrechnung：仏 compte de resultat：伊 conto economico：西 cuenta de perdidas y ganancias）は**企業の一定期間**（事業年度）**における損益の状態を示す書類**である．損益計算書は帳簿を締切ったあとに作成されるため帳簿ではない。これにも**勘定式**（図6参照）と**報告式**（図14参照）があるが，会社計算規則は**報告式**を採用している．

なおこれまで損益計算書が優先されてきたが，最近では損益計算書を経由せずにその他有価証券評価差額金のように貸借対照表に取引の結果が直接反映される場合が多くなってきている．

図6　損益計算書（勘定式）

4　取　引

II-5-1-16　**簿記上の取引**〔transaction〕とは，普通の意味と異なり，**企業の収益，費用，資産，負債および資本に増減を及ぼす一切の事実**をいう．賃貸借契約の締結は取引に含まれず，風水害による工場の破損等は取引に含まれる．簿記上の取引は会計帳簿に記載・記録される（計規4Ⅰ参照）．取引は，① 資産に属する取引，② 負債に属する取

II-5-1-15　（9）**事業年度**　計算書類およびその附属明細書・連結計算書類の作成期間は，当該事業年度〔英 financial year：独 Geschäftsjahr：仏 exercice：伊 esercizio：西 ejercicio social〕の前事業年度の末日の翌日（当該事業年度の前事業年度がない場合にあっては，成立の日）から当該事業年度の末日までの期間である（計規59Ⅱ・71Ⅱ．連結計算書類の作成期間は**連結会計年度**という．計規62［II-5-1-37］）．この場合においてはこの期間は1年を超えることができないが，事業年度の末日を変更する場合における変更後の最初の事業年度については1年6カ月まで伸長することができる．**臨時計算書類の作成に係る期間**は，**臨時会計年度**である（計規60Ⅰ［II-5-2-164］）．清算の場合には**清算事務年度**という（会494Ⅰ［VI-1-2-44］）．

引，③ **資本に属する取引**，④ **収益に属する取引**および⑤ **費用**(**損失**)**に属する取引**の5つに分かれる．収益は資本の増加，損失(費用)は資本の減少にあたるから，直接資本の増減として記入することもできるが，これでは損益の種類・内容がわからなくなるので，**収益勘定と損失**(**費用**)**勘定を設け**，これに記入し，しかる後にそれらの**差額を資本金勘定に振り替える**．

5 元　帳

5-1-17　各取引の内容を示す適当な名称の付いた**勘定科目**を設け，それが収容されている場所(これを**勘定口座**という)に当該取引を記帳する．それら勘定口座のすべてを収容する帳簿が**元帳**(または総勘定元帳．米 ledger：独 Ledger：仏 grand livre)である(図7参照)．① 貸借対照表では資産は借方に記帳されているので，資産に属する諸勘定では，資産の増加は借方に，減少は貸方に記帳し，逆に，② 負債や資本は貸方に記帳されているので，負債に属する諸勘定と資本に属する諸勘定では各々負債または資本の増加は貸方に，減少は借方に記帳する．③ 収益に属する諸勘定は，資本の増加にあたるから，収益が実現すれば貸方に，その取消は借方に記帳し，④ 費用に属する諸勘定は，資本の減少にあたるから，費用が発生すれば借方に，その取消は貸方に記帳する．これらの借方と貸方の合計額は必ず一致する．これを貸借平均の原則という．貸借記入の一般原則を表にすると**表2**のようになる[(10)]．

図7　元　帳

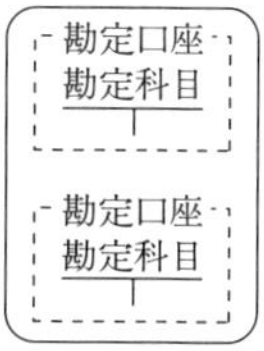

勘定口座・
勘定科目

勘定口座・
勘定科目

表2　取引8要素の統合関係表

(1)資産の増加　　資産の減少(5)
(2)負債の減少　　負債の増加(6)
(3)資本の減少　　資本の増加(7)
(4)費用の発生　　収益の発生(8)

(注) (3)-(8)，(4)-(8)，(4)-(7)の組み合わせは，実質的にはない．ただしストック・オプションの場合には(4)-(7)の組み合わせは考えられる．

6 仕訳帳

5-1-19　企業が取引を行うとそのたびごとに，どの勘定科目にあたるのか分析して，直接勘定口座に記帳することも可能ではあるが，これでは期中に発生した取引の歴史的概観(発生順の記録)が得られないし，取引の分析結果を直接勘定口座に記帳する方法では，誤りが生じやすい．これを避けるために取引の発生順に，**取引を借方項目と貸方項目に区分けし記録する帳簿**が用いられる．この帳簿を**仕訳帳**[(11)]〔英 Journal：仏 livre-journal〕という．仕訳帳の借方記入金額は該当する勘定の借方に振替え

5-1-18　(10)　**表示科目と勘定科目の関係**　財務諸表に表示する科目を**表示科目**〔stated title〕という．表示科目は複数の勘定科目を1つにまとめたりするので，表示科目と勘定科目の名称は必ずしも一致しない．企業がどのような勘定科目を設定するかは，企業の実情によって決まる．

5-1-20　(11)　**主要簿と補助簿**　仕訳帳と元帳は，複式簿記にとって不可欠であるから，**主要簿**と呼ばれる．仕訳帳と元帳から成る帳簿組織を単一仕訳帳制という．単一仕訳帳制のもとでも補助簿が用いられる．**補助簿**はそれがなくても済むが，特定の取引の明細または特定の勘定の明細に把握するために設けられる帳簿である．補助簿には2種類ある(表3参照)．単一仕訳帳制は，

られ，貸方記入金額は該当する勘定の貸方に振替えられる．これを**転記手続**という（図8参照）．

図8　簿記の手続

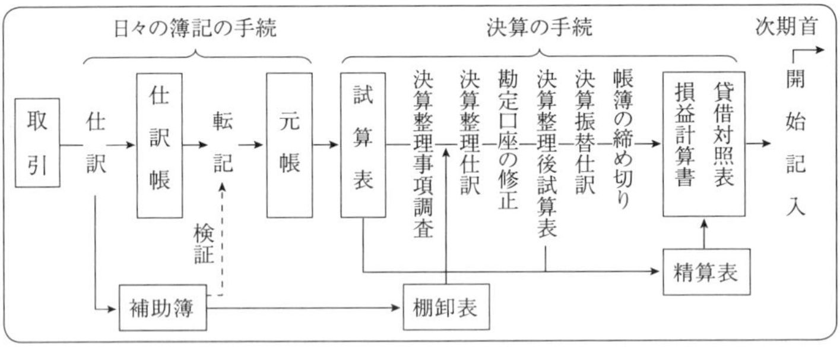

```
        ┌──── 日々の簿記の手続 ────┐  ┌──────── 決算の手続 ────────┐  次期首
                                        決       勘   決   帳    損 貸
取  仕   仕   転   元   試   算       算   定   算   簿    益 借   開
        訳        訳   整       口   整   の   計 対   始
        帳   記   帳   算   理       振   座   理   締   算 照   記
引  訳            簿   表   事       替   の   後   め   書 表   入
                       項            仕   修   試   切
                       調            訳   正   算   り
                       査                     表
             ↑                                           ↑
             検                                          精
             証                                          算
             ↓                                           表
        補助簿               →   棚卸表
```

7　決　算

Ⅱ-5-1-21　決算とは，企業の1事業年度の営業活動による経営成績および決算期の財政状態を明らかにするために行う一連の手続をいう．決算手続は，①（決算整理前の）試算表の作成，②棚卸表の作成とそれに基づく決算整理，③（決算整理後の）試算表の作成と決算振替仕訳，④元帳と仕訳帳の締め切り，⑤精算表の作成，⑥損益計算書および貸借対照表の作成から構成されている（図8参照）．これらの一連の決算手続のなかで重要なのは②である．

転記に要する作業量が大きくなることと記帳事務の分業を行えないという欠点を有している．そこで**単一仕訳帳制**のもとで特定領域の取引補助簿として使用されてきた補助記入帳を仕訳帳として独立させ，仕訳帳には記入せずに，仕訳帳化した補助記入帳に記入する方法が用いられる．この場合の仕訳帳を**特殊仕訳帳**といい，従来の仕訳帳を普通仕訳帳という．普通仕訳帳には開始仕訳，特殊仕訳帳に記入されない期中取引仕訳，決算仕訳などが記入される（**分割仕訳帳制**，特殊仕訳帳制または複数仕訳帳制という）．

表3　補助簿の種類

補助記入帳 (subsidiary register)	仕訳帳から分化したと考えられる補助簿であり特定の取引の歴史的記録の明細を司る．	現金出納帳，小口現金出納帳，仕入帳，売上帳，受取手形記入帳，支払手形記入帳，当座預金出納帳 （工業簿記） 材料仕入帳，材料仕訳帳，賃金支払帳，賃金，経費仕訳帳など
補助元帳 (subsidiary ledger)	元帳から分化したと考えられる補助簿であり，元帳上の特定の勘定または事柄について内容を項目別に分けて記録することを目的とする．	得意先元帳（＝売掛金元帳），仕入先元帳（＝買掛金元帳），固定資産台帳，商品有高帳，営業費内訳帳 （工業簿記）材料元帳，経費元帳，原価元帳（＝原価計算表），製造間接費元帳，製品元帳

5-1-22 **(1) 試算表の作成** 仕訳帳に決算整理前までの合計額を記帳した後，決算の予備手続として元帳の記録内容に誤りがないか試算表（trial balance）を作成してその確認を行う．**残高試算表**（各勘定の借方残高と貸方残高を集計して１つの表にまとめたもの）を等式で示すと，$\overline{期末資産＋費用}^{借方}＝\overline{期末負債＋期首資本＋収益}^{貸方}$である．これを**残高試算表等式**という．この式は，期末資産－期末負債－期首資本＝収益－費用と変形することができる．左辺の式は，財産法による利益の計算方式であって貸借対照表の内容（期末の自己資本）を意味し，右辺は損益法による利益の計算方式であって損益計算書の内容を意味している．すなわち，貸借対照表の純利益と損益計算書の純利益は一致する．したがって残高試算表から貸借対照表と損益計算書を作成することができる（図９参照）．

図９ 残高試算表から損益計算書・貸借対照表を作成する過程

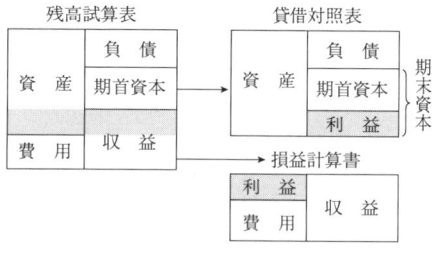

5-1-23 **(2) 棚卸表の作成と決算整理** 残高試算表が作成されたとしても，それは帳簿上の結果に過ぎない．そこで企業の正しい経営成績および財政状態を表示するために，実際有高および消費高などを調査し**棚卸表**（Inventory Sheet）が作成される．棚卸表に基づき仕訳帳で修正仕訳（これを**決算整理仕訳**という）を行い，元帳の各勘定口座へ転記し，各勘定残高を修正する手続を行う．この手続きを**決算整理**[(12)]という．決算整理仕訳は精算表の整理（または修正）記入欄に記入される．

5-1-25 **(3) 仕訳帳と元帳の締切** 元帳の費用諸勘定と収益諸勘定を各々損益勘定（集合勘定）に振り替え，費用諸勘定と収益諸勘定を締め切る．**損益勘定**の残高（純利益）を資本金勘定（または繰越利益剰余金勘定）に振り替えた後，損益勘定を締め切る（そして翌事業年度の開始記入を行う）．損益勘定の差額が貸方で多いと借方には**当期純利益**（資本金）が発生し，逆に差額が借方で多いと貸方には**当期純損失**（資本金）が発生する（図10参照）．その後，貸借対照表系の諸勘定の締切手続に着手する．資産，負債および資本（純資産）に属する諸勘定の貸借の差額を求め，差額を**残高勘定**へ振り替える．資本金勘定より振り替える金額には，上記当期純利益（または当期純損失）が含

5-1-24 **(12) 決算整理事項** 決算整理事項には，① 現金の帳簿残高と実際有高との間に食い違い，② 貸倒引当金の設定［*II-5-2-70*］，③ 金融商品の評価損益の計上［*II-5-2-64*］，④ ３分法による売上原価の計算［*II-5-2-14*］，⑤ 棚卸資産の評価損の計上［*II-5-2-73*］，⑥ 有形固定資産の減価償却［*II-5-2-56*］，⑦ 費用および収益の繰り延べと見越し［*II-5-2-22*］，⑧ 外国通貨および外貨建金銭債権債務の決算日の為替相場による換算［*II-5-2-118*］，⑨ 税効果会計［*II-5-2-23*］，⑩ 固定資産の減損［*II-5-2-69*］，⑪ のれんの償却［*V-1-4-151*］などがある．

542 第Ⅱ編 株式会社

まれている．**残高勘定**は，資産・負債・資本（純資産）の集合勘定であるため，借方合計と貸方合計は必ず一致する（図11参照）．一致を確認した後，元帳の資産，負債および資本（純資産）の各勘定と残高勘定を締め切る．

図10　収益・費用項目の損益勘定への振替と資本金勘定への振替のイメージ

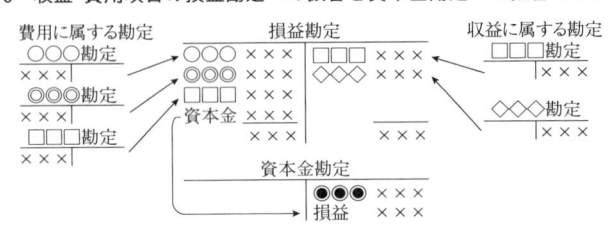

```
費用に属する勘定              損益勘定                  収益に属する勘定
 ○○○勘定  ────→  ○○○ ×××  ×××××  ──  □□□勘定
 ×××    ╱       ○○○ ×××  ◇◇◇×××        ×××
 ○○○勘定 ──╱       □□□ ×××  ×××××  ──  ◇◇◇勘定
 ×××  ╱         資本金                         ×××
 □□□勘定╱
 ×××              資本金勘定
              ─→  ●●● ×××
                  損益
```

図11　残高勘定への振替のイメージ

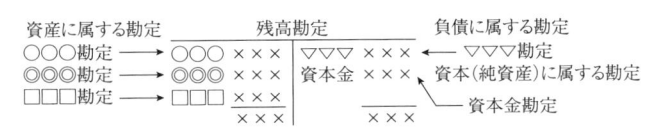

```
資産に属する勘定              残高勘定                   負債に属する勘定
 ○○○勘定 ────→ ○○○ ×××  ▽▽▽ ××× ←──── ▽▽▽勘定
 ○○○勘定 ────→ ○○○ ×××  資本金 ×××  資本（純資産）に属する勘定
 □□□勘定 ────→ □□□ ×××   ×××      ────── 資本金勘定
                     ×××
```

Ⅱ-5-1-26　**(4) 誘導法と棚卸法**　帳簿締め切り手続が完了した後これまでの記帳の正確性を確かめる目的で，(決算)**整理後残高試算表**が作成される．この試算表から報告書（損益計算書と貸借対照表）とが作成される．損益計算書は損益勘定を資料として作成され，貸借対照表は，残高勘定から作成される（大陸式決算法による場合．本書はこれによる）．このように元帳から報告書を作成する方法を**誘導法**という．これに対し，全ての資産，負債を実地調査し，**財産目録**（独 Inventar：仏 inventaire：伊 inventario：西 inventario）を作り，これに基づいて貸借対照表を作る方法を**棚卸法**（または**財産目録法**）[13]という（会施規145Ⅱ・161Ⅱ）．誘導法・棚卸法は貸借対照表作成の方法であるから，損益法・財産法［Ⅱ-5-1-14］と同視してはならないが，**誘導法は損益法を前提としなければ成立しない**．誘導法でも部分的には棚卸法が用いられその不備は補正される．会社法（計規58・59Ⅲ・60Ⅱ・70・71Ⅲ，会施規145Ⅱ・146Ⅰ）や財務諸表等規則は

Ⅱ-5-1-27　(13) **棚卸法で作成される貸借対照表**　棚卸法では，すべての財産の明細を表示する**財産目録**〔独 Inventar：仏 inventaire：伊 inventario：西 inventario〕の要約として，**貸借対照表が作成される**．わが国では，昭和49年改正で，誘導法が採用されたため，開業財産目録と決算財産目録を作成する必要はない．しかし，① 会社の清算財産目録（会492Ⅰ［Ⅵ-1-2-40］・658Ⅰ・669ⅠⅡ［Ⅵ-1-2-15］），② 破産財産目録（破153Ⅱ［Ⅵ-1-2-109］），③ 更生財産目録（会更83Ⅲ・Ⅳ［Ⅵ-1-2-137］）および④ 再生財産目録（民再124Ⅱ［Ⅵ-1-2-121］）（これらを**非常財産目録**という）は作成を義務付けられている．①②は企業の存続を前提としないので財産評価は**処分価格**によってなされる（会施規144Ⅱ［Ⅵ-1-2-41］・160Ⅱ）．③の更生財産目録は，更生手続開始時のものは**時価**で評価され（会更83Ⅱ），更生計画認可決定時のものは法務省令の基準により評価が行われる（会更83Ⅴ）．④は，原則として交換価格で評価しなければならないが，必要がある場合には，併せて，全部または一部の財産につき，再生債務者の事業を継続するものとして評価することができる（民再規56Ⅰ）．

誘導法，したがって(財産法に補完された)損益法を採用している．これは，会社が永続することが明らかになった結果である．永続しないものであれば，清算時にどのくらいの財産が配分されるかが重要であるが，永続するものであれば，当該事業年度にどのくらいの営業収益を上げたかの方(期間損益)が重要となるからである．

5-1-28 (5) **精算表** 損益計算書と貸借対照表が作成する際には，決算作業を単純化する目的で，精算表(米 working sheet)が作成される．残高試算表，整理(または修正)記入，損益計算書および貸借対照表の各欄が設けられる精算表を**8桁精算表**といい，整理記入の次に整理後残高試算表を付け加えたものを**10桁精算表**という．簿記では他の場合にも精算表を使用して計算書(キャッシュ・フロー計算書，連結決算書等)を作成する場合が多い．

8 連結会計

5-1-29 (1) **総　説** 例えば親会社が100円で外部から仕入れた商品を子会社に105円で売って利益をあげても，子会社が95円で他に売却すれば，グループ全体としては損をしており，親会社の5円の利益は見せかけである．したがって連結計算書類(会444，計規61)を作成しなければ企業集団の実態は明らかにならない．そこで**支配従属関係にある2以上の会社からなる企業集団を単一の組織体とみなし，親会社が当該企業集団の財政状態および経営成績を総合的に報告するために作成するものが連結計算書類**[14][15](英 group accounts．または**連結財務諸表**[米 consolidated financial statements])である(計規2Ⅱ⑲．連結原則第1参照)．

5-1-32 (2) **連結主体論** (ア) **連結基礎概念** 企業集団を親会社の株主のものと見て，子会社の少数株主持分を除外して考える(親会社概念)か，それとも，少数株主を含めて考え，連結財務諸表を企業集団自体のものと考える(経済的単一体概念)かで，処理方法が異なってくる．会社計算規則は，企業会計基準第5号(4項・7項(2)．なお18項

5-1-30　[14] **沿　革** 昭和52年(1977年)4月に連結財務諸表制度が証券取引法会計に導入されて以来漸次充実が図られて来たが，平成9年(1997年)改正財務諸表等規則は，連結財務諸表が主，個別財務諸表は従であるとして，従来の立場を改めた(連結財務諸表制度の見直しに関する意見書参照)．平成14年(2002年)の改正商法は連結計算書類制度を大会社に導入したことから(旧商特19の2Ⅰ・21の32Ⅰ．平成14年改正商特附則8・9参照)，平成15年(2003年)改正商法施行規則は，商法特例法により連結計算書類の作成義務が課せられている株式会社(商法特例法20条2項に規定する大会社連結特例規定または同法21条の37第2項に規定する委員会等設置会社連結規定の適用がある株式会社)を連結特例規定適用会社と定義し(旧商施規2Ⅰ⑰)，連結計算書類の記載方法と監査等を詳しく定めるに至った(旧商施規143~193)．会社計算規則が，その規制を引き継いでいる．なお連結計算書類制度は，企業集団に関する情報の開示の充実を目的とし，剰余金の分配可能額の算定を意図するものではない(なお計規2Ⅲ㉛・158④参照)．

5-1-31　[15] **連結財務諸表原則** 一般原則として真実性の原則(連結原則第2の1)，個別財務諸表基準性の原則(連結原則第2の2)，明瞭性の原則(連結原則第2の3)および継続性の原則(連結原則第2の4)がある．

参照）にならい，**親会社概念を採用し，少数株主持分は**，返済義務のある負債ではないので，**純資産の部に表示することとしている**（計規76Ⅰ②ニ．なお「貸借対照表の純資産の部の表示に関する会計基準」22項(2)参照）．

Ⅱ-5-1-33　**（イ）親会社　子会社**（会2③，会施規3Ⅰ[Ⅰ-1-6-7]）はすべて親会社（会2④，会施規3Ⅱ）の連結の範囲に含めるのが原則であり，そのような子会社を**連結子会社**という（計規2Ⅲ⑲．連結財務規2③参照）．しかし①　財務および事業の方針を決定する機関（株主総会その他これに準ずる機関）に対する**支配が一時的であると認められる子会社または**，②　連結の範囲に含めることにより当該株式会社の利害関係人の判断を著しく誤らせるおそれがあると認められる子会社は，**連結の範囲から「除かれなければならず」**（計規63Ⅰ．なお，連結原則第3の1の4，連結財務規5Ⅰ参照），また，③　その資産，売上高（役務収益を含む）等からみて，連結の範囲から除いてもその企業集団の財産および損益の状況に関する合理的な判断を妨げない程度に**重要性の乏しい子会社は，連結の範囲から「除くことができる」**（計規63Ⅱ．なお，連結財務規5Ⅱ，日本公認会計士協会監査委員会報告第52号「連結の範囲及び持分法の適用範囲に関する重要性の原則の適用に係る監査上の取扱い」参照）．このような子会社を**非連結子会社**といい（計規2Ⅲ⑳．なお，連結財務規2⑤参照），**会社と連結子会社を合わせて連結会社**という（計規2Ⅲ㉑．なお，連結財務規2④参照．表4参照）．

表4　連結の範囲

子会社	原則	連結の範囲	Yes	連結	親会社	連結会社
					連結子会社	
	例外		No	連結除外	強制	非連結子会社	支配が一時的な場合　誤導の可能性がある場合
					任意		重要性の原則の適用

Ⅱ-5-1-34　**（ウ）関連会社**　非連結子会社および関連会社の業績を連結計算書類に反映させないと，企業グループ全体の企業行動の結果が正しく報告されたとは言えないので，**非連結子会社および関連会社**[Ⅰ-1-6-8]**に対する投資には原則として持分法が適用されなければならない**（計規69Ⅰ．なお，連結原則第4の8の1参照）．

持分法とは，投資会社が，被投資会社の資本および損益のうち当該投資会社に帰属する部分の変動に応じて，その投資の金額を各事業年度ごとに修正する方法をいう（計規2Ⅲ㉓．連結財務規2⑧，連結原則注解17，平成10年7月6日日本公認会計士協会会計制度委員会第9号「持分法会計に関する実務指針」参照．なお，計規76Ⅸ①ロ・88Ⅵ②・96Ⅸ①ロ・102Ⅰ②・Ⅱ①・114Ⅱも参照）．

ただし，①　財務および事業の方針の決定に対する影響[16]が一時的であると認め

Ⅱ-5-1-35　　[16]　財務及び事業の方針の決定に対して重要な影響を与えることができる場合　関連会社では

られる関連会社または② 持分法を適用することにより株式会社の利害関係人の判断を著しく誤らせるおそれがあると認められる非連結子会社および関連会社に対する投資には，持分法を「適用しない」(計規69Ⅰ．なお，連結財務規10Ⅰ但書)．また，持分法を適用すべき非連結子会社および関連会社のうち，その損益等からみて，持分法の適用の対象から除いても連結計算書類に重要な影響を与えないものは，持分法の適用の対象から「除くことができる」(計規69Ⅱ)．

5-1-36 　(エ) 関 係 会 社　 ① 関係会社[1-1-6-8]の株式・出資金(計規82Ⅰ．なお財務規32Ⅰ②⑥参照)，② 関係会社に対する金銭債権・金銭債務(計規103⑥．なお財務規32Ⅰ③⑨・39・55参照)，③ 関係会社との営業取引・営業取引以外取引による取引高の総額の注記(計規104．なお財務規74・88・91参照)は，関係会社単位で区分表示する．

5-1-37 　(3) 3カ月ルール　連結会計年度は，親会社の当該事業年度の前事業年度の末日(連結決算日)の翌日(前事業年度がない場合には成立の日)から当該事業年度の末日までの期間である(計規62．なお連結財務規3Ⅱ，同ガイドライン3-1参照)．したがってその事業年度の末日と異なる日をその事業年度の末日とする連結子会社は，連結計算書類の作成の基礎となる計算書類を作成するために必要とされる決算(仮決算)を行わなければならないが(連結原則第3の2の2．仮決算方式)，連結決算期との差異が3カ月を超えない場合には(3カ月ルール)，子会社の正規の決算を転用して連結決算を行うことができる(計規64Ⅰ．転用方式．連結財務規12，連結原則注解7，連結原則第7の2参照)．この場合には，連結子会社の事業年度の末日と当該株式会社の事業年度の末日が異なることから生じる連結会社相互間の取引に係る会計記録の重要な不一致について，調整をしなければならない(計規64Ⅱ)．

5-1-38 　(4) 連結計算書類の作成手順　(ア) 支配獲得日　親会社は子会社の支配を獲得した日(支配獲得日)に，個別貸借対照表を合算し，連結のために必要な消去仕訳および振替仕訳(連結修正仕訳という)をすることにより，連結精算表を完成させ，連結貸借対照表を作成する(個別財務諸表基準性の原則．計規65前段．連結損益計算書等も同様である．計規66前段・67前段)．支配獲得時には，連結貸借対照表のみが作成される．(支配)取得が，複数の取引により達成される場合(段階取得)，平成20年改正基準は，国際的な会計基準とのコンバージェンスの観点から，連結財務諸表上，支配を獲得するに至った個々の取引すべての企業結合日(企業結合会計基準15項参照)における時価をもって，被取得企業の取得原価を算定し，当該取得原価と当該支配を獲得するに至った個々の取引ごとの原価の合計額(持分法適用関連会社と企業結合した場合には，持分法による評価額)との差額は，当期の段階取引に係る損益として処理することに改めている(企業結合会計基準25項(2)・49項(3)③・90項)．段階取得における被取得企業が取得

―――――――

「財務及び事業の方針の決定に対して重要な影響を与えることができる場合」でなければならないが，それは(計規2Ⅳ①～④)，実質上財務諸表等規則8条6項と同じ内容である．

企業の関連会社であった場合の投資についても，国際的な会計基準とのコンバージェンスの観点から，同様に取り扱うとされている(企業結合会計基準93項)．

II-5-1-39　**(a) 子会社の資産・負債の時価評価**　まず，親会社は子会社の資産・負債を取得したと考えられるので，**子会社の貸借対照表の資産・負債を時価に評価替えをし**[17]，子会社の資産・負債の時価による評価額と当該資産・負債の個別貸借対照表上の金額との差額(**評価差額**)は，**子会社の資本に計上する**(なお計規68，連結原則第4の2の2，連結財務規9参照)．

II-5-1-41　**(b) 投資と資本の相殺**　子会社の資本は，親会社の資金運用を示すので，子会社の資本勘定を持分比率に応じて親会社持分相当額と少数株主持分相当額に分け，親会社に帰属しない部分を少数株主持分へ振替えた上で，**株式会社の連結子会社に対する投資とこれに対応する連結子会社の資本**(時価評価されたもの)**とを相殺消去する**(計規68，連結財務規9，平成10年5月12日日本公認会計士協会会計制度委員会報告第7号「連結財務諸表における資本連結手続に関する実務指針」参照)．**その際差額**(**投資消去差額**)**が生じた場合には，当該差額を連結調整勘定とする**(連結原則第4の3の1および2・第四の五の1)．連結調整勘定は，無形固定資産または固定負債の区分に表示する(連結財務規40 I 参照)．連結調整勘定が借方および貸方の双方に生じる場合には，これを**相殺して記載**することができる(連結原則注解21の2，連結財務規40＝財務規54の2参照)．連結調整勘定は，**原則として20年以内に償却する**(連結原則第4の3の2．連結調整勘定の当期償却額は，販売費及び一般管理費の区分に表示し，負債の部に計上したものは，営業外収益の区分に表示する．連結原則注解23・3参照)．

(a)と(b)の手続を**資本連結**という．これらの仕訳は，開始仕訳(の一部)として行わ

II-5-1-40　[17] **部分時価評価法と全面時価評価法**　時価評価の方法には，① 親会社持分に相当する部分だけを評価替えし，少数株主持分については評価替えを行わない**部分時価評価法**と② 少数株主持分の部分を含めて，全部の評価替えを行う**全面時価評価法**とがある．平成9年連結原則が適用された以後，部分時価評価法の採用はわずかであること，また，子会社株式を現金以外の対価(例えば，自社の株式)で取得することを想定していた平成15年企業結合会計基準では，全面時価評価法が前提とされていたこととの整合性の観点から，平成20(2008)年改正連結会計基準は，全面時価評価法のみを認めるように改められている(連結会計基準60項．小堀一英＝小林正和「企業会計基準第21号「企業結合に関する会計基準」等の解説」会計・監査ジャーナルNo.645，54頁参照)．③ 重要性の乏しいものは，子会社の簿価をそのまま引き継ぐ方法(原価法)も許される(連結原則第四の二の3)．

表5　子会社の資産負債の評価法

		評価法	内　容	
評価差額の重要性	有	部分時価評価法	親会社持分相当分	時価
			少数株主持分相当分	原価
		全部時価評価法	すべて	時価
	無	原価法		原価

れる.

5-1-42　(c)　**債権・債務の相殺**　連結会社相互間の取引は内部取引であるから，連結会社相互間の債権・債務は相殺消去する (連結原則第4の6，同注解14).

5-1-43　(イ)　**支配獲得後の連結決算**　① 連結1年度以降は，前年度末に行った連結消去・振替仕訳の累積仕訳(開始仕訳)からスタートする．② 当期分の連結修正仕訳を行い，**連結計算書類**(連結財務諸表)を作成する(簿外法).

　　連結損益計算書は，個別損益計算書を単純に合算し，次いで，前期末までの連結財務諸表の作成手続きで行われた連結修正仕訳を当期に引き継ぐための開始仕訳を行い，子会社の当期純利益のうち少数株主の持分は，少数株主持分へ振り替え，連結調整勘定はのれんの性質を有するので償却し[18]，内部取引は企業集団全体としては損益が生じないので内部取引高は相殺消去し(連結原則第5の2)，未実現損益は消却する(なお連結原則第5の3参照).

　　連結には，資本準備金・利益準備金という概念は存在せず，資本剰余金と利益剰余金という概念しかない．また単体ベースでは流動資産であっても連結ベースでは固定資産である場合もあるので，会社計算規則は，単体ベースの資産・負債・純資産の金額を，連結貸借対照表では異なる項目に振り替えて表示することを認めている(計規65後段．連結損益計算書等も同様である．計規66後段・67後段).

第3款　帳簿閲覧・謄写権

5-1-45　株式会社では**総株主**(株主総会において決議をすることができる事項の全部について議決権を行使することができない株主を除く)**の議決権の100分の3**(定款で緩和可)**以上の議決権を有する株主または発行済株式**(自己株式を除く)**の100分の3**(定款で緩和可)**以上の数の株式を有する株主**[19](特例有限会社にあっては総株主の議決権の10分の1以上の議決権を有する株主．整備法26)は，会社の営業時間内は，いつでも，当該請求の理由を明らか

5-1-44　[18]　**連結調整勘定の当期償却額**　資産の部に計上された連結調整勘定の当期償却額は，販売費および一般管理費の区分に表示し，負債の部に計上された連結調整勘定の当期償却額は，営業外収益の区分に表示する(連結原則注解23Ⅲ).

5-1-46　[19]　**沿革**　帳簿閲覧権[米 shareholders' right to inspect corporate records]はアメリカ法に倣ったものであるが，アメリカ法ではおおむね単独株主権としているのと異なり，わが国では，帳簿閲覧権は強力であることから，発行済株式総数の10分の1以上の少数株主権として制定された．ところが平成元年に米国のグリンメイラーとして著名なピケンズが代表者である投資会社ブーン・カンパニーが小糸製作所の筆頭株主となり，法人税申告書および案の閲覧謄写を求める仮処分申請，次いで帳簿・書類の閲覧謄写を求める本案の提起をそれぞれ行い，裁判で争われた(神谷「ピケンズ——小糸事件における法的諸問題の検討(上)(下)」商事1258号32頁，1259号36頁参照．法人税申告書および案の閲覧謄写を求める仮処分申請は却下され(東京地決平成元・6・22判時1315号3頁)，帳簿・書類の閲覧謄写請求訴訟については訴えが取り下げられている)．事件は米国でも取り上げられ，日米構造問題協議で米国が要件の緩和を要求したことから，平成5(1993)年改正法は，他の少数株主権の要件との均衡を考慮して，株式会社に限って発行済株式総数の100分の3以上に引き下げた.

にして，**会計帳簿およびこれに関する資料**（書面をもって作成されているときはその書面，電磁的記録をもって作成されているときはそこに記録された情報の内容を法務省令に定める方法［紙面または出力装置の映像面に表示する方法．会施規226⑳］により表示したもの）**の閲覧または謄写の請求をなすことができる**[20]（会433Ⅰ）．会社が清算中の場合も同様である（会509Ⅰ②参照）．

理由は，請求を拒否するか否かの判断材料となるので，それが**可能な程度に具体的なものでなければならない**（予定されている新株の発行その他会社財産が適正妥当に運用されているか調査するためでは不十分．最一小判平成2・11・8金判863号20頁［香川鉱業事件］＝会社百選6版76事件．記載された請求の理由を基礎付ける事実が存在することを立証する必要はない．最一小判平成16・7・1金判1204号11頁＝会社法百選85事件）．

対象となる帳簿・書類を具体的に特定しなければならないとする判例があるが（仙台高決昭和49・2・18高民集27巻1号34頁［梅村商店事件］，高松高判昭和61・9・29判時1221号126頁［香川鉱業事件］），通説は，**請求株主は閲覧対象を特定する必要はなく**，会社側が閲覧目的からして不要な帳簿・書類を立証して対象から除外すべきであるとしている（特定不要説．石井・下245頁，大隅＝今井・中504頁，和座・新注会(9)211頁，新山『株式会社法の立法と解釈』317頁，久留島隆志「株主の会計帳簿閲覧・謄写請求権行使と問題点」法研66巻1号269頁［1993年］）．訴訟になってからの目的の補正は許されると解するが（久保田・ジュリ944号137頁，浜田・私法判例リマークス1992上113頁．もっとも民訴156・301参照），否定説（川村・金判874号47頁．目的補正は別個の新たな閲覧請求，訴の追加的変更と構成する）**も存在している**．

判決主文における閲覧対象の特定の仕方につき東京高判平成18・3・29判タ1209号266頁参照．

「会計帳簿又はこれに関する資料」の意義については，「会計ノ帳簿及ビ書類」という表現を使用していた平成17年改正前商法と同じく，会社の状況を示す一切の書類と解する説（非限定説．江頭635頁，青竹378頁，アドバンス481頁，吉本321頁）と会計の帳簿は会計帳簿を意味すると解する説（限定説．前田庸573頁，新山314頁，神田247頁，西山・評価231頁等多数説．東京地決平成元・6・22判時1315号3頁，横浜地判平成3・4・19判時1397号114頁［浜商会事件］＝会社法百選84事件，大阪地判平成11・3・24判時1741号150頁参照．この説によれば，計算書類および附属明細書は個々の株主が閲覧できるので，ここで言う会計帳簿とは，これらの書類の作成の基礎となる帳簿，また会計の資料とは，会計帳簿の記録材料となった資料を意味することになる）が対立している．限定説は，会計帳簿閲覧請求権は計算書類等の閲覧権（会442）と検査役選任請求権（会358）の中間に位置していることを根拠に，限定的に解せざるを得ないとする（西山芳喜「株主の会計帳簿閲覧請求権と商業帳簿制度との関係」『(菅原先生古稀記念)現代企業法の理論』468頁以下）．しかし，会計監査人および定

Ⅱ-5-1-47　(20)　**金融機関の例外**　金融事業を営む会社については，帳簿閲覧権は認められない（銀行23，長銀17，保険業16など）．これは，預金者等の秘密保護と行政官庁による厳格な監督の存在によるものである．

款の定めにより監査範囲が限定された監査役の閲覧・謄写権限の対象となる「会計帳簿又はこれに関する資料」(会389Ⅳ・396Ⅱ)と異なるものと解すべき理由がないことより，無限定説に賛成したい．限定説によると，税効果会計の関係で税に関係する帳簿も会計帳簿に含まれる場合があるが，法人税確定申告書の控えなどは会計帳簿等に含まれないことになる(前掲東京地決平成元・6・22，前掲大阪地判平成11・3・24，西山・評価233頁注10)．会計帳簿およびこれに関する資料は現に使用中のものに限らず，既に閉鎖されたものでも(会432Ⅱ参照)必要があるときには閲覧の対象となりうる．株主は，自ら行使するほか，公認会計士などの代理人に行使させ，補助者を使用することもできる．法定要件を複数の株主によって満たす場合，各自が各別に権利を行使できるか(石井・下246頁，和座・新注会(9)213頁)，全員が共同するか，そのうちの一部の者が他の者を代理してなすことを要するか(前田庸573頁)，見解が分かれている．後者の説に賛成する．

　会社は，以下の事由に該当すると認められる場合を除き，請求を拒むことができない(会433Ⅱ．なお会976④参照)．**拒否事由は，① 請求が，株主の権利**(管理権のほか財産権でもよい)**の確保または行使に関する調査**(主要株主の遺産分割問題の適切な対応のための請求は，権利の確保・行使にあたる．最一小判平成16・7・1民集58巻5号1214頁[ポーラベニベニ事件]＝会社法百選85事件)**以外の目的**で行われていること(これが認定された事件として前掲大阪地判平成11・3・24)，② **会社の業務の遂行を妨げ，株主の共同の利益を害する目的**で行われていること，③ **請求者が，会社の業務と実質的に競争関係にある事業を営み，またはこれに従事するものであるとき**(名古屋高決平成8・2・7判タ938号221頁[株式会社やおつ事件]．反対説もあるが，近い将来競業をなす蓋然性の高い会社も競業会社に含まれると解する．東京地決平成6・3・4判時1495号139頁[ニッポン放送事件])．親会社が競業会社であって，その完全子会社(請求者)が親会社と一体にして事業を営んでいると評価される場合も同様である．(東京高判平成19・9・20金判1276号28頁[楽天対東京放送事件]．競業の客観的事実があれば足りるとする説(主観的要件不要説)が通説であるが，請求者が主観的意図の不存在を立証したときには，閲覧等を拒絶できないと解する)．④ **請求者が，会計帳簿またはこれに関する資料の閲覧または謄写によって知り得た事実を利益を得て第三者に通報するため請求しているとき**，⑤ **請求者が，過去2年以内において，会計帳簿またはこれに関する資料の閲覧または謄写によって知り得た事実を利益を得て第三者に通報したことがあるものであるとき**(東京高判昭和62・11・30判時1262号127頁[古河電気工業事件])である．取締役が不当に拒否したときは，株主(社員)は，閲覧・謄写請求の訴えを提起することができる(なお会976④)．

　株主は，保全の必要性を疎明し，閲覧・謄写を求める仮処分(満足的仮処分)を申請することができる(民保23Ⅱ．浦和地決昭和38・2・15下民集14巻2号214頁[昭和　交通事件]．なお久保田光昭「帳簿・書類閲覧権に関する立法論的考察——その実効性確保のために」『石田光満先生還暦記念・商法・保険法の現代的課題』171頁[文眞堂1993年])．閲覧・謄写に要する費用は

請求した株主が負担すべきである．帳簿に著しい脱落や虚偽の疑いがある場合において取締役に対し説明を求めることができるか否かについては，これを肯定する説(田中 (誠)・下914頁) と否定する説 (和座・新注会(9)206頁) とが対立している．

親会社社員 (会31Ⅲ．特例有限会社の場合には，親会社社員であって当該親会社の総株主の議決権の10分の1以上を有するもの．整備法26Ⅰ) は，その権利を行使するため必要があるときは，裁判所の許可を得て，会計帳簿またはこれに関する資料の閲覧・謄写を請求する権利を有している．請求の際には請求の理由を明らかにしなければならない (会433Ⅲ・868Ⅱ・869)．閲覧・謄写費用は，親会社社員が負担する．

なお帳簿閲覧請求権の行使によって知った情報は，内部情報となる場合がある (金商166Ⅰ②[*I-2-6-13*])．

第2節 計算書類

第1款 総　説

II-5-2-1　株式会社は，法務省令で定めるところにより，各事業年度に係る**計算書類**および**事業報告**ならびにこれらの**附属明細書**(特例有限会社は，旧有44ノ2Ⅱと同じく，定款で各社員に会計帳簿閲覧・謄写権を認めた場合には，附属明細書の作成を要しない．整備法26Ⅱ)を(会435Ⅱ)，持分会社は，各事業年度に係る計算書類を作成しなければならない[21] (会617Ⅱ．なお，計規71Ⅲ参照)．これらの書類は，電磁的記録をもって作成することもできる (会435Ⅲ・617Ⅲ)．「明瞭」に記載すべきは当然であるので，規定は特に設けられていない (旧商施規44Ⅰ対照)．

法務省令のうち会社法施行規則は，事業報告およびその附属明細書 (監査を含む) を除き，計算に関する規定を会社計算規則に委ねている[22] (会施規116・159，計規1)．

株式会社においては，**計算書類**〔米 financial statements：独 Jahresabschluss：伊 bilancio di esercizio〕とは，**貸借対照表，損益計算書**その他株式会社の「**財産および損益の状況**」を示すために必要かつ適当なものとして**法務省令で定めるもの** (**株主資本等変動計算書**〔米 statement of changes in stockholders' equity〕および**個別注記表**) である (会435Ⅱ．会施規2Ⅲ⑩イ，計規2Ⅲ②イ・59Ⅰ)．事業報告は必ずしも計算に関するもので

II-5-2-2　(21) 計算書類の保存・提出命令　① 株式会社は，計算書類を作成した時から10年間，当該計算書類およびその附属明細書を保存しなければならない (会435Ⅳ・509Ⅰ②．なお電子文書3Ⅰ，会施規232⑯参照．清算株式会社については会494Ⅲ，会施規232⑳)．また，② 裁判所は，申立てまたは職権で，訴訟の当事者に対し，計算書類およびその附属明細書の全部または一部の提出を命ずることができる (会443・509Ⅰ②．清算株式会社については会498)．臨時計算書類・連結計算書類については保存・提出命令の定めがない．

II-5-2-3　(22) 定義規定　会社計算規則および会社法施行規則は，各々2条で定義を定めているが，3項は，各規則の独自の定義を定めている．

はないため計算書類には含められていない(解説124頁).

　株式会社は，また，最終事業年度[23]の直後の事業年度に属する一定の日(臨時決算日．最終事業年度がないときは，最初の事業年度の一定の日．計規60Ⅲ)における当該会社の財産の状況を把握するため，法務省令で定めるところにより，① 臨時決算日における貸借対照表(臨時貸借対照表)および② 臨時決算日が属する事業年度の初日から臨時決算日までの期間に係る損益計算書(臨時損益計算書)を作成することが「できる」．臨時貸借対照表および臨時損益計算書を臨時計算書類という(会441Ⅰ，計規2Ⅱ⑰).

　会計監査人設置会社は，法務省令で定めるところにより，各事業年度に係る連結計算書類を作成することが「できる」(会444Ⅰ)．他方，事業年度の末日において大会社であって金融商品取引法24条1項の規定により有価証券報告書を内閣総理大臣に提出しなければならない株式会社は，当該事業年度に係る連結計算書類を作成しなければ「ならない」[24](会444Ⅲ)．連結計算書類とは，親会社およびその子会社から成る企業集団の財産および損益の状況を示すために必要かつ適当なものとして法務省令で定めたものをいい(会444Ⅰ，計規2Ⅱ⑲)，具体的には，連結貸借対照表〔独 Konzernabschluß〕，連結損益計算書，連結株主資本等変動計算書および連結注記表である(計規61)．計算書類と同じく，連結計算書類は，電磁的記録をもって作成することができる(会444Ⅱ).

　持分会社においては，計算書類とは，貸借対照表その他持分会社の「財産の状況」を示すために必要かつ適当なものとして法務省令で定めるものである(会617Ⅱ,

---

5-2-4　(23)　**最終事業年度**　各事業年度に係る計算書類の承認を受けた場合における当該各事業年度のうち最も遅いものをいう(会2㉔)．単に前事業年度をさすものではないことに注意する必要がある．

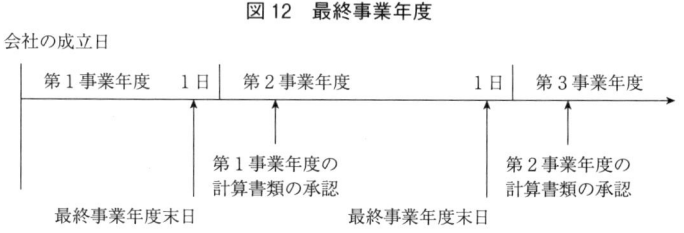

図12　最終事業年度

```
会社の成立日
    |第1事業年度    1日|第2事業年度      1日|第3事業年度
    |               ↑  |              ↑   |
    |               第1事業年度の       第2事業年度の
    |               計算書類の承認       計算書類の承認
    最終事業年度末日     最終事業年度末日
                  (会435Ⅱ・438Ⅱ・436Ⅲ)
```

5-2-5　(24)　**米国基準で作成する連結計算書類**　「連結財務諸表の用語，様式及び作成方法に関する規則」93条または「連結財務諸表の用語，様式及び作成方法に関する規則の一部を改正する内閣府令」附則3項により，連結財務諸表の用語，様式及び作成方法について米国預託証券の発行等に関して要請されている用語，様式及び作成方法によることができるものとされた株式会社の作成すべき連結計算書類は，米国預託証券の発行等に関して要請されている用語，様式及び作成方法によることができる(計規120Ⅰ)．この場合には，連結計算書類に，準拠している用語，様式及び作成方法を注記しなければならない(計規120Ⅱ).

表6 作成の必要な書類

株式会社			合名会社・合資会社	合同会社
会435Ⅱ	会441	会444Ⅰ	計算規則71①	計算規則71②
計算書類：貸借対照表／損益計算書／株主資本等変動計算書／注記表　　事業報告　計算書類の附属明細書　事業報告の附属明細書	臨時計算書類：・臨時決算日における貸借対照表　・臨時決算日の属する事業年度の初日から臨時決算日までの期間に係る損益計算書	連結計算書類：連結貸借対照表　連結損益計算書　連結株主資本等変動計算書　連結注記表	計算書類：貸借対照表　＋　（損益計算書　社員資本等変動計算書　個別注記表）　の全部または一部	計算書類：貸借対照表　損益計算書　社員資本等変動計算書　個別注記表

会施規2Ⅲ⑩ロ・計規2Ⅲ②ロ）．法務省令によると，① 合名会社および合資会社の場合には，貸借対照表のほか，損益計算書，社員資本等変動計算書または個別注記表の全部または一部であり，会社によって異なる（計規71Ⅰ①）．これに対し，② 合同会社の場合には，株式会社と同じく，貸借対照表のほか，損益計算書，社員資本等変動計算書および個別注記表である（計規71Ⅰ②）．

「計算関係書類」とは，会社法施行規則では，株式会社が作成する，① 成立の日における貸借対照表，② 各事業年度に係る計算書類およびその附属明細書，③ 臨時計算書類および④ 連結計算書類である（会施規2Ⅲ⑪．事業報告およびその附属明細書を含まない）．会社計算規則では，株式会社または持分会社が作成する，① 成立の日における貸借対照表[25]，② 各事業年度に係る計算書類およびその附属明細書，③ 臨時計算書類および④ 連結計算書類である（計規2Ⅲ③）[26]．計算関係書類に係る事項の金額の表示は，会社の規模とは無関係に（旧商施規49・157対照），1円単位，千円単位または百万円単位である（計規57Ⅰ）．計算関係書類は，日本語をもっ

Ⅱ-5-2-6　(25)　**貸借対照表の種類**　貸借対照表は事業年度の末日を基準日として作成される決算貸借対照表，成立の日を基準日として作成される開業貸借対照表〔独 Eröffnungsbilanz〕，臨時決算日を基準日として作成される臨時貸借対照表および清算開始時を基準日とする清算貸借対照表とがあるが，清算貸借対照表は，会社法施行規則で定められている（会施規2Ⅲ㉒・145・146参照）．会社計算規則が定める貸借対照表は，開業貸借対照表，決算貸借対照表および臨時貸借対照表である．

Ⅱ-5-2-7　(26)　**セグメント情報**　金商取法会計が会社法会計と異なるものの1つとして，**セグメント情報の開示**がある．すなわち，連結計算書類の連結財務諸表が作成されても，良好な業種・活動地域の成果と低迷している業種・活動地域の成果が相殺・合算されるので，収益性や成長性の分析に限界があるためセグメント情報の開示が必要であるとされている．セグメント情報とは，売上高，売上総損益，営業損益，経常損益その他の財務情報を事業の種類別，親会社および子会社の所在地別等の区分単位に分別したものをいい，セグメントとはこうした区分単位をいう（セグメント情報の開示基準一の1）．セグメント情報は連結財務諸表の注記事項であり，会計監査人による監査の対象である（連結財務規15の2，中間連結財務規14）．

て表示するのが原則であるが，不当でなければ（株主等の多くが外国人であったり，取引相手の多くが外国語による開示を求めているなどがこれに当たる．省令の解説80頁）**その他の言語による表示も許される**（計規57Ⅱ）．計算関係書類（各事業年度に係る計算書類の附属明細書を除く）は一体となって計算書類を構成するという考え方に立つので，1枚ずつの書面等に表示する必要はない（計規57Ⅲ）．

「**計算書類等**」の意味は，会社法と会社法施行規則では異なっており，① 会社法では，各事業年度に係る計算書類・事業報告・これらの附属明細書・臨時計算書類および「監査報告または会計監査報告」を意味するが（会442Ⅰ），② 会社法施行規則では，各事業年度に係る計算書類・事業報告および「監査報告または会計監査報告」を意味する（会施規2Ⅲ⑫イ）．他方，持分会社では，会社法617条2項に規定する計算書類を意味するので注意を要する（会施規2Ⅲ⑫ロ）．

「**臨時計算書類等**」は，**臨時計算書類およびその「監査報告または会計監査報告」**を意味する（会施規2Ⅲ⑬）．

計算関係に関する法務省委任事項は，会社計算規則で規定され（会施規116・157参照），会社法施行規則は事業報告とその附属明細書のみを規定している（会施規117）．

なお，金融商品取引法会計は，**財務諸表**（財務規1），**中間財務諸表**（中間財務規1），**連結財務諸表**（連結財務規1）および**中間連結財務諸表**（中間連結財務規1）を**表7**のように定めている．

表7　財務諸表等の法的根拠と種類

財務諸表	中間財務諸表	連結財務諸表	中間連結財務諸表
① 貸借対照表 ② 損益計算書 ③ 株主資本等変動計算書 ④ キャッシュ・フロー計算書 ⑤ 附属明細表[※1]	① 中間貸借対照表 ② 中間損益計算書 ③ 中間株主資本等変動計算書 ④ 中間キャッシュ・フロー計算書	① 連結貸借対照表 ② 連結損益計算書 ③ 連結株主資本等変動計算書 ④ 連結キャッシュ・フロー計算書 ⑤ 連結附属明細表[※2]	① 中間連結貸借対照表 ② 中間連結損益計算書 ③ 中間連結株主資本等変動計算書 ④ 中間連結キャッシュ・フロー計算書

※1　附属明細表の種類は，① 有価証券明細表，② 有形固定資産等明細表，③ 社債明細表，④ 借入金等明細表，⑤ 引当金明細表，⑥ 資産除去債務明細表，財務諸表提出会社が連結財務諸表を作成している場合には，③・④および⑥の作成不要（財務規121Ⅰ）．

※2　連結附属明細表の種類は，① 社債明細表，② 借入金等明細表および③ 資産除去債務明細書である（連結財務規92Ⅰ）．

第2款　損益計算書等

1　総　説

5-2-8　損益計算書等（損益計算書および連結損益計算書をいう．計規87）は，1会計期間における企業の経営成績を表すものであり，事業年度の損益およびその発生原因を明らか

にする．損益計算の基本原則は，会社法に規定がないので公正なる会計慣行による．

① 企業会計原則によると，期間損益を正確に算出するには費用と収益が対応していることが必要である．これを**費用収益対応の原則**〔米 matching principle〕という（会計原則第2の1，中小企業会計指針72項）．この原則の下に，収益の認識には**実現主義**（会計原則第2の3B，中小企業会計指針73項）がとられ，費用の認識には**発生主義**[27]〔米 accrual method〕がとられている（会計原則第2の1A，中小企業会計指針74項）．費用の認識には発生主義の原則がとられ，収益の認識には実現主義が採用されるわけは，**未実現収益**を排除し，収益の確定性を期すためである．

② 収益の測定は収入額が基礎となり，費用の測定は支出額が基礎となる（会計原則第2の1A）．費用・収益は，総額によって記載することを原則とし（**総額主義**），費用項目と収益項目とを直接相殺することはできない（会計原則第2の1B）．

2　損益計算書の内容

II-5-2-10　(a) 損益計算書および連結損益計算書は，金融商品取引法開示との調整の観点から，Ⅰ売上高，Ⅱ売上原価，Ⅲ販売費および一般管理費，Ⅳ営業外収益，Ⅴ営業外費用，Ⅵ特別利益，Ⅶ特別損失に区分して表示すべきものとしている[28]（なお財務規70，連結財務規49参照）．この場合において，各項目について細分することが適当な場合には，適当な項目に細分することができる（計規88Ⅰ．財務諸表等規則にならい，経常損益の部・特別損益の部（旧商施規94・169参照）を廃止している）．各項目は，当該項目に係る収益もしくは費用または利益もしくは損失を示す適当な名称を付さなければならない[29]（計規88Ⅶ）．

II-5-2-9　(27) **現金主義・発生主義・キャッシュ・フロー**　信用取引が増加すると，収益または費用の計上と現金の収支は結び付かなくなるから，現金主義に代わって**発生主義**が採用されることになる．しかし発生主義会計では，会計期間の収益・費用は現金の収入・支出を意味しないので，利益はあっても倒産するという事態が生じうる．損益と現金収支は別物だとすると，損益情報だけでなく，支払能力に関連する**キャッシュ・フロー**〔cash flows．現金の流れ〕情報も投資家に提供する必要があることになる．金融商品取引法会計はキャッシュ・フロー計算書〔米 statement of cash flows：英 cash flow statements：独 Kapitalflussrechnung〕の作成を要求しているが，会社法会計はそこまで要求してはいない．

II-5-2-11　(28) **連結損益計算書における事業の種類ごとの区分表示**　連結会社が2以上の異なる種類の事業を営んでいる場合には，連結損益計算書の① 売上高，② 売上原価，③ 販売費および一般管理費までに掲げる収益または費用は，その営む事業の種類ごとに区分することができる（計規88Ⅴ．なお連結財務規50参照）．

II-5-2-12　(29) **連結損益計算書における相殺後の表示**　① 連結貸借対照表の資産の部に計上されたのれんの償却額および負債の部に計上されたのれんの償却額が生ずる場合（これらの償却額が重要である場合を除く）には，連結貸借対照表の資産の部に計上された**のれんの償却額**および負債の部に計上された**のれんの償却額を相殺した後の額を表示することができ**，② 持分法による投資利益および持分法による投資損失が生ずる場合には，**投資利益および投資損失を相殺した後の額を営業外収益または営業外費用として表示することができる**（計規88Ⅵ①②．なお連結財務規66の2ⅠⅡ参照）．

第5章 会社の財務 第2節 計算書類 555

5-2-13 (b) 売上高から売上原価を減じて得た額（売上総損益金額）は売上総利益金額または売上総損失金額として表示しなければならない（計規89ⅠⅡ．もっとも会計慣行をしん酌して単に「売上総利益」または「売上総損失」として表示すれば足りる．法務省令の解説86頁．なお財務規83，連結財務規54参照）．売上原価は，売上高に対応する商品等の仕入原価または製造原価（[Ⅱ-5-1-11参照]）であって，① 商業の場合には，期首商品たな卸高＋当期商品仕入高－期末商品たな卸高の形式で表示し，製造工業の場合には，② 期首製品たな卸高＋当期製品製造原価－期末製品たな卸高の形式で表示する（会計原則第2の3のC）．

①は，商品売買の3分法(30)（3分割法）の決算整理の結果の表示と変わらない．

損益計算書の表示項目と簿記との対応関係は，図13の通りである．

図13　損益計算書の表示と簿記との関係

```
Ⅰ売上高                              ×××←売上勘定
Ⅱ売上原価
  期首商品たな卸高×××　←――――繰越商品勘定
  当期商品たな卸高×××　←――――仕入勘定
     合計        ×××
  期末商品たな卸高×××　→　×××←繰越商品勘定
     売上総利益              ×××←損益勘定
```

5-2-15 (c) 売上総損益金額から販売費および一般管理費の合計額を減じて得た額（営業損益金額）は，営業利益金額または営業損失金額として表示しなければならない（計規90ⅠⅡ．なお財務規89，連結財務規56参照）．なお販売費および一般管理費の明細は，附属明細書で表示される（計規117③[Ⅱ-5-2-162]）．

図14　損益計算書

```
           （自 平成XX年4月1日 至 平成XX年3月31日）
売上高(88Ⅰ①)                                ×××
(－)売上原価(88Ⅰ②)                           ×××
(＝)売上総利益金額（売上総損失金額）(89)        ×××
(－)販売費及び一般管理費(88Ⅰ③)                ×××
(＝)営業利益金額（営業損失金額）(90)            ×××
(＋)営業外収益
     受取利息                     ×××
     受取配当金                   ×××        ×××
(－)営業外費用
     支払利息                     ×××
     雑損失                       ×××        ×××
(＝)経常利益金額（経常損失金額）(91)             ×××
(＋)特別利益(88Ⅰ⑥・Ⅱ)
     固定資産売却益               ×××
     前期損益修正益               ×××        ×××
(－)特別損失(88Ⅰ⑦・Ⅲ)
     固定資産売却損               ×××
     減損損失                     ×××
     災害による損失               ×××
     ‥‥‥
     前期損益修正損                            ×××
(＝)税引前当期純利益金額（税引前当期純損失金額） ×××
                (92)
(－)法人税等(93Ⅰ①)                           ×××
(－)法人税等調整額(93Ⅰ②)          ×××
(＝)当期純利益金額（当期純損失金額）(94)         ×××
```

☆臨時計算書類の税引前当期純損益金額・当期純損益金額の表示については，適当な名称を付することができる（計規92Ⅲ・94Ⅲ）．
（注）括弧の中の数字は会社計算規則の条文数を示す．

556　第Ⅱ編　株式会社

Ⅱ-5-2-16　**(d)** **営業損益金額に営業外収益**(例えば受取利息, 有価証券売却益. なお, 企業会計原則第二の四, 財務規90, 財務規ガイダンス90参照)**を加算して得た額から営業外費用**(例えば支払利息, 有価証券売却損. なお財務規93, 財務規ガイダンス93参照)**を減じて得た額**(経常損益金額)**は経常利益金額または経常損失金額として表示しなければならない**(計規91ⅠⅡ. なお財務規95, 連結財務規61参照). 自己株式の取得, 処分および消却に関する付随費用は, 会社法が新株発行費用を費用処理していることとの整合性より, 損益計算書の営業外費用に計上すべきものとされている(自己株式会計基準14項).

Ⅱ-5-2-17　**(e)** **経常損益金額に特別利益を加算して得た額から特別損失を減じて得た額**(税引前当期純損益金額)**は, 税引前当期純利益金額**(連結損益計算書にあっては, 税金等調整前当

Ⅱ-5-2-14　**(30)** **分記法と3分法**　商品売買の記帳方法には, 商品の仕入れも売り上げも商品勘定に記帳し, 売価と原価との差額は商品販売益勘定の貸方に分けて記帳する方法(分記法)もあるが(分記法では決算整理は不要), 一般の商店ではたくさんの商品を扱うのでこの方法は不可能である. そこで商品勘定を① **繰越商品勘定**(前期より繰り越された商品の金額を表す), ② **仕入勘定**(商品を仕入れるごとにその仕入高を借方に記入する. 当期商品仕入高を表す)および③ **売上勘定**(当期に商品を売るごとにその売上高を貸方に記入する. 当期商品売上高を表す)の3つに分けて記帳する方法が利用される(3分法). この方法ではいくらで商品を売ったのか(売上原価), 帳簿上いくら商品が残っているのか(期末商品棚卸高), 勘定には表示されないので期末に決算整理を行う(なお図15参照). 一般に行われている仕入勘定を用いて売上原価を計算する方法のスキームを示すと次の通りである(図16参照).

図15　3分法を採用した場合の各勘定の記載事項

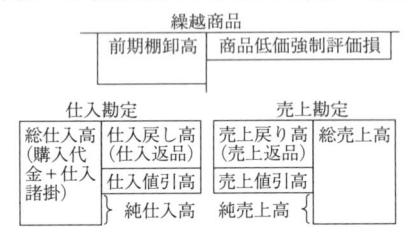

```
          繰越商品
    前期棚卸高 | 商品低価強制評価損

      仕入勘定           売上勘定
  総仕入高 | 仕入戻し高   売上戻り高 | 総売上高
  (購入代 | (仕入返品)   (売上返品)
  金+仕入 | 仕入値引高   売上値引高
  諸掛)   |
          | 純仕入高    純売上高
```

(注)仕入諸掛とは, 商品を仕入れるときの引取運賃や運送保険料などの費用である. 売上諸掛は, 売上勘定に記入しないで, 発送費などの適当な費用科目を用いて処理する.

図16　仕入勘定を用いた計算方法

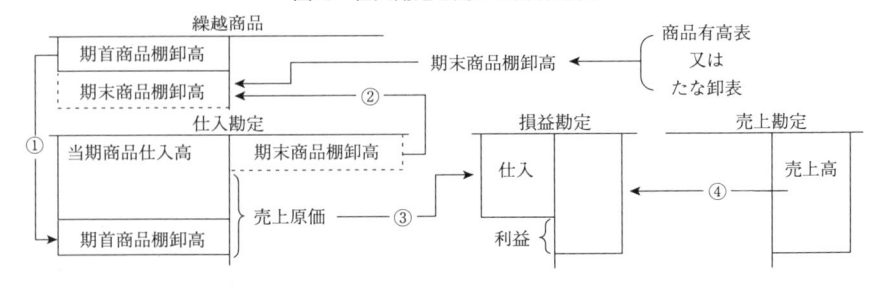

```
         繰越商品
    期首商品棚卸高
    期末商品棚卸高 ←――――――― 期末商品棚卸高 ← 商品有高表
                          ②                 又は
         仕入勘定                              たな卸表
  ① 当期商品仕入高 | 期末商品棚卸高    損益勘定        売上勘定
    期首商品棚卸高 | 売上原価 ―③→  仕入            売上高
                                利益      ←④―
```

期純利益金額)または**税引前当期純損失金額**(連結損益計算書にあっては，**税金等調整前当期純損失金額**)として表示しなければならない(計規92ⅠⅡ．なお財務規95の4，連結財務規64参照．臨時計算書類の損益計算書の税引前当期純損益金額の表示については，適当な名称を付することができる．計規92Ⅲ)．

　特別損益項目は，① **臨時損益**と② **前期損益修正**がある(会計原則注解注12)．**特別利益**に属する利益は，固定資産売却益，前期損益修正益，負ののれん発生益その他の項目の区分に従い，細分しなければならない(計規88Ⅱ．なお財務規95の2，連結財務規62参照)．また，**特別損失**に属する損失は，固定資産売却損，減損損失，災害による損失，前期損益修正損その他の項目の区分に従い，細分しなければならない(計規88Ⅲ．なお企業会計原則第二の六，同注解12，財務規95の3，連結財務規63参照)．特別利益および特別損失のいずれについても，その金額が重要でないものについては，細分しないこととすることができる(計規88Ⅳ)．

5-2-18　(f) 税引前当期純利益金額または税引前当期純損失金額(連結損益計算書にあっては，税金等調整前当期純利益金額または税金等調整前当期純損失金額)の次に，① 当該事業年度(連結損益計算書にあっては，連結会計年度)に係る**法人税等**[31](なお税効果会計基準注解注1参照)および② **法人税等調整額**(税効果会計の適用により計上される法人税等の調整額をいう．税効果会計基準第二の二の3参照)の項目(および，**連結損益計算書の場合には**，③ 税金等調整前当期純利益または税金等調整前当期純損失として表示した額に法人税等および法人税等調整額を加減して得た額，④ 税金等調整前当期純利益または税金等調整前当期純損失として表示した額のうちに少数株主持分に属する項目)の金額を，その内容を示す名称を付した科目をもって表示する(計規93Ⅰ．なお財務規95の5Ⅰ，連結財務規65Ⅰ参照)．

　税引前当期純損益金額と法人税等の更正，決定等による還付税額の合計額(連結貸借対照表の場合には，これに税金等調整前当期純損失として表示した額のうちに少数株主持分に属する項目を加える)から，法人税等，法人税等調整額および法人税等の更正，決定等による納付税額(連結貸借対照表の場合には，これに税金等調整前当期純利益として表示した額のうちに少数株主持分に属する項目を加える)を減じて得た額(**当期純損益金額**という)は，**当期純利益金額**または**当期純損失金額**として表示しなければならないが(計規94ⅠⅡ．なお財務規95の5Ⅱ・連結財務規65Ⅱ参照)，臨時計算書類の損益計算書の当期純損益金額の表示については，適当な名称を付することができる(計規94Ⅲ)．

　当期純損益金額は，貸借対照表の純資産の部の**株主資本**(その他利益剰余金)を変動させるものであるから(計規29Ⅰ②・Ⅱ②)，**株主資本等変動計算書に表示される**[Ⅱ-5-2-128]．なお，1株当たりの当期純利益金額の注記については[Ⅱ-5-2-144]参照．

5-2-20　(g) **包 括 利 益**　国際会計基準では**包括利益**[32]〔米 comprehensive income〕という

5-2-19　(31) **還付税額等**　法人税等の更正，決定等による納付税額または還付税額がある場合には，①の項目の次に，その内容を示す名称を付した科目をもって表示する．ただし，これらの金額の重要性が乏しい場合は，①の項目の金額に含めて表示することができる(計規93Ⅱ)．

概念を導入する動きがあるので，このような動きの先取りを認めるため，損益計算書等には，包括利益に関する事項を表示することができるとされている（計規95）．

3　経過勘定

II-5-2-22　形式的に見ると費用収益が対応しないが，実質的には対応しているため，計算上対応させるためのテクニックとして認められたものに，① 繰延資産［II-5-2-44］，② 引当金［II-5-2-82］，③ 経過勘定，④ 税効果会計［II-5-2-23］がある．ここでは③の経過勘定を説明する．

　経過勘定とは，営業取引「以外」の取引による「役務」の提供／受領の時期とその対価の収入／支出の時期とに差があるものについて，その収益／費用の帰属を正確に計算するために計上処理する勘定である（なお中小企業会計指針30～32項参照）．これには，① 前払賃借料，前払利息，前払保険料などのように当期に支出がなされても費用に属さないもの（**前払費用**．計規74Ⅲ①カ参照），② 前受賃貸料，前受利息，前受手数料などのように当期に収入があっても収益に属さないもの（**前受収益**．計規75Ⅱ①ト参照），③ 未払賃金給料，未払利息，未払賃借料などのように当期に支出がなくても当期の費用に属するもの（**未払費用**．計規75Ⅱ①ヘ参照），④ 未収利息，未収家賃などのように当期に収入がなくても当期の収益に属するもの（**未収収益**．計規74Ⅲ①ヨ参照）が属する（会計原則注解注5参照）．このような時間的食い違いを正すために，①②は，これを当期の損益計算から除去し（①は資産として，②は負債として「繰延計算」し，次期以降に費用または収益に再振替仕訳する），③④は，当期の損益計算に計上する（③は負債として，④は資産として「見越計算」し，次期以降に再振替仕訳する）（図17参照）．

図17　支出と費用・収入と収益の時間的食い違い

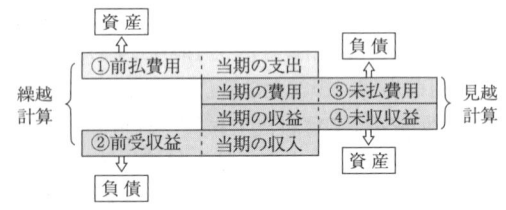

　① 前払費用・前受収益は，継続的な役務提供契約による点で，それ以外の契約から生じる**前払金・前受金**（計規75Ⅱ①ハ，財務規47③参照）とは区別される（会計原則注解5(1)・(2)）．同様に，② 未払費用・未収収益も，継続的な役務提供契約による点で，

II-5-2-21　(32) **包括利益**　包括利益とは，一期間における資本取引を除く純資産の変動をいう．包括利益は，純利益と「その他の包括利益」〔other comprehensive income〕に分けられる．わが国の為替換算調整勘定［II-5-2-118］やその他有価証券評価差額金［II-5-2-113］は資本直入することとされているが，これらの項目は「その他の包括利益」の定義を満たす．わが国では，伝統的な収益費用観に基づき純利益のみを業績として開示すべきとしているが，世界的に見ると，資産・負債観に基づき包括利益のみを業績とみる考えと純利益も「その他の包括利益」も開示すべきであるとする考え（日本では徳賀芳弘「業務報告のあり方について」企業会計59巻1号90頁［2007］）が対立している．詳しくは草野正樹『利益会計論』（森山書店2005年）参照．

それ以外の契約から生じる未払金・未収金とは区別される（計規75Ⅱ①ホ，会計原則注解5(3)・(4)）．もっとも未払金の意味は多義的である）．③ **買掛金**（計規75Ⅱ①ロ，財務規47②参照）・**売掛金**（計規74Ⅲ①ハ，財務規15③参照）と未払金・未収金の区別は，営業上の債務・債権であるか否かによる．

4 税効果会計

5-2-23　(ア)　**総　説**　法人の所得の金額（課税標準）は，当該事業年度の益金の額－損金の額である（法税22Ⅰ）．会計と税法の目的が異なるため，① **益金**（法税22Ⅱ参照）は，会計上の収益から税法上益金に算入されないものを差し引き（益金不算入），収益とされていないが税法上益金に算入されるものを加えて（益金算入）求め，② **損金**は，会計上の費用から税法上は損金に算入されないものを差し引き（損金不算入），税法上は損金に算入されるものを加えて（損金算入）求める．実務的には，収益の額と費用の額との差額である利益に一定の金額を加算または減額して誘導的に算定する方法が採られ，**法人税確定申告書別表第四**で行われる（法税施規別表第4．なお，図18参照）．したがって費用・収益と損金・益金の額は異なるのが普通である．この差額は，

図18　課税所得の計算

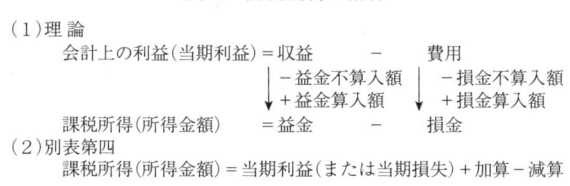

(1) 理論
　　会計上の利益（当期利益）＝収益　　　－　　　費用
　　　　　　　　　　　　　　　－益金不算入額　　　－損金不算入額
　　　　　　　　　　　　　　　↓＋益金算入額　　↓＋損金算入額
　　課税所得（所得金額）　　　＝益金　　　－　　　損金
(2) 別表第四
　　課税所得（所得金額）＝当期利益（または当期損失）＋加算－減算

永遠に存続し続けるもの（例えば① 交際費の損金不算入額〔措法61の4〕，② 受取配当等の益金不算入額〔法税23〕など）と，会計上の収益・費用と税務上の益金・損金の認識のタイミングが異なるため発生はするが，将来的には解消するものとに分けられる．① 前者（**永久差異**）は，会計と税法の考えの違いに基づくから，税効果会計の対象とならない．② 後者を，**資産負債法**[33]では**一時差異**（temporary differences）という（税効果会計基準第2の1の1参照）．一時差異は，認識時期のズレであるから，これを適切に期間配分することは可能である．このように一時差異がもたらす税金への影響額（**税効果**［米 tax effect］という）を会計上の法人税等の計上に反映させる会計が**税効果会計**である（計規2Ⅲ㉔）．税金を費用と考え，この税金費用を発生主義で認識し，期間配分する．税効果会計の対象となる税金は，課税所得に関連して増加または減少する税金に限られ，① **法人税**，② **住民税**（法人税割のもの），③ **事業税**（所得

5-2-24　[33] **繰延法と資産負債法**　税効果会計の方法には繰延法（収益費用比較法）と資産負債法（資産負債比較法ともいう）とがある．繰延法では，差異が発生した期間の税率を用いるのに対し，**資産負債法**とは，一時差異が解消する際の予想税率を用いる．「税効果会計に係る会計基準」は，国際的にも主流となっている資産負債法を採用している（なお連結原則注解16の1参照）．

を課税標準とするもの）および④　外国法人税である（税効果会計基準注解注１参照）．

税効果会計が適用されるか否かは，会計慣行をしん酌して決めるべきであるので，中小企業などにおいてはまったく適用せず，または一時差異の金額に重要性がない場合を除き税効果会計を適用する（中小企業会計指針61項～65項）といった取扱いも認められる（法務省令の解説87頁）．

図19　税効果会計のプロセス

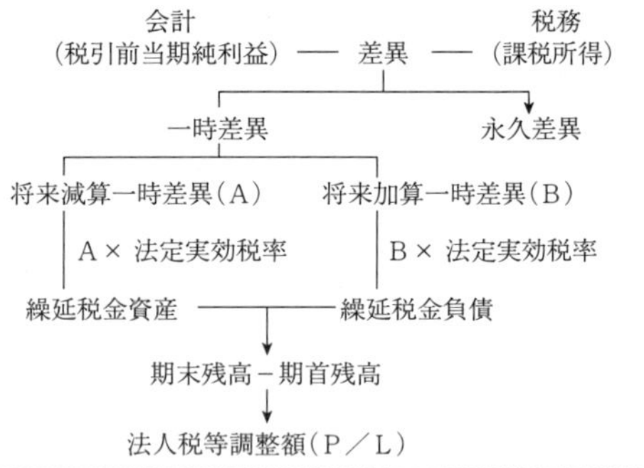

```
         会計                              税務
 (税引前当期純利益) ── 差異 ── (課税所得)
            ┌────────┴────────┐
         一時差異               永久差異
      ┌─────┴─────┐
 将来減算一時差異(A)    将来加算一時差異(B)
   A × 法定実効税率     B × 法定実効税率
     繰延税金資産         繰延税金負債
            期末残高 － 期首残高
            法人税等調整額(P／L)
```

$$\text{法定実効税率} = \frac{\text{法人税率} \times (1 + \text{住民税率}) + \text{事業税率}}{1 + \text{事業税率}}$$

数式の根拠については「個別財務諸表における税効果会計に関する実務指針」39頁参照．

Ⅱ-5-2-25　**(イ)　一時差異**　一時差異のうち，①　当該一時差異が解消するときに税務申告上その期の課税所得を減額させる効果を持つもの（将来減算一時差異）は，税金の「前払い」であるので，損益計算書で法人税等から**法人税等調整額**として差し引き（計規93Ⅰ②．なお財務規95の５Ⅰ・中間財務規52Ⅰ・連結財務規65Ⅰ①②・中間連結財務規64Ⅰ①②参照），貸借対照表には**繰延税金資産**として計上し（計規98Ⅰ⑥・107①参照），②　当該一時差異が解消するときに税務申告上その期の課税所得を増額させる効果を持つもの（将来加算一時差異）は，「税金の未払・繰延」であるので，損益計算書で法人税等に**法人税等調整額**として加算し，貸借対照表には**繰延税金負債**として計上する（税効果会計基準２の２の２．計規98Ⅰ⑥・107②参照．注記については〔Ⅱ-5-2-140〕参照）．

繰延税金資産の額は，将来減算一時差異の累計金額に，回収または支払が行われると見込まれる期の税率（決算日現在の税法に基づく法定税率）を乗じて計算し，繰延金税負債の額は，将来加算一時差異の累計金額に，回収または支払が行われると見込まれる期の税率を乗じて計算する．そして将来一時差異が解消したときには，これと逆の処理を行う．実務的には，別表５(1)から，表を作成して算出する（図19参照）．

Ⅱ-5-2-26　**(ウ)　処理方法**　税効果の勘定処理の方法には，独立した勘定を用いて処理する**独立勘定方式**と，独立した勘定を用いないで処理する評価勘定方式とがあるが，「税効果会計に係る会計基準」は，独立勘定方式を採用している（税効果会計基準二の二の１．なお，連結原則第４の７の３参照）．流動資産に属する資産または流動負債に属する負債に関連する繰延税金資産と特定の資産または負債に関連しない繰延税金資産で**決算期後１年内に取り崩されると認められるものは，流動資産の部**に記載し，それ以外の繰延税金資産については投資その他の資産の部に記載する（計規74Ⅲ①タ・④ニ）．流動資産に属する資産または流動負債に属する負債に関連する繰延税金

第5章 会社の財務 第2節 計算書類 **561**

負債と特定の資産または負債に関連しない繰延税金負債で決算期後1年内に取り崩されると認められるものについては，流動負債の部に記載し，それ以外の繰延税金負債は固定負債の部に記載する（計規75Ⅱ①チ・②ニ）。ただし，重要性が乏しい一時差異等については，繰延税金資産または繰延税金負債を計上しないことができる（税効果会計基準注解注4．なお連結原則注解注16の2参照）。流動資産に属する繰延税金資産は，流動負債に属する繰延税金負債と**相殺**して表示し，投資その他の資産の部に属する繰延税金資産は，固定負債に属する繰延税金負債と**相殺**して表示する（計規83ⅠⅡ．なお財務規8の12，連結財務規15の5参照）。

第3款 貸借対照表

1 総説

5-2-27　貸借対照表等（貸借対照表および連結貸借対照表．計規72）は，**資産の部，負債の部および純資産の部**に区分表示されなければならない（計規73Ⅰ）。資産の部または負債の部の各項目は，当該項目に係る資産または負債を示す適当な名称を付さなければならない[34]（計規73Ⅱ）。

図20　貸借対照表

貸借対照表
（平成〇年〇月〇日現在）

（単位：百万円）

科　目	金額	科　目	金額
（資産の部）		（負債の部）	
流動資産		流動負債	
現金及び預金	×××	支払手形	×××
受取手形	×××	買掛金	×××
売掛金	×××	短期借入金	×××
有価証券	×××	リース債務	×××
商品及び製品	×××	未払金	×××
仕掛品	×××	未払費用	×××
原材料及び貯蔵品	×××	未払法人税等	×××
前払費用	×××	前受金	×××
繰延税金資産	×××	預り金	×××
その他	×××	前受収益	×××
貸倒引当金	△×××	〇〇引当金	×××
固定資産	×××	その他	×××
有形固定資産	×××	固定負債	
建物	×××	社債	×××
構築物	×××	長期借入金	×××
機械装置	×××	リース債務	×××
車両運搬具	×××	〇〇引当金	×××
工具器具備品	×××	その他	×××
土地	×××	負債合計	×××
リース資産	×××	（純資産の部）	
建設仮勘定	×××	株主資本	×××
その他	×××	資本金	×××
無形固定資産		資本剰余金	×××
ソフトウェア	×××	資本準備金	×××
リース資産	×××	その他資本剰余金	×××
のれん	×××	利益剰余金	×××
その他	×××		

562　第Ⅱ編　株式会社

投資その他の資産		×××	利益準備金	×××
投資有価証券		×××	その他利益剰余金	×××
関係会社株式		×××	○○積立金	×××
長期貸付金		×××	繰越利益剰余金	×××
繰延税金資産		×××	自己株式	△×××
その他		×××	評価・換算差額等	
貸倒引当金	△	×××	その他有価証券評価差額金	×××
繰延資産		×××	繰延ヘッジ損益	×××
社債発行費		×××	土地再評価差額金	×××
			新株予約権	×××
			純資産合計	×××
資産合計		×××	負債・純資産合計	×××

経団連ひな型(平成20年11月25日社団法人日本経済団体連合会経済法規委員会企画部会)

2　資　産

Ⅱ-5-2-29　**(1)　区　分**　資産の部は、**流動資産、固定資産および繰延資産**の各項目に区分し、固定資産を除く各項目は適当な項目に細分しなければならない[35]（計規74Ⅰ．なお会計原則第3の・4(1)、財務規12参照）．会社計算規則は、企業会計原則に倣い、流動資産（または流動負債）と固定資産（または固定負債）の区別の基準として**営業循環基準**（図21参照）と**1年基準**（ワンイヤールール）とを併用し、営業の循環過程を構成するものを流動資産（または流動負債）とし、営業の循環過程を構成しないものには1年基準を適用し、1年以内のものは流動資産（または流動負債）、1年を超えるものは固定資産（または固定負債）としている[36]（会計原則注解16．1年内の意味については計規74Ⅳ参照）．

図21　営業循環基準

現金預金
販売　　仕入
生産

仕入(仕入債務:買掛金,支払手形)
生産(棚卸資産:商品,材料,仕掛品,製品)
販売(売上債権:売掛金,受取手形)

Ⅱ-5-2-28　**(34)　連結会社が2以上の異なる種類の事業を営む場合の区分表示**　連結貸借対照表の資産の部および負債の部は、その営む事業の種類ごとに区分することができる（計規73Ⅲ．なお連結財務規19参照）．

Ⅱ-5-2-30　**(35)　流動性配列法と固定性配列法**　資産および負債の配列方法には流動性配列法と固定性配列法とがある．①**流動性配列法**は、資産については現金への転化の早い順に配列し、負債には支払義務期限の早い順に配列する方法であって、財務流動性の把握に重点を置く．②**固定性配列法**は、資産及び負債を固定性の高い順に配列する方法であり、企業の財産・資源の把握に重点を置く．企業会計原則（第3の3）等（財務規13、連結財務規20）は流動性配列法を採用している．

Ⅱ-5-2-31　**(36)　外貨建資産・負債**　①外貨建取引、②在外支店の外貨表示財務諸表および③在外子会社等の外貨表示財務諸表は、外国通貨を円に換算〔translation〕する必要がある．この換算基準を定めているのが「**外貨建取引等会計処理基準**」である．平成11年改訂「外貨建取引等会計処理基準」は、外貨建金銭債権債務については、円貨額では為替相場の変動リスクを負っていることを重視し、流動・非流動法（流動性項目には決算時の為替相場で換算し、非流動性項目には取得時または発生時の為替相場で換算する方法）による区分は設けずに決算時の為替相場により換算することを原則とする考えを採用したため、**外貨建金銭債権債務は長短にかかわらず、決算時の為替相場で換算する**こととしている（表8参照．濱克彦=郡谷大輔=和久友子「平成14年商法改正に伴う改正商法施行規則の解説〔Ⅱ〕」商事1658号25頁[2003年]．なお中小企業会計指針75項〜79項参照）．

5-2-32 **(ア) 流動資産** 流動資産〔英米 current assets：独 Umlaufvermögen：仏 actif circulant：伊 attivo circolante：西 activo circulante〕は，① **現金および預金**（1年内に期限の到来しない預金を除く），② **受取手形**（通常の取引に基づいて発生した手形債権をいい，破産更生債権等〔破産債権，再生債権，更生債権その他これらに準ずる債権をいう．以下同じ〕で1年内に弁済を受けることができないことが明らかなものを除く），③ **売掛金**（通常の取引に基づいて発生した事業上の未収金であって，当該未収金に係る債権が破産更生債権等で1年内に弁済を受けることができないことが明らかなものである場合における当該未収金を除く），④ **所有権移転ファイナンス・リース取引**におけるリース債権のうち，通常の取引に基づいて発生したもの（破産更生債権等で1年内に回収されないことが明らかなものを除く）および通常の取引以外の取引に基づいて発生したもので1年内に期限が到来するもの[37]，⑤ 所

表8　決算時の換算方法

		新基準	旧基準
金銭債権債務		決算時レート	短期：決算時レート 長期：取得時レート
有価証券	売買目的有価証券	決算時レート	取得時レート （低価法の場合は決算時レート）
	満期保有債券		
	その他有価証券		
	子会社株式等	取得時レート	
デリバティブ取引		決算時レート	―

出典：多賀谷充「外貨建取引等会計処理基準の改訂について」JICPA ジャーナル504号13頁（2000年）

5-2-33 **(37) リース取引と会計処理** リース取引とは，特定の物件の所有者たる貸手（レッサー）が，当該物件の借手（レッシー）に対し，合意された期間（リース期間）にわたりこれを使用収益する権利を与え，借手は，合意された使用料（リース料）を貸手に支払う取引である（リース会計基準4項）．これには，① ファイナンス・リース取引と② オペレーティング・リース取引の2種がある．ファイナンス・リース取引とは，リース契約に基づくリース期間の中途において当該契約を解除することができないリース取引（解約不能のリース取引）またはこれに準ずるリース取引で，借手が，当該契約に基づき使用する物件（リース物件．計規2Ⅲ㊾）からもたらされる経済的利益を実質的に享受することができ，かつ，当該リース物件の使用に伴って生じるコストを実質的に負担することとなるリース取引（フルペイアウトのリース取引）であり（リース会計基準5項，計規2Ⅲ㊼・108），オペレーティング・リース取引とは，ファイナンス・リース取引以外のリース取引である（リース会計基準6項）．オペレーティング・リース取引については，法形式と同じく，通常の賃貸借取引に係る方法に準じて会計処理を行う（リース会計基準15項）．これに対し，ファイナンス・リース取引は，(a) リース契約上の諸条件に照らしてリース物件の所有権が借手に移転すると認められる「**所有権移転ファイナンス・リース取引**」（計規2Ⅲ㊿）と(b) それ以外の「**所有権移転外ファイナンス・リース取引**」（計規2Ⅲ㊿）に分類されるが，法形式よりも経済的実質を優先して，通常の売買取引に係る方法に準じて会計処理を行う．リース会計基準は，所有権移転外ファイナンス・リース取引に認めていた例外処理（旧リース会計基準3の1(2)・2(2)）を国際会計基準に平仄を合わせて廃止している

有権移転外ファイナンス・リース取引における**リース投資債権**のうち，通常の取引に基づいて発生したもの（破産更生債権等で1年内に回収されないことが明らかなものを除く）および通常の取引以外の取引に基づいて発生したもので1年内に期限が到来するもの，⑥ **売買目的有価証券および1年内に満期の到来する有価証券**，⑦ **商品**（販売の目的をもって所有する土地，建物その他の不動産を含む），製品，副産物および作業くず，**半製品**（自製部分品を含む），**原料および材料**（購入部分品を含む），**仕掛品**（製品，半製品または部分品の生産のため現に仕掛中のもの）および**半成工事**（長期にわたる注文生産または請負作業について仕掛中のもので仕掛品以外のもの），**消耗品，消耗工具，器具および備品その他の貯蔵品であって，相当な価額以上のもの**（これらをまとめて**棚卸資産**〔英 stocks：米 inventory：独 Vorratsvermögen：仏 stocks et en-cours：伊 rimanenze〕という。「棚卸資産基準」30項参照），⑧ **前渡金**（商品，原材料（これらに準ずるものを含む）等の購入のための前渡金であって，当該前渡金に係る債権が破産更生債権等で1年内に弁済を受けることができないことか明らかなものである場合における当該前渡金を除く），⑨ **前払費用**[II-5-2-22]であって1年以内に費用となるもの（会計原則第3の4(1)A，財務規16参照），⑩ **未収収益** [II-5-2-22]（財務規16参照）および⑪ 流動資産に属する資産または流動負債に属する負債に関連する繰延税金資産[II-5-2-73]および特定の資産または負債に関連しない繰延税金資産であって，事業年度の末日後1年内に取り崩されると認められるもの（税効果会計基準第3の1，財務規16の2参照），⑫ その他の資産であって，**1年内に現金化できるものと認められるものである**（計規74Ⅲ①イ～レ）（図22参照）。

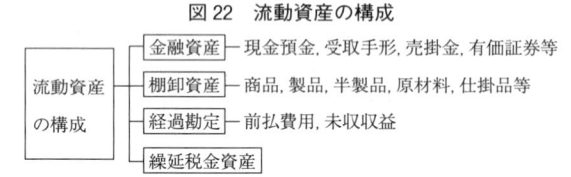

図22 流動資産の構成

```
          ┌─ 金融資産 ─── 現金預金, 受取手形, 売掛金, 有価証券等
流動資産  ├─ 棚卸資産 ─── 商品, 製品, 半製品, 原材料, 仕掛品等
の構成    ├─ 経過勘定 ─── 前払費用, 未収収益
          └─ 繰延税金資産
```

なお，同一の工事契約（請負契約のうち，土木，建築，造船，機械装置の製造その他の仕事に係る基本的な仕様および作業内容が注文者の指図に基づいているものをいう。計規2Ⅲ㊼）に係るたな卸資産および工事損失引当金がある場合には，両者を相殺した差額をたな

（リース会計基準33項参照）。その結果，① 借手側は，リース取引開始日（借手が，リース物件を使用収益する権利を行使することができることとなった日。リース会計基準7項）に，リース物件とこれに係る債務をリース資産およびリース債務として計上し（リース会計基準10項），リース資産は，原則として，有形固定資産，無形固定資産の別に，一括してリース資産として表示する一方（リース会計基準16項。減価償却費については12項 [II-5-2-57] 参照）。リース債務については1年基準を採用する（リース会計基準17項）。他方，② 貸手側は，所有権移転ファイナンス・リース取引についてはリース債権として，所有権移転外ファイナンス・リース取引についてはリース投資資産として計上し（リース会計基準13項），リース投資資産は，一般的な流動固定の区分基準に従い，当該企業の主目的で発生したものを流動資産，それ以外は，1年基準を適用するとしている（リース会計基準18項）。

第5章　会社の財務　第2節　計算書類　**565**

卸資産または工事損失引当金として流動資産または流動負債に表示することができる(計規77)．

5-2-34　(a)　**金融資産**　「金融商品に関する会計基準」によると，**金融資産**は① **金銭債権**(なお中小企業会計指針10項参照)，② **有価証券**および③ **デリバティブ取引**により生じる正味の債権等をいう(金融商品会計基準4項．計規2Ⅲ⑧の定義と同一である)．

5-2-35　(a)　会計上の有価証券概念は，法学の有価証券概念と異なり(両者の関係については図23参照)，いわゆる資本市場有価証券(市場性のあるもの〔marketable securities〕)を指す．

図23　有価証券の概念

```
                    《経済機能》 株券
                    資本市場    国債証券, 地方債証券, 社債券     会計学の有価証券概念
                    有価証券    など
                              受益証券
 法律上の
 有価証券      支払証券(小切手)──→現金(または当座)勘定で処理
 概念         信用証券(手形)───→手形勘定で処理
                              貨物引換証
             物品証券          船荷証券    }──→未着品勘定で処理
                              倉庫証券
             その他の証券(商品券)──→商品券勘定, 他店商品券勘定で処理
```

有価証券は，① **売買目的有価証券**(時価の変動により利益を得ることを目的として保有する有価証券)，② **満期保有目的の債券**(満期まで所有する意図をもって保有する社債その他の債券)，③ **子会社株式および関連会社株式**，④ **その他有価証券**(売買目的有価証券，満期保有目的の債券，子会社株式および関連会社株式以外の有価証券)，⑤ **市場価格のない有価証券**に分けられる(金融商品会計基準15項ないし19項，中小企業会計指針19項．なお実務対応報告26号「債権の保有目的区分の変更に関する当面の取扱い」参照)．売買目的有価証券および1年内に満期の到来する社債その他の債券は流動資産に属するものとし，それ以外の有価証券は投資その他の資産に属するものとする[38](金融商品会計基準第23項)．

5-2-37　(β)　**デリバティブ**〔derivative〕は，**派生金融商品**とも呼ばれる(金融商品実務指針218項参照)．デリバティブ取引には，先物取引，先渡取引，オプション取引，スワップ取引およびこれらに類似する取引がある(財務規8ⅩⅢ．表9参照．デリバティブの特徴については金融商品実務指針6項参照)．

① **先物契約**は，特定のある時点で，特定の価格またはイールドで，特定の金融商品，外国通貨または商品の売買を行う契約である．先渡契約と原理および機能は同じであるが，**先物は取引所取引**であるが，**先渡は店頭**(相対)**取引**である点で相違

5-2-36　(38)　**種類株式の貸借対照表価額**　株式の貸借対照表価額の定めは，金融商品会計基準では，普通株式を念頭においている．種類株式の貸借対照表価額は，実務対応報告第10号「種類株式の貸借対照表価額に関する実務上の取扱い」が定めている．それによると，形式的には株式であっても債券と同様の性格を持つと考えられるものは，債券の評価と同様に扱う．それ以外の場合には，市場価格のある種類株式は市場価格に基づく価額で，市場価格のない種類株式は取得原価をもって貸借対照表価額とする．また，市場価格のない種類株式の減損処理にあっては，原則として，評価モデルを利用する．

表9 デリバティブ取引の種類

財務規8条			取引	備考
13項デリバティブ取引	先物取引	9項1号 2号 3号	有価証券先物取引 有価証券指数等先物取引 金融先物取引 商品先物取引	取引所取引
	オプション取引	10項1号 2号 3号 4号	有価証券オプション取引 金融オプション取引 商品オプション取引 店頭オプション取引	
	先渡取引	11号1号 2号 3号 4号	為替予約取引 為替先渡取引 金利先渡取引 先物取引に類似する取引	取引所取引外の取引
	スワップ取引	12号1号 2号 3号 4号	通貨スワップ取引 金利スワップ取引 商品スワップ取引 これらに類似する取引	

する.

② オプション取引では，その保有者は特定の日 (このようなオプションをヨーロピアン・オプションという) または特定の期間 (このようなオプションをアメリカン・オプションという) に，特定の価格で，対象となる商品を購入 (このようなオプションをコール・オプションという) または売却する権利 (このようなオプションをプット・オプションという) を持つが，その権利を行使する義務はないのに対し，オプションの売り主は，オプションの権利が行使された場合，その保有者に対し当該商品を売却または購入する義務を負う.

③ スワップ取引は，将来の特定期間にわたり契約時に決められた条件でキャッシュ・フローを交換する取引である．

II-5-2-38 (イ) 固定資産 固定資産〔英米 fixed assets：独 Anlagevermögen：仏 actif immobilise：伊 immobilizzazioni：西 inmovilizacion〕の部は，有形固定資産，無形固定資産および投資その他の資産の各項目に区分し，各項目は適当な項目に細分しなければならない (計規74 II)．

II-5-2-39 (a) 有形固定資産〔英 tagible assets：独 Sachanlagen：仏 immobilisations corporelles：伊 immobilizzazioni materiali：西 inmovilizaciones materiales〕とは，① 建物および暖房，照明，通風等の付属設備，② 構築物 (ドッグ，橋，岸壁，さん橋，軌道，貯水池，坑道，煙突その他土地に定着する土木設備または工作物をいう)，③ 機械および装置ならびにホイスト，コンベヤー，起重機等の搬送設備その他の付属設備，④ 船舶および水上運搬具，⑤ 鉄道車両，自動車その他の陸上運搬具，⑥ 耐用年数1年以上の工具・器具および備品 (なお財務規ガイドライン22-6参照)，⑦ 土地 (なお財務規ガイドライン22-7

参照)，⑧ **リース資産**（当該会社がファイナンス・リース取引におけるリース物件の借主である資産であって，当該リース物件が①から⑦までおよび⑨に掲げるものである場合に限る），⑨ **建設仮勘定**[(39)]（①から⑦までに掲げる資産で事業の用に供するものを建設した場合における支出および当該建設の目的のために充当した材料をいう），⑩ その他の有形資産であって，有形固定資産に属する資産とすべきもの（山林・植林．なお，財務規ガイドライン22-9参照）である（なお連結財務規26参照）．ただし，①から⑧までに掲げる資産については，事業（営業）の用に供するものに限る（計規74Ⅲ②イ～ヌ．なお，財務規22，財務規ガイドライン22参照）．

-2-41　(b) **無形固定資産**〔英 intagible assets：独 Immaterielle Vermögensgegenstände：仏 immobilisations incorporelles：伊 immobilizzazioni immateriali：西 inmovilizaciones inmateriales〕とは① 特許権，② 借地権（地上権を含む），③ 商標権，④ 実用新案権，⑤ 意匠権，⑥ 鉱業権，⑦ 漁業権（入漁権を含む），⑧ ソフトウェア[(40)]，⑨ のれん（なお

-2-40　(39) **建設仮勘定**　建物や製造プラントのように完成まで長期間の建設工事が必要なものには，土地の購入から機械や備品の購入まで様々な支出が行われるが，工事が未完成なので，支出額を建物勘定や機械装置勘定などに計上することができない．そこで支払額を一時的に記録する勘定として建設仮勘定（資産の勘定）が利用される（なお財務規22⑧，財務規ガイドライン22-8参照）．その支払額は建設仮勘定の借方に記入し，工事が完成し，操業が開始されてからそれぞれの資産に振り替えられる．

-2-42　(40) **ソフトウェア**　ソフトウェアとは，コンピュータを機能させるように指令を組み合わせて表現したプログラム等をいう（研究開発費会計基準一2）．企業会計審議会が公表した研究開発費会計基準は，制作目的別にソフトウェアを表10のように分類している．なお公認会計士協会から「研究開発費及びソフトウェアの会計処理に関する実務指針」が公表されている．

表10　ソフトウェアと会計処理

研究開発目的のソフトウェア			研究開発費	
研究開発目的以外のソフトウェア	販売目的	受注制作	請負工事の会計処理に準じて処理	
		市場販売目的	最初に製品化された製品マスターの完成までの費用	研究開発費
			製品マスターまたは購入したソフトウェアの機能の改良・強化を行うための費用（著しい改良を除く）	資産計上（無形固定資産）
			バグ取り等，機能維持に要した費用	発生時に費用処理
			製品マスターまたは購入したソフトウェアに対する著しい改良に要した費用	研究開発費
	自社利用目的	サービス提供	その提供により将来の収益獲得が確実であると認められる場合	当該ソフトウェアの制作費用を資産として計上
		社内利用目的	その利用により将来の収益獲得または費用削減が確実であると認められる場合	当該ソフトウェアの取得に要した費用を資産として計上

計規85参照），⑩ リース資産（当該会社がファイナンス・リース取引におけるリース物件の借主である資産であって，当該リース物件が①から⑧までおよび⑪に掲げるものである場合に限る）⑪ その他の無形資産であって，無形固定資産に属する資産とすべきもの（水利権，版権，著作権，映画会社の原画権など）である（計規74Ⅲ③イ～ル．なお連結財務規28）．

Ⅱ-5-2-43　（c）投資その他の資産に属するのは，① 関係会社［Ⅰ-1-6-8］の株式（売買目的有価証券に該当する株式を除く）その他流動資産に属しない有価証券，② 出資金（連結貸借対照表および持分会社の貸借対照表では，①②は，関係会社株式，関係会社出資金の項目をもって表示されない．計規82Ⅱ），③ 長期貸付金，④ 有形固定資産，無形固定資産もしくは投資その他の資産に属する資産または固定負債に属する負債に関連する繰延税金資産（なお計規83Ⅱ参照），⑤ 特定の資産または負債に関連しない繰延税金資産であって，事業年度の末日後1年内に取り崩されると認められないもの，⑥ 所有権移転ファイナンス・リース取引におけるリース債権のうち流動資産以外のもの，⑦ 所有権移転外ファイナンス・リース取引におけるリース投資資産のうち流動資産以外のもの，⑧ その他の資産であって，投資その他の資産に属する資産とすべきもの（賃貸等に供している投資不動産等），⑨ その他の資産であって，流動資産，有形固定資産，無形固定資産または繰延資産に属さないもの（長期前払費用［財務規31の2］，敷金および差入保証金のうち短期間に返却されないもの［財務規ガイドライン31-4］）である（計規74Ⅲ④．なお財務規31，連結財務規30Ⅰ参照）．

Ⅱ-5-2-44　（ウ）繰延資産　繰延資産〔米 deferred charges〕は，「すでに代価の支払が完了し又は支払い義務が確定し，これに対応する役務の提供を受けたにもかかわらず，その効果が将来にわたつて発現するものと期待される費用」をいい，「これらの費用は，その効果が及ぶ数期間に合理的に配分するため，経過的に貸借対照表上繰延資産として計上することができる(41)(42)(43)」（会計原則第3のD・同注解（注15）．なお，企

Ⅱ-5-2-45　(41)　繰延資産の資産性　繰延資産は，本来は資産ではないが，当期の利益配当を容易にするために政策的に計上が認められると解する考え方と，費用収益対応の観点から資産性が認められるとする考え方とが対立していた．後者の考え方からは計上は強制すべきことになるが，計上は会社の任意となされている（江頭576頁．前田庸565頁参照）．繰延資産は，のれん等調整額［Ⅱ-5-4-78］として，分配可能額の計算対象となる（計規158①）．

Ⅱ-5-2-46　(42)　沿革　昭和13年（1938年）改正商法は初めて繰延資産として① 創業費，② 社債償還差益および③ 建設利息を認め，昭和25年（1950年）改正法は，④ 新株発行費を追加し，昭和37年（1962年）改正法は，さらに，⑤ 開業準備費，⑥ 研究費・開発費および⑦ 社債発行費を追加し，そして平成13年（2001年）改正法は，⑧ 新株予約権発行費を追加した．旧商法施行規則は，繰延資産のうち，⑤および⑥については，準備金超過部分を配当可能利益から控除していたが（旧商施規124①），その他の繰延資産についてはこのような制限をしていなかった．

Ⅱ-5-2-47　(43)　臨時巨額の損失と繰延資産　天災等により固定資産または企業の営業活動に必須の手段たる資産の上に生じた損失が，その期の純利益または当期未処分利益から当期の処分予定額を控除した金額をもって負担しえない程度に巨額であって特に法令（例えば輸出硫安売掛金経理臨時措置法［昭38法109］）をもって認められる場合には，これを経過的に貸借対照表の資産の部に記載して繰延経理することができる（会計原則注解注15）．しかしこれは費用の繰り延べで

業会計基準委員会実務対応報告第19号「繰延資産の会計処理に関する当面の取扱い」参照). 旧商法施行規則は, ① 創立費, ② 開業費, ③ 研究費および開発費, ④ 新株発行費等, ⑤ 社債発行費, ⑥ 社債発行差金および ⑦ 建設利息[(44)]につき, 個別に計上・償却規定を定めていたが, 一部を除き, 実例も乏しく, また, 貸借対照表上資産計上を認めて配当を行いやすくするという理由に乏しいものが多いことから (郡谷大輔「会社法施行規則 (計算関係) 及び会社計算規則」税経通信2006年4月臨時増刊号56頁), 会社計算規則は, 「繰延資産として計上することが適当であると認められるもの」は繰延資産に属すると定め (計規74 I ③・Ⅲ⑤), 繰延資産の計上の適否 (計規3) および計上した場合の償却期間を会計慣行に委ねている (計規5Ⅱ, 会431).

実務対応報告第19号は, 「繰延資産の部に計上した額が剰余金の分配可能額から控除される (計規158①) ことなどを考慮し」, 繰延資産を旧商法施行規則で限定列挙されていた項目とし, 以下で述べる(a)から(f)の6種を認めている (実務対応報告第19号2(2). 会計原則第3, 4(1)C. 財務規36. 法人税法の繰延資産はもっと広い. 法税2㉔, 法税令14 I, 中小企業会計指針40(1)参照). なお, **社債発行差金**はこれまで繰延資産とされていたが (会計原則第3, 4(1)C), 「金融商品会計基準」(26項) は, 国際的な会計基準と同様, **社債金額から直接控除することとしている** (省令の解説85頁は「今後の会計基準の開発状況等によっては」直接控除方式を適用することも「可能となる」とする).

繰延資産は, 経営活動の継続にとって不可欠な更新を必要とする資産項目ではないので, 償却額を控除した**残額**を貸借対照表に記載しなければならない (計規84. なお, 会計原則第3, 4(1)C, 財務規38参照). 中小企業の会計に関する指針は, 繰延資産について支出の効果が期待されなくなった場合には, 一時償却すべきものとしている (同指針42項・43項(3)).

5-2-49 (a) **創立費** (なお財務規37 I ①, 法税令14 I ①, 中小企業会計指針40(1)①参照) とは, 会社の負担に帰すべき設立費用, 例えば, 定款および諸規則作成のための費用, 株式募集その他のための広告費, 目論見書・株券等の印刷費, 創立事務所の賃借料, 設立事務に使用する使用人の給料, 金融機関の取扱手数料, 証券会社の取扱手数料, 創立総会に関する費用その他会社設立事務に関する必要な費用, 発起人の報酬ならびに設立登記の登録免許税等をいう.

創立費は, 原則として, 支出時に費用 (営業外費用) として処理する. ただし, 創立費を繰延資産に計上することができる. この場合には, 会社の成立のときから5年以内のその効果の及ぶ期間にわたって, **定額法** [Ⅱ-5-2-59] により償却をしなけれ

──────────

はなくて, 損失の繰り延べであるから, 性質が全く異なる.

5-2-48 (44) **建設利息** 会社の目的である事業の性質上その成立後2年以上その営業全部の開業をなしえないとき, 会社は原始定款をもって一定の株式につきその開業前一定の期間内一定の利息を株主に配当する旨を定めることが認められていた (平成17年改正前商291). これをかつては建設利息といった (旧商施規41).

ばならない(実務対応報告第19号3(3)).

II-5-2-50　(b) **開業費**(なお,財務規37Ⅰ②,法税令14Ⅰ③,中小企業会計指針40(1)②参照)とは,土地,建物等の賃借料,広告宣伝費,通信交通費,事務用消耗品費,支払利子,使用人の給料,保険料,電気・ガス・水道料等で,会社成立後営業開始時までに支出した開業準備のための費用をいう.

　開業費は,原則として,支出時に費用(営業外費用)として処理する.ただし,開業費を繰延資産に計上することができる.この場合には,開業のときから**5年以内**のその効果の及ぶ期間にわたって,**定額法**により償却をしなければならない.なお,「開業のとき」には,その営業の一部を開業したときを含む.また,開業費を販売費及び一般管理費として処理することができる(実務対応報告第19号3(4)).

II-5-2-51　(c) **開発費**(なお,財務規37Ⅰ⑤,法税令14Ⅰ③,中小企業会計指針40(1)③参照)とは,新技術または新経営組織の採用,資源の開発,市場の開拓等のために支出した費用,生産能率の向上または生産計画の変更等により,設備の大規模な配置替えを行った場合等の費用をいう.ただし,経常費の性格をもつものは開発費には含まれない.

　開発費は,原則として,支出時に費用(売上原価又は販売費及び一般管理費)として処理する.ただし,開発費を繰延資産に計上することができる.この場合には,**5年以内**のその効果の及ぶ期間にわたって,**定額法その他の合理的な方法**により規則的に償却しなければならない(実務対応報告第19号3(5)).なお「研究開発費等に係る会計基準」の対象となる研究開発費(研究開発の範囲については「研究開発費及びソフトウェアの会計処理に関する実務指針」2参照)については,発生時に費用として処理しなければならない(研究開発費等に係る会計基準3).

II-5-2-52　(d) **株式交付費**(新株の発行または自己株式の処分に係る費用.なお財務規37Ⅰ③,法税令14④,中小企業会計指針40(1)④参照)とは,株式募集のための広告費,金融機関の取扱手数料,証券会社の取扱手数料,目論見書・株券等印刷費,変更登記の登録免許税,その他株式の交付等のために直接支出した費用をいう.

　株式交付費は,原則として,支出時に費用(営業外費用)として処理する.ただし,企業規模の拡大のためにする資金調達などの財務活動(組織再編の対価として株式を交付する場合を含む)に係る株式交付費については,繰延資産に計上することができる.この場合には,**3年以内**のその効果の及ぶ期間にわたって,**定額法**により償却をしなければならない.なお,株式の分割や株式無償割当てなどに係る費用は,繰延資産に該当せず,支出時に費用として処理する.また,この場合には,これらの費用を販売費及び一般管理費に計上することができる(実務対応報告第19号3(1).なお,[II-5-2-15]参照).

II-5-2-53　(e) **社債発行費**(新株予約権発行費を含む.なお財務規37Ⅰ④,法税令14⑤,中小企業会計指針40(1)⑤参照)とは,社債募集のための広告費,金融機関の取扱手数料,証券会社の取扱手数料,目論見書・社債券等の印刷費,社債の登記の登録免許税その他社債発

行のために直接支出した費用をいう．社債発行費は，原則として，支出時に費用（営業外費用）として処理する．ただし，社債発行費を繰延資産に計上することができる．この場合には，社債の償還までの期間にわたり利息法により償却をしなければならない．なお，償却方法については，継続適用を条件として，定額法を採用することができる．

2-53-2 （f）**新株予約権発行費用**(中小企業会計指針40(1)⑥)　新株予約権の発行に係る費用についても，資金調達などの財務活動(組織再編の対価として新株予約権を交付する場合を含む)に係るものについては，社債発行費と同様に繰延資産として会計処理することができる．この場合には，3年以内のその効果の及ぶ期間にわたって，**定額法**により償却をしなければならない．ただし，新株予約権が社債に付されている場合で，当該新株予約権付社債を一括法により処理するときは，当該新株予約権付社債の発行に係る費用は，社債発行費として処理する(実務対応報告第19号(2))．

5-2-54 （2）**資産の評価**　(ア)　**総　説**　会社計算規則は，5条において通則的規定を設け[45]，7条から10条までにおいて，組織変更([V-1-3-18][V-1-3-28]参照)や組織再編行為に際しての特則を定め，11条以下ではのれんに関する規定([V-1-4-151]・[V-1-4-152]等参照)を定めている．

5-2-56 （イ）**償却すべき資産**　(a)　**総　説**　「償却すべき資産」については，事業年度の末日(事業年度の末日以外の日において評価すべき場合にあっては，その日)において，**相当の償却をしなければならない**(計規5Ⅱ)．償却すべき資産は，一般に公正妥当と認められた企業会計の慣行によれば，**土地・建設仮勘定**[Ⅱ-5-2-40]**等を除く固定資産(のれんを含む)および繰延資産**である(会計原則第3の4(1)BおよびC参照)．土地は使用や時の経過で価値が下がるものではないし，建設仮勘定は，未完成品で，収益への寄与がないからである．繰延資産の償却については既に述べた([Ⅱ-5-2-44]～[Ⅱ-5-2-53-2])ので，ここでは[46]それ以外の固定資産の相当な償却(**正規の減価償却**)

5-2-55 (45) **棚卸資産の取得価格**　単位あたりの取得原価は，同一商品であっても，仕入先や仕入時期によって取得原価は異なる場合がある．単位原価の決定方法については，企業会計原則は，**個別法，先入先出法(買入順法)，後入先出法および平均原価法**を原則とし，それらによることが困難な場合には，**売価還元原価法(小売棚卸法)**によることを認めているが(会計原則注解注21．中小企業会計指針28項)，棚卸資産の評価に関する会計基準は，後入先出法を排除している(棚卸資産会計基準6-2項)．これは，国際会計基準第2号「棚卸資産(Inventories)」が後入先出法を認めていないことから(IAS第2号「棚卸資産」に関する結論の根拠BC9～BC21参照)，会計基準の国際的なコンバージェンスを図ったものである(棚卸資産会計基準26-3項～26-4項，34-12項)．

5-2-57 (46) **リース資産等の減価償却**　①　所有権移転ファイナンス・リース取引の借手側のリース資産の減価償却費は，リース物件の取得と同様の取引と考えられるため，自己所有の固定資産に適用する減価償却方法と同一の方法により算定する．②　所有権移転外ファイナンス・リース取引に係るリース資産の減価償却費は，リース物件の取得と異なりリース物件を使用できる期間がリース期間に限定されるため，原則として，リース期間を耐用年数とし，残存価額をゼロとして算定する(リース会計基準12項)．減価償却の方法は注記事項である(リース会計基準19項)．

について述べる[47]。

　減価償却費は現金支出を伴わない費用の計上であり，収益に賦課され，固定資産に投下した資本は，現金または現金等価物により回収され，企業内部に留保される．従って減価償却は，金融機関の借入などによる資金調達を自社内で創出したのと同じ効果を有する(これを自己金融効果という)と同時に，期間損益計算を可能にする．

II-5-2-59　(b)　**減価償却の方法**　(α) **有形固定資産の減価償却** (米 depreciation：独 Abschreibung：仏 depreciation) の方法には，一般的なものとして，① **定額法**(固定資産の耐用期間中，毎期均等額の減価償却費を計上する方法．会計原則注20(1)・法税令48の2Ⅰ①)，② **定率法**(固定資産の耐用期間中，毎期期首未償却残高に一定率を乗じた減価償却費を計上する方法．会計原則注20(2)・法税令48の2Ⅰ②ロ)．③ **生産高比例法**(固定資産の耐用期間中，毎期該当資産による生産または用益の提供の度合に比例した減価償却費を計上する方法．会計原則注解注20(4)・法税令48の2Ⅰ③ハ) がある．

表11　減価償却の方法

区分	従来の方法	今後採用する方法			
		定率法 (250%定率法)	旧定率法 (残価10%)	定額法	旧定額法 (残価10%)
新規取得資産	—	(A)	(B)	(C)	(D)
既存資産	(a)旧定率法 (残価10%)	(E)	(F) 継続	(G)	(H)
	(b)旧定額法 (残価10%)	(I)	(J)	(K)	(L) 継続

注　下線の部分は法人税法で規定する減価償却方法である．
　(出典：平成19年4月25日本公認会計士協会「減価償却に関する当面の監査上の取扱い」会計・監査ジャーナル624号179頁)

　期間を費用配分基準として減価償却を行う場合，原則として，固定資産の取得原価から，残存価額を控除した額を耐用期間の格事業年度に配分することから，取得原価，耐用年数および残存価額の決定は，減価償却にとって重要な意味を有する．
　平成19年改正法人税法施行令は，「企業の新規設備への投資を促進し，国際競争力を高めるためにも，国際的なイコールフッティングを確保することが重要」という観点から，平成19年3月31日以前に取得した減価償却資産(既存資産)には従来の償却の方法による計算を認める一方，平成19年4月1日以後に取得された減価償

II-5-2-58　[47]　**修繕・改良**　有形固定資産の場合には修繕や改良が必要な場合がある．① **修繕**とは有形固定資産の価値または性能を現状維持するための支出で，支出額は修繕費(費用)として支出の期間の費用に計上される．これを**収益的支出**という．② **改良**とは固定資産の価値を高めたり，耐用年数を延長させる効果のある支出で，支出額は固定資産原価に加算される．これを**資本的支出**という(所税令181，法税令55・132参照)．収益的支出は費用になるが，資本的支出は資産であり，適正な期間損益計算のため，両者を厳密に区分することが必要である．

第5章 会社の財務 第2節 計算書類 573

却資産（新規取得資産）については，償却可能限度額および残存価額を廃止し，耐用年数経過時点に残存簿価1円まで償却できることにしている（法税令61 I ②）．

5-2-60　(β) **無形固定資産**はその性質上残存価額（ゼロである）とか物理的減損とかいうことは問題とならないので，取得価額を権利の残存期間に均等に割り当てること（**定額法**）によって償却がなされるが（法税令48 I ④参照），何時までに減価償却を完了すべきか，会社法上定めはない．税法の規定が参考となる（表12参照）．

表12　税法上の無形減価償却資産の耐用年数表

種類	耐用年数
漁業権	10
ダム利用権	55
水利権	20
特許権	8
実用新案権	5
意匠権	7
商標権	10

（減価償却資産の耐用年数等に関する省令別表第3）

(c) **減価償却費の記帳方法**　これには，間接法と直接法がある．

5-2-61　(a) **間接法**は，減価償却累計額勘定（評価勘定）を設けてその貸方に記録し（（減価償却費）×××（減価償却累計額）×××），毎期の減価償却額を加算し，その固定資産の帳簿価額を当該固定資産の勘定残高から減価償却累計額を控除して間接的に算定する方法である（図24参照）．

図24　間 接 法

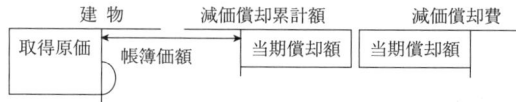

建物　　　　減価償却累計額　　　減価償却費
取得原価｜帳簿価額｜当期償却額｜　｜当期償却額｜

5-2-62　(β) **直接法**は，その償却対象となった固定資産の当該勘定の貸方に直接記録する方法である（計規79 II）．直接法では，各固定資産の勘定残高は帳簿価額（費用未配分額）を表す（図25参照）．

図25　表 示 方 法

(1) 間接控除科目別方式
　　建物　　　　×××
　　減価償却額　×××
　　　　　　　　×××
　　機械　　　　×××
　　減価償却額　×××
　　　　　　　　×××

(2) 間接控除一括方式
　　建物　　　　×××
　　機械　　　　×××
　　‥‥‥
　　減価償却額　×××

(3) 直接控除科目別方式
　　建物　　×××（注1）
　　機械　　×××（注2）

(4) 直接控除一括方式
　　建物　　　×××
　　機械　　　×××
　　‥‥‥
　　　　　　　×××

（注1）減価償却額×××円を控除してある．
（注2）減価償却額×××円を控除してある．

（注）建物，機械，‥‥については減価償却額×××を控除している．

5-2-63　(γ) 貸借対照表において有形固定資産から「減価償却累計額」を控除する方式も2種類ある．
① 有形固定資産額から減価償却額を「控除する形式」で記載する**間接控除方式**と有形固定資産額から減価償却額を「控除した残額」だけを記載し，減価償却累計額を注記する**直接控除方式**である．間接控除方式は，間接法に対応し，直接控除方式は直接法に対応する．会社計算規則は間接控除方式を原則としている（計規79 I 本文）が，直接控除方式も許容している（計規79 II）．**ほとんどの会社は直接控除方式を採用**している（中小企業会計指針はこの方式をとる．同43項(1)）．② さらにそれぞれについて有形固定資産

の科目別に控除する方式と2つ以上の科目について一括して控除する方式とがある．この組み合わせにより4つの表示方法が存在する（図25参照）．②の科目別方式または一括方式は，簿記上の処理と連関しており，個別的に減価償却計算および記帳を行う（個別償却という）場合には，**科目別方式**が採用される．これに対し，耐用年数が同一の償却資産について，一括した減価償却計算および記帳を行う（組別償却という）場合と耐用年数の異なる償却資産について，一括した減価償却計算および記帳を行う（総合償却という）場合には，**一括方式**が採られる．会社計算規則は一括方式も許容している（計規79Ⅰ但書．なお財務規25・26）．総合償却の場合には，新たに償却単位について耐用年数（平均耐用年数）を決定しなければならない．

　無形固定資産の表示方式については，有形固定資産と異なり，**直接控除方式のみ**が許されている（計規81．会計原則第3の4(1)B，財務規30）．

　なお公開会社および会計監査人設置会社は，直接控除方式によった場合には，各資産の資産項目別の減価償却累計額（一括して注記することが適当な場合にあっては，各資産について一括した減価償却累計額）を個別注記表・連結注記表に表示しなければならない（計規129Ⅰ①〜③・103③［Ⅱ-5-2-136］）．

Ⅱ-5-2-64　**(ウ) 強制評価減**　事業年度の末日における時価がその時の取得原価より著しく低い（低下の原因は問わず，減耗・変質・陳腐化などの品質低下だけでなく，一般的な価格水準が著しく低下した場合を含む）資産は，時価がその時の取得原価まで回復（回復の時期は次の決算期までに限定されず，流動資産を処分する予定の時である．通説）する見込みがない場合のみならず，回復する見込みが不明な場合にも，時価を付さなければならない（計規5Ⅲ①）．資産の種類につき限定を加えていないが，棚卸資産［Ⅱ-5-2-32］等に適用がある．金融商品会計基準は，①　満期保有目的の債券，子会社株式および関連会社株式ならびに「その他有価証券」［Ⅱ-5-2-35］のうち市場価格のあるものについては，この方法を強制し，評価差額は当期の損失として処理し（20項），当該時価を翌期首の取得原価とすべきとしている[48]（切放し法．22項）．ここに時価とは，その財産を

Ⅱ-5-2-65　(48)　**有価証券の評価**　有価証券の区分に従い，次のように行われる（表13．計規5Ⅵ，金融商品会計基準15項から19項．なお中小企業会計指針19項参照）．

表13　有価証券の評価

有価証券の区分と概念	評価方法	評価差額等の処理	時価・実質価額の著しい下落
売買目的有価証券（計規2Ⅲ㉖＝金融商品会計基準15項）	時価の変動により利益を得ることを目的として保有する有価証券	時価	当期の損益に計上	―
満期保有目的	満期まで所有	取得原価または	償却加減額は受取利息	・回復する見込みがあ

第5章 会社の財務 第2節 計算書類 575

売却した場合の正味実現可能価額である．「著しく低い」とは，時価の下落が重要性を有する場合を意味する（時価のある有価証券の場合，取得原価に比べ50%程度以上下落した場合が「著しく下落した」に該当する．金融商品会計に関する実務指針91項，中小会社会計指針22項）．② 金融商品会計基準21項は，市場価格のない株式の発行会社の財政状態の悪化により実質価額が著しく低下したときは，相当の減額をなし，評価差額は当期の損失として処理し，実質価額を翌期首の取得原価とすべきとしており（切放し法．22項），立案担当者は，時価には，上記実質価額も含むと解している[49]（省令の解説66頁．弥永・コンメンタール115頁は，このようなとらえ方は広すぎとし，実質価額は計規5条3項

債券（計規2Ⅲ㉗＝金融商品会計基準16項）	する意図をもって保有する社債その他の債券	は償却原価法	または支払利息に含める	ると認められる場合を除き，時価をもって貸借対照表価額とし，評価差額は当期の損失として処理（金融商品会計基準20項）．・当該時価を翌期首の取得原価とする（金融商品会計基準22項）．
子会社・関連会社株式（金融商品会計基準17項）	支払力基準または影響力基準により判定	取得原価	－	
その他有価証券（金融商品会計基準18項）	上記いずれの区分にも該当しない有価証券	時価（原則として，期末日の市場価格に基づいて算定された価額．ただし継続適用を条件として期末1箇月の平均価額可）	・洗い替え方式に基づき，評価差額の合計額を純資産の部に計上するか，時価が取得原価を上回る銘柄に係る評価差額を純資産の部に計上し，下回る銘柄に係る評価差額を当期損失として処理する・評価差額には税効果会計を適用	
市場価格のない有価証券（金融商品会計基準19項）	社債その他の債券	帳簿価額	－	市場価格のない株式については，相当の減額をなし，評価差額は当期の損失として処理（金融商品会計基準21項）．・当該実質価額を翌期首の取得原価とする（同22項）．
	それ以外のもの	取得原価	－	

5-2-66 (49) **子会社株式等に対する投資損失引当金** 市場価格のない子会社および関連会社株式の実質価額が，著しく低下している状況には至っていないが，ある程度低下したとき，または実質価額が著しく低下したものの，回復が見込めると判断して減損処理を行わなかったときには，**投資損失引当金を計上することができる**（日本公認会計士協会監査委員会報告第71号「子会社株式等に対する投資損失引当金に係る監査上の取扱い」．なお計規78参照）．

II-5-2-67　（エ）　予想することができない減損　事業年度の末日において予想することができない減損が生じた資産は，その時の取得原価から相当の減額をした額を付さなければならない(計規5Ⅲ②)．平成19年4月25日日本公認会計士協会監査・保証実務委員会報告第81号「減価償却に関する当面の監査上の取扱い」によると，予想することができない減損には，① **臨時償却**と② **臨時損失**とがある．①は，「耐用年数または残存価額が，設定に当たって予見することのできない機能的原因等により[50]，著しく不合理となった場合等に耐用年数を変更し，又は残存価額を修正し，これに基づいて一時的に行われる減価償却累計額の修正のための減価償却」であるが，臨時損失は，「災害，事故等の理由により固定資産の実体が滅失した場合に，その滅失部分の金額を簿価から切り下げる」ことをいい，臨時償却とは異なる．臨時償却は，過年度における減価償却累計額の修正としての性質を有するから，特別損失として処理する．臨時損失の場合も同様である．臨時償却は投資の回収可能性とは必ずしも対応せずに行われる手続である点で，減損処理とは本質的に異なっている．

II-5-2-69　（オ）　減 損 損 失　「減損損失を認識すべき資産」は，その時の取得原価から相当の減額をした額を付さなければならない(計規5Ⅲ②)．

　　金融商品取引法上の開示を行う必要がある会社にあっては「固定資産の減損に係る会計基準」に従う必要がある．「固定資産の減損に係る会計基準」によると，**減損会計基準の対象となるのは事業用の固定資産**である(同一，固定資産の減損に係る会計基準の設定に関する意見書4の1)．事業用の固定資産の減損とは，キャッシュ・フローを生み出す事業用の資産や資産グループの収益性が低下して，投資額の回収が見込めなくなった状態であり，**減損処理**とは，そのような場合に，一定の条件の下で回収可能性を反映させるように帳簿価額を減額する会計処理である．そのためには，まず，① キャッシュ・フローを生み出す最小の単位であるキャッシュ生成単位ごとにグルーピングを行い，その資産または資産グループごとに**減損の兆候**の有無を把握する(減損会計基準2の1，意見書4の2(1))．② 減損の兆候が把握された資産または資産グループについて，将来キャッシュ・フロー総額(割引前)を見積もって，この見積総額を帳簿価額と比較する．前者が後者を下回っていると，減損損失が認識されることになる(減損会計基準2の2，意見書4の2(2))．③ 減損損失を認識すべきと判定された資産または資産グループについて，**帳簿価額を回収可能価額まで減額**

II-5-2-68　(50)　**物理的減損と機能的減損の処理方法**　**物理的減損**については，これにより固定資産の全部が毀損し使用廃止となった場合には，固定資産の未償却額全部を，使用廃止にまで至らず修繕によって使用可能となる場合には，その修繕相当額を減損額として固定資産の未償却残高から1度に控除する．これに対し，**機能的減損**については，固定資産の未償却残高から1度に減損額を控除する必要はなく，以後の各期において徐々に繰延償却することが妥当とする説と，過年度における減価償却予測の誤認と考えることができるので，その発生年度において減損額全部を前期損益修正項目(臨時償却)として処理すべきであるとする説とが対立している．

し，当該減少額を減損損失として当期の損失(特別損失)とする．この場合の回収可能価額とは，資産または資産グループを使い続けることによる**使用価値**と，売却による**正味売却価額**のいずれか高い方である(減損会計基準2の3，意見書4の2(3))．資産グループについて認識された減損損失は，帳簿価額に基づく比例配分等の合理的な方法により，当該資産グループに配分する(減損会計基準2の6(2)，意見書4の6②)．投資不動産についても取得原価基準で会計処理し，減損処理を行うことが適当であるとされている(意見書6の1)．中小企業会計指針は，減損会計基準の適用による技術的困難性等を勘案し，資産の使用状況に大幅な変更があった場合には，減損の可能性について検討することとしている(36項)．

各有形固定資産に対する**減損損失累計額**は，当該各資産の金額(有形固定資産に対する減価償却累計額を当該有形固定資産の金額から直接控除しているときは，その控除後の金額)から**直接控除**し，その控除残高を当該各資産の金額として表示するのが**原則**であるが(計規80Ⅰ．なお固定資産の減損に係る会計基準の適用指針57項参照)，減損損失累計額を当該各資産科目に対する控除科目として，減損損失累計額の科目をもって表示することができる．さらに，これらの固定資産に対する控除科目として一括して表示することを妨げない(計規80Ⅱ)．減価償却累計額および減損損失累計額を控除科目として表示する場合には，減損損失累計額を減価償却累計額に合算して，減価償却累計額の科目をもって表示することができる(計規80Ⅲ．なお計規103④参照)．

5-2-70　(カ) **貸倒引当金**　取立不能のおそれのある債権については，事業年度の末日においてその時に取り立てることができないと見込まれる額(貸倒見積高)を控除しなければならない(計規5Ⅳ)．金融商品に関する会計基準は，貸倒見積高を，債務者の財政状態および経営成績等に応じて次の**表14**の3つに区分し，算定することとしている(金融商品会計基準27・28項)．貸倒引当金の要否が争われた事件として東京地判平成16・10・12判時1886号132頁［そごう事件］，東京地判平成18・9・27資料版商事275号241頁，大阪地判平成19・4・13判タ1256号297頁［長銀事件］等がある．

表14　債権の区分と貸倒見積高の算定方法

債権の区分	債権の内容	貸倒見積高の算定方法
一般債権 (27項(1)・28項(1))	経営状態に重大な問題が生じていない債務者に対する債権	債権全体または同種・同類の債権ごとに，債権の状況に応じて求めた過去の貸倒実績率等の合理的な基準により算定する．
貸倒懸念債権 (27項(2)・28項(2))	経営破綻の状態には至っていないが，債務の弁済に重大な問題が生じているかまたは生ずる可能性の高い債務者に対する債権	①と②のいずれかを継続適用する． ①債権額から担保の処分見込額および保証による回収見込額を減額し，その残額について債務者の財政状態および経営成績を考慮して算定する方法． ②債権の元本および利息の受取りが見込まれるときから当期末までの期間にわたり当初の約定利子率で割り引いた金額の総額と債権の帳簿価額との差額を貸倒見込高とする方法(債権の元本の回収及び利息の受取りに係る

		キャッシュ・フローを合理的に見積ることができる債権の場合）
破産更生債権等 (27項(3)・28項(3))	経営破綻または実質的に経営破綻に陥っている債務者に対する債権	債権額から担保の処分見込額および保証による回収見込額を減額し，その残額を貸倒見込高とする．

表15 中小企業の会計に関する指針が定める貸倒引当金繰入限度額

区 分	定 義	繰入限度額
一括評価金銭債権	個別評価金銭債権以外の金銭債権	債権金額に過去３年間の貸倒実績率または法人税法に規定する法定繰入率を乗じた金額
個別評価金銭債権	更生計画の認可決定により５年を超えて賦払いにより弁済される等の法律による長期棚上げ債権	債権金額のうち５年を超えて弁済される部分の金額（担保権の実行その他により取立て等の見込みがあると認められる部分の金額を除く）
	債務超過が１年以上継続し事業好転の見通しのない場合等の回収不能債権	債権金額（担保権の実行その他により取立て等の見込みがあると認められる部分の金額を除く）
	破産申立て，更生手続等の開始申立てや手形取引停止処分があった場合等における金銭債権	債権金額（実質的に債権と見られない部分の金額および担保権の実行，金融機関等による保証債務の履行その他により取立て等の見込みがあると認められる部分の金額を除く）の50％相当額

　なお，中小企業の会計に関する指針によれば，次に掲げる法人税法の区分に基づいて算定される貸倒引当金繰入限度額が明らかにその取立不能見込額に満たない場合を除き，繰入限度額相当額をもって貸倒引当金とすることができる（指針18項．**表15**）．

　取立不能のおそれがあるときは，取立不能見込額に相当する引当金を，原則として，**債権に対する控除項目として**，設定目的を示す名称を付した項目をもって表示しなければならないが（間接個別控除方式），**控除後の残額のみを記載**する（この場合には貸倒引当金の金額を注記表に表示する）こと（直接控除方式）も許される（計規78ⅠⅡ．なお計規98Ⅰ③Ⅱ・103②参照）．

Ⅱ-5-2-71　**(キ) 償却原価法　債権**については，その取得価額が債権金額と異なる場合その他相当の理由がある場合には，適正な価格を付することができる（計規５Ⅴ．なお計規６Ⅱ②参照）．そこで，債権を債権金額より低い価額または高い価額で取得した場合において，その差額の性格が金利の調整と認められるときは，金利相当額を適切に各期の財務諸表に反映させるために，**償却原価法**（金融資産または金融負債を債権額または債務額と異なる金額で計上した場合において，当該差額に相当する金額を弁済期または償還期に至るまで毎期一定の方法で

図26　償却原価法
(1)減額法
代金
増額　　　　　　　　減額
債権金額
　　　　　　　　　　弁済期
(2)増額法
減額　　　　　　　　増額
債権金額
　　　　　　　　　　弁済期

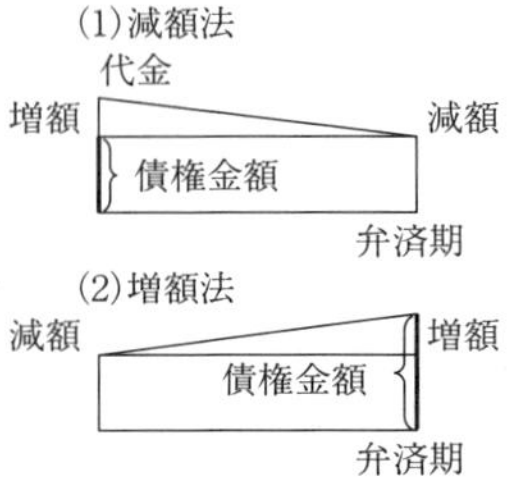

取得価額に加減する方法. この場合, 当該加減額を受取利息または支払利息に含めて処理する. 図26参照) に基づいて算定された価額から貸倒見積高に基づいて算定された貸倒引当金を控除した金額としなければならないとされている (金融商品会計基準14・16項・注5). ただし中小企業会計指針は, 取得価額と債権金額との差額に重要性が乏しい場合には, 決済時点において差額を損益として認識することもできるとしている (12項).

5-2-72 **(ク) 低 価 法** 事業年度の末日における時価がその時の取得原価より低い資産については, 事業年度の末日においてその時の時価または適正な価格を付すことができる (計規5 Ⅵ①). その適用範囲については特に定めていないが, 有価証券に低価法を適用する余地はないと思われるので (秋坂19頁), 棚卸資産 [Ⅱ-5-2-73] に適用されると考えられる.

5-2-73 **(a) 棚 卸 資 産** 通常の販売目的で保有する棚卸資産には取得原価基準が適用されるが, 取得原価基準は, 将来の収益を生み出すという意味において有用な原価, すなわち回収可能な原価だけを繰り越そうとするものなので, 期末における「正味売却価額」が取得原価よりも下落している場合には, 収益性が低下している点で, 品質低下・陳腐化評価損と同じであるので, 当該正味売却価額をもって貸借対照表価額とする (簿価切下げ). この場合には, 取得原価と当該正味売却価額との差額を当期の費用として処理する (棚卸資産基準7項).「正味売却価額」は, 表16のように, 売価 (企業が複数の売却市場に参加し得る場合には, 実際に販売できる売価を用いる. または, 複数の売却市場が存在し売価が異なる場合であって, 棚卸資産をそれぞれの市場向けに区分できないときは, それぞれの市場の販売比率に基づく加重平均売価等による. 棚卸資産基準11項) から見込追加製造原価および見込販売直接経費を控除したものをいうが (棚卸資産基準5項), 一定の条件の下では, 正味売却価額に代えて収益性の低下の事実を適切に反映する方法 (棚卸資産基準9項) や再調達原価 (棚卸資産基準6項・10項) によることも認められる (なお中小企業会計指針27項参照). 収益性の低下の有無に係る判断および簿価切下げは, 原則として個別品目ごとに行う (棚卸資産基準12項).

5-2-74 **(b) 売価還元法の場合** 小売業等の業種では棚卸資産の評価方法として連続意見書第四に定める売価還元平均原価法の原価率による**売価還元法**を採用している場合が多いが, この場合にも, 期末における正味売却価額が帳簿価額よりも下落している場合には, 当該正味売却価額をもって貸借対照表価額とする. ただし, 値下額等が売価合計額に適切に反映されている場合には, 連続意見書第四に定める売価還元低価法の原価率により求められた期末棚卸資産の帳簿額は, 収益性の低下に基づく簿価切下額を反映したものとみなすことができる (棚卸基準13項).

5-2-75 **(c) 洗替え法と切放し法** 正味売却価額が回復した場合の前期に計上した簿価切下額の戻入れに関しては, 継続適用を条件として, 当期に戻入れを行う方法 (洗替え法) と行わない方法 (切放し法) のいずれかの方法を棚卸資産の種類ごとに, また, 売価の下落要因を区分把握できる場合には, 物理的劣化や経済的劣化, もしくは市

表16 収益性の低下の判断や簿価切下げのための評価額

評　価　額		意　　義	摘　　要
正味売却価額 (第5項)	市場価格に基づく価額による	・正味売却価格＝売価－見積追加製造原価－見積販売直接経費 ・売価＝購買市場と売却市場とが区別される場合における売却市場の時価	・売却市場において観察可能な市場価格に基づく価額を売価とする．
	合理的に算定された価額による	・正味売却価格＝売価－見積追加製造原価－見積販売直接経費 ・売価＝合理的に算定された価額	・売却市場において市場価格が観察できない場合，合理的に算定された価額を売価とする． ・当該価額は，同等の棚卸資産を売却市場で実際に販売可能な価額として見積ることが適当である（第48項）． ・これには，期末前後での販売実績に基づく価額を用いる場合や，契約により取り決められた一定の売価を用いる場合を含む（第8項，第48項）．
正味売却価額に代わるもの (第9項)		次のような方法による価額 ・帳簿価額を処分見込価額まで切り下げる方法 ・一定の回転期間を超える場合，規則的に帳簿価額を切り下げる方法	営業循環過程から外れた滞留または処分見込等の棚卸資産について，合理的に算定された価額によることが困難な場合に適用
再調達原価 (第6項)		購買市場と売却市場とが区別される場合における購買市場の時価に，購入に付随する費用を加算した価額	原材料等のように再調達原価の方が把握しやすく，正味売却価額が再調達原価に歩調を合わせて動くと想定される場合に適用（第10項）

出典：JICPA ジャーナル614号156頁

場の需給変化の要因ごとに，**選択適用**できる（売価還元法を採用した場合につき棚卸資産基準14項．無限定に逐条解説43頁）．いずれの方法が実務上簡便であるかは，企業によって異なるからである．

II-5-2-76　(d)　**棚卸資産の表示**　① 通常の販売目的で保有する棚卸資産について，収益性の低下による簿価切下額（前期に計上した簿価切下額を戻入れる場合には，当該戻入額相殺後の額）は，販売活動を行う上で不可避的に発生したものであるため，売上高に対応する売上原価とするが，棚卸資産の製造に関連し不可避的に発生すると認められるものについては，製造原価として処理する．また，収益性の低下に基づく簿価切下額が，臨時の事象（例えば，重要な事業部門の廃止，災害損失の発生）に起因し，かつ，多額であるときは，特別損失に計上する．この場合には，洗替え法を適用していても，

当該簿価切下額の戻入れを行ってはならない(棚卸資産基準17項). ② ①の簿価切下額(前期に計上した簿価切下額を戻入れる場合には，当該戻入額相殺後の額)は，金額の重要性の乏しいものを除き，注記による方法または売上原価等の内訳項目として独立掲記する方法により示すことが必要である(棚卸資産基準18項).

5-2-77 (ケ) 時 価 法(計規5 Ⅵ②) 金融商品会計基準によれば，① 売買目的有価証券，② その他有価証券および③ デリバティブ取引により生じる正味の債権(および債務)は，時価評価(時価とは公正な評価額をいい，市場価格に基づく価額をいう．6項)しなければならない(中小企業会計指針19項・47項参照).

① 売買目的有価証券の評価差額は当期の損益として処理する(金融商品会計基準15項).

② その他有価証券は，評価差額の合計額を純資産の部に計上するか，時価が取得原価を上回る銘柄に係る評価差額は純資産の部に計上し，時価が取得原価を下回る銘柄に係る評価差額は当期の損失として処理する(金融商品会計基準18項).

③ デリバティブ取引の評価差額は，原則として，当期の損益として処理する(金融商品会計基準25項・88項).

棚卸資産基準によると，トレーディング目的で保有する棚卸資産(例えば金)も時価で評価し，評価差額は当期の損益として処理する(棚卸資産基準15項．なお同16・60・61項参照).

なお「賃貸等不動産の時価等の開示に関する会計基準」は，国際財務報告基準が投資不動産を原価評価した場合に時価を注記することとしていることのコンバージェンスを図る観点から，賃貸等不動産に該当する場合には時価の注記を要求している([Ⅱ-5-2-141-3]参照).

5-2-78 (コ) そ の 他 その他事業年度の末日においてその時の時価または適正な価格を付することが適当な資産はその時の時価または適正な価格を付することができる(計規5 Ⅵ③). これも資産の種類に限定が加えられていないので，企業会計の基準その他の企業会計の慣行で定まる(計規3).

3 負　債

5-2-79 (1) 表 示 区 分 負債の部は，流動負債〔米 current liabilities〕および固定負債〔米 long-term liabilities〕の各項目に区分しなければならない．この場合には，各項目は適当な項目に細分しなければならない(計規75Ⅰ．会計原則第3の2，財務規45，連結財務規35参照). 偶発債務は会社に支払義務が発生するか不確定のため，まだ貸借対照表に計上されない(計規103⑤[Ⅱ-5-2-136]). 会社計算規則は引当金の区分を設けていない(旧商施規86Ⅰ対比).

5-2-80 (ア) 流 動 負 債 ① 支払手形(通常の取引に基づいて発生した手形債務)，② 買掛金(通常の取引に基づいて発生した事実上の未払金)，③ 前受金(受注工事，受注品等に対する前

受金), ④ 引当金 (資産に係る引当金および1年内に使用されないと認められるものを除く), ⑤ 通常の取引に関連して発生する未払金または預り金で一般の取引慣行として発生後短期間に支払われるもの, ⑥ 未払費用 [II-5-2-22], ⑦ 前受収益 [II-5-2-22], ⑧ 流動資産に属する資産または流動負債に属する負債に関連する繰延税金負債および特定の資産または負債に関連しない繰延税金負債であって, 1年内に取り崩されると認められるもの, ⑨ ファイナンス・リース取引におけるリース債務のうち, 1年内に期限が到来するもの, ⑩ 資産除去債務 (有形固定資産の取得, 建設, 開発または通常の使用によって生じる当該有形固定資産の除去に関する法律上の義務およびこれに準ずるものをいう. 計規2Ⅲ㊱), ⑪ その他の負債であって, 1年内に支払いまたは返済されると認められるものは, 流動負債に属する (計規75Ⅱ①イからル. なお財務規47から48の2, 連結財務規36・37, 中小企業会計指針46項(1)(2)参照).

II-5-2-81 (イ) **固 定 負 債** これには① 社債 [IV-1-1-1], ② 長期借入金, ③ 引当金 (資産に係る引当金および1年内に使用されると認められるものを除く), ④ 有形固定資産, 無形固定資産もしくは投資その他の資産に属する資産または固定負債に属する負債に関連する繰延税金負債および特定の資産または負債に関連しない繰延税金負債であって, 1年内に取り崩されると認められないもの ([II-5-2-25]), ⑤ のれん (負ののれん. [V-1-4-149]等), ⑥ ファイナンス・リース取引におけるリース債務のうち, 流動負債以外のもの, ⑦ 1年内に履行されない資産除去債務, および⑧ その他の負債であって, 流動負債に属しないものが属する (計規75Ⅱ②. なお, 財務規51から52Ⅰ, 連結財務規38, 中小企業会計指針46項(4)参照).

II-5-2-82 (ウ) **引 当 金** 退職給付引当金[51][52]・返品調整引当金 (常時, 販売する棚卸資産につき, 当該販売の際の価額による買戻しに係る特約を結んでいる場合における事業年度の末日における繰り入れるべき引当金をいう. 計規6Ⅱ①ロ. なお法人税法53参照) のほか, 将来の費用または損失 (収益の控除を含む) の発生に備えて, その合理的な見積額のうち当該事業年度の負担に属する金額を費用または損失として繰り入れることにより計上すべき引当金 ([米 allowance: 独 Rückstellungen: 仏 provisions: 伊 fondi per rischi e oneri: 西 proviones para riesgos y gastos]). 株主に対して役務を提供する場合において計上すべき引当

II-5-2-83 [51] 退職給付引当金 使用人が退職した後に当該使用人に退職一時金, 退職年金その他これに類する財産の支給をする場合における事業年度の末日における繰り入れるべき引当金をいう (計規6Ⅱ①イ). 退職給付引当金については「退職給付に係る会計基準」が公表されている. それによると, 将来の退職給付のうち当期の負担に属する額を当期の費用として引当金に繰り入れ, 当期引当金の残高を貸借対照表の負債の部に計上する.

II-5-2-84 [52] 役員退職慰労引当金 役員退職慰労金については, 労働の対価との関係が必ずしも明確でないことから, 「退職給付に係る会計基準」の適用はない. 役員退職慰労金引当金は, 契約上の支払義務がないので, 狭義の負債性引当金であるとするのが多数説 (江頭589頁等) であるが, 利益性引当金と同質の任意積立金の一種と解するのを妥当とする場合が多いとする説 (西山忠範「資本構成と利益分配」『現代企業法講座3』371頁 [東京大学出版会1985年]) もある.

金を含む)については，事業年度の末日においてその時の時価または適正な価格を付することができる(計規6Ⅱ①．なお会計原則注解18，中小企業会計指針48項参照)．**費用性引当金に限定され，利益留保性引当金は認められない**(なお，元木伸『改正商法逐条解説〔改訂増補版〕』198頁[1983年]参照)．法的債務は引当金に含まれないと解されるが(江頭589頁)，旧商法施行規則43条(平成14年改正前商287ノ2参照)と異なり，法的債務性を有すると否とを問わないとする説(弥永・コンメンタール133頁)もある．引当金の計上基準は注記表で注記する(計規101Ⅰ③[Ⅱ-5-2-134])．繰延資産[Ⅱ-5-2-44]は，その費用の発生が過去であるのに対し，引当金はその費用の発生が将来である点で異なっている．もっとも，保守主義の原則から，「将来の損失」に備えるために積み立てられるものもここにいう引当金に含まれる．

5-2-85　(2)　**債務の評価**　(ア)　**金銭債務の評価**　支払手形，買掛金，借入金，社債その他の債務は，**債務額**をもって貸借対照表価額とする(計規6Ⅰ[Ⅱ-5-1-13])．ただし，社債を社債金額よりも低い価額(割引発行の場合)または高い価額で発行した場合(打歩発行の場合．なお，社債金額と同額で発行した場合は，平価発行という．ハンドブック245頁)など，収入に基づく金額と債務額とが異なる場合には，**償却原価法**[Ⅱ-5-2-71]に基づいて算定された価額をもって，貸借対照表価額としなければならない(計規6Ⅱ②．金融商品会計基準26項，中小企業会計指針45項(1)(2)参照)．すなわち，社債発行差金は計上されない．

4　純資産の部

5-2-86　旧商法施行規則は資本の部と規定していたが(旧商施規88)，会社計算規則は，資本の部を純資産の部に代え，資産と負債との差額を純資産の部に記載させることとしている(純資産の部表示会計基準21項参照)．**純資産の部**は，①　株式会社の**貸借対照表**においては，「株主資本」，「評価・換算差額等」，「新株予約権」の項目に区分し，②　連結貸借対照表においては，「株主資本」，「評価・換算差額等」，「新株予約権」および「少数株主持分」の項目に区分し，③　持分会社の貸借対照表においては，持分会社は新株予約権を発行できないので，「社員資本」および「評価・換算差額等」に区分しなければならない(計規76Ⅰ①～③)．

負債額が資産額を上回り，純資産がマイナスの場合を**債務超過**という[(53)]．

5-2-87　(53)　**債務超過**　ここでいう債務超過は，単に帳簿価額の上で負債額が資産額を上回っているというに過ぎず，必ずしも会社が法人の破産手続の開始原因である債務超過(破16Ⅰ[Ⅵ-1-2-108])を意味しない．

図27　債務超過貸借対照表

資産 1800	負債 2000
欠損 700	資本金 300
	準備金200

584 第Ⅱ編 株式会社

表17 純資産の部の各項目

（株式会社個別貸借対照表）	（連結貸借対照表）	（持分会社貸借対照表）
純資産の部 Ⅰ株主資本 　1 資本金 　2 新株式申込証拠金 　3 資本剰余金 　　(1)資本準備金 　　(2)その他資本剰余金 　　　　資本剰余金合計 　4 利益剰余金 　　(1)利益準備金 　　(2)その他利益剰余金 　　　××積立金 　　　繰越利益剰余金 　　　利益剰余金合計 　5 自己株式 　6 自己株式申込証拠金 　　　　株主資本合計 Ⅱ評価・換算差額等 　1 その他有価証券評価差額金 　2 繰延ヘッジ損益 　3 土地再評価差額金 　　　　評価・換算差額等合計 Ⅲ新株予約権 　　　　純資産合計	純資産の部 Ⅰ株主資本 　1 資本金 　2 新株式申込証拠金 　3 資本剰余金 　4 利益剰余金 　5 自己株式 　6 自己株式申込証拠金 　　　　株主資本合計 Ⅱ評価・換算差額等 　1 その他有価証券評価差額金 　2 繰延ヘッジ損益 　3 土地再評価差額金 　4 為替換算調整勘定 　　　　評価・換算差額等合計 Ⅲ新株予約権 Ⅳ少数株主持分 　　　　純資産合計	純資産の部 Ⅰ社員資本 　1 資本金 　2 出資金申込証拠金 　3 資本剰余金 　4 利益剰余金 Ⅱ評価・換算差額等 　　　　純資産合計

Ⅱ-5-2-88 **(1) 株主資本** ① 株主資本に係る項目は，「資本金」，「新株式申込証拠金」，「資本剰余金」，「利益剰余金」，「自己株式」および「自己株式申込証拠金」に区分し，自己株式を控除項目とする(計規76Ⅱ)．

② 持分会社の場合には社員資本に係る項目は，「資本金」，「出資金申込証拠金」，「資本剰余金」，「利益剰余金」に区分しなければならない(計規76Ⅲ)．**持分会社には自己持分の制度がないので**，「自己株式」および「自己株式申込証拠金」の項目はない．持分会社の「資本金」，「資本剰余金」，および「利益剰余金」は持分会社の箇所で説明する([Ⅲ-1-6-5]～[Ⅲ-1-6-12])．

Ⅱ-5-2-89 **(ア) 資 本 金 (a) 総 説** 株式会社の資本金［米 capital stock：英 share capital：独 gezeichnetes Kapial：仏 capital：伊 capitale：西 capital suscrito］の額は，会社法に別段の定めがある場合を除き，設立または株式の発行に際して株主となる者がその会社に対して払込みまたは給付をした財産の額[54]である（会445Ⅰ．「発行価額」[平成17

Ⅱ-5-2-90 (54) **株式交付費等の資本控除の不適用** 会社計算規則は，国際的な会計基準とのコンバー

年改正前商284ノ2Ⅰ対照］ではない）．**払込みまたは給付に係る額の2分の1を超えない額は，資本金として計上しないで**（会445Ⅱ），**資本準備金として計上することができる**（会445Ⅲ．なお，会社法976㉕参照）．なお，合併，吸収分割，新設分割，株式交換または株式移転に際して資本金または準備金として計上すべき額については，法務省令で定めており（会445Ⅴ，計規13Ⅱ⑩から⑮まで・45から52まで），このような制限はない．このような制限があると，組織再編後に分配可能額が減少し剰余金の配当等がしにくくなる場合があるからである．

　資本金の額および準備金の額は，**計算上の数額であって，刻々変動する会社財産とは異なる**．会社法は授権資本制度を採用しているので，資本金の額は定款の記載・記録事項ではないが（会27．なお会576Ⅰ参照），株式会社は間接有限責任社員のみで構成されているので，資本金の額は，会社債権者にとって重要な情報であるので，**登記事項**である（会911Ⅲ⑤．なお会914⑤参照）．これに対し，**準備金は登記事項ではない**．資本金の額と株式との関係は切り離されている．

5-2-91　**(b)　株式会社設立時の資本金の額**　株式会社の設立の場合，① 払込みを受けた金銭の金額（外国通貨のときは，払込日の為替相場に基づき算出する．外国通貨を含めて，払込みを受けた金銭の額で計算することが不適当なときには，払込直前の帳簿価額で計算する），および② 給付を受けた現物出資の価額（時価．ただし共通支配下関係にある〔計規2Ⅲ㉜．企業結合基準6項参照〕現物出資からの財産の場合には給付直前の帳簿価額．およびそれ以外で当該給付を受けた現物出資財産の価額により計算するのが不適当なときは，給付直前の帳簿価額）から，払込資本から減額しようとする設立費用の額（当分の間ゼロ．附則11⑥）を減じて得た額が，設立の際の資本金または資本準備金の額となる（計規43Ⅰ．なお計規44Ⅰ・附則11⑥参照）．**控除後の金額がマイナスとなる場合には，資本金または資本準備金の計上額はゼロとなり，控除しきれなかったマイナス額はその他利益剰余金のマイナスとする**（計規43Ⅳ）．定款で定めた現物出資の価額と（会28Ⅰ），現物出資の結果帳簿に付すべき価額は異なる場合がありうる（計規43Ⅴ）．前者の価額は，出資者と会社とが合意した金額で，他の出資者との公平を図るための金額であり，時価以下であれば十分であるが，後者の金額は，取得原価基準（計規5Ⅰ，企業会計原則第三の五）の下で適切な額（時価）でなければならないからである．これは会社計算規則14条5項〔Ⅱ-3-2-9〕と同趣旨の規定である．

　設立時のその他資本剰余金の額はゼロである（計規43Ⅱ）．

　　　ジェンスを見据えて，新株発行の場合等における資本金等の増加額の算定に当たって，**株式交付費等を控除することができる**旨を規定しているが（計規14Ⅰ③・17Ⅰ④・30Ⅰ①ハ・43Ⅰ③・44Ⅰ②），企業会計基準委員会の「繰延資産の会計処理に関する当面の取扱い（実務対応報告第19号）」は，「会計処理の見直しを行う可能性がある」が，「当面，これまでの会計処理を踏襲し」，費用ないし繰延資産として処理することとしたことに対応して，**当該規定を，当分の間，適用しないこととしている**（平成18年改正計規附則11）．

586　第Ⅱ編　株式会社

Ⅱ-5-2-92　**(c) 株式会社成立後の資本金の額**　株式会社の成立後に行う株式の交付（組織再編の場合を除く．会445Ⅴ参照）による株式会社の株主資本の変動については，会社計算規則13条2項が網羅的に規定している（計規13Ⅰは，株主が払込みまたは給付した財産の額を「**資本金等増加限度額**」と定義している．募集株式の払込金額（会199Ⅰ②）と混同しないこと）．会社法は株式の交付に自己株式の処分を含めているので（会199Ⅰ），会社計算規則13条2項は，新株の発行と自己株式の処分を併用する場合（以下に述べる①から⑦までのケース．どちらか一方しか利用しないことも可能）と自己株式の処分のみが行われる場合（⑧および⑨のケース）とに分けて規定している（計規13Ⅱ）．

Ⅱ-5-2-93　① 募集株式を引き受ける者の募集を行う場合には（会第2編第2章第8節［Ⅱ-3-2-4］），［Ⅱ-3-2-12］に掲載の式で表すことができる（計規13Ⅱ①・14Ⅰ）．

　すなわち，(ⅰ) 金銭出資の場合には払込金額（外国通貨のときには，払込期日〔払込期間を定めた場合には，払込みを受けた日〕の為替相場に基づき算出された金額．払込を受けた金銭の額で計算することが不適当な場合には，当該金銭の払込者の払込直前の帳簿価額），(ⅱ) 現物出資の場合には給付期日（給付期間の場合には給付を受けた日）における現物の価額[55]（時価），共通支配下関係にある〔計規2Ⅲ㉜．企業結合会計基準16項参照〕現物出資の財産の場合には給付直前の帳簿価額（募集株式の募集に際して発行する株式または処分する株式が株式等交付請求権の行使によって発行または処分をする株式であるときには，株式等交付請求権の行使時における帳簿価額の合計額を加算する．計規55Ⅸ．株式等交付請求権とは，新株予約権以外の権利であって，会社に対して行使することにより会社の株式を受けることができる権利をいう．計規55Ⅷ），共通支配下関係以外で，当該給付を受けた現物出資財産の価額により計算するのが不適当なときは，給付直前の帳簿価額の合計額から**株式交付費用**（当分の間ゼロ．平成18年改正計規附則11参照）**を減じて得た額に，株式発行割合**（募集に際して発行する株式の数をその数と処分する自己株式の数の合計数で除して得た割合）**を乗じて得た額から自己株式処分差損額を減じて得た額**（ゼロ未満のときはゼロ）が，**資本金等増加限度額**となる．現物出資の対象財産が簿価債務超過である場合には，株式の発行が行われても，資本金・資本準備金は増加せず（計規14Ⅰ柱書），その他利益剰余金が減額する（計規14Ⅱ②）．

　募集株式が自己株式の処分のみのときには，資本金・資本準備金の増加せず，その他資本剰余金の変動額が問題となる．その他資本剰余金の変動額は，会社計算規

Ⅱ-5-2-94　[55] **デット・エクィティ・スワップ**　債権の現物出資，デット・エクィティ・スワップ（［Ⅱ-3-2-34］参照）をする場合の債務者側の会計処理については，債権の券面額をもって払込資本に振り替えるいわゆる「券面額説」と，債権の時価をもって払込資本に振り替えるいわゆる「評価額説」があるが，募集時は券面額説により債務額を募集事項として定めていた場合であっても，会計処理に当たり評価額説を採用することとなれば，資本金計上額については，評価額をもって算定することもできる（計規14Ⅴ）．債権者の処理については「デット・エクィティ・スワップの実行時における債権者側の会計処理に関する実務上の取扱い」（実務対応報告第6号）が定められている．

第5章 会社の財務 第2節 計算書類 **587**

表18 計規14条1項・17条1項2号・3号・43条1項の構造

出資財産の種類等		基本となる会計処理	適用条文(計規)
金銭出資	日本円	額面による処理	14Ⅰ①柱書・17Ⅰ②柱書・43Ⅰ①柱書
	外国通貨	払込期日等の為替相場による換算額(時価処理)	14Ⅰ①イ・17Ⅰ②イ・43Ⅰ①イ
	上記のいずれの処理によることも適切でない場合	簿価処理	14Ⅰ①ロ・17Ⅰ②ロ・43Ⅰ①ロ
現物出資	企業結合会計基準等における取得に該当する場合	時価処理	14Ⅰ②柱書・17Ⅰ③柱書・43Ⅰ③柱書
	企業結合会計基準等の適用対象外の場合	同上	14Ⅰ②柱書(14Ⅰ②イ括弧書によって除外されたものを含む)・17Ⅰ③柱書(17Ⅰ③イ括弧書によって除外されたものを含む)・43Ⅰ②柱書(43Ⅰ②イ括弧書によって除外されたものを含む)
	企業結合会計基準等の共通支配下関係にある場合	簿価処理	14Ⅰ②イ・17Ⅰ③イ・43Ⅰ②イ
	企業結合会計基準等における共同支配企業の形成・逆取得に該当する場合	同上	14Ⅰ②ロ・17Ⅰ③ロ・43Ⅰ②ロ

則14条2項1号によって求めることができるが,自己株式対価額(計規150Ⅱ⑧・158⑧ロ・会446②・461Ⅱ②ロ・④参照)は自己株式の処分に対応して増加した財産の帳簿価額であるから,その他資本剰余金の変動額は自己株式処分差損益の額となる[56](弥永・コンメンタール230頁,秋坂34頁)。

　新株の発行と自己株式の処分が同時に行われた場合には,新株に対応する部分は資本金・資本準備金に計上し,自己株式の処分に対応する部分は自己株式会計基準に従って処理される(自己株式会計基準適用指針11,設例1参照)。

5-2-96　② 取得請求権付株式(会108Ⅱ⑤ロ)の取得,③ 取得条項付株式(会108Ⅱ⑥ロ)の取得または④ 全部取得条項付種類株式(会108Ⅱ⑦・171Ⅰ①イ)の取得の場合には,実質的な出資がない(株式の発行の場合には単なる株式の交換である。取得価額もゼロである。自己株式を処分する場合には,自己株式の対価額は,その帳簿価額である。計規15Ⅱ)ので,資本金等の額は増えず(計規13Ⅱ②③④・15Ⅰ①～③),⑤ 株式無償割当て(会185)の場合も

5-2-95　(56)　**自己株式会計基準**　本文で述べた処理は,自己株式処分差益をその他資本剰余金に計上し,自己株式処分差損をその他資本剰余金から減額すべきとしている自己株式会計基準の処理(自己株式会計基準9項・10項・35項～40項)と同じである。ただし,会計処理の結果,その他資本剰余金の残高が負となった場合,マイナス表示するのは妥当でないので,その他資本剰余金をゼロとして,当該負をその他利益剰余金から減額する(計規29Ⅲ.自己株式会計基準12項・40項～43項)。

資本金等の額は増えず（計規13Ⅱ⑤・16Ⅰ．端数が生じ，その合計を競売等をして会社が受け取った金銭は，預り金として処理される．会234Ⅰ③．③④の場合も同じ），株式無償割当てに際して自己株式を処分した場合には，当該自己株式の帳簿価額がその他資本剰余金から減額される（計規16Ⅱ．自己株式の対価額はゼロである．計規16Ⅲ［Ⅱ-2-1-103］）．

Ⅱ-5-2-97　⑥　**新株予約権の行使があって株式を交付した場合**には，資本金等増加限度額は，増加項目に行使時における新株予約権の帳簿価額（計規17Ⅰ①）が加わるほかは，①と同様の処理となる（計規17Ⅰ．計算式は［Ⅱ-3-3-13］参照．払込資本を増加させる可能性のある部分を含む複合金融商品に関する会計処理5項）．自己株式を交付した場合には，資本金等増加限度額はゼロである[57]．

Ⅱ-5-2-99　⑦　取得条項付新株予約権の取得と引換えに会社の株式を交付する場合には（会236Ⅰ⑦ニ），資本金等増加限度額の基礎に，取得時における新株予約権の価額から減額すべきものとして新株予約権を取得するのと引換えに交付した財産（自己株式を除く）の帳簿価額が加わるだけで（計規18Ⅰ③），その他の事項は①と同様である[58]

Ⅱ-5-2-98　[57]　**新株予約権の行使があって自己株式を交付した場合**．この場合にはその他資本剰余金が変動する．変動額は計規17Ⅰ①で計算する．算式は，行使時における新株予約権の帳簿価額が加わるだけで，計規14Ⅱ①［Ⅱ-5-2-93］と同一である．

Ⅱ-5-2-100　[58]　**取得条項付新株予約権の取得の場合の会計処理**　取得条項付新株予約権を取得した場合の資本金等増加限度額は，次の式で表わされる（秋坂『説例と仕訳でわかる会社計算規則』参照）．

> 資本金等増加限度額＝（①−②−③）×株式発行割合−自己株式処分差損額
> 　（注）計算結果がマイナスのときにはゼロとする．
> ①：取得時における当該新株予約権の価額（新株予約権付社債の場合には，当該新株予約権付社債の価額）
> ②：株式交付費用の額（当分の間ゼロ．附則5Ⅰ）
> ③：当該新株予約権を取得する際に交付した財産（自己株式を除く）の帳簿価額（社債［自己社債を除く］・新株予約権［自己新株予約権を除く］を発行した場合には，会計帳簿に付すべき価額）
> 自己株式処分差損額＝取得に際して処分する自己株式の帳簿価額−（①−②−③）×自己株式処分割合
> 　（注）①−②−③がマイナスとなる場合にはゼロとして計算する．

従って株式が発行されない場合には，資本金等は増加しない．「その他資本剰余金」が変動するのは自己株式を処分した場合である．その場合の変動額は以下の式で求めることができる（計規18Ⅱ）．

> その他資本剰余金の変動額＝自己株式対価額＋④−処分した自己株式の帳簿価額
> 　自己株式対価額（①−②−③）×（1−株式発行割合）
> 　　　①：取得時における当該新株予約権の価額（新株予約権付社債の場合には，当該新株予約権付社債の価額）
> 　　　②：株式交付費用の額（当分の間ゼロ）
> 　　　③：当該新株予約権を取得する際に交付した財産（自己株式を除く）の帳簿価額（社債［自己社債を除く］・新株予約権［自己新株予約権を除く］を発行した場合には，会計帳簿に付すべき価額）
> 　　　株式発行割合＝発行する株式の数／発行する株式の数＋処分する自己株式の数
> 　　　④：次のアまたはイのいずれか少ない額
> 　　　　ア　処分した自己株式の帳簿価額−自己株式対価額
> 　　　　　　（ゼロ以上である場合のみ）
> 　　　　イ　（①−②−③）×株式発行割合（ゼロ未満の場合にはゼロ）

(計規18).

-2-101　⑧　単元未満株式売渡請求に応じた場合には（会194 [II-2-1-122]），自己株式が処分され，株式の発行はないため，資本金等増加限度額は，ゼロである（計規13 II ⑧・19 I）．単元未満株式売渡請求に係る代金の額だけ，その他資本剰余金の額が増加し，その単元未満株式売渡請求に応じて処分する自己株式の帳簿価額だけ，その他資本剰余金の額が減少する（計規19 II）．通常の自己株式の処分と同じく，自己株式対価額は単元未満株式売渡請求に係る代金の額である（計規19 III）．

-2-102　⑨　自己株式の有償取得が分配可能額を超えてなされた場合の責任を株主等が履行した場合には（会462 I [II-2-2-26]），その株主から取得した株式に相当する株式を会社が交付すべき場合にも，会社財産は増加するわけではないので，資本金等増加限度額はゼロである（計規13 II ⑨・20 I．自己株式対価額は株式会社に対して支払った金銭の額とする．計規20 III）．もっとも，株主等が株式会社に対して支払った金銭の額だけ，その他資本剰余金の額が増加し，交付に際して処分する自己株式の帳簿価額だけ，その他資本剰余金の額が減少する（計規20 II）．

-2-103　**(イ)　新株式申込証拠金**　申込期日経過後における**新株式申込証拠金**（募集株式の発行等が新株発行による場合に募集株式の引受け申込みをする者が払込期日または払込期間の初日前に払い込んだ額．自己株式の処分による場合には，自己株式申込証拠金 [II-5-2-111] という）は，実質上，すぐに払込資本となっていることから，従来通り（旧商施規91 I ①），資本金の項目の次に表示すべきものとされている（純資産額の部表示基準等の適用指針11項，財務規62参照）．

-2-104　**(ウ)　資本剰余金**　株式会社の資本剰余金に係る項目は，**「資本準備金」**および**「その他資本剰余金」**に分類する（計規76 IV．なお純資産の部表示基準6項(1)，財務規63 I 参照）．持分会社には**資本準備金**がないので**「資本剰余金」**のみである（計規76 III ③ [III-1-6-11] 参照）．

-2-105　(a)　**資本準備金**　資本準備金〔英 capital reserves：独 Kapitalrücklage：仏 réserve des primes d'émission：伊 riserva da soprapprezzo delle azioni：西 prima de emisión〕は，① 設立または新株発行に際して株主となる者が株式会社に対し払込みまたは給付をした財産額の2分の1を超えない額で資本金の額に計上しなかった額（会445 II III．払込剰余金とも言う），② その他資本剰余金を原資とする剰余金の配当をする場合に積立が要求されている額（会445 IV，計規22 I [II-5-2-108]），③ 資本金または剰余金の額（その他資本剰余金の額に限る）を減少して，資本準備金に組み入れた額（会447 I ②・451 I ①，計規26 I），④ 合併等の組織再編行為の際に生ずる**合併差益等**のうち，**合併契約等により資本準備金とする旨を定めた額**（計規35 II・36・37・38・39 II・45 II III・46 II・47・49 II・50・52 II）より構成され，額に上限はない．

　平成13年（2001）改正商法は，公開会社で多額の資本準備金が積み立てられていることから，利益準備金の積立基準を資本準備金と併せて資本の4分の1に達する

までと改め(平成17年改正前商288),それに伴い法定準備金の取崩し順序に関する規定(平成17年改正前商289Ⅱ)も廃止した(原田晃治＝泰田啓太＝郡谷大輔「株式制度の見直しに係る平成13年改正商法の解説(2)」JICPAジャーナル559号46頁).その結果,利益準備金はその積み立てるべき機会の点を除けば,資本準備金とその商法上の取扱いにつき異なるところがなくなったので,**会社法は,利益準備金と資本準備金とを「準備金」と総称している**(会445Ⅳ.なお会448・449Ⅰ・451参照).これらは法律が積立てを強制しているという意味で,**法定準備金とも言われる**(龍田370頁).これに対立する概念は,積み立てるか否かを会社の判断に委ねている**任意積立金**である.

Ⅱ-5-2-106 **(b) その他資本剰余金** その他資本剰余金(計規76Ⅳ②)は,**資本取引から生じた剰余金であって**(会計原則注解注2参照),**会社法が定める資本準備金以外のものである**(中小企業会計指針68項参照).株主資本等変動計算書があるため,その他資本剰余金の内訳を定める意義は乏しいので,その他資本剰余金の内訳は定められていない(純資産の部表示基準34項).その他資本剰余金の項目は,適当な名称を付した項目に細分することができる(計規76Ⅵ).ちなみに株式会社の設立時のその他資本剰余金はゼロである(計規43Ⅱ).

Ⅱ-5-2-107 **(エ) 利益剰余金** 株式会社の利益剰余金の項目は,「利益準備金」および「その他利益剰余金」の項目に区分する(計規76Ⅴ.なお,財務規65Ⅰ参照).利益剰余金は損益取引から生じた剰余金,すなわち利益の留保額である(会計原則注解注2).持分会社の場合には利益準備金がないので「利益剰余金」の項目のみである(計規76Ⅲ④[Ⅲ-1-6-12]参照).

Ⅱ-5-2-108 **(a) 利益準備金** 会社法は,将来株式会社の経営が悪化した場合に取り崩して欠損の塡補に当てること(会449Ⅰ但書,計規151)ができるよう,株式会社が剰余金の配当をする場合に,配当をする日における「準備金」[Ⅱ-5-2-105]の額が,基準資本金額(資本金の額に4分の1を乗じて得た額)未満であるときには,準備金計上限度額(基準資本金額から準備金の額を減じて得た額)か,配当額の10分の1の額のうちいずれか少ない額を,剰余金の配当がその他資本剰余金をもって行うときは資本準備金に,その他利益剰余金をもって行う場合には利益準備金に,両方が混じっている場合にはその割合に応じて,それぞれ計上すべきものとしている(会445Ⅳ,計規22).このうち「その他利益剰余金」をもって積み立てるのが利益準備金(独 gesetzliche Rücklage：仏 réserve légale：伊 riserva legale)である.したがって,設立時の株式会社の利益準備金の額はゼロである(計規43Ⅲ).平成17(2005)年改正前商法は,配当原資の如何を問わず利益準備金を計上すべきとしていたが(平成17年改正前商288),その他利益剰余金を原資に配当しているにもかかわらず,資本準備金が増加するという処理には違和感があるので,配当原資に応じて,準備金の計上を分離している(郡谷大輔「会社法施行規則(計算関係)及び会社計算規則」税経通信2006年4月臨時増刊号43頁).

Ⅱ-5-2-109 **(b) その他利益剰余金** 利益準備金以外の利益剰余金がその他利益剰余金である.

その他利益剰余金の項目は，適当な名称を付した項目に細分することができる（計規76Ⅵ）。その他利益剰余金のうち，任意積立金のように，株主総会または取締役会の決議に基づき設定される項目については，その内容を示す科目をもって表示し，それ以外については**繰越利益剰余金**にて表示する（純資産の部表示基準6項(2)）。

2-110　(オ)　**自己株式**　連結子会社ならびに持分法を適用する非連結子会社および関連会社が保有する当該株式会社の株式の帳簿価額のうち当該株式会社のこれらの会社に対する持分に相当する額は，当該株式会社が保有する自己株式と合わせて，連結貸借対照表の純資産の部の株主資本に対する控除項目として表示する（計規76Ⅸ①。なお自己株式会計基準15・17・55・57項参照）。

連結株主資本等変動計算書では，自己株式に，会社が保有する自己株式の帳簿価額と連結子会社ならびに持分法適用の非連結子会社および関連会社が保有する当該株式会社の株式の帳簿価額のうち，当該株式会社のこれらの会社に対する**持分相当額**の合計額が計上される（計規96Ⅸ①）。

2-111　(カ)　**自己株式申込証拠金**　自己株式の処分に係る申込期日経過後における自己株式申込証拠金［Ⅱ-5-2-103］は，新株式申込証拠金と同様に，負債に計上することは適切でないので，従来同様（なお旧商施規91Ⅰ④・Ⅳ），株主資本に表示する（計規76Ⅱ⑥）。これは，株主資本の控除とされている自己株式に対応するものであるため，その直後に表示することが適当であることによる（自己株式会計基準適用指針35項，財務規66の2，連結財務規43Ⅳ参照）。

2-112　(2)　**評価・換算差額等**　評価・換算差額等に係る項目は，「その他有価証券評価差額金」，「繰延ヘッジ損益」，「土地再評価差額金」（連結貸借対照表の場合にはさらに「為替換算調整勘定」）その他適当な名称を付した項目に細分しなければならない（計規76Ⅶ）。資産または負債は時価をもって貸借対照表価額としているが，その評価差額を当期の損益としていない場合における当該評価差額が記載される（純資産の部表示基準8項，計規53）。

2-113　(ア)　**その他有価証券評価差額金**　その他有価証券（Ⅱ-5-2-35）は多様な性格を有しているので，時価評価をするが（［Ⅱ-5-2-77］参照），評価差額を直ちに当期の損益として処理することは適切ではないので，金融商品会計基準は，その他有価証券の評価差額を純資産の部に計上する方法（**全部純資産直入法**）と，保守主義の観点から，時価が取得原価を上回る銘柄の評価差額を純資産の部に計上し，時価が取得原価を下回る銘柄の評価差額は当期損失として損益計算書に計上する方法（**部分純資産直入法**）を認めている（金融商品会計基準18・79・80項）。会社計算規則は，財務諸表等規則にならい（財務規67Ⅰ①。旧商施規91Ⅰ③対照），同様の処理を認める[59]（計規53①。当期損失

2-114　(59)　**税効果会計の適用**　純資産の部に計上されるその他有価証券の評価差額金に対する税効果会計の適用については日本公認会計士協会監査委員会報告第70号「その他有価証券の評価差額及び固定資産の減損損失に係る税効果会計の適用における監査上の取扱い」参照（純資産の部

は，その限りで，純資産の部には計上されない）．

II-5-2-115　（イ）　繰延ヘッジ損益　ヘッジ取引とは，ヘッジ対象の資産または負債に係る相場変動を相殺するか，ヘッジ対象の資産または負債に係るキャッシュ・フローを固定してその変動を回避することにより，ヘッジ対象である資産または負債の価格変動，金利変動および為替変動といった相場変動等による損失の可能性を減殺することを目的として，デリバティブ取引［II-5-2-37］をヘッジ手段として用いる取引をいう（金融商品会計基準96項）．ヘッジ対象とヘッジ手段に係る損益を同一の会計期間に認識しないと，ヘッジ対象の相場変動等による損失の可能性がヘッジ手段によってカバーされているという経済的実態が計算書類に反映されないこととなるので，ヘッジ会計[60]（その定義は計規2Ⅲ㉕，金融商品会計基準29項，財務規8の2⑨参照）が必要となる．ヘッジ会計は，時価評価されているヘッジ手段に係る損益または評価差額を，ヘッジ対象に係る損益が認識されるまで「純資産の部」において繰り延べる方法（繰延ヘッジ会計）を原則とするが，ヘッジ対象である資産または負債に係る相場変動等を損益に反映させることができる場合には，諸外国の会計基準にならい，当該資産または負債に係る損益とヘッジ手段に係る損益とを同一の会計期間に認識すること（時価ヘッジ会計）も認められる（金融商品会計基準32項）（詳しくは荻茂生＝長谷川芳孝『ヘッジ取引の会計と税務（第4版）』中央経済社2006年参照）．繰延ヘッジ損益は，資産性または負債性を有しない項目であるので，評価・換算差額等に表示する（純資産の部表示基準23項．なお，大阪高判平成16・5・25判時1863号115頁［日債銀事件］参照）．

なお繰延ヘッジ損益または評価差額は税効果会計の適用対象となるので（純資産の部表示基準8項，純資産の部表示基準等の適用指針4項(4)・17項参照），純資産の部の項目に計上されるのは税効果額を控除した後の額である．

II-5-2-117　（ウ）　土地再評価差額金　議員立法である「土地の再評価に関する法律」（平成10年3月31日法律第34号）は，「商法特例法上の大会社」および「証取法上の監査証明を受けなければならない株式会社で有価証券報告書提出会社」（後者は，平成13年3月31日法律19号で追加された）の「事業用土地」を法律の施行日（平成10年3月31日）から4年（再評価実施期間．当初は2年であったが，その後1年ずつ2回延長された）内のいずれかの決算期に「時価」により「再評価」することを認めた．再評価を行った事業用土地の再評価額から当該事業用土地の再評価の直前の帳簿価額を控除した金額を「再評価差額」といい，再評価差額は税効果会計の対象となるので，再評価差額から再評価に

――――――――――

の表示基準等の適用指針4項(3))．

II-5-2-116　(60)　ヘッジ会計　ヘッジ会計を適用する企業は，ヘッジ取引開始時に，第三者に理解できる正式な文書により　① ヘッジ手段とヘッジ対象および② ヘッジ有効性の評価方法（比率分析，回帰分析等）を明確化するとともに（金融商品会計実務指針143・313項），ヘッジ取引が企業のリスク管理方針に従ったものであることを客観的に確認する必要がある（事前テスト．金融商品会計実務指針144項）．またヘッジ指定期間中は，継続して高い有効性が保たれていることを確かめなければならない（事後テスト．金融商品会計実務指針146項）．

係る繰延税金負債 (なお財務規52の2，連結財務規39参照) の金額を控除した金額または再評価差額に再評価に係る繰延税金資産 (なお財務規32の3，連結財務規30の2参照) の金額を加えた金額が土地再評価差額金である (土地再評価法7Ⅱ参照．なお財務規67Ⅰ③，連結財務規43の2Ⅰ③参照)．平成15年改正商法施行規則 (91Ⅰ②．なお日本公認会計士協会会計制度委員会「土地再評価差額金の会計処理に関するＱ＆Ａ」参照) は，土地再評価差額金を資本の部に記載すべきものとしていたが，会社計算規則は，「時限立法である土地の再評価に関する法律に基づく臨時的かつ例外的な会計処理であり，土地再評価差額金は，土地の再評価により生じ，税効果を調整した評価差額であることから」(貸借対照表の純資産の部の表示に関する会計基準等の適用指針12項．なお，4項(6)参照)，評価・換算差額等に係る項目に記載すべきとした (計規53③・76Ⅶ③)．

　これらの会社が，① 再評価を行った事業用土地を売却等によって処分した場合 (土地再評価法8Ⅰ)，また，② 再評価を行った事業用土地につき予測することができない減損が生じたことによって帳簿価額の減額をした場合 (土地再評価法8Ⅱ) 以外には再評価差額金を取り崩すことができない (土地再評価法8Ⅲ)．なお，土地再評価差額金を計上している会社が組織再編行為を行うときには，移転元と同額の土地再評価差額金を引き継ぐ (計規54Ⅰ)．また，**再評価差額金は分配可能額から減算される** (計規158③．土地再評価法7の2Ⅰ)．

2-118　(エ)　**為替換算調整勘定**　連結貸借対照表の作成または持分法の適用にあたり，外国にある子会社または関連会社の外国通貨で表示されている項目のうち，資産および負債については決算時の為替相場により円換算し，株式取得時における株主資本に属する項目は株式取得時の為替相場で円換算し，その後に生じた株主資本に属する項目は当該項目の発生時の為替相場で円換算する．その差額は為替換算調整勘定に計上される (計規76Ⅸ②．なお外貨建取引等会計処理基準三参照)．為替換算調整勘定は，貸借対照表項目の円貨への換算手続の結果発生し，**在外子会社等の経営成績とは無関係であるので** (外貨建取引等の会計処理に関する実務指針75項参照)，評価・換算差額等に計上すべきものとされている (計規76Ⅶ④．なお純資産額の部表示基準等の適用指針26項～30項参照)．為替換算調整勘定は，株主資本等変動計算書にも記載される (計規96Ⅸ②)．為替換算調整勘定にも，税効果会計を適用しなければならない (純資産の部表示基準等の適用指針4項(5)・日本公認会計士協会「為替換算調整勘定の資本の部上に伴う税効果会計適用上の留意事項」参照)．

2-119　(3)　**新株予約権**　新株予約権は，これまで仮勘定として負債の部に計上することとされていたが，返済義務のある負債ではないので**純資産の部に表示すべきものと**改められている[61] (純資産の部表示基準22項(1)参照)．

2-120　　(61)　会計処理　「会社法による新株予約権及び新株予約権付社債の会計処理に関する実務上の取扱い」(実務対応報告第16号) は，ストック・オプション目的以外の新株予約権および新株予約権付社債の会計処理を定め，ストック・オプション会計基準は，ストック・オプションの会計

II-5-2-121 (a) **発　行**　① 新株予約権を発行する場合 (計規55Ⅱ) には，その**帳簿価額は，払込み金額，給付額または会社に対する債権相殺額その他適切な価格** (実務対応報告第16号 Q1A1(1). ストック・オプションで，権利確定日以前には，払込金額と無関係に，ストック・オプションの公正な評価額．ストック・オプション会計基準4項参照) によって定める (計規55Ⅰ)，② 新設合併，新設分割または株式移転により設立された株式会社が設立に際して新株予約権を発行する場合には ([V-1-4-84]～[V-1-4-86] 参照)，適切な価額を設立時の新株予約権の額とする (計規55Ⅲ)．

II-5-2-122 (b) **取　得**　新株予約権の取得者は，**取得時の時価で測定し，保有目的の区分に応じ，売買目的有価証券またはその他有価証券として会計処理する** (実務対応報告第16号 Q1A2(1)).

II-5-2-123 (c) **行　使**　① 新株予約権が行使され，**新株を発行**するときには，発行会社は，新株予約権の帳簿価額を減らし (計規55Ⅳ②)，その帳簿価額と新株予約権の行使に伴う払込金額との合計額を，資本金・資本準備金に振り替える (実務対応報告第16号 Q1A1(2)①．ストック・オプションの場合には，新株予約権計上額のうち行使に対応する部分を払込資本に振り替える．ストック・オプション会計基準8項)．② 新株予約権が行使され，**自己株式を処分**する場合の自己株式処分差益は，その他資本剰余金に計上し，自己株式処分差損はその他資本剰余金から減額し，減額しきれない場合には，その他利益剰余金 (繰越利益剰余金) から減額する．自己株式処分差額を計算する際の自己株式の処分の対価は，当該新株予約権帳簿価額と新株予約権の行使に伴う払込金額との合計額である (実務対応報告第16号 Q1A1(2)②，ストック・オプション会計基準8項)．③ 新株予約権の行使によって発行会社の株式を取得した取得者は，当該新株予約権の保有目的区分に応じて，売買目的有価証券の場合には権利行使時の時価で，その他有価証券の場合には帳簿価額で株式に振り替える (実務対応報告第16号 Q1A2(2)).

II-5-2-124 (c) **消　滅**　新株予約権が消滅 (会287．失効) したときは，発行会社は，その分の新株予約権の帳簿価額を減らし，消滅に対応する額を利益 (原則として特別利益に該当) として処理する (実務対応報告第16号 Q1A1(3)，ストック・オプション会計基準9・46項).

II-5-2-125 (d) **自己新株予約権の会計処理**　① 株式会社が自己新株予約権 (会255Ⅰ，計規2Ⅱ⑬) を取得する場合には，その取得価額 (時価＋付随費用．実務対応報告第16号 Q2A1) が帳簿価額となる (計規55Ⅴ)．② 株式会社が自己新株予約権を消却した場合には，当該自己新株予約権に対応する新株予約権の帳簿価額を減少する (計規55Ⅳ①．なお実務対応報告第16号 Q2A3参照)．③ 事業年度の末日における「時価がその時の取得原価より著しく低い」自己新株予約権 (処分しないと認められるものを除く) については，当該事業年度の末日における時価か，当該自己新株予約権に対応する新株予約権の帳簿価額のいずれか高い額を付さなければならない (計規55Ⅵ①)．処分しないもの

処理を定めている．

と認められる自己新株予約権については，当該自己新株予約権に対応する新株予約権の帳簿価額を付けなければならない（計規55Ⅵ②．なお実務対応報告第16号 Q2A3参照）．株式会社が自己新株予約権の「処分」もしくは「消却」をする場合または自己新株予約権の「消滅」があった場合には，その帳簿価額を，減少すべき自己新株予約権の額とする（計規55Ⅶ）．

　自己新株予約権の額は，新株予約権の金額から直接控除し，その控除残高を新株予約権の金額として表示しなければならない．ただし，自己新株予約権を控除項目として表示することを妨げない（計規76Ⅷ・86）．

2-126　(e)　**新株予約権付社債**　(α)　転換社債型新株予約権付社債の場合　①　発行者側の会計処理　転換社債型新株予約権付社債［Ⅳ-1-6-14］の発行に伴う払込金額は，社債の対価部分と新株予約権の対価部分に区分せずに普通社債の発行に準じて処理する方法（一括法．なお外貨建転換社債型新株予約権付社債の円換算は一括法による．「外貨建転換社債型新株予約権付社債の発行者側の会計処理に関する実務上の取扱い」2項参照），**または**，転換社債型新株予約権付社債以外の新株予約権付社債に準じて処理する方法（区分法）のいずれかにより会計処理する（金融商品会計基準第36項．なお実務対応報告第16号 Q3A1(1)参照）．

　②　取得者側の会計処理　取得価額は，社債の対価部分と新株予約権の対価部分とに区分せず普通社債の取得に準じて処理し，権利を行使したときは株式に振り替える（金融商品会計基準37項）．

2-127　(β)　転換社債型新株予約権付社債以外の新株予約権付社債の場合　①　発行者側の会計処理　発行に伴う払込金額は，社債の対価部分と新株予約権の対価部分に区分する．社債の対価部分は，普通社債の取得に準じて処理する．他方，新株予約権の対価部分は，純資産の部に計上し，権利が行使され，新株を発行したときは資本金または資本金および資本準備金に振り替え，権利が行使されずに権利行使期間が満了したときは利益として処理する（金融商品会計基準38・114項）．

　②　取得者側の会計処理　取得価額は，社債の対価部分と新株予約権の対価部分に区分する．社債の対価部分は，普通社債の取得に準じて処理する．他方，新株予約権の対価部分は，有価証券の取得として処理し，権利を行使したときは株式に振り替え，権利を行使せずに権利行使期間が満了したときは損失として処理する（金融商品会計基準39項）．

第4款　株主資本等変動計算書等

2-128　株主資本等変動計算書等（株主資本等変動計算書，連結株主資本等変動計算書および社員資本等変動計算書．計規96Ⅰ）は，「貸借対照表の純資産の部の一会計期間における変動額のうち，主として，株主に帰属する部分である株主資本の各項目の変動事由を報告するために作成するものである」（株主資本等変動計算書基準1項．なお計規67・96参照）．

表18 株主資本等変動計算書（純資産の各項目を横に並べる様式例）

		株主資本								評価・換算差額等（＊2）				新株予約権	純資産合計（＊3）
	資本金	資本剰余金			利益剰余金				自己株式	株主資本合計	その他有価証券評価差額金	繰延ヘッジ損益	評価・換算差額等合計（＊3）		
		資本準備金	その他資本剰余金	資本剰余金合計（＊3）	利益準備金	その他利益剰余金（＊1）		利益剰余金合計（＊3）							
						××積立金	繰越利益剰余金								
前期末残高	×××	×××	×××	×××	×××	×××	×××	×××	△×××	×××	×××	×××	×××	×××	×××
当期変動額（＊4）															
新株の発行	×××	×××		×××						×××					×××
剰余金の配当					×××		△×××	△×××		△×××					△×××
当期純利益							×××	×××		×××					×××
自己株式の処分			×××	×××					×××	×××					×××
×××××															
株主資本以外の項目の当期変動額（純額）											(＊5)×××	(＊5)×××	×××	(＊5)×××	×××
当期変動額合計	×××	×××	―	×××	×××	―	×××	×××	×××	×××	×××	×××	×××	×××	×××
当期末残高	×××	×××	×××	×××	×××	×××	×××	×××	×××	×××	×××	×××	×××	×××	×××

（＊1） その他利益剰余金については，その内訳科目の前期末残高，当期変動額及び当期末残高の各金額を注記により開示することができる．この場合，その他利益剰余金の前期末残高，当期変動額及び当期末残高の各合計額を個別株主資本等変動計算書に記載する（第4項参照）．
（＊2） 評価・換算差額等については，その内訳科目の前期末残高，当期変動額及び当期末残高の各金額を注記により開示することができる．この場合，評価・換算差額等の前期末残高，当期変動額及び当期末残高の各合計額を個別株主資本等変動計算書に記載する（第5項参照）．
（＊3） 各合計欄の記載は省略することができる．
（＊4） 株主資本の各項目の変動事由及びその金額の記載は，概ね個別貸借対照表における表示の順序による．
（＊5） 株主資本以外の各項目は，当期変動額を純額で記載することに代えて，変動事由ごとにその金額を個別株主資本等変動計算書又は注記により表示することができる（第9項から第12項参照）．また，変動事由ごとにその金額を個別株主資本等変動計算書に記載する場合には，概ね株主資本の各項目に関係する変動事由の次に記載する．

出典：株主資本等変動計算書に関する会計基準の適用指針

　会社法は，株式会社の場合，株主総会または取締役会の決議により，剰余金の配当をいつでも決定でき，また，株主資本の計数をいつでも変動させることができることとしたため，貸借対照表および損益計算書だけでは，資本金，準備金および剰余金の数値の連続性を把握することが困難となったため，その作成を強制している（なお財務規99，中間財務規58，連結財務規70，中間連結財務規71参照）．株主資本等変動計算書は要綱案の段階では「株主持分変動計算書」であった（会社法制の現代化に関する要綱案第2部第6の6(3)）．

　「株主資本等変動計算書基準」は，記載すべき項目の範囲について，「国際的調和等の観点から純資産の部のすべての項目を表示することとしたため」，株主資本等変動計算書は，貸借対照表の純資産の部と同じく，「**株主資本**」，「**評価・換算差額等**」，「**新株予約権**」に表示区分している[62]（計規96Ⅱ①．なお財務規100Ⅰ参照）．株主

[62] **連結株主資本等変動計算書および社員資本等変動計算書の表示区分** ① 連結株主資本等変動計算書の表示区分には「**少数株主持分**」が加わる（計規96Ⅱ②．連結財務規71Ⅰ参照）．なお自己株式などの記載方法には特別の定めが置かれている（計規96Ⅸ）．② 社員資本等変動計算書の表示区分は，持分会社には新株予約権がないので，「社員資本」および「評価・換算

資本等変動計算書は，これらを横または縦に並べる様式で作成する．

株主資本等変動計算書の**株主資本**の表示区分は，「資本金」，「新株式申込証拠金」，「資本剰余金」，「利益剰余金」，「自己株式」および「自己株式申込証拠金」である（計規96Ⅲ①）．資本剰余金は，「資本準備金」および「その他資本剰余金」に区分し，利益剰余金に係る項目は「利益準備金」および「その他利益剰余金」の項目に区分しなければならない．その他資本剰余金およびその他利益剰余金は，適当な名称を付した項目に細分することができる[63]（計規96Ⅳ）．

評価・換算差額等は，「その他有価証券評価差額金」，「繰延ヘッジ損益」，「土地再評価差額金」，「為替換算調整勘定」その他適当な名称を付した項目に細分することができる（計規96Ⅴ．なお株主資本等変動計算書基準適用指針5項参照）．

新株予約権は，自己新株予約権に係る項目を控除項目として内訳表示することもできるが，直接控除して表示することもできる（計規96Ⅵ）．

差額等」である（計規96Ⅱ③）．連結株主資本等変動計算書の株主資本の表示区分は株主資本等変動計算書の株主資本の表示区分と同じであるが（計規96Ⅲ②），社員資本の表示区分は，持分会社には自己持分が認められないので（会587Ⅱ），「資本金」，「資本剰余金」，「利益剰余金」である（計規96Ⅲ③）．

表19　連結株主資本等変動計算書

	株主資本					評価・換算差額等（＊1）				新株予約権	少数株主持分	純資産合計（＊2）
	資本金	資本剰余金	利益剰余金	自己株式	株主資本合計	その他有価証券評価差額金	繰延ヘッジ損益	為替換算調整勘定	評価・換算差額等合計（＊2）			
前期末残高	×××	×××	×××	△×××	×××	×××	×××	×××	×××	×××	×××	×××
当期変動額（＊3）												
新株の発行	×××	×××			×××							
剰余金の配当			△×××		△×××							△×××
当期純利益			×××		×××							
××××												
自己株式の処分				×××	×××							×××
その他				×××	×××							
株主資本以外の項目の当期変動額（純額）						（＊4）×××	（＊4）×××	（＊4）×××	×××	（＊4）△×××	（＊4）×××	×××
当期変動額合計	×××	×××	×××	×××	×××	×××	×××	×××	×××	×××	△×××	×××
当期末残高	×××	×××	×××	△×××	×××	×××	×××	×××	×××	×××	×××	×××

（＊1）　評価・換算差額等については，その内訳科目の前期末残高，当期変動額及び当期末残高の各金額を注記により開示することができる．この場合，評価・換算差額等の前期末残高，当期変動額及び当期末残高の各合計額を連結株主資本等変動計算書に記載する（第5項参照）．
（＊2）　各合計欄の記載は省略することができる．
（＊3）　株主資本の各項目の変動事由及びその金額の記載は，概ね連結貸借対照表における表示の順序による．
（＊4）　株主資本以外の各項目は，当期変動額を純額で記載することに代えて，変動事由ごとにその金額を連結株主資本等変動計算書又は注記により表示することができる（第9項から第12項参照）．また，変動事由ごとにその金額を連結株主資本等変動計算書に記載する場合には，概ね株主資本の各項目に関係する変動事由の次に記載する．

(63)　**その他利益剰余金および評価・換算差額等の注記**　株主資本等変動計算書に関する会計基準の適用指針は，その他利益剰余金および評価・換算差額等の内訳科目の数が企業により差があることを考慮し，株主資本等変動計算書に記載することに代え注記に開示し，計算書には各項目の合計額を記載することを認めている（株主資本等変動計算書基準適用指針4項・16項）．

「株主資本等変動計算書に関する会計基準」は,「株主資本とそれ以外の項目とでは一会計期間における変動事由ごとの金額に関する情報の有用性が異なること,および株主資本以外の各項目を変動事由ごとに表示することに対する事務負担の増大などを考慮して」,株主資本の各項目については,変動事由ごとにその金額を表示する一方,株主資本以外の各項目は,原則として,当期変動額を純額で表示することとしたので,会社計算規則は,これに倣い,**資本金,資本剰余金,利益剰余金および自己株式に係る項目は,「前期末残高」,「当期変動額」および「当期末残高」を明らかにし,「当期変動額」は,各変動事由**[64]**ごとにその金額を表示しなければならないとする**一方(計規96Ⅶ。なお財務規101参照),**評価・換算差額等および新株予約権に係る項目は,それぞれ,「前期末残高」および「当期末残高」ならびに「その差額」を表示しなければならない**が,この場合においては,主要な当期変動額について,その変動事由(企業会計基準適用指針第9号「株主資本等変動計算書に関する会計基準の適用指針」9項~12項参照)とともに明らかにすることを妨げないとしている(計規96Ⅷ。なお,財務規103参照)。

第5款 注 記 表

1 総 説

Ⅱ-5-2-132　計算書類は種々の注記と併せて読むことによりその内容を正確に把握することが可能となる。会社法では,注記事項が増え,計算書類の各構成物と関連しない注記も生じたので,注記を独立させて,注記をまとめた注記表(個別注記表および連結注記表)を計算書類(連結計算書類)の1つとして要求している(計規59Ⅰ・61④)。

旧商法施行規則は,小会社につき注記の省略規定を置いていたが(旧商施規48Ⅱ),会社計算規則はこれを改め,**会計監査人設置会社である場合とそうでない場合とで区別し,後者の場合には,公開会社であるか否かで,注記の省略を認める規制を採用している**(表20参照)。すなわち,会計監査人設置会社の注記表においては,① 継続企業の前提に関する注記,② 重要な会計方針に関する注記(連結注記表の場合には,連結計算書類の作成のための基本となる重要な事項),③ 貸借対照表等に関する注記,④ 損益計算書に関する注記,⑤ 株主資本等変動計算書(連結注記表の場合は連結株主

Ⅱ-5-2-131　(64) **株主資本の各項目の変動事由**　株主資本等変動計算書基準適用指針は,変動事由として,① 当期純利益または当期純損失,② 新株の発行または自己株式の処分,③ 剰余金(その他資本剰余金またはその他利益剰余金)の配当,④ 自己株式の取得,⑤ 自己株式の消却,⑥ 企業結合(合併,会社分割,株式交換,株式移転など)による増加または分割型会社分割による減少,⑦ 株主資本の計数の変動((ⅰ) 資本金から準備金または剰余金への振替,(ⅱ) 準備金から資本金または剰余金への振替,(ⅲ) 剰余金から資本金または準備金への振替,(ⅳ) 剰余金の内訳科目間の振替)を例示している(6項)。例示であるため,変動事由の内容を適切に示す他の名称をもって記載することができる(17項)。

表20 注記表と注記項目

注記項目	株式会社の個別注記表 会計監査人設置会社	株式会社の個別注記表 会計監査人設置会社以外の会社 公開会社	株式会社の個別注記表 会計監査人設置会社以外の会社 非公開会社	連結注記表	持分会社の個別注記表	決算公告において明らかにしなければならない事項
①継続企業の前提に関する注記	○	×	×	○	×	○
②重要な会計方針に関する注記	○	○	○	○	○	○
③貸借対照表等に関する注記	○	○	×	○	×	○
④損益計算書に関する注記	○	○	×	×	×	×
⑤株主資本等変動計算書に関する注記	○	○	×	○	×	×
⑥税効果会計に関する注記	○	○	×	×	×	×
⑦リースにより使用する固定資産に関する注記	○	○	×	×	×	×
⑧金融商品に関する注記	○	○	×	○	×	×
⑨賃貸等不動産に関する注記	○	○	×	○	×	×
⑩持分法損益等に関する注記	○	×	×	×	×	×
⑪関連当事者との取引に関する注記	○	○	×	×	×	×
⑫１株当たりの情報に関する注記	○	○	×	○	×	×
⑬重要な後発事象に関する注記	○	○	×	○	○	○
⑭連結配当規制適用会社に関する注記	○	×	×	×	×	×
⑮その他の注記	○	○	○	○	○	×

資本等変動計算書）に関する注記，⑥ 税効果会計に関する注記，⑦ リースにより使用する固定資産に関する注記，⑧ 金融商品に関する注記，⑨ 賃貸等不動産に関する注記，⑩ 持分法損益等に関する注記，⑪ 関連当事者との取引に関する注記，⑫ １株当たりの情報に関する注記，⑬ 重要な後発事象に関する注記，⑭ 連結配当規制適用会社に関する注記および⑮ その他の注記の項目に区分して表示しなければならない（計規98Ⅰ）が，会計監査人設置会社以外の株式会社（公開会社を除く）の個別注記表には，①，③，④および⑥から⑭までに掲げる項目を表示しなくてよく（計規98Ⅱ①．特例有限会社はこのグループに属する），会計監査人設置会社以外の公開会社の個別注記表には，①，⑩および⑭に掲げる項目を表示しなくてよく（計規129Ⅱ②），会計監査人設置会社であって，有価証券報告書提出会社以外の会社の個別注記表には⑩の項目を表示しなくてもよく（計規98Ⅱ③），連結注記表には，④，⑥，⑦，⑩，⑪および⑭に掲げる項目を表示しなくてよいとされている（計規98Ⅱ④）．

　持分会社の個別注記表には，①および③から⑭までに掲げる事項を表示しなくてもよいので，②と⑬のみが表示されることになる（計規98Ⅱ⑤）．

　なお，貸借対照表，損益計算書または株主資本等変動計算書の特定の項目に関連する注記については，その関連を明らかにしなければならない（計規99）．個別および連結とも同様である．

　財務諸表等規則では，① 有価証券に関する注記（8の7），② デリバティブ取

引に関する注記（8の8），③ 退職給付に関する注記（8の13）および④ ストック・オプション，自社株式オプションまたは自社の株式の付与または交付に関する注記（8の14）等が定められているが，会社計算規則では，これらは必要的な注記事項とはされていない．

2　注記項目

注記項目の内容は，以下の通りである．

II-5-2-133　(1) **継続企業の前提に関する注記**　この注記は，当該会社の事業年度の末日において，財務指標の悪化の傾向，重要な債務の不履行等財政破綻の可能性その他会社が将来にわたって事業を継続するとの前提（以下「継続企業の前提」という）に重要な疑義を抱かせる事象または状況が存在する場合における，次に掲げる事項である（計規100，財務規8の27，連結財務規15の22，財務規ガイドライン8の27-1～8の27-5，監査基準第3の3の7参照）．

> ① その事象または状況が存在する旨およびその内容
> ② 継続企業の前提に関する重要な疑義の存在の有無
> ③ 当該事象または状況を解消または大幅に改善するための経営者の対応および経営計画
> ④ 当該重要な疑義の影響の計算書類（連結注記表にあっては，連結計算書類）への反映の有無．

II-5-2-134　(2) **重要な会計方針に関する注記**　この注記は，計算書類の作成のために採用している会計処理の原則および手続ならびに表示方法その他計算書類作成のための基本となる事項（「会計方針」という）であって，次に掲げる事項（重要性の乏しいものを除く）である（計規101 I．なお会計原則注解注1-2，財務規8の2，財務規ガイド・ライン8の2-1から8の2-10参照）．

> ① 資産の評価基準および評価方法
> ② 固定資産の減価償却の方法（[II-5-2-59] 参照）
> ③ 引当金の計上基準（[II-5-2-82] 参照）
> ④ 収益および費用の計上基準（業界特有の計上基準等）
> ⑤ その他計算書類の作成のための基本となる重要な事項．

会計方針を変更した場合には，次に掲げる事項（重要性の乏しいものを除く）も重要な会計方針に関する注記である（計規101 II．財務規8の3，財務規ガイド・ライン8の3から8の3-2参照）．

> ① 会計処理の原則または手続を変更したときは、その旨、変更の理由および当該変更が計算書類に与えている影響の内容
> ② 表示方法を変更したときは、その内容.

　正当な理由なしに会計方針を変更することは違法となるか否かについては争いがあるが，肯定すべきである（反対味村治「継続性の原則の現実」『鈴木竹雄先生古稀記念現代商法学の課題（中）』991頁）．なお，大阪地判平成15・10・15金判1178号19頁［阪急電鉄事件］・東京地判平成17・9・21判タ1205号221頁参照．

5-2-135　**(3)　連結計算書類の作成のための基本となる重要な事項に関する注記**　この注記は，次に掲げる事項である．この場合において，当該注記は当該各事項に区分しなければならない（計規102．なお連結財務規13参照）．

①連結の範囲に関する事項 （なお連結財務規13Ⅱ参照）	イ　連結子会社の数・主要な連結子会社の名称 ロ　非連結子会社がある場合には，次に掲げる事項 　(1)　主要な非連結子会社の名称 　(2)　非連結子会社を連結の範囲から除いた理由 ハ　株式会社が議決権の過半数を自己の計算において所有している会社等を子会社としなかったときは，当該会社等の名称・子会社としなかった理由 ニ　計算規則63条1項但書の規定により連結の範囲から除かれた子会社の財産または損益に関する事項であって，当該企業集団の財産および損益の状態の判断に影響を与えると認められる重要なものがあるときは，その内容 ホ　開示対象特別目的会社（会施規4）がある場合には次に掲げる事項その他の重要な事項（なお財務規8Ⅶ・8の9②，連結財務規13Ⅱ④参照） 　(1)　開示対象特別目的会社の概要 　(2)　開示対象特別目的会社との取引の概要および取引金額
②持分法の適用に関する事項 （なお連結財務規13Ⅲ参照）	イ　持分法を適用した非連結子会社または関連会社の数・これらのうち主要な会社等の名称 ロ　持分法を適用しない非連結子会社または関連会社があるときは，次に掲げる事項 　(1)　当該非連結子会社または関連会社のうち主要な会社等の名称 　(2)　当該非連結子会社または関連会社に持分法を適用しない理由 ハ　当該株式会社が議決権の100分の20以上，100分の50以下を自己の計算において所有している会社等を関連会社としなかったときは，当該会社等の名称および関連会社としなかった理由 ニ　持分法の適用の手続について特に示す必要があると認められる事項がある場合には，その内容
③会計処理基準に関する事項 （なお連結財務規13Ⅴ参照）	イ　重要な資産の評価基準および評価方法 ロ　重要な減価償却資産の減価償却の方法 ハ　重要な引当金の計上基準 ニ　その他連結計算書類の作成のための重要な事項

　連結計算書類作成のための基本となる重要な事項を変更した場合には，次に掲げ

る事項(重要性の乏しいものを除く)も連結計算書類のための基本となる重要な事項に関する注記となる(計規102Ⅱ.なお,連結財務規14参照).

> ① 連結の範囲または持分法適用の範囲を変更したときは,その旨および変更の理由
> ② 会計処理の原則および手続を変更したときは,その旨,変更の理由および当該変更が連結計算書類に与えている影響の内容
> ③ 表示方法を変更したときは,その内容

Ⅱ-5-2-136 **(4) 貸借対照表等に関する注記** この注記は,次に掲げる事項(連結注記表にあっては,⑥から⑨の事項を除く)である(計規103).

①資産を担保に提供している場合	資産が担保に供されていること 資産の内容・金額 担保に係る債務の金額
②資産に係る引当金を直接控除した場合	各資産の資産科目別の引当金の金額(一括して注記することが適当な場合にあって,各資産について流動資産,有形固定資産,無形固定資産,投資その他の資産または繰延資産ごとに一括した引当金の金額([Ⅱ-5-2-63]等参照)
③資産に係る**減価償却累計額**を直接控除した場合	各資産の資産項目別の減価償却累計額(一括して注記することが適当な場合にあっては,各資産について一括した減価償却累計額[Ⅱ-5-2-63]参照)
④資産に係る**減損損失累計額**を減価償却累計額に合算して減価償却累計額の項目をもって表示した場合	減価償却累計額に減損損失累計額が含まれている旨([Ⅱ-5-2-69]参照)
⑤**オフ・バランス債務**(保証債務,手形遡求債務,重要な係争事件に係る損害賠償義務その他これに準ずる債務.負債の部に計上したものを除く)	債務の内容および金額(なお旧商施規85参照)
⑥**関係会社**に対する金銭債権または金銭債務を区分して表示していないとき	関係会社に対する金銭債権または金銭債務をその金銭債権または金銭債務が属する項目ごとに,他の金額または2以上の項目について一括した金額([Ⅱ-5-1-36]参照)
⑦⑧**利益相反取引**による取締役,監査役および執行役に対する金銭債権(金銭債務)	その総額
⑨**親会社株式**	各表示区分別の金額

Ⅱ-5-2-137 **(5) 損益計算書に関する注記** この注記は,① 関係会社(計規2Ⅲ㉒)との営業取引による取引高の総額および② 営業取引以外の取引による取引高の総額とする(計

規104．財務規は、営業取引では100分の20超、営業取引以外の取引では100分の10超を基準としている．財務規74，88，91，94）．

2-138　**(6) 株主資本等変動計算書に関する注記**　この注記は次に掲げる事項である（計規105．なお株主資本等変動計算書基準9項，財務規106から109，中間財務規65から68参照）．連結注記表作成会社では，①，③，④は連結注記表で注記されるので，②のみを注記すればよい．

> ① 当該事業年度の末日における**発行済株式の総数**（種類株式発行会社にあっては，種類ごとの発行済株式の総数）
> ② 当該事業年度の末日における**自己株式の総数**（種類株式発行会社にあっては，種類ごとの自己株式の総数）
> ③ 当該事業年中に行った**剰余金の配当**（当該事業年度の末日後行う剰余金の配当のうち，剰余金の配当を受ける者を定めるための基準日が当該事業年度中のものを含む）に関する次に掲げる事項その他の事項
> 　イ　金銭配当の場合には，金銭の総額
> 　ロ　現物配当［II-5-4-54］の場合には，当該財産の帳簿価額（当該剰余金の配当をした日においてその時の時価を付した場合にあっては，当該時価を付した後の帳簿価額）の総額
> ④ 事業年度の末日における会社が発行している**新株予約権**（新株予約権行使期間の初日が到来していないものを除く）の目的となる会社の株式の数（種類株式発行会社にあっては，種類および種類ごとの数）．

権利行使期間の初日が到来していない新株予約権は注記対象とされていないが，これは，この段階では株主の持株比率の希薄化をもたらさないため，開示すべき情報としての重要性が乏しいからである．また自己新株予約権も注記対象とされていないが，これは，会社法上，自己新株予約権の取得・処分について規制が設けられているため，重要性に乏しいからである．

2-139　**(7) 連結株主資本等変動計算書に関する注記**　この注記は次に掲げる事項である（計規106．なお企業会計基準第6号「株主資本等変動計算書に関する会計基準」9項，連結財務規77から80参照）．自己株式の数に相当する規定がない点が個別株主資本等変動計算書と異なっている．これは，連結株主資本等変動計算書に注記すべき自己株式数（連結上の自己株式数）には，子会社等が保有する親会社の自己株式を持分按分した株式数も加算されていることから，会社法上開示すべき情報としての重要性が乏しいものと判断されたことによる．連結注記表に連結上の自己株式数を記載することは可能である．

① 連結会計年度の末日における会社の発行済株式の総数（種類株式発行会社にあっては，種類ごとの発行済株式の総数）
② 連結会計年度中に行った剰余金の配当（当該連結会計年度の末日後行う剰余金の配当のうち，剰余金の配当を受ける者を定めるための基準日が当該連結会計年度中のものを含む）に関する次に掲げる事項その他の事項
　　イ　金銭配当の場合には，金銭の総額
　　ロ　現物配当の場合には，当該財産の帳簿価額（当該剰余金の配当をした日におけるその時の時価を付した場合にあっては，当該時価を付した後の帳簿価額）の総額
③ 当該連結会計年度の末日における当該株式会社が発行している新株予約権（新株予約権行使期間の初日が到来していないものを除く）の目的となる会社の株式の数（種類株式発行会社にあっては，種類および種類ごとの数）．

II-5-2-140　**(8) 税効果会計に関する注記**　これは，繰延税金資産（その算定に当たり繰延税金資産から控除された金額がある場合における当該金額を含む．なお財務規8の12Ⅱ参照）または繰延税金負債（重要でないものを除く）の**発生の主な原因**である（計規107．なお財務規8の12参照）．内訳まで明らかにする必要はない（税効果会計基準第4の1対照）．特に繰延税金資産については，その回収可能性の判断には困難が伴うといったこともあり（日本公認会計士協会監査委員会報告第66号「繰延税金資産の回収可能性の判断に関する監査上の取扱い参照），会社の財産および損益の状況に関する重要な情報として注記を求めることとしたものである（計算詳解75頁）．

II-5-2-141　**(9) リースにより使用する固定資産に関する注記**　これは，ファイナンス・リース取引［II-5-2-33］の借主である株式会社がそのファイナンス・リース取引について通常の売買取引に係る方法に準じて会計処理を行っていない場合におけるリース物件（固定資産に限る）に関する事項を注記する．この場合には，当該リース物件の全部または一部に係る次の事項（一括して注記する場合には，一括して注記すべきリース物件に関する事項）を含めることを妨げない（計規108）．

① その事業年度の末日における取得原価相当額
② その事業年度の末日における減価償却累計額相当額
③ その事業年度の末日における未経過リース料相当額
④ その他当該リース物件に係る重要な事項

II-5-2-141-2　**(10) 金融商品に関する注記**　これは，① 金融商品の状況に関する事項，および② 金融商品の時価等に関する注記である（なお財務規8の6の2参照）．重要性の乏しいものは注記を省略することができる（計規109Ⅰ）．連結注記表を作成する株式会社

は，個別注記表における当該注記を要しない（計規109Ⅱ）

2-141-3　⑾　**賃貸等不動産に関する注記**　これは，① 賃貸等不動産（計規2Ⅲ(59)）の状況に関する事項および② 賃貸等不動産の時価に関する注記である．重要性の乏しいものは注記を省略することができる（計規110Ⅰ，なお［*Ⅱ-5-2-77*］参照）．連結注記表を作成する株式会社は，個別注記表における当該注記を要しない（計規110Ⅱ）．

2-141-4　⑿　**持分法損益等に関する注記**　これは，① 関連会社がある場合には，関連会社（損益および利益剰余金からみて重要生の乏しい関連会社を除外することができる）に対する投資の金額ならびに当該投資に対して持分法を適用した場合の投資の金額および投資利益または投資損失の金額であり，② 開示対象特別目的会社がある場合には，開示対象特別目的会社の概要，開示対象特別目的会社との取引の概要および取引金額その他の重要事項である（計規111Ⅰ）．連結注記表を作成する株式会社は，個別注記表における当該注記を要しない（計規111Ⅱ．なお財務規8の9参照）．

-2-142　⒀　**関連当事者との取引に関する注記**　これは，株式会社と関連当事者(65)との間に取引がある場合における次に掲げる事項であって，重要なものとする．株式会社と関連当事者との間の取引には，当該株式会社と第三者との間の取引で当該株式会社と当該関連当事者との間の利益が相反するもの（いわゆる間接取引）を含む（計規112Ⅰ本文括弧書）．ただし，会計監査人設置会社以外の株式会社にあっては，④から⑥までおよび⑧に掲げる事項を省略することができる（計規112Ⅰ但書．なお財務規8の10，関連当事者の開示に関する会計基準参照）．この場合には，省略した事項を附属明細書に記載しなければならない（計規117④［*Ⅱ-5-2-163*］）．

関連当事者との取引に関する注記を導入した理由は，単に計算書類を適正に開示するという観点のみならず，一定の利害関係者との間で不公正な条件での取引等が行われている場合には，これを開示することによって，そのような取引を行う業務執行者の業務の執行の在り方の適正性の判断材料を提供させるという観点に立つものである（省令の解説91頁）．

① 当該関連当事者が会社等であるときは，
(i) その名称，(ii) 当該関連当事者の総株主等の議決権の総数に占める株式会社が有する議決権の数の割合，(iii) 当該株式会社の総株主等の議決権の総数に占める当該関連当事者が有する議決権の数の割合
② 当該関連当事者が個人であるときは，
(i) その氏名，(ii) 当該株式会社の総株主等の議決権の総数に占める当該関連当事者が有する議決権の数の割合

2-143　(65)　**関連当事者**　関連当事者とは，次に掲げる者をいう（計規112Ⅳなお，関連当事者の開示に関する会計基準5項(3)参照）．

③ 当該株式会社と当該関連当事者との関係
④ 取引の内容
⑤ 取引の種類別の取引金額
⑥ 取引条件および取引条件の決定方針
⑦ 取引により発生した債権・債務に係る主な項目別の当該事業年度の末日における残高
⑧ 取引条件の変更があったときは，その旨，変更の内容および当該変更が計算書類に与えている影響の内容

　注記は，①から⑧の区分に従い，関連当事者ごとに表示しなければならない（計規112Ⅲ）。

　関連当事者との間の取引のうち，① 一般競争入札による取引ならびに預金利息および配当金の受取りその他取引の性質からみて取引条件が一般の取引と同様であることが明白な取引，② 取締役，会計参与，監査役または執行役（役員）に対する報酬等の給付（事業報告で開示される．会施規121④），③ そのほか，当該取引に係る条件につき市場価格その他当該取引に係る公正な価格を勘案して一般の取引の条件と

---

① 親会社
② 子会社
③ 親会社の子会社（親会社が会社でない場合にあっては，親会社の子会社に相当するものを含む）
④ 会社のその他の関係会社（株式会社が他の会社の関連会社である場合における当該他の会社をいう）ならびに当該その他の関係会社の親会社（当該その他の関係会社が株式会社でない場合にあっては，親会社に相当するもの）および子会社（当該その他の関係会社が会社でない場合にあっては，子会社に相当するもの）
⑤ 株式会社の関連会社および当該関連会社の子会社（当該関連会社が会社でない場合にあっては，子会社に相当するもの）
⑥ 株式会社の主要株主（自己または他人の名義をもって当該株式会社の総株主の議決権の総数の100分の10以上の議決権（次に掲げる株式に係る議決権を除く）を保有する株主）およびその近親者（2親等内の親族）．
　　イ　信託業者（信託業法2Ⅰ）が信託財産として所有する株式
　　ロ　有価証券関連業者（金商28Ⅷ）が引受けまたは売出しを行う業務により取得した株式
　　ハ　金融商品取引法156条の24第1項に規定する業務を営む者がその業務として所有する株式
⑦ 当該株式会社の役員（取締役，会計参与，監査役または執行役，計規140Ⅱ②）およびその近親者
⑧ 当該株式会社の親会社の役員またはこれらに準ずる者およびその近親者
⑨ ⑥および⑧に掲げる者が他の会社等の議決権の過半数を自己の計算において所有している場合における当該会社等および当該会社等の子会社（当該会社等が会社でない場合にあっては，子会社に相当するもの）
⑩ 従業員のための企業年金（当該株式会社と重要な取引（掛金の拠出を除く）を行う場合に限る）

同様のものを決定していることが明白な場合における当該取引については、注記を要しない（計規112Ⅱ）。

　財務諸表等規則では、連結財務諸表を作成している会社については、単体の財務諸表に係る関連当事者注記は不要であるが（財務規8の10Ⅰ但書）、計算規則では、連結計算書類作成会社であっても、単体の計算書類に係る関連当事者注記を必要とし、連結計算書類に係る関連当事者注記については、これを不要としている（計規98Ⅱ④）。そのため、① 連結子会社と関連と自社との間の取引については開示対象とはならない一方、② 連結計算書類上相殺消去される、連結計算書類を作成している会社とその連結子会社との間の取引については開示対象となる（郡谷大輔＝細川充＝小松岳志＝和久友子「関連当事者との取引に関する注記」商事1768号30頁）。

5-2-144　**(14)　1株当たり情報に関する注記**　これは①　**1株当たりの純資産額**（財務規68の4、中間財務規36の3、連結財務規44の2、中間連結財務規46も1株当たりの純資産額の開示を要求している）および②　**1株当たりの当期純利益金額または当期純損失金額**（財務規95の5の2Ⅰ、中間財務規52の2Ⅰ、連結財務規65の2Ⅰ、中間連結財務規65Ⅰも1株当たりの当期純利益金額または当期純損失金額および当該金額の算定上の基礎の開示を要求している）である（計規113）。企業会計基準第2号「1株当たり当期純利益に関する会計基準」によると②の開示の目的は、「普通株主に関する1会計期間における企業の成果を示し、投資家の的確な投資判断に資する情報を提供することにある」（3・37項）。金融商品取引法会計と異なり「潜在株式調整後1株当たり当期純利益」を開示する必要はない。

　1株当たり当期純利益は、企業会計基準第2号「1株当たり当期純利益に関する会計基準」、企業会計基準適用指針第4号「1株当たり当期純利益に関する会計基準の適用指針」および実務対応報告第9号「1株当たり当期純利益に関する実務上の取扱い」に準拠して算定する[66]。

5-2-146　**(15)　重要な後発事象に関する注記**　① この注記は、当該株式会社の事業年度の末日後、当該株式会社の翌事業年度以降の財産または損益に重要な影響を及ぼす事象が発生した場合における当該事象である（計規114Ⅰ。なお会計原則注解注1-3、財務規8の4・8の25・8の26、企業開示府令19Ⅱ⑫参照）。後発事象には、会計慣行上、**修正後発事象**（決算日後に発生した事象であるが、その実質的な原因が決算日現在において既に存在しているため、計算書類の修正を行う必要がある事象）と、**開示後発事象**（決算日後に発生し、当該事業年度の計算書類には影響を及ぼさないが、翌事業年度以降の計算書類に影響を及ぼす事象）とがあるものとされている（日本公認会計士協会監査委員会報告第76号「後発事象に関する監査上の取扱い」参照）。

5-2-145　[66]　**1株当たり当期純利益の算定**　1株当たり当期純利益の算定は、普通株式に係る当期純利益を普通株式の期中平均株式数で除して算定する（企業会計基準第2号「1株当たり当期純利益に関する会計基準」12項）。

② 連結注記表の場合には，当該株式会社の**事業年度の末日後，連結会社ならびに持分法が適用される非連結子会社および関連会社の翌事業年度以降の財産または損益に重要な影響を及ぼす事象**が発生した場合における当該事象である．ただし，当該株式会社の事業年度の末日と異なる日をその事業年度の末日とする子会社および関連会社については，当該子会社および関連会社の事業年度の末日後に発生した場合における当該事象である（計規114Ⅱ．なお連結財務規14の2，企業開示府令19Ⅱ⑲参照）．

II-5-2-147　(16)　**連結配当規制適用会社に関する注記**　この注記は，当該事業年度の末日が最終事業年度の末日となる時後，連結配当規制適用会社[67]となる旨であり（計規115），内部的にも，外部的に，連結配当規制の適用を受けることを明らかにするためのものである．

II-5-2-149　(17)　**その他の注記**　その他の注記は，上記(1)から(14)に揚げたもののほか，貸借対照表等，損益計算書等および株主資本等変動計算書等により株式会社（連結注記表にあっては，企業集団）の財産または損益の状態を正確に判断するために必要な事項である（計規116．なお財務規8の5参照）．

第6款　事業報告

1　総説

II-5-2-150　事業報告は，改正前商法の営業報告書（旧商施規103参照）に相当するが，会計に関する部分は，計算書類およびその附属明細書の内容とされているので，会計に関する部分は存在しない．会社法施行規則は，会社法の区分に従い，事業報告の内容（会435Ⅱ．会施規第2編第5章第2款），監査（会436ⅠⅡ．会施規第2編第5章第3款）および提供（会437．会施規第2編第5章第4款）に分けて規定している（会施規117）．全国株懇連合会から事業報告モデルが公表されている（平成21年2月6日全国株懇連合会決定『事業報告モデルの改正について』商事1857号53頁）．

(a)　すべての株式会社に共通する内容は，① **株式会社の状況に関する重要な事**

II-5-2-148　[67]　**連結配当規制適用会社**　連結配当規制適用会社とは，「ある事業年度の末日が最終事業年度の末日となる時から当該ある事業年度の次の事業年度の末日が最終事業年度の末日となる時までの間における当該株式会社の**分配可能額の算定**につき**第158条第4号の規定を適用する旨**を当該ある事業年度に係る計算書類の作成に際して**定めた株式会社**（ある事業年度に係る連結計算書類を作成しているものに限る．）」である（計規2Ⅲ㊿・会施規2Ⅲ㉒）．

連結配当規制適用会社には，以下の特則が適用される．① 連結配当規制適用会社が債務超過子会社を吸収合併する場合や子会社の債務超過部門を承継する吸収分割をする場合には，親会社における分配可能額に子会社の有する損失がすでに反映されているといえるので，株主総会の決議を要しない（会施規195ⅢⅣ）．② 連結配当規制適用会社の株式を子会社が保有している場合であっても，親会社における分配可能額に適切に反映されているので，子会社は他の子会社から親会社株式を譲り受けることができる（会施規23⑫）．

項（計算書類およびその附属明細書ならびに連結計算書類の内容となる事項を除く），② **内部統制システム**（会348Ⅲ④・362Ⅳ⑥・416Ⅰ①ロおよびホ）の整備についての決定または決議があるときは，その決定または決議の内容の概要および③ **株式会社の支配に関する基本方針**である[68]（会施規118①～③。なお会施規129Ⅰ⑤・130Ⅱ②参照）。

(β) 株式会社が（事業年度の末日に）公開会社である場合には，上記事項のほか，① **株式会社の現況に関する事項**，② **株式会社の会社役員に関する事項**，③ **株式会社の株式に関する事項**，④ **株式会社の新株予約権等に関する事項**を内容としなければならない（会施規119）。

さらに，(γ) 会社が① **会計参与設置会社**，および② **会計監査人設置会社**にあっては，公開会社であると否とを問わず，事業報告は，特定の内容を含んでいなければならない（会施規125～127）。

表21　事業報告の内容

会社の種類等	内容
全会社共通（会施規117・118）	① 株式会社の状況に関する重要な事項 ② 内部統制システムの整備に係る決定または決議の内容の概要（決定・決議がある場合） ③ 株式会社の支配に関する基本方針 　1 基本方針を定めている場合にはその内容の概要 　2 取組みの具体的な内容の概要 　3 取組みの要件該当等性についての取締役の判断およびその理由
公開会社の特則（会施規119）	① 株式会社の現況に関する事項（会施規120） ② 株式会社の会社役員（社外役員を含む）に関する事項（会施規121・124） ③ 株式会社の株式に関する事項（会施規122） ④ 株式会社の新株予約権等に関する事項（会施規123）
会計参与設置会社の特則	責任限定契約の内容（会施規125）
会計監査人設置会社の特則	公開会社の場合と非公開会社の場合で異なる。非公開会社では報酬等の額など内容の省略が認められている（会施規126）

表22　事業報告の附属明細書

共通	事業報告の内容を補足する重要な事項（会施規128Ⅰ）
公開会社の特則	会計参与以外の会社役員の兼業状況の明細（会施規128Ⅱ）

---

[68] **株式会社の支配に関する基本方針**　株式会社が，会社の財務および事業の方針の決定を支配する者の在り方に関する基本方針（基本方針）を定めている場合には，次の事項をも事業報告の内容としなければならない（会施規118③イ～ハ。なお会施規129Ⅰ⑥・130Ⅱ②参照）。
① **基本方針の内容の概要**　買収防衛策を導入するに当たり，基本方針を定めずに，特定の内容を有する新株予約権や種類株式等を発行することも不可能ではない（省令の解説55頁）。基本方針を定めたときは，その内容を事業報告に記載する。例えば，その会社の株主構成についての考え方，買収に対する賛否の判断基準，会社の意思に反する買収が進行している場合に，

2 公開会社の特則

Ⅱ-5-2-152 **(1) 株式会社の現況に関する事項** これは，① 事業内容等（主要な事業内容，主要な営業所および工場ならびに使用人の状況，主要な借入先および借入額，事業の経過および成果），② 当該事業年度における重要な資金調達・設備投資，重要な事業の譲渡・吸収分割・新設分割，他の会社（外国会社を含む）の事業の譲受け，吸収合併（会社以外の者との合併〔当該合併後当該株式会社が存続するものに限る〕を含む）または吸収分割による他の法人等の事業に関する権利義務の承継，他の会社（外国会社を含む）の株式その他の持分または新株予約権等の取得または処分のうち重要なもの，③ 直前3事業年度（3事業年度が終了していない会社にあっては成立後の各事業年度）の財産および損益の状況（過年度事項が会計方針の変更その他の正当な理由により当該事業年度より前の事業年度に係る定時株主総会において承認または報告をしたものと異なっているときは，修正後の過年度事項を反映した事項とすることを妨げない．会施規120Ⅲ参照），④ 重要な親会社および子会社の状況，⑤ 対処すべき課題および⑥ その他会社の現況に関する重要な事項から構成される．事業が2以上の部門に分かれている場合にあっては，部門別に区別することが困難である場合を除き，部門別に区分開示すべきである（会施規120Ⅰ）．

株式会社が連結計算書類を作成している場合には，「当該会社およびその子会社から成る企業集団の現況に関する事項」とすることができる．この場合に連結計算書類との開示の重複がある場合には，省略ができる（会施規120Ⅱ）．

Ⅱ-5-2-153 **(2) 株式会社の会社役員に関する事項** 開示対象となる**会社役員は取締役，会計参与，監査役および執行役**である（会施規2Ⅲ④）．ただし，以下の①・②・⑦・⑧の項目については，当該事業年度の開始の日後から直前の定時株主総会の終結の日の間に退任した会社役員を含まない（会施規121①）．これに対し，報酬等・解任の意見・辞任の理由はそのすべてが開示されるべきであるから，このような限定はない．

開示事項は，① 氏名（会計参与にあっては，氏名または名称），② 地位および担当，③ (イ) 当該事業年度に係る会社役員の全部につき取締役，会計参与，監査役また

株主の共同の利益を確保し，かつ，買収者の権利を不当に侵害しないようにするために配慮すべき事項およびその基本的な対応方針等が考えられる（論点453頁）．
② 取組みの具体的な内容（i）会社の財産の有効な活用（たとえば，遊休資産の処分，多額な現預貯金等を保有している場合における投資や配当への分配等），適切な企業集団の形成その他の基本方針の実現に資する特別な取組み，および(ii) **基本方針に照らして不適切な者によって会社の財務および事業の方針の決定が支配されることを防止するための取組み（いわゆる買収防衛策）の具体的内容**
③ ②の取組みが，(i) 基本方針に沿うという要件，(ii) 会社の株主の共同の利益を損なうものではないという**要件**および(iii) **会社の役員の地位の維持を目的とするものではないという要件に該当することに関する取締役**（取締役会設置会社にあっては，取締役会）**の判断およびその判断に係る理由**（その理由が社外役員の存否に関する事項のみの場合は除く）　これは，株主に取組みの正当性を判断するための資料提供を目的としている．しかしその実効性は疑わしい．

は執行役ごとの報酬等（ストック・オプション [II-4-3-64] も報酬等に含まれる．なお会施規123①参照）の総額を掲げることとする場合にあっては取締役，会計参与，監査役または執行役ごとの報酬等の総額および員数，(ロ) 会社役員の全部につき会社役員ごとの報酬等の額を掲げることとする場合には，会社役員ごとの報酬等の額，(ハ) 会社役員の一部につき会社役員ごとの報酬等の額を掲げることとする場合には，会社役員ごとの報酬等の額ならびにその他の会社役員についての取締役，会計参与，監査役または執行役ごとの報酬等の総額および員数（会施規121④．なお会社役員に対する報酬等の額の適正を判断させるためのものであるから，「員数」には，無報酬の会社役員を含まない．松本真＝小松岳志「「会社法施行規則及び会社計算規則の1部を改正する省令」の解説―平成20年法務省令第12号」金法1832号22頁），および，④ 当該事業年度において受け，または受ける見込みの額が明らかとなった会社役員の報酬等（退職慰労金とか，業績連動報酬等で事業報告作成時に判明しないもの等．会施規121④の規定により当該事業年度に係る事業報告の内容とする報酬等および当該事業年度前の事業年度にかかる事業報告の内容とした報告等を除く）について，(イ)から(ハ)までに掲げる場合の区分に応じて，当該(イ)から(ハ)までに定める事項（会施規121⑤），⑤ 当該事業年度に係る**各会社役員の報酬等の額またはその算定方法に係る決定に関する方針を定めているときは，当該方針の決定の方法およびその方針の内容の概要**（会施規121⑤．なお会409Ⅰ参照．使用人兼務の取締役の場合において，使用人の給与部分が重要である場合には，別途開示しなければならない．会施規121⑨．委員会設置会社以外の会社では⑤の事項を省略できる．会施規121但書），⑥ 辞任したまたは株主総会または種類株主総会の決議以外の方法で解任された会社役員がいるときは，当該会社役員の氏名（会社参与にあっては，氏名または名称），会社参与または監査役が株主総会において述べる解任・辞任についての意見があるときはその意見の内容（会345Ⅰ・Ⅳ参照）・株主総会で述べる辞任の理由があるときは，その理由（会345Ⅱ・Ⅳ参照），⑦ 当該事業年度に係る会社役員（会計参与を除く）の事項の重要な兼職の状況（会施規121⑦），⑧ 会社役員のうち監査役または監査委員が財務および会計に関する相当程度の知見を有しているものであるときは，その事実（公認会計士，税理士等の法的資格を有する場合，簿記等の会計に関する資格を有する場合のほか，経理部門で経験を積んできているなどの事実上のものであってもよい）（会施規121⑧）および，⑧ 会社役員に関する重要な事項（会施規121⑨）である．

-2-154　(3)　**社外役員の特則**　会社役員に**社外役員**[69]（会施規2Ⅲ④）がいるときは，株式

-2-155　[69]　**社外役員**　ここで社外役員とは，**社外取締役・社外監査役**に該当するもののうち，① 特別取締役（会373Ⅰ②），委員会設置会社の社外取締役（会400Ⅲ），責任の一部免除される社外取締役（会425Ⅰ①ハ），責任限定契約を締結した社外取締役・社外監査役（会427Ⅰ），監査役会設置会社の社外監査役（会335Ⅲ）のように一定の法律効果が生ずる社外役員として取り扱っているもの，および② 計算関係書類，事業報告，株主総会参考書類その他会社が法令その他これに準ずるものの規定に基づいて作成する資料に社外取締役・社外監査役として表示しているものである（会施規2Ⅲ⑤）．

会社の会社役員に関する事項には，(2)の事項のほか，次の事項を含むものとする（会施規124）．会社法は，このような特別の開示を義務づけることを通じて，社外役員に本来期待されている機能をより明確に引き出そうとしている（省令の解説49頁）．

① 社外役員（直前の定時株主総会の終結の日の翌日以降に在任していた者に限る．②から⑤までにおいて同じ）が他の法人等（会施規2Ⅲ①）の業務執行取締役，執行役，業務執行社員もしくは法人が業務執行社員であるときに職務を行うべき者（会598Ⅰ）その他これに類する者または使用人であることが重要な兼職に該当する場合には，当該株式会社と当該他の会社との関係

② 社外役員が他の法人等の社外役員を**兼任**していることが，重要な兼職に該当する場合（会施規121⑦）には，当該株式会社と当該他の法人等との関係

③ 社外役員が当該株式会社または当該株式会社の**「特定関係事業者」**（当該株式会社の親会社，親会社の子会社，親会社がない場合には当該株式会社，関連会社［会施規2Ⅲ㉑．当該親会社が会社でない場合におけるその子会社および関連会社に相当するものを含む］および当該株式会社の主要な取引先（法人以外の団体を含む）．会施規2Ⅲ⑲ロ）の業務執行取締役，執行役もしくは業務執行社員もしくは法人である業務執行社員の職務執行者（会598Ⅰ）その他これに類する者または使用人の3親等内の親族その他これに準ずるもの（内縁関係にある者）であることを当該株式会社が**知っている**ときは（十分な調査を行うことなく「知らない」とすることは許されない．省令の解説50頁），その事実（重要でないものを除く．なお会施規74Ⅳ⑥［Ⅱ-4-2-35］参照）

④ 社外役員ごとの当該事業年度における主な活動状況（次の事項を含む）．イ 取締役会（監査役会・監査委員会）への出席状況，ロ 取締役会における発言状況，ハ 当該社外役員の意見により株式会社の事業方針または事業その他の事項に係る決定が変更されたときは，その内容（重要でないものを除く），ニ 当該事業年度中に当該株式会社において法令・定款に違反する事実その他不当な業務の執行（当該社外役員が社外監査役である場合にあっては，不正な業務の執行）が行われた事実（重要でないものを除く）があるときは，各社外役員が当該事実の発生の予防のために行った行為および当該事実の発生後の対応として行った行為の概要

⑤ 社外役員と会社との間で**責任限定契約**（会427Ⅰ［Ⅱ-4-12-22］）を締結しているときは，その契約の**内容の概要**（その契約によって当該社外役員の職務の適正性が損なわれないようにするための措置を講じている場合にあっては，その内容を含む）．

⑥ 当該事業年度に係る社外役員の報酬等について，(イ) 社外役員の全部につき報酬等の総額を掲げることとする場合には社外役員の報酬等の総額および員数，(ロ) 社外役員の全部につき社外役員ごとの報酬等の額を掲げることとする場合には，社外役員ごとの報酬等の額，(ハ) 社外役員の一部につき当該社外役員ごとの報酬等の額を掲げることとする場合には，社外役員ごとの報酬等の額ならびにその他の社外役員についての報酬等の総額および員数（社外取締役・社外監査役に区別することまでは

要求していない），および，当該事業年度において受け，または受ける見込みの額が明らかとなった社外役員の報酬等（会施規124⑥の規定により当該事業年度に係る事業報告の内容とする報酬等および当該事業年度前の事業年度にかかる事業報告の内容とした報告等を除く）について，(イ)から(ハ)までに掲げる場合の区分に応じて，当該(イ)から(ハ)までに定める事項（会施規124⑥⑦）

⑦ 社外役員が当該会社の親会社または当該親会社（当該株式会社に親会社がない場合にあっては，当該株式会社）の子会社（当該親会社が会社でない場合におけるその子会社に相当するものを含む）から当該事業年度において役員としての報酬等その他の財産上の利益を受けているときは，当該報酬等の総額（社外役員であった期間に受けたものに限る）

会社から受け取る報酬を不当に低く設定したうえで責任限定契約を締結するというようなことが行われるおそれがあるからである（会施規124⑧）。

⑧ 社外役員が①から⑦までの事項の内容に対して意見があるときは，その意見（会施規124⑨）．

2-156　**(4) 株式会社の株式に関する事項**（会施規122）　これは次の2つである．

① 当該事業年度の末日において**発行済株式**（自己株式を除く）**の総数に対するその有する株式の数の割合が高いことにおいて上位となる10名の株主の氏名または名称**，当該株主の有する当該株式会社の株式の数および当該株主の有する株式に係る当該割合（種類株式発行会社にあっては，株式の種類，種類ごとの数および種類ごとの当該種類株式に係る発行済株式の総数に対する当該種類株主が有する当該種類株式の割合）

改正前は発行済株式総数の10％以上であったが，このような大株主がなる会社は少ないことから，改正が行われている（大野＝小松＝澁谷＝黒田＝和久・商事1862号22頁）．

② そのほか株式会社の**株式に関する重要な事項**

2-157　**(5) 株式会社の新株予約権等に関する事項**（会施規123）　新株予約権等とは，新株予約権（会2㉑）のほか「当該法人等（法人その他の団体をいう．会施規2Ⅲ①）に対して行使することにより当該法人等の株式その他の持分の交付を受けることができる権利」をいう（会施規2Ⅲ⑭）．次の2つを開示する．①②の新株予約権等は**職務執行の対価として会社が交付したものに限られる**．

① 当該事業年度の末日において当該株式会社の**会社役員**（当該事業年度の末日において在任している者に限る）がその会社の新株予約権等を有しているときは，**当該会社の取締役**（社外役員を除き，執行役を含む），**社外取締役**（社外役員に限る），取締役（執行役を含む）**以外の会社役員の区分ごとの当該新株予約権等の内容の概要および新株予約権等の有する者の人数**

② 当該事業年度中に**当該株式会社の使用人**（会社役員を兼ねている者を除く），または子会社の役員および使用人（会社の会社役員または使用人を兼ねている者を除く）に対して当該会社が交付した新株予約権等があるときは，その区分ごとの当該新株予約権等の内容の概要および交付した者の人数．

③ その他当該株式会社の新株予約権等に関する重要な事項.

3 会計参与設置会社の特則

Ⅱ-5-2-158　株式会社が当該事業年度の末日において会計参与設置会社であって，会社が会計参与と責任限定契約を締結しているときは，当該契約の内容の概要（当該契約によって会計参与の職務の適正性が損なわれないようにするための措置を講じている場合にあっては，その内容を含む）を事業報告の内容としなければならない（会施規125）.

4 会計監査人設置会社の特則

Ⅱ-5-2-159　会計監査人は，一度選任された後は，原則として再任されたものとみなされるため，選任議案が株主総会に提出される機会がまれであり，株主に対し会計監査人に関する情報が開示される機会がほとんどないことから，会社が会計監査人設置会社かつ公開会社である場合には，次の事項を事業報告の内容とすることによって（非公開会社の場合には，②③④の事項は事業報告の内容とする必要がない．会施規126），開示の充実を図ろうとしている.

　① 会計監査人の氏名または名称
　② 当該事業年度に係る各会計監査人の報酬等の額
　③ **会計監査人に対し非監査業務**（公認会計士2Ⅰの業務以外の業務）**の対価**を支払っているときは，その非監査業務の内容
　④ 会計監査人がどの程度の処分を受けた場合に解任または不再任の議案を提出するか等についての方針（論点451頁）
　⑤ 会計監査人が現に業務の停止の処分を受け，その停止の期間を経過しない者であるときは，当該処分に係る事項
　⑥ 会計監査人が過去2年間に業務の停止の処分を受けた者である場合における当該処分に係る事項のうち，当該株式会社が事業報告の内容とすることが適切であるものと判断した事項
　⑦ 会計監査人と会社との間で**責任限定契約**（会427Ⅰ）を締結しているときは，その契約の内容の概要（その契約によって当該会計監査人の職務の適正性が損なわれないようにするための措置を講じている場合にあっては，その内容を含む）
　⑧ 会社が**有価証券報告書を提出する大会社**であるときには，イ　会計監査人である公認会計士（外国公認会計士を含む．以下同じ）または監査法人に会社およびその子会社が支払うべき金銭その他の**財産上の利益の合計額**（当該事業年度に係る連結損益計算書に計上すべきものに限る），ロ　会社の会計監査人以外の公認会計士または監査法人（外国におけるこれらの資格に相当する資格を有する者を含む）が会社の子会社（重要なものに限る）の計算関係書類（これに相当するものを含む）の監査（会社法または金融商品取引法（これらの法律に相当する外国法令を含む）の規定によるものに限る）をしているときは，そ

の事実

⑨ 事業年度中に辞任した会計監査人または解任された会計監査人（株主総会の決議によって解任されたものを除く）があるときは，イ　当該会計監査人の氏名または名称，ロ　解任後最初に招集される株主総会に監査役が報告しなければならない会計監査人の解任理由，ハ　会計監査人の解任または辞任について意見があるときはその意見の内容（会345Ⅴ・Ⅰ），ニ　会計監査人を辞任後最初に招集される株主総会に出席して辞任理由を述べるときは，その理由または意見（会345Ⅴ・Ⅱ）

2-160　⑩ 監査役会設置会社および委員会設置会社において**剰余金の配当等**を取締役会が決定する旨の定款の定めがあるときは（会459Ⅰ），その**定款の定めにより取締役会に与えられた権限の行使に関する方針**［Ⅱ-5-4-90］．

第7款　附属明細書

2-161　株主に送付される情報は，費用の観点から限られたものにならざるを得ない．そこで**詳細な会計情報を本店または支店に備え置き**（会442ⅠⅡ．附属明細書は株主に送付されない．会437），**株主および会社債権者**が閲覧，謄本・抄本の交付請求等により（会442Ⅲ）入手できるようにしたのが附属明細書（独 Anhang：仏 annexe：伊 nota integrativa：西 memoria）の制度である(70)（不備置は総会決議取消の事由に当たる．福岡高宮崎支部判平成13・3・2判タ1093号197頁）．附属明細書は，株主総会の招集の際に株主に提供されないだけでなく，株主総会に提出されず（会438Ⅰ），その承認の対象でもない（会438Ⅱ）が，監査報告・会計監査報告には附属明細書に関する監査意見が記載される（附属明細書は計算関係書類であることによる．会施規2Ⅲ⑪ロ・計規2Ⅲ③ロ）．

株式会社の附属明細書の記載（記録）事項は法務省令に委ねられている（会435Ⅱ）．

1　計算書類に係る附属明細書

2-163　各事業年度に係る株式会社の計算書類に係る附属明細書には，公開会社の場合，以下のもの（非公開会社の場合には①から③の事項）のほか，株式会社の貸借対照表，損益計算書，株主資本等変動計算書および個別注記表の内容を補足する重要な事項を表示しなければならない（計規117）．

① 有形固定資産および無形固定資産の明細
② 引当金の明細

2-162　(70) 附属明細書の沿革　① 昭和25年（1950年）改正法は，帳簿閲覧権の濫用を考慮し，少数株主権としたことの代替措置として，はじめて附属明細書を法定した（商293ノ5．大隅健一郎＝大森忠夫『逐条改正会社法解説』457頁［有斐閣・1951年］）．しかし総会提出書類ではなかったので，その作成は，定時総会承認後でもよく，監査役の監査も予定されてなかった．② 定時総会前に作成され，監査役の監査を受けることを要するようになったのは昭和49年改正（1974年）以降である（商281ノ4）．
なお，特例有限会社の特則につき整備法26Ⅱ参照（［Ⅱ-5-2-1］）．

③ 販売費および一般管理費 [Ⅱ-5-2-15] の明細
④ 会計監査人設置会社以外の会社において，関連当事者との取引に係る注記の内容を一部省略した場合における省略した事項 [Ⅱ-5-2-142]．
日本公認会計士協会から「計算書類に係る附属明細書のひな型」が公表されている（平成18年6月15日日本公認会計士協会会計制度委員会研究報告第9号）．

図28　有形固定資産及び無形固定資産の明細

(単位：百万円)

区分	資産の種類	期首残高	当期増加額	当期減少額	期末残高	期末減価償却累計額又は償却累計額	当期償却額	差引期末帳簿価額
有形固定資産	建物	百万円 ×××	百万円 ×××	百万円 ×××	百万円 ×××	百万円 ×××	百万円 ×××	百万円 ×××
	構築物	×××	×××	×××	×××	×××	×××	×××
	機械装置	×××	×××	×××	×××	×××	×××	×××
	車輌運搬具	×××	×××	×××	×××	×××	×××	×××
	工具器具備品	×××	×××	×××	×××	×××	×××	×××
	土地	×××	×××	×××	×××	—	—	×××
	建設仮勘定	×××	×××	×××	×××	—	—	×××
	計	×××	×××	×××	×××	×××	×××	×××
無形固定資産	ソフトウェア	×××	×××	×××	×××	×××	×××	×××
	その他	—	×××	×××	×××	×××	×××	×××
	計	×××	×××	×××	×××	×××	×××	×××

(注) 1．当期増加額のうち主なものは次のとおりであります．
　　　機械装置　　　　××工場　　　××生産設備　　　　　××百万円
　　　　　　　　　　　××工場　　　××生産設備省力化設備　××　〃
　　　工場器具備品　　××工場　　　××生産設備用金型　　××　〃
　　　　　　　　　　　××工場　　　××生産設備用金型　　××　〃
　　　建設仮勘定　　　××工場　　　××生産設備　　　　　××　〃
　　　　　　　　　　　××工場　　　××生産設備　　　　　××　〃
　　2．当期減少額のうち主なものは次のとおりであります．
　　　機械装置　　　　××工場　　　××生産設備　　　　　××　〃
　　　　　　　　　　　××工場　　　××生産設備　　　　　××　〃
　　　工場器具備品　　××工場　　　××生産設備用金型　　××　〃
　　　　　　　　　　　××工場　　　××生産設備用金型　　××　〃
　　　土地　　　　　　遊休土地減損損失　　　　　　　　　 ××　〃

図29 引当金の明細

(単位：百万円)

区　分	期首残高	当期増加額	当期減少額 目的使用	当期減少額 その他	期末残高
貸倒引当金	×××	×××	—	×××	×××
賞与引当金	×××	×××	×××	—	×××
退職給付引当金	×××	×××	×××	—	×××
役員退職慰労引当金	×××	×××	×××	—	×××

(注) 貸倒引当金の当期減少額の「その他」欄の金額は，一般債権の貸倒実績率の洗替額であります．

図30 販売費及び一般管理費の明細

(単位：百万円)

科　目	金　額
販売手数料	×××
運賃荷造費	×××
広告宣伝費	×××
貸倒引当金繰入額	×××
役員報酬	×××
給料手当	×××
賞与引当金繰入額	×××
退職給付費用	×××
役員退職慰労引当金繰入額	×××
法定福利費	×××
交際接待費	×××
旅費交通費	×××
租税公課	×××
減価償却費	×××
研究開発費	×××
賃借料	×××
その他	×××
合　計	×××

(図28～30の出典：計算詳解90～91頁)

2　事業報告の附属明細書

2-164　事業報告の附属明細書は，事業報告の内容を補足する重要な事項をその内容とするものでなければならない (会施規128Ⅰ)．この場合において，株式会社が当該事業年度の末日において公開会社であるときは，他の法人等の業務執行取締役，執行役，

業務執行社員または会社法598条1項の職務を行うべき者その他これに類する者を兼ねることが会社法施行規則120条1項7号の重要な兼職［II-5-2-154］に該当する会社役員（直前の定時株主総会の終結の日の翌日以降に在任していた者に限る．会施規121①）（会計参与を除く）についての兼務の状況の明細（重要でないものを除く）を事業報告の附属明細書の内容としなければならない．この場合当該他の会社の事業が当該株式会社の事業と同一の部類のものであるときは，その旨を付記しなければならない（会施規128 II）．

なお平成20年改正前には，第三者との間の取引であって，当該株式会社と会社役員または支配株主との利益が相反するものの明細（重要でないものを除く）は事業報告の附属明細書の記載事項であったが（平成20年改正前会施規128②），平成18年の「関連当事者の開示に関する会計基準」の公表に伴い，「関連当事者」の範囲が拡大されたことから，開示が重複することとなったので，計算規則140条（平成21年改正後112条）1項本文の括弧書きにおいて，関連当事者との間の取引には間接取引も含むとの確認的文言が付加された上で［II-5-2-142］，128条2号が削除されている（松本真＝小松岳志「施行規則及び会社計算規則の一部を改正する省令の解説―平成20年法務省令第12号」商事1828号12頁）．

第8款　臨時計算書類

II-5-2-165　会社法では，剰余金の配当に回数制限がなくなったため（会453・454 I），株主に対し柔軟な利益還元ができるが，それには分配可能額の計算（会461 II）が必要である．そこで規定されたのが臨時計算書類制度である．取締役，代表取締役または代表執行役は，**臨時決算日**（最終事業年度［会2㉔，会施規2 III⑨］の直後の事業年度に属する一定の日）におけるその株式会社の財産状況を把握するため，**法務省令**（計規135）で定めるところにより，**臨時計算書類**（臨時貸借対照表および臨時損益計算書）を作成することができる（会441 I［II-5-2-1］）．会計参与設置会社にあっては，会計参与と共同して臨時計算書類を作成することが必要である（会374 I）．**臨時会計年度**［II-5-1-15］は，当該事業年度の前事業年度の末日の翌日から臨時決算日までの期間である（計規60 I）．株式会社が成立したばかりでまだ当該事業年度の前事業年度がない場合にも臨時計算書類を作成することは可能である（計規60 I括弧書・III）．この場合には会社成立の日から臨時決算日までが臨時会計年度となる．

臨時計算書類は，臨時会計年度に係る会計帳簿に基づいて作成されなければならない（計規60 II）．臨時計算書類の作成は，一般に公正妥当と認められる会計慣行によるが（会431），新しい制度であるため，慣行もない．その趣旨より原則として年度決算に基づいた会計処理が行われるべきである（監査については［II-5-4-46］参照．なお平成18年11月10日日本公認会計士協会会計制度委員会研究報告第12号「臨時計算書類の作成基準について」（会計・監査ジャーナル619号155頁）参照）．表示は，各事業年度に係る計算書類

と変わりがない(計規57．ただし，損益計算書の税引前当期純損益は税引前臨時期間損益，当期純損益は臨時期間純損益となる)．臨時決算の場合の分配可能額については[Ⅱ-5-4-71]参照のこと．

第3節　資本金・準備金・剰余金の額の変動

1　資本金・準備金・剰余金の額の減少

Ⅴ-5-3-1　(1)　**総　説**　会社財産は刻々変動しているが，資本金および準備金の額は固定された金額であるので，変動しない．ただし，一定の手続を経ると，いつでも，資本金および準備金(ならびに剰余金)の計数を変動することができる(① 資本金→準備金，② 資本金→剰余金，③ 準備金→資本金，④ 準備金→剰余金，⑤ 剰余金→資本金，⑥ 剰余金→準備金)．これらの計数は，もっぱら配当拘束がかかるか否か(資本金・準備金と剰余金の違い)という点と，その額を減少させる場合の要件の違い(資本金と準備金の違い)の点でのみ相違しているからである．資本金の額の減少に際して，株主に不要となった会社財産を払い戻す場合(実質上の資本減少)には，資本金の額の減少の効力発生日と同日に，剰余金の配当(会454Ⅰ)か自己株式の取得の手続をとらなければならないが，これは，資本金の額の減少手続とは別個の行為である．なお，資本金の額の減少に際し，**資本金と準備金の合計額が純資産額より大きい状態にあるため**(資本の欠損)，資本を減少しても株主に払い戻しが行われず，会社財産の払い戻しもない態様のものを**形式上の資本減少**または**名義上の資本減少**という．資本の欠損状態の場合，そのままにしていてもかまわないが，剰余金の出る時期を早めるために，**形式上の資本減少**が行われる(図31参照)．

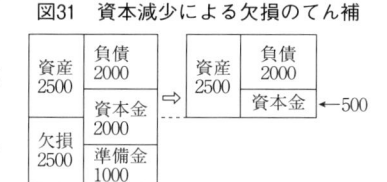

図31　資本減少による欠損のてん補

資産 2500	負債 2000
	資本金 2000
欠損 2500	準備金 1000

⇒

資産 2500	負債 2000
	資本金 ←500

　資本金の額の減少(減資)および準備金の額の減少は，社内に留保すべき拘束財産を小さくするので，**原則として，株主総会決議**(会447・448．なお金商166Ⅱ①ロハ)と**会社債権者保護手続**(会449)が必要である．
　なお資本と株式の関係は切断されているので，減資をしても株式数を変動させる必要はない．

Ⅴ-5-3-2　(2)　**資本金・準備金の額の減少**　㋐　資本金の額の減少〔英 reduction of share capital：独 Kapitalherabsetzung：仏 réduction du capital：伊 riduzione del capitale：西 reducción del capital〕は，会社の基礎の変更[Ⅴ-1-1-1]に当たるので，これをするには，**株主総会の特別決議**(会309Ⅱ⑨)により，① 減少する資本金の額，② 減少する資本金の額の全部または一部を準備金(資本準備金)とするときは，その旨および準備

表23　資本金・準備金・剰余金の増減

科目 (移動元)	移動先	会社内手続	債権者保護手続の要否	根拠規定
資本金	資本準備金	総会／**特別決議**	要（449Ⅰ）	447Ⅰ・309Ⅱ⑨，計規25Ⅱ・26Ⅰ①
	その他の資本剰余金	総会／**特別決議**	要（449Ⅰ）	計規27Ⅰ①
	欠損のてん補	総会／**特別決議**	要（449Ⅰ）	447Ⅰ・309Ⅱ⑨
	定時総会における欠損額以下の減少	総会／普通決議	要（449Ⅰ括弧書）	447Ⅰ・309Ⅱ⑨括弧書
	減資だが新株発行により資本金の額が減資の効力発生前の資本金の額を下回らない場合	**取締役の決定／取締役会の決議**	要（449Ⅰ）	447Ⅲ
資本準備金	資本金	総会／普通決議	不要（449Ⅰ括弧書）	448Ⅰ②・309Ⅰ，計規25Ⅰ①・26Ⅱ
	その他の資本剰余金	総会／普通決議	要（449Ⅰ）	448Ⅰ．計規26Ⅱ・27Ⅰ②
	欠損のてん補	総会／普通決議	要（449Ⅰ）	448Ⅰ・309Ⅰ
	定時総会における欠損額以下の減少	総会／普通決議	不要（449Ⅰ但書）	448Ⅰ・309Ⅰ
		取締役会の決議（剰余金の配当を取締役会が決定する旨の定款の定めがある委員会設置会社・会計監査人設置会社である監査役会設置会社）	不要（449Ⅰ②）	459Ⅰ②
	準備金の額の減少だが新株発行により準備金の額が下回らない場合	**取締役の決定／取締役会の決議**	要（449Ⅰ）	448Ⅲ
利益準備金	資本金	総会／普通決議	不要（449Ⅰ括弧書）	448Ⅰ②・309Ⅰ，計規25Ⅰ①
	その他の利益剰余金	総会／普通決議	要（449Ⅰ）	448Ⅰ①．計規28Ⅱ・29Ⅰ①
	欠損のてん補	総会／普通決議	要（449Ⅰ）	448Ⅰ・309Ⅰ
	定時総会における欠損額以下の減少	総会（普通決議）	不要（449Ⅰ但書）	448Ⅰ・309Ⅰ
		取締役会の決議（剰余金の配当を取締役会が決定する旨の定款の定めがある委員会設置会社・会計監査人設	不要（449Ⅰ②）	459Ⅰ②

第5章 会社の財務 第3節 資本金・準備金・剰余金の額の変動 621

		置会社である監査役会設置会社）		
	準備金の額の減少だが新株発行により準備金の額が下回らない場合	取締役の決定／取締役会の決議	要（449Ⅰ）	448Ⅲ
その他資本剰余金	資本金	総会／普通決議	不要	450ⅠⅡ・309Ⅰ，計規25Ⅰ②・27Ⅱ①
	資本準備金	総会／普通決議	不要	451ⅠⅡ・309Ⅰ，計規26Ⅰ②・27Ⅱ②
	未処分損失（利益剰余金のマイナス部分）への計上	総会／普通決議	不要（459Ⅰ③）	452・計規27Ⅱ③・29Ⅰ③
その他利益剰余金	資本金	総会／普通決議	不要	計規25Ⅰ②
	利益準備金	総会／普通決議	不要	451ⅠⅡ・309Ⅰ，計規28Ⅰ
利益のその他の処分（損失の処理や任意積立金の積立など）		総会／普通決議	不要	309Ⅰ
		取締役会の決議（取締役会が決定する旨の定款の定めがある会社）	不要	459Ⅰ③

金とする額（計規26Ⅰ①参照），③ 資本金の額の減少の効力発生日［Ⅱ-5-3-13］を定めなければならない（会447Ⅰ）。①の額は，③の「効力発生日における」資本金の額を超えてはならない（会447Ⅱ）。これは，資本金の額にはマイナスとならない限度で下限はなく，**ゼロでもかまわないこと**および資本金の額の減少は，減少決議時の資本金の額ではなくて，効力発生日における資本金の額を基準とすることを意味している。②の資本金の準備金への組み入れは，行うニーズが乏しいとの理由から改正前商法では認められていなかったが，会社法は，とくに禁ずる必要もないことから，これを許容している（江頭622頁注1）。

上記株主総会の決議は，① **定時総会で行われる場合で**，かつ，減少する資本金の額が定時株主総会の日（計算書類を取締役会で確定する場合は，取締役会の承認があった日）における**欠損の額**として法務省令で定める方法により算定される額（分配可能額のマイナス額．会施規68）**を超えない場合には**，**普通決議でよい**（会309Ⅱ⑨括弧書．欠損額を超えると特別決議が必要）。これは，資本金の額の減少は，分配可能額を増加させるので，株主にとって利益となる行為であるとともに，この場合には株主に対する払戻もないからである（平成17年改正前商283Ⅰ参照）。手続を定時総会による決議の場合に限定しているのは，手続の緩和が認められ得るのは欠損額以下の資本を減少する場合に限られるため，その欠損額を可能な限り正確に把握し得る計算書類の確定時に限るためである（補足説明第4部第5の2(2)）。また，② **株式の発行と同時に資本**

金の額を減少する場合において，当該株式の発行により増加する資本金の額の範囲内で資本金の額を減少させる場合には，実質的には，株式の発行により増加する払込資本の内訳を変更しているにすぎないので，**株主総会決議は不要で，取締役の決定**(取締役会設置会社では取締役会の決議)**で行うことができる**(会447Ⅲ．なお平成17年改正前産業再生12の11Ⅰ参照)．これは，実質的には会社法445条1項および2項の規制を緩和している．

　減少した額は，分配可能額とすることも(会446③・461Ⅱ①・465Ⅰ⑩ロ)，資本準備金に計上することもできるが(会447Ⅰ②)，資本準備金としない額は，欠損があればその塡補[71]に充当[72]され，欠損がなければその他資本剰余金に計上される(計規27Ⅰ①，自己株式会計基準20・59項参照)．

Ⅱ-5-3-5　**(イ)　準備金の減少**　準備金の額の減少は，株主総会の普通決議(会309Ⅰ)により，① 減少する準備金の額，② 減少する準備金の額の全部または一部を資本金とするときは([*Ⅱ-5-3-21*])，その旨および資本金とする額，および ③ 準備金の額の減少の効力発生日を定めなければならない[73](会448Ⅰ．なお会976㉕参照)．ただし，剰余金の配当等を決定する機関の特則に関する定款の定めを置いている株式会社においては，準備金の額を減少させて剰余金の額のみを増加させる場合であって，当該準備金の額の減少の後に分配可能額がプラスとならない場合には，取締役会の決議で行うことができる(会459Ⅰ②)．①の額は，減少の「効力発生日における」準備金の額を超えてはならない[74](会448Ⅱ．平成17年改正前商289Ⅱ対照)．

　会社が株式の発行と同時に準備金の額を減少する場合において，準備金の額の減少の効力発生日後の準備金の額が当該日前の準備金の額を下回らないときには，資本金の場合と同様に，**株主総会の決議を要せずに，取締役の決定**(取締役会設置会社

Ⅱ-5-3-3　(71)　**当然には資本金の額の減少とならない場合**　① 新株の発行の無効の訴えに係る請求を認容する判決が確定した場合，② 自己株式の処分の無効の訴えに係る請求を認容する判決が確定した場合，③ 会社の吸収合併，吸収分割または株式交換の無効の訴えに係る請求を認容する判決が確定した場合，④ 設立時発行株式または募集株式の引受けに係る意思表示その他の株式の発行または自己株式の処分に係る意思表示が無効とされ，または取り消された場合を，資本金・資本準備金の額が減少するものと解してはならない(計規25Ⅱ・26Ⅱ2文)．これらの場合には「その他資本剰余金の額」を減少させなければならない([*Ⅱ-5-3-16*])．

Ⅱ-5-3-4　(72)　**減資差益**　資本金減少の結果，減少した資本金の額が欠損のてん補にあてた金額を超えた場合には，その超過額(減資差益)は，資本準備金にはならず，剰余金として配当財源に含まれる．

Ⅱ-5-3-6　(73)　**準備金の資本組入れ**　平成17年改正前商法では取締役会決議で行うことができた(平成17年改正前商293ノ3)．しかしこれは，株主によって不利益な計数変更であるので，会社法では，総会の普通決議を要するように改められている．

Ⅱ-5-3-7　(74)　**減少額の上限規制の廃止**　平成17年改正前商法は，資本の4分の1に相当する額を限度として法定準備金を減少することができると規定していた(平成17年改正前商289Ⅱ)．これを超えて取り崩すには先ず資本を減少させなければならず，資本制度による債権者保護の考え方に沿うものとはいい難いので，会社法は，これを**廃止**している．

第5章　会社の財務　第3節　資本金・準備金・剰余金の額の変動　**623**

にあっては取締役会の決議）により，準備金の額の減少を行うことができる（会448Ⅲ）．

　資本準備金の減少によって生じた剰余金は，減額前に持っていた資本性剰余金の性質を有しているので，資本金に計上（計規25Ⅰ①）しないときには，減少の法的効力が発生したときに，その他資本剰余金に計上し（計規27Ⅰ②．自己株式等会計基準20項・59項），利益準備金の減少によって生じた剰余金は，減額前に持っていた利益留保性の剰余金の性質を有しているので，その他利益剰余金（繰越利益剰余金）に計上する（計規29Ⅰ①．なお自己株式会計基準21項参照）．

　平成17年改正前商法は，拘束の厳しい項目から拘束の緩い項目への計数の変更（資本金または準備金の減少）については，資本取引と損益取引とを区別していたが，拘束の緩い項目から拘束の厳しい項目への計数の変動（利益の資本組入れなど）については区別していなかった（平成17年改正前商293ノ2対照）．平成21（2009）年改正前会社計算規則は，拘束の緩い項目から拘束の厳しい項目への計数の変動にも，資本取引と損益取引との区別の原則を貫き，利益準備金を減少して資本金の額を増加することはできないと規定していたが（計規48Ⅰ①は，括弧書で，資本金を増加することができる準備金を資本準備金に限定した）．会社法448条1項2号には，資本金に組み入れることができる準備金の範囲を法務省令により限定できる旨の文言はないから，法律違反である旨の指摘を受け（江頭・599頁注13・60頁注24），同年改正計算規則は，利益準備金を減少して資本金の額を増加することを認めている（計規48Ⅰ①の括弧書の削除．剰余金の資本組入れも認める．計規25Ⅰ②［Ⅱ-5-3-19］）

5-3-8　**（ウ）　会社債権者保護手続**　(a)　**総　説**　資本金または準備金の額の減少は，会社債権者の利益に重大な影響を及ぼすので，大陸法系の規則と同様に，これをするには債権者保護手続をとらなければならない．債権者保護手続は，これまで株主には払戻しをしないとしていた約束額を減少させることについての承諾手続であるが，① 減少する準備金の額の全部を資本金とする場合（会449Ⅰ括弧書），および，② 準備金のみを減少する場合であって，かつ，定時株主総会で決議し，上記の減少額が定時株主総会の日（計算書類を取締役会で確定する場合は取締役会の承認があった日．会436Ⅲ）における欠損の額として法務省令で定める方法により算定される額（ゼロかゼロから分配可能額を減じて得た額のいずれか大きい額．計規151）を超えない場合（すなわち，分配可能額がマイナスとなっている場合に，当該マイナス相当額以下の額を減少する場合）には，債権者保護手続を要しない（449Ⅰ但書．なお平成17年改正前商289Ⅰおよび会509Ⅰ②，民再183Ⅳ・会更212参照）．

5-3-9　(b)　**公告・催告**　債権者が異議を述べることができる場合には，会社は，① 資本金等の額の減少の内容，② 会社の計算書類に関する事項として法務省令で定めるもの[75]，③ 債権者が一定の期間（1ヵ月以上）内に異議を述べることができる旨

5-3-10　(75)　**計算書類に関する事項**　法務省令が定める計算書類に関する事項とは，以下の事項である

を官報で公告し,かつ,**知れている債権者には**[76],**各別にこれを催告しなければならない**(会449Ⅱ.会社の公告方法が官報である場合には,この公告は決算公告としての意義をも有する.なお会976㉖参照).ただし,その公告を,**官報に加えて時事に関する事項を掲載する日刊新聞紙または電子公告でするときは,各別の催告は不要である**(会449Ⅲ).

Ⅱ-5-3-12　(c)　**効　果**　債権者が期間内に**異議を述べなかったときは**,その債権者は,資本金等の額の減少について**承認をしたものとみなされる**(会449Ⅳ).社債権者が異議を述べるには,社債権者集会の決議(普通決議)によることが必要である(会740Ⅰ[Ⅳ-1-3-43]).これに対して,債権者が期間内に異議を述べたときは,会社は,その債権者に対し,①　**弁済し**,②　**相当の担保を提供し**,③　**その債権者に弁済を受けさせることを目的とする信託会社・信託兼営金融機関への相当の財産の信託**のいずれかをしなければならないが,資本金等の額の減少をしても当該債権者を害するおそれがない場合(会社にその立証責任がある)は,その措置は不要である(会449Ⅴ).

Ⅱ-5-3-13　(エ)　**資本金等の額の減少の効力発生時期および登記**　いずれも株主総会等で定めた効力発生日(会447Ⅰ③・448Ⅰ③・449Ⅵ①②)に効力が生ずるが,**会社債権者保護手続が終了していないときは,終了した時点である**(会449Ⅵ).そこで,効力発生日より前に手続が終了しないような場合には,会社は,いつでも効力発生日を変更することができる[77](会449Ⅶ).効力発生日の変更の決定機関については定めがないの

(計規152.規制は会施規181・188・199・208とパラレルである).公告と催告とで内容に差異はない.

①最終事業年度に係る貸借対照表またはその要旨につき公告をしている場合は,公告に係る官報の日付および頁,時事に関する事項を掲載する日刊新聞紙の名称,日付および頁,または電子公告のアドレス(会施規220Ⅰ②)
②最終事業年度に係る貸借対照表につきインターネットによる開示をしている場合には,インターネット開示のアドレス(会施規220Ⅰ①)
③決算公告を要しない次のような会社は,その旨を公告すれば足りる. ・最終事業年度に係る有価証券報告書を提出している会社(3号) ・特例有限会社[Ⅰ-1-3-31](4号) ・成立後最初の決算を終了していない会社(5号)
④債権者保護手続をする時点で,決算をしていない会社の場合には,最終事業年度に係る貸借対照表の要旨の内容

Ⅱ-5-3-11　(76)　**知れている債権者**　金銭債権者に限られないが,弁済・担保提供・財産の信託の方法により保護し得る債権を有する者に限られる.したがって,将来の労働契約上の債権,継続的供給契約上の将来の債権等の債権者は,これに含まれないと解すべきである(江頭632頁注2,青竹408頁.反対大判昭和10・2・1民集14巻75頁).

Ⅱ-5-3-14　(77)　**資本金減少の効力等**　資本金減少により変更登記がなされるが,これは効力とは無関係である(最判昭和42・2・17判時481号124頁).資本金減少の効力が発生する時点までは,株主総会の特別決議で資本金減少を撤回することが認められる(大判昭5・7・17民集9巻868頁).

第5章　会社の財務　第3節　資本金・準備金・剰余金の額の変動　**625**

で，株主総会や取締役会の決議によらず，業務執行をする者が変更を行うことも可能（取締役会においては，この点に関する取締役会の決議による包括的な委任が必要となる）と解されている（計算詳解290頁）．

　資本金の額の減少は，登記事項の変更であるから（会911Ⅲ⑤），その効力発生後2週間以内に本店の所在地において登記しなければならならない（会915Ⅰ．なお商登70参照）．これに対し，準備金の額は登記事項でない．

5-3-15　(オ)　**資本金の額減少無効の訴え**　資本金の額の減少の手続に瑕疵がある場合（株主総会決議に無効原因・取消原因があるとか，債権者異議申立手続が履行されていないなど）には，資本金減少無効の訴えをもってのみ（会828Ⅰ⑤），資本金減少を無効とすることが認められる（形成訴訟）．提訴期間は資本減少の「効力発生日」（と外形上認められる日．債権者保護手続が行われていない場合には，債権者との関係では，資本金の額の減少の登記日（911Ⅲ⑤）．解説545頁）から6カ月で（会828Ⅰ⑤），提訴権者（原告適格）は，会社の株主，取締役，執行役，監査役，清算人，破産管財人または資本金の額の減少を承認しなかった債権者（知れている債権者で必要な個別催告を受けなかった者を含む）である（会828Ⅱ⑤）．被告は会社である（会834⑤）．資本金減少を無効の訴えは「会社の組織に関する訴え」に属している（なお会937Ⅰ①ニ参照）．これに対し**準備金については無効の訴えの制度は存在していない**．

5-3-16　**(3)　その他資本剰余金の減少**　(a) ① **自己株式処分差損**（自己株式会計基準10項）および株式の無償割当ての際の自己株式の処分（計規16Ⅱ），② **剰余金の配当**（計規23），③ **自己株式の消却**（計規24Ⅲ），④ 吸収型組織再編に際してその他資本剰余金の額を減少する場合（計規35Ⅱ・36Ⅰ・37Ⅱ）のほか，その他資本剰余金は，⑤ **資本金・資本準備金への組入れ**（計規23Ⅰロ・27Ⅱ①②．会445Ⅳ・450・451）および⑥「**その他資本剰余金の額を減少すべき場合**[78]」（計規27Ⅱ③）に減少する．⑤の場合には，例外なく，株主総会（会450Ⅱ・451Ⅱ）の普通決議（会309Ⅰ）が必要である．これは，株主に不利益な行為であるからであるが，債権者には有利なので，**債権者保護手続は不要である**．

5-3-18　(b) 払込資本に係る各項目のマイナス表示は認められないので，その他資本剰余金を減少させることによって，そのような事態になるときは，その部分を他の資本剰余金から減少せずに，その他利益剰余金から減少することができる（計規27Ⅲ．なお自己株式会計基準12・40〜43項参照）．

5-3-19　**(4)　その他利益剰余金の減少**　① 計算規則27条3項による**その他資本剰余金のマイナス部分の吸収**（計規29Ⅲ．計規14Ⅱ②・17Ⅱ②・18Ⅱ②），② **剰余金の配当**（計規23

5-3-17　(78)　その他資本剰余金の額を減少すべき場合　［Ⅱ-5-3-16］に挙げた例のほか，自己株式の処分差損（自己株式会計基準6項・40項参照）やいわゆる「損失の処理」として，その他資本剰余金の額を減額して，その他利益剰余金のマイナスを埋める場合が当たる（自己株式会計基準60項参照）．

②イ)，③ 吸収型組織再編に際してその他利益剰余金の額を減少すべき場合(計規35Ⅱ・37Ⅱ)，④ 利益準備金への積立て(計規23②ロ・29Ⅱ①) および，⑤ 当期純損失金額の発生の場合(計規29Ⅱ③)等にその他利益剰余金の額が減少する(計規29Ⅱ④)。なお，平成21 (2009)年改正計算規則により「その他資本剰余金」の限定が削除されたことから，その他利益剰余金を減少して資本金の額を増加することが可能となった(計規29Ⅱ①)。

Ⅱ-5-3-20　(5) **剰余金の処分**　株主総会の決議により，剰余金の処分，すなわち社外への財産流出を伴わない，**剰余金内部の計数の変更を行うことができる**(会452)。具体的には任意積立金の積立て・取崩し，その他利益剰余金がマイナスである場合にその他資本剰余金で埋め合わせをすることなどである(計規153Ⅰ参照)。

　もっとも，① 法令・定款の規定により剰余金の項目に係る額の増加または減少をすべき場合(計規153Ⅱ①．税法上の圧縮積立金の積立てなど)，② 株主総会の決議によってある剰余金の項目に係る額を増加しまたは減少した場合に，その決議の定めに従って減少または増加すべきときは，改めて決議を要しない(計規153Ⅱ②)。

2　資本金・準備金・剰余金の額の増加

Ⅱ-5-3-21　(1) **資本金の額の増加**　株式会社は，① 株式の発行の際の出資の履行のほか(会445Ⅰ．計規13Ⅰ・14Ⅰ・17Ⅰ・18Ⅰ)，② 吸収合併，吸収分割または株式交換の際の株式の交付または資本金額の引継ぎによる資本金の額の増加の場合(会445Ⅴ．計規35Ⅱ，36・37Ⅱ・38・39Ⅱ)，③ 準備金の額の減少(会448Ⅰ②．計規25Ⅰ① [Ⅱ-5-3-5])，④ 剰余金の減少により資本金の額を増加する(会450．計規25Ⅰ②)〔英米 increase of share capital：独 Kapitalerhöhung：仏 augmentation du capital：伊 aumento del capitale：西 aumento del capital〕。

　④の場合には，株主総会決議(普通決議．会309Ⅰ)により，(イ)減少する剰余金の額および(ロ)資本金の額の増加の効力発生日を定めなければならない(会450Ⅰ)。(イ)の額は効力発生日の剰余金(その他資本剰余金)の額を超えてはならない(会450Ⅲ)。③の原資は資本準備金に限らず，④の原資はその他資本剰余金に限られない([Ⅱ-5-3-5]参照)。

Ⅱ-5-3-22　(2) **準備金の額の増加**　(a) **資本準備金の額の増加**　① 株式の発行の際の出資の履行の場合(会445Ⅲ．計規13Ⅰ・14Ⅰ・17Ⅰ・18Ⅰ)，② 合併，会社分割，株式交換の際に資本準備金の額を増加する場合(会445Ⅴ．計規36Ⅰ・37Ⅱ・38Ⅰ・39Ⅱ)，③ 剰余金の配当に際し資本準備金を計上しなければならない場合(会445Ⅳ．計規22Ⅰ [Ⅱ-5-4-60])および④ **資本金の額または剰余金**(その他資本剰余金)**の額を減少させて資本準備金を増加させた場合**(会447Ⅰ② [Ⅱ-5-3-2]・451 [Ⅱ-5-3-16])に資本準備金の額が増加する(計規26Ⅰ)。

Ⅱ-5-3-23　(b) **利益準備金の額の増加**　① 吸収合併，吸収分割の際に利益準備金の額を増

加する場合（会445Ⅴ，計規36Ⅰ・38ⅠⅡ），② **剰余金の配当**に際し利益準備金を計上しなければならない場合（会445Ⅳ，計規22Ⅱ）および③ **剰余金**（その他利益剰余金）**の額を減少**させて利益準備金を増加させた場合（会451［*Ⅱ-5-3-19*］）に利益準備金の額が増加する（計規28Ⅰ）．

5-3-24　(3)　**その他資本剰余金の増加**　その他資本剰余金は，① 募集株式の募集，新株予約権の行使，取得条項付新株予約権の取得の際の自己株式の処分差益（計規14Ⅱ①・17Ⅱ①・18Ⅱ①・40Ⅰ．自己株式会計基準5項・37項参照），② 単元未満株式の売渡請求［*Ⅱ-2-1-122*］に応じ自己株式の処分差益が生じた場合（計規19Ⅱ［*Ⅱ-5-2-101*］），③ 分配可能額を超えて自己株式を取得したことによる責任の履行の際に生じた自己株式差益額（計規20Ⅱ［*Ⅱ-5-2-102*］），④ 不足額てん補責任（会52Ⅰ［*Ⅱ-1-10-2*］・212Ⅰ［*Ⅱ-3-2-64*］・285Ⅰ［*Ⅱ-3-3-95*］）が履行された場合（計規21），⑤ 吸収型再編の際に存続会社等の資本剰余金の額を増加すべき場合（計規35Ⅱ［*Ⅴ-1-4-151*］・36ⅠⅡ・37ⅠⅡ・38ⅠⅡ・39Ⅱ），⑥ 資本金の減少額のうち欠損填補・資本準備金への組入れに使用されなかった場合（計規27Ⅰ①［*Ⅱ-5-3-4*］），⑦ 資本準備金の減少額のうち欠損填補・資本金への組入れに使用されなかった場合（計規27Ⅰ②）に増加する（計規27Ⅰ）．

5-3-25　(4)　**その他利益剰余金の増加**　その他利益剰余金は，① **吸収型再編に際して相手方会社から引き継ぐ場合**（計規36ⅠⅡ・38ⅠⅡ），② **利益準備金の取崩しの場合**（会448，計規29Ⅰ①［*Ⅱ-5-3-5*］），③ **当期純利益金額が生じた場合**（計規29Ⅰ②）および④ **その他利益剰余金の額を**「**増加すべき**」**場合**（計規29Ⅰ③）に増加する．いわゆる「損失の処理」として，その他資本剰余金を減額し，その他利益剰余金のマイナスを埋めるような場合は④に当たる（逐条解説147頁．なお省令の解説78頁，自己株式会計基準61項参照）．

第4節　剰余金の配当

第1款　計算関係書類・事業報告の作成手続と監査

5-4-1　(1)　**総　説**　取締役（取締役会非設置会社で代表取締役を定めていない場合．会349Ⅰ），代表取締役（取締役会非設置会社で代表取締役を定めているか取締役会設置会社の場合．会349Ⅲ・363Ⅰ①）または代表執行役（委員会設置会社．会420Ⅰ）は——会計参与設置会社においては会計参与と共同して（会374Ⅵ）——**各事業年度に係る計算書類およびその附属明細書**（会374ⅠⅥ），ならびに**各事業年度に係る事業報告およびその附属明細書**を作成しなければならず（会435Ⅱ．会計参与は事業報告およびその附属明細書の作成には関与しない．会374Ⅰ），場合によっては臨時計算書類や連結計算書類を作成しなければならない場合もある．上場会社は，事業年度もしくは四半期累計期間または連結会計年度もしくは四半期連結累計期間に係る決算の内容が定まった場合には，直ちにそ

の内容を開示しなければならない(決算短信　東京金融商品取引所有価証券上場規定404).

会社の機関が取締役のみの会社にあっては，監査機関がないので，計算書類等は，監査機関の監査を受ける必要はない．**監査機関がある会社にあってはその監査**(監査役(会)設置会社にあっては監査役(会)の監査，会計監査人設置会社にあっては会計監査人および監査役(会)または会計監査人および監査委員会の監査)**を受けなければならない**(会436ⅠⅡ．計規121Ⅰ)．その上で，取締役会設置会社においては，**監査機関の監査を受けた計算書類，事業報告およびこれらの附属明細書につき取締役会の承認を受けなければならない**[79](会436Ⅲ)．会社が**臨時計算書類**を作成する場合も，事情は同様であり，監査機関があれば監査機関による監査を受け[80](会441Ⅱ．計規121Ⅰ)，取締役会設置会社においては，監査機関の監査を受けた臨時計算書類が取締役会により承認されなければならない(会441Ⅲ)．**連結計算書類も同様であって**，連結計算書類作成会社の場合には，作成された連結計算書類は(会444Ⅰ〜Ⅲ)，会計監査人および監査役(会)(会計監査人設置会社のうち委員会設置会社を除く)または会計監査人および監査委員会(委員会設置会社の場合)の監査の監査を受け(会444Ⅳ．計規121Ⅰ)，取締役会設置会社においては，監査機関の監査を受けた連結計算書類は取締役会による承認を受けなければならない(会444Ⅴ)(**表24**参照)．

表24　計算書類の作成から公告までの手続

	取締役のみの会社	監査役(会)設置会社	会計監査人設置会社
計算書類等の作成	435ⅡⅢ	435ⅡⅢ	435ⅡⅢ
会計監査人の監査			・計算関係書類の監査(436Ⅱ①)
監査役の監査(委員会設置会社以外)		・計算書類・事業報告・それらの附属明細書の監査(436Ⅰ)	・計算関係書類の監査(436Ⅱ①) ・事業報告・その附属明細書の監査(436Ⅱ②)

Ⅱ-5-4-2　(79)　**会社法以前の法律状態**　会社法制定以前には，委員会等設置会社以外の会社にあっては，代表取締役が毎決算期に計算書類とその附属明細書を作成し，取締役会の承認を受けた後に(平成17年改正前商281Ⅰ)，大会社であれば会計監査人および監査役会の監査(旧商特12〜14)，中会社・小会社であれば監査役の監査を受けなければならない(平成17年改正前商281ノ2・281ノ3)のに対し，委員会等設置会社では，取締役会が指定した執行役が計算書類とその附属明細書を作成するが，取締役会の承認を受けるのは(旧商特21の26Ⅰ・21の32Ⅱ)，会計監査人および監査委員会の監査を受けた後であった(旧商特21の26Ⅳ・21の30・21の32Ⅱ)．委員会等設置会社では，監査委員会は取締役会の内部機関であるから，取締役会が承認したものを監査委員会が監査するということはつじつまが合わなかったからである．会社法は，後者の方式に統一している．

Ⅱ-5-4-3　(80)　**監査役の監査を欠いた総会決議の効力**　監査役の監査を欠いたまま計算書類を承認した総会決議の効力については，有効説(曽野・判批・商事法務159号13頁)，無効説(新山・判批・判評267号179頁)および取消説(東京高判昭和53・11・14民集33巻7号709頁)が対立している．取消説が多数説(森・判批・法学セミナー434号126頁)である．有効説は，監査は命令規定であっ

監査委員会の監査（委員会設置会社）			・計算関係書類の監査（436Ⅱ①） ・事業報告・その附属明細書の監査（436Ⅱ②）
取締役会の承認		436Ⅲ	436Ⅲ
総会招集通知での提供	不要（437）	437，計規133Ⅰ② ・会施規133Ⅰ	計規133Ⅰ③
計算書類等の備え置き	1週間前（442ⅠⅡ）	取締役会設置会社2週間前（それ以外は1週間前）（442ⅠⅡ）	2週間前（442ⅠⅡ）
定時株主総会への計算書類等の提出	438Ⅰ④	438Ⅰ①	438Ⅰ②
定時株主総会の承認	438Ⅱ	438Ⅱ	適正意見がある場合には報告（439），不適正意見のときは承認（438Ⅱ）．
計算書類の公告	440Ⅰ〜Ⅲ	440Ⅰ〜Ⅲ	440Ⅰ〜Ⅲ例外Ⅳ

「計算書類の監査」は，金融商品取引法と異なり，職業的専門家以外の監査役により行われる場合もあるし，臨時計算書類に係る監査のように，会計監査人が行う監査であっても，監査基準が定まっていないものがあるので，**会社法における「計算書類の監査」は，公認会計士法2条1項に規定する監査にとどまらず，より広く，計算関係書類**（計規2Ⅲ③［Ⅱ-5-2-1］）**に表示された情報とこれに表示すべき情報との合致の程度を確かめ，かつ，その結果を利害関係人に伝達するための手続を含む**（計規121Ⅱ）．したがって，一定の水準以上のものが要求されるものではなく，監査の対象となる計算書類の種類，監査を行う者の能力等をも踏まえて，具体的な場面に応じた水準が要求される（省令の解説95頁）．監査報告は，会社債権者の閲覧にも供されるので，株主・役員のほとんどが外国人の会社においても日本語により作成されることが必要である（江頭483頁注8）．

5-4-4　**(2) 監 査 報 告　(ア) 会計監査人設置会社以外の会社の場合　(a) 監査役**（監査

て，株主がみずからその利益を放棄することは差し支えないことを根拠とする．無効説は，監査役監査は，株主の利益だけでなく，会社債権者の利益やひいては国民経済的な秩序利益に関わっていること，および監査が行われなかったという瑕疵は，総会へ提出される以前のいわば決議の対象そのものの瑕疵であり，むしろ内容に関する瑕疵といえることを根拠とする．これに対し取消説は手続の瑕疵であることを根拠とする．省令は，監査報告が期日までに通知されないときには，「監査を受けたものとみなし」た上で（計規124Ⅱ・132Ⅲ，会施規132Ⅲ），定時総会の招集通知の際には，監査報告の代わりに，「監査を受けたものとみなす」旨の記載（記録）をした書面（電磁的記載）が提供されることにしている（計規133Ⅰ②ハ・③ヘ，会施規133Ⅰ②ハ）．会計監査人の監査（計規130Ⅲ・133Ⅰ③ニ）・監査委員会の監査（計規129Ⅰ②・会施規132Ⅲ・Ⅴ③・133Ⅰ②ハ）も同様である．そこでこのような書面（電磁的記載）が提出された場合には，総会の判断に委ねたと解する余地もあるが，会社法下でも取消説をとるべきである．

役会)の監査報告の作成および通知期限　(α) 会計監査人設置会社以外の会社のうち監査役(会)設置会社の場合には，**監査役は**，計算関係書類(ここでは成立の日における貸借対照表を除く．計規121 I)を受領したときは計算関係書類に係る**監査報告を作成**し(計規122 I．なお会436 I・441 II・444 IV，会施規116参照)，事業報告(なお会施規73 IV参照)およびその附属明細書を受領したときは事業報告に係る**監査報告を作成しなければならない**(会施規129 I)．ただし，**監査役の権限が会計監査に限定される監査役**(非公開会社かつ監査役会非設置会社・非委員会設置会社)の場合は(会2⑨・389 I [II-4-8-26]参照)，業務監査の権限がないので，事業報告を監査する権限がないことを明らかにした**監査報告を作成しなければならない**(会施規129 II)．また，**監査役会設置会社**では，**監査役が作成した監査報告に基づいて，監査役会は監査役会の監査報告**(監査役会監査報告)**を作成する**ので(計規123 I・会施規130 I．なお計規128 I参照)，その監査報告には，自己の「監査の方法およびその内容」に加えて「監査役の監査の方法および内容」が記載事項に追加されている[II-4-9-2]．

　監査報告の作成・提供方法については，特に規制を設けていないので，各監査役の監査報告を形式上1通の監査報告書という形にまとめて書面を作成することも，各事業年度に係る計算書類およびその附属明細書の監査報告と事業報告とを1通の監査報告としてすることもできる．監査役会設置会社においては，各監査役の監査報告と監査役会の監査報告を物理的に1通の監査報告書にまとめることも(省令の解説95頁．反対秋坂402頁)，各監査役の監査報告をまとめて記載した監査報告書と，株主に提供される監査役会の監査報告を記載した監査報告書の2通を作成することなども許される．

II-5-4-5　(β) **特定監査役は，特定の日までに**(表25．通知の法定期限の遅れは，当然には計算書類承認決議の取消事由となるものではない．以下同じ)，**特定取締役に対し，監査報告**(監査役会設置会社にあっては監査役会監査報告)**の内容を通知しなければならない**[81](計規124 I，会施規132 I)．通知方法については特に規制を設けていないので，適宜の方法で行えば足りる(省令の解説96頁)．個別計算書類に関する**監査報告の提出期限を当事者の合意で定めることも認められるが**(計規124 I①ハ・②ロ，会施規132 I③)，これは，**監査報告が何らかの理由で監査期間内に作成されない場合に，監査期限を伸長しようとするものであって，監査期間の短縮を認めるものではない**(省令の解説97頁．もっとも監査期限前に監査が終了すれば，合意の有無にかかわらず，手続を前倒しして進めることができる)．

II-5-4-6　(81)　**改正前の法律状態**　改正前商法・旧商法特例法は，計算書類を監査役等に提出する期日を，定時株主総会の期日を起点として，会社により8週間前(旧商特12 I II・21の27 I II)，7週間前(改正前商281ノ2 I II)あるいは5週間前(旧商特23 I II，旧有43 II)と規定していたため，監査が早期に完了しても定時総会を開催することができなかった．しかし各監査機関に確保されるべき監査期間以外に，定時総会の開催時期を拘束するような規定を設ける必要はないので，会社法は本文のような規制に改めている(省令の解説96頁)．もっとも監査期間は，合意により定めた日を除き，平成17年改正前商法等の規制と同じである．

第5章 会社の財務 第4節 剰余金の配当 631

表25 通知期限

各事業年度に係る計算書類・その附属明細書についての監査報告／事業報告・その附属明細書についての監査報告（計規124Ⅰ①・会施規132Ⅰ）	次に掲げる日のいずれか遅い日 (イ) 当該計算書類の全部（事業報告）を受領した日から4週間を経過した日 (ロ) 当該計算書類の附属明細書（事業報告の附属明細書）を受領した日から1週間を経過した日 (ハ) 特定取締役および特定監査役の間で合意した日
臨時計算書類についての監査報告（計規124Ⅰ②）	次に掲げる日のいずれか遅い日 (イ) 当該臨時計算書類の全部を受領した日から4週間を経過した日 (ロ) 特定取締役および特定監査役の間で合意した日

5-4-7 (γ) ここで**特定監査役とは，監査報告の内容を特定取締役に対して通知することおよび特定取締役と監査期限の伸長について合意することを役割の1つとする監査役である**．例えばすべての監査役が通知しなければならないということでは煩雑であるため，このような概念が定められている．具体的には，株式会社の区分に応じ，表26に示された者である（計規124Ⅴ，会施規132Ⅴ）．会社計算規則124条5項2号イ・会社法施行規則132条5項2号イの**特定監査役は，特定取締役と異なり，監査役会の決議によって定めなければならない**（決議で内規を定めることは可能）．

表26 特定監査役

監査役設置会社（監査役の監査の範囲を会計に関するものに限定する旨の定款の定めがある株式会社を含む．計規124Ⅴ①は監査役会設置会社および会計監査人設置会社を除き，会施規132Ⅴ①は監査役会設置会社を除く）	次のイからハまでに掲げる場合の区分に応じ，当該イからハまでに定める者 イ 2以上の監査役が存する場合において，監査報告の内容の通知をすべき監査役を定めたとき 当該通知をすべき監査役として定められた監査役 ロ 2以上の監査役が存する場合において，監査報告の内容の通知をすべき監査役を定めていないとき すべての監査役 ハ イまたはロに掲げる場合以外の場合 監査役
監査役会設置会社（計規124Ⅴ②，会施規132Ⅴ②）	次のイからロに掲げる場合の区分に応じ，当該イまたはロに定める者 イ 監査役会が監査報告の内容の通知をすべき監査役を定めた場合 当該通知をすべき監査役として定められた監査役 ロ イに掲げる場合以外の場合 すべての監査役
委員会設置会社（計規130Ⅴ③，会施規132Ⅴ③）	イ 監査委員会が監査報告の内容の通知をすべき監査委員を定めた場合 当該通知をすべき監査委員として定められた監査委員 ロ イに掲げる場合以外の場合 監査委員のうちいずれかの者

5-4-8 (δ) **特定取締役は，監査役から監査報告の内容の通知を受けるとともに，監査役と監査報告期限の伸長の合意権限を有する者**であって，具体的には，① 監査報告の内容の通知を受ける者として定められた取締役，② それ以外の場合には，監査を受けるべき計算関係書類の作成に関する職務を行った取締役，③ 会計参与設置会社の場合には ①②の取締役および**会計参与**であり（計規124Ⅳ），④ 事業報告およびその附属明細書の場合には，（ⅰ）監査報告の内容の通知を受ける者として定

められた取締役，(ii) それ以外の場合には，事業報告およびその附属明細書の作成に関する職務を行う取締役または執行役をいう (会施規132Ⅳ)．特定取締役は，重要な業務執行に当たらないので，取締役会の決議によって定める必要は必ずしもなく，**互選その他の適宜の方法をもって定めれば足りる** (省令の解説60頁)．

Ⅱ-5-4-9 (b) 監査報告の内容 (a) 計算関係書類に係る監査役の監査報告および監査役会の監査報告の記載事項は，① 監査の方法およびその内容 (監査役会の監査報告では，監査役会の監査の方法およびその内容に加えて監査役の監査の方法およびその内容を記載する)，② 計算関係書類が会社の財産および損益の状況をすべての重要な点において適正に表示しているかどうかについての意見，③ 監査のため必要な調査ができなかったときは，その旨およびその理由，④ 追記情報 (ア 正当な理由による会計方針の変更，イ 重要な偶発事象，ウ 重要な後発事象 ([Ⅱ-5-2-146] 参照)，エ その他の事項であって，監査役の判断に関して説明を付す必要がある事項または計算関係書類の内容のうち強調する必要がある事項．計規122Ⅱ) および ⑤ 監査報告を作成した日であり (計規122Ⅰ・123Ⅱ．監査役会設置会社の監査役の監査報告では⑤は記載不要)，会計監査人の監査報告 (計規126Ⅰ [Ⅱ-5-4-15]) とほぼ同一である．監査役には独任制が採られているので，**監査役会監査報告の内容が監査役の監査役報告の内容と異なる場合には，各監査役の監査役監査報告の内容を監査役会監査報告に付記することができる** (計規123Ⅱ・会施規130Ⅱ)．

Ⅱ-5-4-10 (β) 事業報告に係る監査役または監査役会の監査報告の内容 その内容は，同一で，① 監査の方法およびその内容，② 事業報告およびその附属明細書が法令または定款に従い株式会社の状況を正しく示しているかどうかについての意見，③ 取締役 (当該事業年度中に会社が委員会設置会社であった場合にあっては執行役を含む) の職務の遂行に関し，不正の行為または法令もしくは定款に違反する重大なる事実があるときは，その事実，④ 監査のために必要な調査ができなかったときは，その旨およびその理由，⑤ 内部統制システムの整備についての決定または決議がある場合において，当該事項 (会施規118② [Ⅱ-5-2-150]) の内容が相当でないと認めるときは，その旨 (内容が適切か，運用が適切か，それらが事業報告において適切に開示されているかという観点から判断される．省令の解説58頁) およびその理由，⑥ 会社の支配に関する基本方針 (会施規127 [Ⅱ-5-2-160]) が事業報告の内容となっているときは，その事項についての意見，⑦ 監査報告を作成した日である (会施規129Ⅰ・130Ⅱ．監査役会設置会社の監査役の監査報告では⑦の事項は不要)．

Ⅱ-5-4-11 (c) 監査の完了 ① 監査役会が監査役会監査報告を作成する場合には，監査役会は，1回以上，**会議を開催する方法または情報の送受信により同時に意見の交換をすることができる方法** (電話，テレビ・インターネット) により，監査役会監査報告の内容 (監査役会監査報告の付記を除く) を審議しなければならない (計規123Ⅲ．会施規130Ⅲ．なお計規128Ⅲ参照)．監査報告の最終的決定は，持ち回り決議等も許される (省令の解説59・102頁，弥永・コンメンタール683頁)．

第5章　会社の財務　第4節　剰余金の配当　**633**

5-4-12　② 特定取締役が計算関係書類・事業報告およびそれらの附属明細書に関する監査報告の内容の通知を受けた日に，監査役の監査を受けたものとされる（計規124Ⅱ，会施規132Ⅱ）．監査役が通知をすべき日までに監査報告の通知をしない場合には，その通知をすべき日に，監査役の監査を受けたものとみなされ（計規124Ⅲ・会施規132Ⅲ），その時点で監査手続は終了する．したがって，提供すべき監査報告が存しないので（なお会437参照），その旨を記載した書面等を提供すれば足りる（計規133Ⅰ②ハ，会施規133Ⅰ②ハ）（省令の解説98頁）．

5-4-13　(ロ) **会計監査人設置会社の場合**　会計監査人設置会社にあっては，最初に会計監査人の監査を受け，次いで監査役（監査役会設置会社においては監査役会，委員会設置会社においては監査委員会）の監査を受ける．

5-4-14　(a) **会計監査人の監査報告の作成・その内容および通知**　(α) 作成・通知期限　会計監査人設置会社においては，計算関係書類（計規2Ⅲ③）を作成した取締役（委員会設置会社にあっては執行役）は，会計監査人に対して計算関係書類を提供しようとするときは，**監査役**（委員会設置会社にあっては，**監査委員会の指定した監査委員**）**に対しても計算関係書類を提供しなければならない**（計規125．なお会436Ⅱ①②・444Ⅳ参照）．

① 会計監査人は，受け取った計算関係書類を監査し（会436Ⅱ①），その監査報告（会計監査報告）を作成し（計規126），**通知期限**（計規130Ⅰ．表27参照）までに，**特定監査役**（計規130Ⅴ）および**特定取締役**（計規130Ⅳ参照）**に対し，その内容を通知しなければならない**（計規130Ⅰ）．**会計監査人は会計監査の権限しかないので，事業報告の監査は行わない**．連結計算書類に係る会計監査報告の通知期限については，他の場合と異なり，合意によって短縮することが認められている．これは，連結計算書類の作成には時間を要するため，その会計監査人への提供時期は，計算書類，その附属明細書の提供時期より遅れることがあり，それにもかかわらず会社が連結計算書類に係る会計監査報告等を定時株主総会の招集通知に添付しようとする場合には，会計監査人に監査期間を短縮してもらう必要があるからである（江頭543頁注8）．

会計監査人が行う監査の方法や基準については定めがないので，一般に公正妥当

表27　通 知 期 限

各事業年度に係る計算書類およびその附属明細書についての会計監査報告	次に掲げる日のいずれか遅い日 (イ)　当該計算書類の全部を受領した日から4週間を経過した日 (ロ)　当該計算書類の附属明細書を受領した日から1週間を経過した日 (ハ)　特定取締役，特定監査役および会計監査人の間で合意した日
臨時計算書類についての監査報告	次に掲げる日のいずれか遅い日 (イ)　当該臨時計算書類の全部を受領した日から4週間を経過した日 (ロ)　特定取締役，特定監査役および会計監査人の間で合意した日
連結計算書類についての会計監査報告	当該連結計算書類の全部を受領した日から4週間を経過した日（特定取締役会，特定監査役および会計監査人の間で合意により定めた日がある場合にあっては，その日）

と認められる監査基準に従って行うことになる（会431）．

② ここで**特定監査役**とは，会計監査人から会計監査報告の内容の通知を受けること（計規130Ⅴ），監査報告の内容を特定取締役および会計監査人に対し通知すること（計規132Ⅰ），および会計監査人・特定取締役との間で監査役の監査期限の伸長について合意する役割を有する監査役である．誰が特定監査役となるかは**表26**と同様である（計規130Ⅴ[*Ⅱ-5-4-7*]）．**委員会設置会社にあっては必ずその決議により，会計監査報告の内容の通知を受ける監査委員を指定しなければならない．この指定がされない場合には，監査報告の通知をする監査委員が存しないこととなる．**

③ ここで**特定取締役**とは，会計監査人から会計監査報告の内容の通知を受けるとともに，会計監査人の会計監査報告期限の伸張の合意権限を有する者であるが，通知受領者と定められた取締役がいるときは，その取締役（業務執行取締役内部の役割分担の問題であるので，必ずしも取締役会の決議で定める必要はない．論点460頁），定められていない場合には，計算関係書類の作成に関する職務を行った**取締役・執行役**である（計規130Ⅳ①②）．会計参与設置会社では，これらの者に加えて，会計参与が必ず，特定取締役に含まれる（計規130Ⅳ括弧書）．

Ⅱ-5-4-15 **(β) 監査報告の内容** 会計監査人の会計監査報告の内容は**表28**の通りである（計規126Ⅰ．なお「財務諸表等の監査証明に関する内閣府令」4，日本公認会計士協会「監査報告書作成に関する実務指針」Ⅳ参照）．新しく「除外事項を付した限定付適正意見」および「意見不表明」が認められている[82][83]．

Ⅱ-5-4-16 [82] **不適正意見が記載されていた場合** 不適正意見が記載されていた場合，取締役会は，不適正意見が付された計算書類等を承認する（会436Ⅲ）ことも，承認しないこともできる．① 承認した場合には，会社法439条の適用はないので，計算書類等は定時総会で承認を受けることが必要である（会438Ⅱ）．承認があっても，貸借対照表の公告（会440Ⅰ）において不適正意見があった旨が公告される（計規148③）．② 承認しない場合には，株主に計算書類等を提供することができないので（会437），定時総会を開催できない．取締役等は，計算書類等を修正したうえ，会計監査人および監査役の監査を受ける必要がある．修正された計算書類等につき会計監査人の適正意見が付され，会社法439条の要件を満たせば，取締役会の承認により計算書類は確定し，定時総会に報告される．貸借対照表の公告において不適正意見があった旨を公告する必要はない．

Ⅱ-5-4-17 [83] **重要な後発事象** 旧商法施行規則129条では，会計監査人は，営業報告書に記載がない後発事象について取締役から報告があったときは，その事実を記載することとされていたが，会社計算規則では，重要な後発事象は，すべて個別注記表または連結注記表において注記すべきものとされているので（計規114[*Ⅱ-5-2-146*]），追記情報において明らかにすべき重要な後発事象とは，注記表に適切な注記が行われている重要な後発事象のうち，利害関係人の判断を誤らせないために特に明らかにすることが必要であると認められる事項に該当すると会計監査人が判断した場合において，当該事実を明らかにすることである．したがって，注記表に注記されていない重要な後発事象が取締役等から報告があって場合には，これを注記させるなど適切な修正をさせるべきであり，仮に注記表においてそのような注記がなされない場合には，追加情報として明らかにするのではなく，除外事項として明らかにすべきこととなる（省令の解説100頁．なお日本公認会計士協会「後発事象に関する監査上の取り扱い」参照）．

第5章　会社の財務　第4節　剰余金の配当　**635**

表28　会計監査報告の内容

会計監査人の監査の方法およびその内容		
計算関係書類が当該株式会社の財産および損益の状況をすべての重要な点において適正に表示しているかどうかについての意見　具体的には		
無限定適正意見	監査の対象となった計算関係書類が一般に公正妥当と認められる企業会計の慣行に準拠して，当該計算関係書類に係る期間の財産および損益の状況をすべての重要な点において適正に表示していると認められる旨	監査基準第四，三・六，1参照
除外事項を付した限定付適正意見	監査の対象となった計算関係書類が除外事項を除き一般に公正妥当と認められる企業会計の慣行に準拠して，当該計算関係書類に係る期間の財産および損益の状況をすべての重要な点において適正に表示していると認められる旨ならびに除外事項	監査基準第四，四，1・五，1・六，2参照
不適正意見	監査の対象となった計算関係書類が不適正である旨およびその理由	監査基準第四，四，2・六，2・4参照
意見不表明	その旨およびその理由	監査基準第四，五，2および3・六，3参照
追記情報　①継続企業の前提に係る事項［Ⅱ-5-2-133］，②正当な理由による会計方針の変更，③重要な偶発事象④重要な後発事象，⑤その他の事項であって，会計監査人の判断に関して説明を付す必要がある事項または計算関係書類の内容のうち強調する必要がある事項（なお財務諸表等の監査証明に関する内閣府令4Ⅴ，監査基準第四，七，日本公認会計士協会「正当な理由による会計方針の変更」参照）		
会計監査報告を作成した日		

　なお，事業年度に係る計算書類（その附属明細書を含む）の監査をする時における過年度事項（当該事業年度より前の事業年度に係る計算書類に表示すべき事項をいう）が会計方針の変更その他の正当な理由により前の事業年度に係る定時株主総会において承認または報告をしたものと異なるものに**修正されている場合**において，当該事業年度に係る計算書類が当該修正後の過年度事項を前提として作成されているときは，当期の決算手続の問題となるので（省令の解説103頁），会計監査人は，当該修正に係る事項をも，監査しなければならない．臨時計算書類および連結計算書類についても，同様である（計規126Ⅲ．なお計規133Ⅲ参照）．どのような場合に，過年度事項の修正を前提として当事業年度，当臨時会計年度，当連結会計年度の計算関係書類を作成することができるかは，企業会計慣行をしん酌して判断される．

(γ)　**監査の完了**　特定監査役（委員会設置会社にあっては監査委員会が指定した監査委員）および特定取締役が会計監査人から会計監査報告の内容の通知を受けた日に，会計監査人の監査を受けたものとされる（計規130Ⅱ）．**計算関係書類の監査期間は，合意によって短縮することができない**が，期間満了前に終了すれば，特定取締役・特定監査役に会計監査報告の内容を通知し，手続を前倒しして進行することができる（計算詳解107頁）．通知期限までに通知がないときには，特定取締役は，特定取締

役・特定監査役・会計監査人間の合意により，監査期限を伸長するか(計規130Ⅰ①ハ・②ロ・③)，会計監査人の監査を受けたものとみなして(計規130Ⅲ)，その後の手続を続行するかを選択することとなる．後者が選択されたときは，監査役は監査報告で会計監査報告を受領していない旨だけを明らかにすれば足りる(計規127②括弧書)．

Ⅱ-5-4-19　(δ) 特定監査役への通知　会計監査人は，特定監査役(委員会設置会社にあっては監査委員会が指定した監査委員)に対する会計監査報告の内容の通知に際して，① 独立性に関する事項その他監査に関する法令および規程の遵守に関する事項，② 監査，監査に準ずる業務およびこれらに関する業務の契約の受任および継続の方針に関する事項，③ 会計監査人の職務の遂行が適正に行われることを確保するための体制に関するその他の事項(なお監査に関する品質管理基準参照．当該事項に係る定めがない場合にあっては，その事項を定めていない旨)を通知しなければならない(計規131)．これは，会計監査人の内部統制ともいうべき事項である．会計監査人設置会社の監査役等の役割は，会計監査人の会計監査が適切な方法・体制で遂行されているか監査する点にあるから(計規127④・128Ⅱ②・129Ⅰ②)，その判断の参考にしようとするものである．ただし，会計監査人との監査契約の締結の際に通知を受ける等で，すべての監査役(委員会設置会社にあっては，監査委員会)が既に当該事項を知っている場合は，別途の通知を要しないとされている(計規131但書)．

Ⅱ-5-4-20　(b) 監査役(監査役会・監査委員会)の監査報告の作成・内容および通知　(a) 通知期限　会計監査人設置会社の監査役(会327Ⅲ)，監査役会設置会社にあっては監査役会，委員会設置会社にあっては監査委員会は，①「計算関係書類および会計監査報告(会計監査人が通知すべき日までに通知をしない場合には計算関係書類)を受領したとき」は，各々，監査を行い(会436Ⅱ①)，その監査報告を作成し(計規127・128Ⅰ・129Ⅱ)，② 事業報告およびその附属明細書を受領したときは，各々，監査を行い(会436Ⅱ②)，その監査報告を作成しなければならない(会381Ⅰ．施規129Ⅰ・130Ⅰ・131Ⅰ)．監査役会の監査報告は，監査役の監査報告に基づいて作成される(計規128Ⅰ，会施規130Ⅰ)．監査役は，一般に公正妥当と認められる監査基準に従って，監査を行わなければならない(会431)．

特定監査役(計規130Ⅴ)は，通知期限(表29)までに，① 計算関係書類に係る監査報告の内容については，特定取締役および会計監査人に対し，通知し(計規132Ⅰ)，② 事業報告等に係る監査報告の内容については，特定取締役に対し，通知しなければならない(会施規132Ⅰ)．この場合，②の監査報告が会計監査人に通知されないのは，会計監査人に業務監査の権限がないからである．

表29　通　知　期　限

| 連結計算書類以外の計算関係書類についての監査報告 | 次に掲げる日のいずれか遅い日
(イ)　会計監査報告(事業報告)を受領した日(通知すべき日までに通知をしなかった場合には，監査を受けたものとみなされた日)から1週間を経過した日 |

第5章　会社の財務　第4節　剰余金の配当　637

	(ロ) 特定取締役および特定監査役の間で合意した日
連結計算書類についての監査報告	会計監査報告（事業報告）を受領した日から1週間を経過した日（特定取締役および特定監査役の間で合意により定めた日があるときは、その日）

5-4-21　(β) 監査報告の内容　(イ) 会計監査人設置会社の監査役の計算関係書類に係る監査報告の記載事項は、① 監査役の監査の方法およびその内容、② 会計監査人の監査の方法または結果を相当でないと認めたときは、その旨およびその理由（会計監査人が通知をすべき日までに通知をしない場合にあっては、会計監査報告を受領していない旨）、③ 重要な後発事象（会計監査報告の内容となっているものを除く）、④ 会計監査人の職務の遂行が適正に実施されることを確保するために体制に関する事項（計規131 [II-5-4-19] 参照）、⑤ 監査のため必要な調査ができなかったときは、その旨およびその理由および⑥ 監査役報告を作成した日である（計規127）。会計監査人非設置会社の監査役の監査報告 [II-5-4-9] と比較すると、②および④が記載事項に加わっている点が相違しており、会計監査人設置会社の監査役の役割が会計監査人の職務執行の監査に重点をシフトしていることを反映した内容となっている。

事業報告に係る監査報告の記載事項は、会計監査人非設置会社の監査役の監査報告の記載事項と同一である（会施規129 I [II-5-4-10]）。

両者を1通の監査報告として作成することも可能である。

5-4-22　(ロ) 会計監査人設置会社の監査役会の監査報告は、各監査役の監査報告に基づいて作成され（計規128 I、会施規130 I）、その内容は、「監査役会の監査の方法およびその内容」が加わることおよび監査役の監査報告の内容と異なる場合には、当該事項に係る監査役監査報告の内容を監査役会の監査報告に付記することができること（計規128 II・会施規130 II）を除き監査役の監査報告と同じである（計算関係書類につき計規128 II、事業報告につき会施規130 II）。各監査役の監査報告と監査役会監査報告は、法律的にはそれぞれ独立のものとして作成され、備置きおよび閲覧請求の対象となるが（会442）、内容がまったく同一であれば、複数の監査役の監査報告として1通の監査報告を備え置くことや、監査役会の監査報告をもって各監査役のそれぞれの監査報告として作成・代用することも可能である（計算詳解113頁）。監査役会が監査役会監査報告を作成するにあたっては、1回以上、会議を開催する方法または情報の送受信により同時に意見の交換をすることができる方法により、内容を審議しなければならない（計規128 III・会施規130 III。監査役の意見の付記は審議の対象外である）。最終的な決定は、持ち回り決議等適宜の方法で行うことも可能である（計算詳解112頁）。

5-4-23　(ハ) 委員会設置会社の監査委員会の計算関係書類および会計監査報告に関する監査報告・事業報告およびその附属明細書に係る監査報告の内容は、監査役・監査役会の監査報告と同一である（計規98 I・[II-5-4-21・II-5-4-22] 参照・会施規131 I・[II-5-4-40] 参照）。監査報告を作成するのは監査委員会であり、各監査委員は監査報告を作成

しない(計規98 I、会施規131 I)。**監査報告の内容も，監査委員会の決議をもって定めなければならない**(計規129 II・会施規則131 II)。したがって各監査委員の意見は，法的にはこれを監査意見として取り扱うのは困難であるが，監査意見として採用されなかった各監査委員の意見は監査報告に付記することが認められている(会施規131 I後段)。

II-5-4-24　(γ)　**監査の完了**　① 計算関係書類については，特定取締役および会計監査人が，通知期限内に監査報告の内容の通知を受けた日に，監査役(委員会設置会社にあっては，監査委員会)の監査を受けたものとされる(計規132 I)。**各事業年度に係る計算書類および臨時計算書類の通知期限は合意で短縮できない**が，期間満了前に監査が終了すれば，特定取締役・会計監査人に監査報告の内容を通知し，手続を前倒しして進行することができる(計算詳解109頁)。他方，連結計算書類については，合意による監査期間の延長に加え，短縮も認められる(計規132 I②，逐条解説403頁)。特定監査役が通知をすべき日までに監査報告の内容の通知をしない場合には，特定取締役は，特定監査役の合意により，監査期限を伸長するか，通知をすべき日に，監査役(委員会設置会社にあっては，監査委員会)の監査を受けたものとみなして(計規132 III)，手続を進行するかを選択する。

②　事業報告およびその附属明細書については，特定取締役が事業監査報告の内容の通知を受けた日に，監査役(委員会設置会社にあっては，監査委員会)の監査を受けたものとされる(会施規132 II)。通知をすべき日までに特定監査役が監査報告の内容を通知をしない場合には，①と同じ方法が可能である(会施規132 III参照)。

II-5-4-25　(δ)　**取締役会による承認**　取締役会設置会社においては，上記のようにして監査機関の監査を受けた計算書類・事業報告およびそれらの附属明細書(ならびに臨時計算書，連結計算書類があるときは連結計算書類)につき取締役会の承認を受ける(会436 III・441 I III・444 V)。

II-5-4-26　**(3)　株主への提供**　取締役会設置会社以外の会社においては，定時株主総会の招集の通知に際し，株主に対して計算書類および事業報告を提供することは要求されていない(会437)。臨時計算書類も，株主総会の招集の通知に際し，株主に対して提供することは要求されていない。それ以外は**表30**，**表31**および**表32**の通りであって，株式会社の種類および提供種類が計算書類か事業報告であるかによって異なる。提供は，書面または電磁的方法によるのが原則である(計規133 II・134 I，会施規133 I)。

(a)　**株式会社**(監査役設置会社および会計監査人設置会社を除く)**の場合**　この会社は，**定時株主総会の招集の通知に際して，取締役会の承認**(会436 III)**を受けた計算書類**(貸借対照表の作成者の署名を要しない。名古屋地判昭57・6・22判夕477号206頁[名古屋相互銀行事件])**および事業報告のみを提供すれば足りる**(計規133 I①，会施規133 I①)。

II-5-4-27　(b)　**会計監査人設置会社以外の監査役設置会社の場合**　① 計算書類の監査には

会計監査人の監査であるか否かが重要であるので、会社法は会計監査人設置会社であるか否かで区別し、会計監査人設置会社以外の監査役設置会社（監査役の監査の範囲を会計に関するものに限定する旨の定款の定めがあるものを含む。会437）の場合には、計算書類および計算書類に係る監査報告（監査役会設置会社にあっては監査役会の監査報告）を株主に提供しなければならないが、監査役会設置会社以外の会社で2以上の監査役が置かれ、その監査報告の内容が同一であるときは、1つの監査報告のみを提供することもできるとしている（計規133Ⅰ②イロ）。監査役が通知時期までに監査報告を通知しないため、提供すべき監査報告がないときは、その旨を記載または記録した書面または電磁的記録を提供すべきことになる（計規133Ⅰ②ハ）。これに対し、② 事業報告の場合には、会計監査人はその監査権限がないので、会計監査人設置会社であるか否かは重要でない。したがって会社法は会計監査人設置会社にも同じ規制を及ぼしている。そして、委員会設置会社と監査役設置会社とで規制に差を設けるべき理由はないので、監査役設置会社および委員会設置会社においては、事業報告書および事業報告に係る監査報告（監査役会設置会社にあっては監査役または監査役会の監査報告、委員会設置会社では監査委員会の監査報告）を株主に提供しなければならないが、監査役会設置会社以外の会社で2以上の監査役が置かれ、その監査報告の内容が同一であるときは、①と同じように、1つの監査報告のみを提供することもできることとしている（会施規133Ⅰ②）。

5-4-28　(c)　会計監査人設置会社の場合　委員会設置会社は当然に会計監査人設置会社でなければならないので（会327Ⅴ）、委員会設置会社も会計監査人設置会社も、計算書類・事業報告・会計監査報告・計算書類に係る監査役の監査報告（監査役会設置会社では監査役会の監査報告、委員会設置会社では監査委員会の監査報告）・事業報告に係る監査役の監査報告（監査役会設置会社では監査役会の監査報告、委員会設置会社では監査委員会の監査報告）を株主に提供しなければならないが、監査役会設置会社以外の会社（委員会設置会社を除く）で2以上の監査役が置かれ、その監査報告の内容が同一であるときは、各々、1つの監査報告のみを提供することもできる（計規133Ⅰ③イロホ、会施規133Ⅰ②イロ）。会計監査人・一時会計監査人が存しないときには、会計監査人が存しない旨の記載または記録をした書面または電磁的記録を提供する（計規133Ⅰ③ハ）。また、会計監査人または特定監査役が通知時期までに監査報告を通知しないため、提供すべき監査報告がないときは、その旨を記載または記録した書面または電磁的記録を提供すべきことになる（計規133Ⅰ③ニヘ、会施規133Ⅰ②ハ）。提供しなければならないものを提供しないと、総会決議の取消原因となる（大阪地堺支判昭和63・9・28判時1295号137頁［平和土地建物事件］）。

5-4-29　(d)　連結計算書類作成会社の場合　会計監査人設置会社が取締役会設置会社である場合において、定時株主総会の招集通知に際して、取締役会の承認を受けた連結計算書類を提供する（会444Ⅵ）。連結計算書類に係る会計監査報告または監査報告

については，会社がこれを提供する旨を定めた場合にだけ提供しなければならない（計規134Ⅱ）。

表30　株式会社の区分と計算書類関係提供書類（計規133）

株式会社の種類	提 供 書 類
株式会社（監査役設置会社および会計監査人設置会社を除く）	・計算書類
会計監査人設置会社以外の監査役設置会社	・計算書類 ・計算書類に係る監査役・監査役会（監査役会設置会社の場合）の監査報告（監査役会を設置していない，2以上の監査役が存する株式会社の各監査役の監査報告の内容〔監査報告を作成した日を除く．〕が同一であるときは，そのうちの1の監査報告のみを提供することも可） ・監査期限までに監査報告の通知が行われず，監査役の監査を受けたものとみなされる（152Ⅲ）ときは，その旨の記載または記録をした書面または電磁的記録
会計監査人設置会社	・計算書類 ・計算書類に係る会計監査報告 ・会計監査人・一時会計監査人が存しないときには，会計監査人が存しない旨の記載または記録をした書面または電磁的記録 ・監査期限までに会計監査報告の通知が行われず，監査を受けたものとみなされる（158Ⅲ）ときは，その旨の記載または記録をした書面または電磁的記録 ・計算書類に係る監査役・監査役会（監査役会設置会社の場合）・監査委員会（委員会設置会社の場合）の監査報告（監査役会を設置していない，2以上の監査役が存する株式会社の各監査役の監査報告の内容〔監査報告を作成した日を除く．〕が同一であるときは，そのうちの1の監査報告のみを提供することも可） ・監査期限までに監査報告の通知が行われず，監査役（監査委員会）の監査を受けたものとみなされる（132Ⅲ）ときは，その旨の記載または記録をした書面または電磁的記録

表31　株式会社の区分と事務報告関係提供書類（会施規133Ⅰ）

取締役会設置会社の区分	提 供 種 類
株式会社（監査役設置会社および委員会設置会社を除く）	・事業報告
監査役設置会社および委員会設置会社	・事業報告 ・事業報告に係る監査役・監査役会（監査役会設置会社の場合） ・監査委員会（委員会設置会社の場合）の監査報告（監査役会を設置していない，2以上の監査役が存する株式会社の各監査役の監査報告の内容〔監査報告を作成した日を除く．〕が同一であるときは，そのうちの1の監査報告のみを提供することも可） ・監査期限までに監査報告の通知が行われず，監査役（監査委員会）の監査を受けたものとみなされる（132Ⅲ）ときは，その旨の記載または記録をした書面または電磁的記録

表32　連結計算書類作成会社（計規134ⅠⅡ）

連結計算書類に係る会計監査報告または監査報告の内容を株主に提供することを定めないとき	・連結計算書類
連結計算書類に係る会計監査報告または監査報告の内容も株主に提供することを定めたとき	・連結計算書類 ・連結計算書類に係る会計監査報告の内容または ・連結計算書類に係る監査報告の内容

5-4-30　(e) これに対し**附属明細書は，招集通知に提供する必要はないが**，計算書類・事業報告・監査報告・会計監査報告とともに，定時総会の1週間（取締役会設置会社にあっては2週間）前から，本店に5年間，写しを支店に3年間備え置き，株主・会社債権者・親会社社員の閲覧・謄写に供される（会442）．

なお，当期の計算書類・連結計算書類を株主に提供するに際して，参考情報として，過年度に係る貸借対照表，損益計算書または株主資本等変動計算書に表示すべき事項・過年度に係る連結貸借対照表，連結損益計算書または連結株主資本等変動計算書に表示すべき事項（**過年度事項**）を併せて提供することができる．この場合において，提供計算書類を提供する時における過年度事項が会計方針の変更その他の正当な理由により当該事業年度より前の事業年度に係る定時総会において承認または報告をしたものと異なるものとなっているときは，**修正後の過年度事項を提供**することもできる（計規133Ⅲ・134Ⅲ）．この修正は，過年度において確定した貸借対照表，損益計算書および株主資本等変動計算書そのものを修正するものではなく，提供する情報の内容のみを当該事業年度の会計方針に合わせて修正するものと理解されている（秋坂403頁・404頁）．過年度事項の提供は，参考情報として提供するにすぎないため，監査の対象にはならない．会計情報とりわけ損益情報は，暦年比較をして始めて経営成績を把握できるので，過年度情報の提供には意義がある．

5-4-31　(4)　**WEB開示制度**　(a)　**WEB開示制度**（インターネットによる株主に対する開示）をとる旨の定款の定めがあり，それによるときは，(α) **計算書類については個別注記表に係る情報全部**（計規133Ⅳ），(β) **連結計算書類については，連結計算書類の全部**（会施規2Ⅱ(55)・計規61）**および，会社が任意に連結計算書類に係る会計監査報告または監査報告をも株主に対して提供すると定めたときは，これらも**（計規134Ⅱ），(γ) **事業報告については**，株式会社の現況に関する事項（会施規120Ⅰ①～⑧），会社役員に関する事項（会施規121Ⅰ①～⑥・⑨），株式に関する事項（会施規122①）および新株予約権等に関する事項（会施規123①②）を除いた事項（従って内部統制システム（会施規118②），社外役員（会施規124），会社の支配に関する基本方針（会施規127）等）が対象となる．事業報告の開示事項とされていても，監査役または監査委員会がWEB開示制度によることに異議を述べた場合にはWEB開示を行うことができない（会施規133Ⅲ①②）．監査役または監査委員会の異議がなければ，株主に対し書面または電磁的方

法により提供したものとみなされる(会施規133Ⅲ. 株主総会参考書類につき会施規94[Ⅱ-4-2-49]参照). (δ)臨時計算書類にはWEB開示制度が認められていない.

Ⅱ-5-4-32　(b)　WEB開示を利用するときには, 取締役は, **株主に対しURLおよびIDを通知しなければならず**(会施規133Ⅳ, 計規133Ⅴ・134Ⅴ), **定時株主総会に係る招集通知を発出する時から定時株主総会の日から3カ月が経過する日までの間, 継続して開示する**こととなる(会施規133Ⅲ, 計規133Ⅳ・134Ⅳ). 電子公告(会940Ⅲ)とは異なり, 開示の中断については, 特に制限はない. 開示の中断が生じた場合には, 直ちに違法となるわけではなく, 開示期間全体として継続して行ったと評価しうるかどうかという観点から実質的に判断すべきである(省令の解説5頁). 定時総会の前日までの間に修正すべき事情が生じた場合における修正後の事項を株主に周知させる方法は, 当該招集通知と併せて通知することができる(会施規133Ⅵ, 計規133Ⅶ・134Ⅶ). ① 計算書類(計規133Ⅵ)・連結計算書類の一部(計規134Ⅵは連結計算書の一部がWEB開示の対象とする場合の規定であり, 全部が開示される場合には不適用である)の開示については, 監査役・会計監査人または監査委員会が, 監査の対象となった計算書類・連結計算書類の一部しか提供されていないことを明らかするよう請求したときに, 取締役は, その旨を株主に対して通知しなければならない. ② 事業報告については, 監査役または監査委員会が, 現に株主に対して提供された事業報告は監査報告を作成するに際して監査をした事業報告の一部であることを株主に対して通知すべき旨を取締役に請求したときに, 取締役は, その旨を株主に対して通知しなければならない(会施規133Ⅴ).

Ⅱ-5-4-33　**(5)　計算書類等の備置き**　会社は, ① 定時株主総会の日の取締役会非設置会社にあっては1週間前, 取締役会設置会社にあっては2週間前の日(みなし総会〔会319Ⅰ〕[Ⅱ-4-2-52]の場合には提案があった日)から, 各事業年度に係る計算書類および事業報告ならびにこれらの附属明細書(監査報告および会計監査報告を含む)を5年間本店に(会442Ⅰ①), その写しを3年間支店に備置かなければならない(会442Ⅱ①). ② **臨時計算書類**(監査報告または会計監査報告を含む)の場合には, 臨時計算書類を作成した日から5年間本店に(会442Ⅰ②), その写しを3年間支店に備置かなければならない(会442Ⅱ②). ただし, 計算書類等が電磁的記録に作成されている場合であって, 支店における株主および会社債権者の閲覧・書面交付請求に応じることを可能とするための措置として法務省令で定めるもの(会施規227③)をとっているときは, この限りでない(会442Ⅱ但書)(なお特例有限会社には会社法442条2項の適用はない[整備法28]). ③ 連結計算書類は備置きが不要である.

株主および会社債権者は営業時間内にいつでも計算書類等の閲覧・謄写をする権利を有し(会442Ⅲ), 株式会社の親会社社員は, その権利を行使するため必要があるときは, 裁判所の許可を得て, 同様の請求をすることができる(会442Ⅳ).

Ⅱ-5-4-34　**(6)　計算書類等の定時総会への提出**(提供)**・承認・報告等**　**(a)　原　則**　表33掲載

の計算書類・事業報告および表34掲載の連結計算書類は，定時株主総会に提出（提供）される（会438Ⅰ）．計算書類は株主総会の承認を受け（会438Ⅱ），事業報告は株主総会に報告しなければならない（会438Ⅲ）．連結計算書類については，その内容およびその監査の結果を報告しなければならない（会444Ⅶ）．

表33 定時総会に提出・提供されるべき計算書類および事業報告

①監査役設置会社（取締役会設置会社を除く）	監査役の監査を受けた計算書類および事業報告
②会計監査人設置会社（取締役会設置会社を除く）	監査役（委員会設置会社にあっては監査委員会）および会計監査人の監査を受けた計算書類・監査役（委員会設置会社にあっては監査委員会）の監査を受けた事業報告
③取締役会設置会社	取締役会の承認を受けた計算書類および事業報告
①から③以外の会社	単なる計算書類および事業報告

表34 会計監査人設置会社の種類と総会に提出すべき連結計算書類

会計監査人設置会社の種類	総会に提出すべき連結計算書類
取締役会設置会社である会計監査人設置会社	監査役（委員会設置会社にあっては，監査委員会）および会計監査人の監査を受け且つ取締役会の承認を受けた連結計算書類
それ以外の会計監査人設置会社	監査役（委員会設置会社にあっては，監査委員会）および会計監査人の監査を受けた連結計算書類

5-4-35　(b) 例　外　会計監査人設置会社（取締役会設置会社に限る）において，取締役会の承認を受けた計算書類が法令および定款に従い株式会社の財産および損益の状況を正しく表示しているものとして法務省令で定める要件に該当[84]する場合には，取締役は，計算書類の内容および事業報告を定時総会に報告することで足りる（会439・承認特則規定といわれている）．要件に該当しない場合には，原則に戻って，定時総会の承認を得なければならない（会439・438Ⅱ）．

5-4-37　(7) 公　告　(a) 定時総会の終結後，① 大会社にあっては，貸借対照表[85]（計規

5-4-36　[84] 法務省令が定める要件　法務省令が定める要件とは，① 計算関係書類についての会計監査人の会計監査報告の内容が無限定適正意見（臨時計算書類である場合にあっては，これに相当する事項［Ⅱ-5-4-46］が含まれていること）で，② 会計監査報告に係る監査役，監査役会または監査委員会の監査報告（監査役会設置会社にあっては，監査役会の監査報告に限る）の内容として会計監査人の監査の方法または結果を相当でないと認める意見がないこと，③ 会計監査報告に係る監査役会または監査委員会の監査報告に付記された監査役または監査委員の監査報告の内容が会計監査人の監査の方法または結果を相当でないと認める意見でないこと，④ 計算関係書類が監査期間の経過によって監査を受けたものとみなされたもの（計規130Ⅲ）でないこと，および⑤ 取締役会を設置していること，である（計規135）．⑤の要件は，会社法441条4項の関係を考えたものと思われる（秋坂405頁）．

5-4-38　[85] 株式会社が貸借対照表の全部を公告する場合　この場合には，株式会社は貸借対照表のほか，① 継続企業の前提に関する注記［Ⅱ-5-2-133］，② 重要な会計方針に係る事項に関する注記［Ⅱ-5-2-134］，③ 貸借対照表に関する注記［Ⅱ-5-2-136］，④ 税効果会計に関する注記

136Ⅰ）および**損益計算書**⁽⁸⁶⁾（計規136Ⅱ・143）を公告し，**大会社以外の会社にあっては，貸借対照表を公告しなければならない**（会440Ⅰ．清算中の会社の場合にもそうである．会509Ⅰ参照）．ただし官報または時事に関する事項を掲載する日刊新聞紙を公告の方法とする大会社にあっては，貸借対照表（計規138〜142）および損益計算書の**要旨**（計規143Ⅰ〜Ⅵ）を公告することで足り⁽⁸⁷⁾⁽⁸⁸⁾，大会社以外の会社にあっては貸借対照表の要旨の公告で足りる（会440Ⅱ）．臨時計算書類および連結計算書類は公告の対象とならない．

Ⅱ-5-4-42　② 会社は，法務省令で定めるところにより，定時総会の終結後，貸借対照表の内容である情報を，定時株主総会に終結の日後5年を経過する日までの間，継続し

[Ⅱ-5-2-140]，⑤ 関連当事者との取引に関する注記［Ⅱ-5-2-142］，⑥ 1株当たり情報に関する注記［Ⅱ-5-2-144］，⑦ 重要な後発事象に関する注記［Ⅱ-5-2-146］，⑧ 当期純損益金額を公告で明らかにしなければならない（即ち，損益計算書に関する注記［Ⅱ-5-2-137］，株主資本等変動計算書に関する注記［Ⅱ-5-2-138］，**連結株主資本等変動計算書に関する注記**［Ⅱ-5-2-139］，リースにより使用する固定資産に関する注記［Ⅱ-5-2-141］，連結配当規制適用会社に関する注記［Ⅱ-5-2-147］およびその他の注記［Ⅱ-5-2-149］は省略できる）．この場合において，①から⑦の事項は，当該事業年度に係る個別注記表に表示した注記に限るものとする（計規136Ⅰ）．

Ⅱ-5-4-39　(86)　**株式会社が損益計算書を公告する場合**　株式会社が損益計算書を公告する場合には注(85)に揚げた事項のうち⑧当期純損益金額については省略できる（計規136Ⅱ）．この規定は，定時株主総会の終結の日後5年を経過する日までの間，継続して電磁的方法により不特定多数の者が提供を受けることができる状態に置く措置をとる場合の損益計算書の内容である情報にも準用する（計規136Ⅲ）．

Ⅱ-5-4-40　(87)　**貸借対照表の要旨を公告する場合の貸借対照表の区分**　この場合には資産，負債および純資産に区分する（計規138）．① 資産の部は流動資産，固定資産および繰延資産の項目に区分するが（計規139），公開会社の場合には，固定資産は有形固定資産，無形固定資産，投資その他の資産に区分しなければならない．また，公開会社の場合には，資産の部の各項目は，財産の状態を明らかにするため重要な適宜の項目に細分しなければならない（計規139Ⅳ）．② 負債の部は流動負債および固定負債に区分し，負債に係る引当金がある場合には，引当金ごとに，他の負債と区別し（計規140ⅠⅡ），公開会社の場合には財産の状態を明らかにするため，負債の部の各項目は重要な適宜の項目に細分しなければならない（計規140Ⅳ）．③ 純資産の部は株主資本，評価・換算差額等，新株予約権の項目に区分して，(ⅰ) 株主資本に係る項目は，資本金，新株式申込証拠金，資本剰余金，利益剰余金，自己株式および自己株式申込証拠金（控除項目）に区分し，(ⅱ) 資本剰余金に係る項目は資本準備金およびその他資本剰余金の項目に分類し，(ⅲ) 利益剰余金に係る項目は利益準備金およびその他利益剰余金の項目に分類し，(ⅳ) 評価・換算差額等に係る項目は，その他有価証券評価差額金，繰延ヘッジ損益，土地再評価差額金の科目に細分しなければならない（計規141Ⅰ〜Ⅵ）．損益計算書の要旨を公告しない場合には，当期純損益金額を付記しなければならない（計規142）．

Ⅱ-5-4-41　(88)　**損益計算書の要旨**　売上高，売上原価，売上総利益金額または売上総損失金額，販売費および一般管理費，営業外収益，営業外費用，特別利益および特別損失に区分しなければならない（計規143Ⅰ）．ただし，営業外収益または営業外費用に掲げる項目の額が重要でないときは，これらを区分せずに営業外損益として区分することができる（計規143Ⅱ）．特別利益および特別損失に掲げる項目の額が重要でないときは，これらを区分せずに特別損益として区分することができる（計規143Ⅲ）．

て電磁的方法により不特定多数の者が提供を受けることができる状態に置く措置 (計規147) をとるときは，公告をする必要はない (会440Ⅲ)．

5-4-43　③ 有価証券報告書提出会社では，決算公告で明らかにされる情報よりもさらに詳細な情報が EDINET で提供されるため (金商27の30の2以下)，**公告義務は免除**されている (会440Ⅳ)．

5-4-44　(b) **不適正意見の公告**　会計監査人設置会社が公告 (会440ⅠⅡⅢの公告) をするときは，① 会計監査人・一時会計監査人が存しない場合には会計監査人が存しない旨，② 監査期間を徒過したため監査を受けたものとみなされる場合 (計規130Ⅲ) には，その旨，③ 会計監査報告に不適正意見がある場合には，その旨，④ 会計監査人の意見なしの場合 (154Ⅰ③) には，その旨を公告において明らかにしなければならない (計規148)．

　③の場合，会社法における会計監査人の制度は，金融商品取引法における監査制度とは異なり，仮に会計監査人の監査を義務付けられている会社であっても計算書類の確定にあたり必ずしもその適正意見を得なければならないという規制ではなく，**不適正意見の付された計算書類であっても株主総会で確定させることができる**ので，このような事情があることを決算公告において明らかにしておくことが望ましいからである．

5-4-45　(c) **表 示 単 位**　貸借対照表の要旨または損益計算書の要旨に係る事項の表示単位は，**100万円単位または10億円単位**であるが (計規144Ⅰ)，会社の財産または損益の状態を的確に判断することができなくなるおそれがある場合には，これらとは異なる単位で公告する必要がある (計規144Ⅱ)．また，日本語で表示するのが原則であるが，他の言語をもって表示することもできる (計規145)．

5-4-46　(8) **臨時計算書類**　① 臨時計算書類は，監査役設置会社または会計監査人設置会社においては，監査役または会計監査人 (委員会設置会社にあっては，監査委員会および会計監査人) の監査を受けなければならないので (会441Ⅱ，計規121Ⅰ)，それを作成した取締役 (委員会設置会社にあっては，執行役) により会計監査人および監査役に提供される (計規125)．会計監査人は，会計監査報告を作成し (計規126. 臨時決算の場合には附属明細書がないので，それに関する監査は問題とならない．計規130Ⅰ①ロ参照)，特定監査役 (委員会設置会社の場合には監査委員．計規130Ⅴ③) および特定取締役にその内容を通知する (計規130Ⅰ②)．会計監査人設置会社の監査役は監査報告 (監査役会設置会社では監査役会報告) を作成し (計規127・128)，委員会設置会社では監査委員会の監査報告を作成する (計規129)．会計監査人設置会社の特定監査役 (委員会設置会社の場合には監査委員) は，特定取締役および会計監査人に監査報告の内容を通知する (計規132)．

　② 取締役会設置会社においては，上記監査を受ける必要があるときには監査を受けた上で，取締役会の承認を受けなければならない (会441Ⅲ)．監査は，会社計算規則第4編に従って行われるが (計規121Ⅰ)，監査基準は特に設けられていな

い(89)。

③ 臨時計算書類は，株主総会の承認を受けるのが原則であるが（会441Ⅳ．**表35**参照），臨時計算書類が法令および定款に従い株式会社の財産および損益の状況を正しく表示しているものとして法務省令で定める要件に該当する場合（[*II-5-4-36*]計規135）には，この限りでない（会441Ⅳ，承認特則規定といわれる）。

④ 臨時計算書類は，備置きおよび閲覧等の対象にはなるものの（会442Ⅰ②・Ⅱ②・Ⅳ），**各事業年度に係る計算書類とは異なり，株主総会の招集の通知に際しての株主への提供**（会437参照），**株主総会への提出・提供および報告**（会438参照）**ならびに公告は求められていない**（会440参照）。

表35　会社の種類と株主総会の承認を受けるべき臨時計算書類

会社の種類	承認を受けるべき臨時計算書類
①監査役設置会社または会計監査人設置会社（いずれも取締役会設置会社を除く）	監査役または会計監査人の監査を受けた臨時計算書類
②取締役会設置会社	取締役会の承認を受けた臨時計算書類
①②以外の会社	臨時計算書類

II-5-4-48　(9)　**特例有限会社**　特例有限会社[*I-1-3-31*]では，計算書類等の作成の業務を執行する取締役が，計算書類および事業報告ならびにこれらの附属明細書を作成する（会435Ⅱ）。監査役を置いている特例有限会社（整備法17参照）にあっては，計算書類およびその附属明細書に限って監査役の監査を受けなければならない（会436Ⅰ）。監査役は，会計に関する監査権限しか有しないので（整備法24＝会389Ⅰ），事業報告およびその附属明細書は監査役の監査対象から除かれる．監査役には計算書類の全部を受領してから4週間の監査期間が確保されている（計規124Ⅰ①）．計算書類および事業報告ならびにこれらの附属明細書（監査役設置会社では監査報告を含む）は，定時株主総会の1週間前から，本店に備え置かれ（会442Ⅰ①．支店に備え置く必要はない．整備法28による会442Ⅱの適用排除），株主，債権者および親会社の社員の閲覧に供される（会442ⅢⅣ）．計算書類および事業報告（監査役設置会社では監査役の監査を受けたもの）は，定時株主総会に提出され（会438Ⅰ①④），計算書類についてはその承認を受け，事業報告については取締役がその内容を報告しなければならない（会438Ⅱ③）．特例有限会社には，計算書類の公告義務は法定されていない（整備法28による会440の不適用）．

II-5-4-47　(89)　**意見表明**　① 半期決算の場合には「中間監査基準」が適用可能である．この場合には「計算書類が有用な情報を表示している」旨の意見表明，除外事項を付した限定付意見の表明，有用な情報の表示をしていない旨の意見の表明および意見不表明がありうる．② 4半期の場合には**4半期レビュー基準**が参考になる．この場合には，「計算書類が会社の状況を適正に表示していないと信じさせる事項がすべての重要な点において認められなかった」という無限定の結論の表明，除外事項を付した限定付結論の表明，否定的結論の表明および結論の不表明がありうる．

第2款　剰余金の配当

1　総　説

5-4-49　会社の事業による利益は，会社が解散すると残余財産として出資者に分配されるが，通常，会社は事業を永続的に営むため，利益を定期的に区切って，社員に分配する．会社法が平成17年改正前商法が用いていた「利益配当」（改正前商290）という用語を使用しないで（持分会社はこの用語を使用している．会621 I・628），剰余金の配当という用語を使用するのは，その**原資が利益に限られない**からである．株式会社における剰余金の配当（英米 dividend：独 Dividende：仏 dividende：伊 dividendo：西 dividendo）とは，当該剰余金の配当をする時の株主に一定の金銭等を交付することである．株主は剰余金の配当を受けることを目的に会社に投資しているので（会105 I①．なお会105 II・621 I 参照），剰余金配当請求権は，株主権のなかで，最も本質的で重要な権利である．もっとも，自己株式には剰余金の配当はできない（会453括弧書）．

なお，会社が株主の募集に際し，株式引受人または株式買受人に対し，会社の決算期における利益の有無に関係なく，これらの者が支払った払込金または代金に対し，あらかじめ定められた利率により算出した金員を定期的に支払うべきもとを約する資金調達の方法は，資本維持の原則（［I-2-2-8］）に照らして許されない（最大判昭和43・11・13民集22巻12号2449頁）．

5-4-50　**(1) 剰余金配当請求権と株主平等の原則**　剰余金の配当は，① 定款により剰余金の配当に関する種類株式を発行している場合（会108 I①・II①），または② 非公開会社で剰余金の配当を受ける権利について株主ごとに異なる取扱いを行う旨を定款で定めた場合（会109 II）を除き，各株主の有する株式の数に応じてしなければならない（会109 I・454 III．最判昭和45・11・24民集24巻12号1963頁〔大運事件〕）．

5-4-51　**(2) 日 割 配 当**　わが国では事業年度の途中で新株の発行があった場合に，その年度の決算期に利益配当をするときには，新株に対して，旧株と同額の配当をしないで，新株の発行の日から決算期までの日数によって日割計算した額を配当する慣行があった．これを**日割配当**という．平成17年改正前商法の下では，日割配当も平等原則に違反しないと解しつつ（反対説・下級審判例あり），義務（田中（誠）・下846頁）なのか，任意なのか議論されていた．**会社法は，剰余金配当額は必ずしも一事業年度の利益を基準に決定されるわけではないことから，日割配当を行うべき論理的必然性はないという理由で**（「補足説明」商事1678号72頁），株主は，その有する株式の発行時期にかかわらず，同一の配当を受けるとしている（会454 III）．立案担当者はこれを文字通り日割配当を禁止するものと解しているが（論点514頁），日割配当が実質的平等に合致する場合もあるので一概には違法といえないという程度のものであると解すべきである（江頭619頁注2）．

II-5-4-52 **(3) 抽象的権利と具体的権利** ① 株主総会または取締役会の決議によって内容が確定する前の剰余金配当請求権(**抽象的剰余金配当請求権**といわれる)は一種の期待権であり(会963V②, 628参照. 固有権である[II-2-1-22]), 株式から切り離して独立に譲渡, 質入れなどの処分や差押の対象とすることはできない(大判大正8・1・24民録25輯30頁). 将来生ずべき具体的剰余金配当請求権を配当決議前に差し押さえることは可能であるが(大判大正2・11・19民録19輯974頁), 取立前に株式が譲渡されれば, その差押えは効力がなくなる.

　これに対し, ② 株主総会または取締役会の決議によって内容が確定した**具体的剰余金配当請求権**(債権者的権利[独 Gläubigerrecht]ともいわれる)は, もはや株式に包含されず(会621III対照), 通常の指名債権であって, 株式とは独立に譲渡, 質入れなどの処分や差押の対象となり, 独立して時効にかかる[(90)]. 具体的剰余金配当請求権が帰属するのは, 本来は, 剰余金の分配を決定する機関([II-5-4-34]・[II-5-4-35]参照)の決議で確定した剰余金の配当がその効力を生ずる日(会454 I ③・459 I ④)の株主名簿上の株主であるが, 従来, 多くの会社では, 決算期を基準日(会124 I [II-2-5-81])とし, 配当はその基準日現在の株主に帰属すると定めてきたので, 今後も基準日を定めることになろう.

II-5-4-54 **(4) 金銭配当と現物配当** 配当には① 現金配当(英 dividends in specie:cash dividends:仏 dividendes en especes)と② 現物配当(配当財産を金銭以外の財産とすること. 英 distribution in kind:dividends-in-kind:独 Sachausschuttung:仏 dividende in nature:伊 distribuzione in natura)とがある. 平成17年改正前商法の下では現物配当が許容されるか否か見解が対立していたが(肯定説として原田晃治「商法等の一部を改正する法律要綱中間試案の解説」商事1533号5頁[1999年], 江頭憲治郎『株式会社・有限会社法[3版]』519頁), 会社法は, 現物配当は許容されることを明確化している[II-5-4-86].

II-5-4-55 **(5) 統一的な財源規制** 平成17年改正前商法では, 株主に対する金銭等の分配として, 利益配当(改正前商290 I), 中間配当(改正前商293ノ5III), 資本減少に伴う払戻(改正前商375 I 後段), 法定準備金の減少に伴う払戻(改正前商375 I 後段)および自己株式の買受け(改正前商210III・IV・211ノ3III)があったが, その財源規制については, それぞれ別個に定められていた. しかし, これらの行為は, **会社債権者の立場**からみれば, 株主に対して会社財産が払い戻され, 責任財産が減少するという点においては全く同一の意義を有する行為であり, 各別の財源規制を講ずべき理由は存在し

II-5-4-53 (90) **具体的剰余金配当請求権の消滅時効期間** 商行為によって生じたものではないので, 10年であり(民167 I), 遅延損害金の法定利率は年5分である(民419 I・404. 東京地判昭和58・8・23判時1114号102頁[オリエンタルモーター事件]). しかし, 10年は長すぎるので, 多くの会社では, 定款で, 一定期間(3年)内に配当金を受け取らないと, 会社は支払義務を免れると定めている. このような除斥期間の定めも, 不当に短いものでない限り有効である(大判昭和2・8・3民集6巻484頁[日露漁業事件]).

第5章　会社の財務　第4節　剰余金の配当　**649**

ないので，会社法は，社員と会社債権者との間の利害調整コストの軽減を主たる目的として，これらを「剰余金の配当等」として整理し，**統一的な財源規制をかけ**，いずれも，**当該行為が効力を生じる日における「分配可能額」を超えてはならない**としている（会461Ⅰ・166Ⅰ但書・170ⅠⅤ）．分配可能額がマイナスである場合を「欠損」があるといい，その額を「欠損の額」という（会309Ⅱ⑨ロ・449Ⅰ②・会施規68・計規151）．また，会社の純資産額が300万円を下回る場合には，剰余金の配当ができない[91]（会458．なお［Ⅱ-5-4-81］）．

5-4-57 **(6) 剰余金の配当の時期・回数**　平成17年改正前商法は，ある決算期に1回の利益を配当するという考え方を採用していたが（平成17年改正前商283Ⅰ，旧商特16Ⅰ・Ⅱ，旧有46＝商283Ⅰ），会社法は，**剰余金の配当を決算の確定手続とは切り離したため**，理論的には，**期中何回でも剰余金の配当をすることができるように改められている**（会453・454Ⅰ）．剰余金の配当を制限する合理的理由がないことのほか自己株式の取得には回数制限がないことによる．その結果，改正前商法が定めていた「中間配当」[92]（平成17年改正前商293ノ5．配当可能利益を確定する手続をとらずに株主に分配する制度であったので，利益配当ではなく，株主に対する金銭の分配として扱われていた）は，剰余金の配当に関する事項を決定する機関についての特則に過ぎなくなっている（会454Ⅴ［Ⅱ-3-4-330］．中間配当自体に固有な規定は廃止している）．いわゆる「四半期配当」が行われるようになってきている[93]．

5-4-56 **(91) 純資産額による制限**　剰余金分配規制は，株主よりも弁済順位が優先する会社債権者に一定額の財産を残す趣旨の規制であるから，資本の額と会社財産の額との関係が切れているわが国では，端的に，純資産額が300万円を下回る場合には，剰余金があっても分配することができないとする方が合理的であること（法務省民事局参事官室・商事1678号46頁）および新事業創出促進法は，確認有限会社の利益配当の際に300万円に最低資本金の役割を負わせている（10の12Ⅳ）ので，新会社法もこれに倣ったこと（江頭・商事1726号23頁）により，会社法で新しく導入された制限である．

5-4-58 **(92) 沿革**　昭和49年商法改正以前のわが国では，営業年度6カ月，利益配当2回とする会社が多かったが，1年決算の方が合理的であるだけでなく（季節変動のある会社などでは期間損益を正確に示すことができる．「商法と企業会計原則との調整に関する意見書」第4など参照．また株主総会の開催の負担，監査の手数・費用も軽減する），昭和49年の商法改正で監査期間が延長されたことに伴い，株主名簿閉鎖期間も3カ月に延長されたことから（平成16年改正前商224ノ3Ⅱ），従来通りであれば，6カ月も名簿が閉鎖されることになり，株式の流通にとって好ましくないことから，従来年2回配当を受けていた株主の不満が増し，営業年度を1年とすることを容易にするため，昭和49年の商法改正で中間配当の制度が新設された．

5-4-59 **(93) 四半期報告書**　金融商品取引法は，平成20年4月1日以後開始される事業年度から，上場会社等に対し四半期報告書の提出を義務付け（同法24条の4の7第1項），有価証券報告書を提出しなければならない会社であって，上場会社以外の会社は，四半期報告書を任意に提出することができるとしている（同2項）．これらの会社は，四半期報告書の記載内容が金融商品取引法令に基づき適正であることを確認した旨を記載した確認書の提出義務も負う（同法24条の4の8）．そのため，企業会計審議会より「四半期レビュー基準の設定に関する意見書」（平成19年3月27日）が公表されている．

II-5-4-60 (7) **準備金の積立て** 剰余金の配当をする場合には，準備金の合計額が**資本金の額の4分の1**(基準資本金額)に達するまで，配当により減少する剰余金の額の10分の1を資本準備金または利益準備金として積み立てなければならない(計規22)．従って，剰余金の配当により，配当財産の額と，準備金を計上すべき場合には，計上すべき準備金相当額が，剰余金から減少することになる(計規23①ロ②ロ)．

その他資本剰余金を減少させるときには，減少させるその他資本剰余金に相当する額に10分の1を乗じて得た額(会445Ⅳ)と基準資本金額から剰余金の配当をする日における準備金の額を控除した額(準備金計上限度額)のより少ない額に相当する額だけ資本準備金を計上し(計規22Ⅰ)，その他利益剰余金を減少させるときには，減少させるその他利益剰余金に相当する額に10分の1を乗じて得た額と準備金計上限度額のより少ない額に相当する額だけ利益準備金を計上し，両方が混じっている場合にはその割合に応じて，それぞれ計上しなければならない[94](計規22Ⅱ)．改正前商法は配当財源を問わなかったが，その他利益剰余金を配当しておきながら資本準備金を増加するという処理には「違和感がある」(郡谷大輔「会社法施行規則(計算関係)及び会社計算規則」税経通信2006年4月臨時増刊号43頁)ことから上記のように改正されている．準備金の額が**基準資本金額を超えるとき**は，準備金を計上する必要がないが，任意積立金としてしか計上できなかった改正前商法と異なり，**会社法451条の手続を踏むことにより，4分の1を超えて準備金を計上することは可能であって，別途積立金**(任意準備金)**となるわけではない**．計上が必要なのは，「剰余金の配当をする場合」である(会445Ⅳ)．したがって，発生した会計期間の費用として処理される役員賞与(「役員賞与に関する会計基準」3項)の際には，準備金の積立を要しない．なお会社法は，改正前商法と異なり，積み立てるべき準備金の額を分配可能利益から控除することはしていない(改正前商290Ⅰ③対照)．

II-5-4-62 (8) **配当財産の交付の履行場所** 配当財産(会455Ⅱ・456により支払うものを含む)は，株主名簿に記載し，または記録した株主(登録株式質権者を含む)の住所または株主が株式会社に通知した場所において，交付しなければならず[95](会457Ⅰ．持参債務．な

II-5-4-61 (94) **金融機関の積立額等** 金融機関である株式会社については積立額および積立限度額は，一般の会社より多く定められている(銀行18，保険業14，信託業12)．

II-5-4-63 (95) **実務** ① 会社は，株式配当金支払事務委託書を銀行へ差し入れて配当金の支払事務に関する委託契約を銀行と締結する．銀行は，配当金を，株主から届出があった預金口座へ振り込む方法(振込制)，および株主から配当金領収書の呈示を受ける方法(領収証制)により支払う(平成20年12月5日全国株懇連合会理事会決定「「株式配当金支払事務取扱要領」(全国銀行協会との協定)の改正について」商事1853号34頁参照)．② ゆうちょ銀行が，株主から配当金領収書の呈示を受ける方法により支払う(平成20年12月5日全株懇理事会決定「「株式配当金支払事務取扱要領」(ゆうちょ銀行との協定)の改正について」商事1853号48頁参照)．③ 振替株式等の配当金の受け取り方法は，株式数比例配分方式(証券会社等の口座に記載または記録された振替株式等の数に応じた配当金を，その証券会社等の口座において受領する方式)，登録配当金受領口座方式(あらかじめ指定した1つの銀行等預金口座ですべての振替株式等の

お民484・485参照)，交付に要した費用は，会社が負担する(強行規定である．会457Ⅱ．日本に住所等がない場合を除く．会457Ⅲ)．ただし，株主の責めに帰すべき事由によってその費用が増加したときは，その増加額は，株主の負担とする．会社の通知・催告が5年間以上継続して不到達でかつ剰余金の配当を受領しなかったものについては，会社は，利害関係人への公告および一定の者への各別の催告後，その株式を競売するか，一定の方法で売却し，その代金をその株式の株主に交付することができる(会197・198 [Ⅱ-2-5-84～Ⅱ-2-5-89])．

2 剰余金の概念と分配可能額の制限

5-4-64 (1) **剰 余 金** 剰余金の配当がその効力を生ずる日(会454Ⅰ③)の「剰余金の額」(=a)は，「最終事業年度(会2㉔)の末日」の「剰余金の額」(=A．会446)に，剰余金の配当がその効力を生ずる日までの剰余金の変動額(=B・C)を反映させて算出する(会446①．図32)．

図32 剰余金の分配可能額の算出過程

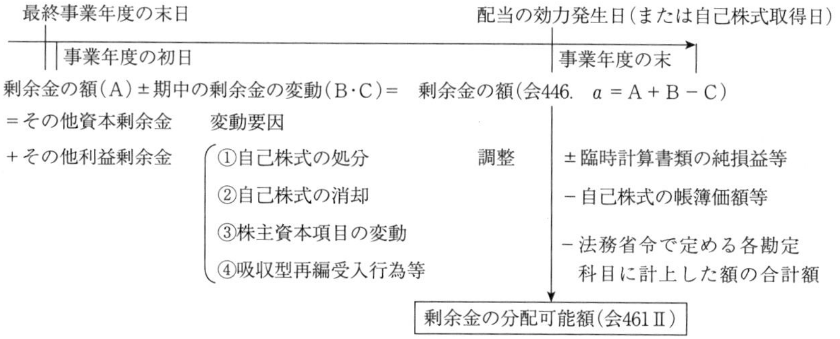

```
最終事業年度の末日                 配当の効力発生日(または自己株式取得日)
│事業年度の初日│                 │事業年度の末│
剰余金の額(A)±期中の剰余金の変動(B・C)＝ 剰余金の額(会446．$a$＝A＋B－C)
＝その他資本剰余金    変動要因
＋その他利益剰余金   ①自己株式の処分   調整  ±臨時計算書類の純損益等
                ②自己株式の消却         －自己株式の帳簿価額等
                ③株主資本項目の変動       －法務省令で定める各勘定
                ④吸収型再編受入行為等      科目に計上した額の合計額
                                ↓
                        剰余金の分配可能額(会461Ⅱ)
```

「最終事業年度の末日」とは，当該ある事業年度の末日ではなく，決算が確定しているその前の事業年度の末日である．**期末日の剰余金の額**(A)は，**その他資本剰余金**(計規149③ [Ⅱ-5-2-106])**とその他利益剰余金**(計規149④ [Ⅱ-5-2-109])**の合計額**である[96]．前者は，株主に払い戻すことについて債権者の承諾を受けているというべ

配当金を受領する方式)もしくは個別銘柄指定方式(所有の振替株式等の銘柄ごとに指定した銀行等預金口座で，振替株式等の配当を受領する方式)のいずれかを指定することができる．いずれも指定しない場合は，株主の届出住所に配当金額収書が送付され，配当金支払事務を行う金融機関で配当金を受け取ることになる(「振替株式等(上場株式等)の配当金のお受け取り方法について」商事1853号39頁)．

5-4-65 [96] **剰余金の額** 株式会社の剰余金の額は，a＝A＋B－Cで表すことができる．a＝{(最終事業年度の末日における資産の額＋自己株式の帳簿価額の合計額)－(最終事業年度の末日における負債の額＋資本金の額＋準備金の額＋法務省令で定める各勘定科目に計上した額の合計額(＝①最終事業年度の末日における資産の額＋自己株式の帳簿価額の合計額－②最終事業年度の末日における負債の額＋資本金の額＋準備金の額＋③その他資本剰余金の額＋④その他利益

き額であり，後者は，会社が上げた利益の額である．

これに剰余金の配当がその効力を生ずる日までの剰余金の変動額（＝B・C）を反映させる．剰余金の変動要因は，(a) 最終事業年度の末日後の自己株式の処分，(b) 最終事業年度の末日後の自己株式の消却，(c) 最終事業年度の末日後の株主資本項目の変動，および(d) 吸収型再編受入行為（計規2Ⅲ㉞）等である．

II-5-4-66　(a)　**自己株式の処分**　自己株式処分差額（会446②．(a)）とは，自己株式の処分の対価から自己株式の帳簿価額を控除した額をいう（会446②．自己株式会計基準4項）．それが正の値の場合（自己株式処分差益という．自己株式会計基準5項）には，その他資本剰余金に計上し（自己株式会計基準9項），負の値の場合（自己株式処分差損という．自己株式会計基準6項）は，その他資本剰余金から減額し，減額しきれない場合には，その他利益剰余金（繰越利益剰余金）から減額する（自己株式会計基準10項・12項 [II-5-2-123] 参照）．

II-5-4-67　(b)　**自己株式の消却**　自己株式の消却した場合には，自己株式の帳簿価額((b)．会446⑤．計規47Ⅱ）をその他資本剰余金から減額し，その他資本剰余金がないときは

剰余金の額)）（会446①．計規149①～④))}（＝A）＋{(a) 最終事業年度の末日後に自己株式の処分をした場合における処分差損益）＋(c1) 最終事業年度の末日後に資本金の額の減少をした場合における当該減少額）＋(c2) 最終事業年度の末日後に準備金の額の減少をした場合における当該減少額)}（＝B）－{(b) 最終事業年度の末日後に自己株式を消却をした場合における当該自己株式の帳簿価額）＋(c3) 最終事業年度の末日後に剰余金の配当をした場合における配当財産の帳簿価額の総額＋金銭分配請求権を行使した株主に交付した金銭の額の合計額＋基準未満株式の株主に支払った金銭の額の合計額＋法務省令で定める各勘定科目に計上した額の合計額（＝((c4) 最終事業年度の末日後に剰余金の額を減少して資本金の額または準備金の額を増加した場合における当該減少額）＋((c5) 最終事業年度の末日後に剰余金の配当をした場合に，剰余金の配当の額の10分の1の準備金の積立てを行う場合［会445Ⅳ参照］には当該額．計規46①ロ・②ロ）＋(d1) 最終事業年度の末日後に，株式会社が吸収型再編受入行為［吸収合併，吸収分割または株式交換．計規2Ⅲ㉞］をしたときの自己株式の処分の対価の額から当該自己株式の帳簿価額を控除して得た額）＋((d2) 最終事業年度の末日後に株式会社が吸収分割会社または新設分割会社となる吸収分割または新設分割に際して剰余金の額を減少した場合における当該減少額＋(d3) 最終事業年度の末日後に株式会社が吸収型再編受入行為をしたときの資本剰余金または利益剰余金を減じて得た剰余金の増加額＋(d4) 最終事業年度の末日後に不公正発行に伴う責任（会52Ⅰ［II-1-10-2]・212Ⅰ［II-3-2-64]・285Ⅰ［II-3-3-96]）の履行により増加したその他資本剰余金の額（会446⑦．計規150Ⅰ①～⑥)}（＝C）．

このような規定の仕方をしたのは，従来の伝統的な配当可能利益に対する考え方を尊重しようという法制的な理由からである（郡谷大輔「会社法施行規則（計算関係）及び会社計算規則」税経通信2006年4月臨時増刊87頁，計算解詳298頁．Aでは，数値は相殺されているので，結果的には，A＝その他資本剰余金＋その他利益剰余金となる（神田272頁は，このような規定の仕方をした理由を，立法時に会計処理が未定であったという事情に求める．逐条解説466頁は，Aの式は，分配規制の趣旨である，株主と債権者との利害調整という役割に着目しつつ，将来の会計基準等の変更に対しても柔軟に適正な対応（むしろ，会社法としては対応しないという対応）をすることを可能とするためであるで説明している）．なお最終事業年度のない会社の剰余金額については，成立の日における貸借対照表が，最終事業年度の末日の貸借対照表に相当するものとして計算する（計規150Ⅱ）．

第5章 会社の財務 第4節 剰余金の配当 **653**

その他利益剰余金から減額するので(自己株式会計基準12項・13項・44〜46項,計規27Ⅲ・29Ⅲ),これと同額の剰余金が減少する(会446⑤).

5-4-68 (c) **株主資本項目の変動** 最終事業年度の末日後の株主資本項目の変動要因は,(c1・c2) 最終事業年度の末日後の資本金・準備金の額の減少(会446③④,計規27Ⅰ①②・52Ⅰ①),(c3) 最終事業年度の末日後の剰余金の配当(会446⑥),(c4) 剰余金の資本金・準備金への組入れによる剰余金の額の減少(会446⑦,計規25Ⅰ②・26Ⅰ②・28Ⅰ・150Ⅰ①・Ⅱ③),(c5) 剰余金を配当した場合の準備金の積立て(会445Ⅳ,計規22Ⅰ②Ⅱ②・23①ロ②ロ・150Ⅰ②・Ⅱ④)である.(c1)・(c2)は剰余金を増やすが,(c3)・(c4)・(c5)は剰余金を減らすので,これらを加減する.

5-4-69 (d) **吸収型再編受入行為等** 吸収型再編受入行為(吸収合併[V-1-4-20]・吸収分割[V-1-4-27]による権利義務の承継・株式交換[V-1-4-34]による株式の取得,計規2Ⅲ㉞)により,(d1) 最終事業年度の末日後の吸収合併,吸収分割または株式交換の際に対価として交付する自己株式の差損益(計規150Ⅰ③)と(d3) 吸収型再編受入行為の前後の資本剰余金・利益剰余金の差額相当額(計規150Ⅰ⑤)は,剰余金に影響を与える.(d1)にあっては,(a)と同じく,自己株式処分差損益(自己株式の対価−自己株式の帳簿価額)を加減する.(d3)では(再編後資本剰余金額−再編直前資本剰余金額)+(再編後利益剰余金額−再編直前利益剰余金額)を減額する.また(d2) 最終事業年度の末日後の会社分割の際に剰余金を減らせば,剰余金を減額する(計規150Ⅰ④).

剰余金の額は,剰余金の額を減少させて資本金の額または準備金の額を増加させる場合において,減少させる額の限度を画する機能(会450Ⅲ・451Ⅲ)と分配可能額を算定する場合の要素となる機能(会461Ⅱ①)を有している.

5-4-70 (2) **分配可能額** (ア) **総 説** 分配可能額は,会社債権者に優先して,株主が払戻しを受けることを制限する機能を有している.平成17年改正前商法は,純資産額から資本等の額を控除して,配当可能利益を算出していたが(平成17年改正前商290),平成11年以降の改正の結果,資本の部が単純な構成ではなくなったので,分配できる額から分配した額を控除する形式に改められている.

普通の「分配可能額」は,剰余金の額(会461Ⅱ①)−{自己株式の帳簿価格(会461Ⅱ③)+最終事業年度の末日後に自己株式を処分した場合における当該自己株式の対価の額(会461Ⅱ④)+法務省令で定める各勘定科目に計上した額の合計額(計規158)}で表される(会461Ⅱ⑥).

5-4-71 (イ) **臨時計算書類** これに対し,臨時計算書類では,① 剰余金の額に臨時決算日までの期間損益を加減算しなければならない.すなわち,利益が生じている(ゼロ以上の)場合には加算し(会461Ⅱ②イ,計規156),損失が生じている(ゼロ未満の)場合には減算しなければならない(会461Ⅱ⑤,計規157).② 最終事業年度の末日後に自己株式を処分した場合における当該自己株式の対価の額は減算するが(会461Ⅱ④),臨時決算日までに処分した場合の自己株式の対価額は分配可能額に加算しなければ

ならない(会461Ⅱ②ロ). ③ 吸収型再編受入行為・特定募集([Ⅱ-5-4-74]計規158⑤)の場合における自己株式対価額については，すでに加算されているため(計規158⑩)，臨時決算の加算額からは減額される(計規158⑦). ④ のれん等調整額([Ⅱ-5-4-78]計規158①括弧書)，「負の」その他有価証券評価差額金(計規158②)，「負の」土地再評価差額金([Ⅱ-5-2-117]計規158③)については，最終事業年度の末日ベースで算定されている数値を，臨時決算日ベースの数値に切り替える．そして，最終事業年度の末日以後に2度以上臨時決算した場合には，当期純損益が重複計上されないよう，前に行った臨時決算によって増減した額は，すべて相殺される(計規158⑤). そこで，臨時計算書類の「分配可能額」は，{① 剰余金の額(会461Ⅱ①)＋株主総会または取締役会の承認を受けた臨時計算書類に計上された次に掲げる額(会461Ⅱ②イ)(＝② 臨時決算日までの当期利益額[計規156]＋③ 臨時決算日の属する事業年度の初日から臨時決算日までの期間内に自己株式を処分した場合における当該自己株式の対価の額[会461Ⅱ②ロ]}－{④ 自己株式の帳簿価格(会461Ⅱ③)＋⑤ 最終事業年度の末日後に自己株式を処分した場合における当該自己株式の対価の額(会461Ⅱ④)＋⑥ 株主総会または取締役会の承認を受けた臨時計算書類の臨時決算日までの当期純損失(会461Ⅱ⑤，計規157)＋⑦ 法務省令で定める各勘定科目に計上した額の合計額(計規158)}で表され，複雑となる(会461Ⅱ⑥).

(ウ) 整　理　会社計算規則158条は，会社法461条2項6号を受けて分配可能額から加減すべき項目を定めている．これを含めて，会社法461条2項の規制を整理すると，次のようになる．

Ⅱ-5-4-72　(a) **自己株式と分配可能額**　(ア) 自己株式の帳簿価額は，過去に株主に対し，株式の取得と引換えに払い戻した財産の価額の合計額に相当するので，帳簿価額相当分が分配可能額から減算される(会461Ⅱ③).

Ⅱ-5-4-73　(イ) 自己株式の取得の対価が他の種類の自己株式である場合には，自己株式対価額が，自己株式の帳簿価額となり(計規15Ⅱ)，分配可能額から減算されることになるが(会461Ⅱ④)，自己株式の入替に過ぎないので，再度自己株式の帳簿価額が加算され(計規158Ⅰ⑨)，その結果，分配可能額は変動しない(自己株式の取得の対価として自己株式以外の財産または会社の社債を交付するときには，会社からの財産の流出があるので，その価額相当分を減ずる必要がある).

Ⅱ-5-4-74　(ウ) 全部取得条項付種類株式の取得につき「特定募集」に当たる場合には，自己株式の対価額(会461Ⅱ④)は，分配可能額に組み入れられ(計規158Ⅰ⑩)，その結果，分配可能額は変動しない．

「特定募集」とは，全部取得条項付種類株式を会社が取得したと同時に，その取得した自己株式の引受人を募集し，当該引受人が出資した財産を，全部取得条項付種類株式の取得対価として交付する行為である(計規159⑤). したがって全部取得条項付種類株式は会社を通過するだけで，会社からの実質的な財産流出はない．

第5章　会社の財務　第4節　剰余金の配当　**655**

5-4-75　(エ)　**自己株式の処分**　自己株式を処分すると，自己株式の対価額＝自己株式の帳簿価額＋自己株式の差損益であるので，減少する自己株式の帳簿価額は分配可能額の増加要因となり，自己株式の差損益も剰余金の増減を通じて [II-5-4-66]，分配可能額の増減要因となる．しかし，これをそのまま分配可能額に算入すると，例えば，取得した財産が不当に高く評価された場合には，分配可能額が不当に多くなるという問題があるので (解説127頁)，会社法は，自己株式の対価額については，通常の決算か，臨時決算を経ない限り，分配可能額から減額することとしているので (会461 II④．なお計規158⑦参照)，自己株式を処分しても，結果的には，分配可能額は変わらない．

5-4-76　(オ)　**自己株式の消却**　自己株式を消却 [II-2-2-36] すると，自己株式の帳簿価額が減額され (計規24II)，分配可能額の増加要因となるが，同額の剰余金が減少するので (会446⑤，計規24III)，分配可能額は変わらない．自己株式はその取得時に会社財産の払い戻しがあったものとして分配可能額上評価されているので，自己株式の消却が行われても，それは分配可能額とは無関係な表示上の問題であるからである．

5-4-77　(カ)　**吸収型再編受入行為で処分する自己株式**　最終事業年度の末日後に株式会社が吸収型再編受入行為 (計規2III㉞) または特定募集に際して処分した自己株式の対価の額は，当該組織再編行為の前後の剰余金変動額で処理することとし，別途自己株式部分のみを取り出して制限することはしていないため，分配可能額の算定上，加算し (計規158⑩)，自己株式対価額を分配可能額から減額する旨の規定 (会461 II④) を相殺している (計規158 I⑩)．

5-4-78　(b)　**のれん等調整額と分配可能額**　のれん等調整額とは，資産の部に計上したのれんの2分の1 (2分の1に特に根拠はない．相澤＝郡谷・商事1767号38頁，計算詳解300頁) と繰延資産 [II-5-2-44] の合計額である (計規158①)．のれんは，企業結合に際して生じた対価の価額と識別可能な財産の価額との差額であるから，それ単独では換価可能性がないが，将来の収益によって回収可能なものも含まれている可能性がある．そこで平成17年改正前商法と異なり，その全部を資産として扱わないが，2分の1は資産として扱う．これに対し，繰延資産は，資産とはいっても費用の繰延べであるので，資産性は否定される．

　　分配可能額は，**最終事業年度の末日** (最終事業年度がない場合にあっては成立の日) ののれん等調整額の大きさに応じて以下の4つに分類される．

　　① のれん等調整額が資本等金額 (＝資本金の額＋準備金の額) 以下の場合には，資本等金額がのれん等調整額によって生じうる損失等をカバーしうると考えられるので，減算しない (計規158①イ)．

　　② のれん等調整額が資本等金額およびその他資本剰余金以下の場合には，資本等金額でカバーしきれてない部分 (＝当該のれん等調整額－資本等金額) は，分配可能額を増加させる要因となるので (計算詳解302頁)，分配可能額から減算する (計規158①

ロ).

③ のれん等調整額が資本等金額およびその他資本剰余金を超え、かつ、のれんの2分の1の額が資本等金額およびその他資本剰余金以下の場合には、②と同様の額を減算する (計規158①ハ(1)).

④ のれんの2分の1の額が資本等金額およびその他資本剰余金を超える場合には、その他資本剰余金の額および繰延資産の額を減額する (計規158①ハ(2)).

II-5-4-79　(c)　**その他有価証券評価差額金の評価差損および土地再評価差額金の評価差損**　最終事業年度の末日のその有価証券評価差額金の評価差損および土地再評価差額金の評価差損は、保守性の観点から、未実現損失ではあるが現実化したものと考えて (計算詳解308頁)、分配可能額から減算する (計規158②③).

II-5-4-80　(d)　**連結配当規制適用会社のおける連単剰余金差損額**　連結配当規制適用会社 [II-3-4-196] となるかどうかは、会社の任意の選択に委ねられ、かつ、各事業年度ごとの選択に委ねられているが、連結計算書類を作成していることが前提である (会444 I・III参照). 連結配当規制を選択をした会社は、単体ベースの「株主資本の額に負のその他有価証券評価差額金・土地再評価差額金を加え、のれん等調整額 (当該のれん等調整額が資本金の額、資本剰余金の額および利益準備金の額を超えている場合にあっては、資本金の額、資本剰余金の額および利益準備金の額の合計額) を減じて得た額」から、連結ベースの「株主資本の額に負のその他有価証券評価差額金・土地再評価差額金を加え、のれん等調整額 (当該のれん等調整額が資本金の額、資本剰余金の額および利益準備金の額を超えている場合にあっては、資本金の額、資本剰余金の額および利益準備金の額の合計額) を減じて得た額」および「最終事業年度の末日後に子会社から当該株式会社の株式を取得した場合における当該株式の取得直前の当該子会社における帳簿価額のうち、当該株式会社の当該子会社に対する持分に相当する額」の合計額を減じて得た額が正の値をとるときには、子会社株式に含み損がある場合と同視できるので、その差額 (**連単剰余金差損額**) を分配可能額から減額する (計規158④). 逆に、連結ベースの方が多いときには、その含み益は未実現評価益であるので、その差額は分配可能額に算入しない.

II-5-4-81　(e)　**300万円不足額**　300万円から、分配可能額に組み入れられない純資産の部の項目 (＝資本金の額＋準備金の額＋新株予約権の額＋評価・換算差額等合計額. 差益が生じている場合に限る) を控除し、その差額が残る場合には、これを分配可能額から減額する (計規158⑥). これは、最低資本金規制 (旧有9) を撤廃したが、株主と債権者との利害関係を調整する役割を果たしていた配当拘束としての計数の役割は維持することにしたため、純資産額300万円は債権者に対する弁済原資として確保しようとするものである[97]. 資本金・準備金が300万円に満たない場合であっても、それに評価・

II-5-4-82　[97]　**立法趣旨**　剰余金分配規制は、株主よりも弁済順位が優先する会社債権者に一定額の財産

換算差額等の差益を加えれば300万円以上となるときは，減算されないので注意する必要がある．

5-4-83 (f) **不公正発行の責任の履行された場合と分配可能額** 最終事業年度の末日後に不公正発行の責任が履行された場合には，その他資本剰余金が増加するが (計規21)，その額は，通常の決算か臨時決算を経ない限り，分配可能額から減額することとしているので (解説130頁)，増加時点では，自己株式の対価額と同様に，分配可能額は変わらない (計規158⑧イ)．最終事業年度がない株式会社が成立の日後に自己株式を処分した場合における当該自己株式の対価の額の場合も同様である (計規158⑧ロ)．

5-4-84 (g) **2度以上臨時決算した場合の取扱い** 2度以上臨時決算した場合には，前に行った臨時決算によって増減した額については，すべて相殺される (計規158⑤)．

3 剰余金の分配を決定する機関

5-4-85 (1) **原 則** 会社が，剰余金を社内に留保しないで，その株主に配当することを決定する行為は，重要な行為であるから，剰余金の配当をしようとするときは，その都度，**株主総会の普通決議** (会309Ⅰ．現物配当の場合を除く) によって，① **配当財産の種類** (当該会社の株式等〔株式，社債，新株予約権〕は配当できない) および**帳簿価額の総額**，② **株主に対する配当財産の割当てに関する事項**，および③ **剰余金の配当の効力発生日**を定めなければならない (会454Ⅰ．自己株式には配当ができない．会453．なお金商166Ⅱ①ト，計規105③参照)．

①で株式等が除かれているのは，これらには，募集による発行 (会199・238・676)，無償割当てによる交付 (会185・277) の定めがなされているので，これらの定めに従うべきものとされているからである．

②の事項は，株主 (会社および種類株主を除く) の有する株式の数に応じて配当財産を割り当てることを内容とするものでなければならないが (会454Ⅲ)，**剰余金の配当について内容の異なる2以上の種類の株式を発行しているときは，当該種類の株式の内容に応じて，ある種類の株式の株主に対して配当財産の割当てをしないこととするときは，その旨およびその株式の種類，および，配当財産の割当てについて株式の種類ごとに異なる取扱いを行うこととするときは，その旨およびその異なる取扱いの内容を定めることができる** (会454Ⅱ)．

5-4-86 (2) **現物配当の場合** 剰余金の配当が現物配当[98][Ⅱ-5-4-54]であるときでも，

を残す趣旨の規制であるから，資本の額と会社財産の額との関係が切れているわが国では，端的に，純資産額が300万円を下回る場合には，剰余金があっても分配することができないとする方が合理的であること (法務省民事局参事官室・商事1678号46頁) および新事業創出促進法は，確認有限会社の利益配当の際に300万円に最低資本金の役割を負わせている (10の12Ⅳ) ので，新会社法もこれに倣ったこと (江頭・商事1726号23頁) により，会社法で新しく導入された制限である．

会社は，① **株主に対して金銭分配請求権**（現物配当財産に代えて金銭を交付することを会社に対して請求する権利）**を与えるとき**は，その旨および金銭分配請求権を行使することができる期間（配当効力発生日より前でなければならない），② **一定の数未満の数の株式を有する株主に対して配当財産の割当てをしない**（金銭を支払う）**こととするとき**は，その旨およびその数（基準株式数）[99]を，株主総会の普通決議によって，定めることができる（会454Ⅳ）．現物配当の場合，配当財産1単位の価値によっては，端数が生じることが考えられるので，一定の数以上の株式を有する者には現物配当を行い，それ未満の数の株式を有する株主には現物に相当する金銭を交付することができるようにしたものである．これに対し，**現物配当で，株主に金銭分配請求権を与えない場合**には，株主総会決議は**特別決議**となる（会309Ⅱ⑩）．

株主に対して金銭分配請求権を与えるときは，①の期間の20日前までに，株主に対し，①の事項を**通知**しなければならない（会455Ⅰ）．金銭分配請求権を行使した株主には，配当財産に代えて，(i) 当該配当財産が市場価格のある財産である場合には，当該配当財産の**市場価格**として法務省令で定める方法により算定する額[100]（計規154）を，(ii) 当該配当財産が市場価格のある財産でない場合には，株式会社の申立てにより**裁判所**（株主の陳述を聴くことを要し（会868Ⅰ・870⑧），即時抗告が可能（会872④））**が定める額**を支払わなければならない（会455Ⅱ）．

Ⅱ-5-4-90　**(3) 例外――取締役会の決議**　**(ア) 通常の場合**　会社が，会計監査人設置会社かつ監査役会設置会社で，取締役の任期が1年と定めているか，または委員会設置会社であるときは，定款で定めることにより，剰余金の配当を，株主総会の決議ではなく，**取締役会の権限とすることができる**（会459Ⅰ④．なお会施規126⑩〔Ⅱ

Ⅱ-5-4-87　[98] **配当財産の帳簿価額**　配当の効力発生日における配当財産の時価と適正な帳簿価額との差額がある場合には，次のような現物配当を除き，その差額は，配当の効力発生日の属する期の損益となり，会社法454条1項1号で定める配当財産の帳簿価額は，その時の時価（次のような場合には，適正な帳簿価額）となる（自己株式会計基準適用指針10項参照）．

- 分割型の会社分割（按分型）
- 保有する子会社株式のすべてを株式数に応じて比例的に配当（按分型の配当）する場合
- 企業集団内の企業へ配当する場合
- 市場価格がないこと等により公正な評価額を合理的に算定することが困難と認められる場合

Ⅱ-5-4-88　[99] **基準株式数**　現物配当の場合，1株について配当すべき財産を測定した場合に端数が生じることが考えられる．そこで，一定の数以上の株式を有する者には現物配当を行い，一定数未満の株式には現物に相当する金銭を交付することを定めることができる．この場合の株式数を**基準株式数**という（会456）．

Ⅱ-5-4-89　[100] **配当財産の価額**　法務省令が定める方法は，金銭分配請求権の行使期間の末日における最終の市場価格（当該行使期限日に売買取引がない場合または当該行使期限日が当該市場の休業日に当たる場合にあっては，その後最初になされた売買取引の成立価格）と，その日に公開買付け等の対象となっている場合には，その公開買付け等に係る契約における当該配当財産の価格のうちいずれか高い額である（計規154）．

-5-2-159］参照．既存の委員会等設置会社には459条に関する定款の定めがあるものとみなされる．整備法57）．**剰余金の配当が現物配当で，かつ株主に金銭分配請求権を与えないこととする場合は除かれる**．この場合には，株主にとって好ましくない財産が交付されることがありうるから，株主総会の特別決議が必要であるからである．なお取締役の任期を1年とする要件は，取締役会の権限が大きいものとなるため，株主の信任を問う機会を設けることが適当であるからである．

　当該定款の定めは，最終事業年度に係る計算書類が法令および定款に従い会社の財産および損益の状況を正しく表示しているものとして**法務省令で定める要件**（計規155）に該当する場合に限り，その効力を有する（会459Ⅱ）．この要件は，各事業年度ごとに判断され，要件を満たさないと，株主総会の決議が必要となる．

　法務省で定める要件とは，① 会計監査報告における会計監査人の意見が無限定適正意見［Ⅱ-5-4-15］であって，且つ，② 会計監査報告に係る監査役会または監査委員会の監査報告の内容として会計監査人の監査の方法または結果を相当でないと認める意見がなく，③ 監査役会設置会社の監査役監査報告に付記された監査役の監査報告または監査委員会の監査報告に付記された監査委員の意見に，会計監査人の監査の方法または結果を相当でないと認める意見がなく，④ 監査期間の満了により，監査役・監査委員会の監査を受けたものとみなされたものでないことである（計規155）．

　以上のような取締役会への権限移動は，同じ要件のもとで，(a) **特定株主からの場合を除く自己株式の有償取得**（会156Ⅰ各号），(b) **欠損てん補のための準備金の額の減少**（会448Ⅰ①③・449Ⅰ②），(c) **財産流出を伴わない剰余金の処分**（会452後段，計規153［Ⅱ-5-3-20］）にも認められる（会459Ⅰ①から③まで）．(a)の場合に，特定株主からの有償取得が除かれるのは，株主平等との関係で，株主総会の特別決議が要求されているからである（会社法309Ⅱ②）．(b)の場合には，欠損の額を超えない（分配可能額がプラスとならない．計規151）範囲で準備金の額を減少する場合に限られる．欠損の範囲をこえると，株主総会の決議（普通決議）および債権者保護手続を取る必要があるからである（会449Ⅰ［Ⅱ-5-3-8］）．(c)が許容されるのは，財産流出がないからである．

　当該定款の定めは，株主総会の権限を制限するものではないで，株主総会で決めることも可能である（会459Ⅲ参照）．**株主総会の権限を定款で奪うことも可能である**（会460Ⅰ．このような定款の定めは剰余金配当に関する株主提案権を排除する効果を有する）．この定款の定めも，最終事業年度に係る計算書類が法令および定款に従い会社の財産および損益の状況を正しく表示しているものとして**法務省令で定める要件**（計規155）に該当する場合に限り，その効力を有する（会460Ⅱ）．

-4-91　(イ)　**中間配当**　(ア)の特例を設けていない会社であっても，取締役会設置会社は，**1事業年度**（改正前商法では事業年度を1年とする会社に限定されていたが，会社法ではこのような制限はなくなっている）の途中に1回に限り，取締役会決議（委員会設置会社でも執行

役に委任できない．会416Ⅳ⑭）によって剰余金の配当（金銭配当に限る）を行うことができる旨を定款で定めることができる[101]（会454Ⅴ）．取締役会非設置会社ではこのような定めは不可能である（ハンドブック866頁）．

4 違法配当

Ⅱ-5-4-93　(1) 違法な剰余金配当の責任　(ア) 株主の責任　剰余金の分配可能額（会461Ⅰ⑧）を超えて剰余金の配当をしたときには（従来，配当の場合には俗に「たこ配当」と呼ばれている），**剰余金の配当により金銭等の交付を受けた株主は，善意・悪意を問わず，会社に対して，交付を受けた金銭等の帳簿価額に相当する金銭を支払う義務を負う**（会462Ⅰ．反対龍田407頁．そのように解さないと，会463Ⅰは無意味になることを理由に，善意である株主は会社に対し責任を負わないとする）．**無過失責任である**（会462Ⅱ対照）．しかし，**違法配当であることにつき善意の株主は，交付を受けた金銭等について，支払義務を履行した業務執行者等からの求償に応ずる義務がない**（会463Ⅰ）．これは，自ら違法行為をなした業務執行者等が善意の株主に対して求償することは不当であることに鑑みた一種の制裁と解することができる（弥永481頁）．

Ⅱ-5-4-94　(イ) **業務執行者の責任**　株主は会社に対し返還義務を負うが，多数の株主に返還させることは実際上困難であることから，会社法は，① **業務執行者**[102]（計規159⑧）および② **株主総会や取締役会に剰余金分配議案を提案した取締役等**に対して（会462Ⅰ⑥），連帯して，交付をした金銭等の帳簿価額に相当する金銭を会社に支払う義務を負わせている（会462Ⅰ）．この義務（責任）は株主代表訴訟の対象となる（会847．なお会963Ⅴ②参照）．

当該義務は，任務懈怠責任とは異なる，**資本充実の必要性より課せられた法定の**

Ⅱ-5-4-92　(101) **中間申告と半期報告書**　① 事業年度が6カ月を超える法人は，事業年度開始の日以後6カ月を経過した日の翌日から2カ月以内に中間申告と税額の納付をしなければならない（法税71Ⅰ・76）．確定申告により納付すべき法人税額は，確定申告における所得に対する法人税額から中間申告の法人税額を控除した額である．

　　また，② 有価証券報告書を提出しなければならない会社のうち，四半期報告書を提出しなければならない会社以外の会社は事業年度が開始した日以後6カ月経過後3カ月以内に，内閣総理大臣に**半期報告書**を提出しなければならない（金商24の5Ⅰ[Ⅰ-2-6-5]．なお企業開示府令18参照）．半期報告書に含まれる中間財務諸表（または中間連結財務諸表）は中間財務諸表規則（または中間連結財務諸表規則）によって作成されることを要し，中間財務諸表（または中間連結財務諸表）は，特別の利害関係のない公認会計士または監査法人による監査証明（中間監査報告書による．財務監査府令3Ⅰ参照．その記載事項については財務監査府令4Ⅰ②参照）を受けることが必要である（金商193の2，財務監査府令1④⑦⑧⑩）．

Ⅱ-5-4-95　(102) **業務執行者**　① 剰余金の配当による金銭等の交付に関する職務を行った取締役・執行役，② 剰余金の配当を決定した株主総会で剰余金の配当に関する事項について説明をした取締役・執行役，③ 剰余金の配当を決定した取締役会において剰余金の配当に賛成した取締役，④ 監査役または会計監査人の請求に応じ，分配可能額の計算に関する報告をした取締役・執行役である（計規159⑧）．

第5章　会社の財務　第4節　剰余金の配当　**661**

特別責任である．しかし，①および②の者は，その職務を行うにつき注意を怠らなかったことを証明したときは，支払義務を負わない（会462Ⅱ．過失責任）．また，①および②の者の負う義務（責任）は，会社債権者保護のため，免除することができないが（会462Ⅲ本文），各行為の時における分配可能額を限度として，総株主の同意がある場合には，免除することが可能である（会462Ⅲ但書）．

5-4-96　（ウ）**会社債権者の請求権**　会社債権者は，違法な剰余金の分配により損害を受けるときには，任務を懈怠した役員等に対し損害賠償責任を追求することができるが（会429Ⅰ），支払い義務を負う**株主に対し**，その債権者が会社に対して有する債権額の範囲内で，**違法配当額を債権者自身に支払うよう請求することもできる**（会463Ⅱ）．これは，民法上の債権者代位権（民423）の特則（期限前代位をする場合における裁判上の代位（非訟事件手続法72）を要しない）として位置づけられている（論点520頁，解説137頁，計算詳解369頁）．債務者の無資力要件も排除されていると解されているが（前田庸631頁，吉本357頁），これでは債権者の権利が強すぎるので，債権者代位権と同じく会社の無資力は要件であると解すべきである（江頭615頁注8，青竹417頁）．

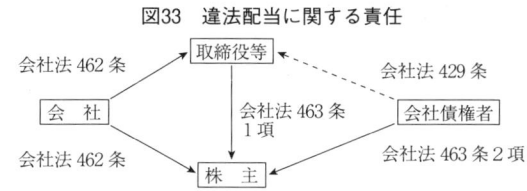

図33　違法配当に関する責任

　債権者は，違法配当当時の債権者である必要はなく，債権の履行期が到来していなくてもかまわない．もっとも，債権者は，自己の債権の弁済期が到来していなければ，自己の債権の満足にあてることができない（民505Ⅰ）．株主が会社に金銭支払義務を履行した場合には，民法422条の類推適用により，株主は株式を取得できるので不公正は生じないとされている（葉玉494頁）．

5-4-97　（エ）**分配可能額に違反して行われた剰余金の配当・自己株式の取得の効力**　これについては見解が対立している（［Ⅱ-2-2-23］）．有効説（論点517頁，解説135頁，葉玉494頁，計算註解370頁，青竹416頁）によれば，株主が，違法な自己株式の取得により交付を受けた金銭の全額を支払った場合，民法422条が類推適用され，株主は自己が売却した株式またはその代替物について代位することになる（なお計規20参照）．これに対し，無効説（江頭244頁，神田273頁，弥永480頁注28，龍田406頁，吉本351頁等）によると，株式が返還されるのは現状回復の結果である．

5-4-98　（2）**欠損てん補責任**　株式会社が，［Ⅱ-4-12-9］表1に掲げる行為を，前営業年度中（平成17年改正前商210ノ2・293ノ5参照）ではなくて，前期の計算書類の承認時から当期の計算書類の承認時までに行い，予測を誤り，当期の計算書類の確定時に分配可能額がマイナスとなったときは，当該行為に関する職務を行った業務執行者は，その職務を行うについて注意を怠らなかったことを証明しない限り，当該株式会社に対し，連帯して，分配可能額のマイナス額と株主に払戻しをした額とのいずれか

小さい額を支払う義務を負う(会465Ⅰ本文)。ただし，① **定時株主総会**(会社法459条1項の適用がある場合には，436条3項の取締役会)**の決議に基づく剰余金の配当**は，正規の決算手続に基づくものであるので，てん補責任の対象とならないし(会465Ⅰ⑩イ)，② **資本金の額または準備金の額の減少に併せた剰余金の配当**も，資本金の額または準備金の額の減少手続の段階で債権者保護手続が採られているので，資本金の額または準備金の額の減少額以下で配当が行われる限り，てん補責任の対象から除外される(会465Ⅰ⑩ロハ)。この支払義務は，株主に対して負うべき責任であるので，総株主の同意により，免除することができる(会465Ⅱ)。

(3) **会社財産を危うくする罪** 定款違反の剰余金の配当も犯罪に当たる(会963Ⅴ②)。

第Ⅲ編　持分会社

第1章　総　説

1-1-1　合名会社，合資会社および合同会社を総称して持分会社という（会575Ⅰ）．持分会社は，会社法で新設されたわが国固有の概念である．持分会社の特徴として以下の点を指摘することができる．① 株式会社では社員資格と機関資格が一致しないのが原則であるが（会社331Ⅱ・335Ⅰ・402Ⅴ），持分会社では一致するのが原則である（会590Ⅰ）．② 株式会社では機関設計が強制される場合もあるが，持分会社ではそのようなことがない．③ 社員の権利はすべて単独社員権である．④ 持分の譲渡には原則として社員全員の承諾が必要である．⑤ 有限責任社員から構成されている合同会社を除き，出資の払戻しや退社が比較的自由である．

なお，持分会社であっても，基本的には規定の**全部が強行規定**であって，定款で別段の定めができる場合にはその旨を明らかにするという整理が行われている（論点563頁．会585Ⅳ・591Ⅵ・593Ⅴ・594Ⅰ但書・595Ⅰ但書等）．

第2章　持分会社の設立手続

1　総　説

1-2-1　持分会社においては社員になろうとする者は定款を作成し，その全員がこれに署名し，または記名押印しなければならない（会575Ⅰ）．電磁的記録をもって作成するときには，法務省令で定める署名または記名押印に代わる措置（電子署名．会施規225Ⅰ⑨参照）をとらなければならない（会575Ⅱ）．**社員は1名でもよい**が（改正前94④対照．なお，会641④参照），**合資会社にあっては，設立時において，最低，無限責任社員1名および有限責任社員1名が必要である**（会576Ⅲ．なお，会639参照）．なお，[Ⅰ-1-3-23] 参照）．

2　定　款

1-2-2　株式会社と異なり公証人による認証は不要である．持分会社の絶対的記載事項は，① 目的，② 商号（会社の種類に従い，合名会社，合資会社または合同会社の文字を使用しなければならない．会6．なお，商登34参照），③ 本店の所在地（平成17年改正前商法と異なり，合名会社および合資会社においても支店の所在地は絶対的記載事項ではない），④ **社員の氏名または名称および住所**，⑤ 社員が無限責任社員または有限責任社員のいずれであ

るかの別, ⑥ **出資の目的**(出資の種類と目的物)およびその**価格または評価の標準**である(会576Ⅰ).

法人も無限責任社員(なお, 平成17年改正前商55[*I-1-5-2*]対照)**および業務執行社員となることができる**(会598). 法人の種類には限定がない. 法人が業務執行社員である場合には, 現実に業務執行の職務を行う**自然人を選任し**(資格に制限はない**), その者の氏名および住所を他の社員に通知しなければならない**(会598Ⅰ. なお, 法人が会社を代表する社員である場合には, この職務執行者の氏名および住所が登記事項である(会912⑦・913⑨・914⑧). 職務執行者には, 業務執行社員に課せられる義務が課せられる(会598Ⅱ＝593～597)).

合名会社のときは, ⑤は, その社員の全部を無限責任社員とする旨を記載または記録しなければならない(会576Ⅱ. なお, 会744Ⅱ参照). 合資会社のときは, ⑤は, その社員の一部を無限責任社員とし, その他の社員を有限責任社員とする旨を記載または記録しなければならない(会576Ⅲ. なお, 会744Ⅲ参照). 合同会社のときは, ⑤は, その社員の全部を有限責任社員とする旨を記載または記録しなければならない(会576Ⅳ. なお, 会744Ⅳ参照).

無限責任社員の出資は, 労務出資・信用出資・現物出資でもよいが, 有限責任社員の出資は「金銭等」(金銭その他の財産. 会151)に限られる(会576Ⅰ⑥括弧書[*I-1-3-3*]).「評価の標準」(例えば, 信用の出資は財産出資の最低額に準ずるというような定め)は利益配当の基準等として必要であるから記載事項とされている.

持分会社は, 相対的記載事項や任意的記載事項も定めることができる(会577. なお, 会29参照). 持分会社は公告の方法を定款で定めることができ(会939Ⅰ), 定めなければ公告は官報による(会939Ⅳ).

3　会社の成立

Ⅲ-1-2-3　社員およびその出資は定款に記載され, 社員は, 定款に別段の定めがなければ, 会社の業務執行・代表機関となるので(会590Ⅰ・599Ⅰ), 持分会社の設立手続は, ① **定款の作成**(会575)と② **設立の登記**(会912～914. なお, 商登94・110・111・117・118参照. 合同会社では, 社員の氏名または名称および住所は登記事項でなく, 資本金の額および業務執行社員が登記事項とされいている点が, 他の持分会社と異なる. 会914⑤⑥)のみである. 持分会社は, その本店の所在地において設立の登記をすることによって成立する(会579. なお, 会930Ⅰ①参照).

合同会社では, 社員はすべて間接有限責任社員であるから(会576Ⅳ・580Ⅱ), 設立の登記をする時までに, **全額または全部の出資を履行**しておくことが必要である(**全額払込主義**. 会578本文. なお, 会604Ⅲ・640・商登117参照). 他の持分会社と同じく, 合同会社では, 総社員の一致で手続が行われるので, **払込取扱銀行を定めることも, 現物出資につき検査役の調査をする必要もない**. 出資された財産の客観的価格が定

款に定められた価額に不足している場合であっても、株式会社と異なり**不足額てん補責任**(会52対照)はないので、合同会社の社員は責任を負わない(論点565頁)。

4 持分会社の登記事項

1-1-2-4　持分会社間でほぼ同じであり、① 目的、② 商号、③ 本店および支店の所在場所、④ 会社の存続期間または解散事由(定款に定めがある場合)、⑤ 社員の氏名または名称および住所(ただし合同会社の場合を除く。なお、商登94③・111・118参照)、⑥ 会社を代表する社員の氏名または名称(ただし合名会社および合資会社では、会社を代表しない社員がいる場合に限られる。また、合同会社の場合には、代表社員の住所も登記事項である)、⑦ 代表社員が法人のときには、当該職務執行者の氏名および住所(商登94②・111・118参照)、⑧ 会社の公告方法に関する事項である(会912・913・914)。

合資会社に特有な登記事項は、① 社員の有限責任社員または無限責任社員の別(会913⑥)および② 有限責任社員の出資の目的およびその価額並びに既に履行した出資の価額である(会913⑦。なお、商登117参照)。

合同会社に特有な登記事項は(なお、商登117参照)、① 資本金額(会914⑤)および② 会社の業務執行社員の氏名または名称である(会914⑥)。

5 設立の無効・取消

1-1-2-5　(1)　**設立の無効**　持分会社にも設立の無効の訴えが認められる(会828Ⅰ①・Ⅱ①・834①)。**無効原因には客観的無効原因と主観的無効原因の2つがある**。客観的無効原因には、定款の絶対的記載事項の記載の欠如ないし違法(例えば、会社の商号と社員の責任の齟齬。会6Ⅲ)、設立登記の無効、合同会社に限って出資がないこと(会578参照)がある。民法によると、意思無能力者の行為、相手方が悪意有過失の心裡留保(民93)、通謀虚偽表示(民94)および要素に錯誤のある法律行為(民95)は無効である。これらの規定は、持分会社にそのまま適用されるので、個々の社員の入社行為が上記いずれかに該当すると、会社の設立の無効原因(主観的無効原因)となる。これは、社員の個性が重視されるためである。そのような無効・取消しの主張は社員等によって、会社の成立の日から2年以内に訴えによってのみなされなければならない(会828Ⅰ①Ⅱ①・832①・838・839)。設立の無効の訴えに係る請求を認容する判決が確定すると、清算が行われなければならない(会644②。なお会647Ⅳ・655Ⅴ・657参照)。そこでこのような原因のある社員を除く社員の全員一致で会社を継続することが認められている(会845)。この場合には無効原因のある社員は退社したものとみなされる。

1-1-2-6　(2)　**設立取消し**　株式会社と異なり設立取消しの訴えが認められる(会832)。会社の成立の日(会579)から2年以内に、訴えをもってのみ請求することができる。設立取消しの訴えは民法424条の特則であり、**民法424条を適用する余地はない**(最一小判昭和39・1・23民集18巻1号87頁)。**設立の取消原因には、① 社員が制限能力者であ**

ること (民4Ⅱ・9・12Ⅳ・16Ⅳ. なお,民20参照. もっとも未成年者が無限責任社員となることを許可されると, 社員の資格に基づく行為については行為能力者とみなされる. 会584) または社員の意思表示の瑕疵 (詐欺・強迫) による「設立に係る意思表示の取消し」(民96) と ② **詐害設立** (なお民424Ⅰ, 破160, 民再127, 会更86参照) がある. この場合の提訴権者と被告は**表1**の通りである.「設立に係る意思表示の取消し」と「設立の取消し」は**別の概念**である. この区分は, ① 設立に係る意思表示のみの取消しを認めなければ, 設立の取消し判決の効果は将来効 (会839) とされ, 会社の清算事由 (会644③) になるに過ぎないため, 行為能力の制限を受ける者が会社の債務につき責任を負うことになり, その保護に欠けること, および ② 株式会社の株式の引受行為については行為能力者の制限による取消しが認められることとの均衡を図る必要等などの理由による (相澤哲=葉玉匡美=湯川毅・解説217頁, 葉玉86頁以下).

なお, 出資行為のみを詐害行為取消権により取り消すこともできる.

取消しの原因が一部の社員のみにあるときは,**他の社員の全員の同意によって, 会社を継続**することができる (なお, 会927参照). この場合には取消し原因がある社員は退社したものとみなされる (会845).

表 1

設立の取消原因	提訴権者	被告
社員の設立に係る意思表示を取り消すことができるとき	意思表示を取り消すことができる当該社員 (会832①)	会社 (会834⑱)
社員が債権者を害することを知って持分会社を設立したとき	当該会社債権者 (会832②)	会社およびその債権者を害することを知って会社を設立した社員 (会834⑲)

第3章　持分会社の社員の権利・義務・責任

成立と同時に社員は社員権を原始取得する.

なお, ① その社員のすべてが株式会社または合同会社である合名会社の社員権および, ② その無限責任社員のすべてが株式会社または合同会社である合資会社の社員権は, 金融商品取引法上有価証券とみなされる (金商2Ⅱ③, 金商施1の2).

1　権　利

Ⅲ-1-3-1　持分会社の社員の権利は, 持分単一主義の結果, すべて**単独社員権**である (例えば会590Ⅲ). 業務執行権のない社員には, ① **業務・財産状況調査権** (定款で別段の定めをすることができるが, 定款によっても, 社員が事業年度の終了時または重要な事由があるときに調査をすることを制限する旨を定めることができない. 会592ⅠⅡ. なお民673参照) および

② **職務執行状況報告・経過・結果報告請求権**（会593Ⅲ Ｖ．定款で別段の定め可）が認められる．

2 義 務

Ⅰ-1-3-2　合名会社・合資会社の社員は出資義務を負う．ただし，定款に別段の定めがない限り，**会社が出資の請求をしたときに出資義務の履行期が到来し**（民412Ⅲ．大判昭16・5・21民集20巻693頁［川越酒造合資会社事件］＝会社百選4版94事件），それは会社の成立後であっても差し支えない．出資義務の履行期到来前に退社したときは，反対説もあるが，持分払戻請求権（会611）も成立しないと解する（最一小判昭62・1・22判時1223号136頁［オーケイストア事件］＝会社法百選89事件）．出資義務の不履行の場合には，社員は債務不履行の一般原則により責任を負うが，金銭出資の場合には，利息を支払うほか，損害があれば損害賠償をしなければならない（会582Ⅰ）．債権をもって出資の目的とした場合において債務者が弁済をしないときには，社員は自ら弁済する責任を負う．この場合においては，当該社員は，その利息を支払うほか，損害賠償をしなければならない（会582Ⅱ）．**出資義務の不履行は，社員の除名，業務執行権もしくは代表権の喪失の原因となる**（会859①・860①・862）．582条の義務を免除することには法律上特に制限がない（論点567頁）．

3 誤認行為による責任

Ⅰ-1-3-3　① 合資会社の有限責任社員が自己を**無限責任社員であると誤認させる行為**をしたときは，当該有限責任社員は，その誤認に基づいて合資会社と取引をした者に対し，無限責任社員と同一の責任を負う（会588Ⅰ）．② 合資会社または合同会社の有限責任社員がその**責任の限度を誤認させる行為**をしたときは，当該有限責任社員は，その誤認に基づいて合資会社または合同会社と取引をした者に対し，その誤認させた責任の範囲内で当該合資会社または合同会社の債務を弁済する責任を負う（会588Ⅱ）．

4 自称社員（擬似社員）の責任

Ⅰ-1-3-4　① 合名会社または合資会社の**社員でない者**が自己を無限責任社員であると誤認させる行為をしたときは，当該社員でない者は，その誤認に基づいて合名会社または合資会社と取引をした者に対し，無限責任社員と同一の責任を負う（会社589Ⅰ）．合同会社の社員が無限責任社員であると誤認させる場合には本条を類推適用すべきである．② 合資会社または合同会社の**社員でない者**が自己を有限責任社員であると誤認させる行為をしたときは，当該社員でない者は，その誤認に基づいて合資会社または合同会社と取引をした者に対し，その誤認させた責任の範囲内で当該合資会社または合同会社の債務を弁済する責任を負う（会社589Ⅱ）．

合同会社の「代表者」が自己が無限責任社員である旨を明らかにして取引した場合には会社法588条［Ⅲ-1-3-3］または589条が類推適用される．

第4章　持分の変動

1　譲　　渡

Ⅲ-1-4-1　社員は定款の絶対的記載事項であるので，社員の持分の譲渡は，定款の変更（会637［V-1-2-4］）の一場合である．社員は，原則として他の社員の全員の承諾がなければ，その持分の全部または一部を他人（社員を含む）に譲渡することができない（会585Ⅰ）．ただし，**業務を執行しない有限責任社員の譲渡**は，**業務執行社員の全員の承諾で足りる**（会585Ⅱ Ⅲ．3項は637の特則である）．いずれも定款で別段の定めをすることができる（会585Ⅳ）．持分の譲渡により会社から脱退した社員の責任は，その旨の登記前に生じた債務については従前の責任の範囲内で弁済する責任を負い（会586Ⅰ．登記後2年以内に請求または請求の予告がなければ，登記後2年を経過した時に消滅する．なお会612参照．586は合同会社には適用されない），新たに加入した社員はその加入前に生じた会社債務についても責を負う（会605）．

合名会社および合資会社の場合，社員の氏名または名称および住所は登記事項なので（会912⑤・913⑤），持分が社員以外の者に譲渡された場合には，変更登記（会915Ⅰ）を行うことが必要である．

持分会社は，その持分の全部または一部を譲り受けることができない（会587Ⅰ）．持分会社が自己持分を取得した場合には，その持分は，会社がこれを取得した時に，**消滅する**（会587Ⅱ）．

なお，持分会社には新株予約権に相当する制度はない．

2　入　　社

Ⅲ-1-4-2　会社は，新たな社員を加入させることができる（会604）．定款の変更事項なので（会637），**総社員の同意が必要**である．加入は，定款変更時にその効力が生じるのが原則であるが（会604Ⅱ．なお，会608Ⅱ参照），合同会社の社員の場合には，**出資が完了した時に社員**となる（会604Ⅲ・640Ⅰ．なお，商登119参照）．上述のように合同会社の社員を除く加入社員は，加入前の会社の債務について弁済責任を負う（会605）．有限責任社員の出資価額を増加した場合には，当該増加部分に605条が類推適用される（論点588頁）．

3　退　　社

Ⅲ-1-4-3　退社とは，存立中の会社から脱退し社員の地位を絶対的に喪失することである．

退社には，① 一方的告知による退社 (会606)，② 定款所定の事由の発生，③ 総社員の同意，④ 死亡，⑤ 合併，⑥ 破産手続開始の決定，⑦ 解散，⑧ 後見開始の審判をうけること，⑨ 除名による退社 (会607Ⅰ．「社員は他の社員の過半数の決議により退社す」との定款規定は，強行法である会社法859条1号に反し，無効である．東京地判平成9・10・13判タ977号238頁参照)，⑩ 持分差押債権者による退社 (会609Ⅰ．強制退社予告の効力は，執行停止決定により左右されない)，⑪ 会社継続に同意しない社員の退社 (会642Ⅱ)，および，⑫ 会社の設立の無効または取消原因のある社員の退社 (会845 [Ⅲ-1-2-5・Ⅲ-1-2-6]) がある．

Ⅲ-1-4-4　(1) **任 意 退 社**　定款で別段の定めがなければ，**持分会社の存続期間を定めなかった場合またはある社員の終身間会社が存続することを定款で定めた場合には**，各社員は，6カ月前までに会社に予告することにより，**事業年度の終了の時に退社をすることができる** (会606ⅠⅡ)．また，**やむを得ない事由があるときは**，いつでも退社することができる (会606Ⅲ)．

　(2) **法 定 退 社**　会社法607条が定めた事由による退社である．

Ⅲ-1-4-5　(a) **総社員の同意**　数人が同時に退社の申出をした場合，**総社員の同意とは**，申出者を除く社員の同意で足りるとする説もあるが，判例 (最一小判昭40・11・11民集19巻8号1953頁 [平川食品事件] ＝会社法百選87事件) は，各退社申出者ごとに，その者を除く他のすべての社員の同意を要すると解している．

Ⅲ-1-4-6　(b) **死亡・合併**　死亡 (その相続人は，死亡後退社登記前に生じた会社債務について責任を負わないとした判例〔大判昭10・3・9民集14巻3号291頁〕があるが，通説はこれに反対している) および合併 (社員が消滅するとき) の場合には，当該社員の相続人その他の一般承継人が当該社員の持分を承継する旨を定款で定めることができる (会608Ⅰ．なお会611Ⅰ但書参照)．このような定めがあるときには，当該持分を承継した時に当該持分の社員となり (会608Ⅱ)，その時に当該一般承継人に係る定款の変更をしたものとみなされる (会608Ⅲ)．承継を定めた場合においては，相続人が複数いるときは，権利行使者1名を定めなければ，当該持分についての権利を行使することができない．ただし，これは会社の事務処理の便宜のためのものであるから，持分会社が認めたときには，共有者は権利を行使することができる (会608Ⅴ．なお会106参照)．死亡による一般承継人が2人以上ある場合において，被相続人が出資を履行していない場合には，各一般承認人は，連帯して出資を履行する責任を負う (会608Ⅳ)．定款に承継する旨の定めがなければ，持分の払戻しが行われる．

　しかし，**清算中の会社にあっては**，迅速な処理の必要上，相続人を清算事務に関与せしめ，財産整理を公平に行うのが適当であるので，相続人が持分を承継する旨の定款がなくても，**退社しない** (会675＝608Ⅳ・Ⅴ)．

Ⅲ-1-4-7　(c) **破産手続開始の決定・解散・後見開始の審判を受けたこと**　ただし，会社は，破産手続開始の決定 (破30)・解散 (会471・641．合併・破産手続開始の決定によるものを除く)．

後見開始の審判を受けたこと（民7，家審9Ⅰ甲一）によっては，その社員が退社しない旨を定めることができる（会607Ⅱ）．

Ⅲ-1-4-8　(d) 社員の除名　社員の除名は，特定社員の社員資格をその意思に反して剥奪する行為であり，当該社員の利益に重大な影響を及ぼすので，持分会社は持分会社の社員に，① 出資義務の不履行，② 競業避止義務（会594Ⅰ）違反，③ 不正な業務執行または無権限業務執行関与行為，④ 不正な代表行為または無権限代表行為または⑤ 重要な義務の不履行がある場合に，対象社員以外の社員の過半数の決議に基づいて，社員の除名の訴えを提起できる（会859）．この訴えは，本店の所在地を管轄する地方裁判所に対して（会862），対象社員を被告として起こす（会861①，なお会611Ⅵ参照）．除名された社員も持分払戻請求権を有する（会611ⅤⅥ参照）．

Ⅲ-1-4-9　(e) 持分差押債権者による退社　社員の持分の差押えは，利益の配当を請求する権利（会621Ⅲ）および出資の払戻しを請求する権利（会624Ⅲ）に対しても，その効力を有する．

持分差押債権者は，6カ月前までに持分会社および当該社員に予告をして，事業年度の終了時に当該社員を退社させることができる（会609Ⅰ）．当該債権者は，裁判所に対し，持分の払戻請求権の保全に関し必要な処分をすることを申し立てることができる（会609Ⅲ．なお，会611Ⅶ参照）．退社予告は，社員が債権者に対し，弁済し，または相当の担保を提供したときは（差押債権者との間で，担保物権を設定しまたは保証契約を締結した場合をいう），その効力を失う（会609Ⅱ．供託が弁済供託の効力を有するときは（民494），退社予告はその効力を失う．最二小判昭49・12・20判時768号101頁［春田合名会社事件］＝会社法百選88事件）．

Ⅲ-1-4-10　(3) 退社の効果　(a) 持分の払戻し　退社員は，その出資の種類を問わず，その持分の払戻しを受けることができる（会611Ⅰ本文）．退社員と会社との間の計算は，退社の時における持分会社の財産の状況に従ってしなければならない（会611Ⅱ．財産評価は，営業を前提した営業価格によるべきである．名古屋地判昭62・9・29判時1264号124頁，神戸地判昭61・8・29判時1222号135頁，名古屋高判昭55・5・20判時975号110頁．持分の評価にDCF法と清算処分時価純資産方式を6対4の比で加重平均した事例として東京地判平7・4・27判時1541号130頁）．各社員が払戻しを受ける額は，定款に別段の定めがなければ，出資の価額に応じることとなる．退社員は，持分が積極ならば会社に対してその額の支払（持分の払戻し）を請求することができ，持分が消極ならば会社に対してその額を支払わなければならない．払戻しは，出資の種類を問わず，金銭でなすことができる（会611Ⅲ）．退社の時にまだ完了していない事項については，その完了後に計算をすることができる（会611Ⅳ）．

Ⅲ-1-4-11　(b) 定款のみなし変更　社員が退社した場合には，退社した時に，持分会社は，当該社員に係る定款の定めを廃止する定款の変更をしたものとみなす（会610・639ⅠⅡ）．これは，退社に伴い定款が変更されることとなるが，定款変更手続を常にと

ることができるわけではないことを考慮した規定である．

1-4-12 (c) **弁済責任** 退社員は，その登記をする前に生じた持分会社の債務について，従前の責任の範囲内でこれを**弁済する責任を負う**（会612Ⅰ．退社員が弁済をしたときは，会社に対し求償権を有する．民500）．従来の通説（古瀬村邦夫・新版注会社(1)360頁）・判例（大判昭14・2・8民集18巻54頁[新港シャーリング工場事件]）は，退社員は，退社の登記前に生じた会社の債務については，取引の相手方が退社の事実を知ると否とを問わず責任を負うとしたが，最近の有力説は悪意者を除外する（石井・下406頁，喜多・百選[新版]113事件）．当該責任は，登記後2年以内に退社員に対し（大判昭6・5・1民集10巻297頁）請求または請求の予告をしない持分会社の債権者に対しては，当該登記後2年の除斥期間を経過した時に消滅する（会612Ⅱ）．

1-4-13 (d) **商号変更請求** 持分会社がその商号中に退社員の氏もしくは氏名または名称を用いているときは，当該退社員は，会社に対し，その**氏もしくは氏名または名称の使用をやめることを請求することができる**（会613）．これは，退社員に自称社員（擬似社員）の責任（会589）を免れさせるためである．

1-4-14 (e) **合同会社の場合** 合同会社の場合には，退社に基づく持分の払戻しに際して払い戻す金銭等の額が払戻日の剰余金の額（資本剰余金と利益剰余金の合計額．計規164③ホ）を超える場合には，業務執行社員の決定（業務執行社員が複数いる場合には，その過半数の同意）をもって，**債権者異議手続**（627Ⅱの催告・公告は635Ⅱの催告・公告を兼ねることができる）を経て，払戻しを行わなければならない（会635・740Ⅲ）．**払戻額が会社の簿価純資産額**（資本金の額，資本剰余金の額，利益剰余金の額および最終事業年度の末日（最終事業年度がない場合にあっては持分会社の成立の日）における評価・換算差額等に係る額の合計額．計規166）**を超える場合には，清算に準じた債権者異議手続を経る必要がある**（会635Ⅱ括弧書Ⅲ但書）．当該手続は，通常の債権者異議手続と比較して，以下の点において相違している（表2参照）．① 異議催告期間が1カ月ではなく，2カ月である（会635Ⅱ）．② 公告方法のいかんを問わず，知れている債権者への個別催告を省略することができない（会635Ⅲ但書）．③ 異議を述べた債権者に対して「債権者を害するおそれがない」という抗弁をすることができない（会635Ⅴ但書）．

表2 払戻額と債権者保護手続

	債権者保護手続	異議申立期間	個別催告	債権者を害するおそれがないとの抗弁
持分払戻額＜剰余金額	不要			
持分払戻額＞剰余金額	必要	1カ月	官報のほか時事を掲載する日刊新聞紙の掲載による公告または電子公告によるときは催告不要	会社は主張できる
持分払戻額＞純資産額	必要	2カ月	必要	会社は主張できない

債権者保護手続をとらずに払い戻しが行われたときは，退社自体は有効であるが，払戻しは無効であるから，払戻しを受けた退社員は，不当利得返還義務を負う（民703）．当該持分の払戻しに関する業務を執行した業務執行社員は，その職務を行うにつき注意を怠らなかったことを証明できなければ，会社に対し，当該持分の払戻し受けた社員と連帯して，当該持分払戻額に相当する金銭を支払う義務を負う（会636Ⅰ）．退社員の不当利得返還義務は，民法の一般原則に従い，会社はその義務を免除することができるが，業務執行社員の責任に関しては，総社員の同意があっても，剰余金を超える部分については，免除することができない（会636Ⅱ）．

第5章 管　理

1 業務執行

Ⅲ-1-5-1　社員は，定款に別段の定めがある場合を除き，持分会社の業務を執行する（会590Ⅰ）．無限責任社員であるか否かを問わない（平成17年改正前商151Ⅰ・156 [Ⅰ-1-3-23] 対照）．社員の責任と業務執行権の所在とは本来関係がなく，誰を業務執行者とするかは会社内部で決めるべきことであるからである．社員が2人以上ある場合には，会社の業務は，定款に別段の定めがある場合を除き，**社員の過半数をもって決定する**（会590Ⅱ．会議を開く必要はない）．この場合であっても，会社の**常務**は，各社員が**単独**で行うことができる．ただし，その完了前に他の社員が異議を述べた場合は，この限りでない（会590Ⅲ）．

　業務執行社員を定款で定める場合において，業務執行社員が2人以上あるときは，会社の業務は，定款に別段の定めがある場合を除き，**業務執行社員の過半数をもって決定する**．この場合，会社の常務は，各業務執行社員は単独で行うことができるが，その完了前に他の業務執行社員が異議を述べた場合は，この限りでない（会591ⅠⅡ）．また，定款に別段の定めがなければ，**支配人の選任および解任には「総社員」の過半数が必要である**（会591Ⅱ）．業務執行社員の全員が退社したときは，当該定款の定めは，その効力を失う（会591Ⅲ）．定款で別段の定めがなければ（会591Ⅵ），業務執行社員は，**正当な事由**がなければ辞任することができず（会591Ⅳ），また，正当な事由がある場合に限り，**他の社員の一致によって解任**することができる（会591Ⅴ）．

　業務執行社員に除名事由 [Ⅰ-1-3-13] があるとき，または業務執行・代表に著しく不適任なときには，当該社員以外の社員の過半数の決議に基づいて，業務執行権または代表権の消滅を請求することができ（会860），当該社員を被告として**業務執行権または代表権の消滅の訴え**を提起することができる（会861②．なお会862・937Ⅰヲ参照）．法人が業務執行社員で，その職務執行者が不適任の場合には，会社法859条・

860条の適用がないので，当該法人にその変更を促すか，当該法人を業務執行社員からはずすべきことになる．

2 代　　表

-1-5-2　業務執行社員は，持分会社を代表する．ただし，他に持分会社を代表する社員その他持分会社を代表する者を定めた場合には，この限りでない（会599Ⅰ．合名会社の場合，社員全員が代表するときには，代表社員の登記は不要である．会912⑥）．外国法を準拠法とする法人社員であっても，代表者となることができる（この場合には，法人の代表社員または職務執行者の少なくとも1人の住所地は，日本でなければならない）．業務執行社員が2人以上ある場合には，各自，会社を代表する（会599Ⅱ）．会社は，定款または定款の定めに基づく社員の互選によって，業務執行社員の中から持分会社を代表する社員を定めることができる（会599Ⅲ）．代表社員は，会社の業務に関する一切の裁判上または裁判外の行為をする権限を有する（会599Ⅳ）．代表権の制限は，善意の第三者に対抗することができない（会599Ⅴ）．

　ただし，会社が社員に対し，または社員が会社に対して訴えを提起する場合において，当該訴えについて会社を代表する者（当該社員を除く）が存しないときは，当該社員以外の社員の過半数をもって，当該訴えについて会社を代表する者を定めることができる（会601）．

　持分会社の代表社員（会912⑥・913⑧・914⑦）の少なくとも1人（または1法人）は，日本に住所地を有していなければならない（相澤哲＝郡谷大輔「持分会社」解説157頁）．

3 会社との関係

-1-5-3　業務執行社員と会社との関係には，民法646条から650条までの規定が準用される（会593Ⅳ）．業務執行社員は，委任者たる会社だけでなく，他の社員の請求があるときでも，いつでもその職務の執行の状況を報告し，その職務が終了した後は，遅滞なくその経過および結果を報告しなければならない（会593Ⅲ．なお民646参照）．いずれも，定款に別段の定めがある場合は，この限りではない（会593Ⅴ）．業務執行社員は，善管注意義務（会593Ⅰ）および忠実義務（会593Ⅱ）を負う．**競業または会社の事業と同種の事業を目的とする会社の取締役，執行役または業務執行社員になるには，当該社員以外の社員の全員の承諾を受けことを要する．ただし，定款に別段の定めがある場合は，この限りでない**（会594Ⅰ）．違反した競業により社員または第三者が得た利益の額は，会社の損害額と推定される（会594Ⅱ．なお会423Ⅱ参照）．**利益相反取引**をしようとするときは，当該社員以外の社員の**過半数**の承認を受けなければならない（承認を受けた取引には民法108の適用はない．会595Ⅱ）．ただし，定款に別段の定めがある場合は，この限りでない（会595Ⅰ）．

4 責任

III-1-5-4 **(1) 会社に対する責任** 業務執行社員は，その任務を怠ったときは，会社に対し，連帯して，これによって生じた損害を賠償する責任を負う（会596）．

社員が会社に対し社員の責任を追及する訴えの提起を請求した場合において，会社が当該請求の日から60日以内に当該訴えを提起しないときは，当該請求をした社員は，当該訴えについて持分会社を代表することができる．ただし，当該訴えが当該社員もしくは第三者の不正な利益を図りまたは当該持分会社に損害を加えることを目的とする場合は，この限りでない（会602）．これは，株式会社の株主代表訴訟（会847）とやや類似しているが，原告は，持分会社自身であり，その訴訟遂行に係る代表権を社員が行使するというものである．また，代表訴訟のような取締役等の業務執行の適正性の確保を主眼としていない．訴訟費用につき株主代表訴訟のような特則（会847Ⅵ）もない．

責任免除の方法については特別の制限が設けられておらず，会社は社員の責任を自由に免除することができる．事後の責任免除は当然のこと，事前に責任を免除することも可能である．

(2) 第三者に対する責任 業務を執行する有限責任社員がその職務を行うにつき悪意または重過失あるときは，当該有限責任社員は，連帯して，これによって第三者に生じた損害を賠償する責任を負う（会597）．役員等の第三者に対する責任（会429Ⅰ）と同様の規定である．有限責任社員にこの責任を課すことにより，業務執行社員が有限責任であることによる弊害を防止しようとしたものである．持分会社の社員は，株式会社の取締役と異なり監視義務を負わないので，「その職務」は，株式会社の取締役と同一というわけではない．

5 職務代行者

III-1-5-5 仮処分命令により選任された業務執行社員または代表社員の職務代行者は，仮処分命令に別段の定めがある場合を除き，会社の常務に属しない行為をするには，裁判所の許可を得なければならない（会603Ⅰ）．違反した行為は無効であるが，善意の第三者には無効を対抗できない（会603Ⅱ）．

第6章 計　算

1 総説

III-1-6-1 持分会社は，法務省令で定めるところにより，適時に，正確な会計帳簿を作成しなければならない（会615Ⅰ）．成立の日の貸借対照表は成立の日の会計帳簿に基づ

第6章 計　算　**675**

いて作成され (会617Ⅰ, 計規70), 各事業年度に係る**計算書類**は各事業年度に係る会計帳簿に基づいて作成されなければならない (会617Ⅱ, 計規71Ⅲ). 計算書類は, 会社によって異なる ([Ⅱ-5-2-1] 表6参照). 計算書類は, 電磁的記録をもって作成することができる (会617Ⅲ). 合同会社を含め持分会社については各事業年度に係る計算書類の確定手続が定められていないので, 業務執行社員が計算書類の作成を完了すれば, その時点で確定する. ただし, 報告手続を定款で定めることができる.

2　計算書類の閲覧等

Ⅱ-1-6-2　① 持分会社の社員は, 会社の営業時間内は, いつでも, 計算書類を閲覧・謄写できる. ただし, **定款に別段の定めを設けることができる**. しかし, 定款によっても, 社員が事業年度の終了時に閲覧・謄写することを制限することはできない (会618ⅠⅡ・674③括弧書). ② **合同会社の債権者は**, 会社の営業時間内は, いつでも, その計算書類 (作成した日から5年以内のものに限る) を閲覧・謄写する権利を有しているが (会625), 合名会社および合資会社の債権者はこの権利を有していない.

3　提出命令

Ⅱ-1-6-3　裁判所は, 申立てによりまたは職権で, 訴訟の当事者に対し, 会計帳簿, 計算書類の全部または一部, または財産目録等の全部または一部 (清算の場合) の提出を命ずることができる (会616・619・659・674③. なお, 434・443・493参照).

4　保　　存

Ⅱ-1-6-4　持分会社は, 会計帳簿の**閉鎖の時から10年間**, その会計帳簿およびその事業に関する重要な資料を保存しなければならない (会615Ⅱ). 計算書類は, **作成した時から10年間**, 保存しなければならない (会617Ⅳ・674③括弧書). 清算中の会社は, 財産目録等を作成した時からその本店の所在地における清算結了の登記までの間, 当該財産目録等を保存しなければならない (会658Ⅱ).

5　資本金の額等

Ⅱ-1-6-5　(1) **資本金の額**　(a) 持分会社の**設立時の資本金の額**は, 社員が出資の履行として会社に対して払込みまたは給付した財産の出資時における価額から**設立費用** (当分の間ゼロ) を減じた額の範囲内で, 社員になろうとする者が定めた額である (計規44Ⅰ). 払込み・給付された財産の価額のうち資本金の額としなかった額が資本剰余金となる (計規44Ⅱ). 資本金・資本剰余金をマイナスとすることはできないので, マイナスに相当する額は, 利益剰余金とする (計規44Ⅲ). 社員に対する出資請求権も資本金の額に計上できる (計規30Ⅰ②). 信用出資は, 資本金・資本剰余金には計上されない (秋坂420頁).

Ⅲ-1-6-6　(β) 未履行の出資履行請求権(債権)を資産として計上して資本の額・資本剰余金の額を増加することができる(計規30Ⅰ②・31Ⅰ②)．また，資本剰余金の額を資本金の額に組入れることにより資本金の額は増加する(計規30Ⅰ③)．

Ⅲ-1-6-7　(γ) 資本金の額は，① 持分の払戻し[1]，② 出資の払戻し[2](会626Ⅰ)，③ 出資履行請求権(債権)の資産としての計上のとりやめ，④ 資本金の資本剰余金への組入れ，または⑤ 社員に払戻し可能な財源を回復するという意味での損失てん補(会620ⅠⅡ)により減少する(計規30Ⅱ)．

　①の持分の払戻しのために減少する合同会社の資本金の額は，持分払戻額から持分払戻日における剰余金額(資産の額より，負債の額・資本金額・法務省令(計規164)で定める各勘定科目に計上した額の合計額の合計額を減じて得た額．会626Ⅳ)を控除して得た額を超えてはならない(会626Ⅲ．計規30Ⅱ①)．

　②の出資の払戻しにより減少する合同会社の資本金の額は，出資払戻額から出資払戻日における剰余金額(会626Ⅳ)を控除して得た額を超えてはならない(会626Ⅱ)．**合同会社が資本金の額を減少する場合には，会社債権者異議手続を採る必要がある**(会627Ⅰ～Ⅴ．計規30Ⅱ②)．債権者異議手続が終了した日に，資本金の額の減少の効力が生ずる(会627Ⅵ)．

　③の出資履行請求権(債権)の資産としての計上のとりやめによる資本金または資本剰余金の減少は，合同会社を除く持分会社にのみ認められる(計規30Ⅱ③・31Ⅰ③)．

　④の資本金の資本剰余金への組入れは合同会社には認められていない(計規30Ⅱ④)．

Ⅲ-1-6-8　(1) 退社員に対する持分の払戻し　合名会社，合資会社の場合には無限責任社員がいるので，退社に対する持分の払戻しにつき特段の規定が設けられていない．合同会社については，*Ⅲ-1-4-14*参照．

Ⅲ-1-6-9　(2) 出資の払戻し　(a) 持分会社の社員は，退社しなくても，便宜上，**出資の払戻しを請求することができる**．この場合において，出資が金銭以外の財産であるときは，金銭による払戻しを請求することを妨げない(会624Ⅰ)．会社は，出資の払戻しを請求する方法その他の出資の払戻しに関する事項を定款で定めることができる(会624Ⅱ)．社員の持分の差押えは，出資の払戻しを請求する権利に対しても，その効力を有する(会624Ⅲ)．(β) 合同会社の場合には，間接有限責任制を確保するために，出資の価額と履行された出資との関係を一致させておく必要があるため，社員は出資の払戻しを，**出資の価額を減少する場合に限り，その範囲内において**，請求することができる(会632Ⅰ)．**出資払戻額は，払戻請求日における剰余金**(① 出資の払戻しをした日における利益剰余金の額および資本剰余金の額の合計額と② 当該社員の出資につき資本剰余金に計上された額のうちいずれか少ない額．計規164③ハ)または**出資価額の減少額の範囲**でしか行うことができない(会632Ⅱ)．これに違反した場合の業務執行社員の責任は636条 [*Ⅲ-1-4-14*] と同一である(会633ⅠⅡ)．債権者は，出資の払戻しを受けた社員に対し，出資払戻額(当該出資払戻額が当該債権者の合同会社に対して有する債権額を超える場合にあっては，当該債権額)に相当する金銭を支払わせることができる(会634Ⅱ)．出資の払戻しを受けた社員は，出資払戻額が出資払戻日における剰余金額を超えることにつき善意であるときは，当該出資払戻額について，当該持分の払戻しに関する業務を執行した社員からの求償の請求に応ずる義務を負わない(会634Ⅰ)．会社法463条 [*Ⅱ-5-4-93*] と同趣旨の規定である．

⑤の損失のてん補により減少する資本金額は，損失の額として法務省令で定める方法により算定される額を超えることができない(会620Ⅱ)．ここに損失の額とは，資本剰余金および利益剰余金の合計額がマイナスである場合における，当該マイナス額相当額をいう(計規162①)．資本金の額を減少することができる額は資本金の額を超えることはできない(計規162②)．損失のてん補を行うと，減少された資本金の額は，資本剰余金の額となる(計規31Ⅰ④)．なお合同会社が資本金の額を減少するには，債権者異議手続を経なければならないので，その手続が終了したときに，資本金の額の減少の効力が生ずる(会627Ⅵ，計規30Ⅱ⑤)．

なお，組織変更後の資本金については [Ⅴ-1-3-28] 参照．

1-6-10　(β) **合同会社の場合**には，間接有限責任制を確保することから，社員は，定款を変更してその**出資の価額を減少する場合に限り**，その**範囲内**において，出資の払戻しを請求することができる(会632Ⅰ[Ⅲ-1-6-9])．

1-6-11　(2) **資本剰余金の額**　① 資本剰余金の額は，出資の履行，社員に対する出資履行請求，資本金額の資本剰余金への組入れ(合同会社の場合を除く)，損失てん補，その他資本剰余金額を増加させることが適切な場合に**増加**する(計規31Ⅰ)．

② 資本剰余金の額は，持分の払戻し，出資の払戻し，社員に対する出資請求権を資産として計上しないこととした場合，資本剰余金の資本組入れ，その他資本剰余金を減少させることが適切な場合(当期純損失金額が生じた場合)に**減少**する(計規31Ⅱ)．

1-6-12　(3) **利益剰余金の額**　① 利益剰余金の額は，当期純利益金額が生じた場合，退社する社員に持分を払戻しをする場合に，当該持分の払戻しを受けた社員の出資につき資本金・資本剰余金に計上されていた額の合計額が持分払戻額より大きい場合，その他利益剰余金額を増加させることが適切な場合に**増加**する(計規32Ⅰ)．

② 利益剰余金の額は，当期純損失金額が生じた場合，退社する社員に持分を払戻しをする場合に，当該持分の払戻しを受けた社員の出資につき資本金・資本剰余金に計上されていた合計額より大きい場合，社員が出資を履行する場合に，払込みまたは給付された財産の額の合計額がマイナスである場合，その他利益剰余金額を減少させることが適切な場合に**減少**する(計規32Ⅱ)．

1-6-13　(4) **利　益　配　当**　会社法は，**損益の分配**(会622ⅠⅡ．なお民674参照)と**利益の配当**(会621)とを区別しているが，損益のうち「益」の分配と利益配当とは同じ概念である(前田庸790頁)．損失の分担は，現実に出資してん補する必要はなく，その分だけ各社員の会社財産に対する分け前(持分)が減少するに過ぎない．

1-6-14　(a) **利益配当請求権等**　社員は，利益の配当を請求することができる(会621Ⅰ)．持分会社は，利益の配当を請求する方法その他の利益の配当に関する事項を定款で定めることができる(会621Ⅱ)．合名会社においては，利益がないのにもかかわらず，配当がなされた場合の社員の責任につき特別の規定が設けられていない．合資

会社の無限責任社員の責任についても同様である．これに対し，**合資会社の有限責任社員**は，利益の配当により有限責任社員に対して交付した**配当額が利益配当をした日における利益額**[3]**を超える場合**には，当該利益の配当を受けた有限責任社員は，会社に対し，**連帯して，当該配当額に相当する金銭を支払う義務を負う**（会623Ⅰ．なお462Ⅰ対照）．有限責任社員は，**債権者**に対して，違法配当の超過額から会社に支払義務を履行した額を控除した額の範囲で**「直接責任」を負う**（会623Ⅱ．この規定は合同会社の社員には適用されない．会630Ⅲ）．

Ⅲ-1-6-16　(b)　**合同会社**　合同会社は，利益の配当により社員に対して交付する配当額が利益配当した日における利益額を超える場合には，当該利益の配当をすることができない（会628．300万円の純資産額規制はない．会458対照）．会社がこれに違反した場合には，当該利益の配当に関する業務を執行した社員は，会社に対し，当該利益の配当を受けた社員と連帯して，当該配当額に相当する金銭を支払う義務を負う．ただし，当該業務を執行した社員がその職務を行うについて注意を怠らなかったことを証明した場合は，この限りでない（会629Ⅰ）．この義務は，利益配当日における利益額（計規163括弧書）を限度として当該義務を免除するとの総社員の同意がある場合には，その限度で免除することができる（会629Ⅱ）．利益の配当を受けた社員は，株式会社の株主と同様に，配当額が利益配当日における利益額を超えることにつき善意であるときは，当該配当額について，当該利益の配当に関する業務を執行した社員からの求償の請求に応ずる義務を負わない（会630Ⅰ．なお463Ⅰ対照）．合同会社の債権者は，利益の配当を受けた社員に対し，配当額（当該配当額が当該債権者の合同会社に対して有する債権額を超える場合にあっては，当該債権額）に相当する金銭を支払わせることができる（会630Ⅱ．なお463Ⅱ対照）．**合同会社は剰余金の配当時に準備金の計上義務を負わない**（会445Ⅳ対照）．

利益の配当をした場合において，配当日の属する事業年度の末日に**欠損**（事業年度の末日における資本剰余金と利益剰余金のマイナス額から，当期純損失金額および当該事業年度に持分の払戻しがあった場合には，その払戻額から払戻しをした日における利益剰余金と資本剰余金の合計額を減じて得た額［ゼロ未満の場合にはゼロ］を控除した額．計規165）が生じたときは，当該利益の配当に関する業務を執行した社員は，会社に対し，当該利益の配当を受けた社員と連帯して，その欠損額（当該欠損額が配当額を超えるときは，当該配当額）を支払う義務を負う．ただし，当該業務を執行した社員がその職務を行うについて注意を怠らなかったことを証明した場合は，この限りでない（会631Ⅰ．なお，会465Ⅰ対

Ⅲ-1-6-15　(3)　**利益額**　この場合の利益額とは，① 利益配当請求に応じて利益の配当をした日における利益剰余金の額と② 請求をした社員に対し会社法622条の規定により既に分配された利益の額から請求をした社員に対して622条の規定により既に分配された損失の額とすでに利益の配当により交付された金銭等の帳簿価額との合計額を減じて得た額のいずれか少ない額である（計規163）．

照).この義務は，総社員の同意がなければ，免除することができない(会631Ⅱ．なお，465Ⅱ対照).

第Ⅳ編　社　　　債

第1章　社債の意義と性質

Ⅳ-1-1-1　社債〔英 debenture：米 debenture or bond：独 Anleihe：仏 obligation：伊 obbligazione：西 obligación〕とは，「会社法の規定により会社が行う割当てにより発生する当該会社を債務者とする金銭債権であって，676条各号に掲げる事項（募集社債に関する事項）についての定めに従い償還されるものをいう」（会2㉓．なお整備法103参照）．借入金を均一条件の小口に分割することも，社債のため有価証券を発行することも不要である．企業が資金を必要とする際，金融機関から金銭を借入れるという方法もあるが，借入れが困難な場合がある[1]し，短期の借入金を頻繁に借り換えるとコストが高くなる．だからと言って，長期借入れにすると経営に干渉される危険性もある．新株発行では株式の配当率が低下するし，税法上費用として処理できないなどの不利がある．会社にとって資金調達方法の選択枝が多い方がよいので，社債が発達した[2]．会社法のもとでは，組織再編行為の際の対価として社債や新株予約

Ⅳ-1-1-2　（1）**特定融資枠契約に関する法律**　借入れの困難を大会社（会2⑥）および資本金が3億円を超える株式会社等は特定融資枠契約（コミットメントライン契約）を締結することにより回避することができる．特定融資枠契約（コミットメントライン契約）とは，一定の期間および融資の極度額の限度内において，当事者の一方の意思表示により金銭消費貸借を成立させる権利を相手方が当事者の一方に付与し，当事者の一方がこれに対し手数料を支払うことを約する契約である．特定融資枠契約に関する法律は，当該契約に係る手数料について，利息制限法及び出資の受入れ，預り金及び金利等の取締りに関する法律の適用除外を定めている．

Ⅳ-1-1-3　（2）**社債の種類**　(ア)新株予約権付社債［Ⅳ-1-6-14］のように何らかの形で株式と関連付けられた社債を**エクイティ・リンク債**といい，そうでない基本となる社債を**普通社債**（straight bond．SB）という．**エクイティ・リンク債**には，**交換社債**（社債権者が社債発行会社に対し発行会社以外の会社の株式との交換［代物弁済による償還］を請求する権利が付与された社債．神山正二「交換社債市場の創設」商事1560号23頁），**他社株転換社債**（社債発行会社以外の会社の株式を「転換対象株式」と定め，償還時に転換対象株式の株価が一定額［転換価格］以上であれば現金で償還するが，転換価格未満であれば転換対象株式で代物弁済する旨が定められている社債），**他社株強制交換社債**（常に他社株式による代物弁済がなされる社債）などがある．このほか社債には，確定利息のほかに配当可能利益の分配にあずかる**利益参加社債**（藤井俊雄「利益参加社債の適法性」商法の争点（第2版）180頁参照），会社が存続する限り償還する必要のない**永久社債**（本来は元本を永久に償還しない社債をいうが，定義との関係で，会社の解散時等に償還されると定めることにより可能となる），元本の払戻または利息の支払が参照指標で変わる**インデックス社債**，確定利息の支払は保証されるが，利率の変化に伴い利率または払戻が変動する**変動利付債**，期中に利率が上がる（下がる）ことが約された**ステップ・アップ（ステップ・ダウン）債**，利息の支払いが利益があることを条件とする**所得債**，**劣後特約付社債**（元利金の支払いについて劣後的内容を有する特約が付された社債．金融機能の早期健全化のために緊急措置に関する法律2Ⅴ参照）等がある．

682　第Ⅳ編　社　　債

権付社債を交付することも認められている．

　平成17 (2005) 年改正前商法では，有限会社は非公開的な性質の会社であるから，社債を発行できないとされていた（旧有59Ⅳ・60Ⅰ但書・63ノ3Ⅲ・63ノ7Ⅳ・64Ⅰ但書）．ま

Ⅳ-1-1-4　㈲　「社債，株式等の振替に関する法律」に基づく分類として短期社債（振替法66①［Ⅱ-3-1-2］）と振替社債［Ⅳ-1-6-5］とがある（振替法66）．

Ⅳ-1-1-5　㈱　社債に法定の物上担保が付けられているか否かにより**担保付社債**と**無担保社債**に分類される．会社法は無担保社債を規制しているのに対し，担保付社債信託法は担保付社債［Ⅳ-1-6-1］を規制している．担保付社債は，保証のような人的担保が付いた保証債（関西国際空港株式会社法9［政府保証債］），電力債（電力会社が発行する社債，特定の担保権が設定されているわけではないが，電気事業法37により社債権者はその会社財産について優先弁済受領権を有する．なお電電9）などの**一般担保債**（ゼネモ債，たばこ産業6，鉄道会社4，なお資産流動化112），特定物件を他の債権者のための担保に提供しない旨を約した社債とは区別される．わが国では長い間**有担保原則**が取られてきたが，高度成長・国際化の中で，見直しが行われ，一定水準以下の社債は扱わないという**適債基準**と**財務制限条項**がそれに代わった．しかし1996年1月には適債基準が撤廃され，また財務制限条項の義務付けルールも廃止され，後者は「財務上の特約」となった．**「財務上の特約」**とは，社債発行後に発行会社が社債権者の利益を害するような行動をとるのを妨げるために置かれる特約であって，発行者が他の債務のために担保を設定する場合には，無担保社債のために同順位の担保権を設定する「担保提供制限条項」，資産額を一定の額に維持する「純資産維持条項」，財務上の特約違反が生じた場合に，発行会社のイニシアチブにより，無担保社債に担保権を設定することによって，期限の利益の喪失を避けることができる「担附切換条項」，「配当制限条項」等がある．

Ⅳ-1-1-6　㈹　起債会社を基準に，**金融債**（金融機関が発行する社債）と，そうでない**事業債**とに分けられる．金融債は，利息の支払方法により**利付債**（満期まで定期的に所定の利息が支払われる）と**割引債**（券面額未満の発行価額で発行され，償還時に券面金額で償還されるだけで，期中の利払がない）に分けられる（長銀11Ⅴ）．利付債には募集発行債と売出発行債（長銀11Ⅱ）の2つの発行方法がある．

Ⅳ-1-1-7　㈱　発行者，発行場所または通貨のいずれかが外国であるものを**外債**という．① 払込価格や利払い方式で分類すると，**利付債**と**ゼロ・クーポン債**（利子がない代わりにあらかじめ額面に対し一定率が割り引かれた価格で発行され額面金額で償還される）に分けられる．② 通貨で分類すると，外貨建て外債，二重通貨建て外債，円建外債および満期に指定した外貨で支払を受けるオプションの付いた**外貨払債**に分けられる．**外貨建て外債**は，米ドルやユーロといった外貨建てで，払込・利払い・償還すべてが外貨建で行われる．そのうち非居住者がわが国の資本市場で発行するものを**ショーグン債**という．**二重通貨建て外債**は，利払いと償還のいずれかに，異なる2種類の通貨が使われる社債である．払込と利払いの通貨が同じで，償還の通貨が異なるタイプを**デュアル・カレンシー債**（**二重通貨債**）といい，払込と償還が同じ通貨で，利払いの通貨が異なるタイプを**リバース・デュアル・カレンシー債**（**逆二重通貨債**）という．**円貨建て外債**は，外国の企業などが国内外で発行する円貨表示の債券，または日本の企業などが国外で発行する円貨表示の債券である．非居住者により日本国内で発行される公募債を通称**サムライ債**という一方，海外の市場で発行される円建て債券は**ユーロ円債**と呼ばれる．これは，自国以外で自国の通貨を一般にユーロカレンシー（米ドルが米国外で使用されるとユーロダラー）と呼ぶことから用いられる用語であって，EUの通貨であるユーロとは無関係である．

　㈲　利息が現金でなく，約束手形や社債の追加の形態で支払われるものとして**現物支払債**がある．㈱　社債券が発行されるか否か，社債券に社債権者の名前が記載されるか否かでも分類することができる［Ⅳ-1-4-1］．㈲　金融商品取引法に基づく分類として，「募集」に当たる**公募債**とそれ以外の**私募債**の分類もある（金商2Ⅰ⑤⑰・Ⅲ［Ⅰ-2-6-4］参照）．

第1章 社債の意義と性質

図1 社債制度のスキーム

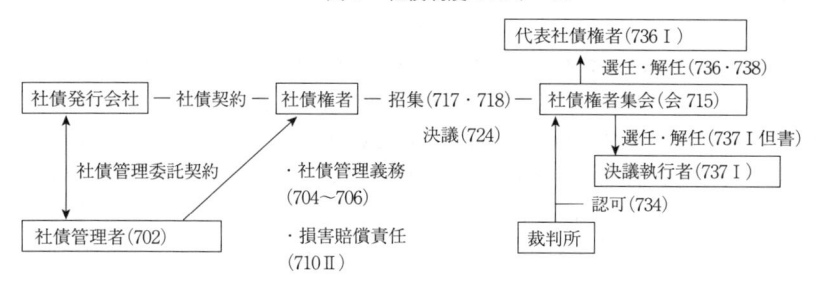

```
社債発行会社 ── 社債契約 ── 社債権者 ── 招集(717・718) ──┐     代表社債権者(736Ⅰ)
    ↕                          ↕           決議(724)       選任・解任(736・738)
社債管理委託契約        ・社債管理義務                  社債権者集会(会715)
                       (704～706)                    ↑
    ↕                                                選任・解任(737Ⅰ但書)
社債管理者(702)          ・損害賠償責任                決議執行者(737Ⅰ)
                       (710Ⅱ)          裁判所 ── 認可(734)
```

た，合名会社および合資会社が社債を発行できるか否かについては見解が分かれていた（平成2年改正附則5Ⅳ＝旧有64Ⅰ但書参照）。しかし，会社が非公開的な性質を有することと社債の発行ができないこととは論理必然的な関係にはないし，合同会社がベンチャー企業に利用されるような場合には社債発行のニーズが高いので，会社法は，**株式会社のみならず，持分会社にも社債の発行を認めている**[3]（特例有限会社も社債を発行することができる。整備法第1章第2節には会社法第4編を適用除外とする規定がない）。

　社債は，通常，一般公衆から多額かつ長期の資金を調達するため，社債原簿の作成等の**特別な技術処理**がなされ，社債管理者の設置が原則として強制される（会702）とともに，社債権者（独 Anleihegläubiger：仏 obligataire：伊 obbligazionista：西 obligacionista：英 debenture holder）の**団体的取扱い**が行われ，その保護が図られている[4]。また，償還までの期間が長期となるため，株式と同じように社債を有

Ⅶ-1-1-8 （3）**内国会社が外国で社債を発行する場合と外国会社が国内で社債を発行する場合** 会社が外国において，外国法を準拠法として債券を発行する場合を除き，日本法が適用される。「会社」（会2①）には，外国会社は含まれないので，外国会社が日本で「社債」という名称の債券を発行しても，それは会社法上の社債ではないと立案担当者は考えているが（相澤199頁以下，論点616頁）。会社法2条23号は，銀行借入れは社債でないといった当然のことを定めたに過ぎず，外国会社の発行するものは社債とはいえないとの解釈は必然でない（本多正樹「会社法上の社債の定義をめぐる諸問題〔上〕〔下〕」商事1781号20頁以下，1782号4頁以下（2006），江頭648頁注9，野村修也「新会社法における社債制度」ジュリ1295号119頁以下。なお〔Ⅶ-1-1-1〕参照）。

Ⅶ-1-1-9 （4）**社債権者の団体性** 社債権者の団体性はそれほど強固なものではなく，社債権者は個別に発行会社に対し利払・償還を請求することができる（大判昭和3・11・28民集7巻1008頁〔箱根土地事件〕＝会社法百選91事件）。もっとも社債権者は，社債管理者の訴えの前には支払請求の訴えを提起することができるが，その後はできないと解すべきである（反対松下淳一「社債管理会社の地位・権限と民事手続法との関係について」学習院大学法学会雑誌31巻1号53頁以下〔1995年〕）。社債権者集会が個別的権利行使を禁止する決議をした場合その拘束力を認める説（鴻常夫・社債法の諸問題Ⅰ231頁注3）もあるが，最近の有力説は，原則として否定している（松下淳一「社債管理会社・社債権者の手続上の地位」金融法研究16号27頁，弥永331頁注35）。なお会社更生法は，社債管理者が更生債権の届出をした場合であっても，社債権者が届出をすると議決権行使を認める議決権行使申出制度を定めているが（会更190Ⅰ・43Ⅰ⑤），社債権者

価証券化する方法 (会676⑥) も認められている(5)(6)。これらの点で普通の借入金とは異なっている。

社債は債権 (他人資本) であるから，① 社債権者は株式会社の経営に関与できず，監督是正権もなく，同じ扱いも受けず (株主平等原則 [*II-2-1-27*] と対比せよ)，② 分配可能額の有無にかかわらず，確定額の利息の支払いを受け (ただし，利率が変動する変動利付社債がある)，③ 償還期限が来ると分配可能額の有無にかかわらず償還され，④ 会社の解散時には，株主に先立ち，元本・利息の支払いを受け，⑤ 社債を発行しても会社の純資産は増えない点で**株式** (自己資本) **と異なっている** (なお計規75Ⅱ②イ参照)。

このように社債は株式と法的性質を異にするが，① 一般の株主は会社の経営に関心を余り示さず，会社法も，完全無議決権株式，非参加的・累積的配当優先株，取得条項付株式などの社債的性質を有する株式を認め，会社も配当平均積立金 (任意積立金) を積み立てて剰余金の配当の平均化を図ることが多いことから，株式は社債に接近し，逆に，② 会社法も転換社債型新株予約権付社債 [*IV-1-6-14*] という株式的性質を加味した社債を認めている点で，社債も株式に接近している。

起債会社の財務内容や収益力を第三者機関が分析し，元利金支払いの確実性 (信用リスク) を簡単な符合 ([AAA]，[AA] など) で表す**社債の格付け**が行われている (江頭憲治郎「債券の格付制度」ジュリ986号31頁，島義夫『格付け会社』参照。なお「企業内容等の開示に関する内閣府令第1条第13号の2に規定する指定格付機関を指定する件」参照)。日本の格付機関には格付投資情報センターおよび株式会社日本格付研究所がある (アメリカの格付機関としてStandard & Poor's, Moody's など)。

集会の決議が成立したときには，議決権行使を認めていない (会更190Ⅲ)。

IV-1-1-10 （5） **金融債を受働債権とする相殺の可否**　社債は債権であるから，金融債を受働債権とする相殺も可能である (最二小判平成15・2・21金判1165号13頁 [あおぞら銀行事件])。なお，有価証券に表章された金銭債権の債務者が自ら二重払の危険を甘受して相殺することを妨げる理由はないので，有価証券に表章された金銭債権の債務者が，同債権を受働債権として相殺するにあたり，同有価証券を占有することを要しない (最三小判平成13・12・18金判1140号3頁 [日本興業銀行事件])。

IV-1-1-11 （6） **特定社債保証制度**　中小企業が社債発行により資金を調達することを容易にするため，一定の要件を満たす中小企業が発行する社債 (私募債) につき信用保証協会と金融機関が共同保証を行い，政令で定める一定の金融機関等の投資家がその社債権者となる「特定社債保証制度」が平成12年から開始されている (江口浩一郎監修「中小企業特定社債保証制度の仕組みと概要」金法1580号31頁，1582号29頁，1583号40頁 [2000年])。なお中小企業信用保険法3の10参照。

第2章　社債の発行

1　社債発行の制限

V-1-2-1　平成5(1993)年改正以前には，社債権者保護の観点から，会社が発行できる社債額に**上限**が定められていた[7]が，社債以外の借金には限度がないから，あまり意味がないこと，および比較法的に見てもイタリア・スペインを除き，このような制限をしていないことなどから，その制限は**廃止**され(但し長銀8・9参照)，それに代えて社債管理者の設置が原則的に強制されている[8](会702. なお会976③)．これは，個々の社債権者が自力で債権の回収を図ることは事実上期待できないという認識を前提とする[9][10]．社債発行費の繰延については[II-5-2-53]参照のこと．

V-1-2-2　(7)　**発行限度規制の廃止**　平成2(1990)年改正前商法297条1項・2項は，社債は，資本および準備金の総額と最終の貸借対照表による純資産額のうち少ない額を超えることができないとしていたが，平成2年改正商法は後者の制限に一本化した(平成2年改正商297 I)．また平成5年に廃止された社債発行限度暫定措置法は，担保付社債，転換社債，新株引受権付社債および外国で募集する社債に限って，純資産額の2倍まで募集することができる旨を定めていた(1条)．
　長期信用銀行等については，発行限度規則が現在でも行われている(長期信用銀行法8等)．

V-1-2-3　(8)　**業種による制限とその解禁**　①　「金融業者の貸付業務のための社債の発行等に関する法律」(平11法32)は，「貸金業の規制等に関する法律」に規定する貸金業等の金融業者(ノンバンク)による貸付資金受入れのための社債の発行等を，登録制を前提として，解禁している(預り金とみなしていた出資法2条3号を削除)．また，②　金融行政の政策転換により金融債を特に保護する必要はなくなったことから，1999年10月に普通銀行による普通社債の発行が解禁されている(自主規制の解除)．

V-1-2-4　(9)　**平成5年改正**　平成5(1993)年商法改正前には認められていた「任意」の「社債募集の委託を受けた会社」(平成5年商法改正前商304・309以下．以下受託会社)は，社債の発行段階では社債の発行事務を行い，発行後は社債の管理権限を有するので2面性を有していたのでこれを切り離し，発行事務は誰に任せてもよいが(受託会社を銀行または信託会社に限っていた平成5年削除前昭和13年改商施56の削除)，管理は社債管理会社に「強制」する(平成5年改正商297)ことが社債者保護になるというのが，平成5年の改正理由である．

V-1-2-5　(10)　**平成17(2005)年改正**　改正前商法は，①　分割払込を前提として，未払込を残したままの社債の濫発を防止するという趣旨から，既存社債に未払込みがある場合の社債の募集を禁止していたが(改正前商298)，前の社債の払込みを終えないで新社債を発行することが不必要な社債の濫用となるとは必ずしもいえないし，また違反して発行された社債も有効であるので，合理性に乏しいことから削除され，②　社債権者集会における議決権の算定の便宜のため，同一種類の社債では，各社債の金額(券面額)は均一か，最低券面額をもって整除できるものでなければならないという規定(改正前商299)も，合理性に乏しく，また議決権の算定基準は，最低券面額ではなく，残存債権額基準(会723 I)に変更されたことから，削除された．さらに，③　不当な射倖心を防止するために定められたとされる，割増償還の定めをする場合における券面額を超える部分は，各社債につき同率でなければならないという規定(改正前商300)は，不当な射倖心の刺激の防止は刑罰等に委ねるべきであるし，社債契約において任意繰上償還条項を置くときには，割増償還の定めがなされ，償還時期により券面額を超える部分

2 社債の発行形態

IV-1-2-6 **(1) 単独発行・合同発行**　社債には，1つの会社が単独で発行する場合と複数の会社が合同して発行する場合（会施規162②・165⑦参照）とがある．合同発行の場合には，各会社は社債権者に対して連帯債務を負う（商503Ⅰ・511Ⅰ）．

IV-1-2-7 **(2) 募集・総額引受け・売出発行**　社債の発行には，① 社債権者になる者を募集する方法，② 特定人が社債の総額を引き受ける方法（総額引受け．会679・680②）および ③ 売出発行がある．会社法の「募集」は，金融商品取引法の「募集」（金商2Ⅲ．[I-2-6-4] 参照）とは異なる概念であって，会社法の募集社債の募集には，公募債と私募債の両者が含まれる．

IV-1-2-8 **(ア) 募　集**　募集には，発行会社（起債会社）が自ら行う方法（**直接募集**）と，第三者に委託する方法とがある（**委託引受募集**）．後者の場合には，金融商品取引業者（複数の場合もある）が，募集の取扱いをする．応募不足分が出れば自らそれを引き受ける（「募集の取扱および残額引受契約」の締結）とする方法もある．この場合，金融商品取引業者は発行会社の代理人として，応募者からの意思表示を受け，あるいは意思表示をする．社債の引受けは登録を受けた金融商品取引業者のみが行うことができ（金商2Ⅵ①［買取引受］・②［残額引受］・Ⅷ⑥・Ⅸ・28ⅠⅡ・29），銀行（または信託会社など）は行うことができない（金商33）．

IV-1-2-9 **(イ) 総額引受け**　これは，**特定の者**（例えば金融商品取引業者．複数でもよい）**が社債の総額を引き受ける契約を締結する方法**である（なお金商36の4Ⅱ・2Ⅵ・Ⅷ⑥参照）．総額引受けの場合には公衆を相手としないので，募集と異なり，**通知および割当てを要せず**（会679），**社債契約は無方式で行われ，契約の締結により社債契約は成立する**が（会680②），総額引受けの対象は募集社債であるから，会社法676条が列挙する事項 [IV-1-2-12]～[IV-1-2-20] は定めなければならない．総額引受けにより発行会社は直ちに資金を入手する．金融商品取引業者は引き受けた社債を後日，公衆に売出し，払込金額と売出価額との差額を利得する．銀行（または信託会社）が，投資目的（償還期限まで保有し続ける）で総額引受けを行うことは，金融商品取引法の引受けに該当しないので，理論的には可能である．

IV-1-2-10 **(ウ) 売出発行**　売出発行とは，社債の総額を確定することなく，**一定の売出期間を定め，その期間内に公衆に対し随時個別的に社債を売り出す方法**である．平成17年改正前商法では売出発行の方法による社債の発行は許されないと解され，長期信用銀行の発行する金融債に限って例外的に認められていた（長銀11Ⅱ）．会社法の下では売出発行の方法による社債の発行も可能である（会676⑪参照）．

を異にするのが合理的である場合があるのに，形式的には，このような取扱いも法律違反すると解される余地があること等を理由に，削除されている．

1-2-11　(3)　**組織再編行為の際の対価**　組織再編行為の対価として社債や新株予約権付社債を交付することもできる．この場合には合併契約等で社債の内容等を定める（[V-1-4-79]）．

3　募集社債の募集

1-2-12　(1)　**募集社債事項の決定**　(ア)　**募集社債に関する事項**　会社は，その発行する社債を引き受ける者の募集をしようとするときは，その都度，**募集社債**（当該募集に応じて当該社債の引受けの申込みをした者に対して割り当てる社債）につき，次の事項を定めなければならない（会676）．

　　①　**募集社債の総額**
　　②　**各募集社債の金額**　これは，各募集社債につき償還すべき額である．社債券を発行する場合には，その「社債の金額」を社債券に記載することにしている（会697Ⅰ②）が，償還すべき額と「社債の金額」とは必ずしも一致する必要はない（江頭733頁注1．なお券面額という概念は廃止されている．論点630頁）．
　　③　**募集社債の利率**　社債の利息などに利息制限法の適用がある（肯定説：新注会(10)91頁[蓮井良憲]）か否かについては争いがあるが，適用されないと考える（アドバンス639頁）．社債は必ずしも消費貸借（民587対照）といえないし，社債権者の利益を犠牲にしてまで発行会社（借手）を保護する必要はないからである．
　　④　**募集社債の償還の方法および期限**　永久債の場合には，解散時等に償還すると定める．破産法99条2項は劣後債を認める．
　　⑤　**利息支払いの方法および期限**

1-2-13　⑥　**社債券を発行するときは，その旨**　平成17(2005)年改正前商法では，振替社債を除き，社債券の不発行制度は認められていなかった．しかし，平成16年商法改正で株券の不発行制度が認められたこととの対比において，社債に社債券の不発行制度を認めないとする合理的な理由に乏しいことおよび流通することが予定されていない社債については社債券を不発行とするニーズがあることから，会社法は，社債券を発行しない社債を認めている[Ⅳ-1-4-1]．**社債券の発行**は，株券と異なり（会214），**社債の種類ごとに決めることができる**．社債券には，**利札**（「りさつ」と読む．ただし実務では「りふだ」と呼ぶこともある）を付けることができる（会697Ⅱ）．利札は通常無記名式であって，各支払期における利息支払請求権を表章する有価証券である（なお[Ⅳ-1-5-2]参照）．

1-2-14　⑦　**社債権者が，記名式と無記名式**[Ⅳ-1-4-1]**との間の転換請求の全部または一部をすることができないこととするときは，その旨**[(11)]．この定めがなければ，社

1-2-15　(11)　**金融債**　金融債は，無記名式が原則であり，応募者または所有者は記名式とすることを請求することができる（長銀11Ⅰ）．

債権者はいつでも，記名式を無記名式とし，無記名式を記名式に転換請求することができる（会698）．

IV-1-2-16　⑧　社債管理者が社債権者集会の決議によらず当該社債の全部について訴訟行為または破産手続，再生手続，更生手続もしくは特別清算に関する手続に属する行為をすることができることとするときは，その旨．詳しくは[IV-1-3-15]を参照されたい（なお担信19Ⅰ⑪参照）．

IV-1-2-17　⑨　**各募集社債の払込金額**（各募集社債と引換えに払い込む金銭の額）**もしくはその最低金額またはこれらの算定方法**　金銭以外の給付による社債も認められる（会施規162③参照）．払込金額を外国通貨の額で定めることもできる(12)（なお民403参照）．

IV-1-2-19　⑩　**募集社債と引換えにする金銭の払込期日**　社債は，株式と異なり，会社が申込者に対して割当てを行うことにより成立するので（会680），新株発行手続と異なり（[II-3-2-40]参照），払込期日までに払込みをしなかったとしても，社債は消滅せず，また，割当てを受けた者の払込義務も消滅しない（論点631頁）．

IV-1-2-20　⑪　**一定の日までに募集社債の総額について割当てを受ける者を定めていない場合において，募集社債の全部を発行しないこととするときは，その旨およびその一定の日**　平成17（2005）年改正前商法では，社債の応募額が社債の総額に達しないときであっても社債を成立させるいわゆる打切発行は，社債申込証（会社法では株式申込証と同様，廃止されている）の用紙に記載した場合に限り認められていたが（改正前商301Ⅲ），応募不足の場合に社債全部を不成立とすることの理論的根拠が乏しく，新株発行の場合には打切発行が認められていた（改正前商280ノ9）ことと不整合であったので，会社法は打切り発行を原則とし，そうでない場合には，その旨を決めておくことにし，改正前商法と規制を逆転している．

　　⑫　そのほか法務省令で定める事項(13)である．

IV-1-2-22　**(イ)　決定機関**　社債の発行は業務執行行為であるから，①　**株式会社のうち取締役会非設置会社では取締役**が上記事項を決定する（会348ⅠⅡ）．取締役が2人以上のときには，定款に別段の定めがない限り，取締役の過半数をもって決定するが

IV-1-2-18　(12)　**払込みを受けた金額が債務額と異なる社債**　払込みを受けた金額が債務額と異なる社債については（計規6Ⅱ②参照），金融商品会計基準では，当該差額は一般に金利の調整という性格を有しているため，償却原価法に基づいて算定された価額をもって貸借対照表としなければならないとしている（金融商品会計基準26項[II-5-2-85]．会計原則第3の4(1)C対照）．

IV-1-2-21　(13)　**募集社債に関する事項**　法務省が定める事項は，①　分割払込みをさせるときは，その旨および各払込期日における払込金額，②　他の会社と募集社債を合同発行するときは，その旨および各会社の負担部分（[IV-1-2-6]参照），③　金銭の払込みに代えて金銭以外の財産を給付する旨の契約（代物弁済契約）を締結するときは，その契約の内容，④　社債管理委託契約において社債管理者の会社法に規定する権限以外の権限（約定権限）を定めるときは，その権限の内容（[IV-1-3-20]参照），⑤　社債管理委託契約に定めた社債管理者の辞任事由（[IV-1-3-27]参照）および⑥　募集社債が信託社債であるときは，その旨および当該信託社債についての信託を特定するために必要な事項である（会施規162）．

(会348Ⅱ)，いずれかの取締役にその決定を委ねることができる (会348Ⅲの反対解釈)．

② **取締役会設置会社**では，「募集社債の総額」の事項その他の社債を引き受ける者の募集に関する重要な事項として**法務省令で定める事項** (会社法676条に挙げられた事項のうち，①の上限，③の上限，⑨および2以上の募集事項の決定．会施規99) **は取締役会**（**清算人会**）**に留保されているが**（委員会設置会社では執行役への委任可．会416Ⅳ本文)**，その他の事項は取締役に委任することができる** (会362Ⅳ⑤・489Ⅵ⑤)．したがってシリーズ発行（取締役会決議で発行する社債の総額等を定め，具体的な発行は複数回に分けて代表取締役が決定する発行方法)，売出発行 [Ⅳ-1-2-10]，他社株転換社債 [Ⅳ-1-1-3]，プログラム・アマウント（ある種類の社債が償還された場合に，その償還相当額を他の募集社債の額の枠に再度組み入れるという形で「募集社債の総額」の上限の合計額を定めること）等を行うことも可能である（相澤哲＝郡谷大輔「株式・新株予約権・社債」商事1760号14頁，論点626頁)．委任される取締役は，代表取締役（近藤356頁，弥永327頁注10参照）に限られず，業務執行取締役に任せることも可能である（解説171頁，青竹355頁，江頭727頁)．社債発行行為は，会社の業務執行たる金銭借入行為であるから，取締役会決議がない場合であって，代表取締役のなした社債発行は有効である（宮島294頁．反対田邊光政・諸問題736頁．無権代表として無効とする)．

③ **委員会設置会社**では，取締役会において決定するのが原則であるが（会416Ⅰ①)，その決定をすべて執行役に委任することができる（会416Ⅳ)．

④ **持分会社**では社員または業務執行社員が決定する（会590Ⅰ Ⅱ・591Ⅰ．常務に該当しない)．

⑤ **組織再編行為としての社債・新株予約権付社債の発行**の場合（[Ⅴ-1-4-79] 参照）には，**株式会社にあっては原則として株主総会の特別決議**（[Ⅴ-1-4-94] 参照）で，**持分会社では総社員の同意で契約・計画を承認する**（持分会社ではその性質上新株予約権付社債は問題とならない)．

(2) **募集社債の発行方法** (ア) **会社からの通知** 新株・新株予約権の発行の場合（会203Ⅰ・242Ⅰ）と同じく，**募集に応じて募集社債の引受けの申込みをしようとする者に対し**，① **会社の商号**，② **募集事項**（会676各号の事項 [Ⅳ-1-2-12]～[Ⅳ-1-2-20])**および**③ **法務省令で定める事項**（① 社債管理者の名称および住所，② 社債原簿管理人を定めたときは，その氏名・名称および住所．会施規163）**を通知しなければならない**（会677Ⅰ．なお担信24参照)．**通知は，不要式行為**であり，「社債申込証」を作成する必要はない[14] (平成17年改正前商301対比)．通知した事項に変更があったときは，会社は，直ちに，その旨および当該事項に変更があった事項を募集社債の申込者に通知しなければならない（会677Ⅴ)．申込者に対してする通知または催告は，申込者の住所（申込

[14] **通知の虚偽表示** 通知に重要な虚偽がある場合には申込みは無効である．しかし社債の利息を受領した後は，募集株式の引受けに関する規定（会211Ⅱ）を類推して，社債申込みの無効を主張できないと解すべきである（江頭728頁注1)．

者が別に通知または催告を受ける場所または連絡先を会社に通知した場合にあっては，その場所または連絡先）にあてて発すれば足りる（会677Ⅵ）．通知または催告は，その通知または催告が通常到達すべきであった時に，到達したものとみなす（会677Ⅶ）．これらの規制は募集株式・募集新株予約権の場合と同様である（会203Ⅵ・Ⅶ・242Ⅰ～Ⅷ[Ⅱ-3-2-36～Ⅱ-3-2-38・Ⅱ-3-3-37～Ⅱ-3-3-39]参照）．

ただし，① **総額引受契約を締結する場合**（会679），② 会社が金融商品取引法2条10項に規定する**目論見書を交付している場合**（企業開示府令12等参照），③ その他募集社債の引受けの申込みをしようとする者の保護に欠けるおそれがないものとして**法務省令で定める場合**(15)には，**会社法の定める通知を要しない**（会677Ⅳ）．②の場合には，目論見書で詳しい開示がなされるからである（[Ⅰ-2-6-4]参照）．

Ⅳ-1-2-26　**（イ）申込み等**　募集社債の募集に応じようとする者は，① 自己の氏名・名称および住所，② 引き受けようとする募集社債の金額および金額ごとの数，③ 会社が募集社債の払込最低金額を定めたときは，希望する払込金額を記載した**書面**を会社に交付し（会677Ⅱ），または，会社の承諾を得て，**電磁的方法**により申込み（応募）をする（会677Ⅲ，会令1Ⅰ⑩，会施規230）．

Ⅳ-1-2-27　**（ウ）割当て**　会社は，申込者の中から募集社債の割当てを受ける者を定め，かつ，その者に割り当てる募集社債の金額および金額ごとの数を定め（会678Ⅰ），払込期日（会676Ⅹ）の前日までに，申込者に対し，**通知しなければならない**(16)（会678Ⅱ）．この場合において，会社は，その申込者に割り当てる募集社債の金額ごとの数を，申込者が引き受けようとする数よりも減少することができる（会678Ⅰ後段）．**割当てにより，社債契約が成立し，申込人は割当てを受けた募集社債の社債権者となる**（会680①．社債は要物契約ではない[民587対照]）．**社債権者は，払込期日**（会676⑩）**までに各社債の払込みまたは給付**（会施規162③・166①．なお商登65②参照）**をする**．給付の場合，検査役の調査の制度はない（会207対比）．① 株式と異なり，**払込期日までに払込みをしなくても社債は消滅せず，また引受人の払込義務も消滅しない**（会208Ⅴ対比）．会社は，払込みをしない引受人に対し催告のうえ，社債発行契約を解除することができる．また，実際上は全額払込みが行われているが，② 株式と異なり，**分割払込みも可能である**（会施規162①参照）．ただし，分割払込みは国内では

Ⅳ-1-2-25　(15) **通知を要しない場合**　① 会社が金融商品取引法の規定に基づき目論見書に記載すべき事項を電磁的方法により提供している場合，② 会社が外国の法令に基づき目論見書その他これに相当する書面その他の資料を提供している場合，③ 長期信用銀行法11条4項の規定に基づく公告により同項各号の事項を提供している場合，④ 株式会社商工組合中央金庫法36条3項の規定に基づく公告により同項各号の事項を提供している場合（会施規164）である．

Ⅳ-1-2-28　(16) **社債契約の性質**　諾成・双務契約である．社債発行のすべての場合を通じて消費貸借類似の無名契約であるとする説もあるが，金融債について認められる売出発行の方法（長銀11Ⅱ）がとられるときには社債券の売買であるが，その他の場合には消費貸借類似の無名契約であるとする説が通説である．

ほとんど例がない．**全額の払込みが行われる前でも社債券を発行することができる**（平成17年改正前商306Ⅰ対照）．また，③ 株式の場合と異なり，**払込場所の制限**（会34Ⅱ・208Ⅰ）**もなく，代物弁済も認められる**（会施規162③参照）．**申込者側からする相殺の禁止**（会208Ⅲ参照）**もなく社債権者の無効・取消しの主張の制限もない**（会102Ⅳ・211Ⅱ参照）．

　社債が2人以上の共有に属するときは，共有者は，権利行使者1人を定め，会社に対し，その者の氏名または名称を通知しなければ，当該社債について権利を行使することができない．ただし，会社が権利行使に同意した場合には，この限りではない（会686）．

1-2-29　**(3) 違法な社債発行**　新株予約権付社債に関するような（会828Ⅰ④参照）特別な規定がない．違法な業務執行の1つとして是正を求めることになる．社債発行前であれば発行の差止めを求める（会360・385・407・422）．新株予約権付社債（会828Ⅰ④・Ⅱ④）を除き，無効の訴えは法定されていない．社債が取締役会の決議によらず，または決議に違反して発行された場合であっても，社債自体の効力には影響がない．

第3章　社債の管理

1　社債管理の必要性と方法

1-3-1　社債は，普通，株式会社に対する公衆の巨額かつ長期にわたる債権であるから，社債元利金の確実な支払を確保するため，社債を管理する必要がある．そのため，会社法は，**社債管理者**[17]と**社債権者集会**を用意している．社債権者集会を通して社債権者の自主的保護を図る考えは，大陸法の立場に由来するものであるが，社債管理者の設置の強制は，アメリカの信託証書法（Trust Indenture Act of 1939）に倣うものである．

2　社債管理者

1-3-3　**(1) 設置の強制とその例外**　(a) 社債を発行するには，会社は，**社債管理者を定め，社債権者のために，弁済の受領，債権の保全その他の社債の管理をなすべきことを委託することが必要である**[18]．ただし，各社債の金額が1億円以上の場合そ

1-3-2　(17) **社債管理者**　平成17年改正前商法では社債管理会社と呼ばれていた（改正前商297）．会社法においては会社以外の法人（農林中央金庫等）も社債管理業務を行うことができることから，社債管理者に変更されている．なお整備法103Ⅱ参照．

1-3-4　(18) **社債管理委託契約の法的性質**　第三者のためにする契約説，委任契約説，信託契約的性質をもつ契約説があるが，社債権者を受益者とする第三者のためにする契約（民537）と解する（田頭章一「会社更生手続における社債管理会社の地位」岡山大学法学会雑誌45巻3号170頁）．

の他社債権者の保護に欠けるおそれがないものとして法務省令で定める場合[19]は，この限りではない(会702)．社債管理者の設置が強制される理由は，① 株主平等原則に対応する社債権者平等原則がないことに起因する弊害を緩和するためと② 社債権者に経営参加権が与えられていないこととの関係で発行会社と交渉できる専門家を置くことの有益性にあるが(神作裕之「社債管理会社の法的地位」『鴻常夫先生古稀記念・現代企業立法の軌跡と展望』191・192頁[商事法務研究会1995])，立法論としては，設置の要否は市場に委ねるべきであろう(龍田337頁)．社債の種類ごとに設置をすることも可能である．**社債管理者を設置しないで社債を発行した場合**，過料が科せられるが(会976㉝)，**社債は無効ではない**[20]．金融債については発行限度の定めが維持されているので(長銀8)，それに代わる社債権者保護の方法として定められた社債管理者の設置は強制されていない(長銀10Ⅱ参照)．**担保付社債の場合にも**，受託会社が**社債管理者の職務を営む**(担信35)ので社債管理者を設置する必要はない(担信2Ⅲ)．

Ⅳ-1-3-7　(b) **資　格**　社債管理者は，**銀行，信託会社またはこれらに準ずるものとして法務省令で定める者に限られる**[21](会703)．

Ⅳ-1-3-9　(c) **行為の方式**　社債管理者は，社債権者のために裁判上または裁判外の行為をするときは，**個別の社債権者を表示することを要しない**(会708)．

Ⅳ-1-3-10　(d) **報　酬　等**　社債管理者に対して与える報酬(代表社債権者・決議執行者に対する報酬も同じ)，その事務処理のために要する費用その支出の日以後における利息ならびにその事務処理のために自己の過失なくして受けた損害の賠償額は，社債発行会社との契約に定めがある場合を除き，**裁判所の許可を得て**(会868Ⅲ・870⑫参照)，**社債発行会社の負担とすることができる**(会741Ⅰ)．この許可の申立ては，社債管理者，代表社債権者または決議執行者がする(会741Ⅱ)．社債管理者(代表社債権者・決議執行者)は，報酬等に関し，社債に係る債権の弁済を受けた額について，**社債権者に先立って弁済を受ける権利を有する**(会741Ⅲ)．

Ⅳ-1-3-5　[19]　設置強制の例外　① 各社債の金額が1億円以上のある場合，または② ある種類の社債の総額を当該種類の各社債の金額の最低額で除した数が50未満の場合(会施規169)のどちらかに該当する場合には，**社債管理者の設置義務を免れる**．①は，最低金額が1億円を下らないような社債を引き受ける能力があるのは，生命保険会社等の機関投資家に限られるので，保護は不要であるからであり，②は，社債の数は50未満であることから，社債権者集会の開催が容易で，社債権者の意思に基づく社債の管理が可能であるからである．

Ⅳ-1-3-6　[20]　社債管理者を設置しない場合の措置　この場合には，会社法714条1項・2項が類推適用され，発行会社は社債権者集会の同意またはそれに代わる裁判所の許可を得て社債管理者を設置しなければならず，これを懈怠すると社債の総額につき**期限の利益を失う**(通説)．

Ⅳ-1-3-8　[21]　社債管理者の資格　① 担信法3条の免許を受けた者，② 商工組合中央金庫，③ 農業協同組合法10条1項2号・3号の事業を併せ行う農業協同組合または農業協同組合連合会，④ 信用協同組合または中小企業等協同組合法9条の9第1項1号の事業を行う協同組合連合会，⑤ 信用金庫または信用金庫連合会，⑥ 労働金庫連合会，⑦ 長期信用銀行，⑧ 保険会社および⑨ 農林中央金庫である(会施規170)．有価証券関連業を行う金融商品取引業者は社債管理者となることができない(金商36の4Ⅰ)．

第3章　社債の管理　**693**

(2) 権　限　社債管理者は，次の権限を有する．社債管理者が2社以上あるときは，共同してその権限を行使することが必要である（会709Ⅰ）．

(ア) **法定権限**　(a) **弁済受領・債権保全の権限**　社債管理者は，**法律上当然に**，社債権者のために，**社債に係る債権の弁済を受け**，または債権の実現を保全する（民保1）のに必要な一切の裁判上または裁判外の行為をなす権限を有する（会705Ⅰ）．すなわち，① 社債の償還と利息の支払いの請求（時効中断のための催告（民153）を含む），② 弁済金の受領，③ 支払請求の訴えの提起，④ 破産債権の届出（破111Ⅰ），再生債権の届出（民再94）・更生債権の届出（会更138・139），⑤ 社債に係る債権の保全のための仮差押え・仮処分の申立ておよび⑥ 強制執行の申立て（民訴55Ⅰ）の権限を有する．この場合には，社債権者の利益となるので，(b)と異なり，**社債権者集会の決議なしで行うことができる**．

　社債管理者が弁済を受けたとき（発行会社の債務は消滅する．大判昭和6・11・4民集10巻1060頁）は，社債権者は，その社債管理者に対し，社債の償還額および利息の支払を請求することができる．この場合において，社債券を発行する旨の定めがあるときは，社債権者は，社債券と引換えに当該償還額の支払いを，利札と引換えに当該利息の支払いを請求しなければならない（会705Ⅱ）．したがって，社債券はこのような支払請求権を表章する有価証券に変われる．社債管理者が社債発行会社から弁済を受けた旨の公告および知れたる社債権者に対する各別の通知（平成17年改正前商309Ⅱ）は，必要性に乏しいので，会社法では削除されている．

　2以上の社債管理者が弁済を受けたときは，社債管理者は，社債権者に対し，連帯して，当該弁済の額を支払う義務を負う（会709Ⅱ）．

(b) **社債権者集会の決議に基づく権限**　(a) 社債管理者は，社債権者集会の決議（特別決議．会724Ⅱ①）により授権されることにより，① **当該社債全部についてするその支払いの猶予，不履行によって生じた責任の免除または和解**（裁判外の和解．民695）（②の行為を除く），② 上述の(a)の行為を除き，**当該社債の全部についてする訴訟行為または法的倒産手続**（破産手続，再生手続，更生手続もしくは特別清算に関する手続）**に属する行為**（破産債権者の議決権の行使［破140］，更生計画案の決議における議決権の行使[22]［会更190］および特別清算における協定に対する議決権の行使［会567Ⅰ］等）**をなすことができる**（会706Ⅰ．当該行為をした旨の公告および個別通知［平成17年改正前商309ノ2Ⅱ］は，必要性が乏しいので，会社法では削除されている）．これらは社債の処分に関する行為であるからである．

　しかし，(β) 社債発行会社に法的倒産手続が開始された場合には，迅速・低コス

---

(22) **倒産手続の申立権**　立法担当者は，破産・会社更生等の手続は，社債権の処分につながるので，社債管理者には申立権はなく，そのためには社債権者決議を要すると解しているが（吉戒修一『平成5年・6年改正商法』283頁［商事法務1996年］），倒産手続は，申立権は705条1項に含まれるとする説もある（松下・前掲論文39頁，田頭・前掲論文174頁・187頁注89）．

トに，手続を開始・進行・終了させることは社債権者全体の利益となることもありうるので，社債管理者が社債権者集会の決議によらず②に掲げる行為をすることができるとされている場合 (会676⑧, 担信19Ⅰ⑪ [*IV-1-2-16*]) には，**社債管理者は社債権者集会の決議がなくても，当該行為を行うことができる** (会706Ⅰ但書)．社債管理者は，この定めにより，社債権者の決議によらず，②に掲げる行為をなしたときは，遅滞なくその旨を**公告**し，かつ知っている社債権者には，各別にこれを**通知**しなければならない (会706Ⅱ．なお会976②参照)．この公告は，社債発行会社における公告の方法によりしなければならない．ただし，その方法が電子公告であるときは，その公告は，官報に掲載する方法でしなければならない (会706Ⅲ)．

IV-1-3-16 (c) **調査権** 社債管理者が(a)または(b)の行為をするため必要があるときは，裁判所の許可を得て社債発行会社の業務および財産の状況を調査することができる (会705Ⅳ・706Ⅳ．なお会976⑤参照)．約定権限 [*IV-1-3-20*] を行使するためにこの調査権を行使することもできる (前田庸654頁)．

IV-1-3-17 (d) **異議の申立権** ① 資本金の額等の減少 (会449・627), ② 合同会社からの退社に伴う持分の払戻し (会635 [*III-1-4-14*]), ③ 任意清算 (会670 [*VI-1-2-17*]), ④ 組織変更 (会779・781Ⅱ [=779]), ⑤ 吸収合併・吸収分割・株式交換 (会789・793Ⅱ [=789]・799・802Ⅱ [=799]), ⑥ 新設合併・新設分割・株式移転 (会810・813Ⅱ [=810]) の規定による債権者異議手続につき社債管理委託契約に別段の定め (ほとんどの場合，社債管理者の責任発生回避のため，契約で別段の定めが置かれるであろうと言われている．森まどか「社債権者の異議申述権の個別行使」検証394頁) がないときには，**社債管理者に対しても催告を行わなければならず** (会740Ⅲ), **社債管理者は，社債権者集会の決議なくして異議を述べることができる** (会740Ⅱ．なお整備法103Ⅱ但書参照)．個々の社債権者が適切に異議を述べる能力を有しているとは限らないので，社債管理者に対しても催告を行うべきとされ，また，社債権者集会を開催するためには相当の期間を必要とするうえ，多額の費用もかかることから，会社法は，社債管理者は，社債権者集会の決議なくして異議を述べることができるとしている (平成17年改正前商376Ⅲ対照)．会社法により新設された規定である．

従来，社債権者の個別行使を否定する理由として，異議申立権の個別行使を認めると，対応の煩雑さから，組織再編等が阻害されるおそれが挙げられてきたが，これは異議申立権の個別行使を禁止する理由としては不十分であり，個別権行使を認める余地があるとの見解 (森・検証389頁以下) が出現している．

IV-1-3-18 (e) **その他の法定権限** 社債管理者は，このほか，① **社債債権者集会を招集し** (会717Ⅱ), ② **これに代表者もしくは代理人を出席させ，または書面で意見を述べ** (会729Ⅰ本文), ③ **その決議を執行し** (会737Ⅰ本文), ④ **社債権者集会の議事録閲覧謄写請求権** (会731Ⅲ), ⑤ **発行会社の弁済等の取消しの訴え**[23] (会865Ⅰ) を提起する権限を有する．取消しの訴え提起権は詐害行為取消権 (民424) の特則である．

第3章　社債の管理　**695**

1-3-20　（イ）**約定権限**　社債管理委託契約に定めることにより（会676⑫，会施規162④），例えば発行会社が「財務上の特約」条項に違反した場合に期限の利益の喪失を宣言する権限や裁判所の許可なく発行会社の業務・財産の状況を調査する権限も可能である（約定権限は社債原簿に記載される．会681①，会施規165⑧）．

1-3-21　（ウ）**特別代理人の選任**　社債権者と社債管理者との利益が相反する場合（[Ⅳ-1-3-25] 参照）において，社債権者のために裁判上または裁判外の行為をする必要があるときは，社債管理者にこれを行わせることは適切でないので，**裁判所は，社債権者集会の申立てにより，特別代理人を選任しなければならない**（会707．なお会708・868Ⅲ・874①参照．なお担信45Ⅰ②参照）．

1-3-22　（3）**義務と責任**　（ア）**義務**　社債管理者は，① 社債権者のために公平かつ誠実に社債の管理をなすことを要し[24]（会704Ⅰ），② 社債権者に対し，善良なる管理者の注意（民644）をもって社債の管理をなす義務を負う（会704Ⅱ．なお信託29Ⅱ・30・33参照）．「社債の管理」（会702・704）には約定権限の行使も含まれる（相澤＝葉玉・解説177頁，神田297頁，江頭654頁注15）．義務違反は社債管理者の解任事由となる（会713）．上述のように2社以上の社債管理者が弁済を受けたときは，社債管理者は，社債権者に対し，連帯して，弁済の額を支払う義務を負う（会709Ⅱ）．社債管理者が社債発行会社に対して善管注意義務を負うことは民法644条から当然であり，②は，このほか社債権者に対しても善管注意義務を負うことを定めた点に意味を有している．

1-3-24　（イ）**責任**　（a）**法令違反等についての責任**　社債管理者は，**会社法または社債権者集会の決議に違反する行為をしたときは，社債権者に対し，連帯して，これに**

1-3-19　(23)　**弁済等の取消しの訴え**　社債発行会社が社債権者に対してした弁済，社債権者との間でした和解その他の社債権者に対して，または社債権者との間でした行為が著しく不公正であるときは，社債管理者は，訴えをもって当該行為の取消しを請求することができる（会865Ⅰ）．訴えは社債管理者がその行為の取消しの原因となる事実を知った時から6カ月を経過したときは，提起することができない．行為の時から1年を経過したときも，同様である（会865Ⅱ）．社債権者集会の決議があるときには，代表債権者（会736）または決議執行者（会737Ⅱ）も，訴えをもって行為の取消しを請求することができる．ただし，行為の時から1年を経過したとき（会865Ⅲ），または，その行為によって利益を受けた者または転得者が，その行為または転得の当時「その行為が著しく不公正であること」を知らないときは，この限りでない（会865Ⅳ＝民424Ⅰ但書）．**被告は，行為の相手方または転得者である**（会866）．訴えは，社債発行会社の本店所在地を管轄する地方裁判所の専属管轄である（会867）．訴えにより行われた取消しは，「総社債権者」の利益のためにその効力を生ずる（会865Ⅳ＝民425）．この訴えは民法の詐害行為の取消しの訴え（民424以下）に類似するが，取消しの対象は一般債権者に対する詐害行為ではなく，同種類の他の社債権者に対する偏頗行為である（神田296頁）．

1-3-23　(24)　**誠実義務**　誠実義務は，社債権者の利益と社債管理者または第三者の利益が対立する場合，もっぱら社債権者の利益のために行動する義務であるが，わが国の誠実義務は，利益相反の状況に身を置くこと自体を禁ずるものではなく，社債管理者の判断の当否を審理するに当たり，利益相反の状況にある場合にはそうでない場合に比べてより厳格に責任を追及されるにすぎないと解されている（江頭憲治郎「社債の管理に関する受託会社の義務と責任」『鴻先生還暦記念・八十年代商事法の諸相』（有斐閣）129頁）．

よって生じた損害を賠償する責任を負う(会710Ⅰ).社債管理者の契約の相手方は社債発行会社で,社債権者ではないが,社債管理者は,社債権者に対してこのような法定責任を負う.

IV-1-3-25　**(b) 利益相反行為に基づく責任**　社債管理者は,社債発行会社の取引銀行である場合が多く,このような場合には,自己の貸付債権の回収・保全を社債に係る債権の回収・保全に優先させる危険が高い.そこで,会社法は,アメリカの信託証書法311条にヒントを得て,社債管理者の責任を強化している.すなわち,社債管理者は,社債発行会社が社債の償還もしくは利息の支払いを怠り,もしくは社債発行会社について支払いの停止があった後またはその前3カ月以内に,① 自己の債権につき社債発行会社から担保の供与または債務の消滅に関する行為を受けた場合,② 当該社債管理者と法務省令で定める特別の関係がある者[25]に対して当該社債管理者の債権を譲り渡した場合(当該特別の関係がある者が当該債権に係る債務について社債発行会社から担保の供与または債務の消滅に関する行為を受けた場合に限る),③ 当該社債管理者が社債発行会社に対する債権を有する場合において,契約によって負担する債務をもっぱら当該債権をもってする相殺に供する目的で社債発行会社の財産の処分を内容とする契約を社債発行会社との間で締結し,または社債発行会社に対して債務を負担する者の債務を引き受けることを内容とする契約を締結し,かつ,これにより社債発行会社に対し負担した債務と当該債権とを相殺した場合,④ 当該社債管理者が社債発行会社に対して債務を負担する場合において,社債発行会社に対する債権を譲り受け,かつ,当該債務と当該債権とを相殺した場合には,社債権者に対し,損害を賠償する責任を負う,としている.ただし,社債管理者が誠実にすべき社債の管理を怠らなかったこと(例えば弁済期が到来して一旦債権を回収したが,つなぎ融資をした場合),または当該損害が当該行為によって生じたものでないことを証明したときは,その責任を負わない(立証責任の転換)(会710Ⅱ.なお整備法103Ⅱ但書参照).この責任は,機能的には否認権(破160,会更86,民再127)と共通している.損害の範囲については争いがある(山本克己「社債発行会社の偏頗行為」金融法研究16号35頁以下参照).

IV-1-3-27　**(4) 辞任・解任・事務承継者**　**(ア) 辞任**　社債権者の保護のために,会社法は委任に関する一般原則に委ねないで,次のような規制をしている.(a) 社債管理者は,社債発行会社および社債権者集会の同意を得て辞任することができるが,この場合において社債管理者がなくなるときは,その社債管理者は,あらかじめその事務を

IV-1-3-26　(25) **特別な関係**　法務省令が定める特別の関係とは,① 支配社員(法人の総社員・総株主の議決権の50%を超える議決権を有する者)と被支配法人との関係(会2③④[I-1-6-7]と異なり形式的要件で判断する)と② 被支配法人とその支配社員の他の被支配法人との関係をいう(会施規171Ⅰ).支配社員とその被支配法人が合わせて他の法人の総社員または総株主の議決権の100分の50を超える議決権を有する場合には,当該他の法人も支配社員の被支配法人とみなされる(会施規171Ⅱ).形式基準を採用している.実質基準を採用すると,事実認定が争点となり,立証責任を転換した趣旨が損なわれるからである(論点644頁).

承継すべき社債管理者を定めなければならない（会711Ⅰ後段。なお会976㉝，担信50Ⅰ Ⅱ・53Ⅰ参照）。(β) 社債管理者は，やむをえない事由があるときは，社債発行会社および社債権者集会の同意がなくとも（改正前商312Ⅰ対照），**裁判所の許可**（会868Ⅲ・869・871）**を得て辞任**することができる（会711Ⅲ。なお会714Ⅰ②参照）。この場合には，社債発行会社は，社債権者集会の同意または裁判所の許可を得て，事務承継社債管理者を定め，社債権者のために，社債の管理を行うことを委託しなければならならない（会714Ⅰ②）。(γ) 社債管理者は，**社債管理委託契約に定めた事由**（会施規162⑤ [Ⅳ-1-2-21] 参照）**が生じた**場合**においても辞任**することができる。ただし，辞任により社債管理者が不在となる事態が生じることは適当でないので，当該契約において事務を承継する社債管理者に関する定めがない場合には，辞任できない（会711Ⅱ）。

社債管理委託契約に定めた事由により辞任した社債管理者も，辞任によって責任を免れることを許すべきではないので，**利益相反行為に基づく責任**（会710Ⅱ）[Ⅳ-1-3-25] **を負う**（会712）。

Ⅳ-1-3-28　**(イ) 解 任**　社債管理者は社債権者保護の制度であるから，社債管理者がその義務に違反したとき，その事務処理に不適任であるときその他**正当な理由**があるとき，**裁判所は，社債発行会社または社債権者集会の申立てにより**，当該社債管理者を**解任**することができる（会713。なお，担信51参照）。

Ⅳ-1-3-29　**(ウ) 事務承継者の選任**　(a) 社債管理者が，**資格者**（会703 [Ⅳ-1-3-7]）でなくなったとき，やむをえない事由により裁判所の許可を得て辞任したとき，もしくは裁判所により解任されたとき，または解散した場合において，他に社債管理者がないときは，社債発行会社は，事務を承継すべき社債管理者を定め，社債権者のために，社債の管理を行うことを委託しなければならず，この場合には，社債権者集会の同意を得るため，遅滞なく社債権者集会を招集し，もし社債権者集会の同意を得ることができなかったときは，その同意に代わる**裁判所の許可の申立て**をしなければならない（会714Ⅰ）。(β) 上記の資格の喪失，辞任もしくは解任または解散の場合において，**社債管理者がなくなった後2カ月以内**に，社債発行会社が上記規定に違反して**社債権者集会を招集せず**，または裁判所の許可の申立しないときには，社債の総額につき**期限の利益を喪失する**（会714Ⅱ）。この規定は，社債管理者の設置が強制される場合だけでなく，任意に設置した場合にも適用されると解される（前田庸660頁）。(γ) やむをえない**事由**があるときには，**利害関係人**は，事務を承継する社債管理者の**選任の申立てを裁判所に**することができる（会714Ⅲ）。(δ) (a)により事務を承継する社債管理者が定められ（社債権者集会の同意を得た場合を除く）または(γ)により選任された場合には，社債発行会社は，遅滞なく，その旨を**公告**し，かつ知れている社債権者には，各別にこれを**通知**しなければならない（会714Ⅳ。なお会976②参照。担保付社債の場合には，信託事務の承継に関する事務は，内閣総理大臣の監督に属する。担信57

Ⅰ).

3 社債権者集会

IV-1-3-30 **(1) 意 義** 社債権者集会（仏 assemblée générale des obligataires：独 Gläubigerversammlung：伊 assemblea degli obbligazionisti：西 asamblea general de obligacionistas）とは，会社法（担信法）に規定する事項および社債権者の利害に関する事項について同種類の社債権者の総意を決定するために（会715），同種類の社債権者によって組織される会社外に存在する臨時の会議体である（会716．なお整備法103Ⅶ参照）．すべての種類の社債権者全体により構成される社債権者集会というものはない．「社債の種類」とは，会社法676条3号から8号までに掲げる事項その他の社債の内容を特定するものとして法務省令で定める事項をいう[26]（会681①．*IV-1-4-10*参照）．したがって，社債の発行時期のいかんにかかわらず，社債の内容が同一であれば，社債の種類は同一である．社債権者集会は，社債の種類ごとに構成される（会715）．既発行の社債と同一の種類の社債を新たに発行することは可能であり，また，**社債の銘柄統合**（既発行であって種類の異なる社債を，社債権者集会の決議等に基づき変更して，種類を同一とすること）を行うことができる．一部の社債権者が反対するとリストラクチャリングができなくなるので，多数決で反対者をも拘束し，これを避けようとしたのが社債権者集会である（藤田友敬「社債権者集会と多数決による社債の内容の変更」『鴻先生古稀記念現代企業立法の軌跡と展望』［商事法務研究会1995］221頁）．

IV-1-3-32 **(2) 招 集** 社債権者集会は，必要がある場合には，いつでも，招集することができる（会717Ⅰ）．

招集権者は，① **社債発行会社**または② **社債管理者**（担保付社債の場合には受託者）であるが（会717Ⅱ，担信31），③ **ある種類の社債の総額**（償還済みの額を除く．また社債発行会社が有する自己の当該種類の社債の金額の合計額は，社債の総額に算入しない．会718Ⅱ）**の10分の1以上を有する社債権者**は，社債発行会社または社債管理者に対し，社債権者集会の目的である事項および招集の理由を示して招集を請求したが，請求の後遅滞なく招集の手続が行われないか，請求があった日から8週間以内の日を社債権者集会の日とする社債権者集会の招集通知が発せられない場合には，**裁判所の許可を得て，自ら招集**することができる（会718ⅠⅢ．なお振替法86Ⅰ参照）．

IV-1-3-31 [26] **社債の内容を特定する事項** これは，会社法676条3号から8号までの事項に加えて，① 他の会社と合同して募集社債を発行するときは，その旨および各会社の負担部分，② 社債管理者を定めたときは，その名称および住所ならびに社債管理委託契約の内容，③ 社債原簿管理人を定めたときは，その氏名または名称および住所，④ 社債が担保付社債であるときは，委託者・受託会社・発行会社の氏名・名称，受託会社が社債権者集会の決議によらず社債の全部についてする訴訟行為または法的倒産手続に属する行為をすることができること，担保の種類等および⑤ 社債が信託社債であるときは，当該社債についての信託を特定するために必要な事項である（会施規165）．

無記名社債（無記名式の社債券が発行されている社債．会681④）の大半は金融商品取引業者の保護預かりなので，供託の制度は実務上の負担が大きいことから（解説179頁．神田299頁注5は，無記名社債の社債券の供託が少数の場合，定足数に算入しないで行われた社債権者集会決議を認可してよいかという問題があったから，と説く），同制度は廃止された結果（平成17年改正前商320Ⅵ・Ⅶ対照），請求または招集をしようとする無記名社債の社債権者は，その社債券を社債発行会社または社債管理者に「提示」することで足りる（会718Ⅳ）．

　招集者は，社債権者集会を招集する場合には，① 社債権者集会の日時および場所，② 社債権者集会の目的である事項，③ 社債権者集会に出席しない社債権者が電磁的方法によって議決権を行使することができることとするときは，その旨（なお会722ⅠⅡ参照），④ その他法務省令で定める事項[27]を定めなければばらない（会719）．社債権者集会は，②に掲げる事項以外の事項については，決議をすることができない（会724Ⅲ）．

　社債権者集会を招集するには，招集者は，**社債権者集会の日の２週間前までに，知れている社債権者**のみならず，**社債発行会社・社債管理者に対しても**，書面によりその通知を発しなければならない（会720Ⅰ．なお会729Ⅰ参照）．招集にあたっては，知れている社債権者に対しては，法務省令で定めるところにより，**社債権者集会参考書類**[28]および**議決権行使書面**[29]を交付しなければならない（会721Ⅰ．なお会298Ⅰ

1-3-33　[27]　**社債権者集会の招集の決定事項**　法務省令は，① 社債権者集会参考書類に記載すべき事項，② 書面による議決権行使期限（招集通知を発出後２週間を経過した日から社債権者集会の開始時までの間に限る），③ 電子投票を認めるときには，(i) 電磁的方法による議決権行使期限（社債権者集会の日時以前の時であって，招集通知を発した時から２週間を経過した日以後の時に限る），(ⅱ) 電磁的方法による通知の発出の承諾をした社債権者に対してその社債権者の請求があった時に議決権行使書面の交付（交付に代えて行う電磁的方法による提供を含む）をしなければならないこととするときは，その旨，(ⅲ) １の社債権者が書面投票と電子投票を行い，行使の内容が異なるときのその社債権者の議決権の行使の取扱いに関する事項を定めたときは，その事項，(ⅳ) 議決権行使書面に賛否・棄権の記載のない議決権行使書面が提出された場合の意思の表示の取扱いの内容を決定事項としている（会施規172）．

1-3-34　[28]　**社債権者集会参考書類**　これには，① 議案および提案理由，② 議案が代表社債権者の選任に関する議案であるときは，候補者の氏名・名称，候補者の略歴・沿革，③ 候補者が社債発行会社・社債管理者と特別利害関係があるときは，その事実の概要を記載しなければならず（会施規173Ⅰ），そのほか社債権者の議決権の行使について参考となると認める事項を記載することができる（会施規173Ⅱ）．同一社債権者集会に関し他の書面または電磁的方法により提供されているときには，社債権者集会参考書類に記載することを要しない（会施規173Ⅲ）．社債権者集会参考書類に記載されている事項は，招集通知の内容とすることを要しない（会施規173Ⅳ）．

1-3-35　[29]　**議決権行使書面**　これに記載すべき事項は，① 各議案についての賛否（棄権の欄を設ける場合には，棄権を含む）を記載する欄，② １の社債権者が書面投票と電子投票を行い，行使の内容が異なるときのその社債権者の議決権の行使の取扱いに関する事項を定めたときは，その事項，③ 議決権行使書面に賛否・棄権の記載のない議決権行使書面が提出された場合の意思の表示の取扱いを定めたときはその内容，④ 議決権行使期限，⑤ 議決権を行使すべき社

③・301対比)。

　招集者は，書面の発出に代えて，政令(会令2Ⅰ④)で定めるところにより，通知を受けるべき者の承諾を得て，**電磁的方法により通知を発することができる**(会720ⅡⅢ。なお685Ⅴ参照)。この場合には，社債権者集会参考書類および議決権行使書面の交付に代えて，これらの書類に記載すべき事項を電磁的方法により提供することができる。ただし，社債権者の請求があったときは，これらの書類を当該社債権者に交付しなければならない(会721Ⅱ)。

　社債発行会社が**無記名式債券を発行している場合には，社債権者集会の日の3週間前までに，社債権者集会を招集する旨および会社法719条各号に掲げる事項を公告しなければならない**(会720Ⅳ)。公告は，社債発行会社における公告の方法によりしなければならない。ただし，**招集者が社債発行会社以外の者である場合においては，その方法が電子公告であるときは**，その公告は，**官報に掲載する方法**でしなければならない(会720Ⅴ)。公告をした場合，社債権者集会の日の1週間前までに，無記名社債の社債権者の**請求**があったときは，直ちに，社債権者集会参考書類および議決権行使書面を当該社債権者に交付しなければならない(会721Ⅲ)。招集者は，社債権者集会参考書類および議決権行使書面の交付に代えて，政令で定めるところにより，社債権者の承諾を得て，これらの書類に記載すべき事項を電磁的方法により提供することができる(会721Ⅳ)。

　招集者が，社債権者集会に出席しない社債権者が電磁的方法によって議決権を行使することができる旨を定めた場合(会719③)には，① 電磁的方法による通知の受領を承諾した社債権者(会720Ⅱ参照)に対する通知に際し，法務省令(会施規174Ⅰ)で定めるところにより，社債権者に対し，議決権行使書面に記載すべき事項を当該電磁的方法により提供しなければならない(会722Ⅰ)。② 電磁的方法による通知の受領を承諾していない社債権者から社債権者集会の日の1週間前までに議決権行使書面に記載すべき事項の**電磁的方法による提供の請求**があったときは，法務省令(会施規174Ⅰ)で定めるところにより，直ちに，当該社債権者に対し，当該事項を電磁的方法により提供しなければならない(会722Ⅱ)。

　無記名社債の供託の制度(改正前商321ⅡⅢ対照)は上述のように廃止された(Ⅳ-1-3-32)ので，議決権を行使しようとする**無記名社債の社債権者は，社債権者集会の日の1週間前までに，その社債券を招集者に「提示」するだけで足りる**(会723Ⅲ。なお振替法86Ⅱ)。

　社債権者集会に関する費用は発行会社の負担とする(会742Ⅰ。なお会742Ⅱ

債権者の氏名・名称および行使することができる議決権の数である(会施規173Ⅰ)。②から④までの事項が招集通知に記載されているときには，議決権行使書面に記載することを要しない(会施規173Ⅲ)。議決権行使書面に記載されている事項は，招集通知の内容とすることを要しない(会施規174Ⅳ)。

第3章 社債の管理 **701**

1-3-36 **(3) 権　限**　社債権者集会は，**会社法に規定する事項**（［IV-1-3-43］［IV-1-3-44］参照）**および社債権者の利害に関する事項**（元利金の支払いの猶予，利率の引下げ等）に限り決議することができる（会716）．法定決議事項以外の事項を決議する場合における裁判所の許可の制度（平成17年改正前商319）は廃止され，認可制度（会732〜734［IV-1-3-48］）に一元化されている．認可の他に許可を要求するのは過剰規制であるからである．

1-3-37 **(4) 議　決　権**　社債権者は，社債権者集会において，**その有する当該種類の未償還社債の合計金額に応じて，議決権**を有する（会723 I．なお会更190参照）．議決権の代理行使(30)（会725 I，会令 1 I ⑫．会310対比）・議決権の不統一行使(31)（会728 I．会313対比）も可能である．社債発行会社の有する**自己社債の議決権は休止する**（会723 II．会308 II対比）．社債権者集会に出席しない社債権者は，書面によって議決権を行使すること(32)も（会726 I．会311対比），電磁的方法により議決権を行使することもできる(33)（会719③・722・727 I，会令 1 I ⑬．会312対比．会施規176）．

1-3-42 **(5) 議事・決議**　**(ア) 議　事**　社債発行会社または社債管理者（担保付社債の場合には受託会社）は，その代表者もしくは代理人を社債権者集会に出席させ，または書面により**意見を述べる**ことができる．ただし，社債管理者にあっては，特別代理人（会707）の選任のために招集された集会であるときは，この限りでない（会729 I，担信31）．社債権者集会またはその招集権者は，必要があると認めるときは，社債発行会社に対し，その代表者または代理人の出席を求めることができる．この場合に

1-3-38 (30) **議決権の代理行使**　代理権の授与は，社債権者集会ごとにしなければならない（会725 II）．社債権者または代理人は，委任状を招集者に提出しなければならない（会725 I）．代理人は社債権者である必要はないと解する．社債権者または代理人は，委任状に代えて，政令で定めるところにより，招集者の承諾を得て，委任状に記載すべき事項を電磁的方法により提供することができる（会725 III）．社債権者集会の電磁的方法による通知の発出を承諾した者には，招集者は，正当な理由がなければ，承諾を拒むことができない（会725 IV）．

1-3-39 (31) **議決権の不統一行使**　社債権者は，社債権者集会の日の 3 日前までに，招集者に対して議決権を不統一行使する旨およびその理由を通知しなければならない（会728 I）．招集者は，社債権者が他人のために社債を有する者でないときは，不統一行使を拒むことができる（会728 II）．

1-3-40 (32) **書面投票制度**　書面による議決権行使は，議決権行使書面に必要な事項を記載し，書面による議決権行使期限（会施規175）までに当該記載をした議決権行使書面を招集者に提出して行う（会726 II）．書面により行使した議決権の額は，出席した議決権者の議決権の額に算入する（会726 III）．

1-3-41 (33) **電子投票制度**　電磁的方法による議決権の行使は，政令で定めるところにより，**招集者の承諾を得て**，電磁的方法による**議決権行使期限**（会施規176）までに議決権行使書面に記載すべき事項を，**電磁的方法により**その招集者に提供して行う（会727 I，会令 1 I ⑬，会施規230）．社債権者集会の電磁的方法による通知の発出を承諾した者には，招集者は，正当な理由がなければ，承諾を拒むことができない（会727 II）．電磁的方法により行使した議決権の額は，出席した議決権者の議決権の額に算入する（会727 III）．

おいて，社債権者集会にあっては，これをする旨の決議を経なければならない（会729Ⅱ）．

延期または続行を決議した場合には，**招集の決定および招集の通知は不要**である（会730．会317対比）．株式と同様に，贈収賄罪の適用もある（会社968Ⅰ①③Ⅱ）．

Ⅳ-1-3-43 **(イ) 決 議** (a) **普通決議** 議決権を行使することができる**社債権者の議決権の総額の2分の1を超える議決権を有する者の同意をもって決する**．普通決議事項は（会724Ⅰ），① 特別代理人の選任の申立て（会707．なお担信45参照），② 社債管理者または担保付社債の受託会社の辞任に対する同意（会711Ⅰ，担信50Ⅰ），③ 社債管理者または担保付社債の受託会社の解任の申立て（会713，担信51），④ 事務を承継すべき社債管理者の選任に対する同意（会714Ⅰ），⑤ 社債発行会社の代表者または代理人の出席請求（会729Ⅱ），⑥ 発行会社が社債の利息の支払い等を怠った場合に期限の利益を喪失させるための通知（会739ⅠⅡ），⑦ 社債権者集会の延期または続行（会730），⑧ 社債発行会社の弁済等の取消しの訴えの提起（会865Ⅲ），⑨ 社債発行会社の資本金または準備金の減少（会449・627），組織変更（会779・781Ⅱ），会社分割，合併，株式交換・株式移転（会789・793Ⅱ・799・802Ⅱ・810Ⅰ・813Ⅱ）に対する異議申立ての決定（会740Ⅰ．なお[Ⅳ-1-4-20]参照）である．**定足数の要件はない**．

Ⅳ-1-3-44 (b) **特別決議** 議決権者の議決権の総額の5分の1以上で，かつ，出席した議決権者の議決権の総額の3分の2以上の議決権を有する者の同意をもって決する特別決議事項[34]（会724Ⅱ．定足数なし）は，① **社債管理者が社債権者集会の決議なくして行うことができない行為**（会706Ⅰ[Ⅳ-1-3-13]），② **代表社債権者の選任**（会736Ⅰ），**決議執行者の選任**（会737Ⅰ但書）および代表社債権者・決議執行者の解任またはその権限の変更（会738）で社債権者集会の決議を必要とする事項，ならびに③ **担保の変更**（担信41），担保権の順位の変更，担保権もしくはその順位の譲渡・放棄（担信42）である（担信32①②）．特別決議は，社債のデフォルト（債務不履行）の際に社債権者集会の定足数を満たすことは困難であることを考慮したものである（論点647頁）．

Ⅳ-1-3-46 (6) **議 事 録** 社債権者集会の招集権者は，法務省令で定めるところにより，議事録を作成することを要する[35]（会731Ⅰ）．社債発行会社は，社債権者集会の日か

Ⅳ-1-3-45 (34) **要件の緩和** 改正前商法は，総社債権者の議決権の3分の1以上を有する社債権者が出席し，その議決権の3分の2以上の賛成としていた（平成17年改正前商324但書）．しかし，実務上この定足数を満たすことは困難であることから，定足数を廃止し，本文のように要件を緩和した．5分の1という基準は，従来の定足数の下限に，決議要件の下限（3分の2）を乗じた数（約22.2％）を参考にした．

Ⅳ-1-3-47 (35) **社債権者集会の議事録** これは，書面または電磁的記録をもって作成しなければならない（会施規177Ⅱ）．議事録には，① 開催日時および場所，② 議事の経過の要領およびその結果，③ 社債権者集会において社債発行会社・社債管理者が述べた意見があるときは，その意見の内容の概要，④ 社債権者集会に出席した社債発行会社の代表者・社債管理者の氏名・名称，⑤ 議長が存するときは，議長の氏名，⑥ 議事録の作成に係る職務を行った者の氏名・名称を内容とするものでなければならない（会施規177Ⅲ）．

ら議事録を10年間その本店に備え置かなければならない（会731Ⅱ，担信33Ⅰ・110③．なお会976⑧参照）．社債管理者（担保付社債の場合には受託会社）および社債権者は，社債発行会社の営業時間内は，いつでも，閲覧・謄写を請求する権利を有している（会731Ⅲ，担信33Ⅱ・110②．なお会施規226㉕，会976④参照）．

-1-3-48　**(7) 決議の効力**　社債権者集会の招集権者は，**決議の日より1週間以内に決議の認可を**社債発行会社の**本店所在地を管轄する地方裁判所に申立てることを要する**（会732．なお会868Ⅲ・870⑩参照）．**裁判所の認可**を要求したのは，「多数決によって生じうべき弊害に備える必要があり，しかも，社債の公衆性に鑑み，決議の成立および内容に関する瑕疵の主張についてイニシアティブを決議関係者に保留する方法をとる代りに，これを裁判所の監督に委ね，その後見的作用を期待したものである」（鴻常夫『社債法』188頁）とされている．したがって，**決議取消し・無効の訴えは法定されていない**．裁判所は，①　**社債権者集会の招集の手続またはその決議の方法が法令または社債募集の目論見書等に記載され，もしくは記録された事項に違反するとき**，②　**決議が不正な方法により成立したとき**，③　**決議が著しく不公正であるとき**，および④　**決議が社債権者の一般の利益に反するときには，決議を不認可とし**，そうでないときには決議を認可する（会733）．決議は裁判所の認可によりその効力を生じ（会734Ⅰ），欠席者・反対者も含めて当該種類の総社債権者を拘束する効力が認められる（会734Ⅱ）．決定に対し，申立人または利害関係人は即時抗告を行うことができる（会872④）．認可または不認可の決定があったときは，**社債発行会社は，遅滞なくその旨を公告することを要する**（会735．なお会976②参照）．決議の手続的瑕疵の場合には，裁判所は，裁量棄却（会831Ⅱ参照）と同様の趣旨で決議を認可できると解する（江頭740頁注6）．**決議の認可請求費用は，社債発行会社の負担であるが**，裁判所は，社債発行会社その他利害関係人の申立てによりまたは職権をもって，その全部または一部につき招集者その他利害関係人の中から別に負担者を定めることができる（会742Ⅱ）．

-1-3-49　**(8) 代表社債権者**　社債権者集会をたびたび開催することは困難であり，かつ細目の決定には適していないので，**特別決議**（会724Ⅱ②）**により，その種類の社債の総額**（償還済みの額および社債発行会社が有する自己の当該社債の金額の合計額を除く．会736Ⅱ＝718Ⅱ）**の1,000分の1以上を単独で有する社債権者の中より1人または2人以上の代表社債権者を選任し，集会において決議をする事項についての決定を委任することができる**（会736Ⅰ．なお担信34Ⅱ参照）．決定の委任は包括的でもよい（江頭739頁注5．反対弥永337頁注37）．社債権者集会は，いつでもその解任を決議し，または委任事項を変更することができる（会738）．代表社債権者が2人以上ある場合において，社債権者集会において別段の定めを行わなかったときは，代表社債権者のなす決定はその過半数をもって行う（会736Ⅲ）．代表社債権者の報酬等については会社法741条［Ⅳ-1-3-10］参照．

IV-1-3-50 (9) **決議の執行** 社債権者集会の決議が執行を必要とするとき，(α) **無担保社債の場合**には，集会の決議で執行者を定めたときはその者，それを定めないときは社債管理者，もし社債管理者がないときは社債権者集会が選任した代表社債権者が決議を執行する (会737 I)．代表社債権者または決議執行者 (**決議執行者**) が，決議を執行する場合には，社債管理者の例による (会737 II = 705 I ～III・708・709)．債権者集会は，いつでも決議執行者を解任し，またはこれらの者に委任した事項を変更することができる (会738)．決議執行者は，社債権者集会の決議に基づいて，一定の手続により，その社債の総額につき期限の利益を喪失させることができる (会739)．決議執行者の報酬等については会社法741条に規定がある．(β) **担保付社債の場合**には受託会社が執行するのが原則であるが，その性質が受託会社の執行を許さないとき (社債権者と利益が相反する行為の場合) には，決議執行者がいるときはその決議執行者，決議執行者がいない場合には，代表社債権者がいれば，代表社債権者が執行する (担信34)．

第4章　社債の流通

1　社債の譲渡および質入れ

IV-1-4-1 　社債には，社債券 (改正前商306は債券と呼んでいた) を発行しない社債と社債券を発行する社債がある (会676⑥．なお会214対比)．社債券に社債権者の氏名が記載されるか否かで，記載される**記名式社債**と，そうでない**無記名式社債** (無記名式の社債券が発行されている社債．会681④．なお会688 III・718 IV・720 IV参照) とに分けられる (会681⑥参照)．社債は債権であるから，発行の際に譲渡制限禁止の特約をすることができる (民466)．
　振替社債 [IV-1-6-5] には社債券が発行されないのが原則である[36] (振替法67)．社債発行会社は，業務執行の一環として**自己の社債を取得することができる**．社債は独自的財貨性が強いので，混同によって消滅しない (なお会723 II参照)．

IV-1-4-3 (ア) **社債券を発行する旨の定めがない社債**　(a) このような**社債の譲渡**および**質入れ**は，株式の譲渡と同様，**意思表示のみで効力が生じる**．社債原簿への記載・記録は社債発行会社その他の第三者に対する対抗要件である (譲渡につき会688 I ．なお

IV-1-4-2 　[36] **振替社債において社債券が発行される場合**　社債権者が発行者に対し社債券の発行を請求できるのは，① 当該振替社債を取り扱う振替機関が指定の取消を受けた場合または② 振替業の廃止・会社の解散により指定の効力を失った場合であって，③ 当該振替機関の振替業を承継する者が存しないとき，または，④ 当該振替社債が振替機関によって取り扱われなくなったときに限られる (振替法67 II)．この場合に発行される社債券は無記名式である (振替法67 III)．

図2　社債券・利札

（表面）

> 株式会社○○○○
> 第○回無担保社債券
> 金1,000,000円
>
> 年利率　5％　　　　償還期限　平成　年　月　日
> 社債権者　△△△△　殿　　利渡日　毎年　月　日
> 　本社債券は株式会社○○○○が平成　年　月　日開催した取締役会の決議に従い，本社債券記載の要領により直接募集し発行した社債券である。
> 　　平成　年　月　日
> 　　　○○県○○市○○－○○
> 　　　　　　　　　　　　　　株式会社　○○○○
> 　　　　　　　　　　　　　　代表取締役　○○○○

①	②	③	④	⑤
株式会社○○	株式会社○○	株式会社○○	株式会社○○	株式会社○○
金　○○円	金　○○円	金　○○円	金　○○円	金　○○円
平成　年	平成　年	平成　年	平成　年	平成　年
○月○日渡	○月○日渡	○月○日渡	○月○日渡	○月○日渡
支払印	支払印	支払印	支払印	支払印

（上段：社債券／下段：利札　※利札だけ発行する場合は，この部分だけとなる。）

（裏面）

> 社債の要項
>
> 本要項は，株式会社○○○○（以下「会社」という）が発行する第○回無担保社債（以下「本社債」という）にこれを適用する。
> 1．本社債の発行総額は，金○○○○円とする。
> 2．本社債の債券は，利付き少人数私募債とする。
> 3．本社債の金額は，金1,000,000円とする。
> 4．本社債の利率は，年5％とする。
> 5．本社債の発行金額は，額面どおりとする。
> 6．本社債の償還金額は，額面どおりとする。
> 7．本社債の転売は，一括譲渡を行う場合以外には，これを行うことはできない。
> 8．本社債券は，社債券に表示されている単位未満に分割することはできない。
> 　　　　　　　　　　　　　　　　　　　　　　　　　　　以上

出典：八木宏之『中小企業の資金調達』36頁（中央経済社2008年）

会130Ⅰ対比．質入れにつき会693Ⅰ・694Ⅱ．なお会147Ⅰ対比）。善意取得は認められない．

　(b) 社債発行会社は，① 会社の社債を取得した場合および② 自己が有する自己社債を処分した場合には，その社債の社債権者に係る記載事項を社債原簿に記載し，

または記録しなければならない（会690Ⅰ．なお，本項は，無記名社債には適用されないが［会690Ⅱ．なお会681④参照］，記名社債には適用がある．なお会132対比）．社債を社債発行会社以外の者から取得した者（その社債発行会社を除く）は，社債発行会社に対し，当該社債に係る記載事項を社債原簿に記載し，または記録することを請求することができる（会691Ⅰ．なお会133Ⅰ対比）．この請求は，利害関係人の利益を害するおそれがないものとして法務省令で定める[37]場合を除き，その取得した社債の社債権者として社債原簿に記載され，もしくは記録された者またはその相続人その他の一般承継人と共同してしなければならない（会691ⅡⅢ．なお会133Ⅱ対比）．

Ⅳ-1-4-5　(c) 社債の質入れは，その質権者の氏名または名称および住所を社債原簿に記載・記録しなければ，社債発行会社その他の第三者に対抗することができない（会693Ⅱ．なお会147Ⅱ対比）．

　　質権設定者は，社債発行会社に対し，① 質権者の氏名または名称および住所，② 質権の目的である社債を社債原簿に記載し，または記録することを請求することができる（会694ⅠⅡ）．質権者は，①および②の事項を記載し，社債発行会社の代表者が署名または記名押印をした書面の交付，または，①および②の事項を記録し，社債発行会社の代表者が法務省令で定める署名または記名押印に代わる措置をとった電磁的記録の提供を請求することができる（会695Ⅰ～Ⅲ．なお会149参照）．

　　なお，社債券を発行しない社債も，金融商品取引法上は，有価証券（社債券）である（第1項有価証券である［Ⅰ-2-6-4］．金商2Ⅱ）．

Ⅳ-1-4-6　**(イ) 社債券を発行する旨の定めがある社債**　このような社債の発行会社は，社債券の交付[38]が社債の譲渡（会687．なお会128Ⅰ本文対比）および質入れ（会692．なお会146Ⅱ対比）の**成立要件**であるので，**発行日以後「遅滞なく」**（正当な理由がない限り速やかにの意味である），当該社債に係る社債券を発行しなければならない（会696・976⑬⑭．なお会215対比）．**全額払込み前に発行されても社債券として有効である**（平成17年改正前商306Ⅰ対照）．無記名社債の社債権者は社債原簿に記載されないが（会681④・688Ⅲ），記名社債は，社債券を提示することにより単独で，社債原簿の名義書換えを請求す

Ⅳ-1-4-4　(37) **利害関係人の利益が害されるおそれがない場合**　法務省令は，このような場合として，① 社債取得者が名義書換請求の確定判決を得た場合において，その確定判決の内容を証する書面その他の資料を提供して請求をしたとき，② 社債権者が　①の確定判決と同一の効力を有するものの内容を証する書面その他の資料を提供して請求をしたとき，③ 社債取得者が一般承継を証するその他の資料を提供して請求をしたとき，④ 社債取得者が競売により取得したことを証する資料を提供して請求をしたとき，⑤ 社債券が発行されているときは社債券を呈示して請求した場合を定めている（会施規168）．

Ⅳ-1-4-7　(38) **要式証券性**　社債券には，① 社債発行会社の商号，② 当該社債券に係る社債の金額，③ 当該社債券に係る社債の種類，④ 社債券の番号を記載し，会社の代表者が署名（記名捺印）することが必要である（会697Ⅰ．なお会976⑮参照）．担保付社債（担信26・27）および新株予約権付社債（会292Ⅰ）の場合には，いくつかの記載事項がさらに加わる．記名社債であっても，社債権者の氏名・名称は社債券に記載されないので，法的性質は，無記名証券である．

ることができるので(会691Ⅰ,会施規168Ⅱ),記名社債の場合,社債原簿への記載が社債発行会社に対する譲渡の対抗要件であり,第三者に対する対抗要件は社債券の交付である(会688Ⅱ).無記名社債の場合は社債券の交付が発行会社その他の第三者に対する対抗要件でもある(会688Ⅲ).

質権は,記名社債であるか無記名社債であるかにかかわらず,当該社債券の継続的占有が,社債発行会社その他の第三者に対する対抗要件である(会693Ⅱ.なお会147Ⅱ対比).

表1　社債の譲渡・質入れ

社債券の発行形態		譲渡		質入れ	
		効力発生要件	対抗要件	効力発生要件	対抗要件
社債券を発行する旨の定めがない社債		意思表示のみ	社債原簿に記載・記録(会688Ⅰ)	意思表示のみ	社債原簿に記載・記録(会693Ⅰ)
社債券を発行する旨の定めがある社債	記名社債	意思表示＋社債券の交付(会687)	対会社:社債原簿に記載・記録(会688Ⅱ) 対第三者:社債券の交付	意思表示＋社債券の交付(会692)	対会社・対第三者:社債券の継続占有(会693Ⅱ)
	無記名社債		対会社・対第三者:社債券の交付(会688Ⅲ)		

発行会社は社債券を担保に供することはできないと解される.

社債券は,社債を表章する有価証券[39]であるので,社債券の占有者は,適法な社債権者と推定され(会689Ⅰ.なお会131Ⅰ対比),善意取得が認められる(会689Ⅱ.なお会131Ⅱ対比).**社債券を喪失した場合,公示催告手続により社債券を無効とすることができる**(会699,非訟141).また,除権決定を得た後でなければ,社債券の再発行を請求することができない(会699Ⅱ,非訟148Ⅰ).

2　社債原簿

(1)　**総説**　社債原簿は,**社債,社債券,社債権者および社債の質権者**(担保付記載[Ⅳ-4-6-1]の場合にはさらに受託者・担保付社債およびそれに付けられた担保)**に関する事項を明らかにするために,会社が社債を発行した場合に遅滞なく会社法の規定により作成することを要する帳簿であり**[40](会681,担信28.電磁的記録も可),株式における

---

[39]　**社債券の法的性質**　抽象的な債務約束であって,無因証券であるとする説(竹田省「社債発行の法律関係」『商法の理論と解釈』209頁[有斐閣1959年],石井・下75頁)もあるが,売出発行による債券は別として,社債契約上の権利を表章する,要因証券と解するのが多数説である(江頭720頁注5).既発の社債券の額面金額を変更するため,新社債券を発行する場合には,既発の社債券を回収した後でなければ,社債の総額以上の社債券が存在流通することになり,社債権者に不測の損害を被らせるおそれがあるので,無効とした判例がある(大判昭和15・10・5新聞4632号3頁).

株主名簿に相当する．

　社債原簿は，① **社債の譲渡の対抗**（会688ⅠⅡ），② **社債の質入れの対抗**（会693Ⅰ），③ **信託財産に属する社債の対抗要件**（会695の2Ⅰ）および④ **社債権者に対する通知または催告**（会685）について**意義がある**．会社が社債権者に対して行う通知または催告は，社債原簿に記載または記録した社債権者の住所（社債権者が別に通知または催告を受ける場所または連絡先を会社に通知した場合にあっては，その場所または連絡先）にあてて発すれば足りる（会685Ⅰ）．通知または催告は，その通知または催告が通常到達すべきであった時に，到達したもの（電磁的方法による通知のときには，書面の交付または当該事項の提供があったもの）とみなす（会685ⅡⅤ）．

　社債が2人以上の共有に属するときには，共有者は，通知または催告を受領する者1人を定め，会社に対し，その者の氏名または名称を通知しなければならない．この場合には，その者が社債権者とみなされる（会685Ⅲ）．この通知がない場合には，会社は，共有者の1人に対して通知または催告すれば足りる（会685Ⅳ）．

　会社は，**社債原簿管理人を定め**，社債原簿の作成および備置きその他の社債原簿に関する事務を行うことを**委託することができる**（会683．会施規165⑨）．社債の種類ごとに設置・不設置を機動的に決定する方が望ましいので，平成17年改正前商法と異なり，社債原簿管理人を定款で定める必要はない（改正前商307Ⅱ対照）．また，新株予約権の場合と異なり，株主名簿管理人（会社123・251参照）と一致させる必要はない．

　社債権者（無記名社債の社債権者を除く）は，社債発行会社が社債券を発行する旨（会676⑥）を定めていないときには，当該社債権者についての社債原簿に記載され，も

Ⅳ-1-4-10　（40）**社債原簿の記載事項**　① 社債の種類（[Ⅳ-1-3-31]，(i) 社債の利率，(ii) 社債の償還の方法および期限，(iii) 利息支払の方法および期限，(iv) 社債券を発行するときは，その旨，(v) 社債権者が，記名式と無記名式との間の転換の請求の全部または一部をすることができないとするときは，その旨，(vi) 社債管理者が社債権者集会の決議によらず当該社債の全部について訴訟行為または破産手続，再生手続，更生手続若しくは特別清算手続をすることができることとするときは，その旨，(vii) 他の会社と合同して募集社債を発行するときは，その旨および各会社の負担部分，(viii) 社債管理者を定めたときは，その名称・住所および社債管理委託契約の内容，(ix) 社債原簿管理人を定めたときは，その氏名・名称および住所，(x) 社債が担保付社債であるときは，担保付社債信託法19条1項1号・11号および13号に掲げる事項．会施規165），② 種類ごとの社債の総額および各社債の金額，③ 各社債と引換えに払い込まれた金銭の額および払込みの日，④ 記名社債権者の氏名または名称および住所，⑤ 記名社債権者が各社債を取得した日，⑥ 社債券を発行したときは，社債券の番号，発行の日，社債券が記名式か，または無記名式かの別および無記名式の社債券の数，⑦ 法務省令で定める事項（(i) 募集社債と引換えにする金銭の払込みに代えて金銭以外の財産の給付があったときは，その財産の価額および給付の日，(ii) 社債権者が募集社債と引換えにする金銭の払込みをする債務と会社に対する債権とを相殺したときは，その債権の額および相殺をした日．会施規166）が社債原簿の記載事項である（会681．なお会976⑦参照）．担保付社債に係る社債原簿の記載事項については担信28参照．

しくは記録された社債原簿記載事項を記載した書面の交付または当該社債原簿記載事項を記録した電磁的記録の提供を請求することができる(会682ⅠⅣ)．その書面には，社債発行会社の代表者が署名し，または記名押印しなければならず(会682Ⅱ)，当該電磁的記録には，社債発行会社の代表者が法務省令で定める署名または記名押印に代わる措置をとらなければならない(会682Ⅲ)．

-1-4-11 (2) **備置き・閲覧等** (ｱ) 会社は社債原簿をその**本店**(社債原簿管理人がある場合にはその営業所)に**備え置か**なければならない(会684Ⅰ．なお会976⑧，担信30参照)．

(ｲ) **社債権者その他の社債発行会社の債権者および社債発行会社の株主および社員**(会施規167)は，社債発行会社の営業時間内は，いつでも閲覧・謄写を請求することができる(会684Ⅱ)．社債発行会社は，① 請求者がその権利の確保または行使に関する調査以外の目的で請求を行ったとき，② 社債原簿の閲覧または謄写によって知り得た事実を利益を得て第三者に通報するため請求を行ったとき，または ③ 過去２年以内において，社債原簿の閲覧または謄写によって知り得た事実を利益を得て第三者に通報したことがあるものであるときに該当しなければ，請求を拒むことができない(会684Ⅲ．なお会976④参照)．株主名簿の場合と同様，いわゆる名簿屋などの存在が考えられるので，社債権者のプライバシーの保護がはかられている(会125Ⅲ[Ⅱ-2-5-62]対比．会125Ⅲ②③に相当する規定がない)．

社債発行会社が株式会社である場合には，**社債発行会社の親会社社員**は，その権利を行使するため必要があるときは，裁判所の許可を得て，社債原簿の閲覧・謄写を請求することができる(会684Ⅳ．なお会976④参照)．この場合には，請求の理由を明らかにして請求しなければならない．上記①ないし③のいずれかに該当するときには，裁判所は許可をすることができない(会684Ⅴ)．

第５章　社債の償還と利払い

1　償還および利息の支払の時期とその方法等

-1-5-1 償還(社債の元本の返済)および利息の支払いの時期は，募集社債の申込みをしようとする者へ通知され(会242Ⅰ・677Ⅰ①，担信24Ⅰ)，また，社債原簿(会681①)および信託証書(担保付社債の場合．担信19Ⅰ)に示されるので，社債発行会社はその定めに従って償還・利払いを行う．社債発行後一定期間据え置き，据置期間経過後定期的に一定額以上を抽選償還し(償還対象の債券番号を抽選により定める)，定められた最終期限までに社債全部の償還を完了する旨の定め**(定時償還)**や，一定期間据え置き後，金融商品取引所における自社株の終値が，新株予約権付社債の権利行使価額より高い状態が続いた場合などに，残存社債の全部または一部を繰上償還するとの定め**(コールオプション条項)(任意繰上償還)**などがある．社債契約により会社は償還の準備

として社債償還準備金(減債基金)を積み立てる場合もある．据置期間中は，社債権者の意思に反して償還をなしえないが(民136Ⅱ但書)，償還期限までの利息を付ければ支払いをなしうると解する(民136Ⅱ本文)．会社が社債を任意に取得してそれを消滅させれば，同一の効果を得ることができる(会690ⅠⅡ，買入償還)．

社債管理者は，普通，社債管理委託契約に基づき**発行会社から利息の支払いまたは償還を受ける**(会705Ⅰ，担信35)．**社債券を発行する旨の定めがあるときは，社債権者は，社債券または利札を社債管理者に呈示し，償還または利息の支払いを受ける**(会705Ⅱ)．

社債管理者に対する支払請求権の時効は10年である(会705Ⅲ)．**社債発行会社に対する社債の償還請求権の消滅時効は10年であり**(会701Ⅰ．ただし長銀12．15年)，**利息支払請求権の消滅時効は5年である**(会701Ⅱ)．商事債権の消滅時効期間(商522)より長いのは，社債の公衆性・継続性を考慮したためとされている(江頭734頁)．

2 利払い

Ⅳ-1-5-2 社債券が発行されていない社債の利息は，社債原簿に記載された住所(営業所)において支払われる(持参債務．商516Ⅰ．なお会681④参照)．社債券が発行されている社債の償還の場合には社債券，利息の支払の場合には利札と引換えに支払いが行われる(引換証券性．会705Ⅱ・700Ⅱ．取立債務．商516Ⅱ)．利札は債券から切り離され，独自に流通するので，無記名社債を期限前に償還(繰上償還)する場合に，支払期未到来の利札が欠缺しているときには，これに相当する金額を償還額から控除して支払い(会700Ⅰ)，利札の所持人は，発行会社にその利札と引換えにその利札に表示された利息の金額を請求することができる(会700Ⅱ)．もっとも，変動利付社債の場合には，将来の利息金額は未確定なので，実務上，期限前償還をする場合には，将来分の利札は無効にする旨当初より定められている．

3 支払いの懈怠

Ⅳ-1-5-3 会社が利息の支払いを怠ったとき，または定期的に社債の一部を償還しなければならない場合においてその償還を怠ったときは，社債契約で，発行会社は直ちに社債総額につき**期限の利益を失う**旨が定められているのが普通である．会社法は，社債権者集会の決議に基づき，会社に対し，**2カ月を下らない一定の期間内にその弁済をしなければならない旨**と，その期間内に弁済をしないときは，当該社債の総額について期限の利益を喪失する旨を書面によって通知する(または，政令[会令１Ⅰ⑭]で定めるところにより，社債発行会社の承諾を得て，書面の代わりに，書面に記載すべき情報を電磁的方法により提供する)ことができ(会739ⅠⅡ)，会社がその期間内に弁済をしないときは，社債の総額について期限の利益を失う旨を定めている(会739Ⅲ)．これは任意規定である(江頭732頁注2)．

第6章　特殊な社債

1　担保付社債

-1-6-1　(1)　**意　義**　担保付社債（mortgaged bond）とは，社債の担保のために物上担保[41]が付けられた社債である．普通社債のほかに，新株予約権付社債も，担保付社債とすることができる（担信24Ⅱ参照）．社債は大量に発行され，転々譲渡されるので，個々の社債ごとの担保権の設定・移転は事実上困難であるので，信託（他益信託）の法理を利用し，**起債会社（委託者）**が**信託会社（受託者）**と**信託証書**[42]によ

-1-6-2　[41]　**物上担保の限定列挙の廃止**　改正前担信法は，社債に付することのできる物上担保の種類を動産質，証書ある債権質，株式質，不動産抵当等に限定していたが（改正前担信4），改正担信法は，物上担保の種類を限定してない．

-1-6-3　[42]　**受託会社**　(α)　受託会社は，**内閣総理大臣の免許を受けることが必要である**が（担信1・3．なお68Ⅰ①参照．），日本には担信法の免許を受けた専業会社は存在していない．信託兼業の認可（金融機関の信託業務の兼業等に関する法律1Ⅰ）を受けた金融機関（社債の管理の受託業務および担保権に関する信託業務を営むものに限る）または信託業の免許を受けた会社（信託業法3・53Ⅰ）は投法の免許を受けたものとみなされる（担信4）．受託会社の最低資本金は1000万円である（担信6）．受託会社は合名会社・合資会社であるときには，出資の払込金額が500万円に達するまで，担保付社債に関する信託事業に着手してはならない（担信7．なお担信70⑨参照）．金融商品取引業者は受託会社となることができない（金商36の4Ⅰ）．

(β)　受託会社は，担保付社債の管理に関しては，担信法に特別の定めがある場合を除き，社債管理者と同一の権限を有し，義務を負う（担信35）．受託会社は，信託の本旨に従い，信託事務を処理しなければならず（信託29Ⅰ），信託事務を処理するに当たっては，善良なる管理者の注意をもって，これをしなければならない（信託29Ⅱ）．信託会社は，受益者のために忠実に信託事務の処理その他の行為をしなければならず（信託30），受益者が2人以上ある信託においては，**受益者のために公平にその職務を行わなければならない**（信託33）．担保付社債が期限が到来しても弁済されず，または発行会社が担保付社債の弁済を完了せずに解散したときは，受託会社は，遅滞なく，担保付社債に係る**担保権の実行その他の必要な措置**をとらなければならない（担信43Ⅰ．改正前には担保権の実行に裁量権は認められていなかった〔岡光民雄『逐条新担保附社債信託法』498頁〕）．受託会社は，総社債権者のために，当該受託会社に付与された執行力のある債務名義の正本に基づき担保物について強制執行をし，**担保権の実行**の申立てをし，または企業担保権の実行の申立てをすることができる（担信43Ⅱ）．受託会社は，社債権者のために弁済を受けた場合には，遅滞なく，**その受領した財産**（当該財産の換価をした場合におけるその換価代金を含む）を，**債権額に応じて各社債権者に交付しなければならない**（担信44Ⅰ）．

(γ)　委託会社，代表社債権者または**担保付社債の総額**（償還済みの額を除く）**の10分の1以上に当たる担保付社債を有する社債権者**は，いつでも，受託会社における担保物の保管の状況を**検査することができる**（担信49Ⅰ．なお担信70⑯参照）．

(δ)　委託者，発行会社および社債権者集会は，いつでも，その合意により**受託会社を解任**することができる（信託58Ⅰ・担信51）．受託会社がその任務に違反したとき，信託事務の処理もしくは担保付社債の管理に不適任であるときその他重要な事由があるときは，**裁判所**は，委託者，発行者または社債権者集会の申立てにより，受託会社を解任できる（信託58Ⅳ・担信51）．

り信託契約を締結し(担信2Ⅰ・18), 受託会社が総社債権者(受益者)のために, 物上担保権を取得し(担信6Ⅰ), それを総社債権者のために保存し, かつ実行する義務を負い(担信36・37Ⅱ), 総社債権者はその債権額に応じて平等に担保の利益を享受しうる(担信37Ⅰ)ようにした社債である. 担保権は社債の発行前に設置することができる(担信38. 附従性の緩和). 同一担保につき社債を1回発行する閉鎖担保の方法で発行することもできるが, 同一の物上担保につき同一順位の担保権を有する1個の社債(または新株予約権付社債)を数回に分けて発行する方法(分割発行. open mortgage. 担信21・23・25・26②・62・63)が圧倒的に利用されている(この場合の最終回の発行は, 信託証書の作成の日から5年以内に行われることが必要である. 担信22).

信託契約は, 信託証書でしなければ, その効力を生じない(担信18Ⅰ). 受託会社は, 信託契約を締結すると, 遅滞なく, ① 信託証書, ② 担保の種類および価格を記載した書面, ③ 社債募集の事由を記載した書面および④ 発行会社の営業状態を知るに足りる書面を添付して, その旨を金融庁長官または財務局長もしくは財務支局長(以下金融庁長官等という)に届け出なければならない(担信法施行細則9). 委託者および受託会社は, 信託証書の作成の日から信託事務の終了の日までの間, **信託証書**をそれぞれ委託者の住所地(委託者が法人である場合にあっては, その本店または主たる事務所)および受託会社の**本店に備え置**かなければならない(担信20Ⅰ). 社債権者もしくは担保付社債を引き受けようとする者または委託者の債権者もしくは委託者が法人である場合にあってはその株主もしくは社員は, 委託者の定めた時間(委託者が法人である場合にあっては, その営業時間または事業時間)内または受託会社の営業時間内は, いつでも信託証書の閲覧, 謄本または抄本の交付の請求等をすることができる(担信20Ⅱ).

抵当権等の設定登記における被担保債権の表示は, 担保付社債の総額を記録すれば足りるが(担信62Ⅰ), 担保付社債の総額を数回に分けて発行するときは, 担保付社債の総額, 担保付社債の総額を数回に分けて発行する旨および担保付社債の利率の最高限度のみが被担保債権に係る登記事項である(担保62Ⅱ). この場合には発行の完了した日から2週間以内にその回の担保付社債の金額の合計額および利率を登記しなければならない(担信63Ⅰ). 不動産登記法における信託に関する登記の規定は, 担保付社債に係る登記には適用しない(担信64).

Ⅳ-1-6-4　**(2) 内　容**　① 担保付社債では, 受託会社が担保付社債の管理に関しては, 担信法に特別の定めがある場合を除き, 社債管理者と同一の権限を有するので(担信35), 無担保社債と異なり, 社債管理者を設置する必要はない(担信2Ⅲ). ② **受託会社の代表者は, 担保付債券が信託契約の条項に適合するものであるときは,** その

(ε) 受託会社は委託者または発行会社に対し当然報酬請求権を有するが(担信47Ⅰ. 会741Ⅰ対照), この請求権は, 社債管理者のそれと異なり, 社債権者の委託会社に対する弁済等請求権に優先しない(担信47Ⅲ. 会741Ⅲ対照), とされており, 無担保社債と異なっている.

旨を当該担保付社債券に**記載**し，これに署名し，または記名押印しなければならない（担信27Ⅰ．これを欠く債券は無効である．担信27Ⅱ）．③ 受託会社は担保権者として社債と担保の内容および社債権者を掌握する必要上，**委託会社は受託会社に社債原簿の写しを交付することを要し**（担信29．なお担信70⑬参照），受託会社はこれを本店に備え置き，社債権者の閲覧と謄写に応じなければならない（担信30ⅠⅡ．なお担信70②参照）．④ 受託会社は担保権者であることから，**社債権者集会の招集権者**の１人とされ（担信31．会717Ⅱ・718Ⅰ・720Ⅰ・729Ⅰ・731Ⅲ），受託会社は，社債権者集会の招集があったときは，遅滞なく，金融庁長官等に届け出なければならない（担信施細15Ⅰ）．受託会社は，社債権者集会の日から10年間，**議事録の「写し」**をその本店に備え置かなければならない（担信33Ⅰ）．⑤ **社債権者集会の決議の執行権**は原則として**受託会社に属する**（担信34．会737の適用排除）．⑥ 社債権者集会の決議または社債権者集会の決議により選任した代表社債権者の決定を執行したときは，金融庁長官等に届け出なければならない（担信施細15Ⅱ）．⑦ 受託者が総社債権者のためにする信託事務の処理および担保付社債の管理を怠っているときまたは，**社債権者と受託会社との利益相反する場合**において，**総社債権者のために裁判上または裁判外の行為をなす必要があるとき**（会707参照）には，**債権者集会の申立てにより，裁判所が特別代理人を選任する**（担信45Ⅰ．会707 [Ⅳ-1-3-42] 参照）．

⑧ 受託会社，委託会社および受益者の合意（社債権者集会の決議）により，担保付社債に係る担保の変更，担保権の順位の変更，担保権もしくはその順位の譲渡もしくは放棄を行うことができるが（担信41ⅠⅡ・42），**担保の変更後における担保の価額が未償還の担保付社債の元利金を担保するに足りるときは，受託者と委託者の合意だけですることができる**（担信41Ⅲ）．後者の場合，受託会社は，遅滞なく，その旨を**公告**し，かつ，知れている社債権者には，各別にその旨を**通知**しなければならない（担信41Ⅳ）．

2　振替社債

-1-6-5 **(1) 意義**　振替社債とは，① **短期社債** [Ⅱ-3-1-2] または② **社債発行決議**において社債の全部について振替法の適用を受けることを決めた社債であって，**振替機関が取り扱う社債である**[43]．①には当然振替法が適用されるが，②は，振替法の

-1-6-6 　(43)　**沿革**　債券を交付せずに社債を譲渡・質入れ・信託する方法として，長い間，社債等登録法（昭和17法11）に基づく社債登録制度が利用されてきたが，この制度は，第二次大戦中における資金の蓄積，金融機関の資金の合理的運用等に資することを目的とした制度であったため，種々の問題点が指摘されていた（高橋康文『逐条解説短期社債等振替法』43頁［金融財政事情研究会，2002年］参照）．そこで平成13年に「短期社債等の振替に関する法律」（平成13法75）が制定された．「証券決済制度等の改革による証券市場の整備のための関係法律の整備等に関する法律」（平成14法律65号．証券市場整備法）は，同法を改正し，「社債等の振替に関する法律」とするとともに（高橋康文＝長崎幸一郎＝馬場直史『逐条解説社債等振替法』［金融財政

適用の決議がなければ普通の社債である．振替社債についての**権利**(差押えを受けることなく弁済期が到来した利息の請求権を除く．振替法66本文括弧書．その請求権については，元本債権とは別に指名債権の帰属ルールに従うこととされている．高橋・尾崎『逐条解説新社債，株式等振替法』140頁以下参照)**の帰属は，振替口座簿の記載または記録によって行われる**(振替法66Ⅰ)．振替社債には原則として**社債券を発行することができない**が(振替法67Ⅰ)，振替機関が，指定の取消しまたは指定の失効により振替業を継続できず，かつ，事業譲渡等が行われない等のため当該振替業を承継する者が存在しない場合，または，業務規程に従い振替機関がある銘柄の振替社債の取扱いを止めた場合には，振替社債の社債権者は，発行者に対し，社債券(無記名式)の発行を請求することができる(振替法67Ⅱ)．

なお振替社債等に対する強制執行については民事執行規則150条の6から150条の11(末富純子「社債株式等振替法の諸問題」989頁以下)を参照されたい．

Ⅳ-1-6-7　**(2)　短期社債の特則　(a)　会社法の特例**　「短期社債」(振替法66①[Ⅱ-3-1-2])には，① 新株予約権を付することができず(振替法83Ⅰ)，短期社債は短時間の内に発行と償還を繰り返すことなどから，② 社債原簿の作成は免除され(振替法83Ⅱ)，③ 社債権者集会に関する規定も適用されない(振替法83Ⅲ)．

(b)　通知の特則　短期社債については，振替社債の発行者は，その申込みをしようとする者に対する振替社債についての通知(会677)において，この振替社債について**振替法の規定の適用がある旨を示す必要がない**(振替法84Ⅰ但書)．

Ⅳ-1-6-8　**(3)　振替社債の新規記録手続**　(α) 振替社債の発行者は，短期社債を除き，その申込みをしようとする者に対する通知において，当該振替社債には振替法の適用がある旨を示し(振替法84Ⅰ)また，その社債原簿には振替法の適用がある旨を記載・記録する(振替法84Ⅱ)．(β) 振替社債の引受けの申込者は，自分の口座を申込書面に記載し，または総額引受契約の締結の際にその口座を振替社債の発行者に示す(振替法84Ⅲ)．(γ) 振替社債の発行者は，発行後遅滞なく，振替機関に対し通知を行う(振替法69Ⅰ)．振替機関が払込みを行った加入者(例えばA)の口座を開設している場合には，加入者Aの保有欄に払込みをした金額の増額の記載または記録を行う(振替法69Ⅱ①)．振替機関に払込みをした加入者(例えばB)の口座がない場合には，振替機関はその備える振替口座簿に直近下位機関である甲口座管理機関の顧客口座に払

情研究会2003年]参照)，平成15年1月6日(施行日)から起算して5年を超えない範囲内において政令で定める日に社債等登録法を廃止するものとした(廃止により新たな社債等の登録はできなくなるが，廃止の時に既に登録されているものについては引き続き登録制度を利用できる[証券市場整備法附則3])．次いで「株式等の取引に係る決済の合理化を図るための社債等の振替に関する法律等の一部を改正する法律」(平成16法88)は，「社債等の振替に関する法律」を「社債，株式等の振替に関する法律」に改題したが(高橋康文=尾崎輝宏『逐条解説社債，株式等振替法』[金融財政事情研究会2007年]参照)，社債の振替に対する規制をほとんど改正しなかった．

込みをした金額の増額の記載または記録をし，同時に甲口座管理機関に通知を行う．甲口座管理機関に加入者（B）の口座があれば，Bの保有欄に払込みをした金額の増額の記載または記録を行う（振替法69Ⅱ②）．甲口座管理機関に払込みをした加入者（例えばC）の口座がなければ，甲口座管理機関は顧客口座に払込みをした金額の増額の記載または記録をし，同時に乙口座管理機関に通知を行い，乙口座管理機関はCの増額の記録を行う．

Ⅴ-1-6-9 **(4) 振替手続** 振替社債を振替しようとする者は，その振替社債の記録がある口座の開設を受けている振替機関等（直近上位機関）に対し，振替社債の銘柄，振替金額，振替先口座，保有欄・質権欄の別を示して，振替の申請をする．振替の申請を受けた振替機関等は，遅滞なく，申請人の口座について振替金額の減額の記載・記録をする（振替法70）．

Ⅴ-1-6-10 **(5) 振替の効果・善意取得** 振替申請による譲受人の口座の保有欄における振替社債の金額の増額の記載・記録は，振替社債の譲渡の効力要件である（振替法73．振替社債の社債権者の氏名等は社債原簿に記載されない．振替法86の3）．振替社債の質入れは，振替申請による質権者の口座の質権欄における増額の記載・記録が，質権設定の効力要件である（振替法74）．振替法社債の信託の対抗要件は，受託者の口座における信託財産の記載・記録である（振替法75）．加入者は，その口座（口座管理機関の口座にあっては自己口座）における記載・記録がされた振替社債についての権利の権利者と推定される（振替法76）．振替申請によりその口座（口座管理機関の口座にあっては自己口座）に特定銘柄の振替社債についての増額の記載・記録を受けた加入者（機関口座を有する振替機関を含む．）は，悪意または重過失がないときには，当該増額の記載または記録に係る権利を善意取得する（振替法77）．

Ⅴ-1-6-11 **(6) 抹消手続** (α) 社債発行会社は，社債管理者（または信託契約の受託会社）に社債を償還する場合を除くほか，振替社債の償還と引換えに同額の振替社債の抹消を直近上位機関に申請するよう社債権者または質権者に対し請求できる（振替法71Ⅶ）．(β) 社債発行会社が，社債管理者（受託会社）に社債を償還した場合には（会705Ⅰ・Ⅱ，担信44Ⅰ），弁済の受領と引換えに振替社債を抹消するよう社債権者または質権者に対し請求できる（振替法71Ⅷ）．(γ) 社債の償還を受けた者は，その振替社債の記録がある口座の開設を受けている振替機関等に対し，抹消する振替社債の銘柄，抹消金額，保有欄・質権欄の別を示して，抹消の申請を行う（振替法71Ⅲ・Ⅲ）．(δ) 抹消の申請を受けた振替機関等は，遅滞なく，申請人の口座について抹消金額の減額の記録を行う．(ε) 抹消の申請を受けた振替機関等が振替機関である場合には，(δ) で抹消は完了するが，口座管理機関である場合には，さらに上位機関に対して抹消する振替社債の銘柄，抹消金額等の通知を行う（振替法71Ⅲ Ⅳ②）．通知を受けた振替機関等は，直ちに，通知をしてきた口座管理機関の口座の顧客口座の抹消金額の減額の記載・記録を行う（振替法71Ⅴ）．さらに上位機関があるときには，同様の通知，記

IV-1-6-12 **(7) 振替機関等の消却義務** ある銘柄の振替社債について，振替機関等の誤記録を原因として善意取得による振替社債の取得により社債権者の有する振替社債の総額（①）がその発行総額（償還済みの額を除く）（②）を超えることとなる場合，超過金額（③＝①－②）につき，振替機関等は，振替社債の**消却義務**を負う（振替法78・79）。振替機関は，超過金額に達するまで当該銘柄の振替社債を取得し（振替法78Ⅰ），発行者に対し，当該振替社債についての債務の全部を免除する旨の意思表示をし（振替法78Ⅲ），直ちに，当該振替社債につき振替口座簿の抹消を行わなければならない（振替法78Ⅴ）。口座管理機関は，発行者に対し，当該振替社債についての債務の全部を免除する旨の意思表示をし（振替法79Ⅰ），消却義務額に足りる金額の当該銘柄の振替社債を保有していない場合には，当該銘柄の振替社債を取得してから，債務の全部を免除する旨の意思表示をし（振替法79Ⅲ），直近上位機関に対し，当該免除の意思表示を通知する（振替法79Ⅳ）。直近上位機関は，直ちに，通知をしてきた口座管理機関の自己口座について減額の記録をし，その口座管理機関の口座の顧客口座について同額の増額の記載または記録をする（振替法79Ⅴ）。上記消却義務が完全に履行されない間，③のうち消却義務が果たされない金額（④）については，発行者は元本償還・利息支払の義務を負わない（振替法80Ⅰ・81Ⅰ）。この場合，消却義務を負う振替機関等は，④の金額につき，発行者に代わって元本償還・利息支払いの義務を負うほか，消却義務の不履行による損害賠償の義務を負う（振替法80Ⅱ・81Ⅱ）。発行者が誤って元本償還・利息支払いの義務を負わない振替社債の償還・支払いを行った場合，その振替社債に係る債務は消滅せず（振替法82Ⅰ），償還・支払いを受けた社債権者は返還義務を負わない（振替法82Ⅱ）。発行者は誤って償還・支払いを行った金額につき振替機関等に対し支払いを請求できる（振替法82Ⅲ）。

IV-1-6-13 **(8) 振替社債の社債権者の権利行使の際の証明書の提示** 振替社債の社債権者は，社債権者集会の招集請求（会718Ⅰ），社債権者集会の招集（会718Ⅲ），社債権者集会における議決権の行使または担保物の保管の状況の検査（担信49Ⅰ）をするには，社債権者を特定する必要上，直近上位機関から証明書の交付を受けて，提示しなければならない（振替法86Ⅲ Ⅰ）。**振替社債の社債権者が社債権者集会において議決権を行使するには，当該証明書を社債権者集会の日の1週間前までに提示し，かつ，社債権者集会の日に提示をしなければならない**（振替法86Ⅱ）。

3　新株予約権付社債

IV-1-6-14 **(1) 総説** 新株予約権付社債とは，**新株予約権を付した社債**である（会2⑵）。性質上，新株予約権付社債は株式会社にしか認められない。平成17年改正前商法は，新株予約権付社債についてまとまった規定を置いていたが（改正前商第2編第4章第5節第3款，341ノ2～341ノ15。なお［Ⅱ-3-3-3］参照），会社法は，新株予約権の規定

および社債の規定がそれぞれ適用されるとした上で，新株予約権付社債に特有の規定のみを定めている．

平成13 (2001) 年改正前には，転換社債であれば，転換権が行使されると，社債の償還 (消滅) に代えて株式が発行されるため，会社資産は増えないのに対し，新株引受権附社債では，新株引受権が行使されると，社債が残存しながら，新株の払込みが行われたので，会社資産が増えるという違いがあった．転換社債に相当するのは，会社法では，新株予約権の行使の際に払い込む財源が社債である**転換社債型新株予約権付社債** (convertible bond) である[44] (会236 I ③)．そうでないものは非分離型の新株引受権附社債に相当する．新株予約権付社債は，社債に新株予約権という甘味料が付いているため，社債を低利で発行できるという意味で，会社の資金調達に寄与している．

なお，**強制転換条項付新株予約権付社債**は，改正前商法において認められていなかったが，会社法は，これを**取得条項付新株予約権付社債**と構成し，一定の事由が生じたとき，会社は新株予約権と社債を取得する一方，新株予約権者は，定めに従って，会社の株式，社債，他の新株予約権，または社債および他の新株予約権を取得するとしている (会275 I～Ⅲ)．一定の事由が生じると，会社は，遅滞なく，**取得条項付新株予約権付社債の新株予約権者**および**登録新株予約権質権者**に対して，**当該事由が生じたことを通知または公告しなければならない** (会275Ⅳ Ⅴ)．

1-6-16 (2) **新株予約権付社債の発行** 新株予約権付社債を引き受ける者の募集は，新株予約権に係る規定が適用されることから，社債の募集に関する規定は，適用除外である (会248)．新株予約権の募集事項の決定の際に，募集社債に関する事項 (会676各号および新株予約権付社債に付された募集新株予約権の買取請求の方法についての別段の定め．会238 I ⑦ [Ⅱ-3-3-28]) も定める (会238 I ⑥)．新株予約権付社債に付される**新株予約権の数は，新株予約権付社債の金額ごとに均等に定めなければならない** (会236Ⅱ)．

新株予約権付社債を発行する場合において，当該新株予約権付社債に付された募集新株予約権 (以下「当該新株予約権」という) と引換えに金銭の払込みを要しないこととする場合には，当該新株予約権の実質的な対価は，特段の事情のない限り，当該新株予約権付社債について定められた利率とその会社が普通社債を発行する場合に必要とされる利率との差に相当する経済的価値である．当該新株予約権の実質的な

1-6-15 [44] 転換価額修正条項付転換社債型新株予約権付社債 (Moving Strike Convertible Bond ＝ MSCB) これは，一般的に，CB (転換社債型新株予約権付社債) の株式への転換価額について，発行会社の株価が変動した場合に随時修正が行われる商品をいう．通常，転換価格が，定期的に，株価より1割程度低い価格に修正される仕組みとなっている．MSCBは平成17年にライブドアが発行してから社会的関心を呼び，さまざまな批判や問題点が指摘されたことから，日本証券業協会は自主規制ルール (「会員におけるMSCB等の取扱いについて」理事会決議 (自主規制会議決議) を平成19 (2007) 年5月に制定し，平成19年7月から施行している．横田裕「MSCB等を用いた資金調達と市場の公正性確保」会計・監査ジャーナル625号116頁参照．

対価と当該新株予約権の公正な価値とを比較し，当該新株予約権の実質的な対価が公正な価値を大きく下回るときは，有利発行（会238Ⅲ①・309⑥）に該当する（東京地決平成19・11・12金判1281号52頁［オートバックスセブン事件］参照）．

Ⅳ-1-6-17　**(3) 新株予約権付社債の申込みおよび割当て**　募集新株予約権付社債は，募集新株予約権と社債が一体をなしているので，新株予約権付社債に付された**募集新株予約権の申込みをしても，その申込みに係る募集新株予約権を付した新株予約権付社債の引受けの申込みをしたものとみなされる**（会242Ⅵ）．会社は，割当てをするときには，**割当日の前日までに，割り当てる新株予約権の数と社債の種類および各社債の金額の合計額を，申込者に通知する**（会243Ⅲ）．申込者は割当日に新株予約権者および社債権者となる（会245ⅠⅡ）．新株予約権付社債の総数引受けは，**新株予約権と社債の総額の引受けを意味する**（会244Ⅱ）．新株予約権付社債には分割払込み（会施規162①参照）は認められない（会246Ⅰ）．

Ⅳ-1-6-18　**(4) 新株予約権原簿における記載**　(α) **無記名新株予約権付社債**（無記名式新株予約権付社債券が発行されている新株予約権付社債）**に付された新株予約権**の場合には，当該新株予約権付社債券の番号ならびに当該新株予約権の内容および数を新株予約権原簿に記載・記録しなければならない（会249②）．(β) **無記名式新株予約権付社債以外に付された新株予約権**が証券発行新株予約権付社債（新株予約権付社債であって，当該新株予約権付社債についての社債について社債券を発行することとする旨の定めがあるものをいう）に付されたものであるときは，当該新株予約権を付した新株予約権付社債（新株予約権付社債券が発行されているものに限る）に係る新株予約権付社債券の番号を新株予約権原簿に記載・記録しなければならない（会249③ホ）．

Ⅳ-1-6-19　**(5) 新株予約権付社債券**　(イ) **記載事項**　証券発行新株予約権付社債に係る新株予約権付社債券には，社債券に記載すべき事項（① 社債発行会社の商号，② 当該社債券に係る社債の金額，③ 当該社債券に係る社債の種類，④ その番号．会697Ⅰ）と，当該証券発行新株予約権付社債に付された新株予約権の内容および数を記載する（会292Ⅰ）．

　(ロ) **権利推定・善意取得・除権決定**　新株予約権付社債券の占有者は，その新株予約権付社債券に係る証券発行新株予約権付社債に付された新株予約権についての権利を適法に有するものと推定される（会258Ⅲ）．善意かつ無重過失で，新株予約権付社債券の交付を受けた者は，その新株予約権付社債券に係る証券発行新株予約権付社債に付された新株予約権についての権利を取得する（会258Ⅳ）．新株予約権付社債券を喪失した場合，公示催告手続（非訟141）により社債券を無効とすることができる（会291Ⅰ・699Ⅰ）．また，除権決定（非訟148Ⅰ）を得た後でなければ，社債券の再発行を請求することができない（会291Ⅱ・699Ⅱ）．

Ⅳ-1-6-20　**(6) 新株予約権付社債の譲渡等**　(α) 新株予約権付社債の譲渡は，意思表示のみでなしうるが，**新株予約権のみまたは社債のみの譲渡はできない**（会254ⅡⅢ）．譲渡の「会社その他の第三者に対する対抗要件」は，新株予約権部分については新株予

約権原簿の記載(記録)であり(会257Ⅰ),社債部分については社債原簿の記載・記録である(会688Ⅰ). 証券発行新株予約権付社債に付された新株予約権の譲渡は,新株予約権付社債券の交付が成立要件である(会255Ⅱ). 記名式新株予約権付社債の「会社に対する対抗要件」は,新株予約権部分については新株予約権原簿の記載・記録であり(会257Ⅱ),社債部分については社債原簿の記載・記録である(会688Ⅱ).

1-6-21 (β) 新株予約権付社債については,他方の権利が消滅しているのでなければ,**社債のみまたは新株予約権のみに質権を設定することはできない**(会267ⅡⅢ). 証券発行新株予約権付社債に付された新株予約権の質入れは,新株予約権付社債券を交付しなければ,その効力を生じない(会267Ⅴ). 証券発行新株予約権付社債の新株予約権の質入れの会社その他の第三者への対抗要件は,新株予約権付社債券の継続占有である(会268Ⅲ). 質権は,新株予約権者が交付を受ける株式について存在する(会272Ⅳ).

1-6-22 (7) **新株予約権の行使** 新株予約権付社債に付された新株予約権の行使方法は,一般の新株予約権の行使方法(会280ⅠⅡ. なお振替法220参照)に従う. 証券発行新株予約権付社債に付された新株予約権を行使しようとする者は,**新株予約権付社債券を会社に提出しなければならならず**,この場合には,会社は,その新株予約権付社債券に新株予約権が消滅した旨を記載しなければならない(会280Ⅲ). 新株予約権の行使により社債が消滅するときも(転換社債型の場合),新株予約権者は,**新株予約権付社債券を会社に提出しなければならない**(会280Ⅳ). 社債の償還後に新株予約権を行使しようとする場合にも,新株予約権者は新株予約権付社債券を会社に提出しなければならない(会280Ⅴ). 金銭による払込みが必要な場合は,新株予約権を行使する際に払い込むべき額の全額を会社の定めた銀行等の取扱いの場所に払い込まなければならず(会281Ⅰ),金銭以外の財産を出資の目的とするときは,当該財産を給付しなければならない(会281Ⅱ). なお,財産の価額が足りないような場合には金銭で差額を払い込まなければならないとされており(会281Ⅱ後段. 17年改正前商341ノ3Ⅱ対比),相殺も禁止されている(会281Ⅲ).

1-6-23 (8) **社債の償還** 証券発行新株予約権付社債についての社債の償還の場合において,当該証券発行新株予約権付社債に付された新株予約権が消滅していないときは,新株予約権付社債券を会社に提出してしまうと新株予約権を表章する証券が新株予約権者の手元に残らなくなるので,会社は,社債の償還をするのと引換えに,当該新株予約権付社債券の提示を求め,当該新株予約権付社債券に社債の償還をした旨を記載することができる(会292Ⅱ).

1-6-24 (9) **新株予約権の買取請求** 新株予約権付社債に付された新株予約権の新株予約権者が,新株予約権買取請求をするときには,別段の定めがある場合(なお会238Ⅰ⑦参照)を除き,新株予約権付社債についての社債の買取請求も併せて行わなければならない(会118Ⅱ・777Ⅱ・787Ⅱ・808Ⅱ. なお振替法215). 会社は,新株予約権付社債

券と引換えに，新株予約権の代金を支払わなければならない（会119Ⅶ）．

Ⅳ-1-6-25　⑽　**新株予約権付社債の無償割当て**　会社が株主に新株予約権の無償割当てをする場合において，当該新株予約権が新株予約権付社債に付されたものであるときは，当該新株予約権付社債についての社債の種類および各社債の金額の合計額またはその算定方法を定めなければならない（会278Ⅰ②）．新株予約権付社債の無償割当てを受けた株主は，無償割当ての効力が生じる日に，当該新株予約権の新株予約権者および当該社債の社債権者となる（会279Ⅰ）．

Ⅳ-1-6-26　⑾　**組織再編と新株予約権付社債の承継**　改正前商法では，株式交換・株式移転の場合に債権者保護手続を定めていなかったので，新株予約権と異なり，新株予約権付社債に付された新株予約権を完全親会社となる会社が承継することを認めていなかった（改正前商352Ⅲ・364Ⅲ対比）．会社法は，新株予約権付社債の承継を認め，新株予約権を承継する場合には，社債にかかる債務も一体として承継しなければならないことにするとともに（会768Ⅰ④ハ・773Ⅰ⑨ハ），その場合には，完全子会社の債権者および株式交換の場合の完全親会社の債権者に対して，債権者保護手続を要するとしている（会789Ⅰ③・810Ⅰ③・799Ⅰ③）．合併・会社分割においても，新株予約権付社債の承継の手続が明確化されている（会749Ⅰ④ロ・753Ⅰ⑩ロ・758⑤ハ・763⑩ハ）．

Ⅳ-1-6-27　⑿　**新株予約権付社債の発行の無効の訴え**　会社法は，新株予約権付社債の発行の無効の訴えを明文で認めている（会828Ⅰ④・834④・842Ⅰ．なお東京地判平15・2・26金判1196号36頁，東京高判平15・8・20金判1196号35頁対照）．新株予約権付社債の発行不存在確認の訴えも認められる（会829③・834⑮）．

Ⅳ-1-6-28　⒀　**振替新株予約権付社債**　新株予約権付社債についても**振替新株予約権付社債が認められる**（振替法192～224）．振替新株予約権付社債の数は，その振替新株予約権付社債に付された新株予約権の数による（振替法192Ⅱ）．

第V編　会社の基礎の変更

第1章　総　説

-1-1-1　会社の基礎の変更〔fundamental changes〕とは，社員または株主の重大な利害に関わる事項である．具体的には，① 定款の変更，② 資本金の額の減少，③ 組織変更（会2㉖），④ 吸収合併（会2㉗），⑤ 新設合併（会2㉘），⑥ 吸収分割（会2㉙），⑦ 新設分割（会2㉚），⑧ 株式交換（会2㉛），⑨ 株式移転（会2㉜），⑩ 会社の事業全部または重要な一部の譲渡，他の会社の事業全部の譲受け，事業全部の賃貸，事業全部の経営の委任，他人と事業上の損益全部を共通にする契約その他これに準ずる契約の締結・変更または解約（会467Ⅰ①～⑤）の各行為である．このうち③から⑩は，普通，組織再編（行為）という（神田305頁，青竹421頁．組織再編行為から前田庸679頁は③を除き，江頭745頁は③⑩を除いている．わが国の会社法は，⑩が取引行為である点で，他の行為とは異なるので，⑩を④等からは切り離して規定している）．組織再編行為は，会社の支配権の変動と関連することが多い．②は [Ⅱ-5-3-1] で論じたので，本章では②を除く事項について説明する．

第2章　定款変更

1　総　説

-1-2-1　(1) **概　念**　定款変更〔英 alteration of memorandum of association：米 amendment of articles of incorporation：独 Satzungsänderung（株式会社の場合），Abänderung des Gesellschaftsvertrages（有限会社の場合）：仏 modification des statuts：伊 modificazioni dell' atto costitutivo：西 modificación de los estatutos〕とは**実質的意義の定款** [Ⅱ-1-3-1] **を変更すること**（規定の変更・削除・追加．縦書きを横書きに改めるのは，定款変更に該当しないが，漢字・送りがなの改めは定款変更に当たる）をいう．定款変更後，形式的意義における定款を変更するが，これは，定款変更の効力発生要件ではない[(1)]．定款は，会社の成立前に変更されることもあるが（会33ⅦⅨ・96 [Ⅱ-1-3-4]・[Ⅱ-1-3-5]），ここでは会社成立

-1-2-2　(1) **特別法の規制**　① 特定の業種の会社の定款の変更については，特別法により，主務大臣の認可が要求される場合がある（銀37Ⅰ①，保険業126，鉄道会社9，電電11Ⅰ，電源開発32Ⅰなど）．② 更生手続 [Ⅵ-1-2-129] 中，定款を変更するには，更生計画によるか裁判所の許可が必要である（会更45Ⅱ）．更生計画で定款変更を定めたときは（会更167Ⅱ），定款変更の効力は，更生計画で別段の定めをしない限り，更生計画認可の決定の時に生ずる（会更213）．

722 第V編 会社の基礎の変更

後の定款の変更について説明する．

定款の規定は，絶対的記載事項，相対的記載事項，任意的記載事項のいずれでも変更することができるが，目的の廃止・商号の廃止・本店所在地の廃止はできない．原始定款に定款不変更を定めても，そのような定款もまた定款の一項であり，定款変更の手続により変更できる．市町村が合併したため本店所在地の名称が変わったり，公告紙の新聞名が変わった場合（会939Ⅰ②参照）には，定款の書換えに定款変更手続を踏む必要はない（前田庸676頁）．定款の変更は，会社の基本的性質，強行規定および株主平等の原則に反したり，株主（社員）の固有権を侵害してはならない．

種類株式の内容について，定款の定めに従って株主総会・取締役会等の決議によって定める場合（会108Ⅲ，会施規20［Ⅱ-2-1-53］），その決議によって定められた株式の内容は，定款の内容にはならないから，それ自体は定款変更ではない．

V-1-2-3 **(2) 株式会社の定款変更** 株式会社の定款変更は株主総会の特別決議によって行うのが原則である（会466・309Ⅱ⑪．なお整備法14Ⅲ参照．持分会社との対比会637［V-1-2-4］．招集通知における議案の要領の記載等については会施規63⑦へ参照）．定款の変更は株主総会の決議によって当然効力を生じるのが原則であるが（ただし会218Ⅰ②，会更213，整備法45Ⅱ［特例有限会社の株式会社への商号変更は登記が効力発生要件］参照．合同会社と対比会604Ⅲ［Ⅲ-1-4-2］・640Ⅰ［V-1-3-33］），定款変更の決議が条件付または期限付でなされたときは，条件の成就または期限の到来によって効力が生じる．定款の変更が登記事項の変更となるときは，変更登記をしなければならない（会915Ⅰ．なお会976①，商登46Ⅰ～Ⅲ参照）．設立の場合と異なり，公証人の認証は不要である．

V-1-2-4 **(3) 持分会社の定款変更** 持分会社では，定款に別段の定め（このような定款の定めは，設立または定款変更の際の総社員の同意が必要である．論点606頁）がない限り，**総社員の同意によらなければ，定款を変更することができない**（会637）．もっとも業務を執行しない有限責任社員の持分の譲渡に伴い定款の変更を生じるときは，その持分の譲渡による定款の変更は，定款に別段の定めがなければ，**業務執行社員の全員の同意によってすることができる**（会585ⅢⅣ）．社員の転居も退社（会610・639）も定款変更である．

V-1-2-5 **(4) 持分会社の種類の変更** 会社法は，**持分会社間の種類の変更を，組織変更**（平成17年改正前商113・163）としてではなくて，社員の入退社または責任の変更による**定款変更**と整理している（［V-1-3-32］～［V-1-3-37］．なお商登104～106・113参照）．

なお会社法は，**持分会社間の種類の変更を，組織変更**（平成17年改正前商113・163）としてではなくて，社員の入退社または責任の変更による**定款変更**と整理している（なお，商登104～106・113参照）．

2 株式会社の特則

株式会社の場合，定款の変更については，以下のような定めがある．

第2章　定款変更　723

-1-2-6　(1)　**定款の定めを廃止したとみなされる場合**　取締役・監査役選任権付き株式の定款の定めは（会108Ⅱ⑨），会社法または定款で定めた取締役または監査役の員数を欠いた場合に，そのためにその員数に足りる数の取締役または監査役を選任することができないときは，廃止されたものとみなされる（会112Ⅰ・Ⅱ）。

-1-2-7　(2)　**株主総会の決議を要しない場合**　① 株式分割の効力発生日における発行可能株式総数をその日の前日の発行可能株式総数に分割割合を乗じて得た数の範囲内で増加する定款の変更は，持株比率に変動がないので，取締役会等の決議により，行うことができる（会184Ⅱ。会社が現に2以上の種類株式を発行している場合を除く［Ⅱ-2-1-96］）。② 株式の分割と同時に単元株式数を増加し，または単元株式数についての定款の定めを設ける場合も株主に不利とならない限り同様であり（会191［Ⅱ-2-1-114］），③ 単元株式数を減少し，または単元株式数についての定款の定めを廃止する場合（会195［Ⅱ-2-1-115］）も同様である。

-1-2-8　(3)　**株主総会の特別決議と種類株主総会の決議を要する場合**　(ア)　**譲渡制限株式または全部取得条項付種類株式の新設**　① 種類株式発行会社がある種類の株式を譲渡制限株式［Ⅱ-2-1-29］とする定款変更をするには，定款変更のための株主総会の特別決議（会466・309Ⅱ⑪）に加えて，その種類株主総会において議決権を行使することができる種類株主が存しない場合を除き，譲渡制限の定めを設ける種類株式，および，その種類株式を交付される可能性のある取得請求権付株式・取得条項付株式に係る**種類株主総会**（その種類株主に係る株式の種類が2以上ある場合にあっては，その2以上の株式の種類別に区分された種類株主を構成員とする各種類株主総会）の**特殊決議**を必要とし（会111Ⅱ・324Ⅲ①括弧書・108Ⅰ④［Ⅱ-4-2-115］），② 種類株式発行会社がある種類の株式を全部取得条項付種類株式［Ⅱ-2-1-66］とするときには，定款変更のための株主総会の特別決議（会466・309Ⅱ⑪）に加えて，その種類株主総会において議決権を行使することができる種類株主が存しない場合を除き，全部取得条項付種類株式の定めを設ける種類株式，および，その種類株式を交付される可能性のある取得請求権付株式・取得条項付株式に係る**種類株主総会**（その種類株主に係る株式の種類が2以上ある場合にあっては，その2以上の株式の種類別に区分された種類株主を構成員とする各種類株主総会）の**特別決議**を必要とする（会111Ⅱ・324Ⅱ①括弧書・108Ⅰ⑦［Ⅱ-4-2-114］）。種類株主の全員の同意が要件とされていないのは，取得が株主総会の決議によりなされ，かつ当該種類株式が取得される場合には，全部取得されるため，当該種類株式の種類株主間の不平等は生じない一方，このような種類株式とする必要性が高い場合があるからである。

　　①②の反対株主・新株予約権者には株式買取請求権・新株予約権買取請求権が認められる（会116Ⅰ②［Ⅱ-2-1-13］・118Ⅰ②［Ⅱ-3-3-72］）。反対株主の買取請求に応じて会社が株主に対して支払った金銭の額がその支払の日における分配可能額を超えるときは，その株式の取得に関する職務を行った業務執行者は，その者がその職務を行う

につき注意を怠らなかったことを証明した場合を除き，会社に対して，その超過額を支払う義務を負うので（会464Ⅰ［Ⅱ-4-12-8］)，このような事態になることが予想される場合には定款変更すべきでない．

V-1-2-9　(イ)　**株式の種類の追加等**　種類株式発行会社が，① **株式の種類の追加**，② **株式の内容の変更**または③ **発行可能株式総数もしくは発行可能種類株式総数の増加**についての定款の変更をする場合において，ある種類の株式の種類株主に損害を及ぼすおそれがあるときは，その種類株主総会において議決権を行使することができる種類株主が存しない場合を除き，その種類株式の種類株主を構成員とする**種類株主総会**（その種類株主に係る株式の種類が2以上ある場合にあっては，その2以上の株式の種類別に区分された種類株主を構成員とする各種類株主総会）**の決議**（特別決議．会324Ⅱ④）がなければ，その効力を生じない（会322Ⅰ［Ⅱ-4-2-114］)．定款の定めをもってしても種類株主総会の決議を不要とすることはできない（会322Ⅲ但書)．従って，例えば，累積的配当優先株の内容を非累積的に変更する定款変更には，株主総会の特別決議と種類株主総会の特別決議が必要である．

これに対し，① 単元株式数についての定款の変更に関する事項および② 会社法322条1項2号から13号に関する事項については，種類株主総会の決議を要しない旨を定款で定めることができる（会322Ⅲ但書［Ⅱ-4-2-109］)．

V-1-2-10　(4)　**株主総会の特別決議と総種類株主の同意を要する場合**　種類株式発行会社会社が，① ある種類の株式の発行後に定款を変更してその種類の株式を**取得条項付株式**とする旨の定款の定めを設け，またはそれについての定款の変更（その定款の定めの廃止を除く）をしようとするとき（会111Ⅰ［Ⅱ-2-1-46］)，② 株式の発行後に定款を変更して，特定の種類株式の株主からの**自己株式の取得**に際して他の株主に売主追加請求権を与えない旨の定款の定めを設け，またはその定めについての定款の変更（その定款の定めの廃止を除く）をしようとするとき（会164Ⅰ・Ⅱ［Ⅱ-2-2-9］)，および③ ある種類の株式の発行後に定款を変更し，会社法322条1項が定める一定の行為をする場合に，ある種類の株式の種類株主に損害を及ぼすおそれがあるときであっても，その種類株主総会の決議を要しない旨を設ける場合には（会322Ⅱ参照)，その種類の株主の利益が害されるおそれがあるので，株主総会の特別決議を加えて，**その種類株主全員の同意**を得なければならない（会322Ⅲ但書・Ⅳ［Ⅱ-4-2-109］)．

V-1-2-11　(5)　**株主総会の特殊決議を要する場合**　(ｱ)　**株式譲渡制限の新設**　種類株式発行会社以外の会社において，その**全部**の株式の内容として譲渡制限の定款の定めを設ける定款変更を行う場合［Ⅱ-2-1-29］，その株主総会の決議は，特殊決議［Ⅱ-4-2-81］をもって行わなければならない（会309Ⅲ①．なお商登62参照)．株式の譲渡制限は，株主および新株予約権者（新株予約権付社債権者）の投下資本の回収に悪影響を及ぼす可能性があるからである．反対株主および新株予約権者には株式または新株予約権（新株予約権付社債）の買取請求権が認められる（会116Ⅰ①［Ⅱ-2-1-13］・118Ⅰ［Ⅱ-3-3-72］)．

1-2-12 (イ) **非公開会社の剰余金の配当等についての格別の定めに関する定款変更** 非公開会社において，① 剰余金の配当，② 残余財産の分配または③ 株主総会における議決権について株主ごとに異なる取扱いを行う定款の定めについての定款の変更 (その定款の定めを廃止するものを除く) を行う株主総会の決議は，**総株主の半数以上** (これを上回る割合を定款で定めた場合にあっては，その割合以上) であって，**総株主の議決権の4分の3** (これを上回る割合を定款で定めた場合にあっては，その割合) 以上に当たる多数をもって行わなければならない (会309Ⅳ)．株主平等の原則 [Ⅱ-2-1-27] の例外に当たるから要件は厳格化されている．

1-2-13 **(6) 総株主の同意を要する場合** 種類株式発行会社でない会社が，① 定款を変更してその発行する**全部の株式を取得条項付株式とする**旨の定款の定めを設け，またはそれについての定款の変更 (その定款の定めの廃止を除く) をしようとする場合 (会110 [Ⅱ-2-1-45])，および，② 株式の発行後に定款を変更して，会社が，特定の株主からその株式の取得をする決定をするときには**自己を売主として追加する**ことを**請求する権利を他の株主に与えない**旨の定款の定めを設け，またはその定めについての定款の変更 (その定款の定めの廃止を除く) をしようとするときは，その株式を有する**株主全員の同意**を得なければならない (会164Ⅱ [Ⅱ-2-2-9])．

1-2-14 **(7) その他 (ア) 発行可能株式総数** 会社は，定款を変更して発行可能株式総数についての定めを廃止することができない (会113Ⅰ [Ⅱ-1-3-12])．定款を変更して発行可能株式総数を減少するときは，変更後の発行可能株式総数は，定款変更が効力を生じた時における発行済株式総数を下ることができない (会113Ⅱ)．非公開会社を除き，発行済株式数の4倍を超えて発行可能株式総数を増加することができない (会113Ⅲ)．自己株式の消却または株式の併合の結果，発行可能株式総数が4倍を超えるようになっても，この規定に反せず，4倍以内になる措置をとる必要もない．4倍は，定款変更決議の時ではなく，「当該定款の変更が効力を生じた時における発行済株式の総数」を基準とする．したがって新株発行の効力発生を停止条件として，発行済株式総数を4倍以内に増加する決議は有効である (最一小判昭和37・3・8民集16巻3号473頁 [後楽園スタヂアム事件] = 会社百選6版80事件)．

1-2-15 (イ) **株券を発行する旨の定款の定めの廃止** 株券発行会社は，その株式 (種類株式発行会社にあっては，全部の種類の株式) に係る株券を発行する旨の定款の定めを廃止する定款の変更をしようとするときは，定款の変更がその効力を生ずる日の**2週間前**までに，一定の事項を**公告**し，かつ，株主および登録株式質権者には，各別にこれを**通知**しなければならない (会218Ⅰ)．ただし，株式の全部について株券が発行されていないときには，一定の事項を通知 (または公告) すれば足りる (会218Ⅲ・Ⅳ)．関係者に対し株券廃止会社への移行を周知させ，名義書換未了株主に名義書換を促す等のためである．

1-2-16 (ウ) **株式または新株予約権の買取請求権** 会社は，① 全株式に譲渡制限を課す

ための定款変更をする場合には全部の株式について，② ある種類の株式を譲渡制限株式または全部取得条項付種類株式とする定款変更をする場合にはその種類株式・その種類株式を取得対価とする取得請求権付株式および取得条項付株式について，③ 単元株式数について定款の変更の際に，法定種類株主総会の決議を要しない旨の定款があるため（なお会322Ⅲ但書参照），ある種類の株式を有する種類株主に損害を及ぼすおそれがある場合にはその種類の株式につき，反対株主の株式買取請求権が認められる（会116Ⅰ①②③ハ[Ⅱ-2-1-13]）．

また，① 会社がその発行する全株式に譲渡制限を課すための定款変更をする場合（会107Ⅰ①・466）には，全部の新株予約権について，② ある種類の株式を譲渡制限株式または全部取得条項付種類株式とする定款変更をする場合には（会108Ⅰ④⑦・466），その種類株式を目的とする新株予約権について，新株予約権の買取請求が認められている（会118Ⅰ[Ⅱ-3-3-72]）．

第3章　会社の組織変更

1　総　説

V-1-3-1　組織変更（英 re-registration：独 Formwechsel：仏 transformation de société：伊 transformazione delle società：西 transformación de la societadad）とは，**会社がその人格の同一性を保ちながら，株式会社が合名会社，合資会社もしくは合同会社になり，または合名会社，合資会社もしくは合同会社が株式会社に変わることである**[1][2]（会2㉖．特例有限会社の株式会社への移行は，定款変更による商号の変更であって，組織変更でない．整備法45Ⅰ）．組織変更は，会社の清算と設立の二度手間を省く．企業維持の精神から認められたものである．組織変更の手続は**表1**のとおりである．なお，**債務超過である会社が組織変更をすることを禁止する規定はないので，組織変更は可**

V-1-3-2　（1）**沿　革**　改正前商法は，資本会社間の組織変更（旧有64～68）および人的会社間の組織変更（平成17年改正前商法113・163）のみを認め（**類似主義**），資本会社と人的会社間の組織変更は認めていなかった．これは，社員の責任の相違から手続が複雑になるので，後者のための手続を設ける実益が乏しいと考えられたことによる．会社法は，合同会社制度が創設されたことにともない，合同会社から株式会社への組織変更のニーズが出ることを考慮して，類似主義を放棄した．また，試案の際になかった株式会社から持分会社への組織変更を，経済界の強い要請を入れて，規定した．

V-1-3-3　（2）**金融機関の転換等**　「金融機関の合併及び転換に関する法律」は，長期信用銀行が普通銀行となること，普通銀行が信用金庫となること，協同組織金融機関が普通銀行となること，信用金庫が労働金庫または信用協同組合となること，労働金庫が信用金庫または信用協同組合となること，信用協同組合が信用金庫または労働金庫となることを認めている（同4・第3章）．また「保険業法」は，株式会社から相互会社への組織変更（同68～84）と相互会社から株式会社への組織変更（同85～96の16）を認めている．

能である (論点650頁).

表1　組織変更の手続

株式会社→持分会社	持分会社→株式会社
①組織変更計画の作成（会743・744）	①組織変更計画の作成（会743・746Ⅰ）
②組織変更計画に関する書面等の備置きおよび閲覧等（会775）	②総社員の同意（会781Ⅰ．定款で緩和可）
③総株主の同意（会776Ⅰ．定款で緩和不可）	
④登録株式質権者および登録新株予約権質権者への通知または公告（会776ⅡⅢ）	③債権者保護手続（会781Ⅱ＝779（ただし計算書類の公示・催告の規定は不適用））
⑤新株予約権買取請求（会777・778）	
⑥債権者保護手続（会779・740Ⅰ）	④効力発生日（会746Ⅰ⑨・747Ⅰ）
⑦株券等公告手続（219Ⅰ⑤・293Ⅰ②）	⑤組織変更の登記（会920・930Ⅲ）
⑧効力発生日（会744Ⅰ⑨・745Ⅰ）	
⑨組織変更の登記（会920・930Ⅲ）	

2　株式会社の持分会社への組織変更

V-1-3-4　(1)　**組織変更計画**　株式会社 (特例有限会社を含む) が合名会社・合資会社・合同会社に組織を変更する場合には，その株式会社は，組織変更計画において，次に掲げる事項を定めなければならない．

　(ア)　組織変更後の**持分会社** (組織変更後持分会社) の**内容**に関する事項として，① 合名会社，合資会社または合同会社のいずれであるかの別 (会744Ⅰ①)，② 会社の目的，商号および本店の所在地 (会744Ⅰ②)．③ 会社の定款で定める事項 (会744Ⅰ④)．

　(イ)　**社員**に関する事項として，① 社員の氏名または名称および住所，② 当該社員が無限責任社員または有限責任社員のいずれであるかの別，③ 当該社員の出資の価額 (会744Ⅰ③イ〜ハ)．組織変更後の会社が合名会社であるときは，その社員の全部が無限責任社員とする旨を定め (会744Ⅱ)，合資会社であるときは，その社員の一部を無限責任社員とし，その他の社員を有限責任社員とする旨を定め (会744Ⅲ)，合同会社であるときは，社員の全部を有限責任社員とする旨を定めなければならない (会744Ⅳ)．

V-1-3-5　(ウ)　組織変更に際し，株主に**株式に代わる金銭等を交付**するときは，① 当該金銭等が組織変更後持分会社の社債であるときは，その**社債の種類**および種類ごとの各社債の金額の合計額またはその算定方法，② 当該金銭等が組織変更後持分会社の**社債以外の財産**であることは，当該財産の内容および数もしくは額またはこれらの算定方法と③ これらの金銭等の割当てに関する事項 (会744Ⅰ⑤⑥)．株式会社が所有していた自己株式には金銭等を交付できない (会744Ⅰ⑤括弧書・⑥括弧書)．

　なお，組織変更は総株主の同意によって行われるので [V-1-3-11]，各株主に対して交付する持分や金銭等の内容は，その有する**株式数に応じ平等**に定める必要はない (論点653頁．744条は749条3項等に相当する規定が設けられていない)．

V-1-3-6　㈏　株式会社が**新株予約権**を発行しているときには，組織変更に際して，当該新株予約権の新株予約権者に対して交付する**当該新株予約権**に代わる**金銭**の額またはその算定方法および金銭の割当てに関する事項（会744Ⅰ⑦⑧）．持分会社には新株予約権に相当する制度はないので，新株予約権は効力発生日に消滅する（会745Ⅴ）．組織変更は新株予約権者の権利を奪う行為であるので，この事項を定める．

　　　㈺　**効力発生日**　この日に株式会社が持分会社となる[3]（会745Ⅰ）．また，定款の変更の効力が生じ（会745Ⅱ），株主は社員等になる（会745ⅢⅣ）．

V-1-3-8　**(2) 事前開示　㈠　備置き**　組織変更する株式会社は，**組織変更計画備置開始日から効力発生日**（会744Ⅰ⑨）**までの間**，組織計画の内容その他法務省令で定める事項[4]を記載し，または記録した書面または電磁的記録をその**本店**に備え置かなければならない（会775Ⅰ）．

　　　組織変更計画備置開始日とは，① 組織変更計画について組織変更をする株式会社の総株主の同意を得た日，② 株式会社が新株予約権を発行しているときには，組織変更をする旨の新株予約権者に対する通知の日（会777Ⅲ）または公告の日（会777Ⅳ）のいずれか早い日，③ 債権者保全手続のための公告の日または知れたる債権者に対する催告の日（会779Ⅱ）のいずれかのうち最も早い日をいう（会775Ⅱ）．

　　　組織再編［V-1-4-129］と異なり，**事後の開示手続は定められていない**．持分会社には手続の簡素性が必要であること，および株式会社から持分会社への組織変更は会社債権者に与える影響が小さいことによる．

V-1-3-10　㈡　**閲覧等**　組織変更する株式会社の**株主**（新株予約権者を含む）および**債権者**は，当該株式会社に対して，その営業時間内は，いつでも，① ㈠の書面の閲覧請求，または㈠の電磁的記録に記録された事項を法務省令で定める方法（紙面または出力装置に表示する方法．会施規226㉖）により表示したものの閲覧請求をし，② ㈠の書面の謄本または抄本の交付請求，または㈠の電磁的記録に記録された事項を電磁的方法であって株式会社の定めたものにより提供することの請求またはその事項を記録した書面の交付の請求をすることができる（会775Ⅲ本文）．ただし②の請求をするには，

V-1-3-7　**(3) 効力発生日の変更**　株式会社は**効力発生日を変更することができる**（会780Ⅰ）．この場合には，株式会社は，変更前の**効力発生日**（変更後の効力発生日が変更前の効力発生日前の日である場合にあっては，当該変更後の効力発生日）**の前日までに**，変更後の効力発生日を**公告**しなければならず（会780Ⅱ），変更後の効力発生日は効力発生日とみなされる（会780Ⅲ）．

V-1-3-9　**(4) 事前開示事項**　法務省令で定める事項は，① 組織変更をする株式会社が新株予約権を発行しているときは，組織変更後持分会社が新株予約権者に対して交付する当該新株予約権に代わる金銭の額（またはその算定方法）およびその金銭の割当てに関する事項の**相当性に関する事項**，② 組織変更をする株式会社に最終事業年度がないときは，株式会社の成立の日における**貸借対照表**（債権者保護手続の場合の貸借対照表は，最終事業年度の貸借対照表である点で，異なる．会施規181［V-1-3-14］），③ 組織変更後持分会社の**債務履行の見込みに関する事項**，④ 組織変更計画備置開始日後，①～③の事項に変更が生じたときは，**変更後の当該事項**である（会施規180）．債務の履行の見込みがない場合であっても組織変更は可能であると解する．

第3章　会社の組織変更　**729**

当該株式会社の定めた費用を支払わなければならない（会775Ⅲ但書）.

1-3-11　**(3) 組織変更計画の承認等**　株式会社は，効力発生日の前日までに，組織変更計画について**総株主の同意**を得なければならない（会776Ⅰ．持分会社の株式会社への組織変更の場合と異なり [会781Ⅰ] [V-1-3-25]，定款による緩和不可）．責任の態様，持分の譲渡性，業務執行権限等で大きな変更が生じるからである．株式会社は，**効力発生日の20日前までに**，その**登録株式質権者**および**登録予約権質権者**に対し，組織変更をする旨を**通知**（会776Ⅱ）または**公告**（会776Ⅲ）をしなければならない．

1-3-12　**(4) 新株予約権買取請求**　株式会社が新株予約権を発行しているときには，組織変更の際に当然消滅するので，組織変更計画の中で新株予約権を買い取るが [Ⅱ-3-3-72]，不満な新株予約権者は，会社に対し，自己の有する新株予約権を**公正な価格で買い取るよう請求**することができる（会777・778参照）．

1-3-13　**(5) 債権者保護手続**　組織変更により株主の責任等に変更が生じるので，株式会社の債権者は，会社に対し，組織変更について常に**異議を述べることができる**（会779Ⅰ）．そこで，株式会社は，① 組織変更をする旨，② 株式会社の計算書類に関する事項として法務省令で定めるもの(5)，③ 債権者が一定の期間（1ヵ月を下ることができない．）内に異議を述べることができる旨を**官報**に**公告**し，かつ，知れている債権者（社債管理者がある場合にあっては，当該社債管理者を含む．会740Ⅲ）には，**各別**にこれを**催告**しなければならない（会779Ⅱ．なお会976②㉗参照）．もっとも官報のほか，会社の公告方法に関する定款の定めに従い，時事に関する日刊新聞紙または電子公告により公告するとき（会935Ⅰ②③）は，各別の催告をしなくてもよい（会779Ⅲ．債権者が③の期間内に異議を述べなかったときは，当該債権者は，組織変更を承認したものとみなされる（会779Ⅳ）．これに対し，**債権者が期間内に異議を述べたとき**は，株式会社は，当該債権者に対し，**弁済**し，もしくは相当の**担保**を**提供**し，または当該債権者に弁済を受けさせることを目的として信託会社等に相当の財産を**信託**しなければならない．ただし，組織変更をしても，当該債権者を害するおそれがないときは，この限りでない（会779Ⅴ．なお会976㉖参照）．異議が無視されたときは，債権者は組織変更無効の訴えを起こすことができる（会828Ⅰ⑥）．

1-3-14　**(5) 計算書類に関する事項**　法務省令で定めるものは，① **最終事業年度に係る貸借対照表**またはその要旨を公告している場合には，官報によるときは，その日付と公告が掲載されている頁，時事に関する日刊新聞紙によるときには，その新聞紙名，日付および公告が掲載されている頁，電子公告によるときには会社法911条3項29号イに掲げる事項，② 貸借対照表につき会社法440条3項の措置を執っているときは，911条3項27号に掲げる事項，③ 組織変更する株式会社が有価証券報告書提出会社で，最終事業年度に係る有価証券報告書を提出しているときは，その旨，④ 組織変更をする株式会社が会社法の施行に伴う関係法律の整備等に関する法律28条の規定により会社法440条の規定が適用されないものである場合には，その旨，⑤ 組織変更をする株式会社につき最終事業年度がない場合には，その旨，⑥ 組織変更をする株式会社が清算株式会社である場合には，その旨，⑦ ①から⑥以外の場合には，最終事業年度に係る貸借対照表の要旨の内容（会施規181）．

V-1-3-15 (6) **株券等の提出** (a) **株券発行会社**(会117Ⅵ・214)が，組織変更をする場合には，効力発生日までに会社に全部の**株券を提出**しなければならない旨を当該日の**1カ月前**までに，**公告**し，かつ，**株主およびその登録株式質権者**には，格別にこれを**通知**しなければならない．ただし，株式全部について株券を発行していない場合には，この限りでない(会219Ⅰ⑤，商登77④)．株券は組織変更の効力発生日に無効となる(会219Ⅲ)．株券を提出することができない者があるときは，会社は，その者の請求により，利害関係人に対し異議があれば一定の期間内(3カ月を下ることができない)にこれを述べることができる旨を公告することができる(会220Ⅰ)．

V-1-3-16 (b) **新株予約権証券**(新株予約権付社債券)を発行している会社は，**新株予約権証券**(新株予約権付社債券)の提出の手続をとらなければならない(会293Ⅰ②，商登77⑤)．新株予約権証券(新株予約権付社債券)を提出できない場合の異議催告手続は(a)と同じである(会293Ⅳ＝220)．

V-1-3-17 (7) **組織変更の効力** 組織変更の効力発生日に，組織変更計画に定めたように株式会社の**定款は変更された**ものとみなされる(会745Ⅱ＝744Ⅰ②～④)．株式会社の株主は，組織変更計画に定めた事項に従い，持分会社の社員となり(会745Ⅲ＝744Ⅰ③)，社債交付の定めがある場合には，金銭等の割当てに関する事項についての定めに従い，持分会社の社債権者となる(会745Ⅳ)．株式会社の新株予約権は，効力発生日に，消滅する(会745Ⅴ)．これらの規定は，債権者保護手続(会779)が終了していない場合または組織変更を中止した場合には，適用しない(会745Ⅵ)．

組織変更の効力が生じた日から**2週間以内**に，その本店の所在地において，組織変更前の会社については**解散の登記**(商登71Ⅰ)をし，組織変更後の会社については**設立の登記**をしなければならない(会920，商登76～78．なお会976①参照)．支店においては3週間以内に登記する(会930Ⅲ)．

V-1-3-18 (8) **組織変更後持分会社の社員資本** 組織変更は単なる機関設計の変更に過ぎず，法人格の異動や取引が行われるわけでないので(相澤哲＝郡谷大輔＝和久友子「会社帳簿」省令の解説68頁)，会社は組織変更を理由に**資産・負債の評価替え**を行うことができない[6](計規7)．したがって，① 組織変更直前の株式会社の資本金の額が組織

V-1-3-19 (6) **他の法人からの組織変更の場合の資産・負債の帳簿価額** 会社以外の法人が，会社法以外の法令に基づき会社となる場合においては，会計帳簿に付すべき資産・負債の帳簿価額は，旧法人が，会社となる直前に付していた帳簿価額とする(計規10)．
会社以外の法人とは以下の法律に基づく法人である．

農業協同組合法	農業生産法人
金融商品取引法	会員証券取引所
商品取引所法	会員商品取引所
中小企業団体の組織に関する法律	企業組合等
金融機関の合併及び転換に関する法律	信用金庫，信用組合，労働金庫
保険業法	相互会社

変更後の持分会社の資本金の額となる(計規33①). 仮に, 純資産額が資本金の額に満たない場合, いわゆる欠損金が存する場合や債務超過(債務総額が資産総額を超過すること)である場合においても, 資本金を変更することは許されない(純資産額てん補責任は生じない). ② 資本準備金は存在しないため, **資本準備金額は, 全額, 資本剰余金**となる(計規33②イ). 持分会社には自己持分は存在せず, 株式会社が保有していた**自己株式**は, 組織変更の効力発生時に**消滅**し, その帳簿価額は, 消却と同様に扱われる(計規33②ロ). 組織変更に際して, 株主に, 持分会社以外の財産を交付する場合には, その財産の帳簿価額相当分を資本剰余金・利益剰余金のいずれかから減額する(計規33②ハ③ロ). ③ 利益剰余金も, 資本剰余金と同様の処理をする(計規33③). ④ 新株予約権が発行されていた場合, それはすべて消滅するので, 新株予約権の帳簿価額はゼロとなる(計規55Ⅳ②).

3 持分会社の株式会社への組織変更

1-3-20 **(1) 組織変更計画** 合名会社・合資会社・合同会社は, **社員全員の同意**により(会637. 定款で別段の定め可), 株式会社に組織を変更することができる(特例有限会社に組織変更することはできない). この場合には, 当該持分会社は, 組織変更計画において, 次に掲げる事項を定めなければならない.

1-3-21 (ア) 組織変更後の**株式会社**(組織変更後株式会社)の**内容**に関する事項として, ① 会社の目的, 商号, 本店の所在地および発行可能株式総数(会746Ⅰ①), ② 会社の定款で定める事項(会746Ⅰ②), ③ 取締役の氏名(会746Ⅰ③. 取締役会非設置会社の場合の代表取締役の選定は会349Ⅲによる), ④ 会社が会計参与設置会社である場合には, 会計参与の氏名または名称, ⑤ 会社が監査役設置会社(監査役の権限を会計監査に限定している会社を含む)である場合には, 監査役の氏名, ⑥ 会社が会計監査人設置会社である場合には, 会計監査人の氏名または名称(会746Ⅰ④. 事業年度の途中で持分会社が会計監査人設置会社となった場合には, 会計監査人は, 持分会社であった期間を含めて会計監査をしなければならない. 論点654頁). 公証人による定款の認証は不要である.

1-3-22 (イ) 社員に割り当てられる**株式に関する事項**として, ① 社員が組織変更に際して取得する株式の数またはその数の算定方法を定め, 種類株式発行会社にあっては, 株式の種類および種類ごとの数を定め(会746Ⅰ⑤), ② 社員に対する株式の割当てに関する事項(会746Ⅰ⑥)を定める.

1-3-23 (ウ) 組織変更に際し, 社員に**持分に代わる金銭等を交付**するときは表2に掲げる事項とこれらの金銭等の**割当てに関する事項**(会746Ⅰ⑦⑧)

1-3-24 (エ) **効力発生日**(会746Ⅰ⑨). この日に持分会社が株式会社となる(会747Ⅰ). 持分会社も効力発生日を変更することができる(会781Ⅱ=780).

1-3-25 **(2) 組織変更計画の承認** 持分会社は, 効力発生日の前日までに, 組織変更計画について**総社員の同意**を得なければならない. 株式会社の組織変更と異なり, **定款**

732　第Ⅴ編　会社の基礎の変更

表2　社員に交付する金銭等と定めなければならない事項

社債	当該社債の種類および種類ごとの各社債の金額の合計額またはその算定方法
新株予約権	当該新株予約権の内容および数またはその算定方法
新株予約権付社債	当該新株予約権付社債の社債と新株予約権の事項
社債・新株予約権以外の財産	当該財産の内容および数もしくは額またはこれらの算定方法

で要件を緩和することができ (会637・781Ⅰ), 組織変更計画の備置も不要である.

V-1-3-26　**(3) 債権者保護手続**　持分会社の社員の責任の変更があるので, 債権者保護手続が定められている (会781Ⅱ=779・740Ⅲ. なお会976㉖参照). ただし, ① **持分会社の計算書類の公告・催告は問題とならず** (779Ⅱ②の不準用), ② 組織変更の官報および日刊新聞または電子公告による公告による知れたる債権者への催告の省略は合同会社の場合に限られる (会781Ⅱ=779Ⅲ). 合名会社・合資会社が株式会社に組織変更する場合には, 債権者に対し大きな影響が及ぶので, **知れたる債権者への個別催告が必要である**.

V-1-3-27　**(4) 組織変更の効力**　組織変更の効力発生日に, 組織変更計画に定めたように持分会社の定款は変更されたものとみなされる (会747Ⅱ=746Ⅰ①②). 持分会社の社員は, 組織変更計画に定めた株式の割当てに関する事項または金銭等の割当てに関する事項に従い, 株主 (会747Ⅲ=746⑤⑥), 社債権者, 新株予約権者または新株予約権付社債についての社債の社債権者および当該新株予約権付社債に付された新株予約権の新株予約権者となる (会747Ⅳ①～③).

　組織変更の効力が生じた日から2週間以内に, その本店の所在地において, 組織変更前の会社については解散の登記 (商登98・111・118) をし, 組織変更後の会社については設立の登記をしなければならない (会920. なお商登107・114・123参照). 支店では3週間以内に登記する (会930Ⅲ).

V-1-3-28　**(5) 組織変更後株式会社の株主資本**　持分会社が組織変更をする場合には**資産・負債の評価替えはできない** (計規7). 持分会社が組織変更の直前に社員に対して有する**出資請求権**を資産として計上しているときは, 組織変更の直前に, 会社は, 当該債権を資産として**計上しないものと定めたものとみなす** (計規9Ⅰ). したがって, ① その持分会社が合名会社または合資会社である場合には, その債権について資本金に計上していた額だけ減少した後 (計規30Ⅱ③) の資本金額が組織変更後の会社の資本金の額となる (計規34①). 他方, その持分会社が合同会社である場合には, その債権を資産と計上しないこととしていても資本金の額が当然には減少せず (計規30Ⅱ③), その資本金額が組織変更後の会社の資本金額となる (計規34①). 当該債権につき資本金および資本剰余金に計上されていた額は資本剰余金から減額される

第3章　会社の組織変更　733

(計規31Ⅱ⑤)．② 持分会社には資本準備金は存在していないので，その額はゼロとなる (計規34②)．もっとも，その他資本剰余金の全部または一部を，組織変更の効力が発生した時に，資本準備金にすることは差し支えない (会451)．③ 組織変更の直前の持分会社の資本剰余金の額がその他資本剰余金の額となる．もっとも持分会社の社員に，組織変更後株式会社の株式以外の財産を交付したときには (会746⑧)，その帳簿価額相当分を資本剰余金・利益剰余金のいずれかから減額する (計規34③ロ・⑤ロ)．④ 利益準備金の額は零である (計規34④)．⑤ その他の利益剰余金の額は，資本剰余金の場合と同様の処理がなされる (計規34⑤)．また，株式会社となった日のその他資本剰余金額および利益剰余金額の合計額が，最終事業年度の末日の剰余金額とみなされる (計規150Ⅲ)．

4　違法な組織変更

1-3-29　手続に瑕疵があればその組織変更は無効である．会社法は，改正前商法と異なり[7]，明文規定を置き，**組織変更の効力が生じてから6カ月以内に限り，訴えをもって会社の組織変更の無効を主張でき** (会828Ⅰ⑥．形成訴訟)，被告は組織変更後の会社であるとしている (会834⑥)．提訴権者は，当該行為の効力が生じた日において組織変更をする会社の株主等 (＝株主，取締役，清算人，監査役，執行役) もしくは社員等 (＝社員・清算人) (会828Ⅱ①参照) であった者または組織変更後の会社の株主等，社員等，破産管財人もしくは組織変更について承認をしなかった債権者である (会828Ⅱ⑥)．

無効原因は，① 組織変更後の会社の定款に無効事由があること，② 組織変更後の会社の資本金の額の計上等が違法であること，③ 組織変更計画に対する総株主 (総社員) の同意がないこと[8]，④ 法定の組織変更計画等に関する書面等の不備置・不実記載，⑤ 新株予約権買取請求手続・債権者異議手続が履行されないこと等である．

組織変更の無効の訴えは**会社の組織に関する訴えの一つ**であるから，会社法835条から839条の規定の適用がある．会社は，将来に向かって，解散の場合に準じて清算される (大〔民聯〕判昭和13・12・26民集17巻2744頁〔高谷銀行事件〕) のではなく，**組織変更前の会社に復帰する**．組織変更の無効の訴えに係る請求を認容する判決が確定すると，裁判所書記官は，職権で，遅滞なく，各会社の本店の所在地を管轄する登

1-3-30　(7)　**改正前商法**　明文の規定がなかったので，通説は，設立無効の訴えの規定を類推適用 (大判昭和13・12・26民集17巻2744頁〔旧商法上の合資会社の株式会社への組織変更〕) または準用 (最三小判昭和46・6・29民集25巻4号711頁〔有限会社の株式会社への組織変更〕) していた．

1-3-31　(8)　**総株主 (総社員) の同意の効果**　総株主 (総社員) の同意があれば，組織変更の持分会社の社員の地位を付与するにつき各株主を不平等に取り扱っても違法ではない．組織変更における新株予約権の行使者の不平等な取扱いも，原則として新株予約権買取請求により解決されるべき問題であり，そのこと自体は組織変更の無効原因ではない (江頭864頁注2)．

記所に，組織変更後の会社については変更登記，組織変更をする会社は回復の登記を嘱託しなければならない（会937Ⅲ①）．支店の場合も同様である（会937Ⅳ）．

5 持分会社の種類の変更

V-1-3-32 会社法においては，合名会社，合資会社および合同会社は異なる会社類型ではないこと，および，**他の種類の持分会社となることは**，その社員の責任の態様が変動するだけで，会社の意思決定方式など会社の基礎の変更までをももたらすものではないことから，組織変更と捉えないで，**定款変更と理解している**［V-1-2-5］．組織変更と異なり**債権者保護手続は要求されない**．

V-1-3-33 （1）**合名会社** 合名会社は，① 有限責任社員を加入させる定款の変更またはその社員の一部を有限責任社員とする定款の変更をすることにより，合資会社に，② その社員の全部を有限責任社員とする定款変更により，合同会社になる（会638Ⅰ①〜③）．**合同会社の社員は出資の全額履行が必要であるため**（会578），②の場合において，合名会社の社員が，定款変更後の合同会社に対する出資に係る払込みまたは給付の全部または一部を履行していないときは，**定款の変更は，払込みまたは給付が完了した日に，その効力を生ずる**（会640Ⅰ）．無限責任社員は出資が労務の提供のときには，金銭その他の財産に変更しなければならない（会576Ⅰ⑥参照）．清算中の合名会社は合同会社に定款変更できない（会674④）．

V-1-3-34 （2）**合資会社** 合資会社は，① その社員の全部を無限責任社員とする定款の変更をすることにより，合名会社に，② その社員の全部を有限責任社員とする定款の変更をすることにより，合同会社になる（会638Ⅱ①②）．②の場合の定款の変更の効力の発生時期は，合資会社の社員が，定款変更後の合同会社に対する出資に係る払込みまたは給付の全部または一部を履行していないときは，払込みまたは給付が完了した日である（会640Ⅰ）．③ 合資会社の有限責任社員が退社したことにより会社の社員が無限責任社員のみとなった場合には，合名会社となる定款変更をしたものとみなされる（会639Ⅰ．商登113Ⅰ参照）．④ 合資会社の無限責任社員が退社したことにより会社の社員が有限責任社員のみとなった場合には，合同会社となる定款変更をしたものとみなされる（会639Ⅱ．商登113Ⅱ参照）．④の場合に，社員がその出資に係る払込みまたは給付の全部または一部を履行していないときは，**当該定款の変更をしたものとみなされる日から1カ月以内に，払込みまたは給付を完了しなければならない**．ただし，当該期間内に，合名会社または合資会社となる定款の変更をした場合は，この限りでない（会640Ⅱ）．清算中の合資会社は合同会社に定款変更できない（会674④）．

V-1-3-35 （3）**合同会社** 合同会社は，① その社員の全部を無限責任社員とする定款の変更をすることにより，合名会社に，② 無限責任社員を加入させる定款の変更またはその社員の一部を無限責任社員とする定款の変更をすることにより，合資会社

になる（会638Ⅲ①〜③）．

(4) 登　　記　持分会社が会社法638条の規定により他の種類の持分会社となったときは，定款変更の効力が生じた日から**2週間以内**に，その本店の所在地において，種類の変更前の持分会社については解散の登記をし，種類の変更後の持分会社については設立の登記をしなければならない（会919．なお商登104〜106・113・122参照）．

(5) 社員の責任　① 有限責任社員が無限責任社員となった場合には，その者は無限責任社員となる前に生じた会社の債務につき無限責任を負う（会583Ⅰ）．② 有限責任社員（合同会社の社員を除く）が出資の価額を減少した場合であっても，有限責任社員はその旨の登記をする前に生じた持分会社の債務については，従前の責任の範囲内で弁済する責任を負う（会583Ⅱ）．また，③ 無限責任社員が有限責任社員となった場合には，その旨の登記をする前に生じた持分会社の債務につき無限責任を負う（会583Ⅲ）．②③の責任は，登記後2年以内に請求または請求の予告をしない持分会社の債権者に対しては，登記後2年を経過した時に消滅する（会583Ⅳ）．

第4章　組織再編等

1　総　　説

組織再編は会社の経営政策にとって重要であること，および，組織再編に関するルールを予め定めておけば当事者にとっては便宜であることより，会社法は，組織再編規定を定めている．最初に，実体法を定め（会第2章から第4章），次いで手続法を定めている（会第5章）．組織再編には，吸収型と新設型とがあり，**吸収型再編は吸収合併，吸収分割および株式交換**（以下「吸収合併等」という．会782Ⅰ参照）であり（計規2Ⅲ㉝参照），**新設型再編は，新設合併，新設分割および株式移転**（以下「新設合併等」という．会804Ⅳ参照）であるが（計規2Ⅲ㊶参照．設立株式会社の設立には，会27（④・⑤を除く）・29・31・39・第2編第1章第6節および49の規定は適用される．会814Ⅰ），会社法は，初めに吸収型を定め，次に新設型を定める（例えば会第2章「合併」は第2節「吸収合併」，第3節「新設合併」である）．次いで，同じ類型であれば，株式会社に関する規定を定め，次に持分会社に関する規定を定めている（例えば会第2節第1款は株式会社，第2款は持分会社の規定である）．手続規定は，個々の行為を分けて規定しないで，吸収型と新設型に分けて，それぞれ一括して規定し，まず吸収型を定め，次いで新設型を定めている（例えば会第5章第2款は吸収合併等を定める）．各款では，消滅会社に関する規定を最初に定め（第1款），次に存続会社ないし新設会社（第2款）を定め，各目では最初に株式会社を定め（第1目），その後に持分会社を定める（第2目）という形式をとっている．

事業譲渡等は，組織再編を理解するための前提的概念であるので，初めに事業譲

渡等を説明する．

2　事業譲渡等

V-1-4-2　(1) 総　説　持分会社の場合には特段の規定が定められていないが，株式会社は，① その事業の全部の譲渡(1)，② 事業の重要な一部の譲渡(2)，③ 他の会社

V-1-4-3　(1) 事業譲渡と合併との比較　① 事業譲渡（I-1-4-16参照）は取引法上の契約であるが，合併は団体法ないし組織法上の契約である．② 事業譲渡では譲渡会社の財産が譲受会社に**個別的に承継される**ので，個々の財産の移転手続が必要である．債務を承継させるには，免責的債務，債務者交替による更改（民514）が必要で，債権者の個別的同意が必要である．特定財産・債務の不承継も認められ，債務が移転しない場合であっても，譲受会社は債務を弁済しなければならない場合がある（会22Ⅰ・23Ⅰ）．これに対し，合併では消滅会社の全財産が包括承継されるので，個々の財産の移転手続は不要であるが，不動産など対抗要件を満たす必要があるものは個別にその手続をとる必要がある．また，特定財産・債務の不承継は認められない．③ 合併では当然に会社の少なくとも一方が解散・消滅し，株主が合併の対価を受け取るが，事業譲渡では譲渡会社が事業の全部を譲渡しても**当然には解散せず**，**譲渡会社の株主**は，**事業譲渡の対価を受け取らない**．④ 事業譲渡では，譲渡会社は債権者の承諾を得て譲受人に免責的債務引受をさせない限り債務を免れないので**債権者保護手続は規定されていない**が，合併では消滅会社の債務は当然に存続会社または新設会社に引き継がれるため，合併には債権者保護手続がある（会789Ⅰ①・793Ⅱ・799Ⅰ①・802Ⅱ）．⑤ 事業譲渡契約の内容は**法定されていない**が，合併は組織法の行為であるため，合併契約（計画）の内容が法定されている（会749Ⅰ・751Ⅰ・753Ⅰ・755Ⅰ）．⑥ 合併では事前・事後の開示が法定されているが，事業譲渡には**開示が要求されていない**．⑦ 略式合併では**株主に差止請求が認められる**が（[V-1-4-115] 会784Ⅱ・796Ⅱ），事業譲渡の場合には**認められない** [V-1-4-15]．⑧ 合併には合併無効の訴え（会828Ⅰ⑦⑧）が用意されているが，事業譲渡にはこれがない．しかし，① 原則として株主総会の特別決議が要求されている点（会309Ⅱ⑪⑫），② 略式手続（事業譲渡等につき会468Ⅰ，吸収合併につき会784Ⅰ）および簡易手続（事業譲渡等につき会468Ⅱ，吸収合併につき会796Ⅲ）が認められる点，および③ 反対株主に株式買取請求権が認められる点（会469・785・797・806）は共通している．

V-1-4-4　(2) 重要な一部の譲渡　平成17（2005）年改正前商法は「重要ナル一部ノ譲渡」（245Ⅰ①）のみしか規定していなかったので，何が重要か問題となった．**重要は質・量の両面から判断される**が，会社法は，「量の判断」に関しては「譲渡資産の帳簿価額が当該株式会社の総資産額の5分の1を超える」〔定款で厳格化可〕としてその範囲の一部を明らかにしている（会467Ⅰ②括弧書）．質の判断は，競業避止義務が譲渡会社の収益や譲渡後の事業活動に与える影響が重大かどうかで行われる（論点660頁）．5分の1を超える資産の移転があっても，**譲渡される事業が重要なものでなければ株主総会の決議を要しない**（会社分割の場合には，総資産額の5分の1〔定款で**厳格化可**〕を超える資産の移転がされる場合には，承継される権利義務の質的な重要性のいかんを問わず，**株主総会の決議が必要**である．会796Ⅲ）．上記株式会社の総資産額は，算定基準日における　① 資本金の額，② 資本準備金の額，③ 利益準備金の額，④ 剰余金の額，⑤ 最終事業年度の末日における評価・換算差額等に係る額，⑥ 最終事業年度の末日において負債の部に計上した額，⑦ 最終事業年度の末日後に吸収合併，吸収分割による他の会社の事業に係る権利義務の承継または他の会社（外国会社を含む）の事業の全部の譲受けをしたときは，これらの行為により承継または譲受けをした負債の額，⑧ 新株予約権の帳簿価額を合計した額から，⑨ 自己株式および自己新株予約権の帳簿価額の合計額を減じて得た額であるが（会施規134Ⅰ），譲渡会社が清算中の会社であるときには，貸借対照表の資産の部に計上した額が総資産額である（会施規134Ⅱ）．算定基準日とは，譲渡契約を締結した日また

（外国会社その他の法人を含む）の事業の全部の譲受け，④ 事業の全部の賃貸[3]，事業の全部の経営の委任[4]，他人と事業上の損益の全部を共通にする契約[5]その他これに準ずる契約の締結，変更または解約（以下「事業譲渡等」という．会468Ⅰ）をなすには，簡易手続または略式手続の要件に該当しない限り，**株主総会の特別決議**（会309Ⅱ⑪．特例有限会社の場合には，総株主の半数以上であって，当該株主の議決権の4分の3以上の賛成．整備法14Ⅲ）によって，当該行為に係る契約の承認を受けなければならない[6]（会467Ⅰ①〜④．定款でその他の要件を加重できる．なお会536Ⅲ［Ⅵ-1-2-76］参照）．解散決議をした後であっても同様である（東京高判昭和53・5・24判タ368号248頁）．事業譲渡等は会社の取引行為であるが，会社の将来に重大な影響を及ぼすからである[7]．

③の行為の場合に，譲渡会社が株式会社の場合には，譲渡会社の株主総会の承認

は契約で契約締結日とは異なる時を定めた場合にはその時である．

-1-4-5　（3）**事業の賃貸**　事業全部の賃貸借契約（独 Betriebspachtvertrag）が締結されると，賃貸借期間中，賃借人が，自己の名・自己の計算において事業全部の使用・収益を行う（民601参照．事業の賃貸借による競争の実質的制限が肯定された事例として東京高判昭和26・9・1 高民集4巻14号497頁．事業の賃貸借に会22Ⅰ（改正前商26Ⅰ）が類推適用された事例として東京高判平成13・10・1 金判1129号13頁，東京地判平成16・4・14判時1867号133頁）．

-1-4-6　（4）**事業全部の経営の委任**　事業全部の経営を他人に委任し，受任者は委任会社の名前で事業の経営を行う（ゴルフ場の経営を受任した会社に会22Ⅰ［改正前商26Ⅰ］の類推適用を否定した事例として東京高判平成14・8・30金判1158号21頁．なお，保険業144-150参照）．**事業の損益が委任会社に帰属する場合（経営管理契約）と受任者に帰属する場合（狭義の経営委任．独 Betriebsüberlassungsvertrag）とがある**．なお，高橋美加「経営委託契約における会社法22条1項の類推適用について――ゴルフ場経営の事例を中心に」『（江頭先生還暦記念）企業法の理論』165頁参照．

-1-4-7　（5）**損益共同契約**　これは会社が他人と一定期間における事業上の損益全部を合算した上で，それをあらかじめ合意した割合で各自に分配する旨の契約（独 Gewinngemeinschaft）である．民法上の組合契約の一種である．これに準ずる契約には，一方の会社が他方に対し事業上の利益全部の引渡義務を負い，これと引換に毎事業年度一定の金銭の支払を受ける（損失が出れば補償を受ける）権利を有する契約（**利益引渡契約**．独 Gewinnabführungsvertrag）などが考えられる．

-1-4-8　（6）**株主総会参考書類記載事項**　書面投票・電磁的方法による投票を行う会社では，株主総会参考書類に，事業譲渡等を行う理由，契約内容の概要，対価または対価の算定の相当性に関する事項の概要が記載されなければならない（会施規92．なお府令20参照）．

-1-4-9　（7）**業法等**　① 業種によっては事業の譲渡・譲受けは主務大臣の認可（銀行30Ⅲ・52の35Ⅲ，保険業142Ⅰ，信託業39，道運36Ⅰ，倉庫18Ⅰ，鉄事26Ⅰ，海運18Ⅱ，港湾運送18Ⅰなど）あるいは届出（旅行15Ⅰ，電通事17Ⅱ，貨物利運14Ⅱ）が要求される．② 再生手続開始後は，事業の全部・重要な一部の譲渡をするには裁判所の許可が必要である（民再42）．再生債務者である会社が債務超過の場合には，株主総会の承認に代わる代替許可制度がある（民再43［Ⅵ-1-2-116］）．③ 更生手続開始後更生計画案を決議に付する旨の決定がされるまでの間は，事業の全部・重要な一部の譲渡をするには裁判所の許可が必要である（会更46Ⅱ〜Ⅹ）．更生手続開始後は，更生計画の定め（会更167Ⅱ）によらなければ譲渡できない（会更46Ⅰ）．定めのない譲渡をするには更生計画の変更が必要である（会更233ⅠⅡ）．④ 銀行等の一定の業種の事業譲渡・譲受けには，債権者異議手続が定められ，異議を述べないと事業譲渡・譲受けを承認したものとみなされる（銀行34・35，無尽21ノ4）．

表3 組織再編行為等の規制内容

	事業譲渡	吸収型 再編			新設型 再編		
		吸収合併	吸収分割	株式交換	新設合併	新設分割	株式移転
基本形	A社⇨B社	A社⇨B社	A社⇨B社	A社⇨B社	A社とA₁社⇨B社	A社⇨B社	A社⇨B社
対象	事業	消滅会社	権利義務	株式	消滅会社	権利義務	株式
契約・計画事項の法定	—	B株749 I B持751 I	B株758 I B持760 I	B株768 I B合770 I	B株753 I B持755 I	B株763 I B持765 I	B株773
事前開示（A社） （B社）		782 I 794 I	782 I 794 I	782 I 794 I	803 I	803 I	803 I
登録株式質権者・登録新株予約権質権者に対する通知（公告）		A783 V	A783 V	A783 V	—	—	—
総会決議（A社）	467 I ①②	783 I	783 I	783 I	804 I	804 I	804 I
株式買取請求権	469	785 I	785 I	785 I	806 I	806 I	806 I
略式手続	468 I	784 I	784 I	784 I	—	—	—
（株主の差止請求権）		784 II	784 II	784 II			
簡易手続	467 I ②	—	784 III			805	
新株予約権者の新株予約権買取請求権		787 I （効力発生日前）	787 I （効力発生日前）	787 I （効力発生日前）	808 I （決議後）	808 I （決議後）	808 I （決議後）
総会決議（B社）	*467 I ③	795 I	795 I	795 I			
株式買取請求権	*469 I II	797 I	797 I	797 I			
略式手続	*468 I II	796 I	796 I	796 I			
（株主の差止請求権） 簡易手続		796 II 796 III	796 II 796 III	796 II 796 III			
債権者保護手続（A社）		株789 I ① 持793 II	株789 I ② 合793 II	株789 I ③	株810 I ① 持813 II	株810 I ② 合813 II	株810 I ③
個別催告省略の可否		○（株・持）	○（株・合）		○（株・持）	○（株・合）	
特則（重畳責任）			株759 II			株764 II	
債権者保護手続（B社）		株799 I ① 持802 II	株799 I ② 持802 II	株799 I ③ 合802 II			
株券提出公告		A219⑥		A219⑦	A社とA₁社 219⑥		A219⑧
新株予約権証券提出公告		A293 I ③	A293 I ④	A293 I ⑥	A293 I ③	A293 I ⑤	A293 I ⑦
登録株式質権者・登録新株予約権質権者に対する通知（公告）					A社とA₁社 804 IV	A804 IV	A804 IV
効力発生日	契約で定めた日（467 I）	契約で定めた日（750 I・752 I）	契約で定めた日（759 I・761 I）	契約で定めた日（769 I・771 I）	設立登記日（754 I・756 I）	設立登記日（764 I・766 I）	設立登記日（774 I）
事後開示（A社）	—	—	791 II	791 II	株811 II 合815 II	株811 II	
（B社）	—	801 III ①	801 III ②	801 III ③	815 III ①	株815 III ②	815 III ③
登記		921	923		922	924	925
無効の訴え		828 I ⑦	828 I ⑨	828 I ⑪	828 I ⑧	828 I ⑩	828 I ⑫

（注） 株＝株式会社 持＝持分会社 合＝合同会社
＊は，基本形の特例で，他の会社（外国会社その他の法人を含む）の事業の全部の譲受け

決議と譲受会社の株主総会の承認決議を要するのが原則である（譲渡会社が略式譲渡［Ⅴ-1-4-15］に該当する場合は，譲渡会社の承認決議不要で，譲受会社の簡易譲受け［Ⅴ-1-4-12］または略式譲受け［Ⅴ-1-4-15］に該当する場合は，譲受会社の承認決議不要である）。そして譲受資産に譲受会社の自己株式が含まれているときは（会155⑩参照），譲受会社の株主総会において，取締役は，当該株式に関する事項を説明しなければならない（会467Ⅱ．会795Ⅲと同趣旨．なお会469Ⅲ参照）。

事業譲渡等をするには，取締役会設置会社であれば，取締役会の決議（会362ⅣⅠ），所定の要件を満たせば特別取締役の会議（会373）を経て契約を締結する（なお金商166Ⅱ①ヲ参照）。委員会設置会社においては，株主総会の決議による承認を要しない契約内容の決定（簡易手続・略式手続の場合）は，執行役に委任することができる（会416Ⅳ⑮）。

事業譲渡等をしようとする株式会社は，**効力発生日の20日前までに**，その**株主に対して**，事業譲渡等をする旨（他の会社の事業全部の譲り受けの際に自己株式が含まれている場合には，自己株式に関する事項も）を**通知**しなければならないが（会469Ⅲ．なお会施規92参照），その**会社が公開会社**で，**事業譲渡等につき株主総会の承認を受けた場合**には，**公告をもって通知に代えることができる**（会469Ⅳ）。

総会決議が必要なときに，これを欠く事業譲渡・譲受けは**無効**である[8]。判例によると，譲渡会社ないしその利害関係人のみが無効を主張することができ，譲受会社がこれを主張することができないとすると，譲受会社は譲渡会社ないしその利害関係人が無効を主張するまで事業譲渡を有効なものと扱うことを余儀なくされるなど著しく不安定な立場におかれるので，**譲渡会社・譲渡会社の株主・債権者等の利害関係人のほか，譲受会社も無効を主張することができる**。しかし会社法467条1項1号違反を契約後約20年経過してから主張することは，信義則に反し許されない（最一小判昭和61・9・11判時1215号125頁〔三条機械製作所事件〕＝会社法百選6事件）。

反対株主には株式買取請求権が認められる（［Ⅱ-2-1-13］会469・470表1参照）が，事業全部の譲渡の決議と同時に解散決議がされた場合は買取請求権は認められない（会469Ⅰ但書）。清算中には会社債権者への弁済を優先させる趣旨である．

Ⅴ-1-4-11　**（2）簡易手続**　簡易手続とは，事業を譲渡する側にとって規模が小さい場合には譲渡会社の株主総会決議を不要とし，譲り受ける側が支払う対価の規模が小さい場合には譲受会社の株主総会決議を不要として，株式会社の負担の軽減を図る制度

Ⅴ-1-4-10　（8）**無効の主張**　譲受人は事業譲渡が重要か否か必ずしもわからないので，特別決議を経なければ元来は無効であるが，このような場合であることを知らず，かつ知らないことに重大な過失もない譲受人に対しては無効を主張することがきないと解する説（相対説）が学説では有力である（鈴木＝竹内249頁注8，落合誠一・昭和61年度重要判例解説100頁）。重要か否かの判断は困難であるので相対説を支持する．反対説（江頭862頁注8，青竹431頁，北村・法教320号203頁）は，譲渡会社の株主の保護を根拠とする．

である．平成17（2005）年改正前商法は，営業全部の譲受けの場合に限り簡易手続を認め（改正前商245ノ5Ⅰ），その基準は5％としていたが，会社法は，事業譲渡等にも簡易手続を認め，基準も20％に緩和している（他の場合の簡易手続の場合もすべて20％基準に緩和されている．[V-1-4-110][V-1-4-112])．

　　(a)「事業の重要な一部の譲渡」の場合であって，譲渡する資産が譲渡会社にとって小さい（譲渡資産の帳簿価額が当該株式会社の「総資産額の5分の1」〔定款で厳格化可〕を超えないもの．会施規134）場合には，譲渡会社の株主総会の決議は不要である（簡易譲渡．会467Ⅰ②括弧書．なお産業再生12の3参照）．

V-1-4-12　(b)「他の会社（外国会社その他の法人を含む）の事業の全部を譲受け」は，実質的には吸収合併，吸収分割の場合の事業全部の承継に相当するので，事業全部の譲受け資産の対価として交付される財産の帳簿価額が譲受会社の「純資産額[9]の20％以下」（定款で厳格化可能）であれば，譲受会社の株主総会の決議は不要である（簡易譲受け．会468Ⅱ．なお産業再生12の2参照）．譲受会社にとっては，金銭を支払い，事業というリスク資産を取得することになるので，純資産（総資産－総負債）にどの程度のリスクが生じるかが重要だからである．

　　ただし(b)の場合に，法務省令で定める数の株式[10]（事業譲渡等の承認総会において議決権を行使することができるものに限る）を有する株主が通知・公告の日から2週間以内に簡易手続に反対である旨を通知を譲受会社にしたときは，原則に戻って，会社は，効力発生日の前日までに，株主総会の決議によって，当該行為に係る契約の承認を受けなければならない（会468Ⅲ）．

　　簡易手続の場合，総会は開催されないが，会社の行為に不満の株主には**株式買取請求権**が認められる（会469Ⅱ②）．

V-1-4-15　(3)　**略式手続**　特別支配会社とは，「ある株式会社の総株主の議決権の10分の9（定款で厳格化可）以上を他の会社および当該他の会社が発行済株式の全部を有する株式会社その他これに準ずるものとして法務省令で定める法人が有している場合

V-1-4-13　[9]　**純資産額**　法務省令で定める方法は，「算定基準日」における① 資本金の額，② 資本準備金の額，③ 利益準備金の額，④ 剰余金の額，⑤ 最終事業年度の末日における評価・換算差額等に係る額および⑥ 新株予約権の帳簿価額の合計額から，⑦ 自己株式および自己新株予約権の帳簿価額の合計額を減じて得た額（当該額が500万円を下回る場合にあっては，500万円）をもって株式会社の純資産額とする方法であるが（会施規137Ⅰ），譲受会社が清算株式会社である場合には，清算貸借対照表の資産の部に計上した額から負債の部に計上した額を減じて得た額（当該額が500万円を下回る場合にあっては，500万円）をもって株式会社の純資産額とする方法である（会施規137Ⅱ）．

V-1-4-14　[10]　**株式の数**　法務省令で定める数は，① 総株主の議決権の6の1，② 定款の定めにより特別決議の定足数を変更した場合に，決議の成立を阻止できる議決権割合，または③ 定款で定めた数のいずれか小さい数である（会施規138）．①の6分の1は，株主総会の承認決議は，過半数が出席（2分の1）し，その3分の1が反対すれば阻止することができることから定められた数字である．

における当該他の会社」である$^{(11)}$(会468Ⅰ。なお会更46Ⅷ参照)。① 「事業譲渡等」([V-1-4-2] 会468Ⅰ)に係る契約の相手方(B社)が,「事業譲渡等をする株式会社」(A社)の「特別支配会社」であるときには, A社が株主総会を開催しても, 承認されるであろうから, A社の株主総会決議は不要である(会468Ⅰ. 委員会設置会社においては, 執行役への委任可[会416Ⅳ⑮])。逆に② A社(株式会社である必要はなく, 外国会社その他の法人でもよい)はB株式会社の特別支配会社であって, B社がA社の「事業全部の譲受け」をするときには, B社の株主総会決議は不要である(会468Ⅰ)。この場合にも, B社が株主総会を開催しても, 承認されるであろうからである。これらは会社法が新設した制度である.

略式組織再編の場合([V-1-4-115] 会784Ⅱ·796Ⅱ対比)と異なり, **株主に差止請求権は認められない**.

1-4-17 **(4) 事業譲渡の計算** **(ア) 事業分離等会計基準** 事業分離等会計基準によると, **事業分離**とは, ある企業(会社および会社に準ずる事業体をいう)を構成する事業を他の企業(新設される企業を含む)に移転することをいい(事業分離等会計基準4項), **分離元企業**とは, 事業分離において, 事業を移転する企業をいい(事業分離等会計基準5項), **分離先企業**とは, 事業分離において, 分離元企業からその事業を受け入れる企業(新設される企業を含む)をいう(事業分離等会計基準6項). したがって, 事業譲渡には事業分離等会計基準の適用がある(事業分離等会計基準1·62項参照). 事業分離等会計基準によると, 企業結合会計基準が使用する「**投資の継続・非継続**」という考えは([V-1-4-142][V-1-4-143]参照), **事業分離等にも適用可能**である. 即ち, ① 売却(対価が現金および現金等価物のとき)や異種資産の交換の場合には, 投資の清算とみて, 移転損益や交換損益を認識するとともに, 改めて時価にて投資を行ったと考える.

② 移転した事業に関する投資がそのまま継続しているとみる場合や, 子会社株式や関連会社となる分離先企業の株式のみを対価として受け取る場合には, 移転した事業に関する事業投資をそのまま継続しているとみて, 移転損益や交換損益を認識せず, 交換直前の帳簿価額がそのまま投資原価となると考える(事業分離等会計基準10·70項).

1-4-18 **(イ) 株式の特別勘定** 譲渡対価を譲渡する財産の直前の帳簿価額で評価する場合であって, 譲渡する財産の直前の帳簿価額が**簿価債務超過**となっており, かつ, **譲渡対価に株式が含まれている場合**(譲渡譲受会社においては, 現物出資となっている場合)には, その株式に付すべき帳簿価額となるべき額はマイナスとなるが, 譲渡会社は

1-4-16 (11) **間接所有** 法務省令が定める間接所有とは, ① 他の会社がその持分の全部を有する法人(株式会社を除く)を通して所有するか, ② 他の会社および特定完全子法人がその持分の全部を有する法人を通して所有するか, ③ 特定完全子法人がその持分の全部を有する法人を通して所有していることである(会施規136Ⅰ). 特定完全子法人とは, 他の会社が発行済株式の全部を有する株式会社および①の法人をいう.

資産である株式にマイナス価額を付することはできないので，**株式の特別勘定として，当該マイナス相当額を負債に計上することができる**(計規12)．ただし，譲渡会社が事業譲渡前に，譲受会社の株式(先行取得分)を保有している場合には，当該先行取得分の帳簿額から，負債に計上すべき額を減額し，先行取得分では減額しきれない部分が負債として計上される(企業結合会計基準等適用指針395項)．

V-1-4-19　**(5) 事業譲受会社の計算**　① 株式会社が他の会社の事業を譲り受けることは，通常対価が現金であるから，他の企業を構成する事業に対する支配を獲得することになり，企業結合における「取得」に該当するので(企業結合会計基準19項参照)，パーチェス法[V-1-4-145]が適用される．対価(時価)と取得原価の差額はのれんまたは負ののれんとして処理される(企業結合会計基準31項)．

② 事業の譲受会社とその相手方(譲渡会社)が「共通支配下関係」[V-1-4-147]にあるものとして計算すべき場合には，取得する財産は譲渡会社の当該事業譲渡の直前の簿価で評価される(企業結合会計基準41項)．

3　組織再編行為

V-1-4-20　**(1) 合　併**　合併(米 statutory merger：英 amalgamation：独 Verschmelzung oder Fusion：仏 fusion：伊 fusione：西 fusión)とは，**2以上の会社が契約**(団体法ないし組織法上の特殊の契約)**によって合体し，1つの会社となること**である[(12)]．合併には，「他の会社とする合併であって，合併により消滅する会社の権利義務の全部を合併後存続する会社に承継させるもの」と，「2以上の会社がする合併であって，合併により消滅する会社の権利義務の全部を合併により設立する会社に承継されるもの」とがある．前者を**吸収合併**(米 merger：英 merger by aquisition：独 Verschmelzung durch Aufname：仏 fusion-absorption ou an-

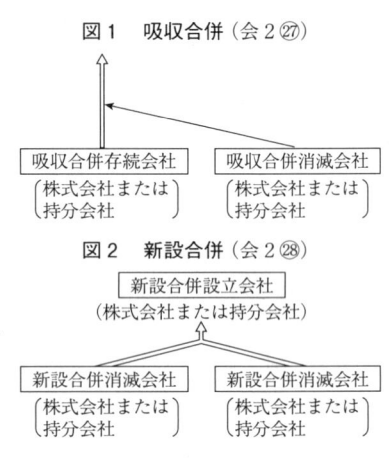

図1　吸収合併(会2㉗)

吸収合併存続会社　吸収合併消滅会社
(株式会社または　　(株式会社または
　持分会社)　　　　　持分会社)

図2　新設合併(会2㉘)

新設合併設立会社
(株式会社または持分会社)

新設合併消滅会社　新設合併消滅会社
(株式会社または　(株式会社または
　持分会社)　　　　持分会社)

V-1-4-21　(12) **合併本質論**　合併の本質(合併対価が存続会社または新設会社の株式のとき)については，本文のように説く**人格合一説**が通説であるが，消滅会社の事業全部を現物出資とする存続会社の資本増加または新会社の設立と解する**現物出資説**(大隅健一郎「会社合併の本質」『会社法の諸問題(増補版)』349頁以下)や消滅会社の株主がその地位を存続会社または新設会社に現物出資すると解する株主現物出資説(服部栄三「会社合併の基本的性質」『株式の本質と会社の能力』209頁以下)も唱えられていた．合併の対価が株式に限定されなくなったことから，現物出資説はその基礎を失ったと解するが(柴田和史・法時76巻4号30頁)，合併全体の性格に変更はないとする説(竹中・新会社法の基本問題309・310頁)もある．合併本質論は，余り実益がある議論とはいえない．

nexion：伊 fusione per incorporazione：西 fusión por absorción）（会2㉗），後者を**新設合併**（米 模範事業会社法はもはや consolidation なる用語が使用していないが，いくつかの州はこの用語を使用している；英 merger by formation of a new company：独 Verschmerzung durch Neubildung：仏 fusion par création nouvelle d'une société ou fusion-réunion：伊 fusione in senso proprio：西 fusión por creación de nueva sociedad）という（会2㉘）．吸収合併では，合併の効力発生日（合併期日）に合併の効力が発生し（会749Ⅰ⑥・750Ⅲ），当事会社の一部が解散する（会471④・641⑤）と同時に清算手続を経ることなく消滅し（会475①），消滅会社の**権利義務は包括的に存続会社に承継される**(13)（会750Ⅰ・752Ⅰ．なお民398の9参照．消滅会社の債務を承継しない旨の総会決議は強行法に反し無効である．大判大正6・9・26民録23輯1498頁〔広島魚市事件〕＝会社百選4版80事件)(14)(15)．会社はすべての種類の会社

1-4-22 （13）**公法上の権利義務・刑事責任等の承継** 合併により解散会社の公法上の権利・義務が存続会社・新設会社に承継されるか否かは，明文で定められる場合を除き（国税通則法6，地方税法9の3，鉄道事業法26Ⅳ，軌道法26＝鉄道事業法26Ⅳ，道路運送法36Ⅳ，電気通信事業法16Ⅳ，電気事業法11Ⅰ，ガス事業法11Ⅰ），当該公法上の制度の趣旨に従い個別に判断される（欠損金額の繰越控除は，操作の許される事業年度間に経理方法に一貫した同一性が継続維持されることを前提として認められるので，合併存続会社に被吸収会社の経理関係全体がそのまま継続するものとは考えられない合併にあっては，存続会社が被吸収会社の欠損金額繰越控除の特典を承継することができない．最一小判昭和43・5・2民集22巻5号1067頁〔行田電線事件〕，広島地判平成2・1・25行裁例集41巻1号42頁〔サンエス事件〕参照）．存続会社・新設会社に対し解散会社の刑事責任を追求することはできないが（最判昭和59・2・24刑集38巻4号1287頁〔出光興産事件〕），確定済みの罰金刑等は，存続会社等に承継される（刑訴492）．刑事手続が係属中であったり今後刑事訴追が予想される会社を消滅会社として合併を行おうとする場合には，取締役等が処罰される場合がある（法人ノ役員処罰ニ関スル法律1）．存続会社等は消滅会社の課徴金を負担しなければならない（独禁7の2Ⅴ）．解散会社が当事者である民事訴訟は，合併により中断し，存続会社等が受け継ぐ（民訴124Ⅰ②）．解散会社を被告とする会社法上の訴えも，合併により訴えの利益が消滅する例外的なもの（取締役選任決議取消しの訴え等）を除き，原則として，存続会社等に承継される．

1-4-23 （14）**改正前商法の状況** 平成17（2005）年改正前商法では，合併をする会社の一方または双方が株式会社であるときは，吸収合併における存続会社および新設合併における新設会社は株式会社であることが必要であった（改正前商56Ⅱ）．これは，合名会社・合資会社を存続会社・新設会社とすることを認める実益に乏しく，これを認めると社員の責任の加重，持分譲渡の制限等の複雑な問題が生じるからであるとされていた．しかし会社法は，存続会社・新設会社の社員となる株主全員の同意を要するとすれば，株主の利益を害することにはならないし，持分会社には社員の全員が有限責任である合同会社も認められたことから，① 吸収合併において，株式会社・持分会社のいずれも存続会社となることを認め（会749Ⅰ・751Ⅰ），② 新設合併においても，株式会社・持分会社のいずれもが新設会社となることを認めている（会753Ⅰ・755Ⅰ）．

1-4-24 （15）**根抵当権者または債務者の合併等** 元本の確定前に法人の合併があったときには，それが根抵当権者の側であるか債務者の側であるかを問わず，合併後存続する法人または合併によって設立された法人が，合併の時に存する債権（債務者側の合併の場合，債務）のほか，合併後に取得する債権（債務者側の合併の場合，債務）を担保する（民398の9Ⅰ）．この場合に，根抵当権設定者は，その合併のあったことを知った時から2週間以内，または合併の日から1ヵ月以内において根抵当権の確定請求ができ（民398の9Ⅲ），この請求があったときは，合併の時に確定したものとみなされる（民398の9Ⅳ）．ただし根抵当権設定者が債務者の場合に

間において合併をすることができる（会748. 特例有限会社は吸収合併存続会社になることができない．整備法37．なお持分会社が消滅会社になるときは，社員に対する出資請求権を資産として計上していても，合併の直前に，当該債権を資産として計上しないものと定めたものとみなされる．計規9Ⅱ＝9Ⅰ[V-1-3-28]）．清算中の会社は存立中の会社を存続会社とする場合に限り合併をすることができる(16)（会474①・643①）．この場合の合併は清算を簡単にするための便法であるからである．更生手続中の会社は，更生手続により合併することができる（会更45Ⅰ⑦・180・181）．破産手続の会社は合併できない．日本法に基づき設立された会社と外国会社との合併も可能である（なお江頭767頁参照）．

合併には，いわゆる三角合併も存在する．三角合併（米 triangular merger）とは，**存続会社が消滅会社の株主に対して，存続会社自身の株式ではなく，存続会社の親会社の株式を交付する合併である**(17)（なお会800・802Ⅱ．結合・分離等指針82項参照．米シティグループと日興コーディアルグループの三角合併が我が国の最初の三角合併である）．

図3　三角合併

新設合併では新設会社が改めて事業に必要な許認可や株式の上場手続を採らなければならないこと，すべての当事会社の株主に新株券を発行するために多くの手数と費用がかかること，登録免許税が高くつくこと（登税2・9・別表第1の19㈠ホ・ヘ）などの理由か

は，確定請求できない（民398の9Ⅲ但書）．
　分社分割の場合も民法398の9と同趣旨の規定が民法398の10で規定されている．

V-1-4-25　(16)　**清算中の会社の合併**　清算の結了により会社の法人格が消滅したというためには，清算事務の終了（会507Ⅰ）では足りず，株主総会による決算報告の承認を要するから（会507Ⅲ），後者の手続終了前に履行された合併は，不存在とはいえない（最判昭和59・2・24刑集38巻4号1287頁［石油カルテル事件］）．

V-1-4-26　(17)　**銀行持株会社化のための三角合併**　「銀行持株会社の創設のための銀行等に係る合併手続の特例等に関する法律」（平成9年法律121号）は，銀行・長期信用銀行に，持株会社を創設するための特則（三角合併方式）を認めていた（図4参照）．これによると，①まず既存の金融機関（A社）が100％子会社（B社）を設立し，次いでB社が100％子会社であるC社を設立する．続いて②　A社とC社が，C社を存続会社とする吸収合併を行う．合併契約書には，A社の株主甲が，当該合併により受けるC社株式をB社に現物出資し，B社は甲にB社の株式を発行することが条件として定められている（同3Ⅰ）．その結果③　吸収合併が行われると，C社は，C社株式を甲に交付しないで，直接B社に交付し，これによって現物出資の給付があったものとみなされる（同7Ⅰ）．平成11（1999）年にもっと簡便な株式交換・移転制度が新設されたため，この方式の利用例はなく，会社法の制定に伴って同法は廃止されている（整備法63）．

図4　銀行持株会社化のための三角合併

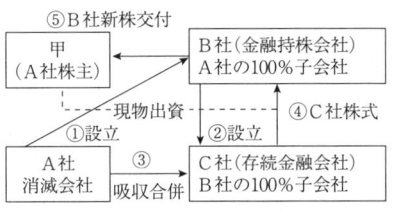

ら，実務上は，会社の経済力の如何を問わず，吸収合併が圧倒的に多く利用されている．

合併は，企業規模の拡大による競争力の強化，企業グループの再編成による経営の合理化・効率化，業績不振会社の救済，資産・技術・免許の入手等のために利用される．

-1-4-27 **(2) 会 社 分 割** 会社分割（米 corporate separation：英 division：独 Spaltung：仏 scission：伊 scissione：西 escisión）とは，**株式会社または合同会社が「その事業に関して有する権利義務の全部または一部」を他の会社に承継させる組織法上の行為**である．有機的一体性も，事業活動の承継も，会社分割の要件ではないことを明らかにするために，「営業ノ承継」としていた平成17（2005）年改正前商法（373・374ノ16）の表現を改めているが（論点669頁，相澤哲＝細川充・解説182頁），分割の対象とされた範囲内で権利・義務は**包括的に承継される**（個別の移転手続は不要であるし，債務の移転にも原則として債権者の承諾は不要であるが［なお民398の10参照］，対抗要件はそれぞれの権利ごとに満たされなければならない）．会社分割により，分割会社またはその株主（社員）に株式もしくは持分またはこれらに代わる金銭等が交付される．承継の対価として，金銭だけが交付されるものは，事業譲渡または譲受けの規制の対象であり（会21～24・467～470，独禁16Ⅰ①），会社分割ではない．分割会社は競業避止義務を負う（会21）のが普通であるが，当事会社間で競業避止義務を負わないという特約をなしてもかまわない．会社分割は企業の組織再編成のための法整備の一環として，**平成12（2000）年商法改正で認められた制度**である．商法改正と同時に独占禁止法は改正され，また，会社分割の際の労働者の保護を図るため，「会社分割に伴う労働契約の承継等に関する法律」（平成12年法律103号．**労働契約承継法**といわれる）が制定されている．手続全般は合併になぞらえて規制されているが，合併と異なり，分割会社は分割後も存続する．会社分割は，債権者・労働者に不利な可能性が高いので，これらの保護のために，合併と異なる手続が定められている[18]．

-1-4-28 [18] **労働者保護手続** 会社分割では，労働契約上の地位も個々の労働者の承諾なしに当然に承継される（民625Ⅰの不適用）ことから，使用者がどちらの会社になるかは，労働者にとって最大の関心事である．そこで，労働契約承継法は，① **労働者に対する通知義務**と② **労働者の異議申出権**を定めている．即ち，① 分割会社は，(i) 承継される事業に主として従事する労働者（承継事業主要従事労働者．分割労働承継則2）および(ii) それ以外の労働者で労働契約が承継される者（指定承継労働者）に対して，労働契約を承継する旨の分割計画書・分割契約書中の記載の有無等一定の事項（分割労働承継則1）を，書面により，分割承認株主総会（または社員総会）の会日の2週間前の日の前日までに（株主総会の承認を要しないときまたは合同会社が分割をする場合には契約締結または作成日から起算して2週間以内に）通知しなければならない（労働契約承継2Ⅰ・Ⅲ）．② 承継事業主要従事労働者は，分割計画書中に承継する旨の記載がないときには，通知に記載された異議申出期限日（通知期限日の翌日から総会の日の前日までの期間の範囲内で分割会社が定める．総会の承認を要しないかまたは合同会社が分割する場合には，分割効力発生日の前日までの日で分割会社が定める日［分割労働承継4

V-1-4-29 (ア) **新設分割・吸収分割と単独分割・共同分割**

(a) 会社分割には,「株式会社又は合同会社がその事業に関して有する権利義務の全部又は一部を分割後他の会社に承継させる」**吸収分割**（会2㉙）と「1又は2以上の株式会社又は合同会社がその事業に関して有する権利義務の全部又は一部を分割により設立する会社に承継させる」**新設分割**（会2㉚）とがある（図5参照）。吸収分割をする会社を**吸収分割会社**（＝分離元企業。事業分離等会計基準5項参照），権利義務を承継する会社を**吸収分割承継会社**（＝分離先企業。事業分離等会計基準6項参照）という（会757・758Ⅰ①）。新設分割をする会社を**新設分割会社**といい（会763⑤），新設分割により設立する会社を**新設分割設立会社**という（会社763①）。**分割会社は，株式会社または合同会社に限られる**（会757・815Ⅱ）が，承継会社または新設会社は，すべての種類の会社がなれる（会758Ⅰ・760④・763Ⅰ・765Ⅰ①。ただし特例有限会社は吸収分割承継会社になることができない。整備法37）。これは，合名会社・合資会社が分割会社となる場合には，債権者へ過度の不利益（無限責任社員の責任が承継されないこととした場合）ないし権利関係の複雑化（無限責任社員の責任が承継されることとした場合）をもたらすおそれがあるが，承継会社・設立会社となる場合にはこのような弊害がないからである（相澤＝細川・解説183頁）。清算会社であっても分割会社となることはできるが，分割承継会社となることはできない（会474②・643③）。清算の目的の範囲で存続を認められた会社が，他の会社の事業に関する権利・義務を承継することは問題があるからである。吸収分割は経営効率を上げるために事業部門を特化するためなどに利用される。事業部門を別会社化する方法には，事業の現物出資（会28①），事後設立（[Ⅱ-1-3-22] 会467Ⅰ⑤）のほか，新設分割がある。会社分割は純粋持株会社創設の手段としても利用することができる。

図5 新設分割と吸収分割

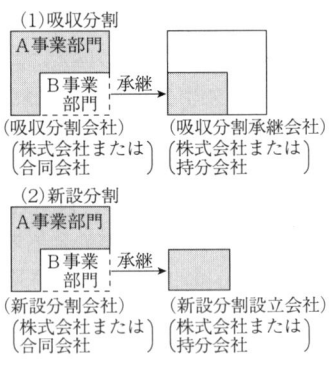

(1)吸収分割
A事業部門
B事業部門
（吸収分割会社）
（株式会社または合同会社）
→承継
（吸収分割承継会社）
（株式会社または持分会社）

(2)新設分割
A事業部門
B事業部門
（新設分割会社）
（株式会社または合同会社）
→承継
（新設分割設立会社）
（株式会社または持分会社）

V-1-4-30 (b) 吸収分割および新設分割は，分割会社が単独で行うか，複数の会社が共同で行うかで，**単独分割**と**共同分割**とに区別される。共同新設分割については会社法に規定がある（会762Ⅱ・763⑦⑨・765Ⅰ⑦。なお独禁15の2Ⅰ参照）一方，共同吸収分割については規定がないが，これも可能である。承継会社が複数である分割も可能である。

Ⅲ]．通知がなされた日と異議申出期限日との間には少なくとも13日間あることを要する）までの間に，異議を申し出ることができ，異議を申立てると，労働契約は承継され（労働契約承継法4）。また，指定承継労働者は，期限日までの間に，承継されることについて異議を申し出ると，労働契約は承継されない（労働契約承継法5）。同法は，その他，③ 労働協約を締結している労働組合に対する労働協約を承継する旨の分割計画書中の記載の有無等の通知義務（労働契約承継法2ⅡⅢ，分割労働承継則3）と④ 労働協約の承継に関する事項（労働契約承継法6）を定めている。

(c) 新設会社が設立と同時に他の既存の会社と合併することを**合併分割**という．この場合には，会社分割の手続と同時に合併の手続が行われる．

(イ) **分社型分割・分割型分割・一部分割・間接分割**　承継会社または新設会社は会社分割の対価を分割会社に交付する場合と分割会社の株主または社員に交付する場合とがある．前者を**分社型会社分割**または**物的分割**といい，後者を**分割型会社分割**(計規2Ⅲ㊵・㊿．V-1-4-77)または**人的分割**という(図6参照)．物的分割は，これまで事業の現物出資によって行われていた手続を効率化する．分割型分割は，合弁企業の解消の手段や子会社の事業の再編成，閉鎖的中小企業における経営者間の対立の解決などに利用することができる．会社法は，分割型分割を①「**分割＋全部取得条項付種類株式の取得の対価としての交付**」(会758⑧イ・760⑦イ・763⑫イ・765Ⅰ⑧イ・792①・812①②)．または②「**分割＋剰余金の現物配当**(分割承継株式会社(持分会社)または分割設立株式会社(持分会社)の株式(持分)の交付)」(会758⑧ロ・760⑦ロ・763⑫ロ・765Ⅰ⑧ロ・792②・812②)と構成している[19]．

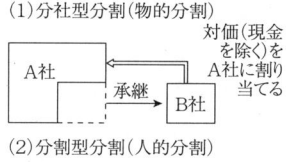

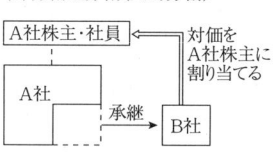

図6　物的分割と人的分割
(1)分社型分割(物的分割)
A社／承継／B社／対価(現金を除く)をA社に割り当てる
(2)分割型分割(人的分割)
A社株主・社員／A社／承継／B社／対価をA社株主に割り当てる

なおアメリカでは会社分割の際に，まず子会社を設立し，その子会社株式を利益配当や資本減少による払戻しという方法で分割会社の株主に割り当てる制度が利用されている(**間接分割**)．平成12年改正法は大陸型の一連の手続で会社を分割する法制(**直接分割**)のみを整備し，間接分割については規定を設けなかったが，会社法は，対価の柔軟化の許容に伴い間接分割も規制している．吸収分割会社に交付するものが，吸収分割承継会社の親会社の株式であることも認められている(会800Ⅰ・802Ⅱ．**三角分割**)．

発行される株式(持分)の一部を分割会社に割り当て，残りを分割会社の株主(社員)に割り当てること(**一部分割**または**一部分割型の会社分割**という)も可能である．一部分割は，実質上の支配権を確保できる割合の株式数のみを分割会社に割り当て，残部を分割会社の株主に割り当てることにより，これらの株式の市場性を確保しながら，親子会社関係を創設する場合などに利用される．

(ウ) **消滅分割**　分割会社が事業全部を他の会社に承継させて自らは清算することなくただちに消滅する消滅分割は，諸外国の実務においても，余り利用されていないことから，特段の定めが置かれていない．

(3) **株式交換・株式移転**　平成11(1999)年商法改正以前には，持株会社を含め親

---

(19)　**分割型会社分割**　これは，旧商法の人的分割に係る規制を維持しようとするものであるので，①または②の場合，**分配可能額規制**(会458．なお[Ⅱ-5-4-55]参照)や期末のてん補責任(会465[Ⅱ-5-4-98])といった剰余金配当規制の適用は除外されている(会792①②・812①②)．

会社を設立することは容易ではなかった．しかし平成9年の独占禁止法改正で持株会社 [*I-1-6-11*] が解禁されたことを直接的契機として，**平成11年改正商法**は，企業の再編成を容易にするため，アメリカの**株式交換**(米 Share Exchange)の制度を参考にして，**株式交換**(改正前商352Ⅰ)および**株式移転**(改正前商364Ⅰ)の制度を定めた(図7参照)．このように株式交換・株式移転という用語は，通常の意味での株式の交換(民586)ないし株式の移転(旧商206Ⅰなど)の用語とは異なり，会社法上

図7　株式交換・株式移転

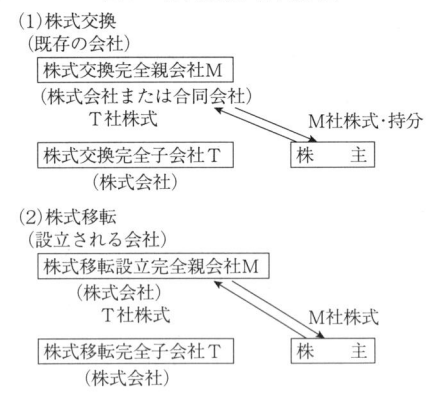

(1) 株式交換
(既存の会社)
株式交換完全親会社M
(株式会社または合同会社)
　　　T社株式　　←→　M社株式・持分　株主
株式交換完全子会社T
(株式会社)

(2) 株式移転
(設立される会社)
株式移転設立完全親会社M
(株式会社)
　　　T社株式　　←→　M社株式　株主
株式移転完全子会社T
(株式会社)

の特別の概念である．**株式交換**は，「株式会社がその発行済株式(株式会社が発行している株式をいう．以下同じ.)の全部を他の株式会社又は合同会社に取得させることをいう」(会2㉛)．この場合において当該株式会社の発行済株式の全部を取得する会社を**株式交換完全親会社**といい(会767．株式会社の場合には株式交換完全親株式会社，合同会社の場合には株式交換完全親合同会社という．会768Ⅰ①・770Ⅰ①)，株式交換をする株式会社を**株式交換完全子会社**(複数でもよい)という(会768Ⅰ①)．**株式移転**は，「1又は2以上の株式会社がその発行済株式の全部を新たに設立する株式会社に取得させることをいう」(会2㉜)．株式移転により設立する株式会社は**株式移転設立完全親会社**という(会773Ⅰ①)．**株式交換では，合名会社・合資会社は完全親会社となることができず，株式移転では，持分会社は完全親会社となることができない**[20]．前者は，これを認める実益が認められないし，後者は，仮に合同会社が完全親会社となることを認めることとしても，株主全員の同意を必要とすべきこととなる上，株主全員が完全子会社となる会社の株式を現物出資して合同会社を設立する場合に必要とされる手続との間に差異が生じず，あえて別の制度として認める必要性に乏しいためである(相澤＝細川・解説183頁)．特例有限会社には，株式交換および株式移転に

---

[20] **株式交換・株式移転のメリット**　(α) 株式交換は，株式買収と比べて，① 株式買収資金の手当てを要しないこと，② 租税特別措置法の適用により，譲渡側で株式譲渡に伴い発生する譲渡益の実現を遅らせることが可能であること(税特措67の9，同施行令39の30Ⅲ)，および③ 公開買付手続を要しないし，また，個別的交渉を要せずに，少数株主を排除することができるメリットがある．また，吸収合併と比べて，④ 完全子会社は消滅しないので，従業員の給与体系の統合・労働組合の統合などを行う必要がなく，⑤ 完全親会社は，完全子会社の株式のみを取得し，債務を承継しないというメリットがある．そこで，株式交換は，友好的企業買収の1手段および子会社の完全子会社化の手段(子会社が公開会社の場合には子会社の非公開化)として利用される．(β) 株式移転は，① 既存の企業グループを再編成したり，② 合併の代替として共同持株会社を設立する(例えば日本興業銀行，第一勧業銀行および富士銀行によるみずほホールディングへの統合)ために利用される．

第4章　組織再編等　749

関する規定の適用はない(整備法38). 2以上が共同で株式移転をすることも可能で，**共同株式移転**という．

　株式交換では，株式交換により株式交換完全子会社となる会社の株主の有する株式が，効力発生日(会768Ⅰ⑥)に株式交換完全親会社に移転するが(会769Ⅰ)，株式交換完全子会社の株主は，完全親会社の株主となることも，金銭その他の財産の交付を受けることもありうる(会768Ⅰ②). **株式交換完全親会社は，自己の親会社の株式を交付することもできる**(会768Ⅰ②ホ．三角交換). そのため，**株式交換完全親会社となる会社は，自己の親会社の株式を取得し，株式交換の効力発生日までの間保有することが認められている**(会800ⅠⅡ・802Ⅱ). 株式移転では，株式移転により完全子会社となる会社の株主の有する株式が，株式移転の日に完全親会社に移転する(会774ⅠⅡ). したがって，株式交換・移転は合併と類似するが，**株式交換・移転では，完全子会社は消滅しない点および完全親会社は株式を取得するだけで，完全子会社となる会社の権利義務を包括承継するものではない点**(完全子会社が新株予約権付社債を発行している場合には，これを完全子会社に残すと100％支配が崩れるおそれがあるので，完全親会社は完全子会社の社債に係る債務を承継する. 会768Ⅰ④ハ)で**合併とは異なっている**. 株式交換・移転では，完全子会社の株主の有する株式の現物出資に対する新株の発行または会社の設立という現物出資的構成を採る(このような構成を採ると検査役の調査が必要になる)こともできたが，会社法は，株式交換・移転が合併に類似している点に着目し，合併に類似する組織法上の行為と構成する立場を採用している(検査役の調査は不要となる). その結果手続全般は合併になぞらえて組み立てられている(例えば現物出資的構成をとれば完全親会社の株主には新株発行差止と新株発行無効の訴えを認めれば足りるが，組織法的構成を採用したことから，反対株主の株式買取請求権が定められている. 会797・806).

-1-4-36　**(4) 外国会社との組織再編**　① 外国会社との合併を認めない見解もあるが，外国会社を「日本において成立する同種の法人」(民35Ⅱ)と同じと解した上で，合併が認められる種類の会社間の合併であれば，可能と解すべきである. ② 日本法に基づき設立された会社が外国会社を設立会社とする新設分割をできるか，あるいは，外国会社を承継会社とする吸収分割または外国会社の営業を承継する吸収分割をできるかについては，合併の場合と同様に，その外国会社を「日本において成立する同種の法人」(民35Ⅱ)と同じく解した上で，その可能性を認めるべきである(江頭807頁). ③ 日本法に基づいて設立された株式会社と外国会社との株式交換，または，外国会社が完全子会社もしくは完全親会社となる株式移転が認められるか否かについては，反対説もあるが，当該外国会社が日本法上の株式会社に相当するものであり，かつ，当該外国会社の従属法がその行為を認めるのであれば，可能と解する(江頭839頁).

4 組織再編等に対する制約

V-1-4-37 **(1) 業法 (a) 合併** 業種によっては主務官庁の認可（銀行30Ⅰ，保険業153Ⅰ③，信託業36Ⅰ，道運36Ⅱ，倉庫18Ⅱ，鉄事26Ⅱ，海運18Ⅱ，港湾運送18Ⅱ，電電11Ⅱ，電通事17Ⅱなど）あるいは届出（旅行15Ⅰ，貨物利運14Ⅱ）が要求される[21]。

V-1-4-39 **(b) 会社分割** 業種によっては主務大臣の認可（銀行30Ⅱ・52の35Ⅱ，保険業173の6Ⅰ，信託業37・38，道運36Ⅱ，倉庫18Ⅱ，鉄事26Ⅱ，海運18Ⅱ，電電11Ⅱ，港湾運送18Ⅱなど）あるいは届出（旅行15Ⅰ，電通事17Ⅱ，貨物利運14Ⅱ）が要求される。

V-1-4-40 **(c) 株式交換・株式移転** 業種によっては主務官庁の認可（銀行52の30Ⅱ・52の35Ⅱ，保険業173の6Ⅰ）が要求される。

V-1-4-41 **(2) 独占禁止法による制限** ①合併，②会社分割，③共同株式移転（会社が他の会社と共同してする株式移転）および④事業譲受け等は企業集中行為であるので，独禁法の規制を受ける。

V-1-4-42 **(a) 行為の禁止** ①合併，共同新設分割または吸収分割，共同株式移転および事業譲受け等（他の会社の事業全部または重要部分の譲受け・賃借・経営の受任，他の会社の事業上の固定資産の全部または重要部分の譲受け，他の会社と事業上の損益全部を共通にする契約）によって「一定の取引分野における競争を実質的に制限することとなる場合」（公正取引委員会平成19年3月28日改正「企業結合審査に関する独占禁止法の運用指針」参照）および②合併，共同新設分割または吸収分割および事業譲受け等が「不公正な取引方法によるものである場合」には禁止される（独禁15Ⅰ・15の2Ⅰ・15の3Ⅰ・16Ⅰ。なお17の2Ⅰ・49Ⅰ参照）。公正取引委員会は，独占状態の場合には，事業者に事業の一部の譲渡等を命じることができる（独禁2Ⅶ・8の4・46・53・65・67）。

V-1-4-43 **(b) 事前届出** 一定規模以上の会社の合併，一定規模以上の会社の共同新設分割または吸収分割，一定規模以上の共同株式移転および一定規模以上の会社の一定規模以上の事業または事業上の固定資産の譲受けを行おうとする場合には，公正取引委員会に事前に届出をする義務を負い（すべての会社が同一の企業結合集団に属する場合はこの限りでない），届出を行った会社は，原則として届出受理の日から30日を経過するまではこれらの行為を行うことができない（独禁15ⅠⅢ，15の2Ⅰ～Ⅳ，16ⅡⅥ。なお独禁91の2⑤～⑫参照）。違反の場合には，合併無効の訴え（独禁18Ⅰ），共同新設分割または吸収分割無効の訴え（独禁18Ⅱ）および共同株式移転の無効の訴え（独禁18Ⅲ）の適用がある。

V-1-4-44 **(3) 金融商品取引法による制限** (a) 発行価額・売出価額の総額が1億円以上の

V-1-4-38 [21] **合併の許容** 「金融機関の合併及び転換に関する法律」は，普通銀行（株式会社）と長期信用銀行との，普通銀行と協同組織金融機関との，長期信用銀行と協同組織金融機関との，信用金庫と労働金庫との，信用金庫と信用協同組合との，労働金庫と信用協同組合との合併を認めている（同3Ⅰ），保険業法は株式会社と相互会社との合併を認めている（同159）。

「特定組織再編成発行手続」(金商2の2Ⅳ)・「特定組織再編成交付手続」(金商2の2Ⅴ)を行う場合に，組織再編成対象会社(合併消滅会社，分割会社，株式交換完全子会社・株式移転完全子会社)の株式等を多数の者(50人以上)が所有し(金商施令2の4)，開示が行われているにもかかわらず，「特定組織再編成発行手続」・「特定組織再編成交付手続」により発行・交付される有価証券について開示が行われていないときは，有価証券届出書(内国会社の場合には第2の6様式)による発行開示(企業開示府令8Ⅰ③⑤Ⅱ②)や継続開示の規制を受ける(金商4Ⅰ⑤)(谷口義幸・峯岸健太郎「開示制度に係る政令・内閣府令等の概要〔下〕」商事1811号33頁以下参照)．

図8　特定組織再編成発行手続
　　　(例えば吸収合併)

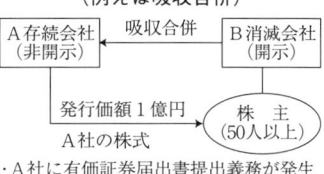

・A社に有価証券届出書提出義務が発生

　有価証券報告書提出会社は，吸収合併(企業開示府令19Ⅱ⑦の3・⑮の3)・新設合併(企業開示府令19Ⅱ⑦の4・⑮の4)，吸収分割(企業開示府令19Ⅱ⑦・⑮)・新設分割(企業開示府令19Ⅱ⑦の2・⑮の2)，株式交換(企業開示府令19Ⅱ⑥の2・⑭の2)・株式移転(企業開示府令19Ⅱ⑥の3・⑭の3)，または事業の譲渡または譲受けを「決定した場合」には(企業開示府令19Ⅱ⑧)，臨時報告書を財務局等に提出しなければならない場合がある(金商24の5Ⅳ)．

-1-4-45　(b)　株式交換，株式移転，合併，会社の分割または事業の全部または一部の譲渡または譲受けの決定は内部者情報にあたる(金商166Ⅱ①チ～ヲ・⑤イ～ホ)．

-1-4-46　(4)　企業担保法による制限　①　合併する会社の双方の総財産が企業担保権の目的となっているときは，合併後の企業担保権の順位に関する企業担保権者間の協定がなければ，合併をすることができない(企業担保8Ⅱ)．②　会社の総財産が企業担保権の目的となっているときは，その会社は企業担保権が担保する債務を分割により承継させることはできない(企業担保8の2)．

-1-4-47　(5)　債務超過会社と組織再編の可否　(a)　債務超過の意味　①　法律上，債務超過とは，会社財産がその債務を完済するに足りない状態を言う〔Ⅵ-1-2-108〕．しかし，②　貸借対照表上，簿価債務超過を指す場合(会795Ⅱ①．なお〔Ⅱ-5-2-87〕参照)や，③　資産の評価換えをしても債務が超過している実質的債務超過を指す場合もある．ここでは①ないし③の意味で使用する．

-1-4-48　(b)　合併の場合　消滅会社に債務超過会社があれば，他方当事会社の株主・債権者は不利益を受けるが，会社法は資本充実の原則を放棄していること，会社の財産評価には絶対的基準はないので，第1次的には合併当事会社の判断を尊重することが適当であること，および株主・債権者の保護は，株式買取請求権(会785Ⅰ・797Ⅰ・806Ⅰ)や債権者保護手続(会789Ⅰ・799Ⅰ・810Ⅰ)により図られていることより，消滅会社・存続会社が債務超過会社である吸収合併・新設合併も可能であると解されている(論点672頁，相澤＝細川・解説186頁，神田325頁注5，弥永427頁．反対今井宏＝菊池伸『会社の合併』150頁〔商事法務2005〕．株主総会の多数決で合併契約の承認がなされているという現行法

752　第Ⅴ編　会社の基礎の変更

の基本的手続構造に反するとする．消滅会社の債務超過は，存続会社が合併の対価を交付しない場合は可能と考える［江頭786頁注5］）．

　ただし，「債務の履行の見込み」（会施規182⑤）のないときは，その旨を記載すれば足り，債務の履行の見込みがないこと自体は合併無効原因にはならないとする説（論点674頁参照）と合併後債務の履行の見込みがない場合は，支払不能として破産原因（破16Ⅰ）となるので，合併無効原因に当たり，また，消滅会社の株主等に合併対価を与えない場合は格別，合併比率は著しく不公正になるので他方当事会社の合併契約承認総会決議は取消原因（会831Ⅰ③の適用または類推適用）とする説（弥永432・433頁．弥永・演習176頁は，他方当事会社の株主全員の同意を要すると解する）とが対立している．

V-1-4-49　(c)　**会社分割**　会社分割の場合にも分割会社または分割承継会社が債務超過会社であれば，他方相手会社の株主・債権者が不利益を受ける．しかしこの場合も，株式買取請求権（会785Ⅰ・797Ⅰ・806Ⅰ）や債権者保護手続（会789Ⅰ②・799Ⅰ②・810Ⅰ②）で保護が図られているので，債務超過会社を分割会社・分割承継会社とする吸収分割・新設分割は可能であると解される．

　ただし，「債務の履行の見込み」（会施規192⑦・205⑦）のないときは，その旨を記載すれば足り，債務の履行の見込みがないこと自体は会社分割無効原因となることはなく，債務の履行の見込みのない会社分割を行った場合には，債権者保護手続の対象とならなかった債権者が会社分割による財産移転行為について詐害行為取消権（民424）を行使する余地があるが，この場合には，詐害行為取消権が行使されても，個別の財産移転が取消権の行使対象者との間で相対的に取り消されるだけであるとする説（論点674頁参照）と，債務の履行の見込みがない会社分割の効力は，改正前商法と変わりはないことを理由に，分割無効原因となるとする説（江頭816頁注2．なお名古屋地判平成16・10・29判時1881号122頁［グループコーポレーション事件］参照）とが対立している（弥永433頁注40は，(b)と同様，実質的債務超過会社が承継会社となるときは，他方当事会社の総会承認決議の取消原因となる可能性があるとする）．

V-1-4-50　(d)　**株式交換**　完全子会社が債務超過会社であっても，契約の当事会社は，完全子会社の株式に経済的価値を見出しているので，株式交換は可能である（論点675頁）．

V-1-4-51　(6)　**その他**　① 特別清算（会536・896［Ⅵ-1-2-76]），再生手続（民再42Ⅰ［Ⅵ-1-2-116]）または更生計画案決議の決定前（会更46Ⅱ～Ⅹ）においては，事業の全部の譲渡等に裁判所の許可が必要である．② 破産手続中の会社では，破産財団の管理・処分権限は破産管財人に専属し（破78Ⅰ），株主総会は合併承認決議をできないので，合併をすることができない．③ 更生手続中の会社は，更生手続によらなければ合併・会社分割・株式交換・株式移転することができない（会更45Ⅰ⑦［Ⅵ-1-2-138]・180～182の4・220～224の2）．④ 株式交換・移転の際には課税されず，これらにより取得した株式を売却する際に，旧株式の取得価額と売却額との差額に課税される（措置法

67の9の2，同法施行令39の30の2Ⅲ).

5　組織再編手続

1-4-52　**(1) 持分会社が当事会社である場合の手続**　(α) 持分会社が，吸収型再編または新設型再編の当事会社となる場合には (持分会社はすべて合併の当事者になれる．会社分割の場合，すべて持分会社は承継会社または設立会社となれるが，分割会社は合同会社に限られる．株式交換では合同会社のみが完全親会社となれる．株式移転は性質上，持分会社は問題なりえない)，**代表社員**が当該再編に係る**契約を締結**するか，**計画**を作成する (会748・757・762ⅠⅡ・767).

1-4-53　(β) **持分会社**が，① 合併の当事者 (会793Ⅰ①・802Ⅰ①・813Ⅰ)，② 吸収分割の吸収承継分割会社 (会802Ⅰ②)，③ 合同会社がその事業に関して有する権利義務の「**全部**」を他の会社に承継させる吸収分割 (会793Ⅰ②) または新設分割をする場合 (会813Ⅰ②) および④ 合同会社が**株式交換**により株式会社の発行済株式の**全部**を取得する場合には (会802Ⅰ③)，効力発生日の前日までに，**総社員の同意** (ただし合同会社の「一部」分割の場合には社員の過半数の一致．商登85⑦括弧書・86⑦括弧書) を得る必要があるが，定款で別段の定めをすることは可能である (なお商登80⑦・81⑦・85⑦・86⑦参照).

　なお，合併の相手方が**株式会社**である場合，株式会社が存続会社であるときには，その株主総会の承認で足りるが (会795Ⅰ)，株式会社が (種類株式発行会社でない) **消滅会社**になる場合，合併の対価の全部または一部が持分等 (持分会社の持分その他これに準ずるものとして法務省令で定めたものをいう) であるとき[22]には，**総株主の同意**を得なければならない (会783Ⅱ．したがって，株主に株式買取請求権は認められない．785Ⅰ①).

　また，**合同会社を株式交換完全親会社**とする**株式交換**の場合において，株式交換完全子会社が (種類株式発行会社でない) 株式会社であって，株式交換の対価の全部または一部が持分等 (会施規185) であるときには，完全子会社の**総株主の同意**を得なければならない (会783Ⅱ．したがって，株主に株式買取請求権は認められない．785Ⅰ①).

　(γ) **債権者保護手続**は株式会社に準ずる (会793Ⅱ＝789［但しⅠ③・Ⅱ③を除く］・802Ⅱ＝799［但しⅡ③を除く］・813Ⅱ＝810［但しⅠ③・Ⅱ③を除く］).

　(δ) **登記**を要するものは，登記をする (会921・922Ⅱ・923・924).

　(π) **合併・分割・株式交換の無効の訴え**は，株式会社の場合と同一である (会828Ⅱ⑦〜⑪).

1-4-55　**(2) 株式会社が当事会社である場合の手続**　(α) **相手会社の調査**　相手会社の事業内容や資産・負債を調査する．これと思う会社があれば，当事会社の代表者が，直接または第三者の仲介により交渉[23]を重ねる[24]．基本的な事項で合意に至れば，

1-4-54　[22] **持分等**　持分等とは，持分のほか，権利の移転または行使に債務者その他第三者の承諾を要するものが含まれる (会施規185). 例えば譲渡制限新株予約権 (会236Ⅰ⑥)，譲渡制限特約付指名債権がこれに該当する (省令の解説140頁).

「覚書」が作成され，上場会社の場合には，報道機関等に対し公表がなされる．

V-1-4-58 (β) **契約の締結等** 各当事会社の取締役・代表取締役（取締役会設置会社）・代表執行役（委員会設置会社）は，取締役会の承認を得て（取締役会設置会社），吸収型組織再編の場合には，吸収合併契約（会749），吸収分割契約（会757）または株式交換契約（会767）（以下「吸収合併契約等」という）を締結し，新設型組織再編の場合には，新設合併契約を締結し（会753）または新設分割計画（会763．共同分割にあっては共同で作成し［会762Ⅱ］，そうでない場合には，分割会社が1社だけで作成する［会762Ⅰ］）もしくは株式移転計画（2以上の株式会社の場合には共同で作成し［会772Ⅱ］，そうでない場合には1社だけで作成する［会772Ⅰ］）（以下「新設合併契約等」という）を作成する．委員会設置会社において，株主総会よる承認を要しない場合には，執行役に契約または計画の内容の決定を委任することができる[25][26]（会416Ⅳ⑯～⑳）（なお金商166Ⅱ①チ～ル・⑤イ～ニ参照）．

V-1-4-61 (γ) **事前開示** 株主は株主総会前に組織再編の当否を判断し，会社債権者は組織再編に異議を述べるか否かを判断できるようにするために，また，組織再編の無効の訴え（会828Ⅰ⑦～⑫）を提起するかどうかの判断資料を提供する趣旨から，当事会社は，吸収型組織再編では，「吸収合併契約等**備置開始日**[27]」から吸収合併等の

V-1-4-56 (23) **合併の仲介** 銀行は近時合併の仲介をするようになった．それと同時にその際の注意義務が法律問題として浮上して来ている．大阪地判平成12・12・21金判1115号22頁，大阪高判平成14・3・5金判1145号17頁［三井住友銀行事件］など参照．

V-1-4-57 (24) **独占交渉権** M & A（= mergers & acquisitions）について当事会社間で基本合意に至った場合には基本合意書が作成されるが，その中で独占交渉条項が設けられるのが普通である．基本合意を解約し，他のグループとの経営統合をしたケースにおいて，独占交渉条項（各当事者は，第三者との間で基本合意書の目的と抵触しうる取引等にかかる情報提供・協議を行わないという内容であったが，最終的合意をすべき義務を負う旨の定めはなかった）に基づく債務はいまだ消滅していないが，差し止めなければ著しい損害や急迫の危険が生じるものとはいえないとして，第三者との経営統合協議等差止仮処分の申立てを認めなかった事例として最三小決平成16・8・30金判1205号43頁［住友信託銀行対UFJホールディング等事件］がある．

V-1-4-59 (25) **合併の場合の設立委員・報告総会・創立総会の廃止** 平成9（1997）年改正前には，新設合併の各当事会社が設立委員を選任していたが（平成9年改正前商56Ⅲ・Ⅳ），その権限は不明確であった．また，吸収合併の場合において合併契約書の承認のための総会のほかに報告総会，新設合併の場合には創立総会を開催することを要したが（平成9年改正前商412ⅠⅠ・413Ⅲ），その存在意義が乏しかった．そこで平成9年改正法は，これらの制度を廃止している．

V-1-4-60 (26) **合併仮契約と合併契約** あらかじめ代表取締役だけで合併仮契約（債権契約）が締結され，これとは別に合併契約（その効果として合併が実現することを目的とする準物権契約）が締結されると解する説（宮島417頁）もあるが，多数説は，合併仮契約なる観念を排斥し，初めから株主（社員）総会による承諾を停止条件とする合併契約が締結されると解している．

V-1-4-62 (27) **事前開示書類の備置開始日** 会社法は，**株主総会決議，株式買取請求，新株予約権買取請求，債権者保護手続等**の各手続を並列的に行いうることとしているので，① 承認総会の2週間前の日，② 株式買取請求に関する通知・公告の日，③ 新株予約権買取請求に関する通知・公告の日（消滅会社の場合），④ 債権者の異議に関する公告・通知の日のうち**最も早い時点**をもって備置開始日としている（会782Ⅱ・794Ⅱ・803Ⅱ．なお会775Ⅱ参照）．もっとも吸収分割，新設分割または株式交換では，条件によってはこれらの手続がまったく不要の場合があるので，このような場合には，吸収分割契約（株式交換契約）の締結または新設分割計画の作成の日か

第4章 組織再編等 755

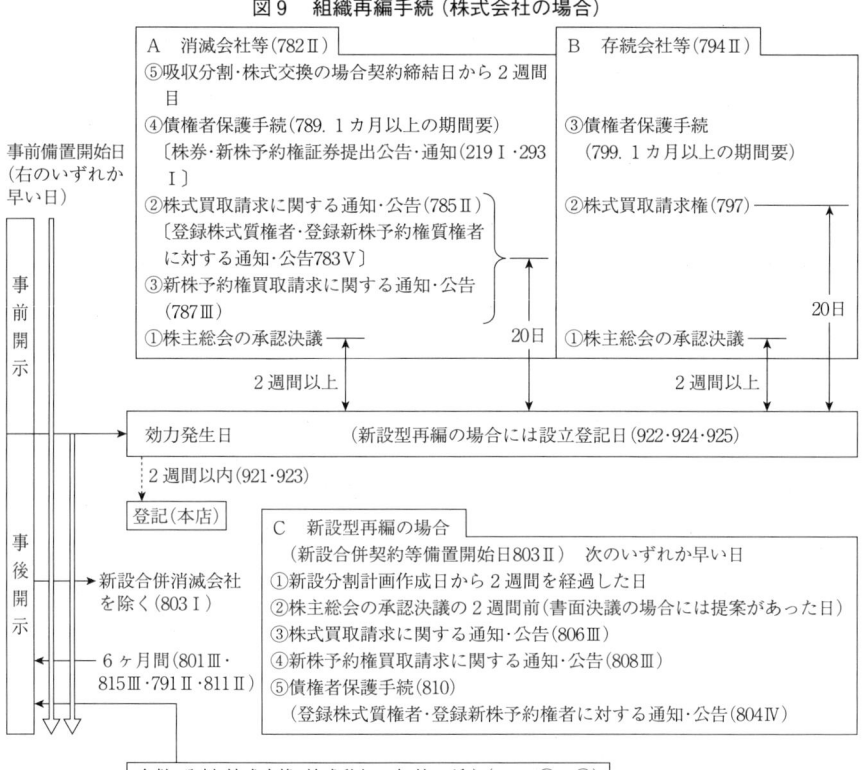

図9 組織再編手続（株式会社の場合）

```
                A  消滅会社等(782Ⅱ)                    B  存続会社等(794Ⅱ)
                ⑤吸収分割・株式交換の場合契約締結日から2週間
                 目
事前備置開始日   ④債権者保護手続(789．1カ月以上の期間要)    ③債権者保護手続
(右のいずれか     〔株券・新株予約権証券提出公告・通知(219Ⅰ・293     (799．1カ月以上の期間要)
早い日)           Ⅰ)〕
                ②株式買取請求に関する通知・公告(785Ⅱ)      ②株式買取請求権(797)
事               〔登録株式質権者・登録新株予約権質権者
前                に対する通知・公告783Ⅴ〕
開               ③新株予約権買取請求に関する通知・公告
示                (787Ⅲ)                                                       20日
                ①株主総会の承認決議               20日   ①株主総会の承認決議
                        2週間以上                        2週間以上

                効力発生日      (新設型再編の場合には設立登記日(922・924・925))

                    2週間以内(921・923)

                    登記(本店)     C  新設型再編の場合
                                   (新設合併契約等備置開始日803Ⅱ) 次のいずれか早い日
事                                 ①新設分割計画作成日から2週間を経過した日
後               新設合併消滅会社   ②株主総会の承認決議の2週間前(書面決議の場合には提案があった日)
開               を除く(803Ⅰ)     ③株式買取請求に関する通知・公告(806Ⅲ)
示                                 ④新株予約権買取請求に関する通知・公告(808Ⅲ)
                6ヶ月間(801Ⅲ・     ⑤債権者保護手続(810)
                815Ⅲ・791Ⅱ・811Ⅱ)  (登録株式質権者・登録新株予約権者に対する通知・公告(804Ⅳ))

                合併・分割・株式交換・株式移転の無効の訴え(828Ⅰ⑦〜⑫)
```

※臨時報告書を遅滞なく内閣総理大臣に提出（金商24の5Ⅳ）
※合併・共同新設分割・吸収分割に関する公正取引委員会への届出（独禁15・15の2）

効力発生日後6カ月（吸収合併消滅株式会社にあっては，法人格を失うので，効力発生日）**が経過する日まで**（会782Ⅰ・794Ⅰ），新設型組織再編では，「新設合併契約等備置開始日」から設立会社）**の成立日後6カ月が経過する日**（新設合併消滅株式会社にあっては，法人格を失うので，新設合併設立会社の成立の日）まで（会803Ⅰ・815Ⅲ①），それぞれ，吸収合併契約・吸収分割契約・株式交換契約（「吸収合併契約等」．吸収型組織再編の場合）または新設合併契約・新設分割契約・株式移転計画（「新設合併契約等」．新設型組織再編の場合）の内容その他法務省令（会施規182〜184・191〜193・204〜206・213）で定める事項を記載し，または記録した書面または電磁的記録をその本店に備え置き（会782Ⅰ・794Ⅰ・803Ⅰ），**株主および会社債権者**（株式交換完全子会社・株式移転完全子会社にあっては株主お

ら2週間を経過した日を備置開始日としている（会782Ⅱ⑤・803Ⅱ⑤）．

よび新株予約権者）の閲覧等に供する（会782Ⅲ・794Ⅲ・803Ⅲ）（いわゆる**事前開示**［V-1-4-90］）．なお会976⑧）．効力発生日後6カ月という要件は，組織再編の無効の訴えの提訴期限［V-1-4-133］が6カ月以内ということとリンクしている．

V-1-4-63　(δ) **承　　認**　① 株主総会による契約（計画）の承認（特別決議）を受けるのが原則であるが（会309Ⅱ⑫），その承認を要しない場合（簡易手続［V-1-4-110］および略式手続［V-1-4-114］に該当する場合）もある．さらに種類株主総会の承認を要する場合もある（［V-1-4-102］）．

V-1-4-64　(ε) 吸収型再編の場合には，合併消滅会社・分割会社・株式交換完全子会社は，「効力発生日」の20日前までに，新設型再編の場合には「株主総会決議の日」から2週間以内に，その株主（会785Ⅲ・797Ⅲ・会806ⅢⅣ），その**登録株式質権者**および**登録新株予約権質権者**に対し（会783ⅤⅥ・804Ⅳ・Ⅴ），**通知または公告**をする．株主に対しては，「**差止請求**」（会784Ⅱ・796Ⅱ［V-1-4-115］）および「**株式買取請求**」（［V-1-4-109］会785Ⅰ・797Ⅰ・806Ⅰ．組織再編発表後に取得した株式にも買取請求権は認められる［東京地決昭和58・10・11下民集34巻9～12号968頁＝会社法判例百選93事件］．善意で株式を取得する場合もあるし，反対のための買増しも必ずしも不当とはいえないからである）の機会を確保しようとするものである．登録株式質権者・登録新株予約権質権者に対しては，質権の対象物である株式・新株予約権が消滅・移転するなど，その権利内容が変動することについての周知を図ることを目的としている（なお会151⑪⑫⑬参照）．

V-1-4-65　(ζ) 組織再編の際に定める新株予約権の内容やその割当てに関する定めが，新株予約権の発行決議において定めた条件（会236Ⅰ⑧）と異なるときには，新株予約権者に「**新株予約権の買取請求**」が認められるので（会787Ⅰ①～③・808Ⅰ①～③），吸収型再編の場合には効力発生日の20日前までに（会787Ⅲ），新設型再編の場合には株主総会決議の日から2週間以内に（会806ⅢⅣ・808Ⅲ），新株予約権者に対し通知または公告をする．

(η) **債権者保護手続**をとる（会789・799・810［V-1-4-120］）．

V-1-4-66　(θ) 合併（消滅会社に限る），株式交換または株式移転の場合であって，消滅会社等が株券発行会社・新株予約権証券発行会社であるときには，**株券提出手続**（会219［V-1-4-128］）・**新株予約権証券の提出手続**（会293［Ⅱ-3-3-46］）を踏む必要がある．効力発生日に株券または新株予約権証券は無効となる（会219Ⅲ・293Ⅲ）．未提出株券は，完全親会社の対価交付請求権を表章する有価証券となる．なお，割当比率が1対1でないような場合には，割当期日までに株式の併合［Ⅱ-2-1-82］または株式の分割［Ⅱ-2-1-93］の手続をとり1対1で割り当てられるようにする．

(δ)から(θ)の手続は，時間的前後関係はなく，並列的に行うこともできる．

V-1-4-67　(ι) **効力発生日**（吸収型の場合）または**会社成立の日**（新設型の場合）に組織再編の効力が生じる（会749Ⅰ⑥）．株券発行会社で公開会社であるときには，合併期日後遅滞なく会社は**新株券**を発行する（会215Ⅰ）．合併が効力を生じる前に発行された株券

は無効であり，合併の登記がなされても瑕疵は治癒されない（東京地判昭和41・6・15判タ194号160頁）．

-1-4-68 (κ) 組織再編の効力発生日または会社成立日から6カ月間，書面または電磁的記録を本店に備え置き（会801Ⅲ・811Ⅱ・815Ⅲ），株主，会社債権者（会社分割の場合にはその他の利害関係人）に閲覧させる（会801Ⅳ V・811Ⅲ・815Ⅳ [V-1-4-126]．いわゆる**事後開示**）．

-1-4-69 (λ) 効力発生日から2週間以内に，消滅する会社については**解散登記**をし，存続会社については**変更登記**をする（会921～926 [V-1-4-129]～[V-1-4-131]）．

(μ) 前記6カ月を経過すると組織再編の無効の訴え [V-1-4-133] が提起できなくなる（会828 I ⑦～⑫）．

-1-4-70 **(3) 契約(計画)事項** 契約または計画の内容は**法定事項**と**任意事項**に分かれ，法定事項は，絶対的事項（必要的事項を欠く契約は無効．合併につき大判昭和19・8・25民集23巻524頁）と相対的事項（記載しなくても契約は無効とならないが，記載しないと会社法がそのまま適用される事項）とに分けられる．任意的事項は，法定事項以外の事項である．合併・会社分割・株式交換・株式移転の本質または強行規定に反しない限り，当事会社は任意に定めをなすことができる．例えば善管注意義務，契約の解約，協議事項などである．法定事項を表にまとめると以下の通りになる．

-1-4-71 **(ア) 吸収型再編の場合** ① **当事会社の商号・住所**および② **効力発生日**は，すべてに共通する絶対的事項である．

表4 吸収型再編の場合の法定事項

事項等 \ 吸収合併または株式交換	株式会社を存続会社とする吸収合併	持分会社を存続会社とする吸収合併	株式会社を完全親会社とする株式交換	合同会社を完全親会社にする株式交換
根拠条文	749	751	768	770
当事会社の商号・住所	○	○	○	○
対価の内容とその割当て	○〔表8〕	○〔表8〕	○〔表10〕	○〔表10〕
（新株予約権の扱いと割当て）	○	○	○	
（種類株式の扱い）	○	○	○	○
効力発生日	○	○	○	○

事項等 \ 吸収分割	株式会社を承継会社とする吸収分割	持分会社を承継会社とする吸収分割
根拠条文	758	760
当事会社の商号・住所	○	○
承継する権利義務の内容	○	○
（承継する吸収分割会社の株式）	○（分割承継会社株式も）	○
対価の内容と割当て	○〔表9〕	○〔表9〕
（新株予約権の扱いと割当て）	○	
効力発生日	○	○

（全株式取得条項付株式の取得）	◯	◯
（剰余金の配当）	◯	◯

表5　新設合併の場合

	株式会社を設立する新設合併	持分会社を設立する新設合併
根拠条文	753	755
当事会社の商号・住所	◯	◯
設立会社に関する事項	①会社の目的，②商号，③本店所在地，④発行可能株式総数，⑤その他定款で定める事項，⑥設立時取締役の氏名，⑦設立時会計参与の氏名・名称（会計参与設置会社の場合），⑧設立時監査役の氏名（監査役設置会社の場合），⑨設立時会計監査人の氏名・名称（会計監査人設置会社の場合），⑩合併対価が新設会社の株式の場合には，新設会社の資本金および準備金の額に関する事項	①設立会社の種類，②会社の目的，③商号，④本店所在地，⑤社員の氏名（名称）・住所，⑥社員が無限責任社員または有限責任社員のいずれであるかの別（合名会社のときは，その社員の全部を無限責任社員とする旨，合資会社のときには，その社員の一部を無限責任社員とし，その他の社員を有限責任社員とする旨，合同会社であるときには，その社員の全部が有限責任社員とする旨），⑦当該社員の出資の価額，⑧その他定款で定める事項
対価の内容とその割当て	◯〔表8〕	
（新株予約権の扱いと割当て）	◯	◯
（種類株式の扱い）	◯	

表6　新設分割の場合

	株式会社を設立する新設分割	持分会社を設立する新設分割
根拠条文	763	765
設立会社に関する事項	①会社の目的，②商号，③本店所在地，④発行可能株式総数，⑤その他定款で定める事項，⑥設立時取締役の氏名，⑦設立時会計参与の氏名・名称（会計参与設置会社の場合），⑧設立時監査役の氏名（監査役設置会社の場合），⑨設立時会計監査人の氏名・名称（会計監査人設置会社の場合），⑩分割対価が設立会社の株式の場合には，設立会社の資本金および準備金の額に関する事項	①設立会社の種類，②会社の目的，③商号，④本店所在地，⑤社員の氏名（名称）・住所，⑥社員が無限責任社員または有限責任社員のいずれであるかの別（合名会社のときは，その社員の全部を無限責任社員とする旨，合資会社のときには，その社員の一部を無限責任社員とし，その他の社員を有限責任社員とする旨，合同会社であるときには，その社員の全部が有限責任社員とする旨），⑦当該社員の出資の価額，⑧その他定款で定める事項
承継する権利義務	◯	◯
対価の内容とその割当て	◯〔表9〕	
（新株予約権の扱いと割当て）	◯	◯

(全株式取得条項付株式の取得)	○	○
(剰余金の配当)	○	○

表7　株式移転の場合

根拠条文	773
株式移転設立完全親会社に関する事項	①会社の目的, ②商号, ③本店所在地, ④発行可能株式総数, ⑤その他定款で定める事項, ⑥設立時取締役の氏名, ⑦設立時会計参与の氏名・名称 (会計参与設置会社の場合), ⑧設立時監査役の氏名 (監査役設置会社の場合), ⑨設立時会計監査人の氏名・名称 (会監査人設置会社の場合), ⑩分割対価が設立会社の株式の場合には, 設立会社の資本金および準備金の額に関する事項
対価の内容とその割当て	○〔表11〕
(新株予約権の扱いと割当て)	○
(種類株式の扱い)	○

1-4-72　(a)　**当事者**　吸収合併の場合には, 吸収合併存続会社および吸収合併消滅会社の商号・住所を定め (会749Ⅰ①・751Ⅰ①), 吸収分割の場合には, 吸収分割会社および吸収分割承継会社の商号・住所を定め (会758①・760①), 株式交換の場合には, 株式交換完全子会社・株式交換完全親会社 (株式交換完全親株式会社または株式交換完全親合同会社) の商号・住所を定める (会768Ⅰ①・770Ⅰ①). これにより契約当事者が特定する.

1-4-73　(b)　**効力発生日**　吸収型再編では効力が生ずる日 (効力発生日) を定める (会749Ⅰ⑥・751Ⅰ⑦・758⑦・760⑥・768Ⅰ⑥・770Ⅰ⑤). 平成○○年○月○日と確定的に定める必要がある.「平成19年10月から12月までの間で, 代表取締役が定めた日」や「債権者保護手続が終了した日から1週間後」等という定めは認められない. 平成17 (2005) 年改正前商法では, 吸収合併・吸収分割の効力発生日を登記時としていたため (改正前商102・416Ⅰ・374ノ25), 当事者が実質的に合体する合併期日 (改正前商409⑥)・分割期日 (改正前商374ノ17Ⅱ⑨) から登記までの間, 株券が発行できず, 公開会社における株式の円滑な流通に支障をきたしていたことから, 会社法は, 効力の生ずる日を効力発生日と改めている[28][29] (会750Ⅰ・752Ⅰ・758⑦・759Ⅳ・761Ⅳ). しかし,「吸収合

1-4-74　(28)　**効力発生日の効力**　① 吸収合併消滅会社の権利義務は存続会社に承継される (会750Ⅰ).
② 合併の対価が, 存続株式会社の株式のときには, 株主になり, 社債のときには社債の社債権者になり, 新株予約権のときには新株予約権の新株予約権者になり, 新株予約権付社債のときには, その社債の社債権者およびその新株予約権の新株予約権者となる (会750Ⅲ). 存続会社が持分会社の場合には, 吸収合併契約の定めに従い, 持分会社の社員となる (会752Ⅲ. 持分会社は, 効力発生日に, 社員に係る定款の変更をしたものとみなされる).
③ 吸収合併消滅株式会社の新株予約権は消滅する (会750Ⅳ・752Ⅴ).
④ 消滅会社の新株予約権者の新株予約権者は, その代わりに, 吸収合併存続株式会社の新株予約権者の新株予約権者になる (会750Ⅴ).

併」による**解散**(消滅会社の代表取締役の代表権の喪失)は，**登記後**でなければ，第三者に対しては，その善意・悪意を問わず，**対抗**することができない(会750Ⅱ・752Ⅱ)。吸収分割にはこれに相当する規定がないが，これは，分割の場合には，分割により分割会社が解散するわけではないので，分割の登記だけでは，権利義務の承継を第三者に対抗できないからである。

　新設型再編では，登記の創設的効力(会49)を廃止することができないので，平成17年改正前商法同様，新設合併・新設分割では設立会社の成立の日に，新設会社は新設合併消滅会社・新設分割会社の権利義務を承継し(会754Ⅰ・756・764Ⅰ・766Ⅰ)，株式移転では株式移転設立完全親会社は株式移転完全子会社の発行済株式の全部を取得するが(会774Ⅰ)，成立の日は契約または計画の記載事項とはされていない。

V-1-4-76　(c)　**社員となる者の氏名等**　① 吸収型再編で，持分会社が吸収合併存続会社，吸収分割承継会社または株式交換完全親会社であるときには，消滅会社の株主または社員，分割会社，完全子会社の株主はそれらの会社の社員となるので，その者の**氏名**(名称)**・住所および出資の価額**ならびに，吸収合併存続会社または吸収分割承継会社が合資会社であるときには，社員の無限責任・有限責任が絶対的事項となる(会751Ⅰ②・760・770②。株式交換完全親会社は合同会社に限られるので社員の性質は問題にならない)。② 新設型再編で，持分会社が新設合併設立会社または新設分割設立会社であるときにも事態は同様である(会755Ⅰ④・765Ⅰ③)。

V-1-4-77　(d)　**承継する権利義務の内容**　会社分割の場合には，吸収分割であれ，新設分割であれ，分割会社から承継する資産，債務，雇用契約その他権利義務に関する事項は絶対的事項となる(会758Ⅰ②・760②・763⑤・765Ⅰ⑤)。必ずしも個々の権利義務を個別的に特定してその帰属先を明らかにする必要はないが，特定の権利義務が分割後いずれの会社に帰属するかが明らかになる程度の記載は必要である(原田晃治「会社分割法制の創設について(中)」商事1565号7頁)。なお，① 吸収分割株式会社の自己株式

---

　⑤ 吸収合併持分会社が社債を交付する定めがある場合には，定めに従い，吸収合併持分会社の社員の社債権者となる(会752Ⅳ)。

　効力発生日までに債権者異議手続(会789［789Ⅰ③Ⅱ③を除き，793Ⅱにおいて準用する場合を含む］もしくは会799・802Ⅱ［人的会社の場合は799Ⅰ③を除く］)**が終了していなければならない**(会750Ⅵ・752Ⅵ)。遅れて手続が揃ったとしても，その時点で効力が生ずるわけではない。

V-1-4-75　(29)　**効力発生日の変更**　吸収合併消滅株式会社(吸収合併消滅持分会社)・吸収分割株式会社(吸収分割合同会社)・株式交換完全子会社(会782Ⅰ)は，存続会社・分割承継会社・株式交換完全親会社(会784Ⅰ)との合意により(株主総会決議不要)，効力発生日を変更することができる(会790Ⅰ・793Ⅱ［＝790Ⅰ］)。この場合，消滅会社等は，変更前の効力発生日(変更後の効力発生日が変更前の効力発生日前の日である場合にあっては，当該変更後の効力発生日)の前日までに，変更後の効力発生日を公告しなければならない(会790Ⅱ・793Ⅱ［＝790Ⅱ］)。効力発生日を変更したときは，変更後の効力発生日が効力発生日とみなされる(会790Ⅲ・793Ⅱ［＝790Ⅲ］)。変更の回数に制限はない。

第4章 組織再編等

または吸収分割承継株式会社の株式を承継会社に承継させるときは，その株式に関する事項を定める（相対的事項．会758③・760③）．自己株式取得規制をこの場合にも及ぼそうとするものである．また，② 吸収分割であれ，新設分割であれ，分割株式会社が，効力発生日または新設分割設立会社の成立の日に全部取得条項付種類株式の取得に関する規定によりその株式の取得をするときは，その旨を定める（会758⑧イ・760⑦イ・763⑫イ・765Ⅰ⑧イ・792①・812①）．取得対価は，吸収分割の場合には，吸収承継株式会社の株式または吸収承継持分会社の持分（分割前から有するものを除く），新設分割の場合には新設分割設立株式会社の株式もしくは新設分割設立持分会社の持分および「これに準ずるものとして法務省令で定めたもの[30]」に限られる．分割型会社分割（人的分割）を認めようとするものである [Ⅴ-1-4-31]．同じく，② 吸収分割であれ，新設分割であれ，分割会社が，効力発生日または新設分割設立会社の成立の日に，剰余金の現物配当をするときは，その旨を定める（会758⑧ロ・760⑦ロ・763⑫ロ・765Ⅰ⑧ロ）．分割型会社分割（人的分割）を実現しようとするものであるから，配当財産は，吸収承継株式会社または新設分割設立会社の株式，吸収承継持分会社または新設分割設立持分会社の持分に限られる（会758⑧ロ括弧書・760⑦ロ括弧書・763⑫ロ括弧書・765Ⅰ⑧ロ括弧書・792②・812②）．

-1-4-79 （e） **組織再編の対価およびその割当てに関する事項**　① 吸収型再編では，吸収合併存続会社，吸収分割承継会社または株式交換完全親会社が，吸収合併消滅会社，吸収分割会社または株式交換完全子会社の株主（一定の日［割当期日．通常は効力発生日と同一］現在における株主名簿に記載され株主）または社員に対して，新設型再編では，新設合併設立会社または新設分割設立会社が，新設合併消滅会社または新設分割会社の株主（株式移転の場合には，株式移転設立完全親会社が株式移転完全子会社の株主）または社員に対して，その有する株式または持分の代わりに交付する対価の内容（株式，社債，新株予約権，新株予約権付社債，金銭その他の財産）とその算定方法およびその割当てに関する事項（割当比率）を定める[31]（表8～表11参照．なお会234Ⅰ⑤～⑥参照）．

平成17（2005）年改正前商法の下では，反対説（柴田和史「合併法理の再構成（6・完）」法協107巻1号60頁等）もあったが，株式会社の場合，対価は株式に限られる（ただし，割当比率を簡単にするため対価の一部を金銭〔合併交付金〕で交付する場合を除く）とするのが通説であった．しかしアメリカ法は消滅会社の株主に株式ではなく，現金その他の財産の交付も認めている．会社法は，子会社が，他の会社と吸収合併・吸収分割・株

-1-4-78 （30）　**法務省で定めたもの**　① 吸収分割に際して分割会社が承継会社から取得した承継会社株式以外の金銭等（ただし，交付する金銭等（承継会社株式を含み，②の株式を除く）の合計額の5％未満に限る）または② 分割株式会社の株式（会施規178・179）．

-1-4-80 （31）　**自己株式等への割当ての禁止**　合併の場合，消滅会社が有する自己株式および存続会社が有する消滅会社株式（いわゆる抱合せ株式）に対しては対価の割当てが行われない（会749Ⅰ③括弧書・Ⅲ括弧書・753Ⅰ⑦括弧書・Ⅲ括弧書）．株式交換の場合にも，完全親会社が有する自己株式には割当てが行われない（会768Ⅰ③括弧書・Ⅲ括弧書）．

表8 合併の際の対価に関する法定事項

会社の種類		合併対価	契約（計画）で定めなければならない事項	
吸収合併	存続会社が株式会社の場合	存続会社の株式（749Ⅰ②イ）	株式の数（種類株式発行会社にあっては，株式の種類および種類ごとの数）またはその数の算定方法ならびに存続会社の資本金および準備金の額	消滅株式会社の株主（消滅株式会社・存続株式会社を除く）・消滅持分会社の社員（存続株式会社を除く）に対するこれらの割当てに関する事項（749Ⅰ③）
		存続会社の社債（749Ⅰ②ロ）	社債の種類および種類ごとの各社債の金額の合計額またはその算定方法	
		存続会社の新株予約権（同ハ）	新株予約権の内容および数またはその算定方法	
		存続会社の新株予約権付社債（同ニ）	新株予約権付社債の上記社債および新株予約権に関する事項	
		存続会社の株式等以外の財産（同ホ）	当該財産の内容（例えば割当比率調整のための金銭）および数もしくは額またはこれらの算定方法	
	存続会社が持分会社の場合	持分会社の持分（751Ⅰ②）	当該社員の氏名・名称および住所ならびに出資額（合資会社の場合にはそれに加えて社員の責任の別）	
		持分会社の社債（751Ⅰ③イ）	社債の種類および種類ごとの各社債の金額の合計額またはその算定方法	
		持分会社の社債以外の財産（ロ）	財産の内容および数もしくは額またはこれらの算定方法	
新設合併	設立会社が株式会社の場合	設立会社の株式（753Ⅰ⑥・⑦）	株式の数（種類株式発行会社にあっては，株式の種類・種類ごとの数）またはその数の算定方法および株式の割当てに関する事項ならびに設立会社の資本金および準備金の額	消滅株式会社の株主（消滅株式会社を除く）・消滅持分会社の社員に対するこれらの割当てに関する事項（753Ⅰ⑨）
		設立会社の社債（753Ⅰ⑧イ）	社債の種類および種類ごとの各社債の金額の合計額またはその算定方法	
		設立会社の新株予約権（同ロ）	新株予約権の内容および数またはその算定方法	
		設立会社の新株予約権付社債（同ハ）	新株予約権付社債の上記社債および新株予約権に関する事項	
	設立会社が持分会社の場合	持分会社の持分（755Ⅰ④）	当該社員の氏名・名称および住所・社員の別・出資の価額	
		持分会社の社債（755Ⅰ⑥）	当該社債の種類および種類ごとの各社債の金額の合計額またはその算定方法	

表9 会社分割の際の対価に関する記載事項

会社の種類		会社分割の対価	契約（計画）で定めなければならない事項
吸収	吸収分割承継会社が株式会社の場合	承継会社の株式（758④イ）	株式の数（種類株式発行会社にあっては，株式の種類および種類ごとの数）またはその数の算定方法ならびに吸収分割承継会社の資本金および準備金の額
		承継会社の社債（758④ロ）	社債の種類および種類ごとの各社債の金額の合計額またはその算定方法

第4章 組織再編等 763

分割		承継会社の新株予約権(同ハ)	新株予約権の内容および数またはその算定方法	
		承継会社の新株予約権付社債(同ニ)	新株予約権付社債の上記社債および新株予約権に関する事項	
		承継会社の株式等以外の財産(同ホ)	財産の内容(例えば金銭・存続会社の親会社株式等)および数もしくは額またはこれらの算定方法	
	吸収分割承継会社が持分会社の場合	持分会社の持分(760④)	当該社員の氏名・名称および住所ならびに出資額(合資会社の場合には社員の別)	
		持分会社の社債(760⑤イ)	社債の種類および種類ごとの各社債の金額の合計額またはその算定方法	
		持分会社の株式・社債以外の財産(同ロ)	財産の内容および数もしくは額またはこれらの算定方法	
新設分割	新設分割設立会社が株式会社の場合	設立会社の株式	株式の数(種類株式発行会社にあっては,株式の種類および種類ごとの数)またはその数の算定方法.ならびに新設分割設立株式会社の資本金および準備金の額	共同新設分割のときはこれらの割当てに関する事項(763⑦⑨)
		設立会社の社債(763⑧イ)	社債の種類および種類ごとの各社債の金額の合計額またはその算定方法	
		設立会社の新株予約権(763⑧ロ)	新株予約権の内容および数またはその算定方法	
		設立会社の新株予約権付社債(763⑧ハ)	新株予約権付社債の上記社債および新株予約権に関する事項	
	新設分割設立会社が持分会社の場合	持分会社の持分(765Ⅰ③)	当該社員の氏名・名称および住所ならびに出資の価額(合資会社の場合には社員の別)	
		持分会社の社債(765Ⅰ⑥)	社債の種類および種類ごとの各社債の金額の合計額またはその算定方法	

表10 株式交換の際の対価に関する記載事項

会社の種類	株式交換の対価	契約で定めなければならない事項	
株式交換完全親会社が株式会社の場合	その会社の株式(768Ⅰ②イ)	株式の数(種類株式発行会社にあっては,株式の種類および種類ごとの数)またはその数の算定方法,ならびに株式交換完全親株式会社の資本金および準備金の額	株式交換完全子会社の株主(株式交換完全親株式会社を除く)に対するこれらの割当てに関する事項(768Ⅰ③)
	その会社の社債(768Ⅰ②ロ)	社債の種類および種類ごとの各社債の金額の合計額またはその算定方法	
	その会社の新株予約権(同ハ)	新株予約権の内容および数またはその算定方法	
	その会社の新株予約権付社債(同ニ)	新株予約権付社債の上記社債および新株予約権に関する事項	
	その会社の株式等以外の財産(同ホ)	財産の内容および数もしくは額またはこれらの算定方法	

株式交換完全親会社が合同会社の場合	その会社の持分 (770 I ②)	当該社員の氏名・名称および住所ならびに出資の価額
	その会社の社債 (770 I ③イ)	社債の種類および種類ごとの各社債の金額の合計額またはその算定方法
	その会社の持分等以外の財産 (ロ)	財産の内容および数もしくは額またはこれらの算定方法

表11　株式移転の際の対価に関する記載事項

会社の種類	株式移転の対価	株式移転計画で定めなければならない事項	
株式移転設立完全親会社	その会社の株式 (773 I ⑤⑥)	株式の数(種類株式発行会社にあっては,株式の種類および種類ごとの数)またはその数の算定方法ならびに完全親株式会社の資本金および準備金の額	株式移転完全子会社の株主に対するこれらの割当てに関する事項 (773 I ⑥⑧)
	その会社の社債 (773 I ⑦イ)	社債の種類および種類ごとの各社債の金額の合計額またはその算定方法	
	その会社の新株予約権 (同ロ)	新株予約権の内容および数またはその算定方法	
	その会社の新株予約権付社債 (ハ)	新株予約権付社債の上記社債および新株予約権に関する事項	

式交換する場合にその親会社の株式を対価として交付する合併 (いわゆる三角合併 [V-1-4-26])・分割 (いわゆる三角分割. 分割対価が承継会社の親会社の株式である場合)・株式交換 (いわゆる三角交換 [V-1-4-34]) や, 消滅会社の株主に金銭のみを交付する合併 (交付金合併または現金追い出し合併. cash-out merger) 等を認めることに対する内外の要請を受けて, **対価の柔軟化**を図っている(32)(なお産業活力再生特別措置法12の9, 会施規182Ⅱ・184Ⅱ参照)。

新設型再編の場合にはその性質上対価は必ず一部株式または持分でなければならないが (会753 I ⑥・755 I ④ハ・763⑥・765 I ③ハ・773 I ⑤. もっとも一部の消滅会社 (非株式交付消滅会社 (計規2Ⅲ㊽)・非株式交付完全子会社) の株主に社債・新株予約権のみしか交付しないことが認められる (計規46Ⅱ②)), 吸収再編の場合には株式・持分である必要がないので**少数株主の締め出し** (米 squeeze out：独 Ausschluß von Minderheitsaktionären：仏 retrait obligatoire)(33)が問題となる。

吸収型再編では, 消滅会社が**債務超過**の場合には対価を交付しないことも許され

V-1-4-81　(32)　**経過規定**　対価の柔軟化の規定は, 外資による企業買収に対する防衛策の採用の機会を与えるため, 会社法の施行から1年後 (2007年5月1日) に施行された。

V-1-4-82　(33)　**少数株主の排除**　①「正当な営業上の目的」を有する場合, もしくは②「完全な公平」すなわち(a) 交付される財産の価値が公正であり, かつ(b) 当事会社の取締役等の少数株主に対する対応が公正であることが満たされた場合のいずれかに該当しない場合にはその効力を認めるべきではないという見解 (柴田和史「企業再編法制の再整備」判タ1158号133頁以下) とこの見解を否定する説 (竹中・新会社法の基本問題303・304頁) とが対立している。

る（法文は「株式又は持分に代わる金銭等を交付するときは」と規定されている）。対価の種類を複数（例えば株式または現金）にして消滅株式会社等の株主の選択に委ねることも可能と解する（竹内正明「合併対価の柔軟化」『新会社法の基本問題』296頁．反対論点676頁）．対価は，シナジー（synergy）効果（組織再編によって生じる相乗効果）を計算して決定する．吸収型再編において，消滅会社等の株主に交付する対価が存続会社等の「株式」であるときには，「存続会社等」の資本金・準備金の額が増加するので，資本金および準備金の額に関する事項も定める（会749Ⅰ②イ・758④イ・768Ⅰ②イ．なお会445Ｖ，商登80④・85④・89④，計規35～39参照）．同じように，新設型再編において，設立会社が株式会社であるときには，その資本金および準備金の額に関する事項を定める（会753Ⅰ⑥・763⑥・773Ⅰ⑤．なお会445Ｖ，計規45～52，商登81④・86④・90④参照）．

会社法は，三角合併等が実施できるよう，組織再編の枠内で行われる場合には，**例外的に子会社による親会社株式の取得の禁止**（会135Ⅰ［*Ⅱ-2-2-37*］）**を解禁し**（会800Ⅰ・802Ⅱ．なお会施規23参照），**効力発生日までは存続会社等が親会社株式を保有することを認めている**（会800Ⅱ）．なお三角合併等で外国株式を割り当てられると，日本の株主は，証券会社に外国証券取引口座を開設しなければならなくなる．

Ⅴ-1-4-83　②　**吸収型再編**において，吸収合併消滅株式会社・吸収分割会社・株式交換完全子会社が**種類株式発行会社でなければ**，**株主平等の原則**より，株主の有する株式の数に応じて対価を割り当てる内容でなければならないが（会749Ⅲ・751Ⅲ・753Ⅲ・768Ⅲ・770Ⅲ・773Ⅲ）．**種類株式発行会社であるときには**，**株式の種類の内容に応じて**，①　ある種類の株式には割当てをしないこと（その旨・株式の種類），または②　異なる取扱いをすること（その旨，異なる取扱いの内容）を定めることができる（会749Ⅱ・751Ⅱ・768Ⅱ・770Ⅱ）．②の定めがある場合には，各種類の株式の数に応じて交付する内容のものでなければならない（会749Ⅲ括弧書・751Ⅲ括弧書・768Ⅲ括弧書・770Ⅲ括弧書）．これは，**新設型再編の場合も同様**である（会753Ⅱ・Ⅲ括弧書・773Ⅱ・Ⅲ括弧書）．

Ⅴ-1-4-84　（f）　**新株予約権の扱いに関する事項**（［*Ⅱ-3-3-17*］参照）　（a）吸収合併消滅株式会社・新設合併消滅株式会社が**新株予約権**（または新株予約権付社債）を発行しているときには，その新株予約権は効力発生日または新設会社の成立日に当然に消滅する（会750Ⅳ・754Ⅳ）．そこで，存続株式会社・新設株式会社は，①　それに代わって**存続株式会社・新設株式会社の新株予約権**（会236Ⅰ⑧イ）を交付するか，②　新株予約権付社債の場合には社債を承継するか，③　金銭を交付するか決め，それに関する事項（表12参照）と①または③を選択したときには，新株予約権または金銭の「**割当てに関する事項**」を定めなければならない（会749Ⅰ④⑤・753Ⅰ⑩⑪）．**持分会社**には新株予約権に相当するものがなく，消滅株式会社の新株予約権は消滅するので（会752Ⅴ），**存続会社・新設会社が持分会社のときは**，**新株予約権に代わる金銭の額**またはその算定方法および金銭の割当てに関する事項を定める（会751Ⅰ⑤⑥・755Ⅰ⑧⑨）．

表12 契約（計画）で定めなければならない事項

選択の種類	契約（計画）で定めなければならない事項
①存続株式会社・新設株式会社の新株予約権を交付するとき	新株予約権の内容および数またはその算定方法
②新株予約権付社債の社債に係る債務を承継するとき	社債に係る債務を承継する旨ならびにその承継に係る社債の種類および種類ごとの各社債の金額の合計額またはその算定方法
③金銭を交付するとき	金銭の額またはその算定方法

V-1-4-85 　(β) 吸収分割・新設分割では，分割会社は消滅しないので，その新株予約権を消滅させることは必要ではないが，分割会社の新株予約権を消滅させるとともに，当該新株予約権の新株予約権者に承継株式会社・新設株式会社の新株予約権を交付すると定めることができる（なお会759Ⅴ・764Ⅶ参照）．この場合には，① 分割会社の新株予約権（吸収分割の場合には「吸収分割契約新株予約権」（吸収分割承継株式会社の新株予約権の交付を受ける吸収分割株式会社の新株予約権の新株予約権者の有する新株予約権）といい，新設分割の場合には「新設分割計画新株予約権」（新設分割設立株式会社の新株予約権の交付を受ける新設分割株式会社の新株予約権の新株予約権者の有する新株予約権）という）の内容，② 承継会社・新設会社の新株予約権の内容および数またはその算定方法，③ 新株予約権が新株予約権付社債であるときは，社債に係る債務を承継する旨ならびにその承継に係る社債の種類および種類ごとの各社債の金額の合計額またはその算定方法，④ 承継会社または新設会社の新株予約権の割当てに関する事項を定める（会758⑤⑥・763⑩⑪）．承継会社・新設会社が持分会社のときは，分割会社の新株予約権を消滅させることができない（相澤＝細川・解説188頁）．

V-1-4-86 　(γ) 株式交換または株式移転においても，完全子会社は消滅しないので，必ずしも完全子会社の新株予約権を消滅させる必要はないが，消滅させて（効力発生日または会社の成立日に完全子会社の新株予約権は消滅する．会769Ⅳ・774Ⅳ），それに代わって株式交換完全親株式会社または株式移転設立完全親会社の新株予約権を交付すると定めることができる．この場合には，① 完全子会社の新株予約権（株式交換の場合には「株式交換契約新株予約権」（株式交換完全親株式会社の新株予約権の交付を受ける株式交換完全子会社の新株予約権の新株予約権者の有する新株予約権）」といい，株式移転の場合には「株式移転計画新株予約権」（株式移転設立完全親会社の新株予約権の交付を受ける株式移転完全子会社の新株予約権の新株予約権者の有する新株予約権）という）の内容，② 株式交換完全親株式会社または株式移転設立完全親会社の新株予約権の内容および数またはその算定方法，③ 新株予約権が新株予約権付社債であるときは，社債に係る債務を承継する旨ならびにその承継に係る社債の種類および種類ごとの各社債の金額の合計額またはその算定方法，④ 株式交換完全親会社または株式移転設立完全親会社の新株予約権の割当てに関する事項を定める（会768Ⅰ④⑤・773Ⅰ⑨⑩）．株式交換では完全親会社に

合同会社もなることができるが，完全子会社の新株予約権は消滅しない．

*-1-4-87 (イ) 新設型再編の場合 (a) 絶対的事項 ① 新設合併の場合には，新設合併消滅会社の商号・住所を定める (会753 I ①・755 I ①)．新設分割の場合には，分割会社が1社で新設分割設立会社を設立し，株式移転の場合には，株式移転完全子会社が1社で株式移転完全親会社を設立することがあるので，分割会社または株式移転完全子会社の商号・住所は絶対的事項とはされていない．しかし共同新設 (会762 II・765 I ⑦参照) または共同株式移転 (会772 II) のときには契約が当然問題となる．これらの場合には，計画で相手会社の商号・住所は当然定められることになろう．

*-1-4-88 ② 設立会社の体制 (i) ① 新設合併の場合にはどのような会社が設立されるのか明らかにしなければならないので，設立会社に関する事項を定める (会753 I ② ～⑥・755 I ②～⑤ II III IV. 表5参照)．

② 新設分割の場合には，新設分割設立会社に関する事項を定める (会763 I ①～⑥・765 I ①～④ II～IV. 表6参照)．

③ 株式移転の場合には，株式移転設立完全親会社に関する事項として新設合併設立株式会社の場合と同様の事項を定める (会773 I ①～⑤. 表7参照)．

新設型再編において適用のある設立の規定は，① 定款の記載・記録事項 (会27① ～③・29)，② 定款の備置き・閲覧等 (会31)，③ 設立時取締役の員数等 (会39)，④ 設立代表時取締役等の選定等 (会47・48. 定款で代表取締役を選定することも可能である)，⑤ 株式会社の成立 (会49) である (会814 I)．財産引受けについての検査役の調査などの規定も，事後設立規制 (会467 I ⑤) も適用されない．定款は，消滅会社等が作成する (会814 II・816 II)．吸収合併により存続会社の定款の内容を変更する必要があるときには，定款変更の手続をとる必要がある．定款変更の内容は改正前商法 (平成17年改正前商409①) と異なり，契約の法定記載事項ではない[34]．

*-1-4-90 (4) 事前開示 (ア) 事前開示事項 事前開示事項の内容は法務省令で規定されている．

(a) 吸収型再編の消滅会社等が開示すべき事項は表13の通りである (会782 I. 会施規182・183・184)．「合併対価の相当性に関する事項」中「存続会社と消滅会社とが共通支配下にあるときは，当該消滅会社の株主の利益を害さないように留意した事項」(会施規182 III ③・184 III ③) は，公開買付け後，多数派主導による不当な条件の合併が，特に外国株式等を対価とする形で行われ得るといった懸念に対処するために考

---

*-1-4-89　[34]　役員の任期　改正前商法では，吸収型再編の場合，契約書に別段の定めをしておかなければ，再編後の最初に到来する決算期に関する定時総会の終結の時に退任するものとされていた (改正前商361・374ノ27・414ノ3)．消滅会社等の株主の意思で選任されたわけではないことを理由とした．会社は，対価の柔軟化の結果消滅会社等の株主に必ずしも存続会社等の株式が交付されるわけでないし，大量の新株を発行しても任期に影響しないものとされていることを顧慮し，任期に影響を与えないものとした．そこで再編で就職する取締役・監査役は契約の記載事項から削除されている (改正前商374ノ17 II ⑪・409⑧)．

えられた記載事項であって，具体的には，合併等対価の決定過程において，企業グループとはまったく利害関係がない第三者機関の評価に従って対価を決定したことなどが記載されることが想定されている。合併等「対価について参考となるべき事項」中「合併対価（交換対価）の取引の媒介を行う者」（会施規182Ⅳ①ロ(2)・184Ⅳ①ロ(2)）も，外国株式を国内で処分するとしたらどの証券会社に行けばよいのかという情報提供を目的としているので，わが国の市場で上場されている有価証券が対価の場合には，「国内証券会社」の記載で足りるが，ごく一部の証券会社のみが当該証券を取り扱っているに過ぎないのであれば，当該証券会社名のみならず，同社の住所・電話番号などの具体的なアクセス方法の記載も必要である（相澤哲＝松本真＝清水毅＝細川充＝小松岳志「合併等対価の柔軟化の施行に伴う「会社法施行規則の一部を改正する省令」商事1800号13頁注13）。「合併対価（交換対価）に市場価格があるときは，その価格に関する事項」（会施規182Ⅳ①ハ・184Ⅳ①ハ）は，外国株式の市場価格の情報を投資家が入手することが困難な場合もあるので，消滅会社等の株主に提供させようとするものである。

表13　事前開示事項

A 吸収合併消滅株式会社	B 吸収分割株式会社	C 株式交換完全子会社
①合併契約の内容（会782Ⅰ①）	①吸収分割契約の内容（会782Ⅰ②）	①株式交換契約の内容（782Ⅰ③）
②合併対価の相当性（会施規182Ⅰ①・Ⅲ）	②分割対価の相当性（会施規183①）	②交換対価の相当性（会施規184Ⅰ①・Ⅲ）
③合併対価について参考となるべき事項（会施規182Ⅰ②・Ⅳ）	吸収分割と同時に行う全部取得条項付種類株式の取得の対価（会施規183②イ）	③交換対価について参考となるべき事項（会施規184Ⅰ②・Ⅳ）
	吸収分割と同時に行う剰余金の配当（配当財産が吸収分割承継株式会社の株式）に関する事項（会施規183③ロ）	
④吸収合併に係る新株予約権の定めの相当性（会施規182Ⅰ③・Ⅴ）	④吸収分割に係る新株予約権の定めの相当性（会施規183③）	④株式交換に係る新株予約権の定めの相当性（会施規184Ⅰ・Ⅴ）
⑤存続会社および消滅会社の計算書類等（会施規182Ⅰ④・Ⅵ）	⑤分割承継会社および分割株式会社の計算書類等（会施規183④・⑤）	⑤完全親会社・完全子会社の計算書類等（会施規184Ⅰ④・Ⅵ）
⑥存続会社の債務（異議を述べることができる債権者に対して負担する債務に限る）の履行の見込み（会施規182Ⅰ⑤）	⑥分割株式会社の債務または分割承継会社の債務（分割会社から承継した債務に限る）の履行の見込み（会施規183⑥）	⑥完全親会社の債務（異議を述べることができる債権者に対して負担する債務に限る）の履行の見込み（会施規184Ⅰ⑤）
⑦備置開始日後の変更事項（会施規182Ⅰ⑥）	⑦同左（会施規183⑦）	⑦同左（会施規184Ⅰ⑥）

V-1-4-91　(β)「存続会社等」が開示しなければならない事前開示事項は，次の表記載の通りである（会794Ⅰ．会施規191・192・193）。

第4章　組織再編等　769

表14　事前開示事項（続き）

吸収合併存続株式会社	吸収分割承継株式会社	株式交換完全親会社
①吸収合併契約の内容（会794Ⅰ）	①吸収分割契約の内容（会794Ⅰ）	①株式交換契約の内容（会794Ⅰ）
②合併対価とその割当ての相当性（会施規191①）	②分割対価の相当性（会施規192①）	②株式交換対価とその割当ての相当性（会施規193①）
	③吸収分割と同時に行う全部取得条項付種類株式の取得の対価（会施規192②イ）	
	④吸収分割と同時に行う剰余金の配当（配当財産が吸収分割承継株式会社の株式）に関する事項（会施規192②ロ）	
③消滅株式会社が発行した新株予約権の扱いの相当性に関する事項（会施規191②）	⑤分割株式会社が発行した新株予約権の扱いの相当性に関する事項（会施規192③）	③完全子会社が発行した新株予約権の扱いの相当性に関する事項（会施規193②）
④吸収合併消滅会社の計算書類等（会施規191③）	⑥吸収分割会社の計算書類等（会施規192④）	④株式交換完全子会社の計算書類等（会施規193③）
⑤吸収合併消滅会社（清算株式会社または清算持分会社に限る）が作成した清算貸借対照表（会施規191④）	⑦吸収分割会社（清算株式会社または清算持分会社に限る）が作成した清算貸借対照表（会施規192⑤）	
⑥存続会社自身の重大な後発事象（事業年度がないときは会社成立の日の貸借対照表）（会施規191⑤）	⑧同左（但し吸収分割承継会社に関する．会施規192⑥）	⑤同左（但し株式交換完全親会社に関する．会施規193④）
⑦存続株式会社の債務（異議を述べることができる債権者に対して負担する債務に限る）の履行の見込み（会施規191⑥）	⑨吸収分割承継株式会社の債務（異議を述べることができる債権者に対して負担する債務に限る）の履行の見込み（会施規192⑦）	⑥完全親会社の債務（異議を述べることができる債権者に対して負担する債務に限る）の履行の見込み（会施規193⑤）
⑧備置開始日後の変更事項（会施規191⑦）	⑩同左（会施規192⑧）	⑦同左（会施規193⑤）

1-4-92　(γ) **新設型再編の消滅会社等の事前開示事項**は次の通りである（会803Ⅰ，会施規204～206）．

表15　事前開示事項（続き）

新設合併消滅株式会社	新設分割株式会社	株式移転完全子会社
①新設合併契約の内容（会803Ⅰ①）	①新設分割計画の内容（会803Ⅰ②）	①株式移転計画の内容（会803Ⅰ③）
②合併対価とその割当ての相当性（会施規204①イロ）	②分割対価とその割当ての相当性（会施規205①イロ）	②移転対価とその割当ての相当性（会施規206①）
	新設分割と同時に行う全部取得条項付種類株式の取得の相当性（会施規205②イ）	
	新設分割と同時に行う剰余金の	

770　第Ⅴ編　会社の基礎の変更

	配当（配当財産は新設分割設立株式会社の株式）の相当性（会施規205②ロ）	
③消滅株式会社が発行した新株予約権の扱いの相当性（会施規204②）	③分割株式会社が発行した新株予約権の扱いの相当性（会施規205③）	③完全子会社が発行した新株予約権の扱いの相当性（会施規206②）
④他の消滅会社の計算書類等（会施規204③）	④他の分割会社の計算書類等（会施規205④）	④他の完全子会社の計算書類等（会施規206③）
⑤他の消滅会社（清算株式会社または清算持分会社に限る）が作成した清算貸借対照表（会施規204④）	⑤他の分割会社（清算株式会社または清算持分会社に限る）が作成した清算貸借対照表（会施規205⑤）	
⑥当事会社自身の重大な後発事象（事業年度がないときは会社成立の日の貸借対照表）（会施規204⑤）	⑥同左（会施規205⑥）	⑥他の完全子会社または当事会社自身の重大な後発事象（事業年度がないときは会社成立の日の貸借対照表）（会施規206③ハ・④）
⑦設立会社の債務（他の消滅会社から承継する債務を除く）の履行の見込み（会施規204⑥）	⑦分割株式会社の債務または設立会社の債務（自身が承継させるものに限る）の履行の見込み（会施規205⑦）	⑦完全親会社の債務（他の完全子会社から承継する債務を除き、異議を述べることができる債権者に対して負担する債務に限る）の履行の見込み（会施規206⑤）
⑧備置開始日後の変更事項（会施規204⑦）	⑧同左（会施規205⑧）	⑧同左（会施規206⑥）

V-1-4-93　(ロ)　**閲覧・謄写**　消滅株式会社等，存続株式会社等または新設合併設立株式会社の**株主および債権者**（株式完全子会社にあっては，株主および新株予約権者．株式交換完全子会社の株主に対して交付する金銭等が株式交換完全親会社の株式その他これに準ずるものとして法務省令（会施規194）で定めるもののある場合にあっては株主）は，それぞれ消滅株式会社等，存続株式会社等または新設合併設立株式会社に対して，その営業時間内は，いつでも，① 事前開示書面の閲覧，② 謄本・抄本の交付または③ 電磁的記録に記録された事項の閲覧，④ 会社の定めたものによる提供・その事項を記載した書面の交付を請求することができる（会782Ⅲ・794Ⅲ・803Ⅲ・815Ⅳ．なお会976④）．①③は無料であるが，②④は，会社の定めた費用を払わなければならない．

V-1-4-94　(5) **株主総会（種類株主総会）の承認決議・総株主・総社員による承認**　(a)　**原　　則**　(α)　**特別決議**　簡易組織再編［V-1-4-110］または略式組織再編［V-1-4-114］に該当する場合を除き，株式会社間の吸収型再編では，各当事株式会社は，**効力発生日の「前日までに」**，株主総会を開催し（書面投票・電子投票以外の場合には）[35]，招集通知に議案の概要（議案が確定していない場合にあっては，その旨）を記載する．会298Ⅰ⑤・299Ⅳ，会施規

V-1-4-95　[35] **株主総会参考書類の記載内容**　組織再編のための株主総会の招集通知に添付する株主総会参考書類［Ⅱ-4-2-34］の記載内容は以下の通りである（**表16**）．事前開示事項とは一致しない．

63⑦ト〜ワ），**特別決議**（会309Ⅱ⑫，定款で加重できる[(36)]）によって，「吸収合併契約等」の承認を受けなければならない（会783Ⅰ・795Ⅰ）．新設型再編で新設会社が株式会社であるときは，「消滅株式会社等」は，株主総会を開催して，**特別決議**（会309Ⅱ⑫）によって，「新設合併契約等」の承認を受けなければならない（会804Ⅰ）．合併を

表16　株主総会参考書類の記載内容

議　案	当該行為を行う理由	契約の内容の概要	事前開示事項の内容の概要	その他
吸収合併契約の承認（会施規86）	○	○	合併消滅株式会社の場合（182Ⅰ⑤⑥を除く） 合併存続株式会社の場合（191⑥⑦を除く）	
新設合併契約の承認（会施規89）	○	○	消滅株式会社の場合（204⑥・⑦の事項を除く）	・取締役の選任に関する事項（89④＝74） ・新設会社が会計参与設置会社，監査役設置会社，会計監査人設置会社の場合にはそれぞれその選任に関する事項（89⑤＝75・89⑥＝76・89⑦＝77）
吸収分割契約の承認（会施規87）	○	○	分割株式会社の場合（183②⑥⑦を除く） 分割承継株式会社の場合（192②⑦⑧を除く）	
新設分割計画の承認（会施規90）	○	○	分割会社が株式会社の場合（205⑦⑧を除く）	
株式交換契約書の承認（会施規88）	○	○	完全子会社の場合（184Ⅰ⑤⑥を除く） 完全親株式会社の場合（193⑤⑥を除く）	
株式移転計画の承認（会施規91）	○	○	株式会社が完全子会社の場合（206⑤⑥を除く）	・完全親会社の取締役の選任に関する事項（91④＝74） ・移転完全親会社が会計参与設置会社，監査役設置会社，会計監査人設置会社の場合にはそれぞれその選任に関する事項（91⑤＝75・91⑥＝76・91⑦＝77）
事業譲渡等に係る契約（会施規92）	○	○	会社が受け取る対価または契約の相手方に交付する対価の算定の相当性に関する事項の概要	

(36)　**総会決議の加重**　総会決議の加重は，敵対的二段階買収への備えとして利用可能であると指摘されている．

例に考えると，合併存続会社の株主にとっては，持分比率が低下するし，消滅会社の株主にとっては，他の会社の株主になるので，その保護を図る必要があるからである．分割・株式交換・移転も事態は同様である．承認を求める総会は，定時総会でも臨時総会でもよい．総会は必ずしも同じ日に開催される必要はない．

V-1-4-97　(β)　**存続会社等の取締役の説明義務**　存続会社等の取締役は，次の場合には，質問がなくても，株主総会において説明をしなければならない．① 吸収合併存続株式会社・吸収分割承継株式会社が承継する吸収合併消滅会社・吸収分割会社の債務額[37]（会施規195Ⅰ）が**資産額**[38]（会施規195Ⅱ～Ⅳ）を超える場合にはその旨，② 吸収合併存続株式会社・吸収分割承継株式会社が吸収合併消滅会社の株主（または社員）または吸収分割会社に対して交付する金銭等（吸収合併存続会社または吸収分割承継株式会社の株式等を除く）の簿価が承継純資産額を超える場合はその旨，③ 株式交換完全親株式会社が完全子会社の株主に対して交付する金銭等（完全親会社の株式等を除く）の簿価が株式交換完全親株式会社が承継する完全子会社の株式の額[39]（会施規195Ⅴ）を超える場合にはその旨（会795Ⅱ．①～③の場合には簡易組織再編は認められない．会796Ⅲ［V-1-4-110］)，および④ 承継する吸収合併消滅会社・吸収分割会社の資産に存続株式会社・分割承継株式会社の株式が含まれている場合にはその旨（会795Ⅲ）．

②③は，**差損**を認めた上で，適切な開示をさせようとするものである．存続会社の株式等を交付する場合に取締役の説明を要しないのは，存続会社の分配可能額の減少が生じないからである．④は，組織再編行為の円滑化のために，株主との合意による取得手続によらない自己株式の取得を認めるが（会155⑪⑫)，株主間の不公正

V-1-4-98　(37)　**法務省令で定める債務額**　法務省令で定める資産額は，①から②の額を減じて得た額である．①は，吸収合併または吸収分割の直後の吸収合併存続株式会社または吸収分割承継株式会社の貸借対照表の負債の部に計上すべき額から合併・分割対価（社債に限るが，吸収合併または吸収分割の直前に存続会社または分割承継会社が有していた社債を除く）につき会計帳簿に付すべき額を減じて得た額であり，②は，吸収合併または吸収分割の直前の吸収合併存続株式会社または吸収分割承継株式会社の貸借対照表の負債の部に計上すべき額である（会施規195Ⅰ）．

V-1-4-99　(38)　**法務省令で定める承継資産額**　法務省令で定める承継資産額は，①から②の額を減じて得た額である．①は，吸収合併または吸収分割の直後の吸収合併存続株式会社または吸収分割承継株式会社の貸借対照表の資産の部に計上すべき額であり，②は，吸収合併または吸収分割の直前の吸収合併存続株式会社または吸収分割承継株式会社の貸借対照表の資産の部に計上すべき額から合併または分割の対価（吸収合併または吸収分割の直前に存続会社または分割承継会社が有していた社債を含む）の帳簿価額を引いて得た額を減じた額である（会施規195Ⅱ）．ただし，吸収合併存続株式会社（または吸収分割承継株式会社）が連結配当規制適用会社である場合において，吸収合併消滅会社（または吸収分割会社）が吸収合併存続会社（または吸収分割承継株式会社）の子会社であるときは，195条1項の額と2項の額のうちいずれか高い額である（会施規195Ⅲ・Ⅳ）．

V-1-4-100　(39)　**法務省で定める完全子会社の株式の額**　法務省で定める額は，完全子会社の株式の簿価とのれんの額（計規11）の合計額から株式の特別勘定に計上した負債の額（計規12）を控除した額である（会施規195Ⅴ）．

を生じるおそれがあるからである．

IV-4-101　(γ) 組織再編がある種類の株式の株主に損害を及ぼすおそれがあるときは，定款で種類株主総会の決議を不要と定めている場合 (会322Ⅱ)，および当該種類株主総会で議決権を行使することができる種類株主が存しない場合を除き，**当該種類株式の種類株主総会の承認** (特別決議．会324Ⅱ④) も受ける必要がある (会322Ⅰ⑦〜⑬)．

IV-4-102　(δ) 吸収合併・吸収分割・株式交換において，「種類株式発行会社」である存続会社・承継会社・株式交換完全親会社が，その種類株式 (譲渡制限株式であって，種類株主総会の決議を要しない旨の定款の定めがないものに限る) を，合併等の対価として，**消滅会社の株主または社員・分割会社・株式交換完全子会社の株主に交付するときには，**当該種類株主総会において議決権を行使することができる株主がいない場合を除いて，種類株主総会の決議 (特別決議．会324Ⅱ⑥) が必要である (会795Ⅳ)．

IV-4-103　(b) **特殊決議** (α) 合併消滅株式会社，株式交換完全子会社または株式移転完全子会社は「公開会社」であるが，合併または株式交換・移転の**対価**が「譲渡制限株式等[(40)]」であるときには，株式譲渡制限規定を設ける定款変更と同じ要件にすべきであるので，**当該株主総会の特殊決議が必要である** (会309Ⅲ②③ [Ⅱ-4-2-81])．これらの会社 (種類株式発行会社でないとき) は，特別被支配会社 (会468Ⅰ [V-1-4-15]) の要件を満たす場合であっても，特殊決議による承認を**省略することができない** (会784Ⅰ但書)．なお，会社分割の対価は，分割会社に交付されるので，同社株主の地位に変化はないので，対価が承継会社の譲渡制限株式であろうが，持分であろうが，承認決議の要件は重くなることはない．

IV-4-105　(β) 合併消滅株式会社，株式交換完全子会社または株式移転完全子会社が「種類株式発行会社」であって，**譲渡制限のない種類株式の株主に**，対価として「譲渡制限株式等」(会施規186) が**割り当てられる場合**には，当該種類株主総会において議決権を行使することができる株主が存しない場合を除き，その種類株式の**種類株主総会の特殊決議** (会324Ⅲ②) がなければ，その効力を生じない (会783Ⅲ・804Ⅲ [Ⅱ-4-2-115])．

IV-4-106　(c) **総株主・総社員の同意** (α) 吸収合併消滅株式会社・株式交換完全子会社 (種類株式発行会社でない場合) の**株主** (その有する株式の譲渡制限の有無を問わない) に**与える合併対価等が持分等** (会施規185 [Ⅵ-1-4-54]) であるときは，投下資本の回収が著しく困難

IV-4-104　(40) 譲渡制限株式等　これは，吸収合併存続会社，株式交換完全親会社，新設合併設立株式会社または株式移転設立完全親会社の譲渡制限株式，または，取得条項付株式もしくは取得条項付新株予約権であって取得と引き換えに譲渡制限株式が交付されるものである (会309Ⅲ②・783Ⅲ，会施規186)．これは，対価として直接交付される財産が譲渡制限の付されていない株式または新株予約権であっても，その株式または新株予約権が取得条項付株式または取得条項付新株予約権であり，かつ，その取得対価が譲渡制限株式である場合には，その交付後，会社側の判断で譲渡制限株式に転換可能であるという意味において，対価として譲渡制限株式が交付された場合と同価値であると考えられたためである (省令の解説141頁)．

になるので，**総株主の同意を得ること**（定款による緩和不可）が必要である（会783Ⅱ）．株式の数に応じて平等に定める必要はない．会751Ⅲ対比．なお商登80⑥・89⑥参照）．総株主の同意を要するので，反対株主の株式買取請求権は問題となりえないので，その適用はない[41]（会785Ⅰ①）．

吸収合併消滅株式会社・株式交換完全子会社が**種類株式発行会社**で，合併対価等が持分等である場合には，**当該種類株主の全員の同意が必要**である（会783Ⅳ）．

V-1-4-108　(β)　**新設合併設立会社が持分会社である場合**には，新設合併契約について新設合併消滅株式会社の総株主の同意を得る必要がある（804Ⅱ．なお商登81⑥参照）．総株主の同意を要するので，この場合も株式買取請求権の適用はない（会806Ⅰ①）．

V-1-4-109　(d)　**反対株主の株式買取請求権**　消滅会社等の反対株主（会785～786，806～807）および存続会社等の反対株主（会797，798）は，**株式買取請求権**を行使できる（総株主の同意を要する場合には性質上問題とならない）［Ⅱ-2-1-13］～［Ⅱ-2-1-18］．吸収型略式組織再編の場合も，簡易型組織再編の場合も同様である（会785Ⅱ②・797Ⅱ②．ただし簡易分割の会割会社の場合を除く．会785Ⅰ③・806Ⅰ②）．吸収型再編では組織再編行為の効力発生日（吸収分割の場合には代金の支払の時．会786Ⅴ），新設型再編では設立会社の成立の日（新設分割の場合には代金の支払の時．会807Ⅴ）に株式の買取りの効力が生ずる．なお，会社分割の場合，分割会社の株主には株式買取請求権は認められない（会785Ⅰ②，806Ⅰ②）．その理由は，株主に余り影響がないか，あってもその損害は軽微にとどまることに求められている（江頭820頁，前田庸724頁，青竹430頁，弥永403頁）．

V-1-4-110　(6)　**簡易組織再編**　(a)　簡易譲渡［*V-1-4-11*］と同様に，吸収合併消滅株式会社もしくは株式交換完全子会社の株主，吸収合併消滅持分会社の社員または吸収分割会社（以下消滅会社等の株主等という）に対して交付する**合併等の対価**（=存続会社の株式の数に1株当たり純資産額を乗じて得た額+存続会社の社債，新株予約権または新株予約権付社債の帳簿価額の合計額+存続会社の株式等以外の財産の帳簿価額の合計額）が，吸収合併存続株式会社・吸収分割承継会社・株式交換完全親株式会社（以下**存続会社等**という）**の法務省令で定める方法**[42]により算定された**純資産額**（会施規196）**の20％以下**（定款で厳格化可）

V-1-4-107　(41)　**持分等**　持分等とは，持分会社の持分，または権利の移転・行使に債務者その他第三者の承諾を要するものである（会783Ⅱ，会施規185）．

V-1-4-111　(42)　**法務省令で定める方法**　法務省令で定める方法とは，算定基準日（吸収分割契約，吸収分割契約または株式交換契約を締結した日．ただし，これらの契約によりこれらの契約を締結した日と異なる時（これらの契約を締結した日後から当該吸収合併，吸収分割または株式交換の効力が生ずる時の直前までの間の時に限る）を定めた場合にあっては，当該時）における① 資本金の額，② 資本準備金の額，③ 利益準備金の額，④ 剰余金の額（会446），⑤ 最終事業年度（会461Ⅱ②に規定する場合にあっては，会441Ⅰ②の期間（当該期間が2以上ある場合にあっては，その末日が最も遅いもの）の末日（最終事業年度がない場合にあっては，存続株式会社等の成立の日）における評価・換算差額等に係る額，⑥新株予約権の帳簿価額の合計額から，⑦ 自己株式または自己新株予約権の帳簿価額の合計額を減じて得た額（**当該額が500万円を下回る場合にあっては500万円**）をもって存続株式会社等（会794Ⅰ）の純資産額とする方法

の場合には，存続会社等の株主に与える影響が軽微であることから，**存続株式会社等の株主総会決議は不要**で，消滅会社等の総会の承認決議のみで足りる（**簡易合併・簡易分割・簡易株式交換**．会796Ⅲ．なお会416Ⅳ⑯．株式移転では，株式移転完全親会社が存在していないので，簡易手続はない）．

　存続株式会社等の株主総会決議は不要であっても，**存続会社の株主には株式買取請求権が認められる**（会797Ⅱ②）．株式買取請求権が認められる理由は，簡易手続の要件が満たされても，必ずしも存続会社の株主が組織再編によって大きな損害を受ける可能性がないことを意味しない（例えば消滅会社が本当は多額の債務超過である場合）ためである（江頭796頁注1）．

　ただし① 吸収合併存続株式会社・吸収分割承継株式会社が承継する吸収合併消滅会社・吸収分割会社の債務額が資産額を超える場合（会796Ⅲ但書［＝795Ⅱ①］），② 吸収合併存続株式会社・吸収分割承継株式会社が吸収合併消滅会社の株主（または社員）または吸収分割会社に対して**交付する金銭等の簿価が承継純資産額を超える場合**（会796Ⅲ但書［＝795Ⅱ②］），③ 株式交換完全親株式会社が完全子会社の株主に対して**交付する金銭等の簿価**が完全親会社が承継する完全子会社の**株式の額**を超える場合（会796Ⅲ但書［＝795Ⅱ③］），④ **公開会社でない存続会社等**が合併対価等の全部または一部としてその会社の**譲渡制限株式**を株主に交付する場合（会796Ⅲ但書［＝796Ⅰ但書］），⑤ 議決権を行使できる株式の原則6分の1超を有する株主（会施規197．株式の数は会施規138［V-1-4-14］と同一である）が通知または公告の日から2週間以内に総会決議の省略に反対する旨を通知した場合には（会796Ⅳ），簡易手続の要件に合致する場合であっても，**存続会社等の株主総会**（特別決議．会309Ⅱ⑫）が必要である．

　①②③の場合には，存続会社等の分配可能額が減少する等，その株主に対する影響が少なくないので，取締役が株主総会で説明義務を負担している場合であるから，簡易手続が認められない．④は，非公開会社の募集株式の募集事項の決定に特別決議を要するとする会社法199条2項と平仄を合わせた規定である．新設合併の場合にはその性質上簡易合併はない．

-4-112　(b) **会社分割の場合**には吸収分割承継会社または新設分割設立会社に承継される資産の帳簿価額の合計額が，**分割株式会社の総資産額**[43]（会施規187・207）の**20%以**

である（会施規196）．

-4-113　(43) **法務省令で定める方法**　法務省令で定める方法とは，算定基準日（吸収分割契約を締結した日または新設分割計画を作成した日．ただし，当該吸収分割契約により当該吸収分割契約を締結した日と異なる時（当該吸収分割契約を締結した日後から当該吸収分割の効力が生ずる時の直前までの間の時に限る）を定めた場合にあっては，当該時または当該新設分割算定基準日に分割株式会社が清算会社である場合には，総資産額は，清算貸借対照表の資産の部に計上した額である（会施規187Ⅱ，207Ⅱ）．計画により当該新設分割計画を作成した日と異なる時（当該新設分割計画を作成した日後から当該新設分割の効力が生ずる時の直前までの間の時に

下（定款で厳格化可）の場合には、分割会社の株主総会決議は不要である（簡易分割．会784Ⅲ・805）。この場合、承継させる資産の額が基準とされ、純資産が基準とされないのは、後者を基準にすると、承継負債額を大きくすれば分割会社から大規模な事業が移転する場合等にも簡易分割の手続が利用できてしまうからである（江頭830頁）。なお、**吸収分割の場合、分割会社の株主には株式買取請求権は認められない**（会785Ⅰ②・806Ⅰ②）。株式買取請求権が認められない理由は、株主に余り影響がないか、あってもその損害は軽微にとどまることに求められている（江頭831頁、青竹457頁、弥永408頁）。また、略式組織再編の要件に該当する場合であっても、分割会社の株主は差止めの請求をすることができない（会784Ⅲ）。

V-1-4-114　**(7)　略式組織再編**　**(ア)　総説**　会社法は、略式手続を吸収型再編にも導入している。すなわち、① 存続合併存続株式会社、吸収分割承継株式会社または株式交換完全親株式会社（以下存続会社等という）が存続消滅続会社、吸収分割株式会社または株式交換完全子会社（以下消滅株式会社等という）の**特別支配会社**（会468Ⅰ・会施規136 [V-1-4-15]）である場合には、吸収合併、吸収分割または株式交換（以下吸収合併等という．会782Ⅰ）の場合において、**消滅株式会社等の株主総会決議は不要**である（会784Ⅰ本文．委員会設置会社においては執行役への委任可．会416Ⅳ⑯〜⑳．**種類株主総会決議は省略できない**．なお**株式移転**では、株式移転完全親会社は存在しないので、**略式手続もない**）。ただし、消滅株式会社等が公開会社であって、かつ、種類株式発行会社でなく、吸収合併または株式交換における合併対価等の全部または一部が譲渡制限株式等であるときには（会784Ⅰ但書）、**総会決議の省略はできない**。今まで自由に株式を譲渡できたのがそうでなくなるからである。

② 逆に、消滅株式会社等が存続会社等の特別支配会社である場合には、吸収合併等の場合に存続会社等の総会決議は不要である。ただし**存続株式会社等が非公開会社**であって、吸収合併消滅株式会社もしくは株式交換完全子会社の株主、吸収合併消滅持分会社の社員または吸収分割会社に対して交付する金銭等の全部または一部が存続株式会社等の譲渡制限株式である場合は、**総会決議の省略はできない**（会796Ⅰ）。これは、存続会社等の株主が株主に誰がなるのかに関心を有しているため、その利益を保護しようとするものである。

限る）を定めた場合にあっては、当該時）における① 資本金の額、② 資本準備金の額、③ 利益準備金の額、④ 剰余金の額（会446）、⑤ 最終事業年度（会社法461Ⅱ②に規定する場合にあっては、会社法441Ⅰ②の期間（当該期間が2以上ある場合にあっては、その末日が最も遅いもの）の末日（最終事業年度がない場合にあっては、吸収分割株式かの成立の日）における評価・換算差額等に係る額、⑥ 新株予約権の帳簿価額、⑦ 最終事業年度の末日において負債の部に計上した額、⑧ 最終事業年度の末日後に吸収合併、吸収分割による他の会社の事業に係る権利義務の承継または他の会社（外国会社を含む）の事業の全部の譲受けをしたときは、これらの行為による承継承継または譲受けをした負債の額の合計額から、⑨ 自己株式または自己新株予約権の帳簿価額の合計額を減じて得た額である（会施規187Ⅰ・207Ⅰ）

第4章　組織再編等　777

1-4-115　(イ) 差止請求権　略式組織再編では，① 再編行為が法令もしくは定款に違反する場合，または，② 対価が消滅会社等または存続会社等の財産の状況その他の事情に照らして著しく不当な条件である場合には，株主総会の承認決議なしに再編行為が行われる側の会社の株主は，「不利益を受けるおそれがあるとき」には，自己の会社に対し組織再編行為をやめるよう請求することができる (会784Ⅱ・796Ⅱ. 対価が譲渡性の乏しいものであるため，784Ⅰ但書・796Ⅰ但書により略式組織再編の要件に該当しない場合であっても，784Ⅰ本文・796Ⅰ本文の要件を満たしていれば，少数株主の利益が侵害される可能性に変わりはないので，差止請求は可能である. 論点699頁). 総会決議がある場合には，株主がその決議取消しの訴えを提起できる場合に，それがないために，それに代わる少数株主の保護方策として上記権利が定められている.

1-4-116　(8) 登録株式質権者・登録新株予約権者に対する通知または公告　消滅株式会社等 (消滅会社・分割会社・株式交換完全子会社) は，**効力発生日の20日前までに**，① その登録株式質権者 (簡易分割の場合の登録株式質権者を除く) および登録新株予約権質権者に対し，吸収合併等をする旨を通知しなければならない (会783Ⅴ). ② その株主に対しては，吸収合併等をする旨ならびに存続会社等の商号および住所を通知しなければならない．ただし，総株主の同意を有する場合または分割会社における簡易分割の場合は，この限りでない (会785Ⅲ). ①は，登録株式質権者・新株予約権質権者に対して，質権の対象物である株式・新株予約権が消滅・移転するなど，その権利内容が変動することについての周知を図ることを目的としている (解説206頁).

1-4-117　(9) 新株予約権買取請求　(ア) 総　説　(a) 株式会社が**合併する場合**において，① 消滅会社の新株予約権に代わって交付される存続会社または新設会社の新株予約権の内容が，新株予約権発行時の条件 (会236Ⅰ⑧イ) と異なるか，または，② 存続会社または新設会社の新株予約権が交付されないとき (金銭を交付されるとき. 新株予約権の交付が定められていないか, 定められているが, 新株予約権を交付することができないとき) には，「消滅会社の新株予約権者」は，新株予約権の買取請求をすることができる (会787Ⅰ①・808Ⅰ①). (b) 株式会社が**会社分割をする場合**において (承継会社・設立会社は株式会社である場合に限る)，① 吸収分割契約新株予約権 (会758⑤イ)・新設分割計画新株予約権 (会763⑩イ) および② 吸収分割契約新株予約権・新設分割計画新株予約権以外の新株予約権であって，分割に際して新株予約権者に分割承継会社・新設分割設立会社の新株予約権の交付の定めがあるもののうち，その内容 (会758⑤⑥・763⑩⑪) が新株予約権発行時の条件 (会236Ⅰ⑧ロ・ハ) と異なるときに，「分割会社の新株予約権者」は，新株予約権の買取請求をすることができる (会787Ⅰ②・808Ⅰ②). (c) **株式交換** (完全親会社は株式会社である場合に限る) または**株式移転をする場合**において，① 株式交換契約新株予約権 (会768Ⅰ④イ)・株式移転計画新株予約権 (会773Ⅰ⑨イ) および② 株式交換契約新株予約権・株式移転計画新株予約権以外の新株予約権であって，株式交換・株式移転に際して新株予約権者に株式交換完全親株式会社・株

式移転設立完全親会社の新株予約権の交付の定めがあるもののうち，その内容（会768Ⅰ④⑤・773Ⅰ⑩⑪）が新株予約権発行時の条件（会236Ⅰ⑧ニホ）と異なるときに，「完全子会社の新株予約権者」は，新株予約権の買取請求をすることができる（会787Ⅰ③・808Ⅰ③）。

新株予約権の買取請求手続・価格の決定等は，反対株式の買取請求の場合のそれとパラレルな規制が行われている。

表17 新株予約権の買取請求

対象株式の定款変更の場合［V-1-2-16］	全株式を譲渡制限株式とする（会118Ⅰ①） ある種類株式を譲渡制限株式とする（会118Ⅰ②） ある種類株式を全部取得条項付種類株式とする（会118Ⅰ②）
株式会社の組織変更（会777・778「V-1-3-12」）	
組織再編の場合	吸収合併（会787Ⅰ①）・新設合併（808Ⅰ①） 吸収分割（会787Ⅰ②）・新設分割（808Ⅰ②） 株式交換（会787Ⅰ③）・株式移転（808Ⅰ③）

V-1-4-118　（イ）手続　消滅会社・分割会社・完全子会社は，① 吸収型再編の場合には，効力発生日の20日前までに，その新株予約権者に対し，吸収合併等をする旨ならびに存続会社等の商号・住所を通知または公告し（会787ⅢⅣなお会118ⅢⅣ・777ⅢⅣ参照），② 新設型再編の場合には，総会の承認決議の日（新設合併設立会社が持分会社にあっては消滅株式会社の総株主の同意を得た日，簡易新設分割の場合には新設分割計画の作成の日）から2週間以内に，新設合併等をする旨ならびに他の消滅会社等および設立会社の商号・住所を通知または公告しなければならない（会808Ⅲ Ⅳ．なお，会118ⅢⅣ・777ⅢⅣ参照）。

新株予約権者は，① 吸収型再編の場合には，効力発生日の20日前の日から効力発生日の前日までの間に，② 新設再編の場合には通知または公告日から20日以内に，買い取ってもらう新株予約権の内容および数を明らかにして会社に対し，買取請求をする（会787Ⅴ・808Ⅴ．新株予約権付社債に付された新株予約権の場合には，別段の定めがない限り，あわせて社債部分についても買取請求をする．会787Ⅱ・808Ⅱ．なお会118ⅡⅤ・777ⅡⅤ参照）。買取請求をした新株予約権者は，会社の承諾を得た場合に限り，買取請求を撤回することができる（会787Ⅵ・808Ⅵ．なお会118Ⅵ・777Ⅵ参照）。会社が組織再編行為を中止したときは，買取請求は失効する（会787Ⅶ・808Ⅶ．なお会118Ⅶ・777Ⅶ参照）。

V-1-4-119　（ウ）価格の決定等　新株予約権（社債部分を含む）の価格につき，消滅株式会社等（吸収合併をする場合において効力発生日後にあっては吸収合併存続会社，新設合併をする場合における新設合併設立会社の成立の日後にあっては新設合併会社）との間で協議が調ったときは，消滅会社等は，効力発生日（吸収型再編の場合）または設立会社の成立の日（新設型再編の場合）から60日以内にその支払いをしなければならない（会788Ⅰ・809Ⅰ．なお会119Ⅰ・778Ⅰ・786Ⅰ参照）。効力発生日または設立会社の成立の日から30日以内に協議が調わないときは，新株予約権者だけでなく，消滅株式会社等も，その期間の満

了の日後30日以内に，裁判所に対し，価格の決定の申立てをすることができる（会788Ⅲ・809Ⅱ．なお会119Ⅱ・778Ⅱ・786Ⅱ参照）．効力発生日から60日以内に価格決定の申立てがないときは，この期間の満了後は，新株予約権者は，いつでも，株式買取請求を撤回することができる（会788Ⅲ・808Ⅲ．なお会119Ⅲ・778Ⅲ・786Ⅲ参照）．**裁判所は価格決定の申立てをすることができる者の陳述を聴いて決定する**（会870④）．この場合には，会社は，裁判所の決定した価格に対する**60日の期間の満了の日後の年6分の利率**により算定した利息をも支払わなければならない（会788Ⅳ・808Ⅳ．なお会119Ⅳ・778Ⅳ・786Ⅳ参照）．買取りは場合に応じ効力発生日か代金の支払いの時に効力を生じる（会788Ⅴ・809Ⅴ．なお会119Ⅴ・778Ⅴ・786Ⅴ参照）．新株予約権証券（新株予約権付社債券）が発行されている新株予約権については，代金の支払いは証券と引換えである（会788ⅥⅦ・808ⅥⅦ．なお会119Ⅳ・Ⅶ・778Ⅳ・Ⅶ・786Ⅵ参照）．

1-4-120　(10)　**債権者保護手続——異議申立権**　(ｱ)　組織再編は，会社債権者（新株予約権者や社債権者も会社債権者である）の利害に影響を及ぼすが，その影響の受け方は，組織再編の種類で異なる．合併の場合には完全であるが，株式の交換・株式の場合には影響を受けない場合もある．そこで影響を受ける場合[44]には，① 合併，分割，株

1-4-121　(44)　**債権者**　(a) 合併の場合には，持分会社であれ，株式会社であれ，消滅会社および存続会社の**債権者全員が異議を述べることができる**（会789Ⅰ①・793Ⅱ・799Ⅰ①・802Ⅱ・810Ⅰ①・813Ⅱ）．
　(β) 会社分割の場合には，「分割承継会社の債権者」と「分割会社の債権者」とでは異なる．「分割承継会社（株式会社または持分会社）の債権者」は誰でも異議を述べることができるが（会799Ⅰ②・802Ⅱ），「分割会社の債権者」は，① 分割後分割株式会社または分割合同会社に対して**債務の履行**（当該債務の保証人として吸収分割承継会社または新設分割設立会社と連帯して負担する保証債務を含む）**を請求することができない債権者**および② 分割株式会社の場合には効力発生日または分割設立株式会社の成立の日に全部取得条項付種類株式の取得の対価または剰余金の現物配当として分割承継株式会社または新設分割設立株式会社の株式を交付する分割株式会社の債権者に限って，分割合同会社の場合には債権者であれば誰でも分割異議を述べることができる（会789Ⅰ②・810Ⅰ②・793Ⅱ）．②の場合，①と異なり，分割後分割株式会社に対して債務の履行を請求することができる債権者であるにもかかわらず，異議を述べることができるのは，これらの場合分配可能額による制約が課されていないので（会792・812），**株式の交付により分配可能額を超えた財産流出がなされるおそれがある**からである．労働者も債権者であるが，労働契約の特殊性より，特別法が制定されている［V-1-4-28］．
　(γ) **株式交換**（株式移転も同じ）では，株式交換により，完全親会社の会社財産と資本金の額が増加する一方，完全子会社の財産と資本金の額は減少しないから，債権者保護手続は原則として不要となる．異議を述べることができる債権者は，①「**完全子会社**」にあっては，株式交換契約新株予約権（会768Ⅰ④イ）または株式移転計画新株予約権（会773Ⅰ⑨イ）が付された**新株予約権付社債の社債権者**である（会789Ⅰ③・810Ⅰ③）．完全親会社に承継されるからである．②「**完全親会社**」にあっては，**完全親株式会社の株式以外の財産を完全子会社の株主に交付する場合**（株式以外の財産であるため，対価が不当であれば，財産の流出が生じるからである．ただし，完全親会社の株式と併せて株式以外の財産を交付する場合であって，当該株式以外の財産の合計額が完全子会社の株主に交付する金銭等の合計額の20分の1未満の場合には，債権者に及ぼす影響が軽微であるので，除く．会施規198）または**株式交換契約予約権付社債に係る債務を「完全親株式会社」が承継する場合**（会768Ⅰ④ハ）の完全親会社の債権者である

式交換または株式移転をする旨，② 相手会社の商号および住所，③ 自社および相手会社の計算書類に関する事項[45]（会社が株式会社である場合に限る）および ④ 会社債権者は一定の期間（異議申立期間――1月以上）内に異議に述べることができる旨を，各当事会社は，官報をもって公告し（公告を1つで兼ねることは可能．論点686頁），かつ，知れている債権者[46]（社債管理者がある場合には当該社債管理者を含む）に対しては個別に催告（到達主義）しなければならない（会789Ⅱ・799Ⅱ・810Ⅱ・793Ⅱ〔＝789Ⅱ①②④〕・802Ⅱ〔＝799Ⅱ①②④〕．なお会976㉖，計規39Ⅱ参照）とされている．ただし，官報による公告に加えて，定款で定めた日刊新聞紙による公告（会939Ⅰ②）または電子公告（会939Ⅰ③）を行う場合には，知れている債権者に対する個別催告は，吸収分割または新設

（会799Ⅰ③）．株式交換に際し完全親会社が「株主払込資本変動額」に「株式発行割合」を乗じて得た額の全額を資本金・資本準備金として計上せず，その他資本剰余金を増加させる場合には，債権者異議申立手続をとることができる（江頭850頁）．

V-1-4-122 (45) **計算書類に関する事項** 法務省令に定める計算書類に関する事項とは，公告の日または催告の日のいずれか早い日における左欄の場合の区分に応じ，右欄に定めるものとする（会施規188・199・208）．

	公 告 等 の 内 容
①最終事業年度に係る貸借対照表またはその要旨につき会社が公告（会440ⅠⅡ）をしている場合	①官報で公告をしているときは，当該官報の日付および当該公告が掲載されている頁
	②時事に関する事項を掲載する日刊新聞で公告をしているときは，当該日刊新聞紙の名称，日付および当該公告が掲載されている頁
	③電子公告で公告をしているときは，登録されたウェブサイトのアドレス
②最終事業年度に係る貸借対照表につき会社が電磁的方法による開示（会社法440条3項）に規定する措置を執っている場合	登録されたウェブサイトのアドレス
③有価証券報告書提出会社が最終事業年度に係る有価証券報告書を提出しているとき	その旨
④特例有限会社であるため決算公告（会社法440条の規定）が適用されないものである場合	その旨
⑤会社につき最終事業年度がない場合	その旨
⑥会社が清算株式会社である場合	その旨
⑦①から⑥以外の場合	会社計算規則第6編第2章の規定による最終事業年度に係る貸借対照表の要旨の内容

なお，持分会社の場合には，株式会社を相手方とする組織再編を行う場合であっても，計算計算に関する事項の公告・催告は不要である．

V-1-4-123 (46) **知れたる債権者** 非金銭債権の債権者がこれに含まれるとする古い判例（大判昭和10・2・1民集4巻75頁），非金銭債権であっても担保の額を決定する具体的基準があればよいとする説（前田庸・商事1554号8頁），金銭債権であってその額の算定が可能なものに限られるとする説（原田・商事1565号15頁）とが対立している．

分割をする場合における不法行為によって生じた吸収分割株式会社または新設分割株式会社の債務の債権者に対するものを除き，**要しない**（会789Ⅲ・799Ⅲ・810Ⅲ・793Ⅱ〔＝789Ⅲ〕・802Ⅱ〔＝799Ⅲ〕．平成16年改正による債権者保護手続の緩和）．分割会社の不法行為債権者には個別催告が要求されるのは，不法行為債権者に分割会社の公告ホームページのチェック等を要求することは困難なばかりでなく，会社分割は，資本金・準備金の額の減少または合併より分割会社の債権者の危険が大きいことから，その保護を強化する必要があるためである．吸収型再編では効力発生日（新設型再編では新設会社の成立の日）までに**債権者保護手続が終了していなければ，組織再編の効力は生じないので**（会750Ⅵ・752Ⅵ・759Ⅵ・761Ⅵ・769Ⅵ・771Ⅴ・922Ⅰ①ホⅡ①ハ・924Ⅰ①ホ①ニ），その前日までに手続を終了しておく必要がある（なお商登80③⑧・81⑧・85⑧・86⑧・87⑦・90⑦・108Ⅰ③・109Ⅰ③・126Ⅰ③参照）．

社債権者が異議を述べるには，画一的・集団的取扱のため，社債権者集会の決議によることが必要であるが，その開催には時間を要するので，裁判所は，利害関係人の請求により，異議期間を伸長することができる（会740Ⅰ．なお会更222Ⅰ・223Ⅲ参照）．社債管理委託契約に別段の定めがある場合を除き，社債管理者も，異議を述べることができる（会740Ⅱ［Ⅳ-1-3-17］）．そこで前述のように，個別催告は社債管理者にも行われる．

債権者が異議申立期間内に異議を述べないときには組織再編を承認したものとみなされる（会789Ⅳ・799Ⅳ・810Ⅳ）．債権者が異議申立期間内に異議を述べたときには，会社は，その債権者に対し，弁済，担保の提供または弁済を目的とする信託会社（信託銀行）に財産の信託をしなければならないが，組織再編をしても損害を受けるおそれのない（会社がこの立証責任を負う）債権者に対してはその必要はない（会789Ⅴ）．異議を述べたのに無視された債権者は，「合併を承認しなかった債権者」等として，合併無効の訴え等を提起することになる（会828Ⅱ⑦～⑪．株式移転無効の訴えは認められない．会828Ⅱ⑫参照．［Ⅴ-1-4-136］）．

なお民法の一般原則によると，債務の引受けには債権者の承諾を要するが，合併の場合債権者保護手続がとられるので，個々的な債権者の承諾は不要である．

1-4-124　（イ）**催告の懈怠**　会社分割の場合には，債権者保護手続の対象となる債権者が各別の催告を受けなかった場合（会社に判明していない債権者であって，会社が各別の催告をする必要がなかったためそれを受けなかったものも含む．原田・商事1565号16頁，江頭823頁）には，分割による不測の損害を被ることを防止するため，分割会社の負担していた債務につき分割計画書または分割契約書で債務を負担しないとされた会社も，**弁済の責任**（法定責任．不真正連帯債務）**を負う**．もっとも，この責任は，分割時に存在する責任財産の限度で認めれば足りることから，その会社が「分割会社」であるときは分割の日において有した財産の価額（正味実現可能価額［処分価額］を意味する．江頭823頁注4）を限度とし，その会社が「新設分割設立株式会社または吸収分割承継株式会

社」であるときは承継した財産の価額を限度とする(会759ⅡⅢ・764ⅡⅢ).責任の限度額は,会社が証明責任を負う.これは分割に特有の規定であって,合併等にはない.

V-1-4-125 **(11) 株券等提出手続** ① **株券発行会社が**(会117Ⅵ・214),**合併**(消滅会社に限る),**株式交換または株式移転をする場合には**(その株式全部について株券を発行していない場合を除く),**合併・株式交換の効力発生日**(株式移転の場合には完全親会社の成立の日)までに株券を提出しなければならない旨を当該日の1カ月前までに,公告し,かつ,株主およびその登録株式質権者には,各別にこれを通知しなければならない(会219Ⅰ⑥〜⑧).株券の提出があるまで金銭等の交付を拒むことができる(会219Ⅱ).この場合に旧株券を提出することができない者がいるときには,異議催告手続を採ることができる(会220).株券は効力発生日(株式移転の場合には完全親会社の成立の日)に無効となる(会219Ⅲ.なお商登80⑨・81⑨・89⑧・90⑧参照).

② **新株予約権証券**(新株予約権付社債券)を**発行している株式会社が**合併,分割(会758⑤・763⑩に規定する場合),株式交換(会768④に規定する場合)または株式移転(会773Ⅰ⑨に規定する場合)をする場合も同様である(会293Ⅰ〜Ⅳ.なお商登80⑩・81⑩・85⑨・86⑨・89⑨・90⑨参照).

V-1-4-126 **(12) 事後開示** (a) **備置き** (α) **吸収合併**の場合には,存続株式会社は効力発生日後遅滞なく,**新設合併**の場合には,設立株式会社はその成立日後遅滞なく,法

V-1-4-127 **(47) 法務省令で定める事項**

会社の種類	吸収合併存続株式会社(法801Ⅰ・会施規200)	新設合併設立株式会社(法815Ⅰ③・会施規211・213)	吸収分割株式会社(法791Ⅰ①・会施規189)・吸収分割承継株式会社(会801Ⅲ②)	吸収分割承継株式会社(合同会社が吸収分割会社の場合)(法801Ⅱ・会施規201)	新設分割株式会社(法811Ⅰ①・会施規209)	新設分割設立株式会社(合同会社が新設分割会社の場合)(法815Ⅱ・会施規212)*	株式交換完全子会社(法791Ⅰ②・会施規190)・株式交換完全親会社(会801Ⅲ③)	株式移転完全子会社(法811Ⅰ②・会施規210)株式移転完全親会社(会815Ⅲ③)
記載 ①効力発生日	同左	同左	同左	同左	同左	同左	同左	同左
②消滅会社における株式買取請求手続・新株予約権買取請求手続・債権者保護手続の経過	同左	同左(但し分割株式会社における)	合同会社の債権者保護手続の経過	②と同(但し新設分割株式会社における)	新設分割株式会社の債権者保護手続の経過	完全子会社における株式買取請求手続・新株予約権買取請求手・債権者保護手続の経過	同左
③存続株式会社における株式買取請求・債権者保護手続の経過	—	同左(ただし吸収分割承継会社における)	承継会社の株式買取請求手続・債権者保護手続の経過	—	—	同左(ただし完全親会社における)	

第 4 章　組織再編等　783

務省令で定める事項[47]を記載・記録した書面または電磁的記録を作成し (会801Ⅰ・815Ⅰ)，6 カ月間，その本店に備え置かなければならない (会801Ⅲ①・815Ⅲ①)．消滅会社は解散するため，事後開示は問題とならない．(β) **吸収分割または株式交換の場合**には，吸収分割株式会社または株式交換完全子会社は，効力発生日後遅滞なく，吸収分割承継会社または株式交換完全親会社と共同して法務省令で定める事項を記載・記録した書面または電磁的記録を作成し (会791Ⅰ)，6 カ月間，その本店に備え置かなければならない (会791Ⅱ)．吸収分割承継株式会社 (相手会社が合同会社に限る．会801Ⅱ) または株式交換完全親会社も 6 カ月間，その本店に備え置く (会801Ⅲ②③)．

(γ) **新設分割または株式移転の場合**には，新設分割株式会社または株式移転完全子会社は，新設分割設立会社または株式移転設立完全親会社の成立日後遅滞なく，新設分割設立会社 (1 以上の合同会社のみが新設分割をする場合には，新設分割合同会社) または株式移転設立完全親会社と共同して (会811Ⅰ・815Ⅱ)，法務省令で定める事項を記載・記録した書面または電磁的記録を作成し，新設分割会社・新設分割設立会社・株式移転完全子会社・株式移転設立完全親会社は，6 カ月間，その本店に備え置かなければならない (会811Ⅱ・815Ⅲ②③)．

1-4-128　(b)　**閲　覧　等**　① 吸収合併存続株式会社または新設合併設立株式会社の株主・債権者 (新株予約権者を含む．消滅会社の元株主・債権者は，消滅会社が解散するので，権利がな

事項	④消滅会社から承継した重要な権利・義務に関する項	同左	分割株式会社から承継した重要な権利・務に関する項	合同会社から承継した重要な権利・義務に関する事項	分割会社から承継した重要な権利・義務に関する事項	分割合同会社から承継した重要な権利・義務に関する事項	株式交換により完全親会社に移転した完全子会社の株式の数 (完全子会社が種類株式発行会社であるときは株式の種類・種類ごとの数)	同左 (ただし株式移転により)
	⑤消滅株式会社の事前開示事項 (吸収合併契約の内容を除く)	消滅株式会社の事前開示事項 (新設合併契約の内容を除く)	—	—	—	—	—	—
	⑥変更登記日	—	同左	同左	—	—	—	—
	⑦その他吸収合併に関する重要な事項	その他新設合併に関する重要な事項	その他吸収分割に関する重要な事項	その他吸収分割に関する重要な事項	その他新設分割に関する重要な事項	その他新設分割に関する重要な事項	その他株式交換に関する重要な事項	その他株式移転に関する重要な事項

＊株式会社が新設分割設立会社である場合には法815Ⅲ②により法815Ⅱおよび811Ⅰ①が定める事項．

い）(会801Ⅳ・815Ⅳ), ② 吸収分割株式会社，吸収分割承継株式会社または新設分割株式会社の株主，会社債権者「その他の利害関係人」(分割会社の労働者，継続的供給義務者，根抵当権設定者等．会791Ⅲ・801Ⅴ・811Ⅲ), ③ **株式交換の場合には株式交換完全親株式会社の株主・債権者**(会801Ⅵ＝801Ⅳ), **株式交換完全子会社の場合には当該効力発生日に同社の株主または新株予約権者**であった者（会791Ⅳ．完子会社は効力発生後も存続するので，対価の柔軟化の結果完全親会社の株主でなくても，権利を認めている）,
④ **株式移転設立完全親会社の場合にはその株主・新株予約権者**（会815Ⅵ＝815Ⅳ）, 株式移転完全子会社の場合には株式移転設立完全親会社の成立の日に株式移転完全子会社の株主または新株予約権者であった者は（会811Ⅳ），会社の営業時間内は，いつでも，その閲覧を求め，または会社の定めた費用を支払ってその謄本もしくは抄本の交付（電磁的記録に記録された情報の場合にはその情報の提供もしくは情報の内容を記載した書面の交付）を求めることができる（なお会976④参照）．組織再編無効の訴えを提起するかどうかの判断資料の提供を目的とする．備置期間は，組織再編無効の訴えの提訴期限に合わせられている（会828Ⅰ⑦～⑫）．

(13) **組織再編に関する登記**　(ア) ① 吸収合併をしたときは，その効力発生日から2週間以内に，その本店の所在地において，消滅会社の解散登記および存続会社の変更登記をし（会921．なお商登79・80・82・83参照），② **吸収分割**の場合には，吸収分割会社および吸収分割承継会社の変更登記をしなければならない（会923，商登84・85・87・88．なお会976①参照）．吸収合併消滅会社の吸収合併による解散は，吸収合併の登記後でなければ第三者に対抗できない（会750Ⅱ）．

(イ) **新設合併**または**新設分割**をしたときは，① 設立会社が株式会社であるときには，消滅会社（新設合併の場合）または新設分割会社（新設分割の場合）の種類に応じて，**表18**に定める日から2週間以内に，その本店の所在地において，(i) 新設合併の場合には消滅会社の解散登記および新設会社の設立の登記をし（会922Ⅰ・930②．なお商登79・81・82・83参照），(ii) 新設分割の場合には，の種類に応じて，新設分割会社の変更登記および新設分割設立会社の設立登記をしなければならない（会924Ⅰ・930③．商登84・86〜88．なお会976①参照）．(iii) 新設合併・新設分割の際に支店を設けた場合には，3週間以内に支店の所在地における登記をしなければならない（会930Ⅰ②③）．

② 設立会社が持分会社であるときには，消滅会社（新設合併の場合）または新設分割会社（新設分割の場合）の種類に応じて，**表19**に定める日から2週間以内に，その本店の所在地において，新設合併の場合には消滅会社の解散登記および新設会社の設立の登記（会922Ⅱ・932．なお商登108・109Ⅰ・115・116・124参照），新設分割の場合には新設分割会社の変更登記および新設分割設立会社の設立登記（会924Ⅱ・932．なお商登84・86〜88・109Ⅱ・116参照）をしなければならない(48)（なお会976①参照）．支店を設けた場合

(48) **対抗要件**　合併は権利の譲渡ではないので民法178条・467条の対抗要件は不要であるが

第4章 組織再編等 785

表18 新設合併と新設分割の登記日

消滅会社（新設分割の場合は分割会社）の種類		下に掲げる日のいずれか遅い日
株式会社のみ	A	イ 合併（新設分割）の承認株主総会決議の日（会804Ⅰ） ロ 種類株主総会の決議が必要なときにはその決議の日 ハ 反対株主に対する合併（新設分割）の通知または公告をした日（会806 ⅢⅣ）から20日を経過した日 ニ 新株予約権買取請求の通知また公告をした日（会808ⅢⅣ）から20日を経過した日 ホ 債権者異議手続（会810）が終了した日 ヘ 消滅会社が合意（新設分割の場合には新設分割会社が定めた日．共同分割の場合には合意）により定めた日
持分会社（新設分割の場合には合同会社）のみ	B	イ 総社員の同意（会813Ⅰ）を得た日（定款に別段の定がある場合には，定款の定めによる手続を終了した日） ロ 債権者異議手続（会813Ⅱ＝810）が終了した日 ハ 消滅会社が合意（新設分割の場合に合同会社が定めた日．共同分割の場合には合意）により定めた日
株式会社および持分会社（新設分割の場合は合同会社）		Aに掲げられた日とBに掲げられた日

表19 新設合併と新設分割の登記日

消滅会社（新設分割の場合は分割会社）の種類		
株式会社のみ	A	イ 総社員の同意（会804Ⅱ）を得た日（新設分割の場合には消滅会社の株主総会の決議の日 ロ 消滅会社が新株予約権を発行しているときには，その買取請求の通知又は公告をした日（会808ⅢⅣ）から20日を経過した日（新設合併の場合） ハ 反対株主に対する新設分割の通知または公告をした日（会806Ⅲ）から20日を経過した日（新設分割の場合） ハ 債権者異議手続（会810）が終了した日 ニ 消滅会社が合意により定めた日（新設分割の場合には株式会社が定めた日．共同分割の場合には合意により定めた日）
持分会社（新設分割の場合には合同会社）	B	イ 総社員の同意（会813Ⅰ）を得た日（定款に別段の定がある場合には，定款の定めによる手続を終了した日） ロ 債権者異議手続（会813Ⅱ＝810）が終了した日 ハ 消滅会社が合意により定めた日（新設分割の場合には合同会社が定めた日．共同分割の場合には合意により定めた日）
株式会社および持分会社（新設分割の場合には合同会社）		Aに掲げられた日とBに掲げられた日

（大判昭和12・4・22民集16巻487頁［印幡銀行事件］．反対　江頭763頁注6，原田晃治「会社分

には3週間以内に支店の所在地において，支店の所在地における登記をしなければならない（会930Ⅰ②③）．

V-1-4-131　(ウ) **株式交換**であっても，完全親会社および完全子会社が変更登記（新株予約権の変更）をする必要がある場合がある（商登89・91・92参照）．

株式移転の場合には，① 株式移転の承認決議の日（会804Ⅰ），② 種類株主総会の決議を要するときは，当該決議の日，③ 株主・新株予約権者に対する株式（新株予約権）買取請求権の通知・公告をした日（会806Ⅲ・Ⅳ）から20日を経過した日，④ 債権者の異議手続を要するときは手続が終了した日（会810⑤），⑤ 当事会社が定めた日のうちいずれか遅い日から2週間以内に，株式移転設立完全親会社の本店所在地において，設立の登記をし（会925．なお商登90参照），支店を設けた場合には3週間以内に登記をしなければならない（会930Ⅰ④）．株式移転完全子会社も変更登記（新株予約権の変更）をする必要がある場合がある（商登91・92参照）．

6　組織再編行為の瑕疵

V-1-4-132　**(1) 差止め**　略式行為の場合には，法令・定款違反または対価が著しく不当のとき，承認決議を不要とされた会社の株主に，「不利益を受けるおそれがあり」さえすれば，差止請求を認めている（会784Ⅱ・796Ⅱ［V-1-4-115］）．そこで，略式行為が認められていない株式移転や一般の組織再編行為の場合も同様に解すべきか問題となる．会社法210条の類推適用を肯定する説（会社分割の関連で弥永・演習181頁，株式交換・移転の関係で神田347頁）もあるが，会社法は，「不利益を受けるおそれ」による差止めを略式行為に限定していることを考えると，略式行為以外は一般規定（会360）によると解さざるをえない（龍田513頁）．「会社に著しい損害が生じるおそれがあるとき」には，監査役（会385［Ⅱ-4-8-12］）や監査委員（会407［Ⅱ-4-11-28］）は，義務として差止め請求をしなければならない．

V-1-4-133　**(2) 無効の訴え**　**(ア) 総説**　合併，会社分割，株式交換または株式移転の無効は，**訴えをもってのみ主張**することができる（形成訴訟．会828Ⅰ⑦～⑫）．新設合併等のときも，設立会社の設立無効の訴えではなく，合併無効・会社分割無効・株式移転無効の訴えによる．

提訴権者は，(a) 合併の場合には，合併効力発生日において消滅会社の**株主等**（すなわち，株主，取締役，監査役，清算人，執行役．以下同じ．会828Ⅱ①参照）・**社員等**（すなわち，社員または清算人．以下同じ．会828Ⅱ①参照）**であった者**（当該会社に係る事由のみを主張できる．江頭799頁注2），または存続会社・新設会社の**株主等**（訴訟継続中に株主でなくなると，原告適格を失う），**社員等**，**破産管財人**（これらは者はすべての無効原因を主張できる）もし

割法制の創造について（下）」商事1566号7頁），権利の得失または変更あるいは権利の移転に当たるので，それに対する対抗要件を踏むことが必要である（民177・商687．なお特許98Ⅰ①・Ⅱ参照．大判昭和7・4・26新聞3410号14頁は不動産につき民177の適用があるとする）．

くは**合併を**承認しなかった**債権者**（会828Ⅱ⑦⑧．自己の債権者保護手続の瑕疵のみを主張できる．弥永421頁），**企業担保権者**（企業担保8Ⅲ．自己の利益が害されることのみを主張できる）および**公正取引委員会**（独禁18Ⅰ．独禁法15条2項・5項違反があることのみを主張できる）である．(β) **会社分割の場合**には，分割効力発生日において吸収分割会社の株主等・社員等であった者または分割会社・承継会社もしくは新設分割設立会社の株主等，社員等，破産管財人もしくは分割を承認しなかった債権者（会828Ⅱ⑨⑩．債権者異議手続において異議を述べた債権者および各別の催告を受けなかった債権者．債務が承継されない分割会社の債権者は，無効の訴えを提起できないが，詐害行為取消権［民424］は主張できる）および独禁法15条の2第2項および3項ならびに7項において読み替えて準用する15条5項違反の場合には公正取引委員会であり（独禁18Ⅰ），(γ) **株式交換の場合**には，完全親会社・完全子会社の株主等・社員等であった者または完全親会社・完全子会社の株主等，社員等，破産管財人もしくは株式交換を承認しなかった債権者（会828Ⅱ⑪），(δ) **株式移転の場合**には，効力発生日において完全子会社の株主等であった者または株式移転設立株式会社の株主等である（会828Ⅱ⑫）．

対価の柔軟化により株式・持分以外が交付されると，株主・社員でなくなるが，株主・社員であった者は，組織再編手続に参加しているので，その瑕疵の主張に固有の利益を有しているからである．

完全子会社の新株予約権者は，株式移転の無効の訴えを提起する利益を有しているので（会808Ⅰ③・810Ⅰ③），提訴権を認めるべきである（会828Ⅱ⑪類推適用．江頭857頁注1）．

提訴期限は効力が生じた日から6カ月以内であるが（会828Ⅰ⑦～⑫），公正取引委員会の提訴権については制限がない．

組織再編の無効に関する訴えは，被告となる会社（会834⑦～⑫）の本店所在地の地方裁判所の専属管轄であるが（会835Ⅰ），**吸収分割であれば分割会社と承継会社，新設分割であれば分割会社と設立会社の双方**（会834⑨⑩），**株式交換・株式移転では完全親会社となった会社・完全子会社となった会社の双方であり**（会834⑪⑫），**固有必要的共同訴訟**（民訴40）である．2以上の裁判所が管轄権を有するときには，先に訴の提起された裁判所の専属となる（会835Ⅱ）．この場合には，著しい損害または遅滞を避けるため必要があると認めるときは，申立てまたは職権で訴訟をその裁判所に移送することができる（会835Ⅲ）．

決議取消・無効確認の訴と組織再編の無効の訴えとの関係については［Ⅱ-4-2-106］参照のこと．

(イ) **無　効　原　因**　無効原因は狭く解釈されている．① 業法により認可を要するときに，認可を得ないで行われた合併・会社分割，② 契約・計画の不作成，絶対的記載事項の欠缺（大判昭和19・8・25民集23巻524頁＝会社百選5版91事件），③ 契約・計画の内容の違法（累積未払の剰余金配当額のある優先株式を普通株式に替えることを強制する目的で

ペーパー・カンパニーを存続会社とする吸収合併を行うこと，少数株主［社員］を殊更に排除するか不利にする目的での合併等），④ 事前開示手続の不履行・閲覧等の不当拒絶・書面等の不実記載，⑤ 合併契約・分割契約・交換契約・株式移転計画につき法定の要件を満たす承認がないこと（総会の承認決議の瑕疵［取消事由・無効事由の存在］・承認決議の不存在・必要な株主全部の同意がないこと（会783ⅡⅣ・804Ⅱ）等），⑥ 株式（新株予約権）買取請求の手続の不履行，⑦ 独占禁止法違反（独禁15ⅡⅤ・18Ⅰ），⑧ 要件未充足の簡易合併・略式合併・簡易株式交換・略式株式交換，⑨ 差止仮処分命令に違反した略式合併・略式分割・略式株式交換，当事会社の法定適格の欠如，⑩ 債権者保護手続違反などは無効原因にあたる[(49)]。

分割会社に債務の履行の見込みがないのみでは無効原因にならない（改正前商は反対．名古屋地判平成16・10・29判時1881号122頁＝会社法百選95事件）。事後開示手続違反も，組織再編が効力を発生した後の手続であるため無効原因とはならない（なお会976③参照）。

V-1-4-136　**(ウ)　判決の効力**　判決が確定すると，無効判決は対世効を持つ（会838）。判決で無効とされた行為は将来に向かってその効力を失う（会834⑦～⑫・839）。裁判所書記官は，職権で，遅滞なく，各会社の本店の所在地を管轄する登記所に，(α) 合併の場合には，存続会社の変更の登記，新設会社の解散の登記，消滅会社の回復の登記を嘱託しなければならず，同様に，(β) 吸収分割の場合には，分割会社および承継

V-1-4-135　(49) **合併比率の不公正**　(α) 合併比率の「不公正」は，反対株主に株式買取請求権（会785・797）が認められているので，それ自体では合併無効原因とはならないが（東京高判平成2・1・31資料版商事77号193頁＝会社法百選94事件，それを支持した最判平成5・10・5資料版商事116号196頁［三井物産事件］・遠藤美光・会社法百選193頁），公序良俗に反すると判断されるほど不公平なものであるときは無効事由になるとする説（森本381頁），会社に株主として居残りながら不公正な合併に対する救済を求めようとする者には株式買取請求権は役立たないので，合併比率が「著しき不公正」なときには，それだけで無効原因となるとする説（龍田472頁・同「合併の公正維持」法学論叢82巻2＝3＝4号301頁［1968年］，鈴木＝竹内510頁注6，神田330頁），合併比率の決定はある程度の裁量を含み，総会が自主的に判断した場合には，無効といえないが，決議につき特別の利害関係を有する株主が議決権を行使したことにより合併比率の著しく不公正な内容の承認決議がなされたときには，取消事由（会831Ⅰ③），合併成立後は無効事由となるとする説（多数説。今井宏「株式会社の合併」会社法演習Ⅲ204頁，江頭773頁注2，青竹449頁，弥永428頁，論点679頁，笠原武朗「少数株主の締出し」評価127頁）とが対立している。多数説を支持したい。(β) 合併対価が株式のときには，不当な合併比率による合併であっても，合併前の各会社の資産・負債はすべて合併後の会社に引き継がれ，合併交付金の支払も新たな債務負担もないから，株主間の不公正が生じるだけで，合併後の会社自体に損害が生じることはないので，株主が代表訴訟により取締役の責任を追及することができないが（東京高判平成7・6・14資料版商事143号161頁［新王子製紙事件］およびそれを支持する最判平成8・1・23資料版商事143号158頁，東京地決平成6・11・30資料版商事131号90頁［三井物産事件］，大阪地判平成12・5・31判時1742号141頁［レンゴー株式会社事件］。反対土田亮「合併比率の公正確保と株主代表訴訟」（田村諄之輔古稀記念）企業結合法の現代的課題と展開』152頁（商事法務2002）），合併対価が金銭その他の財産には，合併対価が不公正であれば，存続会社に損害が生じるので，代表訴訟を起こすことができる。

会社の変更の登記，新設分割の場合には分割会社の変更の登記および設立会社の解散の登記，(γ) 株式交換の場合には，完全子会社および完全親会社 (当該会社の新株予約権を交付する旨の定めがある場合に限る) の変更の登記，(δ) 株式移転の場合には，株式移転完全子会社 (当該会社の新株予約権を交付する旨の定めがある場合に限る) の変更の登記および株式移転完全親会社の解散の登記 (なお会475③参照) を嘱託しなければならない (会937Ⅲ②〜⑦．なお商登15参照)．合併または会社分割により支店に登記がなされているときには支店の登記についても同様である (会937Ⅳ)．

　復活した解散会社 (消滅会社) の取締役・監査役になる者は，組織再編行為当時の解散会社の役員か，無効判決確定当時の存続会社・新設会社の役員かは争いがある．

1-4-137　**(α) 合併の場合**　無効の訴えに係る請求を認容する判決が確定すると，(無効とされた) 存続会社または新設会社が合併後に負担した債務については，存続会社または新設会社と復活した消滅会社とが**連帯して弁済**する責任を負い (会843Ⅰ①②)，合併後に存続会社または新設会社が取得した財産は，存続会社・新設会社と復活した消滅会社の共有に属する (会843Ⅱ本文)．その負担部分・共有持分は各会社の協議によって定める (会843Ⅲ) が，それが不調に終われば，各会社の申立てにより，**裁判所**が，合併の効力発生時における各会社の財産の額その他一切の事情を考慮して，決定する (会843Ⅳ)．合併前の取締役等が当然に復職するのではなくて，新たな選任があるまで，無効判決当時の取締役等が職務を行う．

1-4-138　**(β) 吸収分割・新設分割の場合**　承継会社・新設会社が効力発生後に負担した債務について，これらの会社と分割会社とが連帯して弁済の責任を負う．分割後に取得した財産は，共有に属するが，新設分割を1の会社がした場合には，分割会社に属する (共同分割の場合には分割会社の共有) (会843Ⅰ③④・Ⅱ但書)．

1-4-139　**(γ) 株式交換・株式移転の場合**　完全親会社が完全子会社の株主に発行した株式や自己株式は無効であるので (会839)，当該判決の確定時における完全親会社株式の株主に対し，完全子会社株式を交付しなければならない．この場合において，完全親会社が株券発行会社であるときには，完全子会社株式の交付と，完全親会社の旧株券の交付とは同時履行の関係に立つ (会844Ⅰ)．株式の質権が設定されていた場合の扱いについては [Ⅱ-2-4-16] 参照．

1-4-140　**(3) 組織再編の不存在**　合併・会社分割の手続を全く欠いており，単に登記があるにすぎないような場合には，合併・会社分割は不存在であり，一般原則により，誰でも何時でもどのような方法によっても，その不存在を主張することができる．清算の結了による法人格の消滅には，清算事務の終了だけでは足りず，株主総会による決算報告の承認を要するから (会507Ⅲ)，承認未了の会社が会社の継続手続をなした後存続会社となって行った吸収合併は，不存在とはいえない (最二小判昭和59・2・24刑集38巻4号1287頁)．

7 企業結合会計・事業分離会計

V-1-4-141 **(1) 総　説**　組織再編の際の会計処理については，会社計算規則がいくつかの規定を定めている（計規8・11・12・35〜39・45〜52）。しかし自己完結的ではないので，一般に公正妥当と認められる会計慣行——「企業結合に係る会計基準」，「事業分離等に関する会計基準」，「企業結合会計基準及び事業分離等会計基準に関する適用指針」——を斟酌しなければならない．

　企業結合会計基準は，組織再編の形式にかかわらず，**企業結合**（business combination. 企業結合会計基準5項参照）を3つ（取得，共同支配企業の形成，共通支配下の取引等．会社計算規則は計規13Ⅱ②等で「取得」という用語が使用されている関係から，区別のため，「取得」を「支配取得」と呼ぶので，以下（支配）取得で統一する．計規2Ⅲ㉛）に区分した上で，それぞれの分類ごとに適用すべき会計処理を定めている（企業結合会計基準によると，「結合当事企業」とは，企業結合に係る企業をいい，このうち，他の企業または他の企業を構成する事業を受け入れて対価（現金等の財産や自社の株式）を支払う企業を「結合企業」，当該他の企業を「被結合企業」という．また，企業結合によって統合された1つの報告単位となる企業を「結合後企業」という．企業結合会計基準13項）．

V-1-4-142　(a)「（支配）取得」とは，ある企業（会社）が他の企業（会社）または企業（会社）を構成する事業に対する支配を獲得することをいう．取得企業とは，ある企業または企業を構成する事業を取得する企業をいい，当該取得される企業を被取得企業という（企業結合会計基準9・10項）[50]．共同支配企業の形成および共通支配下の取引以外の企

V-1-4-143　(50) **取得企業の決定方法**　取得の判断のために連結会計基準の支配概念を用いることは整合的であるので，先ず，連結会計基準に従って取得企業を決定する（企業結合会計基準17項）．連結会計基準よっては明確に決定できない場合には，以下の要素を（総合的に）考慮して取得企業を決定する（企業結合会計基準18項．なお79項・80項参照）．
　(1) 主な対価の種類として，現金もしくは他の資産を引き渡すまたは負債を引き受けることとなる企業結合の場合には，通常，当該現金もしくは他の資産を引き渡すまたは負債を引き受ける企業（結合企業）が取得企業となる（企業結合会計基準19項）．
　(2) 主な対価の種類が株式（出資を含む．以下同じ）である企業結合の場合には，通常，当該株式を交付する企業（結合企業）が取得企業となる．ただし，必ずしも株式を交付した企業が取得企業にならないとき（逆取得）もあるので，対価の種類が株式である場合の取得企業の決定にあたっては，次の要素を総合的に勘案しなければならない（企業結合会計基準20項．なお81項参照）．
　　① 総体としての株主が占める相対的な議決権比率の大きさ
　　② 最も大きな議決権比率を有する株主の存在
　　③ 取締役等を選解任できる株主の存在
　　④ 取締役会等の構成
　　⑤ 株式の交換条件
　(3) 結合当事企業のうち，いずれかの企業の相対的な規模（例えば，総資産額，売上高あるいは純利益）が著しく大きい場合には，通常，当該相対的な規模が著しく大きい結合当事企業が取得企業となる（企業結合会計基準21項．なお82項参照）．

業結合は，取得となる．この場合における会計処理は**パーチェス法**（purchase method）による（企業結合会計基準17項）．取得企業の資産・負債はその帳簿価額でそのまま引き継ぐが，**被取得企業については**，いったん「投資を清算」し，改めて投資をしたと考え，**その資産・負債を，取引時点の時価**（公平な評価額をいう．通常，それは観察可能な市場価格をいい，市場価格が観察できない場合には，合理的に算定された価額をいう．企業結合会計基準14項）**で評価する**（企業結合会計基準73項）．なお，平成20年の改正で，株式の取得の対価は，「合意公表日での株価」から，国際的な会計基準とのコンバージェンスにも配慮する必要があることから，「企業結合日における株価」に改められている（企業結合会計基準23項）．

取得企業・被取得企業の両社の資産・負債を時価評価する方法（フレッシュ・スタート法）は，この方法を適用することが適切な事象やその根拠等が必ずしも明確ではないため，採用しない方法が維持されている（企業結合会計基準72項．なお企業結合意見書三1参照）．

なお吸収型再編対象財産（計規2Ⅲ㉟）に**時価を付すべき場合を除き**，吸収合併存続会社または吸収分割承継会社は，吸収型再編対象財産には，吸収合併消滅会社または吸収分割会社における吸収合併または会社分割の**直前の帳簿価額**を付さなければならない．このことは，新設型再編対象財産（計規2Ⅲ㊷）の場合も同様である（計規8ⅠⅡ）．

1-4-144　(b)　平成15年会計基準によると，「持分の結合」とは，「いずれの企業（または事業）の株主（又は持分保有者）も他の企業（又は事業）を支配したとは認められず，結合後企業のリスクや便益を引き続き相互に共有することを達成するため，それぞれの事業のすべて又は事実上のすべてを統合して一つの報告単位となることをいう」（平成15年企業結合会計基準二5参照）．この場合にはこれまでの「投資を継続」していると考え，**資産・負債を帳簿価額で引き継ぐ**（この方法を持分プーリング法［pooling -of -interests method］という）．持分の結合と判定されるためには，① 企業結合に際し支払われる対価のすべてが原則として議決権ある株式であること，② 結合後企業に対して各結合企業の株主が総体として有することになる議決権比率が等しいこと，および ③ 議決権比率以外の支配関係を示す一定の事実が存在していないことの3要件が満たされていることが必要であった（平成15年企業結合会計基準3の1(1)）．しかし平成20年会計基準は，「「持分の結合」に該当する場合の会計処理方法の1つである持分プーリング法については，……会計基準のコンバージェンスを推進する観点から，従来「持分の結合」に該当した企業結合のうち，共同支配企業の形成以外の企業結合については取得とするものとして，パーチェス法による会計処理を行うこととし

---

　(4)　結合企業が3社以上である場合の取得企業の決定にあたっては，(3)に加えて，いずれの企業がその企業結合を最初に提案したについても考慮する（企業結合会計基準22項．なお83項参照）．

た」(平成20年企業結合会計基準70項). この結果，持分プーリング法は廃止されている.

なお，① 吸収合併の場合，存続会社が消滅会社の株主に議決権のある株式を対価として交付する結果，消滅会社の株主が存続会社(被取得企業)に対して支配を獲得し，消滅会社が取得企業となる場合がある. このような場合を「逆取得」(reverse acquisitions)という(表20. 計規35Ⅰ①括弧書・37①括弧書・39Ⅰ①括弧書参照). 逆取得にあたる合併の場合には，個別財務諸表上は，当該取得企業(消滅会社)の資産および負債を合併直前の適正な帳簿価額で引き継ぐ(企業結合会計基準34項・113項, 企業結合会計基準等適用指針84項〜88項・118項〜119項・408項(3)①ア・設例10参照).

表20 逆 取 得

	取 得 企 業	被取得企業
吸 収 合 併	吸収合併消滅会社	吸収合併存続会社
会 社 分 割	吸収分割会社	吸収分割承継会社
株 式 交 換	株式交換完全子会社	株式交換完全親会社

② 吸収分割会社が取得企業となる場合(吸収分割による子会社化の形式をとる場合)には，被取得企業に移転された事業に対する取得企業の投資はその企業結合の前後で継続していることから(企業結合会計基準114項)，取得企業の個別財務諸表では，移転した事業に係る株主資本相当額に基づいて，被取得企業株式の取得原価を算定する(企業結合会計基準35項).

③ 株式交換完全子会社が取得企業となる場合には，完全親会社の個別財務諸表では，当該完全子会社の株式交換直前における適正な帳簿価額による株主資本の額に基づいて，取得企業株式(完全子会社株式)の取得原価を算定する(企業結合会計基準36項・115項).

V-1-4-145 (c)「共同支配」とは，複数の独立した企業が契約等に基づき，ある企業を共同で支配することをいい(企業結合会計基準8項),「共同支配企業」とは，複数の独立した企業により共同で支配される企業をいう(企業結合会計基準11項). 共同支配企業はわが国では合弁会社と呼ばれる場合もある(企業結合意見書3の1).「共同支配企業の形成」とは，複数の独立した企業が契約等に基づき，当該共同支配企業を形成する企業結合をいう[51](企業結合会計基準11項). その判定基準は，① 共同支配投資企業(共同支配企業を共同で支配する企業をいう. 企業結合会計基準12項)となる企業が，複数の独立した企業から構成されていることおよび ② 共同支配となる契約等を締結して

V-1-4-146 (51) 共同支配企業の形成 ① 例えばA社の100%子会社A₁社とB社の100%子会社B₁社が合併し(B₁社は消滅)，A₁社がA社とB社の共同支配企業になる. ② 例えばA社とB社が，A社の100%子会社C社を共同支配企業にすることに合意し，B社の事業をC社に分割する. ③ 例えばA社とB社が，各々の100%子会社であるA₁社・B₁社を共同支配企業とするため，株式交換の契約を締結する.

いることに加えて，③ 企業結合に際して支払われた対価のすべてが，原則として議決権ある株式であること，および ④ 議決権比率以外の支配関係を示す一定の事実の不存在である(企業結合会計基準37項).

　共同支配企業の形成においては，① 共同支配企業は，共同支配投資企業から移転する資産および負債を，移転直前に共同支配投資企業において付された適正な帳簿価額により計上する(企業結合会計基準38項). 他方，② 共同支配企業に事業を移転した共同支配投資企業の会計処理は，(i) 個別財務諸表上では，当該共同支配投資企業が受け取った共同支配企業に対する投資の取得原価は，移転した事業に係る株主資本相当額に基づいて算定する．(ii) 連結財務諸表上では，共同支配投資企業は，共同支配企業に対する投資について持分法を適用する(企業結合会計基準38項・39項).

1-4-147　(d)「共通支配下の取引」とは，結合当事企業(または事業)のすべてが，企業結合の前後で同一の株主により最終的に支配され，かつ，その支配が一時的ではない場合の企業結合をいう．親会社と子会社の合併および子会社同士の合併は，共通支配下の取引に含まれる(企業結合会計基準16項).「共通支配下の取引等」とは，企業集団内における企業結合である「共通支配下の取引」と「少数株主との取引」を合わせた概念である(企業結合会計基準40項).

　① 「共通支配下の取引」は，親会社の立場からは内部取引であるから，企業集団内を移転する資産・負債は，原則として，移転直前に付されていた適正な帳簿価額により計上することとなる(企業結合会計基準41項).「共通支配下の取引」に対応する会社計算規則上の概念は「共通支配下関係」である．「共通支配下関係」とは，2以上の者(人格のないものを含む)が同一の者に支配(一時的な支配を除く)をされている場合または2以上の者のうちの1の者が他のすべての者を支配している場合における当該2以上の者に係る関係をいうとされている(計規2Ⅲ㉜).

　② 少数株主との取引は，企業集団を構成する子会社の株主と，当該子会社を支配している親会社との間の取引である．この取引は，親会社の立場からは外部取引であるから，(i) 個別財務諸表上では，少数株主から追加取得する子会社株式の取得原価は，追加取得時における当該株式の時価とその対価となる財の**時価**のうち，**より高い信頼性をもって測定可能な時価で算定するのを基礎として会計処理される**(企業結合会計基準45項). (ii) 連結財務諸表上では，少数株主との取引については，連結会計基準における子会社株式の追加取得および一部売却等の取扱い(連結会計基準第28項から第30項)に準じて処理する(企業結合会計基準46項).

1-4-148　(2) **の れ ん**　会社は，吸収型再編(計規2Ⅲ㉝)，新設型再編(計規2Ⅲ㊶)または事業の譲受けをする場合において，**適正な額ののれんを資産または負債として計上することができる**[52](計規11).

　平成20年改正企業結合会計基準はのれんの定義規定を有していないが(改正前企業

結合会計基準8項対照），組織再編の際にのれんまたは負ののれんが認められるのは従来通りである（企業結合会計基準28項・31項，企業結合会計基準等適用指針51項・206項(2)イ・217項(3)・224項(1)・231項(2)②・243項(1)・設例29－1・251項(2)①②・設例29－3・237項・448項参照）．

　企業結合会計基準によると，のれんは，資産に計上し，20年以内のその効果の及ぶ期間にわたって，定額法その他の合理的な方法により規則的に償却する．ただし，のれんの金額に重要性が乏しい場合には，当該のれんが生じた事業年度の費用として処理することができる（企業結合会計基準32項・105項から109項．企業結合会計基準等適用指針76項・380項〜382－2参照）．

図10　吸収合併の際ののれんと負ののれんの関係

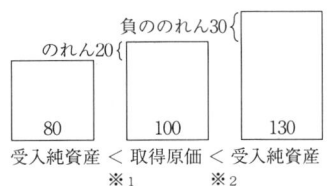

（図：受入純資産80＜取得原価100（のれん20），取得原価100＜受入純資産130（負ののれん30））

※1　（借）純資産　80　（貸）現金　100
　　　　のれん　　20
※2　（借）純資産　130　（貸）現金　100

　これに対し，負ののれんについては，平成15年会計基準では負債と認識し，規則的な償却を行うとしていた．しかし国際的な会計基準は，負ののれんは負債として計上されるべき要件を満たしていないと考え，負ののれんは発生原因が特定できないものを含む算定上の差額としてすべて一時に利益認識することとしていることから，平成20年改正会計基準は，国際的な会計基準を斟酌して，負ののれんが生じると見込まれる場合には，まず，取得企業は，すべての識別可能資産および負債が把握されているか，また，それらに対する取得原価の配分が適切に行われているかどうかを見直し，次に，この見直しを行っても，なお取得原価が受け入れた資産および引き受けた負債に配分された純額を下回る場合には，当該負ののれんが生じた事業年度の利益として処理することとしている（企業結合会計基準31項・33項・111項．企業結合会計基準等適用指針78項，連結財務諸表に関する会計基準24項参照）．改正会社計算規則では，負債として計上することができるのれんの「適正な額」は常に零であると解釈すべきものとされ（大野晃宏＝小松岳志＝澁谷亮＝黒田裕＝和久友子「会社法施行規則，会社計算規則等の一部を改正する省令の解説」商事1862号5頁），改正会社計算規則88条2項

---

(52)　**改正前会社計算規則の定め**　改正前会社計算規則は，① 吸収合併におけるのれんの計上については，時価で評価する場合（改正前12），共通支配下関係にある場合（改正前13），子会社と合併する場合（改正前14），その他（改正前15）に分けて規定し，② 吸収分割におけるのれんの計上についても，時価で評価する場合（改正前16），共通支配下関係にある場合（改正前17），子会社と合併する場合（改正前18），その他（改正前19）に分けて規定していた．③ 株式交換によるのれんについては改正前20条で定め，④ 新設合併におけるのれんの計上については時価で評価する場合（改正前21），共通支配下関係にある場合（改正前22），その他（改正前23）に分けて規定し，⑤ 新設分割におけるのれんの計上については単独新設分割の場合（改正前24），共同新設分割の場合（改正前25），その他（改正前26）に分けて規定していた．⑥ 株式移転に伴うのれんの計上については，簿価評価完全子会社が存する場合（改正前27）と混合評価完全子会社が存する場合（改正前28）に分けて規定していた．改正会社計算規則は基本的な事項のみを定め，これらの規定を削除している．

においては，特別利益に属する利益として「負ののれんの発生益」を追加している．

1-4-150　**(3) 吸収合併の会計処理**　合併 (計規2Ⅲ④⑤) では吸収合併存続会社 (計規2Ⅲ⑧) または新設合併設立会社 (計規2Ⅲ⑩) の会計処理が問題となる．吸収合併存続会社等は，吸収合併消滅会社の権利・義務を承継し (消滅会社が保有する自己株式は，承継財産に含まれない)，吸収合併消滅会社が新株予約権を発行しているときには，その代わりに吸収合併存続会社等の新株予約権または金銭を交付し (会749Ⅰ④イ・ハ⑤・753Ⅰ⑩イ・ハ．新株予約権の会計処理については企業結合会計基準等適用指針50項・361項参照)，消滅会社が新株予約権付社債を発行しているときには，当該社債を承継する (会749Ⅰ④ロ・753Ⅰ⑩ロ)．

1-4-151　**(ア) 株主資本等変動額**　「吸収型再編対価 (吸収合併に際して吸収合併存続会社が吸収合併消滅会社の株主等に対して交付する財産．計規2Ⅲ㊱イ) の全部または一部が吸収合併存続会社の株式または持分である場合」において，

(a)「(支配) 取得に該当する場合」には，パーチェス法を適用し，合併存続会社において変動する株主資本等の総額 (株主資本等変動額) は，吸収型再編対価時価 (吸収型再編対価の時価その他適切な方法により算定された吸収型再編対価の価額．計規2Ⅲ㊲) または吸収型再編対象財産 (吸収合併により吸収合併存続会社が承継する財産．計規2Ⅲ㉟イ) の**時価を基礎として算定する** (計規35Ⅰ①．なお37Ⅰ①参照)．

(b) 吸収合併存続会社と吸収合併消滅会社が「**共通支配下関係にある場合**」(結合・分離等指針203-2(1), 204項(1)①②・(2)①から④参照) には，**吸収型再編対象財産の吸収合併の直前の帳簿価額を基礎として算定するのが原則である**が (① 子会社同士の合併につき，企業結合会計基準41項，企業結合会計基準等適用指針・243項(1)・247項・251項参照．② 子会社が孫会社を吸収合併する場合につき，企業結合会計基準等適用指針206項(4)．438-2項・設例29-5参照．③ 子会社が親会社を吸収合併する逆さ合併の場合につき，企業結合会計基準等適用指針210項(1)・設例22)，パーチェス法によるべき部分にあっては(a)の方法を用いる (計規35Ⅰ②)．

パーチェス法が問題になるのは，**最上位の親会社が存続会社となって行う吸収合併の場合である**．この場合の合併も共通支配下関係にあるから，親会社に移転する子会社の資産・負債は，合併期日の前日の子会社の帳簿価額で計上するのが原則である (企業結合会計基準41項，企業結合会計基準等適用指針206項(1)，設例35参照)．しかし，**子会社から受け入れた資産および負債の差額を親会社持分相当額と少数株主持分相当額に按分し，共通支配下の取引として扱う部分** (内部取引として扱う部分) **と少数株主との取引に準じて扱う部分** (外部取引として扱う部分) **とを区別する** (企業結合会計基準等適用指針438項．設例20・21参照)．

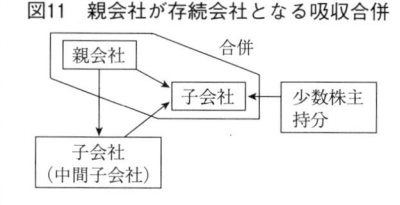

図11　親会社が存続会社となる吸収合併

親会社が保有する子会社株式は事業投資であるので、親会社持分相当額とこれに対する投資原価である子会社株式(抱合せ株式)の適正な帳簿価額との差額(抱合せ株式消滅差額)は、事業投資の成果と考え(企業結合会計基準等適用指針438項)、「抱合せ株式消滅損益」などの適当な科目で、吸収合併が行われた期の利益または損失(特別損益)に計上するが(企業結合会計基準等適用指針206項(2)①ア参照)、**少数株主持分相当額については、パーチェス法に類似した計算方法**により、取得の対価(少数株主に交付した親会社株式の時価)に、取得に直接要した支出額を加算した額との差額をのれんまたは負ののれんとする(企業結合会計基準等適用指針206(2)①イ参照)。

なお親会社が資本を増加し、**中間子会社**(吸収合併消滅会社の株式を保有する、親会社の他の子会社)に合併の対価を交付する場合には、子会社から受入れた資産と負債の差額のうち株主資本の額に合併期日の前日の持分比率を乗じて中間子会社持分相当額を算定し、その額を払込資本(資本金または資本剰余金)として処理する(企業結合会計基準等適用指針206(3)参照)。

(c)「(a)(b)以外の場合」には、吸収型再編対象財産の吸収合併の直前の帳簿価額を基礎として算定する(計規35 I ①括弧書・③)。「(a)(b)以外の場合」とは、逆取得か共同支配企業の形成と判定される場合である。

親会社を異にする子会社同士の吸収合併が共同支配企業の形成にあたる場合には、吸収合併存続会社(共同支配企業)は、消滅会社から移転される資産・負債を企業結合日の前日における消滅会社の適正な帳簿価額により計上する(企業結合会計基準38項、結合・分離等指針184項〜191項)。存続会社が新株を発行した場合、払込資本を増加させることになるが、合併対価が存続会社の株式のみである場合には、吸収合併存続会社は、消滅会社の株主資本の各項目をそのまま引き継ぐことができる(企業結合会計基準等適用指針408(3)①ア、設例18参照)。

V-1-4-151　**(イ)　合併存続会社の株主資本の増加額**　(a) 吸収合併存続会社の資本金および資本剰余金の増加額は、株主資本等変動額の範囲で、吸収合併存続会社が吸収合併契約の定めに従いそれぞれ定めた額とし、利益剰余金の額は変動しないものとする。ただし、株主資本等変動額のゼロ未満の場合には、当該株主資本等変動額のうち、対価自己株式の処分により生ずる差損の額をその他資本剰余金(当該吸収合併存続会社が持分会社の場合にはその他資本剰余金の項目がないので、資本剰余金)の減少額とし、その余の額をその他利益剰余金(当該吸収合併存続会社が持分会社の場合にはその他利益剰余金の項目がないので、利益剰余金)の減少とし、資本金、資本準備金および利益準備金の額は変動しないものとする(計規35 II)。

合併の対価として合併存続会社が新株を発行すると、払込資本(資本金または資本剰余金)が増加するが、留保利益である利益剰余金は増加しないからである(なお結合・分離等指針79項・384項・408項参照)。合併の対価として自己株式を処分した場合には、増加資本額から処分した自己株式の帳簿価額を控除し、当該差額がマイナスとなる

場合には，その他資本剰余金の減少とする会計処理が行われるので（企業結合会計基準等適用指針80項・388項・設例9参照），会社計算規則はこれにならっている．

35条2項は，会社計算規則37条2項（対価が吸収分割承継会社の株式である場合の吸収分割承継会社の株主資本）とパラレルな規定である（[V-1-4-162]）．

1-4-152 (b)「吸収型再編対価の全部が吸収合併存続会社の株式または持分である場合であって，吸収合併消滅会社における吸収合併の直前の株主資本等を引き継ぐものとして計算することが適切であるとき」，すなわち逆取得の場合には（企業結合会計基準等適用指針84項・設例10参照），吸収合併の直前の吸収合併消滅会社の資本金，資本剰余金および利益剰余金の額をそれぞれ当該吸収存続会社の資本金，資本剰余金および利益剰余金の変動額とすることができる．ただし，対価自己株式（計規2Ⅲ㊳）または先行取得分株式等（吸収合併の直前に吸収合併存続会社が有する吸収合併消滅会社の株式（抱合わせ株式）もしくは持分または吸収合併の直前に吸収合併消滅会社が有する当該吸収合併消滅会社の株式（自己株式）．計規2Ⅲ㊴イ．なお企業結合会計基準等適用指針84-2項参照）がある場合にあっては，当該対価自己株式または当該先行取得分株式等の帳簿価額を吸収合併の直前の吸収合併消滅会社のその他資本剰余金の額から減じて得た額を吸収合併存続会社のその他資本剰余金の変動額とする（計規36Ⅰ）．適用指針と同一の処理を明文化したものである．

1-4-153 (c)「吸収型再編対価（計規2Ⅲ㊱イ）が存しない場合であって，吸収合併消滅会社における吸収合併の直前の株主資本等を引き継ぐものとして計算することが適切であるとき」は，吸収合併の直前の吸収合併消滅会社の資本金および資本剰余金の合計額を当該吸収合併存続会社のその他資本剰余金の変動額とし，吸収合併の直前の利益剰余金の額を当該吸収合併存続会社のその他利益剰余金の変動額とすることができる．ただし，先行取得分株式等（計規2Ⅲ㊴イ）がある場合にあっては，当該先行取得分株式等の帳簿価額を吸収合併の直前の吸収合併消滅会社の資本金および資本剰余金の合計額から減じて得た額を吸収合併存続会社のその他資本剰余金の変動額とする（計規36Ⅱ．なお企業結合会計基準等適用指針203-2項(1)参照）．

1-4-154 (4) 新設合併の会計処理　(ア) 株主資本等変動額　(a)「新設合併が（支配）取得に該当する場合」には，新設合併消滅会社を2つに分ける．1社は，消滅するが，取得企業と擬制される会社（「新設合併取得会社」という．計規2Ⅲ㊺）である．当該会社の株主資本等変動額は，当該会社の財産の新設合併の直前の帳簿価額を基礎として算定するが（計規45Ⅰ①），それ以外の新設合併消滅会社に係る株主資本等変動額は，消滅会社の株主等に交付される新設型再編対価時価（計規2Ⅲ㊹）または新設型再編対象財産（計規2Ⅲ㊷イ）の時価を基礎として算定する．これらの合計額が，新設合併設立会社の設立時の株主資本等変動額となる（計規45Ⅰ）．

(b)「新設合併消滅会社の全部が共通支配下関係にある場合」には，新設合併設立会社の設立時の株主資本等の総額は，新設型再編対象財産の新設合併の直前の帳簿

価額を基礎として算定する方法（時価によるべき部分にあっては，当該方法）に従い定まる額とする（計規46Ⅰ）．

V-1-4-155 **(イ) 新設合併設立会社の株主資本** 新設合併設立会社の株主資本は，(a) **支配取得に該当する場合**（計規45Ⅰ），(b) **共通支配下関係にある会社による場合**（計規46Ⅰ）および (c) **その他の場合**（計規48）とに分けて規定されている．(c)の場合の新設合併設立会社の設立時の資本金，資本剰余金および利益剰余金の額は，(a)および(b)の定めるところにより計算するもの（計規48）．

V-1-4-156 (a)の場合には，新設合併設立会社の設立時の資本金および資本剰余金の額は，株主資本等変動額の範囲内で，新設合併消滅会社が新設合併契約の定めに従いそれぞれ定めた額とし，利益剰余金の額はゼロとする．ただし，株主資本等変動額がゼロ未満の場合には，当該額を設立時のその他利益剰余金（当該新設合併設立会社が持分会社の場合にあっては，その他利益剰余金の項目がないので，利益剰余金）の額とし，資本金，資本剰余金および利益準備金の額はゼロとする（計規45Ⅱ）．

(a)の場合であっても，「**新設合併取得会社の株主等に交付する新設型再編対価の全部が新設合併設立会社の株式または持分であるとき**」は，新設合併設立会社の設立時の資本金，資本剰余金および利益剰余金の額は，① 新設合併取得会社に係る部分と② それ以外の新設合併消滅会社に係る部分の区分に応じて算定された額の合計額とすることができる（計規45Ⅲ）．

①に係る部分には，会社計算規則47条（[V-1-4-159] 参照）を準用する（計規45Ⅲ①）．したがって，新設型再編対価の全部が，新設合併設立会社の株式または持分であり，かつ，新設合併消滅会社における新設合併の直前の株主資本等を引き継ぐものとして計算することが適切であるときには，新設合併の直前の各新設合併消滅会社の資本金，資本剰余金および利益剰余金の額の各合計額をそれぞれ当該新設合併設立会社の設立時の資本金，資本剰余金および利益剰余金の額とすることができるが，先行取得分株式等（計規2Ⅲ㊴ロ）がある場合にあっては，当該先行取得分株式等の帳簿価額を新設合併の直前の各新設合併消滅会社のその他資本剰余金（当該新設合併設立会社が持分会社の場合にあっては，その他資本剰余金の項目がないので，資本剰余金）の合計額から減じて得た額を新設合併設立会社の設立時のその他資本剰余金の額とする．

②に係る部分には，会社計算規則45条1項（1号に係る部分を除く）および2項を準用する（計規45Ⅲ②）．したがって，**新設合併設立会社の株主資本等変動額は時価を基礎として算定し**（計規45Ⅰ②），**新設合併設立会社の設立時の資本金および資本剰余金の額**は，株主資本等変動額の範囲内で，新設合併消滅会社が新設合併契約の定めに従いそれぞれ定めた額とし，利益剰余金の額はゼロとする．ただし，株主資本等変動額がゼロ未満の場合には，当該額を設立時のその他利益剰余金（当該新設合併設立会社が持分会社の場合にあっては，その他利益剰余金の項目がないので，利益剰余金）の額とし，資本金，資本剰余金および利益準備金の額はゼロとする（計規45Ⅱ）．

第4章　組織再編等　799

表21　消滅会社の種類

株主資本承継消滅会社	新設合併消滅会社の株主等に交付する新設型再編対価の「全部」が新設合併設立会社の株式または持分である場合において，当該新設合併消滅会社が会社計算規則2条3項46号に規定する株主資本承継消滅会社となることを定めたときにおける当該新設合併消滅会社
非対価交付消滅会社	新設合併消滅会社の株主等に交付する新設型再編対価が存しない場合における当該新設合併消滅会社
非株式交付消滅会社	新設合併消滅会社の株主等に交付する新設型再編対価の全部が新設合併設立会社の社債等である場合における当該新設合併消滅会社および非対価交付消滅会社
非株主資本承継消滅会社	株主資本承継消滅会社および非株式交付消滅会社以外の新設合併消滅会社

-1-4-157　(b)「新設合併消滅会社の全部が共通支配下関係にある場合」における新設合併設立会社の設立時の資本金，資本剰余金および利益剰余金の額は，**株主資本承継消滅会社**(計規2Ⅲ㊻)**および非株主資本承継消滅会社**(計規2Ⅲ㊾)**の各項目の額の合計額**である(計規46Ⅱ)．

① 株主資本承継消滅会社に係る部分には会社計算規則47条1項を準用する(計規46Ⅱ①)．したがって，新設型再編対価の全部が，新設合併設立会社の株式または持分であり，かつ，新設合併消滅会社における新設合併の直前の株主資本等を引き継ぐものとして計算することが適切であるときには，新設合併の直前の各新設合併消滅会社の資本金，資本剰余金および利益剰余金の額の各合計額をそれぞれ当該新設合併設立会社の設立時の資本金，資本剰余金および利益剰余金の額とすることができる．ただし，先行取得分株式等がある場合にあっては，当該先行取得分株式等の帳簿価額を新設合併の直前の各新設合併消滅会社のその他資本剰余金(当該新設合併設立会社が持分会社の場合にあっては，その他資本剰余金の項目がないので，資本剰余金)の合計額から減じて得た額を新設合併設立会社の設立時のその他資本剰余金の額とする(計規47Ⅰ)．

①の場合であって，非対価交付消滅会社(計規2Ⅲ㊼)があるときは，当該非対価交付消滅会社の資本金および資本剰余金の合計額を当該非対価交付消滅会社のその他資本剰余金の額とみなし，当該非対価交付消滅会社の利益剰余金の額を当該非対価交付消滅会社のその他利益剰余金の額とみなし，会社計算規則47条1項の規定を適用する．

② 非株主資本承継消滅会社に係る部分には会社計算規則45条2項を準用する(計規46Ⅱ②)．したがって，合併設立会社の設立時の資本金および資本剰余金の額は，株主資本等変動額の範囲内で，新設合併消滅会社が新設合併契約の定めに従いそれぞれ定めた額とし，利益剰余金の額はゼロとする．ただし，株主資本等変動額がゼロ未満の場合には，当該額を設立時のその他利益剰余金(当該新設合併設立会社が持分会社の場合にあっては，その他利益剰余金の項目がないので，利益剰余金)の額とし，資

本金，資本剰余金および利益準備金の額はゼロとする．

V-1-4-158 **(5) 会社分割の会計処理** 会社分割では，（吸収または新設）分割会社（計規2Ⅱ㉙・㉚．分離元企業）は，消滅しないので，分割会社と吸収分割承継会社または新設分割設立会社（計規2Ⅱ㉗・㉙．分離先企業）の2つの会計処理が問題となる．

V-1-4-159 **(ア) 吸収分割会社の計算** (α) 事業分離等会計基準 ① 移転した事業に関する投資が清算されたとみる場合には，対価となる財の時価と，移転した事業に係る株主資本相当額（移転した事業に係る資産および負債の移転直前の適正な帳簿価額による差額から，当該事業に係る評価・換算差額等および新株予約権を控除した額．以下同じ）との差額を移転損益として認識するとともに，改めて当該受取対価の時価にて投資を行ったものとする．② 投資がそのまま継続しているとみる場合（子会社株式や関連会社株式となる分離先企業の株式のみを対価として受け取る場合）には，移転損益を認識せず，その事業を分離先企業に移転したことにより受け取る資産の取得原価は，移転した事業に係る株主資本相当額に基づいて算定するものとする（事業分離等会計基準10項・32項）．

事業分離等会計基準は，受取対価が現金等の財産のみの場合（事業分離等会計基準14項～16項・35項～37項），分離先企業の株式のみの場合（事業分離等会計基準17項～23項・38項～44項），および現金等の財産と分離先企業の株式である場合（事業分離等会計基準24項～26項・45項～47項）とに分けて会計処理を定めるとともに，分割型会社分割における分割会社の株主に係る会計処理を定めている（事業分離等会計基準49項～51項）．

(β) 会社計算規則 会社計算規則[53]には，株式の特別勘定および自己株式を承継させた場合に関する定めがある．

V-1-4-161 **(イ) 吸収分割承継会社の計算** (a) 株主資本等変動額 「吸収型再編対価の全部または一部が吸収分割承継会社の株式または持分である場合」において，吸収分割承継会社の株主資本等変動額は，以下の方法で算定する（計規37Ⅰ）．

(α) 当該吸収分割が「(支配)取得に該当する場合」には，吸収分割承継会社において変動する株主資本等の総額（株主資本等変動額）は，吸収型再編対価時価または吸収

V-1-4-160 [53] 吸収分割会社（または新設分割会社）に関する会計処理に関する規定
① 承継させる財産の直前の帳簿価額が簿価債務超過で，分割対価に設立会社の株式が含まれている場合には，資産である株式にマイナスの価額を付することはできないので，株式の特別勘定として，当該マイナス相当額の負債を計上することができる（計規12．なお企業結合会計基準等適用指針98(1)・105(1)・395項 [V-1-4-18] 参照）．このことは，株式交換完全子会社・株式移転完全子会社が債務超過会社であるときも同様であるので，完全親会社は株式特別勘定に計上することになる．
② 吸収分割により分割会社が自己株式を承継会社に承継させる場合には，吸収分割会社が交付を受ける吸収型再編対価に付すべき帳簿価額のうち，承継させる自己株式の対価となるべき部分から承継会社に承継させる自己株式の帳簿価額を減じて得た額が自己株式処分差益となり，「その他資本剰余金」を増減させる（計規40Ⅰ）．このことは，株式交換完全子会社または株式移転完全子会社が自己株式を完全親会社に取得させる場合も同様である（計規41・42．企業結合会計基準等適用指針238-3項・447-3項参照）．

型再編対象財産の時価を基礎として算定する（計規37Ⅰ①．計規35Ⅰ①とパラレルな規定）．（支配）取得には該当しないが，吸収型再編対象財産に時価を付すべきときも同様である（計規37Ⅰ②）．

図12　共通支配下関係にある吸収分割

　（β）吸収分割承継会社と吸収分割会社が「共通支配下関係にある場合」には（企業結合会計基準等適用指針254-3項，設例11-4参照），吸収型再編対象財産の吸収分割の直前の帳簿価額を基礎として算定する（計規37Ⅰ③．時価法によるべき部分にあっては，当該方法に従う）．

　（γ）「(α)および(β)以外の場合」，すなわち逆取得や共同支配企業の形成に当たる吸収分割の場合には，吸収分割承継会社は，分割期日において，分割会社から移転された資産および負債の適正な帳簿価額を引継ぐ（計規37Ⅰ④．企業結合会計基準38，企業結合会計基準等適用指針192項・408項，設例19参照）．

Ⅴ-4-162　**(b)　吸収分割承継会社の株主資本の増加額**　①　吸収分割承継会社の資本金および資本剰余金の増加額は，株主資本等変動額の範囲で，吸収分割承継会社が吸収分割契約の定めに従いそれぞれ定めた額とし，利益剰余金の額は変動しないものとする．ただし，株主資本等変動額のゼロ未満の場合には，当該株主資本等変動額のうち，対価自己株式の処分により生ずる差損の額をその他資本剰余金（当該吸収分割承継会社が持分会社の場合には，資本剰余金）の減少額とし，その余の額をその他利益剰余金（当該吸収分割承継会社が持分会社の場合には，利益剰余金）の減少とし，資本金，資本準備金および利益準備金の額は変動しないものとする（計規37Ⅱ．計規35Ⅱ［V-1-4-151］とパラレルな規定である．なお企業結合会計基準等適用指針79項・80項）．

Ⅴ-4-163　②「分割型吸収分割における吸収型再編対価の全部が吸収分割承継会社の株式または持分である場合であって，吸収分割会社における吸収分割の直前の株主資本等の全部または一部を引き継ぐものとして計算することが適切であるときには」，分割型吸収分割により変動する吸収分割会社の資本金，資本剰余金および利益剰余金の額をそれぞれ当該吸収分割承継会社の資本金，資本剰余金および利益剰余金の変動額とすることができる（なお企業結合会計基準等適用指針218～221項・設例25［子会社の親会社に対する分割型会社分割］，233・234項［親会社の子会社に対する分割型会社分割］，255項～257項［子会社の他の子会社に対する分割型会社分割］，263項・264項［単独の分割型会社分割］・294項～296［分割型会社分割における吸収分割会社の株主に係る会計処理］参照）．ただし，対価自己株式（計規2Ⅲ㊳）がある場合にあっては，当該対価自己株式の帳簿価額を吸収分割により変動する吸収分割会社のその他資本剰余金の額から減じて得た額を吸収分割承継会社のその他資本剰余金の変動額とする（計規38Ⅰ．36Ⅰ［V-1-4-152］と同趣旨の規定である）．

　「親会社が承継会社，子会社が分割会社となり，親子会社間で分割型吸収分割」

(計規2Ⅲ㊵)をする場合には、共通支配下の取引によ
る企業内部の移転であるから、親会社が子会社
から受入れる資産および負債は、分割期日の前日
に付された適正な帳簿価額により計上する(企業結
合会計基準等適用指針218項(1)。なお443項・設例25参照)。
親会社は、子会社から受入れた資産と負債との差
額のうち、株主資本の額を合併期日直前の持分比
率に基づき、**親会社持分相当額と少数株主持分相当額に按分する**(企業結合会計基準
等適用指針218(2))。承継会社は、少数株主および中間子会社(企業結合会計基準等適用指
針206項(3)参照)の吸収分割会社に対する持分に対応する部分につき資産または負債
としてのれんを計上することができる(計規11)。中間子会社に対価を支払う場合に
は、子会社から受入れた資産と負債の差額のうち株主資本の額に持分比率を乗じて
中間子会社持分相当額を算定し、その額を払込資本(資本金または資本剰余金)として
処理する(企業結合会計基準等適用指針218(3)・206項(3))。親会社が会社分割直前に保有し
ていた子会社株式(分割に係る抱合せの株式)の適正な帳簿価額のうち、受入れ資
産および負債と引き換えたものとみなされる額との差額を特別損益に計上する。分
割型吸収分割では、親会社が発行した新株(または処分した自己株式)を子会社から配
当として受け取り、自己株式として保有することになるので、会計上、親会社によ
る新株の発行(または処分した自己株式)と当該自己株式の取得は一体の取引とみて、
親会社が取得した自己株式の帳簿価額はゼロとする(企業結合会計基準等適用指針218項
(2))。

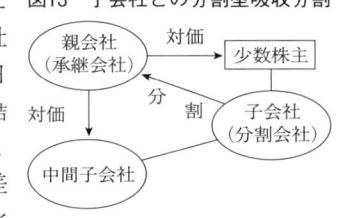

図13 子会社との分割型吸収分割

V-1-4-164　③「吸収型再編対価(計規2Ⅲ㊱ロ)が存しない場合であって、吸収分割会社にお
ける吸収分割の直前の株主資本等の全部または一部を引き継ぐものとして計算する
ことが適切であるとき」は、吸収分割により変動する吸収分割会社の資本金および
資本剰余金の合計額を当該吸収分割承継会社のその他資本剰余金の変動額とし、吸
収分割により変動する吸収分割会社の利益剰余金の額を当該吸収分割承継会社のそ
の他利益剰余金の変動額とすることができる(計規38Ⅱ。36Ⅱ[V-1-4-153]と同趣旨の
規定である。なお企業結合会計基準等適用指針203-2項参照)。

V-1-4-165　④ ②・③の場合の吸収分割会社における吸収分割に際しての資本金、資本剰余
金または利益剰余金の額の変更に関しては、会社法第2編第5章第3節第2款の規
定(資本金の減少等)その他の法の規定に従うものとする(計規38Ⅲ。計規50Ⅱとパラレル
な規定である)。

V-1-4-166　(ウ)　単独新設分割　(a) 単独新設分割により、通常、分割会社と新設会社は、完
全親子会社となるので、新設分割設立会社の設立時における株主資本等変動額は、
新設型再編対象財産(計規2Ⅲ㊷ロ)の新設分割会社における分割の直前の帳簿価額
を基礎として定める(計規49Ⅰ)。新設分割設立会社の資本金および資本剰余金の額

は，株主資本等変動額の範囲内で，新設分割会社が新設分割計画の定めに従いそれぞれ定めた額とし，利益剰余金はゼロとする．ただし，株主資本等変動額がゼロ未満の場合には，当該株主資本等変動額をその他利益剰余金（新設分割設立会社が持分株式である場合にあっては，利益剰余金）の額とし，資本金，資本剰余金および利益剰余金の額はゼロとする（計規49Ⅱ．新設分割設立会社の会計処理につき企業結合会計基準等適用指針261項・227項，分割会社の会計処理につき企業結合会計基準等適用指針260項・226項参照）．

(b)「分割型新設分割の新設型再編対価（計規2Ⅲ㊷ロ）の全部が新設分割設立会社の株式または持分である場合であって，**新設分割会社における新設分割の直前の株主資本等の全部または一部を引き継ぐものとして計算することが適切であるとき**」は，分割型新設分割により変動する新設分割会社の資本金，資本剰余金および利益剰余金の額をそれぞれ新設分割設立会社の設立時の資本金，資本剰余金および利益剰余金の額とすることができる（計規50Ⅰ．企業結合会計基準等適用指針233項・234項参照）．この場合の新設分割会社における新設分割に際しての資本金，資本剰余金または利益剰余金の額の変更に関しては，会社法第2編第5章第3節第2款の規定その他の法の規定に従うものとする（計規50Ⅱ）．

[1-4-167] **(エ)「共同新設分割」の場合の新設分割設立会社の会計処理** (a) 2以上の会社が共同して新設分割をする場合に，(支配)取得と判定されるときには，単独新設分割により設立された**複数の新設分割設立会社（仮会社）が，その設立直後に合併したものとして会計処理する**（企業結合会計基準等適用指針34(2)①）．そこで，① 最初に単独新設分割の会計処理を行い（計規51①．新設分割設立会社の会計処理については企業結合会計基準等適用指針261項・227項参照．新設分割会社の会計処理については企業結合会計基準等適用指針260項（226項）参照），② 次いで，取得企業と判定された新設分割設立会社が他の新設分割設立会社を被取得企業として合併の会計処理を行う（計規51②）．

図14 共同新設分割の会計処理

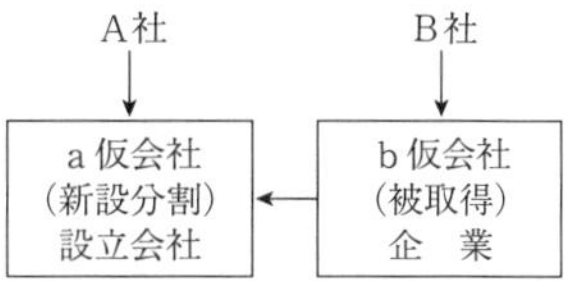

```
   A社            B社
    |              |
    v              v
 a仮会社        b仮会社
 (新設分割)     (被取得)
  設立会社       企業
```

(b) 共同新設分割が共同支配企業の形成と判定される場合には，共同支配企業は共同支配投資企業から移転された資産および負債の適正な帳簿価額を引き継ぐ（企業結合会計基準等適用指針192項・407項・設例19参照）．移転事業に係る株主資本相当額は払込資本として処理する（企業結合会計基準等適用指針193項・409項参照）．

[1-4-168] **(6) 株式交換の会計処理** **(ア) 株式交換完全子会社の場合** 株式交換（計規2Ⅲ⑥）により，① 株主の保有する株式に代わり金銭等（会151）が交付される（会768Ⅰ②），場合により，② 新株予約権者にその新株予約権に代わる株式交換完全親会社の新株予約権が交付され（会768Ⅰ④イ），③ 株式交換完全親会社が新株予約権付社債についての社債に係る債務を承継する（会768Ⅰ④ハ）．①の場合，株式の交換により株式交換完全子会社（計規2Ⅲ⑬）の株主が変わるだけであるので，基本的には仕訳は必要でないが，完全子会社が効力発生日前に自己株式を有していて，株式交換

完全親会社 (計規2Ⅲ⑫) に取得されるときには，完全子会社にとって，自己株式の処分と同様の効果が生ずる (計規41Ⅰ). ②の場合には，新株予約権が消滅し (計規55Ⅳ②), これに相当する額が完全子会社の利益となる (企業結合会計基準等適用指針115-2項・236-3項参照). ③により債務免除益が計上される．

V-1-4-169 **(イ) 株式交換完全親会社の場合** (a) **株主資本等変動額**「吸収型再編対価 (計規2Ⅲ㊱ハ) の全部または一部が株式交換完全親会社の株式または持分である場合」には，株式交換完全親会社において変動する株主資本等の総額 (株主資本等変動額) は，① 株式交換が (支配) 取得と判定されるか，② 共通支配下関係にある株式交換か (企業結合会計基準等適用指針236項～238-3項参照)，③ ①②以外 (逆取得〔企業結合基準36項，企業結合会計基準等適用指針118項～119項参照〕など) であるによって異なる．①の場合は時価を基礎として算定する (計規39Ⅰ①．企業結合会計基準24項・企業結合会計基準等適用指針110項～117項・設例14参照). ②の場合には，親会社の立場からは企業集団内における内部取引であるから，株式交換完全子会社の財産の株式交換の直前の帳簿価額を基礎として算定する．ただし，子会社の少数株主から子会社株式を追加取得するときには，完全子会社株式の取得原価は，少数株主に交付した株式交換完全親会社株式の時価ベースで行う (計規39Ⅰ②．企業結合会計基準等適用指針236項・110項参照). ③の場合には株式交換の直前の帳簿価額を基礎として算定する (計規39Ⅰ③).

39条1項の規制は35条1項 [V-1-4-150] とパラレルな規定である．

V-1-4-170 (b) **株式交換完全親会社の株主資本の増加額** 株式交換完全親会社の資本金および資本剰余金の増加額は，株主資本等変動額の範囲内で，株式交換完全親会社が株式交換契約の定めに従い定めた額とし，利益剰余金の額は変動しないものとする (計規39Ⅱ). ただし，株式交換の際に債権者保護手続 (会799・802Ⅱ) をとっていない場合には，株主資本等変動額に対価自己株式の帳簿価額を加えて得た額に株式発行割合を乗じて得た額から株主資本等変動額の範囲内で，株式交換完全親会社が株式交換完全親会社が株式交換契約の定めに従いそれぞれ定めた額 (株式交換完全親会社が持分株式である場合にあっては，株主資本等変動額) とし，当該額を株主資本等変動額から減じて得た額をその他資本剰余金の変動額とする (計規39Ⅱ). 株式発行割合とは，当該株式交換に際して発行する株式の数を当該株式交換に際して発行する株式の数および対価自己株式の数の合計数で除して得た割合である．債権者保護手続をとった場合には，株主払込資本変動額の全額をその他資本剰余金とすることも，その他資本剰余金を増加させないことも可能である．

V-1-4-171 **(7) 株式移転の会計処理** (a) **株式移転完全子会社の場合** 株式移転 (なお計規2Ⅲ⑦参照) により，① 株主の保有する株式の交換が生じ，場合により，② 新株予約権者にその新株予約権に代わる株式移転設立完全親会社の新株予約権が交付され (会773⑨イ)・③ 株式移転設立完全親会社が新株予約権付社債についての社債に係る債務を承継する (会773⑨ハ). ①の場合，株式移転完全子会社 (計規2Ⅲ⑮参照) の自

己株式が完全親会社（計規2Ⅲ⑭）に取得されるときには，完全子会社にとって，自己株式の処分と同様の効果が生ずる（計規42Ⅰ）．②により，新株予約権が消滅し（計規55Ⅳ②），これに相当する額が利益となる．③により債務免除益が計上される．

図15　取得と判定される株式移転

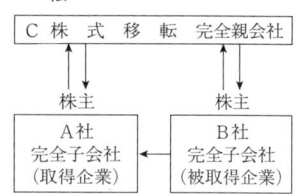

1-4-172　(b)　**株式移転設立完全親会社の場合**　(ア)　**株式移転設立完全親会社の株主資本変動額**　株式移転設立完全親会社の設立時における株主資本変動額は，(a) 株式移転が取得と判定されるか，(b) 共通支配下関係にある株式移転か，(c) (a)(b)以外（共同支配企業の形成・企業結合会計基準76項・115項～117項参照）であるかによって異なる．

1-4-173　(a)　株式移転完全子会社による**共同持株会社の設立が「(支配)取得」と判定された場合**，取得企業の決定規準に従い，いずれかの株式移転完全子会社を取得企業として取り扱う．当該取得企業に係る部分は，当該取得企業の財産の株式移転の直前の帳簿価額を基礎として算定する（企業結合会計基準等適用指針121項(1)・404-3項）．被取得企業に係る部分は，パーチェス法を適用して当該被取得企業の株主に対して交付する新設型再編対価時価（計規2Ⅲ㊹）または当該被取得企業の株式の時価を基礎として算定する（計規52Ⅰ①．企業結合会計基準等適用指針121項(2)・設例15参照）．

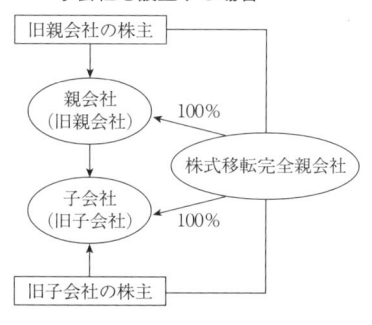

1-4-174　(b)　**株式移転完全子会社の全部が共通支配下関係にある場合**　親会社（旧親会社）と子会社（旧子会社）が株式移転完全親会社を設立する場合（企業結合会計基準等適用指針239項～241-3項，設例28参照），旧親会社の株主資本変動額は，当該旧親会社の適正な帳簿価額を基礎として算定する（計規52Ⅰ②．なお企業結合会計基準等適用指針239項(1)①．404項-3項参照）．旧子会社の株式の取得原価は，株式移転日の前日における持分比率に基づき，旧親会社持分相当額と少数株主持分相当額に区分し，その合計

図16　親会社と子会社が株式移転完全子会社を設立する場合

額として算定する．旧親会社持分相当額は，旧子会社の株式移転日の前日における適正な帳簿価額による純資産額に基づいて算定し，少数株主持分相当額は，取得の対価（旧子会社の少数株主に交付した株式移転設立完全親会社の株式の時価相当額）に取得に直接要した支出額（取得の対価性が認められるものに限る）を加算して算定する（計規52Ⅰ②括弧書．企業結合会計基準等適用指針239項(1)②・238-3項参照）．

1-4-175　(イ)　**株式移転完全親会社の株主資本**　株式移転設立完全親会社（計規2Ⅲ⑭）の設立時の資本金および資本剰余金の額は，株主資本変動額額の範囲内で，株式移転完

全子会社が株式移転計画の定めに従い定めた額とし，利益剰余金の額はゼロとする．ただし，株主資本変動額がゼロ未満の場合にあっては，当該額を設立時のその他利益剰余金の額とし，資本金，資本剰余金および利益準備金の額はゼロとする（計規52Ⅱ）．

第Ⅵ編　企業の終了

第1章　休眠会社・解散・継続

1　会社の解散

Ⅵ-1-1-1　(1)　**解散原因**　会社の解散〔独 Auflösung：仏 dissolution：伊 scioglimento：西 disolución〕とは，会社の法人格の消滅を生じされる原因となる法律事実をいう[1]。会社の法人格は，合併の場合を除き，解散によって当然には消滅しない。

(α) すべての会社に共通の解散原因は，① 定款で定めた存続時期の満了，② 定款に定めた解散事由の発生，③ 会社の合併 (当該会社が消滅する場合に限る)，④ **破産手続開始の決定** (破30 [Ⅵ-1-2-108]) および⑤ 解散を命じる裁判 (解散命令 [Ⅵ-1-1-3] および解散判決 [Ⅵ-1-1-4]) である (会471・641)。そのほか特別法による解散原因 (免許の取消し) もある (銀行40，保険業152Ⅲ②など参照)。

(β) 持分会社の特有な解散原因は，総社員の同意 (会641③) および社員の欠如 (会641④) である。

(γ) 株式会社に特有な解散原因は ① **株主総会の決議** (会471③。特別決議　会309Ⅱ⑪。解散の時期を期限に係らしめる解散決議も可能。大判大正2・6・28民録19輯530頁 [東京鉄道事件]) および② **休眠会社のみなし解散** (会472 [Ⅵ-1-1-6]) である。

「会社」は，① 定款で定めた存続時期の満了，② 定款に定めた事由の発生，③ 株主総会の決議，④ 総社員の同意，⑤ 社員の欠如により会社が解散した場合には，**本店所在地において2週間以内に，解散の登記** (商登71) をしなければならない (会926。なお976①，商登規59・72参照)。**持分会社の社員の責任** (会580) は，清算持分会社の本店の所在地における解散の登記 (会926) をした後5年以内に請求または請求の予告をしない会社債権者に対しては，その登記後5年を経過した時に消滅する (会673Ⅰ)。この期間を過ぎると会社債権者は会社に財産が残っていればそれに権利行使できるにすぎなくなる (会673Ⅱ)。

Ⅵ-1-1-3　(2)　**解散命令**　① 会社の設立が不法の目的をもってなされた場合 (定款所定の目的が適法であっても，設立の実質的目的が不法な場合を含む)，② 正当な理由なく成立後1年以内に開業せず，または1年以上事業を休止した場合，③ 法務大臣の書面に

Ⅵ-1-1-2　(1)　比較法　大陸法系では，わが国と同じく，会社の解散後に清算が行われるがイギリスでは，会社の解散〔dissolution〕は法人格の消滅そのものを意味し，会社は，清算〔winding up〕後に解散する (Insolvency Act 1986 § 201 Ⅱ)。アメリカには，清算後に会社が解散する州 (カリフォルニア州等) と，解散後に清算が行われる州 (デラウェア州等) とがある。

よる警告を無視して業務執行取締役・執行役・業務執行社員が法令・定款で定める会社の**権限を逸脱・濫用する行為**や**可罰行為を反復継続**した場合に，**法務大臣**，**株主**，**社員**，**債権者その他の利害関係人**（取締役，監査役，検査役，会社更生法上の管財人等）の申立てに基づき，裁判所が公益を確保するため会社の存立を許すべきでないと認めるときには，会社の陳述を聴いた上（会870⑬），理由付きの決定で（会871），**解散を命じる**（会824Ⅰ．大阪地判平成5・10・6判時1512号44頁［豊田商事事件］参照）．これを解散命令という．会社の本店所在地を管轄する地方裁判所に専属管轄がある（会868Ⅰ）．この制度は，**準則主義による弊害の是正を目的**としているが，余り利用されていない．

法務大臣以外の者から解散命令の申立てがあった場合において，会社がその申立ては**悪意**によるものであることを疎明して**担保提供**の申立てをしたときには，裁判所は，解散命令の申立てをした者に対し，相当の担保を立てるべきことを命ずることができる（会824ⅡⅢ）．この場合の手続・効果については，民事訴訟法の訴訟費用の担保の規定（民訴75ⅤⅦ・76〜80）が準用される（会824Ⅳ）．また，裁判所その他の官庁，検察官または吏員は，その職務上解散命令の申立てまたは上記③の警告をすべき事由があることを知ったときは，法務大臣にその旨を通知しなければならない（会826・827Ⅱ＝826）．

裁判所は，解散命令の申立てがあった場合には，法務大臣もしくは株主，社員，債権者その他の利害関係人の申立てによりまたは職権で，解散命令の申立てにつき決定があるまでの間，会社の財産に関し，**管理人による管理を命ずる処分**（管理命令）その他の必要な保全処分を命ずることができる（会825Ⅰ）．裁判所は，管理命令をする場合には，その管理命令において，管理人を選任しなければならず（会825Ⅱ），その際に会社が当該管理人に対して支払う報酬の額を定めることができる（会825Ⅳ）．裁判所は，管理人を監督し（会825Ⅴ），管理人に対し，会社の財産の状況の報告をし，かつ，その管理の計算をすることを命ずることができる（会825Ⅵ）．法務大臣もしくは株主，社員，債権者その他の利害関係人の申立てによりまたは職権で，管理人を解任することができる（会社825Ⅲ）．会社と管理人との関係には民法の委任の規定の一部が準用される（会社825Ⅶ＝民644・646・647・650）．

解散命令は，会社の自治能力の喪失に伴うやむを得ない理由から株主（または社員）が裁判所に解散請求を求める解散判決と混同してはならない．**解散命令は非訟事件**として決定でなされるのに対し，解散判決は，**訴訟事件**として判決でなされる．もっともいずれも当然に解散したことになる点では同一である（会471⑥・641⑦）．

Ⅵ-1-1-4　**(3) 解 散 判 決**　(a) **株式会社**の場合には，① **会社の業務の執行において著しく困難な状態に至り，会社に回復することができない損害が生じ，もしくは，生ずるおそれ**（デッドロック〔deadlock〕）**がある場合**（例えば，5割ずつの議決権を有する2派の対立により，取締役の選任もできないような場合．東京地判平成元・7・18判時1349号148頁［ラン

ド・エース事件］＝会社法百選96事件，東京高判平成3・10・31金判899号8頁［有限会社に関する］，大阪地判平成5・12・24判時1499号127頁［有限会社に関する］，高松高判平成8・1・29判タ922号281頁［有限会社に関する］，東京高判平成12・2・23金判1091号40頁［有限会社に関する］参照），または，② **会社財産の管理または処分が著しく失当**で（大阪地判昭和57・5・12判時1058号122頁等参照），**会社の存立を危うくする場合において，やむをえない事由があるとき**（解散以外に社員の利益を保護する方法がないとき．最三小判昭和33・5・20民集12巻7号1077頁［合資会社に関する］，最一小判昭和61・3・13民集40巻2号229頁［丸共産業事件］＝会社法百選90事件参照）は，**総株主**（完全無議決権株式の株主を除く）**の議決権の10分の1**（定款で軽減可）**以上を有する株主または発行済株式**（自己株式を除く）**の10分の1**（定款で軽減可）**以上の数の株式を有する株主は，会社を被告として株式会社の解散の訴えを提起することができる**[2]（会471⑥・833Ⅰ・834⑳）．株式会社の解散の訴えには会社の組織に関する訴えの規定の適用がある（会834⑳）．

　(β) **持分会社**の場合には，やむを得ない事由があるとき，**各社員が解散の訴えを提起できる**（会833Ⅱ・834㉑）．

2　休眠会社とみなし解散

¶ 1-1-6　会社が1年以上事業を休止していると裁判所の解散命令を法務大臣または利害関係人は請求することができるが（会824Ⅰ②），これは余り利用されていない．その結果，実体のない会社が登記簿に累積し，登記の信頼性を害し，登記事務の非能率を招くことになる．そこで，**法務大臣は，官報で，最後の登記をした日から12年**（平成17年改正前商法は，2年に1度は取締役の変更登記が行われるので，5年としていたが，会社法では，非公開会社の取締役の任期が10年に伸長されうる［会332Ⅱ］ので，12年としている）**を経過した「株式会社」**（休眠会社）**は，本店の所在地を管轄する登記所にまだ事業を廃止していない旨の届出をなすべき旨を公告した場合**（登記所は，該当する会社に対し，その公告のあった旨の通知を発しなければならない．会472Ⅱ），**その公告の日から2カ月以内にその届出**[3]**またはなんらかの登記をしないと，その会社は，その期間満了の時に解散したものとみなされ**，登記官が職権で解散登記をする（商登72）．解散した

¶ 1-1-5　(2) **沿革**　株式会社の解散判決制度は，昭和25年改正により，アメリカの州会社法の制度にならって導入されたものである（青竹正一「株主の解散判決請求権」『小規模閉鎖会社の法規制』119頁［文眞堂1979］）．

¶ 1-1-7　(3) **届出**　届出は書面で行う（会施規139Ⅰ）．その書面には，① 株式会社の商号・本店ならびに代表者の氏名・住所，② 代理人による届出の場合には代理人の氏名・住所，③ まだ事業を廃止していない旨，④ 届出の年月日，⑤ 登記所の表示を記載し，株式会社の代表者（代表者の印鑑は，通知に係る書面を提出して届出をする場合を除き，登記所に提出しているものでなければならない．会施規139Ⅳ）または代理人が記名捺印をする（会施規139Ⅱ）．代理人が届出をする場合には，上記書面に代理権を証する書面を添付しなければならない（会施規139Ⅲ）．

とみなされる会社はその後3年以内に限り特別決議（会309Ⅱ⑪）により会社を継続する（なお会927参照）ことができる（会473）．昭和49（1974）年改正で設けられた．諸外国にみられない制度である（なお特例有限会社にはみなし解散の規定は適用されない．整備法32）．

3 継続

Ⅵ-1-1-8 **会社の継続**〔独 Fortsetzung einer Gesellschaft：仏 continuation de société：西 continuación de la sociedad〕とは，**一旦解散した会社が，将来に向かって解散前の状態に復帰し，存在を継続することである**（なお破219，民再173参照）．

(α) **株式会社の場合**において，解散原因が，① 定款で定めた存続時期の満了，② 定款に定めた解散事由の発生，③ 株主総会の決議または④ みなし解散であるときには，清算手続が結了するまで（④の場合には解散したものとみなされた後3年以内に限る），**株主総会の特別決議**（会309Ⅱ⑪）で会社を継続することができる（会473．なお商登則73参照）．解散前の取締役が当然に復帰するわけではないから，株主総会で新たに取締役を選任する．

(β) **持分会社の場合**には，① 定款で定めた存続時期の満了，② 定款に定めた解散事由の発生，③ 総社員の同意により解散したときには，清算手続が結了するまで，**社員の全部または一部の同意**により（会642Ⅰ．なお商登則85Ⅰ参照），④ 設立の無効・取消しの訴えを認容する判決が確定した場合において，無効・取消原因が一部の社員のみにあるときは，**他の社員の全員の同意**によって（会845．なお商登則85Ⅱ参照），会社を継続することができる．①から③の場合には，継続に同意しなかった社員は継続することとなった日に退社し，④の場合には無効・取消原因がある社員は退社したものとみなされる．

解散の登記をする前に継続の決議をすれば解散の登記をする必要がなく，解散登記後継続するときは，継続の登記（商登46Ⅱ・103・111［＝103］・118［＝103］）をしなければならない（会927．なお会976①参照）．その登記は，2週間以内にその本店の所在地において行う．

第2章　企業倒産法

第1節　総　説

1　倒産処理形態

Ⅵ-1-2-1　倒産という言葉に厳密な定義はないが（中小企業倒産防止共済法2Ⅱ参照），一般には，裁判所に民事再生手続等の倒産手続開始の申立てがあった場合，手形の不渡りに基

第2章　企業倒産法　第1節　総　説

づく銀行取引停止処分を受けた場合または債務の弁済ができないことを理由に債権者に対し債権者集会の通知があった場合など**債務者の経済的破綻ないし危険状態**を指す。

倒産手続は，法律に基づく場合とそうでない場合に分けられ，さらに，各々，**再建型と清算型**に分けることができる（図2参照）。

再建型手続には，① 私的整理[4]（「私的整理に関するガイドラインの概要」金法1623号6頁，「「私的整理に関するガイドライン」の運用指針」金法1629号6頁参照），② 民事再生法による再生手続（民再2④），③ 会社更生法による更生手続（会更2Ⅰ）がある。①および②は会社だけでなく個人およびすべて法人にも認められる手続であるが（民再11参照），③は株式会社にのみ認められる手続である。なお，平成17年改正前商法は再建型手続として整理（平成17年改正前商381〜403）を定めていたが，民事再生法施行後はその存在意義を失ったことから，会社法はこれを廃止している[5]。

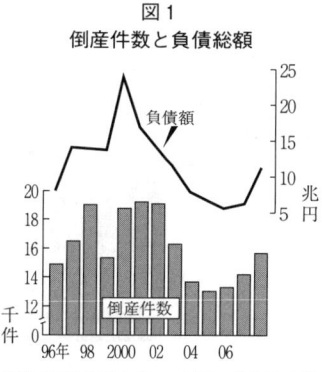

図1　倒産件数と負債総額

(注) 東京商工リサーチ調べ『全国企業倒産白書2008（平成20年）』2頁

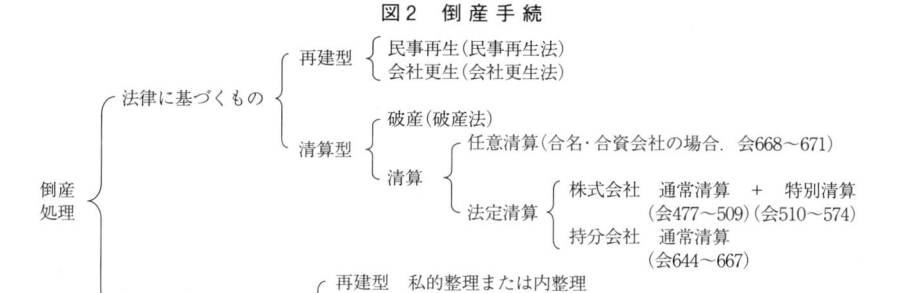

図2　倒産手続

```
                      ┌ 再建型 ┌ 民事再生（民事再生法）
           ┌ 法律に基づくもの ┤        └ 会社更生（会社更生法）
           │          │ 清算型 ┌ 破産（破産法）
           │          │        │ 任意清算（合名・合資会社の場合．会668〜671）
倒産       │          └ 清算   │ 法定清算 ┌ 株式会社　通常清算　＋　特別清算
処理 ─────┤                             │          （会477〜509）（会510〜574）
           │                             └ 持分会社　通常清算
           │                                         （会644〜667）
           │                ┌ 再建型　私的整理または内整理
           └ 法律に基づかないもの ┤
                            └ 清算型　任意整理または清算
```

Ⅵ-1-2-2　**（4）　私的整理**　企業が倒産した場合，裁判所の関与なしに，内輪で再建を試みるか（内整理とも言う），清算（任意整理といわれる場合もある）をするケースが最も多い。私的整理は，安価で迅速ではあるが，利点の反面として裁判所の関与がないから，平等でない場合がありうるし，個別的執行を排除することができず，悪徳整理屋の介入を招く場合もある。ここに裁判所を介在させ，債務者の詐害行為を防止しつつ，当事者の公正を図るための制度を法的に用意する理由がある。企業の任意整理において債権者と主債務者との間で合意された条件付債権放棄ないし期限の猶予の効果は保証債務にも及ぶから，保証人はこれらの効果を主張して債権者の請求を拒むことができる（東京地判平成8・6・21判タ1019号41頁）。

Ⅵ-1-2-3　**（5）　倒産法制見直しの経緯**　平成8年10月から倒産法制の見直し作業が行われた。平成11年12月に民事再生法が成立した（和議法の廃止）。平成14年12月には会社更生法，そして平成16年5月には破産法が成立した。特別清算の見直しは，会社法制の現代化とは別に行われたが，

812　第Ⅵ編　企業の終了

図3　倒産処理形態別申立状況

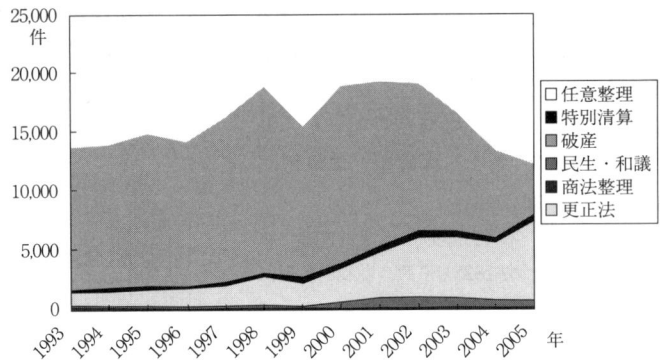

（凡例：任意整理／特別清算／破産／民生・和議／商法整理／更正法）

出所：帝国データバンク『全国企業倒産集計』、東京商工リサーチ『全国企業倒産状況』より作成
（出典：白田佳子「再生企業の実態」JICPAジャーナル610号113頁［2006］）

　清算型手続には、① 破産法が定める破産手続（破2Ⅰ）および② 会社法が定める清算がある。これらの手続の優先順位は、更生手続（会更24Ⅰ）、再生手続（民再26Ⅰ，184・39Ⅰ参照）、特別清算（会512Ⅰ）、破産手続の順である。法律はなるべく企業を存続させようとしている。

　金融機関の倒産は、一般の事業会社と同様に考えることができないので特別法が制定されている（預金保険法［昭和46年法律第34号］、金融機関等の再生手続の特例等に関する法律［平成8年法律第95号］）。

　会社法は、他の編別と同じように、実体関係規定と手続関係規定とを分けて規定し、前者は第2編　株式会社、第9章　清算（持分会社は第3編第8章）に規定し、手続関係規定は第7編に規定している。

2　債権の種類

Ⅵ-1-2-4　債務者に対する債権の種類は、各手続において次のように分類できる。

　会社法に盛り込まれて実現した（萩本修編『逐条解説新しい特別清算』3頁）以下。

第2章　企業倒産法　第1節　総　説　*813*

表1　債権の種類

破産手続	再生手続	更正手続	特別清算手続
破産債権（破2V）約定劣後破産債権（破99Ⅱ）	約定劣後再生債権（民再35Ⅳ)	約定劣後更生債権（会更43Ⅳ)	協定債権（会515Ⅲ)
劣後的破産債権（破99Ⅰ)	開始後債権（民再123Ⅰ)	開始後債権（会更134Ⅰ)	
一般の破産債権（破194Ⅰ②)	再生債権（民再84Ⅰ Ⅱ)	更生債権（会更2Ⅷ)	
優先的破産債権（破98Ⅰ)	一般優先債権（民再122)	優先的更生債権（会更168Ⅰ②)	一般の先取特権その他一般の優先権がある債権（会515Ⅲ括弧書・566②)
別除権（破2Ⅸ)	別除権（民再53Ⅰ～Ⅲ)	更生担保権（会更2Ⅹ)	担保権（会522Ⅱ)
財団債権（破2Ⅶ・148～150)	共益債権（民再119)	共益債権（会更127～131)	特別清算の手続のために会社に対して生じた債権・特別清算の手続に関する費用請求権（会515Ⅲ括弧書)

Ⅵ-1-2-5 (a) **財団債権と共益債権**　破産者が破産手続開始の時において有する一切の財産を**破産財団**という（固定主義．破34Ⅰ）．**破産手続を進める上で必要な費用は**（破148～150），**財団債権として随時破産財団から弁済される**（破151）．これに対し，再建型手続では，破産財団に相当する概念がないので，それに相当する用語として**共益債権**が使用されている（民再39Ⅲ・119～120の2，会更50Ⅸ・127～131）．共益債権は，民事再生手続または会社更生手続によらないで，随時弁済され（民再121Ⅰ，会更132Ⅰ），普通の債権に優先する（民再121Ⅱ，会更132Ⅱ）．そうでなければだれも手続に協力しなくなるからである．会社法で財団債権・共益債権に相当する概念は，① 特別清算の手続のために清算株式会社に対して生じた債権，および② 特別清算の手続に関する清算株式会社に対する費用請求権である（会515Ⅲ括弧書・559②）．

Ⅵ-1-2-6 (b) **別除権と相当の権利**　(a) 破産手続開始時に破産財団に属する財産につき**特別の先取特権**（商法または会社法の規定による留置権は特別の先取特権とみなす．破66），**質権または抵当権を有する者は，破産手続によらず，**

図4　別除権

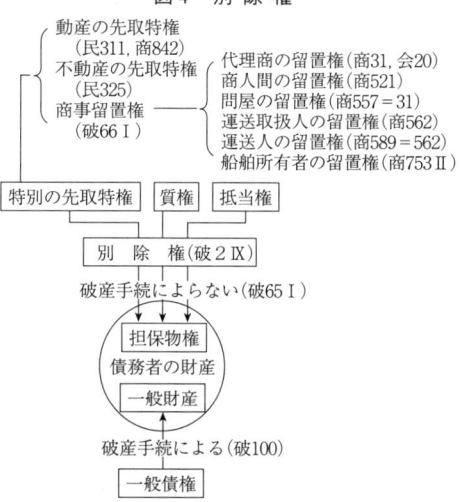

```
           ┌ 動産の先取特権
           │  （民311, 商842）         代理商の留置権（商31, 会20）
           ├ 不動産の先取特権         商人間の留置権（商521）
           │  （民325）               問屋の留置権（商557＝31）
           └ 商事留置権               運送取扱人の留置権（商562）
              （破66Ⅰ）              運送人の留置権（商589＝562）
                                     船舶所有者の留置権（商753Ⅱ）

      特別の先取特権   質権   抵当権

              別 除 権（破2Ⅸ）
         破産手続によらない（破65Ⅰ）

                 ┌──────┐
                 │ 担保物権 │
                 │債務者の財産│
                 │ 一般財産 │
                 └──────┘
         破産手続による（破100）
              一般債権
```

優先的に弁済を受ける(破65Ⅰ)．このような権利を**別除権**という(破2Ⅸ・117Ⅰ④．なお破184Ⅱ・185参照)．しかし，① 破産手続開始の申立てがあった場合には，裁判所は利害関係人の申立てによりまたは職権で強制執行等の手続の中止命令を命ずることができ(破24・25)，また② 破産手続開始後には破産管財人は裁判所に担保権消滅の許可の申立てをすることができる[(6)](破186〜191)．(β) **民事再生法も，別除権を認めるが**(民再53Ⅰ〜Ⅲ)，(a) ①②に相当する制度をそれぞれ担保権の実行中止命令(民再31)・担保権消滅請求手続(民再148〜153)として定めている．(γ) **会社更生法は**，別除権を認めると企業の更生復活は困難になるので，別除権を更生手続の中に取り込むので，別除権と範囲がほぼ同じものを「**更生担保権**」と呼ぶ(会更2Ⅹ)．更生担保権は弁済禁止の対象となり(会更43Ⅰ④)，担保権の実行も禁止・中止される(会更50Ⅰ．事業の再生に必要がなければ担保権実行禁止の解除決定で禁止を解除できる)．担保権消滅請求の手続も同じように定められている(会更104〜112)．(δ) **会社法は**別除権に相当するものを「**第522条第2項に規定する担保権**」と呼ぶ．担保権は，少数債権者の要件から除外され(会522Ⅱ・547Ⅱ)，債権者集会における議決権は否定されている(会548Ⅳ)．債権者集会の出席，協定案の作成への参加が求められるものの(会559①・566①)，担保権は**協定の対象とならず**(会564Ⅰ括弧書)，協定の影響を受けない(会571Ⅱ)．もっとも，特別清算開始命令があった場合には担保権の実行手続等の中止命令が認められている(会516[Ⅵ-1-2-69])．

Ⅵ-1-2-8 (c) **破産債権等** (a) 破産者に対し破産宣告前の原因に基づいて生じた財産上の請求権を**破産債権**という(破2Ⅴ・97)．破産債権は，破産法に特別の定めがある場合を除き，破産手続によらなければ，行使することができない(破100Ⅰ)．破産は，債務者の財産の換価処分を目的としているから，実体法の順位をそのまま反映することが可能であり，配当の順位の観点から，**優先的破産債権，一般の破産債権，劣後的破産債権および約定劣後債権の4種に分けられる**(破194Ⅰ)．

① **優先的破産債権**は，破産財団に属する財産につき一般の先取特権(民306参照)その他一般の優先権(企業担保法7参照)がある破産債権である(破98Ⅰ)．他の破産債権に優先するが，優先的破産債権である旨を明記して届け出ないと，一般の破産債権として処理される(破111Ⅰ②)．すなわち，優先的破産債権は，再生手続の一般優先債権と異なり，破産手続に組み込まれている(破24Ⅰ参照)．

② **一般の破産債権**は，優先的破産債権，劣後的破産債権および約定劣後債権以

Ⅵ-1-2-7 (6) **担保権消滅請求制度** ① 破産手続では，担保権の目的である「当該財産を任意に売却して当該担保権を消滅させることが破産債権者の一般の利益に適合するときは」破産管財人が，② 民事再生手続では，「当該財産が再生債務者の事業の継続に欠くことができないものであるときは」再生債務者等が，③ 更生手続では，「更生会社の事業の更生のために必要であると認めるときは」管財人が，当該財産の価額に相当する金銭を裁判所に納付して当該財産につき存するすべての担保権を消滅させることについての許可の申立てをすることができる(破186〜190，民再148〜153，会更104〜112)．

外の破産債権である．一般の破産債権は，優先的破産債権に後れるが，劣後的破産債権および約定劣後債権には優位する (破194Ⅰ②)．

③ **劣後的破産債権**は，破産手続開始後の利息の請求権などであって (破99Ⅰ)，一般の破産債権に後れるが，約定劣後債権には優位する破産債権である．

④ **約定劣後債権**とは，破産債権者と破産者との間において，破産手続前に，劣後的債権に後れる旨の合意がされた債権であり，劣後的債権に後れる．劣後的破産債権および約定劣後債権には議決権がみとめられない (破142Ⅰ)．

(β) 民事再生手続では，① 一般の先取特権その他一般の優先権がある債権 (共益債権であるものを除く) は，**一般優先債権として** (民再122Ⅰ)，**再生手続によらないで，随時弁済される** (民再122Ⅱ)．すなわち，破産法の優先的破産債権とは異なり，共益債権と同じ扱いがなされる (民再154Ⅰ②・122Ⅳ)．これは，優先的破産債権と同じ扱いをすると，計画案の決議等で一般再生債権者とは区別して扱う必要が生じ，手続が複雑となるからである．同じ理由で劣後的再生債権という考えも放棄されている．その結果，**劣後的破産債権に該当する請求権は，民事再生法では３種類に分割されている．**

第１は，(ア) 再生手続開始後の利息請求権，(イ) 再生手続開始後の不履行による損害賠償・違約金の請求権および(ウ) 再生手続参加費用請求権である (なお破97①②⑦・99Ⅰ①参照)．これらの権利は，再生債務者に対し再生手続開始前の原因に基づいて生じた財産上の請求権 (共益債権または一般優先債権であるものを除く)，すなわち(エ) 再生手続開始前の罰金等 (民再97) とともに，**再生債権**とされている (民再84ⅠⅡ)．

(ア)〜(ウ)については，債権の届出・調査・確定の手続および決議のための組分けにおいては，一般の**再生債権**と同様とされているが，再生計画の定めに関しては，債権者平等原則の例外とすること (劣後化できること) が定められている (民再155Ⅰ但書)．(エ)については，再生計画で減免その他権利に影響を及ぼす定めをすることができず (民再155Ⅳ)，再生計画認可決定の確定に伴う免責の対象とならず (民再178但書)，かつ，再生計画で定められた弁済期間が満了する時までの間は，弁済等が禁じられている (民再181Ⅲ)．したがって，再生手続開始前の罰金等については，再生計画によって権利変更がないが，その弁済は，他の更生債権が計画によって弁済を受けた後でなければ，受けることができない．このような地位に対応して，再生債権者は，(ア)〜(エ)の債権については議決権を有しない (民再87Ⅱ)．

第２は，**約定劣後再生債権**，すなわち「再生債権者と再生債務者との間において，再生手続開始前に，当該再生債務者について破産手続が開始されたとすれば当該破産手続におけるその配当の順位が破産法99条１項に規定する劣後的破産債権に後れる旨の合意がされた債権」である (民再35Ⅳ)．再生計画では，約定劣後再生債権以外の一般の再生債権を有する者と約定劣後再生債権を有する者との間においては，その配当の順位についての合意の内容を考慮して，再生計画の内容に公平かつ衡平

な差を設けなければならない（民再155Ⅱ）。

そこで再生計画案の決議は，両者で組を分けて行う（民再172の3Ⅱ）。いずれかの組で法定の可決要件を満たす同意が得られなかった場合には，裁判所は，権利保護条項を定めて再生計画認可の決定をすることができる（民再174の2Ⅰ）。なお約定劣後再生債権に優先する債権のみで債務超過が認められるとき場合には，約定劣後再生債権を有する者は議決権を有しない（民再87Ⅲ）。

第3は，再生手続開始後の原因に基づいて生じた財産上の請求権で，共益債権，一般優先債権または再生債権でもないものである。これを**開始後債権**といい（民再123Ⅰ），破産法にはない類型である。開始後債権は，再生手続が開始された時から**再生計画で定められた弁済期の満了する時までの間は，弁済をすることができない**ものとされている（民再123Ⅱ）。また，開始後債権に基づく強制執行も，上記期間の間はすることができない（民再123Ⅲ）。したがって，開始後債権は再生債権ではないので，再生計画の効力を受けることはないが，時期的に再生債権の弁済に劣後する。

Ⅵ-1-2-10　(γ) 更生手続では，更生債権とは，更生会社に対し更生手続開始前の原因に基づいて生じた財産上の請求権または(β) (ｱ)～(ｳ)に挙げた権利等であって，更生担保権または共益債権に該当しないものである（会更2Ⅷ）。更生手続では組み分けによる決議が前提であり（会196），更生担保権が手続に服する以上，それよりも弱い「一般の先取特権その他一般の優先権がある更生債権」が，優先的更生債権として，手続に組み込まれるのは当然である．この点は，再生手続と異なり，破産手続と同様である．

Ⅵ-1-2-11　(δ) 会社法は「一般の先取特権その他一般の優先権がある債権」を「協定債権」[Ⅵ-1-2-68] から除外し，特別清算開始の効力を受けないものとしているが（会515Ⅲ括弧書．なお512Ⅰ②括弧書・515Ⅰ但書参照），担保権の実行手続の中止命令を認めている（会516）。

第2節　清算型手続

1　総　説

Ⅵ-1-2-12　**会社の清算**〔英米 winding up：独 Abwicklung(株式会社)，Liquidation(人的会社・有限会社)：仏 liquidation：伊 liquidazione：西 liquidación〕とは，**解散した会社につき法律関係の後始末をすることであり**，会社のすべての権利義務を処理して，**出資者に残余財産を分配することである**（会481・649）．会社が解散した場合（合併の場合には権利義務が存続会社または新設会社に包括承継されるから清算は問題とならないし，破産の場合には破産手続がとられるので，これらを除く），設立無効の訴えに係る請求を認容する判決が確定した場合（株式会社・持分会社に共通），株式移転の無効の訴えに係る請求を認容する判決が確定した場合（株式会社），設立取消しの訴えに係る請求を認容する判決が確定し

た場合（持分会社）には清算手続に入る（会475・644）。清算中の会社（**清算株式会社**または**清算持分会社**）は，**清算の目的の範囲内において，清算が結了するまではなお存続する**（会476・645．みなさなくても存続する）。**清算には法定清算と任意清算がある**．法定清算とは法律の定める手続によって行う清算をいう．任意清算は，合名・合資会社に限って認められる（会668Ⅰ［Ⅵ-1-2-14］）．株式会社の場合には，持分会社と異なり，法定清算には通常清算（会475以下）のほかに，特別清算（会510以下［Ⅵ-1-2-59］）がある．特別清算以外の法定清算を通常清算という．

2 持分会社の清算

Ⅵ-1-2-13 **(1) 総 説** 清算中の会社は，残余財産の分配以外の方法で会社財産を社員に対して払い戻すこととなる行為というべき**退社**（会606・609），**利益の配当・出資の払戻し・資本金の額の減少等**（会5章3節から6節まで7節2款）**をすることができない**（会674②）．株式会社の場合と異なり，**社員の加入も禁止される**（会674①）．これは，持分会社の社員には業務執行者として位置付けが与えられているが，それがなくなる清算の段階において新たに社員を加入させることは，その性質に反すると考えられたことによる（相澤＝郡谷・商事1748号25頁）．また，清算手続の変更が生ずることとなる合同会社への定款変更も行うことができない（会674④［Ⅴ-1-3-33］［Ⅴ-1-3-34］）．

Ⅵ-1-2-14 **(2) 任意清算 (イ) 意 義** 任意清算とは，定款または総社員の同意をもって会社の財産の処分の方法を定めてなす清算であり，合名会社および合資会社に限り，かつ，解散原因が，① 定款で定めた存続期間の満了，② 定款で定めた解散事由の発生，および③ 総社員の同意によって解散した場合に限って認められる方法である（会668Ⅰ）．合名・合資会社に任意清算が認められるのは，社員間に人的信頼関係が存在し，社員相互間において利益を害するおそれがなく，その上，解散登記後も社員の責任が認められるので（会673Ⅰ），会社債権者の保護を欠くおそれも少ないからである．合同会社に任意清算が認められないのは，合同会社においては，解散後も，社員の間接有限責任制を確保することが社員の合理的な意思に合致するであろうし，債権者にとっても各社員に対して追及しなければならないこととされるのは酷であると考えられたからである（相澤＝郡谷・解説168頁）．

Ⅵ-1-2-15 **(ロ) 手 続** 会社債権者を保護するため，以下の規定が定められている．

(a) 会社は**解散の日**（解散後に会社の財産の処分の方法を定めたときには，会社の財産の処分の方法を定めた日）から，**2週間以内に**，法務省令で定めるところにより，解散の日における**財産目録**（会施規160）および**貸借対照表**（清算貸借対照表．会施規161）**を作成しなければならない**[7]（会669ⅠⅡ）．

Ⅵ-1-2-16 **(7) 財産目録・清算貸借対照表** 財産目録に計上すべき財産は，処分価格を付することが困難な場合を除き，処分価格を付さなければならない（会施規160Ⅱ）．財産目録は，資産，負債，正味財産の部に分類して表示する（会施規160Ⅲ）．貸借対照表は財産目録に基づいて作成され

Ⅵ-1-2-17 （β） 会社は**解散の日**（解散後に会社の財産の処分の方法を定めたときには，会社の財産の処分の方法を定めた日）から，**2週間以内**に，**任意清算をする旨**および**債権者は一定の期間**（1カ月を下ることができない）**内に異議を述べることができる旨を官報により公告**し，かつ，**知れている債権者に各別にこれを催告することを要する**（会670Ⅱ．官報および定款で定めた日刊新聞紙か電子公告によって公告をするときは，各別の催告は不要である．会670Ⅲ）．**債権者は，会社財産の処分方法に異議を述べることができ**（会670Ⅰ），この場合には，会社は，当該債権者に対し，弁済し，もしくは相当の担保を提供し，または当該債権者に弁済を受けさせることを目的として信託会社等に相当の財産を信託しなければならない（会670Ⅴ．**債権者異議手続**）．債権者が上記期間内に異議を述べなかったときは，当該債権者は，会社財産の処分の方法について承認をしたものとみなされる（会670Ⅳ）．会社が債権者異議手続に違反して財産を処分したときは，受益者または転得者がその行為または転得の当時，債権者を害する事実を知っているときには（会863Ⅱ＝民424Ⅰ但書），債権者は，**財産処分取消しの訴え**（被告は行為の相手方または転得者である）を提起することができる（会863Ⅰ①・864）．取消しは，すべての債権者の利益のためにその効力を生ずる（会863Ⅱ＝民425）．この取消権は，債権者が取消しの原因を知った時から2年間行使しないときは，時効によって消滅する．行為の時から20年を経過したときも，同様である（会863Ⅱ＝民426）．

Ⅵ-1-2-18 （γ）**社員の持分を差し押さえた債権者**があるときは，会社がその財産の**処分**をするには，その**債権者の同意**を得なければならない（会671Ⅰ）．会社は同意を得ないで処分をしたときは，上記債権者は，会社に対し，その持分に相当する金額の支払いを請求することができる（会671Ⅱ）．また，財産処分取消しの訴え（被告は行為の相手方または転得者）を提起することができる（会863Ⅰ②・864）．

　任意清算の場合には，会社の財産の処分を完了した日から2週間以内に，会社の本店所在地において，清算結了の登記をしなければならない（会929②．なお商登75参照）．

Ⅵ-1-2-19 （3）**法定清算**　会社が解散した場合において，上述の任意清算の方法をとらないときには，合併および破産手続開始の決定の場合を除き，法定清算に入る（会644①）．設立無効の訴えに係る請求を認容する判決が確定した場合および設立取消しの訴えに係る請求を認容する判決が確定した場合も同様である（会644②③）．**法定清算には通常清算しかない．**

Ⅵ-1-2-20 （イ）**清算人**　（a）**就任**　定款で定める者または社員（業務執行社員を定款で定める場合にあっては，その社員）の過半数の同意によって定める者がいない場合には，業務執行社員が清算人となる（会647Ⅰ．なお商登99Ⅰ①～③参照）．業務執行社員がいな

（会施規161Ⅱ），資産，負債および純資産の部に分類して表示しなければならない（会施規161Ⅲ）．貸借対照表に，処分価格を付することが困難な資産がある場合における当該資産に係る財産評価の方針を注記しなければならない（会施規161Ⅳ）．これらの規制は株式会社の場合と同一である［Ⅵ-1-2-41・Ⅵ-1-2-42］．

い場合には，裁判所は，利害関係人の申立てにより，清算人を選任する（会647Ⅱ）．社員が欠けたときまたは解散命令（会824Ⅰ［Ⅵ-1-1-3］)・解散判決（会833Ⅱ［Ⅵ-1-1-4］)による解散の場合には，裁判所は，利害関係人もしくは法務大臣の申立てによりまたは職権で，清算人を選任する（会647Ⅲ）．設立無効の訴えに係る請求を認容する判決が確定した場合または設立取消しの訴えに係る請求を認容する判決が確定した場合には，裁判所は，利害関係人の申立てにより，清算人を選任する（会647Ⅳ）．裁判所が清算人を選任した場合には，会社が清算人に支払う報酬の額を定めることができる（会657）．

　法人が清算人である場合には，当該法人は，当該清算人の職務を行うべき者を選任し，その者の氏名および住所を社員に通知しなければならない（会654Ⅰ・Ⅱ＝651・652・653．なお商登99Ⅲ・101参照）．

Ⅵ-1-2-21　(b) **解　任**　裁判所が選任したものを除き，清算人は，いつでも，解任できる（会648Ⅰ）．解任は，定款に別段の定めがなければ，社員の過半数をもって決定する（会648Ⅱ）．重要な事由があるときは，裁判所は，社員その他利害関係人の申立てにより，清算人を解任することができる（会648Ⅲ．なお870③参照）．

Ⅵ-1-2-22　(c) **業務執行**　清算人は，清算持分会社の業務を執行する（会650Ⅰ）．清算人が2人以上ある場合には，会社の業務は，定款に別段の定めがある場合を除き，清算人の過半数をもって決定する（会650Ⅱ）．会社の事業の全部または一部の譲渡は，清算人ではなく，社員の過半数をもって決定する（会650Ⅲ）．会社と清算人との関係は委任である（会651Ⅰ）．清算人は　① 忠実義務（会651Ⅱ＝593Ⅱ），② 競業避止義務（会651Ⅱ＝594）を負い，③ 利益相反取引の制限（会651Ⅰ＝595）に服する．②の競業行為をするには，社員（当該清算人が社員である場合にあっては，当該清算人以外の社員）の**全員の承諾**が必要で，③の利益相反取引を行うには，社員（当該清算人が社員である場合にあっては，当該清算人以外の社員）の**過半数の承諾**が必要である．

Ⅵ-1-2-23　(d) **代　表**　清算人は，清算持分会社を代表する（会655Ⅰ）．清算人が2人以上ある場合には，各自，会社を代表する（会655Ⅱ）．定款または定款の定めに基づく清算人（裁判所が選任したものを除く）の互選によって，清算人の中から会社を代表する清算人を定めることができる（会655Ⅲ）．業務執行社員が清算人となる場合において，会社を代表する社員を定めていたときは，当該代表社員が代表清算人となる（会655Ⅳ）．裁判所が清算人を選任する場合には，その清算人の中から代表清算人を定めることができる（会655Ⅴ）．

　代表清算人は，会社の業務に関する一切の裁判上または裁判外の行為をする権限を有する．その権限に加えた制限は，善意の第三者に対抗することができない（会655Ⅵ＝599Ⅳ・Ⅴ）．

　仮処分命令により選任された清算人または代表清算人の職務代行者は，仮処分命令に別段の定めがある場合を除き，会社の常務に属しない行為をするには，裁判所

の許可を得なければならない．これに違反する行為は無効であるが，善意の第三者に対抗できない（会655Ⅵ＝603ⅠⅡ）．

Ⅵ-1-2-24　(e) **責　任**　清算人は，その任務に懈怠に基づき会社に対し連帯して損害賠償責任を負う（会652）．その職務を行うにつき，悪意または重過失があるときは，連帯して，第三者に損害賠償責任を負う（会653）．

Ⅵ-1-2-25　(ロ) **清算事務**　清算人は，その就任後遅滞なく，会社の財産の現況を調査し，法務省令で定めるところにより，財産目録および清算貸借対照表を作成し，各社員にその内容を通知しなければならない（会658Ⅱ）．会社は，社員の請求により，毎月清算の状況を報告しなければならない（会658Ⅲ）．清算人は，現務の結了，債権の取立ておよび債務の弁済，および残余財産の分配を主たる職務とする（会649）．会社に現存する財産がその債務を完済するのに足りない場合において，その出資の全部または一部を履行していない社員があるときは，当該出資に係る定款の定めにかかわらず，会社は，当該社員に出資させることができる（会663．なお破182参照）．

　合同会社の債務の弁済等（会660～662・664・665）は，株式会社の清算手続と同様である（会499～503）（[Ⅵ-1-2-50]参照）．定款の定めがないときは，残余財産の分配の割合は，各社員の出資の価額に応じて定める（会666）．

　会社財産がその債務を完済するのに足りないことが明らかになったときは，清算人は，直ちに，破産手続開始の申立てをしなければならない（会656Ⅰ[Ⅵ-1-2-107]）．破産手続開始の決定を受けた場合において，破産管財人にその事務を引き継いだときは，清算人はその任務を終了したものとする（会656Ⅱ）．会社が既に債権者に支払い，または社員に分配したものがあるときは，破産管財人は，これを取り戻すことができる（会656Ⅲ）．

Ⅵ-1-2-26　(ハ) **清算の終了**　清算事務が終了したときは，遅滞なく，清算に係る計算をして，社員の承認を受けなければならない（会667Ⅰ）．この計算に対し社員が1カ月以内に異議を述べないときは，清算人に不正な行為がない限り，これを承認したものとみなされる（会667Ⅱ）．清算が結了したときは，承認の日から2週間以内に，会社の本店所在地において，清算結了の登記をしなければならない（会929②③．なお商登102参照）．

Ⅵ-1-2-27　(ニ) **帳簿資料の保存**　本店所在地における清算結了の登記の時から10年間，定款でまたは社員の過半数をもって保存者を定めた場合を除き，清算人が清算持分会社の帳簿ならびにその事業および清算に関する重要な資料を保存する（会672ⅠⅡ）．ただし，利害関係人は，裁判所に対して保存者の選任を請求することもできる（会672Ⅲ・Ⅳ）．選任の手続に関する費用は，清算持分会社の負担となる（会672Ⅴ）．なお[Ⅵ-1-2-58]参照．

3　株式会社の清算

(1) 総　説　清算では，債権者に対する債務の弁済を優先すべきであるので，清算株式会社は，① 原則として**自己株式を取得**することができない[8]し（会509Ⅰ①・Ⅱ．会469Ⅰ但書の整合性からも，株式買取請求権は認められない），② **剰余金の配当**を行うことも（会509Ⅰ②．したがって会社分割のうちの分割型会社分割もできない．資本金，準備金，剰余金の額に関する規定も適用されない．これらの規定は剰余金配当規制であるからである），③ 清算株式会社が**存続会社**となる**吸収合併**または**承継会社**となる**吸収分割**もできない（会474）．④ **株式交換および株式移転**を行うことも，これを認めることは不適当なのでできない（会509Ⅰ③）．⑤ **臨時計算書類**（会441）や**連結計算書類**（会444）の**規定の適用もない**（会509Ⅰ②）．他方，親会社等が子会社を救済するためにあえて劣後する資金提供者となるとか，清算過程において資金調達が必要な場合もあるので，株式および社債を発行することはできるし（会108Ⅲ・487Ⅱ①・489Ⅵ⑤），支配人の選任や支店の設置も許容されている（会489Ⅵ③④）．清算中でも株式の譲渡は可能であり，清算株式会社は，会社に功労のあった者に慰労金を与えることもできる（大判大正2・7・9民録19輯619頁）．

(2) 目　的　株式会社の通常清算手続の目的は，迅速，かつ，安価に現務を結了し，債権者に債務を弁済し，なるべく多くの財産を残余財産として株主に分配することである．通常清算の場合には，裁判所の監督を要求する必要性に乏しいので（解説144頁），平成17年改正前商法（418・419Ⅲ）と異なり，裁判所の監督の制度は廃止されている．通常清算の手続の流れは図5のとおりである．

(3) 清算株式会社の機関　清算株式会社では，清算事務に必要な最低限の機関を

---

[8] **清算株式会社が自己株式を取得することができる場合**　清算株式会社は，無償で取得する場合（会509Ⅱ）のほか ① 清算株式会社が有する他の法人等の株式（持分その他これに準ずるものを含む）につき当該他の法人等が行う剰余金の配当または残余財産の分配（これらに相当する行為を含む）により自己株式の交付を受ける場合，② 清算株式会社が有する他の法人等の株式につき当該他の法人等が行う組織変更，合併，株式交換（会社法以外の法令（外国の法令を含む）に基づく株式交換に相当する行為を含む），取得条項付株式または全部取得条項付種類株式（これらに相当する株式を含む）の取得に際して当該株式と引換えに自己株式の交付を受ける場合，③ 清算株式会社が有する他の法人等の新株予約権等を当該他の法人等が当該新株予約権等の定めに基づき取得することと引換えに自己株式の交付をする場合，④ 清算株式会社が会社法785条5項または806条5項（これらの規定を株式会社について他の法令において準用する場合を含む）に規定する株式買取請求（合併に際し行使されるものに限る）に応じて自己株式を取得する場合，⑤ 清算株式会社が会社法116条5項，469条5項，785条5項，797条5項または806条5項（これらの規定を株式会社について他の法令において準用する場合を含む）に規定する株式買取請求（清算会社となる前にした行為に際して行使されたものに限る）に応じて自己株式を取得する場合，⑥ 清算株式会社が清算会社となる前に単元未満株式の買取請求（会192Ⅰ）があった場合におけるその請求に係る自己株式を取得する場合に限り，自己株式を取得できる（会施規151①～⑥）．

図5　株式会社の清算手続の流れ

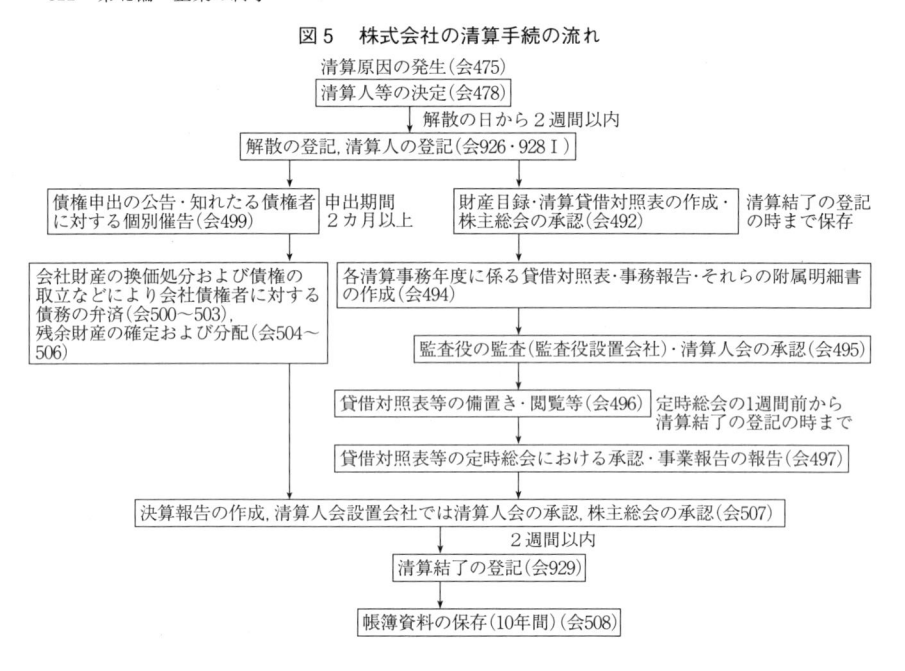

```
              清算原因の発生（会475）
              清算人等の決定（会478）
                    │  解散の日から2週間以内
              解散の登記，清算人の登記（会926・928Ⅰ）
                    │
  ┌─────────────────┼─────────────────┐
債権申出の公告・知れたる債権者    申出期間    財産目録・清算貸借対照表の作成・   清算結了の登記
に対する個別催告（会499）      2カ月以上   株主総会の承認（会492）         の時まで保存
        │                            │
会社財産の換価処分および債権の            各清算事務年度に係る貸借対照表・事務報告・それらの附属明細書
取立などにより会社債権者に対する          の作成（会494）
債務の弁済（会500〜503），              │
残余財産の確定および分配（会504〜         監査役の監査（監査役設置会社）・清算人会の承認（会495）
506）                              │
                                  貸借対照表等の備置き・閲覧等（会496）  定時総会の1週間前から
                                                              清算結了の登記の時まで
                                  貸借対照表等の定時総会における承認・事業報告の報告（会497）
                                                │
              決算報告の作成，清算人会設置会社では清算人会の承認，株主総会の承認（会507）
                            │  2週間以内
                    清算結了の登記（会929）
                            │
                    帳簿資料の保存（10年間）（会508）
```

設ければ足りるので，解散・清算開始前の株式会社の機関設計の基本ルール（会326〜328）は適用されない（会477Ⅵ）．**会計参与，委員会，執行役および会計監査人を置くことができず**（会490Ⅵにより372Ⅰの読み替え・490Ⅴによる371Ⅳの読み替え参照），清算株式会社に特有な機関設計のルールが適用される．

清算人〔英 liquidator：独 Abwickler：仏 liquidateur：伊 liquidatore：西 liquidador〕および**株主総会**（4章1節の適用がある．会491．したがって株主が1000人以上の会社には書面投票制度の採用が義務付けられる［会298Ⅱ］）**は必須の機関**である．清算人は1人（このときには氏名に加えて住所を登記する必要がある．会928Ⅰ②）または2人以上である（会477Ⅰ）．**定款で清算人会，監査役または監査役会を置くことができるが**（会477Ⅱ．特例有限会社では監査役のみを置くことができる［整備法33Ⅰ］），**清算開始時に公開会社または大会社であった会社は，監査役を設置しなければならない**（会477Ⅳ）．監査役会は，定款で監査役会を置く旨の定めを設けた場合に限り，設置することができ（会477Ⅱ），この場合には，清算人会を設置する必要がある（会477Ⅲ）．清算人会設置会社（清算人会を置くまたは会社法の規定により清算人会を置かなければならない〔会477Ⅲ．監査役会設置会社〕清算株式会社をいう）においては，取締役会と同様，清算人は3人以上でなければならない（会478Ⅵにより331Ⅳの準用）．解散前に取締役会設置会社であっても，これは清算人会に係るものではないため（会477Ⅵ），定款に定めがなければ，清算人会を置くことができない．これに対し解散前に設けていた監査役または監査役会を

置く旨の定款の定めは清算中でもなお有効である．監査役会設置会社では，監査役は3人以上で，そのうち半数以上が社外監査役でなければならず（会335Ⅲ），常勤監査役も選定しなければならない（会390Ⅲ）．社外監査役とは，過去に当該監査役会設置会社またはその子会社の取締役（社外取締役を除く），会計参与（会計参与が法人であるときは，その職務を行うべき社員）もしくは執行役または支配人その他の使用人となったことがないものである（会478Ⅴ）．

なお，清算中であっても，業務執行に関する検査役の選任（会358）は認められる（会491＝459大決大正13・7・28民集3巻381頁）．

1-2-32　**(4) 清算人　(ア) 資　格**　清算人の欠格事由は，取締役の欠格事由（[Ⅱ-4-3-2]）と同一である（会478Ⅵ＝331Ⅰ）．

(イ) 選　任　① **取締役**（清算開始時に委員会設置会社であった会社の場合には，監査委員以外の取締役）**が清算人（法定清算人）となるのが原則**であるが（会478Ⅰ①・Ⅴ．なお会928Ⅰ参照），② **定款で清算人となるべき者を指定**し，または**株主総会でこれを選任**したときは（定足数の制限［会341］・累積投票［会342］等の適用はない．会491），その者が清算人となる（会478Ⅰ②③．なお商登73Ⅱ参照）．種類株主の総会における取締役の選任を定めた会社（会108Ⅰ⑨・347Ⅰ）においても，清算人を株主総会で選任すべきことになる．解散前に取締役の任期が満了し，後任の選任が行われないため，取締役としての権利義務を有している者（会346Ⅰ）は，解散と同時に，清算人としての権利義務を有する（最二小判昭和44・3・28民集23巻3号645頁［日東澱粉化学事件］＝会社法百選73事件）．③ 以上により**清算人となる者がいないときには裁判所**が利害関係人の請求により**清算人を選任する**（会478Ⅱ・485．なお商登73Ⅲ参照）．もっとも，① 解散命令（会824Ⅰ［Ⅵ-1-1-3]）または解散判決（会833Ⅰ［Ⅵ-1-1-4]）により解散した清算会社の場合には，利害関係人もしくは法務大臣の申立てによりまたは職権で（会478Ⅲ），② 設立無効判決または株式移転無効判決が確定した清算株式会社の場合には，利害関係人の申立てにより，裁判所は，清算人を選任する（会478Ⅳ）．裁判所は，裁判所が選任した清算人に対して会社が支払う報酬の額を定めることができる（会485）．

清算人の任期は法定されていない．定款または株主総会の選任決議で任期を定めない限り，清算の結了まで在任する．ただし，清算株式会社が破産手続開始の決定を受けた場合において（破30），破産管財人［Ⅵ-1-2-109］がその事務を引き継いだときは，その任務を終了したものとする（会484Ⅱ）．

清算開始時の取締役が清算人となったときは解散の日から2週間以内に，清算人が選任されたときは就任の日から2週間以内に，本店の所在地において，**清算人の登記**をしなければならない（会928Ⅰ・Ⅲ．なお商登73参照）．

取締役が清算人となる場合において，代表取締役を定めていたときは，代表取締役が**代表清算人**になる（会483Ⅳ）．裁判所が清算人を選任する場合（会478Ⅱ〜Ⅳ）には，その清算人の中から代表清算人を定めることができる（会483Ⅴ．この場合清算人会は代

表清算人を選定できない．会489Ⅴ．なお商登74参照）．

　清算人・代表清算人が欠けた場合に，裁判所は，必要があるときには，利害関係人の申立てにより，仮 (一時) 清算人・仮 (一時) 代表清算人を選任することができる（会479Ⅳ〔＝346Ⅰ～Ⅲ〕・483Ⅵ〔＝351ⅡⅢ〕アドバンス548頁は仮清算人，大系4，231頁は一時清算人という用語を使用）．

Ⅵ-1-2-33　(ウ) 解　任　裁判所によって選任された清算人を除く清算人は，いつでも，**株主総会の決議**（普通決議．会309Ⅰ）によって**解任することができる**（会479Ⅰ）．**裁判所は，重要な事由があるときは**，裁判所が選任した者をも含めて，**少数株主**[9]（特例有限会社の場合には単独株主．整備法33Ⅱ）の**申立てにより，清算人を解任することができる**（会479ⅡⅢ・868Ⅰ・870③・872④．総会で解任が否決されたことを前提としない．会854対比）．清算人が欠けた場合または会社法もしくは定款で定めた清算人の員数が欠けた場合の措置は，役員に欠員が生じた場合の処置（会346ⅠからⅢ）と同様である（会479Ⅳ）．解任は登記を要する（会937Ⅰ②ハ）．

　清算人会は裁判所が定めた代表清算人（会483Ⅴ）を解職することができない（会489Ⅴ）．

Ⅵ-1-2-35　(エ) **清算人の地位**　取締役に関する規定がほぼ準用されている（表2参照）．① 清算人には**破産手続開始申立義務がある点**（会484），② 清算株式会社は事業を目的としないので，**大会社における内部統制システム構築の義務がない点**[10]（会482Ⅳによる348Ⅳの不準用．取締役会設置会社も同じ．489Ⅷによる362Ⅴの不準用）および③ 清算事務の性質上，違法な剰余金配当等の責任（会462-465）は問題とならない点は取締役と異なる．

Ⅵ-1-2-37　(オ) **清算人・清算人会の職務・権限**　清算人は，① **現務の結了**，② **債権の取立ておよび債務の弁済**，③ **残余財産の分配**の職務を行う（会481）・清算人が2人以上ある場合には，定款に別段の定めがある場合を除き，清算人の過半数で清算業務を決定する（会482Ⅱ）．

　清算人会は，① **清算人設置会社の業務執行の決定**（清算人会の議事録については会施規143参照），② **清算人の職務執行の監督**および③ **代表清算人の選定・解職**を行う（会489Ⅱ）．清算人会の規制は，取締役会の規制とほぼ同じであるが（表3参照），特

Ⅵ-1-2-34　(9) **少数株主**　① 総株主（(ア)の株主を除く）の議決権の100分の3（定款による緩和可）以上の議決権を6カ月前（定款で緩和可．非公開会社では不要）から引き続き有する株主（(ア)の株主を除く）または② 発行済株式（(イ)の株主の有する株式を除く）の100分の3（定款による緩和可）以上の数の株式を6カ月前（定款で緩和可．非公開会社では不要）から引き続き有する株主（(イ)の株主の有する株式を除く）である（会479Ⅱ）．(ア)の株主とは，清算人を解任する旨の議案ついて議決権を行使できない株主および当該申立てに係る清算人である株主であり，(イ)の株主とは，当該清算株式会社である株主または当該申立てに係る清算人である株主である．

Ⅵ-1-2-36　(10) **清算会社の内部統制システム**　清算会社では営業が問題とならないで，① 職務執行の効率性，② 企業集団の業務の適正の確保は除かれる（会施規140Ⅰ．98Ⅰ③⑤と対比のこと）．清算人会設置会社の場合も同様である（会施規142．100Ⅰ③⑤と対比のこと）．

別取締役による取締役会の決議(会373)は問題とならない．

表2　取締役に関する規定と清算人に関する規定の対応関係

取締役		清算人		備考
330条（会社との関係）		478条	6項	準用．
331条（資格）	1項	478条	6項	準用．
348条（業務の執行）	1項	482条（業務の執行）	1項	清算株式会社では，業務執行につき定款で別段の定めをすることができない．
	2項		2項	同．
	3項		3項	清算人については，定款の定めに基づく責任免除に関する規定がない（348Ⅲ⑤対比）．
	4項		—	清算株式会社では，大会社における内部統制システム構築の義務づけはない．内部統制システムの内容については会施規140に規定あり．
349条（株式会社の代表）	1項	483条（清算株式会社の代表）	1項	同．
	2項		2項	同．
	3項		3項	裁判所が清算人を選任する場合には，適用されない．
	4項		6項	準用．
	5項		6項	準用．
	—		4項	代表取締役が代表清算人となる．
	—		5項	裁判所が清算人を選任する場合には，その中から代表清算人を定めることができる．
350条（代表者の行為についての損害賠償責任）	—	—	—	清算株式会社にも350条の適用がある．
351条（代表取締役に欠員が生じた場合の措置）	1項～3項	483条（清算株式会社の代表）	6項	準用．
352条（取締役の職務を代行する者の権限）	1項2項	483条（清算株式会社の代表）	6項	準用．
353条（株式会社と取締役との間の訴えにおける会社の代表）	—	482条（業務の執行）	4項	準用．
354条（表見代表取締役）	—	482条（業務の執行）	4項	準用．

355条(忠実義務)	—	482条(業務の執行)	4項	準用.
356条(競業及び利益相反取引の制限)	1項2項	482条(業務の執行)	4項	準用.
357条(取締役の報告義務)	1項2項	482条(業務の執行)	4項	準用.
358条(業務の執行に関する検査役の選任)	1項〜7項	—	—	清算株式会社にも358条の適用がある.
359条(裁判所による株主総会招集等の決定)	1項〜3項	491条(取締役等に関する規定の適用)		準用.
360条(株主による取締役の行為の差止め)	1項〜3項	482条(業務の執行)	4項	準用. ただし, 委員会設置会社型の清算株式会社はないので, 360条3項中の「監査役設置会社又は委員会設置会社」は「監査役設置会社」と読み替える.
361条(取締役の報酬等)	1項2項	482条(業務の執行)	4項	裁判所の選任した清算人には適用されない.
—	—	484条(清算株式会社についての破産手続の開始)	1項〜3項	清算人の破産手続開始申立義務・破産管財人への事務引継ぎと任務終了・破産管財人による既支払額・分配額の取り戻しについて規定.
—	—	485条(裁判所の選任する清算人の報酬)	—	裁判所が清算人を選任する場合には, その報酬の額も定めることができる.

表3　取締役会と清算人会の規定の対応関係

取締役会		清算人会		備考
362条(取締役会の権限等)	1項	489条(清算人会の権限等)	1項	同.
	2項		2項	同.
	3項		3項	他に代表清算人があるときは, 適用されない.
	4項		6項	清算人については, 定款の定めに基づく責任免責に関する規定(362条4項7号)がない. 社債を引き受ける者の募集に際し清算人会で定めるべき事項については会施規141に, 内部統制システムについては会施規142に規定あり.
	5項		—	清算株式会社では, 大会社における内部統制システム構築の義務がない.
	—		4項	清算人会は, その選定した代表清算人および代表取締役から代表清算人になった者を

第2章　企業倒産法　第2節　清算型手続　**827**

		―		5項	解職することができる。裁判所が代表清算人を定めた場合には，清算人会は代表清算人の選定・解職をすることができない。
363条（取締役会設置会社の取締役の権限）		1項 2項	489条（清算人会の権限等）	7項 8項	同。 準用（「前各号」は「第489条7項各号」と，「取締役は」は「清算人は」と，「取締役会」は「清算人会」と読み替える）。
364条（取締役会設置会社と取締役との間の訴えにおける会社の代表）			489条（清算人会の権限等）	8項	準用（「第353条」は「第482条第4項において準用する第353条」と，「取締役会」は「清算人会」と読み替える）。
365条（競業及び取締役会設置会社との取引等の制限）		1項 2項	489条（清算人会の権限等）	8項	準用（「第356条」は「第482条第4項において準用する第353条」と，「取締約会」は「清算人会」と読み替える等）。
366条（招集権者）		1項	490条（清算人会の運営）	1項	同。
		2項		2項	同。
		3項		3項	同。
367条（株主による招集の請求）		1項〜4項	490条（清算人会の運営）	4項	準用。ただし，委員会設置会社型の清算株式会社はないので，367条1項中の「監査役設置会社又は委員会設置会社」は「監査役設置会社」と読み替える。
368条（招集手続）		1項 2項	490条（清算人会の運営）	4項	準用。
369条（取締役会の決議）		1項〜5項	490条（清算人会の運営）	5項	準用。清算人会の議事録につき会施規143に規定あり。
370条（取締役会の決議）			490条（清算人会の運営）	5項	準用。
371条（議事録等）		1項〜6項	490条（清算人会の運営）	5項	準用。ただし，委員会設置会社型の清算株式会社はないので，371条3項中の「監査役設置会社又は委員会設置会社」は「監査役設置会社」と読み替える。また，機関設計の違いを反映して，371条4項中の「役員又は執行役」は「清算人又は監査役」に読み替える。
372条（取締役会への報告の省略）		1項	490条（清算人会の運営）	6項	準用（機関設計の違いを反映して，「取締役，会計参与，監査役又は会計監査人」は「清算人又は監査役」に読み替える）。
		2項		6項	準用。
		3項		―	委員会設置会社型の清算株式会社はないので，対応規定がない。

| 373条（特別取締役による取締役会の決議） | 1項～4項 | — | — | 清算株式会社には対応規定はない. |

VI-1-2-38　**(カ) 清算人の責任**　清算人は，会社に対する責任と第三者に対する責任を負う．事業を行わないので，取締役の責任と異なり，**責任の一部免除等は認められない**．

表4　取締役の責任と清算人の責任

取締役		清算人		備考
423条（役員等の株式会社に対する損害賠償責任）	1項 2項 3項	486条（清算人の株式会社に対する損害賠償責任）	1項 2項 3項	同（任務懈怠による対会社責任）． 同（競業避止義務違反の場合の損害額の推定）． 同（利益相反取引の場合の任務懈怠の推定）．
424条（株式会社に対する損害賠償責任の免除）	—	486条（清算人の株式会社に対する損害賠償責任）	4項	準用（総株主の同意による免除）．
425条（責任の一部免除）		—		清算人には対応規定がない．
426条（取締役等による免除に関する定款の定め）		—		清算人には対応規定がない．
427条（責任限定契約）		—		清算人には対応規定がない．
428条（取締役が自己のためにした取引に関する特則）	1項	486条（清算人の清算株式会社に対する損害賠償責任）	4項	準用
	2項	—		清算人には対応規定がない．
429条（役員等の第三者に対する損害賠償責任）	1項	487条（清算人の第三者に対する損害賠償責任）	1項	同（職務を行うにつき悪意又は重過失があった場合の責任）．
	2項		2項	清算株式会社では，「計算書類及び事業報告並びにこれらの附属明細書並びに臨時計算書類」の代わりに，「第492条第1項に規定する財産目録等並びに第494条第1項の貸借対照表及び事業報告並びにこれらの附属明細書」が虚偽記載・記録の対象となる．また，清算株式会社では，電磁的方法による計算書類の公告（440Ⅲ）の適用がない．
430条（役員等の連帯責任）	—	488条（清算人及ぶ監査役の連帯責任）	1項 2項	清算株式会社では，488条2項で**430条の適用が排除されている**．

VI-1-2-39　**(5) 監査役**　株式会社が解散した場合，および設立無効判決・株式移転無効判決が確定した場合において，**公開会社および大会社**であった株式会社は，**監査役**を

第2章　企業倒産法　第2節　清算型手続　**829**

置く必要がある(会477Ⅳ．なお477Ⅵ参照)．清算開始時における監査役がそのまま清算株式会社の監査役となるが，その**任期の定めはなくなり**(会480Ⅱ)，解任されない限り清算の結了まで在任する．ただし，① 監査役を置く旨の定款の定めを廃止するか，② 権限を会計監査に限る定款の定めを廃止する場合には，定款の変更の効力が生じた時に退任する(会480Ⅰ)．②の場合には監査役を改めて選任する．委員会設置会社であって，監査役を設置しなければならない場合には，監査委員が監査役となる(会477Ⅴ)．

　監査役会を置く旨の定款の定めは，廃止することができ，定款の定めを廃止した後は，清算人会の設置の義務付けもなくなる．

　それ以外の清算中の株式会社においては監査役は任意機関である(会477Ⅱ)．

　解散前，種類株主総会による監査役の選解任を定めている場合(会108Ⅰ⑨・347Ⅱ)には，清算中でも有効と解される．監査役の職務内容は，解散の前後で変わらないからである(江頭899頁)．

Ⅳ-1-2-40 **(6) 清算事務** **(ア) 財産目録・貸借対照表の作成等**　清算人(清算人会設置会社にあっては，代表清算人または選定業務執行清算人)は，その就任後遅滞なく，清算株式会社の財産の現況を調査し，法務省令(会施規144・145)で定めるところにより，清算開始日における**財産目録**[(11)]および**貸借対照表**[(12)](清算貸借対照表)(以下財産目録等という)を作成しなければならない(会492Ⅰ)．清算人会設置会社においては，財産目録等は，清算人会の承認を受けなければならない(会492Ⅱ)．**監査役による監査は要求されていない**．清算人は，財産目録等(清算人会設置会社の場合には清算人会の承認を受けたうえで)を**株主総会**に提出し，または提供し，その**承認**を受けなければならない(会492Ⅲ)．清算会社は，財産目録等を作成した時からその本店の所在地における**清算結了の登記の時**までその財産目録等を保存しなければならない(会492Ⅳ．電子文書3Ⅰ，会施規232⑲)．備置義務はなく，裁判所に提出する必要もないが(平成17年改正前商419Ⅲ対照)，提出命令があったときには，裁判所に提出しなければならない(会493)．

Ⅳ-1-2-43 **(イ) 現務の結了**　清算人は，すみやかに，解散前の会社の業務の後始末をつけなければならない．もっとも財産換価のため事業譲渡等の方法を採った場合には，事業の減価を防止するため営業を継続することができる(大阪地判昭和35・1・14下民集11巻1号15頁)．債権を取立て，財産を換価することも必要である．

Ⅳ-1-2-41　(11) **財産目録**　財産目録に計上すべき財産は，処分価格を付することが困難な場合を除き，**清算開始日の処分価格**を付し(会施規144Ⅱ)，財産目録は資産，負債および**正味資産の部**に区分して表示しなければならない(会施規144Ⅲ)．

Ⅳ-1-2-42　(12) **清算貸借対照表**　貸借対照表は財産目録に基づいて作成され(会施規145Ⅱ)，資産，負債および純資産の部に区分して表示しなければならない(会施規145Ⅲ)．貸借対照表に，処分価格を付することが困難な資産がある場合には，当該資産に係る財産評価の方針を注記しなければならない(会施規145Ⅳ)．

Ⅵ-1-2-44 (a) **貸借対照表等の作成・監査・承認・備置・保存** (α) **作　成**　清算会社は，清算事務年度(清算開始日の翌日またはその後毎年その日に応当する日〔応当する日がない場合にあっては，その前日〕から始まる各1年の期間をいう)がくれば，法務省令(会施規146・147)で定めるところにより，当該清算事務年度に係る**貸借対照表**および**事務報告**ならびにこれらの附属明細書を作成しなければならない(13)(会494Ⅰ．なお会社非訟規則26参照)．これらは電磁的記録をもって作成することもできる(会494Ⅱ)．計算書類等に関する規定(会第5章第2節第2款および第3款)は，適用されない(会509Ⅰ②)．

Ⅵ-1-2-46 (β) **監　査**　監査役設置会社(定款で監査役の権限を会計監査に限定する会社を含む)においては，各清算事務年度に係る貸借対照表および事務報告ならびにこれらの附属明細書は，法務省令(会施規148)で定めるところにより，**監査役の監査**を受けなければならない(14)(会495Ⅰ)．また，清算人会設置会社においては，貸借対照表および事務報告ならびにこれらの附属明細書(監査役の監査を受けなければならない場合には，監査役の監査を受けたもの)は，**清算人会の承認**を受けなければならない(会495Ⅱ)．

Ⅵ-1-2-48 (γ) **承　認　等**　清算会社は，各清算事務年度に係る貸借対照表および事務報告ならびにこれらの附属明細書(監査役設置会社の場合にあっては監査報告を含む．以下貸借対照表等という)を，定時株主総会の日の1週間前の日(株主総会の決議を省略する場合には，議案の提案があった日)からその本店所在地における清算結了の登記の時までの間，その本店に備え置かなければならない(会496Ⅰ)．

Ⅵ-1-2-45 (13) **貸借対照表・事業報告・附属明細書**　① 貸借対照表は各清算事務年度に係る会計帳簿に基づいて作成されなければならない(会施規146Ⅰ)．その附属明細書には，貸借対照表の内容を補足する重要な事項を表示しなければならない(会施規146Ⅲ)．② 事業報告には，清算に係る事務の執行の状況に係る重要な事項を表示し(会施規147Ⅰ)，その附属明細書には，事業報告の内容を補足する重要な事項を表示しなければならない(会施規147Ⅱ)．

Ⅵ-1-2-47 (14) **監査報告**　特定監査役(会施規148Ⅸ)は，貸借対照表および事務報告の全部を受領した日から4週間を経過した日(特定清算人との間で合意した日があるときは当該日)までに，特定清算人に対して，監査報告の内容を通知しなければならない(会施規148Ⅵ)．監査報告の内容は以下の通りである(会施規148Ⅱ)．

①監査役の監査の報告及びその内容
②各清算事務年度に係る貸借対照表及びその附属明細書が会社の財産の状況をすべての重要な点において適正に表示しているかどうかについての意見
③各清算事務年度に係る事業報告及びその附属明細書が法令又は定款に従い会社の状況を正しく示しているかどうかについての意見
④清算人の職務の遂行に関し，不正の行為又は法令若しくは定款に違反する重大な事実があったときは，その事実
⑤監査のため必要な調査ができなかったときは，その旨及びその理由
⑥監査報告を作成した日

監査役会の監査報告の内容は，①が「監査役及び監査役会の監査の報告及びその内容」になる以外は，監査役の監査報告と同じである(会施規148Ⅴ)．

清算会社は、① 監査役設置会社にあっては監査役の監査を受けた貸借対照表および事業報告、② 清算人会設置会社にあっては清算人会の監査を受けた貸借対照表および事業報告、③ それ以外の会社にあっては会社が作成した貸借対照表および事業報告を定時株主総会に提出し、または提供し（会497Ⅰ）、**貸借対照表は定時株主総会の承認を受ける**一方（会497Ⅱ）、**事業報告は、その内容を報告**しなければならない（会497Ⅲ）。

　株主総会終了後の**貸借対照表の公告**は、直接の利害関係人に閲覧権等を与えているので、これに加えて貸借対照表を開示すべき必要性が乏しいこと等を理由に、**廃止された**が（解説147頁）、会社は貸借対照表の内容である情報を、定時総会の終結の日後5年を経過する日までの間、継続して電磁的方法により不特定多数の者が提供を受けることができる状態に置く措置をとることはできる（会509Ⅰ②括弧書＝会440Ⅲ）。

1-1-2-49　(δ)　**保存・閲覧・謄写等**　清算会社は、貸借対照表を作成した時からその本店の所在地における**清算結了の登記の時まで**の間、その貸借対照表およびその附属明細書を保存しなければならない（会494Ⅲ．電子文書3Ⅰ）。また計算書類およびその附属明細書は、計算書類の作成の時から10年間保存しなければならない（会509Ⅰ②括弧書＝435Ⅳ．なお会508参照）。

　株主および**債権者**は、会社の営業時間内は、いつでも、貸借対照表等の閲覧・謄写を請求することができる（会496Ⅱ）。**清算会社の親会社社員**（会31Ⅲ）は、その権利を行使するため必要があるときは、裁判所の許可を得て、清算会社の貸借対照表等の閲覧・謄写を請求することができる（会496Ⅲ）。ただし謄抄本の交付等には会社の定めた費用を支払わなければならない（会496Ⅲ但書）。

1-1-2-50　(ウ)　**債務の弁済等**　(a)　**債権申出の公告**　清算株式会社は、**清算開始原因が生じた後遅滞なく**、その債権者に対して、一定期間（2ヵ月を下ることができない）内にその債権を申し出るべき旨および当該期間内に申し出ないときは清算から除斥される旨を**官報で公告し**（3回の公告を要求した平成17年改正前商法は、迅速・簡素な清算の実現という観点から、1回に改められている．改正前商421Ⅰ対照）、かつ、**知れている債権者には、各別にこれを催告**しなければならない（会499Ⅰ）。知れている債権者を除き、その期間内に申出をしなかった債権者は**清算から除斥**される（会503Ⅰ）。除斥された債権者は、分配がされていない残余財産に対してのみ、弁済を請求することができる（会503Ⅱ）。一部の株主に対し既に残余財産の分配が行われた場合には、他の株主に対しこれと同一の割合で分配するため必要な財産には請求できない（会503Ⅲ）。

1-1-2-51　(b)　**債務の弁済の制限**　清算会社は、**債権申立期間内は、債務の弁済をすることができない**のが原則であるが（会500Ⅰ．この場合において、債務不履行の責任を免れることはできない）、**裁判所の許可**を得て、少額の債権、清算会社の財産につき存する担保権によって担保された債権その他これを弁済しても他の債権者を害するおそれがな

い債権に係る債務について，その弁済をすることができる（会500Ⅱ．この場合において，清算人が2人以上あるときは，許可申請は，**全員の同意による**）．また，清算株式会社は，その選任の申立てに応じて裁判所が選任した**鑑定人**（なお会874①参照）**の評価に従い，条件付債権，存続期間が不確定な債権その他その額が不確定な債権に係る債務を弁済することができる**（会501Ⅰ・Ⅱ・874①）．鑑定人の選任の手続に関する費用ならびに当該鑑定人による鑑定のための呼出しおよび質問に関する必要は，清算株式会社の負担となる（会501Ⅲ）．

債権申立期間経過後は，債務の弁済についての制限はない．

Ⅵ-1-2-52　(c)　**債務の弁済期前における残余財産の分配の制限**　清算株式会社は，債務を弁済した後でなければ，その財産を株主に分配することができない（債務が残存するにもかかわらず分配したときは，会社は返還請求することができる．大判昭和11・12・17新聞4081号15頁）．ただし，その存否または額について争いのある債権に係る債務についてその弁済をするために必要と認められる財産を留保した場合は，この限りでない（会502）．

Ⅵ-1-2-53　(エ)　**残余財産の分配**　清算株式会社は，残余財産の分配をしようとするときは，**清算人の決定**（清算人会設置会社の場合には，清算人会の決議）によって，①　残余財産の種類および②　残余財産の割当てに関する事項を定めなければならない（会504Ⅰ）．残余財産の分配について内容の異なる2以上の種類株式を発行しているときは，当該種類株式の内容に応じ，②に関して，ある種類の株式に残余財産の割当てをしないこととするときには，その旨およびその株式の種類，株式の種類ごとに異なる取扱いを行うこととするときには，その旨およびその内容を定めることができる（会504Ⅱ）．残余財産の割当ては，株主（清算株式会社および残余財産の割当てを受けない種類株式の株主を除く）の有する株式の数（株式の種類ごとに異なる取扱いを行う場合には，各種類の株式の数）に応じて行われなければならない（会504Ⅲ）．

株主は，残余財産が金銭以外の財産であるときは，剰余金の配当の場合（会454Ⅳ①）と異なり，**常に金銭分配請求権**（当該残余財産に代えて金銭を交付することを清算株式会社に対して請求する権利）を有する（会505Ⅰ）．この場合，清算株式会社は，清算人の決定（清算人会設置会社の場合には清算人会の決議）によって，①　金銭分配請求権を行使することができる期間，②　一定の数（基準株式数）未満の数の株式を有する株主に対して残余財産の割当てをしないこととするときは，その旨およびその数を定めなければならない．清算株式会社は，金銭分配請求権を行使することができる**期間の末日の20日前**までに，株主に対し定めを**通知しなければならない**（会505Ⅱ）．清算株式会社は，金銭分配請求権を行使した株主に対し，当該株主が割当てを受けた残余財産に代えて，当該残余財産の価額（市場価格のある財産の場合には，当該残余財産の市場価格として法務省令で定める方法により算定される額[15]，それ以外の場合には，清算株式会社の申立てにより裁判所が定める額）に相当する金銭を支払わなければならない（会505Ⅲ）．

また，基準未満株式を有する株主に対して残余財産の割当てをしない旨を定めた場合には，清算株式会社は，基準未満株式を有する株主に対し，基準株式数の株式を有する株主が割当てを受けた残余財産の価額として定めた額に当該基準未満株式の数の基準株式数に対する割合を乗じて得た額に相当する**金銭**を支払わなければならない（会506。なお会施規149Ⅱ参照）。

1-1-2-55　**(7)　清算事務の終了**　清算株式会社は，清算事務が終了したときは，遅滞なく，法務省令で定めるところにより**決算報告**[16]を作成しなければならない（会507Ⅰ）。清算人は，（清算人会設置会社の場合には，清算人会の承認を受けた上で）決算報告を**株主総会に提出し，または提供し，その承認を受けなければならない**（会507ⅡⅢ）。**株主総会の承認を得なければ会社の法人格は消滅しない**（最二小判昭和59・2・24刑集38巻4号1287頁）。株主総会の承認があったときは，清算人の職務の執行に関し不正の行為があったときを除き，任務懈怠による清算人の損害賠償責任は免除されたものとみなされる（会507Ⅳ）。

　清算が結了したときは，株主総会における**決算報告の承認の日から2週間以内に，その本店所在地において清算結了の登記を行う**（会929。商登75・46Ⅱ参照）。清算結了の登記がなされた後であっても，清算事務が終了しない場合や会社財産が残っている場合には，会社はなお権利能力を有し当事者能力を有する。そこで，清算結了の登記後であっても，株主からの名義書換を不当に拒否したまま決算報告承認の株主総会決議が行われた場合には，株主は会社に対し名義書換請求をすることができ（最一小判昭和36・12・14民集15巻11号2813頁），会社の取締役であった者は会社の解散と清算人を選任した株主総会の決議の不存在確認を求める訴えを会社に対して提起でき（東京高判昭和57・12・23判時1067号131頁），清算手続において債権者に対する催告を受けなかったため債権届出の機会を与えられなかった債権者は，会社に対し当該債権を請求できる（東京地判平成3・12・26金法1335号58頁）。

1-1-2-54　(15)　**法務省令で定める方法**　法務省令で定める方法（会505Ⅲ①）とは，①　行使期限日における当該残余財産を取引する市場における最終の価額（当該行使期限日に売買取引がない場合または当該行使期限日が当該市場の休業日に当たる場合にあっては，その後最初になされた売買取引の成立価格）と②　行使期限日において当該残余財産が公開買付け等の対象であるときは，当該行使期限日における当該公開買付け等に係る契約における当該残余財産の価格のうちいずれか高い額をもって残余財産の価格とする方法である（会施規149Ⅰ）。

1-1-2-56　(16)　**決算報告**　決算報告は，①　債権の取立て，資産の処分その他の行為によって得た収入の額，②　債務の弁済，清算に係る費用の支払その他の行為による費用の額，③　残余財産の額（支払税額がある場合には，その税額および当該税額を控除した後の財産の額），④　1株当たりの分配額（種類株式発行会社にあっては，各種類の株式1株当たりの分配額）を内容とするものでなければならない。①および②の事項は，適切な項目に細分することができる（会施規150Ⅰ）。④の事項については，残余財産の分配を完了した日，および残余財産の全部または一部が金銭以外の財産である場合には，当該財産の種類および価額を注記しなければならない（会施規150Ⅱ）。

Ⅵ-1-2-57 **(8) 財産目録等の提出命令** 裁判所は，申立てによりまたは職権で，訴訟の当事者に対し，① 財産目録等，② 貸借対照表およびその附属明細書または③ 各清算事務年度に係る貸借対照表およびその附属明細書の全部または一部の提出を命ずることができる（会493・会498・509Ⅰ②括弧書＝443）．

Ⅵ-1-2-58 **(9) 帳簿資料の保存** 本店所在地における清算結了の登記の時から10年間，清算人（清算人会設置会社の場合には代表清算人または選定業務執行清算人）が清算株式会社の帳簿ならびにその事業および清算に関する重要な資料を保存するのが原則であるが（会508Ⅰ．なお電子文書3Ⅰ，会施規232②㉒参照），利害関係人は，裁判所に対して保存者の選任を請求することもできる（会508ⅡⅢ）．選任の手続に関する費用は，清算株式会社の負担とする（会508Ⅳ）．

判例は，508条は保存義務と保存者の選任についてのみ規定し，その閲覧または謄写の請求について規定することがなく，また，帳簿・重要な資料には，当該株式会社または第三者の営業秘密等の清算結了後においても秘匿することを要する情報が記載されている資料が存在しうること等から，清算会社の利害関係人（株主・取締役）というだけでは閲覧・謄写請求は認められない（最二小判平成16・10・4民集58巻7号1771頁）としており，裁判所の認可した者のみに請求権を認める趣旨と解されている．

4 特別清算

Ⅵ-1-2-59 **(1) 総　説** 特別清算とは，清算中の株式会社（清算株式会社）に清算の遂行に著しい支障を来すべき事情があるか，または債務超過（清算株式会社の財産がその債務を完済するのに足りない状態をいう．なお破16Ⅰ参照）の疑いがあると認める場合に，「裁判所の監督」の下に行われる，通常清算と破産との中間的な性格の清算手続である（会510．特例有限会社には特別清算はない．整備法35）．特別清算を利用するメリットは，① 原則として従前の取締役が清算人となって，清算事務を遂行できること（占有保持債務者〔DIP = Debtor In Possesion〕型），② 手続構造が柔軟で融通性があり，③ 管財人が選任されないため費用も低廉であること，④ 清算株式会社と債権者の双方に税務上のメリットがあることである．デメリットとしては，① 簡易な手続の裏返しとして，債権の調査・確定の手続がなく，否認権（破160～162参照）の制度もないため，争いがあったり，抜け駆け的債権者がいる事案では利用できないこと，② 株主および債権者の数が多いときは利用しにくいことである．

Ⅵ-1-2-60 **(2) 特別清算開始の申立て　㋐　申立原因等** 清算株式会社に債務超過の疑いがあるときは，清算人は，特別清算開始の申立てをしなければならない（会511Ⅱ．なお会976㉗参照）．それがなくても，清算人，債権者，監査役または株主は，清算の遂行に著しい支障を来すべき事情があるときには，特別清算開始の申立てをすることができる[17]（会510・511Ⅰ．なお会社非訟規則13参照）．**債権者または株主の申立てのと**

きに限り，特別清算の原因となる事由を疎明しなければならない（会888 I．なお民再23 I，会更20 I 参照）．債権者の場合には債権の存在をも疎明しなければならない（会888 II．なお民再23 II，会更20 II 参照）．裁判所による職権開始制度は廃止されている（平成17年改正前商431 I 対照）．裁判所が特別清算開始の原因があると認めるためには，証明の程度に及ぶものである必要があると考えられている（萩本61頁）．

特別清算事件は，「会社の本店所在地」（会27③）の地方裁判所の管轄に属する（会868 I）．特別清算は，子会社等の関連会社の清算に利用されることも多いことから，親子会社等の倒産処理事件の一体処理を可能にするため，管轄の特例が設けられている．

① **親法人**（株式会社の議決権の過半数を有する法人）について**特別清算事件，破産事件，再生事件**または**更生事件**（以下特別清算事件等という）**が係属している場合には，これらの事件が係属している地方裁判所に，子株式会社についての特別清算開始の申立てをすることができる**[18]（会879 I）．また，② いわゆる**孫会社**（子株式会社が単独で，または親法人とあわせて他の株式会社の総株主の議決権の過半数を有する場合における当該他の株式会社），および，③ いわゆる**連結子会社**（株式会社が最終事業年度について会社法444条の規定により当該株式会社および他の株式会社に係る連結計算書類を作成し，かつ，当該株式会社の定時総会でその内容が報告された場合における当該他の株式会社）についての特別清算開始の申立ても，同様である（会879 II・IV）．

①から③の特例は，他の手続（破5 III～V，民再5 III～V，会更5 III～V）と同様の規制である．特別清算事件が係属する裁判所（**特別清算裁判所**）が，以後の清算に関する事件の管轄を有し，また，すでに係属している通常清算に関する事件の特別清算の係属地方裁判所への裁量移送の規定が設けられている（会880 I II）．

もっとも，他の手続と異なり，子会社等の倒産処理事件が係属している地方裁判所に親法人の特別清算事件の管轄を認めることは（民再5 III 後段・V 後段，会更5 III 前段 IV V 前段参照），実務上のニーズに乏しいので，行われていない（萩本修「特別清算」解説303頁）．

他の手続の場合と同じく（破22 I，民再24 I，会更21 I），申立人には手続費用の予納義務がある（会888 III．なお会社非訟規則21参照）．費用の予納に関する決定に対しては即時抗告をすることができる（会888 IV．破22 II，民再24 II，会更24 II 参照）．特別清算

I-1-2-61　(17)　**特別清算開始の申立ての取下げ**　特別清算開始の申立人は，特別清算開始の命令前に限り，申立てを取り下げることができる．他の手続の中止命令（会512），会社財産の保全処分（会540 II）または株主名簿記載等の禁止処分（会541 II）がされた後は，取下げには裁判所の許可が必要である（会513）．

I-1-2-62　(18)　**相互保有議決権**　株式会社がその総株主の議決権の4分の1以上を有することその他の事由を通じて株式会社がその経営を実質的に支配することが可能な関係にあるものとして法務省令で定める株主（会308 I．会施規67［II-4-2-59］）は，879条との関係では，その有する株式について，議決権を有するものとみなされる（会879 III）．

図6　特別清算手続の流れ

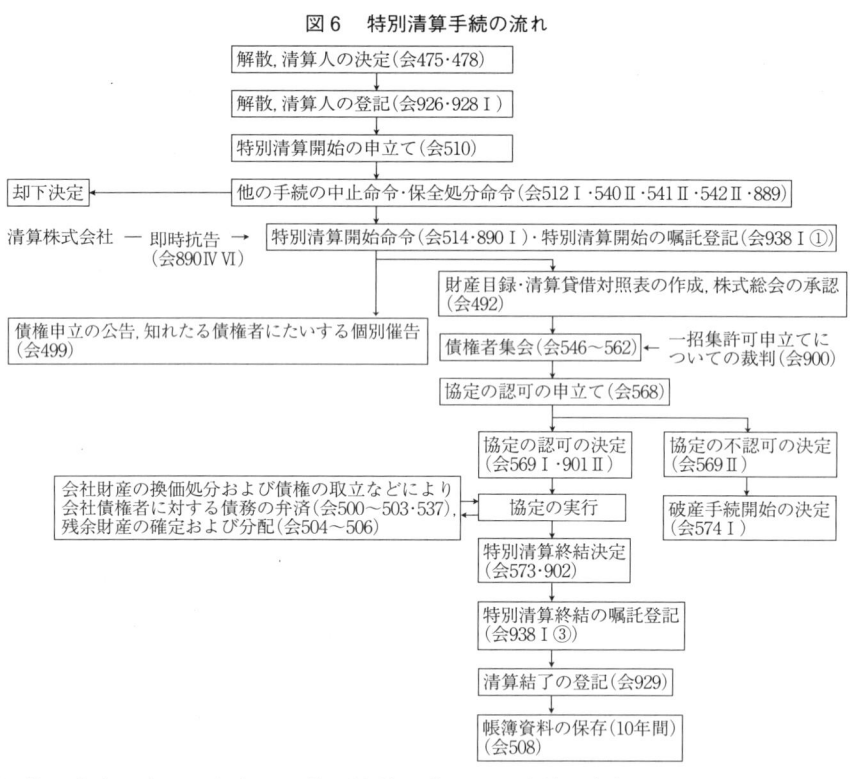

```
          ┌─────────────────────────┐
          │解散, 清算人の決定(会475・478)│
          └─────────────────────────┘
                       ↓
          ┌─────────────────────────┐
          │解散, 清算人の登記(会926・928Ⅰ)│
          └─────────────────────────┘
                       ↓
          ┌─────────────────────────┐
          │特別清算開始の申立て(会510)  │
          └─────────────────────────┘
                       ↓
┌─────┐   ┌───────────────────────────────────────────┐
│却下決定│←─│他の手続の中止命令・保全処分命令(会512Ⅰ・540Ⅱ・541Ⅱ・542Ⅱ・889)│
└─────┘   └───────────────────────────────────────────┘
                       ↓
清算株式会社 ─ 即時抗告 →  ┌───────────────────────────────────────────┐
          (会890ⅣⅥ)    │特別清算開始命令(会514・890Ⅰ)・特別清算開始の嘱託登記(会938Ⅰ①)│
                       └───────────────────────────────────────────┘
                                            ↓
                              ┌──────────────────────────────────┐
                              │財産目録・清算貸借対照表の作成,株主総会の承認│
                              │(会492)                            │
                              └──────────────────────────────────┘
                                            ↓
┌──────────────────────────┐   ┌──────────────┐   ┌──────────────┐
│債権申立の公告,知れたる債権者にたいする個別催告│   │債権者集会(会546〜562)│←─│一招集許可申立てについての裁判(会900)│
│(会499)                    │   └──────────────┘   └──────────────┘
└──────────────────────────┘            ↓
                              ┌──────────────────┐
                              │協定の認可の申立て(会568)│
                              └──────────────────┘
                                  ↓              ↓
                         ┌──────────────┐  ┌──────────────┐
                         │協定の認可の決定  │  │協定の不認可の決定│
                         │(会569Ⅰ・901Ⅱ) │  │(会569Ⅱ)      │
                         └──────────────┘  └──────────────┘
┌─────────────────────────────┐           ↓              ↓
│会社財産の換価処分および債権の取立などにより │  ┌──────────┐  ┌──────────────┐
│会社債権者に対する債務の弁済(会500〜503・537),│→│協定の実行  │  │破産手続開始の決定│
│残余財産の確定および分配(会504〜506)    │  └──────────┘  │(会574Ⅰ)     │
└─────────────────────────────┘         ↓         └──────────────┘
                              ┌──────────────┐
                              │特別清算終結決定 │
                              │(会573・902)   │
                              └──────────────┘
                                    ↓
                              ┌──────────────┐
                              │特別清算終結の嘱託登記│
                              │(会938Ⅰ③)    │
                              └──────────────┘
                                    ↓
                              ┌──────────────┐
                              │清算結了の登記(会929)│
                              └──────────────┘
                                    ↓
                              ┌──────────────┐
                              │帳簿資料の保存(10年間)│
                              │(会508)       │
                              └──────────────┘
```

開始の命令があったときは，特別清算の費用は，会社の負担となる(会890Ⅲ)．特別清算の申立ては，特別清算開始命令前に限り，その申立てを取り下げることができる．この場合において，破産手続，強制執行手続等の中止命令(会512)，清算会社の財産に関する保全処分(会540Ⅱ)または株主名簿の書換えの禁止の処分(会541Ⅱ)がされた後は，裁判所の許可を得なければならない(会513)．これと同趣旨の規制は，他の手続でも定められている(破29，民再32，会更23)．

Ⅵ-1-2-63　**(イ)　特別清算前の保全処分**　特別清算開始前の行われる裁判所の処分には，開始前に固有な処分である「他の手続の中止命令」と，開始の前後を問わずに認められる「清算の監督上必要な処分」とがある．特別清算には，債権の実体的確定のための手続がないことから，訴訟手続は中止命令の対象外である(破24Ⅰ③，民再26Ⅰ③・会更24Ⅰ④参照)．

Ⅵ-1-2-64　**(a)　他の手続の中止命令**　他の手続と類似に，裁判所は，必要があると認めるときは，**債権者，清算人，監査役または株主の申立て**によりまたは**職権**で，特別清算開始の申立てにつき決定があるまでの間，① **破産手続の中止**(会512Ⅰ①)，② 会社財産に対して既にされてる**強制執行，仮差押えまたは仮処分の手続の中止**(一般の先

取特権その他一般の優先権がある債権に基づくものを除く．会512Ⅰ②．なお破24Ⅰ①，民再26Ⅰ②，会更24Ⅰ②参照）を命ずることができる．①の破産手続については破産手続開始の決定がされていない場合に限り，②の手続については，その手続の申立人である債権者に不当な損害を及ぼすおそれがない場合に限る．その裁判書は当事者に送達される（会889Ⅳ．なお民再26Ⅵ，会更24Ⅷ参照）．中止命令に対しては即時抗告をすることができるが（会889Ⅱ．なお民再26Ⅳ，会更24Ⅵ参照），執行停止の効力はない（会889Ⅲ．なお民再26Ⅴ，会更24Ⅶ参照）．裁判所は，中止命令を変更し，取り消すことができる（会889Ⅰ．なお民再26Ⅱ，会更24Ⅳ参照）．

-1-2-65　(b)　**清算の監督上必要な処分**　再生手続・更生手続と同様に（民再30Ⅰ・142Ⅱ，会更28Ⅰ・40），特別清算開始の申立てがあった時から決定があるまでの間，**申立てまたは職権で**，裁判所は**表5**のような**保全処分**をすることができる（なお会938Ⅲ～Ⅵ参照）．清算会社の財産の処分禁止の仮処分に反してなされた弁済その他債務を消滅させる行為は，債権者が悪意の場合に限り，無効である（会540Ⅲ但書．なお民再30Ⅵ但書，会更28Ⅵ但書参照）．保全処分の効力は，取消し・変更がされない限り，特別清算の終了まで維持される．

表5　保　全　処　分

仮処分の種類	条文数	申立・職権	要　件
会社財産の処分禁止の仮処分その他の必要な保全処分	会540Ⅱ	債権者，清算人，監査役または株主の申立てによりまたは職権で	必要があると認めるとき
株主名簿の記載等の禁止	会541Ⅱ		
役員等の財産に対する保全処分	会542Ⅱ	清算株式会社の申立てまたは職権で	緊急に必要があると認めるとき

-1-2-66　(3)　**特別清算開始命令**　(ア)　総　説　裁判所は，特別清算開始の申立てがあった場合において，特別清算開始の原因となる事由があると認めるときは，①　特別清算手続の**費用の不予納**，②　特別清算によっても**清算を結了する見込みがない**ことが明らかであるとき，③　**特別清算によることが債権者の一般の利益に反する**ことが明らかであるとき，④　**不当な目的**で特別清算開始の申立てがされたとき，その他申立てが**誠実にされたものでないときを除き**，**特別清算開始の命令をする**[19]（会514．なお会社非訟規則22参照．他の手続と変わらない．民再25，会更41参照）．裁判所は，直ちに，その旨を公告し（なお会885参照），かつ，特別清算開始の命令の裁判書を清算株式会社に送達しなければならない（会890Ⅰ）．命令は，決定の時（民再33Ⅱ，会更41Ⅱ）からでなくて，**会社に対する裁判書の送達**がされた時から，効力を生ずる（会

-1-2-67　(19)　**文書閲覧制度**　利害関係人は，裁判所書記官に対し，特別清算事件に関する文書の閲覧・謄写等を請求することができる（会886．なお破11，民再16，会更11参照）．支障があるときは閲覧等を制限することができる（会887．なお破12，民再17，会更12参照）．

890Ⅱ)．命令の効力を早期かつ一律に生じさせる必要があるからである．命令があったときは，特別清算の手続の費用は，会社の負担とする（会890Ⅲ).

特別清算開始の命令に対しては，清算株式会社に限り，即時抗告をすることができる（会890Ⅳ）．裁判所は，即時抗告があった場合において，当該命令を取り消す決定が確定したときは，直ちに，その旨を公告（なお会885参照）しなければならない（会890Ⅵ)．裁判所書記官は特別清算開始の取消しの登記の嘱託の手続をとる（会938Ⅰ①).

特別清算の申立てを却下する裁判に対しては，申立人に限り，即時抗告をすることができる（会890Ⅴ).

Ⅵ-1-2-68　(イ)　**効　力**　特別清算開始の効力を受ける債権を「**協定債権**」（会515Ⅲ），**協定債権を有する債権者を協定債権者**という（会517Ⅰ）．① 一般の先取特権その他一般の優先権がある債権，② 特別清算の手続のために清算株式会社に対して生じた債権，および③ 特別清算の手続に関する清算株式会社に対する費用請求権は協定債権に含まれない．平成17年改正前商法（会448Ⅱ）は，①の債権は協定の条件を定める際に斟酌すべきものとしていたが，会社法は協定の可決要件を緩和したことから，これらの債権者を保護するために，「協定債権」から除外している（解説305).

Ⅵ-1-2-69　(a)　**他の手続の中止**　(α)　**破産手続開始の申立て，清算会社の財産に対する強制執行，仮差押えもしくは仮処分または財産開示手続**（民執197Ⅰ）**の申立てをすることができず，既になされているこれらの手続は中止する**（「一般の先取特権その他一般の優先権がある債権」は協定債権ではないので，これらの債権に基づく強制執行，仮差押え，仮処分または財産開示手続は，中止しない．会515Ⅰ）．特別清算開始命令が確定したときは，中止した手続は，特別清算の手続の関係においては，その効力を失う（会515Ⅱ）．
(β) 担保権は特別清算開始の効力を受けるものではないが，裁判所は，**債権者の一般の利益に適合し，かつ実行手続の申立人に不当な損害を及ぼさないと認められるときは，清算人，監査役，債権者もしくは株主の申立てによりまたは職権で，相当の期間を定めて，担保権の実行手続等**（会社の財産につき存する担保権の実行の手続，企業担保権の実行の手続または会社の財産に対して既にされている一般の先取特権その他一般の優先権がある債権に基づく強制執行の手続）**の中止を命じることができる**（会516．なお会891参照．また民再31参照).

Ⅵ-1-2-70　(b)　**時効の停止**　協定債権は，特別清算開始の取消しの登記または特別清算終結の登記の日（会938Ⅰ②③）から２カ月を経過する日までの間は，時効は停止する（会515Ⅲ).

Ⅵ-1-2-71　(c)　**相殺の禁止**　協定債権者は，① **特別清算開始後に会社に対して債務を負担したとき**，② **支払不能**（会社が支払能力を欠くために，その債務のうち弁済期にあるものにつき，一般的かつ継続的に弁済することができない状態をいう）**になった後に契約によって負担する債務を専ら協定債権をもってする相殺に供する目的で会社の財産の処分を**

内容とする契約を清算株式会社との間で締結し，または清算株式会社に対して債務を負担する者の債務を引き受けることを内容とする契約を締結することにより清算株式会社に対して債務を負担した場合であって，当該契約の締結の当時，支払不能であったことを知っていたとき，③ 支払停止があった後に清算株式会社に対して債務を負担した場合であって，その負担の当時，支払停止があったことを知っていたとき，④ 特別清算開始の申立てがあった後に会社に対して債務を負担した場合であって，その負担の当時，特別清算開始の申立てがあったことを知っていたときには，相殺をすることができない (会517)．この規制は，他の手続 (破71Ⅰ, 民再93Ⅰ, 会更49Ⅰ) と同一である．

Ⅵ-1-2-72 (d) **裁判所による監督と調査** 特別清算は裁判所の監督に属する (会519Ⅰ)．そこで，(α) 裁判所は，必要があると認めるときは，清算株式会社の業務を監督する官庁に対して，その特別清算の手続について意見の陳述を求め，または調査を嘱託することができる (会519Ⅱ)．上記官庁は，裁判所に対し，その清算会社の特別清算の手続について意見を述べることができる (会519Ⅲ)．また，

(β) いつでも，清算株式会社に対し，清算事務および財産の状況の報告を命じ，その他清算の監督上必要な調査をすることができる (会520．なお会887Ⅰ①参照)．

(γ) 清算会社は，財産目録等についての株主総会の承認 (会492Ⅲ [Ⅵ-1-2-40]) があった後遅滞なく，財産目録等またはその電磁的記録に記録された事項を記載した書面を裁判所に提出しなければならない (会521．なお会社非訟規則25参照)．また，清算会社は，各清算事業年度に係る貸借対照表を作成したときは，遅滞なく，これを裁判所に提出しなければならない (会社非訟規則26)．

Ⅵ-1-2-73 (δ) **調 査 命 令** 裁判所は，清算会社の財産の状況を考慮して必要があると認めるときは，**清算人，監査役**，債権の申出をした債権者その他清算会社に知れている債権者の債権の総額の**10分の1以上に当たる債権** (清算会社の財産につき担保権 (特別の先取特権，質権，抵当権または会社法もしくは商法の規定による留置権に限る) を有する債権者 [Ⅵ-1-2-7] がその担保権の行使によって弁済を受けることができる債権の額は，債権の額に算入しない．会522Ⅱ) **を有する債権者**もしくは総株主 (完全無議決権株主を除く) の**議決権の100の3** (定款で緩和可) **以上の議決権を6カ月** (定款で緩和可) **前から引き続き有する株主**もしくは**発行済株式** (自己株式を除く) **の100分の3** (定款で緩和可) **以上の数の株式を6カ月** (定款で緩和可) **前から引き続き有する株主** (非公開会社の場合には継続保有要件なし．会522Ⅲ) **の申立てにより**または**職権**で，① 特別清算開始に至った事情，② 清算会社の業務および財産の状況，③ 清算会社の財産に関する保全処分をする必要があるかどうか [Ⅵ-1-2-80]，④ 役員等の財産に対する保全処分をする必要があるかどうか [Ⅵ-1-2-83]，⑤ 役員等責任査定決定をする必要があるかどうか [Ⅵ-1-2-82]，⑥ その他特別清算に必要な事項で裁判所の指定するものについて，調査委員による調査を命ずる処分 (**調査命令**) をすることができる[20] (会522Ⅰ．なお会887Ⅰ

①・892・895〔=894〕参照)．裁判所が調査命令をする場合には，その調査命令において，1人または2人以上の調査委員を選任し，調査委員が調査すべき事項および裁判所に対して調査の結果の報告をすべき期間を定めなければならない(会533・534．なお会社非訟規則32参照)．裁判所は，調査命令を変更・取り消すことができる(会892Ⅰ)．調査命令および変更・取消決定に対しては，即時抗告をすることができる(会892Ⅱ)．即時抗告は，執行停止の効力を有しない(会892Ⅲ)．調査命令および即時抗告についての裁判があった場合には，その裁判書を当事者に送付しなければならない(会892Ⅳ)．

Ⅵ-1-2-75　(e)　**行為制限**　清算会社が，① **財産の処分**，② **借財**，③ **訴えの提起**，④ **和解または仲裁合意**，⑤ **権利の放棄**，⑥ **その他裁判所の指定する行為**をするには，**裁判所の許可またはこれに代わる監督委員**［Ⅵ-1-2-87］**の同意**(監督委員が選任されているとき)を得なければならない(会535Ⅰ．なお会887Ⅰ②参照．ただし，①から⑤までの行為については，最高裁判所規則で定める額(100万円)以下の価額を有するものに関するときおよび裁判所が許可を要しないものとしたものに関するときは，許可を要しない［会535Ⅱ，会社非訟規則33］)．許可またはこれに代わる監督委員の同意を得ないでした行為は，無効であるが，善意の第三者には対抗することができない(会535Ⅲ)．

清算株式会社は，民事執行法その他強制執行の手続に関する法令の規定により，その財産の換価をすることができる．その場合には，裁判所の許可は不要である(会538)．

Ⅵ-1-2-76　(f)　**事業譲渡の制限**　清算会社が，① **事業の全部の譲渡**，② **事業の重要な一部の譲渡**(この譲渡により譲り渡す資産の帳簿価額が清算会社の総資産額〔会施規152〕の5分の1〔これを下回る割合を定めた場合にあっては，その割合〕を超えないものを除く)をするには，**裁判所の許可を得なければならない**(会536Ⅰ．なお会887Ⅰ②参照)．清算人は，許可の申立てをする場合には，知れている債権者の意見を聴き，その内容を裁判所に報告しなければならない(会896Ⅰ)．裁判所は，許可をする場合には，労働組合等の意見を聴かなければならない(会896Ⅱ．なお破78Ⅳ，民再42Ⅲ，会更46Ⅲ③参照)．**株主総会の特別決議は不要である**(会536Ⅲ)．(e)の行為と異なり**裁判所の許可に代わる監督委員の同意は認められない**．許可を得ないでした行為は無効であるが，善意の第三者には対抗することができない(会536Ⅱ)．

Ⅵ-1-2-74　(20)　**調査委員による調査**　再生手続・更生手続でも調査命令が定められている．

調査委員			
手続の種類	特別清算	再生手続	更正手続
法　源	会533・534	民再62・63	会更125・126
選任権	裁判所		
権　限	調査・報告	調査・報告	調査・報告・意見陳述

第2章　企業倒産法　第2節　清算型手続　**841**

Ⅶ-1-2-77　**(g)　弁済額の制限**　清算会社は，協定債権者に対して，その債権額の割合に応じて弁済をしなければならない（会537Ⅰ．なお会976㉙参照）．ただし，裁判所の許可を得て，少額の協定債権，清算株式会社の財産につき存する担保権によって担保される協定債権その他これを弁済しても他の債権者を害するおそれがない協定債権に係る債務について，債権額の割合を超えて弁済をすることができる（会537Ⅱ）．500条2項2文のような制限［Ⅵ-1-2-51］はない．裁判所の監督に服する清算人が申し立てをするのに，このような規制をする必要はないと考えられることによる（萩本148頁）．

Ⅶ-1-2-78　**(h)　換価の方法**　清算会社は，① 民事執行法その他強制執行の手続に関する法令の規定により，その財産の換価をすることができる（会538Ⅰ）．② 民事執行法その他強制執行の手続に関する法令の規定により，第522条2項に規定する担保権［Ⅵ-1-2-7］の目的である財産の換価をすることができる．この場合には，担保権者は，その換価を拒むことができない（会538Ⅱ）．担保権者が受けるべき金額がまだ確定していないときは，清算会社は，代金を別に寄託しなければならない．この場合には，担保権は，寄託された代金につき存する（会538Ⅳ）．

Ⅶ-1-2-79　**(i)　担保権者が処分すべき期間の指定**　担保権者が法律に定められた方法によらないで担保権の目的である財産の処分をする権利を有するときは，裁判所は，清算会社の申立てにより，担保権者がその処分をすべき期間を定めることができる（会539Ⅰ）．担保権者は，この期間内に処分をしないときは，その権利を失う（会539Ⅱ）．担保権者が処分すべき期間の指定の申立てについての裁判に対しては，即時抗告をすることができる（会897Ⅰ）．

Ⅶ-1-2-80　**(j)　会社財産の保全処分**　裁判所は，清算の監督上必要があると認めるときは，債権者，清算人，監査役もしくは株主の申立てによりまたは職権で，清算会社の財産の処分禁止の仮処分その他の必要な保全処分を命ずることができる（会540Ⅰ）．

Ⅶ-1-2-81　**(k)　株主名簿の記載等の禁止**　裁判所は，清算の監督上必要があると認めるときは，**債権者，清算人，監査役**もしくは**株主の申立てにより**または**職権**で，清算会社が株主名簿記載事項を株主名簿に記載・記録することを禁止することができる（会541Ⅰ）．

Ⅶ-1-2-82　**(l)　役員等責任査定決定**　裁判所は，必要があると認めるときは，清算会社の申立てによりまたは職権で，**対象役員等**（発起人，設立時取締役，設立時監査役，会社法423条1項の役員等または清算人．会542Ⅰ．以下同じ．すでに退任した者も含まれると解する）の**責任に基づく損害賠償請求権**（53・423・486・120Ⅴ・462・464・465の責任）の**査定の裁判**（役員等責任査定決定）をすることができる（会545Ⅰ．なお会社非訟規則34参照）．その内容は，破産手続・民事再生手続・更生手続の場合と同一である（**表6**）．実体権の存否を最終的に判断するため，役員等責任査定決定に不服がある者は，**送達を受けた日から1カ月の不変期間内に，異議の訴え**を提起することができる（会858Ⅰ）．

表6 役員等責任査定決定と決定に対する異議の訴え比較

	会社法	破産法	民事再生法	会社更生法
裁判所の職権	○	○	○	○
申立人	清算会社（545Ⅰ）	破産管財人（178Ⅰ）	再生債務者等（143Ⅰ）再生債権者（143Ⅱ）	管財人（100Ⅰ）
事実の疎明	○（899Ⅰ）	○（178Ⅱ）	○（143Ⅲ）	○（100Ⅱ）
役員の財産に対する保全処分	○（542ⅠⅡ）	○（177Ⅰ～Ⅶ）	○（142Ⅰ～Ⅶ）	○（40ⅠⅡ）
開始決定	○（545Ⅱ）	○（178Ⅲ）	○（143Ⅳ）	○（100Ⅲ）
時効中断効	○（545Ⅲ）	○（178Ⅳ）	○（143Ⅴ）	○（100Ⅳ）
終了時期	特別清算の終了（545Ⅳ）	破産手続の終了（178Ⅴ）	再生手続の終了（143Ⅵ）	更生手続の終了（100Ⅴ）
決定（理由付記）	899Ⅱ	179Ⅰ	144Ⅰ	101Ⅰ
役員の審尋	899Ⅲ	179Ⅱ	144Ⅱ	101Ⅱ
裁判書の送達	899Ⅳ	179Ⅲ	144Ⅲ	101Ⅲ
決定の効力	899Ⅴ	181	147	103
異議の訴えの提起	858Ⅰ	180Ⅰ	145Ⅰ	102Ⅰ
管轄裁判所	特別清算裁判所（858Ⅲ）	破産裁判所（180Ⅱ）	再生裁判所（145Ⅱ）	更生裁判所（102Ⅱ）
被告	会社（提訴者＝対象役員等）対象役員等（提訴者＝会社）858Ⅱ	破産管財人（提訴者＝役員）役員（提訴者＝破産管財人）180Ⅲ	申立者（提訴者＝役員）役員（提訴者＝申立者）145Ⅲ	管財人（提訴者＝役員）役員（提訴者＝管財人）102Ⅲ
判決	858Ⅳ	180Ⅳ	146Ⅲ	102Ⅳ
認可・変更判決の効力	858Ⅴ	180Ⅴ	146Ⅳ	102Ⅴ
仮執行宣言	858Ⅵ	180Ⅵ	146Ⅴ	―

Ⅵ-1-2-83　(m)　**役員等の財産に対する保全処分**　対象役員等の責任査定決定が認められているので，その財産を保全するため，裁判所は，清算の監督上必要があると認めるとき（特別清算開始の申立てがあった時から当該申立てについての決定があるまでの間および特別清算開始の申立てを却下する決定に対して即時抗告がなされ場合には，緊急の必要があると認めるとき）は，**清算会社**の**申立て**によりまたは**職権**で，対象役員等の責任に基づく損害賠償請求権につき，当該対象役員等の財産に対する保全処分をすることができる（会542ⅠⅡ）．この保全処分の効力は，これを取り消す決定（会898Ⅰ③）がされない限り，特別清算の終了まで維持される．

　同様のことは，破産手続（破177ⅠⅡ）・民事再生手続（民再142Ⅰ～Ⅲ）・更生手続（会更99Ⅰ①）でも定められている．

第2章　企業倒産法　第2節　清算型手続　**843**

Ⅶ-1-2-84　(n)　**役員等の責任の免除の禁止**　裁判所は，清算の監督上必要があると認めるときは，**債権者，清算人，監査役もしくは株主の申立てによりまたは職権で，対象役員等の責任の免除の禁止の処分をすることができる**（会543．なお会898Ⅰ④参照）．

Ⅶ-1-2-85　(o)　**役員等の責任の免除の取消し**　会社は，特別清算開始の申立てがあった後またはその前1年以内にした対象役員等の責任の免除を取り消すことができる．不正の目的によってした対象役員等の責任の免除についても，同様とする（会544Ⅰ）．**取消権は，訴えまたは抗弁によって，行使する**（会544Ⅱ）．取消権は，特別清算開始の命令があった日から2年を経過したときは，行使することができない．当該対象役員等の責任の免除の日から20年を経過したときも，同様とする（会544Ⅲ）．取消しの訴えは，特別清算裁判所の管轄に専属する（会857）．

Ⅶ-1-2-86　**(4)　清算人**　(ア)　**義　務**　特別清算が開始された場合には，清算人は，**債権者，清算会社および株主に対し，公平かつ誠実に清算事務を行う義務を負う**（会523．この規定のため会482Ⅳによる会355の規定は適用されない）．通常清算と同様，清算人会の設置は義務づけられない．

　(イ)　**解任・選任**　裁判所は，清算人が清算事務を適切に行っていないとき，その他重要な事由があるときは，**債権者もしくは株主の申立てによりまたは職権**で，清算人を解任することができる（会524Ⅰ．なお会938Ⅱ②③参照）．清算人を解任するには，清算人を審尋しなければならない（会893Ⅰ）．解任の裁判に対しては即時抗告をすることができる（会893Ⅱ）．この即時抗告は，執行停止の効力を有しない（会893Ⅲ）．清算人が欠けたときは，裁判所は，清算人を選任する（会524Ⅱ．なお会938Ⅱ①参照）．清算人がある場合において，裁判所は，必要があると認めるときは，更に清算人を選任することができる（会524Ⅲ）．

　(ウ)　**清算人代理**　清算人は，必要があるときは，その職務を行わせるため，自己の責任で1人または2人以上の清算人代理を選任することができる（会525Ⅰ）．清算人代理の選任については，**裁判所の許可を得なければならない**（会525Ⅱ．なお会874④・881，破77，民再71，会更70参照）．

　(エ)　**清算人・清算人代理の報酬等**　清算人および清算人代理は，費用の前払および裁判所が定める報酬を受け取ることができる（会526ⅠⅡ）．裁判所の決定に対しては，即時抗告をすることができる（会893Ⅳ）．

Ⅶ-1-2-87　**(5)　監督委員**　(a)　裁判所は，1人または2人以上の監督委員を選任し（会社非訟規則27Ⅰ参照），その監督委員に対し，**裁判所の許可**（会535Ⅰ）**に代わる同意をする権限を付与することができる**[21][22]（会527Ⅰ．同意の申請および同意は書面であることを要し[会社非訟規則28Ⅰ]，同意したときは，遅滞なく，裁判所に報告しなければならない[会社非訟規則28Ⅱ]）．法人は監督委員となることができる（会527Ⅱ．この場合には役員または職員

Ⅶ-1-2-88　(21)　**他の法律との比較**　監査委員は，他の法律でも利用されている．

のうちから職務を行うべき者を指名し，裁判所に届け出るとともに，会社に通知しなければならない．会社非訟規則27Ⅱ）．裁判所は，監督委員を解任する場合には，当該監督委員の陳述を聴かなければならない（会894Ⅰ）．正当な理由があるときには，裁判所の許可を得て辞任することができる（会社非訟規則27Ⅳ）．監督委員が2人以上あるときは，共同してその職務を行う．ただし，裁判所の許可を得て，それぞれ単独にその職務を行い，または職務を分掌することができる（会529）．

Ⅵ-1-2-90 　(β) 監督委員は，いつでも，清算会社の清算人および監査役ならびに支配人その他の使用人に対し，**事業の報告を求め**（裁判所は，必要があると認めるときには，監督委員への報告を要する行為を指定することができる．会社非訟規則29Ⅰ），または清算会社の業務および財産の状況を**調査**することができる（会530Ⅰ）．監督委員は，その職務を行うため必要があるときは，**清算会社の子会社**に対し，事業の報告を求め，またはその子会社の業務および財産の状況を調査することができる（会530Ⅱ）．

　(γ) 監督委員は，**善良な管理者の注意**をもって，その職務を行わなければならない（会531Ⅰ）．注意を怠った監督委員は，利害関係人に対し，連帯して損害賠償の責任を負う（会531Ⅱ）．

　(δ) 監督委員は，費用の前払および裁判所が定める**報酬**を受け取ることができる（会532Ⅰ．なお会社非訟規則31参照）．裁判所の決定に対しては，即時抗告をすることができる（会894Ⅱ）．監督委員は，その選任後，清算会社に債権または清算会社の株式を譲り受け，または譲り渡すには，裁判所の許可を得なければならない（会532Ⅱ）．監督委員は，裁判所の許可を得ないで上記行為をしたときは，費用および報酬の支払を受けることができない（会532Ⅲ）．

Ⅵ-1-2-91 　**(6) 調査委員**　調査委員（改正前商の検査役に相当〔改正前商453等〕．他の倒産法制に

表7　監督委員の種類

法　源	会527	民再54	会更35
選　任	申立・職権により裁判所の監督命令で選任		
権　限	裁判所の指定した行為を行う際に同意を与える権限		
	調査権（会530）	調査権（民再59） 否認権行使（民再56）	管財人適性調査権（会更37）

Ⅵ-1-2-89 　(22) **監査委員の立法趣旨**　監査委員は会社法で創設された機関である．その立法趣旨は平成17年改正前商法が定める監査委員の同意（および債権者集会の決議）の制度が合理的に機能していなかったことから，これを廃止した上で，「これに代替する制度として，従来の特別清算では，制度上，急迫な事情がある場合の便宜的措置として位置づけしか与えられていなかった裁判所の許可の制度の適用場面を拡張して一般的制度とし，さらに，特別清算の当事者自治的性格を重視し，かつ，清算事務の機動性を損なわないようにするため，裁判所の裁量で一定の場合には許可を要しないものとすることができる等の所要の見直しを行うとともに，監査委員の制度を創設し，裁判所の許可に代わる同意権限を監査委員に付与することができるものとし」た（萩本137頁）と説明されている．

倣って名称を変更した)は，裁判所により選任され，**調査命令に従って調査を行い，裁判所にその結果を報告する**(会533 [*VI-1-2-73*])．調査委員に対する裁判所の監督，解任，調査権限，注意義務などは，監督委員と同じである(会534・895．会527Ⅰおよび529但書を除く)．

VI-1-2-92 (7) **債権者集会** (ア) **権　　限**　債権者集会は，会社債権者の総意を決定するための債権者団体の機関である．特別清算の場合にも，他の倒産手続の場合と同様に(破135，民再114．なお会更114参照)，債権者集会が認められている．債権者集会は，① **清算株式会社の業務および財産の状況の調査の結果ならびに財産目録等の要旨の報告**(会492Ⅰ [*VI-1-2-40*])ならびに清算の実行の方針および見込みに関する**意見陳述**(会562本文)または② **協定**(またはその変更)**の可決**(会567Ⅰ)のために開催される．特別清算の実行上必要がある場合には，いつでも招集できる(会546Ⅰ)．①の場合，債権者集会に対する報告および意見の陳述以外の方法によりその報告すべき事項および当該意見の内容を債権者に周知させることが適当であると認めるときは，**債権者集会の開催を省略**することができる(会562但書)．①の債権者集会は，他の手続における財産状況報告集会に相当する(破31Ⅰ②，民再126Ⅱ，会更85)．

VI-1-2-93 (イ) **招 集 権 者**　債権者集会は，**清算株式会社が招集するのであって**(会546Ⅱ)，裁判所が招集することはない(破135ⅠⅡ，民再114，会更114Ⅰと対比)．ただし，債権の申出をした協定債権者その他清算会社に知れている協定債権者の**協定債権の総額の10分の1以上**(会社法522条2項に規定する担保権を有する協定債権者がその担保権の行使によって弁済を受けることができる協定債権の債権額は算入されず(会547Ⅱ)，議決権の数からも除外される(会548Ⅳ))に当たる協定債権を有する**協定債権者**は，清算会社に対し，債権者集会の目的である事項および招集の理由を示して，債権者集会の**招集を請求**することができ(会547Ⅰ)，① **請求後遅滞なく招集の手続が行われない場合**または② **請求があった日から6週間以内の日を債権者集会の日とする債権者集会の招集通知が発せられない場合**には，裁判所の許可を得て，**債権者集会を招集**することができる(会547Ⅲ．原因となる事実を疎明しなければならない．会881)．許可の申立てを却下する決定に対しては，即時抗告をすることができる(会900．なお会882Ⅰ参照)．

VI-1-2-94 (ウ) **招集の決定と裁判所への届出**　招集者は，債権者集会を招集するには，① 債権者集会の日時および場所，② 債権者集会の目的である事項，③ 電子投票を認めるときはその旨，④ 法務省令で定める事項[23]を定める(会548Ⅰ④)．その上，

VI-1-2-95 (23) **法務省令**　法務省令が定める事項は，① 債権者集会参考書類に記載すべき事項，② 議決権行使書面の提出期限，③ 電子投票を認めたときは，イ 電磁的方法による議決権行使の期限，ロ 電磁的方法による招集通知の発出の承諾をした協定債権者に対し，その者の請求があった時に議決権行使書面の交付をすることとするときは，その旨，ハ 同一の議案について協定債権者が書面投票と電子投票により重複した，異なる内容の議決権行使をした場合の取扱いに関する事項を定めたときは，その旨，ニ 議決権行使書面に賛否が記載されていない場合の取扱いの内容である(会施規153)．

清算会社が招集するときは，各協定債権について債権者集会における**議決権の行使の許否およびその額**を定める（会548Ⅱ．なお会社非訟規則35参照）．清算会社以外の者が債権者集会を招集する場合には，その招集者は，清算会社に対し，上記事項を定めることを請求しなければならず，その請求があったときは，清算会社は上記事項を定めなければならない（会548Ⅲ．なお会社非訟規則35参照）．

招集者は，債権者集会を招集しようとするときは，あらかじめ，これらの事項を**裁判所の届け出**なければならない（会552Ⅱ．なお会社非訟規則24参照）．

Ⅵ-1-2-96　(エ)　**招集通知**　招集者は，債権者集会の日の２週間前までに，債権の申出をした協定債権者その他清算会社に知れている協定債権者および清算会社に対し，書面をもって招集通知を発するか（会549Ⅰ），政令（会令２Ⅰ③）で定めるところにより通知を受けるべき者の承諾を得て，電磁的方法により招集通知を発しなければならない（会549Ⅱ）．招集通知には(ウ)の事項を記載・記録しなければならない（会549Ⅲ）．

招集者は，通知に際し，法務省令で定めるところにより，債権の申出をした協定債権者その他清算会社に知れている協定債権者に対し，当該協定債権者が有する協定債権が債権者集会で議決権を行使できるか否かとその額および議決権行使に参考となるべき事項を記載した書類（**債権者集会参考書類**[24]）ならびに協定債権者が議決権を行使するための書面（**議決権行使書面**[25]）を交付しなければならない（会550Ⅰ）．電磁的方法により招集通知の発出を承諾した協定債権者に対しては，これらの書類の交付に代えて，これらの書類に記載すべき事項を電磁的方法により提供することができる．ただし，協定債権者の請求があったときは，これらの書類をその協定債

Ⅵ-1-2-97　(24)　**債権者集会参考書類**　債権者集会参考書類に記載すべき事項は，① 債権者集会参考書類の交付を受けるべき協定債権者が有する協定債権に係る議決権の許否・その額と② 議案であり（会施規154Ⅰ），③ 記載することができる事項は協定債権者の議決権の行使について参考となると認める事項である（会施規154Ⅱ）．債権者集会参考書類に記載すべき事項のうち，他の書面に記載している事項または電磁的方法により提供している事項がある場合には，これらの事項は，債権者集会参考書類に記載することを要しない（会施規154Ⅲ）．また，招集通知の内容とすべき事項のうち，債権者集会参考書類に記載している事項がある場合には，その事項は，招集通知の内容とすることを要しない（会施規154Ⅳ）．

Ⅵ-1-2-98　(25)　**議決権行使書面**　議決権行使書面には，① 各議案についての同意の有無（棄権の欄を設ける場合にあっては，棄権を含む）を記載する欄，② 一の協定債権者が同一議案について異なる内容の重複議決権行使をした場合の取扱いに関する事項，③ 賛否の記載のない議決権行使書面が提出され場合の取扱いの内容を定めたときは，その内容，④ 議決権行使の期限，⑤ 議決権を行使すべき協定債権者の氏名・名称ならびに議決権の行使の許否およびその額を記載しなければならない（会施規155Ⅰ）．電磁的方法による通知の発出の承諾をした協定債権者の請求があった時に議決権行使書面を交付すると定めたときは，協定債権者の請求があった時に，議決権行使書面の交付をしなければならない（会施規155Ⅱ）．招集通知の内容とすべき事項のうち，議決権行使書面に記載している事項があるときは，招集通知の内容とする必要がなく（会施規155Ⅲ），議決権行使書面に記載すべき事項（②から④の事項に限る）のうち，招集通知の内容としている事項があるときは，その事項を議決権行使書面に記載する必要がない（会施規155Ⅳ）．

権者に交付しなければならない (会550Ⅱ)。

　招集者は，電子投票を認めた場合には，電磁的方法により招集通知の発出を承諾した協定債権者に対しては，法務省令 (会施規155Ⅰ [Ⅵ-1-2-98]) で定めるところにより，議決権行使書面に記載すべき事項を電磁的方法により提供しなければならない (会551Ⅰ)。電磁的方法により招集通知の発出を承諾していない協定債権者から債権者集会の日の1週間前までに議決権行使書面に記載すべき事項の電磁的方法により提供の請求があったときは，法務省令 (会施規155Ⅰ) で定めるところにより，直ちに，その協定債権者に対し，当該事項を電磁的方法により提供しなければならない (会551Ⅱ)。

Ⅵ-1-2-99　**(オ) 債権者集会の指揮**　債権者集会は**裁判所が指揮する** (会552Ⅰ。なお民再116参照)。各協定債権の議決権の行使の許否およびその額につき，当該協定債権を有する者または他の協定債権者が異議を述べたときは，裁判所が定める (会553)。債権者集会または招集者は，① 会社法522条2項に規定する担保権を有する債権者，② 一般の先取特権その他一般の優先権がある債権，特別清算の手続のために清算株式会社に対して生じた債権または特別清算の手続に関する清算株式会社に対する費用請求権を有する債権者の出席を求め，その意見を聴くことができる。この場合において，債権者集会にあっては，これをする旨の決議を経なければならない (会559)。

Ⅵ-1-2-100　**(カ) 決　議**　協定債権者は議決権の代理行使をすることができる (会555Ⅰ)。議決権の不統一行使もできる (会558Ⅰ)。債権者集会に出席しない協定債権者は，書面投票 (会556Ⅰ)・招集者の承諾を得て電子投票をすることもできる (会557Ⅰ)。延期または続行の決議を行うこともできる (会560)。

　決議をする事項は，議題に限られる (会554Ⅲ)。① **出席した議決権者の過半数の同意**および② **出席した議決権者の議決権の総額の2分の1を超える議決権を有する者の同意により決議は可決される** (会554Ⅰ)。議決権の不統一行使の場合には，①の適用については，当該議決権者1人につき，出席した議決権者の数に1人，同意した議決権者の数に2分の1を，それぞれ加算するものとする (会554Ⅱ)。書面投票または電子投票は，議決権の行使期限までに招集者に提出・提供して行う (会556Ⅱ・557Ⅰ，会施156・157)。

Ⅵ-1-2-101　**(キ) 議　事　録**　法務省令で定めるところにより[26]，招集者は議事録を作成しな

Ⅵ-1-2-102　(26) **議事録**　議事録は，書面または電磁的記録をもって作成しなければならない (会施規158Ⅱ)。議事録は，① 開催日時・場所，② 議事の経過の要領およびその結果，③ 会社法559条により債権者集会で債権者が述べた意見があるときは，その意見の概要，④ 会社法562条により清算人集会に対する清算人による報告または意見の陳述がされたときは，その報告および意見の内容の概要，⑤ 出席した清算人の氏名，⑥ 議長が存するときは，議長の氏名，⑦ 議事録の作成に係る職務を行った者の氏名・名称を内容とする (会施規158Ⅲ)。

ければならない（会561）．

Ⅵ-1-2-103　(8) 協　定　協定とは，清算を円満に終了させる目的で清算中の会社と債権者の間になされる和議（一種の強制和議）である．特別清算であっても必ずしも協定による必要はない．

　(ア) 作　成　清算会社が協定案を作成するが，作成に当たり必要があると認めるときは，① 第522条第2項に規定する担保権を有する債権者［Ⅵ-1-2-7］，② 一般の先取特権その他一般の優先権がある債権を有する債権者の参加を求めることができる（会566）．清算会社は，債権者集会に対し，協定の申出をすることができる（会563）．

　(イ) 内　容　協定には，**協定債権者**（会517Ⅰ）の**権利**（(ア)①の担保権を除く）の全部または一部の変更に関する条項を定めなければならない（会564Ⅰ．民再154Ⅰ①対比）．当該条項においては，債務の減免，期限の猶予その他の権利の変更の一般的基準を定めなければならない（会564Ⅱ．民再156対比）．協定による権利の内容の変更は，協定債権者の間では平等でなければならないが，① 不利益を受ける協定債権者の同意がある場合または② 少額の協定債権について別段の定めをしても衡平を害しない場合その他協定債権者の間に差を設けても衡平を害さない場合は，この限りでない（会565．民再155Ⅰ対比）．

　(ウ) 可決・認可　協定は，債権者集会において，① 出席した議決権者の過半数の同意および② 議決権者の議決権の総額の3分の2以上の議決権を有する者の同意によって**可決される**[(27)]（会567Ⅰ）．会社は，可決後，遅滞なく，裁判所に対し，協定の認可の申立てをしなければならない（会568．口頭可．会社非訟規則36参照）．利害関係人は，認可すべきかどうかについて意見を述べることができる（会901Ⅰ）．裁判所は，① 特別清算の手続または協定が法律の規定に違反し，かつ，その不備を補正することができないものであるとき（ただし，特別清算の手続が法律の規定に違反する場合において，その違反の程度が軽微であるときは，この限りでない），② 協定が遂行される見込みがないとき，③ 協定が不正な方法によって成立するに至ったとき，④ 協定が債権者の一般の利益に反する場合には，協定の不認可の決定をし（会569Ⅱ．民再174Ⅱ対比），それ以外は，認可の決定をする（会569Ⅰ．民再174Ⅰ対比）．認可を決定をしたときは，裁判所は，直ちに，その旨を**公告**（会885参照）しなければならない（会901Ⅱ）．公告から2週間以内に限り，即時抗告をすることができる（会901Ⅲ）．協定は，認可の確定により，その効力を生ずる（会570．民再176対比）．裁判所の認可を必要とするのは，多数決によって定められた協定条件を強制的に適用される

Ⅵ-1-2-104　(27) **可決要件**　平成17年改正前商法（450Ⅰ）の4分の3以上の要件は厳格過ぎたので緩和しているが，議決権の2分の1という民事再生計画案の可決要件（民再172の3Ⅰ）と同程度までの緩和を行うと，裁判所が慎重になって，簡易迅速という特別清算のメリットを減殺してしまう可能性があるので，そこまでの緩和を行わなかった．

少数債権者の利益を保護するためである．

(エ) **協定の効力** 協定は，**清算株式会社およびすべての協定債権者**のために，かつ，それらの者に対して効力を有する(会571Ⅰ．民再177Ⅰ対比)．しかし，特別の先取特権，質権，抵当権または会社法もしくは商法の規定による留置権，協定債権者が清算株式会社の保証人その他清算株式会社と共に債務を負担する者に対して有する権利および清算株式会社以外の者が協定債権者のために提供した担保に影響を及ぼさない(会571Ⅱ．民再177Ⅱ対比)．

(オ) **協定の内容の変更** 協定の実行上必要があるときは，協定の内容を変更することができるが，この場合には，協定の可決・認可と同じ手続を踏む必要がある(会572)．

-1-2-105 (9) **特別清算の終了** (ア) **総説** 裁判所は，特別清算開始後，① **特別清算が結了したとき**(具体的には，協定の実行が完了したとき，または個別和解によって弁済が完了したとき)，または② **特別清算の必要がなくなったとき**(具体的には，特別清算開始後に特別清算開始の原因が消滅したとき，または特別清算開始時に特別清算開始の原因がなかったことが特別清算開始後に判明したとき)には，**清算人，監査役，債権者，株主または調査委員の申立てにより，特別清算終結の決定をする**(会573)．①の場合には会社は消滅し，②の場合には通常清算の状態に復帰する．裁判所は，特別清算終結の決定をしたときは，直ちに，その旨を**公告**(会885参照)しなければならない(会902Ⅰ)．特別清算終結の申立てについての裁判に対しては，公告から2週間以内に，即時抗告をすることができる(会902Ⅱ)．特別清算終結の決定は，確定しなければその効力を生じない(会902Ⅲ．会938Ⅰ③参照)．特別清算終結の決定をした裁判所は，即時抗告があった場合に，当該決定を取り消す決定が確定したときは，直ちに，その旨を公告しなければならない(会902Ⅳ)．

-1-2-106 (イ) **破産手続開始の決定** (α) **必要的破産手続開始** 裁判所は，特別清算開始後，① 協定の見込みがないとき，② 協定の実行の見込みがないとき，③ 特別清算によることが債権者の一般の利益に反する場合において，清算株式会社に**破産手続開始の原因となる事実があると認めるときは，職権で，破産法に従い，破産手続開始の決定をしなければならない**(会574Ⅰ)．

(β) **裁量的破産手続開始** 裁判所は，特別清算開始後，① 協定が否決されたとき，② 協定の不認可の決定が確定した場合において，清算株式会社に**破産手続開始の原因となる事実があると認めるときは，職権で，破産法に従い，破産手続開始の決定をすることができる**(会574Ⅱ)．

破産手続開始の決定があったときは，特別清算の手続のために清算株式会社に対して生じた債権および特別清算の手続に関する清算株式会社に対する費用請求権は，財団債権とする(会574Ⅳ)．

5 破産手続

Ⅵ-1-2-107 **(1) 破産手続の開始** 破産手続は，債務者の財産を処分することにより金銭化し，その金銭を債権者に配当する手続である．原則として，申立てによって開始する．**申立権者は，債権者および債務者であるが**（破18Ⅰ），**株式会社の場合には，取締役・清算人，持分会社の場合には，業務執行社員・清算人も申立てをすることができる**（破19Ⅰ②③Ⅱ）．清算株式会社・清算持分会社の財産がその債務を完済するに足りないことが明らかになったときは，清算人は，直ちに破産手続開始の申立てをしなければならない（会484Ⅰ・656Ⅰ）．株式会社の清算人が，破産または特別清算の申立てをしなければならない場合においても，更生手続開始の申立てをすることを妨げない（会更18）．

Ⅵ-1-2-108 **(2) 破産手続開始の決定** 裁判所は，破産手続開始の原因となる事実があると認めるときは，破産手続の費用の予納がないときまたは申立てが不当目的，不誠実でない限り，破産手続開始の決定をする（破30Ⅰ）．破産手続には，特別清算・民事再生・会社更生手続と異なり国庫仮支弁の制度がある（破23・30Ⅰ①括弧書）．**破産手続開始の原因となる事実は，支払不能**（支払停止は，支払不能の推定が働く．破15Ⅱ）**および，合名会社および合資会社以外の法人の場合には，債務超過である**（破16ⅠⅡ）．合名会社および合資会社には無限責任社員がいるため，支払不能のみが破産手続開始の原因となる．

　裁判所は，破産手続開始の決定と同時に，破産管財人を選任し（破74Ⅰ），債権届出の期間，財産状況報告集会の期日（集会期日を定めない場合もある）および債権調査の期間（期日の場合もある）を決定し（破31），破産手続開始の公告（破32Ⅰ）・通知（破32Ⅲ）を行う．

Ⅵ-1-2-109 **(3) 破産手続** 会社は破産手続による清算の目的の範囲内で，破産手続が終了するまで存続する（破35）．破産者が破産手続開始の時において有する一切の財産（日本国内にあるかどうかを問わない）は，破産財団に属するとともに（破34Ⅰ），破産財団に属する財産の管理・処分は破産管財人[28]に専属する（破78Ⅰ）．破産管財人は就職の後直ちに破産財団に属する財産の管理に着手しなければならない（破79）．会社の機関が破産財団に属する財産に関してした法律行為は，破産手続の関係において

Ⅵ-1-2-110 　[28] **裁判所による清算人の選任** 会社の破産で取締役の委任は終了するので（民653②），株式会社が同時破産廃止の決定（破216Ⅰ）を受けた場合で，なお残余財産があるときには，定款または株主総会決議により清算人を選任しない限り，利害関係人の請求によって，裁判所が選任すべきことになる（最二小判昭和43・3・15民集22巻3号625頁［関西タテックス工業事件］）．また，株式会社が破産した場合，破産財団から放棄された財産を目的とする別除権につき別除権者がその放棄の意思表示をすべき相手方は，会社財産についての管理処分権限を失う破産手続開始決定当時の代表取締役ではなくて，利害関係人の請求により裁判所が選任する清算人である（最二小判平成16・10・1金判1209号38頁）．

は，その効力を主張できない(破47Ⅰ)．破産管財人は破産財団に属する一切の財産を評定し(破153)，財産目録および貸借対照表を作成し(破153Ⅱ)，財産を換価し，配当をする(破209・195)．破産管財人の任務が終了した場合には，計算報告のための債権者集会の招集(またはそれに代わる書面による計算の報告)の申立てが裁判所になされる．招集された債権者集会において(または計算に異議があれば一定期間内にこれを述べるべき旨の公告がなされた後，1カ月を下らない一定の期間内に)異議が述べられなければ，計算は承認されたものとみなされる(破88・89)．裁判所は，破産手続終結の決定をし，直ちに，その主文および理由の要旨を公告し，破産者に通知する(破220ⅠⅡ)．これより破産手続は終了する．

破産者は，公私の資格制限を受けるが(弁護7⑤，会計士4④，弁理8⑩等)，その資格を回復することを**復権**という．復権には，一定の要件に基づいて当然に復権の効果が発生する当然復権(破255)と破産者の申立てに基づく裁判による復権(破256Ⅰ)とがある．

第3節　再建型手続

1　再生手続

Ⅵ-1-2-111　**(1) 総説**　再生手続(民再2④参照)は，「**債務者とその債権者との間の民事上の権利関係を適切に調整**」することにより，債務者の事業等の再生を図ろうとするものである(民再1)．再生手続は，DIP型の再建手続であり，**再生債務者**(民再2①)は，**再生手続が開始された後も，その業務遂行権および財産管理処分権を有するのが原則**である(民再38Ⅰ)．しかし，再生債務者が法人である場合において，① 手続開始前であれば，再生債務者の財産の管理または処分が失当であるとき，その他再生債務者の事業の継続のために特に必要があると認めるときは，**保全管理人による保全管理命令**(民再79～83)，② 開始決定と同時またはその決定後であれば，再生債務者の財産の管理または処分が失当であるとき，その他再生債務者の事業の再生のために特に必要があると認めるときは，**管財人による管理命令**(民再64～78)が発令され，再生債務者より業務遂行権・財産管理処分権が奪われる．

Ⅵ-1-2-112　**(2) 再生手続開始の申立て**　**(ア) 申立原因等**　申立原因と申立権者は以下の通りである(民再21ⅠⅡ)．申立原因は，会社更生手続[Ⅵ-1-2-132]と同じであるが，申立権者が異なっている．

申　立　原　因	申立権者
①事業の継続に著しい支障をきたすことなく弁済期にある債務を弁済することができないこと	債務者
②会社に破産の原因たる事実の生じるおそれがあること	債務者
	債権者

図7 民事再生手続のチャート　　　　　　　（括弧の数字は条文数）

- 破産の原因たる事実の生じるおそれがあるとき(申立権者:債務者・債権者)
- 事業の継続に著しい支障を来すことなく弁済期にある債務を弁済することができないとき(申立権者:債務者)

原則：再生債務者
- 業務遂行権
- 財産管理・処分権(38)

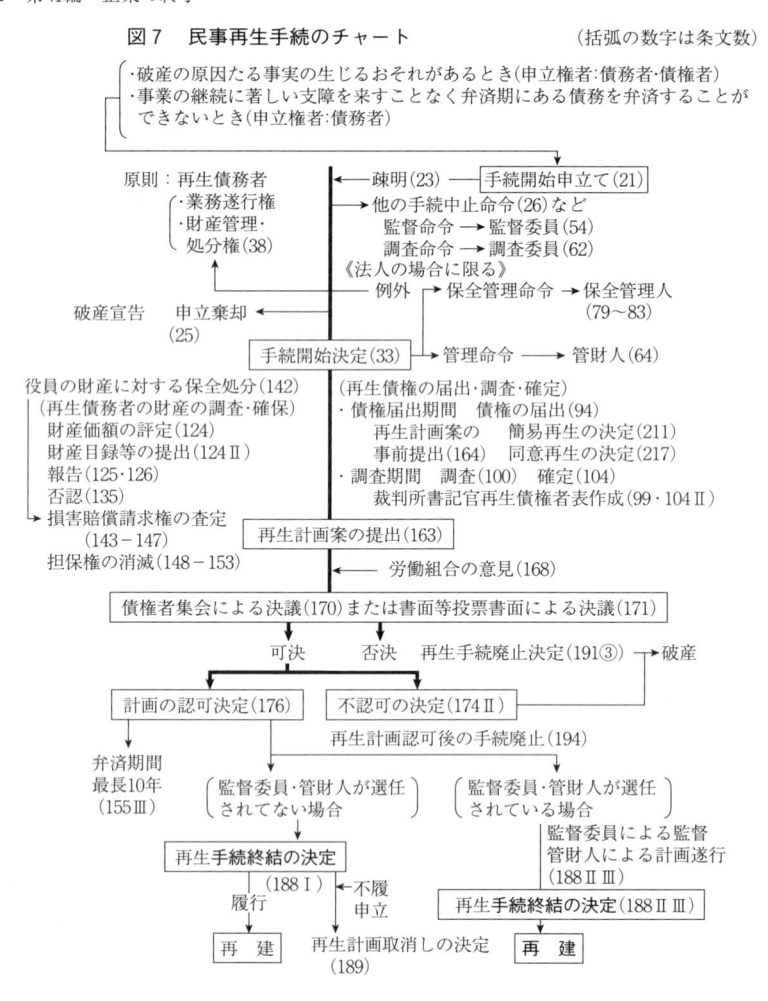

→ 疎明(23) → 手続開始申立て(21)
→ 他の手続中止命令(26)など
　監督命令 → 監督委員(54)
　調査命令 → 調査委員(62)
《法人の場合に限る》
例外 → 保全管理命令 → 保全管理人(79～83)

破産宣告 ← 申立棄却(25)

手続開始決定(33) ─ 管理命令 → 管財人(64)

役員の財産に対する保全処分(142)
(再生債務者の財産の調査・確保)
財産価額の評定(124)
財産目録等の提出(124Ⅱ)
報告(125・126)
否認(135)
→ 損害賠償請求権の査定(143-147)
担保権の消滅(148-153)

(再生債権の届出・調査・確定)
- 債権届出期間　債権の届出(94)
　　再生計画案の　簡易再生の決定(211)
　　事前提出(164)　同意再生の決定(217)
- 調査期間　調査(100)　確定(104)
　裁判所書記官再生債権者表作成(99・104Ⅱ)

再生計画案の提出(163)
← 労働組合の意見(168)

債権者集会による決議(170)または書面等投票書面による決議(171)

可決　　否決　再生手続廃止決定(191③) → 破産

計画の認可決定(176)　不認可の決定(174Ⅱ)
　　　　　　　　　再生計画認可後の手続廃止(194)

弁済期間最長10年(155Ⅲ)

(監督委員・管財人が選任されてない場合)　(監督委員・管財人が選任されている場合)

再生手続終結の決定(188Ⅰ)
履行　← 不履申立
再　建
　　　　再生計画取消しの決定(189)

監督委員による監督
管財人による計画遂行(188ⅡⅢ)
再生手続終結の決定(188ⅡⅢ)
再　建

　申立原因①が，債務者にしか認められないのは，弁済が支障をきたすか否かは，債務者しか分からないからである．再生事件は，特別清算と異なり，「会社の本店所在地」ではなくて，「会社の主たる営業所の所在地」の地方裁判所が管轄するが（民再5Ⅰ．なお破5Ⅰ参照)，再生債権者の数が500人以上であるときは，管轄裁判所の所在地を管轄する高等裁判所の所在地を管轄する地方裁判所にも，申立てをすることができ（民再5Ⅷ），1,000人以上であるときは，東京地方裁判所または大阪地方裁判所にも申立てをすることができる（民再5Ⅸ）．**これは，専門部をもつ大規模裁判所に一般的管轄権を付与しようとするものである**．裁判所は，再生手続開始の申立てがあった場合において，必要があると認めるときは，監督命令（民再54)，調査

命令 (民再62) をすることができる.

1-2-113　(イ)　**再生手続開始決定前の保全処分**　(α) 裁判所は, 必要があると認めるときは, 利害関係人の申立てによりまたは**職権で**, ① 破産手続または特別清算手続の中止 (民再26Ⅰ①. 更生手続は再生手続に優位するため, 中止の対象とならない), ② 会社の財産に対して既にされてる**強制執行, 仮差押え・仮処分等の中止** (民再26Ⅰ②), および ③ **財産関係の訴訟手続の中止** (民再26Ⅰ③) 等を命ずることができるが, 個々の中止命令では再生手続の目的を十分に達成できないような特別な事情があるときには, 強制執行等の禁止を命ずる**包括的禁止命令を発することができる** (民再27~29). この命令は, 債務者の資産の隠匿等を防ぐため, 事前か同時に, 再生債務者の主要な財産に対する保全処分 (民再30Ⅰ), 監督命令 (民再54Ⅰ) または保全管理命令 (民再79) が発令されることが要件となっている (民再27Ⅰ). また, (β) 再生債権者の一般の利益に適合し, かつ, 競売申立人に不当な損害を及ぼすおそれがないときには, 担保権の実行中止命令も認められる (民再31Ⅰ).

1-2-114　(3)　**再生手続開始の決定**　(ア)　**総　説**　裁判所は, 再生手続開始原因があり (民再21), 手続開始障碍事由 (民再25) がなければ, 再生手続 (民再2④) 開始の決定をする (民再33Ⅰ). 決定と同時に, **債権届出期間と一般調査期間を定める** (民再34). 開始決定の主文と上記期間は, 公告されるとともに, 利害関係人に書面で通知される (民再35). 法人の場合には, さらに嘱託登記の手続がとられる (民再11Ⅰ).

1-2-115　(イ)　**再生債務者の義務**　再生債務者は, **債権者に対し公平・誠実義務を負う** (民再38Ⅱ). すなわち, 再生債務者は, 純粋な債務者としての地位のほかに, 債権者の利益代表者としての性格 (第3者性) を有する.

1-2-116　(ウ)　**裁判所の許可**　裁判所は, ① 再生債務者が財産の処分・財産の譲受け・借財等をするには, **裁判所の許可を得なければならないものと「することができる」** (民再41). ② 再生債務者または管財人 (再生債務者等という. 民再2②) が, 営業または事業の全部または重要な一部の譲渡をするには, 常に, 裁判所の許可が必要である (民再42). ③ **債務超過の状態にある株式会社**については, 株主の実質的な持分権が失われているので, 会社法の特例として, **株主総会** (会467Ⅰ・309Ⅱ⑪) **に代わる裁判所の許可** (代替許可) が定められている (民再43).

1-2-117　(エ)　**開始決定の効力**　更生手続と同じように, ① 再生債務者の財産に対する強制執行, 仮差押え, 仮処分の執行, 破産, 特別清算等の手続開始の申立ては禁止され, 既に係属している手続は中止し, 特別清算は失効する (民再39Ⅰ. なお会更50Ⅰ, 民再184参照). 再生債権に関する訴訟手続は中断する (民再40Ⅰ. なお会更52Ⅰ参照). ② **再生債権**は, 再生債務者を主要な取引先とする中小企業の債権 (民再85Ⅱ~ⅣⅥ. なお会更47Ⅱ参照) および少額債権 (民再85ⅤⅥ. なお会更47ⅤⅥ) を除き, 再生計画の定めるところによらなければ, 弁済を行うことはできない (民再85Ⅰ. なお会更47Ⅰ参照).

Ⅵ-1-2-118 **(4) 再生債権の届出・調査・確定** **(ア) 債権の届出** 再生手続に参加しようとする再生債権者は，**債権届出期間**(民再34Ⅰ)**内**に，債権を裁判所に届け出なければならない(民再94Ⅰ)．裁判所書記官は，届出のあった再生債権を**再生債権者表に記載**する(民再99ⅠⅡ)．届出がなく，届出の追完(民再95．追完が，認否書提出以降になされた場合には，債権調査のための「特別調査期日」が裁判所により定められなければならない．民再103Ⅰ)もなかった再生債権は，原則として(例外．民再181)，再生計画認可の決定が確定したとき失権し，再生債務者は免責される(民再178)．

Ⅵ-1-2-119 **(イ) 債権調査・確定手続** 再生債権の調査は，**再生債務者等の作成した認否書**ならびに**再生債権者および再生債務者**(管財人が選任されている場合に限る)**の書面による異議**に基づいて行われる(民再100)．

(a)「再生債務者等」(管財人が選任されていない場合には再生債務者，管財人が選任されている場合には管財人をいう．民再2②)は，「一般調査期間」前の裁判所の定める期限までに，債権届出期間内に届出のあった再生債権について**認否書**を作成し，裁判所に提出しなければならない(民再101Ⅰ・Ⅴ)．届出がされていない債権を知っている場合には，自認する内容を認否書に記載する(民再101Ⅲ．民再規38Ⅱ．このような債権を講学上**自認債権**という)．届出再生債権者は，認否書を閲覧し(民再16)，異議あるときには，一般調査期間内に，裁判所に対し，書面で異議を述べることができる(民再102Ⅰ)．債権届出期間内に，再生債務者等が認め，かつ，届出再生債権者から異議のなかった再生債権の内容・議決権の額は届出どおりに**確定**し，再生債権者表にその旨が記載される(民再104ⅠⅡ)．その記載は，再生債権者の全員に対して**確定判決と同一の効力**を有する(民再104Ⅲ)．

(β) 再生債務者等が認めず，または，届出再生債権者から異議の出た再生債権の債権者は，原則として，その内容を確定するため，**債権調査期間の末日から1カ月以内**に，否認した再生債務者等および異議を述べた再生債権者の全員を相手に，裁判所に**債権の査定の申立て**をすることができる(民再105Ⅰ)．査定の裁判に不服な者は，その送達を受けた日から1カ月以内に，異議の訴えを提起することができる(民再106)．査定の裁判が確定したときや異議訴訟の結果が確定したときは，その裁判や判決は再生債権者全員に対し確定判決と同一の効力を有する(民再111)．

Ⅵ-1-2-120 **(ウ) 簡易再生と同意再生** (a) 届出再生債権者の総債権について裁判所が評価した額の5分の3以上に当たる債権を有する届出再生債権者が，書面により，再生債務者が提出した再生計画案に同意し，かつ，上記の債権調査確定手続を省略することに同意している場合は，裁判所は，再生債務者等の申立により，債権届出期間の経過後一般調査期間の開始前に限り，**簡易再生の決定**(再生債権の調査および確定を経ない旨の決定)をすることができる(民再211Ⅰ)．また，(β) すべての届出債権者が，書面により，再生債務者が提出した再生計画案に同意するとともに，債権調査確定手続を省略することにも同意している場合には，裁判所は，再生債務者等の申立に

より，債権届出期間の経過後一般調査期間の開始前に限り，**同意再生の決定**(再生債権の調査および確定並びに再生債務者が提出した再生計画案の決議を経ない旨の決定)もすることができる(民再217Ⅰ)。

簡易再生と同意再生の場合には，個々の再生債権の調査確定手続を践まないので，個々の債権の手続内での不可争性や失権効は生じない(民再216・220)。

1-2-121 (5) **再生債務者の財産の調査・確保** (ア) **財産評定** 再生債務者等は，再生手続開始後(管財人については，その就職後)遅滞なく，再生債務者に属する一切の財産につき再生手続開始の時における価額を評定しなければならない(民再124Ⅰ)。再生債務者等は，評定を完了したときは，直ちに財産目録および貸借対照表を作成し，裁判所に提出しなければならない(民再124Ⅱ)。再生債務者等は，また，再生手続開始後遅滞なく，裁判所に報告書を提出しなければならない(民再125Ⅰ)。再生債務者の財産状況を報告するために招集された**債権者集会**(財産状況報告集会。なお民再114～116参照)で，再生債務者等は，前記報告書の記載事項の要旨を報告し，労働組合も意見を述べることができる[(29)](民再126Ⅰ～Ⅲ)。裁判所は，再生債権者等から業務・財産の管理等に関する意見を聴く(民再126Ⅱ)。

1-2-123 (イ) **否 認 権** 債権者間の公正を確保するため，他の手続(会更86～98，破160～176)と同様の否認権の制度(民再127～141)がある。否認権は，訴え・抗弁のほか，否認の請求によって，否認権限を有する監督委員(民再56ⅠⅡ参照)または管財人が行使する(民再135。なお，破173Ⅰ・会更95Ⅰ対照)。

1-2-124 (6) **再 生 計 画** (ア) **計画案の提出** 更生債務者等は，債権届出期間の満了後，裁判所の定める期間内に，再生計画案を作成して裁判所に提出しなければならない(民再163Ⅰ。なお191②参照)。届出再生債権者も更生計画案の提出権限を有する(民再163Ⅱ)。再生債務者等は手続の申立後届出期間満了前であっても計画案を提出することができる(民再164)。**再生計画**(民再2③)においては，**再生債権者の権利を変更する条項**[(30)](権利変更条項。民再155～157参照)，共益債権・一般優先債権の弁済に関

1-2-122 (29) **労働組合の意見の聴取** 民事再生法および会社更生法は，労働組合に配慮をしており，① 手続開始前の意見の聴取(民再24の2，会更22Ⅰ)，② 事業譲渡の際の労働組合等の意見聴取(民再42Ⅲ，会更46Ⅲ③)，③ 双方未履行双務契約の解除に対する労働協約への不適用(民再49Ⅲ，会更61Ⅲ)，④ 債権者集会(関係人集会)の期日の労働組合等への通知(民再115Ⅲ・212Ⅲ，会更115Ⅲ)，⑤ 財産状況報告のための債権者集会での労働組合等の意見陳述(民再126Ⅲ，会更85Ⅲ)，⑥ 再生計画案に対する労働組合等の意見の聴取(民再168，会更188)，⑦ 再生計画案認可の可否に関する労働組合等の意見の陳述(民再174Ⅲ，会更199Ⅴ)，⑧ 再生計画認可決定の労働組合等への通知(民再174Ⅴ，会更199Ⅶ)，⑨ 簡易再生の申立てをする場合の労働組合への通知(民再211Ⅱ)を定めている。

1-2-125 (30) **権利を変更する条項** 債務の減免，期限の猶予その他の権利の変更の一般的基準を定め(民再156。なお181Ⅰ参照)，原則として個々の再生債権について，どの権利がどのように変更されるかを定める必要がある(民再157。なお164Ⅱ参照)。権利変更の条件は，原則として再生債権者間では平等でなければならない(民再155Ⅰ)。

する条項（共益債権等の権利は変更されない）および知れている開始後債権の内容を定めなければならない（民再154Ⅰ）．再生債務者が株式会社である場合には，裁判所の許可を得て，再生計画に，再生債務者の株式の取得に関する条項，株式の併合に関する条項，減資に関する条項，発行可能株式総数の定款変更に関する条項（民再154Ⅲ・161・166・183）および募集株式の発行に関する条項（民再154Ⅳ・162・166の2・183の2）を定めることができる．この場合には，会社法上の通常の手続を行うことなく減資をすることができ，また授権資本枠についての定款の定めの変更をすることもできる（民再183）．清算を内容とする再生計画も可能である（松下「民事再生計画」ジュリ1171号58頁）．根抵当権の極度額を超える再生債権については，破産と異なり（東京高決平成12・1・20金判1087号3頁），仮払いに関する定めをすることができる（民再160Ⅱ）．

Ⅵ-1-2-126　(イ)　**再生計画案の決議・認可**　裁判所は，一般的調査期間が終了し，財産状況報告集会またはそれに代わる報告書の提出があった後，不認可事由（民再174Ⅰ・191②）がなければ，再生計画案を決議に付する決定をする（民再169Ⅰ）．決議の方法には，① 債権者集会を招集してそこで決議する方法，② 書面または電磁的方法による方法（民再169Ⅱ②，民再規90Ⅱ），③ 債権者集会に書面等投票を併用する方法とがある（民再169Ⅱ．なおⅤ参照）．**議決権者で出席したものの**（①の場合）または書面等投票したものの（②の場合）**過半数であって（頭数要件），議決権者の議決権の総額の2分の1以上の議決権を有する者の賛成**（①の場合）または同意（②の場合）**がある**（債権額要件）**と，再生計画案は可決される**（民再172の3Ⅰ）．可決要件が和議より大幅に緩和されている（旧和49Ⅰ＝破306参照）．裁判所は，可決されると，**不認可事由**（民再174Ⅱ）**がない限り，再生計画認可の決定をする**（民再174Ⅰ）．**再生計画は，認可決定の確定の時から，再生債務者や全ての再生債権者に対して効力を有し**（民再176・177Ⅰ），**個々の再生債権は計画に従って変更される**（民再179Ⅰ・181Ⅰ）．**再生計画に記載のない再生債権は原則として失権する**（民再178参照）．裁判所書記官は再生債権者表に記載をする．その記載は確定判決と同一の効力を有する（民再180ⅠⅡ）．裁判所は，認可の決定が確定したとき，監査委員または管財人が選任されている場合を除き，再生手続終結を決定する（民再188Ⅰ）．

Ⅵ-1-2-127　(ウ)　**再生計画の遂行**　再生債務者等は，速やかに，再生計画を遂行しなければならない（民再186Ⅰ）．管財人または監督委員が選任されている場合には，再生計画の認可によっても手続は終了せず，これらの機関が計画の遂行またはその監督を行う（民再186Ⅱ・188Ⅲ）．簡易再生・同意再生の場合を除いて，再生計画上の個々の再生債権の記載に執行力が発生し，再生債権者は再生債権者表の記載により強制執行をすることができる（民再180Ⅲ）．裁判所は再生債権者等に対する担保提供を再生債務者他に命令することができる（民再186Ⅲ）．債権者委員会[31]（民再117）が履行の監督

Ⅵ-1-2-128　(31)　**債権者委員会**　アメリカ連邦倒産法をならって，① 委員の数が3人以上10人以内（民再

を行う場合には，そのために必要な費用は再生計画に記載して再生債務者の負担とすることができる（民再154Ⅱ）．再生債務者等が再生計画の履行を怠ったときには，裁判所は，未履行債権額の10分の1以上の再生債権者の申立てにより，**再生計画取消しの決定をすることができる**（民再189Ⅲ）．この申立要件は和議の取消しに比べて大幅に軽減されている（旧和63・64参照）．

2 更生手続

1-2-129　**(1) 目　的**　会社更生法は，窮境にある株式会社について，更生計画の策定およびその遂行に関する手続を定めること等により，「債権者，株主他の利害関係人の利害を適切に調整」し，もって当該株式会社の事業の維持更生を図ることを目的としている(32)（会更1）．昭和27年にアメリカの corporate reorganization にならって定めたものである．**更生手続開始の決定がされた会社を更生会社という**（会更2Ⅶ参照）．更生手続（会更2Ⅰ参照）では，担保権者が手続に組み入れられるだけでなく，**株主**(33)**も手続に組み入れられ，権利の変更を受ける**（会更165・167Ⅰ①）．

1-2-132　**(2) 会社更生手続開始の申立て**　(ア)　**申立権者等**　申立原因と申立権者は以下の通りである（会更17ⅠⅡ）．

申　立　原　因	申　立　権　者
事業の継続に著しい支障をきたすことなく弁済期にある債務を弁済することができないこと	会　社
会社に破産の原因たる事実の生じるおそれがあること	会　社
	資本の10分の1以上に当たる債権を有する債権者
	総株主の議決権の10分の1以上を有する株主

規52），② 再生債権者の過半数がその委員会の手続関与に同意していること，③ その委員会が再生債権者全体の利益を適切に代表すると認められることの要件を満たすと，債権者委員会（creditors' committee）は，再生手続に関与することを裁判所により承認される（民再117Ⅰ．なおⅤ参照）．委員会は，① 裁判所・再生債務者等・監督委員に対し意見を述べるほか（117Ⅲ），② 債権者集会の招集の申立て（民再114），③ 営業譲渡の許可に際しての意見の表明（民再42Ⅱ但書）および④ 再生計画の履行監督（民再154Ⅱ）の方法で，手続きに関与する．債権者委員会が再生に貢献する活動をすると，その費用を支出した再生債権者に相当額の費用を償還することを裁判所は許可することができる（民再117Ⅳ．なお154Ⅱ参照）．更生手続は，債権者委員会のスキームを踏襲し，**更生債権者委員会**（会更114Ⅰ②・117Ⅱ～Ⅴ・118～120），**更生担保権者委員会**（会更114Ⅰ③・117Ⅵ・121）および**株主委員会**（会更114Ⅰ④・117Ⅶ・121）を認めている．

1-2-130　(32) **特別法**　金融機関等については「金融機関等の更生手続の特例等に関する法律」という特別法がある．

1-2-131　(33) **株　主**　株主も手続に組み入れられるので，更生会社が債務超過状態にないときには，1株（単元株）は1個の議決権を有する（会更166Ⅰ）．これに対し，会社が債務超過状態にあるときには，株式は実質的に無価値であるので，議決権を有せず（会更166Ⅱ），更生手続開始の通知は不要とされ（会更43Ⅳ②），更生計画の認可決定に対して即時抗告ができない（会更202

858 第Ⅵ編　企業の終了

図8　新しい更生手続の流れ

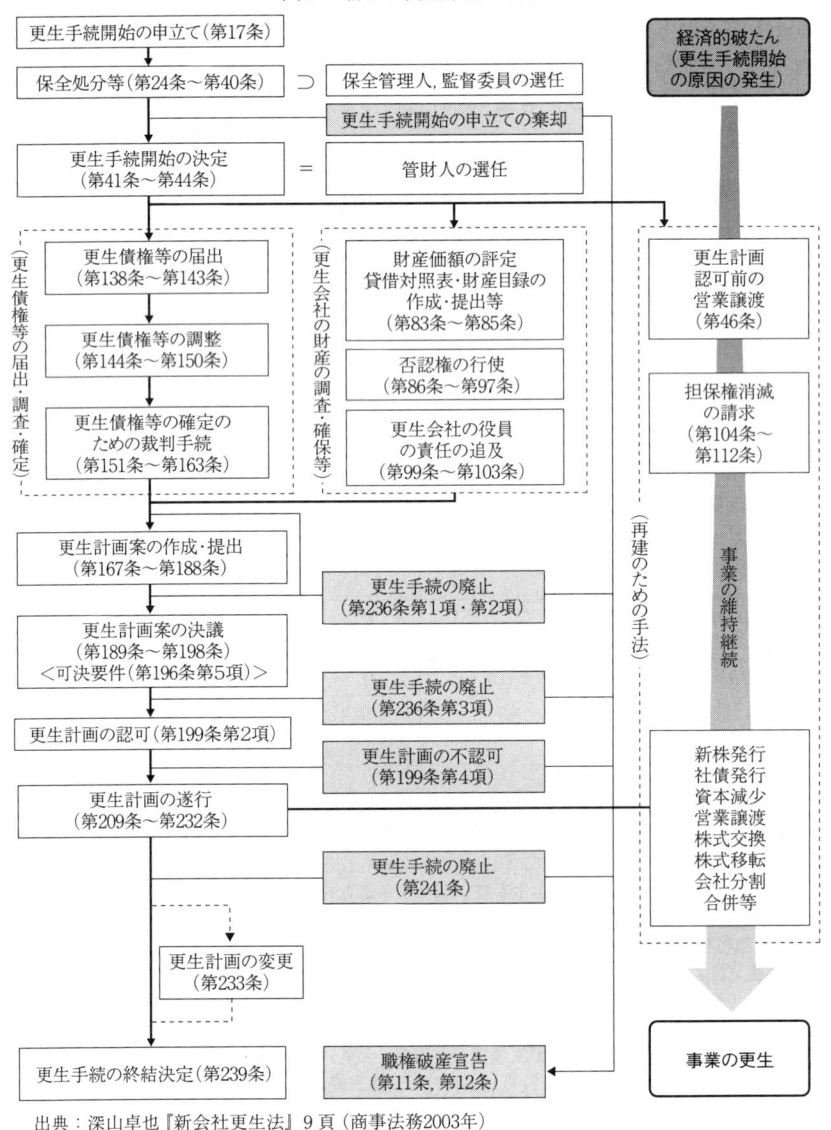

```
更生手続開始の申立て（第17条）
        ↓
保全処分等（第24条～第40条） ⊃ 保全管理人，監督委員の選任
        ↓             更生手続開始の申立ての棄却
更生手続開始の決定
（第41条～第44条）  ＝  管財人の選任
        ↓

（更生債権等の届出・調査・確定）
  更生債権等の届出（第138条～第143条）
  更生債権等の調整（第144条～第150条）
  更生債権等の確定のための裁判手続（第151条～第163条）

（更生会社の財産の調査・確保等）
  財産価額の評定　貸借対照表・財産目録の作成・提出等（第83条～第85条）
  否認権の行使（第86条～第97条）
  更生会社の役員の責任の追及（第99条～第103条）

        ↓
更生計画案の作成・提出（第167条～第188条）
        → 更生手続の廃止（第236条第1項・第2項）
        ↓
更生計画案の決議（第189条～第198条）＜可決要件（第196条第5項）＞
        → 更生手続の廃止（第236条第3項）
        ↓
更生計画の認可（第199条第2項）
        → 更生計画の不認可（第199条第4項）
        ↓
更生計画の遂行（第209条～第232条）
        → 更生手続の廃止（第241条）
        ↓
  （更生計画の変更（第233条））
        ↓
更生手続の終結決定（第239条）    職権破産宣告（第11条，第12条）
```

経済的破たん（更生手続開始の原因の発生）

（再建のための手法）
- 更生計画認可前の営業譲渡（第46条）
- 担保権消滅の請求（第104条～第112条）

事業の維持継続

- 新株発行
- 社債発行
- 資本減少
- 営業譲渡
- 株式交換
- 株式移転
- 会社分割
- 合併等

事業の更生

出典：深山卓也『新会社更生法』9頁（商事法務2003年）

Ⅱ②）．また，会社が債務超過状態にないときには，議決権総数の3分の1を超える議決権を有する株主の反対の意思の通知があれば，裁判所は会社の事業全部または重要な一部の譲渡を許可することができないが（会更46Ⅶ②），債務超過状態にあるときには，これが不適用となるので（会更46Ⅷ），事業譲渡を行うことができる．

再生手続 [Ⅵ-1-2-112] と異なり，① 「会社の主たる営業所」の所在地を管轄する地方裁判所 (外国に主たる営業所があるときは，日本における主たる営業所の所在地を管轄する地方裁判所) と「会社の本店所在地」の地方裁判所とは競合管轄である (会更5Ⅱ)．また，② 債権者が1,000人未満であっても，東京地方裁判所または大阪地方裁判所にも申立てをすることができる (会更5Ⅵ)．③ 民事再生法5条8項 [Ⅵ-1-2-112] に相当する規定はない．

Ⅵ-1-2-133　(イ) **更生手続開始決定前の保全処分**　裁判所は，申立てがあると，① 申立てを棄却すべきことまたは更生手続開始の決定をすべきことが明らかな場合を除き，使用人の過半数で組織する労働組合があるときはその労働組合，それがないときには，使用人の過半数を代表する者の意見を聴き (会更22Ⅰ)，② 債権者・株主による申立ての場合には会社代表者を審尋しなければならない (会更22Ⅱ)．また，必要があると認めるときは，③ 会社の事業を所管する行政庁・税務署に対し，更生手続についての意見の陳述を求めることができ (会更8Ⅲ)，利害関係人の申立てまたは職権で，④ 破産手続，再生手続または特別清算手続の中止 (会更24Ⅰ①)，強制執行等の中止，企業担保権の実行手続の中止，会社の財産関係の訴訟手続の中止，会社の財産関係の事件で行政庁に係属している手続の中止，国税徴収法による滞納処分の中止を命じ (会更24Ⅰ Ⅱ. 個別中止命令)，また，⑤ 会社の業務および財産に関する保全処分 (会更28Ⅰ)・保全管理命令 (会更30)・監督命令 (会更35)・調査命令 (会更39) 等を発することができる．個別中止命令によっては「更生手続の目的を十分に達成することができないおそれがあると認めるべき特別の事情」があるときには，すべての更生債権者等 (更生債権者および更生担保権者をいう．会更2 XIII. 以下同じ) に対し，包括的禁止命令を発することができる (会更25〜27)．

Ⅵ-1-2-134　**(3) 会社更生手続開始の決定**　(ア) **総　説**　裁判所は，更生手続の開示の原因となる事実があると認めるときには，申立棄却事由のない限り，口頭弁論を経て，または経ないで (会更8Ⅰ)，更生手続開始決定をする (会更41Ⅰ)．開始決定の時から更生手続は効力を生じ (会更41Ⅱ)，**会社の事業年度はその時に終了する** (会更232Ⅱ)．裁判所は，開始の決定と同時に，① **管財人 (1人または数人) を選任**し，② 更生債権・更生担保権の届出期間，③ 更生債権・更生担保権の調査のための期間を定める (会更42)．開始決定の主文等は直ちに公告 (官報への掲載による．会更10Ⅰ) され (会更43Ⅰ)，管財人，会社，更生債権者等・株主 (会社財産をもって債務を完済することができない状況にあることが明らかなときには通知不要．会更43Ⅳ②)・財産所持者等には通知される (会更43Ⅱ)．開始決定の登記が会社の本店および支店の登記所に嘱託され (会更246)，信書の送達の事業を行う者に対しは会社宛ての郵便物を管財人に配達すべき旨を嘱託することができる (会更75)．

Ⅵ-1-2-135　(イ) **開始決定の効力**　(a) 更生債権等 (更生債権または更生担保権．会更2 XII) には，更生手続によらなければ弁済をし，弁済を受け，その他これを消滅させる行為 (免

除を除く)をすることができなくなる(会更47Ⅰ)．その例外は，**租税債権**(会更47Ⅵ)である．

Ⅵ-1-2-136 (b) **会社の事業の経営と財産の管理・処分権は管財人に専属し**(会更72Ⅰ)，管財人は直ちに業務・財産の管理に着手する⁽³⁴⁾(会更73)．従って，会社の機関には活動の余地がなくなるが，**役員の地位には変更はない**．会社が会社財産に関してなした法律行為は，更生手続の関係ではその効力を主張できず(会更54Ⅰ．破53Ⅰ参照)，更生手続開始の事実を知って弁済した場合には，会社財産が受けた利益の限度においてのみ更生手続においてその効力を主張することができるにすぎない(会更57Ⅱ．なお破50Ⅱ参照)．

Ⅵ-1-2-138 (c) 破産手続開始，再生手続開始，更生手続開始または特別清算開始の申立てをすることができず，行われている破産手続・再生手続は中止し，特別清算手続は失効する(会更50Ⅰ)．強制執行等(会更24Ⅰ②参照)，企業担保権の実行または更生債権等に基づく財産開示手続の申立てはすることができず，すでにそれが係属しているときは中止する(会更50Ⅰ)．会社の財産関係の訴訟手続は中断する(会更52Ⅰ)．更生手続開始後その終了までの間に，更生手続によらないで会社の定款を変更するには，裁判所の許可をえなければならない(会更45Ⅱ．なお174③・213参照)．更生手続開始後その終了までの間は，更生手続によらないで，株式の消却・併合・分割，株式・新株予約権の無償割当て，募集株式・募集新株予約権・募集社債を引き受ける者の募集，資本の減少・新株予約権の消却，剰余金の配当等，解散・継続，組織変更・合併・会社分割・株式交換・株式移転をすることはできない(会更45Ⅰ)．

Ⅵ-1-2-139 (4) **債権の届出とその確定**　(ア) **債権の届出**　更生債権者と更生担保権者は各々，債権届出期間内(会更42)にその債権を裁判所に届け出なければならない(会更138ⅠⅡ)．裁判所書記官は，届出に基づき，**更生債権者表または更生担保権者表に記載**する(会更144)．

Ⅵ-1-2-140 (イ) **債権調査・確定手続**　裁判所による更生債権等の調査は，**管財人の作成した認否書**(会更146参照)ならびに**更生債権者等，株主および更生会社の書面による異議**(会更147ⅠⅡ・148Ⅳ参照)**に基づいて行われる**(会更145)．① 株主が加わる点および

Ⅵ-1-2-137　(34) **管財人**　役員責任等査定決定[Ⅵ-1-2-82]を受けるおそれがないと認められる取締役は，管財人に選任することができる(会更67Ⅲ)．
　① 管財人は会社財産の管理行為として，財産の価額評定義務(会更83Ⅰ)，財産目録・貸借対照表の作成義務(会更83ⅢⅣ)，調査報告(会更84ⅠⅡ．なお77参照)および財産状況報告集会への報告義務(会更85)を負う．管財人は会社財産関係の訴えの原告または被告とする(会更74Ⅰ)．**財産価額の評定は**，再生手続が処分価額によるのに対し(民再規56Ⅰ本文)，更生手続では**時価による**(会更83Ⅱ)．
　② 管財人は事業営業を担当するが，積極的に事業を拡張したり新しい事業を開始することは許されない(会更45・46・54・72．なお会更127②⑤参照)．
　③ 管財人は，会社財産の充実のため，役員の責任追及の申立て(会更99～103)および否認権を行使する(会更94)．

② 自認債権の制度［Ⅵ-1-2-119］がない（外部から選任される更生管財人は，再生債務者と異なり，債務を知らないのが普通である。なお会更規42参照）ことが**再生手続との相違点で**ある。管財人が認め，異議がなければ，裁判所書記官は，調査の結果を更生債権者表および更生担保権者表に記載する。この記載は，**更生債権者等および株主の全員に対して，確定判決と同一の効力を有する**（会更150Ⅰ～Ⅲ）。そうでないときには，異議者等の全員を相手として**更生債権等査定申立て**をしなければならず，申立てがあった場合には，裁判所は，これを却下する場合を除き，決定で査定の裁判（**査定決定**）をしなければならない（会更151）。査定決定に不服の者は，その送達を受けた日から１月の不変期間内に，**更生債権等査定異議の訴え**を提起することができる（会更152）。

更生担保権者は，その有する更生担保権の内容の確定のために更生債権等査定申立てをした場合において，調査において担保権の目的である財産の価額について認めず，または異議を述べた者があるときは，その者の全員を相手方として，査定申立日から２週間以内に，裁判所に，当該財産についての**価額決定の申立て**をすることができる（会更153Ⅰ）。価額決定の申立てがあった場合には，裁判所は，却下する場合を除き，**評価人を選任**し，財産を評価させ，その評価に基づいて，決定で，財産の価額を定める。この決定に対しては即時抗告だけが可能である（会更154）。

-1-2-141　**(5)　更 生 計 画**　(ア)　**更生計画案の提出**　管財人は，債権届出期間の満了の後，裁判所の定める期間内に，更生計画案を作成して裁判所に提出する（会更184Ⅰ）。会社，届出をした更生債権者等または株主も，更生計画案の提出権限を有する（会更184Ⅱ）。更生計画（会更２Ⅱ）では，① 債権・株式の権利変更条項（会更170参照）のほか，② 取締役・会計参与・監査役・執行役・会計監査人・清算人条項（会更173・211参照），③ 共益債権の弁済条項，④ 債務の弁済資金の調達方法に関する条項，⑤ 更生計画において予想される額を超える収益金の使途条項等多様な内容を定めなければならない（会更167Ⅰ。なおⅡ参照）。更生計画では，更生担保権・優先的更生債権・一般更生債権・約定劣後更生債権（会更43Ⅳ①）・残余財産優先株式・それ以外の株式とで，内容に公正かつ衡平な差を設けなければならない（会更168Ⅲ）。

-1-2-142　(イ)　**決　議**　更生計画案の提出があったときは，裁判所は，法定の事由に該当する場合を除き，その更生計画案を決議に付する旨の決定をする（会更189Ⅰ）。決議の方法は，再生手続と同様，① 関係人集会を招集して決議する方法，② 関係人集会を開催せず，書面または電磁的方法による方法（会更規52Ⅱ），③ 関係人集会に書面等投票を併用する方法とがある（会更189Ⅱ）。決議は，原則として異なる種類の権利者の組ごとに行なわれる（会更196Ⅰ）。裁判所は，その裁量により，各組を統合・分割することができる（会更196Ⅰ）。可決の要件は，各組により異なり，次の**表8**のとおりである（会更196Ⅴ）。

表8　可決の要件

	更生計画案の内容	
更生債権	—	議決権総額の2分の1超の同意
更生担保権	期限の猶予	議決権総額の3分の2以上の同意
	減免等	議決権総額の4分の3以上の同意
	事業全部の廃止	議決権総額の10分の9の同意
株主		議決権総数の過半数の同意

VI-1-2-143　**(ウ)　関係人集会の期日の続行**　議決権行使の方法が(イ)①または③で，更生計画案が可決されるに至らなかった場合（否決された場合を含まない）には，説得により更生計画案が成立する可能性があるときは，期日を続行して成立を図るのが合理的であるから，更生債権については議決権総額の3分の1以上に当たる議決権を有する者の同意，更生担保権については議決権総額の2分の1超の同意，株式については議決権総数の3分の1以上の同意があったときには，裁判所は，管財人，会社もしくは議決権者の申立てによりまたは職権で，続行期日を定めて続行を言い渡さなければならない（会更198Ⅰ）．この期間内に可決されないと，裁判所は更生手続廃止の決定を行う（会更236③）．

VI-1-2-144　**(エ)　認　可**　更生計画が可決されたときは，裁判所は，更生計画の認可または不認可の決定をする（会更199Ⅰ）．更生計画の内容が公正かつ衡平であるときには，認可決定をする（会更199Ⅱ）．一部の組は同意したが，他の組は計画案を否決した場合には，裁判所は，計画案を変更し，否決した組の関係人の権利を保護する条項を定めて，認可決定をすることができる（会更200）．更生計画は，認可の決定の時から，効力を生ずる（会更201）．更生計画認可の決定があったときは，届出をした更生債権者等および株主の権利は，更生計画の定めに従い，変更される（会更205Ⅰ）．届出をしなかった更生担保権者，更生債権者および株主の権利はすべて免責・消滅する（会更204Ⅰ）．更生債権者表または更生担保権者表の記載は**確定判決と同一の効力を有する**（会更206Ⅱ）．

VI-1-2-145　**(オ)　更生計画の遂行**　管財人は，更生計画の遂行，更生会社の事業経営・財産の管理，処分の監督に当たる（会更209Ⅰ）．やむを得ない事由が生じたときは，管財人，更生会社，届出更生債権者または株主の申立てにより裁判所は更生計画を変更することができる（会更233Ⅰ）．① 更生計画が遂行された場合，② 更生計画が遂行されることが確実と認められる場合，③ 裁判所は，管財人の申立てによりまたは職権で，更生手続終結の決定をする（会更239Ⅰ）．

第Ⅶ編　外国会社

1　総説

Ⅶ-1-1-1　会社の渉外問題は，いかなる決定基準をもってその法人格の有無を決定すべきかという問題と，日本法以外の法を基準にして法人格ありと決定された場合にその結論をわが国としてそのまま受け入れるか否かという問題に分けられる．前者は**国際私法（抵触法）**の問題であり，後者は**実質法（外人法）**の問題である．両者を合わせて**国際会社法**という．前者を規律するわが国の法律は「法の適用に関する通則法」（平成18年法律第78号）であるが，通則法は，法人の一般的権利能力の準拠法（法人の属人法）[1]を規定していない[2]．

法人の属人法（従属法）については2つの主義がある．設立準拠法主義（独 Gründungstheorie）は，法人が設立に際して準拠した法律により権利能力その他団体に関する法律関係を決すべきであるとする主義である．本拠地法主義（独 Sitztheorie．論者によって住所説，住所地法説，本店所在地法主義，本店所在地主義，所在地主義と呼ばれる．上田・検証608頁注9）は，法人の活動の本拠である住所によって法律関係を決すべきであるとするとする主義である（なお河野俊行「会社の従属法の決定基準」ジュリ1175号2頁参照）．わが国の通説は設立準拠主義を採用している（民37Ⅰ①，会2②・933Ⅱ①）．

なお渉外的私法関係は，準拠法選択というステップを踏むのが普通であるが，法廷地の強行法規の中で特に公益性の高い法規は，**準拠法のいかんにかかわらず直接適用を認める場合がある**．これは，「（法廷地）強行法規の特別連結」，「（法廷地）絶対的強行法規の介入」あるいは「（抵触法的な意味での）公法の属地的適用」と呼ばれてい

Ⅶ-1-1-2　(1)　**属人法と従属法**　法人の属人法は，法人の本国法ともいわれるが，属人法や本国法という用語は通常自然人について用いられることから，法人については「従属法」という用語を使用する学者が増えている（溜池良夫『国際私法講義［第3版］』295頁（有斐閣2005））．学者の使用状況については上田純子「会社法・関連立法の成果と国際会社法」検証603頁注4参照のこと．

Ⅶ-1-1-3　(2)　**会社の代表権限に関する準拠法**　①　この場合も会社の従属法の適用範囲に入ると解する見解は，もっぱら設立準拠法によるとの説（道垣内正人『ポイント国際私法［各論］』203頁［2000年］，神前偵・判批・ジュリ1059号215頁．なお，東京地判平成4・1・28判時1437号122頁参照）と，原則として設立準拠法によるものの，設立準拠法上は会社に帰属しないとされても，行為地法により会社に帰属するとされる場合には会社への効力帰属を認める説（溜池良夫『国際私法講義［第3版］』299頁［有斐閣2005年］，岡本善八・判批・私法判例リマークス8号177頁等多数説）とに分かれる．②会社の従属法によらないとの見解は，取引行為がなされた行為地法とする説（大杉謙一「会社の代理・代表の実質法・準拠法—取引安全のあり方について」ジュリ1175号46頁等）とその取引に適用される準拠法とする説（龍田532頁，石黒一憲『国際私法』［新世社1994年］とに分かれる．

る(早川吉尚「Ⅲ会社法の抵触法的分析」『日本私法学会シンポジウム資料(平成16・10・10)国際会社法』21頁)．このような例として社債管理者が挙げられている(野村修也「新会社法における社債制度」ジュリ1295号120，江頭657頁注19．なお，藤田友敬「国際会社法の諸問題〔下〕」商事1674号23頁参照)．

　民法35条1項は外国法人を認許しているが，会社法823条は，外国会社〔英 overseas companies：独 Ausländische Gellschaft：仏 sociétés étrangères：伊 società estere：西 socidad extranjeras. 米の foreign corporation または foreign business corporation は，自分の州法以外で設立された会社を意味する〕を**日本における同種の会社または最も類似する会社とみなしている**ので，民法より広く内国民待遇を保障している．なお倒産法では全面的に内外法人平等の原則が採用されている(破3，民再3，会更3)．

　平成17年改正前商法は，外国会社の定義を置いていなかったが，会社法は外国会社を「**外国の法令に準拠して設立された法人その他の外国の団体であって，会社と同種のものまたは会社に類似するもの**」(会2②)と定義し(設立準拠主義の採用)，適用範囲を明確にしている．日本法における「法人」に相当する制度が存在しない国の事業体であっても，外国会社に該当する場合がありうる(解説208頁)．

　外国会社の規制は平成14(2002)年改正で大きな変更を受けている．それ以前には外国会社の日本における営業所の設置とその登記が義務づけられていた．同年改正で，営業所設置義務が廃止され，代わって，**代表者の登記義務**(平成17年改正前商479Ⅰ)と**貸借対照表等の公告義務**(平成17年改正前商479Ⅰ)が法定された．**会社法は，この規制を引き継いでいる**．

2　日本で継続取引を行う外国会社

Ⅶ-1-1-4　**(1) 代表者**　外国会社は，日本において取引を継続してしようとするときは，日本における代表者のうち1名以上は日本に住所を有しなければならない[3](会817Ⅰ)．このように，日本に住所を有する代表者を定めることを要するものとされているのは，日本国内に取引上の紛争の処理等に応じる者が相手方にいるようにし，また外国会社を相手方とする訴えの提起を日本国内ですることができるようにするためである．

　外国会社は，外国会社の登記をするまでは，日本において取引を継続してすることができない(会818Ⅰ．なお，会979Ⅱ参照)．これに違反して取引した者は，相手方に対し，外国会社と連帯して，その取引によって生じた債務を弁済する責任を負う

Ⅶ-1-1-5　**(3) 代表者の人数**　平成14(2002)年改正前は，代表者が複数のとき，1名が日本に住所を有していればよかったが，同年改正で日本における全代表者の退任の際には債権者保護手続を必要とする規定が新設された結果(平成17年改正前商483ノ3)，日本に住所を有しない者は代表者になれないという解釈がとられるようになった．会社法は，平成14年改正前への復帰を意味する．

(会818Ⅱ)．

　日本における代表者は，外国会社の日本における業務に関する一切の裁判上または裁判外の行為をする権限を有する（会817Ⅱ）．その権限に加えた制限は，善意の第三者に対抗することができない（会817Ⅲ）．

　外国会社は，その日本における代表者がその職務を行うについて第三者に加えた損害を賠償する責任を負う（会817Ⅳ）．

Ⅶ-1-1-6　(2)　**登　記**　外国会社が日本における代表者を定めるときは，3週間以内に，① 日本に営業所を設けていない場合(4)には，日本における代表者（日本に住所を有するものに限る）の住所地において（なお商登127参照），② 日本に営業所を設けた場合(5)（外国法人が日本国内に営業所を有するときは，その法人に対する損害賠償請求訴訟につきわが国の裁判所が裁判権を有する．最二小判昭和56・10・16民集35巻7号1224頁）には，その営業所の所在地において，外国会社の登記をしなければならない（会933Ⅰ①②）．登記申請は，日本における代表者が行う（商登128）．

　外国会社の登記においては，日本における同種の会社または最も類似する会社の

Ⅶ-1-1-7　（4）　**営業所を設けていない外国会社**　① 営業所を設けていない外国会社が外国会社の登記後に日本における代表者を新たに定めた場合（その住所地が登記がされた他の日本における代表者の住所地を管轄する登記所の管轄区域内にある場合を除く）には，3週間以内に，その新たに定めた日本における代表者の住所地においても，外国会社の登記をしなければならない（会934Ⅰ）．② 営業所を設けていない外国会社の日本における代表者が外国会社の登記後にその住所を他の登記所の管轄区域内に移転したときは，旧住所において3週間以内に移転の登記をし，新住所地において4週間以内に外国会社の登記をしなければならない．ただし，登記がされた他の日本における代表者の住所地を管轄する登記所の管轄区域内に住所を移転したときは，新住所地において，その住所を移転したことを登記すれば足りる（会935Ⅰ）．③ 営業所を設けていない外国会社が外国会社の登記後に日本に営業所を設けたときは，日本における代表者の住所地においては3週間以内に営業所を設けたことを登記し，その営業所の所在地においては4週間以内に外国会社の登記をしなければならない．ただし，登記がされた日本における代表者の住所地を管轄する登記所の管轄区域内に営業所を設けるときは，その営業所を設けたことを登記すれば足りる（会936Ⅰ）．

Ⅶ-1-1-8　（5）　**営業所を設けた外国会社**　① 日本に営業所を設けた外国会社が外国会社の登記後に日本に営業所を設けた場合（その所在地が登記がされた他の営業所の所在地を管轄する登記所の管轄区域内にある場合を除く）には，3週間以内に，その新たに設けた日本における営業所の所在地においても，外国会社の登記をしなければならない（会934Ⅱ）．② 日本に営業所を設けた外国会社の登記後に営業所を他の登記所の管轄区域内に移転したときは，旧所在地においては3週間以内に移転の登記をし，新所在地においては4週間以内に外国会社の登記をしなければならない．ただし，登記がされた営業所を管轄する登記所の管轄区域内に営業所を移転したときは，新住所地において，その営業所を移転したことを登記すれば足りる（会935Ⅱ）．③ 日本に営業所を設けた外国会社が外国会社の登記後にすべての営業所を閉鎖した場合には，その外国会社の日本における代表者の全員が退任しようとするときを除く，その営業所の所在地において3週間以内に営業所を閉鎖したことを登記し，日本における代表者の住所地においては4週間以内に外国会社の登記をしなければならない．ただし，登記がされた営業所を管轄する登記所の管轄区域内に日本における代表者の住所地があるときは，すべての営業所を閉鎖したことを登記すれば足りる（会936Ⅱ）．

登記事項（会911Ⅲ・912から914）に加え，① 外国会社の設立の準拠法，② 日本における代表者の氏名・住所，③ 株式会社と同種・類似のものについては，準拠法の規定による公告をする方法，④ ③の場合において，貸借対照表につき電磁的公示の措置をとることとするときは（会819Ⅲ），貸借対照表に相当するものの内容である情報について不特定多数の者がその提供を受けるために必要な事項であって法務省令で定めるもの（会施規220Ⅰ⑥），⑤ 公告方法についての定め（会939Ⅱ）があるときは，その定め，⑥ ⑤が電子公告を公告方法とする旨のものであるときは，(i) 電子公告により公告すべき内容である情報について不特定多数の者がその提供を受けるために必要な事項であって法務省令で定めるもの（電子公告．会施規220Ⅰ⑦），(ii) 事故等の場合の代替的公告方法の定め（会939Ⅲ後段）があるときは，その定め，⑦ ⑤の定めがないときは，官報に掲載する方法を公告方法とする旨を登記しなければならない（会933Ⅱ．なお，商登129参照）．

外国会社が日本に設けた営業所に関する登記事項の規定の適用については，その営業所が支店とみなされる（会933Ⅲ）．

変更の登記，組織変更，組織再編等の登記の規定（会915・916～929）が，外国会社に準用されている（会933Ⅳ前段）．この場合の読替規定が設けられている（会933Ⅳ後段．なおⅤ）．

Ⅶ-1-1-9　**(3) 貸借対照表に相当するものの公告**　日本の株式会社と同種または最も類似の外国会社は，定時株主総会における承認と同種または類似する手続の終結後，貸借対照表に相当するものを日本において公告しなければならない（会819Ⅰ．貸借対照表が日本語以外の言語で作成されているときは，公告を日本語をもってすることを要しない．会施規214Ⅲ参照）．公告方法が官報または日刊新聞紙に掲載して行う場合は，貸借対照表に相当するものの要旨の公告で足りる（会819Ⅱ）．また，公告に代えて，インターネット上のウェブサイトに表示することが認められる（会819Ⅲ．会施規215・220Ⅰ⑥）．内国債権者の保護のため，株式会社と同様の開示を要求したものである．

有価証券報告書を内閣総理大臣に提出しなければならない外国会社（金商24Ⅷ～ⅩⅠ参照）には会社法819条の規定は適用されない（会819Ⅳ）．

Ⅶ-1-1-10　**(4) 全代表者の退任**　登記した外国会社の日本における代表者の全員が退任しようとするときは，その外国会社の債権者に対し，その退任に異議があれば1カ月を下らない一定の期間内に述べることができる旨を官報に公告し，かつ，知れている債権者に格別に催告する債権者異議手続をとらなければならない（会820Ⅰ．なお，銀行51Ⅳ，保険業212Ⅵ参照）．退任は，債権者異議手続の終了後に退任の登記をすることにより効力を生ずる（会820Ⅲ．なお，商登130ⅡⅢ参照）．これは，外国会社が，日本国内に未払債務を残したまま日本国内の普通裁判籍を失わせること等を防止しようとするものである．

Ⅶ-1-1-11　**(5) 取引継続禁止または営業所閉鎖命令と管理命令等**　裁判所は，法務大臣また

は株主・社員・債権者その他の利害関係人の申立てにより，日本の会社に対する解散命令（会824 [Ⅵ-1-1-3]）と同様の要件——もっとも「正当な理由がないのに支払を停止したとき」も命令の対象となる——の下で，外国会社の陳述を聴いた上（会870⑭），理由付きの決定で（会871），外国会社に対し，日本において取引を継続してすることの禁止または日本に設けられた営業所の閉鎖を命ずることができる（会827Ⅰ）．外国会社の日本における営業所の所在地（日本に営業所を設けていない場合にあっては，日本における代表者の住所地）を管轄する地方裁判所に専属管轄がある（会868Ⅳ）．

　法務大臣以外の申立てがあった場合において，外国会社が，その申立ては悪意によるものであることを疎明して担保提供の申立てをしたときには，裁判所は，取引継続の禁止または営業所閉鎖の申立てをした者に対し，相当の担保の提供を命ずることができる（会827Ⅱ＝824ⅡⅢ）．この場合の手続・効果については，民事訴訟法の訴訟費用の担保の規定（民訴75ⅤⅦ・76～80）が準用される（会827Ⅱ＝824Ⅳ）．

　また，裁判所その他の官庁，検察官または吏員は，その職務上**取引継続禁止または営業所閉鎖命令**の申立てまたは書面による警告をすべき事由があることを知ったときは，法務大臣にその旨を通知しなければならない（会827Ⅱ＝826）．

　裁判所は，法務大臣もしくは株主，社員，債権者その他の利害関係人の申立てによりまたは職権で，申立てにつき決定があるまでの間，会社の財産に関し，**管理人による管理を命ずる処分**（管理命令）**その他の必要な保全処分**を命ずることができる（会827Ⅱ＝825Ⅰ）．

　裁判所は，管理命令をする場合には，その管理命令において，管理人を選任しなければならず（会827Ⅱ＝825Ⅱ），その際に会社が当該管理人に対して支払う報酬の額を定めることができる（会827Ⅱ＝825Ⅳ）．裁判所は，管理人を監督し（会827Ⅱ＝825Ⅴ），管理人に対し，会社の財産の状況の報告をし，かつ，その管理の計算をすることを命ずることができる（会827Ⅱ＝825Ⅵ）．法務大臣もしくは株主，社員，債権者その他の利害関係人の申立てによりまたは職権で，管理人を解任することができる（会827Ⅱ＝825Ⅲ）．会社と管理人との関係には民法の委任の規定の一部が準用される（会社827Ⅱ＝825Ⅶ＝民644・646・647・650）．

Ⅶ-1-1-12　**(6) 清算開始命令**　① 外国会社が取引継続の禁止・営業所閉鎖命令を受けた場合，または ② 外国会社が日本における取引を継続してすることをやめた場合には，裁判所は，利害関係人の申立てによりまたは職権で，日本にある外国会社の財産の全部について清算の開始を命ずることができる（会822Ⅰ．なお，銀行51Ⅴ，保険業213参照）．その場合には，裁判所は清算人を選任する（会822Ⅱ）．清算手続には，株式会社の清算および特別清算の規定が準用される（会822Ⅲ）．外国会社が清算開始命令を受け，外国会社の日本における代表者（日本に住所を有するものに限る）の全員が退任しようとするときは，日本に住所を有する日本における代表者の退任の規定（会820）は適用されず（会822Ⅳ），清算手続の中で債権者保護が図られる．

3 擬似外国会社の規制

Ⅶ-1-1-13 日本に本店（事実上の本店）を置き，または日本において事業を行うことを主たる目的とする外国会社は，日本において取引を継続してすることができない（会821Ⅰ）．これに違反して取引をした者は，相手方に対し，外国会社と連帯して，その取引によって生じた債務を弁済する責任を負う（会821Ⅱ．なお，会979Ⅱ参照）．

　これは，日本において事業を行うことを目的としながら，日本法の適用を回避する目的で外国法に準拠して設立された会社を規制するものである．

◇ 事項索引 ◇

◆ あ行 ◆

悪　　意 …………………………… *520*
預合い ……………………………… *117*
安定操作 …………………………… *88*
委員会設置会社 …………… *336, 483*
異議催告手続 ……………………… *183*
意見陳述権 ………………………… *406*
意見表明報告書 …………………… *92*
一時差異 …………………… *559, 560*
一人会社 …………………………… *5*
１年基準（ワンイヤールール）…… *562*
一般の破産債権 …………………… *814*
一般優先債権 ……………………… *815*
委任状 ……………………… *367, 368*
違法行為差止請求権 ……… *467, 523*
違法な剰余金の分配に係る支払義務 … *500*
違法な剰余金配当の責任 ………… *660*
WEB 開示制度 …………… *362, 641*
訴えの利益 ………………………… *383*
売掛金 ……………………… *559, 563*
売出発行 …………………………… *686*
営業循環基準 ……………………… *562*
営業所閉鎖命令 …………………… *866*
営　　利 …………………………… *4*
EDINET ………………… *276, 645*
延　　期 ………………… *125, 376, 847*
エンロン事件 ……………………… *75*
黄金株 ……………………………… *177*
オーバーアロットメント ………… *283*
オプション取引 …………………… *566*
オペレーティング・リース取引 … *563*
親会社 ……………………………… *42*
親会社社員 ……… *102, 128, 130, 157, 831*
親会社等状況報告書 ……………… *86*

◆ か行 ◆

買掛金 ……………………………… *559*
外貨建取引等会計処理基準 ……… *562*
開業費 ……………………………… *570*
会計監査人 ………………… *398, 403, 479*
会計参与 …………………… *395, 402, 460*
外国会社 …………………… *44, 863*
解　　散 …………………………… *807*
解散判決 …………………………… *808*
解散命令 …………………………… *807*
会社債権者 ………………………… *47*
会社債権者保護手続 ……………… *623*
会社組織に関する訴え …………… *288*
会社に対する責任 ………………… *674*
会社の機会の奪取 ………………… *433*
会社の権利能力 …………………… *30*
会社の行為能力と不法行為能力 … *33*
会社の組織に関する訴え ………… *60*
会社の代理商 ……………………… *26*
会社分割 …………………………… *745*
買取引受け ………………………… *268*
介入権 ……………………………… *432*
解　　任 …………………………… *409*
　──の訴え …………………… *412*
開発費 ……………………………… *570*
確認書 ……………………………… *86*
額　　面 …………………………… *150*
貸　　方 …………………………… *536*
貸倒引当金 ………………………… *577*
仮設人 ……………………………… *114*
合　　併 …………………………… *742*
株　　券 …………………………… *235*
株券失効制度 ……………………… *241*
株券喪失登録簿 …………………… *243*
株券発行会社 ……………………… *43*
株券不所持制度 …………………… *247*
株式移転 …………………………… *748*
株式移転計画新株予約権 ………… *766*
株式会社 …………………………… *16*
　──の支配に関する基本方針 … *609*
　──の清算 …………………… *821*
株式買取請求権 …………… *151, 204*

株式交換	748	間接取引	434
株式交換契約新株予約権	766	鑑定人	832
株式合資会社	16, 71	監督委員	843, 855
株式交付費	570	管理権（共益権）	147, 154
株式の消却	181	管理命令	808, 851, 867
株式の譲渡	217	関連会社	43, 544
株式の譲渡担保	231	機　関	34
株式の相互保有	217	企業会計基準委員会	532
株式の評価	179	企業組合	11
株式の不可分性	148	企業結合	790
株式の振替	247	議決権	365
株式の分割	184	──の代理行使	127, 367
株式の併合	181	──の不統一行使	127, 370, 847
株式の無償割当て	188	議決権行使書面	124, 361, 846
株式申込証主義	112	議決権拘束契約	366
株主委員会	857	議決権信託	366
株主資本等変動計算書等	595	議決権制限種類株式	173
株主総会	340	議決権電子行使プラットフォーム	347
株主総会参考書類	354	危険な約束	105
株主平等の原則	157	擬似外国会社	868
株主名簿	253	擬似発起人	143
株主名簿管理人	254	基準株式数	832
株主ライツ・プラン	296	基準日	262
株主割当て	268, 270, 272	議事録	378, 847
仮委員	489	議　長	126, 371
仮(一時)清算人・仮(一時)代表清算人	824	期末の欠損てん補責任	501
仮会計監査人	414	記名式社債	704
借　方	536	キャッシュ・フロー	554
仮執行役	495	吸収型再編	735
仮処分	68	吸収分割	746
仮代表執行役	496	休眠会社	17, 809
仮取締役	414	共益債権	813
為替換算調整勘定	593	競業避止義務	25, 26, 431
簡易異議催告手続	240, 245	共通支配下関係	793, 795, 801
簡易再生	854	協　定	848
簡易組織再編	774	──の認可	848
簡易手続	739	共同支配	792
関係会社	43, 545	共同代表	455
監査委員会	491	業務・財産検査役	526
管財人	851, 855, 860	拒否権付種類株式	120, 121, 177, 410
監査法人	398	金庫株	197
監査役	396, 397, 403, 464	金銭分配請求権	832
監査役会	474	金融資産	565
監視義務	429	金融商品取引業等	80

事項索引　871

金融商品取引所 ……………………… 81	公　募 ……………………………… 268
組　合 ………………………………… 10	合名会社 …………………………… 11
民法上の── …………………… 10	子会社 ……………………………… 42
繰延資産 …………………………… 568	──による親会社株式の取得 …… 214
繰延ヘッジ損益 …………………… 592	国際会計基準 ……………………… 532
グリーンシート銘柄 ……………… 110	国際会社法 ………………………… 863
経営判断の原則 …………………… 428	固定資産 …………………………… 566
経過勘定 …………………………… 558	固定負債 …………………………… 582
計算関係書類 ……………………… 552	コーポレート・ガバナンス …… 19, 53, 73
計算書類 …………………………… 550	固有権 ……………………………… 156
継　続 ……………………………… 810	◆ さ 行 ◆
欠格事由 …………………………… 394	
決議取消しの訴え ………………… 380	債権者委員会 ……………………… 856
決議不存在確認の訴え …………… 386	債権者異議手続 …………………… 818
決議無効確認の訴え ……………… 386	債権者集会 …………………… 845, 851
決　算 ……………………………… 540	債権者集会参考書類 ……………… 846
決算報告 …………………………… 833	債権者保護手続 …………………… 779
検査役 ……………………… 108, 280, 525	財産価額てん補責任 ……………… 139
──の調査 ……………………… 326	財産価額不足てん補責任 ……… 293, 333
原始定款 …………………………… 99	財産権（自益権） ……………… 147, 150
建設仮勘定 ………………………… 567	財産状況報告集会 ………………… 855
建設利息 …………………………… 569	財産処分取消しの訴え …………… 818
減損損失 …………………………… 576	財産引受け ……………………… 106, 135
現物出資 ……………………… 8, 105, 269, 280	財産法 ……………………………… 538
現物配当 ……………………… 648, 657	財産目録 …………………………… 817, 829
権利株 ……………………… 138, 220, 283	再審の訴え ………………………… 523
公開会社 …………………………… 39	再生計画 …………………………… 855
公開買付け ………………………… 90	再生債権 …………………………… 815
合資会社 …………………………… 15	再生債権者表 …………………… 854, 856
公証人による認証 ………………… 100	再生手続 …………………………… 851
更生会社 …………………………… 857	財団債権 …………………………… 813
更生計画 …………………………… 861	債務超過 ……………… 583, 834, 850, 853
更生債権 …………………………… 816	債務の株式化 ……………………… 282
更生債権者委員会 ………………… 857	裁量棄却 ……………………… 145, 385
更生担保権 ………………………… 814	差額支払責任 ………………… 293, 333
更生担保権者委員会 ……………… 857	先物契約 …………………………… 565
更生手続 …………………………… 857	三角合併 …………………………… 744
公正なる会計慣行 ………………… 529	参加的優先株 ……………………… 172
合同会社 ………………… 13, 664, 665, 667, 671, 675, 677, 678	残高試算表 ………………………… 541
公認会計士 ………………………… 398	3カ月ルール …………………… 545
後発事象 ……………………… 607, 634	3分の1ルール ………………… 91
公平・誠実義務 …………………… 853	3分法 ………………………… 555, 556
合弁会社 …………………………… 98	残余財産の分配 …………………… 832
	仕掛品 ……………………………… 564

872　事項索引

資格譲渡	367
時価法	581
事業譲渡	26, 737
事業年度	537
事業分離等会計基準	800
事業報告	608
事後開示	782
自己株券買付状況報告書	86
自己株式	591
――の取得	196
――の消却	214, 652, 655
自己株式処分差額	652
自己株式申込証拠金	591
自己新株予約権	314, 320, 594
事後設立	106
自称社員	667
事前開示	767
執行役	494
執行役員制	395
失念株	260
質問回答報告書	92
私的整理	811
辞任	408
自認債権	854
(支配)取得	790
支配人	24
支払不能	838, 850
四半期報告書	85, 649
資本確定の原則	103
資本金	584
――の額の増加	626
資本金・準備金の額の減少	619
資本金等増加限度額	285
資本準備金	589
資本剰余金	589
その他――の減少	625
その他――の増加	627
資本の3原則	49
資本連結	546
事務承継者の選任	697
指名委員会	491
社員権	4
――の取得	180
――の喪失	181

社員の責任	807
社外監査役	400, 823
社外監査役候補者	357
社外取締役	484
社外取締役候補者	356
社外役員	611
社債	681
――の格付け	684
社債管理者	691
社債券	687
社債権者集会	698
社債原簿	707
社債発行費	570
社団	4
従業員持株制度	50
従属法	863
重要財産委員会	446
主観的無効原因	665
授権資本	103
受託会社	711
出資	8
取得価額	536
取得原価	536
取得条項付株式	165
取得条項付新株予約権	299, 321
取得請求権付株式	162
主要簿	539
主要目的ルール	286
種類株主総会	389
種類創立総会	130
準則主義	95
準備金の額の増加	626
準備金の減少	622
償還株式	166
償却原価法	578
償却すべき資産	571
商業帳簿	535
常勤監査役	401
商号	23
商行為	23
上場会社	40
少数株主権	155, 252
少数派株主の締出し	280
譲渡制限株式	160, 222

事項索引　873

商人資格	23	清算事務年度	830
情報の開示	54	清算人	818, 823, 843
消滅分割	747	清算人代理	843
賞　与	418	清算貸借対照表	817, 829
剰余金	651	清算中の会社	817
職務執行停止	415, 495	製造原価	536
職務代行者	415, 495, 674	整　理	811
除権決定	312	責任限定契約	506
所在不明株主の株式売却制度	263	責任の軽減	503
処分価格	542	責任免除	502
除　名	670	セグメント情報	552
書面決議	363	説明義務	126, 374, 772
書面投票	124, 128, 346, 353	設立時委員	122
知れたる債権者	780	設立時執行役	122
仕訳帳	539	設立時代表執行役	122
新株式申込証拠金	589	設立時代表取締役	122
新株の発行	267	設立時募集株式	112
新株発行・自己株式処分の差止請求権	286	設立時役員等	119
新株発行・自己株式処分不存在確認の訴え	292	設立準拠法主義	863
新株発行無効の訴え・自己株式処分無効の訴え	287	設立中の会社	132
新株引受権	274	設立取消しの訴え	665
新株予約権買取請求	777	設立の不存在	146
新株予約権原簿	313	設立の無効	143
新株予約権証券	301, 311, 317, 326, 507, 730	――の訴え	665
新株予約権（新株予約権付社債）発行無効の訴え	333	設立費用	107, 136
新株予約権付社債	595, 716	善意取得	239, 250, 312
新株予約権の買取請求	322, 719	全員出席総会	362
新株予約権の発行	295	全額払込制	70
――の差止め等	329	善管注意義務	428
新株予約権の無償割当て	328	船舶共有	16
新設型再編	735	全部取得条項付種類株式	175
新設分割	746	総会屋	372
信託型ライツ・プラン	320	総額引受け	686
信託の設定	234	相互会社	9
人的会社	44	総数引受け	282
信用出資	8	相場操縦	88
ストック・オプション	296, 419	創立総会	123
スワップ取引	566	創立総会参考書類	124
税効果会計	559	創立費	107, 569
清　算	816	属人法	863
清算開始命令	867	組織再編（行為）	721
		組織変更	726
		訴訟参加	520
		続　行	125, 376, 847

874　事項索引

その他資本剰余金の減少 …………… 625
その他資本剰余金の増加 …………… 627
その他有価証券 ………………………… 565
その他有価証券評価差額金 ………… 591
その他利益剰余金の減少 …………… 625
その他利益剰余金の増加 …………… 627
ソフトウェア …………………………… 567
損益共同契約 …………………………… 737
損益計算書 ……………………………… 538
損益法 …………………………………… 538

◆ た行 ◆

大会社 …………………………… 41, 336
大規模監査法人 ………………………… 399
第三者に対する責任 ………… 141, 674
第三者割当て ………………… 268, 279
退　社 …………………………… 668, 670
貸借対照表 ……………………………… 536
対象議決権保有届出書 ……………… 220
退職慰労金 …………………… 420, 506
退職給付引当金 ………………………… 582
代表権 …………………………………… 453
　　──の濫用 ………………………… 456
代表執行役 ……………………………… 496
代表者 …………………………………… 864
代表社債権者 …………………………… 703
代表訴訟 ………………………………… 514
代表取締役 ……………………………… 450
大量保有報告書 ………………………… 86
多数議決権株式 ………………………… 173
棚卸資産 ……………………… 564, 579
棚卸表 …………………………………… 541
棚卸法 …………………………………… 542
短期社債 ……………………… 266, 713
単元株 …………………………………… 191
単独株主権 ……………………………… 154
単独新設分割 …………………………… 802
担保権 ………………………… 841, 848
　　第522条第2項に規定する── … 814
担保権消滅請求制度 …………………… 814
担保付社債 ……………………………… 711
中間配当 ………………………………… 659
注記表 …………………………………… 598
忠実義務 ………………………………… 430

中小企業挑戦支援法 …………………… 17
弔慰金 …………………………………… 420
調査委員 ……………………… 840, 844
調査命令 ………………………………… 839
帳簿閲覧・謄写権 ……………………… 547
直接取引 ………………………………… 434
提案権 …………………………………… 350
定額法 ………………………… 569, 570, 572
低価法 …………………………………… 579
定　款 …………………………………… 99
定款変更 ………………………………… 721
定時総会 ………………………………… 347
デット・エクィティ・スワップ …… 586
デリバティブ …………………………… 565
転換株式 ………………………………… 163
電子公告 ………………………… 57, 107
電子公証制度 …………………………… 100
電子署名 ……………………… 52, 98, 100
電磁的記録 ……………………………… 52
電磁的方法 ……………………………… 52
電子投票 …………………… 124, 129, 347
同意再生 ………………………………… 854
登　記 …………………… 29, 67, 136, 415, 865
登記消極的公示力 ……………………… 29
登記積極的公示力 ……………………… 30
登記創設的効力 ………………………… 138
登記付随的効力 ………………………… 139
動　議 …………………………………… 375
倒　産 …………………………………… 810
投資事業有限責任組合 ………………… 11
同族会社 ………………………………… 45
登録質 …………………………………… 230
登録譲渡担保 …………………………… 231
登録新株予約権質権者 ………………… 319
特定監査役 …………………… 630, 631
特定社債保証制度 ……………………… 684
特定取締役 ……………………………… 631
特定募集 ………………………………… 654
特定目的会社 …………………………… 3
特別清算 ………………………………… 834
特別清算開始命令 ……………………… 837
特別利害関係を有する株主 ………… 383
匿名組合 ………………………………… 14
特例登録質権者 ………………………… 230

事項索引 875

特例有限会社	20, 646
土地再評価差額金	592
トラッキング・ストック	172
取締役	393, 401, 425
取締役会	438
取締役設置会社	335, 340, 342
取締役・監査役選任権付種類株式	120, 121, 177, 410
取引継続禁止	866

◆ な 行 ◆

名板貸し	24
内部者取引	89
内部統制システム	426, 440, 486, 824
内部統制報告書	85
入　社	668
任意清算	817
任意退社	669
認　可	862
認　許	864
認否書	854
任務懈怠	499
のれん	554, 793, 794
のれん等調整額	655

◆ は 行 ◆

売価還元法	579
売買目的有価証券	565
破産管財人	850
破産債権	814
破産手続	849, 850
パーチェス法	790
――を適用	795
発行可能株式総数	103, 725
発行可能種類株式総数	169
発行市場	81
発行登録制度	84
発生主義	554
払込・給付担保責任	140
払込金受入証明書	115
払込取扱銀行等の保管証明	142
払込保管証明制度	115
半期報告書	85, 660
半成工事	564

引当金	582
非公開会社	335
非常財産目録	542
1株未満の端数処理	190
否認権	855
表見支配人	25
表見代表執行役制度	496
表見代表取締役	457
費用収益対応の原則	554
非連結子会社	544
日割配当	647
品質管理レビュー	482
ファイナンス・リース取引	563
複式簿記	535
不実の情報開示による責任	513
附属明細書	615, 641
普通株式	171
ブック・ビルディング方式	275
復　権	851
物上代位権	232
物的会社	45
不提訴理由書	518
不動産鑑定士の鑑定評価	110, 281, 327
ブラック＝ショールズ・モデル	308
振替株式	164, 168, 184, 187, 217, 229, 230, 248
振替社債	713
振替新株予約権	311
分割型会社分割	747, 761
分社型会社分割	747
別記事業	530
別除権	813, 814
変態設立事項	101, 105
ポイズン・ピル	296
包括利益	558
報酬委員会	493
報酬等	416
法　人	6
法人格否認の法理	34
法人税確定申告書別表第四	559
法定種類株主総会	389
法定清算	817, 818
補欠の役員	407
募　集	268

募集株式	268	約定劣後債権	815
募集新株予約権	302	約定劣後再生債権	815
募集設立	97	有価証券	565
補助簿	539	——の売出し	84
保全管理命令	851	——の募集	82
発起設立	97	その他——	565
発起人	98, 133	有価証券通知書	85
発起人組合	131	有価証券届出書	81, 84, 272, 276
本拠地法主義	863	有価証券報告書	85
		有限責任	9

◆ ま行 ◆

		有限責任事業組合	14
前受金	558	優先株式	171
前受収益	558	優先的破産債権	814
前払金	558	誘導法	542
前払費用	558	有利発行	274, 277, 306, 308
マネージメント・バイアウト	91	横すべり監査役	397
満期保有目的の債券	565	預託証券	370
未収金	559		
未収収益	558	◆ ら行 ◆	
見せ金	117	利益供与	499
未払金	559	——の禁止	372
未払費用	558	利益準備金	590
民法上の組合	10	——の額の増加	626
無額面株式	149	利益剰余金	590
無記名株券	16, 236	利益相反取引	433, 434
無記名式社債	704	利札	687, 710
無限責任	9	リスク管理体制構築義務	429
名義書換え	255, 256	略式質	229
目論見書	84, 282	略式譲渡担保	231
持株会社	44	略式組織再編	776
持分	4	略式手続	740
——の結合	791	流通市場	81
持分会社	663	流動資産	563
——の清算	817	流動性配列法	562
持分複数主義	147	流動負債	581
持分法	544, 554	臨時会計年度	618
元帳	539	臨時計算書類	551, 645, 653
		臨時総会	347

◆ や行 ◆

		臨時報告書	86
役員	393	累積的優先株	173
役員退職慰労金引当金	582	累積投票	121, 405
役員等責任査定決定	841	レヴァレジド・バイアウト	91
役員等の第三者に対する責任	507	劣後株式	171
役員賠償責任保険	497	劣後的破産債権	815

事項索引　877

連結会社 …………………………… *544*
連結計算書類 ……………………… *551*
連結子会社 ………………………… *544*
連結配当規制適用会社 ………… *608, 656*
連単剰余金差損額 ………………… *656*
労働者保護手続 …………………… *745*

労務出資 ……………………………… *8*

◆　わ行　◆

和　解 ……………………………… *521*
割当自由の原則 …………………… *113*
割当日 ………………………… *303, 310*

◇ 判 例 索 引 ◇

◆ 最高裁判所 ◆

大判明治34・5・22民録7輯106頁 ………… 147
大判明治36・3・10民録9輯299頁 ………… 132
大判明治36・9・4民録9輯978頁 ………… 436
大判明治41・1・29民録14輯22頁 ………… 98
大(連)判明治42・12・2民録15輯926頁 …… 436
大判明治43・9・26民録16輯568頁 ………… 220
大判大正2・6・28民録19輯530頁〔東京鉄
　道事件〕 ……………………………………… 807
大判大正2・7・9民録19輯619頁 ………… 821
大判大正2・11・19民録19輯974頁 ………… 648
大判大正4・12・22民録21輯2151頁〔桑名
　屋製油所事件〕 ……………………………… 126
大判大正6・9・26民録23輯1498頁〔広島
　魚市事件〕 …………………………………… 743
大決大正6・6・22民録23輯965頁 ………… 415
大判大正7・7・10民録24輯148頁 ………… 131
大判大正8・1・24民録25輯30頁 ………… 648
大判大正8・4・21民録25輯224頁 ………… 436
大判大正8・12・24民録5輯2360頁 ………… 116
大判大正9・2・20民録26輯184頁 ………… 435
大決大正10・5・20民録27輯947頁 ………… 526
大判大正11・9・27刑集1巻502頁 ………… 199
大判大正13・3・22民集3巻185頁 ………… 12
大決大正13・7・28民集3巻381頁 ………… 823
大判昭和元・12・27民集5巻12号906頁 …… 4
大判昭和2・6・20民集6巻354頁 ………… 113
大判昭和2・7・4民集6巻428頁〔東洋紙
　器事件〕 ……………………………… 107, 136
大判昭和2・8・3民集6巻484頁〔日魯漁
　業事件〕 ……………………………… 105, 648
大判昭和3・7・6民集7巻8号546頁〔今
　宮黒鉛工業事件〕 …………………………… 259
大判昭和3・8・31民集7巻714頁〔北国燃
　料事件〕 ……………………………………… 99
大判昭和3・11・28民集7巻1008頁〔箱根
　土地事件〕 …………………………………… 683
大判昭和4・10・24新聞3079号15頁 … 233, 234

大判昭和5・2・22法律新報213号14頁 …… 435
大判昭和5・6・12民集9巻543頁 ………… 146
大判昭和5・7・17民集9巻868頁 ………… 624
大判昭和5・9・20新聞3191号10頁 ………… 99
大判昭和5・10・10民集9巻1038頁〔東葛
　銀行事件〕 …………………………………… 382
大判昭和6・5・1民集10巻297頁 ………… 671
大判昭和6・7・2民集10巻543頁 ………… 386
大判昭和6・9・29新聞3320号15頁 ………… 382
大判昭和6・11・4民集10巻1060頁 ………… 693
大判昭和7・4・26新聞3410号14頁 ………… 785
大判昭和7・5・27民集11巻1069頁 ………… 456
大判昭和7・6・10民集11巻1365頁〔金澤
　合同運送事件〕 ……………………………… 421
大判昭和7・6・29民集11巻1257頁 ………… 98
大判昭和7・12・7民集11巻2349頁〔洗馬
　合同運送事件〕 ……………………………… 381
大判昭和8・2・14民集12巻5号423頁〔日
　本積善銀行事件〕 …………………………… 508
大判昭和8・3・27法学2巻11号1356頁
　………………………………………… 107, 136
大判昭和8・5・9民集12巻1091頁 ………… 103
大判昭和8・5・22民集12巻1230頁 …… 141, 142
大判昭和8・12・28民集12巻2978頁 ………… 141
大判昭和9・1・23新聞3673号15頁 ………… 435
大判昭和10・2・1民集14巻75頁 …… 624, 780
大判昭和10・3・9民集14巻3号291頁 …… 669
大判昭和10・4・19民集14巻1134頁 ………… 107
大判昭和10・7・15民集14巻1401頁〔關山
　製緒事件〕 …………………………………… 352
大判昭和11・12・17新聞4081号15頁 ……… 832
大判昭和12・4・22民集16巻487頁〔印幡銀
　行事件〕 ……………………………………… 784
大判昭和12・9・17法学6巻1553頁 ………… 387
大判昭和13・5・17民集17巻996頁〔日本織
　布事件〕 ……………………………………… 131
大判昭和13・9・28民集17巻1895頁 ………… 435
大〔民聯〕判昭和13・12・26民集17巻2744頁
　〔高谷銀行事件〕 …………………………… 733

大判昭和14・2・8民集18巻54頁［新港シャーリング工場事件］……………… *671*
大判昭和14・4・19民集18巻472頁 ………… *141*
大判昭和15・3・30民集19巻639頁 ………… *141*
大判昭和15・10・5新聞4632号3頁 ……… *707*
大判昭和16・5・21民集20巻693頁［川越酒造合資会社事件］……………………… *667*
大判昭和16・6・7大審院判決全集8輯21号9頁 ……………………………… *141, 142*
大判昭和19・8・25民集23巻524頁 …… *757, 787*
最判昭和24・6・4民集3巻7号235頁 *431, 432*
最三小判昭和25・6・13民集4巻6号209頁［暁製作所事件］…………………………… *415*
最二小判昭和27・2・15民集6巻2号77頁［塩見社団事件］………………………… *31*
最一小判昭和28・12・3民集7巻12号1299頁［和光製造工業事件］………… *134, 135*
最二小判昭和29・10・15民集8巻10号1898頁 ………………………………………… *29*
最一小判昭和30・10・20民集9巻11号1657頁［郡山合同証券事件］…………… *258*
最二小判昭和31・6・29民集10巻6号774頁 *443*
最二小判昭和31・10・5民集23巻409頁［小松瓦斯事件］………………………… *421*
最一小判昭和31・11・15民集10巻11号1423頁［小松瓦斯事件］………………………… *381*
最判昭和31・12・11裁判民集24号337頁 …… *220*
最三小判昭和33・5・20民集12巻7号1077頁 ……………………………………… *809*
最三小判昭和33・7・22民集12巻12号1805頁［岡山県高取建築学校設立組合事件］…… *11*
最二小判昭和33・10・3民集12巻14号3053頁［西島鉄工所事件］………………… *387*
最二小判昭和33・10・24民集12巻14号3228頁［大映スターズ事件］……………… *135*
最二小判昭和33・10・24民集12巻14号3194頁［房総天然瓦斯工業事件］………… *221*
最三小判昭和35・1・12商事167号18頁［キネマ館事件］……………………………… *386*
最三小判昭和35・3・15判時218号28頁［ユタカ鍍金工業所事件］………………… *382*
最三小決昭和35・6・21刑集14巻8号981頁 *117*
最一小判昭和35・9・15民集14巻11号2146頁［大和銀行事件］……………………… *260*

最二小判昭和35・10・14民集14巻12号2499頁［ミヤマ製紙事件］………………… *458*
最二小判昭和35・12・9民集14巻13号2994頁［中外石炭事件］…………… *131, 132*
最二小判昭和36・3・31民集15巻3号645頁［ズノー光学工業事件］……………… *289*
最二小判昭和36・7・31民集15巻7号1982頁［三陸定置漁業組合事件］………… *11*
最二小判昭和36・10・13民集15巻9号2320頁 ………………………………………… *29*
最二小判昭和36・11・24民集15巻10号2583頁［備前護謨株式会社事件］……… *380*
最一小判昭和36・12・14民集15巻11号2813頁［日本農工殖産事件］…… *223, 833*
最二小判昭和37・1・19民集16巻1号76頁［東亜石油事件］………………… *290, 383*
最二小判昭和37・3・2民集16巻3号423頁［神戸銀行事件］……………………… *142*
最二小判昭和37・3・8民集16巻3号473頁［後楽園スタヂアム事件］…………… *725*
最二小判昭和37・4・20民集16巻4号860頁 ……………………………………… *236, 260*
最三小判昭和37・5・1民集16巻5号1031頁 *25*
最三小判昭和38・3・1民集17巻2号280頁 …… *28*
最二小判昭和38・8・8民集17巻6号823頁［二葉工業事件］……………………… *386*
最一小判昭和38・9・5民集17巻8号909頁［大江産業株式会社事件］…………… *456*
最二小判昭和38・12・6民集17巻12号1633頁［中部罐詰事件］…………………… *117*
最二小判昭和38・12・6民集17巻12号1664頁 ……………………………………… *435*
最三小判昭和38・12・24民集17巻12号1744頁［新光貿易事件］…………………… *106*
最一小判昭和39・1・23民集18巻1号87頁 *665*
最一小判昭和39・1・28民集18巻1号180頁 *435*
最一小判昭和39・5・21民集18巻4号608頁［甲府石油事件］………… *381, 416, 453*
最二小判昭和39・5・26民集18巻4号635頁［佐賀銀行事件］……………………… *142*
最二小判昭和39・6・12手研91号10頁 …… *459*
最二小判昭和39・12・11民集18巻10号2143頁［名古屋鉄道事件］………………… *421*
最判昭和40・2・2判時413号75頁［新大阪

ホテル事件］‥‥‥‥‥‥‥‥‥‥ *386*
最二小判昭和40年4月9日民集19巻3号
　632頁［保津川遊船事件］‥‥‥‥ *458, 459*
最三小判昭40・6・29民集19巻4号1045
　頁［後楽園スタヂアム事件］‥‥‥ *386, 388*
最大判昭和40・9・22民集19巻6号1600頁
　［富士林産工業事件］‥‥‥‥‥‥‥‥ *27*
最三小判昭和40・9・22民集19巻6号1656
　頁［富士林産工業事件］‥‥‥‥‥‥ *449*
最判昭和40・10・8民集19巻7号1745頁 ‥ *290*
最一小判昭和40・11・11民集19巻8号1953
　頁［平川食品事件］‥‥‥‥‥‥‥‥ *669*
最三小判昭和40・11・16民集19巻8号1970
　頁［根室東映劇場事件］‥‥‥‥‥‥ *238*
最一小判昭和41・1・27民集20巻1号111頁 ‥ *24*
最大判昭和41・2・23民集20巻2号302頁 ‥ *27*
最二小判昭和41・4・15民集20巻4号660頁
　［弘陽商運事件］‥‥‥‥‥‥‥‥‥‥ *508*
最一小判昭和41・7・28民集20巻6号1251
　頁［本田技研工業事件］‥‥‥‥‥‥ *259*
最一小判昭和41・7・28民集20巻6号1265
　頁［天野屋事件］‥‥‥‥‥‥‥‥‥ *453*
最二小判昭和41・8・26民集20巻6号1289
　頁［宮崎物産事件］‥‥‥‥‥‥ *381, 444*
最三小判昭和41・9・6刑集20巻7号759頁 ‥ *231*
最一小判昭和41・11・10民集20巻9号1771
　頁‥‥‥‥‥‥‥‥‥‥‥‥‥‥‥‥ *459*
最判昭和41・12・1民集20巻10号2036頁 ‥ *142*
最判昭和41・12・20民集20巻10号2160頁
　［丸菱物産事件］‥‥‥‥‥‥‥‥‥‥ *452*
最小三判昭和41・12・23民集20巻10号2217
　頁‥‥‥‥‥‥‥‥‥‥‥‥‥‥‥‥ *101*
最判昭和42・2・17判時481号124頁‥‥‥ *624*
最三小判昭和42・3・14民集21巻2号378頁 *383*
最二小判昭和42・4・28民集21巻3号796頁
　‥‥‥‥‥‥‥‥‥‥‥‥‥‥‥‥ *455, 458*
最一小判昭和42・7・6金判67号16頁‥‥ *459*
最判昭和42・7・25民集21巻6号1669頁
　［興有産業事件］‥‥‥‥‥‥‥‥‥‥ *376*
最三小判昭和42・9・26民集21巻7号1870
　頁［大和交通事件］‥‥‥‥‥‥ *132, 135*
最一小判昭和42・9・28民集21巻7号1970
　頁［国際交通事件］‥‥‥‥‥‥ *259, 381*
最二小判昭和42・11・17民集21巻9号2448

頁‥‥‥‥‥‥‥‥‥‥‥‥‥‥‥‥ *114*
最一小判昭和42・12・14刑集21巻10号1369
　頁［日和山観光事件］‥‥‥‥‥‥‥ *117*
最二小判昭和43・3・15民集22巻3号625頁
　［関西タテックス工業事件］‥‥‥‥ *850*
最一小判昭和43・5・2民集22巻5号1067頁
　［行田電線事件］‥‥‥‥‥‥‥‥‥‥ *743*
最三小判昭和43・5・28民集22巻5号1125
　頁‥‥‥‥‥‥‥‥‥‥‥‥‥‥‥‥ *243*
最一小判昭和43・6・13民集22巻6号1171
　頁‥‥‥‥‥‥‥‥‥‥‥‥‥‥‥‥‥ *24*
最一小判昭和43・6・27判時525号52頁［渡
　島蔬菜農業協同組合事件］‥‥‥‥‥ *132*
最三小判昭和43・9・3金判129号7頁‥‥ *423*
最判昭和43・9・5民集22巻9号1846頁‥‥ *229*
最判昭和43・11・1民集22巻12号2402頁
　［関口本店事件］‥‥‥‥‥‥‥‥ *29, 105*
最二小判昭和43・11・1民集22巻12号2402
　頁［関口本店事件］‥‥‥‥‥‥‥‥ *367*
最大判昭和43・11・13民集22巻12号2449頁 *647*
最三小判昭和43・12・24民集22巻13号3334
　頁［東京法務局事件］‥‥‥‥‥‥‥ *414*
最大判昭和43・12・25民集22巻13号3511頁
　［三栄電気事件］‥‥‥‥‥‥‥ *434-436*
最一小判昭和44・1・31民集23巻1号178頁
　［女川製氷冷凍事件］‥‥‥‥‥‥‥ *386*
最一小判昭和44・2・27民集23巻2号511頁
　［山世志商会事件］‥‥‥‥‥‥‥ *34, 35*
最二小判昭和44・3・28民集23巻3号645頁
　［日東澱粉化学事件］‥‥‥‥‥ *445, 823*
最一小決昭和44・10・16刑集23巻10号1359
　頁［東洋電機カラーテレビ事件］‥‥ *372*
最三小判昭和44・10・28判時577号92頁‥ *421*
最大判昭和44・11・26民集23巻11号2150頁
　［菊水工業事件］‥‥‥‥‥‥ *429, 508, 512*
最一小判昭和44・11・27民集23巻11号2301
　頁［朝日商工事件］‥‥‥‥ *444, 458, 460*
最三小判昭和44・12・2民集23巻12号2396
　頁［小河内観光開発事件］‥‥‥ *443, 449*
最一小判昭和45・1・22民集24巻1号1頁
　［関口本店事件］‥‥‥‥‥ *148, 368, 380*
最一小判昭和45・3・12判時591号88頁‥‥ *435*
最一小判昭和45・4・2民集24巻4号223頁
　［甘木中央青果事件］‥‥‥‥‥‥‥ *384*

最一小昭和45・4・23民集24巻4号364頁 *435*
最大判昭和45・6・24民集24巻6号625頁
　［八幡製鉄政治献金事件］……… *31–33, 430*
最一小判昭和45・7・9民集24巻7号755頁
　［岸印舗事件］……………………… *386, 387*
最大判昭和45・7・15民集24巻804頁［丹後織物石川有限会社事件］………… *147, 150*
最一小判昭和45・8・20判時607号79頁［広島血液銀行事件］……………………… *386*
最一小判昭和45・8・20民集24巻9号1305頁［北川鋼材事件］…………………… *435*
最二小判昭和45・11・6民集24巻12号1744頁［多々良商事事件］……………… *416*
最一小判昭和45・11・12民集24巻12号1901頁［東京海上火災保険会社事件］
　……………………………… *116, 283, 284*
最三小判昭和45・11・24民集24巻12号1963頁［大運事件］………………… *159, 647*
最判昭和45・12・15民集24巻13号2072頁［東和食品事件］…………………… *457*
最一小判昭和46・3・18民集25巻2号183頁
　［日本サーモ・エレメント事件］
　……………………………… *344, 381, 385*
最二小判昭和46・4・9判時635号149頁…… *27*
最一小判昭和46・6・24民集25巻4号596頁
　［猪名川礦油事件］………………… *5, 6*
最三小判昭和46・6・29民集25巻4号711頁 *733*
最二小判昭和46・7・16判時641号97頁［東急不動産事件］……………………… *290*
最大判昭和46・10・13民集25巻7号900頁
　……………………………………… *435, 436*
最三小昭和47・2・3判時662号83頁［統正社事件］…………………………… *416*
最三小昭和47・2・22判時662号81頁…… *435*
最三小昭和47・3・2民集26巻2号183頁
　［鉄玉運輸事件］…………………… *8, 105*
最三小昭和47・4・4民集26巻3号373頁 *434*
最一小昭和47・6・15民集26巻5号984頁
　［日本スタヂオ事件］…………… *30, 512*
最大判昭和47・11・8民集26巻9号1489頁
　［和島興業事件］…………………… *221*
最三小昭和48・5・22民集27巻5号655頁
　［マルゼン事件］…………………… *429, 512*
最二小判昭和48・6・15民集27巻6号700頁

［住友商事事件］……………… *223, 227, 229*
最三小昭和48・8・7判時722号95頁…… *371*
最二小昭和48・10・26判タ302号145頁
　［日本築土開発事件］……………… *35, 36*
最二小昭和48・11・26判時722号94頁
　［関西電力事件］…………………… *421*
最三小昭和48・12・11民集27巻11号1529頁［日本住宅総合センター事件］…… *437*
最二小昭和49・3・22民集28巻2号368頁
　［安威川ゴルフ事件］……………… *453, 458*
最一小判昭和49・9・26民集28巻6号1306頁［日本毛糸事件］……………… *388, 435*
最判昭和49・12・17民集28巻10号2059頁
　［三洋物産事件］…………………… *509*
最二小昭和49・12・20判時768号101頁
　［春田合名会社事件］……………… *670*
最三小昭和50・4・8民集29巻4号350頁
　［横川電気事件］…………………… *278*
最二小昭和50・6・27民集29巻6号879頁
　［別府相互タクシー事件］………… *416, 453*
最一小昭和51・1・29金法781号26頁［東邦工業事件］…………………………… *509*
最三小昭和51・10・26金法813号40頁
　［ビ・エム・ストール事件］……… *508*
最二小昭和51・11・26判時839号111頁… *456*
最二小昭和51・12・24民集30巻11号1076頁［直江津海陸運送事件］………… *368, 380*
最一小昭和52・10・14民集31巻6号825頁［明倫産業事件］…………………… *459*
最三小昭和52・11・8民集31巻6号847頁［東洋畜産事件］………… *149, 183, 240*
最二小昭和52・12・23民集31巻7号1570頁
　［大宝商事事件］…………………… *24*
最三小昭和52・12・23判時880号78頁…… *30*
最二小昭和53・4・14民集32巻3号601頁
　［玉置増一商店事件］……………… *149*
最一小昭和53・7・30民集32巻5号888頁
　［ケンコー薬品事件］……………… *387*
最一小昭和53・9・14判時906号88頁［上田養豚事件］…………………………… *37*
最二小判昭和54・11・16［マルチ産業事件］
　……………………………………… *380, 382*
最判昭和55・3・18判時971号101頁［淀川ラセン事件］………………… *429, 512*

判例索引

最二小判昭和56・4・24判時1001号110頁
　［金満鉱産事件］…………………… *450*, *460*
最二小判昭和56・5・11判時1009号124頁
　［前田製菓事件］………………………… *424*
最二小判昭和56・10・16民集35巻7号1224
　頁 ……………………………………………… *865*
最一小判昭和57・1・21判時1037号129頁
　［福岡小型陸運事件］…………………… *409*
最三小判昭和58・2・22判時1076号140頁
　［味の素事件］…………………………… *422*
最一小判昭和58・4・7民集37巻3号256頁 *437*
最三小判昭和58・6・7民集37巻5号517
　［チッソ総会取消事件］… *350*, *375*, *382*, *384*
最判昭和59・2・24刑集38巻4号1287頁
　［出光興産事件］……………… *743*, *789*, *833*
最一小判昭和59・3・29判時1135号125頁 … *25*
最二小判昭和59・4・20判時1122号113頁
　［日本国有鉄道事件］…………………… *239*
最二小判昭和59・9・28民集38巻9号1121
　頁 ……………………………………………… *416*
最一小判昭和59・10・4判時1143号143頁
　［健和産業事件］………………… *510*, *513*
最一小判昭和60・3・7民集39巻2号107頁
　［鉄原事件］……………………………… *240*
最三小判昭和60・3・26判時1159号150頁
　［シチズン時計事件］……………… *421*, *423*
最二小判昭和60・11・29民集39巻7号1760
　頁 ……………………………………… *450*, *455*
最二小判昭和60・12・20民集39巻8号1869
　頁［東和交通事件］………………… *6*, *362*
最三小判昭和61・2・18民集40巻1号32頁
　［神戸サンセンタープラザ事件］……… *397*
最一小判昭和61・3・13民集40巻2号229頁
　［丸共産業事件］………………………… *809*
最一小判昭和61・9・11判時1215号125頁
　［三条機械製作所事件］… *106*, *134-136*, *739*
最一小判昭和61・9・25商事1090号92頁
　［東京建物事件］………………………… *375*
最一小判昭和62・1・22判時1223号136頁
　［オーケイストア事件］………………… *667*
最三小判昭和62・2・17判時1228号128頁
　［昌洋水産事件］………………………… *510*
最三小判昭和62・3・16判時1248号127頁… *409*
最一小判昭和62・4・16判時1248号127頁

［コサク事件］……………………………… *512*
最判昭和62・4・21商事1110号79頁［長谷
　川工務店事件］…………………………… *397*
最判昭和62・10・20判時1260号3頁［熊本
　県選挙管理委員会事件］………………… *395*
最三小判昭和63・1・26金法1196号26頁
　［株式会社ヤマガタ事件］……………… *513*
最三小判昭和63・1・26民集42巻1号1頁 *516*
最三小判昭和63・3・15判時1273号124頁
　［明星自動車事件］………………… *228*, *256*
最判平成元・9・19判時1354号149頁［神戸
　サンセンタープラザ事件］… *396*, *397*, *407*
最一小判平成元・9・21判時1334号223頁
　［拓富商事事件］………………………… *510*
最三小判平成2・2・22裁判集民159号169頁 *26*
最三小判平成2・4・17判時1380号136頁
　［愛知銀行事件］………………………… *254*
最三小判平成2・4・17民集44巻3号526頁
　［向陽マンション事件］……… *386*, *387*, *449*
最一小判平成2・11・8金判863号20頁［香
　川鉱業事件］……………………………… *548*
最三小判平成2・12・4民集44巻9号1165
　頁［大和館事件］………………………… *148*
最三小判平成3・2・19判時1389号143頁
　［乙山館事件］…………………………… *148*
最三小決平成3・2・28刑集45巻2号77頁
　［アイデン事件］………………………… *118*
最二小判平成3・12・20資料版商事99号27
　頁 ……………………………………………… *381*
最一小判平成4・9・10資料版商事102号143
　頁［三越事件］……………………… *443*, *445*
最一小判平成4・10・29判時1454号146頁
　［西友交通事件］………………………… *292*
最一小判平成4・10・29民集46巻7号2580
　頁［ブリヂストン事件］…………… *382*, *384*
最二小判平成4・12・18民集46巻9号3006
　頁［協立倉庫事件］……………………… *422*
最三小判平成5・3・30民集47巻4号3439頁
　［エルム事件］………… *6*, *223*, *454*, *473*
最一小判平成5・7・15判時1519号116頁
　［弘成興産事件］………………………… *208*
最一小判平成5・9・9民集47巻7号4814頁
　［三井鉱山事件］…………………… *210*, *386*
最判平成5・9・15商事1332号44頁 ……… *214*

最判平成5・10・5資料版商事116号196頁
　［三井物産事件］……………………… *788*
最一小判平成5・12・16民集47巻10号5423
　頁［明星自動車事件］……………… *288, 291*
最一小判平成6・1・20民集48巻1号1頁
　［奈良屋事件］………………………… *440*
最一小判平成6・7・14判時1512号178頁
　［マンリー藤井事件］………… *289, 291, 292*
最二小判平成6・7・18集民172号967頁
　…………………………………… *288, 291*
最一小判平成7・3・9判時1529号153頁
　［明星自動車事件］……………… *381, 386*
最三小判平成7・4・25集民175号91頁
　………………………………………… *51, 228*
最判平成8・1・23資料版商事143号158頁… *788*
最三小判平成8・3・19民集50巻3号955頁… *32*
最三小判平成8・11・12判時1598号152頁
　［四国電力事件］……………………… *371*
最三小判平成9・1・28判時1599号139頁… *149*
最三小判平成9・1・28民集51巻1号71頁
　［丸友青果事件］……………………… *291*
最三小判平成9・1・28民集51巻1号40頁
　［丸友青果事件］……………………… *292*
最三小判平成9・9・9判時1618号138頁
　［明星自動車事件］………… *228, 287, 509*
最二小判平成9・9・9民集47巻7号4939頁
　………………………………………… *456, 510*
最三小判平成9・12・16判時1627号144頁… *518*
最二小判平成10・3・27民集52巻2号661頁
　［赤羽コンクリート事件］…………… *413*
最二小判平成10・7・17判時1653号143頁
　［東武ボンド事件］…………………… *291*
最判平成10・11・24資料版商事178号85頁… *423*
最一小判平成10・11・26金判1066号18頁
　［甲野石油事件］……………… *353, 382, 405*
最三小判平成10・12・8資料版商事178号75
　頁［日本住宅金融事件］……………… *383*
最三小判平成11・3・25民集53巻3号580頁
　［泉北ビル事件］……………………… *387*
最一小判平成11・6・10刑集53巻5号415頁… *89*
最三小判平成11・11・30金判1085号14
　頁［大和ファイナンス事件］………… *449*
最三小判平成11・12・14金判1087号15頁
　［林建設事件］………………………… *149*

最三小判平成11・12・14判時1699号156頁 *149*
最二小判平成12・6・16労判784号16頁…… *433*
最二小決平成12・7・7金判1096号9頁…… *428*
最二小判平成12・7・7金判1096号3頁…… *428*
最二小判平成12・10・20民集54巻8号2619頁
　［ネオ・ダイキョー自動車学院事件］… *438*
最一小決平成13・1・30民集55巻1号30頁 *521*
最一小決平成13・2・22判時1742号89頁… *480*
最三小判平成13・7・10金法1638号42頁
　［あいえぬえすシステム開発事件］… *387*
最三小判平成13・12・18金判1140号3頁
　［日本興業銀行事件］………………… *684*
最三小判平成14・1・22判時1777号151頁… *521*
最大判平成14・2・13金判1141号3頁［技
　研興業事件］…………………………… *89*
最判平成15・2・21金法1681号31頁［戸丸
　屋ハウジング事件］…………………… *417*
最二小判平成15・2・21金判1165号13頁
　［あおぞら銀行事件］………………… *684*
最一小決平成15・2・27民集57巻2号202頁 *226*
最一小判平成15・3・27民集57巻3号312頁
　［親和鐵工事件］……………………… *292*
最三小判平成15・12・16判タ1143号248頁 *454*
最三小判平成15・12・16民集57巻11号2265
　頁 ……………………………………… *518*
最二小判平成16・2・20民集58巻2号367頁… *28*
最二小判平成16・6・10民集58巻5号1178
　頁 ……………………………………… *408*
最一小判平成16・7・1金判1204号11頁…… *548*
最一小判平成16・7・1民集58巻5号1214頁
　［ポーラベニベニ事件］……………… *549*
最三小決平成16・8・30金判1205号43頁
　［住友信託銀行対UFJホールディング
　等事件］………………………………… *754*
最二小判平成16・10・1金判1209号38頁… *850*
最二小判平成16・10・4民集58巻7号1771
　頁 ……………………………………… *834*
最三小判平成17・2・15金判1218号45頁… *418*
最三小判平成17・2・15判時1890号143頁
　［オグリス事件］……………………… *418*
最二小判平成17・7・15民集59巻6号1742
　頁 ……………………………………… *37*
最一小判平成17・12・13刑集59巻10号1938
　頁 ……………………………………… *118*

判例索引　885

最二小判平成18・4・10判時1936号27頁 …… *372*
最一小判平成18・9・28民集60巻7号2634
　　頁 ……………………………………… *527*
最一小判平成19・3・8民集61巻2号479頁 …… *260*
最一小決平成19・7・12刑集61巻5号456頁 …… *88*
最二小決平成19・8・7商事1809号16頁
　　[ブルドックソース事件] …………… *159*
最二小決平成19・8・7金判1273号2頁 …… *188*
最二小決平成19・8・7商事1809号16頁 …… *333*
最二小判平成20・1・28判時1997号143頁
　　[拓銀栄木不動産事件] ……………… *428*
最二小判平成20・1・28判時1997号148頁
　　[拓銀カブトデコム事件] …………… *428*
最二小判平成20・1・28民集62巻1号128頁
　　[拓銀ミヤシタ事件] ………………… *507*
最二小判平成20・2・22判時2003号144頁 …… *23*
最三小判平成20・2・26判時2002号147頁 …… *413*
最三小判平成20・6・10判時2014号150頁 …… *28*
最三小判平成21・2・17金判1312号33頁 …… *219*

◆　高等裁判所　◆

東京高決昭和24・10・31高民集2巻2号245頁
　　[群馬県農機製造修理株式会社事件] … *343*
東京高判昭和26・9・1高民集4巻14号497
　　頁 ……………………………………… *737*
名古屋高金沢支判昭和29・11・22下民集5
　　巻11号1902頁 ………………………… *446*
大阪高判昭和30・2・24下民集6巻2号333
　　頁 ……………………………………… *382*
東京高判昭和30・2・28高民集8巻2号142
　　頁　[日興相互株式会社事件] ……… *408*
福岡高判昭和30・10・12高民集8巻7号535
　　頁　[人吉金融事件] ………………… *292*
広島高岡山支決昭和35・10・31下民集11巻
　　10号2329頁　[中国鉄道事件] ……… *346, 371*
広島高松江支判昭和36・3・20下民集12巻
　　3号569頁　[キネマ館事件] ………… *350*
大阪高決昭和36・7・10下民集12巻7号
　　1640頁 ………………………………… *527*
東京高判昭和36・11・29下民集12巻11号2848
　　頁　[丸新株式会社事件] …………… *146*
福岡高判昭和36・12・14下民集12巻12号
　　2942頁 ………………………………… *396*
東京高判昭和37・1・27下民集13巻1号86

頁　[吉田劇場事件] …………………… *106*
大阪高判昭和38・3・26判時341号37頁 …… *28*
大阪高判昭和38・6・27高民集16巻4号280
　　頁 ……………………………………… *435*
札幌高判昭和39・9・14民集19巻8号1985
　　頁 ……………………………………… *238*
東京高決昭和40・4・27下民集16巻4号770
　　頁　[第一食品工業事件] ………… *526, 527*
広島高判昭和41・5・12高民集19巻2号262
　　頁 ……………………………………… *437*
大阪高判昭和41・8・8判タ196合126頁
　　[三井貿易事件] ……………………… *368*
東京高決昭和42・8・1下民集18巻7＝8号
　　876頁　[三光ディーゼル工業事件] … *346*
大阪高判昭和42・9・26高民集20巻4号411
　　頁　[近江絹糸紡績事件] …………… *382*
広島高岡山支判昭和42・12・22高民集20巻
　　6号556頁　[高橋自動車整備工場事件] … *385*
大阪高判昭和43・3・14金判102号13頁　[壺
　　阪製薬事件] ………………………… *416*
東京高判昭和43・6・19判タ227号221頁
　　[サンウェーブ工業事件] …………… *515*
大阪高判昭和43・12・25金判158号14頁 …… *36*
東京高判昭和46・1・9判時618号77頁 …… *180*
東京高判昭和46・1・28高民集24巻1号1
　　頁　[東急不動産事件] ……………… *278*
名古屋高判昭和47・2・10高民集25巻1号
　　48頁 …………………………………… *36*
東京高判昭和47・4・18高民集25巻2号182
　　頁　[日本ビル管理事件] ………… *289, 290*
福岡高判昭和47・5・22判時674号99頁 …… *287*
東京高判昭和48・1・17高民集26巻1号1
　　頁　[三菱銀行事件] ……………… *142, 284*
東京高判昭和48・7・6判時713号122頁 …… *449*
東京高判昭和48・7・27判時715号100頁 …… *279*
東京高判昭和48・10・25判時723号90頁
　　[有限会社豊水事件] ………………… *363*
仙台高決昭和49・2・18高民集27巻1号34
　　頁　[梅村商店事件] ………………… *548*
東京高判昭和49・9・30金判436号2頁 …… *449*
大阪高判昭和50・8・29判時800号94頁 …… *458*
大阪高決昭和51・4・27判タ340号193頁
　　[小泉製麻事件] ……………………… *526*
大阪高判昭和51・7・7判タ344号249頁 …… *261*

東京高決昭和51・8・2判時833号108頁 …… 63
東京高決昭和51・12・24判時846号105頁 … 180
大阪高判昭和53・4・11判時905号113頁
　［東亜建鉄事件］……………………… 413
東京高判昭和53・5・24判タ368号248頁
　………………………………………… 455, 737
大阪高判昭和53・8・31下民集29巻5＝8号
　536頁 …………………………………… 424
東京高判昭和53・11・14民集33巻7号709
　頁 ………………………………………… 628
仙台高決昭和54・1・12判タ387号139頁
　［大成事件］…………………………… 526
東京高決昭和54・2・15下民30巻1－4号24
　頁 ………………………………………… 535
名古屋高決昭和54・10・4判時949号121頁 … 180
大阪高判昭和54・10・30高民集32巻2号
　214頁［関西観光開発事件］………… 516
福岡高判昭和55・1・31判時969号106頁
　［昭和重工事件］……………………… 421
名古屋高判昭和55・5・20判時975号110頁 … 670
大阪高決昭和55・6・9判タ427号178頁 …… 526
福岡高判昭和55・10・8高民集33巻4号341
　頁［福岡魚市場事件］………………… 428
東京高決昭和56・1・20判タ438号150頁
　［七福水産事件］……………………… 415
大阪高決昭和56・1・30判時1013号121頁
　［ラッキーベルシューズ事件］……… 409
東京高決昭和56・3・30高民集34巻1号11頁
　［殖産住宅相互事件］………………… 232
東京高判昭和57・4・13判時1047号146頁
　［小林木材事件］……………………… 512
東京高決昭和57・4・26下民集33巻1－4号
　165頁［いずみ商会事件］…………… 453
東京高決昭和57・12・23判時1067号131号 … 833
大阪高判昭和58・2・23判時1082号128頁 … 449
東京高判昭和58・4・28判時1081号130頁
　［大成地所事件］………………… 409, 412
大阪高判昭和58・6・14判タ509号226頁
　［カオル産業事件］……………… 350, 387
名古屋高判昭和58・7・1判時1096号134頁
　［東邦産業事件］……………………… 513
大阪高判昭和58・10・27高民集36巻3号
　250頁［比叡山観光タクシー事件］ 51, 367
東京高決昭和59・3・23判時1119号144頁

　［片倉工業事件］……………………… 527
東京高決昭和59・6・14金判703号3頁 …… 180
東京高判昭和59・11・13金判714号6頁
　［オリエントファイナンス事件］…… 408
東京高判昭和59・11・13判時1138号147頁 … 452
大阪高決昭和60・4・16判タ561号159頁
　［比叡山観光タクシー事件］……… 51, 367
大阪高決昭和60・6・18判時1176号132頁 … 180
東京高判昭和60・10・30判時1173号140頁 … 449
東京高判昭和61・2・19判時1207号120頁 … 375
東京高判昭和61・5・15商事1079号42頁
　［日本電気事件］……………………… 350
東京高判昭和61・8・21金判756号3頁
　［東日本不動産事件］………………… 292
高松高判昭和61・9・29判時1221号126頁
　［香川鉱業事件］……………………… 548
大阪高判昭和61・10・24金法1158号33頁
　［神戸サンセンタープラザ事件］…… 397
大阪高決昭和61・11・25判時1229号144頁 … 428
大阪高判昭和62・11・24判商100巻1号30
　頁 ………………………………………… 279
東京高判昭和62・11・30判時1262号127頁
　［古河電気工業事件］…………… 254, 549
東京高決昭和62・12・10金法1199号30頁 … 51
東京高判昭和62・12・23判タ685号253頁
　［天城自然公園株式会社事件］……… 524
仙台高判昭和63・5・26判タ678号175頁,
　判時1286号143頁［丸星木材事件］509, 512
東京高昭和63・5・31判時1279号146頁 … 414
東京高判昭和63・6・28金法1206号32頁
　［株式会社丸井事件］………………… 258
東京高決昭和63・12・12金判820号32頁 … 180
東京高判平成元・2・28判タ723号243頁 … 428
大阪高判平成元・3・28判時1324号140頁 … 180
東京高判平成元・5・23金法1252号24頁 … 133
東京高決平成元・5・23判タ731号220頁 … 180
東京高判平成元・7・3金判826号3頁［三
　井鉱山代表訴訟事件］…………… 214, 515
東京高決平成元・7・19判時1321号156頁
　［リクルートコスモス事件］………… 254
東京高判平成元・10・26金判835号23頁
　［日本設備事件］……………………… 433
大阪高判平成元・10・26金判834号11頁 … 515
大阪高決平成元・12・15判時1362号119頁

　　　　　　　　　　　　　　　判例索引　887

[田辺ガス事件] ……………… 527
東京高判平成2・1・31資料版商事77号193
頁 ………………………………… 788
高松高判平成2・4・11金判859号3頁 [土
　佐電気鉄道事件] ……………… 372, 373
東京高決平成2・6・15金判853号30頁 …… 180
大阪高判平成2・7・6判タ734号218頁 …… 431
大阪高判平成2・7・18判時1378号113頁
　[坂井化学工業事件] ………………… 431
名古屋高決平成2・11・26判タ753号210頁
　[光伸不動産事件] …………………… 415
東京高判平成2・11・29判時1374号112頁
　[甲野交通事件] ……………………… 223
東京高判平成3・3・6金判874号23頁 [日
　本精密測器事件] ……………………… 382
大阪高判平成3・9・20判タ767号224頁 289, 344
札幌高判平成3・10・21判タ783号223頁 …… 34
東京高判平成3・10・31金判899号8頁 …… 809
東京高判平成3・11・28判時1409号62頁
　[日本ケミファデータ捏造事件] ……… 441
仙台高判平成4・1・23金判891号40頁 [協
　和印刷事件] …………………………… 408
東京高判平成4・11・16金法1386号76頁
　[坂口商会事件] ………………… 255, 257
東京高判平成5・6・29判時1465号146頁
　[ユニオンソース事件] ………………… 51
東京高判平成5・11・16金判949号21頁 …… 239
東京高判平成6・8・29金判954号14頁 [片
　倉工業事件] …………………… 210, 520
大阪高判平成6・12・21判時1544号119頁
　[日本生命事件] ……………………… 414
東京高決平成6・12・26資料版商事131号81
　頁 [三愛事件] ……………………… 520
東京高決平成7・2・20判タ895号252頁
　[蛇の目ミシン事件] ………………… 520
名古屋高決平成7・3・8判時1531号134頁
　[東海銀行事件] ……………………… 520
東京高判平成7・3・30金判985号20頁 [サ
　ニーハウス事件] ……………………… 402
東京高判平成7・5・31判タ901号227頁 …… 291
東京高判平成7・6・14資料版商事143号161
　頁 [新王子製紙事件] ………………… 788
東京高判平成7・8・31判時1571号74頁 …… 456
東京高判平成7・9・26判時1549号11頁 [野

村証券事件] ……………………… 428
東京高判平成7・9・28判時1552号128頁
　[日本コッパース事件] ………… 497, 531
東京高判平成7・10・25金判1004号11頁 … 290
名古屋高判平成7・11・15判タ892号121頁
　[中部電力事件] ……………………… 520
仙台高判平成7・11・24判タ909号242頁 … 344
高松高判平成8・1・29判タ922号281頁 …… 809
名古屋高決平成8・2・7判タ938号221頁
　[株式会社やおつ事件] ……………… 549
東京高判平成8・2・8資料版商事151号143
　頁 ……………………………………… 445
東京高判平成8・2・26判時1575号131頁
　[国際航業事件] ……………………… 196
高松高判平成8・5・30判時1587号142頁 …… 99
大阪高判平成8・7・10判タ937号242頁
　……………………………………… 454, 473
名古屋高決平成8・7・11判時1588号145頁
　[中部電力事件] ……………………… 520
札幌高判平成9・1・28資料版商事155号107
　号 ……………………………………… 362
仙台高決平成9・7・25判時1626号139頁 … 435
大阪高平成9・11・18判時1628号133頁 …… 520
東京高判平成9・12・4判時1578号141頁
　[コーケン工業事件] ………………… 422
福岡高那覇支平成10・2・24金判1039号
　3頁 [沖縄国際ボウリング事件]
　……………………………………… 440, 449
大阪高判平成10・5・29判時1686号117頁 … 431
大阪高判平成10・5・29労判745号42頁 [日
　本コンベンションサービス事件] …… 433
名古屋高判平成10・6・21資料版商事178号
　96頁 [メイテック事件] ……………… 423
名古屋高決平成10・8・21判時1673号149頁
　[あるく日本事件] …………………… 227
東京高決平成10・8・31金判1059号39頁
　[いなげや事件] ……………………… 527
東京高判平成11・1・27金判1062号12頁
　[ツムラ事件] …………………… 440, 449
東京高判平成11・1・27金判1064号21頁 … 428
東京高決平成11・3・24判タ1047号289頁
　[オフィスビーアンドエイチ事件] …… 62
東京高判平成11・3・25判時1686号33頁
　[東京電力事件] ……………………… 524

大阪高判平成11・3・26金判1065号8頁
　［ネオ・ダイキョー自動車学院事件］… *383*
福岡高宮崎支判平成11・5・14金判1074号
　30頁［甲野織物事件］…………………… *429*
東京高判平成11・7・15金判1074号25頁… *428*
名古屋高判平成12・1・19金判1087号18頁
　［メイテック事件］…………………… *159, 443*
東京高決平成12・1・20金判1087号3頁… *856*
東京高判平成12・2・23金判1091号40頁… *809*
東京高判平成12・4・27金判1095号21頁… *522*
東京高判平成12・5・30判時1750号169頁… *445*
東京高判平成12・6・21金判1095号3頁
　［丸荘証券事件］……………………… *422*
大阪高判平成12・7・28金判1113号35頁…… *37*
大阪高判平成12・9・28資料版商事199号328
　頁 …………………………………………… *429*
福岡高宮崎支判平成13・3・2判タ1093号
　197頁［宮崎日日新聞事件］………… *382, 615*
東京高決平成13・9・3金判1136号22頁
　［ポーラベニベニ事件］……………… *148*
東京高判平成13・10・1判時1772号139頁…… *28*
東京高判平成13・10・1金判1129号13頁… *737*
大阪高判平成14・3・5金判1145号17頁
　［三井住友銀行事件］………………… *754*
東京高判平成14・8・30金判1158号21頁… *737*
東京高判平成15・1・30判時1824号127頁… *292*
広島高判平成15・3・19（TKC法律情報
　データベース文献番号28082367）…… *516*
東京高判平成15・8・20金判1196号35頁
　………………………………………… *333, 720*
大阪高判平成16・2・12金判1190号38頁
　［コウノ事件］………………………… *509*
大阪高判平成16・5・25判時1863号115頁
　［日債銀事件］………………………… *531, 592*
東京高判平成16・6・24判時1875号139頁… *433*
東京高決平成16・8・4金判1201号4頁
　［ベルシステム24事件］……………… *286*
高松高決平成16・8・23資料版商事251号226
　頁［イチヤ事件］……………………… *330*
東京高判平成16・9・29判タ1176号268頁…… *98*
東京高判平成17・1・18金判1209号10頁
　［雪印食品事件］……………………… *510*
東京高決平成17・3・23商事1728号41頁，
　金判1214号6頁［ライブドア事件］ *91, 330*

札幌高決平成17・4・26判タ1216号272頁… *180*
東京高判平成17・6・15判時1900号156頁… *332*
東京高判平成17・6・28判時1911号163頁
　［コクド事件］………………………… *524*
名古屋高裁小松支判平成18・1・11資料
　版商事262号293頁……………………… *33*
東京高判平成18・3・29判時1209号266頁… *548*
大阪高判平成18・6・9判タ1214号115頁
　［ダスキン代表訴訟事件］…………… *430*
高松高決平成18・11・27金判1265号14頁
　［ケーブルテレビあなん事件］……… *413*
東京高判平成19・3・29金判1266号16頁… *291*
東京高決平成19・7・9商事1806号40頁
　［ブルドックソース事件］………… *330, 333*
東京高決平成19・8・16資料版商事285号148
　頁 …………………………………………… *161*
東京高判平成19・9・20金判1276号28頁
　［楽天対東京放送事件］……………… *549*
東京高判平成20・4・23資料版商事291号65
　頁 …………………………………………… *372*
東京高決平成20・6・12金判1295号12頁
　［日本ハウジング事件］……………… *254*

◆　地方裁判所　◆

大阪地判昭和2・9・26新聞2762号6頁…… *417*
東京地判昭和14・11・7新聞4500号11頁
　［日本土木建築事件］………………… *387*
東京地判昭和25・10・25下民集1巻10号
　1697頁 …………………………………… *366*
大阪地判昭和27・11・10下民集11号1590頁 *381*
大阪地判昭和28・6・19下民集4巻6号886
　頁 …………………………………………… *446*
東京地判昭和28・12・28判タ37号80頁… *412*
東京地判昭和30・2・28下民集6巻2号361
　頁 …………………………………………… *274*
東京地判昭和30・7・8下民集6巻7号1361
　頁［白木屋事件］……………………… *350*
東京地判昭和30・7・8下民集6巻7号1353
　頁［白木屋事件］……………………… *386*
東京地判昭和31・3・19下民集7巻3号695
　頁 …………………………………………… *435*
東京地判昭和31・4・13下民集7巻4号961
　頁［大倉製鋼事件］…………………… *413*
東京地判昭和31・6・13下民集7巻6号1550

判例索引 **889**

頁［東京毎夕新聞社事件］……………… **289**
東京地判昭和31・10・19下民7巻10号2931
　頁［オーシャン貿易事件］…………… **516**
東京地判昭和32・5・27下民集8巻5号1002
　頁［東北亜鉛鉱業事件］………………… **239**
大阪地判昭和32・11・16下民集8巻11号
　2139頁［親立建設産業事件］………… **420**
宇都宮地判昭和33・7・25下民集9巻7号
　1433頁 ……………………………………… **106**
水戸地下妻支決昭和33・9・12商事123号
　13頁 ………………………………………… **345**
佐賀地判昭和34・2・19下民集10巻2号323
　頁 …………………………………………… **384**
金沢地判昭和34・9・23下民集10巻9号1984
　頁［大北温泉株式会社事件］…… **346, 382**
水戸地下妻支決昭和34・10・12下民集10巻
　10号2168頁［東陽相互銀行事件］ …… **346**
大阪地判昭和35・1・14下民集11巻1号15
　頁 …………………………………………… **829**
東京地八王子支決昭和35・1・30判時218号
　31頁［多摩自動車交通事件］………… **526**
水戸地下妻支判昭和35・9・30下民集11巻
　9号2043頁 ………………………………… **381**
東京地判昭和37・4・12下民集13巻4号728
　頁［日本鍍研資材事件］………………… **260**
福岡地判昭和37・5・17下民集13巻5号1010
　頁［徳島水産事件］……………………… **259**
東京地判昭和37・9・20判タ136号103頁 …… **524**
横浜地判昭和37・12・17下民集13巻12号
　2473頁［東京芝浦電気事件］…… **274, 279**
浦和地決昭和38・2・15下民集14巻2号214
　頁［昭和交通事件］……………………… **549**
大阪地決昭和38・2・19下民集14巻2号219
　頁 …………………………………………… **243**
釧路地判昭和38・2・26商事273号10頁 …… **289**
東京地判昭和38・4・5下民集14巻4号657
　頁 …………………………………………… **33**
横浜地決昭和38・7・4下民集14巻7号1313
　頁［横浜協進産業事件］………………… **371**
東京地八王子支判昭和38・8・30判時350号
　35頁 ………………………………………… **274**
東京地判昭和38・10・31下民集14巻10号
　2172頁 ……………………………………… **118**
高松地判昭和38・12・24下民集14巻12号

2615頁 ……………………………………… **371**
東京地判昭和39・10・12下民集15巻10号
　2432頁［北日本製鉄事件］…………… **519**
高松地判昭和40・3・27行集16巻3号548頁
　［城南タクシー事件］…………………… **133**
東京地判昭和40・7・8下民集6巻7号1353
　頁 …………………………………………… **387**
東京地判昭和41・6・15下民集17巻5・6号
　488頁［ペンギン交通事件］………… **388**
東京地判昭和41・6・15判タ194号160頁 …… **757**
大阪地判昭和41・12・16下民集17巻11号
　1237頁［関西電力事件］……………… **518**
新潟地判昭和42・2・23判時493号53頁［小
　林百貨店事件］…………………………… **286**
松山地判昭和42・7・10判時501号95頁 …… **199**
山口地判昭和42・12・7下級民集18巻11・
　12号1153号［森本証券事件］………… **260**
大阪地判昭和44・3・18判時562号71頁［大
　東物産事件］……………………………… **6**
大阪地判昭和44・5・14判時598頁 ………… **36**
岡山地判昭和45・2・27金法579号36頁 …… **408**
仙台地決昭和45・3・26判時588号38頁［川
　岸工業事件］…………………………… **36, 50**
東京地判昭和45・7・23判時607号81頁 …… **453**
奈良地判昭和45・10・23下民集21巻9・10
　号1369頁［フォセコ・ジャパン・リミ
　ティッド事件］…………………………… **433**
名古屋地判昭和46・2・20判タ264号378頁 … **25**
名古屋地判昭和46・4・30下民集22巻3・4
　号549頁［トヨタ自動車事件］……… **394**
鹿児島地判昭和46・6・17判時652号80頁 …… **37**
名古屋地判昭和46・11・9金判308号16頁
　［熊野油脂事件］…………………………… **36**
東京地判昭和47・2・14下民集23巻1-4号
　65頁 ………………………………………… **437**
松山地宇和島支判昭和47・3・7判タ278号
　207頁 ……………………………………… **36**
東京地判昭和47・4・27判時679号70頁 …… **279**
大阪地決昭和48・1・31金判355号10頁
　［第一紡績事件］…………………………… **286**
東京地判昭和48・2・23判時697号87頁 …… **51**
秋田地判昭和48・3・9判時703号91頁 …… **221**
東京地判昭和48・4・25判時709号90頁 …… **458**
大阪地堺支判昭和48・11・29判時731号85頁

［恵美寿織物事件］······················ *286*
千葉地佐倉支決昭和49・3・11判時743号
　100頁［船橋カントリー倶楽部事件］··· *527*
東京地判昭和49・9・19判時771号79頁 ······ *51*
横浜地判昭和50・3・25下民集26巻1〜4号
　324頁··· *291*
徳島地判昭和50・7・23労民集26巻4号580
　頁［船井電機事件］························ *36, 50*
東京地判昭和50・9・11金法785号36頁 ··· *435*
札幌地判昭和50・10・11判時800号105頁 ····· *36*
札幌地判昭和51・7・30判時840号111頁
　［海老晃農水事件］···························· *429*
東京地決昭和52・8・30金判533号22頁［弥
　栄工業事件］······························ *278, 286*
富山地判昭和53・2・24商事839号27頁 ··· *369*
大阪地判昭和53・11・22下民集29巻9＝12
　号319頁··· *226*
名古屋地判昭和53・12・19判時921号121頁
　［サンコー事件］······························· *145*
神戸地判昭和54・7・27判時1013号125頁··· *409*
横浜地決昭和54・11・27金判606号34頁
　［徳田錬磨工作所事件］···················· *345*
高松地判昭和55・4・24判タ414号53頁 ··· *449*
東京地判昭和55・6・26判時975号112頁 ··· *221*
東京地判昭和55・7・29判時990号239頁
　［野生司建築設計事件］···················· *408*
東京地判昭和56・3・26判時1015号27頁
　［山崎製パン事件］···················· *431-433*
東京地判昭和56・6・25判時1028号106頁
　·· *260, 261*
東京地判昭和56・9・22判タ462号164頁 ··· *449*
東京地判昭和57・1・26判時1052号123頁
　［白十字事件］·································· *368*
神戸地尼崎支判昭和57・2・19判時1052頁 ··· *51*
東京地判昭和57・2・24判タ474号138頁
　·· *435, 437*
大阪地判昭和57・5・12判時1058号122頁 ··· *809*
大阪地判昭和57・5・25判タ487号173頁 ··· *518*
名古屋地判昭和57・6・22判タ477号206頁
　［名古屋相互銀行事件］···················· *638*
大阪地判昭和57・7・30判時129頁［中本商
　事事件］·· *36*
東京地判昭和57・12・23金判683号43頁 ··· *409*
札幌地判昭和58・4・27判タ502号145頁 ··· *34*

大阪地判昭和58・5・11判タ502号189頁 ···· *432*
東京地判昭和58・8・23判時1114号102頁
　［オリエンタルモーター事件］············ *648*
東京地決昭和58・10・11下民集34巻9-12
　号968頁··· *756*
東京地判昭和58・12・15商事997号50頁
　［第一勧銀事件］······························· *151*
東京地判昭和59・5・8判時1147号147頁
　［サンレッド事件］···························· *509*
大阪地判昭和59・8・17判タ541号242頁
　［理工建設事件］······························· *512*
東京地判昭和60・3・26金判732号26頁 ··· *386*
福井地判昭和60・3・29金判720号40頁，判
　タ559号275頁［熊谷組従業員持株会事
　件］··· *51, 373*
東京地判昭和60・10・29金判734号23頁
　［日本電気事件］······························· *351*
京都地判昭和61・1・31判時1198号147頁
　［明星自動車事件］···························· *228*
横浜地判昭和61・3・24資料版商事69号34
　頁·· *397*
東京地判昭和61・3・31判タ602号93頁［日
　本保証マンション事件］···················· *368*
京都地判昭和61・5・7判タ617号149頁
　［西京タクシー事件］···························· *6*
神戸地尼崎支決昭和61・7・7判タ620号
　8頁［日本鍛工事件］························ *346*
神戸地判昭和61・8・29判時1222号135頁··· *670*
名古屋地判昭和61・12・24判時1240号135頁
　［東海ビル事件］······························· *413*
名古屋地判昭和62・1・28商事1103号43頁
　［ノリタケ事件］······························· *372*
東京地判昭和62・7・14判時1242号118頁
　［古川電気工業事件］························· *254*
鹿児島地判昭和62・7・29判タ651号223頁
　［日本学生会館事件］························· *387*
東京地判昭和62・7・31判時1264号123頁 ··· *27*
京都地判昭和62・8・27判タ662号209頁
　［伏見桃山ゴルフクラブ事件］··············· *6*
京都地判昭和62・8・27金判787号48頁［日
　本化学防火事件］······························· *387*
名古屋地判昭和62・9・29判時1264号124頁 ··· *670*
福岡地判昭和62・10・28判時1287号148頁
　［老松座事件］·································· *510*

大阪地決昭和62・11・18判時1290号144頁
　［タクマ事件］ ……………………… 279, 286
東京地決昭和62・11・27判時1268号137頁
　［三越事件］ …………………………………… 63
東京地判昭和63・1・28判時1263号3頁
　［ブリヂストン事件］ ………………………… 374
東京地判昭和63・1・28判時1269号144頁 … 258
山口地下関支判昭和63・3・15判時1292号
　146頁 ……………………………………………… 25
東京地判昭和63・8・23金判816号18頁 443, 445
大阪地堺支判昭和63・9・28判時1295号
　137頁［平和土地建物事件］ ………………… 639
東京地決昭和63・11・2判時1294号133頁
　［国際航業事件］ ……………………………… 345
東京地決昭和63・11・14判時1196号146頁
　［新都心興産事件］ …………………………… 346
大阪地判昭和63・11・30判時131号［ミル
　トン事件］ ……………………………………… 408
東京地決昭和63・12・2判時1302号146頁
　［宮入バルブ事件］ …………………………… 286
京都地判平成元・2・3判時1325号140頁 …… 51
東京地判平成元・2・7判時1314号74頁 …… 440
東京地決平成元・6・22判時1315号3頁
　………………………………………………… 547-549
東京地判平成元・7・18判時1349号148頁
　［ランド・エース事件］ ……………………… 809
東京地決平成元・7・25判時1317号28頁［忠
　実屋・いなげや事件］ ………………… 279, 286
東京地判平成元・8・22金判844号16頁 …… 482
東京地決平成元・9・5判時1323号48頁 …… 279
大阪地判平成元・10・4資料版商事68号111
　頁［大トー事件］ ……………………………… 371
高知地判平成2・1・23金判844号22頁［中
　央物産事件］ …………………………………… 414
広島地判平成2・1・25行集41巻1号42頁
　［サンエス事件］ ……………………………… 743
東京地判平成2・1・31金判858号28頁［三
　協商事事件］ …………………………………… 512
東京地判平成2・4・20判時1350号138頁
　［三越事件］ ……………………………… 422, 445
大阪地決平成2・6・22判時1364号104頁 … 279
東京地判平成2・7・20判時1366号128頁 … 431
東京地判平成2・9・3判時1376号110頁
　［チェリー事件］ ………………………… 385, 513

大阪地判平成2・9・18判タ805号194頁 …… 243
東京地判平成2・9・28判時1386号141頁 … 498
神戸地判平成3・1・28判時1385号125頁 …… 51
長崎地判平成3・2・19判時1393号138頁 … 515
東京地判平成3・2・27判時1398号119頁
　［早稲田教育センター事件］ ………………… 512
東京地判平成3・3・19判時1381号116頁
　……………………………………………… 497, 531
横浜地判平成3・4・19判時1397号114頁
　［浜商会事件］ ………………………………… 548
山口地判平成3・4・25判タ760号241頁 … 513
東京地判平成3・7・19金判890号35頁 …… 422
千葉地決平成3・9・26判時1412号140頁 … 180
東京地判平成3・9・26判時1422号128頁
　［日本プスネス事件］ ………………………… 363
東京地判平成3・10・29金法1321号23頁・
　資料版商事135号93頁 ………………………… 90
東京地判平成3・12・26判時1435号134頁
　［セイシン・ドライビングスクール
　事件］ ……………………………………………… 6
東京地判平成3・12・26金法1335号58頁 … 833
大阪地判平成4・1・27労判611号82頁 …… 513
東京地判平成4・1・28判時1437号122頁 … 863
京都地判平成4・2・5判時1436号115頁
　……………………………………………… 385, 513
東京地判平成4・2・13判時1427号137頁
　［野村証券事件］ ……………………………… 518
東京地判平成4・4・17判時1451号157頁
　［ユニオンソース事件］ ………………………… 51
神戸地決平成4・5・14判時1439号150頁
　［神戸北野ホテル事件］ ……………………… 106
東京地決平成4・6・26金法1355号36頁，判
　タ794号255頁 ……………………… 221, 238, 247
京都地判平成4・8・5判時1440号29頁［明
　星自動車事件第1審判決］ …………………… 286
東京地判平成4・9・22判時1464号148頁
　［ダイワ事件］ ………………………………… 290
東京地判平成4・11・27判時1466号146頁
　［アイアンドケイエンジンニアリング
　事件］ …………………………………………… 508
東京地判平成4・12・24判時1452号127頁
　［東京電力事件］ ………………………… 374, 375
神戸地判平成5・2・24判時1462号151頁
　……………………………………………… 286, 291

千葉地判平成5・3・22判例地方自治121号
　51頁……………………………………… *513*
東京地決平成5・3・24判時1473号135頁
　［東京瓦斯事件］……………………… *63*
大阪地判平成5・7・7判タ829号193頁［和
　光証券事件］…………………………… *239*
東京地判平成5・9・16判時1469号25頁…… *428*
東京地決平成5・10・4金判929号11頁［フ
　レンチ・エフ・アンド・ビー・ジャパ
　ン事件］………………………………… *433*
大阪地判平成5・10・6判時1512号44頁
　［豊田商事事件］……………………… *808*
大阪地判平成5・12・24判時1499号127頁
　………………………………………… *412, 809*
名古屋地決平成6・1・26判時1492号139頁
　［東海銀行事件］……………………… *520*
大阪地判平成6・3・1判タ893号269頁
　［全大阪個人タクシー協同組合事件］… *519*
東京地決平成6・3・4判時1495号139頁
　［ニッポン放送事件］………………… *549*
東京地決平成6・3・28判時1496号123頁
　［ニッポン放送事件］………………… *278*
東京地決平成6・7・22判時1504号132頁
　［蛇の目ミシン事件］………………… *63*
東京地判平成6・7・22判時1504号121頁
　［蛇の目ミシン事件］………………… *520*
東京地判平成6・7・25判時1509号31頁
　［第一抵当証券事件］………………… *512*
広島地判平成6・11・29判タ884号230頁… *409*
東京地決平成6・11・30資料版商事131号
　90頁［三井物産事件］………………… *788*
東京地判平成6・12・20判タ893号260頁
　［佐世保重工業事件］………………… *422, 509*
東京地判平成6・12・21判時1540号117頁
　［ラーン・ウイズ・ジョイ株式会社事件］ *509*
前橋地判平成7・3・14判時1532号135頁
　［宮子清掃警備緑化工業事件］…… *431, 433*
東京地判平成7・4・25判時1561号132頁
　［ジェントリーヒルズゴルフクラブ事件］ *508*
東京地判平成7・4・27判時1541号130頁… *670*
浦和地決平成7・8・29判タ894号254頁
　［サイボー事件］……………………… *520*
東京地判平成7・9・20判時1572号131頁… *445*
東京地決平成7・10・16判時1556号83頁

　［東京リーガルマインド事件］……… *433*
東京地判平成7・11・30判タ914号249頁
　［ニコマート事件］…………………… *515*
東京地決平成7・11・30判時1556号137頁
　［東京商銀信用組合事件］……… *520, 521*
東京地判平成7・12・27判時1560号140頁
　［国際航業事件］……………………… *372*
福岡地判平成8・1・30判タ944号247頁… *498*
静岡地決平成8・2・29判タ912号231頁… *231*
東京地判平成8・6・19判タ942号227頁［関
　口興産事件］…………………………… *512*
東京地判平成8・6・20判時1572号27頁［日
　本航空電子工業株主代表訴訟事件］… *498*
東京地判平成8・6・20判タ927号233頁［佐
　世保重工業事件］……………………… *509*
東京地判平成8・6・20判時1578号131頁,
　判タ927号233頁［乙山航空事件］… *509, 515*
東京地判平成8・6・20金判1000号39頁［日
　本航空電子工業株主代表訴訟事件］… *517*
東京地判平成8・6・21判タ1019号41頁…… *811*
東京地決平成8・6・26金法1457号40頁［東
　京三菱事件］…………………………… *520*
大阪地判平成8・8・28判時1601号130頁
　［関西リテイラー事件］……………… *509*
東京地判平成8・10・17判タ939号227頁
　［佐藤工業事件］……………………… *371*
浦和地判平成8・11・20判タ936号232頁
　［東京青果貿易事件］…………… *429, 497*
名古屋地判平成9・1・20判時1600号144頁
　［中京銀行事件］…………………… *428, 429*
東京地判平成9・3・13判時610号116頁…… *428*
東京地判平成9・3・17判時1065号141頁… *440*
大阪地判平成9・3・26資料版商事158号41
　頁………………………………………… *375*
東京地判平成9・10・13判タ977号238頁… *669*
東京地判平成10・2・10判タ1008号242頁
　［東永化成事件］……………………… *422*
名古屋地判平成10・3・19判時1652号138頁 *428*
千葉地判平成10・3・26判時1658号160頁… *34*
東京地判平成10・5・14判時1650号145頁… *428*
福岡地判平成10・5・18判時1659号101頁
　［唱和水産事件］……………………… *422*
東京地判平成10・5・25判時1660号80頁
　［蛇の目ミシン工業事件］…………… *520*

判 例 索 引　*893*

東京地判平成10・6・11資料版商事173号192
　頁［ネミック・ラムダ事件］………… *286*
名古屋地判平成10・6・22判時1727号126頁
　［投資ジャーナルグループ事件］…… *512*
横浜地判平成10・7・31判タ1014号253頁… *498*
東京地判平成10・9・24判時1665号119頁… *428*
神戸地判平成10・10・1判時1674号156頁
　［甲野化学工業事件］………………… *522*
東京地判平成10・12・7判時1701号161頁… *516*
東京地判平成11・2・12判タ1077号243頁
　［太平洋証券事件］…………………… *239*
大阪地判平成11・3・24判時1741号150頁
　………………………………… *548, 549*
東京地判平成11・3・25金判1071号49頁
　………………………………… *458, 459*
大阪地判平成11・5・26判時1710号153頁… *429*
横浜地判平成11・6・24判時1716号144頁
　［平戸建設事件］……………………… *513*
浦和地判平成11・8・6判時1696号155頁 *24, 458*
浦和地判平成11・8・6判タ1032号238頁
　［日特エンジニアリング事件］……… *387*
東京地判平成11・9・9金判1094号49頁
　［プラズマシステム事件］…………… *422*
名古屋地半田支決平成12・1・19判時1715
　号90頁………………………………… *287*
東京地決平成12・1・27金判1120号58頁… *515*
和歌山地判平成12・2・15判時1736号124頁 *515*
東京地判平成12・3・13判タ1063号162頁
　………………………………… *440, 449*
神戸地尼崎支判平成12・3・28金商1090号
　25頁［野村証券事件］………………… *368*
奈良地判平成12・3・29金判1090号24頁
　［南都銀行事件］……………………… *374*
大阪地判平成12・5・31判時1742号141頁
　［レンゴー株式会社事件］…………… *788*
京都地決平成12・6・28金判1106号57頁… *371*
福岡地決平成12・7・14判タ1063号183頁… *287*
浦和地判平成12・8・18判時1735号133頁
　［武南自動車事件］…………… *383, 420*
大阪地判平成12・9・20判時1721号3頁,
　判タ1047号86頁, 金判1101号3頁［大
　和銀行事件］………………… *430, 441, 503*
大阪地判平成12・12・21金判1115号22頁… *754*
東京地判平成13・3・29判時1750号40頁

　［蛇の目ミシン事件］………………… *515*
東京地判平成13・3・29判時1748号171頁
　［興銀株主代表訴訟事件］…………… *519*
宮崎地判平成13・4・25金判1159号43頁
　［宮崎日日新聞社事件］……………… *374*
東京地判平成13・8・28労働経済判例速報
　1790号22頁…………………………… *420*
大阪地判平成14・1・30判タ1108号248頁
　［ロイヤルホテル事件］……………… *429*
大阪地判平成14・1・31金判1161号37頁
　［日商岩井ガスエナジー事件］……… *432*
東京地判平成14・2・21判時1789号157頁
　［三井住友銀行事件］………………… *376*
宮崎地判平成14・4・25金判1159号43頁… *369*
東京地決平成14・6・21判時1790号156頁
　［三菱商事事件］……………………… *521*
札幌地判平成14・9・3判時1801号119頁
　［北海道拓殖銀行ミヤシタ事件］…… *428*
福井地判平成15・2・12判時1814号151頁
　［熊谷組事件］………………………… *33*
東京地判平成15・2・26金判1196号36頁… *720*
東京地判平成15・2・27判時1832号155頁
　［丸荘証券事件］……………………… *509*
東京地判平成15・3・3判タ1147号232頁… *454*
大阪地判平成15・3・5判タ1152号247頁
　［大日本除蟲菊事件］………………… *210*
東京地判平成15・4・14判時1826号97頁… *497*
千葉地判平成15・5・28金判1215号52頁… *260*
大阪地岸和田支部判平成15・9・10労働判
　例861号11頁…………………………… *36*
東京地判平成15・10・10金判1178号2号… *106*
大阪地判平成15・10・15金判1178号19頁
　［阪急電鉄事件］……………………… *601*
大阪地判平成15・10・23金判1185号44頁
　［ヘルプデスク事件］………………… *509*
大阪地判平成16・2・4金判1191号38頁
　［井上金属工業事件］………… *376, 382*
東京地判平成16・3・22判タ1158号244頁
　［弁護士報酬支払請求認容］………… *522*
福岡地判平成16・3・25金判1192号25頁…… *36*
東京地判平成16・4・14判時1867号133頁… *737*
東京地判平成16・5・13判時1864号126頁… *515*
東京地決平成16・6・1金判1201号15頁 *278, 287*
東京地決平成16・6・23金判1213号61頁

［三菱重工事件］……………… **429**, **525**
高知地決平成16・7・8 金判1213号66頁
　　［イチヤ事件］……………………… **330**
東京地判平成16・7・15金判1225号59頁 …… **260**
大阪地決平成16・9・27金判1204号 6 頁
　　［ダイソー事件］……………………… **286**
東京地判平成16・9・28判時1886号111頁 … **429**
東京地判平成16・10・12判時1886号132頁
　　［そごう事件］………………………… **577**
名古屋地判平成16・10・29判時1881号122頁
　　［グループコーポレーション事件］…… **752**
東京地判平成16・12・16判時1888号 3 頁
　　［ヤクルト代表訴訟事件］………… **430**, **441**
高知地判平成16・12・24資料版商事251号
　　208頁［イチヤ事件］………………… **330**
東京地決平成17・3・11金判1213号 2 頁
　　……………………………………… **308**, **330**
東京地決平成17・3・16金判1213号21頁 …… **330**
東京地決平成17・5・19判時1900号 3 頁
　　［日本長期信用銀行事件］…………… **531**
東京地決平成17年 6 月 1 日商事1734号37
　　頁 ……………………………………… **332**
東京地決平成17・6・9 判金1219号26頁 …… **332**
東京地決平成17・7・7 判時1915号150頁 … **382**
東京地決平成17・7・29判時1909号87頁
　　［日本技術開発事件］………………… **185**
東京地判平成17・9・21判タ1205号221頁 … **601**
東京地決平成17・11・11金判1245号38頁
　　［コクド事件］………………………… **524**

東京地決平成18・2・10判時1923号130頁 … **448**
東京地決平成18・6・30金判1247号 6 頁
　　［サンテレホン事件］………………… **329**
東京地決平成18・9・27資料版商事275号241
　　頁 ……………………………………… **577**
大阪地決平成18・12・13判時1967号139頁
　　［名村造船所事件］…………………… **286**
札幌地決平成18・12・13金判1259号14頁
　　［オープンループ事件］……………… **330**
大阪地判平成19・4・13判タ1256号297頁
　　［長銀事件］…………………………… **577**
さいたま地判平成19・6・22金判1270号55
　　頁［日本精密事件］…………………… **286**
東京地決平成19・6・28商事1805号43頁 … **333**
東京地決平成19・11・12金判1281号52頁
　　［オートバックスセブン事件］……… **718**
東京地判平成19・11・28金法1835号39頁 … **497**
東京地決平成19・12・6 判タ1258号69頁
　　［モリテックス事件］………………… **372**
東京地決平成19・12・19金判1283号22頁
　　［レックス株式価格決定事件］……… **176**
札幌地判平成20・11・11金判1307号44頁 … **278**

◆　その他の裁判所　◆

東京控判昭和12・12・4 新聞4242号11頁 … **237**
東京簡判昭和34・1・29下民集10巻 1 号192
　　頁 ……………………………………… **236**
大村簡判昭和47・9・25判時694号109頁 …… **36**

◇ 法令索引 ◇

◆ あ行 ◆

一般社団法人および一般財団法人に関する法律　*4, 9, 95, 394*

◆ か行 ◆

外貨建取引等会計処理基準　*562, 593*

外国倒産処理手続の承認援助に関する法律　*65〜69　394*

会社計算規則　*7, 77, 587*
- 1　*550*
- 2　*550*
- 2Ⅱ　*52, 212, 543, 551, 594, 799, 800*
- 2Ⅲ　*42, 43, 91, 212, 216, 543, 544, 550, 552, 559, 563, 564, 565, 574, 575, 582, 585, 586, 592, 608, 629, 633, 652, 653, 655, 735, 747, 764, 790, 791, 793, 794, 795, 797, 798, 799, 801, 802, 803, 804, 805*
- 2Ⅳ　*545*
- 3　*530, 531, 534, 569, 581*
- 4Ⅰ　*535, 538*
- 4Ⅱ　*535*
- 5　*571*
- 5Ⅰ　*536, 585*
- 5Ⅱ　*569, 571*
- 5Ⅲ　*536, 574-576*
- 5Ⅳ　*577*
- 5Ⅴ　*578*
- 5Ⅵ　*574, 579, 581*
- 6Ⅰ　*536, 583*
- 6Ⅱ　*578, 582, 583, 688*
- 7　*571, 730, 732*
- 8　*790*
- 8ⅠⅡ　*791*
- 9Ⅰ　*732, 744*
- 9Ⅱ　*744*
- 10　*730*
- 11　*571, 790, 793, 802*
- 11Ⅰ　*772*
- 12　*742, 790, 800*
- 12Ⅰ　*772*
- 13Ⅰ　*196, 298, 586, 626, 797, 801*
- 13Ⅱ　*162, 166, 176, 189, 298, 585-589, 790*
- 14　*270*
- 14Ⅰ　*270, 585, 586, 587, 626*
- 14Ⅱ　*212, 586, 587, 588, 625, 627*
- 14Ⅴ　*269, 303, 585, 586*
- 15Ⅰ　*165, 168, 801*
- 15Ⅱ　*165, 168, 587, 802*
- 16Ⅱ　*189, 588, 625, 780, 804*
- 16Ⅲ　*189, 588*
- 17　*298*
- 17Ⅰ　*585, 587, 588, 626*
- 17Ⅱ　*588, 625, 627*
- 17Ⅴ　*303*
- 17Ⅵ　*269, 303*
- 18　*589*
- 18Ⅰ　*321, 588, 626*
- 18Ⅱ　*588, 625, 627*
- 19Ⅰ　*196, 589, 627, 804*
- 19Ⅱ　*589, 627*
- 19Ⅲ　*589, 627*
- 20　*661*
- 20Ⅰ　*589*
- 20Ⅱ　*589, 627*
- 20Ⅲ　*589*
- 21　*141, 292, 333, 627, 657*
- 22　*590, 650*
- 22Ⅰ　*589, 626, 650, 653*
- 22Ⅱ　*627, 650, 653*
- 23　*625, 626, 650, 653*
- 24Ⅰ　*212*
- 24Ⅱ　*212, 655*
- 24Ⅲ　*139, 212, 625, 655*
- 25Ⅰ　*620, 621, 623, 626, 653*
- 25Ⅱ　*139, 289, 292, 620, 622*
- 26Ⅰ　*589, 619-621, 626, 653*
- 26Ⅱ　*289, 292, 620, 622*
- 27Ⅰ　*620, 622, 623, 627, 653*
- 27Ⅱ　*212, 621, 625*
- 27Ⅲ　*212, 625, 653*
- 28Ⅰ　*621, 627, 653*
- 29Ⅰ　*557, 620, 623, 627*
- 29Ⅱ　*626*
- 29Ⅲ　*212, 587, 625*
- 30Ⅰ　*585, 675, 676*
- 30Ⅱ　*676, 677, 732*
- 31Ⅰ　*677*
- 31Ⅱ　*677, 733*
- 32ⅠⅡ　*677*
- 33　*731*
- 34　*732, 733*
- 35　*790*
- 35Ⅰ　*589, 792, 795, 796, 800, 804*
- 35Ⅱ　*625-627, 796, 801*
- 36Ⅰ　*285, 625-627*
- 36Ⅱ　*797, 802*
- 37　*792*
- 37Ⅰ　*795, 800, 801*
- 37Ⅱ　*285, 625-627*
- 38ⅠⅡ　*627*
- 38Ⅲ　*802*
- 39Ⅰ　*792, 804*
- 39Ⅱ　*626, 627*
- 40Ⅰ　*627, 800*
- 41　*321, 800*
- 41Ⅰ　*803*
- 42　*800*
- 43　*207*
- 43Ⅰ　*208, 585, 587*
- 43Ⅱ　*585, 590*
- 43Ⅲ　*590*
- 43Ⅳ〜Ⅴ　*585*
- 44Ⅰ　*585, 675*

44 Ⅱ Ⅲ　*675*	69 Ⅱ　*531,545*	90 Ⅰ Ⅱ　*555*
45 Ⅰ　*797,798*	70　*536,542,675*	91 Ⅰ Ⅱ　*556*
45 Ⅱ　*798,799*	71 Ⅰ　*552*	92 Ⅱ Ⅲ　*557*
45 Ⅲ　*798*	71 Ⅱ　*538*	92 Ⅲ　*555,557*
46　*652*	71 Ⅲ　*536,542,550,562,675*	93 Ⅰ　*555,557,560*
46 Ⅰ　*797,798*	72　*561*	93 Ⅱ　*531,557*
46 Ⅱ　*764,799*	73 Ⅰ　*561,603*	94 Ⅰ Ⅱ　*557*
47　*798*	73 Ⅱ　*561*	94 Ⅲ　*555,557*
47 Ⅰ　*799*	74 Ⅰ　*102,562,569*	95　*558*
47 Ⅱ　*652*	74 Ⅱ　*566*	96　*595*
48　*798*	74 Ⅲ　*107,216,558-560,*	96 Ⅰ　*595*
48 Ⅰ　*623*	*564,567-569*	96 Ⅱ　*596,597*
49 Ⅰ　*802*	74 Ⅳ　*103,562*	96 Ⅲ　*212,597*
49 Ⅱ　*803*	75 Ⅰ　*581*	96 Ⅳ～Ⅵ　*597*
50 Ⅰ　*803*	75 Ⅱ　*558,559,582,684*	96 Ⅶ Ⅷ　*598*
50 Ⅱ　*802,803*	76 Ⅰ　*544,583*	96 Ⅸ　*544,591,593,596*
51　*803*	76 Ⅱ　*212,584,591*	98 Ⅰ　*531,560,599,637,638*
52 Ⅰ　*805*	76 Ⅲ　*584,589,590*	98 Ⅱ　*599,607*
52 Ⅱ　*589,805*	76 Ⅳ　*589,590*	100　*600*
53　*591,593*	76 Ⅴ　*590*	101 Ⅰ　*531,583,600*
54 Ⅰ　*593*	76 Ⅵ　*590,591*	101 Ⅱ　*531,600*
55 Ⅰ Ⅴ　*594*	76 Ⅶ　*591,593*	102　*531,601*
55 Ⅱ　*296,594*	76 Ⅷ　*595*	102 Ⅰ　*3,544*
55 Ⅳ　*594,731,803,804*	76 Ⅸ　*544,591,593*	102 Ⅱ　*544,602*
55 Ⅵ Ⅶ　*594,595*	78　*575*	103　*216,436,545,574,577,*
55 Ⅷ Ⅸ　*586*	78 Ⅰ Ⅱ　*578*	*578,581,602*
57 Ⅰ～Ⅲ　*553*	79　*574*	104　*545,602*
58　*139,536,542*	79 Ⅱ　*573*	105　*657*
59 Ⅰ　*598*	80 Ⅰ～Ⅲ　*577*	106　*603*
59 Ⅱ　*538*	81　*574*	107　*531,560,604*
59 Ⅲ　*536,542*	82 Ⅰ　*545*	108　*604*
60 Ⅰ　*538,618*	82 Ⅱ　*568*	109 Ⅰ　*604*
60 Ⅱ　*536,538,542,618*	83 Ⅰ　*561*	109 Ⅱ　*605*
60 Ⅲ　*551*	83 Ⅱ　*561,568*	110 Ⅰ Ⅱ　*605*
61　*543,551,598,641*	84　*569*	111 Ⅰ Ⅱ　*605*
62　*538,545*	85　*546,568*	112 Ⅰ　*436,531,605*
63 Ⅰ　*544,601*	86　*595*	112 Ⅱ　*430,607*
63 Ⅱ　*531,544*	87　*553*	112 Ⅲ　*606*
64 Ⅰ　*545*	88 Ⅰ　*554,555*	112 Ⅳ　*605*
64 Ⅱ　*531,545*	88 Ⅱ～Ⅳ　*557*	113　*607*
65～66　*545,547*	88 Ⅴ Ⅶ　*554*	114　*531,634*
67　*545,547,595*	88 Ⅵ　*531,544,556*	114 Ⅰ　*607*
68　*546*	89～94　*555*	114 Ⅱ　*544,608*
69 Ⅰ　*544,545*	89 Ⅰ Ⅱ　*555*	115～116　*608*

法令索引【か行】 **897**

117　*436, 555, 605, 615*	134 Ⅱ　*640, 641*	会社計算規則附則
118 Ⅰ　*530*	134 Ⅲ　*641*	5 Ⅰ　*588*
120 Ⅰ Ⅱ　*551*	134 Ⅳ Ⅴ　*53, 642*	11　*103, 298, 585*
121 Ⅰ　*628, 630, 645*	134 Ⅵ Ⅶ　*642*	会社更生法　7
121 Ⅱ　*629*	135　*374, 618, 643, 646*	1　*857*
122 Ⅰ　*460, 630, 632*	136 Ⅰ　*643, 644*	2 Ⅰ　*811, 857*
122 Ⅱ　*632*	136 Ⅱ Ⅲ　*644*	2 Ⅱ　*861*
123 Ⅰ　*475, 630*	138～139　*644*	2 Ⅶ　*857*
123 Ⅱ　*632*	139 Ⅳ　*644*	2 Ⅷ　*813, 816*
123 Ⅲ　*475, 632*	140 Ⅰ　*618, 644*	2 Ⅹ　*813, 814*
124 Ⅰ　*630, 631, 646*	140 Ⅱ　*606, 644*	2 ⅩⅡ ⅩⅢ　*859*
124 Ⅱ　*629, 633*	140 Ⅳ　*644*	3　*864*
124 Ⅲ　*633*	141 Ⅰ　*644*	5 Ⅱ　*859*
124 Ⅴ　*631*	141 Ⅱ　*212, 644*	5 Ⅲ　*43, 217, 835*
125～126　*633, 645*	141 Ⅲ ～ Ⅵ　*644*	5 Ⅳ Ⅴ　*835*
126 Ⅰ　*482, 534, 632, 634*	142　*644*	5 Ⅵ　*859*
126 Ⅲ　*635*	143 Ⅰ ～ Ⅵ　*644*	6　*22*
127　*400, 636, 637*	144 Ⅰ Ⅱ　*645*	8 Ⅰ Ⅲ　*859*
128　*475*	145　*645*	10 Ⅰ　*859*
128 Ⅰ　*436, 618, 630, 636,*	147　*645*	11～12　*837, 858*
637	148　*634, 645*	17 Ⅰ Ⅱ　*857, 858*
128 Ⅱ　*400, 636, 637*	149　*651, 652*	17 Ⅱ　*154, 156*
128 Ⅲ　*475, 632, 637*	150 Ⅰ　*652, 653*	18　*850*
129　*491, 645*	150 Ⅱ　*587, 652, 653*	19　*377*
129 Ⅰ　*578, 629, 636*	150 Ⅲ　*733*	20 Ⅰ Ⅱ　*835*
129 Ⅱ　*574, 578, 599, 636,*	151　*590, 623, 649, 659*	21 Ⅰ　*835*
638	152　*624*	22 Ⅰ　*855, 859*
130 Ⅰ　*633, 636, 645*	152 Ⅲ　*640*	22 Ⅱ　*859*
130 Ⅱ　*635*	152 Ⅴ　*631*	24～25　*858*
130 Ⅲ　*629, 636, 643, 645*	153　*659*	24 Ⅰ　*812, 837, 859, 860*
130 Ⅳ　*633, 634*	153 Ⅰ　*626*	24 Ⅱ　*835, 859*
130 Ⅴ　*631, 633, 634, 636*	153 Ⅱ　*105, 626*	26～27　*858, 859*
131　*636, 637*	154　*658*	28～40　*858*
132　*640, 645*	155　*659*	28 Ⅰ　*837, 859*
132 Ⅰ　*634, 636, 638*	156～157　*653, 654*	30　*859*
132 Ⅱ Ⅲ　*638*	158　*176, 212, 216, 568, 569,*	35　*844, 859*
133 Ⅰ　*353, 362, 629, 633,*	*587, 593, 640, 653-657*	37　*844*
638, 639	159　*209, 654, 660*	39　*859*
133 Ⅱ　*53, 638, 639*	160 Ⅲ　*629*	40　*837*
133 Ⅲ　*635, 641*	162　*677*	40 Ⅰ Ⅱ　*842*
133 Ⅳ　*53, 641, 642*	163　*678*	41～44　*858*
133 Ⅴ ～ Ⅶ　*642*	164　*671, 676*	41 Ⅰ　*859*
134 Ⅰ　*53, 104, 353, 378, 638,*	165　*678*	41 Ⅱ　*837, 859*
641	166　*671*	42　*859, 860*

43 I	683, 814, 859	
43 II	859	
43 IV	813, 857, 859, 861	
45	860	
45 I	744, 752, 860	
45 II	721, 860	
46	858, 860	
46 I	737	
46 II	737, 752	
46 III	51, 737, 752, 840, 855	
46 IV〜VI	737, 752	
46 VII	737, 752, 858	
46 VIII	737, 741, 752, 858	
46 IX X	737, 752	
47	49	
47 I	853, 860	
47 II V	853	
47 VI	853, 860	
49 I	839	
50 I	814, 853, 860	
50 IX	813	
52 I	853, 860	
54	860	
54 I	860	
57 II	860	
61 III	855	
65	431	
66	418, 424	
67 II	30	
67 III	860	
70	843	
72	860	
72 I	515, 860	
73〜74 I	860	
75	859	
77	860	
83〜84	858	
83 I	860	
83 II〜IV	542, 860	
83 V	542	
84 I II	860	
85	845, 858, 860	
85 III	51, 855	
85 IV	51	
86	666, 696, 855, 858
87〜97	855, 858
94	860
96	62
98	855
99〜103	858, 860
99 I	107, 842
100 I〜V	842
101 I〜III	842
102	62
102 I〜V	842
103	842
104〜112	814, 858
114	845
114 I	845, 857
115 III	51, 855
117 II〜V	857
117 VI VII	857
118〜121	857
125〜126	840
127	813, 860
128〜131	813
132 I II	813
134 I	813
138〜139	693, 858
140〜143	858
138 I II	860
144	858, 860
145	858
146	858, 860
147〜150	858
147 I II	860
148 IV	860
150 I〜III	861
151〜154	858, 861
155〜163	858
165	857
166 I	191, 857
166 II	857
167〜188	858
167 I	857, 861
167 II	721, 737, 861
168 I	813
168 III	861
170	861
173	861
174	860
175	267
180〜181	744, 752
184 I II	861
188	51, 855
189〜198	858
189 I II	861
190	693, 701
190 I	683
190 III	684
193 II III	370
194 I	263
196 I	861
196 V	858, 861
198 I	862
199 I	862
199 II IV	858, 862
199 V VII	51, 855
200〜201	862
202 II	857
204 I	862
205 I	862
205 IV	232
206 II	862
209〜232	858
209 I	862
211	861
212	623
213	721, 722, 860
214	175
215	267
215 III	293
215 VI	287
220〜224の2	752
222 I	781
223 III	781
225	96
225 I	99
232 II	859
233	858
233 I	737, 862
233 II	737

法令索引 【か行】 会社法　899

236 I II　*858*
236 III　*858, 862*
239　*858*
239 I　*862*
241　*858*
246　*859*
266〜267　*394*
269〜271　*394*
273　*394*

会社更生規則
42　*861*
52 II　*861*

会社非訟事件手続規則
13　*834*
21　*835*
22　*837*
24　*846*
25〜26　*839*
27 I　*843*
27 II IV　*844*
28 I II　*843*
29 I　*844*
31　*844*
32〜33　*840*
34　*841*
35　*846*
36　*848*

会社分割に伴う労働契約の承継等に関する法律　*745, 746*

会社法　*6, 76*
1　*6, 22*
2　*3, 22, 38, 39, 41, 42, 44, 52, 57, 58, 96, 111, 119, 122, 160, 162, 165, 169, 175, 178, 182, 191, 213, 214, 222, 275, 295, 335-337, 347, 389, 400, 425-427, 439, 460, 466, 474, 479, 483, 484, 489, 523, 544, 551, 613, 618, 630, 651, 681, 683, 696, 721, 726, 743, 746, 748, 863, 864*
3　*6, 22, 35*

4　*22*
5　*4, 23, 44*
6　*663*
6 I　*12, 23*
6 II　*23*
6 III　*23, 665*
7　*23*
8 I　*23*
8 II　*24*
9　*24, 59*
10　*30, 44, 50, 396, 425*
11〜15　*50*
11 I　*25, 453*
11 II III　*25*
12 I　*25, 35, 395, 431*
12 II　*25, 249*
12 III　*249*
13　*59, 249, 457*
14 I II　*25*
15　*26*
16　*7, 26*
17 I　*26, 395, 431*
17 II　*26*
18〜19 II　*26*
20　*26, 813*
21　*27, 35, 745*
21 I　*7, 28*
21 II　*27, 28*
21 III　*28*
22〜24　*27, 745*
22 I　*8, 28, 105, 736, 737*
22 II III　*28*
22 IV　*29*
23 I　*29, 736*
23 II　*29*
24 I II　*27*
25 I　*7, 96, 108, 111, 112*
25 II　*98, 144*
26　*95-97, 106*
26〜37　*97, 98*
26 I　*95, 99, 100*
26 II　*52, 54, 95, 99, 100*
27　*23, 31, 99, 102, 103, 112, 116, 125, 140, 144, 431, 585,*

735, 767, 835
28　*8, 101, 105-107, 112, 585, 746*
29　*102, 371, 664, 767*
30 I　*95-97, 100, 103*
30 II　*100, 101, 109*
31　*55, 456, 767*
31 I　*101*
31 II　*54, 57, 101, 102, 154, 194*
31 III　*42, 54, 68, 102, 157, 550, 831*
31 IV　*101*
32　*96, 97*
32 I　*108, 111, 112, 116, 251*
32 II　*111, 112, 144*
33　*49, 69, 337, 526*
33 I　*96, 97, 108, 526*
33 II　*96, 97, 108*
33 III　*69, 108*
33 IV　*96, 97, 108*
33 V　*108*
33 VI　*109*
33 VII　*69, 96, 100, 101, 109, 721*
33 VIII　*109, 281*
33 IX　*100, 109, 721*
33 X　*96, 109-111, 122, 123, 139, 281-285*
33 XI　*110, 281, 327*
34　*49, 111*
34 I　*8, 95, 96, 106, 114, 118*
34 II　*691*
35　*138, 220, 283*
36　*96, 97, 118, 140*
36 I II　*101, 112, 116*
36 III　*49, 95, 99, 116*
37　*96, 100, 269*
37 I II　*100, 103*
37 III　*39, 103*
38〜56　*97*
38 I　*96, 118, 120*
38 II　*96, 119, 336*
38 III　*96, 104, 120*

39　*98,767*	56　*61,141,143*	72 II III　*127*
39 I～III　*119*	57　*97*	73　*97,382*
40 I　*120,121*	57 II　*112*	73 I　*121,122,127*
40 II　*120,147,191*	58　*97*	73 II　*101,127*
40 III IV　*120*	58 I　*112,115,123*	73 III　*127*
41 I II　*120,410*	58 II　*112,114*	73 IV　*126,142*
41 III　*120,391,410*	58 III　*111,112*	74 I　*127*
42　*120*	59　*111*	74 II～VII　*128*
43 I III IV　*120*	59 I　*97,100,105,112,125,*	74 VII　*154*
43 II　*120,191*	*131,159,171,251*	74～76　*55,130*
44 I　*120*	59 II　*112,116*	75 I　*128*
44 II　*104,120*	59 III　*97,99,113*	75 II III　*129*
44 V　*120,121*	59 IV　*53,99,113*	75 IV　*129,154*
45 I　*104,120,121*	59 V　*112*	76 I　*53,129*
45 II　*120*	59 VI VII　*113*	76 II　*129*
46　*119*	60　*97,111,113*	76 IV　*129*
46 I　*7,96,111,119,122*	60 II　*114*	76 V　*154*
46 II　*96,122,126*	61　*113*	77　*130*
46 III　*96,122*	62　*111,113*	77 I II　*127*
47　*119,450,767*	63　*49,97,111*	78　*126,130,154,374,382*
47～103　*98*	63 I　*95,112,116,123*	79 I II　*126,130*
47 I　*122,450*	63 II　*138,220*	80　*125,130*
47 II III　*122*	63 III　*49,70,95,117,118,*	81　*97,130*
48　*119,767*	*140*	81 I II　*129*
48 I～III　*122*	64　*49,97,98,115,117,284*	81 III　*130,154*
49　*22,95-97,136,138,145,*	64 I　*116*	81 IV　*130,157*
735,760,767	64 II　*61,142*	82　*55,97,130,363*
50　*180*	65　*97*	82 I　*128,129*
50 I　*97,116,138,237*	65 I II　*123*	82 II IV　*128,363*
50 II　*138,220*	66　*97,126,142*	82 III　*128,154,363*
51　*139*	67　*97,347*	83　*97,125,129*
51 I　*113,144*	67～71　*130*	84　*97,104,121,130,137,*
51 II　*113,144,285*	67 I　*124,125*	*144,390*
52　*49,106,143,514,665*	67 II　*124*	85　*97*
52 I　*61,139,294,333,627,*	68　*97*	85 I　*130*
652	68 I　*39,104,124*	85 II　*121,130*
52 II　*61,98,139,294*	68 II IV～VII　*125*	85 III　*131*
52 III　*61,143*	68 III　*53,125*	86　*55,97,130,154,157*
53　*142,514,841*	69　*97,125,363*	87　*97*
53 I　*61,118,141,143*	70　*97*	87 I　*125*
53 II　*48,61,118,140,141,*	70 I II　*124*	87 II　*97,109,125*
143,507,512	71 I II　*124*	88　*97,121*
54　*141,508*	71 III IV　*125*	89　*97,130*
55　*140,141,521*	72 I　*126,130*	89 I　*104,121*

法令索引【か行】会社法　901

89Ⅱ～Ⅴ　121	131, 160-162, 169, 171, 173,	118Ⅲ　322, 778
90　97	175, 177, 178, 222, 223, 342,	118Ⅳ　58, 322, 778
90Ⅰ　97, 121, 130, 410	345, 365, 389-392, 400, 404,	118Ⅴ　324, 778
90Ⅱ　97, 121, 130, 391, 410	410, 441, 485, 647, 723, 726,	118ⅥⅦ　324, 778
91～92　97	823, 829	119Ⅰ　324, 778
92Ⅰ　97, 130	108Ⅱ　104, 160, 162, 164-	119Ⅱ　69, 324, 779
92Ⅱ　97, 104, 122, 130, 410	166, 169, 172, 176-178, 213,	119ⅢⅣⅥ　324, 779
92Ⅲ　97, 122, 130, 410	222, 269, 390, 404, 587, 647,	119Ⅳ　779
93　97, 111, 119	723	119Ⅴ　325, 779
93Ⅰ　119, 123, 126	108Ⅲ　105, 111, 163, 166,	119Ⅶ　327, 720
93Ⅱ　123, 126	169, 172, 488, 722, 821	120　50, 51, 205, 372
93Ⅲ　123	109　50	120Ⅰ　43
94　97, 337, 525	109Ⅰ　158, 167, 174, 205,	120Ⅱ　50, 51, 373
94ⅠⅡ　123	647	120Ⅲ　373, 499, 514
95　101	109Ⅱ　40, 157, 158, 366, 647	120Ⅳ　61, 76, 373, 499, 500,
96　97, 101, 109, 721	109Ⅲ　158	503, 841
97　101, 109, 123, 137	110　166, 725	120Ⅴ　373, 500, 502, 521
98　97, 100, 103	111Ⅰ　131, 167, 175, 389,	121　52, 171, 252, 253, 313,
99　97, 131	392	314
100　97, 130	111Ⅱ　152, 161, 176, 389,	122　44, 52, 151, 315
100Ⅰ　97, 130, 144	390-392, 723	122Ⅰ　194, 230, 258
100Ⅱ　130	112ⅠⅡ　178, 404, 723	122Ⅱ　230
101　97	113　214	122Ⅲ　52, 258
101Ⅰ　97, 130, 137, 144	113ⅠⅡ　725	122Ⅳ　230, 258
101Ⅱ　130	113Ⅲ　39, 103, 184, 725	123　104, 230, 242, 254, 313,
102Ⅰ　102	113Ⅳ　196, 326	315, 708
102Ⅱ　98, 116, 138, 237	114　214	124Ⅰ　262, 273, 304, 352,
102ⅢⅣ　144, 285	114Ⅰ　169	648
102Ⅳ　113, 139, 691	114Ⅱ　163, 166, 169	124Ⅱ　262, 263
103Ⅰ　61, 98, 106, 139, 143,	115　40, 173, 174	124Ⅲ　57, 58, 108, 187, 224,
294	116　151, 204	262, 263
103Ⅱ　59, 61, 139, 143	116Ⅰ　152, 161, 167, 176,	124Ⅳ　164, 262, 366
104　8, 17, 157	193, 390, 393, 723, 724, 726	124Ⅴ　263
105Ⅰ　4, 151, 157, 647	116Ⅱ　152, 393	125　55
105Ⅱ　4, 102, 157, 647	116Ⅲ　153, 252	125Ⅰ　253, 254, 315, 426
106　148, 149, 253, 255, 669	116Ⅳ　58, 153	125Ⅱ　154, 194, 253, 254,
107　169	116Ⅴ　153, 195, 821	315
107Ⅰ　51, 127, 159, 160, 162,	116Ⅶ　152, 153	125Ⅲ　57, 157, 254, 315, 709
165, 222, 223, 726	117ⅠⅢⅣ　154	125Ⅳ　42, 68, 157, 254, 316
107Ⅱ　104, 159, 160, 162-	117Ⅱ　69, 154, 179	125Ⅴ　157, 254, 316
164, 197, 200, 202, 204, 222,	117Ⅵ　20, 43, 730, 782	126Ⅰ　255, 316, 353
296, 320, 321	118Ⅰ　161, 176, 322, 324,	126Ⅱ　255, 316
108　59, 289	724, 732, 778	126Ⅲ　149, 253, 316
108Ⅰ　40, 51, 120, 121, 130,	118Ⅱ　303, 324, 719, 778	126Ⅳ　149, 256, 316, 353

126 V 149, 255, 353	141 I 224-226	156 I 86, 94, 199, 200, 202-204, 209, 376, 377, 659
127 217, 218	141 II 162, 225, 226	
128 228, 235	141 III IV 225, 226	156 II 200
128 I 43, 194, 213, 231, 247, 285, 317, 706	142 I 226	157 197, 199, 203, 488
	142 II 225-227	157 I 200, 204, 205, 209
128 II 138, 221, 285	142 III IV 227	157 II 200, 341, 441
129 I 213, 285, 317	143 I II 225, 226	157 III 158, 200
129 II 52, 213, 249, 285, 317	144 I III 227	158 197, 199
130 118, 231, 260, 457	144 II 69, 225, 227	158 I 200, 202, 252
130 I 235, 255, 705	144 IV 179, 225, 227	158 II 40, 58, 200
130 II 44, 255	144 V 225, 227	159 197
131 I 223, 238, 239, 244, 258, 707	144 VII 69, 225	159 I 199, 200
	145 160, 222, 224-227, 318	159 II 199, 201
131 II 239, 707	146 I 229	160 197, 199, 203
132 706	146 II 229, 325, 706	160 I 197, 201, 224, 342, 376, 377
132 I 187, 213, 225, 226, 257, 285	147 457	
	147 I 230, 253, 319, 705	160 II 199, 201
132 II 184, 257	147 II 229, 230, 319, 706, 707	160 III 151, 197, 199, 202
132 III 187, 257		160 IV 202, 344, 366, 383
133 151	147 III 229, 230	160 V 199, 202
133 I 194, 256, 257, 314, 706	148 230, 233, 319	161 197, 199, 201
	149 55, 706	162 40, 161, 197, 199, 201
133 II 257, 314, 706	149 I II 230, 319	163 43, 197, 199, 202, 204, 205, 216, 441, 488
134 224, 225, 227, 228, 256	149 III 52, 230, 319	
135 I 43, 214, 765	149 IV 231, 319	164 197, 199
135 II 44, 215, 216	150 I 231, 255, 319	164 I 104, 166, 201, 724
135 III 216	150 II 231, 319	164 II 201, 392, 724, 725
136 21, 39, 160, 223-225, 317, 487	151 8, 200, 202, 232, 249, 319, 664, 756, 803	165 197-200
		165 I 94, 203-205, 488
137 I 160, 194, 223, 224, 318, 487	151 I 232	165 II 104, 203, 204, 342, 441
	152 I〜III 233	
137 II 223, 318	153 I〜III 233	165 III 86, 203, 204, 342, 487
138 160, 204, 205, 223, 225, 299, 317, 318	154 249	166 160
	154 I 232, 239, 264, 319, 645	166 I 151, 164, 197, 204, 205, 207
139 6		
139 I 104, 222, 225, 231, 318, 341, 441	154 II 234, 319	166 II 164
	154の2 77	166 III 164, 233
139 II 224, 225, 318	154の2 I II 235, 253, 255	167 160
140 I 151, 224, 225	154の2 III 255	167 I 164, 232
140 II 224, 225, 377	154の2 IV 235, 255	167 II 164, 213
140 III 224, 225, 366, 383	155 44, 161, 167, 190, 194, 197, 198, 204, 205, 224, 314, 739, 772	167 III IV 165, 191
140 IV 224, 225, 487		168 I 165, 167, 320, 441, 488
140 V 104, 222, 225, 226, 341, 377, 441		
	156 197, 200	168 II 167, 252, 321

168Ⅲ 57, 58, 167, 321	488, 723	198 651
168〜169 160, 320	185 188, 190, 194, 232, 246,	198Ⅰ 58, 265
169ⅠⅢ 167, 321	260, 328, 389, 488, 587, 657	198Ⅱ 231, 265
169Ⅱ 167, 320, 342, 441	186Ⅰ 189	198Ⅲ 149, 253, 255, 265
169Ⅳ 57, 58, 167, 252	186Ⅱ 158, 188, 189, 211	198ⅣⅤ 265
170 160, 320, 321	186Ⅲ 104, 188, 189, 441	199 196, 197, 211, 213, 297,
170Ⅰ 167, 190, 232	187Ⅰ 151, 189	657
170Ⅱ 167, 213	187Ⅱ 189	199Ⅰ 8, 105, 268, 269, 270-
170Ⅲ 168, 252	188 53	273, 276, 280, 281, 285, 293,
170Ⅳ 57, 58, 168	188Ⅰ 104, 191	298, 302, 303, 473, 586
170Ⅴ 204, 205, 207	188Ⅱ 182, 192	199Ⅱ 40, 103, 271, 280,
171 160	188Ⅲ 192	342, 377, 455, 775
171Ⅰ 167, 175, 176, 194,	189Ⅰ 191, 193, 352, 365	199Ⅲ 271, 280, 288, 309,
197, 204, 213, 296, 377, 587	189Ⅱ 104, 194	348
171Ⅱ 175, 176, 211	189Ⅲ 104, 194, 235	199Ⅳ 161, 269, 271, 272,
171Ⅲ 176	190 193	274, 276, 280, 290, 390-392
172 160, 167, 176	191 52, 193, 723	199Ⅴ 270, 272
172Ⅰ 69	192 151	200Ⅰ 271, 278, 280, 309,
173 160	192 194, 198, 204, 821	342, 377, 425, 441
173Ⅰ 176, 190, 205, 209,	192ⅡⅢ 195	200Ⅱ 271, 280, 288, 309,
232	193Ⅰ 195	348, 375
173Ⅱ 176, 213	193Ⅱ 69, 179, 195	200Ⅲ 271, 278, 280, 309
174 104, 161	193Ⅲ〜Ⅶ 195	200Ⅳ 161, 271, 276, 280,
175 161	194 151, 589	290, 308, 390-392
175Ⅰ 161, 342, 377	194Ⅰ 104, 196	201 40, 441
175Ⅱ 161, 344, 366, 383	194Ⅱ 196	201Ⅰ 271, 275, 277, 309,
176Ⅰ 161, 204, 209	194Ⅲ 196, 213	342, 455, 488
176ⅡⅢ 161	194Ⅳ 69, 196	201Ⅱ 269, 275, 276
177Ⅰ 161	195 723	201Ⅲ 252, 276, 280, 287,
177Ⅱ 69, 162	195Ⅰ 193, 425, 441, 488	288
177Ⅲ〜Ⅴ 162	195Ⅱ 193, 252	201Ⅳ 58, 273, 276, 287, 288
178 181, 211, 325	195Ⅲ 58, 193	201Ⅴ 20, 276
178Ⅰ 214	196 816	202 260, 268
178Ⅱ 214, 441, 488	196Ⅰ 255, 264, 352	202Ⅰ 270-272, 304, 390
180ⅠⅢ 182	196Ⅱ 255, 265	202Ⅱ 151, 158, 211, 272,
180Ⅱ 342, 377	196Ⅲ 255, 264	273, 304, 326
181Ⅰ 183, 252	197 181, 264, 651	202Ⅲ 40, 57, 58, 104,
181Ⅱ 58, 183	197Ⅰ 151, 246, 264, 265,	271-273, 377
182 182	313	202Ⅳ 57, 58, 204, 273
183Ⅰ 186	197Ⅱ 68, 194, 246, 264	202Ⅴ 103, 272-274, 288
183Ⅱ 186, 188, 342, 441,	197Ⅲ 198, 204, 205, 209,	203 111, 273, 283
488	264	203Ⅰ 159, 171, 192, 251,
184Ⅰ 187	197Ⅳ 265, 441, 448	273, 282, 689
184Ⅱ 52, 169, 186, 188,	197Ⅴ 264	203Ⅱ 251, 273, 283, 310

203Ⅲ　*273,283,310*
203Ⅳ　*20,283,310*
203Ⅴ　*112,282*
203Ⅵ Ⅶ　*283,310,690*
204　*111,283,342*
204Ⅰ　*113,273,283,310*
204Ⅱ　*104,161,273,283,310,377,441*
204Ⅲ　*114,273,283,310*
204Ⅳ　*273,304*
205　*113,251,268,281,283,285,294*
206　*111,113,273,283,284,311*
207　*49,105,273,326,526,690*
207Ⅰ～Ⅲ　*69,280*
207Ⅳ～Ⅵ　*281*
207Ⅶ　*69,273,281*
207Ⅷ　*109,273,281*
207Ⅸ　*8,109,110,273,281,295,327*
207Ⅹ　*110,281,327*
208　*8,111*
208Ⅰ　*49,91,116,273,284,326*
208Ⅱ　*105,273,285*
208Ⅲ　*49,157,284*
208Ⅳ　*220,283*
208Ⅴ　*49,117,269,273,284,690*
209　*105,180,237,269,273,284*
210　*19,150,154,174,182,185,188,213,263,273,276,287,525,786*
211　*144*
211Ⅰ　*285*
211Ⅱ　*285,689,691*
212Ⅰ　*105,139,140,157,269,292-294,333,514,627,652*
212Ⅱ　*294,333*
213　*49,294,500,503*

213Ⅰ　*61,294,334,514*
213Ⅱ　*294,334,500*
213Ⅲ　*61,143,295,334*
213Ⅳ　*294,295,334*
214　*20,43,104,235,687,704,730,782*
215　*151,706*
215Ⅰ　*138,221,237,285,756*
215Ⅱ　*183,184,238*
215Ⅲ　*187*
215Ⅳ　*40,52,138,183,187,213,221,236,238,245*
216　*16,159,171,223,236,237,457*
217Ⅰ Ⅱ　*247*
217Ⅲ　*247,253*
217Ⅳ　*247,256*
217Ⅴ　*235,247*
217Ⅵ　*228,247*
218　*235*
218Ⅰ　*58,241,722,725*
218Ⅱ　*241,243*
218Ⅲ Ⅳ　*58,241,725*
218Ⅴ　*230,253*
219　*756*
219Ⅰ　*57,58,161,167,176,183,233,240,241,312,727,730,738,755,782*
219Ⅱ　*183,233,240,782*
219Ⅲ　*183,233,240,243,730,756,782*
220　*161,782*
220Ⅰ　*58,183,240,245,730*
220Ⅱ　*183,240*
220Ⅲ　*183,240,264*
221　*242*
221Ⅰ　*240,241,243*
222　*242,254*
223　*151,241,242,255*
224　*245*
224Ⅰ　*242,243*
224Ⅱ　*242,244*
225Ⅰ　*242-244*

225Ⅱ　*244*
225Ⅲ Ⅳ　*242,244*
226Ⅰ Ⅱ　*244*
227　*242,245*
228Ⅰ　*242,244,245*
228Ⅱ　*242,245*
229Ⅰ　*245,246*
229Ⅱ　*242,245,246*
230Ⅰ　*246,256*
230Ⅱ　*246*
230Ⅲ　*151,246*
230Ⅳ　*246,264*
231　*55,242*
231Ⅰ　*243,254,456*
231Ⅱ　*154,243,244*
232Ⅰ Ⅱ　*243*
233　*241,242*
234Ⅰ　*166,168,177,189,190,588,761*
234Ⅱ　*68,168,187,189,190,194*
234Ⅲ　*187,189,190*
234Ⅳ　*168,187,189,190,198,204,205,209*
234Ⅴ　*187,189,190,441*
234Ⅵ　*168,190*
235　*187*
235Ⅰ　*184,191*
235Ⅱ　*184,191,194,198,209*
236　*297*
236Ⅰ　*105,213,296-301,306,311,312,317,320,321,328,329,473,588,717,753,756,765,777,778*
236Ⅱ　*297,717*
237　*149,315*
238　*297,657*
238Ⅰ　*298,302,303,305,306,311,717,719*
238Ⅱ　*40,305,309,342,377*
238Ⅲ　*40,305,309,348,375,718*
238Ⅳ　*161,305,308,390,*

法令索引【か行】 会社法

391	249 I 311, 313, 314, 718	272の2 II〜IV 314, 315
238 V 302, 304	250 I 〜IV 315	273〜275 300
239 161	251 313, 708	273 I 299, 320, 342
239 I 305, 309, 377, 425, 441	252 55	273 II III 321
	252 I 254, 315, 456	274 I 320, 321
239 II 305, 309, 348	252 II 154, 315	274 II 320, 321, 342, 441
239 III 305, 309	252 III 57, 157, 254, 315	274 III 321
239 IV 305, 308, 309, 390–392	252 IV 42, 157, 316	274 IV 58, 321
	252 V 157, 316	275 I 190, 321, 717
240 441	253 I II 316	275 II IV 321, 717
240 I 40, 305, 306, 309, 342, 488	253 III IV 149, 316	275 III 213, 321, 717
	254 I 316	275 V 58, 321, 717
240 II 57, 58, 252, 306	254 II III 316, 718	276 325
240 III 57, 58, 306	255 275	276 I 314, 325
240 IV 307	255 I 313, 314, 317, 594	276 II 325, 441, 488
241 260	255 II 317, 719	277 232, 260, 272, 296, 328, 657
241 I 304, 305, 390	256 II 52, 317, 326	
241 II 151, 158, 211, 304	256 III IV 317	278 I 720
241 III 40, 104, 305, 306, 377, 441	257 I II 317, 318, 719	278 II 158, 211, 328
	257 III 317	278 III 328, 441
241 IV 57, 304, 306	258 I 312, 315	279 I 329, 720
241 V 304, 306	258 II 〜IV 312, 718	279 II 329
242 111	259 I II 314	280 I 〜V 326, 719
242 I 159, 171, 192, 304, 310, 689, 690, 709	260 I II 314, 315	280 VI 320, 326
	260 III 315	281 I 297, 298, 326, 719
242 II 〜VIII 310, 690	261 318	281 II 105, 298, 326, 719
242 IV 20	262 299, 317, 487	281 III 328, 719
243 111	263 I II 318, 487	282 180, 275, 295, 298, 326
243 I 310	264 317, 318	283 191, 301, 328
243 II 104, 161, 299, 310, 342, 377, 441	265 I 318, 441	284 49, 105, 526
	265 II 318	284 I 298, 306, 311, 327
243 III 310, 718	266 318	284 II 〜X 327
243 IV 304, 306	267 I II IV V 318, 719	284 VII 69, 306
244 111, 113	267 III 719	284 VIII 306
244 II 718	268 I II 319	284 IX 328
245 I II 282, 303, 306, 310, 311, 718	268 III 319, 719	285 I 293, 333, 627, 652
	269 I II 319	285 II 294, 333
246 8, 111	270 I 〜III 319	286 I II IV 294, 334
246 I 49, 303, 306, 311, 718	272 I 232, 319	286 III 61, 295, 334
246 II 302, 309, 311, 419	272 II 319	287 299, 306, 311, 314, 325, 594
246 III 302, 306, 311	272 III 58, 319	
247 19, 150, 154, 287, 306, 330, 525	272 IV 320, 719	288 I II 52, 311
	272の2 77	289 312, 457
248 303, 717	272の2 I 317, 320	290 301, 312

291 I II　*241, 312, 718*
292　*312*
292 I　*457, 706, 718*
292 II　*719*
293　*756*
293 I　*312, 727, 730, 738, 755, 782*
293 II　*312, 782*
293 III　*756, 782*
293 IV　*313, 730, 782*
294 I　*313*
294 II　*264, 313*
294 III IV　*313*
295 I　*341, 342, 350*
295 II　*104, 275, 306, 341, 342, 351, 455*
295 III　*343*
296 I　*347*
296 II　*349*
296 III　*343*
297　*154, 156, 413*
297 I　*39, 104, 174, 345*
297 II　*39, 345*
297 III　*193*
297 IV　*68, 345, 371*
298　*124*
298 I　*344, 347, 353, 425, 487, 488, 699, 770*
298 II　*124, 174, 344, 346, 347, 352, 366, 822*
298 III　*346, 353*
298 IV　*344, 425, 441, 456, 488, 491*
299　*57, 222*
299 I　*39, 104, 224, 341, 344, 352*
299 II　*125, 341, 351, 352*
299 III　*53, 125, 341, 351, 352, 367*
299 IV　*125, 341, 344, 352, 353, 770*
300　*6, 52, 125, 201, 363*
301　*124, 699*
302 I 〜 IV　*353, 354*

303　*107, 156, 350, 413*
303 I　*155, 174, 341, 350*
303 II　*39, 104, 341, 351*
303 III　*39, 341, 351*
303 IV　*193, 350*
303　*154, 485*
304　*154, 202, 341, 351, 376, 485*
304 I　*104*
305　*154, 156, 485*
305 I　*39, 104, 155, 174, 341, 350-352, 360, 406*
305 II　*39, 341, 352*
305 III　*193, 352*
305 IV　*104, 352*
306　*154, 156, 526*
306 I　*104, 156, 174, 175, 364, 774*
306 II　*39, 341, 364*
306 III 〜 VII　*364*
307　*69, 154*
307 I　*344, 349, 364, 371*
307 II III　*345, 364*
308 I　*18, 43, 126, 147, 154-156, 158, 173, 191, 216, 217, 365, 835*
308 II　*196, 197, 211, 365, 369, 391, 701*
309 I　*104, 167, 174, 186, 189, 200, 214, 222, 320, 328, 376, 404, 409, 417, 505, 620-622, 625, 626, 657, 824*
309 II　*6, 27, 103, 104, 106, 108, 127, 135, 161, 164, 167, 175, 176, 182, 186, 193, 199, 201, 224, 226, 271, 272, 277, 280, 283, 288, 305, 309, 310, 365, 377, 404, 410, 503, 505, 619-621, 649, 659, 718, 722, 723, 736, 737, 771, 775, 853*
309 III　*161, 299, 378, 724, 773*
309 IV　*158, 378, 725*
309 V　*341, 344, 353, 376*

310　*55, 344, 368, 701*
310 I　*128, 367, 370*
310 II　*128, 368*
310 III 〜 V　*128, 367*
310 VI　*128, 368*
310 VII　*154, 155, 174, 368*
311　*55, 129, 701*
311 I　*347*
311 II　*378, 387*
311 III　*379*
311 IV　*154, 155, 379*
312　*55, 129, 701*
312 I　*53, 347*
312 II　*347*
312 III　*378, 387*
312 IV　*379*
312 V　*154, 155, 379*
313　*127, 701*
313 I II　*341, 370*
313 III　*370*
314　*126, 154, 174, 374, 375, 382, 418, 470*
314 I　*126, 371, 463*
315 II　*126, 371*
316　*337, 375, 377, 525*
316 I　*376*
316 II　*346, 376*
317　*125, 352, 364, 376, 377, 702*
318　*55*
318 I　*378*
318 II　*129, 379, 456*
318 III　*379, 456*
318 IV　*130, 154, 344, 379*
318 V　*42, 130, 157, 379*
319　*55, 128*
319 I　*52, 53, 363, 379, 642*
319 II　*128, 363, 379*
319 III　*128, 154, 363*
319 IV　*42, 128, 157, 363*
319 V　*363*
320　*52, 125, 363, 374, 379*
321　*104, 389, 391*
322 I　*182, 186, 189, 193,*

法令索引 【か行】 会社法 907

271, 274, 290, 305, 306, 389, 391, 392, 724, 773
322 Ⅱ　104, 131, 189, 271, 272, 274, 305, 390, 392, 501, 724, 773
322 Ⅲ　189, 193, 306, 390, 724, 726
322 Ⅳ　131, 390, 392, 724
323　104, 177, 390, 391, 404, 410, 413
324 Ⅰ　104, 130, 176, 177, 390, 391, 404, 410, 723
324 Ⅱ　131, 161, 182, 269, 271, 276, 305, 308, 389–392, 410, 724, 773
324 Ⅲ　161, 389–392, 773
325　55, 104, 154, 157, 191, 193, 197, 211, 216, 217, 255, 347, 371, 374, 389, 425, 525
326～328　822
326 Ⅰ　119, 335, 400
326 Ⅱ　21, 54, 104, 335, 401, 465, 474, 479, 483
327 Ⅰ　39, 335, 439, 474, 483, 491
327 Ⅱ　39, 335, 442, 460, 464, 465, 479
327 Ⅲ　336, 464, 479, 636
327 Ⅳ　169, 336, 464, 483
327 Ⅴ　202, 336, 479, 483, 639
328 Ⅰ　39, 41, 336, 474, 479
328 Ⅱ　336, 479
329　485
329 Ⅰ　119, 342, 376, 377, 393, 404, 412, 480
329 Ⅱ　104, 407
330　33, 393, 407, 416, 428, 452, 465, 479, 482, 524, 825
331 Ⅰ　30, 119, 394, 825
331 Ⅱ　39, 102, 104, 394, 663
331 Ⅲ　50, 395, 484
331 Ⅳ　119, 400, 427, 489, 822

332　39, 119, 402
332 Ⅰ　21, 332, 402, 403
332 Ⅱ　104, 402, 403, 485, 809
332 Ⅲ　402, 485, 495
332 Ⅳ　161, 402, 408
333 Ⅰ　395
333 Ⅱ　119, 396
333 Ⅲ　42, 119, 396, 494
334　119
334 Ⅰ　39, 402, 485
334 Ⅱ　403
335　102
335 Ⅰ　63, 119, 394–396, 663
335 Ⅱ　42, 396, 397, 485, 494
335 Ⅲ　119, 400, 439, 489, 611, 823
336　119, 397
336 Ⅰ　21, 39, 403
336 Ⅱ　39, 104, 403
336 Ⅲ　104, 403, 407
336 Ⅳ　161, 403, 408
337　414
337 Ⅰ　119, 398
337 Ⅱ　119, 400
337 Ⅲ　43, 119, 396, 399, 400
338　119, 408
338 Ⅰ Ⅲ　404
338 Ⅱ　376, 415
339　376, 485
339 Ⅰ　342, 377, 391, 392, 409–410, 480
339 Ⅱ　409–411, 432
340　409, 414, 472
340 Ⅰ　411, 412, 469
340 Ⅱ　411, 477
340 Ⅲ　374, 412, 469
340 Ⅳ　374, 411, 412, 477
340 Ⅴ　374, 412, 491, 493
341　104, 377, 382, 404, 409, 485, 823
342　121, 154, 405, 485, 823
342 Ⅰ　104, 174, 405
342 Ⅱ　405

342 Ⅲ～Ⅴ　155, 377, 405, 410
342 Ⅵ　410
343　21, 406
343 Ⅰ　406, 424, 469, 476
343 Ⅱ　406, 469, 476
343 Ⅲ　400, 406, 476
344　472
344 Ⅰ　400, 406, 411, 469, 476
344 Ⅱ　406, 411, 469, 476
344 Ⅲ　406, 411, 476
345 Ⅰ　357, 379, 406, 409, 412, 464, 611, 615
345 Ⅱ　379, 409, 412, 611, 615
345 Ⅲ　379, 409
345 Ⅳ　379, 406, 409, 412, 464, 470, 472, 611
345 Ⅴ　379, 406, 407, 409, 411, 412, 464, 615
346　405, 453
346 Ⅰ　104, 381, 413, 414, 513, 823, 824
346 Ⅱ　69, 373, 401, 413, 414, 824
346 Ⅲ　69, 414, 824
346 Ⅳ　414, 476
346 Ⅴ　476
346 Ⅵ　414, 476
346 Ⅶ　414, 491
347　178, 391
347 Ⅰ　390, 391, 404, 405, 410, 823
347 Ⅱ　390–392, 404, 410, 829
348　402
348 Ⅰ　24, 104, 206, 214, 325, 406, 425, 439, 688, 825
348 Ⅱ　24, 104, 214, 325, 406, 425, 688, 689, 825
348 Ⅲ　21, 24, 43, 51, 54, 343, 426, 429, 441, 609, 689, 825
348 Ⅳ　21, 41, 426, 429, 440,

824, 825
349 I　　104, 136, 425, 426,
　　　　450, 517, 627, 825
349 II　　104, 426, 450, 517,
　　　　825
349 III　　104, 426, 450, 451,
　　　　517, 627, 731, 825
349 IV　　104, 344, 427, 453,
　　　　825
349 V　　32, 59, 449, 450, 454,
　　　　456, 825
350　　34, 450, 456, 825
351 I　　453, 513, 825
351 II　　69, 373, 450, 453, 825
351 III　　453, 825
352　　68
352 I　　414, 416, 450, 453,
　　　　825
352 II　　59, 416, 453, 825
353　　62, 454, 455, 473, 517,
　　　　825, 827
354　　59, 385, 450, 455, 457,
　　　　458, 825
355　　33, 430, 465, 524, 826,
　　　　843
356　　6, 35, 430, 431, 450, 455,
　　　　460, 827
356 I　　25, 208, 342, 376, 423,
　　　　431, 434-437, 496, 499, 500,
　　　　826
356 II　　434, 437, 826
357　　21, 472, 485
357 I　　335, 429, 467, 474,
　　　　476, 478, 826
357 II　　429, 476-478
358　　19, 69, 154, 155, 337,
　　　　526, 548, 823
358 I　　526, 826
358 II〜VII　　527, 826
359 I　　344, 349, 371, 527,
　　　　826
359 II　　345, 364, 527, 826
359 III　　345, 470, 472, 527,
　　　　826

360　　19, 154, 174, 287, 335,
　　　　468, 691, 786
360 I　　39, 155, 467, 468, 474,
　　　　524, 826
360 II　　39, 155, 467, 468, 474,
　　　　523, 524, 826
360 III　　468, 474, 523, 524,
　　　　826
361　　108, 309, 376, 384, 417,
　　　　418, 420, 430, 505
361 I　　104, 342, 417, 418,
　　　　419, 424, 826
361 II　　418, 826
362　　402
362 I　　425, 438, 739, 826
362 II　　119, 406, 439, 442,
　　　　450, 451, 470, 486, 826
362 III　　335, 442, 450, 451,
　　　　456, 826
362 IV　　25, 27, 51, 54, 317,
　　　　428, 439, 449, 455, 456, 486,
　　　　488, 609, 689, 739, 826
362 V　　41, 426, 429, 440, 486,
　　　　824, 826
363　　402
363 I　　136, 427, 439, 441,
　　　　450, 456, 485, 518, 627, 827
363 II　　442, 827
364　　62, 442, 445, 454, 455,
　　　　517, 827
365 I　　25, 431, 434, 441, 445,
　　　　455, 488, 496, 500, 827
365 II　　433, 436, 827
366 I　　104, 441, 442, 447,
　　　　468, 486, 488, 489, 827
366 II　　442, 488, 827
366 III　　442, 447, 488, 827
367 I　　154, 443, 474, 827
367 II〜IV　　443, 474, 827
368 I　　104, 344, 443, 447,
　　　　467, 827
368 II　　52, 443, 447, 463, 827
369　　104
369 I　　444, 445, 477, 827

369 II　　344, 421, 432, 434,
　　　　435, 445, 452, 827
369 III　　447, 467, 827
369 IV　　448, 467, 827
369 V　　437, 448, 827
370　　53, 104, 444, 447, 463,
　　　　478, 489, 827
370 I　　52
371　　19, 55
371 I　　42, 448, 456, 827
371 II　　154, 335, 448, 474,
　　　　827
371 III　　68, 344, 448, 474, 827
371 IV　　48, 68, 344, 448, 822,
　　　　827
371 V　　42, 157, 448, 827
371 VI　　157, 448, 827
372　　52, 444
372 I　　408, 447, 822, 827
372 II　　408, 444, 827
372 III　　444, 488, 827
373　　27, 439, 739, 825
373 I　　137, 427, 428, 446,
　　　　466, 485, 611, 828
373 II　　446, 466, 468, 828
373 III IV　　446, 447, 828
374 I　　460, 485, 618, 627
374 II　　463
374 III　　43, 463
374 IV　　463
374 V　　396
374 VI　　460, 463, 627
375 I　　335, 464, 467, 472,
　　　　476, 478
375 II　　464, 476-478
375 III　　464, 490, 492
376 I III　　443, 463
376 II　　104, 443, 463
377　　371
377 I　　371, 464
377 II　　464
378　　56, 460
378 I　　462
378 II　　48, 462

378 Ⅲ　*42, 68, 463*	389 Ⅵ　*466, 472*	402 Ⅰ　*483, 494*
379　*384*	389 Ⅶ　*371, 466, 467, 469,*	402 Ⅱ　*487, 495*
379 Ⅰ　*104, 342, 376, 417,*	*472, 473*	402 Ⅲ　*393, 395, 494, 524*
424	390 Ⅰ　*475*	402 Ⅴ　*39, 102, 104, 394, 494,*
379 Ⅱ　*400, 424*	390 Ⅱ　*475*	*663*
379 Ⅲ　*371, 424, 464*	390 Ⅲ　*401, 823*	402 Ⅵ　*484, 494*
380　*464, 481*	390 Ⅳ　*476*	402 Ⅶ　*104, 495*
381　*472, 493*	392 Ⅰ　*104*	402 Ⅷ　*495*
381 Ⅰ　*21, 465, 466, 470, 473,*	392 Ⅱ　*52, 477*	403 Ⅰ　*487, 495*
636	393 Ⅰ　*477*	403 Ⅱ　*432, 495*
381 Ⅱ　*466, 472*	393 Ⅱ〜Ⅳ　*478*	403 Ⅲ　*69, 373, 495*
381 Ⅲ　*43, 466, 472*	394　*55*	404 Ⅰ　*169, 178, 342, 406,*
381 Ⅳ　*466, 472*	394 Ⅰ　*478*	*411, 485, 487, 491*
382　*425, 441, 442, 468, 471-*	394 Ⅱ　*68, 154, 478*	404 Ⅱ　*393, 406, 411, 485,*
473	394 Ⅲ　*42, 48, 68, 157, 478*	*487, 488, 491*
383　*472*	394 Ⅳ　*157, 478*	404 Ⅲ　*417, 423, 424, 485,*
383 Ⅰ　*447, 466, 473, 475*	395　*52, 476, 477*	*493, 496*
383 Ⅱ　*442, 447, 468,*	396 Ⅰ　*481, 482*	404 Ⅳ　*490*
472-474	396 Ⅱ　*481, 549*	405 Ⅰ　*119, 493*
383 Ⅲ　*442, 447, 468, 472,*	396 Ⅲ　*43, 481*	405 Ⅱ　*43, 119, 493*
474	396 Ⅳ Ⅵ　*481*	405 Ⅲ Ⅳ　*119, 493*
383 Ⅳ　*442, 447, 468*	396 Ⅴ　*400*	406　*439, 492*
384　*354, 371, 470, 472, 473*	397 Ⅰ　*467, 476, 478, 482,*	407　*287, 492, 691, 786*
385　*287, 468, 471, 473, 691,*	*490*	407 Ⅰ　*524*
786	397 Ⅱ　*467, 472, 483, 493*	407 Ⅱ　*525*
385 Ⅰ　*467, 472, 524*	397 Ⅲ　*476-478, 482*	408 Ⅰ　*455, 487, 491, 493,*
385 Ⅱ　*468, 525*	397 Ⅳ　*482, 490, 492, 493*	*517, 518*
386　*430, 472*	398　*371, 375*	408 Ⅱ　*455*
386 Ⅰ　*62, 454, 455, 469, 517,*	398 Ⅰ　*371, 481*	408 Ⅲ　*492, 517, 522*
518	398 Ⅱ　*371, 376, 377, 482*	409　*342, 417, 496*
386 Ⅱ　*454, 469, 517, 521*	398 Ⅲ Ⅳ　*481*	409 Ⅰ　*494, 611*
387　*384, 421*	399 Ⅰ　*425, 469*	409 Ⅱ　*494*
387 Ⅰ　*104, 108, 342, 376,*	399 Ⅱ　*425, 476*	409 Ⅲ　*417, 424, 494*
417, 424	399 Ⅲ　*425, 491*	410　*489*
387 Ⅱ　*108, 424*	400　*439*	411 Ⅰ　*490*
387 Ⅲ　*371, 424, 470, 472*	400 Ⅰ　*484, 489*	411 Ⅱ　*52, 490*
388　*336, 467, 472, 481*	400 Ⅱ　*119, 487, 489*	411 Ⅲ　*490, 496*
389　*479*	400 Ⅲ　*373, 427, 484, 611*	412 Ⅰ　*490*
389 Ⅰ　*39, 104, 335, 336, 465,*	400 Ⅳ　*42, 484, 494*	412 Ⅱ　*490, 494*
466, 471, 646	401　*439*	412 Ⅲ Ⅳ　*490*
389 Ⅱ　*466, 472, 473*	401 Ⅰ　*119, 487, 489*	413　*55*
389 Ⅲ　*354, 371, 473*	401 Ⅱ　*489*	413 Ⅰ Ⅱ Ⅴ　*491*
389 Ⅳ　*466, 472, 549*	401 Ⅲ　*69, 489*	413 Ⅲ　*68, 154, 491*
389 Ⅴ　*43, 466, 472*	401 Ⅳ　*489*	413 Ⅳ　*42, 48, 491*

413Ⅵ　*68*
414　*52,490*
415　*336,402,485,488*
416　*402*
416Ⅰ　*51,54,426,441,485-488,495,609*
416Ⅱ　*41,486*
416Ⅲ　*486,488*
416Ⅳ　*25,27,163,186,193,202,222,251,265,272,275,299,306,344,406,486-488,491,495,660,689,739,741,754,755,776*
417Ⅰ　*488,489*
417Ⅱ　*486,488,495*
417Ⅲ　*489*
417ⅣⅤ　*488,496*
418　*336,495*
419Ⅰ　*490,492,496*
419Ⅱ　*25,430,431,433,434,436,496,499,524*
419Ⅲ　*485*
419Ⅴ　*435*
420　*136*
420Ⅰ　*336,486,487,494,496,517,627*
420Ⅱ　*487,496*
420Ⅲ　*59,69,344,373,495,496,517*
421　*59,457,496*
422　*39,154,155,287,691*
422Ⅰ　*524*
422Ⅱ　*492,523*
423　*373,500,841*
423Ⅰ　*61,210,294,393,396,426,432,437,438,480,488,497,502,512,828,841*
423Ⅱ　*25,432,433,499,500,673,828*
423Ⅲ　*437,499,828*
424　*438,500,502,509,521,828*
425　*438,500,828*
425Ⅰ　*377,384,500,503-505,507,611*
425ⅡⅤ　*505*
425Ⅲ　*469,472,477,504*
425Ⅳ　*377,420,505*
426　*438,441,500,828*
426Ⅰ　*104,426,441,474,488,505*
426Ⅱ　*469,472,477,506*
426Ⅲ　*57,58,506*
426Ⅳ　*506*
426Ⅴ　*156,506*
426Ⅵ　*360,377,420,506*
427　*426,438,500,828*
427Ⅰ　*104,428,506,611,612,614*
427ⅡⅣ　*507*
427Ⅲ　*469,472,477,507*
427Ⅴ　*360,507*
428　*61*
428Ⅰ　*430,438,498,499,503,828*
428Ⅱ　*438,499,500,503,828*
429　*48,507,510,511,513,661*
429Ⅰ　*61,141,277,422,508,512,661,674,828*
429Ⅱ　*61,293,513,514,828*
430　*498,508,514,828*
431　*20,530,531,569,618,636*
432　*139*
432Ⅰ　*535*
432Ⅱ　*536,549*
433　*19,48,57*
433Ⅰ　*89,154,155,175,548*
433Ⅱ　*157,254*
433Ⅲ　*42,68,157,550*
434　*69,535,675*
435　*56,530*
435Ⅰ　*139,457*
435Ⅱ　*139,457,460,529,550,608,615,627,628,646*
435Ⅲ　*52,550,628*
435Ⅳ　*457,550*
436　*139,397,457,470*
436Ⅰ　*336,466,608,628,630,646*
436Ⅱ　*400,481,491,628,629,633,636*
436Ⅲ　*210,442,463,487,501,623,628,629,634,638,662*
437　*53,341,353,355,462,608,615,629,633,634,638,639,646*
438　*457,646*
438Ⅰ　*342,615,629,643,646*
438Ⅱ　*210,342,376,418,501,615,629,634,643,646*
438Ⅲ　*374,643,646*
439　*342,374,377,482,485,501,629,634,643*
440　*48,57,379,457,646,780*
440Ⅰ　*21,41,58,629,634,644,645,780*
440Ⅱ　*644,780*
440Ⅲ　*645,729,780,828*
440Ⅳ　*20,21,629,645*
441　*821*
441Ⅰ　*460,481,551,618,638,774,776*
441Ⅱ　*628,630,645*
441Ⅲ　*442,463,487,628,638,645*
441Ⅳ　*376,643,646*
442　*56,548,641*
442Ⅰ　*353,457,553,615,629,642,646*
442Ⅱ　*21,353,457,615,629,642,646*
442Ⅲ　*48,154,254,615,642,646*
442Ⅳ　*42,68,157,642,646*
443　*69,550,675*
444　*397,543,821,835*

法令索引【か行】 会社法 *911*

444 Ⅰ　43,460,480,481,530, 551,628,656
444 Ⅱ　551,628
444 Ⅲ　41,530,551,628,656
444 Ⅳ　470,628,630,633
444 Ⅴ　442,463,487,628, 638
444 Ⅵ　53,353,639
444 Ⅶ　374,643
445 Ⅰ　49,102,111,267,269, 270,298,584,622,626
445 Ⅱ　49,111,267,270,298, 585,589,622
445 Ⅲ　111,267,270,298, 585,589,626
445 Ⅳ　589,590,625-627, 650,652,653,678
445 Ⅴ　585,586,626,627, 765
446　587,622,651-653,655, 774,776
447　50,619
447 Ⅰ　342,377,473,589, 620-622,624,626
447 Ⅱ　621
447 Ⅲ　175,425,442,620, 622
448　590,619,627
448 Ⅰ　473,620,622-624, 626,659
448 Ⅱ　622,838
448 Ⅲ　425,442,488,620, 621,623
449　48,50,502,619,694, 702
449 Ⅰ　590,620,621,623, 659
449 Ⅱ　57,624
449 Ⅲ　57,58,624
449 Ⅳ〜Ⅶ　624
450　625,626
450 Ⅰ　473,621,626
450 Ⅱ　621,625
450 Ⅲ　626,653

451　590,625-627,733
451 Ⅰ　473,589,621
451 Ⅱ　621,625
451 Ⅲ　653
452　473,621,626,659
453　200,211,246,618,647, 649,657
454　159,200,376
454 Ⅰ　200,618,619,648, 649,658
454 Ⅱ　172,657
454 Ⅲ　156,158,211,647, 657
454 Ⅳ　377,658,832
454 Ⅴ　105,341,442,487, 649,660
455 Ⅰ　658
455 Ⅱ　69,256,650,658
456　69,256,650,658
457 Ⅰ　231,256,650
457 Ⅱ　651
457 Ⅲ　256,651
458　649,678,747
459　105,442,480,659
459 Ⅰ　105,199,202,203, 485,615,620-622,648,658, 659,662
459 Ⅱ　485,659
459 Ⅲ　659
460　105,485
460 Ⅰ　202,659
460 Ⅱ　202,485,659
461　48,159,195,204,205, 206,207,208
461 Ⅰ　49,161,176,179,191, 201,204,205,207-209,224, 225,649,660
461 Ⅱ　161,164,168,176, 212,587,618,622,651,653 -655,774,776
462　48,61,161,164,205, 207,209,210,500,661,824, 841
462 Ⅰ　204,208,209,265,

500,501,589,660,678
462 Ⅱ　209,500,660,661
462 Ⅲ　209,500-503,521, 661
463　824
463 Ⅰ　207,209,501,660, 661,676,678
463 Ⅱ　48,207,209,661,678
464　61,204,205,210,393, 824,841
464 Ⅰ　204,501,724
464 Ⅱ　204,500-502,521
465　61,205,824,841
465 Ⅰ　161,164,168,176, 204,205,210,265,500-502, 622,662,678
465 Ⅱ　211,500-502,521, 662,679
466　108,164,176,186,193, 342,377,722,723,726
467　27,745
467 Ⅰ　6,44,104,106,135, 152,198,204,342,377,441, 455,487,488,721,737-740, 746,767,853
467 Ⅱ　739
468　27,342,745
468 Ⅰ　42,52,152,441,488, 736,738,741,773,776
468 Ⅱ　441,468,488,736, 738,740
468 Ⅲ　154,740
469　27,151,204,205,736, 738,739,745
469 Ⅰ　151,152,738,739, 821
469 Ⅱ　152,153,738,740
469 Ⅲ　153,252,739
469 Ⅳ　40,58,153,739
469 Ⅴ　153,821
469 Ⅶ　152,153
470　27,739,745
470 Ⅰ　154
470 Ⅱ　69,154,179

470 III IV　*154*	485　*145, 823, 826*	499　*57, 820, 822, 836*
471　*105, 342, 377, 669, 743,*	486 I　*61, 432, 828*	499 I　*831*
807-809	486 II　*25, 432, 828*	500〜503　*820, 822, 836*
472　*807*	486 III　*437, 828*	500 I　*831*
472 II　*809*	486 IV　*438, 502, 521, 828*	500 II　*68, 832, 841*
473　*59, 342, 377, 810*	487　*48, 61, 507*	501 I 〜 III　*832*
474　*744, 746, 821*	487 I　*828*	503 I 〜 III　*831*
475　*59, 145, 743, 789, 817,*	487 II　*821, 828*	504　*151, 194, 822, 836*
822, 836	488 I II　*514, 826, 828*	504 II　*168, 172, 832*
476　*23, 30, 59, 817*	489 II　*824, 826*	504 III　*156, 158, 211, 832*
477 I　*408, 822*	489 III IV　*826*	505　*151, 822, 836*
477 II　*21, 104, 105, 408, 822,*	489 V　*824, 827*	505 I II　*832*
829	489 VI　*821, 826*	505 III　*69, 832, 833*
477 III　*104, 475, 822*	489 VII　*827*	506　*69, 151, 822, 833, 836*
477 IV　*41, 408, 822, 829*	489 VIII　*431, 433, 434, 436,*	507　*822*
477 V　*408, 829*	*824, 827*	507 I III　*744, 833*
477 VI　*465, 479, 822, 829*	490　*468*	507 II IV　*833*
477〜509　*59, 811*	490 I 〜 III　*827*	508　*822, 831, 834, 836*
478　*822, 836*	490 IV　*467, 821, 827*	508 I　*536, 834*
478 I　*105, 342, 823*	490 V　*42, 48, 68, 437, 467,*	508 II　*69, 834*
478 II 〜 IV　*69, 145, 823*	*822, 827*	508 III IV　*834*
478 V　*69, 823*	490 VI　*408, 822*	509 I　*199, 353, 548, 550,*
478 VI　*822, 825*	491　*154, 345, 347, 350, 351,*	*623, 644, 821, 830, 831, 834*
478 VI　*823*	*466, 468-470, 472, 473, 822,*	509 II　*198, 199, 821*
479 I　*69, 342, 432, 824*	*823, 826*	510　*817, 834, 836*
479 II　*69, 154, 155, 824*	491　*823*	510〜574　*59, 811*
479 III　*69, 155, 824*	492　*822, 836*	511 I　*154, 469, 834*
479 IV　*69, 824*	492 I　*542, 828, 845*	511 II　*834*
480　*403*	492 II IV　*829*	512　*835, 836*
480 I　*829*	492 III　*349, 829, 839*	512 I　*812, 816, 836, 837*
480 II　*403, 829*	493　*69, 675, 829*	513　*835, 836*
481　*816, 824*	494 I　*538, 828, 830*	514　*836, 837*
482 I III　*825*	494 II　*830*	515 I　*816, 838*
482 II　*105, 824, 825*	494 III　*550, 831*	515 II　*838*
482 IV　*62, 335, 418, 430, 434,*	495　*822*	515 III　*813, 816, 838*
457, 469, 474, 824-827, 843	495 I　*336, 470*	516　*814, 816, 838*
483 I 〜 III　*825*	495 II　*830*	517　*839*
483 IV　*434, 823, 825*	496　*56, 822*	517 I　*838, 848*
483 V　*69, 146, 823-825*	496 I　*48, 830*	519 I　*69, 839*
483 VI　*68, 69, 824*	496 II　*831*	519 II III　*839*
484　*824*	496 III　*42, 68, 831*	520　*839*
484 I　*826, 850*	497　*822*	521　*839*
484 II　*823, 826*	497 I 〜 III　*831*	522　*155*
484 III　*826*	498　*550, 834*	522 I　*155, 469, 839*

法令索引【か行】会社法

522Ⅱ	813, 814, 839, 841, 845, 847, 848	
522Ⅲ	839	
523	843	
524	69	
524Ⅰ〜Ⅲ	843	
525ⅠⅡ	843	
526ⅠⅡ	843	
527	69, 844	
527Ⅰ	843, 845	
527Ⅱ	30, 843	
529	844, 845	
530	844	
530ⅠⅡ	844	
531Ⅰ	844	
531Ⅱ	61, 844	
532ⅠⅢ	844	
533	69, 840, 845	
534	61, 840, 845	
535Ⅰ	840, 843	
535ⅡⅢ	840	
536	752	
536ⅠⅡ	840	
536Ⅲ	737, 840	
537	836	
537ⅠⅡ	841	
538	840	
538ⅠⅡⅣ	841	
539ⅠⅡ	841	
540Ⅰ	841	
540Ⅱ	835, 836, 837	
540Ⅲ	837	
541Ⅰ	256, 841	
541Ⅱ	256, 835, 836, 837	
542Ⅰ	841, 842	
542Ⅱ	836, 837, 842	
544ⅠⅢ	843	
544Ⅱ	62, 65, 843	
545Ⅰ	841, 842	
545Ⅱ〜Ⅳ	842	
546〜562	836	
546ⅠⅡ	845	
547ⅠⅢ	845	
547Ⅱ	68, 814, 845	
548Ⅰ	845	
548ⅡⅢ	846	
548Ⅳ	814, 845	
549ⅠⅢ	846	
549Ⅱ	52, 846	
550Ⅰ	846	
550Ⅱ	847	
551ⅠⅡ	847	
552Ⅱ	846	
553	847	
554Ⅰ〜Ⅲ	847	
555Ⅰ	847	
556ⅠⅡ	847	
557Ⅰ	53, 847	
558Ⅰ	847	
559	813, 814, 847	
560	847	
561	848	
562	845, 847	
563	848	
564Ⅰ	814, 848	
564Ⅱ	848	
565	848	
566	813, 814, 848	
567Ⅰ	693, 845, 848	
568	68, 836, 848	
569ⅠⅡ	836, 848	
570	848	
571Ⅰ	849	
571Ⅱ	814, 849	
572	68	
573	836, 849	
574Ⅰ	836, 849	
574ⅡⅣ	849	
575	95, 664	
575Ⅰ	3, 95, 99, 100, 663	
575Ⅱ	95, 99, 100, 663	
576Ⅰ	8, 12, 22, 23, 31, 102, 585, 664, 734	
576Ⅱ	11, 664	
576Ⅲ	15, 663, 664	
576Ⅳ	13, 664	
577	102, 664	
578	8, 13, 48, 95, 118, 157, 664, 665, 734	
579	22, 23, 95, 136, 138, 664, 665	
580	807	
580Ⅰ	12, 47	
580Ⅱ	8, 9, 47, 664	
581ⅠⅡ	12	
582	667	
582ⅠⅡ	667	
583Ⅰ〜Ⅳ	47, 735	
584	666	
585Ⅰ	5, 12, 668	
585Ⅱ	15, 668	
585Ⅲ	668, 722	
585Ⅳ	663, 722	
586Ⅰ	668	
587Ⅰ	668	
587Ⅱ	597, 668	
588	15, 668	
588Ⅰ	59, 61, 667	
588Ⅱ	61, 667	
589	668, 671	
589ⅠⅡ	59, 61, 667	
590	15, 45, 158	
590Ⅰ	12, 15, 335, 663, 664, 672, 689	
590Ⅱ	147, 158, 672, 689	
590Ⅲ	666, 672	
591	45, 158	
591Ⅰ	147, 672, 689	
591Ⅱ	25, 147, 672	
591ⅢⅣ	672	
591Ⅴ	147, 672	
591Ⅵ	663, 672	
592	12, 45, 158	
592ⅠⅡ	666	
593ⅠⅡ	673	
593Ⅲ	667, 673	
593Ⅴ	663, 667, 673	
594Ⅰ	25, 147, 431, 663, 670, 673	
594Ⅱ	673	
595	434	
595Ⅰ	147, 663, 673	

595 Ⅱ　434, 673	675	640 Ⅰ　5, 668, 670, 734, 772
596　61, 674	617 Ⅲ　52, 550, 675	640 Ⅱ　5, 670, 734
597　61, 507, 674	617 Ⅳ　675	641　5, 663, 669, 743, 807, 808
598　664	618　56	642 Ⅰ　810
598 Ⅰ　612, 618, 664	618 Ⅰ Ⅱ　675	642 Ⅱ　669
598 Ⅱ　30, 507, 664	619　69, 675	643　744, 746
599 Ⅰ　12, 15, 664, 673	620 Ⅰ　676	644　67, 145, 665, 666, 817, 818
599 Ⅱ〜Ⅳ　673	620 Ⅱ　676, 677	644〜667　59, 811
599 Ⅴ　59, 673	621　677	645　817
600　34	621 Ⅰ　4, 447, 647, 677	647 Ⅰ　818
601　147, 673	621 Ⅱ　677	647 Ⅱ Ⅲ　69, 819
602　516, 674	621 Ⅲ　648, 670	647 Ⅳ　69, 145, 665, 819
603　68	622　158, 678	648 Ⅰ〜Ⅲ　819
603 Ⅰ Ⅱ　674	622 Ⅰ Ⅱ　677, 678	649　816, 820
604　5, 180, 668	624 Ⅰ Ⅱ　676	650 Ⅰ〜Ⅲ　819
604 Ⅱ　668	624 Ⅲ　670, 676	651 Ⅰ　819
604 Ⅲ　13, 48, 664, 668, 722	625　48, 56, 675	651 Ⅱ　452, 819
605　61, 668	626〜631　13	652〜653　61, 820
606　181, 669, 817	626 Ⅰ Ⅲ Ⅳ　676	654 Ⅰ Ⅱ　819
606 Ⅰ〜Ⅲ　669	627　48, 694, 702	655 Ⅰ〜Ⅳ　819
607　12, 181	627 Ⅰ　676	655 Ⅴ　69, 146, 665, 819
607 Ⅰ　15, 181, 669	627 Ⅱ　671, 676	655 Ⅵ　68, 819, 820
607 Ⅱ　15, 670	627 Ⅲ〜Ⅴ　676	656 Ⅰ　820, 850
608 Ⅰ　15, 669	627 Ⅵ　676, 677	656 Ⅱ Ⅲ　820
608 Ⅲ Ⅳ　669	628　48, 647, 648, 678	657　145, 665, 819
608 Ⅱ　668, 669	629 Ⅰ Ⅱ　678	658 Ⅰ　542
608 Ⅴ　149, 669	630 Ⅰ Ⅲ　678	658 Ⅱ　675, 820
609　48, 181, 817	630 Ⅱ　48	658 Ⅲ　820
609 Ⅰ　669, 670	631 Ⅰ　678	660〜662　820
609 Ⅱ Ⅲ　670	631 Ⅱ　679	661 Ⅰ　68
610　48, 670, 722	632 Ⅰ　13, 48, 676, 677	663〜665　820
611 Ⅰ　667, 669, 670	632 Ⅱ　48, 676	666　4, 158, 820
611 Ⅱ〜Ⅵ　670	633 Ⅰ Ⅱ　676	667 Ⅰ Ⅱ　820
611 Ⅶ　48, 670	634 Ⅰ Ⅱ　676	668〜671　59, 811
612　668	634 Ⅱ　48	668 Ⅰ　13, 48, 817
612 Ⅰ Ⅱ　671	635　13, 48, 671, 694	669 Ⅰ Ⅱ　542, 817
613　12, 671	635 Ⅱ Ⅲ Ⅴ　671	670　47, 694
614　530, 531	636　13, 61	670 Ⅰ〜Ⅴ　818
615 Ⅰ　139, 535, 674	636 Ⅰ Ⅱ　672	671 Ⅰ Ⅱ　818
615 Ⅱ　536, 675	637　668, 722, 731, 732	672　59
616　69, 535, 675	638 Ⅰ Ⅱ　734	672 Ⅰ　536, 820
617　530	638 Ⅲ　735	672 Ⅱ　820
617 Ⅰ　139, 675	639　663, 722	
617 Ⅱ　529, 550, 552, 553,	640　13, 664	

法令索引【か行】会社法 915

672Ⅲ～Ⅴ *820*	694Ⅰ *706*	716 *698,701*
673 *12,59*	694Ⅱ *705,706*	717 *683*
673Ⅰ *807,817*	695Ⅰ～Ⅲ *706*	717Ⅰ *698*
673Ⅱ *807*	695の2 *77*	717Ⅱ *694,698,713*
674 *59,675,734,817*	695の2Ⅰ *708*	718 *683*
675 *59,669*	696 *706*	718Ⅰ *698,713,716*
676 *20,59,440,676,681,*	697Ⅰ *312,457,687,706,*	718Ⅱ *698*
684,686,687,689,690,694,	*718*	718Ⅲ *68,698,716*
695,698,704,708,717	697Ⅱ *687*	718Ⅳ *699,704*
677 *714*	698 *688*	719 *699-701*
677Ⅰ *309,689*	699 *707*	720Ⅰ *699,713*
677Ⅲ *53,690*	699Ⅰ *241,718*	720Ⅱ *53,700*
677Ⅳ *20,690*	699Ⅱ *241,707,718*	720ⅢⅤ *700*
677Ⅴ *689*	700ⅠⅡ *710*	720Ⅳ *58,700,704*
677ⅥⅦ *690*	701ⅠⅡ *710*	721Ⅰ *699*
678ⅠⅡ *690*	702 *683,685,692,695*	721Ⅱ～Ⅳ *700*
679 *113,686,690*	703 *692,697*	722 *701*
680 *686,690*	704 *683,695*	722ⅠⅡ *699,700*
681 *695,698,699,704,706*	704ⅠⅡ *695*	723Ⅰ *685,701*
-710	705～706 *683*	723Ⅱ *701,704*
682Ⅰ～Ⅳ *709*	705ⅠⅡ *693,710,715*	723Ⅲ *700*
683 *708*	705Ⅲ *710*	724Ⅰ *702*
684 *55*	705Ⅳ *68,694*	724Ⅱ *693,702,703*
684Ⅰ *456,709*	706Ⅰ *693,694,702*	724Ⅲ *699*
684Ⅱ *709*	706Ⅱ *694*	725Ⅰ～Ⅳ *701*
684Ⅲ *254,709*	706Ⅲ *58,694*	726Ⅰ～Ⅲ *701*
684Ⅳ *42,68,709*	706Ⅳ *68,694*	727Ⅰ *53*
685 *708*	707 *69,695,701,702,713*	727ⅡⅢ *53,701*
685ⅠⅡ *149,708*	708 *692,695,704*	728ⅠⅡ *701*
685ⅢⅣ *149,708*	709 *704*	729Ⅰ *694,699,701,713*
685Ⅴ *149,700,708*	709Ⅰ *693*	729Ⅱ *702*
686 *149,691*	709Ⅱ *693,695*	730 *702*
687 *317,706,707*	710Ⅰ *696*	731 *55*
688 *457*	710Ⅱ *683,696,697*	731Ⅰ *702*
688Ⅰ *704,707,708,719*	711Ⅰ *697,702*	731Ⅱ *703*
688Ⅱ *317,706-708,719*	711Ⅱ *697*	731Ⅲ *694,703,713*
688Ⅲ *704,707*	711Ⅲ *68,697*	732 *68,701,703*
689ⅠⅡ *707*	712 *697*	733 *701,703*
690ⅠⅡ *706,710*	713 *69,695,697,702*	734 *683,701*
691Ⅰ *707*	714Ⅰ *68,692,697,702*	734Ⅰ *68,703*
691ⅡⅢ *706,707*	714Ⅱ *692,697*	734Ⅱ *703*
692 *706,707*	714Ⅲ *68,697*	735 *58,703*
693Ⅰ *705,707,708*	714Ⅳ *58,697*	736 *683,695*
693Ⅱ *706,707*	715 *683,698*	736Ⅰ *683,702,703*

736 Ⅱ Ⅲ　*703*	*760, 762, 765*	764Ⅲ　*781*
737　*713*	751 Ⅱ Ⅲ　*765*	764Ⅶ　*300, 766*
737 Ⅰ　*683, 694, 702, 704*	752 Ⅰ　*738, 743, 759*	765　*758*
737 Ⅱ　*695, 704*	752 Ⅱ Ⅳ　*760*	765 Ⅰ　*738, 746, 747, 760,*
738　*683, 702-704*	752Ⅲ　*759, 765*	*761, 763, 764, 767*
739　*704*	752Ⅴ　*300, 325, 759, 765*	766 Ⅰ　*738, 760*
739 Ⅰ　*702, 710*	752Ⅵ　*760, 781*	767　*748, 753, 754*
739 Ⅱ Ⅲ　*710*	753　*754, 758*	768　*757, 782*
740 Ⅰ　*69, 624, 702, 727, 781*	753 Ⅰ　*190, 296, 473, 736,*	768 Ⅰ　*190, 211, 213, 296,*
740 Ⅱ　*694, 781*	*738, 743, 761, 762, 764, 765,*	*299, 300, 312, 323, 473, 720,*
740 Ⅲ　*671, 694, 729, 732*	*767*	*738, 748, 749, 759, 763, 765*
741　*68, 703, 704*	753 Ⅱ　*765*	*-767, 777, 779, 803*
741 Ⅰ　*692, 712*	753Ⅲ　*158, 761, 765*	768 Ⅱ　*765*
741 Ⅱ Ⅲ　*692, 712*	754 Ⅰ　*204, 738, 760*	768Ⅲ　*158, 761, 765*
742 Ⅰ　*700*	754Ⅳ　*765*	769 Ⅰ　*738, 749*
742 Ⅱ　*700, 703*	755　*758*	769Ⅳ　*300, 766*
743　*59, 727*	755 Ⅰ　*736, 738, 743, 760,*	769Ⅵ　*781*
744　*727*	*762, 764, 765, 767*	770　*757, 760*
744 Ⅰ　*211, 664, 727, 728,*	756　*760*	770 Ⅰ　*738, 748, 759, 764*
730	756 Ⅰ　*738*	770 Ⅱ Ⅲ　*765*
744 Ⅱ ～ Ⅳ　*664, 727*	757　*746, 753, 754*	771Ⅴ　*781*
745 Ⅰ　*727, 728, 730*	758　*198, 213, 296, 300, 313,*	772 Ⅰ　*754*
745Ⅳ Ⅴ　*728, 730*	*323, 473, 747, 759-763,*	772 Ⅱ　*754, 767*
745Ⅵ　*730*	*765, 766, 777, 782*	773　*738, 759, 804*
746　*336*	758 Ⅰ　*738, 746, 760*	773 Ⅰ　*66, 190, 296, 300,*
746 Ⅰ　*296, 727, 731, 733*	759 Ⅰ　*204, 738*	*313, 323, 473, 720, 748, 764,*
747 Ⅰ　*727, 731*	759Ⅱ Ⅲ　*781*	*767, 777, 779, 782*
747 Ⅱ Ⅲ　*732*	759Ⅳ　*759*	773 Ⅱ　*765*
747Ⅳ　*732*	759 Ⅴ　*300, 766*	773Ⅲ　*158, 765*
748　*744, 753*	759Ⅵ　*781*	774 Ⅰ　*738, 749, 760*
749　*754, 757*	760　*746, 757-759, 760, 763*	774 Ⅱ　*749*
749 Ⅰ　*211, 213, 296, 299,*	760 Ⅰ　*738*	774Ⅳ　*300, 766*
300, 473, 720, 736, 738, 743,	761 Ⅰ　*738*	775　*56, 727*
756, 759, 761, 762, 765	761Ⅳ　*759*	775 Ⅰ　*728*
749 Ⅱ　*765*	761Ⅵ　*781*	775 Ⅱ　*728, 754*
749Ⅲ　*158, 727, 749, 765*	762 Ⅰ　*753, 754*	775Ⅲ　*728, 729*
750 Ⅰ　*204, 738, 743, 759*	762 Ⅱ　*746, 753, 754, 767*	776 Ⅰ　*727, 729*
750 Ⅱ　*760, 784*	763　*296, 300, 313, 323, 336,*	776 Ⅱ　*252, 729*
750Ⅲ　*743, 759*	*473, 746, 754, 758, 760, 763,*	776Ⅲ　*58, 727, 729*
750Ⅳ　*300, 325, 759, 765*	*777, 782*	777　*300, 323, 727, 729, 778*
750Ⅴ　*759*	763 Ⅰ　*738, 747, 761, 764-*	777 Ⅰ　*322*
750Ⅵ　*760, 781*	*767, 777*	777 Ⅱ　*303, 324, 719, 778*
751　*757*	764 Ⅰ　*738, 760*	777Ⅲ　*322, 728, 778*
751 Ⅰ　*736, 738, 743, 759,*	764 Ⅱ　*738, 781*	777Ⅳ　*58, 322, 728, 778*

法令索引【か行】会社法　917

777Ⅴ〜Ⅶ　*324,778*
778　*727,729,778*
778Ⅰ　*324,778*
778Ⅱ　*69,324,779*
778Ⅲ　*324,778*
778Ⅳ　*324,778,779*
778Ⅴ　*325,779*
778Ⅵ　*324*
778Ⅶ　*324,779*
779　*48,694,702,727,730*
779ⅠⅤ　*729*
779Ⅱ　*57,728,729,732*
779Ⅲ　*58,729*
779Ⅳ　*729*
780ⅠⅢ　*728*
780Ⅱ　*58,728*
781Ⅰ　*727,729*
781Ⅱ　*48,694,702,727,731,732*
782　*56*
782Ⅰ　*732,738,755,760,767,768,776*
782Ⅱ　*754,755*
782Ⅲ　*154,756,770*
783Ⅰ　*342,377,738,771*
783Ⅱ　*152,753,773,774,788*
783Ⅲ　*161,378,390-392,773*
783Ⅳ　*392,774,788*
783Ⅴ　*252,738,755,756,777*
783Ⅵ　*58,756*
784　*42*
784Ⅰ　*52,152,161,342,488,736,738,760,773,776,777*
784Ⅱ　*150,154,525,736,738,741,756,777,786*
784Ⅲ　*342,488,738,776*
785　*151,152,204,736,774,788*
785Ⅰ　*151,152,205,738,751-753,756,774,776*
785Ⅱ　*152,153,774*

785Ⅲ　*153,252,756,777*
785Ⅳ　*58,153*
785Ⅴ　*153,821*
785Ⅶ　*152,153*
786　*774*
786Ⅰ　*154,778*
786Ⅱ　*69,154,179*
786ⅢⅥ　*154,779*
786Ⅴ　*153,774*
787　*322,323*
787Ⅰ　*300,322,738,756,777,778*
787Ⅱ　*303,324,719,778*
787Ⅲ　*332,755,756,778*
787Ⅳ　*58,332*
787Ⅴ〜Ⅶ　*324,778*
788ⅠⅦ　*324,778,779*
788Ⅱ　*69*
788Ⅴ　*325*
789　*48,694,702,753,756,760*
789Ⅰ　*720,736,738,751,752,760,779*
789Ⅱ　*57,760,780*
789Ⅲ　*57,58,781*
789ⅣⅤ　*781*
790ⅠⅢ　*760*
790Ⅱ　*58,760*
791　*56*
791Ⅰ　*783*
791Ⅱ　*738,755,783*
791Ⅲ　*154,784*
791Ⅳ　*784*
792　*747,761,779*
793Ⅰ　*753*
793Ⅱ　*48,694,702,736,738,753,760,779-781*
794　*56*
794Ⅰ　*738,768,769,774*
794Ⅱ　*754,755*
794Ⅲ　*154,756,770*
795Ⅰ　*342,377,738,753,771,775*
795Ⅱ　*375,751,772*

795Ⅲ　*198,739,772*
795Ⅳ　*161,390-392,773*
796Ⅰ　*52,152,342,488,738,776,777*
796Ⅱ　*150,154,525,736,738,741,756,777,786*
796Ⅲ　*152,488,736,738,772,775*
796Ⅳ　*154,775*
797　*151,736,749,774,788*
797Ⅰ　*151,205,738,751,752,756*
797Ⅱ　*152,153,342,774,775*
797Ⅲ　*57,58,153,252,756*
797Ⅳ　*57,58,153*
797Ⅴ　*153,821*
797Ⅵ　*153*
797Ⅶ　*152,153*
798　*774*
798Ⅰ　*154*
798Ⅱ　*69,154,179,779*
798ⅢⅣ　*154*
798Ⅴ　*153*
799　*48,694,702,756,760,804*
799Ⅰ　*720,736,738,752,779*
799Ⅱ　*57,694,760*
799Ⅲ　*57,58,781*
799Ⅳ　*781*
800　*43,784*
800Ⅰ　*215,765,782*
800Ⅱ　*216,744,747,749,765,784*
801　*56*
801Ⅰ　*782*
801Ⅱ　*783*
801Ⅲ　*738,755,757,782,783*
801Ⅳ　*154,757,783*
801Ⅴ　*757,784*
801Ⅵ　*784*
802Ⅰ　*753*

802 Ⅱ　48, 56, 216, 694, 702, 738, 749, 760, 779-781, 804
803　56
803 Ⅰ　738, 755, 769
803 Ⅱ　754, 755
803 Ⅲ　154, 756, 770
804 Ⅰ　342, 377, 738, 771, 785, 786
804 Ⅱ　152, 774, 785, 788
804 Ⅲ　161, 390-392, 773
804 Ⅳ　252, 738, 755, 756
804 Ⅴ　58, 756
805　152, 342, 738, 776
806　151, 202, 736, 749, 774
806 Ⅰ　151, 152, 205, 738, 751, 752, 756, 774
806 Ⅱ　152
806 Ⅲ　252, 755, 756, 785, 786
806 Ⅳ　58, 756, 785, 786
806 Ⅴ　153, 821
806 Ⅶ　152
807　774
807 Ⅰ　154
807 Ⅱ　69, 154, 179, 779
807 Ⅲ　154
807 Ⅴ　153, 154, 774
807 Ⅳ Ⅵ　154
808　322, 323
808 Ⅰ　300, 322, 738, 756, 777, 778, 787
808 Ⅱ　303, 324, 719, 778
808 Ⅲ　387, 755, 756, 778, 779, 785
808 Ⅳ　58, 778, 779
808 Ⅴ　778, 779
808 Ⅵ Ⅶ　324, 778, 779
809 Ⅰ　324, 778
809 Ⅱ　69, 324, 778
809 Ⅲ Ⅳ Ⅵ Ⅶ　324
809 Ⅴ　325, 779
810　48, 694, 755, 756, 785, 787
810 Ⅰ　66, 702, 720, 738, 752, 779, 786
810 Ⅱ　57, 780
810 Ⅲ　57, 58, 154, 781
810 Ⅳ　781
811　56
811 Ⅰ　783
811 Ⅱ　738, 755, 757, 783
811 Ⅲ　757, 784
811 Ⅳ　784
812　747, 761, 779
813 Ⅰ　753, 785
813 Ⅱ　48, 694, 702, 738, 753, 779, 785
814 Ⅰ　96, 735, 767
814 Ⅱ　100, 767
815　56
815 Ⅰ　782
815 Ⅱ　100, 738, 746, 783
815 Ⅲ　154, 738, 755, 757, 782, 783
815 Ⅳ　154, 757, 770, 783
815 Ⅴ　154
815 Ⅵ　784
816 Ⅰ　96
816 Ⅱ　100, 767
817〜823　44
817 Ⅰ　864
817 Ⅱ〜Ⅳ　865
818 Ⅰ　864
818 Ⅱ　865
819 Ⅰ〜Ⅳ　866
820　867
820 Ⅰ　57, 866
820 Ⅲ　866
821 Ⅰ Ⅱ　868
822　69
822 Ⅰ Ⅱ Ⅳ　867
822 Ⅲ　68, 867
823　864
824　37, 69, 154, 867
824 Ⅰ　31, 95, 808, 809, 819, 823
824 Ⅱ〜Ⅳ　808
825　69
825 Ⅰ Ⅲ〜Ⅶ　808
825 Ⅱ　69, 808
826〜827　69, 808
827 Ⅰ　867
827 Ⅱ　67, 867
828 Ⅰ　37, 40, 60, 63, 64, 143 -144, 148, 163, 185, 213, 236, 267, 273, 287, 333, 388, 625, 665, 691, 720, 729, 733, 736, 738, 754, 755, 757, 784, 786, 787
828 Ⅱ　48, 60, 64, 66, 145, 154, 233, 333, 381, 469, 472, 485, 496, 625, 665, 691, 720, 733, 753, 781, 786, 787
829　60, 62, 64, 65, 292
830　65, 154, 393, 415
830 Ⅰ　60, 62, 127, 131, 144, 344, 380, 387, 434
830 Ⅱ　60, 62, 127, 131, 144, 182, 344, 380, 386
831　60, 65, 127, 131, 144, 154, 344, 380, 415
831 Ⅰ　66, 127, 144, 161, 174, 344, 352, 365, 367, 380, 381, 382, 383, 388, 412, 414, 420, 445, 469, 476, 482, 485, 496, 752, 788
831 Ⅱ　145, 353, 385, 388, 703
832　37, 47, 60, 64, 144, 665, 666
833　154, 155
833 Ⅰ　60, 65, 66, 175, 809, 823
833 Ⅱ　60, 65, 809, 819
834　60, 62, 64, 65, 144, 292, 333, 380, 393, 625, 665, 666, 720, 787, 788, 809
835　288, 292, 380, 733
835 Ⅰ　22, 62, 64, 787
835 Ⅱ Ⅲ　62, 64, 787
836　288, 292, 733
836 Ⅰ　63, 145

法令索引【か行】 会社法

836 Ⅱ　63	852 Ⅰ Ⅲ　522	176, 227, 270, 281, 414, 448,
836 Ⅲ　63, 145	852 Ⅱ　67, 522	527, 568, 697, 779, 808, 819,
837　63, 144, 288, 292, 733	853　522	824, 867
838　63, 145, 288, 292, 386,	853 Ⅰ Ⅱ　523	871　162, 227, 345, 448, 527,
387, 665, 733, 788	854　62, 65, 154, 346, 405,	697, 808
839　66, 142, 145, 213, 232,	415, 824	872　264, 281, 345, 527, 658,
288, 380, 384, 388, 665, 666,	854 Ⅰ　39, 65, 104, 410, 432	695, 703, 824, 832, 843
733, 788, 789	813 Ⅰ～Ⅲ　155	879　835
840 Ⅰ　289	854 Ⅱ　413	879 Ⅰ Ⅱ Ⅳ　835
840 Ⅱ　69, 289	854 Ⅲ Ⅳ　39, 411, 412, 413	879 Ⅲ　217, 365, 835
840 Ⅳ　232, 233	855　65, 405, 413	880 Ⅰ　62, 835
840 Ⅴ Ⅵ　233, 289	856　22, 405	880 Ⅱ　835
841 Ⅰ　289, 350, 407	857　62, 65, 843	881　843, 845
841 Ⅱ　233, 289	858　62, 65	882 Ⅰ　845
842 Ⅰ　720	858 Ⅰ　65, 841	885　837, 838, 848, 849
843 Ⅰ Ⅱ　789	858 Ⅱ　65, 842	886～887　837
843 Ⅳ　69, 789	858 Ⅲ　62, 65	887 Ⅰ　839, 840
844 Ⅰ　789	858 Ⅳ～Ⅵ　842	888 Ⅰ～Ⅳ　835
844 Ⅱ Ⅲ　233	859　12, 62, 65, 667, 669, 670,	889　836
844 Ⅳ Ⅴ　234	672	889 Ⅰ～Ⅳ　837
845　59, 665, 666, 669, 810	860　12, 62, 65, 667, 672	890 Ⅰ Ⅱ　836, 837
846　67, 145, 288, 292, 380	861 Ⅰ　65, 670, 672	890 Ⅲ Ⅵ　836, 838
847　62, 65, 154, 174, 395,	862　22, 65, 667, 670, 692	890 Ⅴ　256, 836
514, 660, 674	863　47, 62, 66	891　838
847 Ⅰ　40, 53, 65, 104, 141,	863 Ⅰ　48, 818	892 Ⅰ～Ⅳ　840
155, 194, 292, 333, 373, 415,	863 Ⅱ　818	893 Ⅰ～Ⅳ　843
480, 492, 515, 516, 517	864　66, 818	894 Ⅰ Ⅱ　844
847 Ⅱ　65	865　62	895　845
847 Ⅲ　518	865 Ⅰ　62, 66, 694, 695	896　752
847 Ⅳ　53, 518	865 Ⅱ Ⅳ　695	896 Ⅰ Ⅱ　840
847 Ⅴ　519	865 Ⅲ　66, 695, 702	897 Ⅰ　841
847 Ⅵ　519, 674	866　695	898 Ⅰ　842, 843
847 Ⅶ Ⅷ　63, 520	867　22, 695	899 Ⅰ～Ⅴ　842
848　22, 65, 519	868　345, 448	900　836, 845
849 Ⅰ　520, 521	868 Ⅰ　108, 162, 176, 227,	901 Ⅰ Ⅲ　848
849 Ⅱ　469, 477, 521	264, 280, 526, 658, 808, 824,	901 Ⅱ　836, 848
849 Ⅲ　469, 492, 519	835	902　836
849 Ⅳ　57, 58, 518, 519	868 Ⅱ　68, 157, 254, 550	902 Ⅰ～Ⅳ　849
849 Ⅴ　40, 518, 519	868 Ⅲ　68, 69, 692, 695, 697,	903　44
850 Ⅰ Ⅲ　522	703	907　29
850 Ⅱ　469, 492, 522	868 Ⅳ　867	908　30, 138, 455
850 Ⅳ　140, 503, 521	868 Ⅴ　69	908 Ⅰ　29, 30, 285, 457, 458
851 Ⅰ～Ⅲ　519	869　68, 157, 345, 448	908 Ⅱ　30, 385, 458, 512
852　523	870　68, 69, 109, 154, 162,	909～936　29

911　*95-97*
911 Ⅰ　*137*
911 Ⅱ　*137,302*
911 Ⅲ　*22,31,49,103,108,*
　138,158,159,169,184,186,
　187,190,192,214,223,254,
　285,289,292,297,298,329,
　415,427,439,446,452,457,
　460,462,465,471,475,483,
　484,495,496,506,507,585,
　625,729,866
912〜914　*22,30,95,664,*
　665,668,673,866
913　*31,668*
914　*585*
915　*29,184,187,190,214,*
　273,285,292,415,625,668,
　722,866
915 Ⅱ　*285*
915 Ⅲ　*165,329*
916〜927　*29*
917　*68,414,416,453,495*
918　*25,138*
919　*735*
920　*96,138,727,730,732*
921　*138,738,753,755,757,*
　784
922　*138,755,757*
922 Ⅰ　*781,784*
922 Ⅱ　*753,781,784*
923　*138,738,753,755,757,*
　784
924　*138,738,753,755,757*
924 Ⅰ Ⅱ　*781,784*
925　*138,738,755,786*
926　*138,757,807,822,836*
927　*138,666,757,810*
928 Ⅰ　*822,823,836*
928 Ⅳ　*68*
929　*818,820,822,833,836*
930　*781,784*
930 Ⅰ　*29,137,664,784,786*
930 Ⅱ　*29,138*
930 Ⅲ　*29,727,730,732*

931　*29*
932　*29,781,784*
933〜936　*44*
933 Ⅰ　*865*
933 Ⅱ〜Ⅴ　*866*
934 Ⅰ Ⅱ　*865*
935 Ⅰ　*729,865*
935 Ⅱ　*865*
936 Ⅰ Ⅱ　*865*
937　*29,68*
937 Ⅰ　*67,145,292,380,413,*
　414,453,625,672,824
937 Ⅲ　*67,734,789*
937 Ⅳ　*734,789*
938　*29,68*
938 Ⅰ　*836,838,849*
938 Ⅱ　*843*
938 Ⅲ　*29,837*
938 Ⅳ〜Ⅵ　*837*
939 Ⅰ　*57,105,107,664,722,*
　780
939 Ⅱ　*866*
939 Ⅲ　*58,108,866*
939 Ⅳ　*57,107,664*
940　*58*
940 Ⅲ　*58,642*
941〜946　*59*
960　*118*
960〜970　*70*
960 Ⅰ　*25,118,139,497*
962　*139*
963 Ⅰ　*123,126,139*
963 Ⅲ　*108,139*
963 Ⅳ　*123,139*
963 Ⅴ　*31,199,648,660,662*
964 Ⅰ　*139*
965　*49,117,139*
966　*139,269,289*
967 Ⅰ Ⅱ　*139*
968　*366*
968 Ⅰ　*70,139,287,372,*
　514
968 Ⅱ　*287,702*
970　*43,366,373*

970 Ⅰ　*372,373*
970 Ⅱ　*373*
970 Ⅲ　*372,373*
970 Ⅳ　*372,373*
970 Ⅴ　*373*
970 Ⅵ　*372,373*
971〜978　*70*
971 Ⅰ　*117,372,702*
975　*352*
976　*25,29,59,101,102,124,*
　137,139,159,171,187,200,
　204,214,216,223,237,243
　-247,253,254,259,263,
　276,282,285,306,310,312,
　313,315,344-347,350,351,
　379,401,406,414,415,418,
　431,433,436,448,460,462,
　463,466,470,476,478,491,
　505,513,514,518,519,549,
　585,622,624,685,692,694,
　697,703,706,708,709,722,
　729,730,732,756,770,780,
　784,807,810,834,841
978　*23,44*
979 Ⅰ　*95,135*
979 Ⅱ　*864,868*

会社法施行規則　*7,76*

2　*550*
2 Ⅰ　*58*
2 Ⅱ　*42,641*
2 Ⅲ　*42,43,91,215,216,*
　257,356-358,360,365,460,
　518,550,552,553,608,
　610-613,615,618
3　*214*
3 Ⅰ Ⅱ　*42,544*
3 Ⅲ　*42*
3 Ⅳ　*214*
4　*3,601*
5　*107*
6　*110*
7　*114,115*
8　*112,159,171*

9	*123,124*	47	*242*	76 I	*357,406*
10 I	*123,124*	47 II	*242*	76 II	*357*
11	*124*	47 III	*242,255*	76 III	*357*
11 I	*123,124*	48	*244*	76 IV	*358,401*
12	*126*	49	*244*	77	*355,359,360,406,407*
13	*128*	50	*190*	78	*355,359,409*
14	*129*	51	*190*	79	*355,359,409,412*
15	*126*	52	*190,191*	80	*355,359,409,412*
16 II〜IV	*129*	53	*307*	81	*355,359,409,411,412*
17	*130*	54	*159,171,192,310*	82	*355,359,423*
18	*121*	55	*310*	82 III	*360*
19	*169,178,404*	56	*314*	83	*355,359,424*
20	*169,722*	56 I II	*314*	84	*355,359,424*
20 I	*111,162,166,172,174, 175,177*	57	*318*	84 I	*424*
		58	*328*	84の2	*360*
20 II	*169*	59	*327*	85	*355,360*
21	*373*	60〜62	*334*	86	*355,360,771*
22	*257*	63	*277,280,309,347,348, 353,361,362,367,369,370, 377,722,770*	87〜91	*355,360,771*
22 I	*223,257*			92	*355,360,737,739,771*
22 II	*257*			93	*351*
23	*199,215,216,608,765*	64	*347*	93 I〜III	*361*
24	*223*	65 I	*353,354*	94	*53,642*
24 II	*223*	65 II III	*354*	94 I	*104,347,348,362*
25 I〜V	*224*	66	*353*	94 II	*362*
25 VI	*226*	66 I	*348,351,362*	95	*217,365,389*
26	*226,227*	66 II	*348,362*	96 II III	*407*
27	*198,204*	67	*217,365,835*	97	*121*
28	*201*	67 I	*365*	97 II〜IV	*405*
30	*201*	67 II〜IV	*217*	98	*54,426,441*
31	*164,191*	68	*377,621,649*	98 I	*43,52,426,824*
32	*165,191*	69	*347*	98 II〜IV	*426*
33	*165,191*	70	*347*	99	*440,689*
34	*182,192*	71	*126,475*	100	*54,426*
35 I	*194*	72 I II	*378*	100 I	*43,426,440,824*
35 II	*195*	72 III	*379*	100 II	*426,440*
36	*195,196*	72 IV	*363,379*	100 III	*426,441*
37	*196*	73 I	*355*	101	*447*
38	*264*	73 II〜IV	*355,630*	101 I	*54*
39	*265*	74	*355,360*	101 II	*447*
40	*276*	74 I	*355*	101 III IV	*444*
41	*159,171,192,282*	74 II III	*356*	102	*460*
42	*282*	74 IV	*357,358,612*	103 II〜IV	*462*
43	*281,327*	75	*355,357,360,406*	104	*462*
44〜46	*294,334*	76	*355,360*	105 II III	*470*

105Ⅳ 470,473	638	155Ⅱ～Ⅳ 846
106 470,473	131Ⅱ 638	156 847
107ⅡⅢ 470	132Ⅰ 630,631,636	157 553,847
107Ⅳ 470,473	132Ⅱ 633,638	158ⅡⅢ 847
108 473	132Ⅲ 629,633,638,640	159 7,550
109Ⅰ～Ⅳ 478	132Ⅳ 632	160 817
110Ⅱ 482	132Ⅴ 629,631	160Ⅱ 542,817
111Ⅱ 51,490	133 53	160Ⅲ 542,817
111ⅢⅣ 490	133Ⅰ 629,633,638-640	161 817
112 54,441	133Ⅱ 53	161Ⅱ～Ⅳ 542,818
112Ⅰ 486	133Ⅲ 104,362,641,642	162 686,688,690,691,695,
112Ⅱ 426,487	133Ⅳ 362,642	697,718
113 504	133ⅤⅥ 642	163 689
114 360,504	134 740	164 690
115 360,505	134ⅠⅡ 736	165 686,695,698,708
116 7,353,550,553,630	135 106	166 690,708
117 353,553,608,609	136 776	167 55,709
118 51,54,177,426,429,	136Ⅰ 740,741	168 706
609,632,641	137Ⅱ 740	168Ⅱ 707
119 303,609	138 155,740,775	169 692
120 609	139Ⅰ～Ⅳ 809	170 692
120Ⅰ 610,618,641	140Ⅰ 824	171ⅠⅡ 696
120ⅡⅢ 610	141 826	172 699
121 609	142 824,826	173Ⅰ～Ⅳ 699,700
121Ⅰ 356,357,423,424,	143 824	174ⅠⅣ 700
433,460,465,606,610-612,	144 829	175 701
618,641	144Ⅱ 542,829	176 701
122 609,613,641	144Ⅲ 829	177ⅡⅢ 702
123 609,611,613,641	145 552,829	178 761
124 356,423,609,613,641	145Ⅱ 542,829	179 761
125 460,609,614	145ⅢⅣ 829	180 728
126 359,425,609,614,658	146 552,830	181 624,728,729
127 91,609,632,641	146Ⅰ 542,830	182 755,767
128Ⅰ 609,617	146Ⅲ 830	182Ⅰ 752,768,771
128Ⅱ 433,609,618	147 830	182Ⅱ 764,768
129Ⅰ 426,429,466,609,	147ⅠⅡ 830	182Ⅲ 767,768
630,632,636,637	148ⅡⅤⅥⅨ 830	182Ⅳ 768
129Ⅱ 473,630	149ⅠⅡ 833	182ⅤⅥ 768
130Ⅰ 475,630,636,637	150ⅠⅡ 833	183 755,767,768,771
130Ⅱ 426,429,466,609,	151 198,821	184 755,767
632,637	152 840	184ⅠⅣ 768,771
130Ⅲ 475,632,637	153 845	184Ⅱ 764
131 491	154Ⅰ～Ⅳ 846	184Ⅲ 767,768,771
131Ⅰ 426,429,636,637,	155Ⅰ 846,847	184Ⅴ 768

法令索引【か行】 923

185	753, 773, 774	225Ⅱ	52	28	21, 642, 646, 729	
186	773	226	54, 57, 101, 129, 243,	32	810	
187	775		254, 368, 472, 481, 548, 703,	33Ⅰ	21, 822	
187Ⅰ	776		728	33Ⅱ	156, 824	
187Ⅱ	775	227	55, 101, 379, 642	35	21, 834	
188	624, 780	228	108, 281, 327, 364, 527	37	21, 744	
189	782	229	108, 281, 327, 364, 527	38	21, 749	
190	782	230	113, 127, 690, 701	39	156, 413	
191	755, 767-769, 771	232	55, 56, 368, 536, 550,	42	21	
192	752, 755, 767-769, 771		832, 834	43Ⅰ	452	
193	755, 767-769, 771	234	55, 57	45Ⅰ	22, 726	
194	770	附則3Ⅱ	195	45Ⅱ	22, 722	
195ⅠⅡ	772	附則9	77	46	22	
195Ⅲ	608, 772	会社法施行令	7	53	465	
195Ⅳ	608, 772	1	113	57	659	
195Ⅴ	772	1Ⅰ	127, 283, 347, 690, 701,	61Ⅲ	475	
196	774		710	63	744	
197	155, 775	2Ⅰ	125, 352, 700, 846	75	100	
198	779	会社法の施行に伴う関係法律		76Ⅱ	102, 335	
199	624, 780	の整備等に関する法律	76	76Ⅲ	102	
200	782	1	20	76Ⅳ	102, 235	
201	782	2Ⅰ	20	77	102	
204	755, 769-771	2Ⅱ	21, 147	80Ⅰ	102	
205	752, 755, 769-771	2Ⅲ	103	86	102, 191, 192	
206	755, 769-771	3ⅠⅡ	21	87Ⅰ	163, 166	
207	775	5Ⅱ~Ⅳ	57	87Ⅲ	163	
207Ⅰ	776	6	101, 102	87Ⅳ	166	
207Ⅱ	775	8Ⅰ	253	103	681	
208	624, 780	9Ⅰ	21, 102, 222	103Ⅱ	691, 694, 696	
209~212	782	9Ⅱ	222	103Ⅶ	698	
213	755, 767, 782	14Ⅰ	156, 377	113Ⅱ	439	
214Ⅲ	866	14Ⅱ	345	113Ⅴ	163, 166, 177	
215	866	14Ⅲ	377, 722, 737	448	17	
217	53, 517	14Ⅴ	345, 350, 351	457	17	
218	53, 518	17	335, 646	株式等決済合理化法	248	
219	519	17ⅠⅡ	21	株式等決済合理化法附則		
220Ⅰ	108, 138, 624, 866	18	21, 402, 403, 406	7・8	235	
221	7, 59	21	21, 426, 467, 474, 476	企業会計原則		
222Ⅰ	53	23	156, 526	第2の1	538, 554	
223	58	24	21, 102, 335, 465, 646	第2の3	555	
224	52, 54	25	502	第2の4	556	
225	230, 315	26	547	第2の6	557	
225Ⅰ	52, 98, 100, 258, 490,	26Ⅰ	156, 550	第3	568, 569	
	663	26Ⅱ	550, 615	第3の2	581	

第3の3　562
第3の4(1)　562, 564, 569, 571, 574, 688
第3の5　536, 585
第4　569
会計原則注解
　5(3)(4)　559
　12　557
　16　562
　18　583
　注1～2　600, 607
　注2　590, 600
　注3　607
　注5　558
　注12　557
　注15　568
　注20(1)(2)(4)　572
　注21　571
企業担保法
　7　814
　8Ⅱ　751
　8Ⅲ　786
　8の2　751
企業内容等の開示に関する内閣府令
　1　266
　2　203, 301
　2Ⅲ　82, 301
　3　84, 203
　4～7　203
　4Ⅰ　85
　4Ⅳ　85, 301
　8　84
　8Ⅰ　84, 751
　8Ⅱ　751
　9の3　84
　9の4　84
　9の5　266
　11の2　84
　12　84, 690
　13～14　84
　14の3　84
　14の8　84
　14の14　83

14の15　83
15　85, 528
16Ⅴ　349
17Ⅰ　349
18　86, 660
19　86
19Ⅱ　301, 607, 608, 751
19の3　86, 203
19の5Ⅱ　86
銀行業法　6, 82
　2Ⅰ　114
　4の2　16
　6Ⅰ　23
　12　31
　16の2Ⅰ～Ⅳ　220
　18　650
　23　548
　30ⅠⅡ　750
　30Ⅲ　737
　34～35　737
　37Ⅰ　721
　40　807
　51Ⅳ　866
　51Ⅴ　867
　52の35Ⅱ　750
　52の35Ⅲ　737
銀行等の株式等の保有の制限等に関する法律　219
　3Ⅰ　219
　5　219
銀行法施行規則　530
金融機関の合併及び転換に関する法律
　3Ⅰ　750
　4　726
　159　750
金融機関の信託業務の兼業等に関する法律
　1Ⅰ　711
金融機能の早期健全化のために緊急措置に関する法律
　2Ⅴ　681
金融業者の貸付業務のための社債の発行等に関する法律

685
金融商品取引法　7, 80
　1　81
　2Ⅰ　109, 248, 266, 301, 682
　2Ⅱ　109, 666, 706
　2Ⅲ　82, 83, 268, 301, 682, 686
　2Ⅳ　84, 301
　2Ⅵ　268, 686
　2Ⅷ　40, 80, 203, 686
　2Ⅸ　686
　2Ⅹ　84, 282, 310, 690
　2ⅩⅠ　81
　2ⅩⅣ　81
　2ⅩⅥ　81, 346
　2ⅩⅦ　81, 203
　2ⅩⅧ　81
　2ⅩⅩⅣ　80
　2ⅩⅩⅩⅡ～ⅩⅩⅩⅢ　91
　2の2ⅣⅤ　751
　4　112
　4Ⅰ　81, 82, 85, 276, 296, 301, 307, 751
　4Ⅱ　81, 84, 276, 307
　4Ⅲ　84, 272
　4ⅣⅤ　85
　4Ⅵ　85, 112, 301
　5Ⅰ　81, 301
　5Ⅱ～Ⅳ　81, 84
　6　85
　8ⅠⅡ　84, 112
　13　112
　13Ⅰ　84, 112, 282, 301
　13Ⅱ　84, 112, 301
　15Ⅰ　84, 112
　15Ⅲ　112
　16　112
　21ⅠⅡ　498, 514
　21Ⅲ　514
　22Ⅰ　498, 514
　22Ⅱ　514
　23の2　514
　23の3　84
　23の5　84

23の6　*87*
23の8Ⅰ　*84*
23の8Ⅱ　*266*
23の13　*83*
24Ⅰ　*85,551*
24Ⅶ　*86*
24Ⅷ～ⅩⅢ　*86,88,866*
24の2Ⅳ　*86*
24の4　*514*
24の4の2　*86*
24の4の4　*426,430,498*
24の4の4Ⅰ　*85*
24の4の4Ⅴ　*86*
24の4の7　*78*
24の4の7Ⅰ　*85,649*
24の4の7Ⅱ　*649*
24の4の7Ⅳ　*514*
24の4の7Ⅴ　*86*
24の4の8　*86,649*
24の5Ⅰ　*86,660*
24の5Ⅳ　*86,301,751,755*
24の5Ⅴ　*514*
24の5Ⅵ　*86*
24の5Ⅶ～Ⅻ　*86,88*
24の5の2　*86*
24の5の6Ⅲ　*86*
24の6　*197,212*
24の6Ⅰ　*86,203*
24の6Ⅱ　*514*
24の7Ⅰ　*86*
24の7Ⅳ　*87*
25　*85*
25Ⅰ　*78,85,87,213*
25ⅡⅢ　*87,213*
27の2Ⅰ　*91*
27の2Ⅱ　*92*
27の2Ⅵ　*91,203*
27の3　*92*
27の9　*92*
27の10　*92,203*
27の10Ⅰ　*94*
27の10ⅡⅢ　*92*
27の11～12　*92*
27の13　*93*

27の13Ⅳ　*93*
27の14　*93*
27の22の2Ⅰ　*203*
27の22の2Ⅱ　*94,203*
27の22の2Ⅻ　*203*
27の22の3ⅠⅡ　*94*
27の22の4　*94*
27の23Ⅰ　*86,87*
27の25Ⅰ　*86*
27の26　*87*
27の30の2　*87,645*
27の30の3ⅠⅡ　*87*
28Ⅰ　*80,87,203,686*
28Ⅱ　*80,87,686*
28ⅢⅣ　*80*
28Ⅷ　*81,606*
29　*686*
30Ⅰ　*203,220*
32Ⅱ　*220*
32の2　*220*
33　*686*
33Ⅰ　*81*
36の3　*24*
36の4Ⅰ　*692,711*
36の4Ⅱ・2Ⅵ・Ⅷ　*686*
64の3ⅠⅡ　*26*
66～66の28　*81*
66の9　*24,81*
66の10～66の8　*81*
67Ⅱ　*40,81*
67の18　*203*
80Ⅰ　*81*
103の2Ⅰ　*220*
103の3　*220*
106の3　*220*
106の10Ⅰ　*81*
121～125　*40*
156の23　*16*
156の24Ⅰ　*606*
159　*196*
159Ⅰ　*88*
159Ⅱ　*88*
160　*88,196*
162の2　*197,200*

163　*196*
163ⅠⅡ　*89*
164Ⅰ　*89,196*
164Ⅱ　*89,196,514*
164Ⅳ～Ⅸ　*89*
166　*94,196,197*
166Ⅰ　*90,550*
166Ⅱ　*89,186,189,197,*
　200,203,268,301,619,657,
　739,751,754
166Ⅲ　*90,197*
166Ⅳ　*90*
166Ⅵ　*151,301*
167　*90,196*
172～172の2　*87,88*
174　*88*
174の3　*88*
175　*90*
192Ⅰ　*369*
193　*88,530*
193の2　*530,660*
193の2Ⅰ　*88*
193の2Ⅱ　*88,426,430*
194　*94,354*
197　*394*
197ⅠⅡ　*88*
197の2　*90,112,394*
198　*24,394*
198の2　*90*
199　*394*
200　*394*
203Ⅲ　*394*
205　*394*
207Ⅰ　*88,99,102,394*
金融商品取引法施行令
　1の2　*666*
　1の4～1の7　*82*
　1の7の2　*83*
　1の8　*84*
　1の8の2　*84*
　2の4　*751*
　2の12　*81,296,301*
　3　*85*
　3の2の2　*266*

3の6ⅡⅢ　85
4の2の5　86
4の2の7Ⅰ　85
4の2の10　85
4の2の11　86
4の2の13　86
6　90
6の2Ⅲ　91
7Ⅲ　91
7ⅤⅦ　92
9の3　92
9の3　92
9の4　92
13の2ⅠⅡ　92
14　92
14の5の2　86
14の8の2　87
20〜26　88
35　88
36の2Ⅰ　354
36の3〜5ⅠⅡ　369
36の6　94
43の11　369

金融商品に関する会計基準
4項　565
6項　581
12項　579
14〜16項・注5　579
15項　565,574,581
16項　575
17項　575
18項　575,581,591
19項　565,575
20項　574,575
21項　575
22項　574,575
23項　565
25項　581
26項　569,583,688
27〜28項　577
29項　592
32項　592
36〜39項　595
79〜80項　591

88項　581
96項　592

公認会計士法
2Ⅰ　359,614,629
2Ⅱ　398
4　851
16の2　398
16の2Ⅵ　398
17　398
24　399
24Ⅰ　396,398
24Ⅲ　398
24の2〜3　398,399
24の4　400
28の2　394
34の7Ⅲ　395
34の11　399
34の11Ⅰ　396,398,399
34の11Ⅱ　399
34の11の2ⅠⅡ　399
34の11の3　399
34の11の4〜4Ⅱ　399
34の11の5ⅠⅡ　399
34の14　395
35　482
54　394

公認会計士法施行規則
24　399

公認会計士法施行令
7　398
8〜10　398
11〜12　398
15　399
16〜17　399
18〜20　399

固定資産の減損に係る会計基準　576

◆　さ行　◆

財務諸表等規則
1　529,553
1Ⅰ　528,530
1Ⅱ　531
2　530

8　566
8Ⅴ　43
8Ⅵ　545
8Ⅶ　601
8Ⅷ　43
8ⅩⅢ　565
8の2　592,600
8の3　600
8の4　607
8の5　608
8の6の2　604
8の9　601,605
8の10　605
8の10Ⅰ　607
8の12　561,604
8の12Ⅱ　604
8の25　607
8の26　607
8の27　600
8Ⅸ〜ⅩⅨⅢ　566
8ⅩⅡ〜ⅩⅢ　562
15　559
16　564
16の2　564
22　567
25〜26　574
30　574
31　568
31の2　568
32Ⅰ　545
32の3　593
36　107,569
37Ⅰ　569,570
38　569
39　545
45　581
47　558,559
47〜48の2　582
51〜52Ⅰ　582
52の2　593
54の2　546
55　545
62　589
63Ⅰ　589

法令索引【さ行】 927

65 I　*590*
66の2　*591*
67 I　*591, 593*
68の4　*607*
70　*554*
74　*545, 603*
83　*555*
88　*545*
89　*555*
90　*556*
91　*545*
93　*556*
95　*556*
95の2〜4　*557*
95の5 I II　*557, 560*
95の5の2 I　*607*
99　*596*
100 I　*596*
101　*598*
103　*598*
106〜109　*603*
121 I　*553*

財務諸表等の監査証明に関する内閣府令
　1　*88, 660*
　3　*88*
　3 I　*660*
　4　*88, 634*
　4 I　*660*
　4 V　*635*

産業活力再生特別措置法
　173
　12の2〜3　*740*
　12の9　*764*
　13　*173*

資産の流動化に関する法律
　2 VIII　*266*
　14 I　*3*
　112　*682*

私的独占の禁止及び公正取引の確保に関する法律
　1　*30*
　2 III　*25, 395, 396*
　2 X　*42*

7の2 V　*743*
4　*750*
9　*30, 44, 750*
9 I II　*218*
9 V　*44, 96*
9 VI　*96*
10 I II　*218*
11 I　*219*
13　*25*
13 I　*395, 396*
15　*755*
15 I　*750*
15 II IV　*750, 788*
15 V　*786-788*
15の2 I　*746, 750*
15の2 II III VI VII　*750, 755, 787*
16 I　*745, 750*
16 II VI　*750*
17　*30*
17の2　*750*
17の2 I　*750*
17の2 II　*395, 396*
18 I　*64, 750, 786, 787, 788*
18 II　*64, 750*
49 I　*750*
67 I　*750*
91　*218, 219, 395, 396*
91の2　*96, 750*

社債、株式等の振替に関する法律
　6, 76, 266, 682, 714
　2 I　*248*
　2 II〜VI　*249*
　2 X　*249*
　12 III　*249*
　13 I　*250, 488*
　13 II　*251*
　13 III　*250*
　32 VIII　*68*
　45 II　*249*
　66　*266, 682, 714*
　66 I　*714*
　67　*704*

67 I　*714*
67 II　*704, 714*
67 III　*704*
68 I II V　*248*
68 VI　*249*
69 I II　*714, 715*
70　*715*
71 II〜VIII　*715*
73〜77　*715*
78　*716*
78 I III V　*716*
79 I III〜V　*716*
80 I II　*716*
81 I II　*716*
82 I〜III　*716*
83 I〜III　*714*
84 I〜III　*714*
86 I　*698, 716*
86 II　*700, 716*
86 III　*716*
86の3　*715*
128 I　*248*
128 II　*111, 248, 251, 488*
129 III　*169, 229, 235, 248*
129 V　*248*
130 I〜III　*251*
131 I〜V　*251*
132 II　*229, 251*
132 III　*229*
132 IV〜VIII　*252*
133 I　*251*
134 IV　*214*
136 I〜V　*184, 233*
137 I II　*187*
137 III IV　*187, 233*
137 V　*187*
138 III IV　*233*
140　*217, 252*
141　*230, 252*
142 I II　*235*
143　*250*
144　*239, 250*
145 I〜V　*181, 248, 250*
145 VI　*268*

146 Ⅰ～Ⅴ　*181, 248, 250*
146Ⅵ　*213*
147Ⅳ　*252*
150 Ⅰ　*111, 251*
150 Ⅱ　*111, 251, 282*
150Ⅲ　*253*
150Ⅳ　*113, 251, 283*
151　*250, 252*
151 Ⅰ　*184, 252, 257*
151 Ⅱ～Ⅳ　*230, 231*
151Ⅷ　*250*
152　*252*
152 Ⅰ　*230, 231, 250, 252,*
　255, 257
152 Ⅱ　*231, 250*
154　*257*
154 Ⅰ～Ⅳ　*252*
155　*153, 154*
156 Ⅰ～Ⅲ　*164*
157 Ⅰ Ⅱ　*168*
157Ⅲ　*168, 176*
157Ⅳ　*168, 176*
158 Ⅰ Ⅱ　*214*
159 Ⅰ～Ⅲ　*246*
161 Ⅰ　*230, 231, 233, 257,*
　258
161 ⅠⅢ　*218*
161 Ⅱ　*252*
162　*311*
163　*304*
164 Ⅰ　*312*
165 Ⅰ　*248*
166　*311*
174　*316*
192～224　*720*
192 Ⅱ　*720*
194 Ⅰ Ⅱ　*248*
203　*316*
215　*719*
220　*719*
277　*253*

商業登記規則
35　*136*
36 Ⅰ　*327, 364, 527*

50　*23*
61　*137*
61Ⅲ Ⅳ　*452, 496*
73　*810*
85 Ⅰ Ⅱ　*810*

商業登記法
7, 71
1の3　*29, 68*
6　*29, 68*
10　*31*
11　*31*
15　*789*
17 Ⅱ　*29*
19　*29*
19の2　*136*
24　*68, 143*
27　*24*
31 Ⅰ Ⅱ　*28*
33 Ⅱ　*24*
34　*663*
34 Ⅰ　*23, 24*
43 Ⅰ　*27*
44　*25*
45　*25*
46　*190*
46 Ⅰ　*125, 273, 722*
46 Ⅱ　*379, 415, 722, 810,*
　833
46Ⅲ　*363, 379, 444, 722*
47 Ⅰ　*122, 136*
47 Ⅱ　*49, 96, 105, 108, 109,*
　110, 113, 115, 116, 120-122,
　129, 130, 136, 137, 142, 415,
　495, 496
47Ⅲ　*111*
47Ⅳ　*128*
48　*137, 138*
54　*415*
54 Ⅰ　*407, 415, 452, 495*
54 ⅡⅢ　*407, 415*
56　*111, 281-285*
57　*111, 329*
58　*162, 164*
59　*167*

59 Ⅰ　*167, 183, 184*
60　*176*
61　*183, 184*
62　*223, 724*
65　*329, 690*
66　*165*
67 Ⅰ　*167*
68　*167*
70　*625*
71　*807*
71 Ⅰ　*730*
72　*29, 810*
73　*823*
73 Ⅱ Ⅲ　*823*
74　*824*
75　*818, 833*
76～78　*730*
79　*784*
80　*753, 765, 781, 782, 784*
81　*765, 774, 781, 782, 784*
82～83　*784*
84　*784*
85　*753, 782, 784*
86　*753, 765, 774, 781, 782,*
　784
87　*781, 784*
88　*784*
89　*765, 782, 786, 789*
90　*765, 774, 781, 782, 786,*
　789
91　*786*
92　*786*
94　*664, 665*
98　*732*
99 Ⅰ　*818*
99Ⅲ　*819*
101　*819*
102　*820*
103　*810*
104～106　*722, 735*
107　*732*
108　*784*
108 Ⅰ　*781*
109 Ⅰ　*781, 784*

法令索引【さ行】

109Ⅱ　*784*
110　*664*
111　*664,665,732,810*
113　*722,735*
113ⅠⅡ　*734*
114　*732*
115　*784*
116　*784*
117　*664,665*
118　*664,665,732,810*
119　*668*
122　*735*
123　*732*
124　*784*
126Ⅰ　*781*
128　*865*
129　*866*
130ⅡⅢ　*866*

上場株式の議決権の代理行使の勧誘に関する内閣府令

1〜41　*354*
1Ⅱ〜Ⅳ　*354*
2〜5　*355*
2Ⅰ　*355*
2ⅡⅢ　*356*
2Ⅳ　*356,357*
4Ⅰ〜Ⅳ　*357,358*
4Ⅴ〜Ⅸ　*358*
5〜6　*359*
7〜9　*355,359*
10〜12　*360*
10Ⅲ　*360*
12　*355*
13　*355,360*
14〜19　*355*
20　*360*
21〜31　*355*
32〜38　*355,360*
43〜44　*369*

商業登記規則

36Ⅰ　*108*
59　*807*
61Ⅰ　*444*
61Ⅵ　*165*

72　*807*

消費者契約法

4　*113*
7Ⅱ　*113,285*

商法

1Ⅱ　*7*
4　*3,23*
8　*29*
9Ⅰ　*29,30*
9Ⅱ　*30*
10　*29*
11Ⅰ　*23*
12Ⅰ　*23*
12Ⅱ　*24*
13　*23*
14　*24*
15　*23*
16〜18　*27*
16Ⅰ　*27,28*
16ⅡⅢ　*28*
17Ⅰ〜Ⅲ　*28*
17Ⅳ　*29*
18Ⅰ　*29,465*
18Ⅱ　*29*
19　*535*
19Ⅰ　*531*
19Ⅲ　*536*
19Ⅳ　*535*
24　*457*
27　*26*
28ⅠⅡ　*26*
29　*26*
30ⅠⅡ　*26*
31　*26,813*
45Ⅱ　*72*
67ノ2　*72*
70ノ2　*72*
165　*5*
173ⅡⅢ　*74*
173ノ2Ⅰ　*74*
181Ⅲ　*74*
197　*74*
204Ⅰ　*222*
210ノ2Ⅳ　*73*

220ノ7　*74*
221　*73*
221ノ2　*74*
222ⅠⅦⅪ　*74*
224Ⅲ　*443*
224ノ4　*74*
224ノ5　*74*
230Ⅰ〜230ノ9の2　*74*
232Ⅰ　*74*
232Ⅱ　*73*
232ノ2　*73,74*
236　*74*
237Ⅲ　*74*
239ノ3　*73*
244Ⅳ　*72*
244Ⅴ　*73*
245ノ5　*72*
246Ⅲ　*74*
253　*74*
257ノ2〜257ノ6　*74*
260ノ3Ⅰ　*73,465*
260ノ3Ⅰ〜Ⅳ　*465*
265　*437*
266ⅣⅥ　*438*
266ⅦⅫⅩⅨ　*73*
267Ⅲ　*73*
268Ⅳ〜Ⅷ　*73*
269　*74*
273　*465*
273Ⅰ　*73,465*
274Ⅰ　*464*
275ノ3ノ2　*73*
279　*465*
280　*73*
280ノ8Ⅱ　*74*
280ノ13ノ3　*74*
280ノ19Ⅲ　*73*
281Ⅴ　*74*
282Ⅲ　*72*
283Ⅲ　*73*
285　*74*
285〜285ノ7　*71*
285ノ4Ⅲ　*72*
285ノ5Ⅱ　*72*

285ノ6 II III 72	589 813	1 711
286ノ2 71	661 243	2 I 712
286ノ3 71	687 118, 785	2 III 692, 712
286ノ5 71	693 16	3 711
287ノ2 71	696 16	4 711
288 73	699 16	6 711
289 II III 73	700 16	6 I 712
289 II～IV 74	753 II 813	7 34, 711
290 71	842 813	18 712
290 I 74	908～909 453	18 I 712
293ノ5 74	911 452	19 I 688, 694, 708, 709
294ノ2 73	商法施行規則	20 I II 712
295 372	4 II 534	21～23 712
324 74	信託業法 82	24 689
343 74	2 I 234, 606	24 I 709
352～362 72	2 II 114	24 II 711
361 I 417	3 234, 711	25 712
364～372 72	4 I 235	26 706, 712
373～374ノ31 72	5 II 16	27 706, 712
375 74	12 650	27 I II 713
376 74	13 531	28 707
375ノ3ノ2 465	14 I 23	29 713
479 74	21 31	30 709
480 74	29 I 711	30 I II 713
483ノ2～485 74	29 II 695, 711	31 698, 701, 713
501 23	30 695, 711	32 702
502 9, 23	33 711	33 I 703, 713
503 I 686	34 I 235	33 II 703
504 34	36 I 750	34 704, 713
511 686	37～38 750	34 II 703
515 234	39 737	35 692, 710-712
516 I II 710	53 I 711	36 712
521 813	58 I IV 711	37 I II 712
522 142, 710	信託業法施行規則 530	38 712
526 II 26	信託計算規則 77, 534	41 702
535 14	税理士法	41 I～IV 713
536 I III IV 14	2 II 396	42 702, 713
536 II 8, 15	43 396	43 I II 711
538 15	48の2 395	44 I 711, 715
539 15	48の8 III 395	45 702
540 II 15	48の14 395	45 I 695, 713
542 15		47 I III 712
557 813	◆ た行 ◆	49 I 711, 716
562 813	担保付社債信託法 7	50 I 697, 702

法令索引 【は行】 931

50 Ⅱ　*697*	52の2 Ⅰ　*607*	8 Ⅰ〜Ⅲ　*593*
51　*697, 702, 711*	54　*555*	8の2　*198*
53 Ⅰ　*697*	56　*555*	
57 Ⅰ　*697*	58　*596*	◆ は行 ◆
62 Ⅰ　*712*	61　*556*	破産法
63 Ⅰ　*712*	62〜64　*557*	2 Ⅰ　*812*
64　*712*	65　*603*	2 Ⅴ　*813, 814*
68 Ⅰ　*711*	65 Ⅰ　*557, 560*	2 Ⅶ　*813*
70　*711, 713*	65 Ⅱ　*557*	2 Ⅸ　*813, 814*
110　*703*	65の2 Ⅰ　*556, 607*	3　*864*

中間財務諸表等の用語，様式
及び作成方法に関する規則
1　*529, 553*	66　*603*	5 Ⅰ　*22, 852*
1 Ⅰ　*528, 530*	66の2 Ⅱ　*556*	5 Ⅲ　*43, 217, 835*
1 Ⅱ　*531*	67〜68　*603*	5 Ⅳ Ⅴ　*835*
2　*544*	70　*596*	11〜12　*837*
3 Ⅱ　*545*	71 Ⅰ　*596*	15 Ⅱ　*850*
5 Ⅰ Ⅱ　*544*	77〜80　*603*	16 Ⅰ　*583, 752, 834, 850*
9　*546*	92 Ⅰ　*553*	16 Ⅱ　*12, 850*
10 Ⅰ　*545*	中間連結財務諸表規則	18 Ⅰ　*850*
12　*545*	1　*529, 553*	19 Ⅰ Ⅱ　*850*
13　*601*	1 Ⅰ　*528, 530*	22 Ⅰ Ⅱ　*835*
13 Ⅱ Ⅲ Ⅴ　*601*	1 Ⅱ　*531*	23　*850*
14　*602*	14　*552*	24〜25　*814*
14の2　*608*	46　*607*	24 Ⅰ　*814, 836, 837*
15の2　*552*	64 Ⅰ　*560*	29　*836*
15の5　*561*	65 Ⅰ　*607*	30　*669, 807, 823*
15の22　*600*	71　*596*	30 Ⅰ　*845, 850*
19〜20　*562*	電子公告規則　*7, 77*	31　*850*
28　*568*	2　*52*	32 Ⅰ Ⅲ　*850*
30 Ⅰ　*568*	3〜7　*59*	34 Ⅰ　*813, 850*
30の2　*593*	電子文書	35　*30, 850*
35　*581*	3 Ⅰ　*55, 368, 536, 550, 829,*	47 Ⅰ　*851*
36　*582*	*831, 834*	50 Ⅱ　*860*
36の3　*607*	5 Ⅰ　*55*	53 Ⅰ　*860*
37〜38　*582*	投資事業有限責任組合契約に	65 Ⅰ　*813, 814*
39　*593*	関する法律　*11*	66　*813*
40　*546*	投資信託及び投資法人に関す	66 Ⅰ　*813*
40 Ⅰ　*546*	る法律　*3*	71 Ⅰ　*839*
43 Ⅳ　*591*	22 Ⅱ　*370*	74 Ⅰ　*850*
43の2 Ⅰ　*593*	投資法人の計算に関する規則	74 Ⅱ　*30*
44の2　*607*	*531*	77　*843*
49〜50　*554*	土地の再評価に関する法律	78 Ⅰ　*515, 752, 850*
52 Ⅰ　*560*	*198, 592*	78 Ⅳ　*840*
	7 Ⅱ　*593*	79　*850*
	7の2 Ⅰ　*593*	88〜89　*851*

97　*814,815*	2　*90*	24の2　*855*
98 I　*813,814*	9〜11　*92*	25　*837,852,853*
99 I　*813,815*	24〜25　*92*	26　*852*
99 II　*687,813*	25 III IV　*92*	26 I　*812,836,837,853*
100　*813*	27〜28　*92*	26 II IV〜VIII　*837*
100 I　*814*	30　*92*	27〜29　*853*
111　*515*	30の2　*92*	27 I　*853*
111 I　*693,814*	31　*92*	30 I　*837,853*
117 I　*814*	非訟事件手続法	30 VI　*837*
135　*845*	10・11　*227*	31　*814,838*
135 I II　*845*	20　*527*	31 I　*853*
140　*693*	20 I　*109*	32　*816*
142 I　*815*	72　*661*	33　*852*
148〜151　*813*	83ノ2　*234*	33 I　*853*
153　*851*	134　*808*	33 II　*837*
153 II　*542,851*	141　*707,718*	35　*853*
160　*666,696,834,855*	142　*241,312*	35 IV　*813,815*
161〜162　*834,855*	148 I　*241,312,707,718*	38　*852*
163〜176　*855*	161〜164　*70*	38 I　*851*
173 I　*855*	不正競争防止法	38 II　*853*
177 I〜VII　*842*	3〜5　*24*	39 I　*812,853*
178 I〜V　*842*		39 III　*813*
179 I〜III　*842*	◆ ま行 ◆	40 I　*853*
180 I〜VI　*842*	民事再生規則	41　*853*
181　*842*	38 II　*854*	42　*737,853*
182　*820*	56 I　*542,860*	42 I　*752*
184 II・185　*814*	90 II　*856*	42 II　*857*
186〜191　*814*	民事再生法	42 III　*840,855*
194 I　*813-815*	1　*851*	43　*737,853*
195　*851*	2　*811,851,853,855*	49 III　*855*
209　*851*	3　*864*	53 I〜III　*813,814*
216 I　*850*	5 I　*22,852*	54　*844,852*
219　*810*	5 II〜V　*835*	54 I　*853*
220 I II　*851*	5 III　*43,217,835*	54 III　*30*
255　*394,851*	5 VIII　*852,859*	56　*844*
256　*394*	5 IX　*852*	59　*844*
256 I　*851*	11　*811*	62　*840,852,853*
265　*394*	11 I　*853*	63　*840*
266　*394*	16　*837,854*	64　*851,852*
268〜272　*394*	17　*837*	65〜78　*851*
274　*394*	21　*852,853*	66　*515*
発行者以外の者による株券等の公開買付けの開示に関する内閣府令　*94*	21 I II　*851*	71　*843*
	23 I II　*835*	79〜83　*851,852*
	24 I II　*835*	84 I II　*813,815*

85　*49*	142　*852*	179Ⅰ　*856*
85Ⅰ～Ⅵ　*853*	142Ⅰ　*842*	180Ⅰ～Ⅲ　*856*
87Ⅱ　*815*	142Ⅱ　*837*	181　*854*
87Ⅲ　*816*	142Ⅲ～Ⅶ　*842*	181Ⅰ　*855,856*
93Ⅰ　*839*	143～147　*852*	181Ⅲ　*815*
94　*693,852*	143Ⅰ～Ⅵ　*842,852*	183　*175,856*
94Ⅰ　*854*	144Ⅰ～Ⅲ　*842*	183Ⅳ　*623*
95　*854*	145～147　*62*	183の2　*272,856*
97　*815*	145Ⅰ～Ⅲ　*62,842*	184　*812*
99　*852*	146Ⅲ～Ⅴ　*842*	186Ⅰ～Ⅲ　*856*
99Ⅰ Ⅱ　*854*	147　*842*	188Ⅰ～Ⅲ　*852,856*
100　*852,854*	148～153　*814,852*	189　*852*
101Ⅰ Ⅲ Ⅴ　*854*	154Ⅰ　*815,848,856*	189Ⅲ　*857*
102Ⅰ　*854*	154Ⅱ　*857*	191　*852,855*
103Ⅰ　*854*	154Ⅲ　*175,182,856*	194　*852*
104　*852*	154Ⅳ　*268,856*	211　*852*
104Ⅰ～Ⅲ　*852,854*	155　*815,848,855*	211Ⅰ　*854*
105Ⅰ　*854*	155Ⅰ　*815,848,855*	211Ⅱ Ⅲ　*855*
106　*62,854*	155Ⅱ　*816*	216　*855*
111　*854*	155Ⅲ　*852*	217　*852*
114　*845,855,857*	155Ⅳ　*815*	217Ⅰ　*855*
115　*855*	156～157　*815,848,855*	220　*855*
115Ⅲ　*855*	160Ⅱ　*856*	255～256　*394*
116　*847,855*	161　*175,856*	258～260　*394*
117　*856*	162　*269,856*	262　*394*
117Ⅰ～Ⅴ　*857*	163　*852*	**民事執行規則**
119　*813*	163Ⅰ Ⅱ　*855*	150の6～150の11　*714*
120～120の2　*813*	164　*855*	180の3　*234*
121Ⅰ Ⅱ　*813*	164Ⅱ　*855*	**民事執行法**
122　*813*	166　*175,856*	23　*37*
122Ⅰ Ⅱ Ⅳ　*815*	166の2　*268,856*	23Ⅰ　*515*
123Ⅰ　*813,816*	168　*855*	33Ⅰ　*37*
123Ⅱ Ⅲ　*816*	169Ⅰ Ⅱ Ⅴ　*856*	122　*234,238*
124　*852*	170～171　*852*	123Ⅰ　*238*
124Ⅰ　*855*	172の3Ⅰ　*848,856*	134　*247*
124Ⅱ　*542,852,855*	172の3Ⅱ　*816*	135　*247*
125　*852*	173　*810*	143　*238*
125Ⅰ　*855*	174Ⅰ　*848,856*	145　*238*
126　*852*	174Ⅱ　*848,852,856*	155Ⅰ　*221*
126Ⅰ～Ⅲ　*845,855*	174Ⅲ Ⅴ　*855*	161　*221*
127　*666,696,855*	174の2Ⅰ　*816*	163　*238,247*
128～141　*855*	176　*848,852*	163Ⅰ　*221,238*
135　*852*	177Ⅰ Ⅱ　*849*	167　*221,238,247*
137　*62*	178　*815,854,856*	167Ⅰ　*221,247*

174	*366*		*453, 525, 549*	97	*273, 304*
190	*234, 265*	24	*68*	97 Ⅰ	*443*
193	*233, 234*	26	*68*	99	*11*
195	*264, 265*	53〜54	*524*	102	*394*
197 Ⅰ	*838*	56	*373, 416, 453*	108	*434, 437, 673*

民事訴訟法

		58	*524*	109	*385, 459*
4 Ⅰ	*22*	民 法		110	*449, 450, 456*
4 Ⅰ Ⅳ	*66, 287, 525*	1	*32, 245*	111 Ⅱ	*452*
5	*525*	1 Ⅱ	*499*	112	*385, 453, 458*
35	*453*	1 Ⅲ	*35, 259*	114	*134*
37	*453*	4 Ⅱ	*666*	115	*437*
40	*521, 787*	5	*99, 113, 521*	117	*31, 133, 135*
42	*520, 521*	5 Ⅰ Ⅲ	*99*	130	*259*
43〜46	*520*	5 Ⅱ	*144*	136 Ⅱ	*710*
52	*380, 520*	6 Ⅰ	*99*	140	*370*
55 Ⅰ	*693*	7	*670*	153	*693*
61	*522, 523*	8	*99, 394*	167 Ⅰ	*139, 265, 507, 508,*
75 Ⅴ Ⅶ	*808, 867*	9	*113, 144, 666*		*648*
76〜80	*808, 867*	11	*99*	176	*229*
81	*63, 520*	12	*394*	177	*118, 785*
89	*521*	12 Ⅳ	*666*	178	*784*
115	*37*	13	*113*	193	*239*
115 Ⅰ	*63, 145, 515, 522, 524*	13 Ⅰ	*99*	252	*149*
124 Ⅰ	*743*	13 Ⅳ	*144*	256 Ⅰ	*11*
142	*518*	15	*99*	304	*232*
143	*388*	16 Ⅳ	*666*	304 Ⅰ	*233, 234*
149	*380*	17 Ⅰ	*99*	306	*50, 814*
156	*548*	17 Ⅳ	*144*	308	*50*
157 Ⅰ	*380*	20	*666*	311	*813*
219・220	*535*	22	*22*	325	*813*
262	*521*	33 Ⅰ	*6*	342	*232*
264・265	*521*	34	*32*	347〜348	*232*
267	*521-523*	35 Ⅰ	*864*	349	*234*
301	*548*	35 Ⅱ	*99, 749*	350	*232, 234*
338	*523*	37 Ⅰ	*863*	354	*234*
342 Ⅰ	*523*	54	*449*	362 Ⅱ	*232-234*

民事保全法 *72*

		69	*521*	398の9	*743, 744*
1	*693*	90	*32, 228, 433*	398の9 Ⅰ Ⅳ	*743*
13	*415*	93	*113, 143, 144, 206, 216,*	398の9 Ⅲ	*743, 744*
14	*468, 525*		*285, 449, 456, 665*	398の10	*744, 745*
20	*233*	94	*144, 665*	403	*688*
23	*242*	94 Ⅰ	*113, 144, 285*	404	*510, 648*
23 Ⅰ	*244, 525*	95	*113, 144, 665*	412 Ⅲ	*510, 667*
23 Ⅱ	*68, 259, 287, 380, 415,*	96	*113, 144, 666*	414 Ⅰ	*116*

法令索引【や行】 935

414Ⅱ 366	643 393	697 261
415 322,497	644 33,465,482,496,695,	702 261,346
419Ⅰ 648	808,867	703 260,672
422 661	644Ⅰ 428	704 261
423 510,515,661	645 11	709 143,507,510,511,523
424 106,113,665,694,695,	646 673,808,867	715 34,237
752,787	647 808,867	722Ⅱ 510
424Ⅰ 666,695	648～650 647,673	724 508,512
425 695	648Ⅰ 416	823 394
427 148	650 467,481,808,867	824 99
442 12	650Ⅰ 523	859Ⅰ 99
466 704	651Ⅰ 407,452	864 99
467 784	651Ⅱ 408,452	
469 467	653 394,407,850	◆ や行 ◆
470 258	654 414	
474 99	656 407,479	有価証券上場規程
482 302	659 428	205 171,223,254
484 651	667 132	206Ⅰ 223
485 651	667Ⅰ 10	212 223
494 265,670	667Ⅱ 8	213Ⅱ 223
500 12,499,671	668 10	302の2Ⅰ 171
505 302	669 8	601～604 224
505Ⅰ 661	670 132	有価証券の引受け等に関する
514 736	670Ⅰ 11,101,102,111,132	規則 276
519 502	670ⅡⅢ 11	2 283
526 238	671 11	22 276
533 207	673 666	22Ⅱ 276
537 691	674 11,677	26 283
541 227	675 11	有限責任事業組合契約に関す
586 748	676ⅠⅡ 11	る法律 8,14
587 687,690	678～679 11	
601 737	681 11	◆ ら行 ◆
623 24	682 131	
625Ⅰ 745	695 693	労働契約承継法
		2Ⅰ～Ⅲ 745,746
		4～6 746

■著者紹介

泉田栄一（いずみだ・えいいち）

1947年　岩手県に生まれる。
1969年　新潟大学法学部卒業
　　　　富山大学，新潟大学教授を経て
現　在　明治大学法科大学院教授

■主著作

『会社法の論点研究』（信山社・平成17年）
『有価証券法理と手形小切手法』（中央経済社・平成7年）
『ドイツ有価証券法』ツェルナー著（翻訳，千倉書房・平成4年）
『ヨーロッパ銀行法』ブランシュ・スズィー・ルビ著（翻訳，信山社・平成11年）
『国際電子銀行業』ジョゼフ・J・ノートン／クリス・リード／イアン・ウォルデン編著
　（翻訳，信山社・平成14年）

会社法論　　　　　　　　　　　　　　　　　　　〈法律学の森〉

2009（平成21）年 7月30日　第1版第1刷発行　6083：P960×6880E

著　者　泉　田　栄　一
発行者　今　井　　　貴
　　　　渡　辺　左　近
発行所　信山社出版株式会社
　　　　〒113-0033　東京都文京区本郷6-2-9-102
　　　　電話　03(3818)1019
　　　　ＦＡＸ　03(3818)0344

Printed in Japan　　012：080-0030　分類325-213-C003 会社法

©泉田栄一，2009. 印刷・製本／佐渡松澤印刷・渋谷文泉閣

ISBN978-4-7972-6083-0 C3332

『法律学の森』刊行にあたって

一八八〇年(明治一三年)、西欧列強との不平等条約改正の条件とされた西欧法体制の継受の第一弾として旧刑法・治罪法が制定されて以来、わが国の法律学は一世紀以上の歴史を重ねました。この間、明治期・大正期・第二次大戦後の法体制の変革期を超えたわが国の法律学は、高度経済成長期を迎えて急速にその内容を成熟させるにいたりました。この結果、わが国の法律学は、世界的にみても高度かつ独自の法文化の伝統を形成するにいたり、法律家の国際交流も学術レベル・実務レベルの全般にわたって盛んに行われ、世界各国の法文化と日本法文化の「接触」も深まりつつあります。

さらに近年は、法律学の対象の一層の高度化・複合化・国際化の進展にともない、法律学と法学者に対するニーズが大きく変化して、分極化・専門化と横断化は加速度的に進んでいます。このため、従来の法律学の読み替え、再構成の試みが新しい世代により推し進められているところです。

まもなく二一世紀です。

そこで、私どもは、世界史的な変動のなかで新たな展開を試みつつある法学者の自由な発想と方法論の開発を支援し励まして多くの独創的な法律学の誕生を促し、もって変化の著しい時代への対応を可能ならしめることを希って、本叢書の刊行を企図いたしました。自由で開放的かつ奥深い「法律学の森」が、研究者の協力と読者の支持によって健やかに成長を遂げて形成されることを念じて、刊行を進めてまいります。

一九九四年三月

『法律学の森』企画委員
信山社

民法改正研究会(代表 加藤雅信)

民法改正と世界の民法典

第Ⅰ部 日本民法典の改正
第1章 「日本民法改正試案」の基本枠組〔加藤雅信〕
第2章 民法改正の国際的動向
- 第1節 ドイツ債務法〔岡 孝〕/第2節 ドイツ物権法──BGB906条1項2文・3文における私法と公法との調和をめぐって〔秋山靖浩〕/第3節 フランス法〔松岡久和〕/第4節 特別法の再編成をめぐって〔山野目章夫〕
第3章 物権変動制度のあり方〔鳥谷部 茂〕
第4章 新しい人的担保制度──根保証・身元保証〔大塚 直〕
第5章 差止請求権の民法改正試案について
第6章 世界に冠たる日本法の諸問題

第Ⅱ部 日本民法改正試案の提示にあたって
第1章 日本民法改正試案提示の準備のために〔加藤雅信〕
第1節 日本民法改正試案の基本方向・民法財産法・冒頭と末尾〔第1通則〕/第2節 「不法行為」の例示的検討〔加藤雅信〕
第7章 民事総合法典としての民法・市民法としての民法
第8章 商法および消費者法──民法・商法・消費者法の統合についての視点〔ピエール・カタラ/野澤正充訳〕/第2節 民法と消費者法──金眞秀〔金炫珠訳〕/第2節 民法と消費者法──金眞秀〔金炫珠訳〕

第Ⅲ部 物権変動制度・物権変動法制
第9章 中国の物権法〔ピエール・カタラ/野澤正充訳〕/第2節 物権変動法制立法のあり方──裴濤論文と日本法〔裴 濤〕/第2節 物権変動法制立法のあり方──裴濤論文と日本法〔阿山美夏〕
第10章 債務不履行による損害賠償・過失

原則〔ソーレンフーバー/渡辺達徳訳〕
第1節 比較法的検討〔廣森久雄/鹿野菜穂子訳〕/第2節 契約解除法制──帰責事由・鹿野菜穂子論文と日本法〔鹿野菜穂子〕
第11章 債権譲渡論〔池田真朗〕
第12章 世界に見る契約解除法制──比較法的検討〔廣森久雄/鹿野菜穂子訳〕/第2節 契約解除法制──帰責事由・鹿野菜穂子論文と日本法〔鹿野菜穂子〕
第13章 台湾における民法典の制定とその改正
第14章 韓国における民法典の制定〔森林 統〕/第2節 韓国における民法典の改正〔宮下 修〕
第15章 韓国における民法典の改正・急展開を
第16章 オランダ民法典の公布〔アーサー・S・ハートカンプ/栗林美和訳〕
第17章 中国民法典の編纂〔アーサー・S・ハートカンプ/平林美和訳〕
第18章 フランス民法典
第1節 フランス民法典──その背景と発展〔ピエール・カタラ/野澤正充訳〕/第2節 債務法改正草案の動き〔ピエール・カタラ/野澤正充訳〕
第19章 ドイツ民法典
第20章 日本民法典の編纂と西洋法の導入〔加藤雅信〕

第Ⅳ部 世界における民法典のハーモナイゼーションを目指す
第21章 ヨーロッパ民法典のハーモナイゼーション論〔アーサー・S・ハートカンプ〕
第22章 ヨーロッパ民法典への動向が語るもの──ハートカンプ論文に思う〔廣瀬久和〕
第23章 ヨーロッパ連合における民法典論議──統一性と多様性の相克と調和〔北居 功〕

第Ⅴ部 資料編
日本民法改正試案
① 平成20年日本私法学会提出案・資料1 日本民法改正研究会・仮案(平成20年10月13日案)第1分冊・総則・物権/資料2 日本民法改正試案・暫定仮案(平成20年10月13日仮提出)第2分冊(債権法)
② 平成21年新年案・資料3 日本民法改正試案(民法改正研究会・仮案(平成21年1月1日案))

ハンス・ペーター・マルチュケ＝村上淳一 編
グローバル化と法
〈日本におけるドイツ年〉法学研究集会

3230-0101　定価：本体3,800円（税別）

グローバル化時代における法の役割変化
　　—各種のグローバルな法レジームの分立化・民間憲法化・ネット化—
　　　　　　　　　　　　　　／グンター・トイブナー（村上淳一訳）
　　歴史的意味論の文脈におけるグローバル化と法
　　　　　　　　　　　　　　／村上淳一
　　ヨーロッパ共通の私法—必要性、発展の軌道、各国の寄与—
　　　　　　　　　　　　　　／ユルゲン・バーゼドウ（相澤啓一訳）
　　日本民法学に対するドイツ民法学の影響
　　—個人的研究関心を寄せる3つのテーマを素材に—
　　　　　　　　　　　　　　／松岡久和
　　ヨーロッパにおける法の現今の動向—単一経済圏から憲法を有する政治連合へ？—
　　　　　　　　　　　　　　／ユルゲン・シュヴァルツェ（松原敬之訳）
　　ヨーロッパにおける最近の法的発展方向
　—統一市場から政治的連合へ？：特に制度間競合の中における基本権の意義を中心に—
　　　　　　　　　　　　　　／西原博史
　　Lex mercatoria—万能薬か、謎か、キメラか—
　　　　　　　　　　　　　　／カルステン・シュミット（松原敬之訳）
　　ソフトローとしてのlex mercatoria
　　　　　　　　　　　　　　／神作裕之
　　世界住民の法へと変貌する国際法
　　　　　　　　　　　　　　／フィリップ・クーニヒ（三島憲一訳）
　　グローバル化・法制度化・国際法—国際法はグローバリゼーションを生き残れるか—
　　　　　　　　　　　　　　／奥脇直也
　　刑法の国際化—ドイツと日本における国際刑法の受容を中心に—
　　　　　　　　　　　　　　／フィリップ・オステン
　　越境犯罪と刑法の国際化—問題の素描—
　　　　　　　　　　　　　　／井田　良
　　グローバル化が法曹養成に及ぼす影響
　　　　　　　　　　　　　　／ハンス・プリュッティング（桑折千恵子訳）
　　カンボジアの法曹教育に対する日本の貢献
　　　　　　　　　　　　　　／相澤恵一
　　Global Governanceか、Good Global Governanceか？
　　　　　　　　　　　　　　／ゲジーネ・シュヴァーン（松原敬之訳）

◇国際私法学会編◇
国際私法年報 1（1999） 3,000円
国際私法年報 2（2000） 3,200円
国際私法年報 3（2001） 3,500円
国際私法年報 4（2002） 3,600円
国際私法年報 5（2003） 3,600円
国際私法年報 6（2004） 3,000円
国際私法年報 7（2005） 3,000円
国際私法年報 8（2006） 3,200円
国際私法年報 9（2007） 3,500円
国際私法年報10（2008） 2,900円

◇香城敏麿著作集◇
1 憲法解釈の法理 12,000円
2 刑事訴訟法の構造 12,000円
3 刑法と行政刑法 12,000円

メイン・古代法　安西文夫 訳
MAINE'S ANCIENT LAW-POLLOCK版 原著
刑事法辞典　三井誠・町野朔・曽根威彦・吉岡一男・西田典之 編
スポーツ六法2009　小笠原正・塩野宏・松尾浩也 編
標準六法'09　石川明・池田真朗・三木浩一他 編　1,280円
法学六法'09　石川明・池田真朗・三木浩一他 編　1,000円
保育六法2009　田村和之 編集代表　1,880円
ドイツにおける刑事訴追と制裁
　ハンス・ユルゲン・ケルナー 著　小川浩三 訳　3,200円
憲法訴訟論　新 正幸 著　6,300円
民事訴訟と弁護士　那須弘平 著　6,800円

◇改正変遷を整理・一覧化◇

淺木愼一 編

過去の文献・判例を読む際に、必携の法令集

会社法旧法令集
ISBN:978-4-7972-5582-9　本体¥10,000(税別)

第一部　商法第二編全条文変遷一覧
第二部　有限会社法全条文変遷一覧
第三部　株式会社の監査等に関する商法の特例に関する法律全条文一覧
第四部　旧商法第一編第六章制定時・施行時対照表
〈資料〉平成一七年法律第八六号会社法／改正前後対照表

会社法旧法令集 II
ISBN:978-4-7972-5598-0　本体¥10,000(税別)

第五部　商法総則編等条文変遷一覧
第六部　旧主要法務省令条文変遷一覧
第七部　平成一七年改正前会社法関係主要法律条文変遷一覧
第八部　康徳四年満州国会社法
〈資料〉会社法施行以前の会社法施行規則・会社計算規則の改正対照表

会社法改正の歴史と現代化を検証

淺木愼一・小林 量・中東正文・今井克典 編

検証会社法

浜田道代先生還暦記念

ISBM978-4-7972-5555-3 定価：19,000 円（税別）

今、求められる会社法制への根源的視座

本書の内容

会社法制定の検証のための視座／淺木愼一◆合名・合資会社および旧有限会社に対する会社法の影響／広瀬裕樹◆意思決定権限の分配と定款自治／前田雅弘◆株主の秘密投票／山田尚武◆経営機関の監督・監査／今井克典◆取締役の選任と解任／芝園子◆代表訴訟と役員等の責任／山田泰弘◆新株発行／戸川成弘◆種類株式・新株予約権に関する会社法制の史的展開／家田崇◆社債権者の異議申述権の個別行使／森まどか◆証券振替決済システムにおける権利の帰属と移転の理論／コーエンズ久美子◆剰余金の配当規制／小林量◆債権者保護／弥永真生◆企業内容の公示・開示／黒沼悦郎◆組織再編／中東正文◆会社法・関連立法の成果と国際会社法／上田純子◆巻末：浜田道代先生略歴・著作目録

(価格は税別)

書名	著者	価格
会社法の論点研究	泉田　栄一	6,000円
ヨーロッパ銀行法	B. スズィー・ルビ（泉田栄一 訳）	18,000円
国際電子銀行業	ノートン/リード/ウォルデン（泉田栄一 訳）	8,000円
株式会社会計法	泉田栄一・佐藤敏昭・三橋清哉	3,000円
現代企業法の新展開　小島康裕教授退官記念	泉田栄一・関英昭・藤田勝利 編	18,800円
日本会社法成立史	淺木　愼一	16,000円
商法改正[昭和25・26年]GHQ/SCAP 文書	中東　正文	38,000円
企業結合法制の理論	中東　正文	8,800円
企業結合法制の実践	中東　正文	3,400円
企業結合・企業統治・企業金融	中東　正文	13,800円
現代企業・金融法の課題(上／下)　平出慶道・高窪利一先生古稀記念		各15,000円
閉鎖会社紛争の新展開	青竹　正一	10,000円
新会社法	青竹　正一	3,800円
ニュー・ヨーク州事業会社法史研究	伊藤　紀彦	6,000円
株主代表訴訟の法理論	山田　泰弘	8,000円
金融の証券化と投資家保護	山田　剛志	2,100円
事業承継法の理論と実際	今川　嘉文	3,600円
相場操縦規制の法理	今川　嘉文	8,000円
過当取引の民事責任	今川　嘉文	15,000円
会社営業譲渡の法理	山下　眞弘	6,800円
税法講義〔第2版〕	山田　二郎	4,800円
入札談合の研究〔第2版〕	鈴木　満	6,800円
新航空法講義	藤田　勝利 編	3,800円